Zu diesem Buch

Die sprichwörtlichen «Zustände wie im alten Rom» sind, das beweist Deschner in diesem Buch, charakteristisch für die Zustände in der römischen Kirche. Die spätantiken Grausamkeiten und Schurkereien christlicher Hirten und Herden werden bis heute von Kirchengeschichtlern vielfach beschönigt und verschwiegen. Die meisten «Laien» halten solche Verbrechensanhäufung in den ersten christlichen Jahrhunderten zunächst für schlicht unmöglich, dann für Untaten einzelner. Der Schock dieses Buches wird jeden Leser davon überzeugen, daß diese Verbrechen keine verzeihlichen Fehler einer ansonsten heiligen Kirche waren, sondern Wesenszüge einer verstaatlichten Religion.

Der Autor

DER AUTOR Karlheinz Deschner, geboren 1924 in Bamberg, im Krieg Soldat, studierte Jura, Theologie, Philosophie, Literaturwissenschaft und Geschichte. Seit 1958 veröffentlicht Deschner seine entlarvenden und provozierenden Geschichtswerke zur Religions- und Kirchenkritik. Der forschende Schriftsteller lebt in dem durchaus katholisch geprägten Frankenstädtchen Haßfurt am Main. Für seine Forschungen wurde er mit zahlreichen Preisen ausgezeichnet.
Weitere im Rowohlt Taschenbuch Verlag erschienene Bände der «Kriminalgeschichte des Christentums»: Band 1 «Die Frühzeit» (rororo 19969), Band 2 «Die Spätantike» (rororo 60142), Band 3 «Die Alte Kirche» (rororo 60244), Band 4 «Frühmittelalter» (rororo 60344), Band 5 «9. und 10. Jahrhundert» (rororo 60556), Band 6 «11. und 12. Jahrhundert» (rororo 61131), Band 7 «13. und 14. Jahrhundert» (rororo 61511), Band 8 «15. und 16. Jahrhundert» (rororo 61670). Im Buchverlag sind erschienen: «Opus Diaboli», Reinbek 1987; «Die Politik der Päpste im 20. Jahrhundert», Reinbek 1991; «Oben ohne», Reinbek 1997; «Memento!», Reinbek 1999.

KARLHEINZ DESCHNER

Kriminalgeschichte des Christentums

Zweiter Band

DIE SPÄTANTIKE

Von den katholischen «Kinderkaisern»
bis zur Ausrottung der arianischen Wandalen und Ostgoten
unter Justinian I. (527–565)

Rowohlt Taschenbuch Verlag

4. Auflage 2008

Veröffentlicht im Rowohlt Taschenbuch Verlag,
Reinbek bei Hamburg, Oktober 1996
Unveränderter, fotomechanischer Nachdruck

Umschlaggestaltung: any.way, Barbara Hanke
Die abgebildete Goldmedaille zeigt Kaiser Justinian I.,
den ersten Verwirklicher des Cäsaropapismus
(© The Fitzwilliam Museum Bridgeman Art Library)
Gesamtherstellung CPI – Clausen & Bosse, Leck
Printed in Germany
ISBN 978 3 499 60142 2

INHALT

Gewidmet besonders meinen Freunden Alfred Schwarz und Herbert Steffen sowie allen, deren selbstlosen Beistand ich, nach dem steten meiner Eltern, dankbar erfuhr:

Wilhelm Adler
Prof. Dr. Hans Albert
Lore Albert
Klaus Antes
Else Arnold
Josef Becker
Karl Beerscht
Dr. Wolfgang Beutin
Dr. Otto Bickel
Prof. Dr. Dieter Birnbacher
Dr. Eleonore Kottje-Birnbacher
Kurt Birr
Dr. Otmar Einwag
Dr. Karl Finke
Franz Fischer
Kläre Fischer-Vogel
Henry Gelhausen
Dr. Helmut Häußler
Prof. Dr. Dr. Norbert Hoerster
Prof. Dr. Walter Hofmann
Dr. Stefan Kager und Frau Lena
Hans Kalveram
Karl Kaminski und Frau
Dr. Hedwig Katzenberger
Dr. Klaus Katzenberger
Hilde und Lothar Kayser
Prof. Dr. Christof Kellmann
Prof. Dr. Hartmut Kliemt
Dr. Fritz Köble
Hans Koch
Hans Kreil
Ine und Ernst Kreuder
Eduard Küsters
Robert Mächler
Jürgen Mack
Volker Mack
Dr. Jörg Mager
Prof. Dr. H. M.
Nelly Moia
Fritz Moser
Regine Paulus
Arthur und Gisela Reeg
Hildegunde Rehle
M. Renard
German Rüdel
Dr. K. Rügheimer u. Frau Johanna
Heinz Ruppel und Frau Renate
Martha Sachse
Hedwig und Willy Schaaf
Friedrich Scheibe
Else und Sepp Schmidt
Dr. Werner Schmitz
Norbert Schneider
Alfred Schwarz
Dr. Gustav Seehuber
Dr. Michael Stahl-Baumeister
Prof. Dr. Dr. Dr. h.c.
Wolfgang Stegmüller
Almut und Walter Stumpf
Artur Uecker
Dr. Bernd Umlauf
Helmut Weiland
Klaus Wessely
Richard Wild
Lothar Willius
Dr. Elsbeth Wolffheim
Prof. Dr. Hans Wolffheim
Franz Zitzlsperger
Dr. Ludwig Zollitsch

1. KAPITEL

KATHOLISCHE KINDERKAISER

«Diese Herrscher folgten dem Beispiele des großen Theodosius». Kirchenhistoriker Kardinal Hergenröther[1]

«Auch die Kaiser waren fromme Katholiken». Peter Brown[2]

«Die Welt geht unter». Der hl. Hieronymus[3]

Die Teilung des Reiches – zwei katholische Zwangsstaaten entstehen

Im Jahr von Augustins Bischofsernennung (395) war Kaiser Theodosius I. in Mailand gestorben. Führende Kleriker hatten ihn fortgesetzt gegen Heiden, Juden, «Ketzer», auch gegen äußere Reichsfeinde gehetzt, die hl. Ambrosius und Augustin ihn hochgepriesen. Und schon im 5. Jahrhundert gaben kirchliche Kreise dem Mann, der Blut vergießen konnte wie Wasser, den Beinamen «der Große».

Nach seinem Tod wurde das Römische Reich unter seinen zwei Söhnen geteilt. Das Weströmische endete bereits 476, das Oströmische bestand, als Byzantinisches Reich, bis 1453.

Ideell zwar dauerte die Einheit fort. Manche Gesetze erschienen im Namen beider Regenten, im Alleingang erlassene bekamen oft da und dort Rechtskraft. Doch bildete sich allmählich eine immer größere Entfremdung heraus. Politisch führte jede Reichshälfte ein Sonderdasein, und die früh aufkommende Konkurrenz trug zur gegenseitigen Machtminderung bei. Auch kulturell differierte man je länger desto mehr. Im Westen spricht man bald kaum noch Griechisch, im Osten tritt das Lateinische, wiewohl weiter Amtssprache, immer deutlicher hinter dem Griechischen zurück. Noch unter Theodosius' Söhnen beginnen die Auseinandersetzungen, wobei Germanen schon eine wesentliche Rolle spielen. Im Osten wechseln die faktischen Machthaber rasch. Im Westen leitet über ein Jahrzehnt der mit Serena, Theodosius' Nichte, vermählte Stilicho die Staatsgeschäfte.[4]

Niemals mehr seit dieser Teilung vereinte ein einziger Monarch das Reich unter sich. In Konstantinopel regierte der siebzehnjährige Arcadius (395–408) über den Osten – noch immer ein riesiges Gebiet: das ganze spätere Rumänien, Serbien, Bulgarien, Makedonien, Griechenland, ferner Kleinasien mit der Halbinsel Krim, Syrien, Palästina, Ägypten, das untere Libyen und die Pentapolis. In Mailand gebot der elfjährige Honorius (395–423) über den noch größeren, reicheren, politisch jedoch nicht gleichermaßen wichtigen Westen.

Beide «Kinderkaiser», von der Kirche gegängelt und wegen ihrer Frömmigkeit gerühmt, führten die Religionspolitik ihres Vaters fort. Hatte dieser allein die «Ketzerei» – eines seiner Hauptangriffsziele – mit mehr als zwanzig Verfügungen bekämpft, stützten seine Söhne und deren Nachfolger den Katholizismus durch eine Fülle weiterer Gesetze. Sie förderten ihn religiös, juristisch, finanziell, sie mehrten seinen Besitzstand, sie befreiten den Klerus von gewissen Ämtern, einigen Steuern, vom Militärdienst. Kurz, die schon bei Theodosius bestehende Identifizierung des Herrschers mit der Sache der Orthodoxie wird jetzt geradezu geläufiges «Repertoire» (Anton).[5]

Dabei terrorisierte dieser katholische Bekenntnisstaat stets mehr und mehr Andersgläubige, wenn es auch noch immer Heiden selbst in Spitzenpositionen gab; fünf Heiden, soviel man weiß, unter Arcadius, vierzehn unter Honorius – kein eigentlicher Akt der Toleranz: man brauchte die seit langem in hohen Ämtern bewährten Altgläubigen noch. Erst während des 5. Jahrhunderts, besonders unter Theodosius II., ändert sich dies. Vorerst jedoch unterdrückte man weniger den einzelnen Andersgesinnten – auch Arianer waren noch Führungskräfte (vier, soweit bekannt, unter Arcadius, einer unter Honorius) – als die Institution, trieb man im allgemeinen weniger eine prochristliche Personal-, als eine sehr christenfreundliche Religionspolitik, kurz eine Politik mit «tolérance pour les personnes, intolérance pour les idées» (Chastagnol). Die «Römische Reichskirche» aber, die im Laufe des 4. Jahrhunderts entstand, stellte sich dafür noch entschiedener auf die Seite des sie fördernden Staates. Sie betet für ihn, verkündet, seine Gewalt sei von Gott, sie sichert ihn sozusagen metaphysisch ab: der alte Handel von Thron und Altar.[6]

Zwar war gerade in der ältesten Christenheit der Welthaß weit verbreitet, wurde der Staat im Neuen Testament «große Hure» und «Greuel der Erde» genannt, der Kaiser früh als Diener des Teufels betrachtet. Doch gab es seit Paulus auch eine staatsfreundliche, sich bewußt anpassende und immer mehr durchsetzende Richtung; schrieb Irenäus: «Nicht der Teufel verteilte die Königreiche dieser Welt, sondern Gott»; beteuerte Tertullian: «Die Christen sind niemands Feinde, am wenigsten des Kaisers»; versicherte nach Anerkennung des Christentums durch Konstantin Kirchengeschichtsschreiber Bischof Euseb, «welch liebevolle Aufnahme sich die Leiter der einzelnen Kirchen bei allen Zivil- und Militärbeamten erfreuten»; wußte der hl. Johannes Chrysostomos, Gott habe zunächst zwar «nur *eine* Herrschaft» angeordnet, «die des Mannes über das Weib», dann aber auch «andere Gewalten», nämlich «Fürsten und Obrigkeiten», wobei Gott wollte, «daß der eine Teil herrsche, der andere gehorche; daß die Herrschaft monarchisch und nicht demokratisch sei», auch daß man Fürsten und Untertanen, Reichen und Armen, jeweils ganz anders gegenübertreten, den einen sich «anbequemen» müsse, den andern nicht! Kurz, mit fliegenden Fahnen war man zu den Machthabern geeilt. Und nur wenn sie der Kirche widerstrebten, galt und gilt noch heute: Du sollst Gott mehr gehorchen als den Menschen ... «Gott», wie immer wiederholt werden muß, das waren, das sind sie – nicht theoretisch natürlich, aber in praxi.[7]

In Ost und West zeigten die christlichen Regierungszentren das gleiche Bild: unaufhörlich Hofkabalen, Machtkämpfe, Ministerkrisen und Morde. Die katholischen «Kinderkaiser» – Arcadius, Honorius, dann auch Valentinian III. und Theodosius II. – waren unselbständige, keiner Entscheidung fähige gekrönte Nullen, umschwirrt von habgierigen Hofschranzen, Großwürdenträgern, germanischen Generalen und nicht zuletzt Eunuchen. Mit dem persönlichen Wohl der Majestäten betraut, umgeben die Kastraten sie ständig, ja, ihr oberster, der Palastkämmerer, obwohl oft auf dem Sklavenmarkt gekauft, konkurriert häufig mit den höchsten Reichsbeamten und gibt unter unbedeutenden Potentaten nicht selten politisch sogar den Ton an. Gelegentlich aber fungiert auch mancher Magister officiorum als eigentlicher Reichsregent, im Westen Olympius, im Osten Helio, Nomus und Euphemius, liegt die «große» Politik auch in den Händen der magistri militum, der an allen Fronten, mitunter auch gegeneinander kämpfenden Reichsfeldherren; teils Germanen, bei der Verteidigung der Grenzen allmählich unentbehrlich: Stilicho im Westen, Aspar im Osten; teils Römer: Aëtius, Bonifatius. Bonifatius fällt gegen Aëtius; Aëtius, Aspar, Stilicho werden ermordet. Nicht zu unterschätzen – wie so oft in Zeiten des «Verfalls»: als verfielen sie nicht alle! – einige Frauen des Kaiserhauses: im Osten Pulcheria, Eudokia, Eudoxia, im Westen Galla Placidia.[8]

Hinter den Frauen aber (doch nicht nur *hinter* ihnen und nicht nur hinter *ihnen*) stand ein intriganter Klerus, bei dem hohe Funktionäre, die um ihre Stellung bangten, durch neue «Ketzer»-Erlasse gern Rückhalt suchten. Auch griffen die Bischöfe schon im 4., mehr noch im 5. Jahrhundert fortgesetzt in die Aufgaben der Reichsbeamten ein, maßten sich deren Befugnisse an, verstanden es vor allem, den Umfang der kirchlichen Gerichtsbarkeit, die episcopalis audientia, das episcopale iudicium, die oberhirtlichen «Schlichterfunktionen», immer mehr auszudehnen, ohne freilich die staatlichen Gerichte verdrängen zu können, zumal man die bischöflichen gewöhnlich doch lieber mied und, vielsagend genug, ein anderes Gericht vorzog. In den germanischen Ländern bürgerte sich das klerikale Schiedsrichteramt überhaupt nicht ein. Grundsätzlich indes konnte bereits seit Konstantin I. in einem Zivilprozeß jeder zum Bischof gehn, wenn auch umstritten ist, ob das bischöfliche dem weltlichen Verfahren als gleichwertig galt. All dies aber zerrüttete die ohnehin verwahrloste Verwaltung noch mehr. Es entstand ein christlicher Zwangsstaat, der schließlich im Westen weniger durch die einbrechenden «Barbaren» als durch sich selbst zerstört, weniger von der Kirche gefestigt als – gewiß nicht der einzige Grund des Debakels – fortwährend ausgehöhlt, ruiniert und zuletzt auch beerbt worden ist.[9]

Arcadius, Rufinus, Eutrop

Arcadius schon 383, als Kind, Augustus, 384 selbständiger Regent des Ostens, wurde erst durch seine Mutter Aelia Flaccilla, eine strenge Katholikin, erzogen, dann durch den Diakon Arsenius aus Rom. Obwohl nicht ungebildet – selbst ein Heide, Themistios, Präfekt Konstantinopels, hatte ihn unterrichtet –, hing der Monarch stets von Beratern ab, auch von seiner Frau Aelia Eudoxia (Mutter der hl. Pulcheria und des Theodosius II.), einer entschiedenen Antigermanin, die Arcadius auch gegen Altgläubige und «Ketzer» trieb, überhaupt seine Innenpolitik weitgehend lenkte. Bereits am 7. August 395 rügte der siebzehnjährige Kaiser die Nachlässigkeit der Behörden bei der Verfolgung der Götterkulte.[10]

Vor allem jedoch war der junge Fürst beim Tod seines Vaters in die Hand des Galliers Flavius Rufinus geraten, seines Vormunds.

Der Praefectus praetorio Orientis, von den meisten Kirchengeschichten gar nicht erwähnt, soll Theodosius, dem Förderer seiner Karriere, zu dem Blutbad von Thessalonike geraten haben, einem der scheußlichsten, durch Augustinus widerlich verklärten Massaker der Antike (I 445 ff). Rufin von Aquitanien, Bruder der hl. Jungfrau Silvia, war «ein fanatischer Christ» (Clauss). Er brach den Kontakt mit den Heiden Symmachus und Libanios ab. Er baute die Apostelkirche in Chalkedon und bereicherte sie mit (angeblichen) Reliquien des Petrus und Paulus aus Rom. Er gründete, unmittelbar benachbart, ein Kloster für ägyptische Mönche. Er brillierte durch Spenden für die Kirche ebenso wie durch sein scharfes Verfechten der «Rechtgläubigkeit» gegen Heiden und «Ketzer». Die Bischöfe umschmeichelten ihn. Kein Geringerer als Ambrosius, Heiliger und Kirchenlehrer, nannte ihn Freund, gestand freilich auch, wie sehr man Rufin hasse und fürchte.

Zunächst verdrängte er seinen Nebenbuhler bei Hof, den Heermeister und ehemaligen Konsul Promotos, einen Heiden, durch Strafversetzung zu seinem Truppenteil, worauf er ermordet wurde, was man allgemein Rufin zuschrieb. 392 sorgte er für den Sturz des Praefectus praetorio Tatian, eines hochgebildeten Heiden, und trat selbst an dessen Stelle. Am 6. Dezember 393 ließ er Tatians Sohn Proculus, Stadtpräfekt Konstantinopels, so rasch (vor den Augen des Vaters) enthaupten, daß ihn die Begnadigung des Kaisers nicht mehr erreichte. Tatian selbst beraubte er seines Vermögens und jagte ihn als Bettler ins Exil. Auch die Ermordung des Lucian, wohl 395, eines Christen und überraschend rechtlich denkenden Mannes, dessen Güter Rufin kassiert hatte, war sein Werk. Nach der Beschwerde eines kaiserlichen Verwandten ließ er Lucian mitten in der Nacht in Antiochien, seinem Amtssitz, verhaften und ohne jede Anklage vor seinen Augen mit Bleikugeln zu Tode peitschen. Auf jede Weise bereicherte sich der Freund der Pfaffen an Reich und Arm. Er verschacherte Ämter an Meistbietende, verkaufte Staatssklaven, begünstigte Denunzianten, falsche Anklagen, zeigte sich bei Prozessen bestechlich und hortete so unermeßliche Schätze, daß Symmachus, damals der bedeutendste Repräsentant traditionsbewußten Römertums, von einem «Weltraub» spricht. Neben seiner Habgier, auch durch den Dichter Claudian besonders gegeißelt, nennen die antiken Historiker Rufin hochmütig, grausam, verdorben, feig. Auch die Feindschaft zwischen Ost- und Westrom soll er begründet haben. Und schließlich suchte er durch die angestrebte Vermählung seiner Tochter mit Arcadius das ganze Reich zu ergattern.[11]

Doch gerade als Rufin sich die Mitregentschaft erhoffte, verlor er selbst den Kopf. Alle Pläne nämlich durchkreuzte sein erbittertster Feind, der alte Eunuch und Minister Eutrop, ein auf dem Sklavenmarkt gekaufter, seit früher Jugend kastrierter, de facto das Ostreich regierender Syrer, von dem es hieß, er lenke den stumpfsinnigen Kaiser «wie ein Stück Vieh» (Zosimus). Vielleicht konspirierend mit Stilicho ließ Eutrop im November 395 unter den Augen des Herrschers gotische Truppen auf Konstantinopels Paradefeld Rufin zu einem unförmigen Klumpen zerstechen: das Gesicht zerfleischen, die Augen ausreißen, den Körper zerstückeln; dann wanderte sein Kopf auf einer Lanze durch die Stadt. Schließlich raubte Eutrop größtenteils Rufins selber zusammengeraubtes Vermögen. Auch sonst trat er fast in jeder Hinsicht sein Erbe an, durch ungeheure Habsucht, Herrschgier, willkürliche Verbannungen, Konfiskationen, Erpressungen, Intrigen, ohne freilich im allgemeinen grausam zu sein.[12]

Allmählich aber verdarb es Eutrop mit allen, mit den Grundherrn, der streng katholischen Kaiserin und mit der Kirche, deren Privilegien er zugunsten des Staates beschnitt. Er betrieb die Beschränkung ihres Asylrechts und der bischöflichen Gerichtsbarkeit. 398 zum Patricius, 399 (als erster Eunuch) zum Konsul ernannt, fiel er im selben Jahr noch in Ungnade. Und kein anderer als der hl. Chrysostomos, der Eutrop den Patriarchenstuhl verdankte (S. 138), erklärte jetzt dem in die Kathedrale Geflüchteten in pfäffisch-zweideutiger, doch berühmter Predigt, er habe dem Klerus «unrecht getan». «Du kämpfst gegen die Kirche und stürzest dich selbst in den Abgrund» – wobei der Heilige den Eunuchen aber nicht «schmähen», «verhöhnen», nicht sich «über sein Unglück lustig» machen wollte. Kurz darauf schimpfte Arcadius den von ihm gerade erst mit Ehren Überschütteten in einem Strafedikt den «Schandfleck des Jahrhunderts», «ein schmutziges Ungeheuer». Er verbannte Eutrop nach Cypern, und 399 ließ er ihn, unter der ungerechten Anklage, sich Insignien des Kaisers angemaßt zu haben, in Chalkedon liquidieren. (Die übliche Form der Exekution war Enthauptung oder Erwürgen.)[13]

DER «HEISSE SOMMER» 400 – DER HL. JOHANNES CHRYSOSTOMOS UND DAS KONSTANTINOPELER GOTENMASSAKER

Inzwischen hatte sich der im römischen Heer rasch aufgestiegene General Gainas, ein Gote und Arianer, an die Spitze gespielt. Er war 394 am Krieg gegen Eugenius, 395 am Feldzug des Stilicho gegen Alarich, darauf an der Ermordung des Rufinus beteiligt und von 396 bis 399, sozusagen unter Eutrop, comes et magister utriusque militiae. Eines Tages wurden Gainas die Führer der germanenfeindlichen Partei, seine größten Gegner, ausgeliefert, der Konsul Aurelian, der Konsular Saturnius und der Geheimschreiber Johannes. Der Gote aber berührte sie nur mit dem Schwert, offenbar um anzudeuten, sie hätten den Tod verdient, und schickte sie dann ins Exil.[14]

Nach einer unglücklichen Operation 399 gegen einen aufständischen Stammesgenossen, den Goten Tribigild, geriet Gainas jedoch ins Zwielicht. Auch hatte sich in Konstantinopel, als Reaktion auf gotische Beutezüge, Brandschatzungen, allerlei Demagogie, eine rigorose nationale Richtung entwickelt, ein ausgeprägter Antigermanismus, «in erster Linie von strenggläubigen Christen getragen» (Heinzberger). Das durch Gerüchte aufgehetzte Volk haßte die Germanen ohnedies, die «Barbaren» und arianischen «Ketzer», die sogar eine eigene Kirche in der Hauptstadt beanspruchten. Gainas hatte deshalb einen scharfen Disput mit dem Patriarchen Chrysostomos, der die Goten eifrig zu «bekehren» suchte, katholischen Goten auch ein eigenes Bethaus, die Pauluskirche, zuwies und derart «Begründer einer ‹deutschen› Nationalkirche in Konstantinopel» wurde (Katholik Baur).

Arianische Gottesdienste aber verbat sich der Bischof strikt. Er protestierte beim Kaiser gegen Gainas' Forderung nach einer eignen Kirche. Er wetterte wider die Arianer und sonstigen «Ketzer». Er beschwor den von Eudoxia, der fanatischen Antigermanin – seit 400 Augusta –, beherrschten Herrscher, doch nicht zu dulden, das Heilige den Hunden vorzuwerfen. Es sei besser, den Thron zu verlieren als das Gotteshaus zu verraten – man vergleiche die so ähnlichen Ratschläge seines Kollegen Ambrosius (I 410 ff, 422 f, 429 f)! Die bischöfliche Intervention ermutigte die Bürger, mit denen es schon vordem Konflikte gegeben. Sie rebellierten im «heißen Sommer» des Jahres 400, sicher mitbedingt durch den Fremdenhaß, die völkische Verschiedenheit. «Entscheidend aber war der Glaubensgegensatz; das Blutbad bricht bezeichnenderweise aus, als Gainas für seine arianischen Goten die Freigabe einer Kirche verlangt» (Aland).

Die nationale Partei hatte die Bürger bewaffnet und griff, gemeinsam mit der römischen Garnison und Palastwache, die gotische Minderheit an. Gainas rettete sich und einen Teil seiner Truppen in der Nacht zum 12. Juli 400 durch den Sturm auf ein Stadttor. Doch viele seiner Soldaten wurden noch am selben Tag, samt Frauen und Kindern, entweder niedergemetzelt oder in der «Gotenkirche», wo sie Zuflucht gesucht, mit der Kirche verbrannt: alles in allem angeblich über 7000 Menschen. Es geschah «auf Betreiben des Bischofs Chrysostomos» (Ludwig), vielleicht aber mehr noch des nachmaligen Bischofs Synesios. Seine Auslassungen als Gesandter sind typisch für den Antigermanismus in Konstantinopel. Dabei wurde das Ansehen des hl. Chrysostomos «in diesen Wirren gestärkt»; freilich nicht, wcil cr, wic Katholik Stockmeier meint, «über den Parteien», sondern weil er auf der Seite der Sieger stand. Die Katholiken, die den offenen Kampf scheuten, entfernten das Kirchendach und massakrierten die «Barbaren» durch Steinhagel und brennende Balken bis zum letzten Mann. (34 Jahre zuvor hatte sich dies Verfahren bereits in Rom beim Kampf zweier Päpste bewährt: S. 114.) Nach der Schlacht sandte man Dankgebete zum Himmel, und Chrysostomos pries predigend einmal mehr jenen, der alles Menschenlos lenke.[15]

Der flüchtige Gainas, nun offiziell Staatsfeind, schlug sich durch Thrakien, um jenseits der unteren Donau zu seinen Landsleuten zu kommen. Doch nach der Vernichtung seines Heeres beim Überschreiten des Hellespont wurde er am 23. Dezember 400 von dem hunnischen Häuptling Uldin, den die Regierung gekauft, erschlagen und sein Kopf Anfang des folgenden Jahres nach Konstantinopel geschickt, wo im Winter 401/402 wieder Aurelianus als Praefectus praetorio Orientis fungierte.[16]

KOPFJAGDEN, HEIDEN- UND «KETZER»VERFOLGUNG

Die Häupter gefallener Feinde besah die Christenheit gern; die Regierenden erbauten sich daran und die Regierten. Es war üblich, die Köpfe bestrafter Prominenz durchs Reich zu schicken, als Siegestrophäen aufzupflanzen. «Töten» nennt Mark Twain den «Hauptehrgeiz des Menschengeschlechtes und das früheste Ereignis seiner Geschichte – aber nur die christliche Kultur hat einen Triumph erreicht, auf den sie stolz sein kann. In zwei, drei Jahrhunderten wird anerkannt werden, daß die fähigen Kopfjäger alle Christen sind . . .»[17]

Schon Konstantin, der erste christliche Regent, ließ 312 nach der Schlacht an der Milvischen Brücke den abgetrennten Kopf des Kaisers Maxentius beim Triumphmarsch durch Rom mit Steinen bewerfen, mit Kot und bis Afrika tragen (I 223). Auch der Kopf des Usurpators Iulius Nepotianus, der vermutlich im Auftrag Konstantinopels rebellierte, wurde im Jahr 350, bereits am 28. Tag seiner Herrschaft, durch Rom geführt. Drei Jahre darauf konnte man das Haupt des Usurpators Magnentius (I 309 ff) in vielen Provinzen des Reiches bewundern. Als christliche Siegeszeichen dienten auch die Köpfe des Prokop, eines Verwandten Kaiser Julians, im Jahr 366 (I 349), des Magnus Maximus 388, des Eugenius 394 (I 458). Zur Schau gestellt wurden Ende des 4. oder im frühen 5. Jahrhundert die Häupter von Rufin, Konstantin III., Jovinus, Sebastianus, gelegentlich sogar die Köpfe von Verwandten mißliebiger Leute.[18]

Neben ihrer gotenfeindlichen Politik waren die Regierungen des Arcadius wie des Honorius durch Heiden- und «Ketzer»verfolgung gekennzeichnet, die entsprechenden Maßnahmen noch heftiger als die ihres Vaters, den immerhin 388 in Emona, seinerzeit zu Italien gehörig, noch heidnische Priester im Ornat begrüßt hatten.[19]

Schon im Jahr ihres Machtantritts drohen die neuen Herren rückfälligen Christen eine verschärfte Anwendung der bisherigen Erlasse, und Beamten, die sie mißachten, die Todesstrafe an. 396 werden alle Privilegien und Einkünfte, die Tempelpriester noch hatten, annulliert und heidnische Feste verboten. 399 erfolgt der Befehl zum Abbruch ländlicher Tempel – das erste Gesetz zu ihrer Zerstörung. Das ruinierte Material verschwindet beim Bau von Wegen, Brücken, Wasserleitungen, Mauern. Städtische Adoratorien überläßt man der Öffentlichkeit. Kunstwerke waren zwar geschützt, doch respektierten Bischöfe und Mönche sie selten. Alle Altäre mußten vernichtet, noch vorhandene Götterstatuen entfernt werden. Nicht nur im Kult wurden sie untersagt, sondern sogar ihre Aufstellung in Bädern: durch Arcadius 399, durch Honorius 408 und 416, nachdem ein Gesetz zur endgültigen Konfiskation aller Götterbilder offenbar so wirkungslos geblieben war wie manch früheres.[20]

Die Erlasse, im Namen beider Kaiser ergangen, hatten für beide Reichshälften Geltung, doch war man bei ihrer Vollstreckung im Westen milder und beschränkte sich hauptsächlich auf frühere Verfügungen.[21]

Selbstverständlich bekämpften beide Herrscher erst recht heterodoxe Christen, sei es, daß sie alte Gesetze wieder einschärften, sei es, daß sie neue erließen.

Um die Wende zum 5. Jahrhundert bedrohten sie «Häretiker» mit Konfiskation des Vermögens, Ausweisung oder Exil. Auch Kinder, die sich der Bekehrung widersetzten, verloren Hab und Gut. Nichtkatholische Christen mußten ihre Kirchen den «Rechtgläubigen» geben. Sie durften keine neuen bauen, nicht Privathäuser für Kultzwecke benutzen, nicht Versammlungen und Gottesdienste anberaumen, weder öffentlich noch geheim, auch keine Geistlichen bestellen. Man entzog «Ketzern» die bürgerliche Rechtsfähigkeit, untersagte ihnen, sich Christen zu nennen, Testamente zu machen oder aufgrund von Testamenten zu erben. Und 398 setzte man auf «Häresie» die Todesstrafe, anfangs nur den stets am schlimmsten verfolgten Manichäern vorbehalten. All diese Unterdrückungs- und Ausrottungsversuche aber veranlaßte gewöhnlich die «Großkirche».[22]

Honorius, Stilicho, Alarich und erste Raubzüge germanischer Christen

Für den beim Tod seines Vaters erst elfjährigen weströmischen Kaiser Honorius (395–423) regierte zunächst – von Theodosius noch auf dem Sterbebett bestimmt – der Halbwandale und Reichsfeldherr (Magister militum) Flavius Stilicho.

Der Sohn eines wandalischen Offiziers, der unter Valens ein Reiterregiment befehligte, war Katholik, seine Religionspolitik jedoch Schwankungen unterworfen. So ließ er die Goldverzierungen von den Türen des kapitolischen Jupitertempels reißen, die uralten sibyllinischen Bücher verbrennen, nach Einmischung Augustins die «Ketzer», besonders die Donatisten, gesetzlich belangen und die Privilegien der Kirche erneuern. Andrerseits hat Stilicho die Statue der Victoria (I 421 ff) wieder zugelassen oder, aus Gründen der Staatsraison, einzelne Heiden begünstigt, sie etwa für die Stadtpräfektur Roms favorisiert. Es gab immer noch Göttergläubige, denen man Konzessionen machte, um sie dem christlichen Kaiserhaus zu verbinden, das ja auch des Senats bedurfte als Gegengewicht zur Autorität Konstantinopels. Geschickt befriedigte man so den Ehrgeiz prominenter Heiden durch das traditionsreiche Amt eines römischen Stadtpräfekten, hielt sie aber zugleich von politisch entscheidenden Stellungen fern.[23]

Seit 384 war Stilicho mit Theodosius' Nichte Serena vermählt, einer glaubenseifrigen, energischen Frau, die am Hof des Honorius, den sie als Kind betreut hatte, beträchtliche Geltung gewann. Mit dem Kaiser verheiratete Stilicho 398 seine Tochter Maria, nach deren Tod 408 ihre jüngere Schwester Thermantia, was seinen Einfluß auf den lebenslang von anderen abhängigen Herrscher noch verstärkte.[24]

Zur Zeit Stilichos erfolgte der Ansturm der Westgoten (I 405 ff) auf Italien, eines Germanenstammes, der dem Christentum besonders früh erlag. Wurden die Goten ja überhaupt die wichtigsten Missionare der germanischen Völker. Doch waren die meisten der seit Mitte des 4. Jahrhunderts in die Donauprovinzen, vor allem in Pannonien und Mösien (wo schon vordem «Bischofssitze» bestanden), einströmenden «Barbaren» bald keine Heiden mehr, sondern Arianer. Nach Kirchenhistoriker Sokrates haben die Goten unter dem Eindruck ihrer Niederlage durch Konstantin, das heißt bezwungen durch das Schwert, «zuerst der Religion des Christentums geglaubt». Immer wieder – 315, 323, 328 – waren sie von diesem machtgeilen Despoten bekriegt und stets von neuem besiegt worden (I 247 f), besonders schwer 332, wobei man ihre Toten, viele Frauen anscheinend darunter, Kinder, auf hunderttausend schätzte. Auch die jüngste Forschung nimmt an, Konstantins Schlachterfolge und die politische Bindung der Goten ans Römerreich habe ihrem Christentum «Auftrieb» gegeben. Bewahrheitet sich doch immer wieder seitdem Theodorets, des Bischofs, des Kirchenvaters, denkwürdiges Diktum: «Die geschichtlichen Tatsachen lehren, daß uns der Krieg größeren Nutzen bringt als der Friede».[25]

Nach ihrer Vernichtung des Valens 378 bei Adrianopel (I 413 f) hatten die Goten, verstärkt durch Hunnen und Alanen, das Oströmische Reich überschwemmt. Doch dann verbündete sich Alarich I., der Begründer des westgotischen Königtums, mit Kaiser Theodosius, und 394, in der Schlacht am Frigidus gegen Eugenius (I 456 ff), entrichtete das starke Aufgebot der Westgoten den höchsten Blutzoll, angeblich 10 000 Tote, was den Verdacht erweckte, Theodosius habe sie absichtlich geopfert.

Gleich nach dessen Tod schickte Stilicho die gefährlichen Kampfgenossen in den Osten zurück. Dort aber verweigerte Arcadius jetzt den im Donauraum Siedelnden weitere Zahlungen, worauf sie unter Alarich ins Reich einfielen – «fast ausnahmslos Christen . . . sogar überzeugte Christen» (Aland); mit einer eigenen Kirchenordnung bereits durch den homöischen Bischof Sigishari und wohl auch mit Mönchen. Sie überrannten den Balkan sowie, bis zur Südspitze, das nahezu wehrlose Griechenland. Nach Eunapios von Sardes (ca. 345–420), einem freilich eingefleischten Christenfeind, hatten auch Mönche durch Hochverrat an den Thermopylen Alarichs Angriff ermöglicht. Niemals jedenfalls ist Griechenland schlimmer verwüstet worden: Makedonien, Thessalien, Böotien, Attika. Theben retteten seine starken Mauern. Athen wurde entsetzlich geplündert (daß es Athene und Achill schützten: ein heidnisches Tendenzmärchen). Das übrige Land, seine Villen, Tempel, Kunstwerke, wird grauenvoll heimgesucht, Korinth niedergebrannt. Böotien soll noch jahrzehntelang verödet gewesen sein. Überhaupt verheerten die christlichen Goten die Städte gänzlich, so ein mehrfach bestätigtes zeitgenössisches Zeugnis, «indem sie die Männer durchweg niedermetzelten, Kinder und Frauen aber in Scharen mitsamt ihrer Habe als Beute mit sich fortschleppten» (Zosimus). Mag dies übertrieben sein, die Katastrophe war fürchterlich. Sie traf zugleich das Heidentum, wurde von der kirchlichen Mission jedoch klug genutzt, mochte der hl. Hieronymus jetzt auch «ganz Griechenland unter der Herrschaft der Barbaren» sehen und schreiben: «Die Seele schaudert beim Anblick der Ruinen unserer Zeit».[26]

Kaiser Arcadius aber ernannte Alarich zum Magister militum per Illyricum, und Stilicho stellte darauf den Kampf gegen ihn ein. Fünf Jahre hielt der Gotenführer Ruhe. Dann schützte sich die «perfidia Graecorum», das mit den «Barbaren» konspirierende Byzanz, geschürt von der Furcht vor Westrom und Rufins Eifersucht auf Stilicho, erstmals durch eine noch Schule machende Methode: die Ablenkung Alarichs in das Weströmische Reich.[27]

Seit den Tagen der Cimbern und Teutonen – durch Marius bei Aquae Sextiae und Vercellae (102/101 v. Chr.) bis auf geringe Reste ausgelöscht – war dies der erste «Barbaren»-Einfall in Italien.[28]

Aus den schon arg geschröpften Donauländern kommend, drangen die Westgoten im November 401 nach Italien vor. Sie benutzten die ihnen von Heerzügen unter Theodosius vertrauten Pässe der Julischen Alpen, den Birnbaumer Wald (nordöstlich von Triest). Der Zeitpunkt war gut gewählt. Stilicho hatte alles verfügbare Militär aus Italien zur Abwehr eines Wandaleneinfalls in Rätien abgezogen, alle Grenzen entblößt, der Kaiserhof – Honorius bereitete schon seine Flucht in den Westen vor – auf Stilichos Rat in Mailand Schutz gesucht, wohin dieser selbst mit Einheiten aus Gallien und Britannien zum Entsatz eilte. Die

Goten, die inzwischen Venetien erobert, scheiterten denn auch an der starken Truppenmassierung vor Mailand. Eine verlustreiche, bis in die Nacht dauernde Schlacht bei Pollentia (Pollenzo), von Stilicho am 6. April 402, am Ostersonntag, begonnen (an dem seine arianischen Gegner nicht kämpfen wollten), blieb unentschieden. Doch fielen ihr Lager, Alarichs Familie, die ganze Kriegsbeute in Stilichos Hand, und man schloß Waffenstillstand. Bei Verona aber, das die Goten noch im gleichen oder folgenden Jahr berannten, unterlagen sie nach einer Umzingelung dem kaiserlichen Generalissimus. Freilich ließ der die auch durch Hunger, Pest, Desertion stark geschwächten Scharen wieder nicht vernichten, sondern, nach ihrem vergeblichen Durchbruchsversuch auf die Brennerstraße, über die Julischen Alpen entkommen.[29]

Claudius Claudianus, der letzte bedeutende Dichter der Römer, besang seinerzeit das Gemetzel vor Verona: «Wenn der (römische) Soldat erschöpft aus der Schlachtreihe weicht, setzt er (Stilicho) die (barbarischen) Hilfstruppen zur Behebung des Schadens ein. Durch diese schlaue List schwächt er die wilden Anrainer der Donau durch die Kraft der Blutsverwandten und wendet den Kampf zum doppelten Gewinn für uns, indem auf beiden Seiten Barbaren fallen» (Et duplici lucro committens proelia vertit/In se barbariem nobis utrimque cadentem).[30]

Die Aversion der Römer gegen die «Barbaren», der Wunsch, Germanen durch Germanen, durch ihre eigene Zwietracht, zu beseitigen, wovon schon Tacitus träumt, wird gerade während der Völkerwanderung – welch verharmlosende Vokabel! – immer wieder deutlich, gewöhnlich verschärft noch durch den religiösen Gegensatz, da die Katholiken sich mit dem römisch-imperialen Ideal mehr und mehr identifizieren. Begriffe wie «Rom» und «römisch» spiegeln auch für sie nun die gottgewollte «Ordnung» der Welt. Und neben adeligen Kreisen entwerfen besonders die Kirchenväter, Ambrosius, Hieronymus, Augustin, Orosius, Prosper Tiro, ein oft schauerliches Bild «barbarischer» Brutalität, nicht selten reine «Greuelpropaganda» (Diesner).[31]

Nach Prudentius (348–nach 405), dem größten frühkatholischen, im Mittelalter am meisten bewunderten und gelesenen christlichen Dichter, unterscheiden sich Römer und «Barbaren» wie Mensch und Tier! Nicht den heidnischen Göttern, rief er Honorius zu, verdanke er seine Siege, nein, der christliche Glaube habe die Legionen gestählt. Preist Prudentius, der die Kirche verherrlichen und selbst schließlich «ganz für Christus leben» will (Altaner/Stuiber), doch auch, daß das Christentum Patriotismus und Militarismus stärke.[32] (Und in Wort und Tat tut es dies bis heute!)

Im Osten agitierte im antigermanischen Sinn der Gesandte Synesios (gest. 413/414). Ganz unverblümt stachelte dieser altem Provinzadel entstammende Großgrundbesitzer den Kaiser zu mehr Aktivität auf – und wurde später, ungetauft, das Christentum ablehnend, trotz offener Kritik an dessen Eschatologie, Bischof von Ptolemais und Metropolit der Pentapolis!

Im Jahr 410 ließ sich Synesios von Patriarch Theophilus von Alexandrien (S. 136 ff) unter der Bedingung weihen, daß er auch als Bischof seine unchristlichen Anschauungen behalten und seine Ehe fortsetzen dürfe – ausdrücklich wünschte er «viele und wohlgeratene Kinder». Denn Gott habe ihm zwar das Gesetz gegeben, der Patriarch aber seine Frau. Der Erfinder einer neuen Waffe für den Kampf gegen die «Barbaren» organisierte den Krieg wider die Wüstenstämme, hielt flammende Aufrufe und war damit keine Ausnahme (vgl. I 301 f). Weithin organisierten bereits Bischöfe den Einsatz gegen Germanen und Perser. (Einen Angriff der letzteren beispielsweise auf eine Stadt in Thrakien schlug der örtliche Oberhirte ab, indem er mit einer gewaltigen, von ihm selbst abgefeuerten Wurfmaschine einen Volltreffer auf den feindlichen Anführer erzielte. Wahre heroische Wundertaten berichtet man auch von einem Bischof in Toulouse, der während einer Belagerung das Kommando führte.)

Synesios aber, der ungläubige Prälat, der wahrscheinlich im Kampf gegen Wüstenstämme gefallen ist, schritt auch scharf gegen jede auftauchende «Ketzerei» ein. Er rief dazu auf, gegnerische Christen «wie ein unheilbares Glied von uns abzuschlagen, damit nicht auch das Gesunde durch die Verbindung mit ihm verdorben werde. Denn die Befleckung wird übertragen, und wer einen Unreinen berührt, hat teil an der Schuld ... Deshalb verfügt die Kirche von Ptolemais folgendes an ihre Schwestern überall auf der Erde» – und nun kommt das früheste Beispiel einer Bannbulle gegenüber mißliebig gewordenen Christen: «Jeder heilige Raum und Bezirk ist ihnen zu verschließen. Der Teufel hat keinen Anteil am Paradies; wenn er heimlich eingeschlüpft ist, wird er vertrieben. Ich ermahne also jeden Bürger und Beamten, mit ihm nicht dasselbe Dach und denselben Tisch zu teilen, im besonderen die Priester, sie nicht als Lebende willkommen zu heißen und nicht als Tote zu geleiten ...»[33]

Der Teufel, das ist für die Verkünder der Frohen Botschaft, der Nächsten- und der Feindesliebe: der Christ anderen Glaubens!

Der ungläubige Kirchenfürst Synesios hielt Predigten «von untadeliger dogmatischer Korrektheit»! Und wie viele seinesgleichen mag es gegeben haben, geben! Stört es die Kirche? Die Auseinandersetzungen mit ihr beginnen doch «immer erst dort, wo die Theologen ihren Beruf ganz ernst nehmen wollen und das Eigentümliche des christlichen Glaubens für sich und ihre Kirche verbindlich machen» (v. Campenhausen).[34]

Honorius eilte seinerzeit, auf seinem Siegeswagen Stilicho neben sich, über die Milvische Brücke nach Rom, mit den glorreichen Spolien des Sieges im Geleit Christi, wie Prudentius singt. Ein christlicher Germane hatte gegen christliche Germanen gekämpft und Italien noch einmal vor den Germanen bewahrt.

Der Einfall des Radagais, Stilichos Ermordung und weitere römisch-katholische Gotengemetzel

Ende 405 brach ein neuer gewaltiger, meist aus heidnischen Ostgoten bestehender Germanenverband unter dem Wanderkönig Radagais aus Pannonien auf und fiel Anfang 406 in Italien ein – nach Orosius 200 000, nach Zosimus sogar 400 000 Menschen, was purer Unsinn ist. Immerhin geriet ganz Italien in Panik. Der Gote belagerte Florenz, mußte aber vor Stilicho in das Bergland von Faesulae (Fiesole) weichen. Dort umzingelte ihn Stilicho, ein routinierter Umfassungsstratege, «durch göttliche Fügung» (Orosius) und hungerte seine Haufen aus – laut Augustin, der dies der «Barmherzigkeit Gottes» zuschreibt, «weit über 100 000 Mann, ohne daß ein einziger Römer getötet, ja auch nur verwundet worden wäre»! Radagais wurde am 23. August 406, beim Versuch, sich durch die römischen Linien zu schleichen, aufgegriffen und bald danach geköpft. Seine Leute kapitulierten. Die Gefangenen wanderten in solchen Mengen in die Sklaverei, daß sie die Marktpreise drückten. Stück für Stück schlug man sie um einen Aureus los. Gott hat geholfen, jubelt Augustinus, «wunderbar und barmherzig».

Stilicho, der Retter Italiens, erhielt damals auf dem Forum ein Standbild mit der Inschrift: «Seiner Exzellenz (inlustrissimo viro) Flavius Stilicho, zweimal ordentlichem Konsul, Magister beider Waffen, Gardekommandanten, Oberstallmeister und von Jugend an durch die Stufen einer glänzenden militärischen Karriere bis zur fürstlichen Verwandtschaft emporgehoben, Begleiter des verewigten Kaisers Theodosius auf allen Kriegszügen und bei allen Siegen, ihm auch verschwägert, desgleichen auch Schwiegervater unseres Herrn des Kaisers Honorius, hat das römische Volk wegen seiner einzig dastehenden Beliebtheit und seiner Fürsorge zur Erinnerung an seinen unvergänglichen Ruhm eine Statue aus Erz und Silber bei der Rednertribüne aufzustellen beschlossen . . .».

Doch Ende 406 fielen die Wandalen, Alanen, Sueben in Gallien ein und eroberten es. Und um dieselbe Zeit – so oft als mala tempora beklagt – erfolgte auch eine Usurpation nach der andern.

Zunächst erhob sich Ende des Jahres 406 der Usurpator Marcus in Britannien und wurde kurz darauf, 407, erschlagen. Vier Monate später kam sein Nachfolger Gratianus um. Noch im selben Jahr rebellierten die britannischen Truppen unter Flavius Claudius Konstantin III. (407–411). Er war als gemeiner Soldat Kaiser geworden; war auch Christ, wie übrigens die meisten Thronräuber seit Konstantin I., was die literarischen Quellen oder die Münzprägungen beweisen. Konstantin III. setzte mit einem Heer nach Gallien über und schickte schließlich seinen Sohn Konstans – vor seiner Cäsarerhebung Mönch – nach Spanien, wo er ein Heer unter Verwandten des Honorius schlug und Konstantin zwei der Befehlshaber, Didymus und Verenianus, hinrichten ließ. Die anderen Führer der Besiegten flohen nach Italien, wohin auch Konstans aufbrach, nachdem ihn der Vater noch zum Augustus gemacht hatte. Doch rebellierte jetzt wider Konstantin III. sein eigener, mit Absetzung bedrohter Magister militum Gerontius. Gerontius ernannte seinen Sohn Maximus gegen Konstans zum Kaiser, besiegte Konstans, verfolgte ihn nach Gallien, wo er ihn Anfang 411 in Vienne zu enthaupten befahl, bevor man ihn selber in Spanien zum Selbstmord zwang. Konstantin III. aber unterlag dem Heermeister des Honorius, ließ sich zum Priester weihen und ergab sich in Arles, seiner Residenzstadt, gegen Zusicherung des Lebens, worauf der katholische Kaiser ihn samt seinem jüngeren Sohn Julianus im August 411 am Mincio köpfen ließ. Auch Decimus Rusticus und Agroetius, zwei hohe Beamte Konstantins III. und des gallischen Kaisers Jovinus, wurden mit ihrem führenden Anhang in Clermont grausam umgebracht. – Inzwischen jedoch, wir sind der Entwicklung um wenige Jahre vorausgeeilt, drohte Alarich mit einer neuen Italieninvasion. Stilicho kam in Schwierigkeiten. Er riet zum Nachgeben. Die Katholiken aber opponierten. Sie haßten den Abkömmling eines Wandalen und einer römischen Provinzialin, haßten einen Mann, der, trotz aller «Ketzer»bekämpfung, den Tempelzerstörungen Einhalt geboten, sogar die Statue der Victoria im Sitzungssaal des Senats hatte wieder aufstellen lassen, wenn auch nicht als Kultbild, sondern als Schmuck.[35]

Überhaupt drang der Antigermanismus vom Osten jetzt immer mehr in den Westen.

Kirchenlehrer Hieronymus attackierte beim «Barbaren»-Ansturm auf Italien Stilichos Politik. Er sah in den Germanen Anzeichen des Antichrist oder gar diesen selbst. Mitten in einem Brief an die junge Witwe Geruchia (ach, wie vielen jungen Frauen schrieb der Heilige, und wie anzüglich schrieb er manchmal!), der er eine neue Ehe auszureden suchte, mitten im Brief unterbrach er sich und wandte sich der Weltgeschichte zu: «Doch was tue ich? Während das Schiff untergeht, rede ich von der Schiffsladung. Der das Verderben aufhielt, wird aus dem Wege geschafft, und immer noch begreifen wir nicht, daß der Antichrist kommt ... Zahllose wilde Völkerschaften haben sich über ganz Gallien ergossen. Das gesamte Gebiet zwischen den Alpen und den Pyrenäen, zwischen dem Ozean und dem Rhein ist von Quaden und Vandalen, Sarmaten und Alanen, Gepiden und Herulern, Sachsen, Burgundern, Alemannen und – unglückliches Reich – von unsern pannonischen Feinden verwüstet worden, *denn Assur kommt mit ihnen*. Mainz, einst eine berühmte Stadt, ist von ihnen erobert und zerstört worden, mehrere tausend Menschen wurden in der Kirche niedergemacht. Auch Worms ist nach langer Belagerung gefallen. Die feste Stadt Reims, ferner Amiens, Arras, das Küstengebiet der Moriner, Tournay, Speier und Straßburg, all dies ist jetzt im Besitz der Germanen. Aquitanien, das Neungauland, das Gebiet um Lyon ...» Hieronymus findet kein Ende in seiner Eloquenz. Die Tränen kommen und versiegen ihm. «Wer sollte all dies für möglich halten? Welches Geschichtswerk wird es in würdiger Sprache berichten? Daß Rom innerhalb seiner Grenzen, nicht zur Mehrung seines Ruhms, sondern um seine Existenz kämpft! Nein, nicht einmal kämpft, sondern mit Gold und seiner gesamten Habe sich das Leben erkauft! Nicht unsern gottesfürchtigen Kaisern können wir die Schuld an unserm Elend beimessen. Wir verdanken es der

Ruchlosigkeit eines halb-barbarischen Verräters, der aus unsern Mitteln unsern Feinden Waffen geliefert».[36]

Nein, nicht die frommen katholischen Regenten traf nach Hieronymus die Schuld, sondern Stilicho, den die Inschrift seiner Statue auf dem römischen Forum doch als Teilhaber an allen Kriegen und Siegen des Kaisers verewigte. (Stilichos Name wurde darin nun freilich ausgemeißelt.) Ein halbbarbarischer Verräter hatte mit römischem Geld die Feinde gegen das Reich geführt. Ähnliches glaubten allerdings auch die römischen Heiden, alle antigermanischen Gegner Stilichos «aus der zivilen Administration und der katholischen Kirche» (Elbern). Stets erneut verdächtigte man ihn, für seinen Sohn Eucherius die Krone zu erstreben, entweder die Herrschaft über das Ostreich oder die im Westen, wo ihm angeblich Honorius weichen sollte. Ferner behauptete man, Eucherius, vermutlich Christ, plane eine Christenverfolgung. Natürlich zieh man auch Stilicho selbst der Machtgier, thronräuberischer Pläne, ja, verbreitete das Gerücht, er habe schon Münzen für sich prägen lassen und seine Gemahlin Serena eine Schwangerschaft ihrer Töchter, der Frauen des Kaisers, verhindert, um ihres Mannes usurpatorische Absicht zu unterstützen. Doch konnte an dessen Treue gegenüber dem Regenten, der jetzt Stilichos Tochter Thermantia verstieß, kaum ein Zweifel sein, auch wenn er, nebst dem schon nach Epirus vorausgeeilten Alarich, wider Ostrom hatte ziehen wollen, mit dem der Streit seit den Tagen des Rufinus nicht endete.

Am meisten aber stachelte Katholik Olympius, das Haupt der Stilicho feindlichen Partei in Italien, den Herrscher gegen ihn auf. Und als Honorius am 13. August 408 in Ticinum (Pavia) eine Truppenparade abhielt, ließ Olympius, ein katholischer Eiferer «strengster Observanz» (Clauss), der Stilicho viel verdankte, dessen Freunde im kaiserlichen Gefolge niedermachen: den Praefectus praetorio von Gallien, Limesius; den Magister militum per Gallias, Chariobaudes; den Magister equitum, Vincentius; den früheren Praefectus praetorio von Italien, Longinianus; den Comes domesticorum, Salvius; den Magister officiorum, Naemorius, dessen Nachfolge Olympius antrat. Der Quaestor sacri palatii wurde getötet, während er die Knie des Kaisers umfaßte. In der Stadt ermordeten die Soldaten alle Beamten, die ihnen in die Finger kamen.[37]

Nachdem man Stilichos Parteigänger beseitigt, seine treue hunnische Leibwache im Schlaf überfallen und niedergemacht hatte, wurde er abgesetzt und suchte am 21. August im Schutz der Nacht das Asyl einer ravennatischen Kirche. Ravenna war, seiner geschützten Lage wegen auf einer Landzunge zwischen Adria und Lagunen, anstelle des offen in der Ebene liegenden Mailand seit 400 die neue westliche Hauptresidenz. Verrat und Meuchelmord grassierten hier. Am Morgen des 22. August 408 lockten Soldaten Stilicho aus der Kirche. Sie hatten ihm eidlich und im Beisein des Bischofs beteuert, der Kaiser – Stilichos Schwiegersohn – habe sie nicht beauftragt, ihn zu ermorden, sondern zu bewachen. Auch ein Brief der katholischen Majestät verbürgte ihm Sicherheit. Doch kaum hatte Stilicho die Kirche verlassen, eröffnete ihm ein zweites kaiserliches Schreiben sein Todesurteil wegen Hochverrat; am nächsten Tag fiel sein Kopf.

Olympius aber avancierte nach dem Blutbad von Ticinum, das er angezettelt, noch im August zum Magister officiorum (ein Titel, den moderne Historiker mit «Oberhofmarschall» übertragen, «Reichshofmeister», «Vorstand des gesamten Hofstaats», «Innenminister», «Minister of Foreign Affairs», «ministre de la police générale»). Es war ein Amt, das unter den vier hohen Hofämtern seit der zweiten Hälfte des 4. Jahrhunderts an der Spitze stand, das seinem Inhaber unter vielem anderen auch (vorwiegend) die kirchenpolitischen Angelegenheiten zuteilte und (gänzlich) die «agentes in rebus», eine anrüchige, verhaßte Organisation, die kaiserliche Briefe und Befehle beförderte, Spitzel- und Spionagedienste leistete, gelegentlich auch «Spezialaufträge» ausführte, wie die Liquidierung hochgestellter Persönlichkeiten.

Olympius also wurde der führende Mann. Er hatte Stilichos Freunde foltern und totprügeln, hatte andere seiner Genossen ihres Vermögens berauben lassen. Auf seine Initiative schloß man mit Wirkung vom 14. November 408 Feinde der katholischen

Kirche («catholicae sectae») von Hofwürden aus und verbot ihnen den Dienst im Palast. Wobei umstritten ist, ob der Ausschluß, wie wahrscheinlich, «nur» den «Ketzern» oder auch Göttergläubigen galt. Darauf folgten neue Strafmaßnahmen gegen die Donatisten am 24. November 408, am 15. Januar 409. Weitere Gesetze bedrohten abgefallene Katholiken und stärkten die Bischofsgewalt. Die antigermanische Partei bekam mit Olympius die Oberhand. Im ganzen Westreich jagte man Stilichos Anhang und alle Germanen. Sein einziger Sohn mit Serena, Eucherius (im Jahr 400 noch mit der Kaiserschwester Galla Placidia verlobt), konnte zwar fliehen, wurde aber aus einer Kirche nördlich von Rom geholt und von Honorius' Eunuchen getötet. Doch während sie, schreibt Ferdinand Gregorovius, den blutigen Kopf den Römern zur Schau stellten, «ahnten diese selbst schon ihr eigenes Schicksal». (Augustin-Schüler Orosius unterschiebt Stilichos Sohn Pläne für eine heidnische Restauration.) Ebenfalls starb in Rom auf Befehl des Senats Stilichos Witwe Serena, die Nichte des Kaisers Theodosius; man erwürgte sie. Auch der Mann von Stilichos Schwester, der Comes Africae Bathanarius, wurde ermordet und sein Amt dem Heraclianus übertragen, der freilich selbst noch umgebracht worden ist (S. 42). Gleichzeitig metzelten in den Städten des Landes italienische Truppen zahlreiche Frauen und Kinder germanischer Söldner nieder. Und schließlich konfiszierte der Staat das Vermögen aller, die Stilicho ein Amt verdankten.[38]

Sippenhaft war zwar nicht selbstverständlich unter den so gern als «mild» gefeierten christlichen Regenten. Doch sehr häufig teilten die Söhne der Verurteilten das Schicksal ihrer Väter. Mitunter fielen auch weitere Familienmitglieder, wie im Fall des offenbar besonders verhaßten Stilicho. Und nicht selten rächte man sich grausam auch am Anhang der liquidierten Gegner.

Als ein Festredner nach der Schlacht an der Milvischen Brücke den «gütigen Sieg» Konstantins feierte und seine «Milde», rottete man das ganze Haus des Kaisers Maxentius aus und jagte auch seine führenden Parteigänger über die Klinge. Ähnlich ging es nach der Besiegung des Licinius zu, der seinerseits, unter dem

Jubel der Kirchenväter, die kaiserlichen Familien abzuschlachten befahl (I 223, 229 f, 232). Bei dem Verwandtenmassaker nach Konstantins Tod ließ der allerchristlichste Konstantius II., der «Bischof der Bischöfe», die meisten männlichen Verwandten des Kaiserhauses, seine zwei Onkel, sechs Vettern und zahlreiche unbequeme Personen des Hofes umbringen (I 306 f). Auch nach dem Selbstmord des Magnentius, des ersten germanischen Gegenkaisers, 353 in Lyon rollten viele Köpfe von Konstantius' Feinden. Ebenso ließ er zwei Jahre darauf bei der Beseitigung des Franken Silvanus, den bestochne Soldaten erschlugen, dessen Beamte töten. Beim Liquidieren des Usurpators Prokop, den man, ausgeliefert durch seine eignen Offiziere, enthauptet, und des Marcellus, den man qualvoll zerfleischt hat, wurden anno 366 auch deren Verwandte hingerichtet (I 349). Ein knappes Jahrzehnt später hat man den Anhang des Gegenkaisers Firmus in Afrika durch den Heermeister Theodosius, den Vater des nachmaligen Kaisers, ungewöhnlich gräßlich massakriert. Als man den Heermeister selber, Opfer einer Hofintrige, 376 in Karthago köpfte, teilten mehrere seiner Freunde sein Schicksal. Und auch bei dem Fiasko des Ende Juli 398 erdrosselten Berberfürsten Gildo – ein Bruder des Firmus – endete ein Teil seiner Beamten durch den Henker oder tötete sich selbst; der mit ihm verbündete Donatisten-Bischof Optatus von Thamugadi starb im Kerker (I 344, 473).[39]

Die Frauen der Gestürzten hat man gewöhnlich geschont. Doch gab es Ausnahmen. So wurde die Gattin des Magister peditum Barbatio nach Aufdeckung seiner Verschwörung zusammen mit dem Heermeister 359 in Sirmium (bei Belgrad) hingerichtet. In der Regel fielen die derart betroffenen Frauen und Familiennächsten in Armut. Ein Gesetz des Arcadius von 397 begnadigte die Söhne der Hochverräter, sprach ihnen aber ihr Erbe ab und schloß sie vom Staatsdienst aus; Töchter bekamen ein Viertel vom Erbe der Mutter.[40]

Doch eines war das Papier, das andere die Wirklichkeit. So wurden eben in Stilichos Sturz nicht nur sein Sohn, sein Schwager, sondern auch seine Frau mit hineingerissen.

Hinter dem schwachen Honorius stand der nationalrömische und katholische Hofklüngel Ravennas, standen Christen strengster Gesinnung, besonders, als Haupt der Verschwörung, der Asiate und Magister officiorum Olympius, von dessen Gebeten sich Kaiser Honorius viel versprach. Olympius, erst Günstling, dann Gegner Stilichos, hatte durch diesen ein wichtiges Hofamt vom Kaiser erlangt, zuletzt aber am ärgsten gegen Stilicho gehetzt und dessen Anhänger noch über seinen Tod hinaus brutal verfolgt. Der hl. Augustin freilich schätzte den frommen Emporkömmling derart, daß er ihm gleich zweimal gratulierte, einmal auf das bloße Gerücht hin, dann nach der offiziellen Bekanntgabe. Die Beförderung, schreibt Augustin, sei «nach Verdienst» erfolgt. Unmittelbar darauf mahnt er Olympius, Ernst zu machen mit der Ausführung der antiheidnischen Gesetze. Sei es doch Zeit, den Feinden der Kirche zu zeigen, was diese Gesetze bedeuten! Augustins Haltung beweist, wie die Christen gerade jetzt von Olympius die endgültige Verwirklichung jener Maßnahmen wider Heiden und «Ketzer» erwarteten, die Stilicho, christlichem Druck folgend, noch selber durch Erlasse vom 22. Februar und 15. November 407 eingeleitet – «eine Art Generalabrechnung mit den Gegnern des katholischen Glaubens und auf dem politischen Gebiet mit denen des christlichen Staates» (Heinzberger). Glaubte man doch auf katholischer Seite, eine Besiegung der «Barbaren» setze die Vernichtung des Heidentums voraus.[41]

Der Fall Roms (410) und Augustins Ausflüchte

Empört über die römisch-katholischen Massaker gingen die germanischen Soldaten, angeblich 30 000 Mann, zu Alarich über. Sie flohen aus Italien in die politische Einflußsphäre des Gotenkönigs, der in Epirus vergeblich Stilichos Streitmacht erwartet hatte. Auch die weströmischen Soldzahlungen blieben aus. So rückte Alarich über Pannonien nach Italien vor. Von unterwegs forderte er durch Boten an Stilicho 4000 Pfund Gold für seinen Marsch nach Epirus; eine sehr beträchtliche Summe, die der Senat nur widerstrebend nach einer Intervention Stilichos zu zahlen beschloß, dann aber, infolge der umstürzenden Veränderung in der weströmischen Regierung, nicht gezahlt hat. Alarich, inzwischen über die unbeschützten Julischen Alpen in Italien eingefallen, setzte bei Cremona über den Po, verheerte weit und breit das Land und erschien 408 vor Rom, das er einschloß; Hungersnot und Pest brachen darin aus. Gegen das Versprechen einer riesigen Kontribution (angeblich 5000 Pfund Gold, wozu auch verflüssigte Götterbilder beitrugen, 30 000 Pfund Silber, 4000 Seidengewänder, 3000 purpurgefärbte Felle, 3000 Pfund Pfeffer) zog er nach Tuscien, nachdem sein Heer 40 000 aus der Stadt geflüchtete Sklaven vermehrt hatten.

Olympius aber versuchte die Forderungen Alarichs zu unterlaufen. Der Magister officiorum verlor deshalb im Januar 409 sein Amt, kehrte in dieses zwar, nach einem Erfolg gegen die Goten bei Pisa, zurück, wurde aber von Honorius noch im Frühjahr erneut und endgültig gefeuert. Er floh nach Dalmatien, wo ihn etwa 411/412 der Magister militum Konstantius aufgreifen, seiner Ohren berauben und mit Knütteln totschlagen ließ. Alarich war nach erneut gescheiterten Verhandlungen 409 zum zweitenmal nach Rom marschiert. Und diesmal schuf er sich selber einen willfährigen Fürsten. Er zwang den Römern ihren etwa sechzigjährigen Stadtpräfekten Priscus Attalus als Gegenkaiser auf, der sich im Lager Alarichs vom Gotenbischof Sigesarius taufen lassen mußte. Der frischgebackene Christ und Kaiser (409–410) schickte zur Sicherung der Getreideversorgung Roms ein kleines Truppenkontingent nach Afrika und zog selber gegen Ravenna, um Honorius zur Abdankung zu zwingen. Dort ging der Praefectus praetorio Jovius, der Verhandlungsführer des Herrschers und wichtigste Mann am Hof, zu Attalus über und schlug vor, Honorius noch verstümmeln zu lassen. Doch 4000 aus Konstantinopel anrückende Soldaten retteten ihn. Und Alarich entthronte Attalus wieder, weil er sich weigerte, Afrika durch Goten erobern zu lassen, deren Ansiedlung er fürchtete. Der König versuchte nun abermals, und erneut vergeblich, mit Honorius eine Verständigung, worauf er ein drittes Mal auf Rom vorrückte. Und jetzt, am 24. August 410, nachdem Hunger die Bürger bereits zum Kannibalismus getrieben, fiel die Stadt. Durch die, wie es heißt, von innen geöffnete Porta Salaria drangen die Westgoten siegestrunken ein, während sich ein Flüchtlingsstrom über Süditalien bis Afrika und Palästina ergoß.[42]

Rom, noch eine der reichsten Städte der Welt, wurde drei Tage gründlich ausgeraubt, aber wohl nicht sehr verheert, ja, kaum seine Matronen und Mädchen angetastet. Bewahrte doch die meisten, lästert Gibbon, der Mangel an Jugend, Schönheit und Tugend vor der Vergewaltigung. Natürlich kam es zu Greueltaten. So haben «eifrige Arianer» oder «Götzendiener» die Frauenklöster gesprengt, um die Nonnen gewaltsam vom «Gelübde der Jungfrauschaft zu befreien» (Gregorovius). Christliche Stimmen behaupten sogar, ein Teil der Stadt sei niedergebrannt worden. Doch wie auch immer – nichts störte einen Mann vom Schlage Augustins. Denn, notiert er, was bei der «römischen Katastrophe an Verwüstung, Mord, Raub, Brand und sonstigen Übeltaten verübt wurde, muß man dem Kriegsbrauch zur Last legen. Aber das Neuartige, das sich zutrug, die unerwartete Tatsache, daß barbarische Roheit sich so milde erwies, daß man weiträumige Kirchen zu Sammelplätzen und Zufluchtsstätten für das Volk auswählte, wo niemand getötet, von wo niemand fortgeschleppt wurde . . ., das ist dem Namen Christi und dem christlichen Zeitalter zuzuschreiben . . . Nein, ihren blutdürstigen und grausamen Sinn hat einer, nur einer zurückgeschreckt», und nun ausgerechnet der, «der so lange vorher durch den Propheten sprach: ‹Ich will ihre Sünde mit der Rute heimsuchen und ihre Missetaten mit Plagen. Aber meine Gnade will ich nicht von ihnen wenden› ».

Wirklich blieben, auf ausdrücklichen Befehl Alarichs, Kirchen und Kirchenbesitz verschont, wie schon bei der Zernierung 408 und 409 das vor den Mauern liegende St. Peter und St. Paul. Bis tief in die Neuzeit freilich glaubte man in Rom, wo die Unwissenheit nicht zufällig grassierte, an eine Zerstörung der Stadt und ihrer Monumente durch die Goten. Tatsächlich aber hatten jene, weit mehr als die «Barbaren», der Verfall, Christen des Mittelalters, ja, einige Päpste ruiniert.[43]

Seit 800 Jahren war Rom nicht erobert worden – die Stadt, in der, wie man glaubte, Petrus und Paulus ruhten samt ungezählten Märtyrern. Und nun fiel es in christlicher Zeit! Die Heiden sahen den Grund dafür in der Verachtung der Götter. «Sehet», sagten sie, «in christlicher Zeit ist Rom untergegangen». «Solange wir unseren Göttern die Opfer darbrachten, stand Rom, blühte Rom . . .» Hinzu kam, daß die Regierung noch kurz vor dem Fall der Stadt gesetzlich am 14. November 408 die ausschließliche Geltung des Christentums eingeschärft hatte. Fast gärte es unter den Altgläubigen wie früher, als sie beim Hereinbruch von allerlei Unheil «Christianos ad leones» gerufen.[44]

Die Welt war erschüttert, erstarrte; zumal die katholische. Ambrosius zwar, der schon nach Adrianopel den allgemeinen Untergang empfunden (I 413 f), lebte nicht mehr. Doch jetzt sah Kollege Hieronymus, fern in Bethlehem gerade den Propheten Ezechiel kommentierend, das Ende dräuen, den Sturz in die ewige Nacht, er sah den Fall Trojas und Jerusalems vor sich: die Welt geht unter, orbis terrarum ruit.[45]

«Wenn Rom untergehen kann, was mag da sicher sein?» Warum hat der Himmel dies zugelassen? Warum Christus Rom nicht beschützt? «Wo ist Gott?» (Ubi est deus tuus?) Augustin ventilierte 410 und 411 die weltbewegende Frage in mehreren Predigten (die erste bereits drei Tage nach Abzug der Goten aus Rom gehalten); wobei seine Weisheit von «Quia voluit Deus» bis «Deo gratias» reicht. Wobei er behauptet, der Bestand des irdischen Staates sei nur von sekundärer Bedeutung – und heute kümmert doch die Erhaltung selbst der ganzen Welt die Atombombentheologen nicht mehr: auch die Theologie schreitet fort! Augustin bemerkte überhaupt keine Katastrophe: nur Gott, den lieben, gerechten, einen gestrengen Vater freilich, er «straft jeden Sohn, den er annimmt (Hebr. 12,6)». Und obwohl der Bischof aufschreit: «Massaker, Brände, Plünderung, Menschenmord und Folterung», tröstet er in der bekannten Pfaffenart (vgl. I 480 ff, 522 ff): verglichen mit den Höllenqualen sei diese Heimsuchung gar nicht so schlimm! Auch waren ja viele gerettet worden, die Toten aber in den ewigen Frieden gegangen! So müsse man sich denn eigentlich freuen, müsse Gott danken, habe er Rom doch nicht völlig zerstört: «manet civitas, quae nos carnaliter genuit. Deo gratias!»[46]

Priester sind schamlos, nie in Verlegenheit (vgl. I 514 ff).

Darüber hinaus greift Augustin die Frage, den höhnischen Vorwurf der Heiden «Wo ist nun dein Gott?», den Spott derer, die selber erst einmal sehen sollten, «wo denn ihre Götter sind», in den nicht weniger als «22 Büchern über den Gottesstaat» auf, seinem «opus ingens», seinem, so er selbst, überaus großen Werk, den Anlaß allerdings immer mehr durch geschichtstheologische Phantasien über die civitas dei und civitas terrena aus dem Auge verlierend.[47]

Mit welch rhetorischem Aufwand verteidigt der Heilige Gott angesichts von Roms Fall! Nicht darauf kam es an, wußte «der Philosoph des Orbis universus christianus» (Bernhart), der hier zum «ersten Universalhistoriker und Geschichtstheologen des Abendlandes» wird (v. Campenhausen), was die Menschen über die Zerstörung dachten, wie viele Christen gefoltert, getötet, verschleppt worden, wie viele durch eigene Hand gestorben, wie viele verhungert sind, wie viele Frauen man geschändet, wie oft «barbarische Wollust sich vergriffen» hat. Nein, nein. Ach, selbst die Vergewaltigung hatte ihr Gutes! Denn hätten so manche sonst nicht ob ihrer Keuschheit sich überhoben, hätte einmal nicht «eitler Stolz» das «Tageslicht» erblickt? Ja, «so ward ihnen durch Gewalt ihre Unversehrtheit entrissen, auf daß glückliche Bewahrung ihre Bescheidenheit nicht verkehre». Ja, so «der Philosoph des Orbis universus christianus», der «Geistesriese», das «Genie auf allen Gebieten . . .» (I 464 ff), den dies alles nicht erschüttern konnte, da Gott es ja wollte! Und was wollte Gott damit? Von vielen Bibelzitaten durchglitzert, durchlangweilt, berichtet Augustin, daß Gott Rom nicht vernichten, die Bürger, sein «ganzes Hausgesinde», bloß «durch die Übel willig prüfen und läutern», daß er sie züchtigen, reinigen, ihre Bußgesinnung wecken und seinen eignen Zorn so besänftigen, den Römern wieder seine

Huld schenken wollte – höhere, allerhöchste Erziehungszwecke. Das Menschengeschlecht brauche Zucht. «Sie werden nicht untergehen, wenn sie Gott loben, sie werden untergehen, wenn sie ihn lästern». «Hocherhaben ist die Vorsehung des Schöpfers und Lenkers der Welt, ‹unbegreiflich sind seine Gerichte und unerforschlich seine Wege› ».

Dafür sind die Wege seiner Diener um so leichter zu begreifen – sind Priester schamlos, nie in Verlegenheit.

Mit Alarich, dem Bezwinger Roms – den Augustins Gesamtwerk nur an zwei Stellen (einmal unter Verschweigung des eigentlichen Namens) erwähnt –, hatte die Eroberung im Grunde wenig oder nichts zu tun, sondern mit der gerechten und barmherzigen Fügung Gottes, dessen Unterricht immer der beste sei, dessen Rätsel sich am Jüngsten Tag schon klären werden, der sich bei der Zerstörung noch gnädig gezeigt, Härten gemildert habe, weil er nicht den Untergang der Römer wollte, sondern ihre Bekehrung und ihr neues Leben! «Kurz, wie eine Hand ausholt zum Schlage, aber aus Mitleid innehält, weil der Strafwürdige schon vorher niedergesunken ist, so geschah es an jener Stadt ... So ließ Gott ohne Zweifel auch der Stadt Rom Schonung zuteil werden, da große Teile der Bevölkerung vor der Brandlegung durch die Feinde fortgewandert waren. Fortgewandert waren die Flüchtlinge, fortgewandert waren die Verstorbenen ... Durch die Hand des bessernden Gottes ist also die Stadt eher wieder zurechtgerichtet als vernichtet worden.»[48]

Philosoph des Orbis universus christianus!

Auch Presbyter Orosius, der ja die weit schöneren Verhältnisse der Welt in christlicher Zeit zu beweisen sich vorgenommen (I 509 ff), findet die Sache, wie der Meister, eigentlich recht befriedigend. Schon gar nicht aber spreche sie gegen die Christen. Kann Orosius doch den Alarich-Einfall in Rom, Mittelpunkt seiner gesamten Historien, versiert mit einem viel längeren und schlimmeren aus heidnischer Zeit, dem Gallier-Einfall unter Brennus, dem Fürsten der Senonen, vergleichen. Damals (387 v. Chr.) sechs Monate «miseriae», blutige Plünderung der Stadt, jetzt fast das reinste Honiglecken, zumindest ein miraculum: drei

Tage Besatzung nur, angeblich kaum Tote, obwohl die Straßen voller Leichen lagen, verkohlte Ruinen jahrelang noch in den Himmel ragten, Häuser, Paläste rücksichtslos geplündert wurden und Flüchtlinge in aller Welt wieder einmal deren Untergang verkündeten. Doch gerade den Christen, die Hilfe in den Kirchen suchten, Schutz, gewährte Alarich, sein erster Befehl, Schonung: ein Beweis mehr für die Milde der tempora Christiana, der Zeit der Gnade.[49]

Der Bischof von Rom aber, Innozenz I. (401–417), verhielt sich seinerzeit bezeichnend. 408, bei der ersten Bedrohung der Stadt, duldete er, jedenfalls nach dem altgläubigen Historiker Zosimus, zur Besänftigung des Götterzorns das heidnische Opfer in Privathäusern. Angeblich gab er auch dem Stadtpräfekten Pompejanus sein Einverständnis zur Konsultation der «haruspices», der Eingeweideschauer, was Zosimus, sicher weder der zuverlässigste noch scharfsinnigste Geschichtsschreiber seiner Zeit, als einen Erweis für Patriotismus rühmt, der «das Heil der Stadt höher stellte als den eigenen Glauben». Und bei der Einnahme selber glänzte der hohe Herr durch Abwesenheit; hatten doch auch andere Hirten ihre Herden rechtzeitig verlassen. Augustin-Schüler Orosius berichtet, daß der Heilige Vater «wie ein gerechter Loth aus Sodom entfernt, durch Gottes unerforschlichen Ratschlag damals in Ravenna weilte und den Untergang des sündigen Volkes nicht sah». Tatsächlich hatte er dem Apostelfürsten den Schutz seiner Basilika anvertraut und saß selber schon seit dem Jahr zuvor, als Mitglied einer Senatskommission, in der sumpfbewehrten, fast uneinnehmbaren Stadt – entweder geschäftlich oder zu seiner eignen Sicherheit. Roms Brandschatzung jedenfalls störte ihn nicht. Zwar hätte er gern, weiß Jesuit Grisar (woher wohl?), «in der Mitte der Betroffenen» geweilt, «um ihnen zu helfen und sie zu trösten». Tatsächlich aber spricht Innozenz in seinen zahlreichen Briefen nur ein einziges Mal davon, in äußerster Kälte und Kürze, in einem Nebensatz.[50]

Es war die größte, die erschütterndste Katastrophe der Zeit. Der Papst jedoch zuckte nicht mit der Wimper. Orosius sucht ihn offenbar reinzuwaschen, vermutlich gegenüber abfälligen Flüchtlingsreden. Hieronymus preist den Vorgänger Anastasius I. Nur kurz, meint er, durfte ihn Rom behalten, weil das Haupt der Welt nicht unter einem solchen Bischof in den Staub sinken sollte. Innozenz I. aber übergeht er mit vielsagendem Schweigen. Papsthistoriker Caspar sieht darin «eine scharfe Kritik» und behauptet, Innozenz habe der hereinbrechende Untergang des Römerreichs «im Innersten unberührt» gelassen. Versenke man sich in seine Briefe als primäre und fast einzige Dokumente zur Geschichte seines Pontifikats, fühle man sich «aus jener Welt, in der Throne barsten und Reiche splitterten, in die Patriarchenluft einer allein auf päpstliche Anspruchswahrung und Universalwaltung gerichteten ... Gedankenwelt entrückt.»[51]

Kaum ein christlicher Chronist der Epoche hat das Ravenna-Intermezzo des Römers verteidigt. Kein Legendenkranz rankte sich um ihn, wie später um Leo I., als er Attila entgegentrat (S. 274 ff). Und dies muß seine Gründe haben.

Kaiser Honorius soll während der Plünderung ganz mit Hühnerzucht befaßt gewesen sein. Die Sieger aber rückten nach drei Tagen wieder ab, mit unermeßlicher Beute und vielen Gefangenen – darunter, politisch wertvollster Schatz, die Schwester des Monarchen, Galla Placidia, die Tochter von Theodosius I., ein einundzwanzigjähriges Mädchen und bald eine der einflußreichsten, uns noch manchmal begegnenden Frauen jener Zeit.

Die Goten zogen durch Campanien, wo sie Nola belagerten, plünderten und den Bischof, «freiwillig ganz arm, aber um so reicher an Heiligkeit» (Augustinus), gefangennahmen. Sie strebten Kalabrien, Sizilien, Afrika zu, der Kornkammer Italiens. Doch ein Sturm in der Straße von Messina verschlang ihre Flotte. Auf dem Rückweg starb Alarich überraschend bei Cosenza am Busento, in dem man ihn begrub. Noch ein Jahr durchkämmten die christlichen Räuber unter seinem Schwager Athaulf (410–415) Italien, grasten «wie Heuschrecken das noch ab, was das erstemal übriggeblieben» (Iordanes). Dann wandten sie sich westwärts. In Narbonne heiratete Athaulf 414 Galla Placidia, die einstige Verlobte des ermordeten Stilicho-Sohnes, und begründete das südfranzösisch-spanische Westgotenreich mit dessen nördlicher

Hauptstadt Toulouse, bevor er selber, schon ein Jahr darauf, zum Abzug über die Pyrenäen gezwungen und in Barcelona ermordet worden ist.[52]

Kampf des Honorius gegen «Ketzer», Heiden und Juden

Wenige Jahre nach Stilichos Beseitigung, der seiner Familie, Offiziere, Soldaten, hatte Honorius auch Stilichos Nachfolger und Nutznießer Olympius als Flüchtling in Dalmatien grausam hinrichten lassen; ebenso, wir erinnern uns, am Mincio den Usurpator Konstantin III., den Britannien und Gallien anerkannten und, vorübergehend, der Kaiser selbst; eidlich hatte er ihm Schonung versprochen. Liquidiert wurde desgleichen Konstantins jüngerer Sohn Julianus, ferner – mit mehreren seines Anhangs – der Comes Africae Heraclianus, der einst Stilichos Verhaftung und Enthauptung geleitet, ja, ihn mit eigner Hand getötet, dann aber 413, in seinem Konsulatsjahr, mit einer riesigen Flotte von angeblich 3700 Schiffen Italien angegriffen hatte; weiter der Magister militum Allobich in Ravenna, August 410; ebenso (durch den Westgoten Athaulf) der gallische Usurpator Sebastianus; dito dessen Bruder Jovinus, der seine Herrschaft auch auf Britannien ausdehnte, bevor ihn der Praefectus praetorio Dardanus im Frühjahr 413 in Narbonne eigenhändig erledigte. Die Köpfe beider wurden nach Konstantinopel geschickt, wie schon das Haupt von Konstantin III. (S. 28). Auch dessen früherer Gegner Maximus sprang noch über die Klinge, nachdem man ihn 422 anläßlich der Tricennalien des Honorius im Triumph aufgeführt hatte. Und Attalus, der mit den Westgoten nach Südgallien Geflohene, 414 erneut von Athaulf zum Kaiser Gemachte, wurde schließlich auf See gefangen, mäßig an der Hand verstümmelt und nach den Liparischen Inseln verbannt.[53]

Der junge Kaiser Honorius aber war fromm und klerikalen Einflüsterungen besonders zugänglich. Er lebte «den beiden

Ideen, denen er seine Thronbesteigung verdankt: der erblichen Legitimität und der unverbrüchlichen Anhänglichkeit an die christliche Kirche» (Ranke). Er mehrte deren Schutz noch und Rechte, ja, gab schließlich den Prälaten nahezu unbegrenzt Einfluß auf die Ausführung der Gesetze. Und gerade seine Religionsedikte sind – im Gegensatz zu denen Kaiser Valentinians I. oder Gratians – keine Definitionsversuche mehr von «Ketzerei» und «Rechtgläubigkeit», sondern mächtige Stützen der Orthodoxie, eine Identifizierung geradezu mit ihren Zielen, «reine Ausführungsbestimmungen zu deren Durchsetzung» (Anton). Der Monarch beansprucht jetzt nicht mehr nur das Recht, Abweichler zu strafen, sondern auch ihren Glauben zu ändern.[54]

Schon am 23. März 395 bestätigt er alle von seinen Vorgängern dem Klerus gewährten Privilegien. Den sogenannten Mathematikern befiehlt er, ihre Bücher vor den Augen der Bischöfe zu verbrennen und der katholischen Kirche beizutreten. Widerstrebende sollen ausgewiesen, besonders Hartnäckige verbannt werden.[55]

Wahrscheinlich hatte schon Olympius eine Kaiserverordnung initiiert, die den «katholischen Glauben» allein zulässig nannte. Der Erlaß vom 12. Februar 405 bedroht die Donatisten; der vom 22. Februar 407 Priscillianisten und Manichäer, ein Edikt, das möglicherweise Papst Innozenz I. angeregt oder beeinflußt hat. Es identifiziert «ketzerisches» Verhalten mit einem «öffentlichen Verbrechen» (crimen publicum) und das «allgemeine Wohl» (salus communis) mit dem «Nutzen der katholischen Kirche» – mutatis mutandis das Prinzip, auf dem bereits die Christenverfolgung der heidnischen Herrscher beruhte. Am 15. November 407 wird die Vernichtung aller paganen Altäre und Kultbilder verfügt sowie die Konfiskation noch nicht beschlagnahmter Tempel samt ihren Gütern und Einkünften. Am 14. November 408, kurz nach Stilichos Ermordung, werden sämtliche Nichtkatholiken, alle «Feinde der katholischen Religion» (catholica secta), vom Hofdienst ausgeschlossen und gegen die Donatisten die schärfsten Bestimmungen erlassen. Zur selben Zeit entzieht ein Gesetz den Tempeln sämtliche Einkünfte, um sie besonders den «getreuen»

Soldaten zuzuweisen, natürlich den einheimischen, durch die jüngst die antigermanische Regierung in den Städten Italiens die Familien der germanischen Söldner hatte abstechen lassen. Ferner wird die Beseitigung der Götterbilder geboten, die «jetzt noch» in den Tempeln sind, «da dieses, wie wir wissen, schon zu wiederholten Malen durch kaiserlichen Befehl angeordnet ist». Weiter müssen heidnische Feste aufhören und Privatbesitzer heidnischer Kapellen diese zerstören. Eine ganze Verfügungsflut wider Heiden und «Häretiker» folgte am 24. und 27. November 408, am 15. Januar 409, am 1. Februar, 1. April und 26. Juni 409.[56]

Eine besonders gravierende Verordnung erließ die ravennatische Regierung gegen den «verruchten Aberglauben» im Jahr 415. Der Staat zog jetzt sämtliche Liegenschaften der Tempel ein. Alle Einkünfte, die einst «dem mit Recht verdammten Aberglauben» zukamen, sollen demnach nun «unserm Hause» gehören. Auch werden alle heidnisch geprägten Zeremonien abgeschafft, gewisse heidnische Vereinigungen, vielleicht zum Schutz der Tempel entstanden, verboten und ihre Führer, die Chiliarchen und Centonarier, mit dem Tod bedroht. Schließlich wird am 7. Dezember 415 zum erstenmal auf legislativem Weg die Einstellung von Altgläubigen in den Staatsdienst untersagt. Keinerlei Ämter in der Verwaltung, bei Gericht und Militär sind ihnen mehr zugänglich. De facto standen schon damals 47 christlichen Führungskräften nur noch drei heidnische gegenüber. Und in den letzten Regierungsjahren des Honorius, seit 418, ist kein hoher Beamter paganer Konfession mehr bezeugt.[57]

Offenbar auf Anregung der afrikanischen Bischöfe hatte Honorius 418 durch ein ungewöhnlich rigoroses Reskript auch die Verfolgung der «Irrlehrer» Pelagius und Caelestius gefordert, ihre samt ihrer Anhänger Aufspürung und Deportation (vgl. I 498 ff). Und im selben Jahr setzte die Kirche den Ausschluß der Juden, die der Kaiser Heiden und «Häretikern» gleichstellt, von allen Würden und Ämtern durch. Auch aus dem Heer entfernt man sie. Auf der Insel Menorca kommt es sogar zu Zwangstaufen von Juden. Hunderte werden gewaltsam katholisch gemacht; ungezählte

Tausende später genauso vergewaltigt, gerade in Spanien. Doch war die Aktion im Jahr 418 wohl die erste ihrer Art.[58]

Inzwischen hatte Honorius den Konstantius (III.), einen emporgedienten Offizier aus Naisus (Nissa), wiederholt zum Konsul, auch zum Magister militum gemacht und ihn für seine Verdienste gegen den Usurpator Konstantin III. (S. 28), die Westgoten 417 und wohl auch gegen Heiden und «Häretiker», deren Bekämpfung er unerbittlich betrieb, mit seiner Schwester Galla Placidia vermählt, wider ihren Willen. Konstantius, ein Christ, der gern kirchliche Angelegenheiten entschied, 412 seinen Freund und Vertrauten Patroclus auf den Bischofsstuhl von Arles, 418 Bonifaz I. auf den von Rom gebracht (S. 130), hatte Galla Placidias (ersten) Mann, Alarichs Schwager und Nachfolger Athaulf, schon ein Jahr nach der Hochzeit über die Pyrenäen geworfen, worauf der König in Barcelona ermordet und Placidia von seinem Nachfolger, König Wallia, 416 an Ravenna ausgeliefert worden war. Am 8. Februar 421 erhob Honorius Konstantius III. zum Mitregenten. Der Osten erkannte ihn jedoch nicht an, und Konstantius traf Kriegsvorbereitungen, wobei unter anderem der päpstliche Anspruch auf die Präfektur Illyricum eine Rolle spielte, die politisch zu Ostrom gehörte und jetzt auch kirchlich dem Stuhl Konstantinopels unterstellt werden sollte. Aber Konstantius III. starb bereits am 2. September 421 in Ravenna, wo auch Honorius am 15. August 423 verschied. Nun wurde Konstantius' Sohn Valentinian III. Kaiser im Westen, ein Vierjähriger. So regierte bis 437 (bis zu seiner Vermählung mit Theodosius' II. Tochter Eudoxia) seine fromme Mutter Galla Placidia für ihn. Sie war seit 421 Augusta, dann aber, mit Honorius entzweit, Anfang 423, nebst Kindern Honoria und Valentinian, nach Konstantinopel geflohen, wo Theodosius II. Valentinian zum Augustus, sie selbst erneut zur Augusta erhob.[59]

Theodosius II. – Erfüller «aller Vorschriften des Christentums»

Arcadius' Sohn Theodosius II. (408–450) war bei Beginn seiner Regentschaft ein siebenjähriges Kind. Zunächst führte deshalb der Prätorianerpräfekt Anthemius, ein antigermanisch eingestellter Militär, der schon Arcadius gelenkt hatte, die Regierung. Und 414 löste ihn die ebenso bigotte wie herrschsüchtige Schwester des Kaisers ab.[60]

Die hl. Pulcheria, die lebenslange Jungfräulichkeit gelobt – 450 aber den Haudegen Marcian mit einer «Josephsehe» beglückte –, stand unter den Einflüsterungen von Bischöfen und Mönchen und gewann große Macht über Theodosius. Ähnlich stark bestimmte ihn, jedenfalls zeitweise, seine bildhübsche Gattin Eudokia (Athenais), die Tochter eines heidnischen Rhetorikprofessors aus Athen, die nach ihrer Taufe durch Bischof Attikus von Konstantinopel eine rührige Proselytin und die Konkurrentin der Pulcheria beim Kaiser wurde. 441 verließ sie, vielleicht vertrieben, den Hof und lebte während ihrer beiden letzten Jahrzehnte, Kirchen bauend, Gottgefälliges schreibend, Aufruhr schürend, in Jerusalem; zumindest die späteren Byzantiner faßten dies als Verbannung auf. Ihre geistlichen Berater, den Priester Severus, den Diakon Johannes, ließ der fromme Regent durch Saturninus, seinen nach Palästina beorderten Comes domesticorum, ermorden, worauf dieser durch die fromme Eudokia, vielleicht mit eigner Hand, getötet worden ist.[61]

Umringt von ehrgeizigen Betschwestern und zelotischen Pfaffen, beobachtete Theodosius II. «genau alle Vorschriften des Christentums», wie Kirchenhistoriker Sokrates rühmt, und «übertraf alle an Milde und Menschlichkeit». Wegen seines Glaubens hochgepriesen, attackierte er derart «Ketzer», Heiden, Juden, daß er sich im April 423 sogar gesetzlich attestierte: «Bekannt und überall verbreitet sind unsere und unserer Vorfahren Dekrete, in denen wir die Denkweise und die Kühnheit der abscheulichen Heiden, Juden und auch Häretiker unterdrückten». Doch wird jetzt der Trend, den Katholizismus mit Zwang und

Gewalt zu stützen, noch deutlicher; wird das Verhalten der Andersgläubigen zur «Krankheit», die er, der Kaiser, als «Arzt» vereiteln müsse. Seine erste Pflicht sei nun einmal die Sorge um die «vera religio», der wahre Glaube Voraussetzung des allgemeinen Wohles. «Ketzer» waren für ihn samt und sonders «una perfidia».[62]

Was die Heiden betrifft, vermutete Theodosius im Jahr 423, es gebe gar keine mehr. Ein frommer Wunsch. In Wirklichkeit hatte er sie erst 415 von höheren Stellungen und vom Kriegsdienst ausgeschlossen. 416 warf er alle Nichtchristen aus staatlichen Ämtern, 423 ahndete er die Teilnahme an Opfern mit Verbannung und Güterkonfiskation, 435 und 438 die Ausübung des heidnischen Kultes mit Todesstrafe – sogar unter Hinweis auf die durch den Götterdienst verursachten Mißernten und Seuchen. «Wir verbieten alle fluchwürdigen Tieropfer und verdammenswerten Opferhandlungen der verbrecherischen heidnischen Denkart und alles übrige, was durch die Autorität älterer Verordnungen verboten ist. Wir befehlen, alle ihre Heiligtümer, Tempel und Weihestätten, wenn sogar jetzt noch einige von ihnen unversehrt geblieben sind, durch behördliche Verfügung zu zerstören und durch Aufstellung des Zeichens unserer ehrwürdigen christlichen Religion zu entsühnen. Dazu sollen alle wissen: wenn jemand vor dem zuständigen Richter mit geeigneten Beweisen überführt werden kann, dieses Gesetz verachtet zu haben, soll er mit dem Tode bestraft werden».

Der katholische Kaiser, der derart rabiat die Zerstörung der Tempel sowie Entsühnung (Exorzismus) mit dem Kreuz befahl, soll aber ein «herzensguter, ganz im Familienleben aufgehender Monarch» gewesen sein, der «wissentlich nie ein Todesurteil unterschrieb» (Thieß). Tatsache ist jedenfalls, daß das vor ihm 438 veröffentlichte Reichsgesetzbuch – nach dessen Erscheinen die oströmischen Herrscher ihre Dekrete kaum noch in den Westen schickten, die weströmischen die ihren gar nicht mehr in den Osten – zwischen 381 und 435 nicht weniger als 61 Erlasse gegen «Häretiker» enthält; vor 381 nur fünf.[63]

Schon 418 hatte der erst siebzehnjährige Fürst alles antichristliche Schrifttum verbrennen lassen. Wurde doch im späteren 4. und im 5. Jahrhundert fast jede nichtkatholische Literatur nahezu systematisch vernichtet, der Besitz von «Ketzer»-Traktaten bereits 398 mit dem Tod bedroht. 418 flogen unter Theodosius auch die wohl letzten Exemplare von Porphyrios' fünfzehn Büchern «Gegen die Christen» ins Feuer, nachdem schon Konstantin auf dem Konzil von Nicaea (325) die Verbrennung des Porphyrianischen Werkes befohlen hatte (vgl. I 210 ff).[64]

Aggressive Judenfeindschaft im christlichen Osten

Den Juden ging es unter dem zweiten Theodosius besonders schlecht.

Bereits 408 wurde das Purimfest, ein Freudenfest, verboten, hatten doch Juden angeblich eine Imitation des Heiligen Kreuzes verbrannt. 415 galt dem jüdischen Patriarchen Gamaliel VI. ein brutales Gesetz, hinter dem die hl. Pulcheria, die frömmlerische Schwester des vierzehnjährigen Kaisers, stand, damals Regentin. Gamaliel verlor die Ehrenpräfektur und jedes damit verbundene Recht. Er durfte keine Synagogen mehr bauen, ja mußte, Gipfel arroganter Unverschämtheit, «überflüssige» schleifen! Verboten wurde ihm nicht nur, zwischen streitenden Christen zu schlichten, sondern auch zwischen diesen und Juden. Letzteren untersagte man zudem erneut, Nichtjuden zu beschneiden und christliche Sklaven zu halten. Vielmehr sollten christliche Sklaven von Juden der Kirche gehören. Sie bekamen somit keine Freiheit, sondern die Kirche erhielt die Rechtsnachfolge! Zwar erließ man in den nächsten Jahren, wie schon in früheren (vgl. I 439 f), auch gesetzliche Schutzmaßnahmen gegen die stets unverfrorener bedrängten Juden. Doch spricht es für sich, wenn es heißt: «Ihre Synagogen und Wohnungen sollen nicht allenthalben [!] verbrannt oder blindlings [!] und ohne jeden [!] Grund beschädigt werden ...» Wie wenig überhaupt die kaiserlichen Schutzgesetze bewirkten, erhellt schon daraus, daß sie in rund dreißig Jahren zehnmal erneuert werden mußten. Und war eine Synagoge erst einmal in eine Kirche umgemodelt, wie die Synagogen von Sardes (Kleinasien) oder Gerasa (Ostjordanland), konnte sie behalten werden; die Beistellung eines Ersatzgrundstücks genügte. 423 bedrohte der Machthaber die Beschneidung von Christen mit Güterkonfiskation und ewiger Verbannung. Dem jüdischen Patriarchen nahm er die wichtige Patriarchensteuer ebenso wie seine Ehrentitel und untersagte nach seinem Tod (um 425) die Ernennung eines Nachfolgers. Am 8. April 426 förderte ein Gesetz des Theodosius den Übertritt von Juden zum Christentum auch durch das Erbrecht; verbot es doch, einen Juden oder Samaritaner, der Christ wurde, zu enterben. Selbst falls (konvertierenden) Kindern oder Enkeln «ein schweres Verbrechen» gegen nächste Angehörige, Mutter, Vater, Großvater, Großmutter, «nachgewiesen werden kann ... müssen die Eltern dennoch ... ihnen den Anteil des geschuldeten Erbes» – ein Viertel des Pflichtanteils – «überlassen, da sie doch wohl zumindest das zu Ehren der erwählten Religion verdient haben»! 429 wird sogar die Institution des jüdischen Patriarchats, jahrhundertelang Garant der Einheit des immer schwerer verfolgten Volkes, endgültig abgeschafft. Danach müssen die Vorsteher der Juden in beiden Synedrien Palästinas oder in anderen Provinzen «alles» zurückzahlen, «was sie nach dem Ausscheiden der Patriarchen unter dem Titel einer Abgabe erhielten». Auch werden immer mehr jüdische Bauern Palästinas ruiniert und verdrängt, mehr Synagogen vernichtet, mehr jüdische Besitztümer entwendet, mehr Mörder von Juden nicht bestraft. Und all dies, Profit und Totschlag, begründet man meist theologisch! Brachte Theodosius II. ja auch, nach dem Beispiel des Honorius, die Gleichsetzung der Juden mit Heiden und «Ketzern» wieder.[65]

Als man 438 die Reliquien des hochverehrten Antisemiten und Kirchenlehrers Johannes Chrysostomos einholte, schien für den Kaiser der Moment gekommen, ein weiteres scharfes Gesetz gegen die «verblendeten Juden, Samaritaner, Heiden und die übrigen Arten irrgläubiger Scheusale» zu erlassen. Im allzeit wachen Bemühen um die wahre Religion, das Hauptanliegen seines herrscherlichen Wirkens, wie er einleitend bekannte, verfügte seine Konstitution vom 31. Januar 438 – nach dem Vorgang der noch judenfeindlicheren Gesetze im Westen – den Ausschluß der Juden von allen Ämtern und Würden, von der Zivilverwaltung und dem Amt des defensor civitatis, um ihnen jede Möglichkeit zur Verurteilung eines Christen zu nehmen. Er verbot weiter den Bau von Synagogen oder ihre Erweiterung. «Wer immer eine Synagoge errichtet, soll wissen, daß er zum Gewinn der katholischen Kirche gearbeitet hat ... Und wer den Bau einer Synagoge begonnen hat und nicht nur eine bestehende reparieren will, wird für seine Kühnheit fünfzig Pfund Gold Strafe zahlen». Und auf Verleitung eines Christen zum Abfall vom Glauben setzte er die Todesstrafe.[66]

Man geht nicht fehl, sieht man hinter all diesen hochaggressiven, oft schon ruinösen Erlassen des christlichen Regenten die christliche Kirche und Theologie. Zusammenfassend schreibt Franz Tinnefeld über die staatliche Judenpolitik in der dreihundertjährigen frühbyzantinischen Epoche, also in der Zeit zwischen dem 4. und 6. Jahrhundert einschließlich, «daß gerade die Kaiser, die das Christentum besonders ernst nehmen, dem Judentum die größten Schwierigkeiten machen. Das Feindbild vom Juden als dem verstockten Widersacher Christi ist stärker als der Gedanke der christlichen Liebe und Versöhnung. Dieses Feindbild haben christliche Theologen entwickelt und damit den Angriffen und Übergriffen der Christen die theoretische Grundlage gegeben».[67]

Mord auf Mord im katholischen Westen

Nach dem Tod des Honorius erstrebte Theodosius II. anscheinend die Alleinherrschaft im ganzen Reich. Galla Placidia und ihre Kinder Honoria und Valentinian waren deshalb Anfang 423 bei ihrer Flucht an den Hof in Konstantinopel nicht eben freundlich empfangen worden. Doch als im Dezember der Primicerius notariorum Johannes in Rom zum Kaiser des Westens aufstieg, erhielten Galla Placidia und ihr Sohn die schon entzogene Würde einer Augusta, eines nobilissimus wieder zurück, um den Westen wenigstens der Dynastie zu retten. Usurpator Johannes aber, ein Christ, dem man eine milde, gerechte und – seltsam genug seinerzeit – antiklerikale Regierung nachsagte (da er die Privilegien der Kirche beschnitt und anscheinend allen Konfessionen volle Toleranz gewährte), fiel schließlich durch Verrat in Ravenna in die Gewalt seiner Feinde. Placidia ließ seine rechte Hand abhauen, ihn auf einem Esel durch den Zirkus Aquileias führen, mißhandeln und im Mai/Juni 425 köpfen – «eine barbarische Verschärfung der Todesstrafe, wie sie früheren Usurpatoren erspart geblieben war und aus der eine schon ganz mittelalterliche Freude am Martern spricht» (Stein).[68]

Nach der Niederwerfung des Johannes wurde Flavius Placidus Valentinianus III. am 23. Oktober 425 zum Augustus, zum (west)römischen Kaiser, erhoben. Doch regierte in den nächsten zwölf Jahren ausschließlich seine Mutter Galla Placidia, beraten von den drei maßgeblichen Persönlichkeiten des Hofes, Felix, Bonifatius und Aëtius.

Flavius Konstantius Felix, seit 425 Magister utriusque militiae, war Reichsfeldherr und Christ. Mit seiner Gattin stiftete er aufgrund eines Gelübdes das Apsismosaik in der Lateranbasilika, was ihn nicht hinderte, den römischen Diakon Titus umzubringen; auch soll er die Ermordung des Bischofs von Arles, Patroclus (S. 250 f), veranlaßt haben. Im Mai 430 aber wurde Felix selber in Ravenna bei einer Soldatenrevolte erschlagen, angeblich wegen einer Intrige gegen Aëtius. An Felix' Stelle setzte Galla Placidia den Comes Africae und Augustinus-Freund Bonifatius (I 526 f).

Zwei Jahre später kam es jedoch zwischen diesem und Aëtius zum Bürgerkrieg. Bonifatius siegte zwar bei Rimini, starb aber drei Monate darauf an einer Wunde, die ihm angeblich im Zweikampf Aëtius zugefügt hatte.

Flavius Aëtius, zunächst drei Jahre Geisel der Westgoten, dann der Hunnen (wie später sein Sohn), zwang schließlich als oberster Heermeister, ja, größter römischer Feldherr der ersten Jahrhunderthälfte, die Germanen «in gewaltigen Schlachten unter das römische Joch» (Iordanes). Nach Siegen über Westgoten und Franken vernichtete er 436/37 mit hunnischen Söldnern das Reich der Burgunder am Rhein und bekämpfte 451, mit entscheidendem Beistand der Westgoten, die Hunnen Attilas bei Troyes auf den Katalaunischen Feldern unter beiderseitigen ungeheuren Verlusten, wobei mit den Hunnen auch Germanen, vor allem Ostgoten fochten, mit Aëtius auch Burgunder und Franken.[69]

Valentinian und Galla Placidia begannen den übermächtigen, die Außenpolitik weitgehend leitenden Militär immer mehr zu fürchten. Man suggerierte dem Herrscher, Aëtius wolle ihn entthronen, sich an seine Stelle setzen. Seit Jahrzehnten für Ravenna tätig und inzwischen immerhin sechzig, hatte der Feldherr oft mit hunnischem Beistand gekämpft und einige Deckung. Doch als das Hunnenreich zerfiel, erkühnte sich der Kaiser. Am 21. September 454 führte er, katholisch fromm wie seine Kirchen errichtende Mutter, bei einer Audienz auf dem Palatin in Rom den ersten Stoß gegen Aëtius, die Dolche der Hofeunuchen gaben ihm den Rest. Auch der ihm befreundete und ihn begleitende Prätorianerpräfekt Boëthius wurde erstochen; die Leichen standen auf dem Forum zur Schau. Und schon am 16. März des nächsten Jahres erlag Valentinian III., der letzte legitime Monarch des Westens, selber in Rom bei einer Besichtigung der Gardetruppen auf dem Marsfeld einem Offizierskomplott aus dem einstigen Gefolge des Aëtius. Die Theodosianische Dynastie, im Osten mit Theodosius' II. Tod schon 450 beendet, erlosch damit auch im Westen. Der mutmaßliche Urheber des Attentats, der Patrizier Petronius Maximus, wurde sofort darauf Kaiser, nötigte die Kaiserinwitwe Eudoxia zur Ehe, kam aber selbst bereits drei

Monate später auf der Flucht vor den Wandalen um, vermutlich durch die Hand eines Leibwächters (S. 278).[70]

Am Hof Valentinians III. hatten zwar 29 christlichen Funktionären immer noch drei göttergläubige gegenübergestanden, Volusianus und Theodosius in der hohen Position eines italischen Reichspräfekten, während der dritte Heide, Litorius, als Heermeister fungierte. Doch schon zu Beginn dieser Regierung erschienen Gesetze mit strengen Sanktionen gegen alle Andersgläubigen. Gegen Heiden, Juden, Pelagianer und Caelestianer, gegen die Manichäer, sogar gegen Schismatiker, die sich der Gemeinschaft mit dem «venerabilis papa» entzogen – ein hier erstmals im Codex Theodosianus gebrauchter Terminus, wo auch «der Aspekt des terrors ... gleichsam programmatisch zur ultima ratio der kaiserlichen Religionspolitik erhoben wird» (Anton). Dies sollte weittragende Folgen haben, findet aber bereits eine Entsprechung in einem Brief Papst Leos I., des ersten wirklich bedeutenden römischen Bischofs, der mit dem seit 439 häufig in Rom residierenden und gegenüber der Kirche, wie schon seine Mutter, großzügigen Kaiser eng kooperierte.[71]

Bevor wir uns jedoch Leo I. zuwenden sowie dem nie abreißenden Machtkampf der Prälaten in West und Ost während des eben mehr «profangeschichtlich» umrissenen Zeitraums, ist ein Rückblick auf das kirchliche Rom unerläßlich, zunächst auf seine Entstehung und die Erschleichung des päpstlichen Primats.

2. KAPITEL

DER PÄPSTLICHE PRIMAT ODER DIE «PETRA SCANDALI» TRIUMPH VON ERSCHLEICHUNG UND MACHTGIER

«Als aber Kephas [Petrus] nach Antiochien kam, widerstand ich ihm ins Angesicht». Der «Völkerapostel» Paulus[1]

«Bei uns gibt es keinen Bischof der Bischöfe». Der hl. Cyprian[2]

«Wir sind Christianer, nicht Petrianer». Der hl. Augustinus[3]

«Wer sich die Nüchternheit des Urteils bewahrt, die überall das erste Gebot der Forschung ist, für den bleibt die Legende von Petrus, dem Gründer und ersten Bischof der römischen Kirche, das, was sie ist: eine Sage ohne geschichtlichen Kern, Dichtung ohne Wahrheit».
Johannes Haller[4]

«Die Petrusverheißung Mt 16,17–19 bildet einen nachträglichen Einschub. Dieser Einschub ... ist in seiner vorliegenden Form kein Wort des ‹irdischen Jesus›, sondern eine Bildung des Evangelisten». «Für den speziellen Primat des Bischofs von Rom geben die neutestamentlichen Texte, mit denen man bis in die Gegenwart diesen Primat zu begründen pflegte, nichts her. Dieser traditionelle Argumentationsgang ist exegetisch und historisch nicht mehr zu halten».
Der katholische Theologe Josef Blank[5]

«Trotz des Versuchs des letzten Konzils, den Papst in die Kirche zu integrieren, ist im II. Vatikanum mehr und öfter vom Papst die Rede als im I. Vatikanum. Die ‹Nota Praevia›, die der Kirchenkonstitution auf Weisung einer ‹höheren Autorität› beigegeben wurde, hat die päpstliche Vollmacht gar in einer Schärfe ausgedrückt, die zumindest formulierungsmäßig weit über das I. Vatikanum hinausgeht. Sie stellt fest: ‹Der Papst als höchster Hirte der Kirche kann seine Vollmacht jederzeit nach Gutdünken (ad placitum) ausüben, wie es von seinem Amt her gefordert wird›». Der katholische Theologe Walter Kasper[6]

«Wir sind uns vollkommen bewußt, daß der Papst das größte Hindernis auf dem Weg zum Ökumenismus ist». Papst Paul VI. (1967)[7]

«Wir sind Petrus». Papst Paul VI. (1969)[8]

Weder hat Jesus das Papsttum errichtet noch war Petrus Bischof von Rom

Die katholische Kirche begründet die Stiftung des Papsttums und ihrer selbst mit der Stelle bei Matthäus: «Du bist Petrus, und auf diesen Felsen [Petra] will ich meine Kirche bauen . . .» (Mt. 16,18).

In Riesenlettern aus Goldmosaik leuchtet dies Wort, das wohl meistumstrittene der Bibel, von Michelangelos Kuppel in St. Peter. Es fehlt jedoch in drei der vier Evangelien; vor allem fehlt es auch bei Markus, dem ältesten Evangelisten. Denn Jesus hat es nie gesprochen; heute «sicheres Ergebnis der biblischen Exegese» (Brox). Dafür gibt es eine Reihe überzeugender Gründe, von mir schon anderwärts zusammengefaßt.[9]

Die katholische Kirche freilich hält an ihrer «göttlichen Einsetzung» fest. Sie muß es; sie hat es durch zwei Jahrtausende behauptet. Nicht wenige ihrer Theologen aber kapitulieren jetzt. Manche entwickeln dabei – in verspäteter Nachfolge eher konservativer Protestanten – einen Zungenschlag, der sie «wissenschaftlich» ihr Gesicht vielleicht noch halbwegs wahren und doch bei ihren Oberen nicht gleich alles verlieren läßt. Sie umschreiben die Unechtheit des «Kirchengründungswortes» etwa: Matthäus habe es nicht historisch referiert, sondern theologisch komponiert. Oder sie nennen die «Felsenstelle» eine Beauftragung erst durch den «Auferstandenen». Sich weniger Windende erklären die «Petrusverheißung» indes glatt als nachträglichen Einschub, als eine Bildung lediglich des Evangelisten.[10]

Vielleicht hatte aber Petrus sogar eine Art Primat, eine gewisse leitende Funktion. Vielleicht jedoch nur zeitweise, bloß in bestimmten Gebieten, nicht mehr nach dem «Apostelkonzil». Paulus, der Petrus in Antiochien «ins Gesicht» widersteht, ihn einen Heuchler schimpft, polemisiert offenbar auch sonst oft insgeheim gegen einen Führungsanspruch Petri. Auch in anderen Teilen der «Heiligen Schrift» gibt es «antipetrinische» Tendenzen. Und daß Petrus seinen Vorrang behielt, wenn er ihn hatte, eventuell auch nur als eine Schöpfung der «Petruspartei», steht nirgends im Neuen Testament. Es schweigt dazu.[11]

Doch selbst falls – in vieler Hinsicht ausgeschlossen – das «Primitialwort» von Jesus stammte: nie könnte die Kirche dartun, wie es von Petrus auf die «Päpste» übergeht, nie könnte sie erhärten, daß es nicht bloß dem Apostel gilt, sondern auch allen seinen «Amtsnachfolgern». Weder weist nämlich die Bibel noch (sonst) eine geschichtliche Quelle jemals auf die Ernennung eines Nachfolgers durch Petrus hin, auf eine «petrinische Sukzession».

So findet denn mancher Katholik die «exegetische Diskussion» nun «äußerst differenziert» und kommt angesichts des Befundes «in einige Verlegenheit, wenn er die Tragfähigkeit der biblischen Grundlage für das Papsttum historisch-kritisch auszuleuchten versucht» (Stockmeier). Etwas mutigere Theologen dieses Lagers konzedieren indes, daß von einer Nachfolge Petri «nicht die Rede» sei (de Vries); daß man sie «im Neuen Testament nirgends feststellen» könne (Schnackenburg). Ja, Josef Blank findet Petri Felsen-Fundament-Funktion nicht nur einmalig, nicht nur unübertragbar, unvertauschbar, unwiederholbar, sondern sieht in der Vorstellung von einem beständig wachsenden Fundament schon rein bildlich eine innere Unmöglichkeit. Insofern könne auch das Papsttum nicht als Felsen Petri verstanden werden. Vielmehr versichert dieser Katholik rundheraus: «Im Rückblick auf die Kirchengeschichte könnte man eher sagen: Auch das Papsttum ... hat die Kirche nicht zerstören können.» Und schließlich fragt der Theologe noch, wie denn die frühe Christenheit den Spruch verstand? Wurde er auf Rom oder den Primat des römischen Bischofs als Nachfolger des Apostels Petrus bezogen? «Die Antwort lautet hier ganz schlicht und einfach: Nein!»[12]

Die Apologetik beruft sich zwar auf weitere Worte oder Weisungen Jesu an Petrus: daß er Menschen fange, die Schlüssel des Himmelreichs bekomme; daß alles, was er auf Erden binde oder löse, auch im Himmel gebunden sei, gelöst; endlich: «Stärke deine Brüder», «Weide meine Lämmer». Doch zu all dem gibt es weitere evangelische oder neutestamentliche Parallelen, die zeigen: Jesu fünf Verfügungen waren nicht prinzipiell an Petrus gebunden. Und vor allem noch einmal: Von einem Nachfolger, einem Vorsteher gar der römischen Gemeinde als Leiter einer Gesamtkirche, ist in keinem urchristlichen Text die Rede.[13]

Aufenthalt und Tod Petri in Rom sind unbewiesen

Petrus war auch nie Bischof in Rom – ein absurder Gedanke, doch Basis der ganzen, von den Päpsten und ihren Theologen buchstäblich himmelhoch gespielten Petrusdoktrin; es steht nicht einmal fest, daß er je in Rom gewesen.

Errichtet wurde die römische Christengemeinde weder von Petrus noch Paulus, den «seligen Gründeraposteln»: Irenäus (im 6. Jahrhundert sagte ihnen Erzbischof Dorotheus von Thessalonike sogar ein Doppelbistum nach!), sondern von unbekannten Judenchristen. Dabei gab es zwischen diesen und den Juden bereits so schwere Krawalle, daß Kaiser Claudius Mitte des 1. Jahrhunderts Juden wie Christen, zwischen denen man noch gar nicht unterschied, ausweisen ließ: «Judaeos impulsore Chresto assidue tumultuantes Roma expulit» (Sueton). Das damals vertriebene Ehepaar Aquila und Priscilla traf Paulus auf seiner zweiten Missionsreise in Korinth. – Nach Tacitus waren die römischen Christen aus Judäa stammende Verbrecher.[14]

Ein Romaufenthalt Petri ist bisher nie bewiesen worden, auch wenn ihn heute, zur Zeit der Ökumene, der gegenseitigen Annäherung der christlichen Kirchen, selbst viele protestantische Gelehrte annehmen – Annahmen sind keine Beweise; auch wenn

Petrus in Rom phantasievolle Legenden das Martyrium erleiden lassen: dramatisch am Kreuz, wie sein Herr und Heiland, doch, auf eignen Wunsch, aus lauter Demut, mit dem Kopf nach unten ... Und auch wenn ein gewisser Gaius – fast eineinhalb Jahrhunderte danach! – «schon» die Stelle zu kennen glaubte, nämlich beim Vatikan, das heißt in den Neronischen Gärten, was überdies erstmals Bischof Euseb im 4. Jahrhundert berichtet! Selbst wer, wie Daniel O'Connor, mit großem Aufwand einen Rombesuch Petri nachweisen will, ja, im Titel definitiv behauptet, «Peter in Rome: the Literary, Liturgical and Archaeological Evidence», kommt doch bloß zu dem etwas dürftigen Ergebnis, dieser Aufenthalt sei «more plausible than not».[15]

In Wirklichkeit gibt es keinen einzigen stichhaltigen Beweis dafür. Vor allem Paulus – der gemeinsam mit Petrus die römische Gemeinde gegründet haben soll, der aus Rom seine letzten Briefe schreibt, darin aber Petrus, seinen Gegner, nie erwähnt – weiß davon nichts. Nichts auch liest man darüber in der Apostelgeschichte, den synoptischen Evangelien. Auch der wichtige 1. Clemensbrief, wohl aus dem Ende des 1. Jahrhunderts, kennt weder die Tu-es-Petrus-Story noch eine andere Einsetzung des Petrus durch Jesus, noch überhaupt irgendeine entscheidende Rolle dieses Apostels. Er teilt lediglich in unbestimmten Worten dessen Martyrium mit. Kurz, das ganze 1. Jahrhundert schweigt dazu, wie noch lange das 2.[16]

Der älteste sichere Zeuge für Petri Romaufenthalt, Dionysius von Korinth, aber ist suspekt. Einmal, weil sein Zeugnis erst aus der Zeit um 170 stammt. Zweitens, weil dieser Bischof weit von Rom entfernt sitzt. Und drittens, weil er nicht nur behauptet, Petrus und Paulus hätten *gemeinsam* die Kirche Roms gegründet, sondern auch die von Korinth, was für Korinth das eigene Zeugnis des Paulus widerlegt. Wird ein solcher Gewährsmann im Hinblick auf die römische Tradition mehr Vertrauen verdienen?[17]

Doch wer hier zweifelt, leugnet gar, setzt «nur seiner Unwissenheit und seinem Fanatismus ein entehrendes Denkmal» (Katholik Gröne). Ist es aber nicht eher umgekehrt? Ist Fanatismus bei Gläubigen nicht häufiger als bei Skeptikern? Und Unwissenheit gewöhnlich auch? Leben von beiden nicht gerade die Religionen, Katholizismus und Papsttum zumal? Laufen ihre Dogmen nicht aufs Kontrarationale und Supranaturale hinaus, auf logische Absurditäten? Scheuen sie nicht wirkliche Aufklärung, echte Kritik mehr als alles? Haben sie nicht eine scharfe Zensur gebracht, den Index, die kirchliche Druckerlaubnis, den Antimodernisteneid und den Scheiterhaufen?[18]

Die Katholiken brauchen die Petrus-Visite, brauchen eine entsprechende Tätigkeit dieses Mannes in Rom, führt er doch als «Gründerapostel» die römische Bischofsliste an, die Kette seiner «Nachfolger». Auf dieser Lehre basiert die «apostolische» Überlieferung und der Primat des Papstes zu einem beträchtlichen Teil. Ergo behaupten sie, besonders in populären Schriften, Petri Anwesenheit in Rom «ist durch die historische Forschung als über allen Zweifel erhaben erwiesen» (F. J. Koch); «ist allgemein gesichertes Forschungsergebnis» (Kösters SJ); stehe «einwandfrei fest» (Franzen); bezeuge «die ganze altchristliche Welt» (Schuck); «niemals» gebe es Nachrichten aus alter Zeit, «die so sicher sind» (Kuhn) – was auch das anschauliche Bild nicht gewisser macht, Petrus habe «seinen Bischofsstuhl», «seinen bischöflichen Sitz in Rom aufgeschlagen» (Specht/Bauer).[19]

1982 ist es auch für den Katholiken Pesch «nicht mehr bezweifelbar», daß Petrus in Rom unter Nero den Märtyrertod erlitten. (Doch Märtyrerbischof Ignatius im 2. Jahrhundert sagt davon noch nichts!) Sogar für die ganze heutige «Forschung» beansprucht Pesch (der die Floskel liebt, «wenn ich recht sehe») dies Unbezweifelbare. Einen *Beweis* bietet er – oder irgendwer! – nicht. Es ist ihm nur, so gleich im Satz zuvor, «eine reizvolle Vorstellung anzunehmen, daß Petrus nach Rom aufbrach . . .».[20]

Eine reizvolle Vorstellung ist es für viele Katholiken auch, das Grab des hl. Petrus zu besitzen. Indes, wie steht es da mit der Beweisbarkeit?

Das Märchen vom gefundnen Petrusgrab

Nach einer alten Überlieferung liegt das Grab des «Apostelfürsten» an der Via Appia, nach einer anderen Version unter der Peterskirche.[21]

Nachdem man anscheinend schon um die Mitte des 2. Jahrhunderts dies Grab gesucht, gruben neuerdings zwischen 1940 und 1949 unter der Kuppel St. Peters der Archäologe Enrico Josi, der Architekt Bruno Apolloni-Ghetti, der Jesuit Antonio Ferrua, der Jesuit Engelbert Kirschbaum. Regie führte Prälat Kaas, der ehemalige Zentrumsvorsitzende. Er hatte in Berlin Hitler die Gegenwart überlassen und spürte in Rom ähnlich erfolgreich der Vergangenheit nach ...[22]

Der Weltkrieg kam und ging. Und am Vorabend des Weihnachtsfestes 1950 verkündete Pius XII. der aufhorchenden (katholischen) Menschheit, die «Forschungen, die Wir von den ersten Monaten Unseres Pontifikats im Sinn hatten», seien, «wenigstens soweit sie das Grab des Apostels betreffen, im Laufe des Jubeljahrs zu einem glücklichen Abschluß» gekommen. Das Ergebnis der Forschungen, «der sehr genauen Forschungen», nannte der Papst «von höchster Reichhaltigkeit und Bedeutung», und «auf die wesentliche Frage, die Frage, ob man wirklich das Grab des heiligen Petrus wiedergefunden hat, antwortet das Schlußergebnis der Arbeiten und Studien mit einem ganz klaren Ja. Das Grab des Apostelfürsten ist wiedergefunden worden».[23]

Schon im nächsten Jahr aber schrieb die katholische «Herder-Korrespondenz Orbis Catholicus» ziemlich kleinlaut: die Stelle, an der Petrus begraben wurde, sei «zweifelsfrei wiedergefunden», das «Apostelgrab selbst ist nicht mehr vorgefunden worden» – ein Wort, das Formulierungskunst und katholische Schule verrät. Schließlich mochte man dem Papst nicht direkt widersprechen.

Allerdings wurde, laut Herder-Korrespondenz, «ein sicherer Indizienbeweis für die Tatsache» erbracht, daß Petri Grab «unter der Mitte des Petersdoms lag». Als «Indizienbeweis» meldete man «an der gemutmaßten Stelle ... eine Anzahl menschlicher Gebeine, die sorgfältig erhoben wurden»; ferner noch christliche und heidnische Grabstätten, letztere «in mehreren Lagen übereinander». Das Apostelgrab, das nicht mehr gefundene gefundene, soll, so der Kommissionsbericht, im Lauf der Zeit verwüstet, das Gebein des Petrus während der Verfolgungen an andere Orte in «Sicherheit» gebracht worden sein, bis schließlich Konstantin «über der ehrwürdigen Stätte» ein Gotteshaus erbaut habe.[24]

Zuletzt vermerkt Herder noch den Ausschluß «des Publikums in absehbarer Zeit» von «der ehrwürdigen Stätte». Gründe: die Enge des Zugangs; die Gefährdung archäologischer Denkwürdigkeiten in unmittelbarer Nachbarschaft; dann der eigentliche Grund, enthüllend genug: «weil endlich ein archäologisch ungeübtes Auge nur wenig oder gar nichts Denkwürdiges dort erblicken würde.»[25]

Damit verhält es sich also wie mit allen großen Geheimnissen dieser Religion: nichts *Denkwürdiges*.

Um 200 glaubte der römische Presbyter Gaius das Petrusgrab zu kennen, «auf dem Vatikan»; und das Grab des Paulus an der «Straße nach Ostia». Und seit Konstantin I. hat man angeblich Petri Grab in St. Peter verehrt – und gesucht. Doch seine historische Authentizität war und ist damit nicht bewiesen; höchstens der Glaube der konstantinischen Zeit, das Petrusgrab zu besitzen. Dieser Glaube aber beweist nicht mehr als derselbe Glaube heute.[26]

Gefunden wurde dagegen unter der Peterskirche (in deren Nähe das Phrygianum, ein Heiligtum der Göttin Kybele, stand) eine Menge heidnischer Gräber: bei den neuesten Grabungen nicht weniger als 22 Mausoleen und zwei offene Grabhöfe.[27]

So nichtig jedoch das Ergebnis im Hinblick auf das vatikanische Fahndungsobjekt ist, so üppig wuchert darum die Literatur. 1964 gab es bereits rund 400 Veröffentlichungen darüber mit den verschiedensten Ansichten – «von der naivsten Begeisterung bis zur schroffsten Verneinung der Grabungsergebnisse». Das Urteil Engelbert Kirschbaums SJ, der zunächst einmal selber allzu wohlwollende ältere Forschungen abtun muß. Die seines Ordenskollegen Grisar wurden «mit unzureichenden Mitteln» gemacht; und die des «verdienstvolle(n)» schlesischen Archäologen Joseph Wilpert habe die Fachwelt als «bedauerliche kritische Entgleisung des immerhin hochbetagten Gelehrten» mit Stillschweigen übergangen.[28]

Jesuit Kirschbaum seinerseits stellt nun zwar eine ganze «Kette von Beweisstücken» für die Echtheit des Petrusgrabes zusammen. Doch dann muß er «zugeben, daß man einzelne Teile auch anders deuten könnte»; «daß wir nur mehr die Stelle, den Grabplatz des Apostels, haben und nicht mehr die materiellen Bestandteile dieses Grabes»; daß wir einem alten Grab – was für ein Glück für ihn! – «nie ansehen können, wer darin bestattet war». Auch über das Aussehen des berühmten Grabes kann er «Bestimmtes ... nicht aussagen ... Es muß ein armes Grab gewesen sein ...» Kurz, was fand man faktisch? Der Jesuit sagt es fast: «ein Grab, das nur aus ein paar Deckziegeln bestand. Wenn man diese fortnahm, blieb vom Grabe nichts mehr ...»[29]

Alles spricht eben dafür, daß es sich hier nicht um das Grab des Petrus unter dem sogenannten Tropaion handelt, sondern daß dieses selbst nur ein Kenotaph, ein Denkmal, ist. Der Grabungsbericht aber, so Kirschbaum, «deutet das Tropaion als das Grab des Apostels, allerdings in einer weiteren Stufe seiner Entwicklung».[30]

Die Resultate kritischer Forscher – Adriano Prandi, Armin von Gerkan, Theodor Klauser, A. M. Schneider u. a. – nötigten dem Jesuiten immerhin das Zugeständnis ab, daß der (katholische) Grabungsbericht nicht «fehlerfrei» sei. Er räumt «Unvollständigkeiten der Beschreibung» ein, spricht von «kleineren oder größeren Widersprüchen», nennt das errare humanum est «also leider immer noch wahr». Aber das Entscheidende, so möchte er «glauben», habe die Kritik «in keiner Weise ... erschüttert». Doch kann schließlich auch Engelbert Kirschbaum nur konstatieren: «Wurde also das Petrusgrab gefunden? Wir antworten: Das Tropaion aus der Mitte des zweiten Jahrhunderts wurde gefunden, aber das dazugehörige Apostelgrab wurde nicht im gleichen Sinne ‹gefunden›, sondern bewiesen, das heißt durch eine Kette von Indizien wurde seine Existenz festgestellt, obwohl ‹materielle Teile› dieses ursprünglichen Grabes nicht mehr vorhanden sind.» Ergo: das Grab ist dagewesen, doch nicht mehr da![31]

«Gern möchte die Phantasie sich vorstellen, wie man den Leib des ersten Papstes in die Erde bettete», schreibt Kirschbaum SJ und nimmt die Enthebung der Gebeine des Petrus aus seinem Grab im Jahr 258 an. Selbstverständlich ohne jede Spur eines Beweises. Auch kann er bloß «glauben ..., daß man nur das Haupt entnahm». Denn das übrige möchte man ja im Grab gefunden haben, das man (gleichfalls) nicht gefunden hat! Nachweisbar ist allerdings auch das angebliche Haupt des Petrus (und des Paulus) im Lateran erst seit Ende des 11. Jahrhunderts! Doch dort, wo man das Grab des Petrus vermutet, fand man «ein Häuflein Gebeine», und sie gehören alle «der gleichen Person», wie die «ärztliche Prüfung ergab». Ja, es steht fest, «daß es tatsächlich die Gebeine eines alten Mannes sind. Und Petrus war bei seinem Tode ein alter Mann» (Kirschbaum SJ). Ein so verblüffender «Beweis», daß selbst Engelbert Kirschbaum es nicht wagt, ein «endgültiges Wort darüber zu sagen».[32]

Doch 1965 behauptete Margherita Guarducci, eine Professorin für Altertumskunde an der Universität Rom, in einem aufsehenerregenden Buch, die Reliquien des hl. Petrus zweifelsfrei entdeckt zu haben. Da man aber nicht einmal das Grab des Petrus hatte, reagierte zumindest die Fachwelt geziemend spärlich auf die neue «Entdeckung» und dann «oft abweisend unfreundlich» (Dassmann). Ernst Dassmann selbst hat das Indiziengebäude der vom Vatikan veröffentlichten Schrift der Guarducci analysiert und schloß seine alles andere als unfreundlichen Bedenken mit der Forderung des Altmeisters der Hagiographie, H. Delehaye, daß alle nicht über jeden Zweifel erhabenen Reliquien als falsch zu gelten haben. «Das einzige aber, was ohne Zweifel feststeht, dürften die Zweifel sein, die der Argumentation M. Guarduccis bei der Lage der Dinge weiterhin anhaften müssen.»[33]

Als Venerando Correnti, ein anerkannter Anthropologe, die Gebeine des «vecchio robusto», die angeblichen Knochen des Petrus, untersuchte, identifizierte er sie als die Überreste von *drei*

Individuen, darunter so gut wie sicher (quasi certamente) die einer alten, etwa siebzigjährigen Frau.[34]

Papst Paul VI. verkündete jedoch am 26. Juni 1968 bei seiner Ansprache in der Generalaudienz: «Die Reliquien des hl. Petrus sind in einer Weise identifiziert worden, die Wir als überzeugend annehmen können.»[35]

In Wirklichkeit freilich wäre jede Identifizierung unter dem Haufen ringsum Verscharrter nach fast zweitausend Jahren von vornherein unmöglich, selbst wenn Petrus da läge. Mit Recht hat schon Erich Caspar betont, vorsichtig genug, die Zweifel darüber «werden niemals zu beheben sein». Mit Recht hat Johannes Haller in diesem Zusammenhang an die Skepsis betreffs der Echtheit der Schädel Schillers und Bachs erinnert, obwohl der zeitliche Abstand kleiner ist, die Bedingungen so viel besser sind. Mit Recht schreibt Armin von Gerkan, selbst wenn man das Grab des Petrus aufdeckte, selbst wenn Inschriften dafür sprächen – aber dies alles ist nicht der Fall –, selbst dann wäre damit nichts gewonnen, «denn auch diese Beisetzung würde doch erst aus konstantinischer Zeit stammen, und es bliebe fraglich, sogar möglich, daß es sich um eine Fiktion handelte. Es gibt eben kein archäologisches Material, sondern es wird immer nur bei der Tradition bleiben müssen, die allerdings bereits in der Zeit Konstantins bestand.»[36]

Worum es bei der faulen Geschichte des Petrusgrabes wirklich geht, schreibt Katholik Fuchs (dem wir auch die aufregende Meldung verdanken: «Mehrere Meter unter dem heutigen Papstaltar wurde eine Inschrift PETR ... gefunden, daneben Gebeine, außerdem ein altes Grabmal ...»): «Vor allem aber sind diese Ausgrabungen geeignet, den Gedanken des Petrusgrabes stärker ins Volk zu tragen». Das ist in der Tat der springende Punkt. Denn der Primat des Papstes beruht nicht darauf, daß Petrus in Rom begraben liegt. Aber die Volksfrömmigkeit betrifft dieser Glaube, die Wallfahrer; «Terra santa!»: die Spendierfreudigkeit.[37]

So betont auch Monsignore Rathgeber, daß die Stätte – «gewiß» Petri Grab – seit ältester christlicher Zeit «ein vielbesuchter

Wallfahrtsort» gewesen. Der Prälat erwähnt einen dort entdeckten Stein nicht nur mit der Inschrift: «Petrus, bitte Jesus Christus für die heiligen Christenmenschen, die neben deinem Körper bestattet sind», sondern auch mit einem Konterfei, das als Apostelporträt gilt: ein Kahlkopf, große Nase, Bart und fleischige Lippen . . . Ach, gäb' es Wunder noch, hätte man nicht längst Peter (und Paul) so frisch und knusprig aus der Tiefe gezogen, wie einst Ambrosius seine Märtyrer (I 431 ff)?! Doch die Zeiten sind nicht mehr danach . . . «Wunder müssen in der Ferne gesehen werden», sagt Lichtenberg, «wenn man sie für wahr, so wie Wolken, wenn man sie für feste Körper halten soll».[38]

Nun kann Petrus trotz allem in Rom gewesen, vielleicht dort sogar gestorben sein, allerdings nicht als Bischof, als Inhaber des nach ihm benannten «Heiligen Stuhls». «Davon», schreibt Kurt Aland 1981, «kann nun ganz und gar keine Rede sein». Und Norbert Brox, der 1983 zwar «mit großer Sicherheit» wissen will, daß Petrus in Rom gewesen, gesteht doch zu, über seine Rolle in der dortigen Gemeinde sei nichts bekannt. «Daß er ihr Bischof war, ist ausgeschlossen . . .» Der Verfasser des 1. Petrusbriefes hat sich den «Apostel Jesu Christi» in «Babylon», das heißt Rom, jedenfalls nicht als Bischof vorgestellt, sondern, so der protestantische Theologe Felix Christ, «als Prediger und vor allem ‹Mitältesten› ». Auch für den Katholiken Blank war Petrus «höchstwahrscheinlich nicht der ‹erste Bischof von Rom› » (und natürlich auch «nicht der Gründer der römischen Gemeinde»). Gibt es doch selbst für den ganz linientreuen Rudolf Pesch in Rom «zunächst» (!) keinen Episkopat. Sowohl Petrus wie Paulus, «beide Apostel haben keinen direkten ‹Nachfolger› in einem römischen Bischofsamt gehabt». Aber am Schluß der Studie dieses Katholiken ist der päpstliche Primat «der in die apostolische Nachfolge der Apostel im Bischofsamt eingebundene katholische Primat des Petrus im Dienst am Glauben der einen, heiligen Kirche», ist dies «factum theologicum», zu deutsch: eine Erschleichung. Oder, wieder mit Pesch, «eine reizvolle Vorstellung anzunehmen, daß . . .».[39]

Doch bevor wir Entstehung und Entwicklung des römischen

Primats verfolgen, erhebt sich naturgemäß die Frage: Wie war es überhaupt zu christlichen Priestern, Bischöfen, Päpsten gekommen?

Die Entstehung der kirchlichen Ämter, der Metropoliten-, Patriarchensitze und des Papsttums

Nach allem, was die historisch-kritische Bibelexegese lehrt, wollte Jesus – der ganz in der Tradition jüdischer Propheten stehende Apokalyptiker, der das *unmittelbare* Ende, die hereinbrechende «Gottesherrschaft», erwartet und sich damit völlig täuscht (eines der sichersten Forschungsergebnisse) – natürlich gar keine Kirche gründen, keine Priester einsetzen, Bischöfe, Patriarchen, Päpste. Nicht ohne Hohn schreibt 1987 die Kirchenhistorikerin und feministische Theologin Magdalene Bussmann an Johannes Paul II.: «Jesus hat auch niemanden, weder Frauen noch Männer, mit dem Priesteramt, so wie Sie und Ihre Kollegen es verstehen, beauftragt. Alle Menschen, die ein von Gott verliehenes Charisma haben, sollen dieses einbringen zum Wohl der gesamten Gemeinde. So ist wohl die gängige Meinung aller Theologinnen/Theologen, und in Rom dürfte ja wohl zumindest ein Minimum an exegetischen Grundkenntnissen der seriösen Bibelauslegung vorausgesetzt werden.»[40]

In den frühesten christlichen Gemeinden gaben Apostel, Propheten und Lehrer den Ton an. Ihnen gegenüber traten die Bischöfe, Diakone, Presbyter zurück. Sie waren zunächst nur technische Verwalter, mit administrativen, organisatorischen, ökonomisch-sozialen Funktionen betraut. Dann schob sich der Bischof an die Spitze: erst gegenüber den Presbytern, denen er im ganzen 1. Jahrhundert an Rang gleichstand, schließlich auch gegenüber den Charismatikern, den Aposteln, Propheten und Lehrern. Seit dem ausgehenden 2. Jahrhundert vereinte er alle Ämter auf seine Person.[41]

Wie aber der Bischof aus einem Untergeordneten zu einem Gleich-, dann Übergeordneten wurde, so bildeten sich auch unter den Bischöfen selbst wieder Rangunterschiede. Sie hingen in der Regel von der Bedeutung des Ortes ab, an dem sie residierten. Ein Bischof mit Sitz in der Provinzhauptstadt, der Metropolis, wurde gewöhnlich auch Metropolit (Metropolites, wobei mancher, zumal im Illyricum, sich auch Erzbischof, Archiepiskopos, nannte) und Vorgesetzter der übrigen Bischöfe seines kirchlichen Verwaltungsbereiches, dessen Grenzen sich mit dem des entsprechenden zivilen meist deckten; eine Entwicklung, die im Osten im frühen 3. Jahrhundert mehr oder weniger zum Abschluß kam, natürlich nicht ohne Rivalitäten. Und spätestens um 400 hatte dann jede Provinz einen Metropoliten.[42]

Auch unter den Metropoliten aber gab es Bischöfe mit größerer Geltung, wie in Oberitalien den Bischof von Mailand, seit Diokletian kaiserliche Residenz; wohl der Hauptgrund, weshalb der Mailänder episcopus mehreren zivilen Provinzen gebot. Und endlich hatte man noch Kirchenverbände, die auch einen Metropolitanverband beträchtlich übertrafen, eine Art Oberbischoftum. Gewannen doch im 3. Jahrhundert – übrigens wieder in Angleichung kirchlich-organisatorischer Struktur an Verwaltungseinheiten des Reiches – einige Prälaten besondere Vorrechte: vor allem der Patriarch von Alexandrien gegenüber den rund hundert Bischöfen Ägyptens. Oder, etwas später, der Patriarch von Antiochien (mit einem politisch und kulturell weniger einheitlichen Hinterland) gegenüber einem Großteil des syrischen Episkopats. Analoge Sonderrechte bekamen auf dem Konzil von Nicaea (325): das weniger bedeutende nachmalige Patriarchat von Jerusalem (mit drei palästinensischen Provinzen, freilich erst 451 durch den skrupellosen Opportunisten und Fälscher Erzbischof Juvenal erreicht) sowie die Exarchate Ephesus, Caesarea in Kappadokien und Heraklea; endlich, auf dem Konzil von Konstantinopel (381), die Hauptstadt des Ostens. Der Titel Patriarch (Urvater), zunächst auch gewöhnliche Bischöfe zierend, wurde seit dem 5. Jahrhundert nur noch fünf Oberbischöfen, im Chalkedonense «Exarchen» genannt, vorbehalten, den Kirchenvorstehern von Alexandrien, Antiochien, Konstantinopel, Jerusalem und Rom.

Nun gab es gerade in Rom das Amt eines regierenden Bischofs besonders spät, erst in der vierten oder fünften christlichen Generation, viel später etwa als in Syrien oder Kleinasien. Noch in der Mitte des 2. Jahrhunderts, als die römische Christengemeinde rund 30 000 Mitglieder hatte und 155 Kleriker, wußte dort keiner von einer Stiftung durch Petrus! Niemand etwas von seinem Aufenthalt und Martyrium in Rom.[43]

Die gefälschte römische Bischofsliste

Die älteste römische Bischofsliste lieferte erst Kirchenvater Irenäus, Bischof von Lyon, in seiner Schrift «Adversus haereses», etwa zwischen 180 und 185. Sie liegt nicht im griechischen Urtext, sondern vollständig bloß in einer lateinischen Wiedergabe aus dem 3. oder 4., wenn nicht gar 5. Jahrhundert vor. Die Literatur allein dazu ist kaum übersehbar, der Text offenbar «verdorben». Völlig im dunkeln aber tappt man über die Herkunft der Aufstellung. Irenäus führt nicht viel mehr als Namen an. Und nirgendwo wird da von einem Primat des Petrus gesprochen! Wurde Petrus doch noch im ausgehenden 2. Jahrhundert in Rom nicht als Bischof gezählt. Im 4. Jahrhundert freilich behauptet man, er sei da 25 Jahre gewesen! Seinerzeit überlieferte Bischof Euseb die römische Bischofsfolge, ein unredlicher, selbst der Urkundenfälschung schuldiger Geschichtsschreiber (vgl. u. a. I 200 ff). Euseb hat auch die alexandrinische Bischofsliste, die am meisten seiner römischen ähnelt, «verbessert». Ebenso die antiochenische, wobei er die Namen der Bischöfe Cornelius, Eros und Theophilus je einer Olympiade zuwies. Mit künstlichen Errechnungen arbeitete er auch bei der Jerusalemer Bischofstabelle, von deren Amtsjahren er eingestandenermaßen «überhaupt keine schriftliche Nachricht» besaß; später datierte sie Bischof Epiphanius genau nach Kaisergleichzeitigkeiten. Um 354 hat der «Catologus Liberianus», ein von Petrus bis Liberius (352–366) reichendes Papstverzeichnis, durch Angabe der Monats- und Tagesdaten das Datierungsverfahren fortgesetzt und «vervollkommnet». So Katholik Gelmi, der freilich gleich hinzufügt, «daß all diese Daten keinen historischen Wert haben». Stimmen heute darin doch auch die Katholiken überein, betonen aber immer wieder: um so wertvoller sei die Namensreihe selbst – uralt und echt!

Noch der «Liber Pontificalis» indes, das offizielle Papstbuch, die älteste römische Bischofsliste, die eine «Fülle gefälschten oder legendarischen Materials» enthält und dieses «durch weitere Erfindungen ergänzt» (Caspar), kurz, die derart erschwindelt ist, daß sie bis um die Wende zum 6. Jahrhundert kaum geschichtlichen Wert hat, nennt nicht Petrus, sondern einen Linus als ersten Bischof der Stadt. Dann setzte man Linus an die zweite Stelle und Petrus an die erste. Zuletzt konstruierte man ein «Petrusamt», das «in den antiken Verhältnissen» selbstverständlich «nur gelegentlich» hervortrat (Karrer), und ließ es sich zum «Papsttum» mausern. «Wie ein Samenkorn», schreibt Jesuit Hans Grotz poesievoll, «fiel Petrus in römische Erde». Und wie viele darauf auch hineinfielen und noch fallen – allmählich konnte man alle «Nachfolger» des Petrus aufzählen, wie erwähnt, mit Jahreszahlen und Todestagen, angeblich in ununterbrochener Sukzession. Im Laufe der Zeit aber wurde die römische Bischofsliste umgeschrieben, verbessert, ergänzt, und schließlich zeigt eine aus fünf byzantinischen Chronisten zusammengestellte Tabelle der Amtsjahrsummen für die ersten 28 Bischöfe Roms nur an vier Stellen Übereinstimmung der Ziffern in allen Spalten. Ja, der endgültige Redaktor des Textes, vielleicht Papst Gregor I., scheint die Namensreihe, in Parallele zu den zwölf Aposteln, auf zwölf Heilige erweitert zu haben. Jedenfalls sind die Episkopate der römischen Bischofsliste für die ersten zwei Jahrhunderte so unsicher wie die der alexandrinischen oder antiochenischen und «für die ersten Jahrzehnte bare Willkür» (Heussi).[44]

Dazu paßt, daß an der Spitze des offiziellen Papstbuches ein gefälschter Briefwechsel des hl. Hieronymus mit Papst Damasus I.

steht! (Nicht die einzige gefälschte Korrespondenz zwischen den beiden: Pseudoisidor bringt eine weitere.)[45]

Jesuit Grisar hebt zwar «den Umstand» hervor, «daß das Verzeichnis der alten römischen Bischöfe, beginnend mit dem hl. Petrus, in bezug auf die Sicherheit der Reihenfolge und der Namen sehr vorteilhaft absticht gegen sehr viele [!] andere Bischofskataloge. Denn während hier Dichtung und Fälschung sich nicht eingedrängt haben, waren die Verzeichnisse der alten Vorsteher anderer Kirchen ein beliebtes Feld, auf dem sich die Arbeit von Erfindern versuchte.» Doch tatsächlich stand es mit dem römischen Bischofskatalog, für Katholiken zweifellos besonders bedeutsam, nicht anders wie mit den sonstigen Bischofslisten auch.[46]

Im übrigen gab es solche teilweise konstruierte, völlig fingierte oder künstlich überbrückte Namensreihen, Traditionstabellen längst vor dem Christentum und seinen – in den Anfängen (gleichfalls) gefälschten – Bischofslisten: die Magistratsregister der griechischen Stadtstaaten, die spartanischen Königsverzeichnisse der Agiaden und Eurypontiden, die Diadochenreihen der Schulhäupter in den griechischen Philosophenschulen, die Rubrik der Olympioniken. Vor allem vergleichbar aber: die alttestamentlichen Genealogien, die in lückenloser Namensfolge die Teilnahme an den göttlichen Verheißungen garantierten, besonders die nachexilische Hohepriesterliste als Regierungsliste Israels. Und auf diese jüdischen Traditionsprinzipien geht vermutlich auch das Bestreben des Islam zurück, die überkommene mündliche Lehre kraft einer Sukzessionskette, einer bis zum Propheten reichenden Zeugenreihe (isnād), zu sichern.[47]

Die historischen Gründe jedenfalls – nicht die theologisch komponierten! – für die Entstehung des Papsttums sind ganz anderer Natur, als dieses selber glauben machen möchte. Sie resultieren nicht aus der *vermeintlichen apostolischen Fundierung* des römischen Bischofssitzes, sondern vor allem aus der *hohen politisch-ideologischen und kulturellen Bedeutung* der Millionenstadt, aus ihrer besonderen Stellung als Zentrum des Römischen Reiches, der «Königin Rom», ja, wie die heidnischen

Dichter sie rühmen, als «caput orbis», «Haupt der Welt», ein entscheidender Faktor, den die römischen Hierarchen in entsprechenden Äußerungen bezeichnenderweise übergehen.

Dabei war nicht nur in Rom, sondern überall der kirchliche Rang einer Stadt ihrem älteren politischen mehr oder weniger adäquat, schlugen auch aus anderen weltlichen Regierungssitzen die lokalen Kirchen größeren oder geringeren Gewinn. Das gilt von Mailand etwa oder, im benachbarten Pannonien, von Sirmium, gleichfalls zeitweilig Kaiserresidenz und Sitz eines Praefectus praetorio. Und als im ausgehenden 4. Jahrhundert die gallische Präfektur nach Arles gelangte, meldete auch der dortige Bischof sogleich einen Anspruch auf die Metropolitanwürde an.[48]

Besonders aber hat sich Byzanz rasch in den Vordergrund geschoben. Denn zwischen 326 und 330 war aus dem kleinen, durch seine Lage jedoch militärisch und wirtschaftlich begünstigten Byzantion unter Konstantin I. die «Konstantinstadt» entstanden, das «Zweite» oder «Neue Rom», «Nea Rhome». Es wurde in Konkurrenz zur alten Hauptstadt am Tiber, aber nach ihrem Vorbild über sieben Hügeln, prächtig aufgebaut und überflügelte sie an Großartigkeit und Weltgeltung noch im 4. und 5. Jahrhundert, so daß, wenn auch erst tausend Jahre danach, der spätbyzantinische Gelehrte Manuel Chrysoloras rühmt: «Die Mutter ist schön und wohlgestalt, doch in vielem ist die Tochter schöner.» Konstantinopel spielte politisch, militärisch und wirtschaftlich die führende Rolle im gesamten Reich. Sein Patriarch wurde allmählich neben die Patriarchen von Alexandrien und Antiochien gestellt, schließlich «Reichsbischof» und zum Konkurrenten des römischen Bischofs; wobei man sich auch darauf berief, daß das Christentum im Osten begonnen habe, «im Osten Christus geboren» sei, wie die Synodalen des Reichskonzils von 381 gegenüber dem Westen auftrumpften. Und nach der Invasion der Araber im 7. Jahrhundert blieb zuletzt allein Konstantinopel als bedeutendes Patriarchat des Orients übrig.[49]

Ein weiterer wichtiger Grund für die Entstehung des Papsttums war die maßgebliche Stellung, die dem römischen Bischof, dem einzigen Patriarchen im ganzen Westen (während im Osten drei, vier Patriarchen miteinander rivalisierten), in Italien und der lateinischen Kirche nach dem Zusammenbruch des Imperium Romanum zukam und die sein bald gewaltiger Reichtum noch unterstützte. Als der Primat sich dann gebildet hatte, wurde die faktische Macht immer mehr theologisch unterbaut durch den angeblichen Apostolizitätsbeweis, den dreisten Rekurs auf Petrus, die Petrinologie.[50]

Aufkommende Primatsansprüche

Diese Primatsambitionen der römischen Bischöfe, zumeist mit Mt. 16,18 begründet, sind freilich bodenlos angemaßt. Länger als zwei Jahrhunderte bestanden sie selber nie auf ihrer (angeblichen) Einsetzung durch Jesus! Pochten sie niemals darauf, Nachfolger Petri zu sein! «Es läßt sich nicht erkennen, daß die Petrusverheißung Matth. 16,18», betont Henry Chadwick, «vor der Mitte des dritten Jahrhunderts in der Geschichte der römischen Leitungs- und Autoritätsansprüche eine Rolle gespielt hätte». Erst seitdem nämlich gibt es die erste sicher verbürgte Primatsbehauptung eines römischen Bischofs – ein Faktum, das Jesuit de Vries schon fast zynisch so einräumt: «Wir müssen zugeben, daß es reichlich lange gedauert hat, bis man in Rom die ganze Bedeutung des Felsenwortes für das Petrusamt des Bischofs von Rom erkannt hat. Aber man hat sie schließlich erkannt ...» Nicht einmal die Vorstellung von einem besonderen Status des römischen «Stuhlhalters» als «Nachfolger» Petri wurde in Rom entwickelt! *Jeder* Bischofssitz, selbst der belangloseste, weder durch Tradition hervorragend noch Bedeutung, war zunächst «sedes apostolica». Und *jeder* Bischof beanspruchte auch das Epitheton «apostolicus» sowie das Substantiv «apostolatus» für seine Würde und sein Wirken. «Die Bezeichnung eines einfachen Bischofs als summus pontifex ist sogar zum ersten Male in einem päpstlichen Schreiben nachweisbar» (Katholik Baus). Auch fühlten sich die ältesten Oberhirten Roms keinesfalls als «Päpste». Sie hatten lange «keinen anderen Titel . . . als die übrigen Bischöfe» (Katholik Bihlmeyer). Im Gegenteil. Während man im Osten längst Patriarchen, Bischöfe, Äbte als «Papst» (pappas, papa, Vater) titulierte, ist die Bezeichnung in Rom erstmals auf einem Grabstein aus der Zeit des Liberius (352–366) bezeugt. Sie bürgerte sich im späteren 5. Jahrhundert auch im Westen ein, wo die römischen Bischöfe das Wort «Papst», zusammen mit anderen Bischöfen, als Selbstbenennung regelmäßig aber nicht vor dem ausgehenden 8. Jahrhundert gebrauchen. Und erst vom 2. Jahrtausend an wird das Wort «Papst» ein ausschließliches Vorrecht des Bischofs von Rom, ja, noch im 11. und 12. Jahrhundert nennen sich nichtrömische Bischöfe «vicarius Petri» (Stellvertreter Petri). Und den Titel «Summus Pontifex» gibt es sogar für alle Bischöfe bis ins hohe Mittelalter.[51]

Folglich wurde der Primat des «Papstes», seit davon die Rede ist, bestritten. Zunächst von katholischen Theologen, Kirchenvätern, Bischöfen selber.

Die ganze alte Kirche kannte keinen durch Jesus gestifteten Ehren- und Rechtsprimat des Bischofs von Rom

Am frühesten berief sich auf Mt. 16,18 wohl der herrische Stephan I. (254–257). Mit seiner kaum noch kollegial-bischöflichen, sondern hierarchisch-monarchischen Kirchenauffassung ist er gewissermaßen der erste Papst, wenn wir auch von ihm selbst keine unmittelbare Aussage zur Sache haben. Doch sofort reagierte der einflußreiche Bischof Firmilian von Caesarea in Kappadokien. Kennt er doch, so das katholische «Lexikon für Theologie und Kirche», «keinen Rechtsprimat des römischen Bischofs». Vielmehr tadelt Firmilian, jener rühme sich seiner Stellung und glaube, «die Nachfolge des Petrus innezuhaben» (successionem Petri tenere contendit). Ohne Zögern spricht Firmilian von der «so handfesten und offenkundigen Torheit Stephans» und nennt ihn, in unmittelbarer Anrede, einen «schismaticus», der sich selbst von der Kirche getrennt. Er wirft ihm «Frechheit und Unverschämtheit» (audacia et insolentia) vor, «Blindheit» (caecitas), «Dummheit» (stultitia). Erbost vergleicht er ihn mit Judas und behauptet, er bringe «die seligen Apostel Petrus und Paulus in schlechten Ruf».[52]

«Wie eifrig», höhnt Firmilian in einem Brief an Cyprian von Karthago, «hat Stephan die heilsamen Mahnungen des Apostels befolgt und vornehmlich Demut und Sanftmut bewahrt! Was gibt es Demütigeres und Sanftmütigeres, als sich mit so vielen Bischöfen der ganzen Welt zu entzweien ..., bald mit den Orientalen (wie auch euch wohlbekannt sein wird), bald mit euch im Westen.» Und direkt apostrophierte er den Römer: «Du hast Dich selbst ausgeschlossen – gib Dich darüber keiner Täuschung hin! ... Denn während Du glaubst, daß alle von Dir ausgeschlossen werden könnten, hast Du doch nur Dich selbst von allen getrennt.»[53]

Und damals, beim Ketzertaufstreit 255/56 (bei der Frage also, ob zum Katholizismus übertretende Christen getauft oder, wie Rom lehrte, nicht mehr getauft werden mußten: was Disziplinäres und Dogmatisches betraf), nahm kein Geringerer als Cyprian zur Primatsfrage Stellung. Der Bischof, Märtyrer und Heiliger der Catholica, erkannte, offensichtlich im Einklang mit der herrschenden Ansicht, nirgends einen absoluten Vorrang Roms, erkannte, wie er – mit Tertullian (gegen Kallist: S. 98) – spottet, «keinen Bischof der Bischöfe» an; womit seinerzeit ja auch die Synoden Nordafrikas übereinstimmten, ebenso die des Ostens, im offenen Konflikt sowohl als auch zu geruhsamerer Zeit.

Für Cyprian ist der römische Bischof grundsätzlich nicht mehr als jeder Bischof sonst. «Nicht im Traume denkt er daran, ihm auch nur ansatzweise eine Jurisdiktionsgewalt über andere Gemeinden als seine eigene zuzugestehen. Ja nicht einmal als erster unter Gleichen (primus inter pares) gilt ihm der Nachfolger Petri» (Wickert). Alle Apostel waren für Cyprian ebenbürtig, alle hatten die «gleiche Gewalt» wie Petrus, «den gleichen Anteil an Ehre». So sei auch kein Bischof dem andern untertan, keiner vorgesetzt;

keiner könne den andern richten, keiner vom andern gerichtet werden; kurz, jeder hafte für die Verwaltung seiner Diözese Gott allein: weshalb man in Rom sogar eine Hauptstelle von Cyprians Schriften fälschte! Doch nicht einmal die Fälschung (in «De unitate ecclesiae» c. 4) ist im Sinn eines römischen Primats zu verstehn. Hinter Cyprian aber stellten sich (nach bereits konform urteilenden früheren Synoden in Karthago und Kleinasien) zwei weitere, wobei ihm auf dem Konzil am 1. September 256 in Karthago 87 Bischöfe in namentlicher Votierung zustimmten. Der «Papst» freilich empfing Cyprians Delegation mit den Beschlüssen nicht, verweigerte ihr auch die kirchliche communio, jegliche Aufnahme und Gastfreundschaft. Er verbot energisch die Wiedertaufe, denn «nichts soll erneuert werden, was nicht überliefert ist» (nihil innovetur nisi quod traditum est) – wahrscheinlich der älteste allgemeine Grundsatz des Papsttums; den freilich niemand mehr brach als das Papsttum selbst. Stephan I. schimpfte den hl. Cyprian «Pseudochrist» und «falschen Apostel», einen «hinterhältigen Ränkeschmied» (Pseudochristum et pseudoapostolum et dolosum operarium), während Cyprian den «Papst» des Irrtums, des Starrsinns zieh, der Hochmütigkeit, Gotteslästerung, ja, ihn als «einen Freund der Häretiker und einen Feind der Christen» abkanzelte – zwei Heilige unter sich.[54]

Immerhin hat Cyprian in dieser Zeit schroffster Konfrontation mit Stephan denselben, soweit bekannt, nicht exkommuniziert; es wäre «durchaus zu erwarten gewesen» (Marschall). Andererseits ist wegen dürftiger Quellenbasis bis heute kontrovers, ob Stephan von Rom den hl. Cyprian exkommunizierte; vieles spricht dafür. Namhafte Protestanten, Seeberg etwa, Lietzmann, behaupten dies, neuerdings vom katholischen «Handbuch der Kirchengeschichte» (eher) unterstützt. Später lancierte Augustinus die Meldung von Cyprians Widerruf, doch offenbar im Gegensatz zu den Tatsachen (und mit nur geringer Zustimmung in der Geschichtsschreibung).[55]

Da gerade Cyprian aber als typisch für den Katholizismus des Westens gilt, als Markstein in dessen Entwicklung, bestreiten Katholiken gern seine Bestreitung des Primats. Und wirklich hat gerade er die Begriffe «cathedra Petri» und «primatus Petri», die so verheerend bis heute Geschichte machten, geprägt, hat gerade er die Matthäusstelle «Tu es Petrus» stark in seine Texte einbezogen und damit der römischen Petruslehre fast vorgearbeitet, wenn nicht gar Rom erst auf diese Fährte gelenkt, auf die Meisterung der Geschichte mittels Bibel, Dogmatik, Doktrin.[56]

Cyprian beschwört ja auch die «Ecclesia principalis . . . von wo die priesterliche Einheit ausgegangen». Und einst war dieser Passus sehr umstritten, sollte er markanter Zeuge sein für Roms Primat; verlor Hugo Koch, der katholische Kirchengeschichtler, 1912 sein Lehramt, als er das Gegenteil erwies – und bald nicht nur in *einem* Buch. Inzwischen jedoch sind sich auch viele Katholiken einig, daß «Ecclesia principalis» keinen päpstlichen Primat bedeutet, daß auch Cyprian den Bischöfen Roms keine hierarchische Sonderstellung zuschrieb, *keine* «höchste Regierungsgewalt» (Bihlmeyer), *keine* «Obergewalt» (Bernhart), daß dieser Primat damals auch im Katholizismus so gut wie keine Rolle gespielt.[57]

Es spricht Bände, daß die gesamte alte Kirche keinen durch Jesus gestifteten Ehren- und Rechtsprimat des römischen Bischofs kennt. Daß dieser Primat im Widerspruch steht zur Lehre aller alten Kirchenväter, selbst der berühmtesten. Denn wie Cyprian, deutet auch Origenes, der größte, wenngleich verketzerte Theologe der ersten drei Jahrhunderte, die «Primatstelle» kollektiv. Mit Petrus seien hier auch die Apostel angesprochen, ja, alle Gläubigen gemeint; «alle sind Petrus und Felsen, und auf allen ist die Kirche Christi erbaut».[58]

Und wie Cyprian und Origenes im 3., so erkennt im 4. Jahrhundert auch Ambrosius, gleichfalls einflußreicher als die Päpste seiner Zeit, diesen keinen singulären Vorzug zu. Das Wort von den Pforten der Hölle, für viele Katholiken locus classicus des Primats, bezieht Ambrosius nicht auf Petrus selbst, sondern auf seinen Glauben. Petrus hat bei Ambrosius nirgends einen Vorrang, nirgends Vorrechte und schon gar keinen Nachfolger. Ambrosius, dessen Bischofssitz mit dem römischen konkurrierte, fällte Synodalentscheidungen auch ohne, notfalls sogar gegen

Rom. Mit offenkundig antirömischer Wendung attestierte der Mailänder dem Apostel Petrus zwar den Primat, doch «den Primat des Bekennens, nicht den der Ehre (non honoris), den Primat des Glaubens, nicht den des Ranges (non ordinis)». Ähnlich ist bei Kirchenlehrer Athanasius von «Rechten Roms, auch nur im Sinne eines kirchlichen Schiedsgerichtes . . . an keiner Stelle die Rede» (Hagel). Das Recht etwa zur Berufung einer ökumenischen Synode räumt Athanasius allein dem (christlichen) Kaiser ein. Und was Kirchenlehrer Johannes Chrysostomos angeht, so findet bei ihm Benediktiner Baur, sein moderner Biograph, «nirgends mit deutlichen Worten den Jurisdiktionsprimat des Papstes ausgesprochen».[59]

Wie die bisher genannten kirchlichen Koryphäen, gesteht auch Basilius «der Große» keinen römischen Primatsanspruch (im Osten) zu. Für Basilius, der seine Schreiben in den Westen, mit einer Ausnahme, nicht an den römischen Bischof Damasus, sondern stets an alle Oberhirten des Abendlands oder an die Italiens und Galliens richtet, ist die klerikale Hierarchie eine Gemeinschaft Gleichberechtigter, ist Antiochien, das sich der «Cathedra Petri» rühmte, kirchlich das Haupt der Welt und Haupt der Kirche allein Christus – ein andres, ein sichtbares Haupt derselben, hat die Ostkirche nie anerkannt! Ihr galt der Bischof von Rom nur als der Erste des westlichen Episkopats. Vereinzelte Appellationen östlicher Prälaten an ihn besagen nicht viel. Und als Papst Damasus von den Orientalen die bedingungslose Akzeptanz einer römischen Glaubensformel heischt, weist Basilius dies entschieden zurück. (Basilius' Freund und Kollege, Bischof und Kirchenlehrer Gregor von Nazianz, sprach vom «rauhen Wind des Westens» und nannte den christlichen Westen «die Fremde».)[60]

Kirchenlehrer Hieronymus übernimmt zwar (als Römer) oft devot die Entscheidungen Roms, zumal er selber Papst zu werden hoffte. Doch kann er auch die allgemeine Ansicht seiner Zeit bekennen und das Bischofsamt, möge es durch Größe, durch Reichtum der Sitze noch so unterschieden sein, überall dasselbe nennen. Wo immer, schreibt er, ein Bischof ist, in Rom oder

Gubbio, Konstantinopel oder Rhegium, in Alexandria oder Tanis, «er bedeutet dasselbe, hat dasselbe Amt».[61]

Sogar Augustinus, schon recht romhörig doch und zuweilen peinlich zwischen dem Papst und seinen afrikanischen Brüdern lavierend, vertritt keinen papalen Lehr- und Jurisdiktionsprimat. Ohne die römische Petrusdoktrin direkt zu attackieren, war für Augustin der Primat des Petrus, wie einst für Cyprian, nur ein persönlicher Rang, ja, statt des «solus Petrus» fungiert für ihn die «universa ecclesia» als Inhaberin der Schlüsselgewalt. Nicht Petrus, das Haupt der Apostel, nicht die römische Kathedra, nicht die römische Autorität steht für ihn an höchster Stelle und ist maßgebend für Lehre, Disziplin und Brauchtum der Christenheit, sondern die Autorität der Gesamtkirche – für die Petrus laut Mt. 16,17 ff das Symbol sei. Dem römischen Bischof ist das Plenarkonzil übergeordnet. So mußte noch das Erste Vatikanum 1870 selbst dem berühmtesten Kirchenlehrer «verkehrte Meinungen» (pravae sententiae) vorwerfen! «Sumus christiani, non petriani» (Wir sind Christianer, nicht Petrianer), hatte Augustin (Enarr. in psalm. 44,23) erklärt und Mt. 16,18 «zu keiner Zeit seines Lebens im römischen Sinne verstanden und ausgelegt» (Caspar). Und kaum zufällig spricht auch Augustin-Schüler Orosius – im Mittelalter viel gelesen und übertrieben bewundert – dem römischen Bischof keine zentrale Stellung, sondern bestenfalls einen geistigen Vorrang zu.[62]

Diese Haltung aber der gefeiertsten Katholiken der Antike ist um so bemerkenswerter, als auch die Schriften der «heiligen Väter», nach dem hl. Kirchenlehrer Kyrill (der damit nicht zuletzt der eignen Produkte gedacht haben mag), «durch Eingebung des Heiligen Geistes zustandekamen».[63]

Wie Bischöfe und Kirchenväter kannten auch die alten Konzilien keinen Rechtsprimat Roms

Seit der Mitte des 2. Jahrhunderts veranstaltet die Kirche Synoden, synodus genannt oder concilium, zunächst Partikularkonzilien, Provinzialsynoden, offenbar nach dem Vorbild der staatlichen Provinziallandtage; dann auch interprovinziale Synoden, Plenarkonzile, wie in der ägyptischen, antiochenischen, afrikanischen, italienischen Kirche; schließlich Begegnungen der «Gesamtkirche», allgemeine oder ökumenische Konzilien. Bisher zählt man 21 solcher (oft erst nachträglich dazu gemachten) «ökumenischen» Versammlungen im Katholizismus, für die es keine stets gleichbleibenden Merkmale gibt. (Die Quellen benutzen – ebenso wir – die Bezeichnungen Konzil und Synode als Synonyme.)[64]

Wie wichtig die ökumenischen Kirchentreffen für Katholiken aber auch sind, selbst die ersten «allgemeinen» Konzilien dekretieren nirgends einen Primat Roms. Und natürlich ließen sich diese Tagungen ihre Beschlüsse auch von keinem «Papst» bestätigen, den es noch gar nicht gab! Manchmal teilten sie ihre Erlasse dem römischen Bischof zwar mit, doch nur wie anderen auch. So übermittelte die Synode von Arles – anno 314 «mit dem Heiligen Geist und seinen Engeln (angelis eius)» tagend – dem Bischof Silvester von Rom, «was wir durch gemeinsamen Beschluß dekretiert haben, damit alle wissen, was sie in Zukunft zu beobachten haben» – aber nicht, damit es der römische Bischof billigt! Damit er es bestätigt! Damit er entscheidet! Daran dachte niemand. Streitpunkte schlichteten damals nicht Päpste, sondern Synoden. «Anders nämlich als durch Synoden ist es unmöglich, die großen Probleme zu lösen», schreibt Bischof Euseb von Caesarea. Ähnlich glaubte Bischof Epiphanius: «Die Konzilien schaffen Gewißheit (aspháleia) in den von Zeit zu Zeit auftauchenden Fragen».[65]

Alle großen Kirchenzusammenkünfte der Antike wurden ja auch nicht vom Papst einberufen (dessen Legaten sogar auf «ökumenischen» Konzilien gelegentlich fehlten: in Konstantinopel 381 und 553), sondern vom Kaiser. Er hatte diesbezüglich alle

Rechte, der Papst keine. Der Kaiser setzte den Termin, den genaueren Teilnehmerkreis, den Beratungsgegenstand fest. Er eröffnete, leitete, bestätigte diese Konferenzen, er verlieh ihnen Gesetzeskraft. Er hatte auch das Recht, sie zu beendigen, zu vertagen, zu verlegen. Er konnte sich durch hohe Beamte vertreten, konnte auch nichterscheinende Bischöfe bestrafen lassen. Kein Konzil, kein Papst hat damals diese Rechte bestritten. Noch ein so selbstbewußter Pontifex wie Leo I. bittet Kaiser Theodosius II., eine Synode «anzuordnen». So kann Kirchenhistoriker Sokrates, allgemein als einer der redlichsten der Antike geachtet, gegen Mitte des 5. Jahrhunderts ohne jede Übertreibung konstatieren: «Seit die Kaiser begannen Christen zu sein, hingen von ihnen die Angelegenheiten der Kirche ab, und die größten Konzile wurden und werden nach ihrem Gutdünken abgehalten». Selbstverständlich erkannten die Regenten den Päpsten auch keinen Primat zu. Erst im späteren 4. Jahrhundert räumt Gratian dem römischen Stuhlhalter eine Art Jurisdiktionsprimat ein, doch bloß gegenüber den Bischöfen des Abendlands. Und Oberster Gerichtsherr ist Damasus (seit 378) nur über die Metropoliten, noch nicht über die Suffragane, für die lokale Gerichte zuständig sind.[66]

Freilich wird eben damals eine Wende deutlich, bildet sich eine neue Lehre, neue Konzeption heraus, wonach der Bischof von Rom Leiter der ganzen Kirche ist, Gewalt über alle Christen hat. Diese Tendenz, mit einem ersten Höhepunkt bei Leo I., entwickeln bereits die Päpste Damasus (unter dem 382 eine Synode in Rom erstmals vom «Primat der römischen Kirche» spricht, nicht mehr wie früher vom «Primat des Petrus») und Siricius, der nach allen Seiten hin mahnt, anweist, gebietet, droht – «decernimus», «iudicamus», «pronuntiamus», «wir bestimmen», «wir urteilen», «wir dekretieren». In kürzester Zeit grassieren solche Wendungen im Sprachschatz der päpstlichen Kanzlei, deren Dekretalen reichsrechtliche Muster imitieren und sich von den kaiserlichen Dekreten in nichts unterscheiden. Doch beanspruchen auch Damasus und Siricius keine Befehlsgewalt gegenüber einem Konzil. Noch Anastasius I. (399–401) betrachtet sich bloß als das Haupt des Abendlands. Und für die Ostkirche ist der Papst auch im 6. Jahrhundert nur der Patriarch des Westens. Auch damals noch geht keinerlei entscheidende Missionstätigkeit von Rom aus. «Alle Versuche, dem Papsttum vor Gregor d. Großen eine führende Rolle in der christlichen Missionsarbeit zuzuschreiben, halten gegenüber den Aussagen der Quellen nicht stand» (Katholik Baus). Dagegen nennt man jetzt auch den Sitz von Konstantinopel immer häufiger «apostolisch». Seit dem 7. Jahrhundert wird dort die Gründungslegende von Andreas, dem Apostel der Stadt, antirömisch interpretiert, zumal ihn, nach Johannes 1,40 f, Jesus früher als Petrus berief. Im 9. Jahrhundert spielt der größte byzantinische Patriarch, Photios, gegen den Suprematieanspruch Roms und dessen ersten «Papst» den älteren und «erstberufenen» Apostel Andreas aus. «Denn viele Jahre früher übernahm er den Bischofsstuhl von Byzanz, als sein Bruder Bischof der Römer wurde».[67]

Allerdings stießen auch im Westen die im späteren 4. Jahrhundert aufschwelenden Herrscherallüren der römischen Hierarchen, ihr rastloser Ehrgeiz, Vorgesetzte aller Bischöfe zu sein, weithin auf Widerspruch. «So behält der Bischof von Parma», berichtet die unter Papst Damasus tagende römische Synode 378 von Urbanus, «obgleich durch unser Gericht abgesetzt, seine Kirche ohne Scham in Händen, so hat sich Florentius von Puteoli . . . nach sechs Jahren wieder in seine Stadt eingeschlichen, hält die Kirche besetzt und erregt Unruhen».[68]

Zumal in bedeutenden Bischofsresidenzen ignorierte man gern Rom: in Karthago, Vienne, Narbonne oder Marseille, wo zum Beispiel der angesehene, von Hieronymus als heilig und hochgelehrt gepriesene Proculus, unbekümmert um römische Proteste, die ihm von einer Turiner Synode zuerkannten Metropolitanrechte ausübte. Auch nach seiner Absetzung weihte er, mit ausdrücklicher Berufung auf das Turiner Konzil, Bischöfe weiter – «in über das Gewohnte hinausgehender Frechheit», «mit eiserner Stirn und aller Scham vergessend», wie Papst Zosimus sich erboste, die «Turiner Privilegien» des Proculus «unverschämt erschlichen» schimpfend. Proculus aber folgte der Zitation nach Rom so wenig wie der Metropolit Simplicius von Vienne, dem Zosimus ebenfalls «Unverschämtheit» vorwarf, ohne daß er den Streit mit den gallischen Oberhirten, auch mit dem ihm besonders verhaßten Lazarus von Aix sowie den Bischöfen Tuentius und Ursus begleichen konnte. Der Römer hatte zwar erhöhte Autorität gegenüber der italienischen Kirche, doch noch keinesfalls die Führung im ganzen Abendland. Mailand konkurrierte mit Rom. Westliche Synoden befragten noch um die Wende zum 5. Jahrhundert bei wichtigen Anlässen die Hierarchen von Rom und Mailand zugleich, wie das Konzil in Karthago 397. Oder man setzte, wie die Synode von Toledo (400), eine Entscheidung so lange aus, bis «der jetzige Papst . . ., der Bischof von Mailand und die übrigen Priester der Kirchen» dazu schrieben. Aus Gallien und Illyrien wandte man sich zeitweise anscheinend mehr nach Mailand als nach Rom. Das Verhältnis beider war jedenfalls «ein kollegiales Nebeneinander». Der «apostolische» Stuhl hatte wohl das größere Ansehen, der römische Bischof aber «keine rechtliche Ausnahmestellung». Und die «Konzile standen unabhängig und gleichberechtigt neben dem Papsttum» (Wojtowytsch). Ja, sie waren «nicht nur die vornehmsten Rechtsquellen der Kirche, sondern auch neben der Bibel die vornehmste Glaubensquelle» (H.-G. Beck).[69]

Besonders scharf ist die Opposition gegen Rom mitunter in Afrika, wo es im frühen 5. Jahrhundert rund 470 Bischofsstühle gibt.

Eine ganze Landessynode bestreitet damals dem römischen Pontifex maximus die Möglichkeit, richtig zu entscheiden und leugnet überhaupt, sein Urteil stehe höher. Brüsk weisen die nordafrikanischen Kirchenführer jede Beanspruchung einer Befehlsgewalt über sie ab, billigen Rom keine höchstrichterliche Befugnis in Glaubens- und Disziplinarfragen zu. Die Prälaten sind sicher, selber die rechte Lehre erkennen zu können. Erst der Wandaleneinbruch, das Regiment arianischer «Ketzer» in Afrika, bewirkte dort eine enge Kooperation der Katholiken mit dem römischen Bischof, von dem die Synoden von Karthago und Milewe (416, 417) die Bestätigung ihrer Erlasse erbaten. Führte ja auch der Westgoteneinfall in Spanien zu einem intensiveren Anschluß der spanischen Kirche an Rom. Doch noch das Konzil von Karthago im Mai 418 droht wieder für «transmarine» Appellationen, in Erneuerung eines alten kirchenrechtlichen Grundsatzes, die Exkommunikation an.[70]

Wie wenig romhörig gerade die Afrikaner waren, lehrt ein Vorfall, dessen forensische Behandlung sich über mehrere Pontifikate des frühen 5. Jahrhunderts erstreckt.

Die Apiarius-Affäre

Der Bischof Urbanus von Sicca, ein Schüler Augustins, hatte den Presbyter Apiarius wegen seines skandalösen Lebenswandels («unerhörter Schandtaten») exkommuniziert und Apiarius, unter Übergehung seines Metropoliten, Rom angerufen. Der afrikanische Episkopat freilich hatte schon im Jahr 393 Priestern die Appellation nach Rom untersagt, ebenso erst im Mai 418 eine karthagische Generalsynode jede Berufung an ein «Gericht jenseits des Meeres» (ad transmarina) verboten. Papst Zosimus aber ergriff Partei für den gefeuerten Priester und befahl dessen Bischof, unter Ignorierung seiner Vorgesetzten, zur Rechtfertigung zu sich. Da der Römer jedoch auf taube Ohren stieß, schickte er, als handle es sich um seine Repräsentierung auf einem Reichskonzil, eine dreiköpfige, dem Bischof Faustinus von Potenza unterstellte Delegation, die sich weisungsgemäß auf Kanones von Nicaea berief, die in Wirklichkeit aber solche von Serdica waren. Überdies widersprachen die wörtlich angeführten Satzungen dem päpstlichen Procedere, da sie zwar einem amtsenthobenen Presbyter oder Diakon den Einspruch an benachbarte Bischöfe erlaubten, doch kein Wort enthielten über eine Beschwerde in Rom, geschweige von einem Recht Roms, in solche Fälle einzugreifen.[71]

Die Afrikaner reagierten reserviert. Sie beließen den für alle «Irrtümer» um Vergebung bittenden Apiarius zwar im Amt, allerdings nicht mehr in Sicca, sondern in Thabraca. Und hinsichtlich der «nicaenischen» Appellationsbestimmungen waren sie mißtrauisch. Sie hätten sich ihnen – jedoch nicht dem «Papst!» – bezeichnenderweise sofort gebeugt, fanden sie freilich nicht in ihren Exemplaren von Nicaea und wollten deshalb die Kirchen Konstantinopels und Alexandriens befragen. Der päpstliche Legat Faustinus suchte das wiederholt, doch vergeblich zu verhindern.[72]

Inzwischen war Zosimus gestorben und Bonifatius I. am Ruder. Der afrikanische Episkopat rügte das Verhalten seines Vorgängers und schrieb, hätte man die Appellationsstatuten auch in Italien beachtet, «würden wir in keiner Weise solches, das wir nicht mehr in Erinnerung bringen wollen, zu dulden gezwungen oder würden nicht Untragbares zugemutet bekommen. Aber wir glauben . . . daß, während Deine Heiligkeit der römischen Kirche vorsteht, wir nicht mehr diese hochmütige Behandlung erfahren werden und daß uns gegenüber geachtet wird, was uns auch ohne ausführliche Erörterung gewahrt werden muß.» Deutliche Töne. Zugleich erneuerte unter dem Vorsitz des Aurelius von Karthago das Konzil von 419, an dem auch Augustinus teilnahm, jene Verfügung des Generalkonzils vom Vorjahr, die jedem Kleriker bis zum Priester die Berufung an außerafrikanische Instanzen, somit auch an den Papst, verbot, und dies ausdrücklich nun unter Androhung der Exkommunikation. Bald darauf trafen die erbetenen Akten von Nicaea aus Konstantinopel und Alexandrien ein, die erwartungsgemäß Zosimus widerlegten und nach Rom weitergeschickt wurden, wo man indes auch künftig den serdicensischen Appellationskanon für nicaenisch ausgab![73]

Im übrigen wiederholte sich 424 unter Papst Coelestin der Fall des Apiarius. Er wurde rückfällig, wurde wieder ausgeschlossen, appellierte abermals an Rom, wo sich seiner jetzt der neue Papst wohlwollend annahm und noch einmal Faustinus von Potenza schickte, der diesmal drei Tage lang noch unglücklicher und erfolgloser debattierte, hochnäsig und beleidigend, wie die Konzilsväter in ihrer Epistel «Optaremus» Coelestin klagten. Sein Schützling aber brach unter dem Beweismaterial zusammen, nahm das Synodalurteil an, und das Fiasko des päpstlichen Legaten war komplett. «Was unseren Bruder Faustinus betrifft», schrieben die Synodalen, «so halten wir uns von Eurer Heiligkeit rechtlichem und maßvollem Sinne versichert, daß – unbeschadet der brüderlichen Liebe – Afrika fürderhin gänzlich von ihm verschont bleibt.»[74]

Aber auch Coelestin bekam eine Abfuhr, wie noch kein römischer Bischof aus Afrika. «Denn daß Leute von Deiner Seite geschickt werden sollen», entgegnete das karthagische Konzil, «fanden wir durchaus nicht (in nullo) durch eine Synode der Väter festgesetzt; jenes nämlich, was Ihr vorlängst durch denselben Faustinus ... gleichsam als Teil des nikänischen Konzils übersandt habt, etwas solches konnten wir in den glaubwürdigeren Codices, die als nikänische anerkannt werden ... nicht finden.» Die Bischöfe wollten auch keine Kleriker des Papstes als Exekutoren mehr sehn, «um nicht dem übel qualmenden Hochmut der Welt (fumosum tyfum saeculi)» Tür und Tor zu öffnen.[75]

Ungewöhnlich kompromißlos verbat sich der afrikanische Episkopat päpstliche Übergriffe in sein Gerichtswesen. Er sprach Rom das Recht ab, weitere Berufungen von Priestern seines Landes anzunehmen und erklärte prinzipiell jede Synode für die Richtigkeit ihrer Entscheidungen allein verantwortlich. «Es wird doch keinen geben, der glaubt, daß unser Gott irgend einem beliebigen (Einzelnen) für die Urteilsfindung gerechten Sinn eingeben, ihn aber den in größter Zahl zu einem Konzil versammelten Bischöfen versagen kann!»[76]

Der römische Bischof galt somit noch im frühen 5. Jahrhundert für die größte westliche Kirche nicht als entscheidende Oberinstanz, weder in Fragen des Glaubens, der kirchlichen Disziplin noch, wie vor allem die Apiarius-Affäre drastisch zeigt, der Jurisdiktion. Vielmehr hielten sich gerade die afrikanischen Konzilien für durchaus befugt, auf allen diesen Gebieten ohne Zweifel selber entscheiden zu können. Nicht grundlos ist Papsthistoriker Erich Caspar der Überzeugung, daß die mächtige afrikanische Kirche nie durch den römischen Stuhl und die neue päpstliche Theorie des Primats und der Subordinationsidee gebeugt worden wäre, hätte ihr nicht die wandalische Invasion den Lebensnerv durchschnitten und der Islam im 7. Jahrhundert den Garaus gemacht. Katastrophen anderer waren – bis heute! – fast immer ein Glück für Rom. Und Caspar nennt mit Recht das Fiasko der gewaltigen afrikanischen Kirche eine «unerhörte Gunst der Schicksalsfügung» für die Papstgeschichte, da dies Debakel die Päpste in den entscheidenden Zeiten ihres Aufstiegs zur Suprematie von dem einzig ernsthaften Rivalen im Westen befreite. «Wie ein Baumriese des Urwalds vom Blitz getroffen, sank der karthagische Primat auf einen Schlag zu Boden und gab dem römischen den Weg frei».[77]

Die Bestreitung des päpstlichen Primats dauerte bis in die Neuzeit fort

Auch in den ersten frühmittelalterlichen Jahrhunderten haben sich ökumenische Konzilien dem Alleinvertretungsanspruch Roms keinesfalls gebeugt. Die Beschlußfassung geschah kollegial und bei der feierlichen Verkündigung der Kanones wurde der Papst gar nicht genannt. Nicht er war die hierarchische Oberinstanz mit Befehlsbefugnis, nicht er war für eine unbedingt verbindliche Entscheidung in Glaubensfragen kompetent, sondern eben das Konzil. Der römische Theologe Wilhelm de Vries resümiert am Ende seiner Studie über die Synoden des ersten Jahrtausends: «Gemäß diesen Konzilien ist es mindestens das *Normale*, daß Entscheidungen in Glaubenssachen und in wichtigen disziplinären Angelegenheiten *kollegial* gefällt werden. Es ist schwer zu sehen, wie ein absolutistisch verstandener Primat eine Stütze in der Tradition des ersten Jahrtausends finden kann.»[78]

Aber auch im 2. Jahrtausend wurde dieser so unredlich wie machterpicht errungene Vorrang weiter bekämpft. Von der griechischen Kirche selbstverständlich, von vielen «Ketzern», den Katharern etwa, Albigensern, Waldensern, Fratizellen. Im frühen 14. Jahrhundert von Marsilius von Padua und Johannes von Janduno, letzterer Professor der Pariser Universität. Schließlich von John Wyclif, Hus, Luther samt den übrigen Reformatoren.

Doch auch der Widerstand von Katholiken dauerte fort. So suchte man auf verschiedenen Kirchenversammlungen die römischen Machtambitionen zugunsten der Bischöfe zu beschränken oder ganz aufzuheben; in Pisa beispielsweise, in Konstanz (wo sich das Konzil in dem Dekret «Haec sancta synodus» vom 6. April 1415 als über dem Papst stehend erklärte) oder in Basel (wo man die Ansicht, das allgemeine Konzil stehe über dem Papst, am 16. Mai 1439 zum Dogma erhob). Auch bestritt man in jenen Zeiten die päpstliche Unfehlbarkeit in Glaubensfragen und forderte das Recht, den Papst bei Amtsmißbrauch oder Amtsunfähigkeit absetzen zu dürfen. Hierher gehört ferner die «Deklaration des französischen Klerus» (declaratio cleri Gallicani) von 1682, der «Gallikanismus», der sich in Deutschland unter dem Namen «Febronianismus» verbreitete (nach Justinus Febronius, der in Wirklichkeit Johann Nikolaus von Hontheim hieß, Weihbischof von Trier war, allerdings 1778 widerrufen hat).[79]

Die Ansicht, daß nur die Gesamtheit der Bischöfe (Episkopalismus), nicht der römische Bischof allein (Kurialismus), die Kircheneinheit repräsentiere, wirkte also auch im katholischen Klerus noch in der Neuzeit lange weiter, wo sie freilich 1516 Leo X. als Irrlehre verdammte – ein Papst, nebenbei, der schon vierzehnjährig Kardinal war, auch drei seiner Vettern zu Kardinälen machte, darunter der uneheliche Giulio, der spätere Klemens VII. Nicht zu vergessen auch, daß unter Papst Leo, dem «Sonnengott», die Zahl der käuflichen Kirchenämter auf zweitausendzweihundert stieg! Auri sacra fames. Ja, der Episkopalismus kulminierte recht eigentlich im 17. und 18. Jahrhundert. Im 19. versetzte ihm allerdings das Erste Vatikanum mit der Definition des päpstlichen Universalepiskopats und der päpstlichen Unfehlbarkeit den Todesstoß.

Im 20. Jahrhundert aber – «denn überall predigt die Kirche die Wahrheit», wie der hl. Irenäus lehrt – möchten uns katholische Apologeten weismachen, daß schon zur Zeit «der Bekehrung Konstantins», also im frühen 4. Jahrhundert, ja, wie aus dem Zitat folgt, noch viel früher, «die Existenz des Papsttums, d. h. die herrschende Stellung des römischen Bischofs längst eine vollendete

Tatsache» war (Meffert); daß die Bischöfe Roms, so «Mit oberhirtlicher Druckgenehmigung» Domkapitular Joseph Schielle, «von *jeher* den Primat ausgeübt»; daß sie, so, gleichfalls kirchlich abgesegnet, Nazi-Theologe Lortz, «stets Anspruch auf den Vorrang Roms vor allen Kirchen» erhoben; daß die Primitialgewalt der Päpste, so – mit Imprimatur – Alois Knöpfler, einst Geheimer Hofrat, Erzbischöflicher Geistlicher Rat und Kirchenhistoriker an der Universität München, in der Antike «von der Gesamtkirche in unzähligen [!] *spontanen* Äußerungen nicht bloß anerkannt, sondern nicht selten geradezu herausgefordert . . ., der römische Bischof stets [!] als Haupt der Kirche, ausgerüstet mit höherer, göttlicher Autorität, angesehen und geehrt» wurde; daß auch die Zeugnisse «der heiligen *Väter*», wie die Apologeten Thomas Specht und Georg Lorenz Bauer geltend machen, «einhellig lehren, daß der Bischof von Rom oder die römische Kirche den Primat besitzt». Kurz, fast die ganze römisch-katholische Theologie behauptet bis tief ins 20. Jahrhundert hinein (und zum großen Teil behauptet sie's noch heute): «*Der Primat des römischen Papstes* wurde von den *Kirchenvätern* und den *Kirchenversammlungen* aller Jahrhunderte einmütig anerkannt» (F. J. Koch/Siebengartner) – eine krasse Lüge.[80]

Tatsache dagegen ist, daß die der Kirchenkonstitution des Zweiten Vatikanums (auf Weisung einer «höheren Autorität») beigegebene «Nota Praevia» dem Papst eine Machtbefugnis zuspricht, die jedenfalls verbal über das Erste Vatikanum weit hinausgeht, erlaubt sie jenem doch, «seine Vollmacht jederzeit nach Gutdünken (ad placitum)» auszuüben. So konnte Paul VI. 1967 sich auch völlig bewußt sein, «daß der Papst das größte Hindernis auf dem Weg zum Ökumenismus ist» – und zwei Jahre später stolz behaupten: «Wir sind Petrus».[81]

Schon in der Antike aber war der römische Einfluß auf die bedeutendere Kirche des Ostens äußerst gering und darum bisher kaum zu beachten. Die orientalischen Synoden kannten den späteren Begriff des Papsttums gar nicht – woher auch? Auf dem großen Konzil von Nicaea 325 (I 362 ff) war der «Papst» weder anwesend noch hatte er Gewicht. Nach der Synode von Tyrus

(335) beanspruchte er keine besonderen Rechte für seine Cathedra. Auf dem Konzil von Serdica (342 oder 343) mißlang der Versuch, ihn zur Appellationsinstanz in kirchlichen Streitfällen zu machen. Im Gegenteil! Die orientalischen Bischöfe wandten sich nicht nur gegen den hl. «Athanasius und die anderen Verbrecher», sondern exkommunizierten auch «Julius aus der Stadt Rom, als Anstifter und Führer zum Bösen». Nicht Julius I. (337–352), sondern Athanasius (I Kap. 8) war der führende Mann der Orthodoxie.[82]

Konnte das Papsttum aber die orientalischen Kirchen nie unterjochen, wurde es noch in der Antike mit der Opposition im Abendland leichter fertig. Denn nicht obwohl, sondern gerade weil die römischen Bischöfe theologisch lange nicht so hervortraten wie andere des Westens, Hosius von Cordova etwa, Lucifer von Cagliari, Hilarius von Poitiers, gerade weil sie sich viel weniger der Theologie als der Gewalt verschrieben, nahmen sie allmählich – entscheidend gefördert durch ihren Thronos in der (alten) Reichshauptstadt, begünstigt durch deren Bedeutung, Reichtum, Glanz – allen anderen großen abendländischen Bischofssitzen ihre ursprüngliche Selbständigkeit: Mailand (wiederholt wird Ambrosius, nicht der «Papst», an erster Stelle der «Bischöfe Italiens» genannt), Aquileja, Lyon, Toledo, Braga; womit Italien, Gallien, Spanien, Portugal, ja, noch Schottland und Irland den römischen Hierarchen hörig wurden. Und mit dem Debakel des Römischen Reiches wuchs ihre abendländische Machtstellung noch, die sie durch die Petrus-Theologie immer wirksamer unterbauten. Schließlich beerbte die römische Kirche geradezu das (West)römische Reich, verkirchlichte es, trat sozusagen an seine Stelle.[83]

Dieser Machtzuwachs Roms, auf Kosten der westlichen Metropoliten sowie der Konzile, seit alters oberste Kircheninstanz, wurde freilich nicht kampflos gewonnen.

Das zeigt bereits der beträchtlich ältere, von Cyprian überlieferte und deutlich an die Apiarius-Affäre erinnernde Fall der beiden spanischen Bischöfe Basilides und Martialis. Während der Verfolgung abgefallen, wurden sie ihres Stuhls enthoben, worauf sie – der erste bekannte Vorgang dieser Art – an Rom appellierten und Bischof Stephan Weisung erteilte, sie wieder in ihre Ämter einzusetzen. Die spanischen Gemeinden aber weigerten sich, berichteten nach Afrika und bekamen von einer dortigen Synode recht. Man ermutigte sie ausdrücklich, nicht «mit gottlosen und befleckten Priestern» zu verkehren und den Irrtum des römischen Bischofs zu ignorieren.[84]

Roms Machtkampf zeigt auch der «Osterstreit» Viktors I. (189–198?), wobei der Römer zur Entrüstumg des hl. Irenäus erklärte, keiner könne katholischer Christ sein, der Ostern an einem anderen Tag als Rom begehe – das Ostern am Sonntag nach dem 14. Nisan der Juden beging (= erster Vollmond nach dem Frühlingsäquinoktium), noch vor kurzem aber, wie Irenäus wußte, das Fest überhaupt nicht jährlich gefeiert hatte! Viele Bischöfe griffen damals, so Kirchengeschichtsschreiber Euseb, den römischen Bischof «heftig an». Dies Ringen veranschaulicht weiter der «Ketzertaufstreit» Stephans mit den sich gleichfalls behauptenden Afrikanern Mitte des 3. Jahrhunderts (S. 75). Und gleich darauf der «Streit der Dionyse», eine trinitätstheologische Auseinandersetzung zwischen dem römischen Bischof Dionysius (259–268) und seinem renommierten alexandrinischen Namensvetter, der den Subordinatianismus verfocht, wobei erstmals der Begriff der Wesensgleichheit von Vater und Sohn auftrat (I 352 ff).[85]

Bei aller Autorität des römischen Pontifex war seine Macht in diesem ganzen Zeitraum, im 2. und 3. Jahrhundert, begrenzt. Bei aller Bedeutung, die ihm bereits zukam, besaß er keinerlei oberste Jurisdiktions- und Entscheidungsbefugnis, kannte weder die Praxis noch die Gedankenwelt der Zeitgenossen ein Papsttum im späteren Sinn. Und im wesentlichen blieb das so bis in die letzten Jahrzehnte des 4. Jahrhunderts.[86]

Natürlich gab es mit der steigenden Bedeutung des römischen Stuhls auch immer größere Kämpfe um ihn selbst durch ganze Epochen. Bereits während der (meist kraß aufgebauschten) Christenverfolgungen ist er begehrt – obwohl ja die Bischöfe Roms sozusagen Seite an Seite mit ihren kaiserlichen Verfolgern residieren! Doch beginnen die Rivalitäten früh, sind bald schismatische Gemeinden die Regel, streitet man manchmal derart, daß Straßen und Kirchen triefen von Blut – und alles um Christi willen . . .

3. KAPITEL

ERSTE RIVALITÄTEN UND TUMULTE UM DEN RÖMISCHEN BISCHOFSSITZ

«Als der Bischof von Hippo 430 im Vandalensturm die Augen schloß..., lag auf dem Stuhle Petri schon der Zauber des Glanzes und der Macht. Schenkungen reicher Herren gestatten den Herren Roms, die Schlichtheit des Fischers von Kapharnaum zu verleugnen. Der Ernst der Frommen nimmt Ärgernis an ihrem Pomp und ihrer Tafel. Nicht die edelsten Leidenschaften spalten die Wähler in Parteien.» Der katholische Theologe Joseph Bernhart[1]

«Mit einer oft erstaunlichen Unbekümmertheit umgeben sich die Nachfolger Petri auf dem römischen Bischofsstuhl ... mit dem Gepränge der Welt ... So entsteht eine Erscheinungsform des Petrus-Amtes, das etwa in seiner monarchischen Form in manchem mehr dem antiken Kaisertum gleicht als dem biblischen Petrusbild». Der katholische Theologe Peter Stockmeier[2]

«Man kann aus zahlreichen Briefen des Hieronymus eine Sittenschilderung des christlichen Rom zusammentragen, welche einer Satire gleich ist ...; und auch dieser den Christen nicht feindliche Geschichtsschreiber hat schon den Luxus und den Ehrgeiz der römischen Bischöfe getadelt. Es ist bei Gelegenheit des blutigen Kampfs zwischen Damasus und Ursicinus um den Bischofsstuhl Roms, wo sich die berühmte Stelle findet: ‹Wenn ich den Glanz der städtischen Dinge betrachte, so erkenne ich, daß jene Männer aus Begier, ihre Wünsche zu erreichen, mit aller Parteigewalt einander bestreiten mußten; denn erlangten sie ihr Ziel, so konnten sie sicher sein, von den Geschenken der Matronen reich zu werden, auf Wagen hoch einherzufahren, mit Pracht sich zu kleiden und so schwelgerische Mahlzeiten zu halten, daß ihre Tafeln die der Fürsten überboten.›» Ferdinand Gregorovius[3]

Gegenpäpste gibt es im Katholizismus, so erpicht war der hohe Klerus auf den «Heiligen Stuhl», durch dreizehn Jahrhunderte, bis ins ausgehende Mittelalter. Der erste antipapa – das Wort wird erst im 14. Jahrhundert (statt des älteren pseudopapa, antichristus, schismaticus) gebräuchlich – tritt im frühen 3. Jahrhundert auf; der letzte, Felix V., im 15. (Nach manchen war Felix der 39.; doch schwankt die Zahl der Gegenpäpste zwischen 25 und 40, da nicht einmal die christlichen Experten immer wissen, wer rechtmäßiger Papst war, wer nicht.)[4]

Gegenpäpste sind Kirchenfürsten, die ihre eigne Kirche verteufelt; freilich nicht immer. Felix V. etwa, der verwitwete, sehr reiche Herzog Amadeus VIII. von Savoyen, auf dem Basler Konzil 1439 zum antipapa gemacht, bekam schließlich einen ehrenvollen Abschied, den Titel «Kardinal von Sabina», den ersten Rang im sogenannten Heiligen Kollegium der Kardinäle und, obwohl alles andere als arm, denn wer hat, dem soll dazugegeben werden, noch eine lebenslange Pension. Ja, manchmal wird ein antipapa sogar heilig – und der (echte) papa dazu. In dieser Kirche ist (fast) nichts unmöglich.[5]

Kampf des hl. Hippolyt gegen den hl. Kallist

Gleich der erste Gegenpapst erklomm die Ehre der Altäre. Er wurde Heiliger der römischen und griechischen Kirche (Fest: 13. August; als Bischof von Porto 22. August; bei den Griechen 30. Januar). Hippolyt, ein Schüler des hl. Irenäus, ist der letzte griechisch schreibende Autor des Westens, dessen umfangreiche literarische Tätigkeit dort im 3. Jahrhundert völlig singulär dasteht. Er war der erste gelehrte Prälat Roms, weshalb ihn wohl auch der etwas anspruchsvollere Teil der Christen, eine schismatische Minderheit, erhob. Sich selber nennt er wiederholt Bischof von Rom, seinen Vorgänger, den hl. Zephyrin, einen Banausen und Ignoranten.[6]

Auch Hippolyts Konkurrent Kallist (217–222) ist heilig (Fest: 14. Oktober); zugleich jedoch «ein im Bösen wohlerfahrener und im Irreführen geschickter Mann», ein «Heuchler», der «Häretiker» wie Rechtgläubige «mit schlauen Redensarten» gewinnt und doch selber zum Abschaum der «Ketzer»geschichte gehört. Kallist nämlich, an den noch die gewaltige Katakombe von San Callisto an der Via Appia erinnert (wo er nicht ruht, sondern als Diakon wirkte), hing zunächst dem Modalismus an, vor seiner Verurteilung offizielle Kirchenlehre Roms. Er sah in den drei göttlichen Personen nicht Individuen, sondern nur Modi, Erscheinungsweisen *eines* Gottes, in Gott also eine ungeteilte Person. Mindestens drei aufeinanderfolgende Päpste vertraten diese «Ketzerei»: der hl. Viktor I., der hl. Zephyrin und eben der hl. Kallist, der freilich dem hl. Hippolyt gleichfalls «Ketzerei» vorwarf, «Zweigötterlehre» (Ditheismus).[7]

Hippolyt nun, dessen katholische Anschauungen später als rechtgläubig gelten, hat in einer vita Callisti, höhnisch überschrieben «Das Martyrium des Kallistus unter dem praefectus Urbi Fuscianus», seinen Rivalen moralisch zu vernichten gesucht.

Der christlich erzogene Kallist, ein Sklave aus dem Hafenviertel, Sohn vermutlich einer Sklavin Callistrate und einst, nach Hippolyt, auch Räuberhauptmann, begann seine Karriere sozusagen als Bankier. Für den reichen Christen Karpophorus, ein Mitglied des Kaiserhofs, leitete er in der piscina publica, am Fischmarkt, eine Bank, der die römischen Christgläubigen große Einlagen zuführten. Doch Kallist (ein früherer Vorgänger gleichsam des Vatikanbankchefs und Mafia-Kompagnons Erzbischof Marcinkus) spekuliert mit dem Geld seines Herrn, dem zahlreicher christlicher Witwen und Brüder, und bringt «alles durch».

187/88 bankrott, flieht er auf ein Schiff nach Porto, stürzt sich, von Karpophorus verfolgt, ins Meer, wird aber aufgefischt, nach Rom zurückgebracht und zur Tretmühle verurteilt. Dort schwindelt er sich los und streitet bald mit Juden um (angebliche) Außenstände. So entsteht am Sabbat ein Tumult in der Synagoge. Die Juden verhauen Kallist und schleppen ihn zum Stadtpräfekten, wo er sich als Christ bekennt. Doch der herbeigeeilte Karpophorus erklärt: «Glaube diesem nicht; er ist nicht Christ, sondern schuldet nur viele veruntreute Gelder, wie ich beweisen werde». Stadtpräfekt Fuscianus läßt Kallist auspeitschen und verfügt seine Deportation ad metalla, in die Bergwerke Sardiniens, der Todesinsel. Hier jedoch rettet ihn eine Intervention von Kaiser Commodus' christlicher Mätresse Marcia, und der römische Bischof Viktor bringt ihn für etwa zehn Jahre in Sicherheit nach Antium, einer der beliebtesten Villeggiaturen des vornehmen Rom einschließlich des Kaiserhauses; dazu – welch schillerndes Licht fällt hier auf den «Bankrott» des Bankhalters – noch eine monatliche Pension, was Kallist «alle Ehre» macht (Kardinal Hergenröther), die ältere Literatur sogar als Verbannung bezeichnet; gilt er ja allen Ernstes in der Kirche als Konfessor. Bei Viktors Nachfolger Bischof Zephyrin (199–217) – «ein ungelehrter und ungebildeter Mann, der die kirchlichen Verordnungen nicht kannte, Geschenken zugänglich und geldgierig war» (Bischof Hippolyt) – gewinnt Kallist durch «seine ständige Anwesenheit und seine Augendreherei», sein «Intriguenspiel», immer mehr Einfluß, er wird Finanzberater des Oberhirten und, nachdem er «Zephyrinus zugrundegerichtet» und Hippolyt verdrängt hat, selber Bischof von Rom. «Er war eben ein Schwindler und ein Ränkeschmied», schreibt Hippolyt über den hl. Kallist. Er hatte «Gift tief im Herzen», «lauter falsche Ansichten» und eine Scheu, «die Wahrheit zu sagen».[8]

Verwundert es, daß der Klerus seit Kallist aus dem römischen Beamtenrecht die Lehre von der Unverletzlichkeit des Amtes aufnahm, die auch dem unwürdigen Amtsträger die Amtsbefugnis beließ?! Just Kallist forderte und verwirklichte im Westen als erster die Unabsetzbarkeit des Bischofs selbst im Fall einer «Todsünde». Und dies, obwohl doch der von der Kirche so geschätzte, in Syrien sogar zur «Heiligen Schrift» gezählte Klemensbrief bloß sittlich Tadellose unabsetzbar nennt! Im Kampf gegen die schismatischen Donatisten entwickelte man dann, der tradierten Predigt strikt entgegen, die laxistische Linie weiter zu der typisch katholischen, unüberbietbar zynischen, aber auch jede Gaunerei verkraftenden Konsequenz, wonach die Kirche (objektiv) immer heilig ist, wie korrupt auch ihre Priester (subjektiv) sind (I 275).[9]

Der Anhang seines Gegners, behauptet der hl. Hippolyt, sei gewachsen, weil er, der hl. Kallist, als erster Sünden gestattete, die Christus verbot, Sünden, «die zur Befriedigung der Lüste dienen». Auch habe Kallist «zwei- und dreimal verheiratete Bischöfe, Priester und Diakonen zu den Weihen» zugelassen ... Ja, er habe «Frauen vornehmen Standes, die unverheiratet in noch jugendlichem Alter heiratssüchtig waren, ihren Rang durch eine gesetzmäßige Ehe aber nicht einbüßen wollten, einen Beischläfer nach ihrer Wahl erlaubt, sei es einen Sklaven, sei es einen Freien, und diesen, auch ohne rechtmäßige Ehe, für ihren Mann anzusehen. Und so begannen sogenannte Christinnen, empfängnisverhütende Mittel zu gebrauchen und sich zu schnüren, um die Leibesfrucht abzutreiben, weil sie wegen ihrer hohen Geburt und ihres Riesenvermögens kein Kind von einem Sklaven oder einem gewöhnlichen Mann haben wollten. Seht, wie weit der Ruchlose in seiner Gottlosigkeit gekommen ist! Er lehrt Ehebruch und Mord zugleich. Und auf all das hin gehen diese Ausgeschämten daran, sich ‹katholische Kirche› zu nennen und manche laufen ihnen zu, in der Meinung, recht zu handeln ... Dieses Menschen Lehre verbreitete sich über die ganze Welt».[10]

Römische Bischöfe und Heilige unter sich!

Natürlich kämpften hier zwei Karrieristen gegeneinander. Natürlich hatten Hippolyt Haß und Eifersucht die Feder geführt – die Domäne so vieler Pfaffen. Doch dürften seine Injurien das Wesentliche treffen. Und evident ist die Diskrepanz zur Lehre Jesu: «Wer eine Frau auch nur begehrend ansieht, der hat schon mit ihr Ehebruch begangen in seinem Herzen». Jetzt bezeichnet «Papst» Kallist Ehebruch als vergebbar. Erlaubt er vornehmen jungen Frauen auch ohne Ehe einen Beischläfer nach Wahl! Erweicht er bedenkenlos die christliche Moral – und die christliche plebs schart sich dankbar um ihn.[11]

Auch Tertullian, einer der wortgewaltigsten «Ketzer», einer der größten «Protestanten» vor Luther, schäumt und höhnt, donnert Kallist zu, «ja, wer bist du denn, daß du verdrehst und veränderst ...» – greift die Verfügung des «Pontifex maximus», wie er ihn mit dem heidnischen Titel verspottet, des «Bischofs aller Bischöfe», als «unerhörte Neuerung» an, die man besser in den Bordellen publiziert hätte. «Dort sollte von diesem Nachlaß zu lesen sein, wo man mit der Hoffnung auf ihn eintritt. Doch nein! Es steht in der Kirche zu lesen».[12]

Geistlichen Weitblick, kein Zweifel, hatte Kallist bewiesen, die «tatsächlichen Verhältnisse» (die Katholiken Seppelt/Löffler), «die praktischen Notwendigkeiten» (Protestant Aland), erkannt, hatte eine Entwicklung angebahnt, der die Zukunft gehörte. Dabei berief er sich in seinem «edictum perpetuum», falls er es, fast allgemein bestritten jetzt, erließ, auf die «apostolische Schlüsselgewalt»: Mt. 16,19. (Auf Mt. 5,27 f freilich berief er sich nicht. Auch nicht auf 1. Mos. 38,24; 3. Mos. 20,10; 5. Mos. 22,22; 1. Kor. 6,9; Hebr. 13,4 u.v.a. Denn aus der Bibel holt stets jeder, was er braucht.) Kallist machte sein opportunistisches Anpassen an Tages- und Massenbedürfnisse natürlich beliebt. Der gelehrte, altmodische Hippolyt dagegen, Verfasser einer berühmten «Traditio apostolica» (der auch Soldaten und Jägern das Töten untersagte: I 250, ein «Rigorist» eben, wie klerikale Kreise nichtlaxe Christen zu beschimpfen pflegen), vertrat die überlieferte Lehre, wonach kein Priester und Bischof Abfall von Glauben, Mord, Unzucht erlassen konnte. Kallist aber erklärte jetzt Hurerei als vergebbare Sünde. Nach dem Massenabfall in der decischen Verfolgung (S. 100 f), als, zumal von den Vornehmeren, «auf der Stelle viele» (Bischof Euseb) ihren Glauben verrieten, vergab die auf Massen und Macht geile Kirche auch Abfall vom Glauben. Und 314, beim Auftauchen der ersten Feldpfaffen (I 247 ff), verlor auch der Mord gleich seinen absolut ausschließenden Charakter. So triumphieren – typisch für die meist der Zeit und den Verhältnissen hörigen Hierarchen – gewöhnlich die Neuerer. Kallist erlitt angeblich – 354 erstmals erwähnt – das Martyrium. Später fälschte man eine passio Callisti, einen ganzen Märtyrerroman. Die Büttel des Alexander Severus stürzen den beim Gottesdienst aufgespürten Kallist in einen Brunnen. Auch soll er der Lynchjustiz des Volkes zum Opfer gefallen oder selber aus dem Fenster gesprungen sein, und dies «nach langer und qualvoller Einkerkerung» (Wetzer/Welte); wobei er aber gleichwohl predigt, heilt, tauft. Im 12. Jahrhundert erbauen die Deutschen bereits grauenhafte Darstellungen seiner Leiden! Und durch zwei Jahrtausende feierte ihn die Kirche als Märtyrer – heute geben selbst ihre Theologen die Fälschung zu.

Das Schisma dauerte fort. Hippolyt hielt sich auch gegenüber Urban I. (222–230) und Pontianus (230–235). Schließlich stritten die «Heiligen Väter» derart, daß Kaiser Maximinus Thrax beide, Hippolyt und Pontianus, 235 nach Sardinien steckte, wo beide starben – allerdings nicht in den Bergwerken, den «Steinbrüchen» (Gelmi), wo Katholiken Pontianus noch immer gern umkommen lassen, um einen der überaus raren Märtyrerpäpste mehr zu haben. Denn bei honestiores, zu denen Bischöfe bereits zählten, gestattete das Gesetz nur die Deportation (in insulam), nicht die Verurteilung (ad metalla). Pontianus soll am 28. September 235 auf seine Würde verzichtet haben – das früheste durch Tag und Monat gesicherte Datum römischer Bischofsgeschichte! Nach ihrem Tod holte man beide Gegner gleichzeitig zurück, bestattete sie auch gleichzeitig, doch an verschiedenen Stellen, und feierte beide als Märtyrer. Kallist, Pontian und Hippolyt sind die ältesten Römer, die der Märtyrer-, der «Heiligenkalender» der römischen Gemeinde (Depositio Martyrum) vom Jahre 354 nennt.

Märtyrer wurde keiner. Das Fest des hl. Hippolyt aber, der es bis zum Pferdepatron brachte, begeht die katholische Kirche seit dem späteren 3. Jahrhundert ununterbrochen bis heute am 13. August. Es war der besondere Feiertag der ältesten römischen Schutzgöttin Diana, die mit der griechischen Artemis verschmolz, der Göttin der Jagd und Beschützerin der wilden Tiere. Rasch und restlos verschlang die Legende Hippolyts Persönlichkeit, und schließlich erinnerte an sein geschichtliches Urbild kein einziger Zug mehr.[13]

Bald nach seinem Tod wird statt der griechischen Weltsprache, die auch in Rom vorherrschte und die Hauptstadt, nach Juvenals Klage, zu einer «Graeca urbs» machte, Latein die Sprache der westlichen Kirche. Und vielleicht hängt es (auch) damit zusammen, daß der vielseitige, fruchtbare Kirchenautor, dessen Werk Ambrosius und Hieronymus noch benützten, im Westen der Vergessenheit anheimfiel: bereits Hieronymus und Euseb kannten nicht einmal mehr seinen Bischofssitz. Hippolyts Nachfolger Damasus I. (366–384) verschwieg in einer Inschrift zu Ehren des Gelehrten dessen Bischofstitel und sprach nur vom Presbyter, offenbar um die Erinnerung an das erste römische Schisma zu tilgen. Erst 1551 fand man in den Katakomben, wahrscheinlich in Hippolyts Grabkammer, eine Marmorstatue, kopflos im Philosophenmantel, auf dem Bischofsstuhl, dessen Außenseiten, wenn auch unvollständig, seine Schriften anführen. Der so lange «große Unbekannte» kirchlicher Literaturgeschichte tauchte damit im Abendland wieder aus der Verschollenheit auf.[14]

Kornelius contra Novatian

Noch keine Generation war vergangen, da gab es ein neues und schärferes Schisma unter den römischen Bischöfen Kornelius (251–253) und Novatian, wobei wieder, außer der persönlichen Rivalität, die immer laxer gehandhabte Bußpraxis eine Rolle spielte.

Während der großzügige Kornelius – ein Heiliger, hilfreich besonders gegen Fallsucht und Krämpfe – die haufenweise abgesprungenen Christen nach der decischen Verfolgung wieder aufnahm, was ihm natürlich den Sieg sicherte, lehnte dies Novatian schroff ab. Gegen die Mehrheit der römischen und gegen die afrikanische Kirche forderte er für «Lapsi» lebenslange Exkommunikation, da die Kirche «Todsünden» wie Mord, Ehebruch, Abfall nicht vergeben könne – tatsächlich ihre älteste Lehre!

Novatian war ein früherer Berufsrhetor, gewandt, streng, ein ausgezeichneter Stilist, mit einer Vorliebe für Vergil und die Stoa. Zur Zeit der Verfolgung hatte er die römische Christengemeinde gleichsam federführend geleitet, nachdem Bischof Fabian (236 bis 255) gestorben war – *der erste «Papst»-Märtyrer*, über den freilich gar nicht die Todesstrafe verhängt worden, der im Gefängnis verschieden ist. Weder Cyprian noch die Inschriftplatte im Inneren seines Sarkophags nennen ihn deshalb Märtyrer. *Die alte Kirche aber gab bis dahin von siebzehn römischen Bischöfen elf als Märtyrer aus!* – «... zu Dokumentationen fehlte die Zeit; aber kein Grab ist ersonnen, kein Name mythisch, und der ‹Zeugenschwarm› erregt nach wie vor Erstaunen», schreibt Frits van der Meer generell. Doch warum sollte zur Dokumentation die Zeit gefehlt haben? Man fand sie doch auch für massenweise gefälschte Märtyrerberichte. Und spricht van der Meer nicht schon auf der ersten Seite vom «unermeßlichen Nachlaß der Kirchenväter»? Aber keine Zeit, um die eigenen Blutzeugen und gar «Märtyrer»-«Päpste» zu dokumentieren?

Novatian hatte sich berechtigte Hoffnungen auf den Bischofssitz gemacht, auch Cyprian von Karthago zunächst seine Wahl erwartet. Bald aber kursierten über den Favoriten die unglaublichsten Verleumdungen, vor allem durch Kornelius selbst. Geistig und charakterlich unterlegen, höhnt er den Gegner «Leuchte», «Dogmatiker und Schirmherr kirchlichen Wissens», sagt ihm «unersättliche Habsucht» nach, «giftige Schlangentücke», «Verschlagenheit und Falschheit, Meineide und Lügen». Er schmäht ihn einen «schlauen und abgefeimten», einen «boshaften», «verbrecherischen Menschen», eine «hinterlistige und bösartige Bestie» – Tiervergleiche sind unter streitenden Christen besonders beliebt (I 155 ff). Bischof Kornelius berichtet, Novatian sei «plötzlich, wie von einem Geschütz unter das Volk geschleudert, als Bischof» erschienen, indem er «drei Bischöfe, rohe und einfältige Leute, durch erdichtete Vorstellungen betrügerischerweise» nach Rom gelockt. Hier ließ er sie, verbreitet der hl.

Kornelius über seinen Konkurrenten, «von einigen Leuten seines Gelichters, die dazu angestellt waren, einschließen und nötigte sie um vier Uhr nachmittags, als sie berauscht waren und taumelten, mit Gewalt, ihm durch eine eingebildete und ungültige Handauflegung das Bistum zu geben. Und dies ihm gar nicht zukommende Bistum behauptet er jetzt durch Ränke und List».[15]

Weiter lästert, verleumdet Kornelius: schon vor der Taufe, wahrscheinlich als Katechumenus, hätten Novatian böse Geister geplagt und christliche Exorzisten behandelt; «der Satan» habe «lange Zeit in ihm gewohnt». Doch die «schlimmste Torheit» seines Antipoden sei es gewesen, daß Novatian sogar beim Austeilen der Eucharistie seinen Anhang flehentlich beschwor, ihm treu zu sein. Die Hände eines jeden soll er fest ergriffen haben mit dem Satz: «Schwöre mir beim Blute und Leibe unseres Herrn Jesus Christus, daß du mich nie verlassen und nie zu Kornelius übergehen werdest!» Und statt beim Brotempfang mit Amen zu respondieren, mußte man angeblich geloben: «Ich werde nie zu Kornelius zurückkehren».[16]

Bischof Kornelius, dem Cyprian schließlich «das herrlichste Zeugnis der Tugend und des Glaubens» ausstellt, wirft seinem Gegenbischof auch «Feigheit und Lebensgier» vor, Abfall während der Verfolgung. 258 starb Novatian als Märtyrer. Die Kirche freilich leugnete dies. Dafür ließ sie Kornelius «enthaupten», der in Wirklichkeit, 253, eines natürlichen Todes in Centumcellae starb. «Die Akten», schreibt der katholische Theologe Ehrhard, «die den Papst Kornelius zum Märtyrer machen, sind wertlos», das heißt gefälscht; heute wohl kaum noch bestritten.[17]

Kornelius exkommunizierte im Jahr 251 auf einer Synode von sechzig Bischöfen Novatian samt Genossen; und nach einem peinlichen Zögern schloß sich Cyprian von Karthago (der übrigens selber im Mai 252 auf einem kleinen Gegenkonzil in Fortunatus einen Gegenbischof bekam) Kornelius an und stand bald in nichts hinter dessen Hetze zurück.

Wie Kornelius, geißelt Cyprian die «Abtrünnigen», «die Verräter», ihren «Irrtum», «Wahnsinn», ihre «Unterwühlung», «Raserei». Besonders Novatus, der Presbyter, einer seiner Hauptgegner, der Cyprians Bischofsweihe bekämpft und bald darauf in Rom Novatian, den «abgefeimten Bösewicht», stützt, den «wahnwitzigen Schismatiker», wird ein Hauptobjekt seiner Attacken. «Er ist ein stets neuerungssüchtiger Mensch, rasend in der Gier seiner unersättlichen Habsucht ... immer auf der Lauer, um zu verraten, ein Schmeichler, der nur täuschen will ... Eine lodernde Fackel ist er, um das Feuer der Empörung anzufachen, ein wirbelnder Sturmwind, um den Schiffbruch des Glaubens herbeizuführen, ein Feind der Ruhe, ein Gegner der Stille, ein Widersacher des Friedens». Die Cyprianischen Tiraden beschwören «die Waisen, die er beraubt, die Witwen, die er betrogen, und auch die Gelder der Kirche, die er abgeleugnet hat ...». «Auch sein Vater ist auf offener Straße gestorben, und er hat seine Leiche nicht einmal begraben lassen. Seine Frau stieß er mit dem Fuße auf den Unterleib, wodurch er ihre vorzeitige Niederkunft und den Tod des Kindes verursachte. Und nun ...»[18]

Genug. Christen über Christen. Priester über Priester.

Die Kirche Novatians, schon früh totgesagt, währte in Wirklichkeit jahrhundertelang fort, ja, war «in ihrer geschichtlichen Existenz das latente Eingeständnis des schlechten Gewissens der Großkirche, die sich dauernd zu Kompromissen mit ihrer Umwelt genötigt sah und das auch empfinden mußte» (Andresen). Die Novatianer galten später dogmatisch als rechtgläubig, stimmten auch in der besonders kontroversen Trinitätstheologie ganz mit den Katholiken überein. Selbst Theodosius I. hat sie voll geduldet; erst recht Kaiser Julian. Von Spanien und Gallien, wo auch Bischof Marcianus von Arelate (Arles) Novatianer wurde, bis in den Orient gab es bald in jeder größeren Stadt zwei Bischöfe und zwei Gemeinden, die einander bekämpften, obwohl man ihre «Rückkehr» zum Katholizismus sehr erleichterte. In Konstantinopel besaßen die Novatianer im 4. Jahrhundert drei Kirchen; Acesius war dort unter Konstantin Bischof. Selbst in Rom dauerte das novatianische Schisma mit einem beträchtlichen Anhang und gleichfalls mehreren Kirchen bis ins 5. Jahrhundert. Im Osten (in Syrien, Kleinasien, Palästina u. a.), wo Novatian vor allem Anklang fand, bestand die Sekte noch viel länger; auch zahlreiche

Montanisten traten ihr hier bei. Hießen die Novatianer ja manchmal geradezu Montanistae und Montenses. Sie selber, die «Gemeinde der Heiligen», nannten sich auch, «in geistigem Hochmut», sagt Euseb, «katharoi», die «Reinen», weil ihre Kirche die von Todsünden «reine» Kirche sei; ein Name, von dem die welthistorische Bezeichnung «Katharer» und das deutsche Lehnwort «Ketzer» stammen.

Im 4. und 5. Jahrhundert bekämpften die christlichen Kaiser der Reichseinheit wegen gewöhnlich die Novatianer. Honorius und Theodosius II. gingen streng gegen sie vor. Die Päpste Innozenz I. und Coelestin I. raubten ihre Kirchen, so daß ihr Bischof Rusticula den Gottesdienst in Privathäusern abhalten mußte (– oder hätte ich von Coelestin sagen sollen, er führte vermutlich den Introitus in die Messe ein? Vgl. I 12 f). Auch der hl. Kyrill von Alexandrien nahm den Novatianern ihre Kirchen samt Inventar, ja, ließ noch das Privatvermögen ihres Bischofs Theopemptos in seinen Taschen verschwinden (S. 197). Gelegentlich wurden ihre Gotteshäuser sogar zerstört, wie durch den Bischof Eleusios von Kyzikos am Hellespont. Und von den Schriften, die der philosophisch geschulte Novatian als erster römischer Theologe in Latein publizierte, blieb wohl nicht von ungefähr wenig übrig. Kaum Zufall auch, daß die Novatianer gerade auf gebildetere Christen anziehend wirkten.[19]

Die beiden einzigen Gelehrten, die das christliche Rom im 3. Jahrhundert hatte, waren Gegenpäpste; der eine, so schon Haller, wurde zeitlebens bekämpft, der andere exkommuniziert.[20]

Der «Marschall Gottes» und «Patron des Hornviehs»

Kornelius aber (häufig mit Trinkhorn dargestellt) lief seinem Konkurrenten nicht nur den Rang ab. Er wurde populär. Als rechtmäßiger «Papst», als echter Heiliger (Fest: 16. September) und falscher «Märtyrer» avancierte er zu einem der sogenannten vier Marschälle, «Hofmarschälle Gottes», «himmlischen Sachwalter», die man allgemein bei pestartigen Seuchen anruft, im katholischen Rheinland aber auch als besondere Nothelfer, als Ergänzung der vierzehn Nothelfer, verehrt («wegen ihrer einzig dastehenden Verdienste u. täglichen Hülfe»: Kölner Urkunde von 1479); den Einsiedler Antonius vor allem in Wesel, Bischof Hubert in den Ardennen, den Tribun Quirinus in Neuss, und Kornelius in Selikum, St. Severin (Köln) oder in Kornelimünster bei Aachen. Das überaus reiche, 1802 säkularisierte Benediktinerkloster wurde 1310 von den Aachenern zwar zerstört, mußte aber voll ersetzt werden. Und erlosch auch seit der Aufklärung die Verehrung der «vier Marschälle», so doch nicht die der vier Heiligen. Noch im 20. Jahrhundert sollen am Fest des hl. Kornelius jährlich Tausende nach Kornelimünster pilgern, das sogar – Ziel der Frommen – das «Haupt» des Hofmarschalls a. D., ein silbernes «Büstenreliquiar», besitzt. (Im Spätmittelalter verehrte man dort als Kapitalstücke unter anderem auch «das Tuch womit sich der Heiland beim Abendmahl umgürtete ... und das Schweißtuch, das unserm Herrn im Grabe auf sein gebenedeites Antlitz gelegt ward»: Beissel SJ). Ferner wurde Kornelius «Patron des Hornviehs», somit wohl auch aller Hornochsen, wird darüber hinaus aber bei Krämpfen angerufen, Fallsucht (Epilepsie) et cetera; wenn auch der hl. Valentin hier kompetenter ist.[21]

Aufruhr, Mord und Lügenkränze. Die Päpste Marcellinus, Marcellus, Miltiades, Silvester und andere

Die kontroverse Bußfrage führte im frühen 4. Jahrhundert auch unter Marcellus I. und Eusebius zu Auseinandersetzungen. Während der Verfolgung Diokletians zog Papst Marcellinus (296 bis 304?), wie so viele Christen, sein Leben dem Martyrium vor. Er hat, thurificatus und traditor, den Göttern geopfert und «hl. Schriften» ausgeliefert; wenngleich die historische Bezeugung, immerhin durch Christen, Donatisten, nicht unbezweifelt blieb. Doch sah sie selbst Papst Nikolaus für erwiesen an. Nennen ja, vielsagend genug, sogar manche alte Papstkataloge Marcellinus nicht, übten also an dem in der Verfolgung Abgefallenen radikale Justiz, die damnatio memoriae – ein finsteres Kapitel.

Nach überstandenem Pogrom aber schlugen die Christen, eine strenge, eine laxe Partei, jede mit einem Bischof, einander selber die Köpfe ein. Zweimal nacheinander griff die Regierung durch. Bischof Marcellus, Bischof Eusebius, Heraclius, der Führer der klerikalen Opposition, mußten ins Exil. Dann bestand anscheinend bis 335 ein Doppelbistum. Gegenbischof ist Marcus, ein Mann besonderer «Heiligkeit». Doch selbst Papst Damasus I. beschwört die Vehemenz des Streits: «furor, odium, discordia, lites, seditio, caedes, bellum, solvuntur foedera pacis». So lebt noch auf dem Epitaph, das Damasus Marcellus, einem scharfen Rigoristen, setzte, dieser fort als «allen Elenden ein bitterer Feind», wird «wütender Haß» unter den Christen beklagt, «Zwietracht und Streit, Aufruhr und Mord».[22]

Den Göttern soll Marcellinus samt seinen drei Presbytern und Nachfolgern geopfert haben: den Päpsten Marcellus I. (308 bis 309?), er kam erst nach fast vierjähriger Sedisvakanz, der längsten der Papstgeschichte; Miltiades (311–314?) und Silvester I. (314 bis 335). Doch wie so oft ist die Überlieferung unsicher, verworren, auch durch beschönigende klerikale Aktenfälschung bewußt entstellt. Ja, es kann sein, daß Marcellinus identisch mit Marcellus I. ist (den Kaiser Maxentius, gegenüber Christen in Wirklichkeit betont tolerant: I 218 ff, wiederholt zu Stalldiensten abkommandiert haben und der, laut Legende, auch im Stall, catabulum, natürlich als Märtyrer, gestorben sein soll). Die Kirche jedenfalls verehrt alle drei beziehungsweise vier als Heilige bis heute. Doch bezeichnet selbst der Liber Pontificalis, das offizielle Papstbuch, Marcellinus als Traditor (Überläufer) und berichtet, er habe Weihrauch geopfert, läßt ihn freilich zur Sühne den Märtyrertod sterben; auf Befehl Diokletians wird er enthauptet. In die kurze Regierungszeit des Miltiades fallen die entscheidende Schlacht an der Milvischen Brücke, das Mailänder Toleranzedikt und die Verurteilung der Donatisten.

Der eigentliche Zeitgenosse Konstantins ist jedoch Silvester I. – «groß wie die Zeit»: Papsthistoriker Gröne. Tatsächlich aber spielte der Römer bei den Entscheidungen des Kaisers so gut wie keine Rolle. Obwohl er volle 22 Jahre «regierte», weiß man von ihm weniger als von jedem andren Bischof des 4. Jahrhunderts! Um so mehr wußten dann spätere christliche Fiktionen und Fälschungen, denen die Päpste ihren ganzen Staat verdanken. Vom hl. Silvester sind keine echten Schreiben erhalten. Die Überlieferung ist buchstäblich fabelhaft. «Reich umrankt von einem Kranz von Legenden» (Seppelt/Löffler), heilt er den aussätzigen Kaiser, er befreit Rom vom Gifthauch eines Drachen. Und da er vermutlich den Göttern geopfert, betonen die Christenmärchen ausführlich seine Standhaftigkeit. Der Statthalter aber, der ihn zur Preisgabe katholischen Besitztums zwingen will, erstickt an einer Fischgräte. Ja, im Kampf mit den zwölf jüdischen Meistern erweckt Silvester einen vom letzten Meister getöteten Stier wieder zum Leben. «Dein Gott kann töten, meiner aber lebendig machen». (Und wahrhaftig: am Hochaltar Gregor Ehrhards in Blaubeuren, 1493/94, auch auf zahlreichen späteren Bildern, liegt der Stier zu Füßen Silvesters.)[23]

Von allerlei Blutvergiessen und weiteren Blutzeugen. Das Felizianische Schisma

Ein Bürgerkrieg entbrannte in Rom Mitte des 4. Jahrhunderts durch Liberius (352–366).

Wir begegneten diesem Papst schon unter Kaiser Konstantius, als er erst lieber «für Gott den Tod erleiden», denn Dingen zustimmen wollte, die dem Evangelium widersprechen, dann im Exil aber seinen Glauben verleugnet und den «rechtgläubigen» Athanasius exkommuniziert hat (I 391). Dies bezeugen die Kirchenlehrer Athanasius wie Hieronymus – auch wenn noch im 20. Jahrhundert Fundamentaltheologe Kösters von der Frankfurter Jesuitenhochschule St. Georgen (mit doppelter kirchlicher Absegnung) lügt, der Papst habe «sicher keine häretische Formel unterschrieben». Dagegen hält der katholische Theologe Albert Ehrhard, fast aufs Jahr gleich, doch ohne Imprimatur, das Resultat der Forschung fest: «Es steht außer Zweifel, daß Liberius die sogenannte 3. sirmische Formel unterschrieb. Damit gab er nicht bloß die Person des Athanasius, sondern auch das Stichwort des Nizänums ‹Homousios› auf».[24]

Auch andere Katholiken räumen dies längst ein. So unterliegt es für Papsthistoriker Seppelt nicht nur «keinem Zweifel», daß Liberius «zu der sogenannten dritten sirmischen Formel seine Unterschrift gegeben», sondern daß er auch die «erste sirmische Formel (von 351) freiwillig angenommen und unterschrieben hat, die gleichfalls das Homousios verwarf». Wie es denn auch für Seppelt «sicher» ist, «daß Liberius die Person des Athanasius preisgegeben».[25]

Als der Verräter des nicaenischen Glaubens am 2. August 358 nach Rom zurückkehrte, regierte dort (Gegen-)Papst Felix II. (355–358). Ihn aber, das hatte Liberius dem Kaiser versprechen müssen, sollte er als gleichberechtigt anerkennen, mit ihm gemeinsam die römische Kirche regieren – eine arge Demütigung und kirchenrechtlich unmöglich. Doch nur unter dieser Bedingung, für die auch die Synode von Sirmium (358) eintrat, war

Liberius die Rückreise gestattet worden. Andererseits hatte Felix selbst samt dem Diakon Damasus, dem späteren Papst, und dem ganzen römischen Klerus bei der Verbannung des Liberius einen feierlichen Eid geschworen, zu seinen Lebzeiten keinen anderen als Bischof von Rom anzuerkennen. Nur Monate danach aber nahm Felix, angeblich von der arianischen Partei auf kaiserlichen Befehl erhoben, die Papstwürde an, die Arianer wieder in die Kirche auf, und der römische Klerus trat zu ihm über. Beide, der Klerus wie der neue Papst, wurden eidbrüchig. Und auch Liberius hielt sein dem Herrscher gegebenes Wort nicht ab, sich auf Felix und dessen schwächeren Anhang zu stürzen. Denn das Volk soll dem Verbannten die Treue gehalten, ihn bei seiner Rückkehr umjubelt und geschrien haben: «Ein Gott, ein Kaiser, ein Bischof!» Das Felizianische Schisma, der Machtkampf zweier römischer Bischöfe, die beide ihres Vorteils wegen das «rechtgläubige» Bekenntnis von Nicaea verraten hatten, führte zu blutigen Kämpfen, zum sogenannten Felicianermord. Felix II., als Bischof im offiziellen Bischofskatalog stehend, wurde 358 vertrieben und ging auf sein Landgut bei Porto. Später versuchte er ein Comeback, eroberte noch die Basilica Julii jenseits des Tiber, wurde jedoch bald verjagt und starb, vergessen für lange, in Porto am 22. November 365. Papst Liberius aber, der unter dem arianischen Kaiser Konstantius ein halbarianisches Glaubensbekenntnis unterschrieben, verfolgte unter dem katholischen Kaiser Valentinian I. wieder die Arianer.[26]

Dennoch hat die offizielle römische Tradition sich an Felix II. wieder erinnert, ihn schließlich sogar zu den rechtmäßigen Päpsten und Heiligen gezählt, während Liberius schon in seinen letzten Lebensjahren außerhalb Roms keine sonderliche Rolle mehr spielte und moralisch rettungslos kompromittiert war. Der eidbrüchige Felix aber galt seit dem 6. Jahrhundert, angeblich durch die seltsame Verwechslung mit einem Märtyrer Felix an der Via Portuensis oder mit einem anderen dieses Namens an der Via Aurelia verehrten, als rechtmäßiger Papst und heiliger Märtyrer (Fest: 29. Juli).

Das offizielle Papstbuch, das freilich über ein halbes Jahrtausend historisch wenig taugt, verbürgt sich für sein Martyrium. «Felix war ein Römer . . ., er regierte ein Jahr, drei Monate, drei Tage. Er erklärte den Constantius als Ketzer, darum ließ ihn der Kaiser enthaupten . . . Er litt den Tod in der Stadt Corona mit vielen Priestern und Gläubigen im Monat November . . .»[27]

Da Konstantius, der Papst Felix hatte enthaupten lassen, schon 361 gestorben war, Felix aber erst unter dem katholischen Kaiser Valentinian I. im Jahr 365 starb, scheint sich mancher seiner Nachfolger Gedanken über dies Martyrium des (Gegen-)Papstes gemacht zu haben. Der Prozeß der Meinungsbildung dauerte, da Rom warten kann, länger als ein Jahrtausend. Dann aber wollte Gregor XIII. (1572–1585) – jener «Heilige Vater», der nicht nur die Massenmorde der Bartholomäusnacht mit einem Tedeum gefeiert, sondern auch den Plan zur Ermordung der englischen Königin Elisabeth I. gebilligt hat (beteuernd, «daß jeder, der sie aus der Welt schafft in der gebührenden Absicht, Gott damit zu dienen, nicht nur nicht sündige, sondern sogar ein Verdienst erwerbe») – dieser sensible Papst wollte bei der Durchsicht des «römischen Marterbuches» seinen frühen Vorgänger Felix daraus streichen.[28]

Jetzt jedoch ereignete sich Wunderbares und wunderbarerweise in der von Felix IV. im 6. Jahrhundert auf den Trümmern zweier Heidentempel errichteten Kirche der hll. Kosmas und Damian, Zwillingsbrüder und Märtyrer. Anno 303 verloren sie mit drei weiteren Brüdern ihren Kopf, nachdem sie zuvor, gefesselt ins Meer geworfen, ein Engel gerettet, ein Feuer, das sie vernichten sollte, die Umstehenden verbrannt, eine ganze Serie gegen sie geschleuderter Pfeile und Steine gewendet und ihre Schergen erschlagen hatte; worauf sie denn bald in der ganzen Christenheit als Volksheilige angerufen, auch Patrone der Ärzte, Apotheker und medizinischen Fakultäten wurden. Und obwohl im 20. Jahrhundert selbst J. P. Kirsch, Apostolischer Protonotar und Direktor des Päpstlichen Archäologischen Instituts, Rom, mit Imprimatur feststellt: «Echte geschichtliche Nachrichten über Leben und Martyrium der Zwillingsbrüder fehlen», beteuert doch Katholik Hümmeler, gleichfalls im 20. Jahrhundert und gleichfalls mit Imprimatur: «seither», seit dem 6. Jahrhundert, «ist ihre Verehrung nicht erloschen». Vielmehr wurden sie als «einzige Heilige der orientalischen Kirche ... in den Kanon der heiligen Messe aufgenommen». Und Kirsch ergänzt: «Ihre angeblichen Reliquien kamen 965 nach Bremen, 1649 nach St. Michael in München (kostbarer Schrein). Fest: 27. September, bei den Griechen 27. Oktober».[29]

Wie hier Natürliches und Übernatürliches, Legende, das heißt Lüge, und Geschichte (was freilich oft dasselbe heißt) ineinandergreifen, so auch nun bei Felix II. Denn just in der römischen Kirche dieser mirakelreichen Blutzeugen, der hll. Kosmas und Damian, fand man am 28. Juli 1582, am Vorabend des Gedächtnistages von (Gegen-)Papst Felix II., einen Marmorsarg mit der «alten» Inschrift: «Hier liegt der Leichnam des heiligen Papstes und Blutzeugen Felix, welcher den Ketzer Constantius verdammt hat». Darauf blieb der Name des Felix weiter «in dem Marterbuche».[30]

Mörderpapst Damasus bekämpft Gegenpapst Ursinus und andere Teufel

Mit der wachsenden Macht des römischen Stuhles, dem ständig sich mehrenden Einfluß, Reichtum und Luxus seiner Inhaber, wurden die Priester immer erpichter auf diesen Sitz, wobei jetzt der verstärkte Gebrauch der Bezeichnung «sedes apostolica» auffällt und überhaupt ein neuer autoritärer Zug gegenüber anderen Kirchen. Eine römische Synode spricht im Jahr 378 schon von Bischöfen, die anderen Bischöfen den Tod androhen, sie verjagen, ihres Bistums berauben. Der Historiker Ammianus Marcellinus, ein um Unparteilichkeit bemühter, das Christentum eher wohlwollend betrachtender Heide, der gegen 380 von seiner Heimatstadt Antiochien nach Rom übersiedelt, führt die Kämpfe um die römische Cathedra auf die feudalen Lebensmöglichkeiten der Päpste zurück. Um dieselbe Zeit quittiert der hochgebildete

Stadtpräfekt Praetextatus, gleichfalls Heide – wie seinerzeit, nach Augustins Zeugnis, noch fast der ganze römische Adel –, Bekehrungsversuche des Damasus spöttisch mit dem Satz: «Macht mich zum Bischof von Rom, und ich werde sofort Christ». Der Tisch dieses Kirchenfürsten soll bereits ein Königsmahl in den Schatten gestellt haben. «Der arme Landklerus aber kommt gelegentlich einmal nach Rom, um sich dort ungesehen zu betrinken» (C. Schneider).[31]

Bei dem katholischen Papsthistoriker V. Gröne, der hier Verdreher und Schönfärber schockweise vertritt, liest sich dies alles so: «Zur Zeit, als Damasus das Pontificat übernahm, war das Papstthum auch weltlich zu so hohem Ansehen gelangt, daß er schon der Stellung wegen, die er dem Kaiser und den höchsten Staatsbeamten gegenüber einnahm, im Äußern von der Armuth der Apostel abstehen und sich zum Wohle der gemeinsamen Kirche darauf beschränken mußte, sie nur noch im Geiste zu üben. Der oberste Bischof der Kirche wurde genöthigt, sich mit weltlicher Pracht zu umgeben und in Kleidung, Wohnung, Gastmählern Aufwand zu machen, um die Kirche mit ihren kostbaren Bibliotheken, ihren goldenen Gefäßen, purpurnen Gewändern, herrlichen Altären auch der Welt gegenüber würdig zu repräsentiren. Wie Petrus mit einem Pilgerstabe nach Rom kommen mußte, um das üppige, reiche, übersatte zu erobern, so mußte sein Nachfolger mit dem Umschwung der Jahre aus dem hölzernen Stabe einen goldenen machen und die Füße mit Purpursandalen bekleiden, um das zerrissene, geplünderte, verlassene zu schützen und zu erhalten».[32]

Gerade unter Damasus I. (366–384), Diener des Allerhöchsten seit Jugendtagen und seiner schönen, zumal die Frauen stimulierenden Reden wegen «Ohrenkitzler der Damen» (Matronarum auriscalpius) genannt, kam es zu schärferen Kämpfen als je zuvor; zu Intrigen, Verleumdungen auch und so finsteren Finanzgeschäften, daß sie die Forschung bereits an Renaissancepäpste erinnern. Erkannte doch dieser erste einigermaßen herausragende, aber schwer durchschaubare, damals etwa sechzigjährige «Stellvertreter» sehr deutlich schon den Reiz der Macht und regierte länger als alle seine Vorgänger, achtzehn Jahre. «Über menschliches Maß hinaus», schreibt Ammian, brannten er, Damasus, und sein Gegner Ursinus darauf, «den Bischofssitz zu erraffen». Durch Terror und Bestechung siegte schließlich Damasus, der zunächst Papst Liberius, der ihn zum Diakon gemacht, Treue geschworen, dann aber, unter Gegenpapst Felix zu Felix sich geschlagen und nach Rückkehr des Liberius wieder zu Liberius.[33]

Kaum waren die Leichenfeierlichkeiten für diesen am 24. September 366 beendet, da erhob ein Teil der Geistlichkeit den Diakon Ursinus zum Nachfolger und ließ ihn sofort in der Basilika des Julius (S. Maria di Trastevere) durch den Bischof von Tivoli weihen. Indes war der größere Teil des Klerus noch in S. Lorenzo in Lucina mit der Wahl des Priestersohnes Damasus befaßt, der übrigens jetzt wieder die Partei des Liberius verließ und die des unterlegenen (Gegen-)Papstes Felix an- und zum Sieg führte (sein immerhin dritter Wechsel): Auftakt monatelanger Krawallszenen im «heiligen» Rom, in der «Hauptstadt der Frömmigkeit» (vgl. Sozomenos). Es kam zu regelrechten Schlachten auf Straßen und Plätzen, die Basiliken schwammen in Blut. War doch für Damasus zwar die ganze katholische Kirche «ein einziges Brautgemach Christi»; die römische aber etwas Besonderes, «den andern Kirchen übergeordnet ... durch das Wort unseres Herrn und Heilandes im Evangelium, der ihr den Primat verliehen hat, indem er sprach: ‹Du bist Petrus und auf diesen Felsen will ich meine Kirche bauen› ». Damasus vergaß nicht, zusätzlich des hl. Paulus zu gedenken, der «am gleichen Tag mit Petrus unter dem Kaiser Nero ruhmreich die Märtyrerkrone erlangte», und durch diesen doppelten «verehrungswürdigen Triumph» sei die Kirche Roms «allen anderen Städten der ganzen Welt vorangestellt. Es ist also der erste Sitz des Apostels Petrus der römische, der keinen Fleck und keine Runzel noch irgendetwas dieser Art hat ...».[34]

So im Jahr 382. Was jetzt folgt, passierte bereits 366 bei der Papstwahl, nach der Damasus «die von Liberius begonnene Politik der Versöhnlichkeit fortgesetzt» hat (Katholik Seppelt).

Zunächst stürzte sich eine mit Knüppeln bewaffnete Horde auf die noch in der Kirche versammelten Anhänger des Ursinus, wozu, wie es heißt, Damasus aufgehetzt und die Menge durch reichlich Geld gewonnen hatte. Drei Tage rangen die Katholiken wieder blutig um die – schon unter Liberius umkämpfte (S. 109) – Juliusbasilika. Dann ließ Damasus, der sich im Lateran mit einer Leibwache versteckt hielt, von Polizeibütteln alle Kleriker seines Gegners abschleppen und warf sie aus dem Amt. Ein Rudel Volk entriß sie jedoch und verschanzte sich mit ihnen auf dem Esquilin in der Basilica Liberiana (Santa Maria Maggiore). Am 26. Oktober 366 stürmte diese die päpstliche Prügeltruppe, ein Haufe von Fuhrmännern, Zirkusleuten, Totengräbern, den sich der hochvermögende Pontifex als private Söldner verpflichtet hatte, erbrach die Tore, drang ein, legte Feuer und bombardierte die Eingeschlossenen von oben mit Dachziegeln. Denn Damasus, «dieser gottbegeisterte und kunstsinnige Priester», «ein ganz großer Charakter», «machte die so lange für den Kampf aufgespeicherte Kraft des Urchristentums frei für den Aufbau» (Hümmeler, mit kirchlicher Druckerlaubnis). Mindestens 137 Männer und Frauen, lauter Anhänger des Ursinus, hauchten damals «für den Aufbau» an heiligem Ort ihr Leben aus; nach einem ursianischen Bericht sogar 160 Menschen – nicht gerechnet jeweils die ihren Wunden noch erliegenden Schwerverletzten, insgesamt Hunderte von Opfern, Verwundete, Verbrannte. Doch kam eben, ein schieres Gotteswunder, kein einziger Spießgesell des Damasus um, dessen «kindlich-frommen Sinn» denn auch das alte katholische «Kirchen=Lexikon» von Wetzer/Welte höchlich rühmt (eine zwölfbändige, «unter Mitwirkung der ausgezeichnetsten katholischen Gelehrten Teutschlands» verfaßte «Encyklopädie», auf deren erster Seite – ich kann das um der da stets gepredigten Demut willen schwer unterdrücken – der Freiburger Oberhirte 1847 so «Unsere Approbation» erteilt und gestattet, «sie dem Werke vorzudrucken»: «*Wir Hermann von Vicari*, durch Gottes Erbarmung und des apostolischen Stuhles Gnade Erzbischof zu Freiburg und Metropolit der oberrheinischen Kirchenprovinz, Großkreuz des Zähringer Löwen=Ordens, Inhaber des Fürstlichen Hohenzollern=Hechingen'schen und Hohenzollern=Sigmaringen'-

schen Ehrenkreuzes *I*. Classe ...» – so, ja «so ertheilen Wir diesem ersten Band Unsere Approbation ...»).

Stadtpräfekt Viventius, «integer et prudens Pannonius», wie Ammian sagt, war zweifellos ein tüchtiger Mann, doch ohne ausreichende Machtmittel. So genoß er, die Devise der Nichteinmischung in sakralen Streitfällen respektierend, zuerst das Schauspiel als Zuschauer, dann zog er sich in die Ruhe und Sicherheit seiner Landvilla zurück, die Ursianer hielten Totenlitaneien, und die Menge schrie, offenbar in Erinnerung an die führende Rolle des Damasus bereits bei den Felicianermorden: «Zum fünftenmal schon macht Damasus Krieg, herunter vom Stuhle Petri mit den Mördern!» Auch zirkulierten diverse Flugschriften. Ein ursianisches Parteiblatt rühmte das gottesfürchtige Volk, «das, wiewohl durch viele Verfolgungen gepeinigt, weder Kaiser noch Beamte, noch den Urheber aller Verbrechen, den Mörder Damasus, fürchte». Nicht zu vergessen, daß dieser Papst auch hinter den «Blutedikten» des Kaisers Theodosius stand zur Jagd auf die von ihm, Damasus, abtrünnigen Christen, den selber der Staat mit allen Mitteln der Gewalt stützte.[35]

Selbstverständlich wurde der päpstliche Massenmörder Heiliger. Fest: 11. Dezember. Und gleichsam zu stetem Gedächtnis, der Aneiferung da, der Abschreckung dort, benannte man nach ihm den Damasushof, den Repräsentationshof des Papstpalastes. Ich erinnere immer wieder an Claude Adrien Helvétius (1715–1771): «Wenn man ihre Heiligenlegenden liest, findet man die Namen von tausend heiliggesprochenen Verbrechern» – eine kulante Untertreibung des großen Aufklärers. (Und falls mir eine persönliche Präferenz zu bekunden erlaubt ist: Von allen Heiligen mag ich allein die heiligen Kühe; doch alle andern Kühe gelten mir genausoviel.)[36]

Damasus, der das Schiffchen Petri mit Hilfe der Regierung erobert, mußte es nun mit dem Steuerruder des Apostels, «das wir empfangen haben, lenken». Zwar gestand er scheinheilig, «dieser Ehre nicht würdig zu sein», bemühte sich aber «in jeder Weise, ob wir nicht den Ruhm seiner Seligkeit erreichen können». War auch die Hauptschlacht geschlagen, wurde sein Bischoftum doch während seiner ganzen Amtszeit bestritten. Noch jahrelang kommt es zu Wirren, Gewaltakten, zu Folterungen von Klerikern des Gegenpapstes. Auch die Luciferaner trieben sich um; vergeblich drängt Damasus den Richter Bassus zum Einschreiten gegen sie. Die Novatianer gab es noch, Reste der Markioniten, Montanisten, valentinianischen Gnostiker. Der Papst ging gegen die Arianer und Semiarianer vor, gegen die «ketzerischen» Bischöfe Ursacius, Valens und Auxentius von Mailand, die er sämtlich verurteilen ließ, gegen die auftauchende «Irrlehre» des Patriarchen Macedonius (Pneumatomachen), gegen die der Apollinaristen. Auch die Donatisten waren seit kurzem in Rom vertreten, wo sich damals immerhin vier verschiedene «Kirchen» bekämpften, die alle ihre eigenen Oberhirten hatten, die Donatisten seit Beginn des 4. Jahrhunderts den sechsten Bischof in Sukzession. Dem luciferianischen Presbyter Macarius verbot Damasus klerikale Verrichtungen und ließ ihn, als er nachts Gottesdienst in einem Privathaus hielt, von seinen Geistlichen samt staatlicher Polizei (officiales) ausheben und unter Mißhandlungen vor einen weltlichen Richter schleppen. Da Macarius selbst durch Drohungen nicht zu Damasus überging, wurde er nach Ostia gesteckt, wo er seinen Verletzungen erlag (vgl. I 390). Auch sei daran erinnert, daß der hl. Damasus die gejagten spanischen Bischöfe Priscillian, Instantius und Salvian im Winter 381/82, trotz ihrer inständigen Bitte («Gib uns Gehör . . . gib uns, so bitten wir flehentlich . . .») nicht in Audienz empfing und man Priscillian nebst seinen reichsten Anhängern, darunter die mit Gütern gesegnete Witwe Euchrotia, 358 in Trier gefoltert und geköpft hat, worauf die Inquisition nach Spanien übergriff (I 435 ff). Versammlungen und Gottesdienste der Ursinianer wurden auch auf Friedhöfen von damasianischen Stoßtrupps gesprengt, Ursinus und Genossen durch Kaiser Valentinian I. zunächst nach Gallien, dann nach Mailand verbannt, ohne daß er aufgehört hätte, aus der Ferne zu agieren, nicht nur gegen Damasus, auch gegen dessen Nachfolger. Und als der Kaiser ihm 367 die Rückkehr erlaubte, kam es zu neuen Kämpfen, worauf er freilich für immer vertrieben und in Köln interniert worden ist. Doch dauerte der Streit fort, solang Damasus lebte. Und noch 368 weigerte sich die Mehrheit der römischen Synode, Gegenpapst Ursinus zu exkommunizieren, mochte Damasus noch so sehr drängen und Versprechungen machen. «Wir kamen nicht zusammen, um jemand ungehört zu verurteilen».[37]

Der Papst war in zu vieler Hinsicht suspekt; zu sehr suspekt. Und mehr als suspekt.

371 wurde Damasus des Ehebruchs angeklagt.

Nun stand der «Ohrenkitzler der Damen», dessen Vater selbst Priester (an San Lorenzo) gewesen, zwar in engsten Kontakten zu reichen Frauen, doch war er auch Verfasser einiger (nicht erhaltener) Traktate über die Jungfräulichkeit, war er, nach dem gerade hierin hocherfahrenen Hieronymus, selber jungfräulicher Lehrer einer jungfräulichen Kirche; ein Geistlicher auch, der Geistlichen predigte, «das Bett keusch zu wahren», «für Gott Kinder zu zeugen» (eine etwas zweideutige Formulierung vielleicht), der immerwährende Abstinenz befahl, da «doch Heiliges für Heilige bestimmt ist», «fleischliche Vereinigung Beschmutzung bedeutet» (vgl. Leo I., S. 258), der «unkeusch» lebende Priester «auf eine Stufe» sich stelle «mit den Tieren» und den Namen des Priesters nicht verdiene. Konnte ein solcher Papst Ehebrecher sein? Ein Mann, «geschmückt mit allen Arten von Tugenden», der durch seinen gottseligen Wandel «ein ewiges Denkmal» sich gesetzt, wie Bischof Theodoret preist? Ein Mann, von dem Grönes letzter Satz seines Damasus-Kapitels beteuert: «Schon seine Zeitgenossen verehrten ihn als einen Heiligen und noch heute ruft das italienische Volk seine Fürbitte gegen Fieber an»?[38]

Indes wurde Damasus nicht nur des Ehebruchs, sondern einer ganzen Reihe schwerer Verbrechen durch den konvertierten, aber wieder zur Synagoge zurückgekehrten Juden Isaak beschuldigt (und bis zu dessen Tod 381 angeblich nicht in Ruhe gelassen). Ja, man klagte ihn sogar des Mordes an. «Soweit verstieg sich schließlich die Partei des Ursinus», jammerte man später, «daß unter Vorschiebung des Juden Isaak . . . das Haupt unseres heiligen Bruders Damasus gefordert wurde». Und da man ihn inkriminierte, obwohl der Kaiser hinter ihm stand, mußten schlimme

Belastungen vorliegen. Valentinian I. ließ durch seinen Sonderbeauftragten, den Präfekten Maximin (den Ammian mit einer losgelassenen Zirkusbestie vergleicht – er wurde 376 hingerichtet), Untersuchungen einleiten, dann in dem Prozeß, bei dem einzelne Zeugen, geladene Kleriker, auch gefoltert wurden, vor sich selbst verhandeln, zuletzt aber das Verfahren einstellen. Dies freilich kaum infolge der Intervention des antiochenischen Priesters Euagrios, eines kaiserlichen Jugendfreundes, sondern weil die Regierung von Anfang an für Damasus eingetreten war und ihn jetzt nicht durch eine Kriminalklage der Gegenpartei zu Fall bringen konnte. So rühmte Valentinian denn nun den Damasus als «virum mentis sanctissimae».

Gleichwohl war dessen Ruf derart ruiniert, daß er sich noch sieben Jahre später auf einer Synode in Rom, die er selber leitete, rehabilitieren und die Anklagen gegen ihn als verleumderisch brandmarken ließ. Just diese Synode freilich suchte den römischen Bischof der staatlichen Gerichtsbarkeit überhaupt zu entziehen! Und erstrebte zugleich die Mitwirkung des Staates bei der Vollstreckung kirchlicher Richtsprüche! Sie verstand den «weltlichen Arm», den der Heilige Vater weit von sich selber wies, bereits als ausführendes Organ der Inquisition. Kleriker aus ganz Italien, die das Urteil eines geistlichen Gerichts mißachteten, sollten mit Hilfe der Behörden in zweiter Instanz vor den Bischof von Rom gebracht werden. Für die übrigen Geistlichen des Westens sollten die Metropoliten die zweite Instanz, für die Prozesse der Metropoliten selbst der römische Bischof oder dessen beauftragter Richter zuständig sein. «Eure fromme Majestät», heißt es da in der Petition, die auch der hl. Ambrosius stark mitgeprägt hatte, «wolle befehlen, daß jeder, der durch des römischen Bischofs Spruch verurteilt wurde und widerrechtlich seine Kirche behalten wollte ... von den Präfekten Italiens oder dem kaiserlichen Vikar von Rom herbeigeschafft werde oder aber sich Richtern stelle, die der römische Bischof bestellt ... Wer aber solcher Art ausgeschlossen wird, soll, wenn er Gottes Gericht nicht scheut, wenigstens durch *staatlichen Zwang dazu gebracht werden*, seine Sünden nicht zu vermehren ...»[39]

Damasus' anmaßender Vorstoß hatte durchaus Erfolg. Der noch sehr junge, vom Klerus, besonders von Ambrosius stark gegängelte Kaiser (I 402 ff) übernahm den Antrag der Synode fast wörtlich und verlieh ihm Gesetzeskraft. Ja, Gratian war in einem Punkt päpstlicher als der Papst. Verfügte er doch die Mitwirkung kaiserlicher Beamter zur Durchführung bischöflicher Urteile nicht nur für Italien, sondern für das gesamte Weströmische Reich. Freilich stand dies alles mehr auf dem Papier, hatte der Patriarch von Rom noch nicht die Stellung im Abendland, wie die Patriarchen des Ostens innerhalb ihres Patriarchats.[40]

Sogar ein Kirchenlehrer, der hl. Bischof Basilius aber, «der Große», beklagte sich bitter über diesen Papst. Er nannte ihn blind, arrogant, sah ihn überheblich auf «erhabenem Throne» und bedauerte einmal, ihn um etwas gebeten zu haben, werde der Hochmütige doch «noch hochnäsiger, wenn man ihm höflich begegne». Im Abendland, schreibt Basilius, «wissen sie weder die Wahrheit, noch wollen sie sie kennen lernen», ja, er behauptet, daß sie «mit Leuten, die ihnen die Wahrheit sagten, stritten, selbst aber die Häresie billigten.» Dagegen umwarb der stets sein Mäntelchen nach dem Wind hängende hl. Hieronymus (ein großer Intrigant auch, Lügner, Dokumentenfälscher und derart prädestiniert zum Patron der katholisch-theologischen Fakultäten: I 169 ff) diesen Papst. Wer mit Petri Stuhl verbunden, schrieb Hieronymus, sei sein Mann. «Keinem Führer als Christus folgend, schließe ich mich der Gemeinschaft mit Deiner Heiligkeit, das ist mit der Kathedra Petri an; auf diesen Felsen weiß ich die Kirche gebaut.»[41]

Hieronymus' kriecherische Beflissenheit fand bei dem herrischen Hierarchen in Rom, wohin der Kirchenlehrer 382 reiste, huldreichstes Wohlgefallen. Er spielte bald unter Damasus eine große Rolle, diente ihm als Sekretär, Geheimschreiber, verfaßte, so sagt er selbst, «die Bescheide auf synodale Konsultationen aus Ost und West», apostrophierte den Papst als «Licht der Welt und Salz der Erde», schmeichelte: «Jetzt geht im Abendland die Sonne der Gerechtigkeit auf». Er unterstützte auch Damasus' Kampf gegen die Luciferianer. Und obwohl Hieronymus den hl. Lucifer von Cagliari (I 389 ff) zunächst als Hort der Rechtgläubigkeit gerühmt, stellte er sich in Rom, wo man seinerzeit den Priester Macarius massakrierte (S. 116), sogleich gegen den Anhang des sardinischen Bischofs und schleuderte eine seiner berüchtigten Streitschriften wider ihn, vor allem wohl, um dem alten Papst gefällig zu sein, an dessen Stelle er selbst zu kommen hoffte. (Statt seiner aber folgte der hl. Siricius, den Hieronymus deshalb noch nach Jahren herunterputzt.) Lucifers Parteigänger aber klagten kurz nach 380 über Damasus: «Die Autorität eines Königs annehmend (accepta auctoritate regali), verfolgt er katholische Priester und Laien und schickt sie ins Exil».[42]

Wachsende Primatsansprüche unter Damasus

Verschiedenen Initiativen dieses Mannes eröffneten nun eine Entwicklung, die Bedeutung und Rang seines Stuhls steigerte und den römischen Bischof allmählich zum Herrn aller abendländischen Prälaten machte.

Nicht von ungefähr spricht ein Zeitgenosse von der «arrogantia Damasi (ut princeps episcopatus)». Und heute nennt ihn das katholische «Handbuch der Kirchengeschichte» einen «zielbewußten Verfechter eines stetig wachsenden römischen Primatsanspruches, der durch ihn bisher nicht gekannte Formulierungen findet». Zum Teil erstrebt er diesen Vorrang durch Berufung auf Mt. 16,18 f, auf das petrinische Prinzip, das Rom «Singularität» verschaffte, kreiert dafür jedoch auch neue Ausdrucksweisen.

Seine Führungsgelüste aber stützte Kaiser Gratian, ein zumeist gefügiger Jüngling (I 402 ff). Er verzichtete nicht nur auf den bisher dem Herrscher zustehenden Titel eines «Pontifex maximus» zugunsten der römischen Bischöfe, sondern erhöhte auch 378 durch Reichsrecht für den Westen, in schließlich kaum noch fixierbaren Grenzen, ihre Jurisdiktion. Damasus, der das erste Dekretale erließ, also im kaiserlichen Befehlston Verfügungen traf, behauptete auch die Kirchengründung Roms durch Petrus und Paulus, einen Doppelapostolat, er sprach als erster «Papst», soweit bekannt, vom «apostolischen Stuhl», ließ von sich sagen, daß er alle, denen er im Amt (munus) gleichstehe, «durch die Prärogative des apostolischen Stuhls überragt» (praerogativa apostolicae sedis), und bis heute heißt seitdem der römische Bischofssitz die «Sedes Apostolica». All dies fundierte und förderte die römischen Primatsallüren. «Damasus ließ sich vom Staat privilegieren und trat auf wie ein König» (Haendler).[43]

Beiläufig: auch als Poet gerierte er sich. Er schrieb klägliche, aber zahlreiche Inschriften (tituli), von denen noch mehr als ein halbes Hundert ganz, bruchstückhaft oder in literarischer Überlieferung vorliegen. Dabei bestritt er seinen dichterischen Bedarf mit stereotypen, von Virgil geborgten Wendungen und ließ dann seine Epigramme durch die Hand des Kalligraphen Furius Dionysius Philokalus gar edel auf Marmor übertragen – «niemals», höhnt Louis Duchesne, «sind schlechtere Verse mit größerer Verschwendung ausgestattet worden». Die ebenso kunst- wie geistlosen Ausschwitzungen des Damasus, nicht zuletzt dem eignen Nachruhm zugedacht, galten vor allem den «vielen Leibern der Heiligen, die er aufspürte, fand» und eben, so die Vita Damasi des Liber Pontificalis, «mit Versen verherrlichte».[44]

Zum Beispiel: «Tief unter der Last des Berges lag verborgen das Grab, Damasus brachte es ans Licht». Oder: «Nicht litt es Damasus, daß die nach gemeinem Recht Begrabenen, nachdem sie Ruhe gefunden, abermals traurige Pön erlitten. So griff er das große, mühevolle Werk an und ließ die gewaltigen Erdmassen der Kuppe des Hügels abtragen, durchforschte emsig der Erde geheime Eingeweide, legte das ganze vom Wasser durchfeuchtete Gelände trocken und traf auf die Quelle, die nun Geschenke des Heils spendet.» Oder, um wieder zum eigentlichen Thema zu kommen, ein letztes papales Poesieprodukt: «Wisse, hier hatten ehedem die Heiligen ihre Wohnung, deren Namen, wenn Du fragst, Petrus und Paulus heißen. Der Orient sandte diese Jünger – das gestehen wir willig zu –, aber um des Verdienstes ihres Blutes willen – wenngleich sie Christo über die Sterne folgend in den Schoß des Himmels und das Reich der Frommen gelangt sind – durfte Rom sie als seine Bürger in Anspruch nehmen. So möge Damasus euer Lob verkünden, ihr neuen Sterne!»[45]

Es mag dahingestellt bleiben oder in den Sternen stehen, wie viele Heilige der so eifrig nach Märtyrern Fahndende derart erschwindelt hat. Doch so sieht es aus, wenn ein Mörderpapst «Dichterpapst» wird. (Man vergleiche noch weit beredtere Stellen Pius' XII. im 20. Jahrhundert!)[46]

Seit Damasus gibt es auch die Theorie von den drei petrinischen Sitzen Alexandrien, Antiochien und Rom zur Begründung ihrer Patriarchenrechte; wobei unter den drei großen Thronoi natürlich «der erste Sitz des Apostels Petrus der römischen Kirche» zusteht. Doch selbst nach Papst Gregor I., «dem Großen» und Kirchenlehrer, sind diese drei Sitze «ein einziger Sitz und der eines einzigen (des heiligen Petrus), dem auf Grund göttlicher Autorität jetzt drei Bischöfe vorstehen». Wonach der alexandrinische und antiochenische Patriarch als Petrusnachfolger kraft «göttlichen» Rechts die Vollmacht haben, einen Teil der Kirche zu regieren. Von mancherlei historischen Fragwürdigkeiten abgesehen, eine ziemlich zweischneidige Theorie.

Wie kam Rom dazu? Nun, einmal konnte es sich derart, als es noch gar nicht so gewaltig war, wie es sein wollte, den einflußreichen östlichen Kirchenführern gleichstellen und doch, als Hauptsitz sozusagen des Apostelfürsten, die größte Ehre selber beanspruchen. Und dann, der eigentliche Grund, versuchte es mittels dieser Theorie, seinen meistgefürchtetsten Rivalen, den Patriarchen von Konstantinopel zu bekämpfen, da er ja, als Repräsentant eines nichtpetrinischen Sitzes, kein Recht auf einen Vorrang hatte. Und gerade in diesem Zusammenhang taucht die Theorie gern auf: zur Zeit des Damasus eben, bei Leo I., Gregor I., Nikolaus I., Leo IX. – wobei der theoretischen Bestreitung der Ansprüche Konstantinopels auf die Patriarchenwürde schließlich, widerwillig genug, die praktische Anerkennung folgt.[47]

Die Entwicklung der päpstlichen Oberhoheit stand freilich erst am Beginn. Damasus' Stellung war während seines ganzen Pontifikats ja selbst in Rom stark angefochten. Im Abendland und darüber hinaus führte nicht er die Kirche, sondern eindeutig

Ambrosius (I Kap. 9). Der Mailänder beeinflußte, um nicht zu sagen beherrschte, mit ausgekochter, bis heute Schule machender «geistlicher» Strategie die Kaiser, und seine Bischofsstadt war auch die Hauptstadt des Westens. Selbst den aufsehenerregenden Triumph über die römische Siegesgöttin im Senatssaal (I 421 ff) errang nicht Damasus, sondern ausschließlich Ambrosius, der mächtige Residenzprälat, wie übrigens auch in allen andren Fällen.

Von «päpstlicher Politik» kann noch nirgends die Rede sein. Der Bischof von Rom gebot im 4. Jahrhundert nicht einmal ganz Italien. Er leitete offenbar bloß die sogenannten suburbikarischen Kirchen, den südlichen und mittleren Teil der Halbinsel (dort begrenzt durch eine Linie etwa vom Golf von La Spezia bis zur Mündung des Po). «Darüber hinaus ist von irgendwie gearteten Vollmachten des Bischofs von Rom nichts zu entdecken» (Haller). Gewiß war sein Stuhl der angesehenste im Abendland. Aber er selbst unterstand noch der Gerichtsbarkeit des vicarius urbis. Und als man eben damals durch eine Petition versuchte, den römischen Bischof der Strafgewalt des Stadtpräfekten (fast stets noch ein Heide) zu entziehen und ihm einen bevorzugten Gerichtsstand vor dem Herrscher zu schaffen, lehnte dies selbst ein Gratian, ohne näher darauf einzugehen, ab. Als Alternative zum kaiserlichen Gericht schlug man nun auch vor, den Römer der (geistlichen) Rechtsprechung eines Konzils zu unterwerfen. Erstmals in der Kirchengeschichte taucht jetzt auf einer päpstlichen Synode die – auch von Ambrosius berichtete – durch nichts gedeckte Behauptung auf, Kaiser Valentinian I. habe verfügt, Geistliche dürften nur von Geistlichen gerichtet werden. Denn davon, daß «der erste Stuhl von niemandem gerichtet» werden dürfe, wie man später lehrte, wußte man auch seinerzeit noch nichts.[48]

Innozenz I., «die Spitze des bischöflichen Amtes», oder lauter Lügen?

Die Päpste, die Damasus und Siricius (384–399) folgten, der ebenfalls noch ganz im Schatten des ihm persönlich befreundeten Ambrosius stand, nirgends tonangebend, führend erscheint, bauten den Vorrang Roms, seine Monopolstellung als «apostolica sedes», als «cathedra Petri», kurz, den Gedanken von der römischen Kirche als Haupt der Gesamtkirche, gleichwohl immer mehr aus; wobei sie die Bibel, das heißt das, was ihnen darin paßte, ebenso zu Hilfe nahmen wie das römische Recht.

Und nicht zuletzt den Amtsjargon.

Besonders Siricius, der auch den Begriff des «Erben» Petri prägte – ein Fundament jeder künftigen Papstideologie –, um derart einen quasijuristischen Zusammenhang zwischen seinesgleichen und dem Apostel zu suggerieren, paßte seine Dekrete weitgehend dem Stil und der Terminologie der Kaisererlasse an. Ihres Vorbildes freilich hatten sich in der Kirche bisher nur die Synoden bedient. Siricius aber gab jetzt seine neue Dekretaliengesetzgebung als «altbekannte Art kirchlichen Rechts aus und stellte sie zugleich auf eine Stufe mit den Synodalkanones» (Wojtowytsch). Doch so gern der «Erbe» Petri als Oberherr auftrat, so sehr er seine Führungsrolle und rechtliche Vorrangstellung innerhalb der Gesamtkirche betonte – «Wir beschließen», schrieb er gleich in seinem ersten Dekretale, unmittelbar nach seiner Weihe, dem spanischen Bischof Himerius von Tarroco, «was von nun an alle Kirchen befolgen und was sie unterlassen müssen . . .» –, von der Theorie war die Wirklichkeit noch immer weit entfernt. Der «Erbe» (haeres), die Nachfolgeschaft Petri, die Einsetzung, die den Papst eben zum Erben ernennt, war eine reine Konstruktion, der jede Beweisbarkeit und damit Rechtsgültigkeit fehlte und fehlt.[49]

Innozenz I. (402–417; vgl. I 496 f), von dem man sagte, er könnte den Titel eines «ersten Papstes» mit mehr Recht als jeder seiner Vorgänger tragen, entwickelte die päpstlichen Primatsansprüche und die Monopolstellung der römischen Kirche zielbewußt weiter und wirkte damit bis ins 12. Jahrhundert hinein. Er gab den Ton an für ein Jahrtausend. Manches kam ihm dabei zu Hilfe: der mächtige Ambrosius, der Konkurrent in Mailand, war tot, Mailand selbst nicht mehr Residenz, sondern Ravenna, das Weströmische Reich überhaupt dem Untergang schon ziemlich nah. Das Entscheidende jedoch ging von ihm selbst aus. Fühlte er sich doch als «das Haupt und den höchsten Gipfel des Episkopats». Ja, gegenüber den Synoden von Karthago und Mileve 416 vertrat er den Anspruch – den er sich freilich nicht immer und allen Kirchen gegenüber zu verfechten getraute –, ohne Kenntnisnahme des «Apostolischen Stuhls» dürften auch Konzilien «Angelegenheiten selbst der entferntesten Gegenden» nicht endgültig entscheiden. Eiskalt stellt er, der Jurist, neues Recht als altes hin, neue Gewohnheiten als althergebrachte, heilige, ohne daß die Vergangenheit dafür Beispiele oder Grundlage bot. Doch war all dies schlau berechnet, denn: «Nur indem er für längst bestehend ausgab, was in Wirklichkeit die kühnste Neuerung war, konnte er hoffen, der Kritik der Zeitgenossen standzuhalten» (Haller). Er trat unerhört selbstbewußt auf, allerdings den örtlichen Verhältnissen angepaßt, also in Spanien etwas forscher als in Gallien, wo Rom ja noch unlängst Schwierigkeiten hatte. Er wollte eine Oberaufsicht über die Synoden und proklamierte den «Apostolischen Stuhl» als höchste Appellationsinstanz, dem alle gravierenden Fälle (causae maiores) – das konnte er natürlich deuten, wie er wollte – zu unterbreiten seien. («Die Grabschriften loben an ihm besonders die Tugenden der Sanftmut und Bescheidenheit»: Gröne.)[50]

Als erster Papst gebrauchte Innozenz I. «die juristische Vorstellung des Papstes als Nachfolger Petri beständig und systematisch» (Ullmann). Petrus oder seine Schüler galten ihm als Gründer aller Kirchen des Westens, wofür sich nirgends auch nur der leiseste Anhalt findet. «Ist es doch eine offenbare Tatsache», konstatiert er kühn in einem Schreiben an Decentius von Gubbio, «daß in ganz Italien, Gallien, Spanien, Afrika, Sizilien und den dazwischenliegenden Inseln niemand Kirchen errichtet hat als diejenigen, welche der ehrwürdige Apostel Petrus oder seine Nachfolger zu Bischöfen gesetzt haben. Man lese doch nach, ob in diesen Ländern ein anderer von den Aposteln gefunden wird, welcher der Überlieferung nach dort gelehrt haben soll. Wenn es aber nicht zu lesen steht, weil es nirgends überliefert wird, so müssen alle das befolgen, was die römische Kirche bewahrt, von der sie ohne allen Zweifel ihren Ursprung genommen haben.» Weil etwas anderes nirgends geschrieben steht, folgert Papst Innozenz atemberaubend, sei alles von Petrus oder seinen Schülern missioniert und somit dem römischen Bischof untertan. Man versteht Hallers Hohn, mit größerer Kühnheit sei das argumentum e silentio, der Beweis aus dem Schweigen der Quellen, «wohl niemals für eine geschichtliche Behauptung verwendet worden, die in Wahrheit vollkommen in der Luft schwebt». Und Erich Caspar betont, Kirchenlehrer Augustinus, neben dem «die Figur Innocenz' I. fast zu verschwinden» scheine, habe «das genaue Gegenteil der innocentischen These» vertreten. Schreiben doch selbst die katholischen Papsthistoriker Seppelt/Schwaiger, daß das, was der Papst da sage – eine ja ungeheuer schwerwiegende, weittragende Behauptung, richtiger: Unwahrheit –, «nun keineswegs im Einklang mit den historischen Tatsachen» stehe; «aber es spiegeln sich darin die Gedanken, die in Rom immer mehr Einfluß gewonnen haben» und denen man, dürfen wir ergänzen, das Papsttum verdankt – lauter Lügen! Innozenz indes folgert aus seiner dreist erschlichenen Voraussetzung besondere Rechte, das heißt natürlich Vorrechte, die Beachtung eben des «referre ad sedem apostolicam», die Respektierung der consuetudo Romana als allein gültiger Norm. Erst die Entscheidung des römischen Bischofs mache jede Entscheidung über irgendeine Sache von Bedeutung, über die causae maiores, endgültig. Der angebliche Sitz Petri wird «fons» und «caput» – «alle Gewässer fließen aus dem apostolischen Stuhl, gleichsam dem Urquell, und ergießen sich in reinster Form über alle Regionen der Erde» (totius mundi regiones). Und log eiskalt, das referre ad sedem apostolicam entspreche alter Tradition![51]

Vielleicht lag Papst Innozenz Lug und Trug schon im Blut. Er ist höchstwahrscheinlich der Sohn seines Vorgängers Anastasius I., der seinerseits wieder einer Priesterehe entstammte.

Es gab in Rom, parenthetisch bemerkt, immerhin durch das ganze erste Jahrtausend Priestersprößlinge, die Päpste wurden; unter anderen: Bonifaz I., Felix III. (angeblich der Urgroßvater Papst Gregors I., des «Großen»), Agapet I., Bischofssohn Theodor I., Bischofssohn Hadrian II. (dessen frühere Frau Stefania und dessen Tochter ein Sohn des Bischofs Arsenius, eines mehrfachen Vaters, ermordet hat). Auch Martin II. war Priestersohn, ebenfalls Bonifaz VI. (der als Presbyter ein so skandalöses Leben geführt, daß ihn Papst Johannes VIII. suspendieren mußte; er regierte bloß zwei Wochen und wurde möglicherweise vergiftet). Der hl. Papst Silverius (von seinem Nachfolger Vigilius auf die Insel Ponza verbannt, wo er starb) ist sogar der Sohn von Papst Hormisdas. Johannes XI. (der seine Mutter samt päpstlichem Halbbruder ins Gefängnis werfen und dort ermorden ließ, nach dem Chronisten Flodoard von Reims aber «ohne Gewalt . . ., nur mit göttlichen Dingen beschäftigt» war; «Tatkraft und Energie lassen sich seinem Pontifikat nicht absprechen»: die Katholiken Seppelt/Schwaiger), Papst Johannes XI. war der Sohn von Papst Sergius III. (dem Mörder seiner beiden Vorgänger. Er baute aber auch, um «das Gute» [?] nicht ganz zu verschweigen, die durch ein Erdbeben vernichtete Lateranbasilika wieder auf). Und forderte Damasus nicht vom Klerus, «für Gott Kinder zu zeugen» (S. 117)?[52]

Oder hätte ich die liturgischen Verordnungen von Papstsprößling Innozenz mitteilen sollen? Bei der heiligen Messe den Friedenskuß erst nach der Wandlung zu geben? Die Namen der opfernden Gläubigen erst nach den entsprechenden Gebeten des Priesters über die Gaben zu verlesen? Am Samstag zu fasten aus Trauer über den im Grab ruhenden Heiland? (Vgl. I 12 f.) Papsthistoriker Gröne füllt genau die Hälfte seines Innozenz-Kapitels mit solchem Schwachsinn, zum größten Nutzen natürlich des Lesers, lernt der doch so «in dem heiligen Innocenz einen in kirchlichen Gebräuchen und Gesetzen erfahrnen und von apostolischem Geiste durchwehten Papst kennen».[53]

Jedenfalls verstand er sein Geschäft. Verstand er es, die römische Superiorität, den Vorgesetzten, Monokraten, herauszukehren, den unnahbaren, aber zupackenden Herrn, der die Brüder keinen Augenblick aus den Augen verliert, doch auch kaum die diplomatische Klugheit vergißt, wie dann nicht selten seine Nachfolger. Der Ton seiner reich mit Bibelzitaten durchflochtenen Briefe, weniger drohend als schneidend höflich, nicht selten fein ironisch auch, dezent demütigend, wirkte stilbildend in der geistlichen Epistolographie. «Wir glauben, daß du das ohnehin weißt», schreibt er. Oder: «Wer sollte nicht wissen?» «Wer sollte noch nicht erkannt haben?» Miramur war sein Lieblingswort, seine fast stereotype Rügeformel. «Wir staunen, daß ein kluger Mann unseren Rat über diese Dinge heischt, die völlig gewiß und allbekannt sind». «Wir haben uns lange verwundert beim Lesen deines Briefs»; «wir wundern uns, daß die Bischöfe über derlei hinwegsehen, so daß man urteilen könnte, sie leisteten Vorschub oder wüßten nicht um die Gesetzwidrigkeit». Gut kommentiert Caspar: «Mit solch leisen, scharfen Tönen arbeiten die wahren Virtuosen des Herrschens lieber, als mit den Donnerkeilen heftiger Drohrede; sie wissen auf diese Weise zu erreichen, daß der Betroffene erschrocken zusammenfährt, während grobe Mittel ihn verstocken oder zum Widerstand reizen. Man kann sich vorstellen, daß der suburbicarische Episkopat vor diesem geistlichen Oberherrn gezittert haben mag».[54]

Doch war Innozenz I. durchaus flexibel.

Gegenüber den ferneren gallischen Bischöfen verhielt er sich bereits gemäßigter. Und im Osten hatte selbst dieser gerissene Priester wenig zu sagen. Zwar wollte er gerade die Kirche Konstantinopels kontrollieren. Zwar war er wahrscheinlich der erste Papst, der sich an der dortigen Residenz einen Geschäftsträger hielt, einen «Apokrisiar», wie man dann den ständigen päpstlichen Vertreter am Kaiserhof Konstantinopels betitelte, den wichtigsten Diplomaten(posten) Roms – unter Innozenz anscheinend der Priester Bonifatius, der spätere Papst (S. 130 ff). Zwar wurde Innozenz – nachdem freilich schon Damasus, die Echtheit seiner Briefe vorausgesetzt, seine Fäden dorthin gesponnen – gleichsam der Begründer des päpstlichen Vikariates von Thessalonike (Saloniki), indem er, im Kampf gegen Konstantinopel und an der

Seite seiner eignen Staatsregierung, die Zuständigkeit für das östliche Illyrien (Illyricum orientale) beanspruchte, 412 Bischof Rufus «an unserer Statt» (nostra vice) sämtliche Sprengel der illyrischen Präfektur anvertraute, die Kirchen in Achaja, Thessalia, Epirus vetus und nova, Kreta, Dacia mediterranea und ripensis, Moesia, Dardania und Praevalitana, auch die Privilegien des Metropoliten großzügig erweiterte, nämlich «über alles, was in jenen Gegenden verhandelt wird, zu urteilen». Aber als er und Honorius beim Streit um Johannes Chrysostomos eine Delegation nach Konstantinopel schickten, wurde sie verletzend behandelt, vom Kaiser nicht empfangen und schmählich nach Hause geschickt (S. 154). Die Patriarchen des Ostens dachten nicht daran, sich dem «Erzbischof» von Rom, wie man selbst einen Leo I. auf dem Konzil von Chalkedon nannte, zu fügen. Und erst recht ließ sich der Kaiser von einem römischen Bischof die Entscheidung nicht aus der Hand nehmen. Illyrien unterstand nach Reichsrecht sowohl kirchlich wie politisch Konstantinopel, und noch lang streiten christliche Kaiser und Bischöfe deshalb fort, bleibt es ein besondrer Zankapfel zwischen Rom und Byzanz, Anlaß für stets erneute Kompetenzkonflikte und sich austobende Machtallüren.[55]

Eulalius gegen Bonifaz, «den apostolischen Gipfel»

Ein monatelanges Ringen um den römischen Stuhl gab es nach dem Tod von Papst Zosimus (417–418; vgl. I 497 ff), der als erster das angebliche Jesuswort vom Binden und Lösen auf die Bischöfe Roms bezog, indem er für sie, in verblüffender Folgerung, die gleiche Vollmacht und Verehrung wie Petrus in Anspruch nahm. Ja, Zosimus behauptete, er habe eine so große Autorität, daß niemand an seiner Sentenz rütteln dürfe – «ut nullus de nostra possit retractare sententia». Und diese Unverschämtheit krönte er noch mit der größeren, die «Väter» hätten diese Autorität als apostolisch anerkannt! Trotz seines nur kurzen Pontifikats hat Zosimus die von ihm so schroff begehrte auctoritas sedis apostolicae weiter gefestigt, freilich auch kaum minder schroffen Widerspruch, vor allem der afrikanischen Kirche, provoziert.[56]

Noch am Tag von Zosimus' Bestattung, am 27. Dezember, wurde der Archidiakon Eulalius (418–419), der älteste der Diakone, in der Lateranbasilika zum geistlichen Oberhaupt Roms gemacht. Laut Gegenpartei hatte er noch während der Leichenfeierlichkeiten die Kirche besetzt, die Zugänge verrammelt und den willenlosen, weil halbtoten, «sterbenden Bischof von Ostia» (Wetzer/Welte), zu seiner Weihe gezwungen. Am nächsten Tag erkor die Mehrzahl der Presbyter, die gegen das Diakonenkolleg stand, und die Mehrheit des Volkes – doch die Berichte, zumal über die Zahlenverhältnisse, widersprechen, wie so oft, einander – in der Theodorakirche den bereits hochbetagten Presbyter Bonifatius I. (418–422) zum römischen Oberhirten. Er war der Sohn des Priesters Secundius und Innozenz I. Vertreter am Hof in Konstantinopel. (Der Apokrisiar an der Kaiserresidenz galt seitdem als besonders aussichtsreicher Papstkandidat.)

Der unschlüssige Honorius kam in Bedrängnis. Ein erstes Kaiserreskript vom 3. Januar 419 erkannte die Wahl des Eulalius an und wies Bonifatius aus. Ein zweites Kaiserreskript vom 18. Januar verfügte beide Bischofskandidaten zur Verhandlung nach Ravenna. Als sich die Lage aber zuspitzte, auch ein von Honorius gewünscher Synodalbeschluß infolge der Uneinigkeit selbst der neutralen Prälaten fehlschlug, wies ein drittes Kaiserreskript am 25. Januar die beiden hohenpriesterlichen Anwärter aus. Mit der Wahrnehmung der Osterfestfeierlichkeiten am 30. März wurde ein auswärtiger Bischof, Achilleus von Spoleto, betraut; eine derartige Demütigung, daß deshalb gleich eine Reihe weiterer Kaisererlasse notwendig wurde: an den heidnischen Stadtpräfekten Aurelius Anicius Symmachus (ein Neffe des berühmten gleichnamigen Präfekten Roms, der einst so vergeblich um die Statue der Siegesgöttin Victoria gekämpft: I 421 ff), an Bischof Achilleus, an den Senat, das Volk der Stadt. Doch die Diakonenpartei wollte die Schmach durch den vom Kaiser beauftragten

Spoletiner nicht hinnehmen und Ostern keinesfalls von einem ortsfremden Bischof in Rom feiern lassen – dabei hatte man es hier, wie der hl. Irenäus bezeugt, einst gar nicht jährlich begangen (S. 91)! Vielleicht aber sahen die Diakone, die damals schon stark mit den Presbytern rivalisierten, auch nur eine günstige Gelegenheit einzuschreiten. Jedenfalls kehrte Eulalius am 18. März nach Rom zurück, um selber das Osterfest im Lateran zu feiern. Kurz darauf erschien auch Bischof Achilleus von Spoleto in der Stadt, es kam zu Verhaftungen, Verhören, Volksaufläufen, zu erneuten blutigen Kämpfen um die Kirchen.

Kaiser Honorius aber ging nun zu Bonifatius über, für den sich starke Kräfte am Hof verwandten. Prinzessin Galla Placidia warb in mehreren Briefen an prominente Katholiken, an Augustinus, Aurelius von Karthago, Paulin von Nola, für ihren Schützling. Vor allem jedoch war es der gern innerkirchliche Konflikte regelnde spätere Kaiser Flavius Konstantius (S. 45), der den Kampf um den Stuhl Petri für Bonifatius entschied. Honorius aber, der erst zu Eulalius stand, ließ nun diesen verjagen und verfügte angesichts der «Amtsjägerei» (ambitiones) der römischen Priester die erste, freilich praktisch bedeutungslos bleibende staatliche Papstwahlordnung: bei einer Doppelwahl in Rom sollte künftig keiner der Gewählten zum Zug kommen, sondern die ganze Gemeinde in einer Neuwahl den Bischof bestimmen.[57]

Tatsächlich waren Streit und Entzweiungen bei römischen Bischofswahlen inzwischen so gewöhnlich, daß Augustinus ein Schreiben an Bonifaz' Nachfolger Coelestin I. (422–433) geradezu mit dem Glückwunsch beginnt: «Wie wir hören, hat Gott dich, ohne daß irgendwelche Spaltung der Gemeinde erfolgt wäre, auf den Stuhl Petri erhoben . . .»[58]

Gegenpapst Eulalius wurde später Bischof von Nepe. Bonifaz I. aber, wie Innozenz I. Jurist, knüpfte an die papalen Ambitionen seiner Vorgänger kräftig an und spann sie, immer und unverrückt den Blick auf den Universalepiskopat der römischen Kirche gerichtet, wie üblich mit biblischen und geschichtlichen Exkursen, mit «historischen» Beispielen, «documenta», fort. Nicht die Wirklichkeit war hierfür jedoch maßgebend, sondern, im Gegenteil, die immer höher gespielte petrinische Idee, kurz, die Vergangenheit wurde mit päpstlichen Augen betrachtet und dementsprechend ausgelegt.[59]

Dabei besaß für Bonifaz, vor seiner Wahl lange Ostexperte Roms, Illyrien eingestandenermaßen besondere Bedeutung. Von neun seiner erhaltenen Briefe drehen sich drei um die Jurisdiktion über das sogenannte päpstliche Vikariat von Thessalonike. Auf Betreiben dortiger, mit Rom unzufriedener Bischöfe und des Patriarchen Atticus hatte es ein Edikt von Kaiser Theodosius II. am 14. Juli 421 der Jurisdiktion der Kirche von Konstantinopel unterstellt, «die sich des Vorrechtes des Alten Roms erfreut». Sofort protestierte Bonifaz, unterstützt vom Kaiser des Westens, Honorius, bei dem er «die Hinterlist einiger illyrischer Bischöfe» beklagte, und hatte sogar Erfolg. Mit passenden Bibelsprüchen und «historischen» Exempeln bestand er wie seine Vorgänger auf Roms Primat, der Monopolisierung des Petrusamtes, der Petrusdoktrin, deren rasanter Höhenflug recht eigentlich mit ihm beginnt, und setzte den monokratischen Herrschaftsgedanken, den «favor apostolicus», ins schönste Licht. Ursprung und Regierungsgewalt der römischen Kirche gehen auf den seligen Petrus zurück, und Rom ist das Haupt aller Kirchen der Welt ... Wer dagegen aufstehe, sei vom Himmelreich ausgeschlossen, denn nur «die Gunst des Türhüters» Petrus (gratia ianitoris) könne es öffnen. Die schon durch Zosimus vertretene Lehre von der Unbestreitbarkeit petrinischer Schiedssprüche und Satzungen verschärfte jetzt eher noch die anmaßende Erklärung: «Niemand darf sich erkühnen, seine Hand gegen den apostolischen Gipfel (apostolico culmini) zu erheben, dessen Urteilsspruch anzugreifen keinem erlaubt ist». Kurz, die Kirche beruht auf Petrus und seinem Nachfolger, von ihm hängt «die Gesamtheit der Dinge» ab, nur wer ihm gehorcht, kommt zu Gott.[60]

Die Schwierigkeiten in Illyrien waren damit zwar noch nicht beseitigt. Die Opposition im dortigen Episkopat verstummte nicht, doch Bonifatius griff durch. Er rief seinen Vikar zu mannhaftem Widerstand auf, indem er ihm den (ja nicht immer so tapferen) Petrus als Heroen vormalte und eiferte: «Du hast den seligen Apostel Petrus, der vor Dir für sein Recht kämpfen kann ... Jener Fischer duldet nicht, daß, so Du dich bemühst, seinem Sitz ein Recht verloren gehe ... Er wird (Dir) Beistand leisten und die Übertreter der Kanones und die Feinde des kirchlichen Rechts ... unterdrücken.» «Was wollt ihr», schrieb er ein andermal harsch, an Paulus anknüpfend, «soll ich mit der Rute zu euch kommen oder mit Liebe und sanftmütigem Geist? Denn beides ist, wie ihr wißt, dem seligen Petrus möglich, den Sanften mit Sanftmut zu begegnen und die Hochmütigen mit der Rute zu züchtigen. Daher wahrt die dem Haupt geschuldete Ehrerbietung.» Einige Fälle jedenfalls wollte Bonifatius «ausgemerzt» sehen (resecari). Derart setzte sich der Römer im Illyricum durch, sicherte vorerst dessen Zugehörigkeit zu seinem Einflußbereich, ja, er führte, und zwar gerade in den Attacken gegen die illyrische Opposition, den Anspruch Roms, die ganze Kirche zu beherrschen, «auf eine bis dahin unerreichte Höhe» (Wojtowytsch).[61]

So mauserte sich aus der immer größeren innenpolitischen Zersplitterung und Misere des Westens das Papsttum – je nach Bedarf mit dem Staat oder gegen ihn kämpfend – zu einer hochpolitischen Potenz, zu einem der mächtigsten und langlebigsten Parasiten der Geschichte. «Der Hl. Stuhl», heißt es mit einem sinnvollen Druckfehler im «Archivum Historiae Pontificiale» der Päpstlichen Universität, 1978, «wurde als qualifizierter Hüter der Rechtsgläubigkeit mehr oder minder offen anerkannt».[62]

Noch rabiater als in Rom um den «Heiligen Stuhl» aber stritt man um die großen Bischofssitze des Ostens.

4. KAPITEL

DER KAMPF UM DIE BISCHOFSSTÜHLE DES OSTENS IM 5. JAHRHUNDERT BIS ZUM KONZIL VON CHALKEDON

«Kämpfe und Zwiespalt sind auch der römischen Kirche nicht erspart geblieben – . . . Aber sie haben niemals den Grad von Leidenschaft und blutiger Wildheit erreicht, der im Osten an der Tagesordnung war». Johannes Haller[1]

«Der Streit um Origenes entwickelte sich zu einem förmlichen Krieg zwischen den beiden Hauptstädten des Ostens und deren mächtigen Bischöfen: Theophilus von Alexandrien und Johannes von Konstantinopel.» Jean Steinmann[2]

«Im Bunde mit den Kopten und soweit möglich mit Rom haben Theophilos, Kyrill und Dioskur das Griechentum im Christentum verraten, um die Macht des Patriarchen von Alexandreia zu sichern und zu steigern. Aber es wurden Pyrrhossiege . . . Der Untergang des griechischen Christentums in Ägypten war bereits in dem Augenblick da, in dem Theophilos unter dem Zwang der Kopten den Origenisten Ammonios mit den Worten: ‹Ketzer, verfluche den Origenes›, mißhandeln ließ. Das war zugleich das Todesurteil über die Griechen in Ägypten überhaupt».
Der Theologe Carl Schneider[3]

Wie unter den Städten des östlichen Reiches Alexandrien zunächst den ersten Rang innehatte, so spielte auch der alexandrinische Metropolit in der Ostkirche lange die Hauptrolle. Sein Patriarchat war von Anfang an das geschlossenste im Orient, hatte einen ungeheuren Grundbesitz und dort bis zum Konzil von Konstantinopel (381) unbestritten den Primat. Wenigstens de facto behielt es ihn, gelegentlich gestützt durch Rom, noch bis zur «Räubersynode» von Ephesus 449. Allmählich aber wurde es in der Hierarchie der orientalischen Patriarchate durch das seit langem im Aufstieg befindliche Konstantinopel verdrängt. Die Patriarchen Alexandriens wünschten in der Hauptstadt schwache und unfähige Kollegen, weil sie eben selber einen orientalischen Papat erstrebten. Vielleicht als erste Oberbischöfe führten sie den Titel «Erzbischof» (archiepiskopos), mindestens seit dem 3. Jahrhundert vorzugsweise auch die Bezeichnung «Papst» (papas), die sie dauernd behielten. (Die Bezeichnung Patriarch kam nur sehr langsam im 4. Jahrhundert in Gebrauch.) Selbst auf katholischer Seite konzediert man seit der Gründung Konstanipopels «eine fast ununterbrochene Eifersucht zu Alexandrien gegen den Sitz zu Constantinopel» (Wetzer/Welte). Um ihre Rivalen in der Hauptstadt aber zu Fall zu bringen, benutzten die Alexandriner in dieser Epoche «mörderischer Kämpfe um die Entstehung der Dogmen» (Katholik Heer) die theologischen Streitfragen.[4]

Dies zeigt schon mit aller Heftigkeit der Machtkampf zwischen den Patriarchen Theophilus von Alexandrien und Johannes Chrysostomos von Konstantinopel.

Seit einem Jahrhundert besetzten den alexandrinischen Bischofsstuhl Leute in der besten Tradition des hl. Kirchenlehrers Athanasius. Das heißt, daß sie sich gegen den Staat «mit Brillanz der bewährten Techniken bedienten: Bestechung, öffentliche Meinungsmache, Einsatz der eigenen Leibwache oder von Banden bewaffneter Seeleute und Mönche» (F. G. Maier). Die Bischöfe Alexandriens hielten sich Hunderte von sogenannten Krankenträgern als soldatischen Stoßtrupp, mit dem sie Tempel, Synagogen stürmten, die Juden ausplünderten, verjagten, sowie überhaupt alles terrorisierten, was ihnen nicht paßte, einschließlich der kaiserlichen Behörden. Allmählich aber bekam der Patriarch von Konstantinopel, der neuen Hauptstadt, dem «Zweiten Rom», immer mehr Ansehen und Einfluß. Schließlich erkannte ihm das 2. ökumenische Konzil in Konstantinopel 381 den Ehrenvorrang vor allen orientalischen Bischöfen zu (can. 3). Ja, das 4. ökumenische Konzil von Chalkedon stellte ihn 451, gegen den scharfen Protest des Papstes, diesem gleich (can. 28). Dementsprechend stiegen natürlich Besitz und Einkommen des Patriarchats, dessen Liegenschaften, Betriebe (Domänen, Weinberge, Mühlen) über seine ganze Ausdehnung verstreut lagen und sich durch Schenkungen und Legate ständig mehrten.[5]

Die alexandrinischen Hierarchen steckten jedoch nicht freiwillig zurück, sondern nahmen den Kampf mit allen Mitteln auf. Ihr Versuch, schon während des Konzils von 381 einen Alexandriner in Konstantinopel zu inthronisieren, mißlang. Ebenso fehl schlug nach dem Tod des Bischofs Nektarius (397) – den Kaiser Theodosius I. gefördert, Papst Damasus aber bekämpft hatte – die Absicht des Alexandriners Theophilus, seinen Kandidaten in der Hauptstadt durchzubringen, den alexandrinischen Presbyter Isidor (uns schon in fataler politischer Mission begegnet: I 444). Er sollte wohl nur Platzhalter für den noch zu jungen Patriarchen-Neffen Kyrillos sein. Doch zwanzig Jahre später hatte Theophilus (385–412) Erfolg. Denn nun gelang es dem ebenso gebildeten wie skrupellosen Priester, einem Pharao der Lande um den Nil, der eine Art Primas des gesamten Orients zu werden hoffte, Johannes Chrysostomos, das Kirchenhaupt Konstantinopels, mit Hilfe des Hofes zu stürzen, in die Wüste zu schicken und in den Tod.[6]

Knapp zwei Jahrzehnte vor dem Einzug des Johannes in Konstantinopel (398–404) hatten dort noch wilde Fehden mit den Arianern getobt (I 420). Jetzt fand er bloß einen Nebenbischof vor, den Sisinnius, Oberhirten der Novatianer, die Theodosius als einzige neben den Katholiken geduldet. Sisinnius machte dem Patriarchen kaum Kummer, wurde auch von «Rechtgläubigen», besonders am Hof, geschätzt, war beredsam, geistreich. Auffällig nur, zumal bei der strengeren Askese der Novatianer, sein täglich zweimaliger Thermenbesuch. Doch die Frage, warum er denn Tag für Tag zweimal warm bade, parierte Sisinnius köstlich: weil mir dreimal nicht guttut![7]

Kirchenlehrer Johannes Chrysostomos (I 133 ff), als Sohn eines hohen, schon früh gestorbenen Armeeoffiziers in Antiochien geboren, war nach dem Menäon, dem liturgischen Buch der byzantinischen Kirche, auffallend klein, extrem hager, hatte einen großen Kopf, große Ohren, eine große Nase und einen schütteren Bart. Nachdem er einige Jahre Mönch in der Wüste gewesen, wurde er wegen eines Magenleidens (durch Askese) 386 Presbyter in Antiochien, wohin ihn vermutlich Bischof Meletios rief (I 379 ff). Dann verdankte er den verhängnisvollen Wechsel auf den Patriarchenstuhl dem alten Eutrop (S. 15 f). Denn als Kaiser Arcadius nach dem Tod des Nektarius (397) unschlüssig über dessen Nachfolger war, holte der oberste Hofeunuch und allmächtige Minister den bereits berühmten (antijüdischen) Prediger Johannes per Extrapost zur Hauptstadt. Theophilus wollte dies verhindern. Doch ein Hinweis auf das gegen ihn vorliegende und für ein Strafverfahren ausreichende Material ließ ihn verstummen. Ja, kein anderer als der protestierende Alexandriner mußte Johannes im Februar 398 zum Bischof weihen![8]

Theopilus gab seine Pläne freilich nicht auf, sondern benutzte das fast weltweite Kesseltreiben gegen den Origenismus, den besonders die orientalischen Mönche zerreißenden Krieg zwischen «Origenisten» und «Anthropomorphiten», zur Förderung seiner Kirchenpolitik, zum Kampf also gegen das Patriarchat von Konstantinopel.

Randalierende Mönche und Theophils Frontwechsel

Im späteren 4. Jahrhundert lebten im Osten schon Zehntausende von Mönchen, zumal in Ägypten, dem klassischen Land der Asketen. Aus ungezählten Klöstern und Einsiedeleien traten sie von hier ihren Siegeszug durch Sinai, Palästina, Syrien, Kleinasien und die westlichen Reichsprovinzen an. Im Orient aber beeinflußten sie bereits beträchtlich die Gesellschaft, das Volk und die führenden Schichten. In manche Eremitenkolonien reiste man von weit her, um sich zu «erbauen». Man bewunderte das Exzentrische, die Kasteiungen, Nachtwachen der «Ringkämpfer Christi»; sie wurden geradezu abergläubisch verehrt, fast als überirdische Wesen.[9]

Einerseits hatten diese Leute karitative Verdienste: durch Gewährung von Gastfreundschaft, regelrechte Fremdenherbergen, Refugien, durch Armen-, Krankenpflege, Fürsorge für Gefangene, Sklaven; da und dort auch durch eine gewisse «kulturelle» Aktivität: Schaffung von Büchern zum Beispiel, Bibliotheken, ohne daß sie freilich, wie schon Harnack gezeigt, theologisch sonderlich beschlagen waren. Andererseits aber mußte bereits Kaiser Valens 370 gegen die «Liebhaber der Faulheit» in den «Gemeinschaften der Mönche» (monazontes) gesetzlich einschreiten und befehlen, man solle sie «aus ihrem Versteck mit einer amtlichen Verfügung hervorholen lassen und sie zu ihren Aufgaben in der Heimatstadt zurückbeordern». Hatten die Mönche doch, diese «vollkommenen Christen», einen Beruf, «dessen Ausübung wie die keines zweiten mit jedem Grade von Dummheit, Faulheit und Unwissenheit vereinbar war» (E. Stein). Und trotz des Verbotes von Kaiser Theodosius I. vagabundierten sie bald überall herum, drängten vor allem in die Städte, wo es schließlich im Ennaton-Bezirk Alexandriens annähernd 600 Mönchs- und Nonnenklöster gab – «wie Bienenstöcke bevölkert» (Severos von Ashmunein). Der rechtgläubige Chrysostomos kritisiert ihr Strolchen durch die Städte ebenso wie der «häretische» Nestorios, der sie deshalb sogar exkommuniziert. Konnte aber ein Bischof sich ihres Beistands sicher sein, war seine Gewalt gegebenenfalls kaum noch begrenzt. Sind die Mönche doch durch alle Zeiten, bis ins 20. Jahrhundert – am krassesten im kroatischen Ustasha-Staat, wo sie als Anführer regelrechter Mordbanden, als KZ-Kommandanten fungieren – politisch von Mächtigen, des Klerus, des Staates, mißbraucht worden und haben sich augenscheinlich auch gern mißbrauchen lassen. Sie spielen eine herausragende Rolle bei der Vernichtung des Heidentums, beim Berauben und Schleifen der Tempel, nicht selten aber auch im innerkirchlichen Kampf. Ihre «geistgewirkte» Existenz schlägt um «in ein Leben der Gesetzlosigkeit» (Dominikaner Camelot). Sie ziehen in Städte, stiften Unruhen, sie mischen sich in dogmatische Streitereien, in kirchenpolitische Affären, sie stehen gegen ihre Äbte auf, in der Großen Laura gegen Sabas oder gegen Georgios. Eher häufiger noch attackieren sie Bischöfe; in Konstantinopel die katholischen Kirchenhäupter Paulos, Gregor von Nazianz, Johannes Chrysostomos, der sich «oft» wünscht, «es brauchte keine Klöster zu geben und in den Städten herrschte solcher Gesetzesfriede (eunomia), daß nie jemand in die Wüste fliehen müßte». Mönchshaufen kämpfen aber auch unter dem berüchtigten Abt Schenute, Heiliger der koptischen Kirche (S. 203 ff), unter dem hl. Kirchenlehrer Kyrill oder seinem Onkel Theopilus. «Nicht umsonst [!] wandten sich die Päpste und Patriarchen immer wieder an die mönchischen Kreise. Wußten sie doch, daß es ihnen leicht war, mittels der Volksmenge einen wirksamen Druck auf die Entscheidungen der Regierung auszuüben». Ihr Gros ist von einer «erstaunlichen Primitivität», die bloß «ausgeglichen» wird durch die Argumente «physischer Gewalt»; ja, sie kämpfen «umso rücksichtsloser als sie sich als Pneumatiker unter der besonderen Führung des Heiligen Geistes glaubten» (Bacht SJ).[10]

Im Osten kommt es dabei – ebenso bezeichnend wie fatal – zu einem Frontwechsel des alexandrinischen Bischofs. Er brauchte zum Verfolgen seiner Ziele die religiösen Rabauken. Die der Nitrischen Wüste, einer Bodensenke der Libyschen, wo nach Palladios etwa 5000 von ihnen gehaust haben sollen, waren häufig Anhänger des Origenes (I 171 f), die der Sketischen Wüste wohl überwiegend Anthropomorphiten; sie verstanden den biblischen Anthropomorphismus gern buchstäblich. Theophil, schon durch seinen Vertrauten, den Presbyter Isidor, einen leidenschaftlichen Origenisten, dieser Fraktion zugetan, verband sich zunächst mit den Mönchen der Nitrischen Wüste. Er förderte ihre Führer, die vier «langen Brüder», ausgenommen ihren Ältesten, Ammon, einen fanatischen Asketen, der angeblich bald dies, bald jenes Körperglied mit einem glühenden Eisen verbrannte und sich dem Patriarchen entschieden entzog. Den Dioskor aber, der ihm gleichfalls widerstrebte, machte er zum Bischof von Klein-Hermopolis, den Euthymius und Eusebius zu Priestern und Verwaltern des Kirchenvermögens in Alexandrien, bis die krasse Geldgier des Patriarchen sie wieder in die Wüste trieb.

Noch in seiner Osterenzyklika 399 attackierte Theophilus heftig die «Anthropomorphiten», die sich Gott in körperlicher Gestalt wie einen Menschen dachten. Darauf strömten diese aus der Sketischen Wüste, aus Pachomios-Klöstern Oberägyptens, in großen Haufen nach Alexandrien, stürzten alles in Panik und drohten, den Patriarchen zu töten, widerrufe er nicht. Theophil, einerseits eifriger Leser des Origenes, andererseits wegen seiner Herrschsucht und Prunkliebe mit Pharao verglichen, «Goldanbeter» geschmäht, «Diktator Ägyptens», wechselte nun, da auch die allgemeine Stimmung mehr und mehr gegen Origenes umschlug, das Lager. Er erklärte, Origenes gleichfalls zu hassen und längst seine damnatio beschlossen zu haben. Er wurde ein flammender Verteidiger der Anthropomorphiten, schmeichelte den wütenden Mönchsdemonstranten: «Ihr kommt mir vor, als wenn ich Gottes Antlitz sehe», begann mit einer «Säuberung» Ägyptens vom Origenismus, ja, eröffnete darüber hinaus eine antiorigenistische Propaganda großen Stils, einen «förmlichen Kreuzzug» (Grützmacher). Noch 399 Verfechter des Origenes, belegte er bereits ein Jahr später auf einer Synode in Alexandrien dessen strittige Lehren samt seinem Anhang, besonders die «langen Brüder», ausgenommen Dioskor, mit dem Bann. Er benutzte aber auch eine Serie von Osterfestbriefen der folgenden Jahre zu einer wilden Polemik, warnte jetzt vor den «Blasphemien», dem «Wahnsinn», dem «verbrecherischen Irrtum des Origenes, dieser Hydra aller Häresien», der Satan dem Gottessohn gleichsetze. Origenes, behauptete Theophil, sei Götzendiener, er habe «Christus verhöhnt und den Teufel zu hohen Ehren gebracht», habe «zahllose geschwätzige Bücher geschrieben, voll von nichtigen Worten und ungereimtem Zeug» und «dem Wohlgeruch der himmlischen Lehren seinen eigenen Gestank beigemischt». Wobei er mit voller Absicht ein so greuliches Ragout dieses Theologen servierte, daß es allen «Rechtgläubigen» schlecht werden mußte.

In einem Rundbrief an die Bischöfe behauptete er, die «Pseudo-Mönche», in ihrem Wahnwitz «zu jedem Verbrechen fähig», trachteten ihm nach dem Leben. Sie «haben gemeines Gesindel mit Geld bestochen, um ein Blutbad heraufzubeschwören. Nur durch die Gnade Gottes wurde ein größeres Unheil verhütet. Wir haben alles in demütiger Geduld ertragen ...» In Wirklichkeit eilte er selbst, begleitet von Soldaten, in die Nitrische Wüste zur Verfolgung der Origenisten, auch der vier «langen Brüder». Einen ihrer Sprecher, den greisen Ammon, drohte er mit seinem Mantel zu erwürgen und schlug ihn, daß das Blut aus der Nase schoß. Auch ging er mit Kirchenausschluß gegen den Presbyter Isidor vor, den fast achtzigjährigen Origenesanhänger, den er noch vor wenigen Jahren zum Patriarchen der Hauptstadt erheben wollte, nach versuchter Bestechung, Nötigung zur Falschaussage (er sollte wahrheitswidrig bezeugen, eine Verstorbene habe der Schwester des Patriarchen ihr Vermögen vermacht. Ferner verleumdete er ihn schwer und unterstellte ihm – achtzehn Jahre früher! – «sodomitische» Unzucht mit einem Schiffsjungen). Schließlich überfiel er selber, mitten in der Nacht, an der Spitze eines halbbesoffnen Stoßtrupps, darunter seine schwarzen äthiopischen Sklaven, ein Kloster, plünderte und verbrannte es samt seiner Bibliothek, wobei ein Junge im Feuer umkam – «und sogar die heiligsten Mysterien» (Benediktiner Baur). Die Anklageschrift der mißhandelten Mönche umfaßte siebzig Punkte. Papst Anastasius I. (399–401) aber nannte den Theophil einen «heiligen und ehrenhaften Mann» (vir sanctus et honorabilis) und bekannte, in einem Brief an den Patriarchen Johannes von Jerusalem, seine theologische Ahnungslosigkeit durch das Geständnis, er habe bis vor kurzem weder gewußt, wer Origenes sei noch was er geschrieben![11]

Kirchenlehrer Hieronymus und Konsorten leisten Theophil «Schergendienste» gegen Kirchenlehrer Johannes

Einige hundert Mönche flohen 401 aus Ägypten; manche nach Konstantinopel, die meisten nach Palästina, wo freilich jetzt auch Kirchenlehrer Hieronymus die Origenisten bekriegte. Der große Heilige und Patron der Gelehrten, von Altdorfer, Dürer, Leonardo da Vinci verewigt, hatte bisher viel zur Verbreitung des Origenes im lateinischen Westen getan, hatte mehrere seiner Werke begeistert übersetzt, ihn auch schamlos ausgeschrieben, wie so viele, ja, ihn als «größten Lehrer der Kirche seit den Aposteln» gefeiert (I 172), als «unsterbliches Genie», sich darüber entrüstend, daß man ihn einmal in Rom angriff, «nicht wegen der Neuheit seiner Thesen, nicht wegen Häresie, wie jetzt wütende Hunde gegen ihn vorgäben, sondern weil man den Ruhm seiner Beredsamkeit und seines Wissens nicht ertragen könne». Schließlich waren einst auch die Kirchenlehrer Basilius, Gregor von Nazianz, Athanasius und Ambrosius für Origenes eingetreten. Nun aber, da dessen Gegner Auftrieb bekamen, Papst Anastasius sich wider ihn stellte, die Bischöfe Simplicianus von Mailand, Chromatius von Aquileja, Synoden in Jerusalem, Alexandrien, auf Cypern, wechselte auch Hieronymus, wie andre prominente Kirchenführer, jäh die Partei. Schamlos verleugnete er seinen alten Meister und mauserte sich, wie Theophil, sozusagen über Nacht zu einem rabiaten Antiorigenisten.

In einer eignen Schrift giftet er Bischof Johannes von Jerusalem an, der Origenes nicht preisgeben will, im «Krieg der Mönche» freilich ohnedies gegen Hieronymus steht. «Du», apostrophiert ihn Hieronymus, «der heilige Vater, der erhabene Bischof, der gefeierte Redner, kaum würdigst du deine Mitknechte eines Blicks, die wie du durch das Blut deines Herrn erkauft sind ... Du verachtest die Laien, die Diakone und die Priester, du rühmst dich, du könntest in einer Stunde tausend Kleriker machen ... Deine Speichellecker behaupten, du seiest beredter als Demosthenes, scharfsinniger als Chrysipp, weiser als Plato, und du glaubst es anscheinend selber». Derart schimpfend, höhnend, beleidigend kämpft der heilige Kirchenlehrer gegen den Jerusalemer Bischof, den er anklagt, den Staat wider ihn aufgeboten zu haben. «Ein Mönch, ach, ein Mönch droht andern Mönchen mit dem Exil und erwirkt ein Verbannungsdekret: ein Mönch, der sich rühmt, auf dem Stuhl eines Apostels zu sitzen».[12]

Man sieht, wie hier, wie meist, Politik, Kirchenpolitik und Theologie untrennbar verfilzt sind. Suchte aber seinerzeit Patriarch Theophil noch zwischen den streitenden Parteien zu vermitteln, so wechselte er nun rasch die Front. Noch Ende des Jahres 396 hatte er die Gegner befrieden wollen, doch Hieronymus erteilte ihm eine Antwort, die *in der ganzen Kirchengeschichte* sich wiederholen wird: «Auch wir wünschen den Frieden, und wir wünschen ihn nicht nur, wir fordern ihn, aber den Frieden Christi, den wahren Frieden».

Diesen Frieden, den Frieden «Christi», den «wahren», den «echten Frieden», suchen die Jünger des Herrn durch alle Jahrhunderte: gegen Schismatiker, «Häretiker», Ungläubige, gegen äußere Feinde, innere, gegen jedermann, der nicht denkt wie sie. Immer und überall, auch im 20. Jahrhundert noch, hört man diese Phrase vom «wahren», vom «echten» Frieden – und sie ist zu häufig, typisch, zu sehr die Massen, die Generationen verdoofend, ist viel zu verheuchelt hochfahrend auch, um hier nicht beiläufig darauf zu bestehen. Sie grassiert im Ersten Weltkrieg, im Zweiten, im Kalten Krieg danach, beim kirchlichen Betreiben der Wiederaufrüstung Westdeutschlands, als etwa Kardinal Frings, Mitglied der CDU, auf dem Deutschen Katholikentag in Bochum die Kriegsdienstverweigerung «eine verwerfliche Sentimentalität» schimpfte, «Humanitätsdünkel», und sagte: «Nach den Gedanken des Papstes ist also eine Kriegsführung, die gegen Unrecht gerichtet ist, nicht nur ein Recht, sondern sogar die Pflicht [!] aller Staaten ... Der echte Friede [!] kann nur [!] auf der göttlichen Ordnung beruhen. Wo immer diese angegriffen wird, müssen die Völker auch mit Waffengewalt die zerstörte Ordnung wiederherstellen».[13]

Ergo: echter Friede ist nur da, wo *ihre* Interessen, wo alle Interessen des Papsttums – und wo hätte es keine! – gewahrt werden. Wenn nicht, dann Krieg so oder so, nicht zuletzt aber «mit Waffengewalt»! *Das und nur das* versteht dies Gelichter von Hieronymus, Augustinus e quanti viri *bis heute* unter dem «Frieden Christi», dem «wahren Frieden», der «göttlichen Ordnung» – *ihren* Vorteil, *ihre* Macht, *ihre* Herrlichkeit: sonst *nichts*!

Inzwischen hatte also auch Theophil die Partei gewechselt, und Hieronymus, der stets all sein Gift gegen «Häretiker» verspritzte, trieb noch seinerseits den Patriarchen dazu, «die schlechten Keime mit scharfer Sichel» herauszuschneiden. Triumphierend schadenfroh beobachtete und berichtete der Heilige die Jagd und die Erfolge des Alexandriners. Er beglückwünschte ihn zu seinen Attacken auf die «Ketzer», «die zerstreuten Nattern», bis in die geheimsten Schlupfwinkel Palästinas. Ägypten, Syrien und fast ganz Italien sei so von der Gefahr dieses Irrtums befreit, die ganze Welt frohlocke über seine Siege.[14]

Da Theophil überall gegen die Flüchtlinge eiferte, Briefe an die Oberhirten Palästinas und Cyperns schrieb, an einzelne Bischöfe, an Anastasius von Rom, da er Emissäre gegen die Gehetzten schickte, so daß sie auch Johannes von Jerusalem nicht schützte, flohen sie weiter nach Konstantinopel. Und Johannes Chrysostomos nahm sie auf, trat für sie ein, ja, die Regierung zitierte Theophil vor ein Konzil in der Hauptstadt, wo Johannes das Urteil fällen sollte.

Doch Theophil verstand es, den Spieß umzudrehen.

Sosehr Johannes die Massen beherrschte, als Hofbischof war er ganz ungeeignet. Er hatte nicht nur seinen alexandrinischen Rivalen gegen sich, sondern auch viele andere katholische Prälaten. Vor allem Severian von Gabala in Syrien, einen in Konstantinopeler Hofkreisen beliebten Prediger mit ungewöhnlich guten Bibelkenntnissen, der ebenso für den nicaenischen Glauben stritt wie gegen «Ketzer» und Juden. Weiter Bischof Acacius von Beröa (Aleppo), den der syrische Dichter Baläus in fünf Lobliedern besang. Ferner Bischof Antiochus von Ptolemais (Akko in Phönizien) sowie Makarius Magnes, wahrscheinlich identisch mit dem Bischof von Magnesia (in Karien oder Lydien).[15]

Besonders aber wurde Johannes in der reichen, hochzivilisierten Hauptstadt selbst zur persona non grata. Den Millionären war er fatal durch «kommunistische» Predigten, in denen er donnerte, ihre Toiletten aus Gold gälten ihnen mehr als die Bettler vor ihren Villen. Auch schlug er die Einladungen gerade der Vornehmen (áristoi) aus. Sein intransigenter Asketismus, Ursache dauernden Magenleidens, mißfiel den lebensfrohen Damen des Hofes und andern, denen er privat oder öffentlich ihre Verjüngungsversuche vorhielt. «Wozu tragt ihr Puder und Schminke im Gesicht wie die Huren . . .?» Zumal Kaiserin Eudoxia, Förderin von Klerus und Kirche, zuerst auch des Chrysostomos, haßte ihn zuletzt. Er hatte sie nach Beschlagnahme eines Grundstücks «Jezabel» geschmäht. Grund genug für Theophil, dem Gegner eine Kriminalklage anzuhängen: laesa maiestas. Viele Geistliche schloß Johannes einfach aus; einen Diakon wegen Ehebruch, einen wegen Mord. Selbst Bischöfe setzte er rigoros an die Luft, die ihre Weihe bei dem Metropoliten von Ephesus, Antonin – er entzog sich durch den Tod –, gegen Gebühren erkauft hatten, nach Jahreseinnahmen gestaffelt; denn Simonie und Habsucht florierten schon im Klerus.

Unbeliebt war Johannes vielfach auch bei seinen eignen Pfarrern, die einem guten Leben frönten; zuwider vor allem den Huldigern des Syneisaktentums, der Liaison mit einer Gottgeweihten, einer «gynä syneisaktos», einer «geistlichen Ehefrau». Die Gemeinschaft, die selbst das – ganz keusche – Zusammensein im Bett einschloß, von ihren Praktizierern, wie fast alles, auch biblisch sich belegen ließ, war tausendfach erprobt und überdauerte einige Jahrhunderte in Ost und West. Chrysostomos mißverstand aber diese hartnäckige Kasteiung, richtete einen geharnischten

Doppeltraktat gegen sie und behauptete, «daß es bald besser wäre, es gäbe keine (gottgeweihten) Jungfrauen mehr».[16]

Schließlich widerstrebten dem Patriarchen gewisse Mönchsgruppen heftig. Unter dem Abt Isaak, einem Syrer, der in Konstantinopel ein Kloster gegründet, formierte sich bereits bei der Stuhlbesteigung des Antiocheners eine Mönchspartei, die ihn jahrelang erbittert abgelehnt, verleumdet hat. Abt Isaak selbst wurde ein leidenschaftlicher Parteigänger des Theophilus und erfolgreicher Ankläger im Prozeß gegen Johannes.[17]

Von der Demut eines Kirchenfürsten

Isaak und sein Anhang hatten den Patriarchen auch hochfahrend geschimpft, stolz, und ihm damit freilich kaum Unrecht getan. Der Heilige, ein Priester des Allerhöchsten, war, wie so viele seinesgleichen, alles andere als bescheiden. Er predigte nicht nur: «deshalb hat er (Gott) uns in die Welt gestellt, daß wir die Sterne seien . . . daß wir wie Engel unter den Menschen wandeln . . .»; er lehrte nicht nur: «Nichts ist mächtiger als die Kirche, Mensch . . . Die Kirche ist stärker als der Himmel . . . um der Kirche willen ist der Himmel, nicht wegen des Himmels die Kirche da»! Sondern er nannte selbst den Kaiser «Mitknecht» vor Gott, protzte, der Bischof sei gleichfalls Fürst, und zwar «noch ehrwürdiger als jener (der Kaiser). Denn *auch die Person des Kaisers haben die heiligen Gesetze der (geistlichen) Autorität des Bischofs unterstellt*». Er prahlte, «daß der Priester viel höher steht als ein König», daß «*sogar die Person des Königs selbst der Macht des Priesters unterworfen* . . . daß dieser ein größerer Herrscher ist als jener». Konnte er doch auch rufen: «Die Häupter der Regierung genießen keine solche Ehre wie der Vorsteher der Kirchen. Wer ist der erste am Hofe, wer, wenn er in die Gesellschaft der Frauen, wer, wenn er in die Häuser der Großen kommt? Keiner hat den Rang vor ihm».[18]

Und natürlich will der Patriarch die geistliche Würde in jedem

Fall, will er sie stets geehrt sehen, «mag ihr Träger wie immer beschaffen sein» – eine Forderung, Doktrin, die kein «weltlicher» Tyrann sich leisten könnte, ohne in Orkanen von Gelächter unterzugehn; eine Bauernfängerei simpelsten Schlags, die hier aber jede Amoralität, jede Schuftigkeit deckt, die alle Schäfchen, die dümmsten zumal, die meisten, befriedigt. Können diese Kirche doch noch so viele, so große Schurken «anführen», noch so kolossale Ausbeutungen reich, so ungeheure Gangstereien mächtig machen – sie selbst ist immer makellos, ist heilig – einfach fabelhaft! (Vgl. I 275.) Und gar nicht seinetwegen will ein Kirchenfürst umschwärmt, hofiert sein, ach, wer denkt so kleinlich selbstisch: «wir wollen geehrt sein, doch nicht unseretwegen – Gott bewahre!» Nein, bedenkt, ruft «Goldmund», der Patron der Prediger – der, man muß sich dessen stets erinnern, auch die Lüge zum Zweck des Seelenheils erlaubt, durch Beispiele sogar des Alten wie Neuen Testaments belegt –, «bedenkt: es handelt sich hier nicht um uns, sondern um das oberhirtliche Amt selbst; nicht um diese oder jene Persönlichkeit, sondern um den Bischof! Niemand schenke *mir* Gehör, sondern der hohen Würde!» «Solange wir aber auf diesem Stuhle sitzen, solange wir die oberhirtliche Stelle einnehmen: so lange haben wir sowohl die Würde als die Gewalt, wenn wir dessen auch unwürdig sind». Wie gesagt, fabelhaft – und ihre Argumentation noch heute. Noch heute fangen sie damit die Massen. Nein, sie selber wollen nicht geehrt sein. Sie sind ganz schlicht, bescheiden, bieder, «auch bloß Menschen». Nur Gott soll man in ihnen ehren, und der ist größer als alles.[19]

Johannes hatte also Feinde, und sein weltkluger Gegner Theophil, nicht zufällig in Alexandrien «Amphallax» (etwa: Schlaufuchs) genannt, spielte alles, was möglich war, gegen ihn aus und entwand ihm Trumpf um Trumpf. Statt sich zu verteidigen, schritt er zum Angriff und trieb den Kampf, nach altbewährter Art, hinüber auf das dogmatische Terrain, indem er Johannes der «Häresie» des Origenes bezichtigte.

Kirchenvater Epiphanius, die Synode ad Quercum, Mord und Totschlag im Patriarchenpalast

Im Winter 402 schickte der Alexandriner dem Konstantinopeler Patriarchen einen eingefleischten «Ketzerjäger» auf den Hals, Kirchenvater Epiphanius von Salamis (Konstantia) auf Cypern (I 163 f). Großtuerisch schrieb ihm Theophil, die Kirche Christi habe «den aus ihren Höhlen kriechenden Schlangen des Origenes mit dem Schwert des Evangeliums den Kopf abgeschlagen und die heilige Streitschar der nitrischen Mönche von der verderblichen Seuche befreit». Epiphanius, berüchtigter Hersteller eines «Arzneikastens zur Heilung von allen Häresien», hatte das Feldgeschrei gegen Origenes angestimmt und sich auf diesen umstrittensten Theologen der alten Kirche – in seinem «Giftschrank»: Registernummer 64 – früh eingeschossen; zumal dessen Anhang Epiphanius in seinem eignen Sprengel zu schaffen machte und ihm Origenes' spiritualisierende Tendenz, seine symbolische Exegese, unausstehlich schien. Sogar viele Katholiken bescheinigen inzwischen dem berühmten Bischof entnervend geringe Geisteskraft, einen zwar glühenden, doch unerleuchteten Eifer – als entspränge nicht das ganze Christentum dem spätantiken «failure of nerve» (Murray), einem Mangel an Denkkraft und Nerven ...

Schon 390 oder 392 war der «Patriarch der Orthodoxie» (Nicaea II, 787) nach Jerusalem gefahren, dessen Ortsbischof mit Origenes sympathisierte. Epiphanius hatte vor versammelter Gemeinde den Origenismus bekämpft und Erzbischof Johannes beschworen, doch von Origenes zu lassen, «dem Vater des Arius, der Wurzel aller Häresien». Fortgesetzt forderte er Johannes zur bedingungslosen Verdammung des «Ketzers» auf. Und Theophil suchte damals durch Isidor, seinem nach Jerusalem entsandten alten Vertrauten und überzeugten Origenisten, noch zu vermitteln, ja, er unterstützte den Jerusalemer Bischof in seiner Fehde gegen die Mönche von Bethlehem, die von ihm vergeblich eine Verdammung des Origenes erwarteten. Jetzt aber rief der alexandrinische Patriarch den cyprischen Metropoliten, vordem von ihm als «Unruhestifter» und «Ketzer» gegeißelt, nun der «allerheiligste» genannt, nach Konstantinopel, und Epiphanius eilte per Schiff von Cypern herbei, sammelte Unterschriften gegen Origenes und hetzte wider Johannes Chrysostomos, der den «Häresien» des Origenes Unterschlupf gewähre. Er tat alles, um die Absetzung des Patriarchen zu erreichen, ergriff aber dann vor dessen Drohungen die Flucht und starb während der Heimreise am 12. Mai 403 auf hoher See. Gleichzeitig kontaktierte Theophilus mit abgekanzelten Prälaten seines Gegners und arbeitete rücksichtslos mit Verleumdung, Bestechung, Betrug. Er sandte Geld an den Hofklüngel und ließ durch Bischof Severian von Gabala und dessen Helfershelfer Predigten des Johannes fälschen und mit allerlei Spitzen auf die Kaiserin Eudoxia zirkulieren, um mit ihrer Hilfe den Patriarchen zu schlagen.[20]

Im Sommer 403, nach erfolgreicher Wühlarbeit seiner Freunde und Zuarbeiter, erschien Theophilus schließlich selbst am Goldenen Horn, nicht ohne vor seiner Abreise erklärt zu haben: «Ich gehe an den Hof, um Johannes abzusetzen». Er kam mit 29 ägyptischen Bischöfen, einem Anhang von Mönchen, vielem Gold, einer Fülle kostbarer Geschenke für die Umgebung des Kaisers und stieg vor der Stadt in einem Palast der bereits aufgestachelten Eudoxia ab – sie starb im nächsten Jahr an einer Fehlgeburt. Dann zog er in wochenlangen Bemühungen, ein öffentlicher Skandal, den größeren Teil des Klerus von Konstantinopel samt einigen Bischöfen auf seine Seite. Da der Kaiser Johannes Chrysostomos vergeblich den Prozeß gegen Theophil befahl, eröffnete dieser seinerseits im September in Chalkedon (dem heutigen Kadiköy), am asiatischen Ufer des Bosporus, gegenüber der Hauptstadt, ein Konzil im Eichenpalast (ad Quercum), erst kürzlich von dem gestürzten Praefectus praetorio Rufinus (S. 14 f) erbaut, seit dessen Ermordung jedoch kaiserliches Eigentum. Die Anklageschrift nannte 29 Vergehen des hl. Kirchenlehrers (unter anderem, er habe Kleriker blutig geschlagen oder schlagen lassen und eine Menge Edelsteine et cetera aus dem Kirchenschatz verkauft. Diese Verfehlungen ergänzte ein Synodale, der Abt Isaak, durch 17 weitere (unter anderem, der Patriarch habe den Mönch Johannes peitschen, fesseln lassen und fremde Depositen geraubt).[21]

Der Beklagte selbst war nicht erschienen, sandte aber drei Bischöfe. Man prügelte sie blutig und hängte dem einen eine Kette um den Hals, eigentlich für Johannes bestimmt, um ihn, wäre er gekommen, gleich per Transportschiff zu verfrachten. Tatsächlich wurde er, von den «Vätern» nach vielen Sitzungen abgesetzt, im Dunkel der Nacht auf ein Schiff verschleppt, doch einen Tag später bereits rehabilitiert. Eudoxia erschien eine Fehlgeburt als göttliches Strafgericht. Im Triumph holte man den Gedemütigten zurück. Es soll zu Krawallen zwischen Konstantinopolitanern und Alexandrinern gekommen sein, zu Blutvergießen, das Volk nach Theophilus gesucht haben, um ihn ins Meer zu werfen. Fluchtartig verschwand er samt seinen Suffraganen nach Ägypten, begleitet auch von Abt Isaak, der die Rückkehr seines Gegners offenbar fürchtete. Der übrige Theophilus-Klüngel in der Hauptstadt agitierte jedoch gegen Johannes fort, und Theophilus selbst schleuderte ein wildes Pamphlet wider ihn. Ein Mordanschlag freilich mißlang: der Diener des Geistlichen Elpidius, bestochen angeblich durch 50 Goldstücke, erdolchte im Patriarchenpalais vier Menschen, ehe man ihn dingfest machte, seine Auftraggeber aber nicht belangte. Vielmehr setzte man Militär gegen Johannes ein. Der Kaiser weigerte sich, die Kommunion von ihm zu empfangen. Es gab weiter Raub, Mord, Totschlag. Dann exilierte ihn der ihm eher geneigte, doch von Eudoxia abhängige und von gegnerischen Geistlichen gewonnene Regent für immer.

Die Niederbrennung der Hagia Sophia, das Ende des Johannes und der «Johanniter»

Während man Johannes im Juni 404 zur Nachtzeit auf ein Schiff abschob, bereitete man ihm noch ein besondres Feuerwerk: von der See aus sah er die Hagia Sophia, die Kirche der göttlichen Weisheit, in Flammen aufgehn und mit ihr den prächtigen Senatspalast. (Die Entstehung des Brandes, der vom Bischofsthron der Kathedrale ausging und sie in Schutt und Asche legte, ist bis heute ungeklärt. Die Parteien beschuldigten sich gegenseitig.) Im übrigen wurde die Hagia Sophia, in deren Annexen der Patriarch residierte, ein zweites Mal durch den Nika-Aufstand 532 zerstört (S. 383 f), doch nach jedem Wiederaufbau mehr zum «mystischen Zentrum von Reich und Kirche»: zum «Himmel auf Erden», zur «bevorzugten Wohnstätte Gottes», übervoll von künstlerischen Wunderwerken und Reliquien, aber auch ausgestattet «mit einer Fülle von Gütern und Besitzungen zum Unterhalt des Heiligtums und seines Klerus» (Beck).[22]

In jenem Jahr, in dem Johannes in die Verbannung wanderte, hatte Patriarch Theophil wieder einen Osterbrief gegen Origenes gerichtet, der «die Ohren der Einfältigen und Leichtgläubigen mit seinen einschmeichelnden Argumenten getäuscht», hatte er gefordert: «Die also das Fest des Herrn feiern wollen, müssen die Trugbilder des Origenes verachten» – und unverschämt mit der üblichen Heuchelei geschlossen: «Beten wir für unsere Feinde, seien wir gut zu denen, die uns verfolgen». Ja, zwei Jahre später, als sich der exilierte Johannes in den Tod schleppte, schleuderte ihm der Alexandriner eine Schmähschrift nach, worin sein erledigter Konkurrent als von unreinen Geistern besessen figuriert, als Pest, gottlos, Judas und Satan, ein wahnsinniger Tyrann, der seine Seele dem Teufel übergeben, als Feind der Menschheit, dessen Verbrechen noch die der Räuber überträfen. «Ungeheuerlich», nannten dies Pamphlet damals Christen, «und grausig wegen der immer wiederholten Flüche».[23]

Der hl. Hieronymus aber fand solch schäumende Beschimpfung des hl. Johannes ganz famos – nicht umsonst rühmte er sich (in einer Epistel an Theophil), «von der Wiege an mit katholischer Milch genährt» zu sein –, ja, er übersetzte die Dreckschleuder. Hatte doch «Papst Theophilus», so bescheinigte er ihm, «mit aller Freiheit nachgewiesen, daß Origenes ein Ketzer ist». Er sorgte in Rom für die Verbreitung des alexandrinischen Haßergusses und pries in einem Begleitbrief an Theophil diesen und sich selbst: «Deine Schrift wird, wie wir mit Bewunderung feststellten, für alle Kirchen von Nutzen sein . . . Nimm also dein Buch entgegen, das auch meines ist oder noch richtiger unser Buch . . .»[24]

Der beste Beweis aber dafür, daß die Theologie bloß den Deckmantel bildete für die Kirchenpolitik, Origenes nur den Vorwand für die Bekämpfung des Johannes Chrysostomos, zeigt das Verhalten des Theophilus. Kaum nämlich war sein Widersacher ausgeschaltet, hatte er seine Antipathie gegen Origenes, den jahrelang von ihm so giftig Verketzerten, völlig vergessen. «Man sah ihn oft in die Lektüre des Origenes vertieft, und wenn man darüber Erstaunen äußerte, pflegte er zu antworten: ‹Die Werke des Origenes sind wie eine Wiese, auf der es schöne Blumen und einiges Unkraut gibt; es kommt nur darauf an, daß man auszuwählen versteht.›»[25]

Nach der Exilierung des Johannes folgte die damnatio memoriae, die Streichung seines Namens aus den Diptychen, den offiziellen Kirchenbüchern von Alexandrien, Antiochien, Konstantinopel (wahrscheinlich eine Nachahmung staatlichen Brauches). Drei Jahre Verbannung noch, von Ort zu Ort getrieben bis in den äußersten Winkel des Reiches, ein chronisches Magenleiden, häufiges Fiebern, Überfälle von Räubern, freilich auch Unterstützung, Hilfe, Besuche, Geld genug; und am 14. September 407 der Tod in Komana (Tokat), wo früher ein berühmter Tempel der Göttin Anaïtis mit Tausenden von Priestern, Hierodulen prunkte. In einem seiner Exilschreiben an Olympias, Heilige der griechischen wie lateinischen Kirche, bekannte Chrysostomos, er fürchte niemand so sehr wie die Bischöfe, einige wenige ausgenommen.[26]

Ringsum aber hatte schon ein wildes Verfolgen der «Johanniter» begonnen, nicht nur in der Hauptstadt; ungezählte Verhaftungen, Folterungen, Verbannungen, Geldstrafen bis zu 200 Pfund Gold. Hunderte von Mönchen sollen im Herbst 403, nach der Absetzung des Johannes, in Konstantinopeler Kirchen von Gläubigen niedergemacht worden sein; viele flohen nach Italien – «eine Tragödie, die um so düsterer wirkt, als sie von katholischen Bischöfen inszeniert ist» (Benediktiner Haacke).[27]

In seiner Not hatte der gejagte Patriarch (der Bischof von Caesarea in Kappadokien hetzte einmal eine ganze Mönchshorde auf ihn), ohne einen Primat Roms anzuerkennen, in gleichlautenden Briefen an die Bischöfe von Rom, Mailand und Aquileja appelliert. Doch drei Tage früher war beim Papst schon ein Eilbote des Theophilus erschienen. Später kam noch ein zweiter Bote mit einer ausführlichen Rechtfertigungsschrift des Alexandriners, worin Sätze über Chrysostomos standen wie: «Er hat die Diener der Heiligen ermordet.» «Er ist ein räudiger (contaminatus), gottloser Pestkranker, ein irrsinniger, wütender Tyrann, der sich seiner Torheit noch rühmt, er habe seine Seele zum Ehebruch (adulterandum) dem Teufel verschrieben!»

Darauf erklärte Innozenz I. (S. 124 ff) in gleichlautenden Briefen beiden Parteien, mit beiden die Gemeinschaft aufrechtzuhalten! Bei Kaiser Honorius regte er ein ökumenisches Konzil an. Doch eine fünfköpfige Delegation des Herrschers und des Papstes (darunter die Bischöfe Aemilius von Benevent, der Leiter, Venerius von Mailand und Chromatius von Aquileja) wurde schon auf der Anreise in Athen schikaniert, ebenso in Konstantinopel, auch bei Kaiser Arcadius nicht vorgelassen, vielmehr verhaftet, in einigen Kastellen an der Küste interniert und nach einem vergeblichen Bestechungsversuch, der sie zur Aufgabe des Johannes Chrysostomos und Gemeinschaft mit seinem Nachfolger Atticus bewegen sollte, ausgewiesen. Nach vier Monaten zurückgekehrt, berichtete sie von «babylonischen Missetaten». Dem klagenden Exulanten selbst aber, der den Papst «so bald als möglich» um Hilfe gebeten, wobei Johannes «diesen furchtbaren Sturm in der Kirche» beschwor, das «Chaos», schickte Innozenz I. lediglich einen Trostbrief, der ihn zu Geduld und Fügung in Gottes Willen mahnte und den Vorteil eines guten Gewissens rühmt. Innozenz' Haltung war derart, daß man sie schließlich, in mannhaften Schreiben des Papstes an den Kaiser (und angeblichen Entschuldigungen desselben), ins Gegenteil fälschte.[28]

Dreißig Jahre später, Ende Januar 438, ließ Theodosius II. die Gebeine des Johannes Chrysostomos feierlich in die Apostelkirche Konstantinopels überführen, von wo sie 1204, nach der grauenvollen Eroberung der Stadt durch die lateinischen Christen, in die römische Peterskirche kamen. Und dort, wo eine große Statue an ihn erinnert, ruhen sie noch heute.[29]

Das Leben eines Bischofs – wie nicht nur das Schicksal des Johannes zeigt – war damals weit mehr durch Christen gefährdet als vielleicht je zuvor durch Heiden. Nicht weniger als vier Bischöfe einer phrygischen Stadt wurden seinerzeit hintereinander von ihren Gläubigen ermordet. Und vermutlich machte Kaiser Theodosius den sehr populären Dichter und Präfekten Konstantinopels, Flavius Cyrus, dem das Volk in der Rennbahn lauter zugejubelt hatte als ihm selbst, nur deshalb, degradiert und enteignet, zwangsweise zum Bischof jener straffälligen Gemeinde Phrygiens (obwohl er Cyrus als Heiden verdächtigte), weil er an das Ende seiner vier unmittelbaren Vorgänger dachte. Cyrus gewann aber im Flug die Herzen seiner wilden Herde durch extrem kurze Predigten – seine Antrittspredigt bestand aus einem einzigen Satz – und quittierte 451, als das Klima am Hof wieder günstiger schien, sein geistliches Amt.[30]

Kirchenlehrer Johannes Chrysostomos war vernichtet, Patriarch Theophilus von Alexandrien Sieger. Und sein Nachfolger und Neffe, Kirchenlehrer Kyrill, widerstand offen den Bestrebungen, den hl. Chrysostomos zu rehabilitieren und blieb von dessen Schuld «noch lange überzeugt» (Bibliothek der Kirchenväter). Er verglich ihn mit Judas und verweigerte seine Aufnahme in die alexandrinischen Diptychen, die Verzeichnisse der Namen verstorbener Heiliger, die man bei der Eucharistie verlas. Erst 428 stimmte er widerwillig den Bemühungen des neuen Oberhirten von Konstantinopel, Nestorios, zu, Johannes' Namen in die alexandrinischen diptycha zu setzen. Ich schweige von Johannes, apostrophierte seinerzeit Nestorios seinen Gegner Kyrill, «dessen Asche du jetzt widerwillig verehrst». Und dann stürzte Kyrill mit ganz ähnlichen, dem Onkel abgeguckten Methoden diesen neuen Patriarchen Konstantinopels.[31]

Patriarch Kyrill tritt gegen Patriarch Nestorios an

Nur wenige Tage nach dem Tod des Theophilus erklomm Kyrill von Alexandrien (412–444) – gegen seinen Konkurrenten, den Archidiakon Timotheus – unter schweren Tumulten den Patriarchenstuhl. Der Heilige, den angeblich «nicht Herrschsucht und persönliche Rücksichten, sondern nur Pflichtgefühl und Eifer für die Reinerhaltung des Glaubens» leiteten (Kardinal Hergenröther), war in Wirklichkeit ein «neuer Pharao», der Inbegriff des herrschsüchtigen Hierarchen, war verschlagen und rücksichtslos wie kein Alexandriner zuvor, auch Demetrius nicht, selbst Athanasius nicht. Der hl. Kirchenlehrer kontrollierte den ägyptischen Getreidehandel und vergrößerte mit Hilfe brutaler Mönchsbanden seinen Besitz. Er trieb schlimmste Simonie, verkaufte Bistümer an die übelsten Leute. Er verfolgte die Juden in so gigantischem Ausmaß, daß man ihn ohne zu übertreiben den Initiator der ersten «Endlösung» nennen kann. Ja, 428 verklagte ihn sein eigner Klerus wegen Gewalttätigkeiten in Konstantinopel – für Kyrill freilich bloß verkrachte Existenzen vom «Dreckhaufen Alexandriens».

Der Kaiser wies die Ankläger, darunter der ihn besonders beeindruckende Mönch Viktor (S. 194 f), an den Patriarchen der Hauptstadt, Nestorios. Doch Kyrill kam dem ihm drohenden Prozeß zuvor, ganz nach dem hehren Beispiel seines Vorgängers und Onkels, dessen Vernichtungsfeldzüge gegen «Ketzerei» und Heidentum er miterlebt und an dessen berüchtigter, Johannes Chrysostomos stürzender «Eichensynode» (403) er schon selber teilgenommen. Die Autonomiebestrebungen seines Konstantinopeler Kollegen und Konkurrenten mißfielen ihm ohnedies und so setzte er, wie sein Vorgänger Theophilus (und sein Nachfolger Dioskor: S. 216 ff), den Kampf gegen das Patriarchat der Hauptstadt zur Wahrung der eigenen Vormachtstellung fort. Als Nestorios, wohl auf kaiserlichen Wunsch, über ihn, Kyrill, zu Gericht sitzen sollte, bezichtigte er Nestorios der «Ketzerei». Er unterschob ihm schlechte und verkehrte Ansichten. Er behauptete, er habe «der ganzen Kirche Ärgernis gegeben und den Völkern den Sauerteig einer neuen und fremdartigen Häresie eingeflößt». Kurz, er spielte, nach bereits erprobter Taktik seines Vorgängers und Meisters Athanasius wie seines Onkels Theophilus, die kirchenpolitische Rivalität, das Ringen um die Macht, sogleich hinüber auf das religiöse Gebiet – um so leichter, als schon lange auch theologische Gegensätze zwischen der alexandrinischen und antiochenischen Schule bestanden, der Nestorios entstammte; ein Anhänger, wahrscheinlich sogar Schüler des Bischofs Theodor von Mopsuestia, der die extreme antiochenische Christologie geprägt hatte.[32]

Nestorios, mit dem – es klingt vielversprechend! – «die klassische Periode der christologischen Kämpfe» beginnt (Grillmeier SJ), das heißt ein zweieinhalb Jahrhunderte währender gleichsam weltweiter Waffengang, wurde nach 381 von persischen Eltern im Germanicia (Marasch, Syrien) geboren. Sein Leben erinnert in manchem an das seines Vorgängers Johannes. Nestorios war Mönch im Euprepios-Kloster bei Antiochien gewesen und zum Priester gemacht worden, «da er eine schöne Stimme hatte und gut reden konnte» (Kirchenhistoriker Sokrates), sonst jedoch, so Wetzer/Weltes altes «Lexikon der katholischen Theologie», «ohne höhere geistige Bildung. Von Außen betrachtet, war sein Wandel musterhaft. Er ging selten unter die Leute, saß zu Hause über Büchern, und gab sich durch Kleidung, Abgezehrtheit und Blässe das Ansehen eines sittenstrengen Mannes. Dadurch wurde er in Kurzem weithin berühmt».[33]

Wie einst Chrysostomos, gelangte auch Nestorios wegen seines Predigerruhms durch Theodosius unter Ausschaltung anderer Bewerber am 10. April 428 auf den Bischofsstuhl Konstantinopels. Sofort zog er gegen Juden und «Häretiker» vom Leder, schonte aber die Pelagianer, was ihm keine Sympathien Roms eintrug. Im ganzen Patriarchat kam es zu Unruhen, da und dort auch zu Blutvergießen. «Gib mir, o Kaiser, die Erde gereinigt von den Ketzern, und ich will Dir den Himmel dafür geben. Vernichte Du mit mir die Irrgläubigen, so will ich mit Dir die Perser vernichten!» So rief Nestorios bereits in seiner Antrittspredigt und attackierte rücksichtslos andersgläubige Christen, Schismatiker, «Häretiker», die Novatianer, Apollinaristen und weitere «Sekten». Schon fünf Tage nach seiner Ordination ließ er die Kirche der Arianer zerstören, in der sie heimlich beteten. Als sie in Flammen aufging, verbrannten auch die benachbarten Häuser. Ebenso fanatisch bekämpfte er die Makedonianer oder Pneumatomachen, denen er in der Hauptstadt und am Hellespont ihre Betsäle nahm – «ein großsprecherischer Ketzerfeind», meint Harnack, «ein unvorsichtiger Draufgänger, aber kein unedler Mensch . . .». Und der Kaiser verlieh den Pogromen seines Patriarchen durch ein verschärftes Strafgesetz vom 30. Mai 428 noch Nachdruck.[34]

Bald aber kam Nestorios selber in den Ruf der «Ketzerei».

Dafür sorgte Kyrill, dem der Nebenbuhler in der Hauptstadt offensichtlich viel zu bedeutend und einflußreich erschien. So suchte Kyrill, in Fortsetzung der alten Fehde der beiden Patriarchensitze, den Nestorios ebenso verrucht zu Fall zu bringen, wie sein Vorgänger und Onkel den Johannes Chrysostomos zu Fall gebracht hatte.

Wie stets in derlei Dingen war rasch ein theologischer Grund gefunden, der zwar bald die Kirche des Ostens und Westens bewegte, seiner Natur nach aber gar nicht hätte bewegen müssen. Was ihn jedoch schürte, war nach Erich Caspar einzig «der lauernde Haß und unerbittliche Vernichtungswille, mit welchem Cyrill den Gegner verfolgte und zur Strecke brachte». Doch auch ein Dogmengeschichtler wie Reinhold Seeberg betont, daß Kyrill kaum theologische Gegensätze zum Kampf wider Nestorios und die von ihm vertretene, bisher auch als ebenbürtig geltende antiochenische Lehre drängten, sondern persönliche Differenzen und vor allem kirchenpolitische Belange, das stete Ringen mit Antiochien und mehr noch mit Konstantinopel. Die Machtstellung des alexandrinischen Erzbischofs war nur mit der des römischen vergleichbar, doch Rom fern und überdies seit dem Konzil von Nicaea mit Alexandrien immer mehr oder weniger verbunden. Antiochien und die aufstrebende Hauptstadt aber lagen näher, und besonders Konstantinopel mußte gebeugt werden, wobei

Kyrill eben die gleiche Tragödie, die sein Onkel und Vorgänger gegen Johannes Chrysostomos inszenierte, nun gegen Nestorios wiederholte. «Hatte aber Theophilus», so Seeberg, «seinen Gegner des Origenismus beschuldigt, weil er die von ihm verfolgten Origenisten schützte, so machte Cyrill die Lehre seines Gegners selbst zur Häresie und erreichte dadurch nicht nur, daß der Bischof von Konstantinopel Häretiker, sondern auch daß die Theologie von Antiochien verdächtig wurde. Das war ein politischer Meisterstreich, denn er traf beide Rivalen Alexandriens mit gleicher Wucht. Es entsprach der kirchenpolitischen Tradition, daß Cyrill in diesen Kämpfen die Bundesgenossenschaft Roms suchte und fand. Dieser Politik ist die antiochenische Theologie erlegen.»[35]

Die antiochenische und alexandrinische Theologenschule

Im 4. Jahrhundert hatte man beim Streit um das komplizierte Wesen Gottes, das Problem der Natur des «Vaters» und des «Sohnes» sowie ihres Verhältnisses zueinander, gegen den Arianismus mit der ganzen Staatsmacht die volle Gottheit des «Sohnes», seine Wesensgleichheit mit dem «Vater», erkämpft und zuletzt durch ein Machtwort des Kaisers Theodosius I. am 28. Februar 380 durchgesetzt (I 351 ff). «Auf unaussprechliche Weise entsproß der Eingeborene der Wesenheit des Vaters, indem er die ganze Natur des Erzeugers in sich uns zuduftet ...» formuliert poesiereich Kyrill. Und der hl. Ambrosius kommentiert scharfsinnig das Bibelwort: «Es sollen Leuchten entstehen an der Feste des Himmels zur Erleuchtung der Erde!» (1. Mos. 1,14): «Wer spricht das? Gott spricht es. Und zu wem anders spricht er es als zum Sohne?» Ein weiterer Beweis für das Dogma der Kirche![36]

Im 5. Jahrhundert aber – denn ist's auch Wahnsinn, hat es doch Methode – ging es in dem Zeiten und Generationen verdummenden, mit fast jeder Art von Intrige und Gewalt ausgefochtenen «christologischen» Spektakel um die Frage, das große «Geheimnis»: Wie verhalten sich «göttliche» und «menschliche» Natur Christi zueinander? Selbst wenn es diese Pfaffenausgeburt gegeben hätte: ließe sich ein so buchstäblich bodenloses Mysterium rational oder mit welch menschlicher Seelenkraft auch immer erfassen? Die Experten waren denn auch wieder völlig zerstritten. Und wieder auch nahm die ganze Bevölkerung des Oströmischen Reiches lebhaften Anteil (vgl. I 357).

Nach der antiochenischen Theologenschule, die zweifellos der Bibel näherstand, die vom «historischen» Jesus der Evangelien, von dem Menschen ausging und der selbständigen Existenz einer menschlichen Natur vor ihrer Verbindung mit dem Gottessohn, gab es in Christus nebeneinander zwei getrennte Naturen. Nach der alexandrinischen Lehre, die vom Logos, von einem Sohn Gottes ausging, der die menschliche Natur annahm, vereinigten sich «göttliche» und «menschliche» Natur restlos in ihm. Man nannte diese «hypostatische Union», diese «communicatio idiomatum» in der alten Kirche mehr oder weniger genau (– beiseite, daß es da natürlich gar nichts Genaues gab und geben konnte!): mixtio, commixtio, concursus, unio, connexio, copulatio, coitio et cetera. Für die Antiochener, die «Realisten», war die Einigung der beiden Naturen bloß eine psychologische, für die Alexandriner, die «Idealisten», «Mystiker», war sie eine metaphysisch-ontologische. Die antiochenische Richtung vertrat in ihrer gemäßigteren Form auch Kirchenlehrer Johannes Chrysostomos, die alexandrinische verfocht Kirchenlehrer Kyrill, ihr eigentlicher Begründer. Die Anfänge letzterer aber zeigten sich bereits bei Athanasius, etwa in seinem Satz: «Nicht der Mensch ist später Gott geworden, sondern Gott ist Mensch geworden, um uns zu vergöttlichen». Anstelle des arianischen Schismas hatte man also nun das monophysitische, das weit länger und schlimmer Staat und Gesellschaft erschüttern, ihnen weit mehr schaden sollte als der Einbruch der «Barbaren», die Völkerwanderung.[37]

Der Kampf um die «Gottesmutter» beginnt

Nestorios kam aus Antiochien und war ein Vertreter antiochenischer Schule. Energisch wollte er in Konstantinopel, wo man erregt über die Gottesmutter diskutierte, mit allen Mitteln das «Richtige» durchsetzen und dies ganz im Sinne der Antiochener. Apollinarismus oder Photinianismus witternd, gebrauchte er Wendungen, die (vielleicht ungewollt) einen gewissen Dualismus in der Person Christi nahelegten. Also lehrte er für den Alexandriner Kyrill, der sich Ende des Jahres 428, ohne Nestorios namentlich zu erwähnen, eindeutig gegen ihn erklärte, eine «ketzerische» Christologie. Kyrill aber, dem es im Grunde gar nicht um die von ihm in den Mittelpunkt gerückte christologische Streitfrage ging, machte den dogmatischen Abstand zwischen ihm und Nestorios größer und schärfer, als er in Wirklichkeit war. Ja, er unterschob diesem, wider besseres Wissen, die Lehre, Christus bestehe aus zwei verschiedenen Personen, «was weder», schreibt Johannes Haller, «Nestorios noch einer seiner Anhänger je behauptet hat. Damit hat Kyrill verraten, daß es nicht der Eifer für oder wider eine Lehrmeinung war, was ihn zum Kampfe trieb, sondern daß – wie in allen ähnlichen Fällen früher oder später – der Lehrstreit als Anlaß und Waffe herhalten mußte, einen kirchlichen Machtkampf zu eröffnen und einen gefürchteten Nebenbuhler zu vernichten.»[38]

Und kein anderer als der französische Dominikaner Pierre-Thomas Camelot, Patrologe, Dogmengeschichtler und Berater des Zweiten Vatikanums, scheint Haller recht zu geben, konzediert der Katholik doch – mit kirchlicher Druckerlaubnis: «Der Bischof von Alexandrien mußte nämlich zusehen, wie sein Ansehen immer mehr vor dem des ‹neuen Rom› schwand, dem das Konzil von Konstantinopel 381 einen Ehrenprimat verliehen hatte. Und so ist es nur zu begreiflich [!], daß Alexandrien nun den Versuch machte, in die kirchlichen Angelegenheiten der Hauptstadt einzugreifen. So war es schon bei Petrus von Alexandrien gewesen, der den Usurpator Maximus gegen Gregor von Nazianz unterstützte; ebenso braucht man sich nur an die Rolle zu erinnern, die Theophilus bei der Absetzung des Johannes Chrysostomos gespielt hatte (‹Eichensynode› 403).»[39]

Doch nach Camelots, Kyrill weiter belastenden Feststellungen: der Heilige schneide gegenüber der Tragödie des Nestorios «nicht gut ab»; man müsse «wohl anerkennen, daß einige Charakterzüge Cyrills Nestorius und seinen zeitgenössischen und modernen Anhängern in gewissem Maß recht zu geben scheinen»; es sei auch «nicht abzustreiten, daß ihm zuweilen jene ‹Mäßigung› gefehlt hat, die ihm sein Gegner predigte»; daß sein «eigenmächtiges Eingreifen in die Angelegenheiten Konstantinopels ... uns in Erstaunen versetzen, manche Intrigen uns sogar zum Ärgernis werden», nach solchen Zugeständnissen, richtiger Bezichtigungen, scheint Camelot – im Widerspruch zu dem nur eine Seite vorher eingeräumten machtpolitischen Motiv, nämlich Kyrills «immer mehr» schwindendem Ansehen gegenüber dem Rivalen – eines aber «sicher zu sein: Welche Charakterzüge Cyrill auch gehabt haben mag, es leiteten ihn nur [!] die Sorge um die Wahrheit und der Eifer für den Glauben. Nichts in den Texten [!] rechtfertigt wohl den Vorwurf eines herrschsüchtigen Wesens, nirgends zeigt sich die Absicht, Alexandrien die Vorherrschaft über Konstantinopel zu verschaffen, seinen Gegner zu überwältigen und zu vernichten. Freilich ...», fährt der Dominikaner gleich darauf fort. Und: «Gewiß war er hart gegen Nestorius». Doch, triumphiert er, in den Verhandlungen von 433 wußte Kyrill «Mäßigung zu zeigen und um des Friedens willen auf liebgewordene, aber anfechtbare Formulierungen zu verzichten».[40]

In Wirklichkeit freilich ist gerade diese Mäßigung, dies scheinbar so überraschende Entgegenkommen, ein weiterer, sogar besonders eklatanter Beweis für Kyrills wirkliches Motiv, seine Machtpolitik. Denn 433, kaum nachdem Nestorios erledigt war, lenkte der Sieger in dem absurden christologischen Theater schleunigst ein (S. 189 ff). Er hatte jetzt von Nestorios nichts mehr zu fürchten und die dogmatische Spiegelfechterei ihn nie als solche primär bewegt. Die Vereinigung der zwei Naturen des Herrn berührte einen Mann seines Schlags sicher nicht im Innersten, wenn überhaupt. Sie war vor allem Mittel zum Zweck; war ihm, oft wiederkehrende Worte, «unaussprechlich und unbeschreiblich» – und doch sprach und schrieb seinesgleichen dauernd darüber durch die Jahrhunderte.

Heute allerdings nicht mehr so leicht.

Wie nämlich ein katholischer Theologe inzwischen den Kopf sich verrenken, wie er einerseits dauernd nach der Forschung, andererseits dauernd nach dem Lehramt, der eignen Obrigkeit, schielen und dann eben doch dieser recht geben muß, das spricht Camelot schon auf der dritten Seite seiner Einleitung zu «Ephesus und Chalcedon» (vgl. meine eigne, besonders I 16 f, 54 ff) ganz unverschämt aus. Denn, äußert er, der Historiker könne zwar gewiß «nicht hinwegsehen über die Leidenschaften und Interessen, die die Menschen leiten, genauso wenig wie über die oft recht bedauerlichen Zwischenfälle» (Zwischenfall Heidenvernichtung, zum Beispiel; Zwischenfall Hexenverbrennung; Zwischenfall Indianerausrottung; Zwischenfall Volksverdummung und -schröpfung; Zwischenfall Bartholomäusnacht; Zwischenfall Dreißigjähriger Krieg; Zwischenfall Erster Weltkrieg und Zweiter und Faschismus und Auschwitz und Vietnam und und und, die Geschichte besteht aus Zwischenfällen), «durch die die irdische Pilgerfahrt der Kirche hindurchführt . . .». «Aber er», der Historiker, «darf doch nicht wie hypnotisiert nur auf diese Armseligkeiten in der Geschichte starren, sondern muß die Dinge von einer höheren Warte aus betrachten, will er nicht vom Ablauf der Ereignisse eine zu enge und unvollständige, um nicht zu sagen voreingenommene, Sicht erhalten».[41]

Unvoreingenommen nämlich ist nur, wer den Ereignisablauf mit der «Voreingenommenheit» dieser Kirche fixiert, von ihrer «höheren Warte aus», mit völlig vernebelnder, verfälschender, ja, oft genug ganz und gar auf den Kopf stellender Perspektive und Distanz, sub specie aeternitatis. Wobei man dann gern aus schwarz weiß, aus weiß schwarz macht – siehe die 13. Regel des Jesuitenordens! –, so daß eben nicht mehr «diese Armseligkeiten in der Geschichte» entscheiden, sondern die Aspekte der «höheren Warte»! Hier und immer wieder erhebt sich die Frage: Was gibt diesen Leuten eigentlich den «Mut» zu ihren Ungeheuerlichkeiten? Und immer wieder, da es nicht Unwissende sind, lautet die Antwort: eine eklige Mixtur aus mangelnder geistiger Redlichkeit und überquellendem geistlichen Opportunismus, alles in allem ein erschreckendes Defizit an Scham.

«Auch die großen Gestalten Cyrills und Leos des Großen müssen ins rechte Licht gerückt werden . . .»[42]

Müssen! Eben . . . Und das «rechte Licht» ist das finsterste auf Erden.

Nestorios also vertrat für Kyrill eine «ketzerische» Christologie, indem er, angeblich, die «hypostatische Union» leugnete und zwei (bloß moralisch, psychologisch oder äußerlich) im «Herrn» verbundene Hypostasen lehrte – statt, wie Kyrill, nur eine Hypostasis oder Physis, «die eine fleischgewordene Natur des göttlichen Wortes» (Mia physis tou theou logou sesarkomene). Wobei Kirchenlehrer Kyrill kurioserweise die wiederholt vor ihm verwendete Mia-physis-Formel in der Meinung, sie stamme von Athanasius, von Bischof Apollinaris von Laodicea bezieht, einem Freund zwar von Kirchenlehrer Athanasius, dem leidenschaftlichen Gegner des Arianismus, dessen Bestreitung ihn, Apollinaris, jedoch dazu führte oder verführte, auch die volle menschliche Natur Christi zu bestreiten und nur eine Natur in ihm anzuerkennen, was den Athanasius-Freund eben zum «Ketzer» machte. «Dieser Mann», schreibt Adalbert Hamman mit kirchlicher Druckerlaubnis von Kyrill, «war von der unmenschlichen Rechtgläubigkeit eines Inquisitors», und fügt kurz darauf beinah grotesk hinzu, «und doch ließ er sich von den irrigen Formeln des Apollinaris irreführen, in dem Glauben, sie stammten von Athanasios, und besaß die Taktlosigkeit, sie Nestorius aufzwingen zu wollen. Ein Gegner von gleicher Unnachgiebigkeit, der die zwölf Anathematismen des Kyrillos wortwörtlich interpretiert hätte, wäre ohne weiteres in der Lage gewesen, ihnen das gleiche Schicksal zu bereiten, das dieser den Äußerungen des Nestorius bereitete.» Tatsächlich beriefen sich ja auch bald die Monophysiten auf Kyrills Autorität. Und was Nestorios betrifft, so attestiert seiner Theorie der katholische Theologe und Kirchenhistoriker Ehrhard immerhin, sie sei «in ganz ähnlicher Weise» wie die Lehre des Arius geeignet gewesen, «das ‹vernünftige› Denken zu befriedigen. Er verfolgte dabei auch das Ziel, Einwände von Juden und Heiden gegen die Gottheit Christi auf das einleuchtendste auszuräumen.»

Konsequent wollte Nestorios, was damit zusammenhing, auch die hl. Jungfrau Maria nicht zur Göttin oder Gottheit machen. Er wollte sie zwar keinesfalls «Menschengebärerin», doch auch nicht direkt «Mutter Gottes», «Gottesgebärerin» (Theotokos) genannt wissen; eine Bezeichnung, die in dem umfangreichen Werk (dem größten aller alten Kirchenschriftsteller des Ostens) des gleichfalls der antiochenischen Schule entstammenden Kirchenlehrers Johannes Chrysostomos nicht ein einziges Mal vorkommt, was kein Zufall sein kann. Nestorios, zu dessen ersten Maßnahmen die Einsetzung des Namens seines gestürzten Vorgängers, des hl. Johannes, in das Kirchengebet gehört hatte, geißelte geradezu die Vorstellung einer in Windeln eingewickelten Gottheit als heidnische Fabel, was sie ja tatsächlich war! Seit Ende 428 predigte er gegen das Theotokos, obwohl er sich dem «recht verstandenen» Gebrauch des Begriffs gar nicht widersetzte, ihn gelegentlich sogar selbst verwendete; doch zog er den Titel «Mutter Christi», «Christusgebärerin» (Christotokos) vor. Er fürchtete das Wort «Gottesgebärerin» als Mißverständnis. Denn werde Maria dadurch in den Augen vieler nicht eine Göttin? Und wie, fragt Nestorios, der hier, so schreibt er dem römischen Bischof Coelestin I. (422–432), eine «nicht geringe Verderbnis des wahren Glaubens» bemerkt, könnte Gott noch eine Mutter haben? Niemand gebäre ja jemand, der älter sei als er selbst. Gott aber sei älter als Maria.

Dies allerdings verwirrte nur seine Gemeinde, zumal jene, «die in ihrer Blindheit für die rechte Sicht der Menschwerdung Gottes nicht verstehen, was sie reden noch wofür sie eifern». Erst kürzlich sei ihm wieder zu Ohren gekommen, wie sie sich in unserer Mitte gegenseitig die Seele aus dem Leibe fragten. Doch wenn Gott eine Mutter habe, schließt Nestorios, «dann freilich verdient der Heide keinen Vorwurf, wenn er von Müttern der Götter redet. Und Paulus ist ein Lügner, wenn er Christi Gottheit als ‹vaterlos, mutterlos, ohne Genealogie› bezeichnet. Mein lieber Freund, Maria hat nicht die Gottheit geboren . . .; das geschaffene Wesen ist nicht Mutter dessen, der unerschaffen ist . . .; das Geschöpf hat nicht den Schöpfer geboren, sondern den Menschen, der das Werkzeug der Gottheit war . . .». Soviel Logik indes irritierte die Schäfchen, die «elende Bande», wie der Patriarch auch sagte, gegen die er die Polizei aufbot, die er auspeitschen und einsperren ließ. Viele Laien und Mönche hatten eben bereits begonnen, Maria als Gottesgebärerin und überhaupt überschwenglich zu verehren – obgleich sie das Neue Testament nur äußerst selten, ohne sonderliche Wertschätzung erwähnt oder ganz ignoriert, wie Paulus und weitere Schriften. Und obgleich das Neue Testament eindeutig von Jesu Geschwistern als Kindern Marias spricht, wie noch viel später beispielsweise Tertullian. Doch der große Haufen wollte «erlöst» sein! Wollte einen ganzen Gott! Also mußte auch seine Mutter «Gottesmutter» sein, zumal man solche Gottesmütter schon im Heidentum kannte – in Ägypten, Babylon, Persien oder Griechenland, wo etwa auch die Mutter Alexanders d. Gr. «Gottesmutter» war.

Kyrill aber, den, um dies noch einmal zu betonen, «nicht der dogmatische Gegensatz» in den Kampf mit Nestorios trieb, griff dessen zweifellos traditionsgemäßere Empfehlung als neue «Ketzerei» an. Er stellte dabei «mit geschicktem Raffinement die persönlichen Anklagen gegen ihn als eine neben dem Glaubensstreit verschwindende Nebensächlichkeit» hin (Schwartz) und machte das Stichwort «Mutter Gottes» zum Kennzeichen des wahren Glaubens. Er schmeichelte sich in Rom bei seinem «heiligsten und gottgeliebtesten Vater» Coelestin I. ein – «denn Gott verlangt von uns in diesen Dingen Wachsamkeit» – und schürte, mit allen kirchenpolitischen Finessen vertraut, nach außen scheinbar vornehm, besonnen, insgeheim aber besessen, die Hetze gegen Nestorios. Dabei streute er durch seine Agenten in Konstantinopel das Gerücht aus, Nestorios scheue das Wort «Gottesmutter», weil er nicht an Jesu Gottheit glaube.[43]

Gut zwei Jahrzehnte vor Coelestin hatte ein anderer Papst sich merkwürdig dezent gegenüber der «Gottesmutter» verhalten.

Ende des 4. Jahrhunderts nämlich bestritt Bischof Bonosus von Sardika die stete Jungfrauschaft Mariens und erklärte, dem Evangelium konform, Maria habe außer Jesus noch mehrere Söhne geboren; eine zwar biblisch abgesicherte, doch kirchlich hochketzerische These. Die Synode von Capua (391) aber verurteilte Bonosus nicht, sondern übertrug die Entscheidung den Nachbarbischöfen, die sie freilich gleichfalls mieden. Sie befragten den Bischof von Rom, Siricius, der zwar Mariens dauernde Jungfräulichkeit verteidigte, doch wieder keinen Schiedsspruch fällte. Er überließ dies den «Kollegen» – um so auffälliger, als gerade Siricius sonst nach allen Seiten und fast im kaiserlichen Briefstil befahl (S. 124). Wahrscheinlich spiegelt seine Zurückhaltung einfach die Tatsache, daß im 4. Jahrhundert in Rom noch kein Marienkult offiziell bekannt gewesen ist.[44]

Der Titel «Gottesgebärerin» fehlt jedenfalls in der urchristlichen Literatur. Er steht nirgends im Neuen Testament, das nur von der Mutter des Herrn spricht, doch bloß als Gottes*sohn*, nicht als *Gottes*gebärerin. Dieser Terminus für Maria fehlt auch im gesamten christlichen Schrifttum des 2. und 3. Jahrhunderts, als sie noch immer keine sonderliche Rolle spielte. (Das Theotokos-Prädikat bei Aristides apol. 2,7 steht erst in der armenischen Übersetzung. Und bei Hippolyt ist es gleichfalls spätere Zutat, das heißt Fälschung.) Erst in den zwanziger Jahren des 4. Jahrhunderts wird erstmals die Theotokos-Titulatur – nach Camelot «schon lange im christlichen Sprachgebrauch üblich», ohne daß er einen sicheren Zeugen vor dem 4. Jahrhundert nennen könnte! – im Glaubensbekenntnis von Alexandrien durch den Bischof Alexander bezeugt. Und auch die Synode von Antiochien (324/325), die den Tomos Alexanders zusammenfaßt, schreibt: «der Sohn Gottes, der Logos, ist aus der Gottesgebärerin (theotokos) Maria geboren . . .» Doch verwendet noch viele Jahrzehnte später, um auch das nochmals festzuhalten, selbst Kirchenlehrer Johannes Chrysostomos in seinem Riesenwerk niemals das Wort «Gottesgebärerin» und spricht überdies auffallend selten von Maria.[45]

Auch andere Bischöfe scheuten sich noch im 5. Jahrhundert,

sie so zu titulieren. Sogar Sixtus III. (432–440), der bald nach 431 die prachtvolle Basilika S. Maria Maggiore auf dem Esquilin, die erste römische Marienkirche und lange die einzige, vollendet hat, bezeichnete Jesu Mutter – trotz Ephesus – in einer Dedikationsinschrift nur als «Jungfrau Maria». Und noch rund zwanzig weitere römische Marienkirchen nannte man immer bloß einfach «Santa Maria». Überhaupt breitete sich der Kult der Gottesmutter gerade im Westen nur langsam aus.[46]

Der Titel «Gottesgebärerin» konnte ja auch riskante Folgen haben. Geriet Maria damit nicht in die Nähe heidnischer Göttinnen und Göttermütter? Mußte eine Frau, die einen Gott gebiert, nicht selber eine Gottheit sein? Nicht nur einfache Gläubige mochten dies glauben, selbst Gebildete waren anfällig dafür. Tatsächlich gab es schon Mariensekten, gab es einen Zweig der Montanisten, der Maria «Göttin» hieß, gab es christliche Gruppen, die in Maria und Christus zwei Gottheiten sahen neben Gott. Bereits in Nicaea, so behauptet der alexandrinische Patriarch Eutychios (gest. 944), tagten Patriarchen und Bischöfe, die glaubten, «Christus und seine Mutter seien zwei Götter neben Gott; das waren Barbaren, und man nannte sie Marianiten».[47]

Kurios, daß sich beide, Nestorios und Kyrill, bei ihrem Streit auf die fides Nicaena berufen, «das heilige und große Konzil». Sie wechseln deshalb 429/430 – während die Wandalen in Afrika landen, dann Hippo belagern, die Hunnen zum Rhein vorstoßen – eine Reihe von Briefen miteinander und mit anderen. Nestorios begründet gleich im ersten Schreiben die Verwerfung des Titels Theotokos durch sein Fehlen im Nicaenischen Glaubensbekenntnis. Kyrill aber beruft sich gerade darauf, hält seinen «Amtsbruder im Herrn» «Lästerungen» vor, ein «Ärgernis», das er «der ganzen Kirche» gegeben, die Verbreitung «einer ungewöhnlichen und fremdartigen Irrlehre» und kündet ihm den «unerträglichen Zorn Gottes» an. Nestorios übergeht «die Beschimpfungen, die Du gegen uns in Deinem erstaunlichen Brief ausgestoßen hast. Sie verlangen auch die Geduld eines Arztes . . .» Er unterstellt Kyrill «nur oberflächliche» Lektüre und will ihn «von allen falschen Reden befreien». Noch ist er voller Optimismus oder tut wenigstens so. «Denn die Angelegenheiten der Kirche entwickeln sich von Tag zu Tag günstiger . . .»[48]

Kyrill kann nicht leugnen, daß die «Gottesgebärerin» in der fides Nicaena fehlt, findet sie dort aber indirekt und droht angesichts der überall verbreiteten Schriften des Gegners mit Christi Wort: «Glaubt nicht, ich sei gekommen, Frieden in die Welt zu bringen; nicht den Frieden wollte ich bringen, sondern das Schwert». Und weil Nestorios das Konzil von Nicaea «falsch verstanden und ausgelegt» habe, verlangt Kyrill: «Du mußt deshalb schriftlich und unter Eid bekennen, daß Du Deine verruchten und gottlosen Lehren in den Bann tust und so denken und lehren willst wie wir alle, die wir im Morgen- und Abendlande Bischöfe, Lehrer und Führer des Volkes sind».[49]

Auf alle mögliche Weise arbeitet Kyrill gegen den Patriarchen in Konstantinopel, von dem er höhnt, er dünke «sich klüger als alle», er meine, «er allein habe den Sinn der göttlich inspirierten Schrift, das Mysterium Christi begriffen». Er nennt ihn «in Hochmut geschwollen und kraft seines Stuhles allen anderen spinnefeind». Kyrill hortete Kirchenväterperlen ebenso wie ihm passende Predigttexte seines Widersachers, von dem bald jede Rede mitgeschrieben und per Eilpost nach Alexandrien geleitet worden ist. Der Heilige verfaßte fünf Bücher «Gegen die Gotteslästerungen des Nestorios». Er entstellte diesen in vertraulichen Briefen derart, daß kein Einlenken mehr half. Er schickte Mönchshaufen als Stoßtrupps vor. Er agitierte fieberhaft nach allen Seiten. In Ost und West suchte er Bundesgenossen, Kampfgefährten, natürlich möglichst einflußreiche. Er überschwemmte den Hof mit seinen Episteln. Er schrieb (vorsichtig) an Kaiser Theodosius, an die Kaiserin Eudokia, die Prinzessinnen Arkadia und Marina, scharf an die Kaiserschwester Pulcheria, deren gespannte Beziehung zu Nestorios er offenbar kannte. Er wandte sich an Bischöfe, an Juvenal in Jerusalem, an den fast hundertzehnjährigen Acacius von Beröa, nicht zuletzt auch, im Sommer 430, an Coelestin von Rom, dem er eine gesammelte Patristikerblütenlese beilegte samt einer Darstellung (commonitorium) der «Irrlehre» des Gegners.[50]

Nestorios hatte, als er mit Rom – als Gleichberechtigter, was dort schon verstimmen mußte – Kontakt aufnahm, sozusagen sachlich theologisch diskutieren und mit dem Amtsbruder «in Eintracht . . . den Teufel, den Feind des Friedens», bekämpfen wollen, sah er doch unter seinen eigenen Klerikern, wie er dem Papst schrieb, «eine häretische Krankheit ausbrechen, die sehr nach Apollinaris und Arius stinkt». Doch bald erkannte er den Römer, durchaus zutreffend, als «viel zu einfältig, um in die feinere Bedeutung der Lehrwahrheiten eindringen zu können». Kyrill andrerseits, durch seine Attacke bei den östlichen Kollegen zunächst unbeliebt, wußte sich Rom geschickter anzunähern, obwohl ihm dies grundsätzlich keineswegs angenehm war. «Heiligster und gottgeliebtester Vater», apostrophierte er den Papst, behauptend, «die kirchliche Gewohnheit gebietet mir, Deiner Hoheit zu berichten. Ich habe bisher tiefes Schweigen beobachtet . . . Doch nun, da das Übel seinen Höhepunkt erreicht hat, glaube ich reden und alles, was geschehen, mitteilen zu müssen . . .» Und wider besseres Wissen stellte Kyrill, der seine Agitation gegen Nestorios auch lateinisch vorgelegt, was dieser unterlassen, die Lehren des Gegners so verleumderisch, verzerrt dar, daß der da «sich selbst nicht wiedererkannt hätte» (Aland). Alles Licht fiel dabei auf ihn, aller Schatten auf Nestorios.[51]

Schon im Interesse seiner Primatsprätentionen nahm Rom den ersten Kontaktversuch des Alexandriners im Sommer 430 mit Genugtuung auf. Und obwohl es theologische Dispute stets viel weniger bewegten als Fragen der Macht, lernte es doch die Macht mittels der Doktrin zu meistern. So holte jetzt der Diakon Leo, der spätere Papst, ein Gutachten (natürlich zur Widerlegung) von seinem Freund Johannes Cassianus ein, dem Abt von St. Viktor in Marseille. Er hatte in Konstantinopel zur Zeit des Chrysostomos gelebt, konnte Griechisch und fand den Titel «Gottesgebärerin» (mater Dei und genetrix Dei) denn auch schon in der Bibel! Und mit einer römischen Synode vom 11. August 430 entschied sich Coelestin I. sozusagen summarisch, «ohne nähere Prüfung der Unterlagen» (Hamman, mit Imprimatur), gegen Nestorios. Der Papst ermächtigte Kyrill gnädig an seiner Stelle (vice nostra usus) die «Irrlehre» des Nestorios «mit großer Strenge» niederzuschlagen, das «Gift seiner Predigt», und wies etwa gleichzeitig Nestorios scharf zurecht, ja, forderte von ihm binnen zehn Tagen «offen und schriftlich die trügerische Neuheit» zu widerrufen. «Wir bereiten», drohte er ihm, «Brenneisen und Messer, da die Wunden nicht länger zu begünstigen sind, die es verdient haben, durchgeschnitten zu werden». Kyrill dagegen sah der Römer «in allem gleichgesinnt mit uns», «als kräftigen Verteidiger des rechten Glaubens erprobt», lobte: «Alle Fallstricke der Lügenlehre hast du aufgedeckt», und ermunterte: «Ausschneiden muß man eine solche Schwäre . . . Also vollziehe . . .»

Und Kyrill vollzog. Er sammelte weiterhin Material gegen Nestorios, nahm es mit der Wahrheit weiterhin wenig genau und unterschob jenem, der auch Marias Titel «Mutter Gottes» als durchaus rechtgläubig anerkannte, mit voller Absicht falsche Lehren. Der Kaiser warf Kyrill denn auch «Zanksucht», «Wirrwarr» vor und warnte ihn: «So wisse denn, daß Kirche und Staat durchaus eins sind und daß sie auf unseren Befehl hin und mit der Vorsehung unseres Gottes und Erlösers stets mehr einig werden . . ., und wir werden unter keinen Umständen dulden, daß durch dich Städte und Kirchen in Unruhe versetzt werden». Theodosius stand auf Seite dessen, den er nach Konstantinopel berufen. Und Nestorios wurde auch von Kaiserin Eudokia geschützt, der ebenso schönen wie gebildeten Tochter eines Athener Philosophen. Doch hatte der Patriarch gerade in Konstantinopel schon viele Feinde, allen voran die intrigante ältere Schwester des Herrschers, Pulcheria (399–453), deren heimliche Verstöße gegen ihr Jungfräulichkeitsgelübde Nestorios kritisierte und die, auf Drängen Eudokias, 439 den Hof verlassen mußte. Weiter opponierten verschiedene Sekten gegen den Patriarchen, die er bis zum Blutvergießen bekämpfte. Auch stritten zahlreiche Mönche der Hauptstadt unter dem Abt Dalmatios für Kyrill, heizten in seinem Auftrag die Stimmung an und sprengten Lügen über Nestorios aus; zum Beispiel, daß er Verkünder zweier Gottessöhne sei, zweier hypostáseis in Christus, in Jesus nur einen Menschen sehe, nichts weiter. So beeilte sich der Bedrängte, über Theodosius für

Pfingsten 431 eine Reichssynode nach Ephesus, der Hauptstadt der Provinz Asia, berufen zu lassen, nicht ahnend, daß gerade dies ihn zu Fall bringen sollte.[52]

Das Konzil von Ephesus 431 oder ein Dogma durch Bestechung

Als 1931 Papst Pius XI. die 1500-Jahr-Feier des Konzils von Ephesus verfügte, log er in seiner Enzyklika «Lux veritatis», das Konzil sei auf päpstlichen Befehl (Iussu Romani Pontificis Caelestini I) zustande gekommen. Tatsächlich aber wurde die Abhaltung von Reichssynoden seit Nicaea stets vom römischen Kaiser, niemals vom römischen Bischof befohlen! Nicht ein einziges der – ja erst später von der Kirche dazu ernannten, weil ihr besonders nützlichen – acht ökumenischen Konzile in altkirchlicher Zeit hat der «Papst», sondern jedes (mehr oder weniger direkt) der Kaiser berufen, eröffnet, geleitet und bestätigt (vgl. S. 80 f). Das kaiserliche Berufungsrecht ist längst nachgewiesen, besonders durch F. X. Funk. Doch die Regenten maßten sich nicht nur dies Recht an, die Kirche gestand es ihnen «auch ohne weiteres zu» (H.-G. Beck). Und dasselbe, beiläufig, gilt von ihrem Recht, den Synoden, auch kleineren, den Patriarchalsynoden, den lokalen Kirchenversammlungen, persönlich oder durch Vertreter zu präsidieren, ihre Beschlüsse zu unterzeichnen und rechtskräftig zu machen. Vermochten die Monarchen doch auch durch Wahl des Ortes oder Siebung der Teilnehmer, die Glaubens- und Disziplinarmaterie dieser Tagungen zu beeinflussen, ja, sie ließen selber Glaubensformeln ausarbeiten, durchsetzen – und kein Geringerer als Kirchenlehrer Papst Leo I. erkannte dem Kaiser Unfehlbarkeit zu (S. 254 f)![53]

Auch das Konzil von Ephesus wurde von Theodosius II. am 19. November 430 zu Pfingsten (7. Juni) 431 einberufen, um Ruhe und Frieden der Kirche zu festigen – obwohl diese Konzilien meist das Gegenteil bewirkten. «Das Wohl unseres Reiches», schrieb der Kaiser, der Kyrill von Anfang an feindlich gegenübergestanden, ihm Hochmut, Streit-, Ränkesucht vorgeworfen hatte, «hängt ab von der Religion. Diese beiden Güter stehen in enger Beziehung zueinander. Sie durchdringen sich gegenseitig, und jeder zieht aus dem Wachstum des anderen seinen Nutzen ... Vor allem anderen aber erstreben Wir die Achtung vor den Angelegenheiten der Kirche in dem Maße, wie Gott es fordert ...».[54]

Das kaiserliche Einberufungsschreiben zeigt den engen Zusammenhang von Reich und Religion. Jeder war auf den andern angewiesen, jeder hoffte, von ihm zu profitieren. Und daß zumal die Kirche nie genug bekommen konnte, demonstriert aufs deutlichste der Brief Bischof Coelestins vom 8. Mai 431 an Theodosius II.: «Die Sache des Glaubens muß Euch wichtiger sein als die des Reiches: Eure Majestät müssen mehr auf den Frieden der Kirchen bedacht sein als auf die Sicherheit der ganzen Erde. Alles wird Euch glücken, wenn nur zuerst das bewahrt ist, was vor Gott das Wertvollere ist».[55]

Man kann diese Zeilen kaum genug bedenken – ein Spiegel römisch-katholischen Denkens durch die Epochen bis heute (wie etwa die Atombombenpolitik einflußreicher klerikaler Kreise, mit Einschluß Papst Pius XII., drastisch lehrt). Zuerst und vor allem kommt das Wertvollere: die Kirche. Ihre Sache ist wichtiger als die des Reiches; ihr Friede, das heißt ihr Vorteil, nichts anderes, wichtiger als «die Sicherheit der ganzen Erde»! Triumphierend kommentiert Jesuit Hugo Rahner: «Überordnung des Kirchlichen über den Staat ...»[56]

Alle Metropoliten des Ostens hatte man nach Ephesus geladen, auch solche des Westens, auch Roms Bischof Coelestin, der Legaten schickte, auch Augustinus, von dessen Tod, vier Monate vorher, der Hof noch nichts wußte.

Nestorios traf als erster mit sechzehn Bischöfen ein, begleitet von einer Eskorte Soldaten, «als ginge es in eine Schlacht» (Hefele); wobei die Soldaten aber noch «die friedfertigsten unter den versammelten Kampfhähnen» waren (Dallmayr). Der Patriarch lehnte es freilich später mit sechs oder sieben Oberhirten ab, vor der Synode zu erscheinen, bevor alle versammelt seien. Gleichfalls anwesend: Ortsbischof Memnon, der mit all seinen Kirchen auf Kyrills Seite stand; ebenso der Episkopat Kleinasiens, der sich von der Vorherrschaft Konstantinopels zu lösen suchte. Auch der mit etwa fünfzehn palästinensischen Prälaten eintreffende Juvenal von Jerusalem, ein ehrgeiziger Opportunist, der eine obermetropolitane Stellung und seine Selbständigkeit gegenüber Antiochien erstrebte, hielt von vornherein zu Kyrill. Dieser selbst war zu Schiff gekommen und hatte schon von Rhodus aus nach Hause berichtet: «Durch die Gnade und die Menschenfreundlichkeit Christi, der unser aller Heiland ist, haben wir dieses große und weite Meer bei sanften und gelinden Winden überquert . . .»[57]

Entgegen kaiserlicher Anordnung war Kyrill mit gewaltiger Hausmacht aufgekreuzt, mit einem Schwarm von etwa fünfzig ägyptischen Suffraganen, vielen Klerikern sowie streitbaren Mönchshorden, Analphabeten zum Teil, doch glaubensstark. Die ursprünglich aus Herumlungerern, Krankenträgern, Schiffsleuten bestehenden Prügelgarden der alexandrinischen Patriarchen waren seit Athanasius (I Kap. 8) die willfährigen Werkzeuge bischöflicher Machtpolitik. Hochfanatisiert und vor keiner Ausschreitung zurückschreckend, terrorisierten sie Gerichte, Behörden und eigene kirchliche Gegner. Überall arbeitete so gerade das vom hohen Klerus gehätschelte und gegängelte Mönchtum «mit den brutalsten Mitteln an der Verhetzung der Massen» (Stein). Auch hatte Ortsbischof Memnon das Volk von Ephesus gegen Nestorios aufgebracht, diesem alle Kirchen verschlossen; hatte Kyrill selber nicht nur, schon 430, fünf Bücher «Adversus Nestorii blasphemias» verfaßt, nicht nur, im gleichen Jahr, drei weitere Streitschriften, «De recta fide», herausgeschleudert, eine an Kaiser Theodosius, zwei, «Ad reginas», an dessen drei Schwestern Arkadia, Marina, Pulcheria sowie an Kaiserin Eudokia, sondern er hatte auch den «Feind der Heiligen Jungfrau» nebst seinen angeblichen Thesen bereits in zwölf Anathematismen verurteilt und die Rolle des Angeklagten mit der des Klägers vertauscht. Er behandelte Nestorios als ausgemachten «Ketzer» – ein rechtswidriger Schritt, da nach geltendem Reichskirchenrecht nur eine vom Kaiser berufene Synode einen Glaubensstreit entscheiden durfte.

Überdies hatte Nestorios in mehreren Schreiben erklärt, unter gewissen Kautelen auch den Gottesgebärerin-Titel, das Theotokos, für Maria anzuerkennen, und beispielsweise dem römischen Bischof geschrieben: «Was mich betrifft, so bin ich nicht gegen diejenigen, die das Wort Theotokos gebrauchen wollen, sofern man es nur nicht in Nachahmung der Torheit des Apollinaris und des Arius so auslegt, als besage es eine Vermischung der Naturen».[58]

Das Konzil konnte nicht termingemäß am 7. Juni beginnen, da Patriarch Johannes von Antiochien – wochenlang auf beschwerlichem Landweg unterwegs, wobei einige Oberhirten erkrankten, mehrere Lasttiere umkamen – sowie die Bischöfe Syriens und Palästinas sich verspäteten. Doch obwohl (oder weil) eine Botschaft von Johannes am 21. Juni sein baldiges Eintreffen verhieß, entschloß Kyrill sich, die Sache anzufangen. Es war heiß, mehrere Bischöfe erkrankten auch hier, einige starben sogar, und noch ehe die dem Nestorios ergebene Schar zugegen war, eröffnete Kyrill am 22. Juni 431 in der Hauptkirche von Ephesus, schon vor einiger Zeit in eine Marienkirche verwandelt, auf eigene Faust die Synode – trotz ausdrücklichen Verbots der Regierung; trotz des (in den griechischen Konzilsakten unterschlagenen!) scharfen Protests von 68 Bischöfen verschiedener Provinzen, «daß sich alle überstürzten Taten, deren sich etliche erkühnt haben, durch Christus den Herrn und die göttlichen Kanones gegen ihre Kühnheit und Anmaßung wenden werden»; trotz des Protests auch, den der Vertreter des Kaisers, der Kommissar Candidian, der ein «Privatkonzil» befürchtete, wiederholt erhob, bis man ihn schließlich «imperiose et violenter» vor die Tür setzte. Kyrill verschaffte sich so auf die simpelste Weise eine sichere Mehrheit. Und nachträglich erhielt sie den Rang eines «dritten ökumenischen Konzils von Ephesus».

Später behauptete der Heilige, der hier einfach alles skrupellos an sich riß, ein paar syrische Bischöfe seien ihren Kollegen vorausgeeilt, früher in der Stadt gewesen und hätten ihn, Kyrill, im Namen des – dann doch gegen ihn protestierenden und stimmenden! – Patriarchen Johannes gebeten, nur gleich mit der Synode zu beginnen. Selbst Camelot bereiten die von Kyrill beigegebenen Daten «einige Schwierigkeit . . . Aber bevor man Cyrills Ehrlichkeit in Frage stellt, sollte man besser daran denken, daß er sich nicht mehr genau an die Dinge erinnerte oder sie miteinander verwechselte» . . . – Und erleben wir es denn nicht auch heute so häufig, daß Politiker sich nicht mehr erinnern können? Daß gerade die Kirche Wichtigstes einfach nicht mehr erinnert? Oder daß sie ihr Kollaborieren mit Hitler, mit Mussolini, mit Pavelić mit Widerstand verwechselt?! Nichts Neues unter der Sonne.

Kyrill präsidierte 153 Bischöfen und vertrat auch, laut Sitzungsprotokoll, «die Stelle Coelestins, des heiligen und ehrwürdigen Bischofs der Kirche der Römer». Denn die Ankunft von dessen Legaten, der Bischöfe Arcadius und Projectus sowie des Presbyters Philippus, wartete Kyrill gleichfalls nicht ab. Erst verlas man viele goldne Väterworte über die Menschwerdung des Logos, die Vereinigung der Gottheit und Menschheit in dem einen Christus. Dann konfrontierte man damit effektvoll zwanzig ausgewählte Stellen des Nestorios, schreckliche «Gotteslästerungen», die den Bischof Palladius von Amasia derart angriffen, daß er sich, starr fast vor Bestürzung, die rechtgläubigen Ohren zuhielt. Darauf verdonnerte man nacheinander, oft recht geräuschvoll, den verfluchten «Ketzer», für Euoptius von Ptolemais «bei Gott und Mensch jeder Strafe wert». Und Kyrill ließ noch am ersten Sitzungstag den «gottlosen Nestorios», den Prediger «gottloser Lehren», ungehört – er war wohlweislich ferngeblieben – exkommunizieren, absetzen und über alles unterrichten per Adresse: «An Nestorios, den neuen Judas». Die Synodalen schritten, so steht im formellen Beschluß, «unter vielen Tränen zu diesem traurigen Urteil über ihn: Der von ihm gelästerte Herr Jesus Christus bestimmte daher durch die heiligste anwesende Synode, daß Nestorius der bischöflichen Würde ledig aus der ganzen priesterlichen Versammlung ausgeschlossen ist». Doch «daß Nestorios zu Unrecht als Häretiker verurteilt wurde, ist heute wohl übereinstimmendes Urteil der Dogmenhistoriker» (Klauser). Und ebenso wohl, daß Kyrills Vorgehen «durch größte Rücksichtslosigkeit unrühmlich ausgezeichnet» war (Schwaiger).

Während Nestorios Soldaten schützen mußten, ließ Kyrill sich selber frenetisch feiern, mit Fackeln und Rauchfässern, eine ebenso schurkische wie erfolggekrönte Regie.[59]

Frohlockend berichtet er dem Klerus und Volk Alexandriens – «Heil dem Herrn!» – von diesem 22. Juni, «daß wir nach einer den ganzen Tag dauernden Sitzung schließlich den unglückseligen Nestorius mit der Absetzung bestraft und aus dem Bischofsamt entfernt haben. Er war verurteilt worden und hatte es nicht einmal gewagt, sich der heiligen Synode zu stellen. Es waren über zweihundert Bischöfe versammelt» – eine beträchtliche Übertreibung des Heiligen. Das Konzilsurteil trägt die Unterschrift von 197 Bischöfen, aber da waren nur «etwa 150 Bischöfe» (Camelot; ebenso das «Handbuch der Kirchengeschichte»).[60]

Kyrill erzählt den Seinen weiter, ganz Ephesus habe von früh bis spät das Urteil der «heiligen Synode» erwartet und dann einstimmig begonnen, die «heilige Synode» zu beglückwünschen und Gott zu preisen, «weil der Feind des Glaubens zerschmettert war». Nach dem Verlassen der Kirche seien sie mit Fackeln bis zu ihren Wohnungen geleitet worden. «In der ganzen Stadt fanden Freudenfeste und Illuminationen statt. Frauen gingen sogar so weit, daß sie mit Weihrauchfässern vor uns hergingen! Der Herr hat denen, die seinen Namen lästern, seine Allmacht gezeigt».[61]

Es fällt auf: in diesem ganzen Brief steht keine Silbe von der Verkündigung der Gottesmutterschaft Mariens, worum es doch angeblich ging! Tatsächlich nämlich wurde diese gar nicht definiert. Die Konzilstexte enthalten keinerlei ausdrückliche Definition des Theotokos! *«Derlei Definitionen gab es in Ephesus überhaupt nicht»*, betont der Konzilschronist und Berater des Zweiten Vatikanums, Camelot – beschließt aber bald darauf seine Darstellung: «In Ephesus führte diese zugleich menschliche und göttliche Geschichte *zu einer dogmatischen Definition*, in der es um die höchsten religiösen Werte und den ganzen Realismus [!] unseres Heiles ging». Das zeigt einmal mehr, daß mit dem Charakter katholischer Theologen auch deren Logik zum Teufel geht. Und daß seinesgleichen einen Kopf wohl nur hat, um den andrer zu verdrehn. (Im übrigen schön gesagt: diese zugleich menschliche und göttliche Geschichte!) Papst Pius XI. sprach zwar bei seiner Ankündigung des ephesinischen Schauspiels wiederholt von einer feierlichen Definition (solemniter decretum) der Gottesmutterschaft Mariens. Doch irgend jemand – der Heilige Geist vielleicht – muß ihn dann erleuchtet haben. Seine Enzyklika «Lux veritatis» (welcher Hohn!) vom 25. Dezember 1931 enthält keinerlei Hinweis mehr auf eine Definition! Statt dessen erklärt Pius jetzt das Dogma der Gottesmutterschaft nur als Folgerung aus der Lehre von der «hypostatischen Union», die damals freilich gleichfalls nicht begrifflich formuliert worden ist.[62]

Für Kyrill hatte das eine wie andere insgeheim ohnedies keine große Bedeutung. Deshalb spricht sein Brief ganz konsequent auch nur von der eignen Beweihräucherung und der seines Anhangs – und von der Vernichtung des «Ketzers», des gefürchteten Rivalen, dem man brieflich zu wissen gab: «Die heilige Synode, durch die Gnade Gottes und auf Befehl unseres allerfrömmsten und allerheiligsten Kaisers in der Stadt Ephesus versammelt, an Nestorius, den neuen Judas. Wisse, daß du aufgrund deiner gottlosen Lehräußerungen und deines Ungehorsams gegenüber den Kanones von der heiligen Synode am 22. dieses Monats Juni abgesetzt bist und daß du keinen Rang mehr in der Kirche bekleidest».[63]

Kirchenvater Theodoret, Bischof von Cyrus und Teilnehmer an diesem Konzil, schrieb darüber: «Wieder rast der Ägypter wider Gott und kämpft mit Moses und seinen Knechten und der größte Teil Israels stimmt den Gegnern zu, denn nur zu wenige sind gesund, die auch Mühsal um der Frömmigkeit willen gern ertragen ... Welcher Komödienschreiber hat jemals eine solche Fabel erzählt, welcher Tragödiendichter je etwas so Tränenreiches gedichtet?»[64]

Nestorios erklärte von dieser ökumenischen Versammlung, Kyrill sei die ganze Tagung selber gewesen, «denn was er auch sagte, sagten alle ihm nach. Zweifelsohne vertrat er durch seine Person das Gericht ... Er hat die, die ihm gefielen, von nah und fern zusammengerufen, und hat sich selbst zum Gericht gemacht ... Wer war Richter? Kyrill. Wer war Ankläger? Kyrill.

Wer war Bischof von Rom? Kyrill. Kyrill war alles». Papst Coelestin I. seinerseits vindizierte natürlich sich selbst «das größte Teil, dank der Hilfe der ehrwürdigen Trinität» und rühmte sich, das Messer gereicht zu haben, um «dieses Geschwür aus dem Leibe der Kirche zu schneiden», wie es «die furchtbare Fäulnis rätlich erscheinen ließ». (Im 20. Jahrhundert attestiert der katholische Kirchenhistoriker Palanque dem «Ketzer» Nestorios einen schlechten Charakter – und dem hl. Kyrill «Böswilligkeit».[65])

Papst Coelestin aber verklärte sich die ephesinische Versammlung zu einer «großen Schar von Heiligen», die ihm von «der Gegenwart des Heiligen Geistes» Zeugnis gab. Dabei hatte Kyrill den Römer nur vorgeschoben, ihn nur für seinen Kampf gegen Konstantinopel, den Patriarchen wie den Kaiser, benutzt, hatten die päpstlichen Gesandten keinerlei Einfluß auf die Beschlüsse, sie hatten nicht einmal den gesamten Westen repräsentiert: der Episkopat Afrikas und Illyriens war selbständig vertreten. Schließlich wurden die römischen Legaten, deren Ankunft man ja nicht einmal abgewartet, selbst in dem langen Bericht an Coelestin nur zuletzt kurz und beiläufig erwähnt, was ihrem Auftritt auch durchaus entsprach – trotz einiger vollmundiger Phrasen, wie «daß der heiligste und seligste Petrus, Erster und Haupt der Apostel, Säule des Glaubens und Grundstein der katholischen Kirche, von unserem Herrn Jesus Christus, dem Erlöser des Menschengeschlechts, die Schlüssel des Reichs und die Gewalt, zu binden und zu lösen, empfing; er, der bis zum heutigen Tage und alle Zeit in seinen Nachfolgern lebt und richtet . . .», und so weiter.[66]

Immerhin aber hatte nicht nur Kyrill Rom für sich ausgespielt, sondern war auch Coelestin, damals doch wirklich nicht viel mehr als ein Trumpf in der Hand des Alexandriners, im Osten ausgezeichnet worden wie wohl kaum zuvor. Immerhin wurde die Erklärung seines Legaten, des Priesters Philippus, dem Konzilsprotokoll eingefügt und diente noch dem Ersten Vatikanum (1870) als Beweisstück der päpstlichen Unfehlbarkeit! Dem Papsttum jedenfalls «boten die Tragödie des Patriarchen Nestorius in seinem Kampf mit Kyrill und das Konzil von Ephesus die

Gelegenheit, die neuen römischen Ansprüche des Dekretalenzeitalters auf der großen Bühne der orientalischen Reichskirche aller Welt sichtbar zu demonstrieren. Von einer Tragödie kann man mit vollem Recht sprechen, weil die unterschiedlichen Auffassungen der antiochenischen und alexandrinischen Schule in der Inkarnatsfrage durchaus nicht häretisch und kirchenspaltend hätten werden müssen. Das treibende Moment zur Katastrophe bildeten der lauernde Haß und der unerbittliche Vernichtungswille, mit dem Kyrill den nestorianischen Streit schürte und zum Gipfel trieb. Seine stärkste Kampftruppe bildeten dabei Mönchshaufen – wenig gebildet, vernunftfeindlich und deshalb leicht fanatisierbar ...» Dies das Urteil des katholischen Theologen und Kirchenhistorikers Georg Schwaiger über einen der größten Heiligen des Katholizismus.[67]

Das Konzil war mit Kyrills triumphierender Siegesmeldung freilich noch nicht ausgestanden.

Wenige Tage später (wegen schlechten Wetters und weil «die Pferde gestürzt») erschienen die durch den Heiligen vorbeugend ausgeschlossenen, damals «Orientalen» genannten syrischen Bischöfe unter ihrem Patriarchen Johannes von Antiochien, einem Freund des Nestorios. Sie konstituierten sich gleich, kaum abgestiegen, am 26. Juni mit einem Teil derer, die am 21. Juni Kyrill opponierten, im Beisein des kaiserlichen Kommissars und offiziellen Konzilsprotektors Candidian, als das zweifellos «rechtmäßige Konzil, man kann es nicht anders nennen» (Seeberg), wenn auch als wesentlich kleinere Synode von etwa 50 Bischöfen. Sie setzten Kyrill ab, ebenso den schwer belasteten Ortsbischof Memnon, dessen Mönchsorden Nestorios derart bedrängten, daß er militärischen Schutz erhielt. (Das Absetzungsurteil trägt in den griechischen Akten 42, in der lateinischen Fassung des Rusticus 53 Unterschriften.) Alle übrigen Konzilsväter aber erklärte die Synode für so lange exkommuniziert, bis sie Kyrills «ketzerische» Sätze, «die der Lehre des Evangeliums und der Apostel offen widerstreiten», verdammten. An den Kaiser richtete die Minderheit einen geharnischten Protest gegen die «barbarische Versammlung» der Gegner und fing die Schreiben Kyrills an

Theodosius ab, worauf der Heilige seine hand- und schlagfesten Mönchshaufen, unter denen Schenute von Atripe (S. 203 ff), Heiliger der Kopten, sich besonders hervortat, auf die Straße ließ und totale Anarchie herrschte. Kaum konnte das nestorianische Minderheitskonzil vor der verhetzten Volksmenge geschützt werden, obwohl auch Nestorios eine «Knüppelgarde» begleitete und Bischöfe Kyrills am Leben bedrohte.[68]

Im Lauf des Juli, nachdem am 10. die römischen Gesandten, die Bischöfe Arcadius und Projectus sowie der Priester Philippus, der eigentliche Wortführer, eingetroffen waren, trat die Konzilsmehrheit noch fünfmal zusammen. Bereits in seiner Begrüßungsrede bemerkte Philippus, Papst Coelestin habe durch einen Brief an Kyrill die Sache schon entschieden, worauf ein zweites päpstliches Schreiben erst lateinisch, die Delegation bestand darauf, dann griechisch verlesen wurde und die Versammelten, offensichtlich von Kyrill vorbereitet, schrien: «Ein rechtes Urteil! Dem neuen Paulus Cölestin! Dem neuen Paulus Kyrill! Cölestin, dem Hüter des Glaubens, Cölestin, der einig ist mit der Synode! Cölestin sagt die ganze Synode Dank! Ein Cölestin, ein Kyrill, ein Glaube der Synode, ein Glaube der ganzen Welt!» («Ein Volk, ein Reich, ein Führer!» Welcher Deutsche meiner Generation dächte bei solch totalitären Phrasen nicht an diesen – doch noch viel bescheideneren! – Schrei der Nazizeit . . .?!)

Ein Glaube der ganzen Welt! Ja, das möchten sie noch immer – wenn es *ihr* Glaube ist! Ihr Unglaube . . .

Durch die synodalen Akklamationen waren Alexandrien und Rom sozusagen einander zu- und gleichgeordnet, paritätisch. Der Papstlegat Philippus rückte deshalb – in einem übelmachenden Sakraljargon – die Sache gleich in römische Sicht: «Wir danken der heiligen und ehrwürdigen Synode, daß Ihr nach Verlesung des Briefes unseres heiligen und seligen Papstes vor Euch die heiligen Glieder durch Euere heiligen Stimmen und heiligen Ausrufe dem heiligen Haupte angeschlossen habt; denn Eure Seligkeit weiß sehr wohl, daß das Haupt . . . des ganzen Glaubens und der Apostel der selige Apostel Petrus ist.» (So viel Heiligkeit kann ja nur Lüge sein!) Und auch am nächsten Tag brachte Philippus

Roms Primatsvorstellungen zum Ausdruck. Aber Bischof Theodor von Ancyra unterlief diese Absicht sehr geschickt. Auch Kyrill selbst dachte nicht daran, sich zum Mandatar des Papstes machen zu lassen und hob schließlich wieder den Vorrang der älteren Synodalordnung hervor, die Zustimmung der Römer zum Beschluß der Synode (nicht etwa umgekehrt!), ohne daß man sich jedoch, auf beiden Seiten, in die Parade gefahren wäre. Jeder brauchte und benutzte den andern für seine Zwecke.[69]

Am 11. Juli bestätigte die päpstliche Delegation die Absetzung des Nestorios. Am 16. Juli erklärte das Mehrheitskonzil die Absetzung Kyrills und Memnons durch die Orientalen für unkanonisch und ungültig. Am 17. Juli exkommunizierte es den Patriarchen Johannes von Antiochien (nachdem er eine dreimalige Vorladung ausgeschlagen) samt Anhang und verfügte ihre Suspension von allen geistlichen Ämtern bis zu «eintretender Besserung». Jedes Konzil hatte so das andere recht christlich verflucht, jedes, auf höchsten Befehl, eine Delegation an den Hof geschickt und der Kaiser die Beschlüsse beider bestätigt. Ein Einigungsversuch scheiterte. Für Kyrill war gar der als heiligmäßig geltende Abt Dalmatius tätig geworden, der angeblich 48 Jahre seine Zelle nicht verlassen. Jetzt aber stellte er sich an die Spitze von Mönchshaufen und demonstrierte unter heiligen Gesängen und begleitet von gewaltigen Volksmassen vor dem Kaiserpalast, bis der unschlüssige Herrscher ihn empfing, der nun entscheiden sollte, mußte, doch länger schwankte. Anfang August erschien der Staatsschatzmeister (comes sacrarum largitionum) Johannes in Ephesus mit einem Schreiben seines Herrn, das Kyrill, Memnon und Nestorios absetzte, bis er selbst, Comes Johannes, als es in seiner Gegenwart bei einer Versammlung beider Parteien zum Streit kam, «um Unruhen zu verhüten», alle drei Hauptakteure, Kyrill, Nestorios und Ortsbischof Memnon, auch festsetzte, letzteren aparterweise in seinem eigenen Palais.

In dieser entscheidenden Phase des Konzils, auf dem Kyrill das Dogma von der «Gottesmutter» und «Gottesgebärerin», wie auch immer, einbrachte, «bahnte sich, aus Gründen, die zum Teil in Dunkel gehüllt sind, ein Umschwung in der Stimmung des

Hofes an» (Bibliothek der Kirchenväter). Denn Kyrill war bald der Haft entflohen und Ende Oktober wieder in Alexandrien, wo er seine Bewacher durch Aufnahme in den dortigen Klerus belohnte, vor allem aber durch seine Agenten in der Hauptstadt die Fortsetzung des Konzils auf seine Weise betrieb, sozusagen à la Kyrill. Denn nun goß der Mann, der weitaus am häufigsten, pathetischsten vom «Charismatischen in der Kirche» redet (K. Rahner SJ), den Papst Coelestin I. «meinen heiligen Bruder Cyrill» nennt, «bonus fidei catholicae defensor», «probatissimus sacerdos», «vir apostolicus», den Athanasius Sinaita «das Siegel der Väter» rühmt und dessen Name überhaupt in der Kirchen- und Dogmengeschichte fortlebt als der des auserwählten Werkzeugs, des großen Sachwalters, ja, Erretters der Orthodoxie, nun goß er verschwenderisch das Gold der alexandrinischen Kirche über den Hof. Er war von seinen Helfershelfern und Spitzeln durchsetzt, und der Heilige bestach Gott und die Welt, alles, was zu bestechen war, doch alles nur «zugunsten des bedrohten Glaubens» (Grillmeier SJ). «Letzte theologische Verhandlungen . . .» überschreibt Dominikaner Camelot (mit kirchlicher Druckerlaubnis) diesen Abschnitt – «. . . alles Dinge, auf die wir nicht im einzelnen eingehen wollen, weil sie das Konzil nicht unmittelbar berühren».[70]

Dafür verweilen wir noch etwas hier – zumal wohl kaum jemand glaubt, der Alexandriner habe den kaiserlichen Hof aus karitativen Gründen mit seinen «Eulogien» überschwemmt.

Der hl. Kyrill, durch Dekret der Ritenkongregation vom 28. Juli 1882 mit dem höchsten Titel der katholischen Kirche, «Doctor ecclesiae», ausgezeichnet – gebrandmarkt! –, spendierte, persönlich und durch andere, kaufmännisch großzügig und im rechten Augenblick alles aufs Spiel setzend, den Prinzessinnen, der Hofkamarilla, begehrte Straußenfedern, teure Stoffe, Teppiche, Elfenbeinmöbel. Er schob hohen Staatsbeamten riesige Summen zu, seine «bekannten Überredungsmittel», wie Nestorios spottet, dem der Spott freilich noch vergehen sollte, seine «goldenen Pfeile», Geld, viel Geld. Geld für die Frau des Prätorianerpräfekten, Geld für einflußreiche Eunuchen und Kammerzofen, die je bis zu 200 Pfund Gold bekamen, so daß der alexandrinische Stuhl, wiewohl schwerreich, noch eine Anleihe von 1500 Pfund Gold (100 000 Goldstücke) machen mußte, doch trotzdem nicht auskam und bedeutend verschuldete. (Als Kyrills Nachfolger Dioskor sein Amt antrat, fand er infolge dieser Bestechungen die Kassen leer.) Kurz, Kirchenlehrer Kyrill leistete sich, unbeschadet seiner Heiligkeit, im Gegenteil, diese derart gerade unter Beweis stellend, «Bestechungsmanöver größten Stils» (Caspar) – aber immerhin solche, schreibt Jesuit Grillmeier befriedigt, «die ihre Wirkung nicht verfehlten». Das Verzeichnis liegt vor, in den originalen Konzilsakten ist es nachzulesen, ein Brief von Epiphanius, Kyrills Erzdiakon und Sekretär (syncellus), an den neuen Patriarchen Konstantinopels, Maximian, die angeblich älteste Quelle, nennt die «Geschenke», eine beiliegende Liste hält sie genau fest, und Kirchenvater Theodoret, Bischof von Cyrus, berichtet darüber als Augenzeuge.[71]

Ein teures Dogma, kein Zweifel. Doch schließlich gilt es noch heute. Und der Erfolg heiligt die Mittel und hier, ganz buchstäblich, sogar die Erfolgs-Vermittler. Hat man sich ja auch sonst den Heiligen Geist sehr oft geneigt gemacht und die Theologie, das heißt das, was sie einbringt, einiges kosten lassen. Geld spielt beim Durchsetzen von Glauben und Gewalt verhältnismäßig früh mit – und dann erst recht. Jesuit Bacht streift beiläufig «die reichen Bestechungsgelder», womit «die Patriarchen von Alexandrien nie [!] kargten» – doch andere, römische etwa, ebensowenig! Kirchen- und «Ketzer»-Häupter haben damit operiert, sie bezahlt, eingesteckt, auch christliche Kaiser, wie bereits der erste, Konstantin, der nicht nur den Klerus mit Geld und Vergünstigungen überschüttete (I 224 f, 235 ff), sondern auch den Armen Spenden gab, um sie zu Christen zu machen.[72]

Und gewiß spielte es eine Rolle, daß das Dogma von der Gottesmutterschaft Mariens gerade in Ephesus zustande kam – am Hauptsitz der heidnischen Muttergottheit, der phrygischen Kybele, der ephesinischen Stadtgöttin Artemis, deren Wallfahrtskult die Epheser seit Jahrhunderten kannten. Artemis, als «Gebetserhörerin», «Retterin», ewig Jungfräuliche verehrt, besonders im Mai, verschmolz mit Maria – indes die letzten Anhänger der Göttin ihr Bild im Tempel bargen «und alle noch auffindbaren Stücke der zerbrochenen Säulchen und Hirschkühe sorgsam dazu legten, während der Bau von den Christen im heiligen Eifer niedergerissen wurde» (Miltner).[73]

Kyrill, dem die Welt – unter anderem – «die berühmteste Marienpredigt des Altertums» (Hom. 4) verdankt (Altaner), falls sie echt ist, was sogar auf katholischer Seite starken Bedenken begegnet, hatte seine «goldnen Pfeile» mitten ins Schwarze gesetzt. Selbst das fromme, bischöflich abgesegnete «Handbuch der Kirchengeschichte» kann nicht umhin, von «einer umfangreichen Geschenkaktion bei den einflußreichsten Persönlichkeiten der Hauptstadt» zu sprechen, wodurch der Patriarch «der alexandrinischen Kirche eine enorme Schuldenlast aufbürdete»; scheint aber zugleich pikiert darüber, weil dies «Nestorios später bitter als Bestechung charakterisierte» – als wäre es nicht eine der ungeheuerlichsten gewesen. Die Katholiken strapazieren da freilich, wie stets in hochpeinlichen Fällen, kaum minder hochpeinliche Ausflüchte. Theologe Ehrhard zum Beispiel subsumiert die riesigen Schmiergelder des Kirchenlehrers natürlich nicht «unter unseren heutigen Bezeichnungsbegriff», denn sonst müßte man ihn ja «auf das nachdrücklichste verurteilen», und das darf doch nicht sein. Also beschönigt er es als eine ganz bekannte zeitgenössische «Sitte ... nicht ohne Geschenk mit einer Bitte an eine [?] höher gestellte Persönlichkeit heranzutreten». Selbst für Ehrhard stände der Heilige allerdings «höher in unserer Achtung, wenn er sich dieser Sitte nicht gefügt, sondern sich einzig und allein auf die Güte seiner Sache verlassen hätte». Gerade das aber konnte er nicht.

Der Konstantinopler Patriarch jedoch verlor jetzt zusehends den Boden unter den Füßen. Die Stimmung am Hof schlug um. Kaiser Theodosius II., zeitlebens von seiner Umgebung abhängig, überdies eingeschüchtert von Kyrills terroristischen Mönchen sowie von jenem Brief Papst Coelestins vielleicht, der ihm eben damals, 431, Christus als den eigentlichen Herrn seines Reiches («imperii rector») einschärft, weshalb der Regent die Orthodoxie schützen, die Rechtgläubigkeit verteidigen müsse, wobei der Römer noch ausdrücklich die Priorität des Religiösen gegenüber allem «Weltlichen» betont – Kaiser Theodosius ließ Nestorios fallen, zumal dieser den Fehler machte, seine Abdankung anzubieten. Er verzichtete auf sein Bischofsamt und ersuchte nur, beim Herrscher dafür zu wirken, in allen Kirchen Edikte über die Verwerfung des «kyrillischen Geschwätzes» zu verkünden, um den Einfältigen kein Ärgernis zu geben. Am 3. September 431 ging Nestorios in sein altes Kloster bei Antiochien und erhielt am 25. Oktober den Presbyter Maximian als Nachfolger, eine Null, die Kyrill nicht gestört hat.

Dito den Papst. Coelestin begrüßte Maximians «Erhöhung», würdigte ihn eines Briefes ganz im Tonfall des Vorgesetzten und richtete ein langes Hirtenschreiben an die Kleriker Konstantinopels, als ständen sie alle unter seinem Kommando. Und am 15. März 432 fiel er noch einmal über den entthronten Nestorios her. Er verglich ihn mit Judas, wobei dieser besser abschnitt. Er geißelte seine «Gottlosigkeit», war aber so vorsichtig, «seiner Perfidie nicht den Namen ‹Irrglaube› » zu geben, denn «nicht jede Gottlosigkeit ist Irrglaube»; ein sehr deutungsfähiges Wort. Und während er Nestorios einen «Sünder» schimpfte mit «umnebelten Blick», setzte er sich selber ins schönste Licht. «Mir selbst», schrieb der Papst, «vindiziere ich das größte Teil, dank der Hilfe der ehrwürdigen Trinität, an der Wiederherstellung der Ruhe [!] der gesamten Kirche und dem Gipfel der gegenwärtigen Freude; denn ich war es ... Ich warf den Samen ...» Und: «da dieses Geschwür aus dem Leibe der Kirche zu schneiden die furchtbare Fäulnis rätlich erscheinen ließ, da reichten wir mit dem Messer zugleich die heilende Binde.»

Auch Kyrill trompetete natürlich seinen Triumph in die Welt und ruhte nicht, bis sein verdammter Widersacher, der «reißende Wolf», der «neuerschienene Drache», «der tückische Mensch mit giftgeschwollener Zunge», der doch schon resigniert, sich jahrelang ruhig verhalten hatte, in seinen eignen Machtbereich kam. 436 zunächst nach Petra (Südpalästina: Wadi Musa) verbannt, wurde er schließlich in ein weltentlegenes, fast wasserloses Nest der ägyptischen Wüste (mit dem bezaubernden Namen «Oasis») gebracht, einem Aufenthaltsort für mißliebig gewordene Hofbeamte und Strafgefangene. Von den Spähern des Heiligen bewacht, in primitivsten Verhältnissen, doch innerlich ungebeugt und sich noch bei Lebensende für rechtgläubig haltend, vegetierte Nestorios einsam und vergessen dahin, verschleppt, mehrfach umgesiedelt, bis er, nach einem vergeblichen Gnadengesuch, um 451 vermutlich in der Gegend von Panopolis (Oberägypten) starb. Der Welt hinterließ er Erinnerungen, das «Buch des Heraklides», seine (1910 edierte) leidvolle Autobiographie, worin er Parallelen zum Schicksal seines Vorgängers Johannes Chrysostomos, auch zu Athanasius zieht und zu Flavian.[74]

Nestorios war dem Zusammenspiel von Alexandrien, Rom und zuletzt auch dem Hof erlegen. Papst Coelestin I. hatte Theodosius beschworen, Beistand zu leisten, um die eigene Herrschaft desto dauerhafter zu machen. Und nach dem Konzil feierte er den Monarchen fast überschwenglich, nannte sein Reich mit dem Propheten ein «Reich für alle Ewigkeit». Dieser Ruhmestitel werde ihm bleiben, «keine Zeit und kein Altern wird ihn auslöschen. Denn ewig ist, was aus Liebe zum ewigen König geschieht». Das entsprach zwar ganz seinem früheren Wort: «Glückselig das Kaisertum, das dem Dienst an Gottes Sache ergeben». In Wahrheit freilich ist dann nicht das Kaisertum glückselig, sondern das Papsttum. Und so soll es auch sein. *Nur darum geht es ja!* Weshalb da auch jede Härte, Gemeinheit, Niedertracht selbstverständlich ist. Betont Walter Ullmann doch mit Recht, es sei der Papst gewesen, der den Kaiser bat, den durch Bischofsspruch bereits verdammten Nestorios jetzt auch von der Gesellschaft auszuschließen – für Johannes Haller ein Zeichen, «wie sehr noch der Gestürzte gefürchtet und gehaßt wurde», dem man sogar ein Wiederaufrollen des pelagianischen Streits zugetraut hatte.[75]

Konzilschronist Camelot aber präsentiert uns ein typisch katholisch-theologisches Resümee. Ausgehend von der Frage, welches denn nun das «richtige Konzil von Ephesus» gewesen, meint er zunächst: Viele moderne Historiker sähen in dieser

Synode «nur eine recht traurige Angelegenheit», eine «beklagenswerte und verwickelte Tragödie», vom alexandrinischen «Pharao» inszeniert (Zitat übrigens eines berühmten, freilich nicht ganz ungerupft gebliebenen Katholiken, des Kirchengeschichtlers Louis Duchesne), und äußert, tatsächlich fühlten sich «auch noch heutzutage sehr viele Wissenschaftler, ja sogar gute, die durchaus nicht alle häretisch sind, dazu getrieben, das Verhalten Cyrills bei dieser ganzen Angelegenheit und dadurch auch das Konzil selbst, streng zu beurteilen, ja sogar ‹in Verruf zu bringen›». Nicht selten meint man, Camelot selber neige dazu, führt er doch gewichtige Gründe für das Konzil des Nestorios und Johannes an und gewichtige gegen das von Kyrill, dessen Anfechtbarkeit und Anstößigkeit «völlig außer Zweifel» stehe. Dann freilich schreibt er: «Die Gegenwart der römischen Legaten genügt aber, um dem Konzil Cyrills den ökumenischen Charakter zu sichern, welcher der Synode der orientalischen Bischöfe abging. So stand Cyrills Konzil und nicht das des Johannes in Gemeinschaft mit dem Papst».

Womit sich einmal mehr, wie tausendmal in der Historie, erweist: man braucht bloß gemeinsame Sache mit dem Papst zu machen, und schon wird aus Unrecht Recht. Gleichwohl sagt Camelot, manche sprächen von der «Räubersynode von Ephesus», die nicht mehr wert sei als die von 449 (S. 220 ff). Ja, Horst Dallmayr nennt in seinem Buch «Die großen vier Konzilien», erschienen im katholischen Kösel-Verlag, diese Versammlung, auf der die päpstlichen Legaten doch «alles kanonisch und der kirchlichen Regel entsprechend» befanden, «ein Fiasko», das «ärgerlichste Konzil der Kirchengeschichte».[76]

Heute gibt es in Ephesus nur noch ein paar christliche Denkmäler, die einstige Konzilskirche ist eine Ruine, und in Izmir, weit und breit die größte Stadt, leben unter rund 450 000 Einwohnern etwa 2000 Christen.[77]

Die «Union», ein fast unglaublicher Glaubenshandel, und Kyrills Gaunerstück mit dem Mönch Viktor

Als aber der Wind wieder umschlug, im ganzen Osten Proteststürme begannen, gab Kyrill, dessen Gold und Gerissenheit inzwischen gesiegt, fast alles, was er in Ephesus theologisch vertreten, um seiner Stellung willen wieder preis. Die beiden Synoden – Papst Coelestin hatte zur erfolgreichen Konzilsarbeit im März 432 mehrfach gratuliert – waren in Wirklichkeit völlig unversöhnt geschieden. Doch nach einigem Hin und Her kapitulierte Kyrill bereits 433 dogmatisch. Er gab beträchtliche Teile seiner Terminologie auf und unterzeichnete ein Glaubensbekenntnis als Unionsformel, das auch Nestorios weitestgehend, wenn nicht ganz akzeptiert haben würde. Nun nämlich ließ er die Unterscheidung zwischen den menschlichen und göttlichen Eigenschaften Christi, die er vordem verworfen, gelten und bekannte sich zu einer typisch zweideutigen Kompromißformel: Christus wahrer Gott und wahrer Mensch in «unvermischter Einheit»; und dementsprechend auch Maria Gottesmutter. «Das hätte am Ende auch Nestorius unterschreiben können» (Haller). Ja, heute gibt es auch für den sich als Christ bekennenden Horst Dallmayr «nicht mehr viele Leute, die bezweifeln, daß Nestorius dieses Unions-Symbolum von ganzem Herzen unterschrieben hätte. Er kam nur nicht in die Lage, denn ihm wurde es nicht vorgelegt.» Es war der Wortlaut eines Protestschreibens gegen Kyrills «Anathematismen», eines Symbolums wahrscheinlich aus der Feder Theodorets von Cyrus, das die mit Nestorios verbündeten Antiochener schon 431, Wort für Wort, in Ephesus aufgestellt und an den Hof geschickt hatten! «Es freue sich der Himmel, es frohlocke die Erde», rief Kyrill Johannes nun zu. Und als Gegenleistung für seine Unterschrift anerkannten die Antiochener jetzt, darauf insistierte Kyrill allerdings weiter, weil nur dies für ihn entscheidend war, die Weihe des neuen Patriarchen von Konstantinopel, Maximian, und – von Seeberg mit einem «moralischen Selbstmord» verglichen – die Verdammung seines Vorgängers Nestorios.

Dabei lehrten sie dasselbe wie er! Hatten sie noch auf der Rückreise von Ephesus, in Tarsus, in Antiochien selbst, aus heller Empörung auf zwei Synoden ihren Hauptgegner Kyrill als Apollinaristen verurteilt, ein auch in ihren Streitschriften stets wiederkehrender Schimpf, und den hl. Kirchenlehrer samt Gefolgschaft aus der Kirche ausgeschlossen. Bischof Alexander von Hierapolis forderte nach wie vor seinen Widerruf der Anathematismen. Ja, eine Oppositionsgruppe, unter Führung der Bischöfe Helladius von Tarsus und Eutherius von Tyana, drang bei dem neuen Papst Sixtus III. auf eine Verurteilung des Alexandriners. Ganze Provinzen fielen von Johannes ab. Kaiser Theodosius aber konnte den Pfaffenstreit nicht brauchen. Er schaltete Symeon den Styliten ein, den in alter und neuer Zeit (durch Gibbon, Tennyson, Haller) vielverspotteten, von der Kirche jedoch hochgerühmten Heiligen, der erst sieben Jahre auf einer kleinen, dann dreißig Jahre auf einer großen Säule stand, angeblich ganze Völkerstämme dem «Götzendienste» entriß und überhaupt eine solche Menge außerordentlichster Wunder wirkte, daß es auch für Katholiken «an's Unglaubliche» grenzt (Wetzer/Welte). Gegenüber dem Klerus freilich war Symeon, der so wunder- und gesichtsreiche, den einst doch sogar die eignen Mönche im Kloster von Teleda verfolgt, offensichtlich machtlos. Und selbst als ein Sonderbeauftragter des Theodosius, der nach Antiochien geschickte Tribun und Notar Aristolaos, die Verurteilung des Nestorios samt seiner Schriften verlangte, widersetzten sich die Orientalen weiter auf einer Synode. Erst nachdem Patriarch Johannes den «weltlichen Arm» angerufen und die Beamten des Kaisers scharf durchgegriffen hatten, unterzeichnete der syrische Episkopat die Verdammung des Nestorios, ausgenommen eine um den nestorianischen Metropoliten Alexander von Hierapolis gescharte schwache Minderheit, die entthront und auf Veranlassung des Patriarchen nach Ägypten exiliert worden ist. Wieder einmal siegten Korruption und Gewalt. Johannes aber, der 431 in Ephesus mit all seinen Prälaten Kyrill abgesetzt, schrieb nun: «Wir stimmten (den orthodoxen Bischöfen in Ephesus) zu, indem wir Nestorius absetzten . . .!»[78]

Es war ein fast unglaublicher, die «Union» genannter Handel zwischen den Patriarchen Kyrill und Johannes, wobei zwei Päpste ihre Hand im Spiel hatten: Coelestin I., der inzwischen tot war, und sein Nachfolger Sixtus III., der Johannes mit an Zynismus grenzender Selbstgefälligkeit schrieb: «Durch den Ausgang dieser Sache hast Du erfahren, was es bedeutet, mit uns eines Sinnes zu sein» (und in Erinnerung an das Konzil die von ihm umgebaute Basilika Santa Maria Maggiore mit Marienmosaiken schmückte).

Mehrere Bischöfe außerhalb von Kyrills Machtbereich attakkierten ihn freilich heftig, Succensus von Diocaesarea etwa oder Valerian von Tarsus. Doch sogar ein Teil seiner eignen Anhänger, darunter einer seiner ersten, Acacius von Melitene, ein scharfer Antipode des Nestorios, wurden derart skandalisiert, daß Kyrill Vorwürfe einstecken, Erklärungen abgeben, kurz, arg und skrupellos lavieren mußte, um sie nicht zu verlieren; während Johannes, den doch eine alte Freundschaft mit Nestorios verbunden, als dessen Verräter erschien. Immer mehr standen überhaupt die Antiochener als Angeklagte da, indes Kyrill und Alexandrien, als die stärkere Potenz, triumphierten. Kurz darauf ließen Theodosius II. und Valentinian III. alle Schriften des Nestorios verbrennen. «Siehe, geliebter Bruder», so rühmte Papst Sixtus dem antiochenischen Patriarchen die «allergnädigsten und allerchristlichsten Kaiser», «wie wachsam sie sich der Sache der Religion hingegeben haben; keine Rast im Überlegen haben sie gekannt und sich um weltliche Dinge nicht gekümmert, wenn sie nicht den himmlischen (zuvor) genug getan hätten . . . Sie haben sich für Dessen Sache eingesetzt, der sich ihrem Imperium niemals versagt hat. Sie wissen, daß sie ihre Fürsorge Dem leihen, der sie mit reichen Zinsen heimzahlt. Darüber ziemt uns Lobpreis, da wir dem himmlischen König die irdischen Herrscher verbündet sehen.»

Thron und Altar! «Gib mir, o Kaiser, die Erde gereinigt von den Ketzern, und ich will Dir den Himmel dafür geben. Vernichte Du mit mir die Irrgläubigen, so will ich mit Dir die Perser vernichten!» So hatte Nestorios in seiner Antrittspredigt gerufen

(S. 157). Nun war er selber «Ketzer» und vernichtet. Mit Ausnahme des (in syrischer Übertragung vorliegenden) «Liber Heraclidis» sind fast nur Fragmente von ihm erhalten, obwohl er selber kein «Nestorianer» war und der bald in Chalkedon (S. 229 ff) als orthodox verkündeten Formel gar nicht fernstand. Bis zuletzt hat er sich für «rechtgläubig» erklärt – schon Zeitgenossen sprachen von einer «Nestoriostragödie». Und tatsächlich konnte er bis heute nicht als «Ketzer» erwiesen werden. Namhafte Forscher suchten ihn zu rehabilitieren. Dogmengeschichtler Reinhold Seeberg hat Nestorios' Glauben nach dem «Liber Heraclidis», der Kyrill scharfzüngig kritisiert und die eigne Position aufzeigt, erläutert und faßt zusammen: « ‹Häretisch› ist an dieser Lehre in der Tat nichts . . . Sie kommt in dem Resultat völlig mit Leo und dem Chalcedonense überein. Der Unterschied besteht nur darin, daß letztere es an allgemeinen Anklagen und Behauptungen haben genug sein lassen, während Nestorius ebenso sorgfältig die Gegner widerlegt als seine Auffassung entwickelt hat. Man sagt kaum zu viel, wenn man sein Buch als den bedeutendsten und scharfsinnigsten Versuch zur Lösung des christologischen Problems bezeichnet, den die alte Kirche hervorgebracht hat.» Inwieweit er wirklich «häretisch» gelehrt habe, schreibt Katholik Franzen, «bleibt bis heute unklar». Vor allem weil man auf dieser Seite einen schweren Irrtum, ein Verbrechen, selten eingesteht.

Die Nestorianer aber, jetzt öffentlich verfolgt, flohen in Scharen ins Perserreich. Dort, wo man sie gut aufnahm, schwächten sie die schon schwache Catholica weiter. 485 schleuderten die Oberhäupter beider Kirchen, der Nestorianer Barsumas von Nisibis und Katholikos Babuäus von Seleukia, gegeneinander den Bann. Babuäus wurde noch im selben Jahr hingerichtet. Die Nestorianer jedoch, seit der Synode von Seleukia 486 offiziell von den Katholiken getrennt, breiteten sich mächtig aus. Da sie scharf auch die Monophysiten bestritten, führte dies zwar zu neuen Kämpfen. Gleichwohl expandierten sie, erreichten um das 6. Jahrhundert Ceylon und die Türken Zentralasiens, im 7. Jahrhundert, entlang der Seidenstraße, China, wo man das Christentum fast zwei Jahrhunderte geduldet hat. Viele überquerten, schreibt der eifrig zur Mission treibende Katholikos Timotheus I. (780–823), «die Meere nach Indien und China und nahmen nur Stab und Beutel mit». Im 14. Jahrhundert bedingte der Mongolensturm aber einen jähen und starken Rückgang. Im 16. Jahrhundert schlossen sich zahlreiche Nestorianer als unierte sogenannte Chaldäer und Malabarchristen Rom an. Im 17. Jahrhundert wurden viele Nestorianer Monophysiten (Jakobiten). Doch noch im 20. Jahrhundert gibt es eine (kleine) nestorianische Kirche in Irak, Iran, Syrien, gibt es über 100 000 Nestorianer in Kurdistan, etwa 5000 Nestorianer in Indien und 25 000 Nestorianer in den USA. Indes blieb Nestorios der gottverdammte «Ketzer», während schon das Konzil von Chalkedon, allerdings vielsagend genug, Kyrill als zweiten Athanasius feierte und mit dem Titel eines «Sachwalters des orthodoxen und makellosen Glaubens» schmückte.[79]

Tatsächlich war der Heilige völlig verschlagen, wie, kein Zweifel, sehr viele Kirchenfürsten, die indes nicht alle heilig, geschweige Kirchenlehrer werden. Doch wie gerissen der «Sachwalter» auch vor der Beseitigung seines Gegners gekämpft – angeblich um den Glauben, nicht um die Macht –, jetzt, da er die Macht hatte, schien der Glaube nicht mehr so wichtig. Drohte er noch unlängst dem Nestorios mit dem Herrn: «Glaubt nicht, ich sei gekommen, Frieden in die Welt zu bringen; nicht den Frieden wollte ich bringen, sondern das Schwert», so eröffnete er nach der Vernichtung des Nestorios im Frühjahr 433 Johannes von Antiochien, er sei «des Wortes des Herrn eingedenk: ‹Meinen Frieden gebe ich euch, meinen Frieden hinterlasse ich euch› ». Auch lehrte man ihn beten: «Herr, unser Gott, gib Frieden, denn damit hast du uns alles gegeben». Ja, nachdem er alles hatte![80]

Was vorher war, zählte nicht mehr. So dachte auch Johannes, der ihm schrieb: «Was die Gründe dieser Meinungsverschiedenheiten anbelangt, brauchen wir in diesen Friedenszeiten nicht näher darauf einzugehen». Ganz ähnlich repliziert Kyrill: «Auf welche Weise die Spaltung eingetreten war, braucht nicht dargelegt zu werden. Ich halte es vielmehr für angebrachter, das zu denken und zu sagen, was für die Zeit des Friedens paßt.» Und da konnte er sich jetzt schnell «voll und ganz davon überzeugen . . ., daß die Spaltung der Kirchen durchaus gegenstandslos und darum nicht mehr angebracht ist». Auch glaubensmäßig stimmte nun alles. Von dem «geliebten Bruder und Amtsgenossen Johannes» mit «einem untadeligen Glaubensbekenntnis» beglückt, kann er nach diesen «heiligen Worten» nur «feststellen, daß wir so denken wie Ihr. Denn es ist eben ‹*ein* Herr, *ein* Glaube, *eine* Taufe› (Eph. 4,5)». Ja, jetzt scheint alles in Butter. Kyrill, der große Glaubensstreiter, der Sachwalter der Orthodoxie, bestand nun nicht mehr auf alexandrinischen Schulausdrücken, sondern übernahm die Glaubensformel einer gemäßigten antiochenischen Christologie. Er bekundete plötzlich «einen hohen Grad von Versöhnlichkeit» (Katholik Ehrhard). Und die Nörgler, Tadler, «Unverständigen», die «Irrlehrer», die Leute voller «Torheit» und «Märchen», alle, «die gewöhnt sind, das Rechte zu verkehren», den Heiligen Geist zu «verdrehen», alle, die «nach Art wilder Wespen umhersummen und böse Reden gegen mich im Munde führen», ja, die müssen «dem Gelächter preisgegeben werden», ihnen muß man «den Mund stopfen». Sie laden «auf ihr Haupt ein unauslöschliches Feuer».[81]

Der Unionshandel macht evident, wie wenig Kirchenlehrer Kyrill der Glaube galt. War er doch auch am pelagianischen Streit, der seine Machtgier nicht betraf, offenbar kaum interessiert, während Papst Coelestin – der sich in der Apiarius-Affäre (S. 84 ff) nicht einmal gegen die katholischen Bischöfe Afrikas durchzusetzen vermochte – die Pelagianer in Gallien, Britannien, bis ans Ende der damaligen Welt, bis nach Irland, verfolgte, ehe er selber «selig in dem Herrn» entschlief (Gröne).[82]

Und dem «Unions»-Handel entspricht das – wenn man so will – kleinere Gaunerstück mit dem Mönch Viktor.

Viktor, vermutlich Abt, war einer der Ankläger Kyrills aus dem «Dreckhaufen Alexandriens», deren Beschwerden Anlaß des Konzils gewesen, einer der gefährlichsten, der sich besonderer Achtung erfreute. Seine Anklage wurde in Ephesus niedergeschlagen. Nun, nach Kyrills Sieg, bangte Viktor um seine Existenz.

Andererseits aber hatte auch Kyrill Ansehen und Wissen des Mönchs, der selbst dem Kaiser so imponierte, noch immer zu fürchten. So fand sich Viktor jetzt bereit zu der Erklärung, Kyrill nie angeklagt zu haben. Er erhärtete diese unglaubliche Lüge durch einen Eid, worauf er in sein alexandrinisches Kloster zurückkehren konnte. Und Kyrill, der hl. Kirchenlehrer, tat nicht nur so, als ob er dem Schwur Glauben schenkte, sondern spielte die beeidigte Lüge «als stärksten Trumpf» in einer eigenen Verteidigungsschrift gegen den Kaiser aus. Wic cr selber, sagte er, sei auch Viktor verleumdet worden. Er habe ihn, seinen Patriarchen, nie angeklagt. So standen beide zuletzt makellos da.[83]

Der Alexandriner hatte durch das Konzil von Ephesus einen ungeheueren Triumph errungen, weniger theologisch als, der eigentliche Sinn der Sache, kirchenpolitisch. «Das Konzil», betont Heinrich Kraft, «hatte seine Bedeutung darin, daß es schließlich klar zur Verurteilung des Nestorius führte; dagegen trug es nur wenig zur Klärung des christologischen Dogmas bei». Es war vor allem ein Sieg über den Patriarchen Konstantinopels, der Hauptstadt, aber auch über die wenigstens zunächst zu Nestorios stehende Regierung. Das Patriarchat von Alexandrien, seit Athanasius im Aufstieg begriffen, erreichte jetzt den Höhepunkt seiner Macht. Kyrill wurde der Führer der östlichen Kirche, ja, er erhob «seine weltliche Gewalt in Ägypten über die der lokalen kaiserlichen Vertreter» (Ostrogorsky).[84]

Der hl. Kyrill als «Ketzer»-Verfolger und Initiator der ersten «Endlösung»

Die ganze horrende Herrschsucht dieses Heiligen aber wird – typisch freilich für den Katholizismus generell – unter dem Vorwand des Glaubenskampfes befriedigt; wobei immerhin Kyrills Opera, trotz verschiedener Verluste, zehn Bände der Patrologia Graeca füllen, ein Umfang, den unter allen alten Kirchenvätern nur Augustinus und Johannes Chrysostomos übertreffen.

Unentwegt sieht Kyrill die «Kirche Gottes» durch so «viele Ketzereien», durch die «verruchten und gottlosen Lehren» anderer Christen bedroht, «Gottloser», die «aber auch sehr schnell in die Tiefe der Unterwelt stürzen», in «die Schlinge des Todes», falls sie nicht – dazu half er – «schon in diesem Leben ein schmähliches Ende» nehmen. Nur vor dem Hintergrund seiner Machtbesessenheit wird die oft so ermüdende, betäubend formlose Flut seines Schimpfens verständlich. Das Verteufeln aller andersgläubigen Christen schon der ersten Jahrhunderte (I Kap. 3) setzt er eher massiver fort, dabei ganz in den Fußstapfen seines berüchtigten Vorgängers und Lehrmeisters wandelnd, des hl. Athanasius, «unseres seligen und hochberühmten Vaters», den er zwar nicht an Starrsinn, doch an Brutalität überflügelt und an stilistischem Unvermögen zumindest erreicht. Selbst auf katholischer Seite findet man in Kyrills Sprache und Darstellung «nicht viel Anziehendes», was kein Zufall sein kann. Man nennt seinen Ausdruck «matt und weitschweifig und doch auch wieder schwülstig und überladen» (Bibliothek der Kirchenväter), kurz, seine Schriften «nehmen literarisch keinen sehr hohen Rang ein» (Altaner/Stuiber) – schonend gesagt.

Wer nicht will wie er, kann eigentlich nur «Ketzer» sein. Dem unterstellt er «Unverstand», «übergroße», «maßlose Unwissenheit», «Verkehrtheit und Verderbtheit» – denn wer anders lehrt, ist immer auch moralisch schlecht –; dem wirft er «Ärgernis» vor, «Lästerungen», «Wahnwitz», «Gaukelei und leeres Geschwätz», «auf die Spitze getriebene Torheit». Solche Leute sind «im höchsten Grade frevelhaft», «mit Fug und Recht Verdreher und Verleumder», «gleichsam trunken», «vom Rausche benebelt», zersetzt von der «Hefe der Schlechtigkeit», «sehr erkrankt an Unkenntnis Gottes», voller «Tollheit» und Lehren «teuflischen Ursprungs». «Sie verfälschen ja den uns überlieferten Glauben, gestützt auf die Erfindung des neuerschienenen Drachen», das heißt hier des Nestorios.[85]

Kyrill findet oft kaum ein Ende mit solchen Schmähkanonaden, wie sie einem Heiligen allerdings zustehn. Und natürlich fordert er – jetzt an die Adresse des Imperators: «Fort also mit dem Brechergußjener Menschen . . .» «Fort also mit allem Geschwätz und leerem Gerede, mit allem Irrwahn und Trug aufgeputzter Worte!» Wie nämlich Nestorios schon in seiner Antrittspredigt dem Kaiser zurief: «Vernichte mit mir die Ketzer . . .» und noch im Mai 428 ein Edikt gegen sämtliche «Häresien» erwirkte, so war auch für Kyrill die «Ketzer»-Ausrottung selbstverständliche Herrscherpflicht. Denn, droht er mit dem Alten Testament, «wenn sie sich nicht bekehren, wird der Herr sein Schwert gegen sie funkeln lassen». Der Herr war nicht nur der Kaiser, der Herr war vor allem auch Kyrill.

So ging er gleich nach seiner Bischofswahl am 17. Oktober 412 scharf gegen die bisher tolerierten und durchaus «rechtgläubigen» Novatianer vor. Als besonders sittenstreng konnten sie gerade Kyrill nicht imponieren. Im offenen Kampf gegen den kaiserlichen Statthalter ließ er ihre Kirchen gewaltsam schließen, sie selber austreiben und, ein weiterer Verstoß gegen das Staatsgesetz, ihr Vermögen ebenso in seiner Tasche verschwinden wie das Privatvermögen des novatianischen Bischofs Theopemptos. Kyrill, rühmt die «Bibliothek der Kirchenväter», gibt so mancher Sekte «den Todesstoß», freilich mit der «Feder», seiner «Hauptwaffe», meint man hier. «O der Tollheit!» ruft er immer wieder. «O des Unverstandes und des verrückten Sinnes». «O des Altweiberverstandes und des erschlafften Geistes, der nur noch plappern kann . . .» Ja, «Häretiker» haben bloß «gottlose Erfindungen», «abscheuliche Fabeln», «reinsten Blödsinn». Und sie stehen stets auf dem «Gipfel der Schlechtigkeit». «Wahrhaftig, ein geöffnetes Grab ist ihre Kehle . . ., Otterngift ist unter ihren Lippen». «Werdet nüchtern, ihr Trunkenen, von eurem Rausche!»[86]

Kyrill hat auch die Messalianer (vom syr. mṣallyānē = Betende, deshalb griechisch Euchiten genannt) verfolgt: Asketen anscheinend meist der unteren Volksschichten, mit langem Haar und Bußgewand, die sich der Arbeit enthielten und Christus in Entsagung, in völliger Armut zu dienen suchten. Dabei pflegten sie das Zusammenleben von Männern und Frauen als Ausdruck der «Brüderlichkeit», was den Katholiken besonders mißfiel. Nachdem man sie bereits früher verurteilt hatte, ließ Kyrill in

Ephesus noch einmal ihre Lehren, ihre Praktiken verdammen und sie selbst damit in den Untergrund treiben. Natürlich beteiligten sich auch viele andere an der Jagd. Patriarch Attikus von Konstantinopel (406–425), den Papst Leo I. lobt, die griechische Kirche als Heiligen verehrt (Fest: 8. Januar und 11. Oktober), fordert die Bischöfe Pamphyliens auf, die Messalianer wie Ungeziefer und Mäuse zu vertreiben. Patriarch Flavian von Antiochien läßt sie aus Edessa und ganz Syrien verstoßen. Bischof Amphilochios von Ikonion verfolgt sie in seiner Diözese ebenso wie Bischof Letoios von Melitene, der ihre Klöster anzündet; für Kirchenvater Bischof Theodoret: «Räuberhöhlen». Gleichwohl lebten die Messalianer noch im Mittelalter in den Bogumilen wieder auf.[87]

Wann immer aber Kyrill angreift – auch dies typisch für Klerus-Politik durch zwei Jahrtausende –, stets steht ein Abgrund von Irrtum, Tollheit, Blödsinn, Wahn auf der einen Seite. Und auf der andern die makellose Rechtgläubigkeit, er selber, dessen «weise und verständige Darlegung in keinem Punkt einem Tadel unterliegt», wie er sich bescheiden selbst bescheinigt. Immer gehören er und die Seinen zu jenen, die ihren Glauben «auf den unerschütterlichen Felsen fest gegründet haben, die Frömmigkeit bis ans Ende bewahren ... und über die Ohnmacht der Gegner lachen. ‹Mit uns ist Gott ...›». Immer leuchtet da der «Glanz der Wahrheit», und strotzt dort alles von «Unverstand und Irrsinn», predigt man «gleichsam im Schlafe und im Rausche», kennt man «weder die Schriften noch die Macht Gottes! Schlaft deshalb, wie es recht ist, euren Rausch aus ...»[88]

«Das schönste Zeugnis seines edlen Sinnes ist», rühmt Kyrill eine mit kirchlicher Druckerlaubnis unter Hitler sehr hoch aufgelegte «Sonderausgabe», «daß er auch im Kampf das Gebot der Bruderliebe zu wahren suchte und trotz seiner angeborenen Heftigkeit sich auch durch die niederträchtigsten Gehässigkeiten seines Gegners nicht zu einem Bruch der Selbstbeherrschung verleiten ließ». Erscheint doch auch einem neueren Forscher dieser Heilige als «ein Intellektueller vom ausgesprochen zerebralen Typus» und seine Bekämpfung der «Häresie» noch «so zurückhaltend» (Jouassard) – zumindest neben seinen Attacken auf Heiden oder gar Juden![89]

Patriarch Kyrill, der bei letzteren «jedes Verständnis für das Geheimnis» des Christentums vermißt, von ihrem «Unverstand», ihrer «Krankheit» spricht, sie geistig «erblindet» nennt, «Kreuziger», «Herrenmörder», behandelt sie in seinen Schriften «noch schlechter . . . als das Heidentum» (Jouassard). Doch nicht nur literarisch, wie die meisten alten Kirchenväter (I Kap. 2), auch wirklich schlug er zu. Schon 414 beschlagnahmte der Mann «von außergewöhnlicher Tatkraft», dieser «Charakter aus einem Guß» (Katholik Daniel-Rops), sämtliche Synagogen Ägyptens und machte daraus christliche Kirchen. Auch in Palästina wurden seinerzeit die Juden immer mehr unterdrückt, die Synagogen von fanatischen Mönchen niedergebrannt. Und als Kyrill in Alexandrien selbst, wo viele Juden wohnten, ihre Führer zu sich befahl und bedrohte, soll es auf jüdischer Seite zu Greueltaten gekommen sein, einem nächtlichen Massaker, das nach Quellenlage weder beweisbar noch grundsätzlich zu bestreiten ist. Jedenfalls ließ der Heilige nun, ohne jede Befugnis, unter seiner Führung die Synagoge von einem riesigen Volkshaufen stürmen, zerstören, das Eigentum der Juden wie im Krieg plündern und sie selbst mit Weib und Kind vertreiben, ohne Habe, ohne Nahrung, angeblich mehr als 100 000, vielleicht 200 000 Menschen. Die Ausweisung war total, die seit 700 Jahren bestehende alexandrinische Judengemeinde, die größte der Diaspora, ausgerottet – die erste «Endlösung» in der Kirchengeschichte. «Mag sein, daß dies Vorgehen Cyrills», heißt es in der «Bibliothek der Kirchenväter», 1935, «von Rücksichtslosigkeit und Gewalttätigkeit nicht ganz freizusprechen» ist.

Als Orestes, der kaiserliche Statthalter, sich sofort in Konstaninopel beschwerte, eilte eine Horde von Wüstenmönchen des Heiligen heran, «den Geruch von Blut und Frömmelei schon von ferne riechend» (Bury), beschimpfte Orestes, der in Konstantinopel getauft worden war, als Götzendiener, Heiden und ging tätlich gegen ihn vor. Man verwundete ihn durch einen Steinwurf am Kopf und hätte ihn vermutlich getötet, wäre nicht das Volk für ihn eingetreten. Dem auf der Folter sterbenden Attentäter Ammonios erwies Kyrill die Ehren eines Märtyrers, für den ihn nicht einmal alle Christen hielten. Ja, er verherrlichte den Mönch in einer Predigt – und ließ seine Schlägertruppe, die ein kaiserlicher Erlaß vom 5. Oktober 416 auf 500 reduzierte, bereits am 3. Februar 418 auf 600 erhöhen.[90]

Nach dem Foltertod des «Märtyrers» aber war man entsprechend stimuliert für die Ermordung des Hypatia.

Denn im Verlauf der alexandrinischen Tumulte wird im März 415, mit Kyrills Einverständnis und von ihm «aufgeputscht» (Lacarrière), die in der ganzen damaligen Welt bekannte und gefeierte heidnische Philosophin Hypatia geschlachtet: eine Tochter des Mathematikers und Philosophen Theon, des letzten uns bekannten Vorstehers der alexandrinischen Museion-Universität; eine Lehrerin des Kirchenvaters Bischof Synesius von Cyrene, der sie brieflich als «Mutter, Schwester und Lehrerin» apostrophiert, als «gottgeliebte Philosophin», die selbst christliche Hörer hatte. Wie denn, zum Groll Kyrills, auch der Praefectus augustalis Orestes gern mit ihr verkehrte. Nachdem der Patriarch jedoch das Volk aufgepeitscht, Hypatia in seinen Predigten als Zauberin diffamiert und erschwindelte Berichte über sie verbreitet hatte, wurde sie von den Mönchen des Heiligen, unter Anführung des Klerikers Petrus, hinterrücks überfallen, in die Kirche Kaisarion geschleppt, nackt ausgezogen, mit Glasscherben buchstäblich zerfetzt und der zerstückelte Leichnam öffentlich verbrannt – «die erste Hexenverfolgung in der Geschichte» (Thieß).[91]

Doch auch, ja, mehr noch, eine Heidenverfolgung. Und Patriarch Kyrill galt «allgemein als der geistige Urheber des Verbrechens» (Güldenpenning). Selbst der 1970 mit Imprimatur erschienene Sammelband «Reformer der Kirche» schreibt von einem der größten katholischen Heiligen: «Er ist zumindest [!] moralisch für den gemeinen Mord an der vornehmen Heidin Hypathia mitverantwortlich». Berichtet doch auch der christliche Historiker Sokrates, obendrein einer, der unter seinen Kollegen noch am meisten «Objektivität» erstrebt, die Tat werde vom Volk Kyrill und der Kirche Alexandriens zur Last gelegt. «So kann man überzeugt sein, daß die edle und hochgebildete Frau tatsächlich das prominenteste Opfer des fanatischen Bischofs geworden ist» (Tinnefeld). Das Heidentum besaß in Ägypten noch stärkere Positionen, als man meist glaubt. Es gab größere pagane Gruppen im sogenannten Volk, und es gab bedeutende antichristliche Persönlichkeiten in den Führungsschichten, besonders unter Intellektuellen.[92]

In den Heiden aber konnte Kyrill, der den Kampf seines Vorgängers und Onkels Theophil gegen sie fortsetzte, prinzipiell natürlich nichts andres sehen als in Juden. Sie mußten «zu Boden geschlagen» werden, wie das der von ihm gerühmte Josias tat, «der die Götzendiener mitsamt ihren Hainen und Altären verbrannte, alle Arten von Zauberei und Wahrsagerei ausrottete und die Schliche teuflischen Trugs unterdrückte». Kyrill versäumt nicht hinzuzufügen: «Auf diese Weise hat er seiner Regierung bei den Alten Anerkennung und Lobpreisung gesichert; und bis heute wird er bewundert von allen, die die Gottesfurcht zu schätzen wissen».[93]

Dieser hl. Verbrecher aber, ein Mann, der einerseits behauptet, die griechischen Philosophen hätten ihr Bestes von Moses gestohlen, andererseits selber Teile der eignen Sudate bei anderen abgeschrieben hat, ebenso langweilig meist wie gespreizt (dreißig Bücher allein «Gegen den gottlosen Julian»: je zehn wider je ein Buch von Julians «Gegen die Galiläer»!): Kyrill, vielfacher Lüge überführt, der Verleumdung des Nestorios, höchster Bestechung auch, schuldig der Enteignung zugunsten der Kirche und zu seinen Gunsten, der Verbannung, vieltausendfacher Austreibung brutalster Art, der Beihilfe zum Mord, dieser Teufel, der immer wieder von neuem bewies, welch «gefährliches Wagnis» es ist, so sagt er selbst, «sich mit Gott zu verfeinden und durch Abweichen vom Wege der Pflicht ihn irgendwie zu beleidigen», wurde schon bald «Verteidiger der Wahrheit» gerühmt, «feuriger Liebhaber der Genauigkeit». Der Initiator der ersten «Endlösung» christlicher Kirchengeschichte, der freilich noch viele «Endlösungen» folgen sollten, wurde «der vornehmste Heilige der byzantinischen

Orthodoxie» (v. Campenhausen), doch auch einer der strahlendsten Heiligen der römisch-katholischen Kirche, «doctor ecclesiae», Kirchenlehrer. Ist er ja noch nach Hitlers Judenvernichtung für Katholiken «in der ganzen Bedeutung des Wortes ein überaus tugendhafter Mann» (Pinay)! Dabei höhnte schon im 16. Jahrhundert der Katholik L. S. Le Nain de Tillemont dezent und mit dem auf dieser Seite so oft zelebrierten Zynismus: «Cyrill ist heilig, aber man kann nicht sagen, alle seine Handlungen seien gleichfalls heilig». Wie denn auch Kardinal Newman die «äußeren Taten» Kyrills, scheinbar irritiert, mit «seiner inneren Heiligkeit» komisch konfrontierte.[94]

Ein Forscher wie Geffcken freilich wird trotz seines Strebens nach Unvoreingenommenheit, trotz seines Bemühens, «in beiden Lagern das Gute» zu suchen, von Kyrill «immer wieder heftig» abgestoßen. Findet er ja da: «Fanatismus ohne echte, geschweige denn leuchtende Leidenschaft, Gelehrsamkeit ohne Tiefe, Fleiß ohne eigentliche Treue im kleinen, plumpe Rauflust ohne dialektische Übung und im allerletzten Grunde keine Ehrlichkeit im Kampfe . . .» Dies ist nicht nur Geffckens Meinung, sondern die wohl fast aller nichtkatholischen Historiker. Und das hat seine guten oder vielmehr bösen Gründe.[95]

Als der große Heilige starb, atmete ganz Ägypten auf. Ein vielleicht apokrypher, doch Kirchenvater Theodoret zugeschriebener Brief bekundet die allgemeine Erleichterung: «Endlich, endlich ist dieser schlimme Mann gestorben. Sein Abschied erfreut die Überlebenden, aber er wird die Toten betrübt haben.»[96]

Welche Kreaturen in der Umgebung des Patriarchen agierten, soll wenigstens ein Beispiel ausführlicher zeigen.

Schenute von Atripe (ca. 348–466!) als Klostervorsteher

Schenute (saïdisch = Sohn Gottes) war Begleiter Kyrills beim Konzil von Ephesus, wo er «eine hervorragende Rolle spielte» (Lexikon für Theologie und Kirche). Zuvor aber hütete er als Junge in Oberägypten das Vieh – häufig der Beginn einer großen christlichen Karriere. Er kam früh in das Weiße Kloster seines Onkels Pgōl, wurde dort oft schwer bestraft und hatte sich angeblich bald so dürr gefastet, daß, nach seinem Schüler Visa, «die Haut ihm an den Knochen klebte». Doch seit 383 leitete er selbst das Weiße Kloster bei Atripe in der Thebais, ein Doppelkloster, wo er zeitweise bis zu 2200 Mönche und 1800 Nonnen dirigierte. Selbst Johannes Leipoldt aber, Schenutes moderner Biograph, der seinen Helden so gern in Schutz nimmt und betont, er sei «mehr als ein harter Tyrann» gewesen, sieht ihn dann doch mit «reckenhafter Gewalt» unermüdlich «Heiden und Sünder» drangsalieren, ein Mann, «dessen Faust ebenso behend ist wie seine Zunge . . . ein starker Held». Scheute der «große Abt», «Prophet», «Apostel» ja weder handgreiflichen Betrug noch eigenhändigen Mord. Vielmehr konnte er seine Mönche selbst für kleinste «Vergehen», ein Lachen schon, ein Lächeln, jahrzehntelang barbarisch prügeln, gelegentlich auch einen erschlagen. Visas «Leben des Schenute» umschreibt dies regelmäßig mit dem eindrucksvollen Satz: «. . . die Erde tat sich auf, und der Frevler versank bei lebendigem Leib in der Hölle».[97]

Mißhandlungen sind bei theokratischen Gruppen besonders beliebt. Wird doch nicht nur der «Besserung» wegen oder zur Stärkung der eigenen «Autorität» geprügelt, sondern gleichsam magisch gereinigt, schädliches Miasma beseitigt. Schon im jüdischen Sakralrecht gab es die körperliche Züchtigung; doch sollten es nicht mehr als, immerhin, 40 Schläge, dann 39 sein. (Für das ägyptische Recht sind 100 Hiebe bezeugt, für das griechische 50 und 100.) In christlicher Zeit wird das Auspeitschen beibehalten, ja, häufig betrieben; wobei man allerdings – bezeichnend – beim Strafmaß den Stand der Personen berücksichtigt! Auch als Kirchenbuße kannte man die Geißelung. So verfügte die 16. Synode von Toledo (693) bei Götzendienst oder Unzucht Personen niederen Standes je mit 100 Hieben zu bestrafen. Doch stäupte man nicht nur die (niederen) Laien, sondern selbst die eignen Geistlichen, spätestens vom 5. bis ins 19. Jahrhundert! Ganz besonders stetig, innig aber schlug man in den Klöstern zu. Noch Jean Paul schreibt, daß «der katholische Novize zum Mönch geprügelt» werde.[98]

Schenute, zwischen Exaltation und tiefen Depressionen schwankend, hatte jede Kleinigkeit schriftlich geregelt, und jede Kleinigkeit behandelte er wie eine Staatsaktion. Doch kam es ihm nicht darauf an, «daß die für das Kloster *wichtigen* Gebote gehalten werden, sondern darauf, daß *sein* Herrscherwille in Geltung bleibt».[99]

Zwar erkennt er zuweilen die Barbarei seines Regiments, gesteht er, Gott rate ihm nicht, «diesen großen Krieg in dir zu führen», gelobt er, milder zu regieren, die Sünder dem Gericht des Himmels zu überlassen. Doch solche Regungen sind kurz. Er greift hart durch, rücksichtsloser vielleicht, vermutet Leipoldt, als die Klosterregel es vorschrieb. Jedes Vergehen mußte bekannt werden. Angeberei wurde begünstigt, dringend gefordert. Und er schlug höchst eigenhändig die Brüder, die sich oft vor Schmerzen auf dem Boden wälzten. Als einer seinen Torturen erlag, redete er sich sophistisch, nein: christlich heraus. War er doch ein «seiner Stellung sich wohl bewußter Charakter» (Benediktiner Engberding) – und wurde Heiliger der koptischen Kirche (Fest: 7. Abib = 1. Juli).[100]

Schenutes Roheit zeigt auch sein Verhalten gegen jene, die ihr Genitale absäbelten, «um rein zu werden». Zwar soll Sexualverkehr oder auch bloß ein «tätliches» Delikt die Strenge der Klausur meist unterbunden haben. Den Mönchen war es verboten, im Dunklen miteinander zu reden, den Nonnen verwehrt, selbst einen leiblichen Bruder auf dem Sterbebett zu sehn! Auch durfte ein heilkundiger Asket weder eine Frau behandeln noch ein männliches Glied. Um so üppiger aber wucherten die geilsten Phantasien. Und diese «Vergehen» kehren in den Sündenverzeichnissen des Weißen Klosters ständig wieder. Schnitten sich nun Skrupulöse, «um rein zu werden», den Penis ab, was die Kirche, bei allem verrückten Keuschheitswahn, verbot, warf sie der Heilige kurzerhand vors Tor. «Lege sie, so wie sie sich im Blute ihrer Wunde baden, auf ein Bett und bringe sie auf den Fahrweg ... Und sie mögen ein (abschreckendes) Beispiel oder Zeichen für alle Vorübergehenden sein». Ganz unbarmherzig ist er freilich nicht. Zumindest gestattet er – nur Erlaubnis jedoch, keinesfalls Gebot –, Selbstverstümmler um des Seelenheils willen nicht gleich beim Weißen Kloster krepieren zu lassen. Denn «wenn du es Gottes wegen willst, so übergib sie ihren Verwandten, damit sie nicht in unserer Umgebung sterben ...».[101]

Bloß die Nonnen verhaute der Abt nicht selber; er scheute wohl Versuchungen. Eine Art ständiger Gesandter, ein «Greis», vertrat ihn da. Und die «Mutter» des Klosters, die Vorsteherin, mußte ihm, dem «Vater», alle Straffälle melden, worauf er die Zahl der Schläge bestimmte. Nur Mädchen durften jederzeit ohne seine Einwilligung verdroschen werden. In beiden Klöstern gab es, wie in anderen, Kinder, wenn auch über ihr Dasein nicht viel mehr bekannt ist, als daß darin Prügelstrafen «eine Hauptrolle spielten»; «Kinder hatten ja im Weißen Kloster stets das Vorrecht, viel geschlagen zu werden». Ihr Elend in christlichen Klöstern verdiente gründliche Studien. Auch ihr Schicksal in (christlichen) Heimen noch heute![102]

Über die Prügel, die Abt Schenute den Nonnen zudachte, berichtet ein im Schrifttum des koptischen Mönchtums einzigartiger Brief:

«Theonoë, die Tochter des Apa Hermēf, von der ihr uns in der ersten Zeit berichtet habt, daß sie in böser Weise Verbrechen beging und daß sie stahl: dreißig Stockhiebe.

Die Schwester des Apa Psyros, von der ihr in der ersten Zeit uns berichtet habt, daß sie heimlich etwas wegtrug: zwanzig Stockhiebe.

Sophia, die Schwester des kleinen Alten, von der ihr uns berichtet habt, daß sie denen hartnäckig widersprach und entgegnete, die sie belehrten, und vielen (anderen) ohne Grund, und daß sie der Alten eine Ohrfeige ins Gesicht oder an den Kopf gab: zwanzig Stockhiebe.

Dschenbiktōr, die Schwester des kleinen Johannes, von der ihr uns berichtet habt, daß ihre Einsicht und Erkenntnis nicht vollendet sei: fünfzehn Stockhiebe.

Taēse, die Schwester des kleinen Pschai̯, von der ihr uns berichtet habt, daß sie zu Sansnō geeilt ist in Freundschaft und fleischlichem Gelüste: fünfzehn Stockhiebe.

Takūs, die Hrebekka heißt, deren Mund gelernt hat, in Lüge und Eitelkeit zu reden: fünfundzwanzig Stockhiebe.

Sophia, die Schwester des Zacharias: zehn Stockhiebe. Und ich weiß, weshalb man sie ihr geben wird.

Und ihre Schwester Apolle hätte es ebenfalls verdient, daß man ihr Stockhiebe gibt. Aber Gottes wegen und wegen der Fürsorge, die ihr zugewendet wird, verzeihen wir ihr diesmal, sowohl wegen jenes (verbotenen) Verkehrs, als auch wegen des Gewandes, das sie sich in eitler Lust anlegte . . . Denn ich weiß, daß sie es (Stockhiebe) nicht würde vertragen können, da sie sehr fett und dick ist . . .

Sophia, die Schwester des Joseph: fünfzehn Stockhiebe. Und ich weiß, weshalb man sie ihr geben wird.

Sansnō, die Schwester des Apa Hello, die welche sagt: Ich belehre andere: vierzig Stockhiebe. Denn manchmal eilte sie zu ihrer Nachbarin voll Freundschaft; manchmal wieder log sie wegen eitler, vergänglicher Dinge, sodaß sie ihrer Seele schadet, deren doch die ganze Welt nicht wert ist, noch weniger ein Bild oder eine Trinkschale oder ein Becherchen, derentwegen sie lügt.

All diese (Schläge) wird ihnen der Greis mit seinen Händen (d. h. persönlich) auf ihre Füße geben, während sie auf der Erde sitzen und die Alte und Taḫōm sie ihm halten und andere ältere Frauen mit ihnen. Und auch jene Greise . . ., indem sie mit Stöcken ihre Füße festhalten, bis er aufhört sie zu züchtigen, wie auch wir das im Anfang bei einigen taten. Die aber, die sich ihm in irgend etwas widersetzen, soll er uns nennen, wenn er zu uns kommt; wir werden euch dann belehren, was mit ihnen geschehen soll. Wenn er ihnen aber noch mehr Schläge geben will, gut;

es ist recht, was er tun wird. Wenn er aber weniger geben will, so hat er das zu bestimmen. Wenn er jemanden ausstoßen will, gut. Wenn aber sein Herz mit einigen von euch zufrieden ist, sodaß er ihnen auch diesmal verzeihen will ... gut.»[103]

Auch der Strafe der Ausstoßung, die häufig vorkam, gingen manchmal Gefängnis und Geißelung voraus. Doch diese und andere Ungeheuerlichkeiten rechtfertigt Theologe Leipoldt mehr oder minder summarisch: «*Der Erfolg ist da*: Schenute hat sein Kloster durch die Gefahren des allzu raschen Wachstums so gut es ging hindurchgerettet. Die Folgezeit war an die Regel und ihre Härten gewöhnt ...»[104]

Der hl. Schenute als Heidenbekämpfer – Rauben, Ruinieren und Morden

Nun erschöpfte Schenutes Wirken sich nicht im Schlagen, wie intensiv und extensiv er es betrieb. Vielmehr ist sein Terror eng mit dem Untergang des Heidentums in Ägypten verknüpft. Und dieser geschah dort – wo ja schon Clemens Alexandrinus die Menschen ihres Götterdienstes wegen «schlimmer als die Affen» fand (vgl. I 196 ff) – seit dem späten 4. Jahrhundert gewaltsamer noch als anderwärts.[105]

Die Vernichtungszüge aber erfolgten fast immer unter Führung von Bischöfen und Äbten, die selbst in den herrlichsten Tempeln nur Infektionsherde sahen, Hochburgen Satans. Und als übelste Zerstörer fungierten jene «schweinischen Schwarzröcke», wie die Griechen sagten, die wie Menschen aussähen, doch wie Schweine lebten. Als Asketen, deren unterdrückte Triebe besonders zur Aggression tendieren, Destruktivität, waren sie gleichsam geschaffen für das Geschäft des Ruinierens, zumal ihre Reihen alle Arten von Exzentrikern füllten, von tragikomischen Existenzen. Schon die Herkunft einiger ihrer berühmtesten ist fast typisch. Schenute war Viehhüter, Makarius Schmuggler, Moses Straßenräuber, Antonius Schulversager.

Ihre Jünger und Gesinnungsgenossen hatten die «Anti-Kultur» gewählt und nicht zuletzt dadurch in der christlichen Welt Ansehen erlangt, «daß sie sich dem Teufel geradezu wie ‹Berufsboxer› stellten» (Brown).[106]

In aufgeregten Horden, gern in Tierhäuten steckend, durchzogen sie das Land, verwüsteten Tempel, verbrannten, schleiften noch die grandiosesten Kunstwerke, schienen sie nur Götter darzustellen. Seit die staatlichen Beamten die Verfolgung des Heidentums lässiger betrieben, nahmen sie die Mönche in die Hand. Sie fehlten beinah nie, wo ein altes Heiligtum berannt, eine «Ketzer»kirche, eine Synagoge eingeäschert wurde, oder wo Geld zu holen war. Und Scharen Beutegieriger plünderten des Unglaubens verdächtige Dörfer leer. «Die Mönche begehen viele Verbrechen», hatte selbst Kaiser Theodosius I. dem Bischof Ambrosius zu klagen gewagt und sie am 2. September 390 aus den Städten gewiesen (dies allerdings am 17. April 392 bereits widerrufen). Vielleicht hatte er sich an einen Text des Libanios erinnert, des hochgeschätzten, des erklärten Heiden (von dem wir viele Reden, über 1500 Briefe besitzen, die ihn zu einem der am besten dokumentierten Menschen des Altertums machen), an einen Passus über die Mönche, die von den Christen so brünstiglich Bewunderten, die doch «mehr als die Elefanten fressen, zahlreiche Becher leeren» und selber die eigene Lebensweise nur «geschickt unter künstlich bleicher Farbe verbergen». Sie also, klagt Libanios 389 in seiner an den Herrscher gerichteten Schrift «Pro templis», stürzen Wildbächen gleich voran und verheeren das Land, indem sie alle Tempel zerstören. «Sie stürmen die Heiligtümer, Kaiser, obwohl dein Gesetz noch besteht, mit Holzscheiten beladen oder mit Steinen und Schwertern bewaffnet, einzelne auch ohne diese Dinge, bloß mit Händen und Füßen. Dann als ob es herrenloses Gut wäre, reißen sie die Dächer nieder, stürzen die Mauern um, zerschlagen die Götterbilder, zertrümmern die Altäre. Den Priestern bleibt nur die Wahl zwischen Schweigen und Tod. Ist der erste Tempel zerstört, eilen sie zum zweiten und zum dritten und häufen Trophäen auf Trophäen, dem Gesetz zum Spott».[107]

Die Tempeldemontagen bedurften staatlicher Genehmigung.

Für Syrien werden die Vernichtungsaktionen 399 gesetzlich befohlen, im Westen aber, wo die römische Aristokratie die alte Religion noch vertritt, im selben Jahr die Tempel gesetzlich geschützt, 407 freilich durch eine Konstitution unter Stilicho alle heidnischen Heiligtümer im Gebiet von Rom konfisziert. Im Osten verfügt 435 Theodosius II. die definitive Schließung der Tempel, Exorzismus, Zerstörung. Doch sollte auch dies ohne viel Wirbel (sine turba ac tumultu) geschehen. Und da die Behörden, Beamten, Soldaten, das Heidentum oft mehr tolerierten als es die unter klerikalem Druck erfolgten Erlasse erlaubten, gingen Klerus und Volk auch unautorisiert zu Tempelausrottungen – antiken «Kristallnächten» – oder, wie das euphemistische Kunstwort lautet, zur «Christianisierung» über; «oft», so will Jesuit Grisar glauben machen, oder gar «hauptsächlich infolge der von den Heiden ausgegangenen Tumulte». Zumal in den östlichen Provinzen, wo das Christentum überwog und der pagane Widerstand, im doppelten Wortsinn, nur noch «akademisch» war (Jones), wurden schon in der zweiten Hälfte des 4. Jahrhunderts immer mehr Tempel ruiniert, wobei die fanatisierten Massen nicht selten blutig über die Altgläubigen herfielen. Man weiß, daß sie sich gelegentlich wehrten; doch man weiß nicht viel davon.[108]

Der Terror aber war längst literarisch vorbereitet, auch durch Schenute.

Nach erprobten Mustern überschüttet er in Schmähschriften «Götzen» und «Götzen»-Diener mit Schimpf und Schande – die Verehrer von Holz, Stein, von «Vögeln, Krokodilen, wilden Tieren und Vieh». Er verhöhnt das Lichteranzünden und Weihrauchdarbringen, das ja noch heute im Katholizismus floriert, nur nicht mehr für «Götter», sondern, o toller Unterschied, für «Gott» (und seine «Heiligen»). Dabei bediente Schenute sich einer Taktik, die man gleichfalls noch in kirchlichen Kreisen, besonders in katholischen, übt: vor den Massen verunglimpfte, lästerte er derb und primitiv, derart den Haß, den Fanatismus steigernd. Vor nobleren Kreisen schlug er ernste Töne an und suchte, wie schwer ihm dies auch fallen mochte, die Gegner eher durch Fairness zu gewinnen. «Und wie Schenute für die Heiden und ihren Gottesdienst kaum andere Gefühle übrig hat, als Spott und Hohn, so jauchzt er über den oft blutigen Verfolgungskrieg, den gerade zu seiner Zeit der christliche Pöbel gegen die letzten hellenischen Priester führte. Er lobt die ‹gerechten Könige und Feldherren›, die die Tempel zerstören und die Götterbilder stürzen. Er freut sich, daß die Statuen ... fortgeschleppt werden. Ihn belustigen die Spottlieder der Christen über die Heiden und ihre Tempel» (Leipoldt).[109]

Damals und später aber verheerte auch Schenute, der «große Abt», das Land – ein Feind der Wissenschaft, der schlimmste Hasser der Hellenen, ein katholischer Zelot, der alle Mächtigen, die Tempel, Götterstatuen vertilgen (und letzteres zumindest ist seit Julians Ermordung «an der Tagesordnung»: Funke), lauthals lobt. An der Spitze schon fast soldatisch gedrillter, von ihm entsprechend aufgeputschter, hinreichend ausgehungerter Asketenhaufen – Fleisch, Fisch, Eier, Käse, Wein waren verboten, beinah nur Brot und bloß eine Mahlzeit täglich erlaubt – drang er in die Tempel ein, plünderte, demolierte sie und warf die «Götzenbilder» in den Nil. Alles aber, was wertvoll war, was Geld versprach, nahm er in sein Kloster mit. Noch ein Jahr bevor er angeblich 118jährig starb, suchte er derart einen Tempel in der Thebais heim. Und so kann Theologe Leipoldt nicht umhin, es doch unbestreitbar Schenutes «Verdienst» zu nennen, «daß nach 450 in Oberägypten die alten Götter nicht mehr verehrt» worden sind.[110]

Wiederholt hat der Heilige mit eigener Hand Tempel seiner Heimat beseitigt. «Das Beispiel seines Erzbischofs Kyrill begeisterte ihn dazu, auf diese leichte und bequeme Weise große Erfolge zu erringen», schreibt Leipoldt und berichtet Schenutes Verbrennung des paganen Heiligtums in dem nahen Atripe. Oder die des Tempels in dem Dorf Pneuit (Pleuit). «Die Heiden, die Zeugen seiner Tat waren, wagten nicht, sich zur Wehr zu setzen. Die einen eilten davon ‹wie Füchse, die vor den Löwen fliehen›. Die anderen beschränkten sich darauf, flehentlich zu bitten: ‹Habt acht auf unsere Stätten›, d. h. verschont den heiligen Tempel! Nur wenige fanden den Mut, Schenute zu drohen: wenn er einen gegründeten Anspruch habe, könne er ihn doch durch das Gericht übermitteln und durchsetzen. In der Tat wurden im letzten Augenblicke auch unter Schenutes Gefolgsleuten Stimmen laut, die, wohl aus Furcht vor etwaigen bösen Folgen, zum Frieden rieten. Aber Schenute glaubte sie überhören zu müssen. Er baute auf die Gunst seines Erzbischofs und der christlichen Regierung und suchte unbedingt das geplante Werk zu vollenden. Er raubte aus dem Tempel alle tragbaren Gegenstände, die heiligen Leuchter, die Zauberbücher, die Opfergaben, die Brotgefäße, die kultischen Geräte, die Weihgeschenke, ja selbst die heiligen Götterbilder, und kehrte so mit reicher Beute ins Kloster zurück: vielleicht warf man Schenute später nicht ganz ohne Grund vor, er habe die reichen Tempelschätze sich angeeignet, um in den schlechten wirtschaftlichen Zeiten den Mönchen einmal eine außerordentliche Einnahme zu verschaffen. Die üblen Folgen dieser Tat blieben natürlich nicht aus. Als ein heidnischer Hegemon nach Antinoų gekommen war, wurde Schenute dort von den Priestern des ausgeplünderten Tempels verklagt. Aber wenn sie gedacht hatten, daß der heidnische Beamte ihnen recht geben könnte, so irrten sie sich. Sie hatten vergessen, wie *sie* vom Volke gehaßt und Schenute verehrt wurde. Kurz, am Morgen des Gerichtstages erschien Schenute nicht allein in Antinoų. Von allen Dörfern und Gütern der Umgebung strömten die Christen nach der Stadt, Männer und Frauen, in so zahlreichen Scharen, daß die Wege sie kaum zu fassen vermochten. Von Stunde zu Stunde wuchs ihre Zahl. Bald waren sie Herren von ganz Antinoų, dessen Bewohner zum guten Teile noch heidnisch waren. Und als die Verhandlung beginnen sollte, da rief die ganze versammelte Menge wie Ein Mann: ‹Jesus! Jesus!› Das Toben des Volkes übertönte die Stimme des Richters: der Prozeß war vereitelt. Schenute aber ward unter lautem Triumphgeschrei in die sogenannte Wasserkirche geleitet, in der er eine gewaltige Predigt gegen die Heiden hielt.»[111]

Zum Rauben, Ruinieren, Volkverhetzen, zum Schröpfen vor allem der vermögenden griechischen Grundherren, der wirtschaftlichen Herrenklasse, aber kam der Mord.[112]

So wurde bei der Niederbrennung des großen Tempels von Panopolis der reiche Anführer der Heiden liquidiert. Und da der Abt auch in die Häuser der andren Notabeln drang, um allerlei Götter und Teufelszeug zu zerstören, die Gegend zu «säubern», schlachtete man auch da. Und nachdem Schenute eines Nachts in Akhmin das Haus des gerade verreisten Gesios heimgesucht, dessen «Götzen» zertrümmert in den Strom geschleudert, doch der Beraubte beim Gouverneur sich beschwert hatte, meldet das «Leben des Schenute»: «seit Jesus ihm seine Reichtümer genommen hat, hat niemand wieder von ihm gehört» – die stehende Formel offenbar für die Mordtaten des Heiligen. Auch als er, wie er selbst bekennt, mit seinen Mönchen eine vielbesuchte heidnische Statue Akhmins zerschlagen, die Stadt ausgeraubt, in Brand gesteckt, die Einwohner niedergemetzelt, da widerfuhr ihnen, sagt Schenute, das Schicksal des Gesios, «man hat nie wieder von ihnen gehört, und nach dem Massaker wurden ihre Gebeine in den Wind gestreut . . .». – «Ein harter, rauher, hitziger, aber auch fesselnder und mitreißender . . . Charakter», für den «nur das Praktische» galt: «Gott gehorchen und seine Arbeit tun» (Lexikon für Theologie und Kirche).[113]

Noch in Altaners «Patrologie», einem gleichfalls katholisch-theologischen Standardwerk, figuriert Schenute (mit Imprimatur 1978) als «der kraftvollste Organisator des ägyptischen Mönchtums», «der bedeutendste Schriftsteller des national-koptischen Christentums». Auch Ernst Stein rühmt den Abt den geistig hervorragendsten Mann seines Volkes, den «Heros des koptischen Schrifttums», fügt aber hinzu, er gebe uns «in seinem intellektuellen Tiefstand und seiner vor eigenhändigem Mord und Totschlag nicht zurückschreckenden Roheit einen Maßstab an die Hand, an dem wir das geistige Elend seiner Nation ermessen können».[114]

Der eutychianische Streit

Einige Jahre nach dem Unionshandel (433), diesem ungeheueren Skandal, darbte Nestorios ausgeschaltet in der Wüste, und seine Antipoden, der Freund und Verräter Johannes, der hl. Kyrill, lebten nicht mehr. Doch die Opposition dauerte fort und brachte auch Alexandrien zu Fall. Der monophysitische Streit aber, im 5. Jahrhundert an die Stelle des arianischen getreten, spaltete Kirche und Christenheit noch tiefer. Dabei freilich, grotesk genug, konnten die monophysitischen «Ketzer», die Anhänger der «Mia-physis»-Formel, im wesentlichen auf den hl. Kyrill sich berufen, da sie weitgehend «nicht anderes lehrten als die kyrillianisch-alexandrinische Christologie» (die Jesuiten Grillmeier/Bacht). Somit rückt dieser Kirchenlehrer in die nächste Nähe zur populärsten «Ketzerei» des Ostens in altchristlicher Zeit, falls er nicht gar, wie manche Forscher meinen, ihr einflußreichster Förderer gewesen.[115]

In Konstantinopel waren auf Nestorios 431 die «Null» Maximian (S. 186), 434 der ehrgeizige Proklos gefolgt, der dreimal vergeblich für den Bischofsstuhl kandidiert hatte, und schließlich, nach dessen Tod 446, der eher redliche, doch schwache Flavian. In Antiochien wurde, in bewährter Pflege des klerikalen Nepotismus, beim Tod des Johannes 442 sein Neffe Domnos Patriarch, den vor allem Theodoret beriet, der bedeutendste Theologe der dortigen Schule, aber von etwas wackliger «Rechtgläubigkeit». In Alexandrien herrschte seit dem Ableben Kyrills am 27. Juni 444 sein Nachfolger Dioskor, der den traditionellen Machtkampf gegen Konstantinopel betrieb und eine ultrakyrillische Theologie verfocht – «hemmungslos ehrgeizig und rücksichtslos bis zur Brutalität, hierin unterstützt durch kaiserliches Militär und fanatische, schlagkräftige Mönchshaufen» (Schwaiger). Die Katholiken sehen fast übereinstimmend in Dioskor eine der unerfreulichsten Bischofsgestalten des 5. Jahrhunderts. Doch ist es kein Zufall, sondern konsequent, daß ihn gerade Kyrill zu seinem Archidiakon ernannt und ihm besonderes Vertrauen geschenkt hatte. Sie waren beide aus demselben Holz geschnitzt. Wozu durchaus paßt, daß

Dioskor seinen Gönner Kyrill sofort nach dessen Tod der Verschleuderung des Kirchenschatzes beschuldigt (vgl. S. 182 ff), daß er seinen Nachlaß konfisziert und mehrere seiner Verwandten vom Klerus ausgeschlossen hat.[116]

Im übrigen griff Dioskor in seinem Kampf gegen Konstantinopel, wie Kyrill, zugleich den Patriarchen der Hauptstadt an und die antiochenische Theologie. Doch die den beiden Gegnern gelegte Schlinge zog er sich schließlich selber zu, vor allem wohl, weil er sie nicht, wie Kyrill, im Bund mit Rom gelegt hatte, sondern glaubte, auch gegen Rom siegen zu können.

Auf der Seite des Alexandriners stritten zwei einflußreiche Persönlichkeiten Konstantinopels, der Hofeunuch Chrysaphius und der Archimandrit Eutyches.

Seit Chrysaphius 441 die Verbannung der Kaiserin Eudokia und die Ausschaltung der Kaiserschwester Pulcheria durchgesetzt hatte, lenkte er die Politik von Theodosius II. Der mächtige Eunuch war jedoch verfeindet mit dem Patriarchen der Stadt, Flavian. Als Erkenntlichkeit für dessen Wahl hatte Chrysaphius kein entsprechendes Präsent, sondern nur geweihtes Brot erhalten und dies umgehend mit dem Wunsch retourniert, er habe Appetit auf Gold. Dritter im Bund: Archimandrit Eutyches, Vorsteher eines großen Klosters bei Konstantinopel, hochangesehen im Osten und Taufpate des allgewaltigen Eunuchen. Das illustre Kleeblatt suchte die «Union» von 433 zu liquidieren und gegen die damals – freilich schamlos – siegende antiochenische Theologie die berüchtigten «Zwölf Anathematismen» Kyrills als Richtschnur des «rechten Glaubens» durchzusetzen. Patriarch Dioskor von Alexandrien sollte dabei wieder den Vorrang vor dem Patriarchen Flavian von Konstantinopel gewinnen.[117]

Eingeleitet wurde das Manöver durch den alten Abt Eutyches.

Katholiken stellen ihn gern als dogmatisch wenig fundiert, als theologischen Dummkopf hin. Doch natürlich wußten und wissen in der Gottesfrage die einen so wenig wie die andern, mögen die einen auch zungenfertiger, gewiefter, gewissenloser sein und aus irgendwelchen Gründen, die weder mit Logik noch Redlichkeit noch dem geringsten empirisch begründeten Wissen – woher denn! – zu tun haben, «recht» behalten. «Fundiert» jedenfalls ist hier *nichts*. Das Ganze hängt haltlos in der Luft, eine pure Spiegelfechterei aus Nomenklaturen, eine «bloße Idee», mit Kant, ein «bloßes Herumtappen, und, was das Schlimmste ist, unter bloßen Begriffen». Gibt es philosophisch Beschämenderes als die Notwendigkeit, dies noch sagen zu müssen?[118]

Nach Eutyches heißt das nun ausbrechende neue theologische Spektakel, das bald die halbe Welt erschüttern sollte, der eutychianische Streit, wobei erstmals das traditionelle Bündnis zwischen Rom und Alexandrien zerbricht.[119]

Eutyches, von Jugend auf Mönch und im Ruf besonderer Frömmigkeit stehend, wurde der «Ketzerei» verdächtigt. Und Papst Leo, der zunächst seinen Eifer gelobt hatte, drohte ihm schließlich das Schicksal derer an, deren «Irrlehren» er gefolgt sei, falls er «in dem Schmutz seiner Torheit liegen» bleibe. Eutyches leugnete nämlich den Glauben, der in Christus «zwei Naturen nach der Vereinigung» annahm. Er steigerte die von der alexandrinischen Schule propagierte Lehre von der Vereinigung der göttlichen und menschlichen Natur noch zu ihrer restlosen Vermischung, zum Monophysitismus. Diese christologische Spielart ging auf den verketzerten Bischof Apollinaris von Laodicea zurück (gest. nach 390), der beim Streit über die Verbindung beider Naturen im Herrn die menschliche einschränkte, was damals die Orthodoxen noch nicht auf die Barrikaden trieb. Man konnte eine ganze Reihe von Schriften des «häretischen» Bischofs unter den Namen von «rechtgläubigen» Kirchenvätern abschreiben und verbreiten, was heute dem Theologen Heinrich Kraft so tröstlich erscheint, weil es (unter anderem) zeige, «wie wenig auch [!] die Alten von den Dingen verstanden, über die sie mit solcher Leidenschaft stritten»! In Wirklichkeit ist eben, was jeder Erfahrung hohnspricht, auf lauter Fiktionen, zu deutsch Hirngespinsten, beruht, nicht zu verstehen. Kurz, der Monophysitismus verneint, um die Einheit der Person des Herrn zu sichern, die Vollständigkeit seiner menschlichen Natur, entweder – so die gemäßigteren «Ketzer» – seit der Auferstehung oder – so die radikalen – seit seiner Menschwerdung, was auf die Verschiedenheit seiner Menschennatur von unserer hinausläuft.

Drang Nestorios angeblich darauf, Göttliches und Menschliches in Christus zu trennen, die göttliche Persönlichkeit von der menschlichen zu unterscheiden, so lehrte Eutyches, Göttliches und Menschliches sei darin untrennbar vermischt, das Menschliche im Göttlichen aufgegangen – eben: «eine Natur nach der Vereinigung», die Mia-physis-Formel, die Eutyches vom hl. Kyrill übernommen hatte! Der ganze Eutychianismus, konzediert Camelot, «lebt von der unduldsamen Treue zu den Formulierungen Cyrills, vor allem zu der Formel von der ‹einen Natur›». Die Monophysiten erkannten Christus nach der Menschwerdung nur *eine*, die göttliche Natur zu (mia kai mone physis). Eutyches bestritt also die Menschheit Christi. Er erklärte sie als in die Gottheit verwandelt, «wie ein Tropfen Honig im Wasser des Meeres aufgesogen wird». Dagegen traten nun wieder die – 433 bei der «Union» so umgefallenen – Antiochener auf. Ihr neuer Patriarch Domnos, der Neffe und Nachfolger des Johannes, protestierte beim Kaiser gegen die Irrlehren und Verleumdungen des Mönchs Eutyches.[120]

Jetzt schaltete sich Patriarch Dioskoros I. von Alexandrien (444–451) ein. Der Nachfolger des hl. Kyrill, der sich schlicht «Kaiser von Ägypten» nannte, zwang zwar die Nepoten seines Vorgängers zur Herausgabe der unter diesem gehorteten Reichtümer, trieb es indes seinerseits nicht anders. Wie dieser führte er «ein wahres Schreckensregiment», ja, war «sogar [!] in sittlicher Hinsicht nicht einwandfrei» (Ehrhard). Wie Kyrill hatte er am Kaiserhof seine Spitzel und Helfershelfer. Und wie Kyrill (und wie viele Bischöfe) setzte er besonders die Mönche für seine machtpolitischen Ziele ein, also, kurios genug, gerade jene christliche Gemeinschaft, die als Flucht aus der Welt entstanden war! Schlugen im Christentum doch alle ursprünglichen «Ideale» eher früher als später ins Gegenteil um. Von seinen Leibwächtern geschützt, herrschte Erzbischof Dioskor, für die Monophysiten ein Heiliger, durch nackte Gewalt und half bei Ausübung seiner geistlichen Gerichtsbarkeit im Bedarfsfall durch gedungene Mörder nach. Sein eigener, von ihm rücksichtslos tyrannisierter Klerus bezichtigte ihn schließlich, selber statt des Kaisers (Marcian) das Land regieren zu wollen.[121]

Der Patriarch befand sich bald in einer immer hitzigeren Brieffehde mit seinem Antiochener Kollegen, hinter der natürlich der alte Konkurrenzkampf der beiden Patriarchate stand, und dies um so mehr, als jetzt auf dem Stuhl in Konstantinopel Flavian saß, ein Antiochener. «Dioscor», so schreibt im Auftrag des antiochenischen Patriarchen Domnos Kirchenhistoriker Theodoret, Bischof von Cyrus, «verweist uns in einem fort auf den Stuhl des hl. Marcus und weiß doch, daß die Großstadt Antiochia den Stuhl des hl. Petrus hat, welcher der Lehrer des hl. Marcus war und obendrein Erster und Haupt aller Apostel».[122]

Der Protest ging an den Konstantinopeler Oberhirten Flavian und forderte Seine «Heiligkeit» auf, «daß sie nicht ungestraft die heiligen Kanones mit Füßen treten lasse, sondern mutig für den Glauben streite». Aber Flavian, ein ziemlich bescheidener und ängstlicher Mensch – den die kirchliche Geschichtsschreibung gern und um so lieber «irenisch» nennt, als ein Kirchenfürst ehrlicherweise nicht oft so genannt werden kann –, wollte sich mit dem mächtigen Mönchshaupt seines Sprengels nicht messen. Benutzte ihn Eutyches doch, so schrieb Nestorios, noch im Exil das Schlachtfeld aufmerksam verfolgend, «wie einen Diener». Erst als gegen Eutyches auch Bischof Eusebios von Dorylaion (Phrygien) auftrat, ein gefürchteter, ringsum «Ketzerei» riechender Hitzkopf, der einst auch Nestorios angezeigt hatte, ein Mann, dem, wie Flavian stöhnte, «in seinem Glaubenseifer das Feuer selbst zu kalt» sei, mußte er eingreifen und zitierte Eutyches im November 448 vor die Synodos endemousa.[123]

Eutyches war zunächst durch ein Gelübde, dann durch Krankheit verhindert. Erst nach der dritten Ladung – nach gültigem Kirchenrecht mußte die Ladung vor ein Synodalgericht dreimal erfolgen – erschien er auf der siebten und letzten Sitzung am 22. November 448, von einem Mönchshaufen begleitet, von Militär und Beamten des Gardepräfekten. Der Mann, der behauptete, in seiner Zelle wie in einem Grab gelebt zu haben, trug während des

Prozesses «das Gehaben eines weltentrückten Klausners zur Schau», der sozusagen aus beruflichen Gründen «seine Klausur nicht verlassen könne», war aber «in Wirklichkeit seit Jahrzehnten mit dem kirchenpolitischen Zeitgeschehen eng verbunden». So charakterisiert Jesuit Bacht ein Verhalten, das mutatis mutandis geradezu klassisch ist für die Heuchelei ungezählter Kirchenführer in alter und neuer Zeit.[124]

Eutyches berief sich auf den Glauben des hl. Athanasius sowie des hl. Kyrill und vertrat eine eindeutige, ja, extrem monophysitische Position: gewiß sei Christus wahrer Mensch, sein Fleisch aber dem menschlichen nicht wesensgleich. Zwar habe er *vor* der Fleischwerdung aus zwei Naturen bestanden, doch nicht mehr *danach*. Vielmehr sei aus seinen beiden Naturen im Augenblick der Inkarnation *eine* göttliche Natur (monon physis) geworden. Unermüdlich wiederholte er sein Confiteor: «Ich bekenne, daß unser Herr vor der Vereinigung aus zwei Naturen bestand, nach der Vereinigung bekenne ich nur eine Natur». Selbst Papst Leo I. begriff, nach eigenem Bekenntnis, lange nicht das «Irrige» an der Lehre des Eutyches! Schien er sich ja zunächst sogar auf dessen Seite zu stellen, zumal er sein wohlwollender Verbündeter schon im Kampf gegen die Nestorianer gewesen. Patriarch Flavian aber ermannte sich und setzte Eutyches unter den obligatorischen Tränen als Lästerer Christi ab. Er enthob ihn seines Abts- und Priestertums, tat ihn in den Bann und schickte die Akten (gesta) des Prozesses, von 32 Bischöfen und (nachträglich!) 23 Archimandriten und Äbten unterzeichnet, nach Rom. Alles, seine «Last der Trauer und die Menge der Tränen», legte er vor Papst Leo nieder. Dieser hatte zunächst wenig Sympathie für Flavian – schon wegen des chronischen Argwohns der römischen Bischöfe gegenüber dem Ehrgeiz ihrer Kollegen in Konstantinopel. Auch hatte Flavian die Aktenübersendung nach Rom wohl absichtlich verzögert. Im Juni 449 jedoch verdammte auch Leo I. den Eutyches und dessen «widernatürlichen und törichten Irrtum». Er nannte nun das im Geruch großer Heiligkeit stehende, damals schon fast siebzigjährige Mönchshaupt (ein so wilder Antinestorianer und Kyrillfreund, daß ihm Kyrill ein Exemplar der Konzilsakten von Ephesus gesandt) nicht nur «senex imperitus», sondern auch «stultissimus», einen saudummen Mann, der weder die Schrift noch auch nur den Beginn des Glaubensbekenntnisses kenne.[125]

Der «Wolf der Häresie» aber gab nicht auf. Er schickte Briefe in alle Welt, an die Bischöfe von Ravenna, Alexandrien, Jerusalem, Thessalonike, an die «Verteidiger der Religion» – bloß die Epistel an Papst Leo I. ist davon noch erhalten, worin Eutyches alles ein abgekartetes Spiel nennt und es auch heißt: «sogar meinem Leben drohte Gefahr, wenn nicht schleunigst durch Gottes Hilfe auf Eurer Heiligkeit Gebet hin» (ein wohl absichtliches Mißverständnis) «militärische Hilfe mich dem wütenden Andrang des Pöbels entrissen hätte.» Er legte sein Glaubensbekenntnis bei. Er stellte ein Florilegium aus «Väter»-Zitaten zusammen mit lauter Verurteilungen der Zweiheit der Naturen. Ja, er suchte auf die Bevölkerung durch Maueranschläge zu wirken, die freilich Patriarch Flavian gleich wieder entfernen ließ. Doch fand Eutyches Rückhalt an Kaiser Theodosius II., dessen Ohr er durch sein Beichtkind besaß, den allmächtigen Eunuchen Chrysaphius. Und beim Kaiser setzten sie nun auch, zusammen mit dem alexandrinischen Erzbischof Dioskor, das enorm aufwendige Unternehmen eines Reichskonzils in Ephesus durch – zur Stärkung des rechten Glaubens, wie der Regent in seinem Einberufungsdekret vom 30. März 449 betonte. Vergeblich wollte der ahnungsvolle Flavian, verbündet jetzt mit Papst Leo I., der gleichfalls, am 16. Mai, eine Einladung bekam, die fromme Versammlung hintertreiben.[126]

Die «Räubersynode» von Ephesus 449

Die zum 1. August vom Kaiser einberufene Reichssynode von Ephesus konstituierte sich mit etwa 130 Bischöfen erst am 8. August 449. Man tagte wieder, wie schon 431 (S. 172 ff), in der Marienkirche, der Stätte des kyrillischen Sieges. Laut kaiserlichem Befehl präsidierte der – nach bewährter Praxis mit zwanzig Vasallen-Bischöfen angereiste – Alexandriner Dioskor, zu dem Papst Leo I. zunächst gute Beziehungen unterhalten, dem er seine Achtung und Zuneigung ausgesprochen, verbunden mit der Hoffnung auf weiteres gedeihliches Einvernehmen zwischen Rom und Alexandrien. «Wir wünschen», hatte er ihm am 21. Juli 445 geschrieben, «deine Anfänge fester zu begründen, auf daß dir nichts zur Vollkommenheit fehle, da dir, wie wir erprobt haben, das Verdienst geistlicher Gnade zur Seite steht». Als die geistliche Gnade jedoch beim Teufel war, höhnte er ihn einen «neuen Pharao», wie man schon Kyrill genannt. Die einzige Natur in Christus, die Rehabilitierung des Eutyches – die Rache für seine Verdammung im letzten Jahr –, die Absetzung Flavians, die Ausschaltung aller «Nestorianer» waren beschlossene Sache. Zwei kaiserliche Kommissare, der Comes des heiligen Konsistoriums Elpidios und der Tribun Eulogios, mit fester synodaler Marschroute und starkem Militäraufgebot erschienen, überwachten alles. Theodoret von Cyrus, die bedeutendste theologische Potenz der Gegner, hatte überhaupt Teilnahmeverbot. Und die Konzilsväter der «endemischen» Synode vom Herbst vorher samt allerlei anderen Bischöfen, zusammen 42, erhielten kein Stimmrecht. Dioskor selber trat mit seinen Mönchen sowie seiner bewaffneten, als «Krankenpfleger» (Parabolanen) getarnten Leibwache auf, die «zu jeder Gewalttat bereit» waren (Caspar). Vorsorglich hatte er auch den syrischen Archimandriten Barsumas (Bar Sauma) mitgebracht, einen bekannten Antinestorianer, den ein kaiserliches Schreiben wegen seiner Tugend und Rechtgläubigkeit zum Stellvertreter der orientalischen Äbte auf dem Konzil bestimmte. Barsumas aber, der, obwohl gar nicht Bischof, entgegen jeder Tradition Sitz und Stimme bekam, war ein Freund des Eutyches, und beide begleiteten beträchtliche Haufen handfester, mit Knütteln bewaffneter Mönche – Barsumas angeblich tausend. Jedenfalls erwiesen sich die Mönchshorden in den diversen Konzilsphasen als äußerst nützlich.[127]

Viel weniger nützlich waren zweifellos die drei (des Griechischen unkundigen und auf den dolmetschenden Bischof Florentius von Sardes angewiesenen) Legaten Leos I., Bischof Julius von Puteoli, Diakon Hilarus, der nachmalige Papst, und der Sekretär Dulcitius. (Ein vierter Legat, der Priester Renatus, angeblich der wichtigste Mann, war auf der Anreise in Delos gestorben.) Leos Gesandte hatten Briefe an diverse Prominente Konstantinopels mitgebracht, auch an den Kaiser, den er vergeblich vom Konzil abzuhalten suchte. Schließlich war unter Leos Post die «Epistola dogmatica ad Flavianum», der sogenannte Tomus Leonis, eine dogmatische Erklärung des Römers, die in schärfsten Worten die dauernde Unterschiedenheit der beiden Naturen des Fleischgewordenen verfocht: «Einheit der Person» und «Zweiheit der Naturen» – womit der Papst in Gegensatz zu Kirchenlehrer Kyrill trat, der oft von «zwei Naturen» vor der Vereinigung und von «einer Natur» danach, ja, der ausdrücklich von der «einen Natur des fleischgewordenen Logos» sprach (mia physis toy logoy sesarkomene), eine Lehre, die durch den römischen Bischof Damasus (377 und 382) sowie durch das Konzil von Konstantinopel (381) als Irrlehre verurteilt worden war.[128]

Leos Tomus – durch den «Ketzer» Nestorios, der ihn im Exil studierte, die eigene Lehre bestätigt sah – war zwar, nach späterer Legende, auf dem Grab des hl. Petrus niedergelegt und dort wunderbarerweise vollendet worden, wurde aber auf dem Konzil, das die Lehre von den zwei Naturen in Christus «nach der Menschwerdung» verdammte, gar nicht verlesen. Dioskor schlug einen entsprechenden Versuch der päpstlichen Legaten gleich zu Beginn ab, und Juvenal unterstützte ihn. Jeden wollte man verbannt sehen, «der nach der Menschwerdung noch von zwei Naturen spricht». Die Nestorianische Lehre hielt man für schlimmer als die des Teufels. Die Stimmung war ganz für Dioskor und Alexandrien. «Cyrillus unsterblich! Bestehen bleibe Alexandrien, die Stadt der Orthodoxen», schrien die Konzilsväter. Und «der ganze Erdkreis hat deinen Glauben erkannt, du in der Welt einziger Dioskur».[129]

Leos Leute machten dagegen keine sehr glückliche Figur. Nach ihrer ersten, nicht eben freundlich aufgenommenen Ansprache kamen sie zunächst gar nicht mehr zum Zug. Als unter dem Vortritt Juvenals vier Fünftel der Synodalen – 113 der etwa 140 Teilnehmer – dem Eutyches programmgemäß die Rechtgläubigkeit attestierten, enthielt sich Bischof Julius von Puteoli der Stimme. Und beim Votum gegen Flavian stimmten infolge diverser Mißverständnisse die päpstlichen Legaten auch noch zu! Nur als nach Flavians Verurteilung (und der des versessenen, mit wilden Zwischenrufen bedachten Prozessierers Eusebios von Dorylaion, eines ehemaligen Rechtsanwalts aus Alexandrien) Flavian laut Protest einlegte und die «Zuständigkeit» Dioskors bestritt, da riskierte auch Legat Hilarus ein kurzes Veto, indem er gerade ein «contradicitur» in die Versammlung schmetterte – der Höhepunkt des Auftritts der päpstlichen Delegation.

Doch das Walten des Heiligen Geistes nahm nun seltsame Formen an. Ein großes Lärmen und Durcheinander entstand. Auf Dioskors Wink an den Militärgewaltigen wurden die Türen geöffnet, drangen Soldaten mit gezückten Degen herein, dazu seine Leibwache, die alexandrinischen Parabolani, tobende Mönche, die kreischende Menge. Rufe durchhallten die große Marienkirche: «Wenn einer von zwei Naturen spricht, sei er im Bann!» «Heraus mit Eusebios! Verbrennt ihn, verbrennt ihn lebendig! In Stücke soll er geschnitten werden!» In Stücke, weil er «Christus spaltet». Bemerkenswert dabei, daß man bei den «Ausrufen» und «Akklamationen» der Konzilsväter der alten Kirche «einen um so stärkeren Einfluß des Heiligen Geistes am Werke sah, je einhelliger und lauter die Rufe waren» (Franziskaner Goemans). Bischöfe krochen in dunkle Winkel oder unter die Sitze. Abt Barsumas bedrohte Flavian, der zum Altar flüchten wollte, schrie: «Schlagt Flavianus tot!» Der Konstantinopeler Erzbischof – der später noch (mittels geheimer Post durch Legat Hilarus) «an den Sitz des Apostelfürsten» appellieren konnte: «Die Not gebeut», so hob sein Schreiben an, «daß ich geziemend Eurer Heiligkeit (sanctitatem vestram) referiere», indem er sie schnell um Hilfe rief für den «gefährdeten frommen Glauben der Väter» – der Konstantinopeler Kirchenfürst suchte vorerst zu seinem Schutz den Altar zu erreichen, wurde von Erzbischof Dioskor angeblich zu Boden gerissen und mit Füßen bearbeitet, worauf andere Synodale, besonders aber Mönche, spontan sich anschlossen und der mißhandelte Flavian – Umstände und Datum seines Todes sind umstritten – vielleicht schon wenige Tage danach auf dem Weg in die Verbannung in Hypaipa (Lydien) seinen Verletzungen erlag. (Falls er überhaupt verletzt worden ist, was man auch auf katholischer Seite bezweifelt hat, und nicht erst, wie Chadwick zu begründen versucht, durch die hl. Pulcheria, der sein Tod zustatten kam, beseitigt wurde. Auf dem folgenden Konzil in Chalkedon hieß es auch, Dioskor habe Flavian ermordet oder Barsumas ihn erwürgt. Wie auch immer: Die Konzilsväter erklärten Flavian, vielleicht selber das Opfer einer Heiligen, jetzt jedenfalls zum hl. Märtyrer; Fest: 18. Februar.) – Und anno domini 1984 belehrt uns Frits van der Meer in seiner Einleitung in «Die Alte Kirche»: «Für den heutigen Christen ist die altkirchliche Landschaft deshalb reizvoll, weil er in ihr eine ungeteilte Kirche vorfindet: zwar eine zweisprachige, aber eine einige, selbstsichere, unverzagte und deshalb überzeugende.»

Der Legat des Papstes indes, Diakon Hilarus, empfahl sich seinerzeit etwas überstürzt unter Zurücklassung seines ganzen Gepäcks («omnibus suis»), um dann in Rom, zum Dank für seine wunderbare Rettung, dem Apostel Johannes, Patron von Ephesus, eine Kapelle zu stiften, die man noch heute im Lateran bestaunen kann: Liberatori suo beato Johanni evangelistae Hilarus episcopus famulus Christi.[130]

Auch Euseb von Dorylaion – abgesetzt und verketzert – war entwischt und wandte sich an Leo, «die einzige Hilfe, die ihm außer dem Herrn noch blieb».[131]

Und der in Ephesus ebenfalls gefeuerte Bischof Theodoret ließ in Rom gleich drei höchst schmeichelhafte Briefe überreichen, eine geradezu speichelleckerische Epistel an den Papst selbst, eine an Archidiakon Hilarus, Leos Nachfolger, und eine gar an den bereits toten Presbyter Renatus (S. 221), den er bat: «Überrede den heiligsten (römischen) Erzbischof, daß er apostolische Macht gebrauche», wobei er dessen hochheiligem Stuhl «vor allem» nachrühmte, daß er «von häretischem Gestank (immer) unberührt blieb».[132]

Die Reichssynode von Ephesus wurde ein ungeheurer Triumph der Monophysiten und des Dioskor, der das Konzil noch sicherer im Griff hatte als sein Vorgänger, der hl. Kyrill, das von Ephesus knapp zwei Jahrzehnte früher. Dioskor bedurfte nicht mehr, wie Kyrill, der Unterstützung des römischen Bischofs, verwies ihn vielmehr in die Schranken und war selber jetzt, mit Hilfe des Kaisers, der die Beschlüsse der Synode bestätigte, «tatsächlich Herr der Kirche» (Aland). 113 der anwesenden «Väter» hatten Eutyches als rechtgläubig erklärt und rehabilitiert, Flavian aber abgesetzt, die «Union» von 433 weggefegt. Papst Leo freilich bannte Dioskor, schimpfte dessen Vorgehen «kein Urteil», sondern «eine Raserei», das Konzil «non judicium, sed latrocinium», eine «Räubersynode», eine Versammlung, die «unter dem Deckmantel der Religion private Interessen (privatae causae) besorgte», was sich von der ganzen Kirchengeschichte sagen ließe, ja, von jedem einzelnen Gläubigen. Auch waren nicht nur der Patriarch von Konstantinopel, sondern ebenso der Antiochiens, Domnos II. (442–449), ferner Eusebios und Bischof Ibas von Edessa (zwar in Chalkedon restituiert, hundert Jahre später jedoch, beim «Dreikapitelstreit», 553, wieder verurteilt), kurz, alle führenden antiochenischen Prälaten einschließlich Theodorets abgesetzt und verdammt worden und wanderten in die Verbannung. Die Stühle der vornehmsten östlichen Kirchen aber bestiegen Parteigänger Dioskors, der auch Leo I., allerdings nur durch zehn ägyptische Bischöfe unterstützt, exkommunizierte – ein Sieg, wie ihn Alexandrien kaum je zuvor errungen.[133]

Der Papst richtete nun mit Post vom 13. Oktober 449 ein Schreiben an die «milde Majestät», den «christlichsten und verehrungswürdigsten Kaiser» Theodosius, zunächst kühn behauptend, alles wäre anders gekommen, wäre man seinen Direktiven gefolgt. Denn hätte man die Verlesung seines Briefes an «die heilige Synode» (die er auch «Räubersynode» nannte) nicht hintertrieben, so hätte durch Darlegung seines «unverfälschten Glaubens, den wir der Eingebung des Himmels verdanken und den wir getreu festhalten, das Klirren der sich kreuzenden Waffen aufgehört, die theologische Unwissenheit» – als gäbe es in der Theologie was anderes! – «wäre verscheucht worden, und die klerikale Eifersucht» – die bis heute floriert – «hätte keinen Scheingrund für ihr schädliches Werk mehr gefunden». Ja, der Papst rügte, «daß beim Fällen des Urteils nicht alle Konzilsteilnehmer anwesend waren». Wie doch schon 431 in Ephesus (S. 175 ff)! «Man hat uns berichtet, daß einige einfach nicht zugelassen wurden, daß man andere eingeschmuggelt habe, die mit sklavisch bereitwilliger Hand» – sie müßten keine Bischöfe gewesen sein! – «sich der Willkür . . . fügend, ihre gottlosen Unterschriften hinsetzten, da sie genau wußten, es sei aus mit ihrer Stellung, wenn sie sich seinem (Dioskors) Kommando nicht fügten.» Als wäre auch das in katholisch gelenkten Konzilien anders![134]

Papst Leo bestand also darauf, «dieses verruchte Falschurteil, das alle Sakrilegien übersteigt, wieder rückgängig» zu machen. Spiele der Teufel ja gewissen unklugen Leuten so sehr mit, «daß er ihnen zu Gift rät, wo sie eine Arznei suchen». Ach, da zuckt Leos Herz zusammen. Er bittet die Majestät um ein Konzil «auf italischem Boden» zur Schlichtung aller Streitfragen und Wiederherstellung der Bruderliebe. Auch die Bischöfe des Orients will der Römer großmütig zulassen; will sogar die vom rechten Weg der Glaubenswahrheit Abgewichenen «mit heilsamer Arznei wieder der Gesundung» zuführen. «Ja wäre einer selbst in hartnäckigere Vergehen gefallen – er soll der Einheit mit der Kirche nicht verlustig gehen, wenn er bessere Einsicht annimmt». Wenn nicht freilich, muß er das katholische Gift schlucken, und es ist gleichfalls «aus» mit seiner «Stellung». Eine Seite steht hier der andern an Korruptheit und Machtgier nicht nach.[135]

Wie sehr aber auch der Papst die Konzilsbeschlüsse verdammte, sie geradezu als Verbrechen betrachtete, sich tödlich beleidigt fühlte, er wagte es doch weder öffentlich persönlich noch durch eine Synode, das ephesinische Urteil anzufechten oder gar aufzuheben. Es hätte dem Reichskirchenrecht widersprochen – «Jurisdiktionsprimat» über die Gesamtkirche hin oder her. Und als er später einen Teil der Akten von Chalkedon nach Gallien schickte, das exemplar sententiae, den Wortlaut der über Dioskor gefällten Sentenz, da scheute er sich nicht, unter den Urteilsgründen Dioskors gegen ihn selbst geschleudertes Anathem einfach zu tilgen: den westlichen Bischöfen sollte diese ungeheure Möglichkeit gar nicht erst bewußt gemacht werden.[136]

Gewiß appellierte Leo dringend an den Kaiser. Immer wieder schrieb er: «Ich beschwöre Euch», «Laßt Euch nicht die Last einer fremden Sünde aufbürden!», «Befreit Euer frommes Gewissen von der Schuld». Er bat ihn «vor der einen dreifaltigen Gottheit ... und vor den heiligen Engeln Christi». Er flehte mit all seinen Bischöfen, mit allen Kirchen «unserer Reichshälfte». Er rief die «milde Majestät unter Tränen an». Er apostrophierte sie «allerchristlichster und kniefällig verehrter Kaiser». Er schrieb aber auch an den (inzwischen freilich schon verschiedenen) hl. Flavian, an den Klerus, die Mönche Konstantinopels, die Bürger dieser Stadt, an Bischöfe im Orient, in Italien, Gallien. Alles rief er zum Kampf für den Katholizismus auf. Besonders aber steckte er sich hinter Pulcheria, die älteste, herrschsüchtig bigotte Schwester des Kaisers, den sie um so christlicher erzogen, als sie selber das Gelübde der Jungfräulichkeit abgelegt und auch ihre Schwestern dazu veranlaßt hatte. Da sie «stets die Bemühungen der Kirche unterstützt», ersuchte sie der Papst um Intervention bei Theodosius «kraft eigens ihr vom seligsten Apostel Petrus übertragenen Legation». Und auch der so wunderbar in Ephesus entkommene Diakon Hilarus legte ein Schreiben an Pulcheria bei. Die (falsche) Nonne galt offenbar als Roms wichtigste Figur im Konstantinopeler Kaiserhaus.

Doch der Herrscher selber stellte sich entschieden hinter Dioskor. Auch als Leo I. durch vier – von ihm am Fest der «Cathedra Petri», am 22. Februar, in der Peterskirche erbetene – Briefe Kaiser Valentinians III., seiner Mutter Galla Placidia, seiner Frau Licinia Eudoxia, der Tochter von Theodosius II., und seiner, Valentinians, Schwester, die «milde Majestät» in Ostrom zu einer Aufhebung des Reichssynodalurteils von Ephesus zu bewegen suchte, «die Worte mit Tränen mischend», wie die hohen Damen schreiben, «vor Traurigkeit der Rede kaum mächtig», blieb Theodosius hart. Die Episteln des Hofes – Leo hatte dies geschickt eingefädelt – trieften zwar von Devotion gegenüber dem römischen Stuhl, der die Würde «über alle» habe; sie waren päpstlicher als der Papst. Doch Theodosius verbat sich jede Einmischung des «Patriarchen Leo» in die Angelegenheiten des Ostens, nannte die Synode das «göttliche Gericht» und ihr Resultat «die reine Wahrheit». Flavian, «schädlicher Neuerungen schuldig», habe die gebührende Strafe erhalten. «Nachdem er entfernt ist, herrscht Friede und völlige Einmütigkeit in den Kirchen . . .» Nachfolger des «seligen Flavian», den ein Trostschreiben Leos nicht mehr erreicht hatte, wurde eine Kreatur Dioskors, sein eigener Presbyter, der alexandrinische Apokrisiar am Hof, Anatolius, der seinerseits wieder den Parteigänger Maximus in Antiochien inthronisierte.[137]

Aber nun, da Dioskor von Alexandrien sich anschicken konnte, der gesamten Kirche des Ostens zu gebieten, fiel er aus allen Höhen des Triumphes. Ein simpler Unglücksfall führte zu einer völligen Änderung der Reichs- und Kirchenpolitik.

Am 28. Juli 450 erlag der bis zuletzt die Monophysiten stärkende, erst 49 Jahre alte Kaiser Theodosius II., der hartnäckige Opponent des Papstes, auf der Jagd einem Sturz vom Pferd. Er hinterließ keinen Sohn. Die hl. Pulcheria, seine frömmelnde Schwester, einst von Chrysaphios von der politischen Bühne verdrängt, ergriff die Zügel des Staates und ließ stracks den allesbestimmenden, mit dem alexandrinischen Patriarchen zusammenspielenden Eunuchen über die Klinge springen – der erste Akt der neuen Regierung – sowie Eutyches aus seinem Kloster schleppen und bei Konstantinopel internieren. Und Papst Leo sah jäh «durch Gottes Gnade die Freiheit der Katholiken um ein Beträchtliches vermehrt».

In der Tat sprang nun unter dem von Heermeister Aspar, dem

starken Mann im Osten, am 25. August zur Macht gebrachten, von der 51jährigen, immer noch und weiterhin jungfräulichen hl. Pulcheria im August geheirateten und zum Mitregenten gemachten General Marcian (450–457), der Wind gänzlich um. Wiederholt bot der, wie Prosper schreibt, «auch mit der Kirche eng verbundene» neue Mann, ein erklärter Gegner der Monophysiten und kaum mehr als die willige Kreatur der Kaiserin, dem Papst ein Konzil an, das «dem Frieden der christlichen Religion und dem katholischen Glauben dient». Doch Leo, der jetzt den Herrscher auf seiner Seite weiß, braucht kein Konzil mehr. Gott hat ihn erwählt «zur Verteidigung des Glaubens», schreibt er Marcian, beschwört ihn aber beim Herrn Jesus Christus, diesen Glauben durch ein Konzil nicht erst diskutieren zu lassen. Nun wurde Flavians Leiche feierlich in der Konstantinopeler Kathedrale beigesetzt, wurde Abt Eutyches auf einer Ortssynode exkommuniziert, wurde der bisher siegreiche alexandrinische Patriarch Dioskor als Lästerer der hl. Dreieinigkeit, «Ketzer», Reliquienschänder, Dieb, Mörder et cetera angeklagt und Alexandrien «wiederum der Schauplatz blutiger, aus Intoleranz herausgeborener Kämpfe» (Schultze). Und sofort wandten sich die Bischöfe wie ein Herz und eine Seele von Dioskor ab, schoben alle Schuld auf ihn und beteuerten, nur der Gewalt gewichen zu sein. Auch Anatolios (449–458), von Dioskor zum Patriarchen Konstantinopels gemacht, kroch unter dem starken Druck der verehelichten «Nonne» sogleich zu Kreuze, zum römischen diesmal, gab seinen eigenen Promotor Dioskor preis und schickte einen Haufen Reueerklärungen ephesinischer Synodalen nach Rom, spielte aber gleichwohl ein doppeltes Spiel. Ebenso sammelte der antiochenische Patriarch Maximus Verdammungsbekundungen gegen Nestorios und Eutyches. Sogar Dioskors eigener Archidiakon fiel von ihm ab und wurde, wie erwähnt, Patriarch in Alexandrien.[138]

Das Patriarchat, durch drei Generationen im Kampf um die Ostkirche von Triumph zu Triumph gelangt, hatte allerdings seine dominante Position verloren; ja, war mit seiner Machtgier endgültig gescheitert. Von jetzt an führte der Konkurrent in Konstantinopel unangefochten mit einem Sprengel von mehreren hundert Bistümern den Osten an. Er überragte weit Alexandrien und Antiochien, aber auch den Bischof von Rom, der nur den größeren Teil Italiens und Illyriens beherrschte, freilich eifrig auch seine Fäden hinüber nach dem Osten spann, wobei nicht alles so lief, wie er gern gewollt hätte.

Das Konzil von Chalkedon oder: «Wir schreien um der Frömmigkeit willen»

Noch am 9. Juni 451 bat Leo Kaiser Marcian, mit Rücksicht auf die Kriegsunruhen das Konzil zu verschieben. Doch Marcian hatte sich bereits anders entschieden. Und so kam es zu dem berühmten, über Jahrhunderte fortwirkenden vierten ökumenischen Konzil, nicht minder abgekartet als die vorhergehende «Räubersynode» und, zumindest gelegentlich, nicht minder turbulent.

Wie üblich hatte es der Kaiser berufen und sein Einladungsschreiben vom 17. Mai 451 an sämtliche Metropoliten mit dem Satz eröffnet: «Allen Angelegenheiten sind die göttlichen Dinge voranzustellen». Der Monarch hatte auch, ohne einen Bischof oder «Papst» zu fragen, Zeit und Ort (erst Nicaea, dann Chalkedon, heute: Kadiköy, am Bosporus, gegenüber von Konstantinopel) festgelegt – damals ganz selbstverständlich. Und ganz selbstverständlich fügte sich auch Papst Leo I., «der Große», ohne jeden Einwand, ja, obwohl er die Synode gar nicht gewünscht, vielmehr wiederholt sein Mißfallen geäußert und unablässig betont hatte, in ruhigen Zeiten hätte er gern ein Konzil in Italien abgehalten. Doch vor vollendete Tatsachen gestellt, schrieb er in seiner Begrüßungsepistel an die Bischofsversammlung (26. Juni 451): «Gutzuheißen ist der fromme Ratschluß des erlauchtesten Herrn, durch den er euch zur Vernichtung der Fallstricke des Teufels und zur Wiederherstellung des kirchlichen Friedens zusammenzuberufen geruhte, unter Wahrung des Rechts und der Ehre des seligsten Apostels Petrus, indem er auch uns durch seinen Brief dazu einlud, der ehrwürdigen Synode unsere Gegenwart zu schenken. Das gestattete freilich weder die Not der Zeit, noch irgendein alter Brauch; aber in den Brüdern . . ., welche vom apostolischen Stuhle gesandt sind, möge Eure Brüderlichkeit mich als euerer Synode vorsitzend (praesidere) erachten.»[139]

Nun kamen zwar Leos Legaten: die Bischöfe Paschasinus von Lilybäum (Marsala/Sizilien), sein besonderer Vertrauter, für den er den Vorsitz «vice apostolica» forderte, und Lucentius von Ascoli, der römische Priester Bonifatius und ein Schreiber sowie als Berater Julian von Kios, der Ostexperte. Aber sie konnten das päpstliche Begrüßungsschreiben überhaupt erst auf einer Sondersitzung gegen Schluß des Konzils zur Verlesung bringen! Und als man in der Basilika der hl. Euphemia am 8. Oktober 451 zusammentrat, präsidierten – in der Mitte des Kirchenschiffs – die Bevollmächtigten des Kaisers, Konsuln, Senatoren, Präfekten, nicht weniger als achtzehn, ja, dieser selbst griff mehrfach von seinem «göttlichen Palast» aus maßgeblich in die Sitzungen ein, saß auch der am 25. Oktober mit der Kaiserin selber vor und billigte die Beschlüsse, wodurch sie gültig wurden. Und Pius' XII. Behauptung in seiner Enzyklika «Sempiternus Rex Christus» zum 1500jährigen Jubiläum 1951, die Kirchenversammlung sei unter dem Vorsitz der päpstlichen Legaten zusammengetreten und alle Konzilsväter hätten dieses Vorrecht Roms anerkannt, ist genauso unwahr wie die Äußerung von Pius XI. in seiner Enzyklika «Lux veritatis» im Jahr 1931 zur 1500-Jahr-Feier des Konzils von Ephesus (S. 172) – von vielen anderen im Dienst römischer Primatsansprüche stehenden tendenziösen Verzeichnungen und Geschichtsverfälschungen des Pacelli-Rundschreibens zu schweigen.[140]

Doch lügen katholische Theologen von der Spitze bis zu den bescheideneren Rängen, bis etwa – mit «Imprimatur» – zu dem Jesuiten Jacob Linden: «Auf den allgemeinen Konzilien führten stets [!] die Päpste oder deren Stellvertreter den Vorsitz». Oder bis zu den – mit «Imprimatur» – katholischen Apologeten Koch/Siebengartner: «*Nie* ist eine *allgemeine Kirchenversammlung* gehalten worden, ohne daß der Papst oder dessen Abgeordnete dabei den Vorsitz hatten». Bis zu dem Katholiken J. P. Kirsch (mit Imprimatur): «Vorsitzende der Synode waren die päpstlichen Legaten». Bis zu dem katholischen «Lexikon für Theologie und Kirche»: «den Vorsitz führte ein päpstlicher Legat». Kein Wunder, behauptete ja schon in Chalkedon selbst der Legat Lucentius gegen Dioskor: «Er hat es gewagt, eine Synode zu halten, ohne die Autorität des Heiligen Stuhles, was nie erlaubt war und nie geschehen ist.» So lügen Katholiken – vgl. S. 88 f – durch zwei Jahrtausende der ganzen Welt ins Gesicht.[141]

Papst Leo I. nahm beim Konzil von 451 für sich zwar das Recht des Präsidiums in Anspruch – hatte es aber nicht! Er ersuchte Kaiser Marcian, daß Paschasinus statt seiner («vice mea») den Vorsitz führe, schrieb auch den Bischöfen im fernen Gallien, daß seine «Brüder» «an meiner Stelle der orientalischen Synode präsidieren». Das durften sie freilich nur an einem einzigen Tag! Sogar der holländische Franziskaner Monald Goemans, der meint, ein Leser der Konzilsakten «könne angesichts der überragenden Rolle der kaiserlichen *Kommissare* auf den Gedanken kommen, daß das eigentliche Präsidium des Konzils in deren Händen lag», konstatiert doch selber wiederholt, daß eben sie «präsidieren», «präsidieren», in der 1., 2., 4., 5. Sitzung – in der 6. (25. Oktober), die die Glaubensformel von Chalkedon feierlich bestätigte, waren der Kaiser und Kaiserin Pulcheria selbst erschienen – und daß ihre Kommissare auch «in der 8.–17. Sitzung präsidieren . . .». In der Tat, sie hatten das Konzil fest im Griff. Und sie – und niemand sonst – retteten es auch immer wieder in seinen kritischen Phasen.[142]

Gewiß, auch durch die Vertreter des Herrschers sprach eben der Heilige Geist – wie er immer spricht, ist es zugunsten der römischen Kirche. Und ist es anders, dann spricht der Teufel. (Warum der Heilige Geist überhaupt zuläßt, daß auch der Teufel spricht, daß auch zuungunsten der römischen Kirche gesprochen und entschieden wird – sogar auf von Rom anerkannten, sogar auf «ökumenischen» Konzilien, wie dem Konzil von Konstantinopel [381], ja, auf dem, wie sich noch zeigen wird, von Chalkedon –, das ist das Geheimnis des Heiligen Geistes.)

Leo I. wollte auch nicht im geringsten die Glaubensfrage diskutieren lassen. Derartige Debatten, echte Auseinandersetzungen, gar im Dogmatischen, sind Päpsten nie genehm. Es könne kein Zweifel darüber sein, schrieb Leo den Konzilsvätern in seinem Begrüßungsbrief, «was ich wünsche. Deshalb werde, liebste Brüder, die Verwegenheit, gegen den göttlich eingegebenen Glauben Erörterungen zu führen, ganz und gar zurückgewiesen, es verstumme der Irrenden eitler Unglaube und es sei verboten, daß verteidigt werde, was man nicht glauben darf...» Und Kaiser Marcian beschwor er in einem letzten Schreiben vom 20. Juli: «Auch nicht die mindeste Disputation irgendeiner Wiederaufnahme des Verfahrens!»[143]

Sowenig man aber den Wunsch des Papstes nach dem Konzilsvorsitz erfüllte, sowenig gehorchte man seiner Forderung: keine Glaubensdiskussion! Im Gegenteil, die kaiserlichen Kommissare bestanden ausdrücklich darauf. Doch das vom Konzilsausschuß selbst entworfene Credo fand in der 5. Sitzung (22. Oktober) leidenschaftliche Ablehnung. Die päpstlichen Legaten drohten mit ihrer Rückreise und einem Konzil in Italien. Der Kaiser setzte die Synodalen unter Druck: entweder eine neue Glaubensformel oder eine Verlegung der Synode in das Land des Papstes. Nun wollte man lieber eine neue Glaubensformel. Die Bischöfe fügten sich und erstellten eine eigene Glaubensdefinition, in die sie Leos Lehrschreiben aufnahmen. Doch wurde dies nicht darum akzeptiert, weil man eine Lehrautorität des Römers anerkannt hätte, sondern weil man überzeugt war, sein «Tomos» stimme mit dem orthodoxen Glauben überein.[144]

Das Konzil, ein Triumph der Orthodoxie, war eine der pompösesten, aus angeblich 600 Bischöfen bestehenden Versammlungen der alten Kirche. Kardinal Hergenröther gibt eine Zahl von «520 bis 630» Teilnehmern an. In den Konzilsakten – die die Sitzungen (praxeis, actiones) nicht immer im zeitlichen Ablauf und in meist voneinander abweichender Zählung überliefern – stehen allerdings bloß 452 Unterschriften. Und in Wirklichkeit «waren nur 350 bis 360 Väter anwesend» (Franziskaner Goemans). In der ersten Sitzung (8. Oktober) wurde Patriarch Dioskor angeklagt, in der dritten Sitzung (13. Oktober) entthront, seine Lehre jedoch nicht verdammt! Dioskor war vorsichtigerweise nicht mehr erschienen, hat seinerseits aber noch den Papst exkommuniziert. Das Konzil nahm ihm seinen Bischofssitz und alle geistlichen Würden (der Kaiser exilierte ihn später; zuerst nach Kyzikos, dann nach Herakleia, zuletzt nach Gangra in Paphlagonien, wo er wenige Jahre später in der Verbannung starb). *Ein* Übeltäter, um keine weiteren zu verlieren – die Taktik schon gegen Nestorios. Im übrigen erkannte die Versammlung aus Furcht vor Repressalien genau die Formel an, die der dem Konzil vorsitzende Kaiser Marcian – als «Novus David», «Novus Paulus», «Novus Constantinus» akklamiert, ja, als «Priester» und «Lehrer des Glaubens» (!) –, die der Papst und der Patriarch von Konstantinopel, Anatolius, wünschten: die zur Basis aller orthodoxen Theologie, der Griechen, Katholiken, Protestanten, gewordene diophysitische Lehre: ein Christus in zwei Naturen.[145]

Denn wie schon das Nicaenische Glaubensbekenntnis auf dem Konzil von Nicaea bloß durch Kaiser Konstantin zustande gekommen war, weshalb es Johannes Haller als das Konstantinische verhöhnt, so war auch die in Chalkedon definierte Formel «nur unter intensivster Einwirkung der Politik angenommen worden: nur ein drohendes Ultimatum des Kaisers brachte es zuwege, daß die Frage nach dem Verhältnis zwischen göttlicher und menschlicher Natur in Christus unzweideutig und endgültig entschieden und in Gestalt eines formulierten Bekenntnisses von der Synode niedergelegt wurde» (Kawerau). Erkannte doch selbst Leo I. dem Kaiser das Hauptverdienst am Sieg der Synode über die neue «Ketzerei» zu, «da durch den heiligen . . . Eifer Eurer Milde der verderblichste Irrtum vernichtet wurde . . .».[146]

Der Herrscher stand denn auch später entscheidend hinter dem Symbol, und der nestorianische Metropolit Elias von Nisibis (975–1049) dürfte nicht so falsch liegen, schreibt er in seinem Buch vom «Beweise der Wahrheit des Glaubens»: «Der Kaiser aber sprach: ‹Es sind weder zwei Personen anzunehmen mit Nestorios, noch eine Natur mit Dioskoros und seinen Genossen, sondern zwei Naturen und eine Person.› Was er so geboten hatte, hielt er aufrecht mit Gewalt und tötete die Widersprechenden mit dem Schwert, indem er sprach: ‹Das eine Übel ist geringer als das andere!› ... Unsere Leute ... lehrten, daß die vom Kaiser aufgestellte Ansicht verwerflich und verderbt sei, daß er nicht in der Wahrheit stehe, und hielten fest an ihrem alten, orthodoxen Glauben, woran nichts geändert, der zu keinen Gewalttätigkeiten Anlaß gegeben, für den keine Vermittlung, keine Spendung von Geschenken geschehen, wobei Aufwand von Geld nicht stattgefunden ...»[147]

Die Mehrzahl der Konzilsväter begriff allerdings kaum, worum es theologisch ging. Erhellt das geistige Kaliber vieler doch schlagend die Tatsache, daß auf der Synode von Antiochien (324/325) nach einer klerikalen Urkunde die meisten Bischöfe nicht einmal «in Dingen des kirchlichen Glaubens sachverständig» waren! Daß 449 auf der Synode von Ephesus mehrere Bischöfe nicht einmal ihren eigenen Namen schreiben konnten und durch andere ihre Unterschrift geben ließen! Daß auch auf dem Konzil von Chalkedon vierzig analphabetische Bischöfe tagten! Sogar ein moderner Katholik betont das ungemein niedrige Niveau, auf dem damals «der oströmische Episkopat weithin stand» (Haacke). Stand es mit dem weströmischen aber anders? Anerkanntermaßen schlimmer noch![148]

Freilich konnte auch die Formel «ein Christus in zwei Naturen» gar keiner begreifen. Eine Unterscheidung ohne Trennung, eine Vereinigung ohne Vermischung! Gewiß ein großes Mysterium. Noch heute begreift es keiner. Man ahnt dies bei der Erklärung des Benediktiners Haacke (der die Monophysiten «mit den Nationalsozialisten» vergleicht): «Gegenüber der monophysitischen Vermischung betonte man die Beimischung, gegenüber der entstellten Innigkeit das innigste Ineinandersein»! Doch brauchte man eben einen absolut göttlichen Herrn! Und einen absolut menschlichen! Und vor allem einen Bischofssitz![149]

Die Verlesung von Leos Lehrschreiben – epistola dogmatica, im Osten Tomos Leos, in der koptischen Geschichtsschreibung auch «Tomos des bösen Leo» genannt und ganz auf eine antialexandrinische Christologie fixiert – begleiteten am zweiten Sitzungstag, 10. Oktober, begeisterte Akklamationen: «Das ist der Glaube der Väter, der Apostel! Wir alle glauben so, die Orthodoxen glauben so! Anathem dem, der nicht so glaubt! Petrus hat durch Leo gesprochen! Die Apostel haben so gelehrt! Fromm und wahr hat Leo gelehrt! Kyrill hat so gelehrt! Ewiges Gedenken Kyrill! Leo und Kyrill haben gleich gelehrt! Anathem dem, der nicht so lehrt!» Nicht einmal die Bedenkzeit bis zur nächsten Sitzung, drei Tage später, wollten die hohen Glaubensstreiter annehmen: «Keiner von uns zweifelt, wir haben schon unterschrieben», riefen sie – ein Triumph auch päpstlicher Autorität, der vier Jahrhunderte lang, bis 869/70 (Konstantinopel) auf «ökumenischen» Konzilien nicht mehr übertroffen wurde.[150]

Die Formel «Petrus hat durch Leo gesprochen!» ließ sich die katholische Dogmatik und Apologetik nicht mehr entgehen, um so weniger, als sie aus den Mündern orientalischer Bischöfe erschollen war. Wann immer man historische «Beweise» der päpstlichen Lehrautorität auftischte, servierte man auch sie. Aber, so schreibt der katholische Theologe und Kirchenhistoriker Schwaiger: «Bei genauem Studium der Quellen verweist jedoch das Konzil von Chalkedon zur Begründung der Annahme des Tomus Leonis nirgends auf eine etwaige unbedingte Lehrautorität des Papstes ... Ein Teil der Bischöfe nahm den Tomus Leonis offensichtlich nur unter massivem kaiserlichen Druck an.»[151]

Das leonische «Meisterwerk» – heute zweifellos weit eher geeignet selbst schwerste Schlafstörungen leichter zu beheben als noch so gelinde Glaubenszweifel – liest sich, um wenigstens eine Ahnung davon zu geben, auf weite Strecken so: «Die Geburt nach dem Fleisch ist die Bekundung der menschlichen Natur, das Gebären der Jungfrau aber Zeichen göttlicher Kraft. Die Kindheit des Kleinen zeigt sich in der Niedrigkeit der Wiege, die Größe des Allerhöchsten kündet die Stimme der Engel ... Den des Teufels List als Menschen versucht, demselben dienen als Gott die Engel. Hungern, dürsten, müde werden, schlafen ist augenscheinlich menschlicher Art; aber mit fünf Broten Fünftausend speisen, der Samariterin lebendiges Wasser spenden, daß, wer davon trinkt, niemals wieder dürstet, auf dem Rücken des Meeres mit nichtsinkendem Fuß wandeln, die schwellenden Fluten durch Bedräuen des Sturmes glätten, ist unzweideutig göttlicher Art. Wie es also, um vieles zu übergehen, nicht ein und derselben Natur zugehört, mit jammernder Liebe den toten Freund zu beweinen, und denselben, der vier Tage unter der Grabesdecke lag, durch seiner Stimme Befehl wieder zum Leben zu erwecken; oder am Kreuze zu hangen, und Tag in Nacht zu wandeln, die Elemente erzittern zu machen; oder mit Nägeln durchbohrt zu sein, und die Pforten des Paradieses dem gläubigen Schächer zu öffnen, so ist es auch nicht ein und derselben Natur zugehörig, zu sagen: ‹Ich und der Vater sind eins› und ‹Der Vater ist größer, denn ich›.»[152]

Gut gebrüllt, Löwe, kann man da wohl kaum behaupten.

Es ist nicht erstaunlich, daß kritische Dogmengeschichtler wie Harnack oder Seeberg Leos «Tomos» sehr abfällig beurteilten. Verwunderlicher schon, daß Erich Caspar ihm «Überzeugungskraft» zusprach; eine «überzeugende Durchschlagskraft für weiteste Kreise» – gewiß. Denn was in aller Welt hätte weiteste Kreise nicht schon überzeugt![153]

Vielleicht läßt sich der päpstliche Versuch, diese peinlich geistlose geistliche Exaltation, etwas per se Unerklärliches zu erklären, etwas frei aus der Luft Gegriffenes zu konkretisieren, nicht besser kommentieren als mit dem Rat, den der hl. Hieronymus dem Priester Nepotian gegen Deklamatoren und geschwätzige Zungendrescher gab: «Überlassen wir es den Ungebildeten, mit leeren Worten um sich zu werfen und durch Zungenfertigkeit die Bewunderung des unerfahrenen Volkes auf sich zu lenken. Eine leider nicht seltene Anmaßung bedeutet es, das zu erklären, was man selbst nicht versteht; und am Ende hält man sich selbst für ein Licht, wenn man anderen etwas weisgemacht hat. Nichts ist leichter, als das einfache Volk und eine schlichte Versammlung durch einen Schwall von Worten zu täuschen; denn je weniger sie an sachlichem Verständnis aufbringt, um so mehr wächst die Bewunderung».[154]

Geistig war der überwiegende Teil der glanzvollen Konzilsgesellschaft – auch wenn nicht jeder zehnte der hochwürdigsten Herren weder schreiben hätte können noch lesen – gewiß eine «schlichte Versammlung». Dafür aber funktionierte ihr Maulwerk oft um so besser. Nicht immer hat man ja dogmatische Probleme gewälzt, wo man aus verschiedenen Gründen verstummen konnte. Auch Skandale wurden behandelt, etwa die Streitigkeiten zwischen den Bischöfen Bassanios und Stephan von Ephesus. Es kam zu regelrechten Tumulten, zu solchen Szenen der vom Heiligen Geist getriebenen Väter, daß auch Katholik Georg Schwaiger das berühmte vierte ökumenische Konzil «auf weite Strecken» mit der «Räubersynode» von Ephesus vergleicht! Reinhold Seeberg, der einen «überaus unerfreulichen Eindruck» registriert, betont sogar, «daß es nicht weniger stürmisch herging als auf der Räubersynode»; fast wörtlich gleich: Caspar. Die Sitzungsprotokolle machen deutlich, daß die Synodalen im eigenen Radau versunken, daß sie rasch gescheitert wären, hätte ihnen der Staat nicht sein gerichtsnotorisches Verfahren aufgenötigt.[155]

Die kaiserlichen Kommissare rügten das «pöbelhafte» Geschrei der Bischöfe. Die Bischöfe kreischten: «wir schreien um der Frömmigkeit und der Orthodoxie willen».

Und während Dioskor – seine Situation war von vornherein so aussichtslos wie die des Nestorios 431 in Ephesus – immerhin sich selbst treu blieb und zu dem stand, was er vertreten hatte, fielen die Bischöfe, die ihn noch zwei Jahre vorher umjubelt hatten, jetzt ab von ihm fast wie *ein* Mann. Noch auf der ersten Sitzung am Abend, bereits bei Kerzenlicht, wurde seine Absetzung beschlossen; hemmungslos gab man ihn preis. «Hinaus mit dem Mörder Dioskor!» rief man und schimpfte ihn auf der dritten Sitzung, am 13. Oktober, als man ihn in absentia entthronte, «Häretiker», Origenist, Lästerer der Dreieinigkeit, Wollüstling, Reliquienschänder, Dieb, Brandstifter, Mörder, Majestätsverbrecher und so weiter.[156]

Beim Auftauchen des Barsumas, eines erklärten Nestorianers, erhob sich derselbe Entrüstungssturm: «Hinaus mit dem Mörder!» Der Bischof von Kyzikos schrie: «Er hat den seligen Flavianos getötet. Er hat dagestanden und geschrien: Schlagt ihn tot!»

Andre Oberhirten riefen: «Barsumas hat ganz Syrien zugrunde gerichtet.» Barsumas blieb davon ganz unerschüttert. Als Kirchenhistoriker Bischof Theodoret von Cyrus erschien, ein treuer Freund des Nestorios und Gegner Kyrills, doch «unleugbar eine der größten Gestalten jener Zeit» (Camelot), gar eine «Art Augustinus des Orients» (Duchesne), erfüllten die «Väter» aus Ägypten, Palästina und Illyrien die Kirche mit ohrenbetäubendem Gebrüll: «werft den Juden hinaus, den Widersacher Gottes, und nennt ihn nicht Bischof». «Er ist ein Ketzer! Er ist ein Nestorianer! Hinaus mit dem Ketzer!» Aber selbst der «Augustinus des Orients», Bischof Theodoret, der Feind des Kyrill, der Freund des Nestorios, verriet diesen nach einigem Sträuben. Zunächst erklärte er noch: «Vor allem versichere ich euch, daß ich es nicht etwa auf ein Bistum abgesehen habe . . .» Denn darum ging es natürlich auch Theodoret. Und als man ihm drohte, ihn nicht zu restituieren, ihn erneut zu verurteilen, gab er zu Protokoll: «Nestorios sei im Bann und jeder, der nicht sagt, die heilige Jungfrau sei Theotokos; ebenso jeder, der den einzigen Sohn in zwei spaltet . . . Und nach alledem, seid gegrüßt!»[157]

Nach alledem, seid gegrüßt!

Nur dreizehn ägyptische Bischöfe, die mit Dioskor erschienen waren, scherten aus. Sie sprachen Eutyches nicht schuldig und weigerten sich hartnäckig, Leos Lehrschreiben zu akzeptieren; «wir werden getötet, wir werden getötet, wenn wir es tun». Kein Drängen half, kein Drohen. Zumindest wollten sie Aufschub bis zur Wahl eines neuen Patriarchen, ja, sie wollten beim Glauben ihrer Väter bleiben und lieber auf der Stelle sterben als bei ihrer Rückkehr nach Ägypten gesteinigt werden – alles mit viel Pathos, mit Aufschubgewährung schließlich durch die kaiserlichen Beamten bis zur Neubesetzung des alexandrinischen Stuhls und unter dem Geplärr der Bischöfe. Doch führte die «Zwei-Naturen»-Formel, wie sich bald zeigen wird, in Ägypten und Palästina tatsächlich zu wilden Exzessen.[158]

DER 28. KANON

27 Kanones waren fast durchweg glücklich für Rom über die Bühne gegangen (die Kanones 9 und 17 einmal beiseite, die schon die Rechte des Konstantinopeler Patriarchen erweitert hatten), da brachte in der Sitzung vom 29. Oktober der letzte, der «28. Kanon», dem «großen» Leo und dem Papsttum, dem dogmatischen Sieger, eine kirchenrechtliche und -politische Schlappe schlimmster Art. Blieb dieser Kanon doch «der tiefste Grund der kommenden Zerwürfnisse ... bis auf den heutigen Tag» (Dölger).[159]

Die Bischofsversammlung rächte sich damit offenbar für das ihr von Rom über den Kaiser aufgezwungene Dogma und kodifizierte die Suprematie des Patriarchen von Konstantinopel im Osten. Mit Berufung auf Kanon 3 des Konzils von Konstantinopel (381) – das dem dortigen Bischof «den Ehrenprimat» zugesprochen hatte, allerdings «nach dem Bischof von Rom» – erkannte das Konzil von Chalkedon nun dem Patriarchen des Neuen Rom (Konstantinopel) «dieselben Vorrechte» zu wie dem Patriarchen des alten Rom sowieso das Ordinationsrecht in den Diözesen Asien, Pontus und Thracien, und dies gemäß einer «schon lange bestehenden Gewohnheit» (consuetudinem, quae ex longo iam tempore permansit). Das heißt der Bischof von Konstantinopel durfte in diesen Diözesen den Metropoliten weihen. Somit erhielt er nicht nur einen Ehrenprimat, sondern auch eine Jurisdiktion über ein großes Gebiet im Orient. Zwar bescheinigte man das Erstrecht dem alten Rom, gewährte aber dem neuen Rom dieselben Vorrechte. Die päpstlichen Legaten – auf die Erörterung verfassungsrechtlicher Fragen durch den Papst anscheinend nicht vorbereitet – hatten die entscheidende Sitzung absichtlich, doch unklugerweise gemieden, protestierten aber schärfstens dagegen in der nächsten. Nach der Aufforderung der Kommissare, die Kanones vorzulegen, worauf beide Parteien sich stützten, zitierte Paschasinus den 6. Kanon von Nicaea, freilich in der *gefälschten* römischen Fassung. Trägt dieser Kanon doch in einem seit 445 nachweisbaren lateinischen Text die Überschrift

«De primatu ecclesiae Romanae» und behauptet im ersten Satz: «Die römische Kirche hat immer den Vorrang (primatum) besessen». Dies aber war eine Interpolation, die im selben Kanon der Fassung von Konstantinopel fehlt. Legat Lucentius, Bischof von Herkulaneum, bezweifelte die Freiwilligkeit der Unterschriften, behauptete eine Überlistung der Väter, ihre Vergewaltigung, sie seien getäuscht worden, hätten unter Druck unterschrieben. Doch ein viel-, wenn nicht einstimmiges: «Niemand ist gezwungen worden!» antwortete ihm. Einzeln bezeugten die Oberhirten, daß sie freiwillig unterzeichnet und keine Einwände gegen den Beschluß hätten. Die kaiserlichen Geschäftsführer nahmen alles korrekt zu Protokoll, ließen abstimmen und erklärten den 28. Kanon gegen die Stimmen der römischen Delegation für beschlossen: «Was vorgetragen wurde, hat die ganze Synode genehmigt».

Leo I. war natürlich mit den Konzilsentscheidungen ausdrücklich einverstanden, soweit und auch nur soweit sie den Glauben betrafen, «in sola fidei causa». Sonst aber wollte der Römer, was für Alt-Rom galt, nicht auch für das Neue Rom, die neue Kaiserstadt, gelten lassen. Herrschten doch – wie er dem Kaiser schrieb, indem er seine «schmerzliche Verwunderung» darüber bekannte, daß erneut der Geist der Ehrsucht den gerade hergestellten Kirchenfrieden störe – in göttlichen Dingen andere Grundsätze als in weltlichen, «alia ratio est rerum saecularium, alia divinarum». Tatsächlich aber entsprach es dem schon auf der Synode von Antiochien (328 oder 329) genau festgelegten Grundsatz, daß der zivile Status eines Ortes auch seinen kirchlichen Rang bestimmt. Gegenüber dem Kaiser hielt sich Leo noch gemessen zurück. Gegenüber anderen, der hl. Pulcheria, Anatolius, Julian von Kios, schäumte er. Selber strotzend vor Herrschsucht, mißbilligte der «Erzbischof» von Rom, wie ihn die Synodalen nach Abschluß des Konzils apostrophierten, das Suprematiestreben Konstantinopels aufs zornigste als «zügellose Begehrlichkeit», «maßlose Kompetenzüberschreitung», «freche Anmaßung», «unerhörte Frechheit», als einen Versuch, wie er dem Konstantinopeler Patriarchen Anatolius, dem er wohl am schärfsten schrieb, bedeutete, «die heiligsten Kanones einzureißen; es schien sich dir wohl ein günstiger Zeitpunkt zu bieten, da der alexandrinische Stuhl das Privileg des zweiten Ranges verloren hatte und die antiochenische Kirche ihrer Eigenschaft als dritte im Ehrenrange verlustig ging, um nach Unterwerfung dieser Orte unter deine Hoheit alle Metropoliten ihrer Ehre zu berauben».[160]

Das alexandrinische «Papsttum» hatte Rom im Bund mit dem Kaiser vernichtet. Nun fürchtete Leo offensichtlich ein «Papsttum» Konstantinopels, der Reichshauptstadt, und dies um so mehr, als Rom nicht einmal im Westen mehr Reichshauptstadt war, sondern Ravenna. Während Leo deshalb das Konzil von Nicaea als «göttliches Privileg» feierte, putzte er das «ökumenische» Konzil von Konstantinopel 381 herunter, indem er den Konstantinopeler Patriarchen Anatolius «niedriger Machtgier» zieh und zürnte, es nütze «rein gar nichts», zu seinen Gunsten jenes «Schriftstück» anzuführen, «das irgendwelche Bischöfe angeblich vor sechzig Jahren verfaßten», ein Papier, das niemals von seinen Vorgängern zur Kenntnis des Apostolischen Stuhls gebracht worden sei. «Diesem von vornherein hinfälligen und längst dahingesunkenen [!] Schriftstück willst Du jetzt, spät und vergeblich, eine Stütze unterbauen, indem Du den Brüdern (der Synode von Chalkedon) den Schein einer Zustimmung entlocktest ...» Und während die griechische Kirche im allgemeinen dauernd an dem 28. Kanon festhielt, erklärte Leo die Zustimmung der Bischöfe – in einem Brief an Kaiserin Pulcheria – «für ungültig» und kassierte sie «kraft der Autorität des seligen Apostels Petrus durch allgemeine Festsetzung ganz und gar» (in irritum mittimus et per auctoritatem beati Petri apostoli, generali prorsus definitione cassamus).[161]

Sogar Jesuit Alois Grillmeier gesteht freimütig, der 28. Kanon zog «offensichtlich mehr» den päpstlichen Blick «auf sich als die dogmatische Entscheidung der Synode». Ja, er gibt zu, daß Leo «weniger oder gar nicht auf die sachliche Lage der Ostkirchen einging».[162]

Dabei tat dieser Papst nach außen ganz fürsorglich, ganz selbstlos. «Ich bekenne mich von solcher Liebe zur Gesamtheit der Brüder durchdrungen», schrieb er seinem Rivalen in Konstantinopel, «daß ich keinem eine Bitte, die ihm selbst schadet, gewähren kann ...» Und nicht nur einmal versteckte Leo I. hinter solch brüderlicher Nächstenliebe seinen kolossalen Ehrgeiz. Als er zum Beispiel den hl. Hilarius in Gallien bekämpfte – wieder einmal ein Heiliger gegen den anderen (S. 250 ff) –, da schloß er ein Schreiben an den gallischen Episkopat: «Nicht wir verfechten für uns die Ordinationen in euren Provinzen, wie Hilarius es vielleicht [!] lügenhaft nach seiner Art darstellt, um euren Sinn zu verführen, sondern wir wahren sie euch durch unsere Fürsorge, auf daß der Neuerung fürderhin keine Freiheit bleibe, noch Gelegenheit für den Vermessenen, eure Privilegien zunichte zu machen.»[163]

Wer war dieser Papst, der, indem er anderen Bischöfen, sogar Heiligen, oft mit Recht, Anmaßung vorwarf, selber, sicher zu Unrecht, eine anmaßende Sprache führte wie kaum ein römischer Hierarch zuvor? Der die Vorrechte anderer Bischöfe zu wahren schien, indem er sie ihnen nahm, und dies auch noch durch Altruismus kaschierte?

5. KAPITEL

PAPST LEO I.
(440–461)

«... eine Führerpersönlichkeit». Daniel-Rops[1]

«... bis zu Leo I. gab es auf dem Stuhle Petri auch nicht einen Bischof von geschichtlicher Bedeutung und Größe».
Ferdinand Gregorovius[2]

«Er hat gebrüllt, und die feigen Herzen der Tiere begannen zu zittern». Von Papst Sergius I. 688 gesetzte Grabschrift für Leo I.[3]

«Mit seinem Namen spielend, hat man ihn bis in unsere Tage als den Löwen vom Stamme Juda gepriesen, eine Schmeichelei, die er nicht verdient. Eher könnte man ihn dem Fuchs vergleichen».
Johannes Haller[4]

«Leo ist der erste altchristliche Papst, von dem wir wissen, daß er eine klare und bestimmte *Papstidee* besaß ... Sie ging von der Tatsache aus, daß der römische Bischof der Nachfolger des Apostels Petrus ist. Daraus zog Leo die Folgerung, daß er dieselbe Befugnis besitze, die Christus dem Apostel verlieh».
Der katholische Theologe Albert Ehrhard[5]

«Diese Primatslehre ... hat Leo d. Gr. so vorzüglich geliefert, daß sie bis zum heutigen Tag das Rückgrat des Papsttums geblieben ist». Walter Ullmann[6]

Über die Heimat Leos I., seine Eltern, seinen Studiengang ist nichts bekannt. «The best that can be suggested cannot be more than a guess» (Jalland). Ältere katholische Autoren lassen ihn gern sehr vornehmen Kreisen entstammen – «Ketzern» sagt man in unsicheren Fällen eher «geringe» Herkunft nach. Geboren wurde Leo vermutlich gegen Ende des 4. Jahrhunderts, und die meisten Handschriften des «Liber Pontificalis» nennen ihn einen geborenen Toskaner. Vor allem Volterra beansprucht, sein Geburtsort zu sein. Noch 1543 belegte es jeden, der dort Leos Gedächtnistag, den 11. April, nicht festlich beging, mit einer Geldstrafe von 48 Solidi![7]

Tiro Prosper von Aquitanien, unter Leo Kurialer, nennt allerdings Rom seine Heimat, auch er selbst Rom «mein Vaterland», was freilich weitere Bedeutung haben kann. Sicher ist nur, daß Leo schon unter seinen Vorgängern Coelestin I. und Sixtus III. Diakon des «Apostolischen Stuhles» war und bereits großen Einfluß hatte. Selbst Kyrill von Alexandrien mühte sich um ihn. Und die Regentin des Westens, Galla Placidia, schickte ihn im Sommer 440 nach Gallien, um die Feindschaft zwischen dem Feldherrn Aëtius und dem Statthalter Albinus beizulegen. Während dieser Mission wurde der Archidiakon Leo zum Papst gewählt und nach seiner Rückkehr am 29. September 440 konsekriert.[8]

Leo I. predigt seinen Vorrang – und den Laien Demut

Historisch bedeutend wurde dieser Papst durch seinen Ausbau des römischen Primats. Mit geringem Rückhalt an der Tradition – die letzten Vorgänger ausgenommen –, doch um so größrer Selbstverständlichkeit, Systematik, Konsequenz, festigte und erweiterte er die päpstlichen Machtansprüche.

Zu ihrer Begründung, ihrer Propagierung, diente ihm vor allem die Petrusdoktrin. Man hatte sie zwar dem ganzen Abendland, einschließlich Afrikas, schon aufgeredet. Leo strapazierte sie aber besonders oft und steigerte sie zur päpstlichen Vollgewalt (plenitudo potestas), zur «Petrinologie», nicht ohne sie mit Elementen der heidnischen Rom- und Reichsideologie zu verbinden und einem entsprechenden «Hofzeremoniell». Unentwegt spricht Leo von Petrus. Immer wieder rückt er ihn ganz in den Mittelpunkt. Dann setzt er die römischen Bischöfe mit Petrus gleich. Er macht sie zu «Teilhabern» an Petri Ehre, weiter zu dessen «Erben». Auch der Begriff des «Stellvertreters» Petri taucht um diese Zeit auf. Und mit dem Begriff des «Stellvertreters», des «Erben», identifiziert Leo mit Petrus sich auch juridisch, beansprucht er sämtliche seiner vermeintlichen Vollmachten. Durch allerlei kühne Exegetenkünste gleicht er Petrus, «die Trompete der Apostel», auch Jesus an, läßt er ihn teilhaben an der Macht Gottes, um derart daran wieder den Papst partizipieren zu lassen. Alles steht da «in unwandelbarer Teilhaberschaft». Denn durch den Mund des Papstes spricht Petrus. Wer den Papst hört, hört Petrus, hört Christus, hört Gott! «Wenn wir also unsere Ermahnungen in eurer Heiligkeit Ohren senken, so glaubet, daß er selbst, als dessen Stellvertreter wir amtieren (cuius vice fungimur), spricht.»

Hatte Petrus bei Cyprian einen Primat nur inter pares, so hebt Leo jetzt Petrus hoch über alle hinaus. Immer wieder beschwört er Petri Vorrang, den Führungsanspruch der Päpste, Rom als den Stuhl der Stühle – *die* sedes apostolica, das Haupt der Kirche, die Überlieferung dabei umbiegend, steigernd, auch völlig neue Ansprüche erhebend, wobei er sich sogar Valentinians und der

Damen des kaiserlichen Hauses bedient, die er Briefe nach Konstantinopel schreiben läßt (S. 226 f), die über alles hinausgehen, was bisher über den römischen Primat festgesetzt worden war. Allein der Bischof von Rom und sonst niemand ist «Stellvertreter Petri», eine wohl erstmals von Leo (vielleicht aber schon 431 vom Legaten Philippus in Ephesus) geschaffene Wendung; Petrus, «an dessen Stelle Wir regieren» – der erste pluralis majestatis der Papstgeschichte. So ist der römische Bischof «nicht nur dieses Stuhles Bischof, sondern aller Bischöfe Primas». Alle schulden ihm Gehorsam, auch alle maiores ecclesiae, alle Patriarchate. Er ist «zur Lenkung der ganzen Kirche» berufen, zum «Fürsten der ganzen Kirche», «aller Kirchen des ganzen Erdkreises». Nur «ein Antichrist oder der Teufel» würde dies leugnen. Und wer immer ihm die Obergewalt (principatum) bestreite, könne seine Würde «in keiner Weise schmälern, sondern stürzt sich selbst, vom Geist des Hochmuts aufgebläht, in die Hölle». Wer hier aufgebläht ist, ist klar – auch wenn Leo noch so oft seine Niedrigkeit, Unwürdigkeit, sein Unvermögen betont, kurz, den «indignus haeres». Prägt dieser mit allen Wassern römischer Rechtswissenschaft Gewaschene, der durch die Begriffe der Teilhaberschaft, des Erben, auch einen engen rechtlichen Konnex zwischen Papst und Petrus schuf, eine unteilbare Einheit von Theologie und Recht, Bibel und Jurisprudenz, doch vorsorglich bereits die berühmt-berüchtigte Formulierung – Grund genug gab es längst und bald immer mehr –, daß Petri «Würde auch im unwürdigen Erben» (etiam in indigno haerede) nicht fehle. Derart aber, kommentiert Katholik Kühner, «konnte schließlich alles, bis hin zum Verbrechen, gerechtfertigt werden».[9]

Papst Leo ermüdete nie, die (All-)Macht der Päpste und damit die seiner selbst herauszustellen. Immer wieder schrieb, predigte er davon. «Auf der ganzen Welt wurde nur Petrus auserkoren, das Haupt sämtlicher Apostel, aller berufenen Völker, aller Väter der Kirche zu sein.» «Aus der ganzen Welt nimmt man seine Zuflucht zum Stuhl des heiligen Petrus». Er wird von Leo als «Fels» und Fundament gepriesen, «Pförtner des Himmelreichs», «Schiedsrichter über Sündenvorbehalt und Sündennachlaß». Zwar haben alle Bischöfe, gesteht er, eine «gemeinsame Würde», aber keinesfalls «gleichen Rang». Ähnlich sei das mit Petrus schon, mit den Aposteln gewesen – «und obgleich alle in gleicher Weise ausgewählt wurden, wurde doch nur *einem* gegeben, daß er die übrigen überragte.» Ja, Leo geht nicht bloß so weit zu behaupten, daß Petri Urteilsspruch «auch im Himmel Geltung habe», sondern daß er, der Papst, in Ausübung seines Amtes «die immerwährende Huld des allmächtigen und ewigen Hohenpriesters» genieße, der ihm «ähnlich [!] und dem Vater gleich» sei.[10]

Höher läßt sich die Anmaßung kaum treiben. Doch hatte Leo schon in seiner ersten Papstpredigt, am 29. September 440, der ältesten tradierten Predigt eines Papstes, nicht gerade bescheiden mit dem Psalmisten gejubelt: «Er hat mich gesegnet, da er an mir große Wunder tat . . .». Oder bald darauf gejauchzt, «ehrenreich» habe ihn Gott gemacht, zur «höchsten Stufe» emporgeführt.[11]

Den Schäfchen aber predigte er um so eindringlicher Demut! «Hatte doch der ganze Sieg des Erlösers, der den Satan und die Welt bezwang, seinen Anfang und sein Ende in der *Demut*». (Leo beschwört oft und ausmalend Teufel und Hölle, viel seltener, wie üblich, den Himmel; er gibt nun einmal weniger her.) Ja, Leo behauptet: «So besteht denn, Geliebteste, die ganze [!] Lehre der christlichen Weisheit nicht in weitschweifigen Worten und spitzfindigen Erörterungen, auch nicht im Streben nach Ruhm und Ehre» – das war nur für seinesgleichen –, «sondern in wahrer und freiwilliger *Demut*» – die war für die Untertanen, die Abhängigen, die Auszubeutenden: wobei nur daran erinnert sei, daß der römische Bischof schon im 5. Jahrhundert der größte Grundherr im ganzen Römischen Reich gewesen ist.[12]

WER WAR DIESER LEO?

Er hinterließ ein größeres Schrifttum als je ein Papst zuvor, 90 Sermones, Fest-, Fasten-, Passionspredigten. (Weder von seinen Vorgängern noch unmittelbaren Nachfolgern sind Predigten überliefert.) Ferner besitzen wir beinah doppelt so viele Briefe von ihm (114 davon betreffen seine Ostpolitik). Doch aus Predigten, «Geliebteste», läßt sich nicht so leicht ein Charakter erschließen. Auch waren Leos Predigten durchweg kurz, manche (1, 6, 7, 8, 13, 80) extrem kurz, als habe er dem Beispiel des Flavius Cyrus (S. 155) nachgeeifert. Und seine 173 Briefe (darunter etwa 20 unechte sowie 30 an ihn adressierte) sind überdies wohl hauptsächlich Produkte der Kanzlei, vor allem also des Prosper von Aquitanien, eines eifrig theologisierenden südgallischen Autors, Augustinfreundes und wüsten Pelagianerbekämpfers. Von Prosper zumal stammt «ziemlich sicher» auch der theologische Gehalt gerade jener «großen Staatsschriften, die Leos Namen in West und Ost berühmt machten», wie Johannes Haller schreibt, zuvor betonend: «Zum mindesten die künstliche Form, die dieser Verfallszeit so teuer war, das tönende Pathos, das mit vielen großen Worten so wenig sagt, der rhythmische Tonfall, der mit seinem Wohlklang das Ohr fesselt und über die Armut und Schwäche der Gedanken täuscht, sie können ebensogut dem Diener wie dem Herrn angehören».[13]

Jedenfalls war Leo, der so selbstherrlich auftrat, schon «apostolisches» (!) Hofzeremoniell liebte, der so pompös den römischen Primat propagierte und den «Stuhl Petri» einen «Gegenstand des Zitterns» nannte (materia trepidationis), ein typischer «Herr», ein geistlicher Gebieter, den 865 einer seiner bemerkenswertesten Nachfolger, Nikolaus I., in einem Brief an Kaiser Michael mit dem «Löwen vom Stamme Juda» (Apk. 5,5) vergleicht, der «seinen Mund öffnete und den ganzen Erdkreis, ja die Kaiser selbst erschütterte». Wie übertrieben dies auch war und wie geschickt, um nicht zu sagen scheinheilig, er seine Herrschsucht, seine steten rigorosen Gehorsamsforderungen oft mit biblischen Sprüchen verschönte, indem er sich etwa den «Schüler eines demütigen und sanftmütigen Meisters» nannte, «der sagt: ‹Nehmt mein Joch auf euch und lernt von mir; denn ich bin gütig und von Herzen demütig ... mein Joch drückt nicht, und meine Last ist leicht› » – in Wirklichkeit war Leo eine schroff unevangelische Natur. In einem Brief vom 10. Oktober 443 an die Bischöfe in Campanien, Picenum, Tuscien erregt es ihn, daß man «allenthalben» (passim) Sklaven zu Presbytern weihe, und er verbietet entschieden die Ernennung von Geistlichen, die «keine angemessene Geburt» empfiehlt. Einst hatte das Christentum weitgehend aus solchen Kreisen bestanden! Jetzt untersagt der Papst die Erhebung eines «schäbigen Sklaven» (servilis vilitas) zum Priester, da auch vor Gott nicht erprobt sei, wer nicht einmal bei seinem Herrn sich erproben konnte. Leo I., der Kirchenlehrer, «der Große», macht somit die Würde der Geburt zur Voraussetzung für die geistliche Laufbahn. Er verdammt die Sklavenordination als einen Verstoß gegen die Heiligkeit des priesterlichen Amtes und die Rechte der Herren! Damit paßte sich die Kirche der spätrömischen Sklavenhaltergesellschaft an, die sie ja selbst wie kaum jemand sonst repräsentierte. Der christliche Staat nahm das gern zur Kenntnis. Nur wenige Jahre später – der Zusammenhang ist greifbar – erläßt Valentinian III. ein Ordinationsverbot für Sklaven, Kolonen und Angehörige der Zwangskorporationen![14]

Auch gegenüber seinen Mitbischöfen ist Leo I. hochfahrend. Er befiehlt. Er muß befehlen. Denn einer überrage alle. So läßt er sie spüren, daß er mehr ist, ihnen überlegen, daß er «nach dem Willen des Herrn auf hoher Warte» steht. Er gebietet auch bisher von Rom unabhängigen Prälaten, wie dem Metropoliten von Aquileja; ja, er droht ihm. Er kommandiert auch die spanischen Bischöfe. Die gallischen Episkopen nennen ihn nicht mehr wie vordem «Deine Brüderlichkeit», sondern «Euer Aposteltum» (apostolatus vester). Auch «corona vestra» apostrophiert man ihn. Zudem wird jetzt die Mehrzahl in der Anrede gebräuchlich.[15]

Entsprechend ging Leo gegen seine Kollegen vor; zum Beispiel in Gallien, wo die Bischöfe von Arles und Vienne um die Würde des Metropoliten stritten; wir wollen die Vorgeschichte bloß streifen.

Der hl. Leo gegen den hl. Hilarius

Im frühen 5. Jahrhundert nahm Heros den Bischofsstuhl von Arles ein, dem «gallischen Rom» (gallula Roma), damals eine der führenden Städte des Westens. Heros, ein Schüler des hl. Martin von Tours, hatte nach Zosimus' Zeugnis seine Bischofswürde durch Drohung und Gewalt erzwungen und konnte seinen Stuhl nur mit Hilfe des Usurpators Konstantin III. behaupten, der von 409 bis 411 in Arles residierte. So ist es durchaus glaubhaft, daß Heros, wie Historiker Sozomenos schreibt, dem eingeschloßnen Thronräuber in seiner Kirche Unterschlupf gewährte und ihn sogar zum Priester weihte, ohne freilich seine Hinrichtung verhindern zu können (S. 28). Bald darauf befand sich Heros, zusammen mit dem schwer belasteten Bischof Lazarus von Aix, infolge ihrer politischen und sonstigen Umtriebe im palästinensischen Exil, wo sie gegen Pelagius hetzten, den sie durch eine umfangreiche Schrift auch formell verklagten (I 496).[16]

Ein Nachfolger des Heros, der einflußreiche, später ermordete Patroclus von Arles (412–426), gleichfalls «Un personnage assez suspect» (Duchesne), hatte dann, gedeckt durch die Regierung seines Freundes Flavius Konstantius (S. 45), der ihn selber auf den Bischofsthron gebracht, die Erhebung von Papst Zosimus durchgesetzt. Und sofort bedachte Zosimus (I 497 ff) Bischof Patroclus mit «einer Serie auffallender Privilegien» (Katholik Baus), begründete er bereits durch sein erstes Dekret vom 22. März 417 – vier Tage nach seiner Thronbesteigung! – für Patroclus «eine umfangreiche Metropolitangewalt», ja, verlieh ihm darüber hinaus das Oberaufsichtsrecht «über die gesamte gallische Kirche» (Katholik Langgärtner) – möglicherweise eine Art prompter Quittung für geleistete Papstwahl-Hilfe.[17]

Bischof Patroclus hatte diese Entwicklung auch «kirchenhistorisch» gefördert, indem er seinem Sitz eine petrinische Grundlage erschlich. Zur Ironie der Geschichte gehört, daß Rom selber, nämlich Papst Innozenz I., die Lüge ausgestreut, alle Kirchen der Welt hätten Petrus oder seine Schüler gegründet (S. 125 f). Roms Primat zwar kam dies zustatten, aber es brachte die Päpste in

Konflikt mit anderen machthungrigen Pfaffen. So erfand Bischof Patroclus von Arles einen Schüler Petri, den hl. Trophimus von Arles, erhob ihn, der nie gelebt hatte, zum Missionar Galliens und Gründer der Arelater Kirche und sich derart, mit Papst Zosimus' Beistand, zum Metropoliten. Die Bischöfe von Marseille, Narbonne, Vienne protestierten sogleich und verweigerten, trotz Vorladungen und scharfer Zurückweisung, Rom den Gehorsam. Proculus von Marseille wurde abgesetzt. Und wenige Jahrzehnte später führte dies zu einem schweren Zerwürfnis Papst Leos I. mit einem Nachfolger des Patroclus, dem hl. Hilarius von Arles, dem Leo die von seinen Vorgängern bereits eingeschränkten Metropolitanrechte wieder nahm.[18]

Erzbischof Hilarius von Arles (429–449), ein wirklicher Heiliger der katholischen Kirche (Fest: 5. Mai), entstammte alten politischen Führungskreisen. Zunächst Mönch des Inselklosters Lerinum (Lérins), war er durch einen Verwandten, seinen Vorgänger Bischof Honoratus, selber zu bischöflichen Ehren gekommen – wie sehr er sich auch sträubte, wenn man seinem Biographen glauben darf; der auch berichtet, daß der hl. Hilarius stets, selbst im Winter, auf seinen vielen Reisen barfuß ging, immer nur ein einziges, elendes Kleid trug und ein peinigendes Bußhemd darunter, daß er Gefangene loskaufte, Klöster gründete, Kirchen baute, an Fasttagen oft bis zu drei Stunden hintereinander predigte, auch bitterlich weinte, traf einen der Seinen ein Unglück. Andrerseits marschierte der hl. Hilarius, so der hl. Leo, mit Waffengewalt tumultuarisch in Städte ein, deren Bischöfe gestorben waren, um ihnen aus seiner Gefolgschaft einen Nachfolger aufzuzwingen. Auch während der Bischof Projectus schwer darniederlag, erschien der Heilige und konsekrierte ein neues Kirchenhaupt, Importunus. «Für seine Anmaßung schien ihm der Tod des Bruders nicht schnell genug zu kommen», höhnte der Papst. Wider Erwarten gesundete Projectus, und die Bürger der Stadt beschwerten sich über Hilarius: «Er war schon wieder fort, ehe wir überhaupt wußten, daß er gekommen sei». Auch Exkommunikationen gingen dem Metropoliten schnell von der Hand. Derlei brachte den hl. Leo gegen den hl. Hilarius auf, der «seinen

Ruhm mehr in skurriler Geschwindigkeit, als in maßvoller priesterlicher Haltung» suche. Ein Heiliger stand hier gegen den andern, was nicht ganz selten ist, sogar bei zwei Kirchenlehrern vorkommt (I 174 ff). Und wie in nichtheiligen Kreisen, sticht auch in heiligen der Ober den Unter.[19]

Der Römer fürchtete den zupackenden, redegewandten Kollegen, den sich bildenden Patriarchat von Arles, ja, eine unabhängige gallische Kirche, zumal auch die gallische Aristokratie, mit Hilarius versippt, hinter ihm und gegen die Nobilität Italiens stand. So schritt Leo bei dem Zusammenstoß des Hilarius mit Projectus und dem Bischof Chelidonius, den Hilarius abgesetzt, weil er mit einer Witwe verheiratet gewesen sein soll, zu einem Frontalangriff. «Er begehrt, euch seiner Gewalt zu unterwerfen (subdere)», schrieb Leo an die Episkopen der Provinz Vienne, «und will selbst nicht leiden, dem h. Petrus untertan (subiectum) zu sein», «und verletzt die Ehrfurcht vor dem h. Petrus mit höchst anmaßenden Worten ...» Der hl. Leo wirft dem hl. Hilarius «Ehrgeiz nach neuen Anmaßungen» vor. Er behauptet, «daß er seinen Begierden frönt», daß er «glaubt keinem Gesetz unterworfen, durch keine Regeln der göttlichen Anordnung eingeschränkt zu sein», daß er «Unerlaubtes» begehe und außer acht lasse, «was er beobachten sollte ...». Als der Arelater die Sache 445 gütlich mit Leo zu besprechen suchte, nachdem er mitten im Winter zu Fuß die Alpen überquert – «furchtlos betrat er Rom, ohne Pferd, noch Sattel, noch Mantel» (Vita Hilarii) –, stellte ihn Leo jedoch unter Bewachung und vor ein Konzil. Hilarius aber schleuderte wütende Beschimpfungen in die Versammlung, «die kein Laie aussprechen, kein Bischof hören darf» (quae nullus laicorum dicere, nullus sacerdotum posset audire), und reiste wieder ab. Der herrschsüchtige Erzbischof, dessen Asketentum man in Gallien bewunderte, der auch bei den meisten Kollegen beliebt, in seinen Ambitionen zunächst unbestritten war, fiel nun dem noch herrschsüchtigeren Leo zum Opfer. Nur das Recht auf die eigene Diözese, das er eigentlich auch verwirkt, ließ der Römer dem, der «durch schimpfliche Flucht» sich entzogen und «in übler Weise die Gewalt beansprucht».

Immerhin hatte Leo den populären Hilarius nicht abgesetzt (wie dann eine späte Vienneser Fälschung behauptet). Doch um seinen Maßnahmen Nachdruck zu geben, versicherte er sich – bei ihm bereits üblich – der Staatsgewalt. Informiert «durch getreuen Bericht des ehrwürdigen römischen Bischofs Leo» über den «abominabilis tumultus» in Galliens Kirchen, befahl Kaiser Valentinian III. am 8. Juli 445 «für alle Zeiten» bei Strafe von zehn Pfund Goldes Gehorsam gegenüber seinen Befehlen sowie gegenüber der Autorität des Apostolischen Stuhls und gebot den Provinzstatthaltern, widersetzliche Bischöfe mit Gewalt vor das Gericht des römischen Bischofs zu bringen – «in Wahrung aller Rechte, welche unsere Ahnen der römischen Kirche verliehen».[20]

Leo I. hat die Schutzpflicht des Herrschers, der bei ihm häufig als «custos fidei» handelt, besonders betont und geradezu als wesentliches Merkmal kaiserlicher Gewalt erklärt. Der Monarch habe seine Macht von Gott, somit nicht bloß zur Regierung der Welt, «sondern vor allem (maxime) zum Schutz der Kirche» – das wird *immer* für die Päpste die weitaus wichtigste Aufgabe staatlicher Macht sein! Und damit ist stets, wenn irgend möglich, die Vernichtung oder doch Unterdrückung der Andersgläubigen verbunden.[21]

Leo beherrschte jetzt die Bischöfe Galliens, allerdings nur im südlichen Landesteil, wo vorerst, durch Aëtius, auch der Kaiser noch herrschte; doch die Katastrophe nahte auch dort.

Hilarius aber holte sich bei seinem winterlichen Rückmarsch über die Alpen eine schwere Krankheit, der er 449 erlag. Ganz Arles trauerte angeblich, wollte seinen heiligen Leib berühren, so daß die Leiche in Gefahr geriet, in Stücke zerrissen zu werden. Und Leo gedachte nun des Toten als «sanctae memoriae».

Papst Leo spricht dem Kaiser Unfehlbarkeit im Glauben zu und sich die Pflicht, den kaiserlichen Glauben zu verkünden

Doch selbst gegenüber Höhergestellten verstand der Papst sich bezeichnend zu benehmen. Als Kaiser Valentinian III., ein schwächlicher, die Kirche beschenkender und sehr unter dem Einfluß von Leos Petrusdoktrin stehender Mann, im Februar 450 Rom besuchte, apostrophierte ihn Leo in einer Predigt mit jener typisch klerikalen Pseudodemut, die in Wahrheit von Anmaßung und Herrschsucht strotzt: «Sehet, einem armen geringen Manne wie Petrus ist von Christus die erste und größte Stadt der Welt zur Leitung übergeben worden. Dem Holze des Kreuzes haben sich die Szepter der Könige unterworfen; der Purpur des Hofes ist dem Blute Christi und der Märtyrer untertänig. Der Kaiser . . . kommt und begehrt die Fürbitte des Fischers.»

Das geistliche Imperium des Papstes tritt nun gleichberechtigt neben das kaiserliche, doch «der Keim der Überordnung ist bereits vorhanden» (Klinkenberg).[22]

Schien es angemessen freilich, konnte sogar der «große» Leo nach oben buckeln, zumal wenn die Potentaten Häretiker und Heiden bekämpften – eine von ihm geforderte und gern «labor» (Anstrengung, Arbeit) genannte Tätigkeit; auch sein eignes Wirken nennt er so. Ja, war es opportun, feierte er die Kaiser – die sich gerade damals (bisher kaum beachtet) selbst «Pontifex» titulierten – als «Hüter des Glaubens», «Söhne der Kirche», «Verkünder Christi». Er erkannte ihnen dann die erstaunlichsten Rechte auch auf kirchlichem Sektor zu, Autorität im religiösen Bereich, «priesterliche Heiligkeit». Mehr als fünfzehnmal finden sich bei Leo Belobigungen über die königliche und priesterliche (bischöfliche) Gesinnung des Fürsten.[23]

«Ich weiß», schreibt Papst Leo I. an Kaiser Leo I., «daß ihr durch den in euch wohnenden Gottesgeist hinlänglich unterrichtet seid». Er bescheinigt dem Herrscher, «daß unsere Lehre auch mit dem dir von Gott eingegebenen Glauben übereinstimmt», womit er ihm sogar eine Lehr-Inspiration zugesteht. Er attestiert ihm selbst das Recht, Dogmen betreffende Konzilsbeschlüsse außer Kraft zu setzen. Und er steigert all diese Konzessionen in mehreren Schreiben noch bis zum Zugeständnis der Unfehlbarkeit! Ließ sich Leo I., genannt der Große (und als einziger Papst, neben Gregor I., dem gleichfalls «großen», mit dem seltenen Titel eines Kirchenlehrers geehrt), doch so weit herab, wiederholt brieflich dem Kaiser zu beteuern, er bedürfe keiner menschlichen Belehrung, sei vom Heiligen Geist erleuchtet und könne im Glauben grundsätzlich nicht irren! Geradezu emphatisch versichert Papst Leo, daß der Kaiser Leo «vom reinsten Lichte der Wahrheit erfüllt in keinem Teil des Glaubens» schwanke, «sondern mit heiligem und vollkommenem Urteil das Rechte vom Bösen unterscheide»; «daß ihr durch den euch innewohnenden Geist Gottes hinlänglich unterrichtet seid und eurem Glauben kein Irrtum etwas vorspiegeln kann»; «daß deine Milde menschlicher Belehrung nicht bedarf und die reinste Lehre aus dem Überfluß des Hl. Geistes geschöpft hat». Ja, er bekennt, daß es seine, des Papstes, «Pflicht» sei, «zu offenbaren, was du weißt, und zu verkünden, was du glaubst» (patefacere quod intelligis, et praedicare quod credis) – und dies alles, obwohl der Papst von der Unfehlbarkeit des Kaisers gar nicht überzeugt ist![24]

(Interessanterweise wandten nicht wenige Bischöfe, zum Beispiel die der secunda Syria, noch mehr die der prima Armenia, sogar die Petrusverheißung von Mt. 16,18: Du bist Petrus, und auf diesen Felsen will ich meine Kirche bauen, und die Pforten der Hölle werden sie nicht überwältigen, auf Leo an, doch nicht auf Leo, den Papst, sondern Leo, den Kaiser! Für sie war zwar Christus natürlich das «Haupt» der heiligen katholischen Kirche – deren «Kraft und Fundament aber», schrieben die Bischöfe, seid Ihr, der Kaiser nämlich, «in Nachahmung des unbeweglichen Felsens Christi, auf dem der Schöpfer des Alls seine Kirche erbaut hat».)[25]

DAFÜR: «KRIEGSDIENST TUN UNTER CHRISTUS ...»

Andererseits freilich betont Leo ohne Ende, daß weniger der Kaiser regiere als Christus und Gott. Daß der Kaiser seine Macht vom Höchsten habe – «regnat per Dei gratiam». Julian von Kios beauftragte er, dem Monarchen zur rechten Zeit «die richtigen Anregungen» (opportunas suggestiones) weiterzugeben. Kannte er, Leo, doch aus «vielfacher Erfahrung» den Glauben des glorreichen Augustus und wußte, daß er «davon überzeugt ist, dann seiner Herrschaft am meisten zu dienen, wenn er besonders darauf bedacht ist, für die Integrität der Kirche zu arbeiten». Denn der Kaiser habe seine Macht vor allem zum Schutz der Kirche erhalten, wie Leo I. nachdrücklich betont, wobei er den Kaiser sehr oft «custos fidei» nennt. Und der Nutzen der Kirche, so suggeriert er, sei auch der Nutzen des Staates. «Es gereicht der ganzen Kirche und Eurem Reiche zum Vorteil, wenn in der ganzen Welt *ein* Gott, *ein* Glaube, *ein* Mysterium des Heiles der Menschen und *ein* Bekenntnis beibehalten wird». Nicht genug, dieser Stellvertreter Christi lockt auch bereits damit, wie sehr die Religion der Liebe dem Krieg zugute komme, die Frohe Botschaft der Schlagkraft der Armee. «Wenn der Geist Gottes die Eintracht zwischen den christlichen Fürsten stärkt», das heißt hier die Kaiser Marcian und Valentinian, «dann sieht die ganze Welt, wie in doppelter Hinsicht das Vertrauen wächst: Denn durch den Fortschritt im Glauben und in der Liebe [!] wird die Macht der Waffen [!] unüberwindlich, so daß Gott, durch die Einheit unseres Glaubens gnädig gestimmt, zugleich den Irrtum der falschen Lehre und die Feindseligkeit der Barbaren zunichte machen wird».[26]

Eine deutliche Sprache! Liebe und Waffen! Einheit, Stärke, Vernichtung der Feinde – freilich längst Programm und Praxis der Christenheit (I. Kap. 5) zumal in Rom, wo etwa, vermutlich im frühen 5. Jahrhundert, der Christ Aponius nicht nur eifrig die kirchliche Vormachtstellung der Ewigen Stadt verkündet, sondern auch eine christliche Kaisertheologie. Das Haupt des Volkes sind demnach die römischen Könige, «jene freilich, die die Wahrheit erkannt haben und Christus in Demut [!] dienen. Von ihnen fließen die frommen Gesetze, der lobenswerte Friede und die erhabene Unterwürfigkeit [!] gegen den Kult der heiligen Kirche wie vom Karmelfluß herab . . .» Damit aber all dies, die fromme Gesetzgebung, der lobenswerte Friede, die Unterwürfigkeit, schön fließt und flutscht, müssen die Könige «Kriegsdienst tun unter Christus dem König der Könige . . .».[27]

Genauso verstand es Leo, der für die ganze Welt einen Gott propagierte, ein Reich, einen Kaiser – (Ein Gott, ein Reich, ein Führer . . .!) – und eine Kirche natürlich, was er als «sakrale Ordnung» ausgab, als «pax christiana», die «nur» zwei Feinde gefährdeten: «Ketzer» und «Barbaren». «Darum muß auch der Kaiser gegen beide kämpfen» (Grillmeier SJ). Darum ist er verpflichtet zur «reparatio pacis», zu dem, was sie darunter verstehen, darunter verbergen: Krieg, bis sie haben, was sie wollen (vgl. 144 f, 364), ohne Rücksicht auf Verluste. So und nicht anders möchten sie es doch noch heute. Siebzehn Jahrhunderte Kirchengeschichte illustrieren dies. Blutiger als irgendwo sonst. Und verheuchelter . . .

Kollaboration zur Vernichtung der «Ketzer» unter «Hervorhebung der Menschenwürde»

Für «Ketzer» kennt ein solcher Papst kein Pardon. Immer wieder hetzt er gegen die «Irrlehren der belfernden Häretiker», ihre «spitzen Pfeile», «giftigen Lügen», «gottlosen Glaubenssätze», «Ungeheuerlichkeiten». Sie alle, lehrt Leo, sind «durch des Teufels Tücke» verführt, «durch des Teufels Bosheit verdorben», für «alle möglichen Laster» empfänglich, «immer schwereren Sünden» geneigt. Erscheinen sie auch manchmal demütig, schmeichelnd, «im Schafskleide, inwendig aber sind sie reißende Wölfe», die nur «mit dem Namen Christi ihre wilde Raubtiernatur» verdecken. Der Teufel führt sie, und gehen diese Tiere, die ganzen «Rudel dieser Raubtiere», wie gesagt, auch mal schonend vor, listig, mit freundlicher Teilnahme, zuletzt greifen sie doch «endlich zum Mord».[29]

Im Grunde: die Beschreibung eigner Praxis. Ein klassisches Selbstporträt.

Als pastoraltheologische Prophylaxe empfiehlt Papst Leo immer und immer wieder – es hängt eng zusammen – das Fasten, die Abtötung des Fleisches, die Verachtung der Welt, besonders natürlich, das gilt für diese ganze «Moral» bis ins 20. Jahrhundert, Verachtung der Wollust. «Wollust» führt, laut Leo, «zu den Stätten des Todes». In Wirklichkeit freilich ist es umgekehrt. Führt gerade Triebverzicht zur Aggression, der Lust-Mord zur Mordlust. Wie denn das Christentum – dazu Nietzsche – so gut wie alles auf den Kopf stellt! Deshalb hat, nach Leo «dem Großen», der Christ auch «beständig mit seinem Fleische zu kämpfen», hat er «den Lüsten des Fleisches jeden Nährboden zu entziehen», muß er «seine Begierden ertöten, seinen Lastern absterben», überhaupt «alle irdische Lust meiden». Für Leo ist «jede Weltliebe ausgeschlossen». Wörtlich lehrt er: «ihr müßt das Irdische verachten, um des Himmelreiches teilhaftig zu werden».[30]

Dies alles ist für Leo I., den Papst, den Heiligen, den Kirchenlehrer, sonnenklar. Wer anders denkt, der lebt «im Schmutze». Denn für wen sonst, fragt er, «kämpfen die Gelüste des Fleisches als für den Teufel . . .».[31]

Der «große» Leo lehrt wirklich, daß es «außerhalb der katholischen Kirche nichts Reines und Heiliges gibt»! Und dies noch mit Berufung auf Paulus (Röm. 14,23). Deshalb verbietet der Papst auch «jeden Umgang» mit Nichtkatholiken! Er fordert zu ihrer Verachtung, zu der ihrer Lehren ausdrücklich auf. Er befiehlt, sie zu fliehn «wie todbringendes Gift! Verabscheut sie, weicht ihnen aus und vermeidet es, mit ihnen zu sprechen». «Keine Gemeinschaft mit denen, die Feinde des katholischen Glaubens und nur dem Namen nach Christen sind!» Sie alle müssen «in ihre finsteren Schlupfwinkel zurück»![32]

Von Glaubenserörterungen, religiösen Disputationen hielt, wie wohl jeder Papst, erst recht ein solcher, für den Nichtkatholiken kaum etwas anderes als Teufel, «Wölfe und Räuber» sind, von vornherein nichts. Das alles war entschieden, und wenn etwas noch zu entscheiden war, so entschied er. Bedenkenlos erklärte er den Konzilsvätern von Chalkedon, sie könnten nicht im Zweifel sein, was er wünsche, «was man nicht glauben darf...». Und nach dem Konzil drang er in den Kaiser, keine neuen Verhandlungen mehr zuzulassen. Das wäre Undankbarkeit gegen Gott. «Was in aller Form (pie et plene) definiert wurde, darf nicht von neuem diskutiert werden, sonst erwecken wir, wie es die Verdammten möchten, den Eindruck, selber zu zweifeln...» «Zweifelsfragen» waren nach Leo nicht mehr zu prüfen, sondern er, Leo, hatte lediglich die richtigen Beschlüsse «mit höchster Autorität» darzulegen. «Wenn es nämlich den menschlichen Überzeugungen immer freisteht zu debattieren (disceptare), wird es an Leuten nie fehlen, die der Wahrheit zu widerstreiten und auf die Geschwätzigkeit weltlicher Klugheit zu vertrauen wagen». Dagegen «genügt es dem wahren Glauben zu wissen, wer lehrt» (scire quis doceat).[33]

Wer aber anderes lehrte als Leo, gegen den bediente er sich nach schon lang geübtem, doch von ihm noch intensiviertem Brauch, des Staates. Ganz ähnlich wie ein Nestorios (S. 157) appelliert auch Papst Leo an den Herrscher des Ostens: «Verteidigt Ihr den sicheren Bestand der Kirche gegen jegliche Irrlehre, dann wird Christi starke Hand auch Euer Imperium verteidigen». Im Westen hatte es Christi starke Hand mit «einem bigotten Weibe» und «einem schwachsinnigen Kaiser» (Gregorovius) zu tun: mit der sehr kirchenhörigen Augusta Galla Placidia, die lange die Regierungsgeschäfte für ihren nicht minder gutkatholischen Sohn Valentinian III. führte, darüber hinaus aber wohl bis zu ihrem Tod am 27. November 450 an wichtigen politischen Entscheidungen beteiligt war. (Einer ihrer langjährigen Berater: der hl. Barbatianus, ein Priester, der zuerst in Rom, dann in Ravenna viele «Wunder» wirkte.)[34]

Gewiß hatte auch die Regierung ein Interesse daran, die Zentralisierungstendenz der römischen Kirche zu fördern, schon weil das wackelnde Reich davon selber in den Provinzen, die Germanen besetzten oder bedrohten, zu profitieren hoffte. Solche Erwägungen haben Leos Erfolge im Westen gerade ermöglicht. Die Politik des Staates gegenüber der Kirche beabsichtigte im ganzen 4. und 5. Jahrhundert einerseits deren Einheit und Befriedung, andererseits aber widerstrebte sie der Alleinherrschaft eines einzigen Bischofsstuhls. So überwand der Staat zwar Alexandrien im Bund mit Rom auf dem Konzil von Chalkedon. Doch der Versuch, Rom durch den Patriarchen von Konstantinopel in Schach zu halten, scheiterte. Der Staat war schwach, und der Papst benutzte diese Schwäche für seine Zwecke, wobei er selber begreiflicherweise stets wohlangepaßt, nie aufsässig gewesen ist.[35]

Leo I. unterhielt beste Beziehungen zu den Fürsten. Ein großer Teil seiner erhaltenen Korrespondenz – 144 Briefe – ist an das Kaiserhaus adressiert. Katholik Camelot rühmt «eine vertrauensvolle und harmonische Zusammenarbeit». Jesuit Hugo Rahner spricht von «Leos Reichsdevotion». Und schon in seinen frühesten Episteln treibt der Papst vehement gegen die «Ketzer»: nichts als eine sich absondernde, parteisüchtige, rebellische Schar, voller Verkehrtheit, Verderbtheit, Lügenhaftigkeit und Gottlosigkeit, voller Tücke und Torheit; ihre Lehre ein einziger schlimmer pestilenzialischer Wahn: error, pravus error, totius erroris pravitas, pestiferus error, haereticus error.[36]

Die Initiative bei dieser antihäretischen Kooperation, der Kampf der «Kinder des Lichtes» gegen die «Kinder der Finsternis», ging ganz offenkundig vom Papst aus. Lob- und Dankesschreiben sandte er den Majestäten für die Bestrafung seiner Gegner. Wußte er doch, daß ohne den Beistand staatlicher Gewalt die «Häresie», zumal im Osten, übermächtig würde. Ausdrücklich und immer wieder forderte er deshalb Valentinian III., Marcian, Leo I., die Kaiserin Pulcheria, eine leidenschaftliche Anhängerin der Papstidee, zur «Ketzer»bekämpfung auf, zum «pro fide agere». Er wünschte die Vertreibung Andersgläubiger aus Amt und Würden, wünschte insbesondere ihre Verbannung, rechtfertigte aber auch leidenschaftlich die Todesstrafe für sie, verlangte, ihnen unmöglich zu machen, «mit einem solchen Bekenntnis weiterzuleben». Die Pestilenz der Häresie ist für den Papst «Krankheit», die «herausgeschnitten werden muß aus dem Leib der Kirche» (haereses a corpore ecclesiae resecantur). Der Kaiser, der «Häretiker» sowohl mit «dem Schwert der Zunge» als auch kraft des «blanken Schwertes» zu verfolgen hat, erscheint bei Leo geradezu als «Vicarius Christi vel Dei», als «verlängerter Arm Gottes». Diese offenkundige Blutrünstigkeit kommentiert der katholische Theologe Stockmeier noch 1959: «Der Staat wird aufgerufen, mit allen seinen Mitteln und Möglichkeiten an der Vollendung des Idealzustandes [!] mitzuarbeiten.» «Unter die schützende Hand des Kaisers begibt sich die Religion mit der reichen Fülle ihrer Werte [!] und Güter und findet dort auch Zuflucht. Dankbar schaut sie zu ihm auf . . .»[37]

An seinen Agenten, den Bischof Julian von Kios (in Bithynia Pontica), wohl der erste Apokrisiar am Kaiserhof in Konstantinopel, schrieb Leo I., wenn Leute «sich bis zum Wahnsinn verstiegen haben, so daß sie lieber toben wollen als geheilt werden, so ist es Sache der kaiserlichen Gewalt, daß die Störer des kirchlichen Friedens wie die Feinde des Staates, der sich mit Recht seiner christlichen Herrscher rühmt, energischer unterdrückt werden»; «dann sollen sie wenigstens», wie er seinem Gesandten in einem weiteren Schreiben sagt, «die Macht der Strafgewaltigen fürchten».[38]

Dem Patriarchen Anatolius von Konstantinopel, dessen Ambitionen er doch selber eifersüchtig beargwöhnt und beim Kaiser denunziert, erklärt er am 11. Oktober 457 sein «stärkstes Mißfallen darüber, daß unter Deinen Klerikern einige sein sollen, die der Bosheit der Gegner zuneigen . . . Deine Sorgfalt muß in Wachsamkeit darauf bedacht sein, sie aufzuspüren (investigandis) und mit geziemender Strenge (severitate congrua) zu bestrafen; die, denen die Bestrafung nichts nützen kann, sollen ohne Schonung abgetrennt werden».[39]

Und da ihm Anatolius nicht scharf genug war, schrieb er 457 an Kaiser Leo, wenn sich sein Bruder Anatolius in der Unterdrückung «ketzerischer» Kleriker «durch allzu große Güte und Schonung lässig zeigt, so geruhet ihr um eures Glaubens willen, der Kirche auch das Heilmittel zu spenden, daß solche nicht bloß aus dem Ordo des Klerikats, sondern auch aus der Stadt vertrieben werden». «Denn den bischöflichen und apostolischen Sinn deiner Frömmigkeit, soll zur gerechten Bestrafung auch das Übel entflammen».[40]

An Gennadius, den Exarchen von Afrika, schrieb der Papst, Gennadius müsse nun mit gleicher Kraft wie gegen die äußeren Feinde auch gegen die Feinde der Kirche sich wenden, «für das christliche Volk als Krieger des Herrn die Kämpfe der Kirche kämpfen». Sei doch bekannt, daß die «Häretiker», lasse man ihnen Freiheit, «sich ungestüm gegen den katholischen Glauben erheben, um das Gift der Häresie den Gliedern des Leibes Christi einzuflößen». Hatte er ja schon Kaiser Marcian gedankt dafür, daß «nach Gottes Fügung durch euch die Ketzerei vernichtet wurde» (destructa est).[41]

Das war es ohne Zweifel, was Papst Pelagius als Leos «lebenssprühende Sorge um den Glauben» lobte. Das war es gewiß, was Kaiser Valentinian am 17. Juli 445 öffentlich als die «Menschlichkeit des milden Leo» pries. Und das auch war es offenbar, was ein moderner Panegyriker, Jesuit Hugo Rahner, immer wieder als Leos «moderatio» rühmt – «im umfassenden und nicht übersetzbaren Sinn dieses echt römischen und christlichen Wortes, das Leo so sehr geliebt hat ... *Moderatio* ist der feine Sinn für verteilende Gerechtigkeit, für das edle Maß, für die ausgeglichene Mitte zwischen den Extremen, das kluge, oft geradezu diplomatische Abschätzen des jeweils Möglichen, das bei aller Eleganz der Nachgiebigkeit unbeirrbar am Ziel festhält ...» Kurz, es geht bei Leo, so auch der katholische Theologe Fuchs noch in der zweiten Hälfte des 20. Jahrhunderts, um «die Hervorhebung der Menschenwürde» – wie noch bei Johannes Paul II. (vgl. meine Flugschrift «Ein Papst reist zum Tatort»).[42]

In Wirklichkeit war Leo schon als Diakon unerbittlich im «Ketzer»kampf.

Leo I. als Verfolger von Pelagianern, Manichäern, Priscillianisten und als Prediger der Feindesliebe

Bereits bei der Ruinierung von Augustins großem Gegenspieler Julian von Aeclanum (I 501 ff) griff Leo entscheidend ein. Geht es doch, nach einem Bericht Prospers, auf den Diakon Leo zurück, daß Sixtus III. dem gehetzten Julian 439 die Wiedereinsetzung in sein Bistum verwehrte. Wie ihn ja Leo später abermals verdammt hat. (Bedrängte er doch auch Kaiser Marcian, den schon exilierten Eutyches in eine noch abgelegenere Gegend zu stecken.)[43]

Leos erster Angriff als Papst galt 442 den Pelagianern (I 492 ff) in Venetien. Bischof Septimus von Altinum hatte ihm denunziert, im Sprengel des Erzbischofs von Aquileja seien Kleriker des Pelagius und Caelestius ohne Widerruf in die Kirche aufgenommen worden. Leo lobte den Suffragan, rügte aber scharf den Metropoliten, daß durch die Laxheit der Hirten «Wölfe im Schafspelz» in die Herde des Herrn gedrungen, drohte ihm für weitere Lässigkeit argen apostolischen Zorn an, trieb zur Verdammung des «Irrtums», «der hochmütigen Irrlehre», der «schweren Krankheit» (pestilentiam) und zur «Ausrottung dieser Häresie».[44]

Fast schon wie ein Inquisitor jagte der Papst seit 443 die Manichäer.

Fand er nämlich, schrieb er damals, bei «*allen* Häresien in irgendeinem Teile etwas Wahres», so im Dogma der Manichäer «auch nicht das *Geringste*», was überhaupt geduldet werden könnte. Alles war bei ihnen schlecht. Mani selber ein «Betrüger der Unglücklichen», ein Diener «unzüchtigen Aberglaubens», seine Lehre «geradezu eine Hochburg» des Teufels, der hier «unumschränkt nicht nur über *eine* Art Verworfenheit» gebot, «sondern über *alle* nur erdenklichen Torheiten und Ruchlosigkeiten zusammengenommen. Alle Lasterhaftigkeit der Heiden, alle Verstocktheit der ‹fleischlich gesinnten› Juden, alles Verbotene in den Geheimlehren der Magie, all die Sakrilegien und Gotteslästerungen in sämtlichen Häresien, all dies hat sich bei dieser Sekte wie in einer Art von *Senkgrube* zugleich mit allem anderen Unrat angesammelt». Leo beteuert: «Nichts ist bei ihnen heilig, nichts rein, nichts wahr», «alles in Finsternis gehüllt und alles trügerisch». Ja, er behauptet, die «Zahl ihrer Verbrechen» sei «größer als die Menge der dafür zu Gebote stehenden Worte».[45]

Übertreibungen, Pauschalisierungen, Verabsolutierungen, die für sich sprechen.

Der Manichäismus (vgl. I 166 ff), der vor dem Hintergrund eines transzendentalen Monismus die Erscheinungswelt rigoros dualistisch aufteilt, war mit seinen buddhistischen, iranischen, babylonischen, spätjüdischen und christlichen Elementen ein synkretistischer Universalismus, eine Weltreligion, die von Spanien bis China reichte. Wegen ihres Ausschließlichkeitsanspruchs gewöhnlich schroff abgelehnt, war sie nur im uigurischen (alttürkischen) Reich in der Mongolei von 763 bis 814 Staatsreligion. Christliche Kaiser haben den freilich schon von Diokletian gesetzlich bekämpften Kult als gefährlichste aller «Ketzereien» schärfstens fort und fort verfolgt. Bereits der Katholik Theodosius I., der auch sonst Blut vergoß wie Wasser, bedrohte die Zugehörigkeit zum Manichäismus mit der Todesstrafe, nachdem eine lange Reihe von Kirchenvätern dagegen geschrieben hatte und schrieb, besonders erfolgreich Ephräm (vgl. I 166 f) und Augustin (I 467), selber immerhin fast zehn Jahre lang Manichäer.[46]

Seit der Eroberung Karthagos durch die Wandalen (439) flohen mit den Scharen afrikanischer Flüchtlinge viele Manichäer nach Italien, vor allem nach Rom. Häufig und leidenschaftlich attackierte sie dort Leo, schimpfte sie einen «fressenden Krebs», eine «Jauchengrube» und ließ sie in seiner «Fürsorge» (Grisar SJ) aufspüren, verhaften, wahrscheinlich foltern. Auch den manichäischen Bischof hatte er eingesperrt (a nobis tentus) und zum Geständnis gebracht. Durch ein Tribunal aus christlichen Senatoren, Bischöfen, Priestern, dem er selbst präsidierte, ließ er im Dezember 443 eine Anzahl von Electi und Electae eingehend vernehmen (von «Auserwählten», die nichts Lebendes töten, keine Pflanzen beschädigen, keinen Geschlechtsverkehr treiben durften, während die Auditores, die «Hörer», heiraten konnten). Der Papst enthüllte ihre «Schändlichkeiten», auch rituelle «Unzucht» an einem ganz jungen Mädchen zur Befreiung der göttlichen Lichtpartikel im semen humanum. Denn der hl. Leo sowohl wie der hl. Augustin («non sacramentum, sed exsecramentum») legten den Finger «auf die manichäische Geilheit als solche» (Grillmeier SJ). Leo ließ die Schriften der Verfluchten einfordern und öffentlich verbrennen. Manche, die noch zu «bessern» waren, mußten abschwören, wurden in Kirchenstrafe genommen und «dem Schlunde der Gottlosigkeit» entrissen. Andere aber, die «kein Heilmittel» mehr retten konnte, ließ der Papst «nach den Verordnungen der christlichen Kaiser» durch «weltliche» Richter zu lebenslänglicher (!) Verbannung verurteilen («per publicos iudices perpetuo sunt exsilio relegati»). Auch hatte er beim Verhör die Personalien fremder Manichäer erforscht, hatte seine Opfer zu Aussagen über ihre Lehrer, Bischöfe, Priester in anderen Provinzen und Städten zwingen lassen und darüber hinaus allen Prälaten Italiens am 30. Januar 444 befohlen, entkommene Manichäer aufzuspüren und zu ergreifen; wobei er zur Instruktion, zur An- und Nacheiferung, die römischen Prozeßakten beilegte, ja, schließlich seine steckbriefliche «Ketzer»jagd bis in den Orient ausdehnte.[47]

Nicht genug. Er hetzte sogar die Laien zum Denunzieren, Schnüffeln, Angeben auf, zu einem Geschäft, das dann in der mittelalterlichen Kirche, beim Vernichten von Andersgläubigen, von «Hexen», so segenstiftend blühen sollte. «Entfaltet also den heiligen Eifer, den die Sorge für die Religion von euch verlangt!» rief er und befahl «die Abwehr *aller* Gläubigen»; gebot, «daß ihr die Manichäer, die sich überall versteckt halten, bei eueren Priestern zur Anzeige bringt»; verlangte «die Schlupfwinkel der Gottlosen aufzudecken und in ihnen den selbst, dem sie dienen, d. h. den Teufel, niederzukämpfen. Wenn auch gegen solche Menschen, Geliebteste, der gesamte Erdkreis und allerorts die ganze Kirche die Waffen des Glaubens ergreifen soll, so müßt doch namentlich *ihr* euch bei diesem Werke durch Rührigkeit hervortun ...»[48]

Derselbe Leo aber, der schon fast wie ein mittelalterlicher Inquisitor agierte, konnte unentwegt seine christlichen Sprüche dreschen, Nachsicht verlangen, Friedfertigkeit, Nächstenliebe, Vermeidung von Streitsucht, Racheverzicht. Immer wieder konnte er scheinheilig predigen: «Und weil jeder sich vergeht, so möge auch jeder verzeihen! Laßt uns nicht ungern gewähren, was wir uns so gerne gefallen lassen!» «Beseitigt jede Feindschaft unter den Menschen durch Friedfertigkeit, ‹indem ihr niemand Böses mit Bösem vergeltet› ‹und euch gegenseitig verzeiht, wie auch uns Christus verziehen hat!›» «Aufhören soll jede Rache ...» «Fort also mit allem Drohen!» «Grausame Strenge verwandle sich in Milde und Jähzorn in Sanftmut! Alle mögen sich gegenseitig ihre Verfehlungen verzeihen!» «Beten wir doch: ‹Vergib uns unsere Schulden, wie auch wir vergeben unseren Schuldigern!›» Der Papst betont dabei ausdrücklich: «Damit sind nicht nur die gemeint, die uns durch Freundschaft oder Verwandtschaft nahestehen, sondern geradezu *alle* Menschen, mit denen uns unsere Natur verbindet, mögen sie nun Feinde oder Verbündete, Freie oder Sklaven sein».[49]

Nur nicht «Ketzer»! Nur nicht Manichäer! Nur nicht Pelagianer! Nur nicht Priscillianisten! Nur nicht Juden! Nur nicht alle Andersgläubigen! Nur nicht alle Ungläubigen – «... *alle* Menschen»! Papier, Papier, Papier! Die ganze Heuchelei dieser Kirche, ihre zähnefletschende «Frohe Botschaft», ihre Hekatomben verschlingende «Feindesliebe», ihr widerliches Friedenspalaver, all dies ist hier zu greifen, eine ekelerregende Doppelzüngigkeit, Unwahrhaftigkeit, die ihre Geschichte durchzieht, brandmarkt, sich selber verhöhnt, an den Pranger stellt, ad absurdum führt, von der Antike bis heute. Das Evangelium des Henkers!

Oder anders gesagt: Leo der Große.

Der Papst kommt auffallend häufig und fast stets tief erregt auf das Manichäer-Thema zurück. Er charakterisiert diese Menschen mit immer denselben Verunglimpfungen als Werkzeuge Satans, Lügner, Schädlinge, Schriftfälscher, als «recht einfältige Leute ... die sich in blinder Unwissenheit oder aus schmutzigen

Gelüsten Dingen zuwenden, die nicht heilig, sondern verabscheuungswürdig sind».[50]

Obwohl Leo «allgemeines Schamgefühl» hindert, darauf «näher einzugehn», kommt er doch gern auf diese «Dinge», «ihre sittenlosen Handlungen», die sie «ergötzen, die ebenso Leib und Seele beflecken, die weder Reinheit des Glaubens noch Züchtigkeit kennen», die «obszön erscheinen». Dabei warnt – und beleidigt er zugleich – «vor allem» die Frauen, mit derartigen Leuten bekannt zu werden, sich mit ihnen zu unterhalten, «damit ihr nicht in die Fallstricke des Teufels geratet, während euer Ohr sich arglos an ihren märchenhaften Geschichten freut! Da der Satan weiß, daß er den ersten Mann durch den Mund eines Weibes verführt [!] und durch die Leichtgläubigkeit der Frau [!] alle Menschen aus der Seligkeit des Paradieses vertrieben hat, so stellt er auch jetzt noch *euerem* Geschlechte mit zuversichtlicherer Schlauheit nach . . .»[51]

Während er die Frauen warnt, diffamiert er sie gemäß einer alten, durch die größten Christen der Antike, Paulus, Johannes Chrysostomos, Hieronymus, Augustinus, gepflegten Tradition. Denn daß die Weiber «hauptsächlich» dazu bestimmt sind, die Geilheit der Männer zu befriedigen, wie der hl. Chrysostomos lehrt, das konnte der Papst selbst bei den Manichäern beobachten. Enthüllten sie doch seinem Tribunal «eine verruchte Tat, die auch nur zu *erwähnen* man sich schon schämen muß». Er erwähnt sie aber, ja, er hatte selbst die Untersuchung darüber «so peinlich geführt, daß weder für die, welche nicht recht an die Sache glauben wollen, noch für die gewohnheitsmäßigen Nörgler der geringste Zweifel bestehen kann. Sämtliche Personen waren zugegen, unter deren Mithilfe die abscheuliche Tat begangen wurde: ein Mädchen natürlich im Alter von *höchstens* zehn Jahren und zwei Weiber, die es aufgezogen und zu solch schändlichem Werke bestimmt hatten. Anwesend war auch der kaum dem Knabenalter entwachsene junge Mensch, der das Mädchen geschändet hatte, und ihr eigener Bischof, von dem ein so verabscheuungswürdiges Verbrechen angeordnet worden war. All diese Leute sagten mit gleichen Worten ein und dasselbe aus.

Dabei kamen Abscheulichkeiten zutage, die wir kaum anhören konnten. Keusche Zuhörer durch offenere Aussprache verletzen zu müssen, das erlassen uns die Beweisakten, aus denen sich aufs deutlichste ergibt, daß sich keinerlei Zucht, keinerlei Ehrbarkeit, keine Spur von Schamhaftigkeit bei dieser Sekte findet, deren Gesetz die Lüge, deren Religion der Teufel, der Opfer die Schande ist».[52]

Schließlich erwirkte Papst Leo zur Aufrechterhaltung der «öffentlichen Ordnung» von Kaiser Valentinian ein verschärfendes Reskript vom 19. Juni 445, das die früheren Strafen wiederholte, die Manichäer ebenso zu behandeln befahl wie die Schänder eines Heiligtums, ihnen im ganzen Reich die bürgerlichen Rechte und Ehren absprach und den Manichäismus ein «publicum crimen» nannte, «toto orbi» verdammenswert. Dabei machte sich jeder, der Unterschlupf gewährte, desselben Verbrechens schuldig. Die Mittäter verloren auch die Vertragsfreiheit, das aktive wie passive Erbrecht u. a. «Kein Übersehen», heißt es einleitend, «dulden mehr die neuerdings aufgedeckten Verbrechen der Manichäer. Welch ungeheure, unsäglich und unerhört schamlose Dinge sind nicht im Gericht des seligsten Papstes Leo vor dem erlauchten Senat durch ihr eigenes offenes Geständnis aufgedeckt worden ... Davon Kenntnis zu nehmen, können wir nicht umhin, da es uns nicht ansteht, gegenüber einer so verabscheuenswerten Beleidigung der Gottheit lässig zu sein». Dieser kaiserliche Befehl zur Manichäerverfolgung, der einmal mehr die enge Verzahnung von Staat und Kirche, Recht und Religion zeigt, res Romana und ecclesia Romana, war in der päpstlichen Schreibstube aufgesetzt worden, der Papst selbst hatte daran «maßgeblichen Anteil», wie Jesuit Hugo Rahner schreibt, nachdem er kurz zuvor Leos «feine und humane *Mitte zwischen Diesseits und Weltflucht*», kurz danach «die von Leo so oft gepriesene Liebe», «Leos Humanität als eine säkulare Tat» gefeiert hat. In Wirklichkeit war das von ihm veranlaßte Gesetz gegen die Manichäer «von einer drakonischen Härte» (Katholik Ehrhard), ließ er die Manichäer bis in ihre «letzten Schlupfwinkel hinein» verfolgen (Katholik Stratmann).[53]

Derselbe Leo aber, der den Staat zu brutaler Verfolgung treiben konnte, konnte ebenso wieder edle Nachsicht und Vergebung von ihm fordern. «Die strenge Herrschaft gegen unsere Untergebenen soll gemildert und jede Rache für ein Vergehen aufgehoben werden! Freuen mögen sich die Schuldigen, daß sie noch diese Tage gesehen haben, an welchen unter der Herrschaft frommer und gottesfürchtiger Fürsten auch die harten öffentlichen Strafen nachgelassen werden! Aufhören möge aller Haß . . .» Derselbe Leo, der den Staat aufhetzt, «Ketzer» zu richten, zu verbannen, einzukerkern, zu töten, konnte auch wieder ganz christevangelisch bitten: «Aufhören soll alle Rache und jede Beleidigung vergessen sein!» . . . «Wenn also einer gegen irgend jemand so von Rachsucht erfüllt ist, daß er ihn ins Gefängnis warf oder in Fesseln legte, so möge er schleunigst seine Befreiung herbeiführen, nicht nur, wenn er unschuldig ist, sondern selbst dann, wenn er die Strafe verdient zu haben scheint!» Derselbe Leo konnte rufen: «Niemand soll an uns einen Bedrücker haben . . .» Derselbe Leo wußte, daß Jesus es verbot, «ihn mit bewaffneter Hand gegen die Gottlosen» zu verteidigen.[54]

Papier, Papier, Papier!

Die Überweisung der Manichäer durch den Papst an die Kriminalgerichtsbarkeit des Staates entsprach zwar den juristischen Normen, den kaiserlichen «Ketzer»-Gesetzen, aber neu war die enge Kollaboration zwischen dem geistlichen und weltlichen Gericht. Und wie man die Enthauptung Priscillians und seiner Gefährten den ersten blutigen «Ketzer»-Prozeß nennen konnte, so Leos Manichäerattacke den ersten «Inquisitions»-Prozeß, trifft dies auch, streng juristisch geurteilt, nicht zu.[55]

Leos englischer Biograph Trevor Jalland findet das Vorgehen des Papstes nicht nur erhellend für seinen Charakter, sondern nennt seine Manichäerjagd auch «the first known example of a partnership between Church and State in carrying out a policy of religious persecution». Bisher habe der Staat allein die Heterodoxen unterdrückt, jetzt zum erstenmal die Kirche, in der Person des Papstes, diese Aufgabe übernommen; wobei freilich an die gemeinsame Verfolgung von Priscillianisten, Donatisten, Arianer, von Heiden, Juden schon im 4. Jahrhundert erinnert werden muß, wenn sich auch bisher nie ein Papst derart inquisitorisch selber engagierte.[56]

Wenige Jahre nach der Verjagung der Manichäer aus Rom bekämpfte Leo den Priscillianismus in Spanien. Der dortige Bischof Turibius von Astorga (Asturia Augusta) hatte um 445 auf einer Visitationsreise ihr Fortleben festgestellt und in sechzehn Kapiteln ihre wichtigsten «Ketzereien» gemeldet.[57]

Allerdings hatte der spanische Bischof relativ korrekt berichtet, jedenfalls erheblich objektiver den Papst informiert, als dessen Replik ahnen läßt. Denn Leo «preßte die sachlichen Mitteilungen in sein Schema und machte daraus ein Zerrbild des Priszillianismus: Die Priszillianisten werden den Manichäern an die Seite gestellt» (Haendler).[58]

In der Tat pauschalisiert der Römer hier in der gleichen Weise. Was eben nicht päpstlich ist, ist teuflisch. Wieder wettert er gegen «diese verruchte Häresie», «die abscheuliche Sekte», die «gottlose Raserei», durch die abermals «jede Sittlichkeit zerrüttet, jedes Band der Ehe aufgehoben, alles göttliche und menschliche Recht vernichtet werde». Einst zwar, im Jahr 385, hatte die erste Hinrichtung von Christen durch Christen in Trier (I 435 ff) die Christenheit noch empört, war das Echo auf das Todesurteil angeblich sogar «bei den bedeutendsten Bischöfen ... eindeutig negativ» (Katholik Baus). Der ach so humane, moderate Leo aber, der scheinheilige Rufer nach Barmherzigkeit, Beseitigung jeder Rache, Drohung, jedes Hasses, der so beredte Prediger der Verzeihung, der *«alle»* Menschen umfassenden Frohen Botschaft, der Nächsten-, der Feindesliebe, der Mann, der lehrt, Jesus wolle sich nicht durch bewaffnete Hand verteidigt sehen, der ist jetzt glücklich über die Trierer Schandtat, der rechtfertigt leidenschaftlich die Liquidierung Priscillians, seiner Gefährten. «Mit Recht (Merito) haben unsere Väter, zu deren Zeiten diese gottlose Häresie ausbrach, auf dem ganzen Erdenkreis alles aufgeboten, diesen gottlosen Wahnsinn aus der ganzen Kirche zu beseitigen; auch die weltlichen Fürsten verabscheuten diesen frevlerischen Unsinn so sehr, daß sie den Urheber derselben und sehr viele [!] (plerisque)

Schüler mit dem Schwerte der öffentlichen Gesetze niederwarfen». Leo «der Große» vermag dabei die Opportunität solcher «Ketzer»ermordung auch noch fast zynisch zu betonen: «Diese Strenge war lange Zeit der kirchlichen Milde von Nutzen, die, wenngleich mit dem bischöflichen Gericht zufrieden, blutige Strafen meidet, trotzdem durch die strengen Gesetze der christlichen Fürsten unterstützt wird, da diejenigen häufig zum geistlichen Heilmittel ihre Zuflucht nehmen, welche die körperlichen Strafen fürchten». Leo berief eine Kirchenversammlung in Galicien gegen die Priscillianisten, ohne sie freilich völlig ausrotten zu können. – Noch ein Jahrhundert später, 565, schleudert die Synode von Braga (Hauptstadt der Sueven im 5./6. Jahrhundert) infolge des leonischen Vorstoßes nicht weniger als siebzehn Anathematismen wider die in Spanien offenbar immer noch zahlreichen Priscillianisten und treibt die Bischöfe zu intensiverer Bestreitung der «Ketzerei».[51]

LEO «DER GROSSE» VERTEUFELT DIE JUDEN

Weit seltener als die «Ketzer»offensiven dieses Papstes werden seine antijüdischen Ausfälle dokumentiert oder auch bloß erwähnt. Und doch gehört auch Leo I. in die lange Reihe judenfeindlicher Kirchenväter von Justin, Irenäus, Cyprian bis zu Athanasius, Eusebius, Ephräm, Chrysostomos, Hieronymus, Hilarius, Ambrosius, Augustin (I Kap. 2; ferner I 438 ff, 511 ff).

Auch für den so edlen, milden, moderaten Leo (vgl. S. 262) sind die Juden nur dumm, verblendet, umnachtet, ihre Priester «gottvergessen», ihre Schriftgelehrten «töricht»; ihr Wissen ist «so unwissend», ihre Gelehrsamkeit «so ungelehrt». «Sie erfassen nicht mit ihrem Verstande, was sie aus den Worten der Heiligen Schrift gelernt haben. Ist doch für ihre törichten Rabbis die Wahrheit ein Ärgernis, wird doch für ihre verblendeten Schriftgelehrten das Licht zur Finsternis». Immer wieder kommt es dabei zu den in dieser Kirche bis heute so beliebten Schwarzweiß-Schablonen, Parolen von plakathafter Plumpheit, sektiererhaften Verdummungskampagnen simpelster Art. Immer wieder steht da die «Finsternis der Unwissenheit», dort «das Licht des Glaubens», immer wieder kämpfen da «die Söhne der Finsternis» strahlt dort «das wahre Licht», immer wieder streitet die «Ungerechtigkeit ... gegen die Gerechtigkeit», «die Lüge gegen die Wahrheit», die «Verblendung» gegen die «Weisheit» – ewig dasselbe degoutante Schema.[60]

Immer wieder wirft dieser Papst den Juden den Tod Jesu vor.

In stets neuen Predigten geißelt er ihre «gewissenlosen Führer und pflichtvergessenen Priester», «alle Priester beherrschte der Gedanke, wie sie ihr Verbrechen gegen Jesus ausführen sollten». Alle haben, «erfüllt von der Raserei vatermörderischen Hasses, nur *ein* Ziel im Auge», alle sind «an Grausamkeit einander gleich». Und schließlich gibt Pilatus «dem gottlosen Volk das Blut des Gerechten preis ...».[61]

Entsprechend der Tendenz schon der Evangelien belastet auch Leo die Juden und entlastet Pilatus, den Römer, «auch wenn er dem wütenden Volke seinen Arm lieh ...». Denn «die dem Satan dienstbaren Hände der Juden» schlugen «sein unbefleckt empfangenes Fleisch ans Kreuz», «ihre Gottlosigkeit» war «härter als alle Grabsteine und Felsen». Dagegen zeigten «die Krieger Roms größere Bereitwilligkeit, an den Sohn Gottes zu glauben ...» «Auf euch, auf euch ihr falschen Juden und ihr gottvergessenen Führer des Volkes, lastet die ganze Schwere dieses Frevels», «die ganze Verantwortung». «Das Unrecht, das bei der Hinrichtung des Herrn Pilatus durch seinen Urteilsspruch und die Soldaten durch Ausführung des Befehls auf sich luden, macht euch in den Augen der Menschen noch hassenswerter».[62]

«An diesem Morgen ging euch, ihr Juden, die Sonne nicht *auf*, sondern *unter*. Nicht das gewohnte Licht zeigte sich eueren Augen, sondern schreckliche Verblendung umnachtete euer gottloses Herz. Dieser Morgen zerstörte eueren Tempel und euere Altäre, beraubte euch des Gesetzes und der Propheten, schaffte euer König- und Priestertum ab und verwandelte all euere Feste in ewige Trauer; denn unselig und grausam war euer Plan, den

‹Urheber des Lebens› und den ‹Herrn der Herrlichkeit› dem Tode preiszugeben, ihr ‹feisten Stiere und zahlreichen Farren, ihr brüllenden Bestien und wütenden Hunde› ».[63]

Öfter als einmal vergleicht Leo I. die Juden mit wildgewordenen Tieren, mit Bullen, Ochsen, beschwört er «die trotzige und blinde Wut feister Stiere und das wilde Gebaren unbändiger Farren», lästert er sie «brüllende Raubtiere», lechzend «nach dem Blute des gerechten Hirten».[64]

Papst Leo «der Große» ermüdet nie, die Juden zu diffamieren. Immer wieder schmäht er sie «die wutentbrannten Verfolger», die «Mörder», «Frevler», «Gottlosen», «die gottlosen Juden», «gottlosen und ungläubigen Juden», die «fleischlich gesinnten Juden», «die verbrecherischen Juden», die «blutgierigen Ältesten», «das aufgehetzte und blinde», «das verblendete und unversöhnliche», «das zügellose Volk, das den Hohepriestern nach den Augen sah» (genau wie das katholische seinen Päpsten so viele Jahrhunderte lang!). Immer wieder spricht Leo von ihrer «verruchten Tat», ihrer «Frevelhaftigkeit», ihrem «so furchtbaren Verbrechen», von der «rasenden Wut der Juden», «Blindheit der Juden», «Bosheit der Juden», «Verstocktheit der Juden», der «Verstocktheit und Grausamkeit der Gottlosen». Immer sind sie die «törichten Schriftgelehrten», die «gottvergessenen Priester», die «Diener und Söldlinge» Satans, sind sie «verworfen», «voller Heuchelei», «Beschimpfungen», «Schmähungen», «sinnlosen Spottreden». Immer tun «die wutentbrannten Juden Jesus alles an, was sie nur wollten», schleudern sie gegen «den Herrn der Herrlichkeit» die «todbringenden Geschosse ihrer Reden und die vergifteten Pfeile ihrer Worte». «Immer und immer wieder» läßt er sie schreien: «Kreuzige ihn, kreuzige ihn!» «Daraus solltet ihr erkennen, daß ihr verworfen seid». «Mit Recht verdammen euch also beide Testamente». Für «alle Zeiten» bilden für Papst Leo diese Taten der Juden «einen Gegenstand des Abscheus».[65]

Solche Haßorgien mußten das christliche Volk vergiften; mußten zur immer strengeren gesetzlichen Bekämpfung der Juden führen, zur Enteignung oder Niederbrennung ihrer Synagogen noch in der Antike (I 439 ff), zu den unablässigen Pogromen des

Mittelalters und der Neuzeit. Ja, erst 1988 schreibt Katholik Krämer-Badoni gerade im Hinblick auf Papst Leo I.: «Die schärfsten diskriminierenden Staatsgesetze sind unter seinem Pontifikat erlassen worden, und natürlich nicht aus blauem Himmel. Die römischen Kaiser hatten sich nie in Religionsdinge eingemischt, wenn die Religionsanhänger politisch loyal waren. Die neue intolerante Rolle wurde ihnen von der Kirche aufgedrängt».[66]

Dabei sind all die Hetzereien Leos und der Kirche gegen die Juden als «Gottesmörder» um so grotesker, als die Juden ja bloß Gottes Willen vollzogen. Gott wollte ja von ihnen getötet sein! Er wollte ja derart die Welt erlösen! Er hatte ja die ganze Prozedur seit Ewigkeit vorhergesehen – zumindest seit in seinem «Heilsplan» (siehe: «Stammelternpaar», «Erbsünden»-Malheur, «Sintflut» und anderes) so allerlei mißlang. Die Juden vollstreckten also nur. Sie waren, Leo weiß es selbst, von Gott auserwählt, «das Erlösungswerk zu fördern», brachte ja gerade ihre «ungerechte Grausamkeit die Erlösung». So sind sie für den «großen» Papst zwar ein Objekt «des Abscheus und doch auch wieder der Freude». Von Freude über die Juden merkt man allerdings nichts bei ihm und ebensowenig bei all den anderen «berühmten» kirchenväterlichen Anti-Juden-Kläffern. Aber schade um jedes Wort über den Widersinn einer Theologie, welche die Juden hassen, verfolgen läßt (oft, allzuoft) bis auf den Tod – und ihnen alles verdankt![67]

Die «Sternstunde der Menschheit»

Den blendendsten Ruhm errang Leo I. 452, als die Hunnen unter Attila nach der schweren Schlacht auf den Katalaunischen Feldern bei Poitiers, einem der großen Völkergemetzel der europäischen Geschichte, über die unbewachten Pässe der Julischen Alpen unversehens in Oberitalien einbrachen, es verheerten, plünderten und Aquileja, Mailand, Pavia überrannten. Ihr König Attila war neben Geiserich, mit dem er stets in Fühlung stand und erfolgreich zusammenspielte, zweifellos der bedeutendste Herrscher der Zeit. Doch schon damals empfand man die Hunnen – wie noch in Nazideutschland die Russen – als eine Art Untermenschentum. Eher klein, langschädelig, so schildern sie die lateinischen Chronisten, mit Schlitzaugen in dunkler Haut, mit Tierfellen bedeckt und ohne Sattel auf ihren wilden Pferdchen wie der Teufel daherstürmend, Terror verbreitend, Tod ... «Möge Jesus weiterhin solche Bestien von der römischen Welt fernhalten!» betete der hl. Hieronymus. 452 aber eilten einige kaiserliche Gesandte, der Konsul des Jahres 450 Gennadius Avienus, der frühere Präfekt Trygetius und eben Bischof Leo dem Aggressor entgegen und erbaten am Mincio bei Mantua, zwischen Gardasee und Po, seinen Abzug, worauf Attila, die «Gottesgeißel», vom weiteren Vormarsch absah.

Man vergoß viel Tinte deshalb. Und nicht zufällig war von den beiden anderen Gesandten kaum noch die Rede. Um so mehr aber von Leo, der übrigens selbst nur ein einziges Mal und auffallend kurz davon sprach. Man feierte ihn – weit mehr christliche Legende denn Geschichte – als Befreier Italiens von den hunnischen Horden, erzählte gar, während der päpstlichen Ansprache an Attila seien die Apostel Petrus und Paulus in den Lüften zu Leos Unterstützung erschienen. Raffael gestaltete (1512/1514) die «Sternstunde der Menschheit» (Kühner) in einem berühmten Freskogemälde der vatikanischen Stanza d'Eliodoro. Algardi schmückte mit derselben Szenerie (unter Innozenz X.) den Grabaltar Leos. Doch als ein anderes Mal der Vater Cassiodors (leitender Staatsmann unter Theoderich d. Gr., dann Mönch) und Carpilio, der Sohn des Aëtius, bei einer solchen Bittgesandtschaft den Abzug des Hunnenheers erwirkten, wurde weit weniger Aufhebens davon gemacht. Und bei Mantua hielt Attila nicht etwa Leos wie immer beredte Zunge zurück, sondern für einen Mann seines Schlags, dem ein römischer Bischof schwerlich mehr Angst einjagte als ein römischer Senator, ganz anderes: Nahrungsmangel für seine Soldaten, die Pferde, verschiedene Seuchen im Heer, Unruhen in seinem Rücken, ein nicht gedeckter Vorstoß, die Schwierigkeit, in der mittelitalienischen Gebirgslandschaft mit

Kavallerie zu operieren, ein drohender Angriff Ostroms auf Pannonien, das hunnische Reich, vielleicht auch die Erinnerung an Alarichs plötzlichen Tod bald nach der Einnahme Roms.[68]

In den kommenden Jahrhunderten jedenfalls haben so viele *katholische* Fürsten sich oft nicht im geringsten um päpstliche Wünsche gekümmert – und da sollte Bischof Leo ausgerechnet durch einen Attila respektiert, zu so bedeutungsvollen, so folgenreichen Schlüssen veranlaßt worden sein? Sollte den Hunnenkönig, nach Prosper Tiro, derart «die Anwesenheit des höchsten Kirchenfürsten [!]» erfreut haben, «daß er von einer Weiterführung des Krieges absah, Frieden zu halten versprach und sich ins Donauland zurückzog»?[69]

Noch in unserer Zeit feiert man auf katholischer Seite Leo deshalb als Retter Europas, das 5. Jahrhundert als «einen Wendepunkt für Abendland und Kirche». Denn: «Im tosenden Meer der Völkerwanderung stand Papst Leo I. wie ein Fels in der Brandung. Fast möchte man ihn einen ‹Papst der Katholischen Aktion› nennen.» Und zur «VERTIEFUNG» seiner Erkenntnis bringt der katholische Theologe Josef Fuchs ein «TAFELBILD 19a *Papst Leo I., der Große* verteidigte die Menschen im natürlichen Bereich: 1. indem er das Abendland vor der Vernichtung durch die *Hunnen* rettete ...» Und genau gegenüber, auf der nächsten Seite, bringt Fuchs das «TAFELBILD 19b *Die Kirche verteidigt unsere* Menschenwürde indem sie vor dem *Kommunismus* warnt ...» So rücken die Dinge in diesem «Kommentar für den Katecheten», worin «der Bezug auf das corpus Chrisi mysticum überall hervorleuchtet» (O. Berger), zweifellos in zeitgemäße Sicht.[70]

Attila kehrte nach Pannonien zurück und starb überraschend schon im nächsten Jahr, 453, im Brautbett wahrscheinlich einer Germanin, vielleicht der schönen burgundischen Prinzessin Ildico, im Weinrausch, in Liebeserschöpfung – eine der berühmtesten Hochzeitsnächte der Geschichte und Weltliteratur. Für die Hunnen, so Hermann Schreiber in seiner Attila-Biographie, «ein echter Hunnentod, ein königlicher Tod». Denn waren sie auch unerschrockene Streiter, besaßen sie doch «Lebensweisheit und

Lebenskunst genug, um den glücklich zu schätzen, der aus der Mitte der Freude heraus» starb. Mit Recht bewundert Schreiber, daß es zu keiner Beschuldigung der jungen Frau durch die Hunnen gekommen sei. «Noch tausend Jahre später hätte man Ildico so lange gefoltert, bis sie zugegeben hätte, eine Hexe zu sein, die Attilas Tod mit einem bösen Liebeszauber herbeigeführt».[71]

Offenbar aber war in der nächsten Umgebung des Königs die Liebe der beiden so bekannt, daß ein Tötungsverdacht gar nicht erst aufkam; während in der byzantinischen Tradition, der des Westens, in den Mönchschroniken, den christlichen Heldengedichten und Heldensagen die Mordbezichtigung üppige Blüten trieb.[72]

Im frommen Abendland kursieren überhaupt, kaum zufällig, sehr verzerrte, falsche Vorstellungen über die Hunnen.

Natürlich haben sie ganze Völker in blutigen Kämpfen niedergerungen, dann aber die Unterjochten durchaus nicht rechtlos versklavt, wie so häufig die Christen (bei deren Bauern auch die Türken manchmal beliebter waren als ihre christlichen Herren). Die dem Hunnenreich eingegliederten Gruppen gewannen volle Parität, ja, wurden den eigenen Oststämmen in gewissen Fällen vom Herrscher vorgezogen. «Das ist gewiß eine Ausnahmeerscheinung in der gesamten menschlichen Entwicklung», schreibt Michael de Ferdinandy, «und doch denkbar einfach zu erklären: für den siegreichen Nomaden wandelt sich der besiegte Feind, wenn er sich nicht als wortbrüchig oder verräterisch erwiesen hat, sofort zum Freund ... Der Führer aber eines besiegten oder sich freiwillig unterwerfenden Volkes wird in den Rat des Großkhans berufen. Und das geschieht nicht ‹pro forma›. Der Ostgotenkönig Walamer wird zu Attilas vertrautestem Freund, der Gepidenkönig Ardarich darüber hinaus zu Attilas designiertem Nachfolger ... Die germanischen Völker haben denn auch dem Andenken an ihren einstigen großen Beherrscher die Treue gewahrt ...» – einem Mann übrigens, der auch mit dem «Gottesschwert», freilich dem der Hunnen, gekämpft hat.[73]

Leo I. aber konnte drei Jahre später die Wandalen nicht (mehr) sonderlich beeindrucken.

Damals hatte Petronius Maximus Kaiser Valentinian III., den Schänder seiner häuslichen Ehre, am 16. März 455 öffentlich niederstoßen lassen und seine Witwe Eudoxia zur Ehe gezwungen. Eudoxia jedoch rief den Wandalenkönig Geiserich, dessen Flotte darauf an der Tibermündung erschien. Panikstimmung in Rom! Jetzt trat Leo den Wandalen entgegen. Doch nun gab es keine «Sternstunde» mehr. Die Invasoren plünderten die Stadt – ohne Mord und Brand – vierzehn Tage nach allen Regeln der Kunst. Der Papst selber mußte mit eigener Hand die kostbarsten Kirchengefäße ausliefern. Kaiser Maximus nebst Sohn starben auf der (ihnen von Geiserich erlaubten) Flucht, Maximus vermutlich durch einen Leibwächter. Vater und Sohn wurden vom Volk in Stücke gerissen und in den Tiber geworfen. Tausende von Gefangenen, darunter Kaiserin Eudoxia und ihre Töchter Eudocia und Placidia, haben die Wandalen fortgeschleppt, unersetzliche Kunstwerke dazu, von denen sie nicht wenige bei der Rückfahrt durch Schiffbruch für immer verloren.[74]

Die Römer aber scheint da weder Leos Verhalten noch sein Christentum sehr beeindruckt zu haben. Ruft der hohe Prediger doch selber entrüstet: «Überaus gefährlich ist es, wenn die Menschen gegen Gott undankbar sind, wenn sie sich seiner Wohltaten nicht mehr erinnern wollen, wenn sie weder über ihre Züchtigung Zerknirschung noch über ihre Befreiung Freude zeigen ... Ich schäme mich, es zu sagen (Pudet dicere), aber ich darf nicht schweigen: Die heidnischen Götzen werden mehr geehrt als die Apostel. Wahnwitzige Schauspiele werden fleißiger besucht als die Kirchen der heiligen Märtyrer».[75]

Schon Leo I. hatte Grund festzustellen: «Die Würde des heiligen Petrus geht auch in einem unwürdigen Erben nicht verloren» (Petri dignitas etiam in indigno haerede non deficit). Einer der alten, plump verschlagenen, doch begreiflicherweise von Jahrhundert zu Jahrhundert immer weniger verzichtbaren Tricksprüche der Catholica. Und selbstverständlich fühlte sich Leo – der erklären konnte, die Kirche schrecke «zwar selbst vor blutiger Ahndung zurück», überlasse diese Ahndung aber den christlichen Fürsten, «indem die Furcht vor Todesstrafe die Leute zu geistlicher Heilung treibt» – alles andere als unwürdig. Und die Kirche zählt diesen antiken Inquisitor zu ihren größten Päpsten. Er wurde Heiliger und – durch Benedikt XIV. 1754 – Kirchenlehrer, ja, er bekam den Beinamen «der Große»! «Demuth, Sanftmuth und Liebe gegen alle Menschen waren die Hauptzüge des heiligen Oberhirten, und deßwegen ehrten und liebten ihn Kaiser und Fürsten, Hohe und Niedere, Heiden und die rohesten Völker» (Donin).[76]

6. KAPITEL

DER KRIEG IN DEN KIRCHEN UND UM DIE KIRCHEN BIS ZU KAISER JUSTIN (518)

«Der Monophysitismus wurde zur Nationalreligion des christlichen Ägyptens und Abessiniens und herrschte im 6. Jahrhundert auch in Westsyrien und Armenien vor; der Nestorianismus mit seinem Zweifel an der Gottesmutter eroberte sich Mesopotamien und Ostsyrien. Dies hatte aber eine wichtige politische Folge: halb Ägypten und der Nahe Osten begrüßten die Araber im 7. Jahrhundert als Befreier vom religiösen, politischen und finanziellen Joch der byzantinischen Hauptstadt». K. Bosl[1]

«. . . die schärfste Verurteilung des Bekenntnisses von Chalzedon als eines den orientalischen Kirchen aufgezwungenen Dekrets liegt in der Geschichte der nächsten zweihundert Jahre, in dem Zeitraum von 451 bis etwa 650, von Chalzedon bis zum Einbruch des Islams: furchtbarste Aufstände des Volkes und der Mönche, namentlich in Ägypten, in Palästina und Teilen Syriens gegen das Chalzedonense eröffnen diese Periode, und am Ende dieser zweihundert Jahre stehen die festorganisierten monophysitischen Nationalkirchen in Armenien, Syrien, Ägypten und Abessinien, die von bitterstem Haß gegen die griechische Reichskirche in Byzanz erfüllt waren». P. Kawerau[2]

Der Osten steht in hellen Flammen oder: «... der Teufel, du und Leo»

Das große Konzil, das man oft mit der «Räubersynode» verglich (S. 237), das Harnack «zum Unterschied von der Räubersynode Räuber- und Verräthersynode» nennt, beruhigte die Gemüter nicht. Im Gegenteil. Es versetzte sie erst recht in Aufruhr. Es wurde Anfang vielen neuen Unheils, Ärgernis und Anstoß zu einer Spaltung, die fortwirkt bis heute, wobei jede Seite sich selbstverständlich für «orthodox», für «rechtgläubig» hielt und hält.

Chalkedon war Reichskirchensynode, die Beschlüsse wurden Reichsgesetz. Und da die der neuen Lehre verpaßten Kunstausdrücke: Wesen, Natur, Substanz (usia, physis, hypostasis) die griechischen Denker seit je verschieden gebrauchten, eröffneten sich theologischen Spekulanten und Streithähnen kaum ausschöpfbare Möglichkeiten, aneinander vorbeizureden und sich gegenseitig zu verketzern, zumal auch der von den Lateinern beigesteuerte Begriff der Person (griech. prosopon) reichlich vieldeutig und der Westen bis zum Tod Papst Gregors I. (604) durch das Zerwürfnis besonders betroffen war.[3]

Nun wird hier natürlich nicht die nachchalkedonische Entwicklung auf «ihre Inspirationskraft für eine christologische Spiritualität» befragt (Grillmeier). Herrje, nein. «Nur» die (kirchen)politischen Folgen interessieren uns, die unentwegten religiösen Querelen, das Verfechten der «Rechtgläubigkeit», der «Ketzereien», der ewige Kirchenhader, all der Haß, das Blut, die Aufstände, Militäreinsätze, in Palästina zumal, in Ägypten, die

Verbannungen, Einkerkerungen, Liquidierungen, all die jahrzehntelangen Konflikte zwischen Kaisern und Päpsten bis zu der Einigung schließlich von Papst Hormisdas und Kaiser Justin I. fast siebzig Jahre später, was natürlich keinen Frieden, was neue verschärfte Verfolgungen bringt.[4]

Man unterstellte der Kirchenversammlung jetzt rasch nestorianische Neigungen. Man schimpfte die Synodalen sogar Nestorianer, später auch «Diphysiten» (Zweinaturenleute). Sah doch gerade der Anhang des hl. Bischofs Kyrill dessen Christologie in Chalkedon ignoriert und in der von Leo I. betonten Unterscheidung der beiden Naturen reinen Nestorianismus, eine greuliche «Ketzerei»! (Tatsächlich hatte auch der bis heute verfemte Nestorios, theologiegeschichtlich, die christologische Formel Chalkedons geradezu vorbereitet, hatte er die leonischen Formulierungen noch als eigene Rechtfertigung begrüßt – der Papst den Verbannten in der Wüste, mit dem Konzil, indes noch einmal verdammt! Nun aber erkennt selbst Jesuit Wilhelm de Vries in den Synoden der persischen Kirche der Nestorianer im 5. und 6. Jahrhundert [ausgenommen allenfalls Seleukia: 486] anscheinend «eine ganz korrekte Christologie».)[5]

Der Widerstand gegen Chalkedon ging somit nicht von den Nestorianern aus. Er kam von den Monophysiten in Ägypten, wo die Nachfolger der schismatischen Patriarchen in ununterbrochener Reihenfolge bis heute residieren, und in Syrien, den Hochburgen des Monophysitismus, wo auch das von der Menge glühend bewunderte Mönchtum monophysitisch war. Er kam von den Monophysiten in Arabien, Abessinien, wohin nach 451 ungezählte syrische Christen flohen. Er kam von Persien, Armenien und führte zur Trennung ganzer Völker des Ostens vom Katholizismus. Beherrschte doch im 6. Jahrhundert eine Vielfalt christlicher Sekten den Südostrand des Mittelmeers: Severianer, Julianisten, Phantasiasten, Theodosianer, Gajaniten, Phthartolatren, Aktisteten, Themistianer, Tritheiten, Tetraditen, Niobiten. Und diese alle und mehr begünstigte im 7. Jahrhundert die Expansion des Islam, der Palästina, Syrien, Ägypten kassierte und zahlreiche, zum Teil noch heute bestehende Nationalkirchen aufkommen ließ.[6]

Noch durch das ganze Mittelalter attackieren die monophysitischen Bischöfe, Theologen, Historiker die «Irrlehre des heuchlerischen Konzils», den «schmutzigen Glauben des ketzerischen Konzils», wie im früheren 9. Jahrhundert der Bischof von Takrit, Abū Rā'ita, schreibt, für den «der kenntnislose Markianos» schlicht «der zweite Jeroboam» ist. Wenig später behauptet der Kopte Severos, Bischof von Ušmūnain, in seinem «Buch der Konzilien», Dioskor habe in Chalkedon von der Kaiserin «eine kräftige Ohrfeige» bekommen – «kraftvoll» rühmt Pulcheria auch das «Lexikon für Theologie und Kirche», «Erbin des Geistes ihres Großvaters Theodosius I» –, was Anlaß gewesen sei «zu weiteren Mißhandlungen des Dioskoros». Nach dem jakobitischen Historiker Barhebraeus (1225–1286), dem bekanntesten Schriftsteller seiner Nation, pflegte die Heilige trotz ihres Jungfräulichkeitsgelübdes Sexualverkehr mit ihrem Mann; nach Nestorios übrigens auch mit ihrem Bruder Theodosius. (Tatsächlich galt Pulcheria in der Antike, als man ihr Draufgängertum in mancher Hinsicht noch zu drastisch vor Augen hatte, nicht als heilig. Diese Verehrung, schreibt das eben erwähnte kirchliche Lexikon, «ist erst im Mittelalter nachweisbar».) Noch Ignatios Nūh (Noë), im frühen 16. Jahrhundert Patriarch der Jakobiten, spricht von Chalkedon als «diesem verfluchten Konzil», das «vom Munde des Herrn verdammt» sei, und läßt durch Dioskor dem Kaiser Marcian, «dem Freunde des Teufels», sagen: «Es genügt, daß in diesem Konzil drei Häupter sind: der Teufel, du und Leo».[7]

Pulcheria, Marcian und Leo, das genügte jedenfalls, daß fast der ganze Osten nach der für Rom, alles in allem, so hocherfreulichen Synode in hellen Flammen stand.

In Alexandrien, dessen Erzbischof Dioskor im November 451 nach Paphlagonien verbannt worden war, verbrannte das erregte Christenvolk auf die Nachricht vom Konzilsausgang die kaiserliche Besatzung samt der Kirche, dem ehemaligen Serapistempel, wohin sie sich geflüchtet hatte, lebendig. Marcian appellierte an die Alexandriner, sich mit der «heiligen und katholischen Kirche der Rechtgläubigen» zu vereinen. «Mit solchem Tun werdet ihr euere Seelen retten und Gottgefälliges vollbringen.» Aber bald erlaubte er ihnen keine weitere Propaganda gegen das Konzil und erlegte «Ketzern» in der scharfen Konstitution «Licet iam sacratissima» eine lange Reihe von Strafen auf. Bloß unter wilden Straßenschlachten, unter Mord und Totschlag, konnte Dioskors abgefallener Vertrauter, der Archidiakon Proterios (451–457), von nur vier gleichfalls abgefallenen Bischöfen im November 451 geweiht werden, von seinem Stuhl Besitz ergreifen und diesen mit päpstlicher Anerkennung und unter stetem starken Truppenschutz halten. Das Volk und die Mönche, doch auch viele Kleriker, standen weiterhin zu Dioskor, während Proterios, der «wahre Apostelschüler» (Leo I.), seine Hauptstütze in Kaiser Marcian hatte. Kurz nach dessen Tod im Januar 457 brach in Alexandrien allerdings, wie wir bald sehen werden, ein noch heftigerer Aufruhr aus, woran wieder Mönche besonders beteiligt waren.[8]

Im Osten schürten überhaupt gerade die Mönche den Widerstand gegen Chalkedon. Andere Mönchsgruppen freilich agitierten unermüdlich dafür. Jedenfalls fochten an allen Fronten «die Mönche mit in der ersten Reihe» (Bacht SJ).

II,21 In Palästina kam es noch vor Schluß des Konzils zu einer blutigen Mönchsrevolte. Hier eroberten die Mönchshäupter Romanos und Markianos sowie der Religiose und Gegenbischof Theodosius (451–453), ein frommer Eiferer und Gefolgsmann des Dioskor, der schon in Chalkedon Tumulte erregt haben soll, mit zehntausend fanatischen Asketen für etwa zwanzig Monate Jerusalem, ehe er auf den Berg Sinai floh. Der ehrgeizige Juvenal, Patriarch der Stadt von 422 bis 458, den die Mönche nicht zu Unrecht beschuldigten, seine «Schwüre und Versprechungen» gebrochen, die Theologie Kyrills verraten zu haben, verlor inzwischen seinen Stuhl. 431 hatte er in Ephesus zur Stützung seiner Machtansprüche, der Erweiterung seines Sprengels (um immerhin drei Provinzen: Phoenicia I und II sowie Arabia) gefälschte Urkunden vorgelegt und maßgeblich Kyrill begünstigt. 449 ging er zur Gegenseite über, war neben Dioskor der wohl prominenteste Führer des «Räuberkonzils» und unter 113 Bischöfen der erste, der für die Rehabilitierung des Eutyches eintrat, den er «ganz orthodox» fand. In Chalkedon wechselte er rasch wieder die Front. Er gab Dioskor, seinen alten Verbündeten, schmählich preis, bekannte sich zu dessen Verbannung und zur Rehabilitierung des Flavian. Jetzt floh er – muß ich sagen, daß er im Orient als Heiliger verehrt wird (Fest: 2. Juli)? – Hals über Kopf zum Kaiser nach Konstantinopel.

In Jerusalem aber trat Theodosios, durch Volk und Mönche unterstützt, an seine Stelle. Die Mönche brannten Häuser ab und verübten Greuel über Greuel. Den Bischof von Skythopolis, Severianos, erschlugen sie nach seiner Rückkehr vom Konzil samt seiner Begleitung – nicht der einzige Bischof, den sie killten. Viele Bistümer gelangten jetzt in die Hände von Monophysiten, die bald ganz Palästina beherrschten, doch auch bald wieder verjagt worden sind – freilich nicht ohne Truppeneinsätze, eine regelrechte Schlacht. Mitfinanziert wurde die Erhebung durch Kaiserin Eudokia, die seit 443 in Jerusalem residierte, die Witwe von Theodosios II. Mit dem Hof zerfallen, widersetzte sie sich der Attacke Pulcherias, ihrer verhaßten Schwägerin, und Marcians auf Eutyches. Durch Eudokia, ihren Einfluß, ihre Intrigen, soll fast jedes Kloster im Umkreis der «Heiligen Stadt» von Juvenal abgefallen sein. Dagegen trieb von Rom aus der Papst wider die «Rotten falscher Mönche», die Söldner des Antichrists, wie er, nicht ohne auch den flüchtigen Juvenal zu beschuldigen, im November 452 an Julian von Kios schrieb. Noch vor zwei Jahren wollte Leo sogar den Namen Juvenals (nebst dem Dioskors und des Eusthatius von Berytus) nicht im Gottesdienst genannt wissen. Dabei war dieser große Fälscher und Frontwechsler vor dem Herrn doch ein so tüchtiger Missionar, daß er schon um 425 den Häuptling eines Beduinenstammes zum ersten «Bischof der Zeltlager» geweiht hatte – und später ja auch die «Ehre der Altäre» erklomm: verdientermaßen! Im Januar 454 aber mußte Leo dem Herrscher danken, daß er Juvenal mit Gewalt auf seinen Stuhl zurückgeführt! Und am 4. September dieses Jahres stachelte er den Patriarchen selber zu rigoroseren Attacken auf! Auch die Ausmerzung der Eutychianer verlangte Leo. Sie sollten alle, wie der Anhang Dioskors, dorthin geschafft werden, wo sie unschädlich seien und kriminalrechtlich verfolgt werden.[9]

Kaiser Marcian, der willfährige Helfer der Pulcheria und des Papstes, der ihm denn auch die Vereinigung «königlicher Macht mit priesterlichem Eifer» bescheinigte, hatte noch in Chalkedon Maßnahmen gegen alle Verweigerer seiner Definition angekündigt: einfache Privatleute sollten aus der Hauptstadt gewiesen, Militärs und Kleriker abgesetzt werden. Weitere Strafen hielt er für möglich. Allein zwischen Februar und Juli 452 erließ er vier Dekrete zur Bestätigung sowie Einschärfung der Konzilsbeschlüsse und ging vor allem im vierten dieser Erlasse vom 18. Juli 452 gegen die «Eutychianer» vor. Er verbot ihre Versammlungen, Lehren, ihre Predigten, verbot ihnen, Bischöfe und Priester zu weihen, Klöster zu bauen. Er untersagte ihnen Geistliche und ihren Mönchen jede Klostergemeinschaft. Er sprach ihnen Testier- und Erbfähigkeit ab, verbannte sie aus Konstantinopel, Kleriker und Mönche des Eutychesklosters aber aus dem ganzen Reich. Wer sie aufnahm, wurde mit Konfiskation und Deportation bedroht, wer ihre Predigt hörte, hatte zehn Pfund Gold zu zahlen. Die Mönche traktierte er mit Gesetzen, wie sie «Ketzern» und Manichäern galten. Ihre Schriften wider Chalkedon mußten verbrannt, deren Besitzer, Verbreiter, deportiert werden. Und bald erkämpfte er mit Truppen den «rechten» Glauben.[10]

Auch die Heiden verfolgte der Konzilskaiser mit aller Brutalität. Pagane Kulthandlungen bedrohte er 451 mit Konfiskation und Hinrichtung, wobei beides die Ausführenden, die Helfer und die Mitwisser betraf. Das Strafgeld für das Gesetz vernachlässigende Gouverneure – 20 Pfund Gold im Jahr 407 – erhöhte Marcian auf 50 Pfund Gold je für den Gouverneur und seine Behörde.[11]

Papst Leo hetzt gegen die christlichen «Teufel» des Ostens

Hinter allen antihäretischen Attacken aber stand Leo I. Immer wieder suchte er jede erneute Diskussion der Konzilsbeschlüsse zu verhindern, die «Ketzer» in Schach zu halten und die Mönchsrebellen in ein streng isoliertes Exil zu schaffen.

Triumphierend meldet er den gallischen Bischöfen, niemand dürfe mehr nach Chalkedon unter dem Vorwand der Unwissenheit die «Irrlehre» verteidigen, «weil die eben deshalb versammelte Synode von fast 600 unserer Brüder und Mitbischöfe keiner Disputierkunst und keinem beredten Erörtern sich gegen den göttlich gegründeten Glauben zu betätigen erlaubte ... Diese ungeheuerlichen Lügnereien teuflischer Gesinnung hat nun die heilige Synode ... durch Verfluchung dieses Schandflecks von der Kirche Gottes getrennt».[12]

In Konstantinopel fungierte Julian, ein in Rom erzogener Italiener, der Bischof von Kios bei Nicaea und damit des Griechischen kundig geworden war, als Leos ständiger Vikar gegen die derzeitigen «Ketzer» (contra temporis nostri haereticos). Nach dem offiziellen Bestallungsschreiben vom 11. März 453 hatte der Papst damit seinen sozusagen akkreditierten Spitzel am Hof, seinen Aufpasser, Vertrauten, Vermittler, Einpeitscher. Er sollte, immer wieder forderte dies Leo, die «Häretiker», auch die oppositionellen Mönche, bekämpfen, das heißt durch den Kaiser und die weltlichen Gerichte verfolgen lassen. Julian mußte, so befahl er ihm, «als mein Stellvertreter (vice mea functus) die besondere Sorge übernehmen, daß die nestorianische und eutychianische Häresie nicht irgendwo wiederauflebt; denn in dem Bischof von Konstantinopel ist keine katholische Stärke». Gegen ihn, «wie er es verdient, mich zu erheben, schiebe ich auf ...». Der leonische Vikar aber hatte den Patriarchen der Hauptstadt ebenso im Auge zu behalten wie die Kaiserinwitwe Eudokia, die in Jerusalem und Palästina den Mönchsaufstand schürte, oder die Unruhen der ägyptischen Mönche. Nicht zuletzt aber sollte Bischof Julian das bigotte, in «Josephsehe» lebende Kaiserpaar, dessen priesterliches Wirken Leo wiederholt gerühmt, dessen «Schutzpflicht» gegenüber der Kirche er noch viel häufiger gefordert hat, zum Nutzen Roms gängeln – «beraten». Dem Monarchen selber empfahl Leo, Julians «Eingaben (suggestiones) geruhe, als seien sie die meinen, anzuhören».[13]

Niemals zauderte dieser angeblich so moderate, humane Hierarch (S. 262), seinen Gegnern das Leben möglichst sauer, sie noch radikaler zumindest mundtot zu machen, wobei er in Kaiser Marcian, dem der Nonne Pulcheria angetrauten früheren Feldherrn, ein gefügiges Werkzeug hatte. So schrieb er ihm am 15. April 454: «Da Ihr jedoch meine Anregungen für die Ruhe des katholischen Glaubens gern annehmt, so mögt Ihr wissen, daß mir durch Mitteilung meines Bruders und Mitbischofs Julian angezeigt worden ist, daß der gottlose Eutyches zwar verdientermaßen in Verbannung ist, aber noch am Ort seiner Verurteilung (damnationis loco) gegen die katholische Gesamtheit viel Gift seiner Blasphemie voll Verzweiflung ausspritzt und mit noch größerer Schamlosigkeit das ausspeit, was an ihm die ganze Welt verabscheut und verurteilt hat, so daß er harmlose Leute (innocentes) täuschen kann. Ich halte es also für sehr klug, wenn Euere Milde befiehlt, ihn an einen entfernteren und verborgeneren Ort zu bringen.»[14]

Für alle kaiserlichen Maßnahmen drückte Leo im März 453 Bischof Julian von Kios und der hl. Kaiserin Pulcheria seine hohe Befriedigung aus. Und natürlich war es ihm eine besondere Freude, als der Regent durch den Comes Dorotheus mit Waffengewalt die «Ordnung» wiederherstellen ließ. Viele Mönche verloren dabei ihr Leben. Die Archimandriten Romanos und Timotheos wurden in Antiochien eingekerkert, den entthronten Patriarchen Theodosios schleppte man in ein Klostergefängnis Konstantinopels. Papst Leo aber lobte die blutige Arbeit in einem Schreiben an die Majestät als Werk ihres Glaubens und «Frucht der kaiserlichen Frömmigkeit» (vestrae fidei opus, vestrae pietatis est fructus). Krankes müsse zur Gesundheit, Aufruhr zum Frieden gebracht werden. «Ich freue mich also ..., daß euer Reich, da Christus es leitet, ruhig, da Christus es schützt, mächtig ist». Leo hörte nicht auf, für Marcian zu beten, wie er ihm zwei Jahre vor dessen Tod schrieb, «weil die Kirche und die Römische Res Publica viel durch Euer Wohl von Gott her gefördert werde».[15]

Auch unter Kaiser Leo I. fordert Papst Leo fortgesetzt Gewalt gegen «die Verbrecher» und verwirft jede Verhandlung

Pulcheria, deren «dem Herrn gefällige Sorge eines heiligen Herzens» der Papst so gern gelobt, nicht ohne hinzuzufügen, sie solle «auch in Übung bleiben», starb im Juli 453, Marcian am 26. Januar 457 – Leos Beten um langes Leben für die Majestät blieb unerhört.

Man trug angeblich dem mächtigen Magister militum Flavius Ardabur Aspar, einem arianischen «Ketzer», Sohn einer Gotin und eines hohen Alanen, die Kaiserwürde an. Doch Aspar, von 424 bis 471 römischer General, aber kein Parteigänger der Orthodoxie, lehnte ab (oder wurde abgelehnt). So erlangte, nach manchen mit seiner Hilfe, am 7. Februar einer seiner Offiziere den Purpur, Leo I. (457–474), dessen unbegründetes Mißtrauen schließlich der im Dienst dreier Kaiser bewährte Aspar zum Opfer fiel. Ließ Leo doch, ein strenger Katholik wiederum – der sehr auf Heiligung der Feiertage geachtet, besonders den Säulenheiligen Daniel verehrt und von kirchlicher Seite den Beinamen «der Große» bekommen hat –, 471 im kaiserlichen Palast Aspar und seinen von ihm, Leo selbst, zum Cäsar erhobenen Sohn Patricius ermorden, wobei auch der bigotte Katholizismus des Herrschers gegenüber seinem arianischen und antichalkedonisch gesinnten Opfer eine Rolle spielte.[16]

Als nach Kaiser Marcians Tod (457) die monophysitische Opposition immer mehr erstarkte, betonte Papst Leo immer entschiedener die Verbindlichkeit des Glaubensdekrets von Chalkedon; «jegliche erneute Verhandlung» dessen wollte er unterbinden, «was auf Eingebung Gottes beschlossen wurde» oder, wie er ein anderes Mal schrieb, «was eine so bedeutende Autorität (tanta auctoritas) durch den Heiligen Geist bestimmte». So lehnte Leo nicht nur selber eine Einladung nach Konstantinopel ab, sondern wies auch seine Legaten an, sich nach Überreichung seines Lehrschreibens vom 17. August 458 (eine Art Ergänzung zu dem Lehrschreiben an Flavian, darum später Tomus II genannt) in keinerlei Diskussion einzulassen.[17]

Unermüdlich aber trieb der Römer weiter gegen die «häretische Verkehrtheit» so vieler im Osten, besonders in Konstantinopel, Antiochien, in Ägypten. Überall wollte er durchsetzen, wie er Bischof Julian schrieb, was in Chalkedon «unter Anleitung des Heiligen Geistes zum Heile der ganzen Welt verfügt worden ist». Um dieses «Heiles» willen wandte er sich an Bischöfe, Presbyter, Diakone, schickte er Gesandte, wie am 17. August 458 die Bischöfe Domitianus und Geminianus, an den Hof, schrieb er immer wieder auch an den neuen Kaiser Leo, über dessen Tugenden sich «der römische Staat und die christliche Religion freuen dürfen». Doch wie immer, wenn die Kirche nachdrücklich das «Heil» für sich erstrebt, konnte nur, mußte Unheil für andere daraus entstehen. Forderte Papst Leo ja den kaiserlichen filius ecclesiae dringend zu entsprechenden Aktionen auf, zur Wiederherstellung der «Christiana libertas»; was, falls möglich, immer heißt: Unfreiheit für alle andern. Beschwört er den Kaiser doch, «daß er, eingedenk des gemeinsamen Glaubens ... alle häretischen Machenschaften vereitle», stachelt ihn selbst immer wieder auf, den «Mörderhänden gottloser Leute» zu widerstehen, der «großen Arglist», der «Schlechtigkeit der Häretiker», drängt darauf, «die Verbrecher» zu bestrafen. Er fordert Säuberung des Klerus, verlangt, daß der Fürst «über die Feinde der Kirche triumphiere; denn wenn es für euch ruhmvoll ist, die Waffen gegnerischer Völker zu vernichten [!], wie groß wird dann erst euer Ruhm sein, wenn ihr die alexandrinische Kirche von ihrem rasenden Tyrannen befreit!» Man sieht hier, wie immer wieder, worum es Päpsten geht: Vernichtung der äußeren Reichsfeinde und Vernichtung aller inneren Gegner. «Erkenne, verehrungswürdiger Kaiser ... was du deiner Mutter Kirche an Hilfe schuldest, die sich deiner als ihres Sohnes in besonderer Weise rühmt.» Waffen, Gewalt wollte Leo «der Große» eingesetzt wissen, aber kein Konzil, kein Religionsgespräch. Er verabscheute Dispute überhaupt, zumal in Glaubensfragen. Auch gegenüber dem Kaiser betont er wiederholt, jede Möglichkeit einer Verhandlung müsse ausgeschlossen werden – und behauptet doch zugleich: «Wir sind nicht rachsüchtig, aber wir können uns nicht mit den Dienern des Teufels verbinden.»[18]

Zur radikalen Intoleranz auch noch, wie üblich, die Schönfärberei. Leos letzter Satz erinnert fatal an den früher zitierten und kommentierten des hl. Hieronymus: «Auch wir wünschen den Frieden, und wir wünschen ihn nicht nur, wir fordern ihn, aber den Frieden Christi, den wahren Frieden» (S. 144). Dieselbe Haltung, dieselbe Heuchelei.

Leos Schreiben in den Osten sind reine, in fromme Phrasen verpackte Hetzbriefe. Sie kreisen stets um ein und dasselbe Thema, sie dringen immer auf Unterjochung, Ausschaltung, Vernichtung des Gegners, der immer und immer wieder als gottlos, boshaft, satanisch, verbrecherisch beschimpft, der plump verteufelt wird. Nur «der Antichrist und der Teufel», suggeriert der Papst Kaiser Leo I. am 1. Dezember 457, würden die «uneinnehmbare Festung» zu berennen wagen. Nur jene, die «in ihres Herzens Bosheit sich nicht bekehren lassen», die «unter dem Schein des Seeleneifers ihre Lügensaat ausstreuen und vorgeben, es sei die Frucht ihres Forschens nach Wahrheit». Zügellose Wut und blinder Haß habe «Taten ausgeheckt, die man nur mit Verachtung und Abscheu nennen kann – aber . . . Gott der Herr hat Eure Majestät so reich gemacht an Erleuchtung über seine Mysterien. Darum dürft Ihr niemals vergessen: Die kaiserliche Gewalt ist Euch nicht nur verliehen zur Regierung der Welt, sondern vor allem [!] zum Schutz der Kirche (sed maxime ad Ecclesiae praesidium) . . . Nun denn: etwas Großes wäre es für Euch, wenn Ihr zu Eurem Kaiserdiadem von des Herrn Hand auch noch die Krone des Glaubens erhieltet, wenn Ihr über die Feinde der Kirche einen Triumph feiern könntet!»[19]

Es sind immerhin Christen, Priester, deren Zerschlagung der

Papst vom Kaiser fordert, Christen, Priester, die er verachtet, verabscheut, die er der Lüge, des Hasses zeiht, zügelloser Wut, die er «Antichrist» und «Teufel» nennt – eine freilich seit Anbeginn in den «besten», den führenden christlichen Kreisen grassierende Sprache (I Kap. 3).

Viele Apologeten, die Studien kritischer Forscher, wie Erich Caspar, mehr noch Arbeiten von Eduard Schwartz, Johannes Haller und vielen andern, durch ihre «ausschließlich politische Betrachtung» als «belastet» abwerten, haben ihrerseits größte Mühe, das Hauptmotiv der Päpste nicht als politisches, sondern, natürlich, wie etwa Fritz Hofmann, als *«ein echt-religiöses»* erscheinen zu lassen – und müssen doch selber «betonen», daß der «Kampf um Chalkedon», mehr als ein halbes Jahrhundert das «Zentrum aller päpstlichen Bemühungen», sich «weithin auf der *politischen* Ebene» abgespielt hat.[20]

Was sich aber weithin auf der *politischen* Ebene abspielt, das *ist* auch weithin *politisch*, hauptsächlich *politisch*, im Grunde sogar nur *politisch* – ein einziger Kampf um die Macht: die Macht innerhalb der eignen Kirche; Macht innerhalb konkurrierender Kirchen; und um Macht gegenüber allen anderen. Die Geschichte beweist dies! Das Religiöse wird bloß vorgeschoben. Es ist nur Mittel zum Zweck. Daß viele und gerade gutwillige, gutgläubige – aber nicht gut informierte – Christen dies ganz anders sehen, empfinden, erleben, ändert nichts an den Tatsachen, der Wirklichkeit. Zwar gehören auch diese Christen, gehören auch und gerade die «religiösen Kräfte» zu dieser Wirklichkeit, ja, machen sie, als ihre Basis, ihre Voraussetzung, überhaupt erst möglich. Doch all das bleibt «privat» – und was sich seiner skrupelloszynisch bedient, es lebenslang furchtbar mißbraucht (mitunter noch mit der Ausrede, der Selbsttäuschung «Mich erbarmt des Volks»), das macht Geschichte, Weltgeschichte: Kriminalgeschichte.

Glaubensschlachten zwischen Christen

Kaum vorstellbar heftig durchtobte der christologische Streit, das Ringen zwischen Chalkedonensern und Monophysiten, den Osten des Römischen Reiches. Die zweite Hälfte des 5. Jahrhunderts, das ganze 6. Jahrhundert sind davon erfüllt. Die Diffamierungen, Absetzungen, Verbannungen, die Krawalle, Intrigen, Mord und Totschlag nehmen kein Ende. Immer sucht die eine Seite der Christenheit die Formel von Chalkedon abzuweisen, die andere sie durchzusetzen. Heftig zerstritten untereinander, waren die Monophysiten doch einig im Widerstand gegen die «verfluchte» Synode, gegen Chalkedon und Rom. Die von der Orthodoxie stets geforderten, von der Regierung oft geleisteten Gewalttaten, die Verfolgungen, Martyrien, erhöhten nur den konfessionellen Haß, den Widerstand. Und die von manchen Kaisern angestrebten Kompromisse, ihr gelegentliches Nachgeben, Gewährenlassen, Entgegenkommen, all dies scheiterte hauptsächlich an der Renitenz des Katholizismus. Freilich ging es dabei, wie meist, um viel mehr, ging es weniger um das christologische Palaver, das Dogma von den zwei Naturen, als um Einfluß, Ehrgeiz, um Geld und Macht, um den Nationalismus nicht zuletzt der Ägypter oder Syrer. Denn bei allem aufgeputschten Glaubenswahn stand dahinter ein gewisser «nationaler» Existenzkampf der Orientalen. Stand dahinter und war eng damit verknüpft der soziale Gegensatz zwischen den Einheimischen, den syrischen Semiten etwa oder den eingeborenen Fellachen des Nillandes, den Kopten, und der dünnen, mehr oder weniger gebildeten griechischen Oberschicht, den reichen griechischen Grundherren, die sich, gestützt durch kaiserliche Beamte, Polizei, Offiziere, Geistliche, zur offiziellen Reichskirche bekannten. Und vor dieser herrschenden Klasse, vor den sie rücksichtslos schröpfenden fremden Unterdrückern suchten die Einheimischen Schutz bei den von ihnen überschwenglich bewunderten Mönchen, den Bischöfen des Landes, die sie natürlich auf ihre Weise mißbrauchten.[21]

Im Vordergrund aber stand das Glaubensspektakel.

Besonders in Alexandrien, dem Zentrum der Opposition, erhoben sich die Gegner von Chalkedon. Und hatte Papst Leo 454 von der Finsternis gesprochen, «die in Ägypten nistet», so wurde diese Finsternis noch dichter.[22]

Dem alexandrinischen Patriarchen Dioskoros I., in Chalkedon als Anhänger des Eutyches abgesetzt, war der konzilstreue Katholik Proterios (451–457) gefolgt (durch den Leo freilich in der Frage des Osterterminstreits eine Niederlage erlitt, die Rom nur mit Ingrimm hinnahm). Und bald nach dem Tod Marcians am 26. Januar 457 stellte man dem Proterios den monophysitischen Mönchspriester Timotheos (457–460), mit dem Beinamen Ailuros («Wiesel»), entgegen, einen Getreuen Dioskors, der am 16. März von zwei Bischöfen kanonisch geweiht worden ist. Seit Jahren soll er die Mönche Alexandriens gegen Proterios aufgehetzt haben, ja, zur Nachtzeit vor den Zellen der Anachoreten als Engel erschienen sein mit der Mahnung, Proterios zu meiden und Timotheos (ihn selber) zum Bischof zu wählen. Falls die mehrfach überlieferte Geschichte wahr ist, zeigt sie, was man diesen Mönchen, falls sie falsch ist, was man immerhin der Welt zumuten konnte – der man freilich zu allen Zeiten anscheinend alles zumuten kann. Timotheos Ailuros wurde zwar umgehend durch den kaiserlichen Gouverneur verhaftet, der verjagte Proterios mit Militär nach Alexandrien zurückgebracht, doch schon am 28. März 457 von einem rasenden Christenhaufen während des Gottesdienstes (am Gründonnerstag oder Karfreitag) in der Kirche des Quirinus ermordet. Seine Leiche wurde geschändet, in Stücke gerissen, verbrannt – er selbst Heiliger der römischen Kirche (Fest: 28. Februar).

Anschließend «säuberte» Erzbischof Timotheos Ailuros – Leo I. nennt ihn einen «verruchten Mörder» (parricida), jedenfalls war er der Nutznießer des Mordes – den ägyptischen Episkopat von Gegnern. Alle Bischöfe, die sich widersetzten, brachte er um ihren Stuhl. Gegen den Papst sowie die Patriarchen von Konstantinopel und Antiochien schleuderte er auf einer Synode in Alexandrien den Bann – offenbar die Rache für den Sturz Dioskors, das Aufsteigen Konstantinopels und wohl auch für die Ignorierung der kyrillischen Christologie in Chalkedon. 460 aber ließ Kaiser Leo den Alexandriner entfernen – immer wieder und intensiv gedrängt durch den Papst, der den Orient mit Post überschwemmte und den Regenten beschwor, nicht nur Herrscher der Welt zu sein, sondern auch Beschützer der Kirche. Timotheos Ailuros wurde verbannt, zunächst nach Paphlagonien, dann bis auf die Krim. Den alexandrinischen Thronos aber bestieg der nur von zehn Bischöfen erhobene Timotheos Salophakiolos («Wackelhut») – ein «neuer David an Milde und Geduld» (s. David: I 85 f).[23]

Leo schickte im August 460 noch Glückwunsch- und Mahnbriefe nach Ägypten – seine letzte Post, die erhalten ist. Hocherfreut gratulierte er dem neuernannten «Wackelhut», belobigte Kaiser Leo wegen der Verjagung des Vorgängers, des «verruchten Vatermörders» – und starb im Herbst nächsten Jahres am 10. November.[24]

Leo I., die erste überragende Papstgestalt der Geschichte, ein ebenso geschickter Pragmatiker wie Doktrinär, die perfekte Mischung beider, ähnelt in seinem Verhalten gleichwohl, wie schon Haller treffend erkannte, weniger einem Löwen als dem Fuchs. Er konnte nach oben, gegenüber Kaiser Leo I., in derart schamloser Weise devot sein, als wäre er der Bannerträger des Cäsaropapismus (S. 254 f). Und er konnte, schien es opportun, entschieden den Herrn herauskehren selbst gegenüber höheren Herren. Durch und durch Diplomat, konnte er vorpreschen und retirieren, buckeln und treten und sich selber aufbauen wie nichts auf der Welt. Vor allem aber konnte er den eignen Klerus kujonieren. Er konnte veritable Heilige abkanzeln und «schäbigen» Sklaven das Priesteramt verwehren. Er konnte von den Schäfchen Demut und Gehorsam fordern und für sich in der Kirche die Befehlsgewalt über alle, den höchsten Rang, die höchste Ehre – unter Vorgabe auch noch von Bescheidenheit. Vor allem jedoch konnte er alles, was nicht katholisch war, unnachsichtig verfolgen und verfolgen lassen, durch Einkerkerung, Verbannung, physische Vernichtung – während er Nächsten- und Feindesliebe verkündete, völlige Verzeihung, jeden Racheverzicht. Er spannte immer wieder die

Kaiser für sich ein, ohne sich von ihnen sehr einspannen zu lassen, ohne sich um das kollabierende Kaisertum des Westens zu kümmern, dessen Ohnmacht er vielmehr für seine Zwecke benutzte, dessen letzte Macht er gegen den Osten ausspielte, um auch derart zu profitieren, wenngleich in seinen späten Jahren mit immer geringerem Erfolg. Doch prägten Leos Entscheidungen noch nach Jahrhunderten das kirchliche Recht. Und seine Autorität war derart, daß seine Briefe ein Lieblingsobjekt christlicher Fälscher wurden.[25]

Papst Hilarus, Kaiser Anthemius und christliche Räuber-Regenten-Grotesken

Auf Leo I. folgte am 19. November der Sarde Hilarus (461–468) – «nicht durch Verdienst, sondern durch göttliche Gnade» –, jener Diakon der römischen Kirche, der sich einst von der «Räubersynode» so überstürzt davonstahl, daß er als Dank für seine Errettung in Rom eine Kapelle gestiftet hatte (S. 223).

Seine Ost-Erfahrung prägte sich Hilarus tief ein. Fast ausschließlich schrieb er an westliche Adressaten, besonders an spanische und gallische Bischöfe. Dagegen existiert aus seinem immerhin gut siebenjährigen Pontifikat kein einziger Brief über die christologischen Probleme Chalkedons, ja, von einem winzigen Bruchstück abgesehen, überhaupt keiner in den Orient! Die unruhigen Verhältnisse Südgalliens, germanische Eroberungen dort, die Usurpation des Bischofsstuhls von Narbonne durch Hermes, dessen teilweise Entrechtung, die fortdauernde Rivalität von Arles und Vienne, gewisse Wirren auch in Spanien, all das erklärt dies nicht genug; zumal der Papst ja auch Zeit hatte, die (von Kaiser Anthemius begünstigten) «Makedonianer» in Rom zu verfolgen, vor allem aber einer üppigen Bauleidenschaft zu frönen, den Lateran weiter auszuschmücken und, nach der wandalischen Plünderung, pompös auch andere «Gotteshäuser», St. Peter, St. Paul, S. Lorenzo. Die römische Kirche war bereits die reichste der ganzen christlichen Welt, weit reicher als selbst die Kirche von Konstantinopel, von Alexandrien. Während die Stadt immer mehr herunterkam, verarmte, verfiel, funkelten die Basiliken in märchenhafter Pracht: Taufbrunnen mit silbernen Hirschen, Konfessionen mit Bogen aus Gold, edelsteinübersäte Kreuze, vor Kostbarkeit glitzernde Altäre ... Doch in der ganzen Korrespondenz des Papstes: «Nicht ein einziges religiöses Problem ...» (Ullmann).[26]

In der Außenpolitik unternahm Kaiser Leo I., der bigotte Katholik, bereits mehrere Generationen vor Justinian eine ungeheure Anstrengung, das arianische Wandalenreich zu vernichten, dessen Religion den katholischen Römern ebenso verhaßt war wie seine germanische Rasse und Sitte.

Da es seit Ende 465 im Westen keinen Kaiser gab, ernannte Leo 467 Marcians Schwiegersohn Anthemius zum Cäsar für das Abendland. Anthemius, bereits Sieger über Ostgoten und Hunnen, rückte mit einem Heer in Italien ein, wurde dort Augustus und drohte Geiserich bei weiteren Feindseligkeiten gegen Westrom mit Krieg auch durch das Oströmische Reich. Als Geiserich nun gleich selber den Krieg erklärte, rüstete Ostrom eine Armee für die riesige Summe von rund 64 000 Pfund Gold und 700 000 Pfund Silber, worauf man die byzantinischen Finanznöte noch des folgenden Jahrhunderts zurückgeführt hat. Doch das germanische «Ketzer»reich sollte eben aus Afrika verschwinden. Allerdings wurde Leos Wandalenkrieg, in dem sein Schwager Basiliskos, der Bruder der Kaiserin Verina, 468 angeblich 1100 Schiffe und mehr als 100 000 Mann kommandierte, sicher beträchtlich übertrieben, ein völliges Fiasko; obwohl man den Sieg fast schon in der Tasche hatte, im letzten Augenblick aber noch einmal der Gerissenheit des alten Geiserich erlag, der auch alle durch Ostrom gemachten Eroberungen wieder kassierte.[27]

Kaiser Anthemius (467–472) war religiös indifferent, wenn nicht gar insgeheim christenfeindlich. Er machte einen altgläubigen Philosophen zum Stadtpräfekten und brachte Papst Hilarus gegen sich auf. Seine Toleranz gegenüber Heiden und «Ketzern» weckte Mißtrauen, und schließlich wurde er das Opfer des im

Westen allmächtigen Kaisermachers Rikimer (S. 315), der sich in seiner Machtposition bedroht glaubte. Rikimer erhob 472 den Senator Flavius Anicius Olybrius (den Mann der Placidia, der Tochter Valentinians III.) zum Augustus und eroberte nach fünfmonatigem Bürgerkrieg Rom. Ein Haufen lauter christlicher Germanen arianischen Glaubens wälzte sich am 11. Juli raubend und mordend durch die von Hunger und Pest geplagte Stadt. Nach einem alten Bericht, doch die Quellen sind wieder nicht einheitlich, hat man bloß das vatikanische Gebiet, bereits voller Klöster und Kirchen, sowie St. Peter geschont, Anthemius jedenfalls bei einem Straßenkampf in der Kirche des hl. Chrysogonus in Stücke gehauen. Aber schon im nächsten Monat, Mitte August, starb Rikimer selber (und wurde in der von ihm gebauten oder erneuerten Kirche S. Agata in Subura begraben). Nur wenige Wochen darauf folgte ihm Olybrius nach, beide Opfer der Pest.[28]

Da auch Kaiser Leo Anfang 474 in Konstantinopel starb, war eine weitere Einmischung im Westen, wo es zuvor zu einem neuen Bruch mit Geiserich gekommen war, nicht möglich. Im Osten jedoch erschütterte der religiöse Krawall derart das Reich, daß die beiden folgenden Regenten den Monophysiten mehr oder weniger entgegenkamen – unter bühnenreifen politischen Grotesken.

Leo I. hatte 473 seinen Enkel, den Sohn Zenons, zum Mitherrscher und Nachfolger eingesetzt. Nach Leos Tod am 18. Januar 474 ließ sich im Februar Zenon (eigentlich: Tarasis Kodissa, 474–475 und 476–491), ein dem Volk verhaßter isaurischer Räuberhäuptling, zum Augustus und Mitregenten erheben und als erster Kaiser vom Patriarchen krönen. Sein kleiner Sohn Leo II. aber erlebte das Jahresende nicht mehr. Nun suchte die Kaiserinwitwe Verina ihrem Liebhaber den Purpur zu beschaffen und gaukelte deshalb Zenon eine Palastrevolution vor. Hals über Kopf, doch mit dem Staatsschatz, entwich der Kaiser im Januar 475 in seine Räuberheimat, während das hauptstädtische Christenvolk die Isaurier metzelte. Den Thron indes bestieg – für achtzehn Monate – nicht Verinas Geliebter, sondern, wider jede Regie, ihr Bruder Basiliskos (475–476), der klägliche Verlierer des Wandalenkrieges, vielleicht, wie man vermutet hat, germanischer

Herkunft. Er schickte gegen Zenon dessen Verwandten, einen anderen isaurischen Räuberhauptmann aus, den Illos, einen orthodoxen Christen, den er durch große Versprechungen bestochen. Doch statt Zenon zu beseitigen, ging Illos, schon früher für ihn tätig, wieder zu ihm über und arbeitete, neben dem Patriarchen Akakios, für Zenons Comeback. Noch Ende August 476 gewann dieser auch wieder die Macht, nicht durch Krieg – er war bereits im Begriff, vor Basiliskos Heerführer (dem erklärten Liebhaber der Kaiserin, einem stadtbekannten Galan) davonzulaufen –, sondern durch Geschenke und Versprechungen. Und er behielt diese Macht auch trotz seiner Unbeliebtheit beim Volk und in senatorischen Kreisen, trotz unentwegter Bürgerkriege, während er den Usurpator Basiliskos samt Frau und Sohn beseitigen ließ und seine mit ihm zurückgekehrten Landsleute es schlimmer trieben als vorher.[29]

Die politischen Wirren aber steigerten und komplizierten die religiösen noch.

Kaiser Basiliskos nämlich, der mit seiner Familie in einer trockenen Zisterne Kleinasiens den Hungertod starb, hatte nach der Rebellion gegen Zenon seine Herrschaft durch eine streng monophysitische Politik zu stützen gesucht. Unter dem Einfluß des nach sechzehnjährigem Exil wieder angetretenen alexandrinischen Patriarchen Timotheos Ailuros widerrief er einfach die Beschlüsse von Chalkedon sowie den Tomus des Leo und belegte sie mit dem Bann, da sie nur Unfrieden und Zerrissenheit gebracht. Allen, die das neue Dekret, das sogenannte (in zwei verschiedenen Fassungen erhaltene) Enkyklion, nicht unterzeichnen würden, drohte er die Anwendung der «Ketzer»-Gesetze Konstantins und Theodosius II. an – und mehr als ein halbes Tausend Bischöfe unterschrieben augenblicklich dies «ketzerische» Glaubensbekenntnis! Dabei war es das erste von einem Kaiser ohne Synode selbstherrlich erlassene «Glaubensdekret»! Dabei hatten die meisten dieser Bischöfe kurz zuvor unter Kaiser Leo I. sich zum Chalkedonense, also im entgegengesetzten Sinn, bekannt . . .[30]

Theologen sind nie verlegen; sie kennen keine Scham.

Timotheos Ailuros triumphierte, kam er doch nun, in Alexandrien nach langem Exil enthusiastisch empfangen, wieder zum Zug, wobei er freilich eine gemäßigte Richtung einschlug. Und in Antiochien, nach Alexandrien und Jerusalem ein neuer Unruheherd, gelangte Petrus Fullo (Petrus Gnapheus, «der Walker»), ein monophysitischer Mönch, auf den Bischofsthron; auch er übrigens zum zweitenmal. Hatte er ja dort schon einmal den katholischen Patriarchen Martyrios (459–471) verdrängt, Kaiser Leo ihn aber noch 471 abgesetzt, verhaftet, nach Ägypten deportiert und zuletzt in das superorthodoxe Akoimeten-Kloster bei Konstantinopel gesteckt. Doch gelang es Petrus Fullo, um nur kurz vorauszublicken, noch ein drittes Mal, von 485 bis 488, auf den begehrten Stuhl Antiochiens, eine Hochburg einst der Orthodoxie, zurückzukommen und jetzt sogar als Patriarch zu sterben – allerdings nicht ohne daß zuvor sein Verdränger, der von ihm selbst zum Bischof ernannte Johannes von Apamea gleichfalls rasch wieder beseitigt, dann dessen Nachfolger, der Chalkedonenser Stephanos II. (477–479), bei einem Straßenkampf gefallen, darauf dessen Nachfolger Stephanos III. nach wenigen Jahren gestorben und endlich auch dessen Nachfolger Kalandion vertrieben worden war.[31]

«Die Alte Kirche ist in Mode gekommen», jubelt heute Frits van der Meer, «weil man sich erneut bewußt ist, daß Wasser in Quellnähe am lautersten quillt».[32]

Papst Simplicius hofiert Thronräuber Basiliskos und Kaiser Zenon

In Rom war auf Hilarus inzwischen Simplicius (468–483) gefolgt. Und der neue Papst, der die Orientpolitik wieder zur Hauptsache seines Amtes machte, umschmeichelte den Thronräuber nicht minder devot wie einen legalen Herrscher, das heißt er verhielt sich wie ungezählte andre Päpste in solchen Fällen auch.

«Schon wenn ich auf die Verehrung schaue, mit der ich stets zu den christlichen Kaisern untertänig aufblicke», begann er eine agitatorische Huldigung am 10. Januar 476, «hege ich den Wunsch, diesem mich verpflichtenden Gefühl in ununterbrochenem Briefverkehr mit Euch Ausdruck zu verleihen.» Simplicius sprach von seiner «untertänigsten», seiner «liebenden Verehrung zu Eurer Majestät», seiner Pflicht, «Euch, glorreicher und gnädigster Sohn und erhabener Kaiser, geziemend zu begrüßen». Dann aber geißelte er «die Räubereien der Irrlehrer» im Osten, besonders den «Bischofsmörder Timotheus», habe er doch «den Feuerbrand der früheren Raserei von neuem angeblasen», «einen Haufen verkommener Menschen zusammengetrommelt» – immerhin lauter Christen! – «und sich von neuem der Kirche von Alexandrien bemächtigt, die er früher mit bischöflichem Blut besudelt hatte, und wir hören, der Blutmensch habe auch den derzeitigen rechtmäßigen Bischof vertrieben . . .

Mein Geist, verehrungswürdiger Kaiser, erschauert, wenn ich alles überdenke, was dieser ‹Gladiator› an Verbrechen begangen hat. Noch mehr aber, ich gestehe es offen, hat es mich entsetzt, daß dies alles sozusagen unter den Augen Eurer Majestät geschehen konnte. Wer kennt denn nicht oder wer bezweifelt» – und nun streicht er dem Thronräuber wieder gar beflissen um den Bart – «den aufrichtig frommen Sinn Eurer Majestät und Eure Hingabe an das Recht des wahren Glaubens? Hat es doch die himmlische Fügung der Vorsehung so gelenkt, daß Ihr zum Heil des Staates am Tugendbeispiel der beiden Kaiser Marcian und Leo groß geworden seid, daß Ihr von ihnen angeleitet wurdet zum innigen Mitfühlen mit der katholischen Wahrheit, so daß es niemand zu bezweifeln wagt, daß Ihr denen in der Glaubenstreue nachfolgt, deren Nachfolger in der Kaiserwürde Ihr seid». Und nachdem er Basiliskos selbstverständlich noch darlegt, daß «unter allen Reichsgeschäften der fromme Herrscher vor allem das, was seine Herrschaft schirmt, besorgen» müsse, daß also «allen anderen Dingen die rechte Erfüllung der Pflichten gegen den Himmel voranzustellen» sei, «ohne den nichts rechten Bestand haben kann», beschwor er ihn «eindringlich mit der Stimme des seligen Apostels Petrus (beati Petri apostoli voce), von welcher Art auch immer ich als Minister meines Stuhles sein mag: Laßt die Feinde des alten Glaubens nicht ungestraft ihr Handwerk treiben, wenn Ihr wollt, daß Euch Eure eigenen Feinde unterworfen bleiben ... Duldet nicht, daß der Glaube, unsere einzige Hoffnung des Heils ... auch nur irgendwie verletzt werde, wenn Ihr wollt, daß Gott Euch und Eurem Staat gnädig sei».[33]

Der Herrscher hatte also wieder einmal den wahren katholischen Glauben zu schützen und Ailuros zu entfernen, der nicht nur ein Mörder sei, sondern tiefer stehe als Kain, ein «Antichristus» und «divini culminis usurpator», während der kaiserliche Usurpator vom Papst auch als «christianissimus princeps» gefeiert werden kann. Wirklich wurde das Enkyklion, das den Monophysitismus zum Reichsbekenntnis gemacht, aber sofort den entschiedenen Widerstand des mit Zenon konspirierenden Patriarchen von Konstantinopel, Akakios (472–489), hervorrief, eines überragenden, zunehmend zum Mittelpunkt römischer Angriffe werdenden Politikers, wieder durch ein Antienkyklion formell zurückgenommen. Dabei hatte Akakios, der sich wohl als erster Bischof der Hauptstadt mit dem Titel «ökumenischer Patriarch» (universalis patriarcha) anreden ließ, auch das referre ad sedem apostolicam kühl ignorierte, sicher mehr als die Wahrung des «rechten» Glaubens im Sinn, nämlich die Aufrechterhaltung seines Patriarchatsanspruchs, die Hoheitsrechte seines Thronos, die Geltung des Kanons 28. Deshalb ließ er sogar den von den Massen frenetisch verehrten Styliten Daniel in Anaplous bei Konstantinopel von seiner Säule herunterbitten und mit einer Riesenmenge gegen den in seinen Palast vor der Stadt entweichenden Basiliskos schicken – eine raffiniert arrangierte Demonstration, für den Patriarchen ebenso erfolgreich wie für den Kaiser peinlich. «Der Feind der heiligen Kirche war auf die Knie gezwungen», frohlockte die Vita S. Danielis Stylitae. Mehr freilich mochte Basiliskos den Zenon fürchten, der bereits, militärisch überlegen, in den Bergen Isauriens zum Gegenschlag ausholte. So widerrief Basiliskos nach wenigen Monaten (in gewiß gewundener, sein Widerstreben verratender Form) das «Glaubensdekret» und bekannte, in einem neuen Erlaß, kurzerhand das Gegenteil:

«daß der apostolische und orthodoxe Glaube ... allein unverletzt und unerschüttert in Geltung bleibe und in allen katholischen und apostolischen Kirchen der Rechtgläubigen für immer herrsche ...» Doch der Thronräuber wurde, wie unbeliebt Zenon beim Volk auch war, Ende August 476 hinweggefegt. Es galt mehr als Strafe des Himmels denn als Erfolg des zurückkehrenden Kaisers, bei dem bald Scharen von Prälaten zusammenströmten, um ihm zu huldigen. «Welche Wendung durch die Hand des Höchsten», jubelte jetzt auch sofort Papst Simplicius und verlangte immer wieder Absetzung und Verbannung seiner Gegner im Osten, des Paul von Ephesus, Petrus Fullo, des Timotheos Ailuros und vieler anderer, verlangte, daß er nun mit Gottes Hilfe die «Tyrannen der Kirche» vertreibe, verlangte «ein Exil ohne Wiederkehr» (ad inremeabile ... exilium). Sogleich stellte sich der Papst jetzt ganz auf die neue Lage ein. Er tat so – ein plumper, durch die Jahrhunderte bis in die Nach-Nazizeit fortdauernder Pfaffenbluff –, als habe er niemals mit dem vertriebenen Basiliskos kontaktiert (erst sein «glorreicher und gnädigster Sohn und erhabener Kaiser», der «christianissimus princeps», dann der «Tyrann»; für Nachfolger Felix III.: der «häretische Tyrann»!). Tat so, als habe er um dessen Gunst nicht ebenso gebuhlt wie jetzt um die Zenons. Als habe er Basiliskos nicht genauso an seine großen Vorbilder Marcian und Leo I. erinnert, wie er jetzt Zenon an sie erinnerte! Die päpstliche Epistel «trieft gleichsam von salbungsvoller Unterwürfigkeit, von devoter Schmeichelei und überschwenglichem Lob für den Kaiser» (Ullmann).

Zenon hatte den Römer zunächst durch ein orthodoxes Glaubensbekenntnis ungemein erfreut, auch auf sein Drängen die Verbannung des Timotheos Ailuros verfügt, die freilich dessen Tod am 31. Juli 477, gerade als er abgeführt werden sollte, verhinderte; es hieß, er habe sich vergiftet. Sein monophysitischer Archidiakon und Nachfolger Petros III. Mongos vermochte sich nur 36 Tage auf dem Patriarchenstuhl zu halten. Dann eroberte diesen eine Mönchsopposition dem Katholiken Salophakiolos zurück, wobei es zu blutigen Kämpfen in der Stadt gekommen und Petros Mongos zur Deportation verurteilt worden, aber, unaufgreifbar, untergetaucht war. Alexandrien hatte nun zwei Patriarchen: einen, den man sah, aber nicht achtete; und einen, den man achtete, aber nicht sah.

Zenon indes, der mit Hilfe der Orthodoxie und des Akakios in Konstantinopel die Macht wiedergewonnen hatte, lag begreiflicherweise mehr an seiner Residenzstadt als an Rom oder gar an dessen servilem Bischof und dekretierte bald deutlich genug: «die Kirche von Konstantinopel ist die Mutter unserer eigenen Frömmigkeit und aller rechtgläubigen Christen, und dieser heiligste Stuhl unserer Stadt soll rechtgültig für alle Zeiten alle Privilegien und Ehren hinsichtlich der Weiherechte der Bischöfe und den Vorrang vor allen anderen haben, wie sie vor unserem Herrschaftsantritt anerkannt waren». Zugleich suchte Zenon zwischen den beiden streitenden kirchlichen Parteien zu vermitteln, indem er 482 in Briefform an die Christen Alexandriens, Ägyptens, Libyens und der Pentapolis ein Unionsdekret, ein förmliches Glaubensedikt erließ.[34]

Das Henotikon – ein religiöser Einigungsversuch, durch Rom bekämpft, spaltet Reich und Christenheit noch tiefer

Das Henotikon (die «Vereinigungs»-Formel: eine der Vulgärsprache entstammende Bezeichnung, die das vornehme Papsttum auch später nie beim Namen nannte) war das an sich meisterhafte Werk des Patriarchen Akakios und seines Freundes Petros Mongos, ein typischer Ausdruck des Reichskirchengedankens, der Versuch eines Ausgleichs zwischen Katholiken und Monophysiten, der sie freilich bald noch tiefer spaltete. Das Henotikon wollte im Interesse der Reichseinheit, als deren Voraussetzung die Einheit des Glaubens galt, Monophysiten und Diophysiten versöhnen, vor allem aber Ägypten und Syrien religionspolitisch befrieden, den Staat insgesamt festigen, um so nötiger als den Kaiser Ostgoten und rebellierende Generale wie Illos gleichermaßen bedrängten.

Das Henotikon war formell nicht häretisch. Es legte die Bekenntnisse der Konzilien von Nicaea (325) und Konstantinopel (381) zugrunde. Es behielt die Einheit Jesu und seine Wesensgleichheit mit dem «Vater» ebenso bei wie das Schlagwort «Gottesmutter», Kyrills Christologie der «Zwölf Anathematismen», die Verdammung sowohl des «Ketzers» Eutyches wie die des «Ketzers» Nestorios – Zenon ließ die Schule der Nestorianer von Edessa 489 völlig zerstören. Dagegen überging das Henotikon manch Kontroverses. Es mied allerlei dogmatische Komplikationen, gewisse Formulierungen von Chalkedon, dessen Satzungen es ignorierte, besonders die prekären, ja, gefährlichen Begriffe «Person» und «Natur». Unter Außerachtlassung also des eigentlich strittigen Punktes (eine oder zwei Naturen: von Christus hieß es nur, er sei «Eines, und nicht zwei») wollte Kaiser Zenon, durchaus ein frommer Christ, die Monophysiten für die Reichskirche gewinnen, den streitenden Klerus auf einer mittleren Linie einigen und so dem Imperium einen einheitlichen Kult und den Religionsfrieden sichern. «Wer immer anders denkt oder dachte, damals, jetzt oder jemals, sei es in Chalcedon oder sonstwo auf einer Synode, dem sagen wir Anathema!» Genauso radikal, ja, noch resoluter, hatte ein Jahrhundert früher ein anderer Kaiser, Theodosius I., am 28. Februar 380 den orthodoxen Glauben eingeschärft (I 419 f).[35]

Wie aber die blutigen Unterdrückungen, so brachte auch der friedliche Ausgleichsversuch keine Einigkeit. Befriedigte das Henotikon doch weder die Orthodoxen noch die Monophysiten. Die einzelnen Bischöfe handelten, wie es ihnen gutdünkte, schreibt Euagrios von Antiochien (beiläufig: jener unter allen antiken Kirchenhistorikern, der die höchsten staatlichen Titel hatte). Die christlichen Gegner hielten «keine Gemeinschaft mehr miteinander. Daher gab es viele Spaltungen in Ost und West und Afrika . . . Die Sache wurde noch absurder. Denn auch die orientalischen Bischöfe hielten unter sich keine Gemeinschaft». Bestanden doch selbst im Osten, wo das Henotikon von den monophysitischen Patriarchen Alexandriens, Petros Mongos, der «Stammler», Timotheos' bedeutendster Anhänger, und Antiochiens, Petrus Fullo, unterzeichnet worden war, auch von Martyrius von Jerusalem und anderen Prälaten, mindestens vier scharf rivalisierende christliche Hauptgruppen: eine für Chalkedon ohne Henotikon; eine für Chalkedon und Henotikon; eine gegen Chalkedon und für Henotikon; eine gegen Chalkedon und Henotikon. Ja, es gab immer neue Spaltungen, die Severianer, Julianisten, Agnoeten, Aktisteten, Ktistolaträ, Tritheiten, Damianisten, Kononiten, Niobiten et cetera, die alle mehr oder weniger oder ganz konträre Lehren über Christi Natur und die Auferstehung des menschlichen Leibes verbreiteten. Nicht einmal alle Monophysiten akzeptierten das Henotikon, wie die extremistische Richtung der Akephaloi.[36]

Gleichwohl hätte das Edictum Zenonis, wie es ursprünglich hieß, vermutlich doch den verbissenen Kirchenkampf im Osten allmählich befriedet, wäre er nicht von außen geschürt worden durch den Bischof von Rom. Das Henotikon, eine rein kaiserliche Glaubenserklärung, hatte ihn glatt übergangen, überhaupt nicht gefragt. Auch förderte gerade sein schärfster Rivale, Patriarch Akakios von Konstantinopel, der von Anfang an eine mittlere Linie, einen gewissen Ausgleich zwischen Chalkedonensern und Monophysiten suchte, die Vermittlungsbemühungen der Regierungen, ja, leitete sie. Zudem lehnte das Papsttum jede Art von Kompromißlösung in dogmatischen Dingen grundsätzlich ab und gab sich, wie immer, prinzipientreu. Und schließlich hielt Rom um so mehr an den Beschlüssen von Chalkedon fest, als dabei die römische Kirche eben selber hatte mitreden, zum erstenmal auf einer der großen Reichssynoden überhaupt hatte mitreden dürfen. «Alle Entscheidungen vorher waren ohne ihr Zutun gefällt worden einzig und allein von Bischöfen und Theologen der östlichen Kirche» (Dannenbauer).[37]

So griff, ganz anders als sein Vorgänger Hilarus, Papst Simplicius die Tradition von Leo I. – freilich viel ungeschickter – wieder auf. Nur keine Vermittlung, schon gar nicht, wenn sie auf Kosten seines universalen Anspruchs ging.

Unentwegt rief er den Orient zum «Ketzer»kampf, wobei er Akakios, einen eminent politischen, ihm weit überlegenen Kopf, so falsch einschätzte wie den Kaiser, auch seinerseits von beiden kaum sehr ernst genommen, häufig eher ignoriert worden ist. Immer wieder bedrängte er Akakios, beim Herrscher die Verbannung der «Häretiker» in ein unzugängliches Exil zu erwirken, sie durch eine besondere kaiserliche Verfügung aus dem menschlichen Verband ausschließen zu lassen, sie abzusondern wie bei einer ansteckenden Krankheit, was schon fast an Acht und Bann erinnert, ihnen keinerlei Genugtuungsmöglichkeiten zuzugestehn, auch den untergetauchten Petros Mongos, «den Gesellen und Fürsten der Häretiker», aus seinem Schlupfwinkel zu holen und in ein fernes Land zu stecken. Jedes Aufflackern der Irrlehre müsse unmöglich gemacht werden. Keinen Frieden dürfe es da geben. Unablässig solle der Patriarch den Monarchen, ob gelegen oder nicht, um den Einsatz der Staatsgewalt zum Schutz des Katholizismus bitten.[38]

Die kaiserliche «Ketzer»-Bestreitung schien Simplicius zu schwach. Es mißfiel ihm auch, daß Zenons Hofpatriarch den von Konstantinopel unabhängigen Patriarchen Antiochiens ordinierte, worin er einen unzulässigen Machtzuwachs des Akakios sah. Und als gar in Alexandrien der erst kürzlich ernannte Timotheos Salophakiolos im Februar 482 starb, die Katholiken den Mönch Johannes Talaja wählten, der Kaiser und Akakios aber statt des meineidigen Hochverräters den alten Freund von Timotheos Ailuros, den schismatischen Bischof Petros Mongos, inthronisierten, den aus der katholischen Kirche ausgeschlossenen «socius haereticorum», wie Papst Simplicius an Akakios, dem Verbreiter militanter «Ketzereien», wie er dem Kaiser schrieb (beide antworteten nicht: «nullum responsum», wie Nachfolger Felix maßvoll verwundert registriert), da brach der Streit mit Rom offen aus.[39]

Das Akakianische Schisma beginnt – und kirchlicher Hochverrat

Einig waren sich die Bischöfe des Ostens mit denen des Westens, besonders den römischen, in einem Interesse, das sie freilich gerade am meisten trennte, im machtpolitischen, das stets auch und vor allem ein personalpolitisches ist. Ganz richtig konstatiert das katholische «Handbuch der Kirchengeschichte», daß das inextrikable Durcheinander der östlichen Kirche «nicht mit Formeln zu lösen war, weil es nicht aus Formeln entstanden war, sondern daß es galt, mit den Persönlichkeiten fertig zu werden» (Beck). Das aber heißt: mit persönlichen, mit machtpolitischen Interessen, die sich eben längst und immer mehr mit denen der «großen» Politik verflochten, was die Gegensätze nur um so vertrackter machte.[40]

Kaiser Zenon hatte, als er noch orthodoxe Kirchenpolitik trieb, Petros Mongos abgesetzt, jedoch seine Verbannung, trotz mehrfacher Bemühungen des Papstes, nicht verfügt. Jetzt, wo es ihm um Vermittlung, Ausgleich, um Gewinnung auch seiner monophysitischen Untertanen ging, konnte er Petros wieder brauchen und setzte ihn nach dem Tod des Salophakiolos im Februar 482 wieder ein. Ja, gerade jene gemäßigte Einigungsformel, das Henotikon, womit der Kaiser den klerikalen Streit zu schlichten und die Einheit der orientalischen Kirche unter seiner Führung zu erreichen suchte, war ja von Petros Mongos (482 bis 490), einem forschen, zielstrebigen Kopf, gemeinsam mit dem Patriarchen Akakios erarbeitet worden.[41]

Der Kandidat des Papstes aber war Johannes I. Talaja gewesen. Dieser freilich hatte einst wegen seiner Verbindung mit dem Isaurier Illos dem Kaiser vor dem Patriarchen und dem Senat einen Eid leisten müssen, nie Bischof zu werden. Nach dem Tod des Timotheos Salophakiolos hatte sich jedoch Johannes Talaja sofort unter Eidbruch in Alexandrien als Nachfolger ordinieren lassen. Empört setzte Zenon ihn ab und Petros Mongos kam an seine Stelle. Und während Talajas Mönche den neuen Patriarchen, der Monophysit war, doch das Henotikon angenommen hatte, als «Ketzer» brandmarkten, wandte sich Talaja selbst an den seit langem am Hof einflußreichen kaiserlichen General Illos, als dieser gerade mit Aufstandsplänen gegen den Kaiser umging. Der Militär hatte schon mit dem katholischen Patriarchen Kalandion in Antiochien gegen Zenon sich verbunden und suchte auch Kontakt zu Odoaker, dem germanischen Herrscher in Italien, mit dem Papst Simplicius bereits Verhandlungen führte. Talaja floh also über Antiochien, wo Illos weilte, dem er bereits als Verwalter der alexandrinischen Kirche «reiche Geschenke gemacht» (Bacht SJ). Und von Illos flüchtete er 483 weiter zum Papst, an den er, beraten von Illos und dem Patriarchen Antiochiens, appelliert hatte. Kurz vor seiner Ankunft stirbt zwar nach langer Krankheit Papst Simplicius (10. März 483), aber sein Nachfolger, der offenbar unter Odoakers Druck gewählte Felix, greift nun den Kaiser heftig an. Und dies geschieht zur selben Zeit als in Asien Illos gegen ihn rebelliert, auf dessen Seite auch der Patriarch von Antiochien steht, der Verbündete des Johannes Talaja und des Papstes![42]

Papst Felix III. (483–492) – man nennt ihn den dritten, obwohl Felix II. Gegenpapst war – entstammt als erster Papst römischem Hochadel. Als erster Papst auch begann er sein Amt nach dem Zusammenbruch des Weströmischen Reiches, vielleicht als Kandidat Odoakers, jedenfalls sofort bereit, mit den neuen germanischen Herren zusammenzuarbeiten oder doch so zu tun. Vor seiner klerikalen Karriere verheiratet, hatte der hl. Felix eine Anzahl von Kindern, war auch selber Sohn eines Priesters und (vermutlich) der Urgroßvater von Papst Gregor I. («dem Großen»).[43]

Nach der Intervention des Johannes Talaja protestierte der neue römische Kirchenfürst. Er trat in allem entschieden kraftvoller auf als sein etwas schwächlich serviler Vorgänger. In kurialen Geschäften zwar unbewandert, hatte er doch eine gutfunktionierende Kanzlei, an deren Spitze Gelasius stand, der spätere Papst. Noch 483 schickte Felix eine Gesandtschaft, die Bischöfe Vitalis von Troento und Misenus von Cumae, nach Byzanz und stellte Kaiser Zenon, ohne das Henotikon direkt anzugreifen, das Konzil von Chalkedon heftig als die «rechte Mittelstraße» dar, während Zenon freilich den rechten Mittelweg im Henotikon sah. Vergeblich auch forderte Felix in einem weiteren Schreiben – eine raffinierte Mixtur aus Hochmut, kaum kaschierter Bissigkeit und passenden Bibelsprüchen – Akakios auf, sich in Rom «vor dem hl. Petrus» und seiner Synode «eiligst zu verantworten». Akakios, der energisch seine Machtposition erweiterte, dachte nicht daran. Er stand reichskirchenrechtlich dem Römer an Rang etwa gleich, fühlte sich ihm aber als «Papst» des Ostens nicht etwa gleichgestellt, sondern beträchtlich überlegen. In der Tat waren die römischen Bischöfe, trotz immer tollerer Polemik, Prinzipienkämpfe, Prätentionen rechtlich, faktisch, in gewisser Hinsicht sogar geistig, ziemlich machtlos, fast eine Quantité négligeable, jedenfalls gegenüber den Herren Konstantinopels. So ließ Akakios die Legaten des Römers, die Bischöfe Vitalis und Misenus, sobald sie bei Abydos an Land gingen, einsperren und bestechen, worauf sie schmählich umfielen und in Konstantinopel sogar einer vom Patriarchen zelebrierten Messe beiwohnten. Der Papst aber ließ Akakios, «der mich in den Meinigen eingekerkert hat», am 28. Juli 484 durch eine römische Synode absetzen, exkommunizieren und unwiderruflich verfluchen, ebenso jeden Bischof, Kleriker, Mönch oder Laien, der mit ihm verkehre – das erste große Schisma zwischen Ost und West. «Gott» habe Akakios, erklärte Felix in seiner feierlichen Bannsentenz, «durch einen vom Himmel ergangenen Spruch vom Bischofsamt vertrieben». «Wisse, daß Du von der bischöflichen Würde wie von der katholischen Gemeinschaft und der Zahl der Gläubigen ausgeschlossen bist, durch das Gericht des heiligen Geistes und unsere apostolische Autorität verurteilt und niemals wieder von den Banden des Anathems zu lösen».

Das Absetzungsurteil der römischen Synode, vom Papst und 77 beisitzenden Bischöfen unterschrieben, brachte der Defensor Tutus nach Konstantinopel. (Laut einer fragwürdigen Version sollen Mönche der Opposition, des romtreuen Akoimeten-Klosters, Akakios während des Sonntagsgottesdienstes die Bannbulle ans erzbischöfliche Pallium geheftet haben, worauf seine Umgebung sie teils erschlagen, teils eingekerkert hat.) Der Defensor ecclesiae Tutus aber wurde ebenso unter Druck gesetzt und bestochen und vom Papst gefeuert wie die Legaten Vitalis und Misenus. In feierlicher Messe hatten sie mit Akakios kommuniziert und auch den monophysitischen Patriarchen von Alexandrien, Petros Mongos, anerkannt. Erst elf Jahre später nahm Papst Gelasius I. den Misenus wieder auf, da man nicht riskieren dürfe, den Reuigen durch Alter oder Krankheit ohne Frieden mit der Kirche sterben zu lassen. Der andre Legat, Vitalis, freilich war bereits gestorben ...[44]

Dem Kaiser schrieb damals der hl. Felix III., schon eingangs gar sehr für das «Seelenheil» des Herrschers fürchtend und zum Schluß wieder «Gottes Richterstuhl» beschwörend, in einem bisher unerhörten, ebenso gedrängt scharfen wie schneidend kalten, ganz offensichtlich auf den Kanzlisten Gelasius zurückgehenden Ton, daß der Kaiser in Gottes Angelegenheiten seinen Willen den Bischöfen Christi unterzuordnen (subdere), daß er von ihnen zu lernen, nicht sie zu lehren, daß er nicht den Herrn zu spielen, sondern der Kirche zu folgen habe, da doch Gott wollte, «daß Eure Majestät dieser Kirche in frommer Hingebung den Nacken beuge» – der papale Herrschaftsanspruch schon kommender Jahrhunderte, ein Satz, der in vielen kirchlichen Rechtssammlungen wiederkehrt. Weder der Regent, dem die Loyalität Ägyptens und Syriens wichtiger war als der Beifall Roms, noch Patriarch Akakios, der den Namen des Papstes – der ihn «Schlange», «Eiterbeule», «Krebskranker» nannte – gelassen aus den Diptychen strich, was seinen Ausschluß aus der Kirche symbolisierte, kümmerten sich freilich im geringsten um die Meinung des Felix, weshalb die römische Synode vom 5. Oktober 485 klagte, daß «unsere Perlen vor die Säue und Hunde geworfen werden ... Der Satan ist überwältigt und doch wirkt er weiter». Alle drei Patriarchen hatte der Papst nun abgesetzt und exkommuniziert, wobei er sich auf ein in Italien angeblich schon längst praktiziertes Gewohnheitsrecht berief. Ein 35jähriges Schisma (484–519) zwischen Rom und Konstantinopel war die Folge.[45]

Man muß diese kaum glaublich hochfahrende Stelle im Zusammenhang lesen, um zu ermessen, was sich die allmählich immer mehr heraufschwindelnde römische Priesterschaft gegenüber einem Kaiser bereits erlaubte, wenn er nicht wollte, wie sie wollte. «Dies eine steht fest», schrieb Felix (Gelasius): «Es ist auch für Euren eigenen Rechtsbereich höchst heilsam, wenn Ihr Euch bemüht, in allen Fragen, die Gott betreffen, Euren kaiserlichen Willen, wie es Gottes Gesetz verlangt, unter die Bischöfe Christi zu beugen (subdere) und nicht über sie hinauszurecken (praeferre). Die heiligen Mysterien habt Ihr nicht zu lehren, sondern von ihren Verwaltern zu lernen. Dem festgefügten Anspruch der Kirche habt Ihr zu folgen, nicht aber der Kirche rein menschliche Rechtsnormen vorzuschreiben. Ihr dürft nicht herrisch verfügen wollen (dominari) über die heiligen Einrichtungen der Kirche, denn Gott selbst hat es gewollt, daß Eure Majestät dieser Kirche in frommer Hingebung den Nacken beuge.»[46]

Rom hat nie die Rechtgläubigkeit des Henotikons bestritten.

Bezeichnenderweise fehlt in der päpstlichen Epistel an den Kaiser auch jede Erörterung des monophysitischen oder diophysitischen Zwists. Denn es ging auch hier wieder im Grunde nicht um den Glauben, sondern um das Prestige, die Macht. Ohne diesen Wettstreit «zwischen den beiden Päpsten von Alt- und Neu-Rom wäre der 35jährige Zwist zwischen den Kirchen des Ostens und Westens, der mit Felix III. seinen Anfang nahm, wahrscheinlich überhaupt nicht ausgebrochen» (Haller). Es ging um den Führungsanspruch Konstantinopels. Rom hat den Streit gewollt, mit Absicht herbeigeführt, auf Biegen und Brechen. Es trat gegen den Kaiser und den Patriarchen anmaßend auf wie nie zuvor. Diesen Mut leistete es sich freilich nur im Schutze zweier germanischer «Ketzer», erst Odoakers, dann Theoderichs. Alle Verständigungsversuche des Kaisers wies Rom zurück, ja, verband sich sogar mit Truppen, die gegen ihn rebellierten![47]

Es geschah dies durch jenen Illos, der einst unter dem Thronräuber Basiliskos auszog, um den entthronten Zenon zu vernichten, ihn aber wieder mit auf den Thron gebracht hat (S. 300). Illos, wie Zenon Isaurier und von ihm zum General befördert, wurde freilich als Berater an der Seite der zurückgekehrten Majestät infolge dreier Mordanschläge (477, 478 und 481) – beim dritten Attentat verlor er ein Ohr, konnte aber wieder entkommen – seines Lebens nicht froh, auch wenn Zenon jegliche Beteiligung abgestritten, ja, jedesmal dem immer noch Lebenden sein lebhaftes Mitgefühl ausgedrückt hat. Sie wagten lange nicht den offenen Kampf und benahmen sich, als wären sie «noch Brigantenchefs in ihren heimatlichen Bergen» (Schwartz). Illos wurde der Dienst an Zenons Seite zu heiß. Er ließ sich ein Kommando in Syrien geben und durch die Kaiserinwitwe Verina 484 den General Leontius zum Gegenkaiser erheben.[48]

Mit Illos im Bunde aber war auch die chalkedonische Opposition. Zunächst der Gegenbischof Johannes Talaja in Alexandrien, den Kaiser Zenon als einen meineidigen Hochverräter (periurii reum) und jeder Schandtat schuldig erklärte. Talaja hatte enge Beziehungen zu Illos und später zu dem mitverschworenen Exarchen von Ägypten angeknüpft und war schließlich, wie einst Athanasius, nach Rom geflohen, wo er gegen den Kaiser konspirierte und der Papst den Bruch mit Konstantinopel betrieb. Kurz danach verband sich auch der streng katholische Kalandion, Bischof von Antiochien, wo Gegenkaiser Leontius residierte, mit Illos, wurde indes nach Besiegung des Leontius, dessen Herrlichkeit nur zwei Monate dauerte, als Hochverräter verbannt. Illos hatte auch den germanischen Thronräuber in Italien, König Odoaker, allerdings vergeblich, in die Verschwörung einzubeziehen gesucht, war aber, samt seinem Gegenkaiser, besiegt, an Zenon ausgeliefert und 488 hingerichtet worden. Doch bald erklärte auch Odoaker sich vom Kaiser unabhängig und verband sich mit den Wandalen in Afrika.[49]

Das Papsttum nun unternimmt allmählich eine opportunistische Schwenkung welthistorischen Ausmaßes nach der andern. Und während seine Opfer auf der Strecke bleiben, wird es selber immer größer, stärker. Erst wendet es sich mit den Goten gegen Ostrom. Dann vernichtet es mit Ostrom die Goten, die Wandalen. Danach steht es an der Seite der Langobarden erneut gegen Ostrom. Und schließlich bekämpft es, nach erlangter «Freiheit», mit den Franken die Langobarden, seine Befreier. – Nur den ersten und zweiten Akt dieses schamlosen Schauspiels können wir in diesem Band noch verfolgen.

Im Westen, wo völlig zerrüttete, chaotische, doch für die Päpste sehr nützliche Zustände herrschten, löste nach Valentinian III. ein Schattenkaiser den andern ab, insgesamt neun in zwei Jahrzehnten. Vermutlich sechs davon wurden ermordet, darunter, nach kaum vierjähriger Herrschaft, im August 461 Majorian an der Ira und, am 11. Juli 472, Anthemius in Rom (S. 298 f). Henkerbeil und Gift wüteten. Das Heft hielt Heermeister und «Kaisermacher» Rikimer in der Hand, der, mächtiger noch als Stilicho und selbst Aëtius, die germanische Königsherrschaft in Italien vorbereitet hat, als arianischer Sprößling eines Suebenfürsten und einer Tochter des Westgotenkönigs Wallia aber noch nicht hoffen konnte, selber zu regieren. Nachdem die letzte der weströmischen Schattengestalten, der Kinderkaiser Romulus Augustus, ein vierzehnjähriger Knabe, 476 durch den Skiren Odoaker – dessen Vater Edeco eine hervorragende Stellung im Heer Attilas hatte – entthront und mit einer Rente abgefunden worden war, gebot Odoaker als erster germanischer König Italiens (476–493) über das ganze Land; inwieweit von Ostrom anerkannt, ist umstritten. Den Vater von Kaiserlein Romulus, Orestes, einst Sekretär Attilas, sowie den Bruder des Orestes, Paulus, tötete Odoaker am 28. August und am 4. September. Der 475 geflohene Kaiser Julius Nepos protestierte noch vier Jahre in Dalmatien, bis er im Mai 480 in seinem Landhaus bei Salona ermordet worden ist. Das Weströmische Reich war zu Ende, untergegangen, so Edward Gibbon in seinem Monumentalwerk «Decline and Fall of the Roman Empire», durch den «Triumph der Religion und der Barbarei».[50]

Theoderich erobert Italien oder «Wo ist Gott?»

Der Rechtsnachfolger aber des Imperiums wurde Ostrom. Der latente Konflikt zwischen dem westlichen und östlichen Reichsteil hatte sich im Lauf der Zeit ständig verschärft, die alte päpstliche Taktik, den westlichen Regenten gegen den östlichen auszuspielen, seit dem Tod Valentinians III. versagt. Auch setzte sich Ostrom gegen die Germanen innen- und außenpolitisch durch. Wie es überhaupt Kaiser Zenon gelang, seinen immer von neuem gefährdeten Thron durch das «voraussetzungsloseste diplomatische Fechterspiel aller Zeiten» (Rubin) zu halten, nicht zuletzt auch, indem er die das Oströmische Reich bedrohenden Ostgoten nach Italien abzulenken verstand.[51]

Die Ostgoten, 375 von den anstürmenden Hunnen unterworfen (vgl. I 405 ff), waren zu Beginn des 5. Jahrhunderts in das ungarische Donaubecken gekommen und – nach Attilas Tod (453) und dem rapiden Verfall seines unschlagbar scheinenden Riesenreichs – unter römische Oberhoheit. Sie siedelten nun in Pannonien, in der Gegend des Plattensees. Hier wurde um die Mitte des 5. Jahrhunderts Theoderich (der Dietrich von Bern der Sage) als Sohn König Thiudimers aus dem Haus der Amaler geboren und wahrscheinlich schon als Kind arianisch getauft. Doch schweigen die Quellen über seine Herkunft und Jugend fast völlig, ebenso über die ersten Regierungsjahre. Siebenjährig kam Theoderich als Geisel nach Konstantinopel, wo er elf Jahre blieb, offenbar in der näheren Umgebung des Kaisers Leo. Dort hatte er Latein und Griechisch getrieben, die antike Kultur schätzen-, auch die politischen wie militärischen Verhältnisse kennengelernt und eine kaiserliche Prinzessin geheiratet.

Theoderichs gefährlichster ostgotischer Rivale war Theoderich Strabo. Jahrelang spielte Zenon die beiden entfernt miteinander verwandten Fürsten gegeneinander aus, die sich aber mehrmals auch gegen den Kaiser verbanden. Beim Putsch des Basiliskos 475 ergriff Theoderich, der Amaler, für Zenon Partei, während sich Theoderich Strabo, der ältere der beiden, dem Usurpator anschloß, 476 aller Ehren entkleidet, dann aber in alle

Ämter und Würden wieder eingesetzt worden ist. Doch 481 erlag er einer Wunde, die er sich selber versehentlich beigebracht. Die beiden Brüder Strabos, die jetzt gemeinsam mit seinem Sohn Rekitach die Führung übernahmen, wurden bald darauf ermordet. Und 484 hat Theoderich einen Vetter, mit Wissen Zenons, in Konstantinopel eigenhändig niedergestoßen.[52]

Da es, trotz hoher Ehrungen des Amalers – Patrizius (476), Freund des Kaisers, Konsul (484) –, immer wieder Reibereien zwischen ihm und dem Regenten gab, auch verheerende Züge Theoderichs durch Thrakien, weil das verödete Land an der unteren Donau seine Leute nicht mehr ernährte, beauftragte ihn Zenon in aller Form mit einem Zug gegen Odoaker, den «Gewaltherrscher» (Prokop).[53]

Odoaker war Skire oder Rugier, jedenfalls Germane und arianischer Christ. Am 23. August 476 zum König erhoben, ohne je Purpurmantel oder Diadem zu tragen, beherrschte er Italien dreizehn Jahre von den Alpen bis zum Ätna; Geiserich hatte ihm 477 gegen einen Tribut Sizilien abgetreten. Als später ein Einfall Odoakers auch ins Ostreich drohte, wo Theoderich Thrakien verheerte, Illos rebellierte, der Kaiser somit in Bedrängnis war, griff dieser zu dem alterprobten Mittel, Germanen durch Germanen auszuschalten, indem er die Rugier aufstachelte, Italien zu überfallen. Odoaker aber kam ihnen zuvor und vernichtete 487 und 488 ihr Land (im heutigen Niederösterreich am linken Donauufer) in zwei Feldzügen, vernichtete ihre Herrschaft und den größten Teil ihres Volkes – ein Krieg nicht nur zwischen zwei germanischen Stämmen, sondern, da auch die Rugier Arianer waren, zwischen zwei christlichen. Zenon aber versöhnte sich wieder mit Theoderich, warf 488 Illos nieder, ließ ihn enthaupten und schickte den Ostgotenkönig noch im selben Jahr gegen Odoaker, den er als Usurpator, als Tyrannen betrachtet und nur widerwillig als Statthalter geduldet hatte. Dem Theoderich stellte Zenon, ein «Meister in der Benutzung politischer Verhältnisse», wie Prokop festhält, in Aussicht, «nach Niederwerfung Odoakers für sich und seine Goten das ganze Abendland zu gewinnen; für ihn, der dem römischen Senate angehöre, sei es doch würdiger, einen Gewaltherrscher zu bezwingen und dann über Rom und Italien zu gebieten, als sich in den gefährlichen Kampf mit dem Kaiser einzulassen. Theoderich war über diesen Vorschlag sehr erfreut und schlug den Weg nach Italien ein, mit ihm das ganze Volk der Goten».[54]

Dies geschah im Herbst 488.

Theoderich brach von Moesien auf, mit seinen Kriegern, ihren Frauen, Kindern, doch keinesfalls mit dem ganzen Volk, das zum Teil im Balkan blieb. Dafür beteiligten sich Gruppen anderer Herkunft, vielleicht insgesamt 100 000, vielleicht 200 000 Menschen, wahrscheinlich aber viel weniger und in jedem Fall weniger als damals Rom Einwohner hatte. «Eine ganze Welt», schreibt ein Zeitgenosse, der Bischof Ennodius von Pavia, «kam herangezogen, Wagen dienten ihnen statt der Häuser, und in wandernde Zelte rafften sie alles zusammen, was sie erreichen konnten». Auch diese Goten freilich, es muß daran erinnert werden, waren Christen. Schon unterwegs vernichteten sie in Rumänien die ihnen stammesverwandten, doch feindlichen Gepiden, gleichfalls Christen, fast gänzlich, nachdem sich, in äußerst kritischer Situation, Theoderich selbst an die Spitze gestellt und, einer alten Quelle zufolge, gewütet hat «wie der Sturzbach in den Saatfeldern, wie der Löwe in der Herde». Dann gab es einen vierjährigen, erbitterten, Oberitalien, besonders Ligurien, fürchterlich verheerenden und an Wechselfällen reichen Krieg, Abfall und Verrat auf beiden Seiten.

Theoderich schlug zunächst Odoaker mit einem großen, auch durch andere Germanenhaufen verstärkten Heer im Sommer und Herbst 489 am Isonzo und bei Verona, wo die Etsch durch die Masse der Getöteten gestaut worden ist. Danach öffnete ihm Mailand die Tore, wahrscheinlich unter dem Einfluß des dortigen Bischofs Laurentius, der seit Kriegsbeginn zu dem überlegenen Theoderich gehalten hatte (und unter ihm wohl der mächtigste Prälat Italiens wurde. Auch der Bischof von Ticinum-Pavia, Epiphanius, suchte den Amaler in Mailand auf). Am 11. August 490 kam es dann an der Adda zu einer schweren Schlacht, wobei Theoderich, von einem Westgotenheer König Alarichs II. unterstützt, trotz starker Verluste ein drittes Mal Sieger blieb. Wie schon früher zog sich der verzweifelte Odoaker nach Ravenna, seinem letzten Stützpunkt, zurück. Die Goten schlossen ihn ein und belagerten zweieinhalb Jahre die durch Lagunen, Sümpfe, Erdwälle kaum zugängliche Stadt, eine der stärksten, fast uneinnehmbaren Festungen damaliger Zeit – die «Rabenschlacht» der Sage. Weder konnten die Angreifer vordringen noch die Verteidiger durch Ausfälle sich Luft verschaffen. Doch vermochte der Aggressor seit dem Sommer 492, als er in Ariminum in den Besitz von Schiffen kam, Ravenna auch von der See her zu blockieren. Am 25. Februar 493 vermittelte der Erzbischof Johannes von Ravenna einen Vertrag, wonach beide Könige die Herrschaft über Italien teilen sollten. Am 26. Februar öffneten sich Theoderich die Tore von Classis. Am 5. März führte ihn Erzbischof Johannes in feierlicher Prozession mit Kreuzen, Rauchfahnen und psalmensingend nach Ravenna. Doch wenige Tage danach lud Theoderich den Odoaker zu sich in den Palast ad Lauretum, den Kaiserpalast, und erstach, da die beauftragten Mörder zögerten, unter Eidbruch eigenhändig seinen sechzigjährigen wehrlosen germanischen Partner – ein arianischer Christ den anderen arianischen Christen. «Wo ist Gott?» sagte Odoaker, als ihn der erste Schwerthieb in die Schlüsselbeingegend traf. Und Theoderich, als sein zweiter Hieb bis zur Hälfte Odoaker spaltete: «Dies Untier hat nicht einmal einen Knochen im Leib». Gleichzeitig rottete er Odoakers Familie aus. Odoakers Bruder erschoß er selber in einer Kirche mit dem Bogen. Seinen Sohn Thela ließ er erst verbannen, dann hinrichten, seine Frau Sunigilda zum Hungertod verurteilen. Überdies wurden auf Befehl des Amalers in allen Teilen des Landes Odoakers Truppen samt ihren Angehörigen restlos ermordet.[55]

Theoderich der Große!

Er war nun, unter der Oberherrschaft freilich des oströmischen Kaisers, alleiniger Herr Italiens. Und dieser blutrünstige Sieger, der erfolgreiche Schüler christlicher Schlachtkunst, der ein Gemetzel veranstaltet hatte, das lebhaft an das gräßliche Blutbad nach Konstantins Tod erinnert (I 306 ff), der als Herrscher auch

Floskeln wie «unsere fromme Gnade» (pietas), «unsere Vorsehung» (providentia) liebte, fühlte sich durchaus als König von Gottes Gnaden. Wie ja auch Konstantius II., der «erste Vertreter des Gottesgnadentums» (Seeck), trotz seines umfassenden Verwandtenmassakers sich als besonders gottgesandter Herrscher, als «Bischof der Bischöfe» fühlen und erklären konnte: «Immer wollen wir im Glauben uns rühmen ...» Theoderich, der germanische König von Gottes Gnaden, sagte jetzt: «unserer Macht unterliegt mit Gottes gnädigem Beistand alles, was wir wollen». Oder: «wir regieren mit Gottes Hilfe». Er ließ überall arianische Kirchen unterhalten, errichtete in Ravenna selber, gleich neben seiner Residenz, ein Gotteshaus dem hl. Martin, stellte auch die Basilica Herculis wieder her – und ist doch zumindest damals (und also überhaupt) «Räuber und Mörder» gewesen, und zwar einer «größten Stils» (de Ferdinandy).[56]

Die Goten seiner Zeit waren Föderierte, nicht römische Bürger. Soldaten aber konnten nur Goten sein. Den Römern blieb der Heeresdienst verwehrt; ausgenommen anscheinend einige kriegerische Stämme im Grenzgebiet. Doch wie die katholischen Romanen, so hielt auch die arianischen Goten ihr Christentum vom Krieg nicht ab. Im Gegenteil. Man soll die kirchlichen Vorschriften recht ernst genommen, Theoderich selber durch Gebet und Buße auf einen Waffengang sich vorbereitet haben. In seinem Mobilmachungsbefehl für den Feldzug in Gallien stand: «den Goten muß man Kämpfe mehr nur verkünden als ihnen dazu zureden, weil ein kriegerisches Geschlecht seine Freude (gaudium) daran hat sich zu bewähren». (Auch Gundobad, der fromme König der Burgunder, deren Fürsten dem Bischof von Rom sehr ergeben waren, hatte ja den Konflikt zwischen den sich zerfleischenden christlichen Germanen genützt, einen Raubzug nach Ligurien unternommen und viele Gefangene davongeschleppt.)[57]

Bald nach Theoderichs Sieg erklärte wohl ein großer Teil Mittel- und Süditaliens, zumal die Stadt Rom, die schon dem untergehenden Odoaker ihre Tore verschloß, aber auch Sizilien, sich für den König, dessen Ostgotenreich von Ungarn bis Südgallien und den ehemals römischen Provinzen nördlich der Alpen reichte, doch nur sechzig Jahre dauern und 553 durch die Schlacht am Vesuv endgültig vernichtet werden sollte (S. 437). Zum engeren gotischen Siedlungsgebiet gehörten Samnium, Picenum, Nordtuszien, die Aemilia, Venetien und vor allem das Land nördlich des Po. Verstreuter ließen sich die Goten in Dalmatien nieder, in Istrien, Savien, Pannonien. Außenpolitisch gewann Theoderich durch Bündnisse mit allen germanischen Staaten eine führende Stellung. Er heiratete die Schwester des Merowingers Chlodwig, gab seine Töchter den Königen der Westgoten und Wandalen, seine Nichte dem König der Thüringer zur Frau.[58]

Kollaboration mit der «ketzerischen» Besatzungsmacht

Als der Amaler in Italien einfiel, bestand seit dem Henotikon ein Schisma zwischen Ost und West, das heißt Feindschaft zwischen Konstantinopel und dem Papst. Das war durchaus im Sinn des Goten, dem natürlich mehr an seinem eignen Einfluß in Rom lag als an dem des östlichen Kaisers. Tatsächlich schob man auch in Konstantinopel selbst die Schwierigkeit, sich mit Theoderich zu arrangieren, auf die kirchliche Spaltung. Vielleicht weniger aus grundsätzlicher Toleranz als aus politischem Kalkül trieb der Amaler eine katholikenfreundliche Politik. Doch waren die arianischen Herrscher sowohl der West- wie besonders der Ostgoten im allgemeinen weitgehend duldsam, ohne jede Bekehrungswut. Die Romanen wurden nicht zur Konversion genötigt. Sie haben selbst die gotische Großmut gerühmt, die freilich nicht dem Arianismus entstammte, sondern germanisches Erbe war, wie das Sprichwort zeigt: es schadet nichts, geht man zwischen einem heidnischen Altar und einer Kirche hindurch und bezeugt beiden seine Verehrung. Der arianische Klerus, der bis zum Bischof hinauf nicht im Zölibat lebte, auch dem Mönchtum keine Heimstätte bot, suchte weder auf die eigene Regierung zu wirken noch missionierte er unter den katholischen Nachbarn. Niemand auch konnte dem König selber nachsagen, je einen Katholiken zum Arianer gemacht, nur einen Bischof verfolgt zu haben. Seine Mutter Hereleva wurde katholisch und auf den Namen Eusebia getauft. Papst Gelasius hatte Kontakt zu ihr, wollte aber seinerseits Bischöfe offenbar nicht ohne sein Plazet an den königlichen Hof reisen lassen. In Rom, wo Theoderich erstmals im Jahr 500 erschien, von Volk, Senat und, an der Spitze der Priester, dem Papst empfangen, ging er – dreihundert Jahre bereits vor Karl «dem Großen» – zuerst in die Basilika St. Peter, um am (angeblichen) Apostelgrab «mit großer Andacht und wie ein Katholik» zu beten und St. Peter zwei silberne siebzig Pfund schwere Kandelaber zu schenken. Auch den Juden gegenüber war er, wie offenbar schon Odoaker, duldsam. «Um der Zivilisation willen», sagte er, «sind auch denen die Wohltaten der Gerechtigkeit nicht vorzuenthalten, die noch im Glauben irren». Oder: «Wir können einen Glauben nicht anbefehlen, weil niemand gezwungen wird, wider seinen Willen zu glauben». Mehrmals verteidigte er die römischen Juden gegen den Klerus von Rom, wo 521 die jüdische Synagoge, dreihundert Jahre älter als St. Peter, als der Lateran, von Katholiken eingeäschert worden ist; anscheinend ein Racheakt für die Bestrafung einiger Christen, die ihre jüdischen Herren erschlugen. Doch hatten die Römer schon wiederholt die Synagoge verwüstet, sie zuletzt unter Theodosius niedergebrannt. Auch in Ravenna zündeten Christen eine Synagoge an. Und Katholiken waren es auch, die dort Theoderichs Leichnam dem Grab entrissen und geschändet haben. – Für praktizierende Heiden allerdings behielt der Gote, in Übernahme des Rechts der Kaiser Marcian und Valentinian, die Todesstrafe bei.[59]

Als König von Italien übte Theoderich auch die Kirchenhoheit aus, nicht nur das allgemeine Oberaufsichtsrecht, sondern die Zivil- und Kriminalgerichtsbarkeit. Auch die Päpste, die von seiner Herrschaft profitierten, ihren Einfluß noch vergrößern konnten, erkannten ihn als rechtmäßigen Regenten an. Zumindest sahen sie sich genötigt, «dem allmächtigen arianischen König gegenüber die Maske freundlicher Gesinnung zu tragen, aber vielleicht verstärkte dies nur den inneren Haß» (Davidsohn). Fanden sich ja gerade die italienischen Katholiken nie damit ab, daß die Goten «Ketzer» waren.

Immerhin begehrten die Päpste, die doch sonst den Arianismus bis zur Vernichtung bekämpft hatten, jetzt, da sie selber von Arianern beherrscht worden sind, nie wider den Arianismus auf. Auch der nach Leo I. bedeutendste Papst des Jahrhunderts, Gelasius, dachte nicht daran, gegen die «ketzerische» Besatzungsmacht zu predigen. Fast überall in Italien amtierten arianische Bischöfe neben katholischen. Wie in Ravenna, standen auch in Rom arianische Kirchen, und kein katholischer Glaubenskämpfer tastete sie an – während man die Synagoge niederbrennen konnte! Doch die Juden regierten nicht! Von ihnen hing man nicht ab! So angesehene katholische Bischöfe wie Epiphanius von Pavia oder Laurentius von Mailand kollaborierten besonders eng mit dem Amaler. Und Gelasius selbst pflegte eher devote briefliche Kontakte mit der «Großmächtigkeit» Theoderichs. Ja, er konnte bei einem (Finanzen betreffenden) Rechtshandel mit dem gotischen Grafen Teja, einem Mann, wie der Papst schrieb, doch «ohne Zweifel von der anderen Gemeinschaft», diesem mit seinem eigenen «Herrn König, meinem Sohn» drohen: «denn da er in seiner Weisheit den kirchlichen Dingen in nichts entgegen sein will, ist es recht, daß, wer unter seiner Herrschaft lebt, das Beispiel des großmächtigen Königes nachahmt, um nicht den Anschein zu erwecken, wider seinen Willen vorzugehen». Wie Gelasius ja auch, bei all seiner wilden Polemik gegen die oppositionelle Kirche des Ostens und Akakios, den Kaiser selber schonte, ihm sogar beteuerte, «auch» sein Vorgänger Felix III. habe den kaiserlichen Namen «nicht im mindesten angetastet». Und Gelasius rühmte selbst, «welch frommen Eifer die milde Majestät im privaten Leben an den Tag lege».[60]

Im Orient war inzwischen nicht nur Akakios im November 489 gestorben und sein Stuhl mit dem nach bloß viermonatiger Regierung bereits im folgenden März sterbenden Fravita besetzt worden, sondern im April 491 auch Zenon. Papst Felix, der im

Februar 492 verschied, hatte ihn zuletzt sozusagen kühl, ohne Entgegenkommen, umworben und als Opfer seines untauglichen Patriarchen hingestellt. Kaiserinwitwe Ariadne verband sich jetzt mit einem Hofbeamten reiferen Alters, der unter Zenon aufgestiegen und noch drei Jahre früher, nach Petrus Fullos Tod, Anwärter auf den Patriarchenstuhl Antiochiens war, nun aber Kaiser wurde: Anastasios I. (491–518).[61]

KAISER ANASTASIOS UND PAPST GELASIUS TRETEN IN DEN RING

Anastasios, bei seiner Wahl durch den Patriarchen von Konstantinopel, Euphemios (490–496), ausdrücklich zur Unterstützung der Orthodoxie, zum Bekenntnis von Chalkedon, verpflichtet, verteidigte bald Zenons Henotikon. Er begünstigte, persönlich durchaus fromm, was sogar der neue Papst Gelasius I. zugab, den ebenso hochgebildeten wie erfolgreichen späteren monophysitischen Patriarchen Severos (512–518) von Antiochien, einen «genialen Mann» (Bacht SJ), der von 508 bis 511 am kaiserlichen Hof gastierte. Ja, allmählich schlug sich der Imperator ganz auf die Seite der Monophysiten. Schon vor seiner Thronerhebung hatte er zuweilen für sie gepredigt und war ernstlich als Nachfolger des Petrus Fullo im Gespräch. Das Eintreten des Herrschers aber für die Monophysiten trieb die Katholiken, vor allem in Kleinasien und auf dem Balkan, zur Empörung, zumal Anastasios I. auch ein rigoroser Steuerpolitiker war. Seine entsprechenden Maßnahmen wurden jedoch sehr unterschiedlich beurteilt, besonders positiv von Prokop und dem gelehrten Johannes Lydos. Immerhin konnte der Monarch durch eine grundlegende Erneuerung des Steuersystems, durch eine sehr sparsame und noch verhältnismäßig humane Verwaltung, das Münzwesen festigen und die Staatsfinanzen sanieren. Er war sogar der einzige spätrömische Kaiser, der je eine Steuer, das die Städte belastende chrysargyron, eine Goldsteuer, abgeschafft hat, was den unteren Klassen zugute kam. Dabei hinterließ er bei seinem Tod keine Schulden, sondern dem Fiskus 320 000 Pfund Gold. Ergo, katholisch gesehen: «Golddurst und Ketzerei befleckten seine Regierung und seinen Namen» (Wetzer/Welte). Kaiser Anastasios errichtete auch keine Prunkbauten, wie so viele Päpste, dafür um so mehr Hafenanlagen, Wasserleitungen und dergleichen, wie er auch eine energische Vorsorge gegen Hungersnöte traf. Und schließlich geschahen unter ihm nie «so wüste Verfolgungen, wie sie Justin und Justinian gleich nach der Aufhebung des Henotikon in Szene setzten . . ., und wenn es ihm notwendig schien, Bischöfe zu entfernen, verlangte er strenge, daß kein Blut vergossen werden darf» (Schwartz). So war er selbst für einen theologischen Gegner «Anastasios, der gute Kaiser, der Freund der Mönche und der Schützer der Armen und Unglücklichen».[62]

Indes, nicht alle schützte er.

Zunächst «säuberte» Anastasios erst einmal den Hof von den isaurischen Landsleuten seines Vorgängers. Dessen gesamte Familie suchte das Weite. Isaurien selbst wurde mit einem jahrelangen Kleinkrieg überzogen, alle Gegner gefangen und getötet und ganze Volksteile nach Thrakien deportiert. Geradezu kennzeichnend für diese Regierung aber sind Abwehrkriege gegen die Perser, den alten «Erbfeind», und gegen die Bulgaren, Überreste der Hunnen, die durch andere asiatische Stämme verstärkt worden waren und nun für Jahrhunderte ein neuer «Erbfeind» wurden – wobei dieser Kaiser allerdings, im krassen Gegensatz zu seinen katholischen Nachfolgern, «Angriffskriege grundsätzlich vermied» (Rubin).[63]

Im übrigen machte Anastasios I. gemeinsame Sache mit den Monophysiten.

Hofpatriarch Euphemios (490–496), ein Syrer und rigoroser Chalkedonier, mißtraute dem künftigen Kaiser von Anfang an; er kannte seine Laienpredigten. So ließ er sich vor Anastasios' Krönung von diesem eidlich versichern, «daß er den Glauben unversehrt bewahren und keine Neuerung in die heilige Kirche Gottes hineintragen werde»; die schriftliche «Homologie» hinterlegte der Patriarch im Kirchenarchiv. Er hielt es offenbar mehr mit

Rom – wo Felix III. und Gelasius I. ihm jedoch nicht sehr entgegenkamen – als mit seinem eidbrüchigen christlichen Herrscher. Es gelang dem Hofbischof, mehreren Mordanschlägen zu entkommen, aber anscheinend gelangen ihm auch Kontakte mit den rebellierenden Isauriern, die Anastasios seit seinem Regierungsantritt bekriegte. 496 ließ er Euphemios wegen Hochverrat von einer Konstantinopeler Synode absetzen und exkommunizieren, worauf er nach Euchaïta in die Verbannung gejagt und sein Nachfolger Makedonios (496–511) auf das Henotikon vereidigt worden ist. Derart entfesselte der Monarch natürlich den verschärften Widerstand der Katholiken und geriet wiederholt in Gefahr, den Thron zu verlieren. Allerdings spielten dabei nicht nur religions-, sondern auch wirtschaftspolitische Gründe mit, die ja häufig zusammenhängen.[64]

In Rom war Papst Felix III. Ende Februar 492 gestorben. Schon am 1. März wurde Gelasius I. (492–496) sein Nachfolger. Als Kanzlist der Kurie hatte er Felix' Briefe verfaßt und bereits beträchtlichen Einfluß. Und obwohl er nur wenige Jahre regierte, drückte er ihnen, enorm streitbar, voller Schwung, dialektischer Schärfe und Intransigenz, unübersehbar, ja, gewaltig seinen Stempel auf. Gern ironisch sarkastisch, neigte er brieflich doch auch zur Weitschweifigkeit, zu Wortschwall, verwickelten Perioden, Bandwurmsätzen, zu häufig rein rhetorischen Stilmitteln, produzierte aber alles in allem eine geschickte Mixtur aus römischer Jurisprudenz und Bibelsprüchen, wobei er selten die Drohung mit dem göttlichen Gericht vergaß. Kurz, dieser Pontifex war diplomatisch und juristisch für seinen Posten prädestiniert, war nicht nur politisch hochbedeutend, sondern auch der erste wirklich gebildete Theologe unter den römischen Bischöfen seit einem Vierteljahrtausend, seit Novatian (S. 100 ff). Der «geborene Römer» (Romanus natus), wie er sich nannte, obwohl er offenbar aus Nordafrika stammte, scheute weder Spitzfindigkeit noch nackte Lüge, wie die Behauptung, Rom allein habe um der Wahrheit willen das Konzil von Chalkedon befohlen (vgl. S. 228 f). Oder: seit Christus habe sich kein christlicher Kaiser den Titel eines höchsten Priesters angemaßt. Er leitete auch aus der

Rangordnung der Patriarchen eine Richtergewalt ab und bestritt Konstantinopel alle von Reich und Kirche inzwischen akzeptierten Vorrechte. Ferner ergriff er gegen den in der Defensive befindlichen Odoaker die Partei des stärkeren Theoderich und nützte dann seine Stellung zwischen dem durch innenpolitische Querelen sowie durch Germanen- und Hunneneinfälle stark gehemmten Kaiser und dem hinter ihm selbst stehenden König, um seine Machtansprüche in eine Höhe zu treiben, die man erst nach mehr als dreihundert Jahren wieder erklomm.[65]

Natürlich wußten alle Päpste, was sie Gläubigen und Bibel schuldig waren. Und so versäumte auch Gelasius nicht zu beteuern, daß er selber seines Amtes völlig unwürdig, daß er «der Geringste aller Menschen» sei (sum omnium hominum minimus). Andererseits freilich war ihm, bei aller Unwürdigkeit, allein «die Sorge» für die ganze Christenheit aufgeladen. Und diese Sorge betraf, nach Gelasius, alles, was die Gläubigen betraf, ihr gesamtes öffentliches und privates Leben auf der ganzen Welt.[66]

Gelasius zitiert oft das angebliche Jesuswort bei Matthäus (16,18 f). Er insistiert oft auf der Petrinität des römischen Stuhls; denn der Stuhl des seligen Petrus bestätigt die anderen Stühle erst, festigt sie. Und auf der Synode im März 495, die den Legaten Misenus wieder aufnahm (S. 311 f), ließ er sich von der Versammlung – 45 Bischöfe, 58 Presbyter, dazu einige Diakone und Adelsvertreter –, wie unwürdig auch immer, bescheiden feiern. Nicht weniger als elfmal akklamierten die Synodalen: «In dir sehen wir den Vikar Christi», «In dir sehen wir den Apostel Petrus»; wobei man zum erstenmal im Papst einen Vikar Christi erblickte und ihn als solchen öffentlich deklarierte.[67]

Gelasius, «der Geringste aller Menschen», kann sich nicht genugtun, die eigne Primitalgewalt, den eignen Rang, die eigne Macht in den Osten zu posaunen und sozusagen über die ganze Welt, in der er der erste ist. Denn das höchste und erste ist das Göttliche, ist Gott, der «summus et verus imperator». Was aber göttlich ist, entscheidet Rom, der «erste Stuhl des allerseligsten Petrus», der «engelhafte Stuhl». Er ist Behüter und Vollstrecker der Glaubenswahrheiten. Nur was er anerkennt, hat Gültigkeit.

Er bestätigt kraft der ihm allein zustehenden Autorität jede Synode. Als erster Papst ließ denn auch Gelasius den synodalen Statuten seine Dekretalien samt denen der Vorgänger beifügen, das heißt er schrieb ihnen die gleiche Bedeutung zu wie den Kanones der Synoden, was der Osten freilich nie anerkannt hat. Gleichwohl fühlte Gelasius sich über allen, ja, erklärte, jeden konziliaren Erlaß könne dieser Stuhl «ins Gegenteil» kehren. Solche Behauptungen hingen historisch zwar völlig in der Luft, sie waren unwahr. Doch sie entsprachen der terriblen Tendenz und, wenn man will, immanenten Logik des längst vor Gelasius beginnenden, durch den in kurialen Schreiben des 5. Jahrhunderts unentwegt wiederkehrenden Begriff des «gubernare», der «gubernatio» (Leitung, Regierung) gekennzeichneten papalen Machthungers (schöner gesagt: Selbstverständnisses), der vorerst bei ihm gipfelt und so weit geht, daß Gelasius nicht nur einmal das Mißachten oder Negieren päpstlicher Ansprüche für Gottesbeleidigung hält. Der Mann zog alle Register, um Roms (und damit seinen eigenen) Vorrang vor allen zu betonen. «Wir können nicht verschweigen, was die gesamte Kirche auf dem Erdteil weiß, daß der Stuhl Petri das Recht hat zu lösen, was auch immer durch die Entscheidung irgendwelcher Bischöfe gebunden worden ist, und daß er (der Stuhl) das Recht hat, jede Kirche zu richten, während niemand das Recht hat, über ihn zu Gericht zu sitzen. Die Dekrete haben bestimmt, daß man an diesen Stuhl aus aller Welt appellieren könne, aber daß keine Berufung von ihm (an eine andere Instanz) erlaubt ist» – eine in zahlreiche Kirchenrechtssammlungen eingegangene Stelle.[68]

Die Zwei-Gewalten-Lehre oder der Staat als Büttel der Päpste

Obwohl Gelasius als Papst nur ein einziges Mal an den Kaiser schrieb, richteten sich seine ambitiösen, ja, waghalsigen epistolarischen Offensiven nicht zuletzt an ihn, den das Henotikon in die Kirchenspaltung direkt verwickelte. Und mochte der Römer auch nicht bestreiten, daß der Kaiser an Würde das Menschengeschlecht überrage, so war er doch für ihn, der hier ambrosianische Ambitionen (vgl. I 400 ff, 440) fortsetzte, «krönte», bloß «Sohn» (filius). Als solcher aber konnte er angeblich Männer der Kirche nicht richten. Denn er sei nicht deren Haupt, sondern habe nur, bei Gefahr seines Seelenheils, das Recht und die Pflicht, die Interessen der Kirche zu betreiben, habe alles zu verfolgen, zu bestrafen, was in Staat und Kirche Aufruhr errege, was Schismen anzettle und «Häresien». Hat die Kirche nämlich keine oder bloß geringe Macht, dann handelt der Staat für sie: sein Herrscheramt! Kurz, der Kaiser müsse die Befehle jenes Stuhls ausführen, den Gott erkoren, aller Bischöfe Herr zu sein. Der Kaiser ist der Diener Gottes, der Minister Dei.[69]

Es konnte eben nicht ausbleiben, daß der ungeheure Machtzuwachs der Catholica sie nicht nur zum Kombattanten, sondern auch Konkurrenten und Gegner des Staates machte, sobald dieser ihre immer größeren, immer unverschämteren, vor keiner Fälschung zurückschreckenden Ansprüche (stets, auch im 20. Jahrhundert noch, «Rechte Gottes» genannt!) zu beschneiden suchte – dann je pariert bis heute mit dem schönen Spruch, daß man «Gott» mehr gehorchen müsse als den Menschen, das heißt mehr dem Klerus als irgendwem sonst.

«Wie die Seele den Leib, wie der Himmel die Erde, so überragt die geistliche Gewalt die weltliche», wußte schon Kirchenlehrer Chrysostomos. «Das Reich des Kaisers erstreckt sich auf die Erde und die irdischen Dinge, unser Reich aber auf die Seelen und die Sorge für sie. Soviel aber die Seele über alles Irdische erhaben ist, um soviel muß auch unser Reich über das des Kaisers erhaben sein» (vgl. S. 147 f). Hatte doch auch schon Ambrosius in der

Auseinandersetzung mit Theodosius, den Begriff der «Religion» höher gesetzt als den der staatlichen «Ordnung» (I 438 ff). Ja, er konnte bereits ganz offen den «weit minderen Wert» des «königlichen Glanzes» gegenüber dem «bischöflichen Ehrenrecht» behaupten, unter Verwendung des nicht eben bescheidenen Gleichnisses von Blei und Gold.[70]

Solch erhebende Sätze fielen Kirchenfürsten gern in konfliktgeladenen Situationen ein.

In den vergangenen Jahren war Patriarch Kalandion von Antiochien wegen Hochverrat (485), Patriarch Johannes I. Talaja von Alexandrien wegen Meineid durch kaiserliche Kriminaljustiz abgesetzt worden. So beanspruchte jetzt Papst Gelasius I. – ein altes bischöfliches Unterfangen freilich! – das privilegium fori. Der Kaiser sei nicht berechtigt, den Klerus zu richten, da der Schüler nicht über den Meister stehe. Göttliche wie menschliche Gesetze, so Gelasius, verordneten, «daß über Bischöfe auf einem Bischofskonzil die Urteile ergehen sollen», und zwar selbst dann, wenn sie «aus weltlichem Irrtum fehlen».[71]

Welche menschlichen Gesetze der Papst hier gemeint haben mag? Die Konstitution des Konstantius aus dem Jahr 355 (I 312)? Sie bewährte sich nicht und mußte bald wieder abgeschafft werden. Dagegen unterstellte Valentinian III. am 15. April 452 in Kriminalsachen auch die Bischöfe den staatlichen Gerichten! Papst Gelasius aber hatte mit seiner Beanspruchung einer geistlichen Sondergerichtsbarkeit, der «Unterordnung» also der staatlichen Kriminaljustiz unter das klerikale Schiedsgericht, ein neues Postulat erhoben, hatte eine tolldreiste Attacke geritten auf das öffentliche Recht, um dem Kaiser einen der fundamentalsten Verfassungsgrundsätze antiker Rechtsordnung zu entwinden zugunsten der Kirche.[72]

Doch nicht genug. Dieser Papst, der die Wirklichkeit ignoriert fast wie ein Traumtänzer, der die tatsächliche Vergangenheit leugnet, die Geschichte auf den Kopf stellt, der den Kaiser nicht die Spitze der Kirche nennt, sondern ihren Sohn, den «Verteidiger», den «Hüter», den «Schirmherrn» der Catholica, «fidei custos et defensor orthodoxae», wie schon Vorgänger Felix III.

formulierte, Gelasius also behauptet (495) nicht nur: «Die gesamte Kirche auf der ganzen Welt weiß, daß der Stuhl des seligen Petrus das Recht (fas) hat zu lösen, was durch die Sentenzen welcher Bischöfe auch immer gebunden ist», sondern er stellt sogar die ungeheure These auf: der Kaiser habe sich in «göttlichen Dingen» den Bischöfen unterzuordnen, von ihnen zu lernen, nicht sie zu belehren, nicht zu herrschen, sondern zu gehorchen. Er solle nach dem Willen Gottes den Nacken beugen. Wörtlich: «*Zwei Dinge (quippe) sind es* ja, erhabener Kaiser, *durch welche an erster Stelle diese Welt regiert wird: die geheiligte Autorität der Bischöfe* (auctoritas sacrata pontificum) *und die königliche Gewalt* (regalis potestas). Von diesen beiden ist das Gewicht der Priester um so schwerer, als sie auch für die Könige der Menschen vor Gottes Gericht Rechenschaft abzulegen haben werden. Denn Du weißt, allergnädigster Sohn, daß Du, obgleich an Würde (dignitas) über das Menschengeschlecht gesetzt, dennoch den Oberen (praesulibus) der göttlichen Dinge fromm den Nacken beugst und von ihnen die Mittel Deines Heils erwartest».[73]

Diese hier erstmals aufgestellte, zum Fundament mittelalterlichen Kirchenrechts gemachte und weltgeschichtliche Bedeutung gewinnende «Lehre von den zwei Gewalten» war durch mehr als ein Jahrtausend das meistzitierte Papstwort vermutlich, ein klassisches Schlagwort, aus den Fiktionen seiner Vorgänger gleichwohl nur zusammengeflunkert. Dabei ging es Gelasius nicht einmal um die Lehre von zwei gleichberechtigten Gewalten. Vielmehr wollte er die bischöfliche Gewalt der kaiserlichen überordnen. Wobei er selbst vor unterschwelligen Drohungen nicht zurückschreckte: «Denn es ist besser, Ihr hört in diesem Leben, was ich Euch klage, als vor Gottes Gericht, wie ich Euch anklage! . . . Mit welcher Stirn wollt Ihr dereinst den um ewigen Lohn bitten, den Ihr hienieden ungehindert verfolgt habt?»[74]

Doch dies wie auch andere unerhörte Anmaßungen des Gelasius – etwa daß der Nachfolger Petri der Erste in der Kirche und allen vorgesetzt sei, daß er unumschränkt richte in ihr und niemand auf der ganzen Welt seinem Spruch sich entziehen, niemand ihn anfechten dürfe – das war Theorie, war von der Wirklichkeit sehr weit entfernt und zudem nur unter dem Schutz ostgotischer, kurioserweise «ketzerischer» Herrschaft möglich. Zwar bestreitet dies das «Handbuch der Kirchengeschichte», ja präsentiert uns den Papst gar als eine Art Widerstandskämpfer, gegenüber dem unterliegenden Odoaker natürlich. Doch wird es selbst für das katholische Handbuch nun «mit jedem Tag ... klarer, daß für Rom nicht die Frage nach Chalkedon, sondern nach der Primatialstellung Konstantinopels den fragwürdigen Kern der Sache darstellte». Wobei aus dem Vorkämpfer papaler Suprematie jedoch keine «Machtgier» spricht, sondern nur «das Gefühl seiner hohen Verantwortung vor dem Richterstuhl Gottes» (F. Hofmann) – mit dem ja gerade Gelasius so gern droht, mit dem sie alle immer wieder drohen ...[75]

Papst Gelasius bekämpft die «Pestilenz» von Schismatikern, «Häretikern» und Heiden

Nur «um Gottes willen» gewiß auch, um nichts anderes, der unentwegte Kampf wider Schismatiker und «Ketzer», der sich in den rund sechzig Briefen beziehungsweise Dekretalien dieses Papstes häufig spiegelt, aber auch in sechs theologischen Traktaten, allein vier davon gegen die Monophysiten.

Den schismatischen «Griechen», ein nun sich häufiger wiederholendes, die gegenseitige Distanz signalisierendes Wort, warf Gelasius immer wieder Starrköpfigkeit vor, «Verirrungen», und nicht einmal den Toten, weiß er, werden «ihre Irrtümer vergeben». Dabei griff er das Henotikon – es wird von ihm gar nicht genannt – nie direkt an, sondern nur die personalpolitischen Konsequenzen daraus. Es ging eben primär nie um die Lehre, stets um die Person, die Stühle, die Macht. Gelasius überschüttet diese «Griechen» mit Anklagen, Zurechtweisungen, mit Hohn und Spott. Er wundert sich – «Miramur» beginnen seine Briefe gern, «Valde mirati sumus», was immer Gefährliches involviert. Konstantinopel, die Reichshauptstadt, behauptet Gelasius, werde überhaupt «nicht unter die (großen) Stühle gerechnet», habe überhaupt keine Metropolitanstellung, der dortige Patriarchenstuhl, tatsächlich der erste doch im ganzen Osten und durch den 28. Kanon Chalkedons dem römischen gleichgestellt, besitze unter den Stühlen keinen Rang und Sitz – «nullum nomen», der Patriarch habe gar keine pontifikale Gewalt, Urteile des «Apostolischen Stuhles» zu revidieren, der allein über die Wahrheit befinde, die Akakios samt Gefolgschaft so sträflich mißachte, kurz, «alle» Schreiben des Papstes hatten denselben Zweck: «die östlichen Bischöfe ins Unrecht zu setzen» (Ullmann).[76]

Von Anfang an provozierte Gelasius den Patriarchen Euphemius in Konstantinopel, der Gelasius' Antrittsanzeige vermißte, aber ihm gleichwohl gratulierte (wenige Jahre darauf wurde er des Hochverrates beschuldigt, entthront und deportiert). Natürlich hatte Gelasius, wie sein Responsum verdeutlicht, gar nicht daran gedacht, vom «ersten Stuhl» der Christenheit aus einem Untergeordneten zu berichten. Selber arrogant bis zum äußersten, wirft er Euphemius vor, «höchst anmaßend (arrogans)» zu sein, kreidet er ihm Pflichtverletzung an, Schwäche, macht ihn mit dialektischer Gewandtheit, beißendem Sarkasmus fertig, mit Hochnäsigkeit: «Von der katholischen und apostolischen seht Ihr Euch zur häretischen und verdammten Gemeinschaft herabgestürzt. Das wißt Ihr und leugnet es nicht . . . und ladet uns ein, uns mit Euch herabzulassen (condescendere) von der Höhe zur Tiefe . . .» Schließlich endet er mit unterschwelliger Drohung: «Wir werden kommen, Bruder Euphemius, ohne Zweifel werden wir kommen vor jenes furcht- und zitternerregendes Tribunal Christi» (pavendum tribunal Christi) . . . Wie denn eben Drohungen mit dem Jüngsten Gericht, «dem Richterstuhl des ewigen Richters und Königs», häufig bei Gelasius sind.[77]

Häufig auch wandte er sich gegen Akakios, das «Verbrechen» des Patriarchen, gegen «die Pestilenz des Eutyches», «die eutychianische Verseuchung des Ostens», nichts als «verstockte Bosheit», «hinfällige böse Torheiten», «erbärmliche Hetze», «Geschwätz»; wobei «Eutychianismus» für ihn ein ganzes Konvolut von «Ketzereien» bedeutet, «alle Komplizen, Anhänger und Gesinnungsgenossen einer einmal verurteilten Bosheit (pravitas)». Und natürlich nahm er auch im Westen alle Abweichler aufs Korn. Selbst 493, als gerade die mörderischen Schlachten am Isonzo, bei Verona, an der Adda, um Ravenna geschlagen waren, Oberitalien ein vierjähriger Krieg verheert hatte (S. 318 f), da schreibt der Papst an italienische Bischöfe von Picenum, einer Gegend an der Adria, bei dem heutigen Ancona: die Verwüstung ihres Landes durch die «Barbaren» schmerze ihn weniger als ihre Duldsamkeit wider die teuflischen Verlockungen der «Ketzer»! So wandte er sich auch gegen neuauftauchende pelagianische Regungen in Dalmatien, in denen er nur einen stinkenden Pfuhl sah. Den Bischof Seneca, den er exkommunizierte, nannte er einen «Frosch, der sich voll Unwissenheit in die Jauche des pelagianischen Sumpfes stürzte», einen «unwürdigen Leichnam und eine tote Fliege». Die Manichäer verjagte er aus Rom und ließ ihre Bücher vor dem Eingang der Basilika S. Maria (Major) verbrennen. Ein Vorgehen, rühmt Hartmann Grisar SJ, «demjenigen unter Leo dem Großen ganz ähnlich».[78]

Durch Einwände anderer ließ sich Gelasius, hier in alter römischer Tradition stehend, nicht im geringsten irritieren, er blieb einfach «taub» da, behandelte sie «völlig wegwerfend» (Caspar) und entschuldigte sie einmal höhnisch als einen «ketzerischen» Mischmasch, der «keine Unterscheidung von wahr und falsch» kenne. Sein eigenes Selbstbewußtsein war derart, daß er nicht zögerte, Aussprüche Christi auf sich zu beziehen und sich mit Christus zu vergleichen![79] (Doch hatte noch im 19. Jahrhundert auch Pius IX., der Verkünder der päpstlichen Unfehlbarkeit, den freilich sogar katholische Gelehrte, Bischöfe, Diplomaten für dumm hielten, verrückt, das Christuswort: «Ich bin der Weg, die Wahrheit und das Leben . . .» auf sich angewandt – allerdings auch 1870 durch den Zuruf an einen Krüppel «Stehe auf und gehe!» eine mißglückte Wunderheilung zu verzeichnen!)[80]

Papst Gelasius beseitigte auch das letzte noch bestehende und öffentlich geduldete heidnische Fest, die Feier der Luperkalien: eine Art Karneval, doch deftiger, ausgelassener, anstößiger und auf Frauen beschränkt. Es war eines der altertümlichsten Feste römischer Religion, das älteste der Stadt, dem Gott Luperkus gewidmet, dem wölfeabwehrenden Pan. Nach überlieferter Ansicht wegen weiblicher Unfruchtbarkeit eingeführt, hatte es jedenfalls eine reinigende und unheilabwendende Kraft. Zwar interessierte sich angeblich dafür «un petit groupe de chrétiens dissidents» (Pomarès). In Wirklichkeit aber wollten auch die Christen darauf nicht verzichten. Gelasius jedoch schärfte seinen Schäfchen ein, daß man nicht zugleich am Tisch des Herren und des Teufels tafeln, nicht zugleich vom Kelch des Herren und des Teufels trinken könne, predigte wider heidnische Magie, gegen gottlose Bräuche und verbot die Lustbarkeit. Und die Kirche machte aus dem Reinigungsfest der Luperkalien das Fest Mariä Lichtmeß oder Mariä Reinigung (Purificatio), ursprünglich am 14., dann am 2. Februar begangen, wo man es noch heute feiert.[81]

Papst Gelasius, der erklärte, daß in der Verurteilung des Arius alle Arianer und jeder, der dieser Pestseuche verfallen, unweigerlich mit eingeschlossen sei, wollte sich doch mit den Goten, der Besatzungsmacht, den faktischen Gewalthabern – dies ist zu bemerkenswert, um hier nicht noch einmal bemerkt zu werden – nicht ebenso anlegen wie mit den «Griechen»; dabei waren diese nur «Schismatiker», waren sie Katholiken, die Goten «Ketzer» – und «Barbaren» überdies! Sie hatten weithin ihre Christentempel (vgl. S. 320), ihren Klerus. Der Papst war überall mit ihnen konfrontiert. Auch in Rom gab es einen arianischen Bischof und arianische Kirchen fast neben der Papstresidenz! Doch Gelasius tat nichts gegen die Goten, weder als Kanzlist noch als Papst. Während er die übrigen «Häretiker», die Heiden, die orientalischen Schismatiker mit aller Robustheit und Infamie anging, während er streitbar war, kampflüstern wie wenige, ließ er die regierenden Goten in Ruhe. Ja, er konnte den «Ketzer»-König nicht nur mit dem Prädikat der höchsten Reichsbeamten, «Eure Herrlichkeit» (magnificentia vestra) titulieren, sondern, was mit höfischem Zeremoniell kaum noch zu tun hat, ihm auch frommen christlichen Sinn zuerkennen. Ganz offenbar beherrschte sich der alle Andersgläubigen sonst so furios angreifende Gelasius eben nur deshalb, *weil er selber beherrscht wurde*; weil seine

Konfession im Westen eine Minderheit war; weil die germanischen Arianer beinah dem ganzen Okzident geboten, nicht nur in Italien standen, sondern fast rings um dasselbe: im Norden die Burgunder, im südlichen Frankreich, in Spanien die Westgoten, in Afrika die Wandalen. Da also wurde der so lautstarke, um nicht zu sagen großmäulige Gelasius ganz kleinlaut, galt auch für ihn der klassische Grundsatz des Katholizismus: Bei Mehrheit gegen Toleranz; ohne sie dafür.[82]

Ein Friedenspapst regiert nicht lang

Papst Anastasius II. (496–498), unter dessen Pontifikat die Weltgeschichte machende Bekehrung des Frankenkönigs Chlodwig geschah, schien mehr oder weniger bestrebt, mit seinen eigenen Worten, «den Völkern den Frieden zu bringen». Schon in seinem ersten Brief an Kaiser Anastasios I. schreibt Papst Anastasius II.: «Das Herz Eurer milden Majestät ist der heilige Schrein (sacrarium) der öffentlichen Wohlfahrt». Ja, er schreibt, daß ihm, dem Kaiser, «Gott als seinem Stellvertreter auf Erden [!] den Vorsitz zu führen befohlen habe». Offensichtlich wollte dieser Papst Verhandlungen mit dem Herrscher, wollte er das Schisma beenden. Wirklich ging er mit seinen Versöhnungsbemühungen gegenüber Ostrom so weit, daß ein Teil seines Klerus sich von ihm trennte und eine Partei gegen ihn bildete, die ihn auch der «Ketzerei» verdächtigte. Selbst der Verfasser des offiziellen «Liber Pontificalis», der jetzt entstand, klagt ihn an: «Er wollte insgeheim den Akakios zurückrufen und vermochte es nicht. So starb er von der Strafe Gottes getroffen» (voluit occulte revocare Acacium et non potuit; qui nutu divino percussus est). Dies Urteil, vom Decretum Gratiani ebenso wie von Dantes «Divina Commedia» übernommen, bestimmte das schiefe Bild des Papstes in der Geschichte. 1982 aber attestiert ihm selbst das mit Imprimatur erschienene «Handbuch der Kirchengeschichte» «eine vernünftige Politik». Schon am 19. November 498 freilich raffte ihn ein plötzlicher Tod hinweg. Er konnte nicht einmal, wie üblich, die Wahl seines Nachfolgers sichern. Und nun brach in Rom wieder ein lokales Schisma aus. Wieder einmal kämpften zwei Päpste gegeneinander, wobei der Bürgerkrieg jahrelang jede päpstliche Ostpolitik unterband. Es ging jetzt nur um die Macht in Rom, auf dem «Apostolischen Stuhl»: ein blutiger Kampf, der von einem ganzen Haufen fundamentaler Fälschungen begleitet wurde.[83]

Das Laurentianische Schisma
Straßenkämpfe und Kirchenschlachten

Am 22. November 498 wurde der Archipresbyter Laurentius Papst. Seine Wahl durch eine Minderheit hatte der kaiserlich gesinnte Senatspräsident Festus offen durch Bestechung erreicht, durch Gold von Konstantinopel, da Laurentius zum Dank für seine Papstwahl das Henotikon zu unterzeichnen versprach. Am selben Tag machte man aber auch in St. Peter den Diakon Symmachus zum römischen Pontifex. Und auch Symmachus, ein noch als Heide geborener, erst in Rom getaufter Sarde, charakterlich übrigens sehr viel anfechtbarer als sein Gegner, hatte bestochen, wenn auch mit der ziemlich bescheidenen, offenbar von Theoderich kassierten Summe von 400 Goldsolidi. Der Mailänder Bischof Laurentius (S. 318) hatte sie vorgestreckt und der (durch Laurentius aufgestiegene) Bischof Ennodius von Pavia, ein in West und Ost hochgeschätzter, in schlechten Versen die Venus, doch auch das Urchristentum, die Taten Petri und Pauli besingenden Literat, dafür gebürgt; vergeblich bemühte er sich später um Rückerstattung am päpstlichen Hof.[84]

Kauf und Verkauf von Bischofssitzen, Stimmenfang durch Bestechungen selbst und gerade bei Papstwahlen, Preisgabe des Kirchenschatzes, des Grundbesitzes, all dies war Ende des 5. Jahrhunderts gewiß nichts Ungewöhnliches mehr. Im Gegenteil. Bereits damals, da die großen Bischofsstühle schon gewöhnlich die Sprößlinge des Adels bestiegen, wurden die meisten Bistümer nicht für

Verdienste vergeben, sondern für Geld. Dabei zahlten die Käufer oft mit Besitztümern des Sprengels, den und die sie noch gar nicht besaßen, dem Verkäufer aber schon urkundlich zugesichert hatten, so daß König Athalarich 532 bei Papst Johann II. (der als erster Papst, da er Mercurius hieß, seinen Namen änderte) energisch gegen die Simonie protestierte.[85]

Die Doppelwahl im Jahr 498 spaltete ganz Rom in zwei Parteien. Zum Ost-West-Schisma kam noch ein römisches, das Laurentianische Schisma. Es folgten Straßenkämpfe und Kirchenschlachten. Dann erlebte die Welt ein seltenes Schauspiel: beide Päpste überließen die Entscheidung dem Heiligen Geist, der diesmal sogar durch einen «Ketzer» sprach, den Gotenkönig. Laurentius war Exponent der kaisertreuen, darum das Henotikon bejahenden Fraktion, Symmachus Verfechter des chalkedonensischen Symbols, somit henotikonfeindlich. Theoderich untersuchte das Problem des Heiligen Geistes in Ravenna und entschied zugunsten des Symmachus, da dieser die Mehrheit für sich und er selber sein Gold kassiert hatte.[86]

Papst Symmachus (498–514) hatte es gleichwohl auch nach dem Sieg nicht leicht. Zwar konnte er 499 seinen Nebenbuhler Laurentius mittels vieler Drohungen und Versprechungen als Bischof in das Bistum Nocera abschieben. Doch die Parteien blieben, der Streit dauerte fort, publizistisch und mit den Waffen.

Die Opposition, die Mehrheit des fast um jeden Preis die Versöhnung mit Konstantinopel anstrebenden Senats unter Führung des vornehmen Festus, präsentierte dem König 501 ein langes Sündenregister des Symmachus, das von Völlerei (man verglich sie mit der Freßgier Esaus) über Verschleuderung von Kirchengut bis zur Unzucht mit einigen «mulierculae» reichte, deren bekannteste eine römische Bäckerin (mit dem seltenen Spitznamen) Conditaria war. Theoderich suspendierte die angeschlagene Heiligkeit und versetzte sie vorerst nach Rimini. Als jedoch auch dort, während Symmachus eines Morgens ganz ahnungslos am Strand spazierte, die bekannten «mulierculae» auftauchten, entzog sich der Begehrte jetzt ihrem Zugriff und floh, Hals über Kopf, mit nur einem Begleiter nach Rom.[87]

Vieler Kirchen und des Lateranpalastes beraubt, verwahrte er sich außerhalb der Stadt, in St. Peter, und erbaute erstmals dort Episcopia, Wohnungen für den Bischof, woraus allmählich die spätere Papstresidenz hervorging, der Vatikan, ein schon im Altertum verrufner Ort – «infamibus Vaticani locis» (Tacitus). Theoderich aber, der inzwischen bereits den Bischof von Altinum, Petrus, als Visitator für die römische Kirche eingesetzt hatte, ließ 501, im Einverständnis mit Symmachus, dessen Fall auf einem gesamtitalienischen Konzil in Rom verhandeln. Doch den Versuch der Ankläger, ihre Vorwürfe durch die Sklaven des Papstes Symmachus zu beweisen, unterband man. Sklaven ließ die heilige Synode nicht aussagen. Die Unruhen nahmen zu, die Kämpfe immer größere Ausmaße an. Schließlich erklärte sich die Mehrheit der Synodalen für inkompetent und schrieb dem König: «Es ist Sache Eurer Herrschergewalt, auf Gottes Wink für die Wiederherstellung der Kirche, für die Ruhe der Stadt Rom und der Provinz Sorge zu tragen. So bitten wir Euch, daß Ihr als frommer Herrscher unserer Schwäche und Ohnmacht zu Hilfe kommt, dieweil die priesterliche Einfalt der weltlichen Schlauheit nicht gewachsen ist und wir nicht länger Gefahr unseres Leibes und Lebens in Rom ertragen können. Erlaubt uns vielmehr durch ein hochersehntes Präzept von Euch, zu unseren Kirchen zurückzukehren».

Ein peinliches Dokument. Der «Ketzer» sollte den «Rechtgläubigen» helfen. Theoderich versagte sich. Ein Teil der Väter reiste ab, und der bedrängte Symmachus wollte auch nicht mehr verhandeln. Anfang September verließ er sein Asyl in St. Peter und zog mit seinem Klerus samt einem Volkshaufen zum Sitzungsort. Seine Feinde, wohl mit Recht einen Überfall fürchtend, stürmten ihm entgegen. Wieder gab es Straßenkämpfe, Verletzte, Tote, auch viele tote Priester, darunter der auf Symmachus' Seite stehende Priester Gordian, der Vater des späteren Papstes Agapet. Und da Symmachus selber fast gesteinigt, da er, wie er meinte, «mit seinem Klerus abgeschlachtet» worden war, weigerte er sich, noch vor dem Konzil zu erscheinen. Theoderich, verärgert, weil überall, so sagte er, Friede herrsche, nur nicht in Rom, erlaubte nun, wenn auch widerstrebend, der Synode, auch ohne Untersuchung das Urteil zu fällen. Die Synodalen aber, von 115 Bischöfen bereits auf 76 zusammengeschmolzen, beendeten jetzt «aus frommer Rücksichtnahme» die jämmerliche Komödie. Auf ihrer vierten Sitzung, der sogenannten Palmensynode, erklärten sie am 23. Oktober 501 das Urteil Gott zu überlassen, Papst Symmachus wegen seiner Immunität nicht richten zu können. Sie restituierten ihn wieder in sein Amt und verließen fluchtähnlich die «heilige» Stadt, hielt der dortige Klerus doch eher mehrheitlich zu Laurentius.[88]

So dauerte das Schisma fort. Die Schuld des Papstes war zu offensichtlich geworden – mittelbar durch ihn selbst noch auf einer Synode im November 502. Nicht zuletzt aber auch durch eine Verteidigungsschrift des in seinen Versen so der Venus und den alten Göttern zugetanen Bischofs Ennodius von Pavia, der um die Bürgschaft seiner 400 Goldsolidi bangen mochte. Doch für die Unschuld des Papstes – den er doch buchstäblich, er war eben Poet, den Regenten des himmlischen Reiches nennt – wollte sogar er sich nicht verbürgen. Er vindizierte ihm hohe Würde schon durch das Amt, warnte davor, es mittels seines Trägers zu beschmutzen (!) und ermahnte jeden, vor seiner Tür zu kehren. Geschürt vor allem durch Festus und die Senatoren, brach jetzt der Bürgerkrieg erst in voller Schärfe aus, zumal Gegenpapst Laurentius, von Symmachus inzwischen zwar (auch) seiner bischöflichen Würde entsetzt, mit Duldung Theoderichs wieder zurückkam und Rom sowie alle Titularbasiliken der Stadt, über zwei Dutzend, fast ganz in Händen hielt. Rund vier Jahre residierte er mit starker Übermacht im Lateran, während Symmachus auf St. Peter beschränkt war, wo er, wie erwähnt, die Anfänge des Vatikanpalastes schuf. Jahrelang herrschte Anarchie, kämpfte man unter den Schlachtrufen «Hie Symmachus!», «Hie Laurentius!». Abwechselnd baten beide Parteien um den Schutz des arianischen Königs. Das Asylrecht von Kirchen und Klöstern wurde ignoriert, Tag und Nacht geplündert, getötet. Man erschlug Priester vor den Kirchen mit Keulen, mißhandelte Nonnen, schändete sie. Kurz, jahrelang herrschte blutiger Zwist zwischen Roms Katholiken, bis Theoderich aus politischen Gründen für den schwächeren Papst eintrat und Laurentius, wiewohl ihm persönlich selbst seine schlimmsten Gegner keinen Makel anheften konnten, 506 das Feld räumen und sein klerikaler Anhang, soweit er zu Symmachus überging, ihn ausdrücklich verdammen mußte; ebenso den Bischof Petrus von Altinum, den Visitator von 501, durch Symmachus bereits gebannt. Laurentius, der griechenfreundliche Gegenpapst, wurde das Opfer einer antibyzantinischen Schwenkung des Königs, teils auch des Senats, der sich auf Theoderichs Geheiß geschlossen mit den Goten gegen Ostrom zu stellen begann. Während Symmachus zum Dank für seinen Sieg die Kirchen schmückte, besonders St. Peter, auch neue Gotteshäuser stiftete, beschloß der Gegenpapst auf dem Landgut seines Gönners Festus angeblich in strenger Askese sein Leben. Das Schisma selber aber endete erst mit Symmachus' Tod.[89]

Die Symmachianischen Fälschungen

Da die während des Symmachusprozesses aufgestellte, von 76 Bischöfen unterschriebene Behauptung, der Papst dürfe von keinem Menschen gerichtet werden, aus der Geschichte, wie die Synode selber zugab, nicht zu belegen war, fälschte in Rom um 501 ein Parteigänger des Papstes unverschämt darauflos. Seine Hauptabsicht war, die Unabhängigkeit des römischen Bischofs von jedem weltlichen wie geistlichen Gericht darzutun durch Rückgriffe auf fingierte Fälle der Vergangenheit.[90]

Die päpstliche Seite erstellte Briefe, Verordnungen, Konzilsakten und historische Berichte. Man fabrizierte – sozusagen das einzig Echte dabei – in unglaublich primitiver Diktion, in einem Latein, «Barbaren» weit angemessener als Römern, was den Sprach- und Bildungsverfall drastisch demonstriert, erdichtete Präzedenzfälle, um Papst Symmachus gegen den Rivalen Laurentius beizustehn: die scheinbaren Prozeßakten früherer Päpste, die Gesta Liberii papae, die Gesta de Xysti purgatione et Polychronii

Jerosolymitani episcopi accusatione, die Akten einer Synode von Sinuessa, Sinuessanae synodi gesta de Marcellino, angeblich aus dem Jahr 303. All diese Prozesse wurden im Hinblick auf den Symmachusskandal erschwindelt, wurden frei erfunden, die Ähnlichkeiten manchmal bis zu Details, zur Identität gewisser Lokalitäten durchgeführt. Alle Prozesse ließ man so ausgehn, wie man sich den Ausgang des Symmachusprozesses gewünscht hatte, ließ also immer erklären, «niemand hat jemals den Papst gerichtet, *weil der erste Stuhl von niemand gerichtet wird*». Oder: «Es ist nicht erlaubt, gegen den Papst ein Urteil zu fällen». Oder: «Niemand darf seinen Bischof anklagen, weil der Richter nicht gerichtet werden wird». Und in einem von Anfang bis Ende ebenfalls gefälschten päpstlichen Dekretale der «Constitutio Silvestri» lautet der Schluß: «*Niemand soll den ersten Stuhl richten*, von dem alle rechtes Urteil zugemessen haben wollen. Nicht vom Kaiser, nicht vom gesamten Klerus, nicht von Königen und nicht vom Volk wird der oberste Richter gerichtet werden.»[91]

Ein fast haargenaues – aber freilich nirgends an die Vergangenheit anknüpfendes, gänzlich vorgetäuschtes Gegenstück des Symmachusprozesses sind die Gesta purgationis Xysti. Der Papst wird hier durch römische Adlige angeklagt, wie Symmachus durch Festus und andere Aristokraten Roms. Wie den Symmachus, beschuldigt man auch ihn der Unzucht, in diesem Fall mit einer Nonne. Und wie gegen Symmachus seine Sklaven auftreten sollten, so dient auch hier ein päpstlicher Sklave als Zeuge. Doch ein Exkonsul – in der Rolle des Symmachusanhängers und Exkonsuls Faustus – schlägt den Prozeß nieder. Denn: «Es ist nicht erlaubt, gegen den Papst ein Urteil zu fällen».[92]

Diese großen Fälschungen, die «der symmachianischen Partei, bzw. Symmachus selbst zur Last» fallen (v. Schubert), nach dem Jesuiten Grisar jedoch nur «einen ganz privaten Charakter» haben, sind aber nicht nur zeitgeschichtlich bedeutsam. Angeblich ganz privat, spielten sie später im Kirchenrecht eine große Rolle. Sie gingen, in überarbeiteter Form, teilweise in der Liber Pontificalis ein und fanden durch diesen weite Verbreitung. Ja, die Formel des Fälschers «Prima sedes a nemine iudicatur» wurde –

zynische Ironie der Geschichte – die Formel für den päpstlichen Jurisdiktionsprimat! Bei Leo III. Prozeß anno 800 berief man sich darauf. Und auch Gregor VII. zog die Falsifikate 1076 wörtlich heran.[93]

Bemerkenswert: die publizistische Polemik in diesen Auseinandersetzungen.

Denn gerade weil man schwere Anklagen gegen Symmachus vorbringen, gerade weil er sich ganz offenkundig nicht ausreichend rechtfertigen konnte, gerade weil er, wie feststand, Kirchengüter verschleudert hatte und seine Gegner in einer Flugschrift über die «greisen und altersschwachen Bischöfe» höhnten mit ihren «Weiberscharen», gerade deshalb eben stellte man hier erstmals heraus: der römische Bischof könne von niemandem gerichtet werden! Als Mensch müsse er im Jenseits sühnen, auf Erden aber sei er unantastbar, jeder gerichtlichen Sühne enthoben. Und als eine Flugschrift «Wider die Synode der ungereimten Absolution» erschien, beanspruchte Symmachus-Parteigänger Diakon Ennodius in seiner Verteidigungsschrift jetzt sogar für die römischen Bischöfe eine von Petrus ererbte Unschuld und Heiligkeit. Nach Ennodius folgenreicher Theorie hatte Petrus «einen ewig dauernden Schatz der Verdienste als Erbschaft der Unschuld hinterlassen an die Nachfolger. Was ihm um seiner lichten Taten willen übergeben wurde, das gehört ihnen zu, die ein gleicher Glanz des Wandels erleuchtet. Denn wer wollte zweifeln, daß der heilig ist, welcher eine solch hohe Würde innehat? Mögen ihm aus eigenem Verdienst erworbene gute Werke auch fehlen, so genügen die, welche von dem Vorgänger auf dem Stuhle (Petrus) geleistet sind ...» Mögen einem Papst also auch eigne gute Werke fehlen (und wir dürfen sinngemäß wohl ergänzen: mag er selbst schlechte tun), die von Petrus geleisteten sind ausreichend, um ihn zu salvieren! Streift das nicht die Grenze religiöser Gaunerideologie? Streift?! 1075 trieb Papst Gregor VII. in seinem berüchtigten Dictatus papae die Sache auf die Spitze durch die Behauptung, ein rechtmäßig geweihter Papst werde unbedingt selig durch die Verdienste des Petrus! Was außerdem noch hinter Ennodius, des späteren Bischofs von Pavia Spekulation stand, traf Symmachus-

Parteigänger Bischof Avitus von Vienne mit einem Satz: «Unser aller Stand fühlen wir wanken, wenn der Stand des Obersten (papa urbis) unter der Anklage erschüttert wird».[94]

Den Kämpfen zwischen Laurentianern und Symmachianern sowie deren Fälschungen verdankt das offizielle Papstbuch, der Liber Pontificalis, der im Mittelalter einen beträchtlichen Nimbus besaß, sein Entstehen.

Beide Seiten nämlich begannen, wenn auch unter konträrem Aspekt, eine Sammlung von Papstbiographien und setzten sie bis zum Jahr 530 beziehungsweise 555 fort. Wie in den Symmachianischen Fälschungen, ist die literarische Form der «hochberühmte(n) Papstgeschichte» (Seppelt) bemerkenswert primitiv; gemessen am höheren Bildungsstand der Zeit geprägt «von Unkenntnis selbst der Elemente grammatischen und rhetorischen Schulwissens» (Caspar). Zwar waren diese römischen Kleriker «beseelt von dem Glauben an ihre Kirche», aber «einfach im Geiste» (Hartmann). Immerhin haben sie bedenkenlos pro domo gearbeitet, haben sie die «Päpste» von Petrus an in ununterbrochener Reihenfolge genannt – für die früheste Zeit eine glatte Erfindung (S. 69 ff). Und sie haben auch in den ersten drei Jahrhunderten durch die stereotyp wiederkehrende Formel «Hic martyrio coronatur» unbekümmert die Päpste zu Märtyrern gemacht; ebenfalls fast durchgehend Fälschung (S. 101). Doch sind nicht nur die ersten Pontifikate erschwindelt, nicht nur fast alle Martyrien; auch als Verfasser des Papstbuches wurde fälschlich Papst Damasus (für die seinem Pontifikat vorausgehende Zeit) ausgegeben und dies vom Mittelalter geglaubt. Und da auch der Auftakt des Ganzen, der einleitende Briefwechsel zwischen Damasus und Hieronymus (je eine Epistel) durchgehend gefälscht ist: S. 70 f), beginnt das hochberühmte Papstbuch mit lauter Fälschungen – wie auch der angebliche Primat der Päpste selbst auf purer Erschleichung beruht.[95]

«KAMPFFRONTENSTELLUNG: GOTENREICH UND ROM GEGEN BYZANZ»

Inzwischen war Theoderich nicht gewillt, sich auf Italien und Dalmatien zu beschränken. Er hatte systematisch eine germanische Staatenföderation erstrebt und alle antibyzantinischen Kräfte gesammelt. Er trieb seinen Grenzschutz über die Adria hinaus vor. 504 besetzte er Sirmium. Und im folgenden Jahr führte die angespannte außenpolitische Lage sogar zu einem schweren Konflikt zwischen Truppen Theoderichs und des Kaisers. Der Gote hatte sich mit dem benachbarten Gepidenfürsten Mundo verbündet. Und als diesen der Magister militum von Illyricum, Sabinianus, mit einem starken Heer, zehntausend föderierten Bulgaren, bedrohte, eilte aus der eben eroberten pannonischen Grenzprovinz ein gotisches Aufgebot von 2000 Mann zu Fuß und 500 Reitern unter Pitzia den Gepiden zu Hilfe. In der Ebene von Morava wurde das kaiserliche Heer fast völlig vernichtet; was von den Bulgaren nicht durchs Schwert fiel, ertrank im Fluß. Das eroberte Land kam als Pannonia Sirmiensis zu Theoderichs Reich.[96]

Der Westen stellte sich nun immer unverhüllter gegen den – im Osten durch die persische Gefahr beunruhigten – Kaiser, der dem Papst ein gerüttelt Maß Schuld gab. Symmachus hatte sich wegen des schweren Kirchenstreits in Rom fast ein Jahrzehnt um Theologie und Schisma kaum kümmern können. Erst um 506 vermochte er sich endgültig durchzusetzen, und er beantwortete einen unfreundlichen Brief des immer offener zu den Monophysiten stehenden Kaisers mit eher noch größerer Grobheit und Arroganz. Unter Auslassung aller offiziellen Höflichkeitsfloskeln apostrophiert er den greisen Herrscher verletzend kalt stets bloß «imperator», wirft ihm den Glauben an einen nur halben Christus vor, trumpft damit auf, daß seine «Ehre sicherlich die gleiche, um nicht zu sagen, die höhere» sei, droht ihm lang und breit mit dem Gericht Gottes und schließt mit ebenso großer Schärfe wie Selbstgerechtigkeit und Heuchelei: «Der Genosse der Schlechtigkeit kann gar nicht anders als den verfolgen, der von der Schlechtigkeit unberührt ist».[97]

Die Fronten zwischen Ost- und Westrom verhärteten sich so eher noch, zumal der Papst auch die Partei Theoderichs ergriff. Und der römische Senat kollaborierte wieder mit den römischen Priestern, worüber Konstantinopel empört war. Der Kaiser, der den Papst als «Manichäer» brandmarkte, sprach in einem scharfen Brief an Symmachus von einer Verschwörung des Senats mit der römischen Kirche gegen das Reich. Doch vom Gotenkönig geschützt, reagierte der Papst, der mit aller Heftigkeit jetzt den oströmischen Klerus bekämpfte, dreist, ja schon frech. Er behauptete nicht nur, der Kaiser wolle ihn «Hals über Kopf den Häretikern gesellen», sondern schimpfte ihn sogar in übelster Zurückgabe einen «Schutzherren der Manichäer», nicht die Lüge scheuend, im Orient würden nur die Katholiken unterdrückt, fast alle «Ketzereien» aber erlaubt. «Glaubst du», schrieb Papst Symmachus an Anastasios, «weil du Kaiser bist, brauchst du dich vor Gottes Gericht nicht zu fürchten? Glaubst du, als Kaiser seiest du der Gewalt des Apostelfürsten Petrus entzogen? . . . Vergleiche doch die Würde des Kaisers mit der des Vorstehers der Kirche. Der eine trägt bloß für die weltlichen Angelegenheiten, der andere aber für die göttlichen Dinge Sorge».[98]

Der resolute Widerstand des Anastasios gegen die Katholiken formierte natürlich die chalkedontreuen Kreise erst recht und bedrängte ihn allmählich immer mehr. Der neue Hofpatriarch Makedonios II. (496–511) mußte zwar ebenfalls das Henotikon unterschreiben, lavierte auch derart zwischen den Fronten, daß ihn die Orthodoxen zeitweise als «Ketzer» ansahen. Doch schließlich bezog er öffentlich gegen die Monophysiten Stellung, brüskierte den Herrscher und versuchte vielleicht, einen Aufruhr anzuzetteln. Anastasios' Geduld war erschöpft. Wie schon Euphemios, den Vorgänger, setzte er auch Makedonios ab und schickte ihn in der Nacht zum 7. August 511 nach Euchaïta in die Verbannung. Das neue Kirchenhaupt Konstantinopels, Timotheos (511–518), war dem Kaiser gefügiger. Und da in Alexandrien Patriarch Johannes III. Nikiotes (505–516) saß, in Antiochien 512 der von Anastasios stark begünstigte Mönch Severos (512–518 und 538) ans Ruder kam, wurden die drei bedeutendsten Patriarchate des Ostens von Monophysiten beherrscht.

Katholische Bischöfe, Mönche hetzen jetzt gegen den «Ketzerkaiser» immer mehr zur Rebellion, besonders in Kleinasien und auf dem Balkan. Der Papst erinnert nach Absetzung des Makedonios (511) an die heidnischen Kaiser der Christenverfolgungen. Er verlangt Wachsamkeit im Osten, Treue, Martyriumsbereitschaft. Er spricht vom «himmlischen Heerdienst» und schreibt: «Jetzt ist die Zeit, da der Glaube seine Streiter fordert und zu seiner Verteidigung aufruft, welche der Glutstrahl der Gnade traf».

Schon früher war es unter Anastasios gelegentlich zu Empörungen gekommen, wobei ein politischer Anlaß «in den meisten Fällen nicht nachzuweisen» ist (Tinnefeld). Bereits für das erste Regierungsjahr des Kaisers meldet Marcellinus Comes: «Bürgerkrieg unter den Byzantinern; der größte Teil der Stadt und des Zirkus eingeäschert». 501 steht im Zentrum der Wirren das heidnische Fest der Brytai (oder Bryta). Um 510 wirft Konstantinopels aufgeputschter Mob die Mönche des Monophysiten Severos während des Gottesdienstes aus der Sophienkirche, ja, der Kaiser, der deshalb Patriarch Makedonios zur Rechenschaft zieht, muß an Flucht denken. 512 geht es wieder um seine monophysitische Politik. Es kommt zu einer regelrechten, nicht zuletzt von Mönchen geschürten Erhebung, wobei der Monarch, ebenso klug wie mutig, waffenlos den meuternden Massen entgegentritt. Ein neuer Kaiser wird bereits ausgerufen, Monophysiten werden von der Menge getötet, Truppen gegen sie eingesetzt, Häuser hoher Beamter verbrannt, zuletzt die Unruhen durch Verhaftungen und Exekutionen erstickt. Um dieselbe Zeit dringen in Antiochien in mehreren Wellen monophysitische Mönche der näheren und weiteren Umgebung, sogar aus Syria II, gewaltsam in die Stadt ein und viele von ihnen finden den Tod. Aber auch die Revolte im Jahr 514, die mit den Erfolgen des Usurpators Vitalian zusammenhängt, hat religiöse Hintergründe, und selbst Benediktiner Rhaban Haacke räumt ein, daß bei diesen Agitationen und Aufständen gegen Kaiser Anastasios das Volk Konstantinopels «unter der geschickten Führung der Mönche und des hohen Klerus» stand.[99]

Auch die Verwandtschaft des Herrschers hatten die Katholiken in der Hand. Kaiserin Ariadne bedauerte tief seine Kirchenpolitik. Der Neffe Pompeius korrespondierte mit dem Papst und war eifriger Katholik. Ebenso seine Frau Anastasia und ihre Freundin Juliana Anicia, eine weströmische Kaisertochter, Nachfahrin Theodosius' I., deren Mann Areobindos, Heermeister des Ostens, 512 bei dem gefährlichen katholischen Aufruhr in Konstantinopel zum Gegenkaiser ausgerufen wurde. Um ein Haar wäre Anastasios damals gestürzt worden. Man sieht, wie die Fäden liefen.[100]

513 rebelliert der Militär Vitalian und bringt das Reich an den Rand einer Katastrophe.

Der reichsuntertänige Gote aus der Provinz Skythia, der heutigen Dobrudscha, der die Regimenter der foederati befehligte, machte sich die kirchenpolitischen Streitigkeiten zunutze und die «Rechtgläubigkeit» gemäß dem Konzil von Chalkedon zu seiner Losung. Er fungierte als Wortführer der klerikalen Opposition, forderte die Wiedereinsetzung der verjagten Bischöfe und ein Konzil mit dem Papst. Er war dessen Vertrauensmann, knüpfte auch Kontakte zum Ostgotenkönig und wurde durch sein Vorgehen, sein Beispiel für kombinierte Land- und Seeangriffe gegen das Reich, seine Gelderpressungen und seinen militärischen Drill «der große Lehrmeister der Hunnen und Slawen» (Rubin).[101]

513 hatte Vitalian zwei hohe, ihm hinderliche Offiziere beseitigt und seine meuternden Regimenter, verstärkt durch räuberische Bulgaren, unzufriedne Bauern, angeblich für die Lehre von den zwei Naturen vor Konstantinopel geführt und die Preisgabe der kaiserlichen Kirchenpolitik verlangt. Anastasios geriet in schlimmste Bedrängnis. Er machte Versprechungen, die er nicht hielt, als Vitalian nach acht Tagen wieder abgezogen war, verfolgt von dem Neffen des Kaisers, Hypatios. Dessen großes Heer aber erlitt eine fürchterliche Schlappe bei Odessos (Warna am Schwarzen Meer); angeblich 60 000 Tote. Es kam zu Tumulten der Katholiken in der Hauptstadt. Und 514 erschien Vitalian –

der den kaiserlichen Neffen bei Odessos gefangen und (nach etwas unsicherer Lesart) in einen Schweinestall gesteckt hatte – wieder vor den Mauern Konstantinopels, diesmal auch mit einer großen Flotte im Bosporus. Er stellte bei seinen Vorstößen immer neue Forderungen. Erst erzwang er seine Ernennung zum Magister militum. Dann verlangte er die Preisgabe der kaiserlichen Kirchenpolitik, Wiedereinsetzung der entthronten und verbannten Oberhirten, Verhandlungen mit dem römischen Stuhl. Auch hatte er dem Kaiser das eidliche Versprechen abgenötigt, für den 1. Juli 515 ein Konzil einzuberufen nach Herakleia in der Provinz Europa, wo der Papst präsidieren und die Kircheneinigung vollziehen sollte. «Rom», das heißt der inzwischen regierende Papst Hormisdas (514–523), «baute auf die Vermittlung [!] Vitalians», schreibt Benediktiner Haacke. Für die Auslösung des kaiserlichen Neffen Hypatios erpreßte Vitalian von Anastasios die unerhörte Summe von 5000 Pfund Gold. (Hypatios, der mit den Katholiken sympathisierte, pilgerte anno 516, zum Dank für seine Errettung aus höchster Not, zum hl. Grab, wo er den Kirchen und Klöstern der Stadt und Umgebung reiche Spenden machte.) Die sonstigen Verhandlungen scheiterten aber an den hochgeschraubten Ansprüchen des Römers, der auf eine tiefe Demütigung der östlichen Patriarchen drang. So erfolgte ein dritter Angriff des päpstlichen «Vermittlers», und zwar «während noch die Gesandtschaften ausgetauscht wurden und die Verhandlungen liefen . . .» (Haacke). Vitalian, dessen Kontakte mit Hormisdas dieser selber dem Kaiser, offenbar um ihn gefügig zu machen, bekannte, griff 515 – als das Konzil stattfinden sollte und im Sommer vierzig Bischöfe der Balkanprovinzen sich von ihrem Obermetropoliten trennten und dem Papst zuwandten – Konstantinopel zu Wasser an und zu Land; wobei der Papst bei dieser abermaligen «Vermittlung» ebenso wie König Theoderich offensichtlich mit der Niederlage des greisen Kaisers rechnete. Vitalian wurde aber von dem Zivilisten Marinus – den Justin, der nächste Kaiser, auf einem Schnellsegler kommandierend, unterstützte – mit neuartigen Kampfmitteln (eine Art des hier erstmals verwendeten «griechischen Feuers») schwer geschlagen und der Sieg vom

Führer der Monophysiten, Patriarch Severos von Antiochien, begeistert gefeiert.[102]

Nur ein fluchtartiger Rückzug rettete Vitalian. Und Anastasios dachte zunächst nicht mehr daran, weitere «Verhandlungen» mit Rom zu führen. Vielmehr schickte er im Sommer 516 auch den orthodoxen Patriarchen von Jerusalem, Elias (494–516), der sich weigerte, mit Severos in Gemeinschaft zu treten, in die Verbannung, um auch in Jerusalem, vergeblich freilich, den Monophysitismus durchzusetzen. Denn Nachfolger Johannes III. (516 bis 524) wagte unter dem starken Druck der katholischen Mönche seines Sprengels gleichfalls keinen Anschluß an Severos und wanderte deshalb ins Staatsgefängnis von Caesarea. Auch nach seiner Entlassung lieferte Johannes nicht die erwartete Ergebenheitserklärung, sondern schleuderte in Jerusalem vor etwa 10 000 fanatisch demonstrierenden Mönchen den Bannfluch gegen Kaisergünstling Severos und dessen Sache – um so eindrucksvoller, als gerade der Neffe des Kaisers, Hypatios, als Pilger anwesend war und sich von Severos distanzierte. Der dux Palaestinae, Anastasius, der Vertreter des Staates, ergriff die Flucht. Weithin suchten so die Katholiken, den Monophysitismus zurückzudrängen, auf seine Herrschaftsbereiche überzugreifen, nicht zuletzt vom Westen aus.[103]

Als Papst Hormisdas Anfang April 517 eine Legation, darunter Bischof Ennodius von Pavia, an den oströmischen Regenten schickte, gab er ihr, neben der offiziellen Post, neunzehn geheime Werbeschreiben (contestationes) mit, Propagandamaterial, das seine Mönchsagenten im Osten bald eifrig verbreiteten. Hormisdas erstrebte nichts Geringeres als die Leitung der ganzen Kirche. Durch einen Subdiakon ließ er die Bischöfe des Balkans verpflichten, «in allen Stücken dem apostolischen Stuhl zu folgen und alle seine Verfügungen zu verkünden». Ganz unverkennbar bezweckte der «Stellvertreter Christi», gedeckt durch den Gotenkönig Theoderich und in Erwartung einer neuen Attacke des Goten Vitalian, der schon dazu bereitstand, den kirchlichen Umsturz. Die romhörigen Prälaten des Ostreichs ermunterte er, «furchtlos in den Krieg zu ziehen», ja, er appellierte sogar offen an die hauptstädtische Bevölkerung. Jesuit Hugo Rahner: «*Papst Hormisdas* ging in die Geschichte ein als der große Sieger und Friedensheld». Der alte Anastasios ließ sich das nicht bieten, steckte die päpstlichen Legaten alsbald auf ein wenig seetüchtiges Schiff, befahl dem Kapitän, bei keiner Stadt anzulegen und schickte sie nach Hause. Dem Papst teilte er darauf am 11. Juli 517 ohne Schärfe, doch entschieden den Abbruch der Verhandlungen mit. «Wenn gewiße Leute», schrieb er ihm, «die von den Aposteln selbst ihre geistliche Autorität herleiten, die fromme Lehre Christi, der gelitten hat, um alle zu erlösen, in ihrem Ungehorsam nicht erfüllen wollen, dann wissen wir nicht, wo uns ein Lehramt des barmherzigen Herrn und großen Gottes begegnen könne ... Gekränkt und mißachtet werden, das können wir ertragen, aber befehlen lassen können wir uns nicht» (iniuriari enim et anullari sustinere possumus, iuberi non possumus).[104]

Kaiser Anastasios enthielt sich jeden heftigen Wortes, wie Caspar kommentiert, «aber er trat aus dem echten und starken Gefühl eines aufrichtig frommen Mannes und eines am Ende seiner Tage stehenden, seit zwanzig Jahren um die religiöse und kirchliche Einigung des Orients im Innern und mit dem Westen unermüdlich ringenden Herrschers der päpstlichen Intransigenz entgegen, die mit ihrer Acaciusforderung der Reichskirche die Verewigung der inneren Selbstzerfleischung zumutete».[105]

Gewiß nicht unerwünscht kam dem Papst in diesem Jahr (517) ein Massaker im Osten.

Die Tragödie geschah auf einer Wallfahrt katholischer Mönche zum Säulenheiligen Symeon, zu einer Massendemonstration nordöstlich von Beroea. Als diese Mönche, durch immer neue Scharen verstärkt, das Bistum Apamea durchzogen, wurden sie etwa 20 Kilometer südlich der Stadt überfallen, 350 von ihnen auf der Stelle erschlagen, weitere in einer nahen Kirche, in die sie flohen, abgestochen. Anstifter der Tragödie, laut Beschuldigung der Mönche: der Bischof Petros von Apamea und Patriarch Severos von Antiochien. Die Mönche protestierten bei Kaiser und Papst. Ihr Appell, schreibt Jesuit Heinrich Bacht, «kann Ende 517 in Rom gewesen sein. Hormisdas, der diese gute [!] Gelegenheit, mit dem Osten in Fühlung zu kommen, gleich begriff, schickte unter dem 10. Februar 518 seine Antwort. Der Brief ist voll Lob und Aufmunterung . . .»[106]

Fast neunzigjährig starb Kaiser Anastasios während einer schweren Gewitternacht vom 8. auf 9. Juli 518 – «von Gottes Blitz getroffen», wie der Liber Pontificalis nach in Rom kursierenden Gerüchten triumphierte. Anastasios hatte zwar einen riesigen Staatsschatz hinterlassen, aber weder Kinder noch einen Nachfolger. Doch bestieg sofort, schon am 9. Juli, der Kommandant eines Garderegiments am Hof, der Comes excubitorum Justin, den Thron.[107]

7. KAPITEL

JUSTINIAN I. (527–565) DER THEOLOGE AUF DEM KAISERTHRON

«Ziel ist eindeutig *ein* Reich, *eine* Kirche und außer ihr kein Heil und keine Hoffnung auf Erden und *ein* Kaiser, dessen vornehmste Sorge eben das Heil dieser Kirche ist. In der Verfolgung dieses Ziels kennt Justinian keine Müdigkeit, und mit besessener Gründlichkeit verfolgt er, was ihm falsch dünkt, bis in die letzten Schlupfwinkel . . .» Handbuch der Kirchengeschichte[1]

«Immer war es unser eifriges Bestreben, und ist es heute noch, den rechten, unbefleckten Glauben und den sicheren Bestand der heiligen katholischen und apostolischen Kirche Gottes unversehrt zu bewahren. Das haben wir stets als die vordringlichste unserer Regierungssorgen betrachtet». «Und wegen dieses Wunsches haben wir gegen Libyen und den Westen so große Kriege unternommen für den ‹rechten Glauben› an Gott und für die Freiheit der Untertanen.» Kaiser Justinian I.[2]

«Die einen tötete er ohne Grund, die anderen ließ er mit Armut kämpfend aus seinen Klauen, machte sie elender als Tote, daß sie flehten, der kläglichste Tod möge ihrer Lage ein Ende setzen. Manchem nahm er mit dem Vermögen auch das Leben. Da es aber für ihn nichts war, das Römerreich allein aufzulösen, konnte er die Eroberung von Libyen und Italien aus keinem anderen Grunde vollbracht haben, als um zusammen mit seinen früheren Untertanen auch die dortigen Menschen zu verderben.» Der zeitgenössische byzantinische Historiker Prokopios[3]

«Die rauchenden Trümmer Italiens, die Vernichtung zweier Germanenvölker, die Verarmung und empfindliche Dezimierung der alteingesessenen Bewohner des Westreichs waren dazu angetan, jedermann über die Hintergründe der oströmischen Religionspolitik die Augen zu öffnen . . . Die katholische Geistlichkeit trägt ein gutes Teil der Verantwortung für den Ausbruch der vernichtenden Kriege des Zeitalters . . . Der Einfluß der Kirche reichte bis in das letzte Dorf.» Berthold Rubin[4]

«. . . und damit begann das erste Goldene Zeitalter Konstantinopels». Cyril Mango[5]

Umsturz unter Justin I. (518–527) oder vom Schweinehirten zum katholischen Kaiser

Mit Kaiser Justin begann buchstäblich über Nacht ein turbulenter Frontwechsel, eine neue Ära der Religionspolitik, siegt Rom, die Orthodoxie.

Um 450 in Tauresium/Bederiana (bei Naissus oder bei dem heutigen Skopje) geboren, war der illyrische Bauernsohn vom Schweinehirten zum General aufgestiegen, während seine Schwester Bigleniza noch immer in Tauresium als biedere Bäuerin hantierte. Justin, der im Isaurierkrieg, Perserkrieg und im Bürgerkrieg des Vitalian gekämpft hatte, war ein dickschädeliger bärbeißiger Analphabet, der kaum lesen, noch weniger schreiben konnte, nicht einmal recht seinen Namen, dabei aber bauernschlau, verschwiegen, zupackend und ein strammer Katholik. «Er hatte keinerlei Qualifikation, eine Provinz zu regieren, geschweige ein Weltreich» (Bury). Doch, so «supponiert» Jesuit Grillmeier, war er schon vor seiner Erhebung zum Herrscher Anhänger des Konzils von Chalkedon.

Mittlerweile etwa 67 Jahre alt, stand er von Anfang an unter dem entscheidenden Einfluß seines damals etwa 36jährigen Neffen und Nachfolgers Justinian, auch unter dem des katholischen Klerus, besonders des Mönchtums. Justin und Justinian hatten den Machtwechsel offenbar längst vorbereitet. Schon vor dem Umsturz bestanden da Kontakte mit Glaubenskämpfer Vitalian und dem Papst. Die eigentlichen Thronanwärter, die zwei Neffen des verstorbenen Kaisers, den Heermeister Hypatios und

Pompeius, letzterer ein besonders eifriger Katholik, schaltete man aus, wie überhaupt, schon von Prokop und Euagrios gebrandmarkt, die zahlreiche Verwandtschaft des Kaisers um die Macht betrogen wurde. Noch in der Nacht von Anastasios Tod bestach Justin, der am nächsten Tag – welch widerliches Schmierenstück! – sich auf jede Weise scheinbar sträubte, die Krone, die Last zu übernehmen, alles, was zu bestechen war, um sich die Nachfolge zu sichern. Dabei verpulverte er das ganze Geld, das er für die Lancierung eines andren Thronbewerbers, von dessen Onkel, Großkämmerer Amantios, angenommen hatte! So konnte man denn gleich bei Justins Erhebung am folgenden Tag – ein wahres «Kaiserwetter» nach dem nächtlichen Gewitter –, am 9. Juli 518, betonen, daß er sein Kaisertum vor allem Gott verdanke, dem Allmächtigen, konnte man immer wieder rufen: «Kaiser, du bist würdig der Dreieinigkeit, würdig des Reiches, würdig der Stadt» und am nächsten Sonntag, am 15. Juli, in der Hagia Sophia einen pompösen Gottesdienst feiern.[6]

Ohne Tumulte und Blut war die Regierungsübernahme gleichwohl nicht verlaufen, so gut abgekartet und von langer Hand vorbereitet sie offensichtlich war, wenn auch das ganze Netz von Intrigen, Querverbindungen schon damals wohl nur wenigen erkennbar wurde. Es kam zu wüsten Wirren, wiederholten Radauszenen selbst in der Sophienkirche. Mehrere Thronbewerber traten auf, kurz, wie Sternschnuppen, gingen augenblicklich unter im brodelnden Krawall. Und als der bestochene Senat Justin nominierte, stürzte sich eine Gruppe Oppositioneller auf diesen, einer spaltete ihm mit der Faust die Lippe, worauf seine Leute blankzogen, die Anstürmenden niedersäbelten und vertrieben.[7]

Jedenfalls schaffte der katholische Analphabet, wenn auch gewiß nur mit Hilfe des hinter ihm stehenden überlegenen Neffen, alles an einem Tag: Wahl, Bestätigung und Krone aufs Haupt.

Trotz seines Schwurs bei der Wahl, keinen Konkurrenten oder bisherigen Gegner zu verfolgen, säuberte Justin sogleich den Hof von unerwünschten Elementen, von allem, was den «Ketzerkaiser» unterstützt hatte. Fast unmittelbar nach dem Festgottesdienst in der Hagia Sophia, nur zehn Tage nach dem Machtwechsel, wurde die Opposition ausgeschaltet, beinah lauter Eunuchen, Cubiculare: der Cubicularius Misael verbannt, dito der Kämmerer Ardabur, der Kämmerer Andreas Lausiacus geköpft, erst recht natürlich geköpft der Großkämmerer Amantios, dessen Bestechungsgelder Justin betrügerisch für sich selbst ausgegeben. Thronkandidat Theokrit, der Neffe und vorgeschobene Strohmann des Amantios, der, da Eunuch, nicht selber Kaiser werden konnte, wurde zu Tod gesteinigt, seine Leiche ins Meer geworfen. Die Opfer sympathisierten offenbar mit den Monophysiten und sind von ihnen auch als Märtyrer gefeiert worden. Noch vor ihrer Liquidierung aber hatte man «das *Benedictus* und das *Dreimal-Heilig* gesungen», hatte das Chalkedon-Fest «seine Premiere in der Konstantinopler Liturgie gefeiert» (Grillmeier SJ). Bereits einen Tag nach der Ermordung der Konkurrenz wurden die Namen von Papst Leo I. sowie die der katholisch gesinnten Patriarchen Euphemios und Makedonios in das eucharistische Gebet aufgenommen. Und schon am 7. September konnte der kaiserliche Neffe Justinian nach Rom berichten: «Der Großteil der Glaubens-(fragen) ist durch Gottes Hilfe bereits beigelegt...»[8]

Justin I. hatte bereits am 1. August seine Erhebung – «Gottes Gnadenerweis» – den Patriarchen des Reiches angezeigt, auch Papst Hormisdas, der «Heiligkeit» verkündend, «daß wir zuallererst durch der unteilbaren Dreifaltigkeit Gnade, dann durch der hochansehnlichen Würdenträger unseres kaiserlichen Palastes und des ehrwürdigsten Senates, dazu des treubeständigen Heeres Wahl zwar gegen unseren Willen und widerstrebend zur Herrschaft erwählt und bestätigt worden sind. Wir bitten nun, Ihr möget mit Euren heiligen Gebeten zur göttlichen Macht flehen, daß unserer Herrschaft Anfänge gestärkt werden. Das zu hoffen, steht uns wohl an und Euch, ihm zu Erfüllung zu verhelfen.» Der Papst betonte in seinem Glückwunschschreiben die gottgewollte Wahl und erhoffte eine baldige Kircheneinigung.[9]

Unterstützt hatten Justins Machtergreifung: die Armee, der der alte Haudegen dann – jedem Soldaten! – das chalkedonensische

Bekenntnis zur Pflicht machte; weiter der Katholizismus, da Justins Sympathie dafür natürlich bekannt war; und die Masse des Volkes, der nicht zuletzt seine Abkunft als Schweinehirt imponierte sowie seine «Rechtgläubigkeit», war die Hauptstadt doch überwiegend katholisch. Die Priester apostrophierten ihn als gottgeliebter und allerchristlichster Kaiser. Und Neffe Justinian bekannte 520, Justin begründe seine Herrschaft «auf der heiligen Religion».[10]

Nun galt also die Glaubensformel von Chalkedon wieder. Denn Justinian, der maßgebliche Mann der neuen Regierung, zumindest bereits für die Kirchenpolitik, «begriff, daß nur ein klares Ja zu Chalkedon Aussicht auf Befriedigung des Reiches bot» (Bacht SJ). Anders gesagt: die katholische Kirche hätte, solange ihr die Schlüsselrolle vorenthalten blieb, ewig für Unfrieden gesorgt, und «Befriedigung» hieß jetzt, wie die Geschichte zeigt und fortan immer zeigen wird, besteht irgendwie die Möglichkeit dazu: Unterdrückung aller anderen Religionen. So verstand es auch Papst Hormisdas, der dem Kaiser schrieb: «Sehet, wie sehr noch täglich der Wahnwitz des alten Feindes wütet. Während doch die Sache längst durch ein Endurteil entschieden ist, erleidet der Friede Verzögerung . . .» Der Papst aber wollte «zur Liebe zurückkehren», wollte Frieden, jenen Frieden freilich, den er auch dem Kaiser mit dem pseudopazifistischen Bibelwort rühmt: Ehre sei Gott in der Höhe und Friede den Menschen auf Erden, die guten Willens sind! Denn guten Willens sind da stets die nur, die wollen, was Rom will. Knapp und treffend kommentiert Berthold Rubin in seiner brillanten Justinian-Monographie: «Friede für die Gesinnungsgenossen, Krieg und Terror für die Andersdenkenden».[11]

Verfolgung der Monophysiten unter Justin I.

Justin und Justinian hatten, wie ein Papstbrief beweist, schon vor dem Umsturz mit Rom konspiriert. Sie hatten die Macht mit Hilfe der Katholiken gewonnen; nun mußten sie sich auch erkenntlich zeigen, zumal Papst Hormisdas da Eindeutiges wünschte: posthume Verteufelung des Akakios samt seinen Nachfolgern Euphemios und Makedonios, die doch «gewiß ihr Bestes getan» (Handbuch der Kirchengeschichte), sowie ihrer Beschützer, der Kaiser Zenon und Anastasios; nicht zuletzt aber das Bekenntnis zur römischen Kirche und zum Gehorsam gegen ihre Entscheidungen durch Unterschrift unter das von ihm geschickte «Formular». Augenblicklich beseitigten sie die monophysitische Religionspolitik des Anastasios und gingen auf Gegenkurs. Schon zu Beginn seiner Regierung, 519 oder 520, hatte Justin ja in einem Edikt von allen regulären römischen Soldaten die Annahme des Glaubensbekenntnisses von Chalkedon unter Androhung schwerer Strafen gefordert. Und da er entschlossen war, dies Bekenntnis auch im ganzen Reich durchzusetzen, begannen, besonders in Syrien, in Palästina, ausgedehnte «Ketzer»-verfolgungen, der Arianer, der Monophysiten und aller anderen Dissidenten, wobei freilich stets finanzielle Motive mitspielten (wie die neuen Herren ja auch alsbald ihre Verwandtschaft in einflußreiche zivile und militärische Stellungen brachten). Strenge Strafen trafen den Klerus, die Laien, sogar Kinder.[12]

Die vertriebenen katholischen Prälaten, illustre Offiziere und Beamte wurden sofort zurückgerufen, 54 Bischöfe der Gegenseite postwendend in die Verbannung gejagt, wo Philoxenus, der Metropolit von Mabbug (Hierapolis), bald darauf in Thrakien starb. Den Konstantinopeler Patriarchen Johannes II. (518–520), noch unter Anastasios erwählt und ihm ergeben, hatte man, kaum eine Woche nach Justins Thronbesteigung, am Sonntag, den 15. Juli, unter dem Druck der aufgehetzten fanatisch brüllenden Massen und «rechtgläubigen» Mönche, voran die superorthodoxen Akoimeten, in der Hagia Sophia zur öffentlichen Verleugnung seines Glaubens genötigt, zur Verwerfung des Henotikons, Anerkennung von Chalkedon sowie zur Verdammung des eigentlichen Monophysitenführers Severos von Antiochien – er floh später (29. September 518), wie so mancher Monophysitenbischof, nach Ägypten –, und sogleich hatte der Patriarch eingewilligt, wenn auch gewiß nicht leichten Herzens. (Schwerer als alles fiel ihm die Verdammung seiner Vorgänger in Konstantinopel und die Tilgung ihrer Namen in den Diptychen. Doch der Papst bestand immer wieder darauf.) Bald kreierte man ein «Chalkedon-Fest», eine Dauereinrichtung im Kalender Konstantinopels. Sofort nach Liquidierung der Cubiculare erließ Justin, gestützt auf die erzwungene Petition einer Synode unter dem Hofpatriarchen, einen Rundbefehl, der jede «Ketzerei», besonders das monophysitische Bekenntnis, unter Strafe stellte und die Provinzgouverneure zu entsprechenden Maßnahmen anhielt. «Die Folge war wüster Terror, der vor allem die Monophysiten traf. Nur in Ländern von absoluter Mehrheit der Andersdenkenden wagte die Regierung nicht, auf buchstäbliche Verwirklichung ihrer Forderungen zu dringen. Überall, wo die Orthodoxen sich stark genug fühlten, ging eine Flut von Verfolgungen über die Monophysiten nieder. Ihre fanatischsten Anhänger, insbesondere die Mönche, wanderten kurzerhand in die Wüste und gründeten eine Reihe von Emigrantensiedlungen, die der Staatsgewalt unerreichbar blieben» (Rubin). Der Vertrauensmann und geliebte Sohn des Papstes, Vitalian, forderte sogar die körperliche Verstümmelung des Monophysitenführers Severos. Die «severianische Hierarchie» wurde ringsum unterdrückt, verfolgt, ohne daß die monophysitische Kirche, jäh in die Illegalität gedrängt, verketzert, hätte vernichtet werden können. Noch die Knochen toter «Ketzer» wollte man zerstört sehen.[13]

Doch nicht jeder unterwarf sich.

In Ägypten, Zentrum der Opposition für die nächsten fünfzig Jahre, vermochte man, trotz aller Bischofsabsetzungen, Verfolgungen, den monophysitischen Widerstand nicht zu brechen. Und auch in Syrien zeigte man die Zähne. Weithin herrschte dort Aufruhr. Die neu erhobenen katholischen Prälaten konnten meist nur mit militärischer Hilfe amtieren.

War das prominenteste Opfer der Monophysitenpogrome unter Justin Patriarch Severos von Antiochien, der von Ägypten aus unermüdlich die Gegenwehr organisierte und Heiliger der Jakobiten, der Kopten wurde (Fest: 8. Februar), so war der wüsteste Monophysitenjäger seinerzeit der Nachfolger des Severos, Paulos II. (519–521), genannt der Jude, ein früherer Gastwirt aus Konstantinopel. Er eröffnete eine schwere Verfolgung in seinem Sprengel. Etwa vierzig Bischöfe, die Severos anhingen, verloren ihren Stuhl. Patriarch Paulos jagte die Mönche aus den Klöstern, die Styliten von den Säulen, er trieb Menschen wie wilde Tiere über Berge, durch die Felder, setzte sie Schnee aus, Kälte, brachte sie um Nahrung, Besitz, ließ sie verbannen, foltern, töten. Kleriker wie Laien traf seine Wut, Männer und Frauen, sogar Kinder. Schließlich mußte ihn Justin wegen seiner Verbrechen entfernen.[14]

Die Mönche von Edessa, die sich weigerten, das Chalkedonense anzunehmen, verstieß der neue Bischof Asclepius mitten im Winter, an Weihnachten, mit Waffengewalt, obwohl viele von ihnen alt waren und krank. Erst nach sechsjährigem Exil konnten sie zurück. Auch zahlreiche andere «Ketzer» wurden unter Bischof Asclepius verbannt, auf alle Arten gefoltert, umgebracht, bis er selber, im Winter 524/25 von der Bevölkerung verjagt worden ist.[15]

DER LIBELLUS HORMISDAE

Papst Hormisdas, der Vater des späteren Papstes Silverius, wollte allerdings noch mehr: die totale Unterwerfung. Sie will Rom immer, besteht die Möglichkeit. Und selbstverständlich gingen seine Ambitionen über die Beseitigung der Kirchendirektiven eines Zenon, eines Anastasios, über den Bereich der Religion überhaupt hinaus, da es im Grunde stets um Geld nur geht, um Geltung, Macht. So erstrebte der römische Stuhl auch jetzt die «Ausweitung des päpstlichen Einflusses auf das innere Leben des orientalischen Kaiserreiches im allgemeinen, auf seine Politik und auf andere Seiten der komplizierten Regierungsmaschinerie» (Vasiliev).[16]

Hormisdas schickte seine Forderungen und viele Briefe mit einer Legation im Januar 519; ein Presbyter, zwei Diakone, darunter der spätere Papst Felix. Am 25. März empfing sie der gesamte Senat schon zehn Meilen vor Konstantinopel – an der Spitze Justinian und der längst zurückgerufene Vitalian, der alte Glaubenskrieger; beide nannte Hormisdas seine «geliebten Söhne». Mit brennenden Lichtern, mit Lobgesängen wurde die Gesandtschaft eingeholt und dem Kaiser ein Brief des Papstes ausgehändigt, der dem gekrönten Berufsschlächter recht großzügig Weihrauch streute. Als von Gott prädestiniert pries er ihn, als geborenen Friedensbringer. Nicht das Kaisertum sei eine Zier für ihn, nein, er für das Kaisertum. Längst hätten die Völker den Justin ersehnt, schon vorher sei der «süße Geruch» von ihm bis Rom gedrungen, so daß da gelte: «Ich kannte dich, ehe denn ich dich im Mutterleibe bereitete . . .»[17]

Tatsächlich hatte Papst Hormisdas richtig gerochen. Wie einst Anatolios unter dem Druck Marcians und Pulcherias Leos Lehrbrief unterschreiben mußte (S. 228), so kroch jetzt auch Johannes II. (518–520) von Konstantinopel gänzlich zu Kreuz. Auf Justins Befehl unterzeichnete er den im Wortlaut vorgelegten libellus Hormisdae. Akakios wurde öffentlich verflucht, selbst der Name des Zenon, des Anastasios aus den kirchlichen Diptychen gestrichen. Überdies erkannten Patriarch und Kaiser, in einem beispiellosen Schreiben, einer Antwort auf die Briefe des Papstes, dessen Herrschaftsanspruch über die ganze Kirche an. Und rund 2500 Bischöfe pflichteten bei! Eine totale Unterwerfung, ein selten großer Sieg Roms; freilich, wie schon die nächsten Dezennien zeigten, eine Art Pyrrhussieg. Sehen doch viele in der Regierung Justinians, des katholischen Kaisers, «eine der beschämendsten Niederlagen des Papsttums» (H. Rahner SJ). Einstweilen freilich triumphierte Hormisdas: «Gloria in excelsis Deo . . .»[18]

Die Einigung von Konstantinopel und Rom, die zur Wiederherstellung eines großen römischen und katholischen Reiches samt der völligen Vernichtung zweier germanischer Völker führte, hatte auch den Osten tiefer entzweit als je zuvor.

Noch während des Aufenthaltes der päpstlichen Gesandten (bis 9. Juli 520) in Konstantinopel wurde drastisch demonstriert, wie sehr die Auseinandersetzungen dort fortdauerten, wie sehr mancher Bischof am Henotikon festhielt, wie schwer sich mancher entschließen konnte, seine Vorgänger oder gar Akakios posthum zum Teufel zu schicken.

Die Sache betraf Unterschriften unter den sogenannten libellus, die vom Primat Roms ausgehende «Regula fidei Hormisdae», die Anerkennung des Konzils von Chalkedon und «aller Briefe» von Papst Leo I. Der Metropolit Dorotheos von Thessalonike sandte deshalb 519 zwei Bischöfe nach Konstantinopel mit Bestechungsgeldern, so der Legat des Papstes, Johannes, «die nicht bloß Menschen, sondern sogar Engel zu blenden vermocht hätten». Und als Bischof Johannes selber nach Thessalonike kam, um Metropolit Dorotheos den libellus seines Herrn unterschreiben zu lassen, da dachte der Erzbischof nicht daran, machte Einwände und ließ schließlich die von ihm aufgeputschte Christenheit über Johannes herfallen. Man schlug zwei Diener des Prälaten tot, ebenso seinen Gastgeber und verwundete den Legaten selber schwer. Nur die Polizei bewahrte ihn vor dem vollendeten Martyrium. Als Hormisdas den Dorotheos zwecks «Belehrung im katholischen Glauben» nach Rom zitierte, folgte dieser durchaus nicht, sondern schrieb Seiner Heiligkeit: «was bedarf es langer Rede, da euch alles unser Herr und Gott Jesus Christus offenbaren und Genüge tun kann . . .» Er log dem Römer vor, er habe seinen Gesandten unter Lebensgefahr beschützt. Und der Papst, der beim Kaiser die Amtsenthebung des Erzbischofs nicht durchsetzen konnte, lenkte kleinlaut ein und replizierte schließlich, wer seine Unschuld nicht kenne, müsse meinen, er sei «vom christlichen Pfade abgewichen».[19]

Im Grunde freilich hatte Hormisdas, wie jeder kluge Papst, bis ins 20. Jahrhundert, gar nichts gegen ein bißchen Verfolgung. Man weiß das: es möbelt auf, weckt die Schläfer, schart sie ums

Kreuz. «Meine Brüder, nichts Neues ist für die Kirche Verfolgung», schrieb Hormisdas bereits zu Beginn der Auseinandersetzungen mit der Kirchenpolitik der Justinianischen Dynastie. «Und doch: gerade wenn sie gedemütigt wird, richtet sie sich auf, und an den Verlusten, die man ihr zufügt, wird sie reich. Die Gläubigen wissen es aus Erfahrung: mit dem Tod des Leibes gewinnt man das Leben der Seele. Nichtiges geht dahin, aber Ewiges wird eingetauscht. Die Verfolgung erprobt ... Als erster ist unser Herr ans Kreuz gestiegen».[20]

Auch an der Spitze der Katholiken aber ging der Machtwechsel nicht ohne etwas Blutverlust ab.

Kurz nach dem Regierungsbeginn hatten Justin, Justinian und Vitalian in der Kirche der hl. Euphemia von Chalkedon, dem einstigen Tagungsort des Konzils, sich gegenseitig Sicherheit durch einen heiligen Schwur garantiert und darauf das Abendmahl genommen. Der päpstliche Vertrauensmann Vitalian, «unser hochberühmter Bruder», wie in einem Brief Justinians an Hormisdas stand, betrieb schon längst die Einigung mit Rom, war als Glaubensstreiter populärer als Justinian selbst und deshalb von ihm gefürchtet. Er gewann großen Einfluß, stieg zu höchsten Würden auf. Er wurde rasch Magister militum praesentalis, 520 Konsul. Doch noch im Juli desselben Jahres ließ Justinian, dessen gesamte Politik sich auf die Nachfolge konzentrierte, Vitalian samt einigen anderen Offizieren bei einer Festivität im Palast ermorden – vielleicht nicht durch Soldaten, sondern durch radikale Monophysiten.[21]

Dies Ende seines «geliebten Sohnes» durch seinen andern «geliebten Sohn» wird Seine Heiligkeit nicht sehr bekümmert haben. Sie protestierte natürlich nicht. Dagegen drängte Hormisdas den Kaiser, in der Frage des Rekonziliationen «die Hand nicht von der Vollendung des Werks zu lassen noch sich wegen des Widerstands einiger in seinem Vorsatz lässiger zu zeigen». Keinesfalls dürfe «wider das Heil dem Willen der Untertanen nachgegeben werden». Selbst Justin beklagte bereits am 9. September 520 die Strenge des Papstes und erinnerte ihn daran, daß einer seiner Vorgänger, Anastasius (S. 336), viel toleranter gewesen sei.[22]

Rom geht von Ravenna zu Byzanz über

Der Umsturz unter Justin brachte allmählich, ebenso politisch wie religiös bedingt, auch ein schlechteres Verhältnis zwischen Byzanz und Ravenna. Der zu Lebzeiten des Königs geheime, doch von ihm durchaus erkannte antigotische Trend setzte ihm zuletzt noch beträchtlich zu und führte unter seinen glücklosen Nachfolgern zur Rückeroberung Italiens durch Justinian.

Das alles lag in der Natur der Sache und war offenbar von Anfang an geplant, wie sehr man zunächst auch die Goten eingelullt hat. So adoptierte Justin nicht nur Theoderichs Sohn und Thronfolger Eutharich, sondern bekleidete mit ihm gemeinsam auch das Konsulat des Jahres 519. Alle maßgeblichen Männer aber der neuen Regierung, Justin, Vitalian, Justinian, hatten schon vor dem Umsturz mit dem Papst konspiriert, offensichtlich auch eine Allianz mit ihm gewollt. Und «Vom Kirchenfrieden Iustins führt ein gerader Weg zum Gotenkrieg Iustinians» (Rubin). Denn natürlich bedeutete der «Kirchenfrieden» keinen wirklichen Frieden, sondern einen Frieden nur zwischen jenen, die guten Willens sind (vgl. S. 144 f)! Im übrigen aber war es ein Kampfbund zwischen Byzanz und Rom, das die Fronten jetzt wechselte.[23]

Justin, engagiert katholisch, hatte das Henotikon gleich preisgegeben und somit das Haupthindernis zwischen den Katholiken Italiens und dem Kaiser beseitigt. Das Papsttum, bisher gegenüber dem toleranten gotischen «Ketzerkönig» nolens volens willfährig und immerhin von ihm profitierend, tendierte nun stark zu Byzanz, ebenso der römische Senat; während Theoderich, viel zu spät, die Katholiken schärfer zu kontrollieren begann. Bestand vordem eine Front Gotenreich und Rom gegen Byzanz, so bildete sich nun die viel gefährlichere Front Rom und Byzanz gegen die Goten. Sahen die Zeitgenossen im frühen 6. Jahrhundert doch immer noch im absolutistischen christlichen Byzantinischen Reich das Zentrum der Welt. Zunächst zwar war Justin den «Barbaren» entgegengekommen, hatte er den arianischen Goten im Osten Konzessionen gemacht und sie von den allgemeinen

«Ketzer»pogromen ausgenommen. Aber dann nahm er dies Zugeständnis zurück und verfolgte auch die bisher Geduldeten. Seit der Jahreswende 524/25 ging er rigoros gegen die andersgläubigen Goten vor. Arianische Kirchen wurden geschlossen, konfisziert, in katholische umgewandelt, auch ihre großen Besitztümer für die Katholiken beschlagnahmt, die Arianer von öffentlichen Ämtern, von der Armee ausgeschlossen, viele zwangsbekehrt. Es kam zu Massenübertritten, und Theoderich intervenierte.[24]

Leider bediente er sich dabei des Papstes.

Hormisdas lebte nicht mehr. Er war am 6. August 523 gestorben und in St. Peter bestattet worden – die Grabinschrift setzte ihm sein eigener Sohn, der spätere Papst Silverius. Doch auch der unmittelbare Nachfolger, Johannes I. (523–526), von dem die Geschichte wenig weiß, um so mehr wieder die Legende, verspürte kaum Lust, für die verdammten «Ketzer» in Konstantinopel Toleranz zu erbitten, wie sie Theoderich selber gegenüber den Katholiken Italiens übte, mochte auch die Atmosphäre zwischen Rom und Ravenna seit 519 merklich abgekühlt sein. Papst Johannes reiste also, schon als kranker Mann, nach Konstantinopel, wo er sich vom November 525 bis nach Ostern 526 aufhielt. Er wurde triumphal empfangen, gefeiert, und hinter allem stand natürlich der Wunsch nach religiöser Einheit ebenso wie der nach Einheit des Reiches. Theoderich hatte einen diplomatischen Fehler begangen, den Papst und das Papsttum wohl überhaupt falsch eingeschätzt. Doch hätten sich die Dinge vermutlich ohnedies nicht anders entwickelt. Der Kaiser sank vor dem Priester nieder, «als wäre er der heilige Petrus selbst». Der römische Bericht behauptet sogar, der Herrscher habe «den Papst Johannes adoriert» (adoravit). Dieser wirkte auch gleich ein Wunder, indem er einen Blinden sehend machte, hatte aber sonst nur geringen Erfolg – für den König der «Ketzer» und «Barbaren». Sein Erfolg als Papst hingegen war gewaltig, ja, der Papstbiograph läßt ihn beim Kaiser «alles erreichen». Justin gab zwar die konfiszierten Kirchen frei, schlug aber die Rückkehr der Zwangsbekehrten zum Arianismus ab, gewiß in Übereinstimmung mit Johannes. Als dieser krank und von der Reise geschwächt nach Ravenna zurückkam und dort kurz darauf am 18. Mai 526 starb, da verklärte die katholische Legende sein unrühmliches Ende am Hof des «Ketzer»königs durch eine schreckliche Kerkerhaft, durch das Martyrium. Vor seinem Totenbett reißen sich Senatoren und Volk bereits um Reliquien. Bei der Bestattung geschieht wieder ein Wunder. Und schon in seiner Grabschrift in der Vorhalle der römischen Petersbasilika figuriert der «Bischof des Herrn» als «Schlachtopfer Christi». Der Liber Pontificalis nennt ihn «martyr» – während der «häretische König» nach dem päpstlichen Biographen «in Wut entbrannte und ganz Italien mit dem Schwert erwürgen wollte»; ein sprechendes Bild! (Später verteufeln Theoderich christliche Legenden. Dagegen verzeichnet am Ende des Jahrhunderts Papst Gregor I. schon Wunder, die Johannes noch zu Lebzeiten gewirkt. Und Bischof Gregor von Tours, der ein Buch voller Mirakel nach dem andern fabrizierte, meldet schließlich, daß der wütende Katholikenverfolger Theoderich den Papst gefesselt in den Kerker warf. «Ich werde dir abgewöhnen, fürderhin wider unsere Sekte zu murren», und «unter vielen Peinigungen» gibt «der Heilige Gottes» seinen Geist auf.)[25]

Christliche Geschichtsschreibung!

Im folgenden Jahr 527 beschloß Justin ein «Ketzer»gesetz, das praktisch allen Nichtkatholiken die bürgerliche Existenz entzog. Denn: «Denen, die Gott nicht in der rechten Weise verehren, sollen auch die menschlichen Güter vorenthalten werden». Als «Häretiker» aber galt jeder, der nicht zur katholischen Kirche gehörte. Ausdrücklich genannt werden noch: Manichäer, Samaritaner, Juden und Hellenen, das heißt Heiden.[26]

Frühe Kreuzzüge oder allerlei arabisch-äthiopische Heilsgeschichten

Bereits eine Art Kreuzzug führte Justin nach Südarabien, wobei es freilich wohl mehr um Kommerzielles als um Mission ging, ergo – mit Nietzsche – die höhere Seeräuberei schon damals, weiter nichts ...

In Südarabien zog eine Offensive des christlichen Abessinien eine Christenverfolgung und Kirchenzerstörung durch König Yūsuf (Dhū Nuwās) nach sich, einen fanatischen jüdischen Proselyten. Sein Gegenspieler 'Ella 'Aṣbeḥa, Beherrscher Abessiniens und monophysitischer Christ, genannt «christlicher König», hatte den Yūsuf 522 angegriffen, war aber in zwei Gefechten unterlegen. Yūsuf «säuberte» nun sein Land barbarisch von christlichen Missionaren, Händlern, Spitzeln, ließ auch 300 sich freiwillig stellende Soldaten der christlichen Invasionsarmee, trotz heiliger Schwüre bei Adonai, der Thora, dem Gesetz, niedermachen, fast ebenso viele in der Hauptkirche von Zhafār lebendig verbrennen. Negus 'Ella 'Aṣbeḥa bereinigte Abessinien von Yūsufs Agenten. Yūsuf suchte beim persischen Großkönig Hilfe; 'Ella 'Aṣbeḥa, der intensiv vor allem seine Flotte ausbaute, bei Kaiser Justin, der ihn drängte, zu Land und See «den abscheulichen, hemmungslosen Juden» zu attackieren. Hinter den Auseinandersetzungen standen offenbar handelspolitische Interessen; wie denn das abessinische Christentum auch aus Handelskolonien hervorgegangen war. Der streng katholische Kaiser und scharfe Monophysitenverfolger bat sogar den alexandrinischen Patriarchen Timotheos, einen Monophysiten, dem die äthiopische Kirche jurisdiktionell unterstand, um freundliche Förderung seiner diplomatischen Mission bei dem monophysitischen Negus, und er fand den Patriarchen ebenso willig wie den Negus selbst, der die Segenswünsche des Kirchenfürsten empfing und eine beträchtliche Zahl von Truppentransportschiffen des Kaisers.[27]

Negus 'Ella 'Aṣbeḥa schickte zunächst im Winter 524/25 ein Heer von angeblich 15 000 Glaubensrittern Richtung Südarabien, das aber nach einem 22-Tage-Marsch in einer wasserlosen Wüste sang- und klanglos zugrunde ging. Die Hauptstreitmacht marschierte nach einem feierlichen Gottesdienst kurz nach Pfingsten 525 zur Küste, wobei unterwegs der Säulenheilige Pantaleon, der 45 Jahre stehend wachend betend auf einem Turm auf der Spitze eines Berges lebte (offenbar um Gott möglichst nahe zu sein), den Sieg prophezeite und den Negus abermals segnete. Bei der Ankunft der Invasionsflotte in Arabien – weitaus die meisten Schiffe, sechzig, hatten byzantinische, persische und abessinische Kaufleute gestellt – empfingen die Sturmtruppen das Abendmahl, Mönche unterstützten sie rudernd bei der Landung, und da den Äthiopiern jetzt nicht nur der Erzengel Gabriel, sondern auch der Stylit Pantaleon erschien, wurde Yūsuf geschlagen, zumal ihn die Seinen auch noch verraten hatten. Er und die ihm treu gebliebnen Führer sprangen über die christlichen Klingen. Dann kassierte Negus 'Ella 'Aṣbeḥa in Yūsufs Hauptstadt Zhafār dessen Familie und Schätze und ließ sieben Monate lang das Land, in dem plötzlich Kirchen nur so aus dem Boden schossen, erbarmungslos plündern und die Bevölkerung derart schinden, daß sie sich Kreuze auf den Leib tätowierte, um dem Terror des Negus zu entgehn. Südarabien verlor seine Selbständigkeit und bekam christliche Statthalter. 'Ella 'Aṣbeḥa aber ist bis heute Heiliger der Kirche, ja, steht nahezu «an der Spitze des Interesses der westlichen Christenwelt an den arabisch-äthiopischen Heilserlebnissen» (Rubin).[28]

Das Judentum, das wie so oft, so auch in Abessinien wahrscheinlich zu den Vorläufern des Christentums gehörte, konnte sich nach dessen Sieg dort nicht mehr halten. Um die Wende des 7. Jahrhunderts zwangen die christlichen Fanatiker die Juden zur Auswanderung.[29]

Bei einem weiteren Expansionsversuch im Osten praktizierte Kaiser Justin eine nachmals klassisch werdende Methode, eine Grundregel christlicher Staatskunst noch in der modernen Kolonialzeit: erst ging er missionarisch vor, durch Einsatz von Geistlichkeit und Taufwasser; dann diplomatisch; und etwa im letzten Jahr seiner Regierung schickte er Truppen. Derart schuf Byzanz sich im Kaukasus mit seinen wichtigen Pässen eine dauernde und bedeutende Pufferzone, indem man bis zum heutigen Georgien vorstieß, wobei nicht nur strategische, sondern wiederum auch starke handelspolitische Interessen mitspielten.[30]

Die Georgier standen unter persischer Oberherrschaft, waren aber seit dem 4. Jahrhundert Christen und hatten häufig Auseinandersetzungen mit den Vertretern der mazdaistischen Feuerreligion. Schließlich riefen die aufständischen, von ihrem Klerus gelenkten Christen Kaiser Justin zu Hilfe, was zweifellos mit diesem abgesprochen war. Er sandte zunächst ein hunnisches Heer unter dem Magister militum Petrus, der «mit aller Kraft» streiten sollte, aber nichts erreichte und 526 abberufen wurde. Doch bald darauf operierten die jungen Feldherren Sittas und Belisar an der Ostgrenze – unterstützt auch von Sarazenen des Araberfürsten Taphar. Die christlichen Kämpfer holten sich zunächst eine Menge Sklaven und Beute, dann freilich, bedingt vor allem durch ein raffiniertes Hindernissystem, Fallgruben und «spanische Reiter» der Perser, zwei schlimme Schlappen bei Thannuris und am Melabaš.[31]

Inzwischen war Kaiser Justin am 1. August 527 im Alter von 75 oder 77 Jahren an einer wiederaufgebrochenen Pfeilwunde am Fuß gestorben, worauf ihm sein Neffe Justinian, von dem kranken Herrscher, der das Staatsruder noch nicht hatte aus der Hand geben wollen, zunächst entschieden abgehalten, in der Regentschaft folgte. Doch war er wahrscheinlich schon immer der Spiritus rector von Justins Politik.[32]

Kaiser Justinian – Beherrscher der Kirche

Justinian I. (527–565), wie Onkel Justin ein makedonischer Bauernsohn, aber vorzüglich gebildet, ist bei Beginn seiner Regentschaft 45 Jahre alt. Ein Pykniker, mittelgroß, rundgesichtig, frühzeitig kahl, vermutlich ein dinarischer Typ, ein Mensch voller Widersprüche und Rätsel, damals und heute Halbgott und Satan je nach Sicht. In ihm verbinden sich geistige Wachsamkeit mit fast einzigartigem Fleiß, Mißtrauen und Neid. Er war gründlich, energisch, auch rabulistisch und verheuchelt, ein bedenkenloser Intrigant. Er aß wenig und fastete manchmal tagelang. Er wollte alles selber machen – ein detailverliebter, mitunter bis zur Pedanterie gehender besessener Schaffer. Er schlief wenig, der «schlaflose Kaiser», angeblich oft nur eine Stunde – der «wachsamste aller Kaiser». Allnächtlich soll er mit Bischöfen und heiligen Männern disputiert haben. Er «sitzt immer nachts ohne Bewachung beim Gespräch», behauptet Prokopios, das berühmte Vorbild byzantinischer Historiographie, in seiner «Geheimgeschichte», «und will mit greisen Priestern die Rätsel des Christentums spitzfindig ergründen». Er verläßt kaum den Palast und regiert die Welt sozusagen vom Schreibtisch aus. Mit Hilfe seiner Generale Belisar und Narses erzwingt er die Rückeroberung und Katholisierung des Westens. Drei Viertel seiner fast vierzigjährigen Regierungszeit sind Kriegsjahre. Dabei fühlt er sich als Stellvertreter Gottes auf Erden und somit selbstverständlich auch als Herr der Kirche, wie jeder Kaiser von der früh- bis zur spätbyzantinischen Zeit, während der Patriarch nur der Hofbischof ist, sein Diener – wie jeder Patriarch, jeder Papst. Seine Unterschrift nennt er «göttlich», sein Eigentum, sich selber «heilig» (die Päpste übernahmen diese «Heiligkeit» bald), alle Gebäude seines Palastes sind geheiligt – man erinnere sich an Konstantin I., den Heiland, Erlöser, der sich «Unsere Gottheit» nannte (I 241 ff).

Wie Justinian politisch rastlos tätig war, so auch theologisch, und dies derart, daß man sagen konnte, er habe seinen Beruf verfehlt. Freilich, nur für die einen ist er Experte, für die anderen eine Art unglücklicher Liebhaber der Theologie, ein Amateur. Obwohl beinah bis ans Lebensende Katholik, der an den Lehren Roms, nicht ohne opportunistische Zickzackkurse, festhält, fühlt er sich doch als Gesetzgeber der Kirche, als ihr Herr und Meister. Er bestimmt die Termine für die Synoden, er behält sich das Recht für die Einberufung eines ökumenischen Konzils vor und stellt die Synodalkanones den Staatsgesetzen gleich. Er entscheidet selbstherrlich Glaubensprobleme, erläßt Glaubensdekrete. Er besetzt die Bischofsstühle, wie es ihm paßt, im Osten allerdings längst nicht mehr ungewöhnlich. Er ist aber nicht nur kirchlicher Gesetzgeber, er dekretiert nicht nur «Wie Bischöfe und andere Geistliche zur Weihe zugelassen werden sollen», «Was für ein Leben die Mönche führen sollen» et cetera, sondern er ist auch theologischer Autor, verfaßt sogar Kirchenlieder. Zumal im Alter insistiert er immer eindeutiger auf der Theologie. Er erbaut die Hagia Sophia und bezahlt dafür angeblich 320 000 Pfund Gold. Schossen ja unter seiner Regierung in allen Provinzen Kirchen und Klöster nur so aus dem Boden; war er doch ein fast leidenschaftlicherer Baumeister noch als Konstantin I. Justinian, der die Wiederherstellung des Imperiums erstrebt, ist aber nicht bloß der Gebieter der Catholica, sondern er wird als solcher auch vom römischen Bischof, von der Stadt Rom anerkannt. Seit Pelagius I. (556–561) muß der Westen vor der Papstweihe die kaiserliche Bestätigung der Wahl einholen.[33]

Justinian eifert der Demut Christi nach, ordnet «die Kriege gut und die geistlichen Angelegenheiten ...»

In Justinians Imperium, das vom Persischen Golf bis Spanien reicht, gehören Politik und Glaube untrennbar zusammen, ja, neben seiner organisatorischen Tätigkeit und Kriegführung nimmt die Religionspolitik bei diesem Kaiser, der sich als Gottesgelehrter begnadigt, um nicht zu sagen inspiriert fühlte, einen besonderen, ausgedehnten Platz ein. Kennt die byzantinische Reichsidee doch überhaupt keine Gewaltenteilung zwischen Staat und Kirche! Der Kaiser ist vielmehr der oberste Chef auch der Kirche. Er steht nicht in, sondern über ihr. Er regelt kirchliche, kultische, theologische Fragen, die Bekämpfung der «Häresien», der Heiden genauso wie irgendwelche (sonstige) staatliche oder militärische Dinge. «Jedes Hochamt in der Sophienkirche, an dem der Kaiser teilnahm, trug das Gepräge einer politischen

Demonstration – ebenso wie die Staatsakte im heiligen Palast sich kaum von einem Hochamt unterschieden. Die Vermischung der weltlichen und geistlichen Sphäre kennzeichnen den byzantinischen Staat» (Rubin). Der Herrscher war hier Christus verantwortlich für die Rechtgläubigkeit, für die Kirche, das Reich Christi auf Erden, er war «geradezu die Verkörperung dieses Reiches, der Mittler zwischen Christus und der Menschheit», «der Stellvertreter Christi» (Dölger).[34]

Am Anfang des Codex Justinianus stehen die kirchenpolitischen Gesetze. 13 Titel sprechen vom Glauben, von der Kirche, den Bischöfen. Schon das erste Gesetz enthält ein förmliches Glaubensbekenntnis. Das nächste beginnt: «Da wir dem Erlöser und Herrn der Welt Jesus Christus, unserem wahren Gott, unbedingt ergeben sind, bemühen wir uns, soweit es dem menschlichen Geist möglich ist, seiner Demut und Herablassung nachzueifern». (Aus dem Munde eines Justinian, eines der größten Autokraten aller Zeiten, freilich auch eines der verheucheltsten, klingt dies besonders kurios.) 34 Titel der späteren Novellen gelten wiederum dem Kirchenrecht.[35]

Schon am Anfang seiner Regierung, in einem Gesetz vom 1. März 528, heißt es: «Wir richten alle Fürsorge auf die heiligsten Kirchen zur Ehre der heiligen, unverletzlichen und wesensgleichen Dreieinigkeit, im Vertrauen, Uns selbst und den Staat durch sie zu retten.» Und an den Patriarchen schreibt er seinerzeit: «Wir wenden alle Fürsorge den heiligsten Kirchen zu, durch die wir zuversichtlich unser Reich behaupten, und das öffentliche Leben dank der Gnade Gottes, des menschenliebenden, befestigen.»[36]

In der Einleitung zur VI. Gesetzesnovelle vom 16. März 535 schreibt der Monarch, der höchsten Güte des Himmels verdankten die Menschen zwei erhabene Gottesgaben: das Bischofsamt und die Kaisermacht. Jenes diene den göttlichen Dingen, diese leite das Weltliche. «Beide gehen hervor aus dem einen und selben Urquell, und sie sind die Zierde des menschlichen Daseins. Darum liegt den Kaisern nichts so sehr am Herzen als die Ehrfurcht vor dem Bischofsamt, da umgekehrt die Bischöfe zu immerwährendem Beten für die Kaiser verpflichtet sind».[37]

Das alte Lied: Thron und Altar, die hier allerdings gleichsam verschmelzen, eines sind. Weshalb der Herrscher auch aus voller Überzeugung den Glauben an die Spitze stellen kann. So versichert sein am 4. April 544 an die Bevölkerung Konstantinopels gerichtetes Glaubensedikt: «Für das erste und höchste Gut aller Menschen halten wir das rechte Bekenntnis des wahren, unverfälschten Christenglaubens, damit er überall seine Stärke zeige und alle hochheiligen Priester des Erdkreises zu gleicher Überzeugung sich vereinigen, übereinstimmend den wahren Christenglauben bekennen und alle von den Häretikern erfundenen Ausreden ausgerottet werden».[38]

Justinian stattete auch die Kanones der vier «ökumenischen» Konzilien mit Gesetzeskraft aus (Nov. 131,1). Doch zeigt sich der christliche Einfluß oft noch außerhalb jeder kirchlichen Legislatur, betont er plötzlich mitten in den «profansten» Erlassen, etwa in einem Beschluß gegen das übertriebene Würfelspiel, er ordne «die *Kriege* gut und die geistlichen Angelegenheiten . . .». In einem Verbot der Homosexualität verweist er nicht auf einschlägige Stellen seiner Gesetzbücher, sondern auf das Alte Testament. (Sehr viele «Männerverderber» [Zonaras] bestrafte er durch Abschneiden der Geschlechtsteile!)[39]

Privilegierung der Bischöfe und Schröpfung der Laien

Als Herr der Reichskirche hat Justinian den Einfluß der Bischöfe, ohnehin beträchtlich, noch verstärkt.

Ihre Immunitäten und Standesrechte wurden erheblich erweitert. Sie erhielten fast das volle privilegium fori. Der Kaiser befreite sie vom Zwang zum Zeugeneid, auch von der Ladung vor ein Zivil- oder Militärgericht ohne seine besondere Genehmigung; während er andererseits ihre eigene Gerichtsbarkeit über den Klerus von kirchenrechtlichen Fällen noch auf zivilrechtliche ausgedehnt hat. Ja, der Machtzuwachs der Bischöfe erstreckte sich auf die allgemeine Verwaltung insgesamt. Sie fungierten als Aufsichtsbehörde des Herrschers, besonders in der Finanzverwaltung, beim Aufbringen der Steuer, beim Ernährungs- und Verkehrswesen. Sie bekamen die Kontrolle auch über die Gefängnisse. Sie wirkten bereits bei der Wahl aller Behörden ihres Wohnorts mit. Sie erlangten schiedsrichterliche Funktionen selbst gegenüber einem Gouverneur im Fall seiner wirklichen oder vermuteten Rechtsbeugung oder bei einer Streitsache, in die er persönlich verwickelt war; sie hatten dem Kaiser über die Amtsführung der Gouverneure zu berichten. Kurz, der Bischof wurde das eigentliche Oberhaupt einer Stadt, er gewann größere Autorität als ein weltlicher Statthalter.

Der Kaiser garantierte auch das Bistumsvermögen. Er gab ferner der Kirche das Recht auf Legate, die vom Erblasser nur unbestimmt religiösen Zwecken zugedacht waren. Solche Legate mußten kurzfristig dem Erben zugute kommen und konnten dann jederzeit eingetrieben werden, wobei eine Verjährung erst nach hundert Jahren eintrat. Schenkungen an die Kirche blieben von Erwerbssteuer frei. Gänzlich steuerfrei waren auch die mehr als tausend Wirtschaftsbetriebe der «Großen Kirche» Konstantinopels. Dagegen durfte für weltliche Zwecke keinerlei Kirchengut verwendet werden, ausgenommen beim Loskauf von Gefangenen.[40]

Selbstverständlich machte der Klerus für den ihn so immens begünstigenden Regenten auch eine umfassende Propaganda. Er machte auch jedes staatliche Großverbrechen mit. Er unterstützte, direkt oder indirekt, die gewaltigen Kriege des Kaisers ebenso wie seine gewaltige Ausbeutung der Untertanen, nicht zuletzt der reichen.

Durchaus bezeichnend auch: die weitere Entmachtung des Volkes innerhalb der Kirche selbst. War bisher, mindestens in vorkonstantinischer Zeit und noch danach, das Volk an der Bischofswahl beteiligt, beschränkte man diese jetzt auf die Vornehmen der Stadt. Bloß der Klerus und die lokalen Notabeln sollten nun den Bischof bestimmen. Doch praktisch sprach die Regierung bei Besetzung der wichtigsten Stühle ständig mit, falls sie nicht gleich mißliebige Kandidaten ab- und genehme einsetzte, zumal in Konstantinopel. Auch für die Papstwahl wurde ja die kaiserliche Bestätigung obligatorisch. Die Weihesporteln waren beträchtlich, für Patriarchen immerhin zwanzig Pfund Gold; doch sollen die illegalen Sätze noch bedeutend höher gewesen sein.[41]

Justinian, der die Bischöfe förderte, wo er konnte, häufig auch nachsichtig gegen korrupte Minister, Generale, Beamte, überhaupt oft umgänglich mit Vornehmen war, saugte fortgesetzt die Massen aus, unterdrückte hart das Volk, zog unerbittlich die Steuerschraube an, nicht ohne, allem Anschein nach, die ganz besondere Beteiligung der Kaiserin, und ruinierte, ebenfalls mit ihrer Hilfe, ungezählte Reiche.

Die byzantinischen Chronisten stimmen darin überein. Zumindest sind Geldgier und Begehrlichkeit des allerchristlichsten Kaiserhauses das Hauptthema der oppositionellen Literatur.

In seiner erst posthum veröffentlichten skandalumwitterten «Geheimgeschichte» schreibt Prokopios, der hervorragendste literarische Repräsentant der Zeit: «Nach dem Vermögen anderer und nach Blutvergießen trachtete Justinian mit unersättlicher Gier. Nachdem er die reichsten Familien um ihren Besitz gebracht hatte, suchte er sich andere Menschen aus, um sie gleichfalls unglücklich zu machen.» Prokop meldet klassische Gangsterstücke, berichtet wie Justinian den Kaufleuten, den Schiffern mitspielte und übergeht auch nicht, «was der Kaiser mit der Scheidemünze anstellte. Früher bezahlten die Geldwechsler für einen Stater Gold 210 Pholes. Justinian aber befahl, künftig nur 180 Pholes dafür zu geben, und gewann auf diese Weise an jedem Goldstück den sechsten Teil».[42]

Auch der byzantinische Kirchenhistoriker Euagrios Scholasticus, ein antiochenischer Rechtsanwalt, der eine Kirchengeschichte in sechs Büchern für die Zeit von 431 bis 594, die Hauptquelle der christologischen Streitigkeiten, schrieb, und zwar vom streng katholischen Standpunkt aus, teilt mit: «Justinian war von unersättlicher Geldgier besessen und so lüstern nach fremdem Eigentum, daß er sein ganzes Reich an die Beamten und Steuereinnehmer und alle, die den Menschen ohne Grund Schlingen legen wollten, für Geld verkaufte. Viele, ja zahllose reiche Leute beraubte er unter billigen Vorwänden ihres gesamten Vermögens . . . Er schonte das Geld nicht, so daß er überall viele und prächtige heilige Kirchen errichtete und andere fromme Häuser zur Betreuung von Knaben und Mädchen, Greisen und Greisinnen sowie der von verschiedenen Krankheiten Geplagten».[43]

Kirchenhistoriker Euagrios illustriert auch drastisch einen vorhin gestreiften üblen Charakterzug Justinians, womit er «die Mentalität einer Bestie übertraf»: die kriminelle Nachsicht gegenüber seinen Günstlingen, in diesem Fall der katholischen Zirkuspartei der «Blauen» (die Gegner der monophysitischen «Grünen»). Beide waren sportliche, aber – lange verkannt – auch politische Organisationen und spielten als Träger und Vertreter des Volkes «in allen größeren Städten des Reiches eine sehr bedeutende Rolle» (Ostrogorsky). Nach Euagrios, dem strengen Katholiken, unterstützte der Kaiser die «Blauen» dergestalt, «daß diese mitten am Tage und mitten in der Stadt ihre Gegner meuchelten und nicht nur keine Strafe zu fürchten brauchten, sondern sogar beschenkt wurden. Dadurch wurden viele Menschen zu Mördern. Es stand ihnen auch frei, in die Häuser einzudringen und die dort aufbewahrten Kostbarkeiten zu plündern und den Menschen die Rettung des nackten Lebens für Geld zu verkaufen. Und wenn ein Beamter dem Einhalt zu gebieten versuchte, setzte er sein eigenes Leben aufs Spiel. Als ein comes Orientis einige Aufständische verdientermaßen hängen ließ, wurde er mitten in der Stadt selbst aufgehängt und herumgeschleppt. Als der Vorsteher der Provinz Kilikia zwei kilikische Mörder namens Paulos und Faustinos, die ihn angriffen und umbringen wollten, ihrer gesetzlichen Strafe zuführte, wurde er ans Kreuz geschlagen und empfing so die Strafe für seine vernunftgemäße und gesetzliche Haltung. Daher waren die Anhänger der anderen Partei geflohen und da sie von keinem Menschen aufgenommen wurden und wie fluchbeladene Verbrecher überall umherirrten, lauerten sie den Reisenden auf, vollführten Räubereien und Morde und überall drohte ungewisser Tod, Plünderung und sonstige Verbrechen. Manchmal schlug er auch ins Gegenteil um und überlieferte diejenigen der Strenge des Gesetzes, die er auf die Städte losgelassen hatte, um nach Barbarenart zu freveln. Für einen ausführlichen Bericht sind Worte zu schwach und die Zeit zu knapp. Dies genügt, um auch auf das übrige schließen zu lassen».[43]

Und der freilich erst im 12. Jahrhundert tätige Historiker Johannes Zonaras, der sich nach seinem Dienst als Kommandant der Leibgarde des Kaisers und Vorsteher seiner Kanzlei als Mönch auf die Prinzeninsel Hagia Glykeria (Niandro) zurückzog, meldet über Justinian: «Dieser Kaiser war sehr zugänglich, hatte aber ein offenes Ohr für Verleumdungen, war bei der Rache hart und rasch, ging mit Geld nicht sparsam, sondern verschwenderisch um und zeigte sich beim Sammeln desselben schonungslos. Teils gab er es für Bauten aus, teils befriedigte er damit seine zufälligen Wünsche, teils warf er es für Kriege hinaus und für den Kampf gegen alle, die sich seinen Wünschen entgegenstemmten».[44]

Justinian selbst sah das (scheinbar) alles ganz anders. Wenigstens gelobt er: «Alle Tage und Nächte wollen WIR stets ohne Schlaf und in Sorgen verbringen, um den Untertanen zu geben, was Nutzen bringt und Gott gefällt. WIR nehmen diese Unruhe nicht unnütz auf UNS, sondern lassen sie in täglicher Arbeit Plänen dienen, durch die UNSERE Untertanen frei von aller Furcht Wohlstand ernten, während WIR die Sorgen für sie alle auf UNS nehmen».[45]

Doch ein paar mehr oder weniger naive Panegyriker beiseite (wie den Dichter Paulos Silentiarios, den Johannes Lydos mit allerdings noch einigen kritischen Tönen gerade zur Innenpolitik, und Justinians mutmaßlichen Lehrer Agapetos, Diakon an der Hagia Sophia), zeichnen die Geschichtsschreiber immer wieder den Kaiser als einen rücksichtslosen ausbeutenden Despoten. Und weder die Gleichartigkeit der Vorwürfe gegen ihn noch unzureichende Begründungen im Einzelfall, so schreibt Berthold Rubin, ändern etwas «an der Tatsache, daß sie großenteils berechtigt waren. Das muß trotz allen sachlichen Irrtümern, ständischen, parteipolitischen und konfessionellen Akzentverlagerungen gesagt werden».[46]

Justinians Finanzminister war der Praefectus praetorio Johannes von Kappadokien. Aus den einfachsten Schichten aufgestiegen, hatte er die undankbare Aufgabe, für seinen Herrn auszusaugen, was sich aussaugen ließ. Er soll viehisch gefoltert und mit seinen Fronvögten ganze Provinzen ruiniert haben. Äußerst verhaßt, stand er beim Kaiser in um so höherer Gunst, als dieser immer mehr Geld brauchte, die Steuerpolitik somit immer wichtiger wurde, er bald nach dem Regierungsantritt die Abgaben zu verdoppeln, dann zu verdreifachen begann. Johannes aber war unerschöpflich im Erfinden neuer Schröpfmethoden und provozierte überdies durch stadtbekannte Sauf- und Liebesorgien, sein öffentliches Auftreten nebst komplettem Harem die Bevölkerung. Gleichwohl suchte er, wenn auch vergeblich, die Gewalt der Großagrarier einzuschränken. So bedeutende Forscher wie Ostrogorsky, Johannes Haller sprechen von seiner positiven Verwaltungsarbeit, nennen ihn den großen Minister, den ernsthaftesten Gegner der Theodora, Justinians Gattin, durch die Johannes 543 seine Ämter verlor und auf deren Namen der Herrscher selber nach ihrem Lebensende bei feierlichen Anlässen zu schwören pflegte.[47]

Theodora – Geliebte von Hausburschen, Patriarchen (?) und Gemahlin des Kaisers

Sie hatte unbestritten den größten Einfluß auf ihn. «Sie taten nichts ohne einander», notiert Prokop zwei Jahre nach ihrem Tod, was indes eher für den Kaiser gilt als für sie. Theodora, ein zierliches, stets elegantes Persönchen, schmal, bleich, mit großen schwarzen, lebhaft blickenden Augen, temperamentvoll, nicht ohne Geist und enorm willensstark, energischer wohl als der Gatte, saß einundzwanzig Jahre neben ihm nicht nur auf dem Thron. War sie doch eine Art Vizekaiser, Mitregent, und gelegentlich regierte sie vielleicht mehr als Justinian selbst. Stolz schrieb sie dem Minister des Perserkönigs: «Der Kaiser entscheidet niemals etwas, ohne mich zu fragen».[48]

Theodora war die Tochter eines Bärenwärters am Hippodrom. Nach Prokop soll sie schon als kleines Mädchen mit den Burschen vornehmer Zirkusbesucher widernatürliche Unzucht getrieben, dann in einem öffentlichen Haus «obszöne Pagendienste» geleistet, ja, sich bei einer einzigen Orgie über vierzigmal hingegeben haben. Prokop hat nun zwar vieles, wie er bekennt, «aus Furcht vor Spähern, vor der Rache der Mächtigen, vor der grausamsten Todesstrafe» verschweigen müssen, gerade in seiner berüchtigten «Geheimgeschichte» (Historia arcana) aber die Schwarzmalerei geliebt. Sie strotzt von ungezügeltem Haß auf Justinian und Theodora, die er («und die meisten von uns») für wahre Nachtmahre, inkarnierte Höllenfiguren, Teufel in Menschengestalt hielt, was er durch zahlreiche greuliche Anekdoten darlegt. Immerhin aber stammt dies alles von einem erklärten Patrioten, der dem Reich im Grunde durchaus loyal gegenübersteht. Und mit welch gewaltiger Rhetorik, welch unerschöpflichem Wortschatz, mit welchen Wolkenbrüchen ungeheuerlicher, nicht selten auch unglaublicher Schmähungen und ausschweifender Phantasie er die Politik des allerchristlichsten Kaiserpaares immer geißelt, am Kern der Sache geht seine Kritik kaum vorbei. Er berichtet auch von zwei Kindern und den ständigen Abtreibungen der bald Zucht und Keuschheit so propagierenden Theodora. Feil, würdelos, geil nennt sie ein moderner Historiker, eine richtige «Weltstadtmischung von Rüpeldirne, weiblichem Clown und Kabarettistin» (Rubin) – und noch heute starren ihre Rätselaugen unergründlich dunkel von den Mosaiken Ravennas.[49]

Eine Schauspielerinnentätigkeit – angeblich auch im Theater «zu den Huren» –, die sich in komischen Pantomimen und lebenden Bildern erschöpfte, beendete Theodora, indem sie mit dem afrikanischen Provinzgouverneur Hekebolos durchging, der ihr jedoch bald wieder den Laufpaß gab – nicht zu ihrem Schaden. Denn nachdem sie vermutlich noch einmal in der tiefsten Gosse gesteckt, verkehrte sie, auf intimer Basis, bald nur noch mit

Hoch- und Höchstgestellten; wahrscheinlich mit dem monophysitischen Patriarchen Timotheos III. von Alexandrien, ihrem «geistlichen Vater», dessen sie zeitlebens dankbar gedenkt; und darauf vielleicht auch mit dem Patriarchen Severos von Antiochien, der sie von Timotheos übernahm. Dann verliebte sich Justinian in sie, adelte und heiratete diesen grazilen, zähen, instinktgejagten «weiblichen Tiger», las ihm jeden Wunsch von den Augen ab und legte ihm die halbe Welt zu Füßen. Sehr selten wohl gab es in der Region höchster Macht zwei so füreinander geschaffene Menschen. «Das Staatswesen wurde zum Brennstoff für das Feuer dieser Liebe» (Prokop).[50]

Mit Justinian teilte Theodora auch dessen Leidenschaft für Theologie und Religionspolitik. Im Gegensatz zu ihm aber, einem anscheinend fanatischen Verfechter des Konzils von Chalkedon, hing sie, schon vor ihrer Thronbesteigung, vielleicht aus alter Liebe zum Patriarchen Timotheos, ihrem «geistlichen Vater», den Monophysiten an. Es trug ihr viel Weihrauch monophysitischer Theologen ein, die sogar ihre Herkunft umlogen, sie als Tochter eines monophysitischen Priesters zur Welt kommen und bei ihrem Tod alle Kirchen von ihrem Ruhm erschallen ließen. Möglicherweise glaubte sie ja wirklich – bereits die Zeitgenossen munkelten da allerlei –, was sie vertrat. Das Christentum spaltete von Anfang an die einander Nächsten, trennte, vom Klerus unerbittlich gefördert (I 152 ff), die Kinder von den Eltern, den Mann von seiner Frau. Vielleicht aber spielten Justinian und Theodora, wie von Kaiser Anastasios schon und den Seinen vermutet, der Welt auch bloß eine Komödie vor, schlugen sie ihr zynisch ein Schnippchen, bekannten sie sich, perfid vereinbart, der eine zu den zwei Naturen des Herrn, der andere zu der einen Natur, also jeder zu einer der beiden großen Christengemeinden, um beide an das Kaiserhaus zu binden.[51]

Theodora gründete sogar Klöster, aus denen monophysitische Missionare auszogen. Und sie gewährte, was jeder wußte, auch ihr Gemahl, vielen Prälaten solcher Provenienz Unterschlupf in ihrem Palais. Den Patriarchen Anthimus, den Justinian 535, während einer monophysitischen Phase seiner Politik, auf den Stuhl

Konstantinopels gehoben, im folgenden Jahr, mit Rücksicht auf den Papst und offenbar auch auf seine Kriegspläne in Italien schon wieder gefeuert hat, holte man erst zwölf Jahre später bei ihrem Tod heraus.[52]

So war die stadtbekannte Hetäre als Kaisergattin plötzlich fromm und keusch geworden. Sie hatte eine offene Hand für Kirchen und Klöster, befürwortete Ehegesetze, reglementierte das Nachtleben, ja, sie suchte nun die Prostituierten Konstantinopels in einem «Haus der Buße» umzuerziehen, mehr als fünfhundert Frauen und Mädchen, wobei sie fünf Goldstücke zahlte pro Person. Die meisten sollen sich aus Verzweiflung ins Meer gestürzt haben. Wie auch immer, Askese, Frustrierung schlugen jetzt bei Theodora in Unmenschlichkeit um. Denn während sie früher für ihr Leben gern koitierte, ließ sie nun für ihr Leben gern foltern. Täglich ging sie in die Schinderkammern und sah gierig den Torturen zu. «Wenn du meine Befehle nicht ausführst», lautete ihr Lieblingsspruch, «so schwöre ich bei Ihm, der ewig ist, daß ich dir die Haut vom Rücken peitschen lassen werde».[53]

Zweifellos war Theodora, deren Despotie, deren Liebe und vor allem Haß jedes Maß überstiegen, die ihre Feinde fast süchtig in Verbannung, Kerker stieß, den Tod, in jede Schmach und Schande, die selbst Günstlinge des Kaisers hemmungslos zur Strecke brachte, die auch die staatlichen Schauprozesse gegen vermeintliche Homos der oberen Klassen veranlaßt haben soll – zweifellos war sie hundertmal temperamentvoller als ihr gekrönter Herr, der allerhöchsten Anstoß Erregenden gegenüber, wenn man Prokop glauben kann, weder Zorn noch Entrüstung verriet: «sondern milde von Angesicht, mit sanft herabgelassenen Augenbrauen und gesenkter Stimme befahl er Tausende unschuldiger Menschen zu töten, Städte zu zerstören und allen Besitz dem Staatssäckel einzuverleiben. Bei solchem Charakter hätte man den Mann für ein Lamm halten können». Immerhin war dies derselbe Mann, dessen Frömmigkeit man allenthalten pries, der den Beinamen «divinus» führte, dessen Gesetz und Palast «sacer» und «sanctus» genannt, der als der frömmste Fürst (piissimus) apostrophiert worden ist, der auch selber schreiben konnte: «Der

Kaiser, der auf der heiligen Religion seine Herrschaft begründet, regiert dank der Gnade unseres Herrn in der Zeitlichkeit», er hat «durch die Güte der ewigen Macht das Szepter erhalten».[54]

Solch lammfromme Gefaßtheit also bei mehr als raubtierhaften Zugriffen wäre bei Theodora kaum denkbar gewesen. Doch dies beiseite war sie, ehe sie 548 mit 52 Jahren an Krebs starb, so prunksüchtig, macht- und geldgierig, so mordlüstern und verlogen, so bedenkenlos wie Justinian selbst. Ihre vom Kaiser geschenkten Güter lagen zum Teil in Kleinasien, in Ägypten, und pflegte sie zu verreisen, dann in Begleitung von viertausend Bediensteten. Sie verschleuderte irrsinnige Summen im Handumdrehen, trieb, selber fast aus dem Nichts gekommen, die Repräsentation auf die Spitze. Es gab nichts, wobei sie nicht mitsprach, nicht mitintrigierte, in der Verwaltung, der Diplomatie, der Kirche. Sie lancierte ihre Günstlinge in Schlüsselstellungen. Sie machte und entmachtete Patriarchen, Minister und Generale.[55]

Sie machte auch die sklavische Proskynese zur Vorschrift und bewachte mit Argusaugen ein Protokoll, das noch die ersten Chargen des Hofes zu stundenlangem Antichambrieren zwang. Mit Kerker und Exil ging sie gegen alle ihr Mißliebigen vor, ja, sie berief Sondergerichte, um ihre Rache rascher kühlen, ihr gigantisches Vermögen noch vergrößern zu können. Prokop berichtet von einem Belisar nahestehenden Senator, an eine Futterkrippe gekettet im unterirdischen Verlies: «Es fehlte ihm am Bilde eines Esels nur noch das Eselsgeschrei». Und von dem (noch heute nach landläufigen Vorstellungen durchaus bewährten) General Buzes, der mehr als zwei Jahre in einem lichtlosen Kerker ihres Palastes gesteckt haben soll: «Der Mensch, der ihm jeden Tag das Essen vorwarf, verkehrte wie ein Tier mit einem Tier, stumm mit dem Stummen». Die ständig zunehmenden Vermögenskonfiskationen kamen nicht zuletzt auch Theodora zugute. Dabei verfolgte ein eigener Stab von Spitzeln und Geheimdienstlern ihre Interessen, und nach ihrem Ableben scheint der Kaiser ihr Agentenkorps einfach übernommen, wenn auch nicht mit gleicher Tücke eingesetzt zu haben.[56]

Als eine Frau, der wohl kaum etwas fremder als Aktenstudium, gelehrte Detailbesessenheit war, gar Kleinigkeitskrämerei, fand sie, anders als Justinian, natürlich hinreichend Zeit, für ihr Leibliches zu sorgen. Ihren Körper, erzählt Prokop, der auf sie freilich am schlechtesten zu sprechen ist, konnte sie nicht ausgiebig genug pflegen. Sie badete morgens ungewöhnlich lang und frühstückte, wie zu allen Mahlzeiten, schon mit allen möglichen Speisen und Getränken. Danach pflegte sie wieder der Ruhe und schlief auch sonst sehr lang. «Obwohl die Kaiserin so jeder Art von Unmäßigkeit verfallen war, glaubte sie doch in den wenigen Stunden des Tages, die ihr verblieben, das ganze Reich regieren zu können».[57]

Der Nika-Aufstand

Ihre größte Rolle spielte Theodora wohl im Januar 532 bei dem gewaltigen Nika-Aufstand (nika = siege; die Parole der Rebellen).

Zur Erhebung führte die Unzufriedenheit des Volkes – ein letztes Ringen um seine Freiheit. Deshalb taten sich sogar die zwei Zirkusparteien der Grünen (Prasinoi) und der Blauen (Venetoi) zusammen, die ersteren monophysitisch, die letzteren orthodox (S. 376 f). Man rief bereits einen andren «Kaiser», Kaiser Anastasios' Neffen Hypatios, gegen dessen Willen, aus. Die «Grünen» hatten die Initiative ergriffen, die «Blauen» zugestimmt. Gefängnisse wurden aufgebrochen, die Eingekerkerten befreit. Zahlreiche Paläste, zuerst die Stadtpräfektur, dann das Senatsgebäude sowie Kirchen, Kunstwerke und der von der Aristokratie bewohnte Teil der Stadt gingen in Flammen auf. Tag und Nacht war Konstantinopel eine qualmende Wüste. Selbst den Kaiserhof bedrohte das Feuer, sogar die Hagia Sophia wurde geplündert. Die Lage schien aussichtslos. Justinian, in der Residenz belagert, war schon entschlossen, alles aufzugeben, Thron und Reich, und zu Schiff zu fliehen über den Bosporus. Theodora allein hielt ihn zurück, wobei sie den berühmten Ausspruch tat: «Ich für meine

Person bleibe; ich liebe die alte Maxime, daß der Purpur ein gutes Leichentuch ist.»

Belisar, drei inzwischen herbeigeführte Veteranenregimenter und der Kommandeur der Leibwache, der Theodora-Günstling Narses, stellten nach fünf Tagen Anarchie «die Ordnung» wieder her: «mehr als dreißigtausend» Menschen, nach Prokop, etwa fünfunddreißigtausend Menschen, nach Johannes Malalas, einem gräzisierten antiochenischen Chronisten (wahrscheinlich der spätere Patriarch Konstantinopels Johannes Scholasticus), wurden in den Zirkus gelockt und dort, Stunde um Stunde, wie eine Schafherde, wahllos zusammengestochen. Johannes Lydos, der fromme Augenzeuge und Kaiserfan (S. 377), meldet befriedigt gar fünfzigtausend Tote, Zacharias Rhetor, Bischof von Mytilene (erst Monophysit, dann Neuchalkedonier) gleich achtzigtausend. Das Massaker, ungeheuerlicher noch als das von Augustin verklärte Schlachtfest im Zirkus Thessalonikes durch den Katholiken Theodosius (I 446 ff), war vielleicht weniger Justinians Untat als die der Theodora. Jedenfalls: beide hinderte ihr Christentum nicht, den Aufruhr in einem Meer von Blut zu ersticken. Von Hoch und Niedrig rollten die Köpfe. Auch das Haupt von Hypatios fiel, den Justinian begnadigen wollte; ebenfalls das seines Bruders Pompeios. Achtzehn Patrikioi wurden verbannt, ihre ganzen Besitzungen konfisziert – und aus dem Schutt stiegen die Kathedralen um so schöner. Und auch Theodora stieg, die Massenmörderin, wie sich das gehört, zur offiziellen Mitregentin auf. Ihr Name erschien in den Staatsurkunden, über den Toren der Kasernen – und auf den Votivtafeln der Kirchen! Wie denn noch heute die östliche Ecclesia ihrer ehrend und dankbar gedenkt.[58]

Nur die «Ehre der Altäre» fehlt noch – ungerechterweise.

Kaiser Justinian verfolgt andersgläubige Christen, «auf dass sie im Elend erliegen ...»

Unterstützt von seinem Episkopat, drang Justinian auf totale Glaubenseinheit: ein Reich, ein Kaiser, eine Kirche – und somit auf Vernichtung aller Nichtkatholiken. Prokop berichtet, daß «sofort das ganze römische Imperium sich mit Bluturteilen, Verbannungsdelikten und fliehenden Verfolgten füllte».[59]

Justinian eröffnete die zunächst noch mit Justin geteilte Tyrannei mit einer brutalen «Ketzer»verfolgung, wobei man zuerst gegen kleinere Sekten vorging: «Es ist gerecht», dekretierten die beiden Potentaten 527, «diejenigen auch ihrer weltlichen Güter zu berauben, die nicht den wahren Gott verehren». Die religiöse Intoleranz zog die bürgerliche nach sich. In einem ungemein scharfen Gesetz erklärten sie «Häretiker» «aller irdischen Vergünstigungen verlustig, auf daß sie im Elend erliegen», und zählten zur Ausführung ihres frommen Vorhabens eine lange Reihe von Beschränkungen und Strafen auf.[60]

Und bald wurde der Kampf gegen Monophysiten, Manichäer, Montanisten, Arianer, Donatisten immer umfassender, wurde religiöse Intoleranz «zu einer öffentlichen Tugend» (Diehl).[61]

Wie schon sein frommer Vorgänger und Onkel verbot Justinian «Ketzern» Versammlungen, Gottesdienste, die Bestallung von Geistlichen, den Besitz von Kirchen, die unter ihm oft zerstört worden sind. Er untersagte ihnen jede Art von Lehrtätigkeit. Er schloß sie von allen Ämtern und Würden aus, von der Advokatur. Abschreibern ihrer Schriften drohte er 536 den Handverlust an. Auch konnten «Häretiker» ihr Eigentum nur an Katholiken vererben und waren selber erbunfähig. Manche Sekten durften überhaupt keinen rechtsgültigen Akt vollziehen; doch auch die übrigen «Ketzer» haben «kaum noch Rechte gegenüber der Justiz» (Handbuch der Kirchengeschichte). Straffälligen droht der Verlust der bürgerlichen Rechte, Beschlagnahme allen Besitzes, im Rückfall die Todesstrafe, die auch unbarmherzig vollzogen wurde. Der Kaiser verhing sie schließlich nicht nur für Meineid, Zauberei, sondern auch für Sakrileg, Gotteslästerung, wobei

«Ketzerei» einfach als Gotteslästerung, das heißt eben mit dem Tod geahndet worden ist. Es entsprach dies der «innerkirchlichen Entwicklung»; war die «ungeistliche Lösung eines religiösen Problems . . ., die bis in die Gegenwart nachwirkt» (Merkel).[62]

In Prokops (unter Justinian nicht veröffentlichten) «Geheimgeschichte» liest man über dessen «Ketzer»pogrome: «Scharen von Agenten durchzogen sogleich allenthalben das Land und zwangen, wen sie trafen, zur Aufgabe seines ererbten Glaubens. Da nun dies den Bauern ein Frevel erschien, so entschlossen sie sich zu einmütigem Widerstand gegen die Schergen. Viele Häretiker fanden den Tod durchs Schwert, viele begingen sogar Selbstmord – in ihrer Einfalt glaubten sie damit Gott ein wohlgefälliges Werk zu vollbringen –, die Masse aber floh aus der Heimat. In Phrygien schlossen sich die Montanisten in ihre Gotteshäuser ein, zündeten diese an und gingen ohne Bedenken mit zugrunde. Das ganze Römerreich war so von Mord und Furcht erfüllt . . .»[63]

Man nennt es Heilsgeschichte!

Schärfer als schon Justin seit 519 hat Justinian die weitaus größte «Häretiker»-Kirche, die Monophysiten, verfolgt. Polizei und Soldateska nahmen ihnen die Bethäuser, Dutzende von Bischöfen wurden verbannt oder von einem Versteck zum andern gehetzt, ungezählte Mönche und Nonnen vertrieben, Brutalitäten aller Art begangen, Volksaufstände in Syrien unter dem katholischen Patriarchen Antiochiens, Ephraim (526–544), einem ehemaligen General, der Zwangsbekehrungen vornahm, grausam unterdrückt – das katholische «Handbuch der Kirchengeschichte» nennt ihn «kämpferisch-orthodox», das katholische «Lexikon für Theologie und Kirche» rühmt ihn wegen seiner «ungewöhnlichen Wohltätigkeit beim Erdbeben . . .». Ähnlich wie Ephraim ging in Ägypten ein ehemaliger pachomianischer Abt vor, der zum höchsten kaiserlichen Beamten und zugleich zum Patriarchen bestellte Paulos von Alexandrien. Justinian hatte ihn kraft eigner Machtvollkommenheit zum Kirchenfürsten ernannt, ließ ihn aber wegen allzu toller Intrigen, Gewaltsamkeiten – noch die Mitschuld an der Ermordung eines Diakons legte man ihm zur Last – wieder fallen und 542 absetzen. Auf einer Synode der Kaiserstadt im Mai/Juni 536 wurde über die Patriarchen Severos von Antiochien und Anthimus von Konstantinopel (535–536) der Bann verhängt, durch Justinian bestätigt, die Gefolgschaft des Severos aus Konstantinopel geworfen; Severos selbst floh wieder nach Ägypten. All dies geschah natürlich zur großen Zufriedenheit Roms, doch entgegen fundamentalen politischen Interessen.[64]

Beeinflußt von Theodora, hat Justinian zuweilen aber auch Verständigungsmöglichkeiten gesucht, weshalb Verfolgungsphasen mit Vermittlungsbemühungen wechseln. Bereits 531 gibt der Kaiser, unter Theodoras Drängem und wohl auch aus staatspolitischem Kalkül, den harten Kurs gegen die Monophysiten preis. Nach dem Nika-Aufstand nimmt er die monophysitenfreundliche sogenannte theopaschitische Formel «einer aus der Dreifaltigkeit hat im Fleisch gelitten» als Versöhnungsformel an, die auch Papst Johannes II. am 25. März 534 sanktioniert! 535 bringt Theodora die Monophysiten Theodosios und Anthimus auf die Patriarchenstühle Alexandriens und Konstantinopels, was freilich sofort den Protest des Papstes Agapet hervorruft, der im Frühjahr des nächsten Jahres den Hof besucht, worauf Anthimus abdanken, sein führender Anhang die Hauptstadt verlassen muß und Justinian die Verfolgung der Monophysiten noch verschärft – zeitweise gibt es nur drei ihrer Bischöfe im ganzen Reich. Ja, nach monophysitischen Berichten sollen orthodoxe Bischöfe Monophysiten sogar auf dem Scheiterhaufen verbrannt oder zu Tod gefoltert haben. Das Problem blieb jedenfalls ungelöst, weil Justinian nur Kaiser einer Kirche sein konnte und er sich bei der Rückeroberung Italiens auch immer enger Rom anschloß, anschließen mußte, da er den Papst und die italienischen Katholiken unbedingt brauchte. Doch als er das katholische Nordafrika, das katholische Italien zurückgewonnen, als das politische und militärische Schwergewicht sich wieder auf den Osten verlagert hatte, da ging Kaiser Justinian noch kurz vor seinem Tod zu den Aphthartodoketen über, dem extremsten Flügel der Monophysiten![65]

Das monophysitische Schisma breitete sich teilweise beträchtlich aus, besonders durch den 578 gestorbenen Metropoliten Jakobos (nach dem die westsyrischen Monophysiten künftig «Jakobiten» heißen). Sie schaffen sich Hochburgen, werden zu «Nationalkirchen» in Syrien und Ägypten. Freilich werden sie auch durch Jahrhunderte verfolgt. Schon unter Justin II. (565–578) beginnen neue schwere Pogrome. Auf griechischem Gebiet zwingt man die Monophysiten gelegentlich auch, zur katholischen Kirche überzutreten, wie 1072 in Antiochien, wo der Patriarch der Melchiten, der «Rechtgläubigen», der «Kaiserlichen», die Kirchen der Monophysiten, der Jakobiten, zerstören, ihre Priester gefangensetzen und foltern läßt.[66]

Zu den von Justinian als besonders schlimm eingestuften «Häresien» – Montanisten etwa, gnostische Ophiten (die der Schlange eine zentrale Stellung einräumten), Borboriten (die Weibergemeinschaft praktiziert und den durch Onanie gewonnenen Samen sowie Menstrualblut zur Erlösung der darin enthaltenen Lichtkeime, Seelen, geopfert und genossen haben sollen) – gehörten natürlich unter anderen die Manichäer. Wie die Borboriten suchten auch sie die Fortpflanzung der Menschheit zu verhindern; die Manichäer durch propagierte planmäßige Empfängnisverhütung.[67]

Gleich vielen Kirchenführern – hier ausführlich am Beispiel Papst Leos I. gezeigt (S. 263 ff) – und vielen christlichen Kaisern, besonders Valentinian I., Valens, Theodosius I. und II., hat auch Justinian die Manichäer unnachsichtlich verfolgt, er schlimmer als alle seine Vorgänger. Zunächst zwar diskutierte er mit ihnen, um sie zu widerlegen. Doch verteidigten sie ihre Lehren «mit satanischer Hartnäckigkeit» und viele starben dafür. So bedrohte Justinian bereits 527 die «verfluchten» Manichäer mit Vertreibung und Todesstrafe im ganzen Reich. Auch jeder bekehrte Manichäer, der noch Kontakte mit seinen Genossen unterhielt, erst recht jeder, der wieder zu ihrem Glauben konvertiert ist, hatte sein Leben verwirkt.[68]

Dennoch konnte der Kaiser die Sekte nicht sonderlich schwächen, geschweige vernichten; ja, er konnte nicht einmal ihre weitere Ausbreitung verhindern. Und, grotesk, nahezu unglaubhaft:

er selbst machte um 540 den von Theodora protegierten syrischen Geldwechsler Petros Barsymes zum höchsten Finanzchef seines Reiches und 543 zum Prätorianerpräfekten – einen Mann, der, falls man Prokop glauben darf, ganz offen seine führende Position bei den Manichäern bekannt und trotzdem noch über den Tod Theodoras hinaus hohe Staatsämter bekleidet hat.[69]

FÜR HEIDEN «EINE ART INQUISITIONSVERFAHREN»

Hartnäckig setzte Justinian den Kampf gegen das Heidentum fort. Schon seit zweihundert Jahren als crimen publicum geächtet, war es doch noch immer nicht tot. Es lebte in abgelegenen Gegenden oder Grenzgebieten, in der syrischen Wüste, den Bergen Anatoliens, der libyschen Oase Augila, auf der Nilinsel Philae, aber auch und gerade in gelehrten Zirkeln, in der besten Gesellschaft Konstantinopels.

In einem ersten antiheidnischen Erlaß – zwar undatiert und ohne Angabe der Herkunft, doch von neueren Forschern Justinian zugeschrieben – befiehlt er zusätzlich zu den scharfen früheren Gesetzen, heidnischen Gottesdiensten nachzuspüren. Auch untersagt er Schenkungen und Testamentsvollstreckungen zugunsten von Heiden. Ein weiteres, zweifellos von Justinian stammendes Dekret attackiert besonders den Opferdienst und die «unheiligen» Feste. Und über die frühere Gesetzgebung hinaus, die den paganen Kult und die Rechtsfähigkeit seiner Vereinigungen durchaus zu vernichten suchte, will ihn Justinian jetzt sozusagen in Gänze aufrollen: er befiehlt die Zwangstaufe eines jeden Heiden samt seiner Familie unter Strafe der Konfiskation. Sich Widersetzende verlieren die staatsbürgerlichen Rechte, ihr ganzes bewegliches und unbewegliches Gut. Altgläubigen Lehrern wird das Lehren verboten, das staatliche Gehalt verweigert und gleichfalls ihr Vermögen konfisziert; sie selber müssen ins Exil. Zum erstenmal in der Geschichte wurde so «eine Art Inquisitionsverfahren über die Heiden verhängt» (Geffcken).[70]

Nachdem ein weiteres Gesetz des Kaisers 529 Heiden wie anderen Nichtkatholiken erneut alle Ämter und Würden, auch jede Lehrtätigkeit untersagt, eröffnet er noch im Herbst desselben Jahres zahlreiche Prozesse gegen religiös renitente Beamte. Er dringt nun in bisher beispielloser Verfolgung (gelegentlich sogar über die Grenzen hinaus) materiell und geistig auf völlige Ausrottung. Zwar bestanden die meisten antiheidnischen Gesetze schon, doch wurde mit ihrer Durchführung jetzt unerbittlich Ernst gemacht. «Wir ertragen es nicht, dieser Unordnung ruhig zuzusehen», hieß es 529, als man auch die Akademie von Athen schloß, die letzte große heidnische Universität, all ihre Güter wegnahm und das Lehren der Philosophie auf ewig verbot. Die bedeutendsten Athener Denker, darunter Damaskios, das Haupt der Akademie, emigrierten ins Perserreich, kehrten aber anscheinend, entgegen der üblichen Meinung, wieder zurück. Die letzten alten Heiligtümer Ägyptens wurden geschlossen oder, wie der berühmte Tempel des Jupiter Ammon in der libyschen Wüste, in christliche Kirchen umgewandelt, alle Heiden für unfähig erklärt, irgendeinen Rechtsakt gültig zu vollziehen. Man befahl ihre unverzügliche Zwangstaufe, einschließlich der Säuglinge, wobei allein der kirchenpolitische Vertraute und Beauftragte des Kaisers, der Syrer Johannes von Amida, später Bischof von Ephesus, ein Monophysit, das Reich Gottes in den kleinasiatischen Provinzen Asien, Karien, Lydien und Phrygien, wie er sich selber rühmte, um 70–80 000 neue Christen, 96 neue Kirchen und 12 Klöster erweiterte – nicht ohne massive Nötigung und Bestechung: der Kaiser soll ein Kopfgeld gezahlt haben. Man befahl die Todesstrafe für das Darbringen von Opfer, für die Verehrung paganer Bilder, Todesstrafe für die Rückkehr von Christen zum Heidentum, Todesstrafe endlich auch für jeden, der zwar selber Christ ist, aber sein Hauswesen nicht mitchristianisiert.[71]

Da sich das Heidentum im kultivierteren Osten gerade in den gebildeten Kreisen am längsten hielt, traf die Verfolgung in Konstantinopel selbst viele Angehörige der höchsten Gesellschaftsklassen, Philosophen, hohe Staatsbeamte, Senatoren, Ärzte, gegen die man nun mit Absetzung vorging, Güterkonfiskation,

Tortur und Todesurteilen. Grammatiker, Sophisten, Anwälte, Mediziner, alles wurde eingekerkert, zwangsbekehrt, ausgepeitscht und gelegentlich hingerichtet. Götterstatuen und heidnische Bücher hat man öffentlich verbrannt, wie im Juni 559 auf dem Kynegion, nachdem man die gefaßten «Götzendiener» durch die Stadt geschleift. Alle Ungetauften, ja, wie wir jetzt gleich sehen, auch alle Christen außerhalb der katholischen Kirche, waren eben gänzlich rechtlos und wurden für die geringste religiöse Betätigung schwer bestraft.[72]

Für Juden «ein Schicksal der Schande ...»

Zeitweilig wüteten kaiserliche Büttel und Bischöfe auch gegen die Juden, deren Religion doch seit langem als religio licita galt. In seiner Neufassung des römischen Rechts, dem Codex Justinianus, aber hat Justinian den Grundsatz des theodosianischen Gesetzbuches getilgt, wonach die jüdische Religion eine erlaubte Religion war. «Zweihundert Jahre christlicher Herrschaft genügten, das Judentum in die Illegalität abzudrängen» (Stemberger). Der Herrscher unterscheidet jetzt die Juden überhaupt nicht mehr von Heiden und «Häretikern», sondern stellt sie mit ihnen, nach dem gelegentlichen Vorgang freilich schon von Theodosius II. (S. 48 ff), auf eine Stufe, was jüdischen Ohren grauenhaft geklungen haben muß.[73]

Eine kaiserliche Novelle des Jahres 537 richtet sich so an den Präfekten Johannes von Kappadokien: «Eure Eminenz hat mir kürzlich kundgetan, daß Juden, Samaritaner, Montanisten oder sonstige abscheuliche Menschen unter den Kurialen sind, die auch jetzt noch nicht unser wahrer und untadeliger Glaube erleuchtet hat, sondern die in der Finsternis sitzen und mit ihrer Seele die wahren Mysterien nicht wahrnehmen, und da wir die Häretiker hassen, glauben sie aus diesem Grund frei zu sein von kurialen Verpflichtungen ...» Der Kaiser, der erstaunt ist, daß sein Präfekt nicht alle, die so denken, sofort «zerrissen» hat, verordnet für sämtliche den weiteren Verbleib in der Kurie sowie die Leistung der Dienste und Zahlungen (munera), gesteht ihnen gleichzeitig aber keinerlei Privileg der übrigen Kurialen zu. Vielmehr sollen sie an Ehren «keine einzige genießen, sondern sie sollen ein Schicksal entsprechend der Schande erleiden, in der sie auch ihre Seele lassen wollen».[74]

Justinian drückte die Juden gesellschaftlich und juristisch. Sie durften keine kirchlichen Objekte mehr erwerben, weder Kirchengut noch Gelände, das für Kirchenbau in Frage kam, und auf keine Weise christliche Sklaven. Taten sie letzteres doch, mußten sie die Sklaven freigeben und 30 Pfund Strafe zahlen. Jede Tätigkeit, die Sklavenbesitz voraussetzte, war damit für Juden nahezu unmöglich. Der Kaiser erklärte sie als erster auch für unfähig, gegen einen Katholiken als Zeugen aufzutreten. Nur wenn dieser mit einem Nichtkatholiken stritt, durften sie dem Katholiken als Zeuge dienen.[75]

Für Afrika, wo man die Juden wie die Donatisten jagte, was wiederholt große Aufstände mitbedingt hat, erließ der Monarch 535 ein besonders rigoroses antijüdisches Gesetz. Er gebot, daß Synagogen nicht weiter als solche fortdauern, sondern in Kirchen umgewandelt werden sollten – womit erstmals der für bestehende Synagogen gewährleistete staatliche Schutz grundsätzlich aufgehoben und ihre Religionsausübung überhaupt unterbunden wird.[76]

Die «Christianisierung» von Synagogen war freilich, wie die von Heidentempeln, längst im Schwang. So wurde eine Synagoge in Edessa zur Stefanskirche, in Alexandrien 414 zur Georgskirche, in Konstantinopel durch Theodosius II. 442 zur Marienkirche (Chalkopratenkirche), in Daphne 507 zur Leontioskirche. Später, 598, machte Bischof Viktor die Synagogen Palermos zu Kirchen. Schon früher hatte Johannes von Ephesus, unter Justinian Patriarch Konstantinopels, in Asien, Karien, Lydien und Phrygien sieben Synagogen in Kirchen umgewandelt. Synagogen wurden offenbar, wie Tempel, gewöhnlich stark verändert, ehe die Christen sie selber benutzten. Doch kam es auch vor, daß man Synagogen abbrannte oder völlig schleifte und dann, wie in Apameia, mit einer Kirche überbaute.[77]

Selbst in rein theologische Auseinandersetzungen und in die Gottesdienstpraxis der Juden mischte sich der Regent, wie bei einem internen Streit der Synagoge von Konstantinopel. Er erzwang die Erlaubnis zum Lesen der Thora, des Pentateuch, der fünf Bücher Mose in griechischer oder lateinischer Übersetzung. Dazu erließ er sogar seine längste Judenverordnung, die Novelle 146 aus dem Jahr 553. Er gab bestimmte Empfehlungen zur Bibellektüre, aber er traf auch Vorschriften. So sollten die Juden in der Schrift stets die angeblichen Hinweise auf Christus herauslesen. Dagegen verbot er ihre eigene Exegese, wie sie in der Mischna steht. Auch drängte er sie zur Annahme des christlichen Ostertermins.[78]

Die Kirche hat die judenfeindlichen Erlasse des Kaisers zu den ihren gemacht und auf zahlreichen Synoden etwa eingeschärft, keinem Juden ein Amt zu geben, durch das er Vorgesetzter eines Christen werde. Selbst wo man Justinians Gesetzbuch nicht übernahm, wurde doch dessen antijüdischer Teil mittelbar oder unmittelbar rezipiert und weithin normgebend bis in die Neuzeit. «Im Grunde genommen gehen beinahe alle späteren kirchlichen und staatlichen Judengesetze auf ihn zurück und bauen ihn nur, den jeweiligen Zeit- und Ortsverhältnissen entsprechend, aus. Viele dieser Dekrete sind von den durch die Völkerwanderung neu entstandenen Staaten angenommen und von Päpsten und Konzilien eingeschärft worden» (Browe).[79]

Noch barbarischer als gegen die Juden ging der katholische Tyrann gegen eine besonders schwache Minorität vor.

Justinians Ausrottung der Samaritaner

Die Samaritaner, mit den Juden rassisch und religiös verwandt, standen gleichwohl zu diesen traditionell schlecht und wurden schon im Judenaufruhr unter dem Christen Gallus (I 324 f) verfolgt. Zu einer Revolte der Sekte war es auch 484 unter Kaiser Zenon gekommen. Die Gemeinschaft erhob einen gewissen Justasas, einen angeblichen Bandenchef, zum König und eroberte Caesarea und Neapolis (Nablus, das alte Sichem), wo man in die Kirche eindrang und dem zelebrierenden Bischof Terebinthos die Finger abschnitt. Die Erhebung wurde durch einen Truppeneinsatz niedergeschlagen, Justasas getötet, der ganze Besitz der Samaritaner beschlagnahmt, nach Neapolis eine starke Garnison geworfen und seine berühmte Synagoge zu einem christlichen Kloster gemacht. Man verbot den Samaritanern den Zutritt zum Garizim, zu ihrem Heiligen Berg, und modelte dessen Heiligtum auf dem Gipfel in eine Marienkirche um (die man unter Kaiser Anastasios zwar zurückeroberte, durch einen christlichen Gegenangriff aber wieder verlor).[80]

Solch ständige Reibereien waren unvergessen, doch verhältnismäßig geringfügig im Vergleich zu der Empörung von 529. Ihre tieferen Ursachen sieht die ältere christliche Forschung «fast durchweg» in dem «Christenhaß» (Kautzsch) der Sekte wurzeln, während es in Wirklichkeit, wie Sabine Winklers eingehende Untersuchung zeigt, «umgekehrt» war, nämlich «der christliche Fanatismus» dahinterstand mit dem «intensiven Haß der Kirche».[81]

Dem Aufruhr vorhergegangen war eine ganze Reihe sehr repressiver Justinianedikte, unter anderem «De Haereticis et Manichaeis et Samaritis», worin die «Ketzer» samt Heiden, Juden und Samaritanern rigoros belastet werden, worin der Kaiser alle antihäretischen Verfügungen früherer christlicher Herrscher anführt und neue hinzufügt. Die Genannten haben kein Recht, obrigkeitliche Ämter und Würden einzunehmen; kein Recht, über Christen oder gar Bischöfe zu Gericht zu sitzen; kein Recht, katholische Kinder vom Testament auszuschließen, andernfalls das Testament ungültig ist; kein Recht, Rechtsversammlungen, Synoden zu halten, Taufen vorzunehmen, Bischöfe anzustellen; kein Recht, Klöster, Abteien, Asyle zu bauen; kein Recht, Ländereien selbst oder durch Beauftragte verwalten und bewirtschaften zu lassen und so weiter.

Den eigentlichen Anlaß zum Aufstand bildete offenbar ein Erlaß von 529, der allein den Samaritanern galt, einer besonders geringen Minderheit also, an der man wohl ein Exempel statuieren wollte. Die katholische Regierung befahl jetzt die Zerstörung der samaritanischen Synagogen, die Bestrafung aller, die ihren Wiederaufbau wagen, erklärte die Unfähigkeit der Samaritaner zu irgendwelchen Schenkungen oder Veräußerungen bei Strafe der Vermögenskonfiskation, auch die Vererbungsunfähigkeit; nur Katholiken dürfen sie beerben. Bischöfe und Gouverneure müssen die Maßnahmen überwachen.[82]

Manche Historiker halten dies letzte Edikt (Cod. Just. 1,5,17) erst für die Folge der Erhebung. Nach Prokop und Chorikios, einem Sophisten des 6. Jahrhunderts aus Gaza, aber war es offenbar seine Ursache. Den unmittelbaren Anlaß jedoch zum Konflikt gab anscheinend «eine Sitte im Gebiet Palästinas», von der Malalas berichtet, der Brauch der christlichen Jugend, am Sabbat die Häuser und Synagogen der Samaritaner zu steinigen. «Am Tage des Sabbat kam die Jugend der Christen nach dem Verlesen des Evangeliums aus der Kirche und schickte sich an, in den Synagogen der Samariter Spottlieder zu singen, und bewarf deren Häuser mit Steinen. Diese hatten nämlich die Sitte, sich an dem Tage zurückzuziehen und sich abzusondern. Und zu jener Zeit (d. i. zu Beginn des von Malalas schon vorher genannten Aufstandes) ließen sie es sich nicht gefallen, den Platz den Christen zu überlassen. Als nach dem heiligen Evangelium die christliche Jugend in die Synagogen der Samariter eindrang und sie steinigte, stürzten die Samariter heraus, wandten sich gegen die Eindringlinge und töteten viele mit dem Schwert. Viele Jugendliche flohen zum Altar des heiligen Basilios, der sich dort befand, und einige der Samariter verfolgten sie und töteten sie angesichts des heiligen Altars.»[83]

Die Rebellion erfaßte ganz Samaria, von der Hauptstadt Skythopolis im Osten bis Caesarea an der Küste. Doch das eigentliche Herz des Widerstands war das Hochland von Samaria, wo die Unterdrückten einen der ihren, Julian, vermutlich einen Kolonen, zum König krönten. Die christlichen Quellen, in offiziellen Weltchroniken, in Mönchsbiographien stehend, berichten selbstverständlich völlig einseitig, erwähnen niemals den ausschlaggebenden sozialen Aspekt der Sache und schimpfen Julian «Brigant», «Bandenführer», «Räuberhauptmann». So betont Bischof Johannes von Nikiu (Ort auf einer Nilinsel) in seiner griechischen Weltchronik vom Ende des 7. Jahrhunderts die religiös-nationale Seite des Aufstands: «Ein samaritanischer Brigantenführer versammelte um sich alle Samariter und entfesselte einen großen Krieg ... Er leitete eine große Anzahl von Menschen seines Volkes irre, indem er trügerisch versicherte, daß er der Gesandte Gottes sei, um das Königreich der Samariter wiederherzustellen, so wie es Roboam ... getan hatte, der nach Salomon dem Weisen, Sohn des David, regiert hatte, und der das Volk Israels verführt und es zum Götzendienst verleitet hatte ...».[84]

Die sich erhebende Sekte brannte viele Orte in der Umgebung von Skythopolis nieder, verheerte Städte und große Domänen, verwüstet die Kirche von Nikopolis, steckt die von Bethlehem in Flammen, tötet den Bischof von Neapolis, Mammonas, und viele Priester. Man stürmt bis vor Jerusalem, da größere Truppenkontingente bloß an den Grenzen stehen und im kaiserlichen Hauptquartier. Justinian löst den Gouverneur Bassus ab, läßt ihn köpfen und setzt den dux Palaestinae, Theodoros Simos (dem – dies zeigt die Heftigkeit der Rebellion – Einheiten mit Rom alliierter arabischer Stämme unter dem Phylarchen von Palästina assistieren), mit schwerbewaffneten Streitkräften in Marsch. Theodoros drängt die schlecht gerüsteten, kampfungewohnten Rebellen auf ihr Zentrum zurück, umzingelt sie, fängt Julian und schickt seinen Kopf samt Krone nach Konstantinopel. Außerdem sticht man 20 000 Samaritaner ab, nach Malalas, 100 000 nach Prokop; 50 000, wohl meist Kolonen, fliehen zu den Persern und bieten ihren Beistand im Krieg gegen Byzanz an sowie die Auslieferung Palästinas samt allen Schätzen der «Heiligen Stadt» – über das Schicksal dieser Flüchtlinge, ihre eventuelle Ansiedlung, ihre Teilnahme an Feldzügen gegen Ostrom ist nichts bekannt. Andere verkriechen sich auf dem Berg Garizim oder, ein Zufluchtsort seit je, in den Höhlen der Trachonitis (das heute el-Lega genannte Lavaplateau), wo sie der dux Irenaios aus Antiochien jagt, durch den der Kaiser inzwischen Theodoros ersetzt hatte, mit dem er gleichfalls unzufrieden war. Und 20 000 samaritanische Mädchen und Knaben verkauft man nach Persien, nach Indien als Sklaven.[85]

Die Samaritaner, weitgehend ausgerottet, verschwinden seitdem nahezu aus der Geschichte.

Die Ursache der Erhebung? Offensichtlich doch die Unterdrückung durch das christliche Byzanz, das ja auch die Manichäer verfolgte, Montanisten, Juden, zumindest phasenweise die Monophysiten und andere, besonders hart aber die extrem kleine Minorität eben der Samaritaner. Avi-Yonah hat wohl recht, wenn er deren Verhalten im 6. Jahrhundert ein «Resultat ihrer Verzweiflung» nennt; «die Massen dieses Volkes begriffen plötzlich, daß angesichts der Ausbreitung des Christentums in Palästina und im Ausland keine Hoffnung mehr bestand, ihre frühere Stellung zu behaupten».[86]

Im Grunde galt der große Aufruhr und das noch größere Gemetzel wie gewöhnlich nicht der Religion, weder der einen noch der andern, sondern handfesteren Dingen. Denn nicht zufällig rekrutierte sich der Hauptteil der Aufständischen aus der niedersten Schicht der Samaritaner, aus den Landbewohnern, Handwerkern, Kolonen, Sklaven, die kaum etwas zu verlieren hatten, außer ihrem Leben freilich; die auch ihren Anführer Julian aus ihren Reihen wählten. Sie waren das aktive Element, während die oberen Schichten unterschiedlich reagierten. Die oberste und zahlenmäßig kleinste Klasse, die wohl mit den christlichen Großagrariern konkurriert haben mag und viel zu verlieren hatte, bekehrte sich bezeichnenderweise sofort zum Christentum, wenigstens nach außen, so daß die Insurgenten nicht einmal von ihren eigenen Glaubensgenossen voll unterstützt worden sind. Für die Ärmsten, am meisten Ausgebeuteten aber ging es primär weder um Religion noch um Revolution, um radikale Veränderung, sondern nur um eine Änderung im Rahmen des Bestehenden; was für die christliche Sklavenhalterklasse, die alles tat, um den status quo ökonomisch und ideologisch zu sichern, natürlich unannehmbar war.[87]

Dagegen ging es bei einem ganz anderen und ungleich größeren Verbrechen, Justinians Eroberung des Westens, gewiß ebenso um Religion als um Politik, falls sich das, weltpolitisch, überhaupt je trennen läßt. Zwar hat Politik gewöhnlich längst nichts mehr mit Religion zu tun, Religion aber immer mit Politik. Unter Justinian jedenfalls hingen beide untrennbar zusammen, war es offenbar von Anfang an sein Ziel, die politische und religiöse Einheit des römischen Weltreichs (wieder)herzustellen. Er unternahm deshalb zwei große Kriege, Angriffskriege, gegen zwei germanische, gegen zwei christliche Völker, die freilich «Ketzer» waren, weshalb sie auch «in aller Uncultur und viehischen Rohheit stecken» blieben (Katholik Schrödl). So wird es «der Lieblingswunsch seines Herzens und seines Volkes, die Macht des Arianismus zu brechen» (Katholik Höfler). Dieser «Lieblingswunsch» führte zur völligen Vernichtung der Wandalen, der Ostgoten, zu ihrem restlosen Verschwinden aus der Welt.[88]

Die Wandalen oder «Gegen die, denen Gott zürnt ...»

Die Wandalen, ein ostgermanischer, schon bei Tacitus und dem älteren Plinius erwähnter Stamm, bewohnten ursprünglich wohl Nordjütland (heute Vendsyssel) und die Oslobucht (heute Hallingdal). In den beiden ersten christlichen Jahrhunderten lebten sie, gespalten in Hasdingen, die erst in Afrika, und Silingen, die schon vorher ausgelöscht wurden, als Nachbarn von Goten und Burgundern zwischen Bug und Elbe, in Zentralpolen, Nordostdeutschland und Schlesien (lat. Silesia, slaw. Sleza), benannt nach dem Wandalenstamm der Silingen. Sie waren damals bereits ein Reitervolk und nahmen später selbst auf Raubzügen über See ihre Pferde mit. Um die Mitte des 3. Jahrhunderts saßen sie am mittleren Main, der Stamm der Hasdingen an der oberen Theiß. Mehrere Generationen lang lebten sie in der heutigen Ungarischen Tiefebene. Im Jahr 406 drangen die Hasdingen-Wandalen, vielleicht vor den anstürmenden Hunnen aus Pannonien flüchtend, unter König Godigisel donauaufwärts bis zum heutigen Regensburg. Dann zogen sie den Main hinab, wo bei schweren Kämpfen mit den Franken, den Bundesgenossen der Römer, etwa 20 000 Wandalen und König Godigisel fielen. Nur das Eingreifen der Alanen und ihres Königs Respendial bewahrte sie noch vor dem Untergang. In der Silvesternacht 406 überschritten sie, «bereits Christen, Arianer» (Tüchle), samt Alanen, ihren alten Bundesgenossen, Sueben und den Silingen-Wandalen, die sich ihnen angeschlossen, bei Mainz den gefrorenen (wegen der Westgotengefahr in Oberitalien von Truppen entblößten) Rhein. Sie brandschatzten, was die christlichen Chronisten in grellen Farben schildern, Mainz, wo sie auch viele in eine Kirche geflüchtete Einwohner massakrierten. Sie suchten Worms heim, Trier, Reims, Amiens, Arras, Tournay, Narbonne, befestigte Städte, Dörfer – «Da lagen welche als Futter der Hunde», beklagt seinerzeit Bischof Orientius von Auch (Augusta) in Aquitanien «den Leichenzug der hinsinkenden Welt». «In Dörfern und Häusern, auf dem Land, an den Straßen und in allen Gauen, auf allen Wegen hier und dort herrschten Tod, Schmerz, Vernichtung, Niederlage, Brand und Trauer. Ganz Gallien rauchte wie ein riesiger Scheiterhaufen.» Und der spanische Bischof Hydatius sah die vier apokalyptischen Plagen gekommen: Krieg, Hunger, Pestilenz und wilde Tiere.[89]

Allerlei Greuel freilich, die man bei diesen ungeheuren Brand- und Mordzügen den Wandalen ankreidet, wurden später begangen, besonders von Sarazenen. Auch waren die Wandalen, als sie Mainz und Gallien verheerten, als sie, nach späterer Tradition, die Bischöfe Desiderius von Langres und Antidius von Besançon ermordet haben sollen, um dies nochmals zu betonen, bereits

Christen, zumindest die wahrscheinlich schon in Ungarn «bekehrten» Hasdingen. Sie gebrauchten Bibel und Liturgie des Westgotenapostels Bischof Wulfila. Allem Anschein nach machten sie in der Schlacht bei Toulouse 422 bereits ein Schriftwort zum Feldgeschrei. In Spanien waren sie sicher Christen, haeretici, wie Salvian bezeugt. Und natürlich führten auch sie den Ursprung königlicher Gewalt auf Gott zurück. Wie alle christliche Welt kannten auch sie das Gotteskönigtum – Ausdruck der engen Verbindung von Staat und Kirche.[90]

Drei Jahre blieben die Wandalen in Gallien. Dann bezwangen sie, mit Alanen und Sueben, unter König Gunderich (407–428), Godigisels Sohn, im Herbst 409 die schlecht verteidigten Pyrenäen und fielen in Spanien ein (daher: Andalusien), wo sie zwei Jahrzehnte, verwüstend, plündernd, tötend, gegen Goten, Sueben, Römer zum Teil harte Kämpfe bestanden, auch Hungersnöte entfesselten, Epidemien. Die Silingen wurden dabei in den Jahren 416, 417, 418 von den Westgoten unter Vallia ausradiert.[91]

In Sevilla zog König Gunderich den besonderen Haß der katholischen Geistlichkeit auf sich. Er konfiszierte die Kirchenschätze von St. Vincent und starb darauf 428 eines jähen Todes – offenbar am Zorn Gottes. Nun übernahm sein Halbbruder Geiserich (428–477) die Herrschaft, ein unehelicher Sohn König Godigisels (den er vor seinen Augen in der Schlacht gegen die Franken sterben sah; nach Prokop soll er gekreuzigt worden sein).

Geiserich, der Sohn einer Sklavin, ebenso begabt und kühn wie skrupellos, verschlagen, der römischen Diplomatie reichlich gewachsen, war einer der «großen» germanischen Politiker seiner Zeit. Im Mai 429 – eine Tat fast ohnegleichen – brachte er etwa 80 000 Wandalen, eingeschlossen Frauen, Kinder, Greise, Sklaven, über die Meerenge von Gibraltar nach Marokko, wo er sich vielleicht bereits Stützpunkte geschaffen, zuvor aber noch die nachstoßenden Sueben sowie ein kaiserliches Heer gänzlich geschlagen und sich so für alle Fälle die Rückkehr offengehalten hatte. Doch eroberte er mit nur rund 16 000 Kriegern, freilich auch mit bisher von Germanen nicht begangenen Greueln, im Sturm Nordafrika – ein Land, das nie sich selbst, sondern den

Karthagern gehörte, Römern, den Wandalen, Byzantinern, Arabern, Türken, Franzosen. Ein Land, das zwar durch Maurenaufstände geschwächt war, durch religiöse, sozialrevolutionäre, politische Konflikte, das schätzungsweise aber immerhin sieben bis acht Millionen Menschen bevölkerten. Doch in fast einem Jahr besetzte Geiserich, gegen den Widerstand der kaiserlichen Truppen, des Adels, des katholischen Klerus, mehr als 1000 Kilometer der Küste. Dabei trieb er, so erzählt wenigstens der spätwandalenzeitliche Bischof Victor von Vita, hie und da benachbartes Volk zusammen und ließ es gegen die Städte anrennen, um hinter der lebendigen Deckung vorzugehn oder mit den Leichen dieser Leute ein Festungsumfeld zu verpesten – was dann auch Dschingis-Khan gemacht haben soll. Im Frühjahr 430 schlug er den kaiserlichen Feldherrn Bonifatius bei Hippo Regius und belagerte die Stadt, während darin Augustinus starb (I 526 ff).[92]

Am 11. Februar 435 schlossen die Wandalen in Hippo Regius Frieden und traten als Föderaten in den Dienst der Römer. Nach zwei Jahren aber gab es Streit, offenbar aus religiösen Gründen. Vermutlich agitierten katholische Geistliche gegen den arianischen Gottesdienst und verweigerten den «Ketzern» die Einräumung von Kirchen. König Geiserich exilierte einige Bischöfe, darunter Possidius von Calama, den Biographen Augustins (I 530).[93]

Etwa zur selben Zeit begannen die Raubzüge der Invasoren zur See. Und als ihnen, bei einem plötzlichen Überfall, Karthago am 19. Oktober 439 ohne Schwertstreich zufiel, Geiserich das gesamte Vermögen des gegnerischen Klerus einzog und diesen verbannte, rüstete er mittels der im Hafen liegenden Schiffe eine gewaltige Flotte, die jahrzehntelang das Mittelmeer beherrschte. Jahr für Jahr unternahm er jetzt mit Frühlingsbeginn seine Beutetouren nach Sizilien, Italien, Spanien, später auch nach Griechenland, und er verstand es als christlicher König offenbar, selbst seine Seeräuberei religiös zu verbrämen. Einmal in Karthago, nun seine Residenz, unter bereits gehißten Segeln gefragt, wohin die Fahrt denn gehe, soll er geantwortet haben: «Gegen die, denen Gott zürnt.» Prokop: «So fiel er grundlos über alle her, wie es sich eben traf.»

Schon 440 suchten die Wandalen, auf Betreiben ihres Bischofs Maximus, Sizilien mit Brandschatzungen und Katholikenpogromen heim. (Nach späteren katholischen Chronisten haben auch die sizilianischen Arianer viele Katholiken umgebracht.) Doch die ausgeschickte kaiserliche Flotte wurde 441 wegen drohender Hunnengefahr wieder zurückbeordert, und Kaiser Valentinian III. und Byzanz bequemten sich 442 zum Friedensschluß. Geiserich hatte damit den ersten souveränen und unabhängigen Germanenstaat auf römischem Boden geschaffen. Er besaß dessen reichste und fruchtbarste Provinzen: Mauretania, Tingitana, Zeugitana, Byzacena und Numidia proconsularis. Er besaß schließlich auch Sardinien und Korsika, dessen Wälder er durch verbannte Zwangsarbeiter für seine Schiffsbauten abholzen ließ. Und um 455 bekam er auch noch die Balearen, schon 425 von ihm geplündert. Von Gibraltar bis Konstantinopel beherrschte er das Meer und erkannte nicht einmal mehr nominell den byzantinischen Kaiser an. Freilich mußte er als Unterpfand des Friedens seinen Sohn Hunerich nach Italien schicken.[94]

Doch auch Italiens Küsten beraubten und verheerten die christlichen Piraten, die einzige Seemacht unter allen Germanenstämmen. Wurde doch Rom selbst, als im Juni 455 die wandalischen Schiffe unheimlich schnell an der Tibermündung aufkreuzten, vierzehn Tage lang – von den alten Kaiserpalästen bis zu den Tempeln, von kostbaren griechischen Statuen bis zu bronzenen Dachziegeln – höchst gewissenhaft und planvoll, viel gründlicher ausgenommen als 410 durch die Westgoten Alarichs, allerdings ohne Blutbad, Feuersbrünste und Verwüstungen (S. 36 ff). Freilich schleppte man auch Tausende römischer Bürger fort, besonders hochrangige und jüngere. Und bald suchte Italien durch die abgeschnittene Getreidezufuhr eine Hungersnot heim, die dann zum Sturz des neuen Kaisers Avitus führte.[95]

In den fünfziger Jahren eroberten die Wandalen die letzten noch römischen Gebiete Nordafrikas. Beim Feldzug Kaiser Majorians kaperte Geiserich 460 in einem tollen Handstreich die weströmische Flotte, etwa 300 Schiffe. Sie sollte das anrückende gewaltige Heer von Cartagena über die Straße von Gibraltar nach

Afrika bringen. Doch kurz bevor der im Mai eintreffende Kaiser zu seiner Flotte kam, war sie weg. Und selbst ein gemeinsamer, für Geiserich hochgefährlicher Krieg West- und Ostroms 468 gleichzeitig von Italien, Ägypten und Konstantinopel aus, von wo das Hauptkorps unter Kaiser Leos Schwager Basiliskos direkt nach Karthago segelte, scheiterte, nachdem wieder ein großer Teil der byzantinischen Armada einer raffinierten Attacke des Königs beim heutigen Kap Bon, in der Nähe von Karthago, zum Opfer fiel. Kaiser Zenon erkannte gegen unbedeutende Zugeständnisse Geiserichs 476 den vollen Besitzstand des Wandalenreiches (einschließlich der Inseln) an. Im selben Jahr erlosch offiziell das weströmische Imperium; während das oströmische noch um tausend Jahre, bis 1453, überlebte.[96]

Der Arianer Geiserich verfolgt die Katholiken

Unter allen germanischen Staaten war das Wandalenreich als einziges religiös intolerant und ein erbitterter Gegner des Katholizismus, mochte die Feindseligkeit primär auch gar nicht religiös begründet gewesen sein. Betraf sie zunächst doch einen Punkt, an dem die Alleinseligmachende allerdings stets am empfindlichsten ist, ihre Einkünfte, ihre ausgedehnten Güter. Entsprechende Konfiskationen machten den katholischen Klerus zum unversöhnlichen Feind des Königs. Und wie kein anderer Germanenfürst der Zeit verstand er es, das noch junge wandalische Christentum politisch auszumünzen, indem er seinen Kampf gegen Rom auch zu einem Kampf des Arianismus gegen den alle Andersgläubigen jagenden Katholizismus machte. Dies sicherte Geiserich den Beistand von Arianern und Donatisten, aber auch von vielen, die Rom gegenüber gleichgültig waren oder dessen Regiment ablehnten. Es gab genug antirömisch Gestimmte, genug Überläufer und Kollaborateure in einem Reich, das seine Herrschaft krasser Inhumanität verdankte. Und da Geiserich die katholischen Grundherren gegen deren wilde Widersetzlichkeit sogleich enteignet, ins Elend gestoßen hat, ihnen angeblich bloß die Wahl lassend zwischen Exil und Versklavung, was derart in keinem anderen Germanenstaat geschah, da er die Grundbücher der römischen Steuerbehörden planmäßig vernichtete, kurz, das ganze bestehende System zu liquidieren suchte, liefen ihm auch zahlreiche Sklaven und Kolonen zu. «Vertrieben und ausgeplündert sind die Herren», klagt Bischof Sidonius Apollinaris, Schwiegersohn des Kaisers Avitus, «der Barbar hält Afrika besetzt, seine Wut hat den Adel des Landes verstoßen».[97]

Vor allem reiche Kirchen und Klöster wurden geplündert, zerstört, galten sie doch weithin als «ideologische Hochburgen der römischen Herrschaft» (Diesner). Wie überhaupt die katholische Zivilbevölkerung nirgends Widerstand leistete, entweder gleichgültig war oder gar mit den Invasoren sympathisierte, auch zum arianischen Bekenntnis übertrat – trotz Geiserichs brutalem Angriff besonders auf Kleriker und Mönche, auf Nonnen, die man schändete, wobei der religiöse Fanatismus keine geringe Rolle gespielt hat, der Glaube, «als Träger des Arianismus eine göttliche Mission zu erfüllen» (Schmidt). Natürlich ließ auch Geiserich die für seine Krieger konfiszierten steuerfreien Güter, die sortes Vandalorum, wieder durch Kolonen bewirtschaften.[98]

Dem wandalischen König unterstanden beide Kirchen. Aber um die religiöse Einheit seines Reiches zu gewinnen, wollte er dem Arianismus die Alleinherrschaft vermitteln, machte er dessen Kirche zur Staatskirche, und die katholische, die über zahlreiche Bischofssitze verfügte, schädigte er systematisch. Sie, die eigentliche Verkörperung römischer Tradition, wurde daher zum Führer und Schürer des Widerstands gegen die fremdstämmigen Eroberer und «Ketzer», die sich ihrerseits selbstverständlich für die wahren Fortsetzer «apostolischer Tradition» und die Katholiken für «Häretiker» hielten. Arianisch und königstreu war für Geiserich ebenso identisch wie katholisch und königsfeindlich. Der katholische Klerus aber benutzte offenbar seine auswärtigen Verbindungen, um mit fremden Mächten zu konspirieren. Auch literarisch polemisierten Bischöfe wie Asclepius, Victor von Cartenna, Voconius von Castellum und andere gegen den Arianismus. Selbst und gerade in Predigten machte ihr Haß nicht halt, was sogar einen «Kanzelparagraphen» des Königs bedingte. Jedenfalls waren es diese ständigen konfessionellen Auseinandersetzungen, «die immer wieder die Kraft des Reiches erschütterten und zuletzt es vernichten halfen» (Giesecke).[99]

Es begann nun eine Phase dauernder Drangsale und Pogrome für die Katholiken, deren Hauptquelle die freilich sehr einseitige, 488/89 veröffentlichte «Historia persecutionis Africanae provinciae» des Bischofs Victor von Vita ist. Dabei wandte der durchtriebene Geiserich, der sich als von Gott eingesetztes Haupt der arianischen Nationalkirche betrachtete, gegen die Katholiken kaum viel mehr als die seit Theodosius I. von den katholischen Kaisern verfügten «Ketzer»-Erlasse an (I 449 ff). Auch unterscheiden sich die wandalischen Katholikenverfolgungen «in nichts von den Verfolgungen, die Justinian gegen Nichtkatholiken geführt hat» (Dannenbauer).[100]

Gelegentlich zog der König, wie nach der Besetzung Karthagos, das gesamte bewegliche und unbewegliche Vermögen des gegnerischen Klerus ein. Auch viele von dessen Kirchen ließ er schließen, der wandalischen Geistlichkeit übergeben oder als Kasernen benützen. Als die Katholiken eine dieser Kirchen aufbrachen, um Ostern zu feiern, gingen die Arianer unter ihrem Ortspriester Andwit gegen sie vor. Bischof Victor Vitensis berichtet darüber: «Sie greifen zu den Waffen und dringen mit gezückten Schwertern in das Gotteshaus ein; andere ersteigen das Dach und schießen durch die Fenster der Kirche ihre Pfeile. Gerade zu der Zeit, wo das Volk Gottes Worte hörte und sang, stimmte ein Vorleser, der auf der Kanzel stand, das Halleluja an; in demselben Augenblick stürzt er, von einem Pfeil in die Kehle getroffen, tot nieder und das Buch entfällt seinen Händen. Wie es denn feststeht, daß auch viele andere durch Pfeile und Wurfspieße mitten auf dem Postament des Altars getötet worden sind. Und diejenigen, welche damals nicht durch das Schwert getötet wurden, wurden fast alle hinterher auf Befehl des Königs durch Martern gepeinigt und getötet, vor allem Leute in höherem Alter. Anderswo nämlich, wie es in Tunuzuda geschah, in Gales, Vicus

Ammoniae und andern Orten, wo die heiligen Sakramente dem Volke Gottes dargereicht wurden, drangen sie in furchtbarer Wut in die Kirchen ein, schleuderten Leib und Blut Christi auf die Steinfliesen und traten es mit besudelten Füßen!»[101]

Mit einigen Senatoren und hohen Beamten hat der König im Lauf der Jahre auch katholische Kleriker, darunter Karthagos Oberhirte Quodvultdeus (auf dessen Veranlassung einst Augustin seinen «Ketzer»katalog «De haeresibus» mit 88 Häresien schuf) und Augustinbiograph Possidius von Calama, zum Teil auf wenig seetüchtigen Schiffen, ins Ausland verbannt und manchmal die hohen Stühle unbesetzt gelassen, falls die Vertriebenen starben. Auch blieben Bischofsstühle in den Zentren wandalischer Macht nach dem Tod ihrer Inhaber zuweilen verwaist. Laut Victor Vitensis ging unter Geiserich die Zahl der Bischöfe der Provinzen Zeugitana und Proconsularis von 164 auf 3 zurück! Alle anderen seien getötet oder verjagt gewesen.[102]

Die karthagische Cathedra stand fünfzehn Jahre leer, von 439 bis 454. Und als sie im Oktober dieses Jahres Bischof Deogratias einnahm, ein einsichtiger, unfanatischer Mann, war das Verhältnis zu den Katholiken ungestört. Als diese aber nach seinem Tod 457 Geiserichs außenpolitische Schwierigkeiten offenbar zu Konspirationen gegen ihn nutzten, wurde eine Reihe des Hochverrats Verdächtiger verbannt und der karthagische Stuhl wieder nicht besetzt. Überhaupt hat der König den katholischen Klerus anscheinend weit mehr im Interesse der Staatssicherheit verfolgt als aus religiösen Gründen.[103]

Martyrien allerdings suchte er zu vermeiden, um nicht die Glaubensbrunst des Gegners zu entfachen. Indes kam es doch dazu, aus konfessioneller Verbohrtheit wie aus politischen Motiven. Die arianischen Wandalen sahen wahrscheinlich katholische Römer oft von vornherein als Staatsfeinde an, eine Optik freilich, die grundsätzlich gerade die Katholiken selber gut kannten. Und der wandalische Klerus ließ, wie der katholische, die Gelegenheit zur Befriedigung seiner Rachegefühle ungern verstreichen.[104]

Wegen der steten Gefahr des Landesverrats verlangte Geiserich von seinen römischen Hofbeamten den Übertritt zum Arianismus. Widerstrebende traf zunächst Beschlagnahme des Vermögens, dann Verbannung, Tortur und schließlich Exekution. Zu den Mauren exilierte Christen, die dort missioniert und vom katholischen Nachbarbischof Priester erbeten hatten, ließ der König von wilden Pferden zu Tode schleifen. Der Bischof von Vita, Panpinianus, soll mit glühendem Eisenblech kaputtgemartert, der Bischof Mansuetus von Urusita lebendig verbrannt worden sein. Mit dem Tod bestrafte Geiserich auch den Widerstand gegen das Verbot katholischen Gottesdienstes oder seine Übertretung.[105]

Was immer katholische Chronisten an Geiserich mit Recht aufgebracht hat, einen Ruhm ließ ihm zumindest einer der ihren: Kirchenvater Salvian von Marseille pries Geiserichs Kampf gegen die «Unzucht». War doch, wie bezeichnend, der überaus blutbefleckte Christ in puncto Sexualität überaus prüde; bekanntlich eine häufige Kombination. Er bekämpfte nicht nur die Päderastie, sondern auch die Bordelle, ja, zwang sämtliche Dirnen, sich zu verheiraten. «Der König der Wandalen, der im Notfall vor keiner Bluttat zurückschreckt, empfindet vor der großstädtischen Pest der öffentlichen sexuellen Unzucht einen solchen Abscheu und hält diesen ganzen Greuel für seine Volksgenossen für derart verderblich, daß er ihn mit Stumpf und Stiel auszurotten unternimmt und augenscheinlich für Zeit seines Lebens ausgerottet hat. Ein Fall einzig in seiner Art in der gesamten Geschichte des Abendlandes und ein wirkliches Ruhmesblatt in dem sonst so fragwürdigen Ruhmeskranz des Königs der Wandalen.»[106]

Die Geschichte des Wandalenstaates wurde fast ausschließlich durch katholische Kleriker tradiert – auch die wenigen profanhistorischen Zeugnisse sind von ihnen stärkstens beeinflußt – und wohl sehr einseitig entstellt, besonders offensichtlich durch den Augustinfreund Bischof Possidius und den Bischof Victor Vitensis, der zwischen 484 und 489, wahrscheinlich in Konstantinopel, seine «Geschichte der Verfolgung in der Provinz Afrika» schrieb. Die Wandalen, an deren «Wandalismus» in Nordafrika unter Geiserich heute niemand mehr glaubt, werden von ihnen mit

Verleumdungen überschüttet. Sie reißen die Säuglinge von der Mutterbrust, zerschmettern sie am Boden, sie machen Priester und Reiche zu Lasttieren und hetzen sie zu Tode. Und dies ganz offenkundig deshalb, weil es ihr «Hauptverbrechen» war, «daß sie Arianer gewesen sind» (Gautier). «Der unnachgiebige Arianismus der Vandalen scheint mindestens ebensosehr wie ihre Überfälle und Beutezüge daran schuld zu sein, daß sich ihr schlechter Ruf über die Jahrhunderte hinweg so hartnäckig erhalten hat» (Finley).[107]

Wie sehr katholische Autoren oft die Wirklichkeit negieren, verdrehn, wie sie fast aufs Geratewohl erfinden, mag ein Beispiel zeigen.

Nachdem Geiserich Rom verlassen, berichtet Paulus Diaconus, ein Kleriker des 8. Jahrhunderts aus vornehmer langobardischer Familie, habe der König unter anderem auch Nola vernichtet und auch dort Haufen von Gefangenen fortgeschleppt. Dabei errang nun der Bischof von Nola, der hl. Paulinus (der hier nebst Gattin selbstverständlich «ohne Ehegemeinschaft ein streng mönchisches Leben» führte: Altaner/Stuiber), zusätzlich zu seinen schon damals etwas welken poetischen Lorbeeren, unsterblichen Ruhm. Opferte er doch sein ganzes Vermögen zum Loskauf von Gefangenen. Nicht genug: die eigene kostbare Person bot er zum Tausch für den Sohn einer armen Witwe an. Ein edler Zug, gewiß, nur leider, wie so oft, erlogen. Paulinus, Bischof von Nola, war, wie feststeht, fast ein Vierteljahrhundert vor der wandalischen Einnahme Roms, nämlich 431, gestorben. Geiserich konnte also 455, beim besten Willen, Bischof Paulinus nicht, wie Paulus Diaconus behauptet, vor Bewunderung ohne Lösegeld freilassen. Dagegen hat ihn der andere Eroberer Roms, Alarich, als er 410 auch Campanien verwüstete, eine Zeitlang gefangengesetzt, da er, wiederum aus guten Gründen, von seinen Verdiensten unter Geiserich nichts ahnen konnte.[108]

Bei aller Übertreibung aber, aller Verfälschung der Geschichte durch die katholische Tradition unterliegt Geiserichs scharfes, teilweise blutiges Vorgehen gegen die römische Geistlichkeit keinem Zweifel. Diese Geistlichkeit war freilich nicht nur ein rabiater Gegner des Arianismus, sie war auch immer mehr zum Staatsfeind geworden. Indes hatten die wandalischen Katholikenpogrome in Afrika – wie so häufig die Not anderer! – einen großen Vorteil für den Papst. Erkannte der afrikanische Klerus, dessen Verhältnis zu Rom oft gespannt, mitunter fast feindselig war (Ketzertaufstreit, pelagianischer Streit, Apiarius-Affäre, Fall des Bischofs von Fussala), doch unter dem Druck der Wandalen den Primat des römischen Kirchenhaupts an, da man von ihm nun Fürsprache und Hilfe erhoffte. Noch Augustinus hatte bemerkenswerte Vorbehalte gegen diesen Primat (S. 79). Während der Verfolgung aber «lehnte sich die afrikanische Kirche völlig an Rom an» (Marschall).[109]

HUNERICH UND DER ARIANISCHE KLERUS ENTEIGNEN, VERBANNEN UND MASSAKRIEREN

Geiserich verstarb hochbetagt Anfang 477. Sein Sohn und Nachfolger war Hunerich (477–484), dessen Gattin Eudokia, die von Geiserich 455 aus Rom entführte Tochter Valentinians III., angeblich aus Widerwillen gegen den arianischen Glauben ihres Mannes 472 nach Jerusalem geflüchtet ist. Dennoch verhielt sich Hunerich den Katholiken gegenüber zunächst leidlich tolerant. Mehr als an einer Intervention des Kaisers mochte dies an der Notwendigkeit liegen, seinen Thron zu sichern. Leidenschaftlich verfolgte und verbrannte der König anfangs nur, von den Katholiken dafür gelobt, die Manichäer – und die eigenen Verwandten, deren Erbfolge er fürchtete. Verschiedene schickte er mittellos ins Exil, so seinen Bruder Theoderich und den Sohn seines Bruders Gento, Godagis, deren natürlicher Tod sie vor der Ermordung bewahrte. Die hochgebildete Gattin seines Bruders Theoderich ließ er aus Argwohn köpfen, ihren Sohn gleichfalls beseitigen. (Auch Geiserich hatte einst die Witwe Gunderichs, seines Vorgängers und Halbbruders, umbringen lassen.) Der Patriarch Iucundus, früher Hofprediger des Theoderich, nun Oberhaupt der wandalischen Kirche, wurde öffentlich auf einem Platz Karthagos verbrannt.[110]

Den Katholiken erlaubte Hunerich wieder ihren Gottesdienst. Ja, 481 ließ er ihren Bischofsstuhl in Karthago (durch Eugenius) besetzen. Dafür verlangte er freilich Freiheit für den Arianismus im Ostreich, worauf die katholischen Prälaten bezeichnenderweise auf Zugeständnisse lieber verzichteten. Und als Hunerich erkannte, daß keine Rückeroberung Nordafrikas durch Byzanz drohte, nahm er religionspolitisch einen Kurswechsel vor, aufgestachelt nicht zuletzt durch den wandalischen Klerus.[111]

Getrieben von Habgier, Blutdurst, religiösem Wahn, begann er die systematische Unterdrückung der Katholiken, ein hitziges Verfolgen vor allem ihrer Priester: Konfiskation des Gesamtbesitzes (die Strafgelder aus diesen Pogromen waren eine ergiebigere Einnahmequelle als die aus den staatlichen Fabriken!), Verbannung in der Wüste, Kerker, Auspeitschen, greuliches Foltern, auch Verbrennen bei lebendigem Leib. Wer sich weigerte, arianisch zu werden, behauptet Prokop, «wurde verbrannt oder auf andere Weise zum Tode gebracht». Nach dem hl. Isidor, Erzbischof von Sevilla (gest. 636), einem der «großen Lehrmeister» des Mittelalters und vom «größten Einfluß auf die kulturelle Entwicklung» (Altaner/Stuiber), ließ der böse Hunerich auch «den Bekennern die Zunge abschneiden, die darnach, trotz der abgeschnittenen Zunge, ganz gut bis an ihr Lebensende reden konnten». Besonders stachelte den König offenbar der Patriarch Kyrila an. Unaufhörlich – und kaum zu Unrecht – soll er ihm eingeredet haben, ohne Ausrottung des Katholizismus könne er sich keiner ruhigen und langen Herrschaft erfreuen. Hunerich feuerte auch die katholischen Hofbeamten und schloß sämtliche Nichtarianer vom Staatsdienst aus. Neben religiöser Verranntheit spielten dabei wieder politische Motive mit: Aufhetzung der katholischen Bevölkerung gegen die Befehle des Königs, konspirative Kontakte des gegnerischen Klerus zu «überseeischen» Ländern. Hat Hunerich deshalb doch auch arianische Geistliche verfolgt, sie verbrannt oder wilden Tieren vorgeworfen. 4966 Katholiken aber schickte er 483 zu den Mauren in die Wüste, den schlimmsten Verbannungsort seiner Zeit, wo sie angeblich elend umgekommen sind.[112]

Ihren Höhepunkt erreichte die Kampagne in Hunerichs letztem Regierungsjahr.

Zum 1. Februar 484 rief er alle katholischen Bischöfe seines Reichs, immerhin 460, zu einem Religionsgespräch in die Hauptstadt. Die Wortführer ließ er vorher mißhandeln, verbannen, Bischof Laetus von Nepte einkerkern, dann verbrennen, da er, so der hl. Isidor, «trotz mannigfacher Strafen nicht dazu gebracht werden konnte, sich mit der Seuche arianischer Ketzerei zu beflecken». Als die gegnerischen Prälaten nicht einzuschüchtern waren, hintertrieben die Arianer die Debatte und schoben die Schuld dafür den Katholiken zu. Hunerich ließ darauf am 7. Februar alle ihre Kirchen schließen und am 24. Februar den Katholizismus überhaupt verbieten. Sämtliche katholischen Kirchen wurden mit ihrem Vermögen den Arianern übereignet, sämtliche katholische Kulthandlungen und Versammlungen untersagt, allen Katholiken, die (bis zum 1. Juni) nicht konvertierten, die bürgerlichen Rechte entzogen, die Hofbeamten ihrer Würde beraubt und für infam erklärt. Es kam zu Geldstrafen, Vermögenseinziehung, Deportation, Bücherverbrennungen. Für lässiges Ausführen der Bestimmungen traf die Verantwortlichen ebenfalls Konfiskation und Tod. Hunerich ernannte ganze Scharen von Schinderknechten (tortores), die alle unbekehrten Katholiken aufs roheste martern, gegebenenfalls töten sollten. Man kennt etwa 30 diverse Folterarten beziehungsweise Folterinstrumente. Viele Katholiken, darunter 88 Bischöfe, fielen von ihrem Glauben ab.[113]

Die Ausführung der Gesetze oblag dem arianischen Klerus, der die Verfolgung überwachte, mit großer Brutalität betrieb und über die Vorschriften des Königs oft ebenso eigenmächtig wie grausam noch hinausgegangen ist. Bischöfe und Priester zogen zum großen Bekehrungswerk bewaffnet durchs Land, hielten selbst Zwangstaufen an Geknebelten nicht für sakramentswidrig, drangen auch nachts mit Schwertern missionierend in die Häuser ein, die Katholiken vor die Wahl stellend zwischen Wiedertaufe,

Reichtum, Ehren und Strafen von Vermögensbeschlagnahmung über Deportation bis zum Tod. Katholische Frauen sollen sogar nackt gekreuzigt worden sein. Doch wurden, wie schon früher, in kluger Berechnung Martyrien möglichst vermieden.[114]

Wie in anderen christlichen Staaten, war gleichwohl auch bei den arianischen Wandalen die Todesstrafe häufig, besonders das Köpfen, verschärft durch vorherige Martern, weiter das Verbrennen, Ertränken, Zutodeschleifen durch Pferde und Vorwerfen vor wilde Tiere. Beliebte Torturen waren das Auspeitschen, Abschneiden von Nasen, Ohren, Händen, Füßen, das Ausreißen von Zunge und Augen. Gerade bei den Katholikenverfolgungen wurde oft gefoltert, und diese Strafen entstammten größtenteils dem römischen Recht.[115]

Ein grandioser, schon angedeuteter Zynismus, eine gewisse Konsequenz, wenn man so will: daß man während der zwar kurzen, doch schwersten Verfolgung im Wandalenreich auch die schärfsten byzantinisch-römischen «Ketzer»-Erlasse aus der Donatistenzeit gegen die Katholiken selber angewandt. Denn all dies hatten sie ja längst vorweggenommen.[116]

Das Ausmaß ihrer Martyrien übertrieben sie indes wie stets, wenn sie einmal, statt zu verfolgen, selber verfolgt werden, gewaltig. Bischof Victor Vitensis beschwört immer wieder eine unzählbare Schar, nennt aber selber nur insgesamt zwölf; und sie endeten nicht einmal alle mit dem Blutzeugnis, das unter allen «Zeugnissen» übrigens am wenigsten beweist, doch unter allen den größten Fanatismus züchtet. Prokops Bericht zeigt bereits die legendarische Verfärbung, wenn er von Hunerich behauptet, «vielen ließ er auch die Zunge an der Wurzel abschneiden. Von diesen lebten noch manche zu meiner Zeit in Konstantinopel, die jedoch mit kräftiger Stimme reden konnten, weil ihnen diese Marter nichts geschadet hatte. Zwei von ihnen verloren aber dort nachträglich ihre Sprache, nachdem sie mit Huren verkehrt hatten».[117]

Hunerich erlag frühzeitig im Dezember 484 einer Krankheit. Die Katholiken frohlockten, wie stets, wenn einer ihrer Widersacher stirbt. Und wie stets, so stellten sie auch dieses Ende natürlich als Gottesstrafe hin. Nach Victor von Vita soll Hunerich von Würmern zerfressen, nach Victor von Tonnena soll er, wie Arius (I 374), durch Heraustreten seiner Eingeweide verschieden sein. Und Gregor von Tours, der alles, was nicht Franke war unter Germanen verabscheute, jubelte jetzt: «Hunerich aber wurde zum Lohn für solche Schandtaten selbst vom bösen Geiste ergriffen und er, der lange das Blut der Heiligen getrunken hatte, zerfleischte sich mit seinen eigenen Zähnen . . .».[118]

Christliche Geschichtsschreibung!

Hunerichs Radikalismus zeitigte zwar beträchtliche Erfolge, verschärfte jedoch den wandalisch-römischen Gegensatz. Und während Gunthamund (484–496) allmählich die Pogrome einstellte, die Verbannungsdekrete zum Teil aufhob und nur noch Gruppen des arianischen Klerus auf eigene Faust verfolgten, favorisierte Gunthamunds kluger Bruder König Thrasamund (496–523), am Religionskampf selber sogar publizistisch stark beteiligt, wieder bedacht den Arianismus. Da die Katholiken, entgegen königlichem Befehl, ihren Gemeinden neue Bischöfe gaben, verfügte Thrasamund neue Verbannungen. Ja, unter ihm, «gleich hervorragend durch Schönheit wie Charakter und Verstand», sollen die Wandalen gelegentlich ihre Pferde und Zugtiere in die Tempel der Katholiken gestellt haben – «und sie verübten auch sonst Frevel jeglicher Art, mißhandelten und prügelten die Priester und brauchten sie zu den niedrigsten Sklavendiensten» (Prokop). Im allgemeinen aber arbeitete der Schwager des Gotenkönigs Theoderich weniger mit Gewalt als mit kalkulierter Schonung, gab Konvertiten Ehren, Ämter, reiche Geschenke, ja, begnadigte noch Verbrecher, falls sie übertraten. Und den Verbannten in Sardinien, erst 60, dann 120, dann weitere, ging es erträglich. Sie hatten Kontakte mit der Außenwelt und bekamen jährlich durch Papst Symmachus Kleider und Geld.[119]

Dann aber leitete Neffe und Nachfolger Hilderich (523–530) eine gegensätzliche Politik und damit den Untergang seines Volkes ein.

Hilderich, der Enkel Valentinians III. und Sohn der Eudokia, der 455 von den Wandalen aus Rom verschleppten Kaisertochter, war meist in Byzanz gewesen, «mit Justinian eng befreundet» (Prokop), und, anders als sein Vater Hunerich, stark kaiser- und romfreundlich. Zwar hatte ihn der sterbende Thrasamund schwören lassen, keinerlei Reorganisation des Katholizismus zu dulden. Doch rief Hilderich – «um nicht die Heiligkeit des Eides zu verletzen»! (der hl. Isidor von Sevilla) – noch vor seinem Regierungsantritt, wohl im Einvernehmen mit Kaiser Justin, die verbannten Katholikenbischöfe zurück, befahl die Wiederbesetzung der vakanten Stühle und die Rückgabe enteigneter Kirchen. Ja, der schwächliche älteste Sohn Hunerichs, damals freilich schon ein Greis, umgab sich mit romanischem Adel und tat alles, um die Gunst Ostroms und der Katholiken zu gewinnen.[120]

Dieser vom ersten Tag an stark prokatholischen und probyzantinischen Politik opferte Hilderich sogar den Pakt mit Theoderich. Ließ er doch dessen Schwester Amalafrida, Thrasamunds Witwe, die energisch die Wahrung des Bündnisses mit den Goten vertrat, der Verschwörung anklagen und samt ihrem Geleit von 1000 gotischen Doryphoren (Leibwächtern) und 5000 streitbaren Knechten töten. Die seitdem bestehende Feindschaft zwischen beiden germanischen Staaten trug wohl entscheidend zum Untergang beider bei. Theoderich, den die Nachricht vom Schicksal der Schwester in den letzten Monaten seiner Regierung erreichte, plante einen Rachezug gegen Hilderich. Und da er jetzt mit der vereinigten Seemacht der Byzantiner und Wandalen rechnen mußte, baute er in kürzester Frist eine eigene Flotte von tausend Dromonen, schnellen Schiffen. Am 13. Juni 526 sollten sie sich in Ravenna sammeln, doch am 30. August starb er.[121]

Als im nächsten Jahr Hilderichs Vetter und Heerführer Oamer eine schwere Schlappe durch die Mauren erlitt, flog der alte Herrscher, der selber nicht gekämpft, ins Gefängnis, ebenso Oamer, der schließlich, geblendet, darin starb, und Gelimer, ein Urenkel Geiserichs und nächstberechtigter Thronerbe, wurde am 15. Juni 530 König. Dieser Staatsstreich aber gab Kaiser Justinian, der sich als Beschützer Hilderichs aufspielte, den Vorwand zum Krieg. Und an seinem Vernichtungsfeldzug, am Untergang des wandalischen Arianismus und wandalischen Volkes, hat der Katholizismus einen hervorragenden Anteil.[122]

Der katholische Klerus will «eine Art Kreuzzug» gegen die Wandalen

Man kann von den drangsalierten Katholiken nicht Sympathien für den Staat ihrer Verfolger erwarten, nicht einmal angesichts ihrer Verpflichtung, der Obrigkeit untertan zu sein, denn schließlich war Gelimer ein Usurpator. Auch hat gerade die katholische Kirche sich kaum um Obrigkeiten gekümmert, waren sie ihr nicht wohlgesonnen und überdies noch schwach. So neigten Katholiken unter Thrasamund nicht unbeträchtlich selbst dem Maurenfürsten Kabaon zu, konspirierten vielleicht mit ihm. Zumindest hat er seinen Kampf gegen Thrasamund auf die Unterstützung durch dessen katholische Untertanen abgestellt, den katholischen Klerus hofiert, die von Thrasamund geschändeten katholischen Kirchen wiederhergestellt – und den Feldzug gewonnen: «die meisten» der Wandalen wurden seinerzeit «von den nachsetzenden Feinden getötet, einige zu Gefangenen gemacht, wenige endlich kehrten von diesem Kriegszug heim» (Prokop).[123]

Es ist keine Frage, daß das katholische Rom den wandalischen Arianismus vernichtet sehen wollte. Noch im Jahr des byzantinischen Umsturzes 519 fragte Papst Hormisdas den neuen Kaiser, was er zugunsten des Katholizismus im Wandalenreich zu tun gedenke. Aber sogar der gute Katholik Justin wich aus.[124]

Weder die Minister begeisterten die klerikalen Kreuzzugswünsche, noch die Militärs, noch gar die Finanzbeamten. Die Erinnerung an Geiserich, den Schrecken der Meere, war noch zu lebendig, auch die an das Schicksal des Basiliskos (S. 298). Überdies kam die Truppe erst vom persischen Feldzug zurück; vom Kaiser freilich gerade beendet, um nun mit ganzer Kraft die Wandalen bekriegen zu können. Doch der Thronrat war entschieden dagegen, das Geld, wegen des Perserkonflikts, knapp, die Truppenmoral schlecht, die wandalische Marine weiterhin gefürchtet. All dies, gewichtig genug, schien Justinian schon umzustimmen, obwohl er zweifellos Nordafrika, noch immer wirtschaftlich und machtpolitisch bedeutend, nur zu gern zurückerobert hätte, zumal er auch selber religiös sehr engagiert gewesen ist.[125]

Da aber legte sich der katholische Klerus ins Zeug, der lebende, der tote, Gott selber. Denn dieser, behauptete ein Bischof aus dem Orient, von dem man vermutete, er sei als Agent seiner afrikanischen Brüder aufgetreten, habe ihm geboten, dem Kaiser sein Zaudern vorzuhalten und höchste Hilfe zu avisieren bei der Befreiung der Katholiken vom Wandalenjoch. «Gott selbst werde ihm beistehen, ihn zum Herrn Afrikas machen» (Prokop). Und ein toter Prälat, Laetus von Nepte (S. 411), durch sein Martyrium unter Hunerich «plötzlich siegreich zum Himmel» eingegangen (der hl. Isidor), trat wieder hervor, erschien Justinian im Traum und trieb ihn gleichfalls zum Krieg. Darüber hinaus hetzten die Priester weithin von den Kanzeln und verbreiteten beredt die wirklichen oder angeblichen Greuel der «Ketzer».[126]

Kurz, kaum ein Zweifel, daß einer der Hauptgründe Justinians für den Krieg «die Befreiung der afrikanischen Katholiken» war (Kaegi), daß der Kaiser den Krieg «in der Hauptsache aus konfessionellen Gründen» führte (Kawerau), als «eine Art Kreuzzug» (Diehl), als einen «heiligen Krieg gegen die Arianer» (Woodward), «daß das religiöse Moment bei Justinian den Ausschlag gegeben hat . . . den letzten Anstoß zu dem Kriege . . ., der mit der Vernichtung des wandalischen Volkes endete» (Schmidt). «Die katholische Geistlichkeit trägt ein gutes Teil der Verantwortung für den Ausbruch der vernichtenden Kriege des Zeitalters . . . Der Einfluß der Kirche reichte bis in das letzte Dorf» (Rubin).[127]

Ist diese Kriegsfreudigkeit des (katholischen) Klerus so verwunderlich oder gar unglaublich? Gibt es nicht plausible Motive dafür? Gibt es nicht vor allem einen Grund, der uns fort und fort durch die Jahrhunderte begegnen wird, einen Grund, den Papst Agapet (535–536) einmal gegenüber Kaiser Justinian anführt, wenn er schreibt: «Unendlichen Dank sage ich unserem Gott, daß in Euch solcher Eifer für die Mehrung des katholischen Volkes glüht: denn so beginnt immer dort, wo Euer Imperium seine Grenzen ausdehnt, sofort auch das ewige Königreich zu wachsen.» Betete man doch just in jenen Tagen in der lateinischen Liturgie um Vernichtung der Reichs- und Glaubensfeinde in einem Atemzug: «Hostes Romani nominis et inimicos catholicae religionis expugna».[128]

Und Justinian verbeugte sich gerade damals tief vor Rom: «Immer ist es unser Bestreben gewesen, die Einheit mit Eurem Apostolischen Stuhl und den Stand der Kirchen zu wahren. Denn in allen Dingen lassen wir es uns angelegen sein, daß die Ehre und die Auktorität Eures Stuhles wachse». Papst Johannes II. (532 bis 535) konnte nur entzückt sein, daß der Herrscher in seinem Glaubenseifer und, «vom kirchlichen Recht belehrt, dem Römischen Stuhl die gebührende Ehrfurcht entgegenbringt, ihm alles unterbreitet und alles zur Einheit mit ihm zurückführt».[129]

«. . . WIR BRINGEN EUCH FRIEDEN UND FREIHEIT!»

Im Juni 533 ließ der Kaiser eine Flotte von 500 Transport- und 92 Kriegsschiffen (Dromonen) mit etwa 15 000 bis 20 000 Mann, darunter auch Heruler und Hunnen, in See stechen. Der Patriarch von Konstantinopel, Epiphanios, hatte noch im Hafen den Segen des Himmels auf das Gott so wohlgefällige Werk gefleht, hatte die Truppen noch gesegnet und die vor der Ausfahrt «üblichen Gebete» (Prokop) verrichtet. Oberbefehlshaber war Belisar, ein guter Katholik, ein guter Soldat – «ein ritterlicher Christ, dem die Lehren seines Heilandes im Blute, nicht nur im Kopfe leben» (Thieß). Wie wahr, weiß Gott, wenn man (beim Nika-Aufstand) 30 000 oder 50 000 Menschen, Christen, Katholiken wie Pappfiguren niedersäbeln kann – nur damit *ein* Mensch (Bestie wäre verfehlt) die Krone behält! Bei seinen Schlächtern sehr beliebt, der größte Feldherr des Jahrhunderts und, gleich dem Kaiser, Bauernsprößling. Wie gewöhnlich: die Gattin Antonina an der Seite, eine couragierte, doch etwas anrüchige Person, eine Freundin der Kaiserin, die den ihr treu, ja, bis zur Hörigkeit ergebnen General mit dessen Adoptivsohn Theodosius betrog, freundlich genehmigt von der frommen Theodora. An Bord ferner Belisars Stabschef, Eunuch Salomon, streng, für sein Handwerk befähigt und unbeliebt; sowie Historiker Prokop, der zwischen 527 und 540 Belisar als Sekretär und Vertrauter auf seinen persischen, afrikanischen und italienischen Feldzügen folgte, ein Klassiker der Geschichtsschreibung. Nicht nur einmal erblickte er in den strategischen Maßnahmen des Chefs den Finger Gottes, ja, wähnt sie direkt von diesem souffliert.[130]

Unterstützt wurden die Byzantiner zumindest mittelbar durch die Goten – ihr nächstes Opfer. Der Mord an Theoderichs Schwester Amalafrida und ihren 6000 Beschützern (S. 414) war unvergessen. Und Amalaswintha, Tochter und Nachfolgerin Theoderichs, als erste Frau Regentin eines Germanenreichs, erlaubte Belisar offenbar Sizilien anzulaufen, es zum Ausgangspunkt des Feldzugs zu machen, ja, scheint seine Truppen verstärkt zu haben.[131]

Der Krieg, schon beim Start in Konstantinopel als Glaubenskrieg wider die wandalische «Ketzerei» ausgegeben, wurde nicht zuletzt als solcher geführt. In Sardinien und Tripolis kam es sofort zu Erhebungen, wollten die Katholiken doch jetzt das arianische Joch abschütteln. In Salecta, der ersten Stadt, die Belisar zwei Tage nach seiner Landung (am 30. oder 31. August 533) einnahm, ließ ihm vor allem der Bischof die Tore öffnen. Mit dem katholischen Klerus suchte der General auch zuerst Kontakt, wenngleich er, im Hinblick auf die rund 1000 Arianer des eigenen Heers, meist foederati, geschickt taktieren mußte. Die Kirchen wurden sorgfältig geschont. Und in einem überall verbreiteten Aufruf Justinians behauptete man gar, nicht die Wandalen, sondern bloß den «Tyrannen» Gelimer zu bekämpfen, natürlich «im Namen Gottes». «Wir führen nicht Krieg gegen euch, sondern nur gegen Gelimer, euren grausamen Tyrannen, von dem wir euch befreien wollen! Denn wir bringen euch Frieden und Freiheit!»[132]

Justinian hatte mehr Glück als wohl irgend jemand, außer ihm selbst und den Bischöfen, zu hoffen gewagt. Zwar starben schon während der Fahrt 500 Soldaten (durch die Sparsamkeit des Präfekten Johannes) an verdorbenem Brot, ohne daß der Präfekt dafür vom Kaiser bestraft worden wäre – er regierte schließlich dank seiner Ausbeutungen. Und während die gewaltige Expedition 468 kläglich gescheitert war, gewann Belisars kleines Heer Afrika in einem Blitzfeldzug, eine der größten militärischen «Leistungen» seit langem. Man landete Anfang September 533 200 Kilometer südlich von Karthago, bei Kaput Vada. Die gefürchtete Wandalenflotte war unter dem Bruder König Gelimers, Tzazon, mit den besten Truppen zur Niederschlagung des Aufstands in Sardinien unterwegs, wo der Empörer Godas, der sich dem Kaiser unterstellte, besiegt und hingerichtet wurde. Andere wandalische Feldscharen operierten im Süden gegen die Mauren. Trotzdem hätte Gelimer mit einem noch immer zahlenmäßig ziemlich überlegnen, doch viel weniger schlachterfahrenen Heer, den Gegner bei Dekimon, etwa 14 Kilometer von Karthago, am 13. September um ein Haar eingekreist und vernichtet, hätte dies nicht sein unentschlossenes Zögern, sein Jammer beim Anblick des toten Bruders, verhindert.[133]

Die Wandalen waren ihres Sieges sicher und hatten für Gelimer schon ein Festmahl in der karthagischen Königsburg bereitet. Ihr Schlachtplan: des Königs Bruder Ammatas sollte bei Dekimon die Byzantiner von vorn, ein Aufgebot von 2000 Mann unter Gibamund sie in der linken Flanke, der König mit der Hauptmacht sie im Rücken fassen. Belisar war ahnungslos und nur das Pech der Wandalen bewahrte ihn vor dem Untergang. Ammatas nämlich kam sechs Stunden zu früh, griff bereits mit einem Teil seiner Truppe die byzantinische Vorhut an, wurde erschlagen und der Rest seiner fliehenden Leute vielfach niedergemacht. Fast gleichzeitig sprengten Belisars 600 Hunnen die 2000 Mann Gibamunds durch einen überraschenden Vorstoß auseinander und stachen sie sämtlich ab. Gelimer selbst aber hatte vor Eile und Kampfbegier ungesehen Belisars Gros überholt und stieß nun, seinem Plan zuwider, mit der Spitze des beträchtlich auseinandergezogenen byzantinischen Hauptkontingents zusammen. Sie flüchtete angesichts der heranstürmenden wandalischen Übermacht zu Belisar, der sie unbeirrt auffing und sofort gegen Gelimer vorging.[134]

Prokop, der den Tag in der nächsten Umgebung Belisars verbracht hatte, schreibt über die entscheidungsvolle Schlacht, die im Grunde ja auch den Untergang der Ostgoten nach sich zog: «Hier stehe ich vor einem Rätsel. Es ist mir völlig unbegreiflich, wie Gelimer dazu kam, den Sieg, den er schon in den Händen hielt, aus freien Stücken dem Feinde preiszugeben . . . Denn wenn Gelimer die Verfolgung des geschlagenen Gegners sofort aufgenommen hätte, dann hätte meines Erachtens auch Belisar selber nicht standgehalten, sondern unsere Sache wäre rettungslos verloren gewesen. So gewaltig erschien die Übermacht der Wandalen und die Angst, die sie den Römern einjagten. Wenn er aber sofort nach Karthago geeilt wäre, dann hätte er mühelos Johannes und seine Krieger niederhauen können . . . Aber keines von beiden tat er. Zu Fuß schritt er von der Höhe herunter und wie er in die Ebene kam und den Leichnam seines Bruders erblickte, brach er in lautes Jammern aus, machte Anstalten zu seiner Bestattung und ließ so den entscheidenden Augenblick ungenutzt, so daß er für immer dahin war.

Belisar aber trat seinen fliehenden Soldaten entgegen, donnerte ihnen ein ‹Halt!› zu, brachte sie sämtlich wieder in Reih und Glied, ließ ein Donnerwetter über sie niedergehen, und als er dann vom Tode des Ammatas und der Verfolgung (der Wandalen) durch Johannes gehört und über die Örtlichkeit und die Feinde erfahren hatte, was er wollte, rückte er im Sturm auf Gelimer und die Wandalen los. Die Barbaren aber, die schon in Unordnung geraten und auf keinen Angriff gefaßt waren, erwarteten den herankommenden Feind gar nicht, sondern rissen aus, was das Zeug halten wollte, wobei sie viele Leute verloren. Das Morden dauerte bis in die Nacht hinein.»[135]

Belisar zog am 15. September in Karthago ein. «Wir aßen Gelimers Gerichte, tranken Gelimers Wein und ließen uns von Gelimers Dienern aufwarten – die ganze Mahlzeit war am Tage vorher für jenen bereitet. Ein recht schlagendes Beispiel, wie das

Geschick dem Menschen mitspielt, und wie ihr Wille dagegen gar nichts auszurichten vermag!»[136]

Vier Tagesreisen von Karthago entfernt, sammelte der König seine geschlagenen Scharen, bekam nicht unbeträchtlichen Zuzug durch Mauren, Verstärkung auch durch den aus Sardinien zurückeilenden Tzazon, aber keinerlei Waffenhilfe von den Westgoten, die noch vor Ankunft der Gesandten Gelimers die wandalische Niederlage von einem Kauffahrer erfahren hatten. Bei Tricamarum, einem nicht mehr näher zu lokalisierenden Ort, etwa 30 Kilometer westlich von Karthago, schlug man dann im Dezember 533 eine letzte Verzweiflungsschlacht. Beim dritten Ansturm der Byzantiner fällt Gelimers Bruder Tzazon, die Wandalen fliehen nach löwenhaftem Kampf, sämtliche flüchtigen Männer werden bis in die Nacht hinein niedergehauen. Zuletzt gibt es «außer Schutzflehenden in den Heiligtümern keinen Wandalen mehr zu fangen». Alles, schreibt Prokop, «war so in schönste Ordnung gebracht . . .». Gelimer selbst rettet sich mit wenigen Genossen zu befreundeten Mauren in unzugängliches Gebirgsland an der äußersten Grenze Numidiens, wo er sich schließlich, umzingelt, Monate später ergibt. Die katholischen Sieger aber werden bei Tricamarum nicht nur die Herren der unermeßlichen, aus dem ganzen Mittelmeerraum zusammengeraubten Schätze, sondern auch der «blühenden und herrlich schönen Körper» wandalischer Frauen und Mädchen und rasen vor Gier.[137]

«Denn die römischen Soldaten», so berichtet der byzantinische Chronist und Augenzeuge, «die bettelarme Leute waren und sich nun plötzlich im Besitz ungeheurer Schätze und wunderbar schöner Weiber sahen, blieben ihrer Sinne nicht mehr mächtig und schienen im Stillen ihrer Lüste unersättlich: des ungeahnten Glückes voll, taumelten sie wie trunken daher, als ob jeder nur daran dächte, seine Schätze auf dem nächsten Wege nach Karthago in Sicherheit zu bringen. Jede militärische Ordnung war gelöst; einzeln oder zu zweien, wie sie die Hoffnung auf Beute trieb, suchten sie alles ringsum ab in Schluchten und Höhlen und an anderen gefährlichen Orten. Furcht vor dem Feind und Scheu vor Belisar gab es nicht mehr; die Beutegier allein beherrschte sie, als deren Sklaven sie sich um nichts mehr kümmerten».[138]

Päpstliche Glückwünsche für die «Ausbreitung des Gottesreiches» oder «Sie alle waren Bettler»

Nach dem Sieg wurden die wandalischen Männer meist getötet, die Frauen, die Kinder versklavt, der König nach Konstantinopel gebracht und im Sommer 534 im Triumphzug im Hippodrom aufgeführt, wo er sich vor dem kaiserlichen Thron, des Purpurs entkleidet, in den Staub werfen mußte. Als Vasall beschloß er seine Tage auf einem großen Landgut in Galatien. Seine Konversion zum Katholizismus, wofür ihm hohe Ehren winkten, schlug er aus. Seine Mitgefangenen steckte man ins römische Heer und meist an die persische Grenze, fünf Reiterregimenter, die sogenannten Vandali Justiniani. Ein Regiment jedoch floh nach Afrika zurück, nachdem es auf dem Transport bei der Insel Lesbos die Schiffsmannschaft überwältigt hatte. Nach Afrika warf man große Truppenkontingente, man befestigte Häfen, Städte und legte auch im Hinterland überall starke Kastelle an.[139]

Die katholische Kirche, die Justinian als Befreier aus der «hundertjährigen Gefangenschaft» feierte, bekam sofort ihre sämtlichen Liegenschaften, auch ihren Rang vor allen anderen Religionen zurück und wurde über Nacht aus einer Verfolgten wieder zur Verfolgerin. Denn selbstverständlich kollaborierte nun der katholische Klerus genau so mit den neuen Herren wie der arianische mit den alten. Erneut ging man scharf gegen Heiden, Donatisten, Juden vor, denen man jetzt grundsätzlich die Synagogen raubte. Vor allem aber wurde das Ende des Wandalenstaates auch das Ende des wandalischen Glaubens. Justinian selbst zwar, schon im Begriff die Ostgoten zu bekriegen, neigte zu einer gemäßigten Religionspolitik. Doch der afrikanische Episkopat und Papst Agapet stimmten ihn um. Mit Erlaß vom 1. August 535 nahm er den Arianern die Kirchen, verbot ihre Gottesdienste, die Bestallung von Bischöfen, Geistlichen und schloß sie von allen Ämtern aus. Auch schritt er gegen die andren Nichtkatholiken ein.[140]

Selbst das katholische «Handbuch der Kirchengeschichte» gibt zu: «Überaus hart waren die Maßnahmen, die der Erlaß hinsichtlich der Arianer, Donatisten, Juden und Heiden traf; sie mußten ihre Gotteshäuser schließen, jede kultische Handlung unterlassen, jede Zusammenkunft wurde verboten, es genüge, wenn sie leben könnten. Der Papst beglückwünschte den Kaiser zu solchem Eifer für die Ausbreitung des Gottesreiches».[141]

Ganz geschlagen freilich war der Arianismus in Afrika nach allen Metzeleien noch nicht, zumal er durch die arianischen Goten unter Belisars Truppen Zuzug erhielt. Aber auch sie, die sich in der Landzuteilung betrogen und religiös mit den noch lebenden wandalischen Arianern stark unterdrückt gesehen haben, wurden schließlich, nach langen, schweren Kämpfen, niedergerungen und die inzwischen mit ihnen verheirateten wandalischen Soldatenfrauen ins Exil gejagt. «Von den Wandalen, die in ihrer Heimat blieben», schreibt Prokop, «ist zu meinen Zeiten keine Spur mehr vorhanden. Sie sind, da sie nur wenige waren, entweder von benachbarten Barbaren erdrückt worden, oder haben sich freiwillig unter sie gemischt, und so ist selbst ihr Name verschwunden». «So wurde das Wandalenreich», triumphiert Erzbischof Isidor von Sevilla, «mit Stumpf und Stiel im Jahr 534 ausgerottet, nachdem es von Gunderich bis auf Gelimers Fall 113 Jahre bestanden hatte».[142]

Auch militärisch und politisch aber kehrte alles andere als Friede in Afrika ein. Die byzantinische Verwaltung war großenteils korrupt, die Steuerausbeutung derart, daß man der wandalischen Großzügigkeit nachtrauerte. Die Kolonen wurden weit schlechter behandelt als unter den «Barbaren», auch die eigenen arianischen Truppenteile benachteiligt, die anderen gelegentlich verspätet bezahlt, kurz, die Unzufriedenheit breiter Kreise stieg. Und zu Meutereien und Aufständen im Innern kamen die Angriffe von außen.[143]

Schon 534 standen die byzantinischen Verbände unter ihrem nicht unfähigen, doch brutalen Magister militum Salomon, Belisars Nachfolger, im Kampf gegen mehrere Nomadenstämme. Ganze kaiserliche Kavallerieeinheiten gingen dabei zugrunde. 535 gelang es zwar Salomon, von den bis Mitteltunesien vorgedrungenen Berbern angeblich über 50 000 abzuschlachten. Aber schon die folgenden Jahre brachten neben neuen Nomadenattacken auch wiederholte schwere Soldatenmeutereien. «Das unglückliche Land», so endet Prokops «Wandalenkrieg», «sollte zu dauernder Ruhe nicht gelangen. Salomon fällt im Kampf gegen die Mauren; sein Neffe Sergius, der zu seinem Nachfolger ernannt wird, macht sich allgemein verhaßt und kann sich nicht behaupten. Justinian schickt seinen eigenen Neffen Areobindus, um Ordnung zu schaffen. Dieser Prinz ist aber ganz und gar kein Kriegsmann; er fällt einer Militärverschwörung zum Opfer, an deren Spitze ein gewisser Gontharis steht, der sich zum Gewaltherrscher aufwirft. Nun beginnt ein wüstes Durcheinander: jeder beliebige Offizier glaubt, Herrscher Afrikas werden zu können; Meuchelmord, Verwüstung und Plünderung sind an der Tagesordnung. Endlich fällt Gontharis, um den sich die letzten Wandalen geschart haben, mit diesen durch den Armenier Artabanes, der von Justinian das Magisterium militare über ganz Afrika erhält. Sein Nachfolger Johannes zertritt die letzten Funken des Aufstandes . . . Wenige waren übriggeblieben von der Bevölkerung Afrikas; nach so großer Drangsal hatten sie endlich Frieden. Aber um welchen Preis! Sie alle waren Bettler».[144]

Von der «grossen Treibjagd auf die Goten» und mancherlei am Rande

Das arianische Wandalenreich hatte die Katholiken lang und zeitweise scheußlich verfolgt, zweifellos einer der Gründe für seine Vernichtung. Doch die arianischen Ostgoten kannten keinerlei religiöse Verranntheit. Theoderich war gewiß blutig und schurkisch genug nach Ravenna gelangt, dann aber außenpolitisch stets um Frieden bemüht. Bei völliger Unabhängigkeit, erkannte er die Oberhoheit Ostroms an. Und innenpolitisch erstrebte er ernsthaft die Aussöhnung von Römern und Germanen. Zumal gegenüber den Katholiken bewies er, den anno 500, bei seinem einzigen Besuch Roms, der Papst an der Spitze des Klerus empfing, eine bemerkenswerte Toleranz. Wurden die Manichäer unter dem König auch wiederholt aus Rom verbannt, opfernde Heiden gar mit dem Tod bedroht, die Päpste konnten mit außeritalienischen Bischöfen stets frei verkehren. Sie, ihre Kirche, waren so selbständig wie schon seit vielen Generationen nicht mehr, ja, «wie unter keinem der orthodoxen Kaiser» (Pfeilschifter). Dennoch löschte man die Ostgoten eher noch grausamer aus. Nur sechzig Jahre, von 493 bis 553 bestand ihr Reich, mehr als die Hälfte dieser Zeit unter Theoderich.[145]

Solange er auf der Höhe seiner Macht stand, pflegten Ost- und Westrom, Kaiser Anastasios, der Papst, der Senat, ein gutes Einvernehmen mit ihm. Laufend unterstützte er Rom, unter anderem durch eine jährliche Anweisung von 200 Pfund Gold für die Erhaltung seiner Mauern; Papst Symmachus bekam sogar Geld aus der Privatschatulle des Königs. Als aber in dessen letzten Lebensjahren Justin und der Papst sich einigten, als das Verfolgen der Arianer im Ostreich begann, wuchs die gotenfeindliche Strömung unter den Katholiken Italiens. Ja, in der kirchlichen Tradition des Mittelalters lebt Theoderich bloß als «Ketzer», Tyrann und Teufel fort, verschwindet er schon bei Papst Gregor I. und Gregor von Tours im Höllenpfuhl.[146]

Der König, der ohne Söhne zu hinterlassen gestorben war, hatte seinen Enkel Athalarich zum Nachfolger bestimmt. Für den etwa Achtjährigen übernahm seine Mutter, Theoderichs Tochter Amalaswintha (526–534), die Regentschaft, wobei sie drei gotische Große, die sie der Opposition verdächtigte, ermorden ließ. Als sie jedoch nach dem Tod des jungen Athalarich (Oktober 534) den letzten männlichen Amaler, ihren Vetter und Todfeind Theodahad (534–536), heiratete, verbannte der, trotz aller gegenteiliger Schwüre, die Gattin, Cousine und Mitregentin schon im

Frühjahr 535 auf eine kleine Insel im Bolsener See und ließ sie dort erdrosseln.[147]

Allem Anschein nach hatte Theodora, aus weiblicher Eifersucht und Verschlagenheit, die Hand im blutigen Spiel – und Justinian nahm den Mord zum Vorwand, um sich, wie gegen Gelimer, jetzt auch gegen Theodahad zum Rächer aufzuschwingen. Keinen Augenblick zögerte er, «das noch vom Wandalenblut triefende Schwert durch den gleichen Feldherrn auch gegen die Goten zücken zu lassen» (Iordanes) – oder mit Grisar SJ: es kam nun «zu so heroischen Thaten ... wie sie in der Kriegsgeschichte eine Seltenheit sind».[148]

Mit 7000 Mann, 200 berittenen Hunnen, 300 Mauren, wozu später freilich beträchtliche Verstärkungen stoßen, eroberte Belisar Italien zunächst fast im Blitzkrieg, obwohl Intrigen am Kaiserhof ihn nicht minder behinderten als Justinians Eifersucht selbst. Noch Ende 435 fiel ihm Sizilien, da kaum von Goten besetzt, fast kampflos zu. Mühelos nahm er Catania, wo er landete, Syrakus, zuletzt Palermo. Auch die Invasion in Unteritalien glückte. Ohne ernsthaften Widerstand rückte er nach Norden vor, war doch «die hohe Geistlichkeit sicher für das byzantinische Interesse gewonnen»: Davidsohn. (In Tuszien lieferte man dann den Kaiserlichen die Städte aus, ohne erst eine Aufforderung abzuwarten.) Neapel allerdings wird hart verteidigt, besonders von Juden, die den katholischen Fanatismus fürchten. Erst nachdem 600 der Belagerer eine leere Wasserleitung in die Stadt durchkrochen haben, wird sie überrumpelt. Es kommt zu scheußlichen Gemetzeln, selbst in den Kirchen. Schlugen die unter dem Kreuz fechtenden Byzantiner doch, wie Prokop bezeugt, «jeden erbarmungslos nieder, der ihnen in den Weg geriet, ohne Rücksicht auf das Alter. Sie drangen in die Häuser ein und schleppten Kinder und Weiber als Sklaven mit; alles wurde ausgeplündert». Die Hunnen brachten selbst viele derer um, die sich in die Kirchen geflüchtet. (Nach der Rückeroberung Neapels durch Totila schonte dieser nicht nur die Bevölkerung, sondern sogar die byzantinischen Truppen.)[149]

Heiliger Vater war in den Tagen des Vormarsches auf Rom

Silverius (536–537), der Sohn des Papstes Hormisdas. Am 20. Juni 536 hatte ihn Gotenkönig Theodahad durch Zwang und erhebliche Bestechungen zum Bischof gemacht. Silverius konspirierte nämlich mit den «ketzerischen» Goten. Wie ein Teil seines Klerus fürchtete er sie weniger als den Cäsaropapismus des katholischen Kaisers. Auch standen sie ihm – räumlich – näher und hatten hier die Macht. Und als im November anstelle des zwielichtigen, mit Justinian konspirierenden Theodahad der Heerführer Witigis trat (der Theodahad zu töten befahl, seine Frau verstieß und zur Legalisierung der Regentschaft, doch gegen ihren Willen die dreißig Jahre jüngere Theoderich-Enkelin Mataswintha zur Frau nahm), schwur Papst Silverius, ein «charakterfester und heiliger Mann» (Katholik Daniel-Rops) auch dem neuen Gotenkönig Treue – und schickte bald Boten an Belisar, um ihn nach Rom zu rufen. Dann, in der Nacht zum 10. Dezember 536, ließ der hl. Silverius, der sein Papsttum den Goten verdankte, ungeachtet seines Eides dem aus Neapel vorgerückten Belisar die porta Asinaria, dicht bei der Lateranbasilika, im Süden der Stadt öffnen. Die kleine gotische Besatzung floh zur gleichen Zeit durch die porta Flaminia im Norden, und die Römer begrüßten die Byzantiner jubelnd als Befreier, als Ausrotter der arianischen «Ketzerei», auch in der Hoffnung auf Wiederherstellung des Römischen Reiches.[150]

Als aber im Frühjahr 537 Witigis Rom mit angeblich 150 000 Mann einschloß, Belisar ihm jedoch nur 5000 Mann entgegenstellen konnte, scheint sich der charakterfeste hl. Papst wieder auf einen Machtwechsel eingestellt und daran erinnert zu haben, daß er eigentlich ein Papst der Goten war. Zumindest geriet er in Verdacht, das umzingelte Rom jetzt an die Goten verraten zu wollen. «Da man argwöhnte», schreibt Prokop, «Silverius, der Oberpriester der Stadt, schmiede mit den Goten Verrat, so sandte er [Belisar] ihn sofort nach Hellas und ernannte bald darauf einen anderen Bischof mit Namen Vigilius».[151]

Die Scholastiker Markus und der Prätorianer Julian hatten gefälschte Briefe vorgelegt, die Silverius den Goten gesandt. Und der Diakon Vigilius, der nächste Papst, schürte den Verdacht gegen seinen Vorgänger. Denn eigentlich hatte Vigilius, Apokrisiar in Konstantinopel, schon statt Silverius Papst werden wollen, zumal ihn Bonifatius II. (530–532) bereits einmal zu seinem Nachfolger designierte, was Bonifatius jedoch nach Einspruch einer Synode wieder zurücknehmen mußte. Jetzt aber war Vigilius zu spät aus Byzanz in Rom eingetroffen und bereits besetzt, was er diesmal nach Theodoras Plan bekommen sollte.[152]

Für 700 Goldstücke (septem centenaria) hatte die Kaiserin den Diakon gekauft, damit er als Papst die Monophysiten begünstige. «Bischofsthron und Geld, das waren seine Liebe», sagt ein Kollege von ihm, der karthagische Diakon Liberatus, der gute Quellen für sein Geschichtswerk benutzt. (Zur Abschätzung des Bestechungsbetrags: 200 Goldstücke kostete damals ein großer Kirchenbau.) Nachdem Vigilius nun dem Belisar auftragsgemäß einen Anteil, 200 seiner Goldstücke, versprochen, rief der General am 11. März erstmals Papst Silverius zu sich in den Kaiserpalast auf dem Pincio – «Er trat allein ein in den Palast – und dann sah man ihn nicht mehr», berichtet Liberatus dramatisch und läßt erkennen, daß der Sturz des Silverius auf der Anklage hochverräterischer Beziehungen mit den Goten beruhte, was auch andere Quellen, der Fortsetzer des Marcellinus Comes und Prokop bestätigen, so daß daran «nicht zu rütteln ist» (Hildebrand). «Sage, Herr Papst Silverius», so sprach am 21. März, auf einem Pfühl des Pinciopalastes liegend, den Gatten Belisar zu Füßen, Antonina, «was haben wir dir und den Römern getan, daß du uns in die Hand der Goten liefern willst?» Belisar ließ darauf Silverius, dem er Sicherheit garantiert hatte, in eine Mönchskutte stecken, erklärte ihn für abgesetzt, verbannte ihn nach Patara in Lycien, und schon am nächsten Tag, den 22. März, wurde Vigilius zum Papst gewählt und am folgenden Sonntag, 29. März, geweiht.

Als Justinian aber, das Spiel seiner Gattin durchkreuzend, den Silverius wieder zurückschickte – was der päpstliche Gesandte in Konstantinopel, der von Theodora gleichfalls gekaufte Diakon Pelagius, im Sinne des Vigilius vergeblich zu verhindern suchte –, fing ihn sein Nachfolger, Papst Vigilius, unterwegs ab und leitete ihn durch seine Büttel gleich weiter in ein neues Exil, auf die Insel Ponza. Dort erlag er schon wenige Wochen später, am 2. Dezember 537, den Schikanen seiner Kerkermeister, den zwei Defensores und den Sklaven des Vigilius, die seinen Vorgänger verhungern ließen – «ein Opfer der wirren Zeitläufte» (die Katholiken Seppelt/Schwaiger).[153]

Der unglückliche Dulder, der hl. Silverius, der noch kurz vor seinem Tod zugunsten seines Nachfolgers und Mörders auf sein Papsttum verzichtet haben soll, wurde bald durch die Legende verklärt. Man wallfahrtete nach seinem Grab, wo natürlich Wunder geschahen. Man rief seine Fürbitte an, zumal in Nöten, von denen er selbst nicht hatte erlöst werden können – außer durch den Tod. In Rom, wo ihn der gesamte Klerus einst preisgegeben und Vigilius, wenn auch unter Belisars massivem Druck, zum Papst gemacht hatte, begann man nun, Silverius zu rehabilitieren, ihn als Märtyrer zu preisen. Um so leichter und lieber kritisierte man Vigilius, ja, stellte eine Beschwerdeschrift zusammen, die ihm vorwarf, am Sturz des Silverius mitschuldig zu sein.[154]

Doch Papst Vigilius, der mit Justinian noch seine liebe Not haben sollte, bescheinigte diesem zunächst einmal in dem ersten seiner erhaltenen Briefe «nicht nur kaiserlichen, sondern auch priesterlichen Sinn» und begrüßte ihn begeistert als den, der «so ungeheuer viele Völker mehr mit der Kraft des Glaubens als mit der Kraft der Soldatenleiber unterworfen» – und dies in einem Moment, wo er einen grauenhaften Ausrottungskrieg doch kaum mit Gebetbüchern führte.[155]

Inzwischen berannte Witigis ein Jahr lang, bis März 538, Rom mit seinen Goten, mit Wandeltürmen, Sturmleitern, Sturmböcken, immer von neuem setzte er an, immer von neuem machten Belisars Spezialtruppen, die berittenen Hunnen, die Mauren, gefährliche Ausfälle. Die Umgebung der Stadt, Höfe, Villen, Prachtbauten, wird gänzlich verheert. In Rom ruiniert man die schönsten Schöpfungen der Griechen und Römer, unersetzliche Meisterwerke, um mit den Steinen die stürmenden Goten zu töten. Zudem wüten Hitze, Hunger, Seuchen; die Senatoren bezahlen widerliche Würste aus dem Fleisch krepierter Maultiere mit Gold. Ein Entsatzheer aus Konstantinopel verstärkt die Belagerten. Doch 2000 Reiter davon unter Oberst Johannes, dem «Bluthund» (so die Chronisten), wüten in Picenum wider gotische Frauen, Kinder, deren Männer und Väter vor Rom stehn. Nach fast 70 abgeschlagenen Stürmen zieht Witigis unter furchtbaren Verlusten durch den nachstoßenden, taktisch wie technisch überlegenen Belisar ab, der beinah das ganze Land bis zur Poebene besetzt.[156]

Im Winter 538/39, als die Byzantiner alle Goten aus der Emilia vertreiben und Witiges die Mauern Ravennas instand setzt, sucht besonders das nördliche Mittelitalien eine schwere Hungersnot heim. Tausende und Abertausende erliegen ihr. Prokop, der Augenzeuge, meldet allein aus Picenum schätzungsweise 50 000 Verhungerte; noch mehr aus den nördlichen Gebieten. «Was für ein Aussehen aber die Menschen bekamen und auf welche Weise sie starben, das will ich, da ich es selber gesehen habe, näher erzählen. Mager und blaß wurden alle, denn das Fleisch (ihrer Körper) fraß aus Mangel an Nahrung nach dem alten Wort sich selber auf, und die Galle, die infolge ihres Übergewichtes nun die Gewalt über die Körper hatte, verbreitete eine gelblich blasse Farbe über sie. Und wie das Übel Fortschritte machte, war aus den menschlichen Körpern jede Feuchtigkeit gewichen, und ihre Haut, die völlig ausgetrocknet war, war ähnlich wie Leder geworden, indem sie den Anschein erweckte, daß sie auf den Knochen festgenagelt wäre. Und ihre bleiche Farbe wandelte sich in Schwärze, so daß sie Fackeln glichen, die übermäßig ausgebrannt sind. Ihre Gesichter hatten den Ausdruck des Entsetzens; ihr Blick war wie der von Wahnsinnigen, die etwas Fürchterliches schauen . . . Einige vergriffen sich im Übermaß des Hungers gar aneinander. Es sollen auf einem Gehöft oberhalb Ariminum zwei Frauen, die in der Gegend allein noch übrig waren, siebzehn Männer aufgefressen haben. Denn die dort des Weges kommenden Fremdlinge pflegten in dem Hause, wo diese zwei wohnten, zu übernachten. Die Frauen ermordeten dann diese im Schlaf und verzehrten ihr Fleisch . . . Viele stürzten sich, von Hunger getrieben, auf das Gras und versuchten es knieend aus dem Boden zu ziehen. Dann waren sie aber meist zu schwach, und wenn sie die Kräfte gänzlich verlassen hatten, fielen sie auf ihre eigenen Hände und das Gras und gaben den Geist auf. Niemand begrub sie, da niemand mehr ein Interesse fürs Begräbnis hatte. Und doch machte sich kein Vogel an die Leichname, die sonst viele Vögel als Speise lieben, weil nichts daran zu beißen war; denn alles Fleisch war, wie schon gesagt, durch den Hunger völlig ausgetrocknet».[157]

Grauenhafte Not um dieselbe Zeit auch in Mailand.

Der Bischof der Stadt – nach Prokop nächst Rom die erste des Abendlands durch Größe, Einwohnerzahl, Wohlstand –, Erzbischof Datius, eilt im dritten Kriegsjahr nach Rom, avisiert Belisar einen antigotischen Aufstand in ganz Ligurien, Rückgewinnung des Gebietes für Byzanz und drängt zur Besetzung Mailands. Sie erfolgt auch, unter Bruch allerdings eines mit Witigis geschlossenen Waffenstillstands, im April 538. Doch bald schließt Witigis' Neffe Uraias mit einem starken Heer Mailand ein, unterstützt von 10 000 durch Frankenkönig Theudebert geschickte Burgunder, die freilich die Lage vor allem für sich sondieren sollten. In Kürze wütet in der Stadt eine entsetzliche Hungersnot. Die Einwohner essen Hunde, Ratten, menschliche Leichen. Ende März 539 kapituliert die römische Besatzung unter Kommandant Mundilas und erhält freien Abzug. Mailand selber aber, schreibt Prokop, machten die Goten «dem Erdboden gleich; alle Männer, vom Jüngling bis zum Greis, töteten sie, nicht weniger als 300 000, die Weiber machten sie zu Sklavinnen und schenkten sie den Burgundern als Lohn für ihre Bundesgenossenschaft». J. B. Bury nennt das Massaker von Mailand eines der schlimmsten in der langen Reihe vorsätzlicher Barbareien in den Annalen der Menschheit – «die Laufbahn Attilas enthält keinen so scheußlichen Kriegsakt». Auch alle Kirchen wurden vernichtet, durch die arianischen Goten die katholischen, durch die katholischen Burgunder die arianischen; eine wirklich progressive ökumenische Kooperation – man nennt es Heilsgeschichte . . . Die Spitzen der Gesellschaft, darunter Präfekt Reparatus, Bruder des Papstes, werden zu Hundefutter zerhackt. Erzbischof Datius selbst aber, der eigentliche Verursacher des Infernos, hatte sich rechtzeitig aus dem Staub gemacht.[158]

Kaum waren die Burgunder, schwer mit Beute beladen, zurück, da fiel noch im Frühjahr 539 Theudebert selber an der Spitze eines Heeres in Ligurien ein.

Justinian hatte die Franken schon zu Beginn des Konflikts aufgerufen, so Katholik Daniel-Rops noch im 20. Jahrhundert, zu «der großen Treibjagd auf die Goten». Die Merowinger, Childebert I., Chlotar I., ihre Neffe Theudebert, versprachen dem Kaiser auch ihren Beistand, nahmen auch sein Geld, nahmen aber auch 2000 Pfund Gold der Goten – und die Provence von beiden; formell (abgetreten) von Justinian, faktisch von Witigis. Ihm schickte denn auch Theudebert 537 ein alemannisches, 538 ein burgundisches Heer und half ihm bei der Rückeroberung des Landes, von Ligurien sowie von Oberitalien nördlich des Po. Als ihm aber die Goten wohl zu stark zu werden schienen, fiel er ihnen, im Frühjahr 539, mit angeblich 100 000 Franken von Südgallien aus die Alpen übersteigend, in den Rücken, brandschatzte Ligurien mit seinen Haufen, die Aemilia, und beim Überschreiten des Po, schreibt Prokop, «schlachteten sie die gotischen Kinder und Weiber, deren sie habhaft wurden, und stürzten ihre Leichname als Erstlingsopfer des Krieges in den Fluß». Hals über Kopf flohen die gotischen Krieger Richtung Ravenna und liefen in die Säbel der Römer. Doch rieben auch Theudeberts Heer Hunger und Seuchen derart auf, daß er einen großen Teil davon verlor und Italien wieder räumen mußte.[159]

Im Mai 540 fällt das zu Wasser und Land zernierte Ravenna durch einen Verräter. Er hatte im Auftrag Belisars die Kornspeicher der Stadt in Brand gesteckt, so daß Witigis aufgibt. Zusammen mit Mataswintha und der (535 zu den Goten geflüchteten) Witwe des Thüringerfürsten, Amalaberga, nebst ihren Kindern und dem ganzen Kronschatz wandert er nach Konstantinopel. Justinian verleiht dort dem abgedankten König den Patrizierrang. Viele andere Goten aber verheizt man, wie einst den Rest der Wandalen, an der persischen Front. Da Witigis' Neffe Uraias, der Zerstörer Mailands, zugunsten von Ildibald auf die Krone verzichtet, wird dieser König. Er läßt Uraias ermorden, stirbt dann selber durch Mörderhand, und auch sein Nachfolger, Rugierkönig Erarich, endet so nach hochverräterischen Verhandlungen mit Justinian und wird von dem gotischen Stadtkommandanten von Treviso, Totila, abgelöst, der Erarichs Tod zur Bedingung für seine Herrschaft gemacht hatte.[160]

Nun begann sich der Krieg in die Länge zu ziehn, zumal Ostrom auch an der persischen Front gefesselt war.

Immer wieder kämpften Justinian und Byzanz, eine alte römische und christliche Tradition (I 287 ff), gegen die Sassaniden, 530 bis 532, 539 bis 562; später noch 572 bis 591 und 604 bis 628. Wenn irgend möglich, haben dabei die persischen Christen Ostrom unterstützt. So wurde 551 durch sie eine Palastrevolution gegen Großkönig Chusrō I. (531–579) gefördert oder gar inszeniert. Der Großkönig, ein Befreier der Bauern aus ihrer Hörigkeit, hatte sich mit seinem ältesten Sohn Anōšzād überworfen, der aktiver im väterlichen Harem gewesen sein soll als in der Armee. Und als man Chusrō in einer schweren Krankheit totsagte und ein Aufstand ausbrach, stellten die persischen Christen sich unter dem Katholikos Mar Aba hinter Anōšzād, da ihn seine Mutter, eine der Gemahlinnen des Königs, für das Christentum gewonnen hatte. Doch nachdem der Süden des Landes mit rauchenden Schlössern, ungezählten Torturen und Morden vorübergehend zur Hölle geworden war, brach die Rebellion zusammen.[161]

Der Krieg mit den Persern aber ging weiter, der mit den Goten desgleichen. Sie hatten ihn nie gewollt. Sie hatten gewünscht, im Land wohnen zu dürfen und dafür dem Kaiser zu dienen. Sie wünschten dies weiter. In fortgesetzten gütlichen Einigungsversuchen findet es während des langen Gemetzels immer wieder Ausdruck. Es entspricht auch einer gewissen gotischen Tradition, einer letzten Weisung noch Theoderichs: den König zu ehren, die Römer zu lieben und nächst Gottes Gnade vor allem die des Kaisers zu suchen. Doch prallten alle gotischen Friedens-, ja Unterwerfungsangebote an Justinian ab. Die Greuel wurden immer größer, die der katholischen Byzantiner, die der arianischen Goten.[162]

Und noch einmal bekamen diese die Oberhand. Noch einmal erobern sie, hauptsächlich mit Reitertruppen, fast ganz Italien, einschließlich Sardinien, Korsika, Sizilien. In vieljährigem Kampf nimmt Totila (541–552), nach Prokop ein Mann schärfsten Verstandes und außerordentlicher Tatkraft, von Pavia aus Festung um Festung, Stadt um Stadt. Benevent fällt, Neapel fällt. Selbst Rom, wo man alle arianischen Priester vertreibt, wo wieder fürchterliche Hungersnot herrscht, selbst Rom bekommt er zweimal, 546 und 550, in die Hand. Er reißt die Mauern aller erstürmten Orte nieder, damit kein Feind mehr sich darin festsetze, damit die Bürger für immer befreit seien von den Qualen der Belagerung. Auch die Römer bekennen nach dem Fall der Stadt 546, er habe mit ihnen gelebt wie ein Vater mit seinen Kindern. Sogar die um ihren Sold betrogenen Byzantiner laufen ihm zu, noch viel mehr die verjagten Pachtbauern, die halbverhungerten Sklaven. Dafür aber trifft ihn der ganze Haß der Großgrundbesitzer. Und der katholischen Kirche. Wie vordem in Afrika gegen die Wandalen, schürt sie jetzt die Greuelpropaganda gegen die Goten. Und sie zieht um so mehr mit den Großgrundbesitzern an einem Strang, als sie selbst der größte Großgrundbesitzer ist. So tritt sie keinesfalls als Fürsprecher der Sklaven auf, wie sie uns immer wieder weismachen möchte. Sie ist der Mitstreiter der Sklavenhalter. Sie repräsentiert sie! Alles andere als erstaunlich deshalb, daß Papst Vigilius durch seinen Vertreter und Nachfolger Pelagius die Rückgabe der entlaufenen, im gotischen Heer kämpfenden Sklaven erstrebt. Totila versicherte dem bei ihm vorsprechenden Pelagius zwar seines größten Wohlwollens, wollte aber von drei Dingen nicht reden: «von den Sizilianern, Roms Mauern und den übergelaufenen Sklaven». Verhandlungen über deren Rückgabe lehnte er von vornherein ab. Hatte er sie doch ins Heer eingegliedert mit dem Versprechen, sie nie wieder ihren Herren auszuliefern. «Es ist schwerlich denkbar, was die Sklaven sonst bei den gotischen Truppen angezogen hätte, wenn nicht die ersehnte Freiheit» (Rothenhöfer).[163]

Es ist klar, daß die katholische Kirche Italiens, daß besonders der hohe Klerus im Gotenkrieg – wie der katholische Klerus

Afrikas im Wandalenkrieg – nicht auf der Seite der «Ketzer» und «Barbaren» stand. Und gilt dies schon von dem «gotischen» Papst, dem Hormisdassohn Silverius, auf dessen «Rat hin» doch, so das katholische «Handbuch der Kirchengeschichte», die Römer ihre Stadt «kampflos dem byzantinischen General Belisar übergeben hatten», so gilt es gewiß erst recht von dem «byzantinischen» Papst Vigilius, seinem Mörder. Vigilius hat den größten Teil seines Pontifikats in Konstantinopel verbracht. Er war eine Kreatur der Kaiserin, der er sein Papsttum verdankte. Und dem Kaiser diente er im Gotenkrieg als Mittelsmann zu den Franken, mit denen Justinian antigotische Bündnisverhandlungen zur Einkreisung und Vernichtung des Gotenkönigs Totila betrieb (der seinerseits gerade die katholischen Kirchen Roms und ihre Besitzungen schonte). Dem Bischof Auxanius von Arles befahl Papst Vigilius am 22. Mai 545 Gebete im Gottesdienst für Justinian, Theodora und Belisar. Den Nachfolger des Auxanius, Aurelian, verpflichtete er am 23. August 546 «mit bischöflichem Eifer allezeit zwischen den allergnädigsten Herrschern (Justinian I. und Theodora) und dem ruhmreichen Könige Childebert die Bande unversehrter Freundschaft zu bewahren». Es ist begreiflicherweise wenig über dieses Beziehungsgeflecht bekannt. Caspar kommentiert: «Man tut hier einen Blick in das Spiel der diplomatischen Bündnisverhandlungen zwischen Byzanz und der neuen fränkischen Macht zur Umstrickung des letzten erfolgreichen Gotenkönigs Totila, Verhandlungen, bei denen Belisar und der Papst als Mittelsmänner wirkten».[164]

Im Jahr 548 gelangte Papst Vigilius sogar «zu einmaliger geschichtlicher Bedeutung» (Giesecke).

Belisar, in Italien von Totila geschlagen, war nach Konstantinopel zurückgekehrt, der Kaiser schon fast ohne Siegeshoffnung. In diesem Augenblick, berichtet Prokop, beschwor «der Erzbischof von Rom» nebst anderen vornehmen Flüchtlingen aus Italien «den Kaiser, ihre Heimat doch wieder den Goten zu entreißen». Eindringlich trieb er den Regenten immer wieder zur energischen Fortsetzung des Krieges. Nach langem Schwanken ernannte Justinian seinen von ihm eifersüchtig beargwöhnten

Neffen Germanus zum neuen Oberbefehlshaber und, nach dessen plötzlichem Tod, 552 den armenischen Eunuchen Narses. Mit einem starken Heer und unterstützt durch germanische Elitetruppen stach Narses den Rest der Goten ab, was um so besser gelang, als er «unter dem besonderen Schutz der jungfräulichen Gottesmutter» stand, die «über allen seinen Handlungen» gewacht, ihm geradezu «als strategischer Berater» gedient hat (Euagrios).[165]

Dieser Assistenz der keuschen, der allersüßesten Gottesmutter Maria erfreuten sich freilich noch viele christliche Großschlächter im Lauf der Geschichte. Auch Kaiser Justinian selbst schrieb seine blutigen Siege über die vom historischen Schauplatz abservierten Wandalen und Goten der Maria zu. Sein Neffe Justin II. machte sie zur Schutzherrin im Krieg gegen die Perser. Das Monstrum Chlodwig führte seine brutalen Triumphe auf Maria zurück. Karl Martell, Karl «der Große», gewaltige Schlachten schlagende spanische Könige, der Bluthund Cortez, der die Neue Welt mit Millionen Leichen füllte und millionenfachem Unglück, Tilly, der seine 32 Siege «im Zeichen Unserer Lieben Frau von Altötting» erfocht, bis er beim dreiunddreißigstenmal dem «Ketzer» Gustav Adolf unterlag und selbst ins Gras biß – sie und ungezählte weitere waren ebenso große Marienverehrer wie Bluthunde (welche Beleidigung für Hunde) gleich Belisar (der immerhin noch keinen Rosenkranz davor gebetet hat wie etwa, unter vielen anderen, der edle Ritter Prinz Eugen, der stets den Rosenkranz neben dem Schwert trug – denn das gehört zusammen! Und immer, wenn ihn die Soldaten besonders lang und innig am Rosenkranz fummeln sahen, sagten sie: «Jetzt gibt's bald wieder eine Schlacht, der Alte betet so viel»).[166]

Wie gegen die Wandalen, stand die Catholica auch gegen die Ostgoten auf der Seite des Kaisers. Und wie sie ihn einst zum Krieg gegen das Nordafrika der «Ketzer» angereizt, so drängte sie ihn jetzt zur Fortsetzung des Krieges gegen die Goten. Totila, der sein Schicksal zu ahnen schien, der wiederholt Byzanz Frieden angeboten, wird bald ringsum attackiert. Zuerst verliert er, durch General Artabanos, im Winter 551 Sizilien. Dann wird bei Sinigaglia die gotische Flotte vernichtet. Und nun erscheint im Norden Narses, der Eunuch, als Soldat wie Diplomat gleich versiert, Belisars Rivale, Theodoras Günstling, ein kühler, schlangenhaft geschmeidiger Mensch, ein frommer auch, der alle seine Siege, so rühmt zumindest die Pfaffheit ihm nach, dem Gebet zuschreibt und der jetzt, schon über 65 Jahre alt, mit genügend Schlächtern freilich, zum «Besieger und Vernichter des ganzen Gotenvolkes» wird und «einen riesigen Reichtum an Gold, Silber und sonstigen Kostbarkeiten gewinnt» (Paulus Diaconus). 552 reibt er in der Entscheidungsschlacht bei Busta Gallorum oder bei Taginae an der Via Flaminia, nördlich von Spoleto, das gotische Heer gänzlich auf, auch durch 5500 Langobarden und 3000 Heruler. Totila fällt auf der Flucht. Seinen blutigen Kopf schwenken die Sieger auf einer Lanze herum. Und im Oktober 553 fällt nach sechzigtägigem Verzweiflungskampf auch der letzte Gotenkönig Teja mit dem Heereskern am Fuß des Vesuv. Beträchtliche weitere Franken- und Alemannenscharen unter dem Alemannenherzog Bucelin, der das Gotendebakel auf seine Weise nutzen und mit Bruder Leuthari Italien für sich haben wollte, liquidiert Narses in mörderischer Schlacht 554 am Volturno bei Capua. Sie wurden umgehauen wie Vieh. Der Rest soll in den Fluten des Flusses versunken sein. «Groß war darüber die Freude in Italien» (tota Italia gaudens), jubelt das römische Papstbuch. Ein ähnlich starkes Heer unter Bucelins Bruder Leuthari krepierte, schon auf dem Rückmarsch, schwer mit Beute beladen, im Venetianischen an einer Seuche. Nur angeblich fünf Mann von 70 000 kamen zurück. Kastrat Narses, auf den Stufen St. Peters vom Klerus mit Hymnen empfangen, warf sich betend am vermeintlichen Apostelgrab nieder und rief seine ausschweifende Soldadeska zu Frömmigkeit und fortgesetzter Waffenübung auf. Ein letztes Gotenkastell im Apennin widersteht bis 555. Im Norden gewinnt man Verona und Brescia (mit merowingischer Hilfe) sogar erst 562. In Ravenna residiert nun ein kaiserlicher Statthalter, der Exarch. Auch die Ostgoten verschwinden aus der Geschichte.[167]

In der Schlußphase ihrer Ausrottung benutzte Justinian 552 einen Thronstreit im arianischen Westgotenreich zu einer weiteren Invasion unter dem militärisch unerfahrenen, bereits mehr als achtzigjährigen patricius Liberius. In Spanien, wo die mächtigen und reichen katholischen Bischöfe nur widerstrebend den arianischen «Ketzern» unterstanden, hatte sich der gotische Adlige Athanagild gegen König Agila erhoben. Und wie in Afrika, in Italien, so begrüßten auch jetzt die Katholiken das Eingreifen des katholischen Herrschers, womit ein mehr als siebzigjähriger Krieg zwischen Byzanz und den Westgoten begann. Allerdings gelang Justinian hier keine totale Vernichtung mehr. Doch konnte seine schwache Streitmacht die Balearen erobern sowie die wichtigsten Hafenstädte und Festungen im Südosten des Landes.[168]

Der grosse Profiteur des Infernos: die römische Kirche

Der zwanzigjährige Gotenkrieg hat Italien in eine rauchende Ruine verwandelt, in eine Wüste. Er schlug ihm, so der vielleicht noch immer beste deutsche Kenner der Epoche, L. M. Hartmann, schlimmere Wunden als der Dreißigjährige Krieg Deutschland. Das Blutopfer geht vermutlich in die Millionen. Ganze Landstriche waren menschenleer, fast alle Städte einmal oder wiederholt belagert, zuweilen sämtliche Einwohner getötet, die Frauen und Kinder von den Byzantinern häufig als Sklaven fortgeschleppt, die Männer, auf beiden Seiten, als Feinde und «Ketzer» niedergemacht worden. Rom, die Millionenstadt, fünfmal erobert, fünfmal verheert, durch Schwert, Hunger und Pest heimgesucht, hatte nur noch 40 000 Einwohner. Die Großstädte Mailand, Neapel waren entvölkert.

Mit der Entvölkerung aber griff eine ungeheure Verarmung um sich, vor allem durch die Verödung der Felder, doch auch durch die weithin abgestochnen Herden. Die zerbrochenen Wasserleitungen, die Thermen verfielen, unersetzliche Kunst- und Kulturwerke gingen zugrunde. Überall Leichen und Trümmer, Seuchen und Hunger. Hunderttausende kamen dabei um. Allein im Pizenischen sollen, schreibt Prokop, der seine Augenzeugenschaft betont, nur anno 539 etwa 50 000 Menschen verhungert und dann so verdorrt gewesen sein, daß sie selbst die Aasgeier verschmähten.[169]

Doch die «gute Hoffnung» des Kaisers hatte sich erfüllt, «daß Gott uns gnädig gewähren werde, das, was die alten Römer bis zu den Grenzen beider Ozeane besaßen, aber durch nachfolgende Nachlässigkeit verloren haben, wieder zu erwerben». Justinian konnte sich 534 die prunkenden Beinamen «Sieger über die Wandalen, Sieger über die Goten usw.» beilegen.[170]

Und so weiter ...

Selbst Jesuit Hartmann Grisar gibt zu, «was die Byzantiner an die Stelle des gotischen Regiments brachten, war keine Freiheit, sondern das Kehrbild derselben ... lief auf Unterjochung freier Bewegung der Persönlichkeit, auf ein System der Knechtschaft hinaus», während «bei den Goten wahre Freiheit eine Heimstätte hatte».[171]

Gewinner waren, wie üblich nach Kriegen (und im Frieden freilich auch) nur die Reichen. Die sogenannte Sanctio pragmatica von 554 stellte die «alte Ordnung» wieder her, die «westliche Reichshälfte» mit dem Oberkommando des Exarchen in Ravenna. Alle sozialen Maßnahmen Totilas wurden aufgehoben, die Rechte der Großagrarier teilweise noch erweitert, sie selber in jeder Weise begünstigt, das verheerte Land noch bis ins letzte ausgesogen und mit unerbittlicher Brutalität hohe Steuern aus dem ohnehin erbärmlich darbenden Volk gepreßt. Alle entlaufenen oder weggenommenen Sklaven und Kolonen mußten zu ihren Herren zurück.[172]

Wohl am meisten aber gewann durch das Fiasko die Kirche, wie übrigens gewöhnlich nach Kriegen – noch und gerade auch im 20. Jahrhundert. («Man ist zur Überzeugung gelangt», bekannte nach dem Ersten Weltkrieg auf dem Katholikenkongreß in Liverpool Kardinal Gasquet, «daß der am besten aus dem Krieg herausgekommene Mann der Papst war!»)[173]

In Italien und Afrika hatte man die arianische «Ketzerei» ausradiert. Auch das selbständige Königreich Italien war verschwunden und im allgemeinen Chaos als grandiosester Parasit eine Art «Kirchenstaat» im Wachsen begriffen. Die früheren Vorrechte Roms wurden wiederhergestellt, Macht und Ansehen des römischen Bischofs durch Justinian vermehrt. Auch im Altreich bevorzugte seine Kirchengesetzgebung immer deutlicher die katholische Kirche, besonders das Mönchtum. Und während man «Ketzer» stets schärfer verfolgt, regiert der Papst über ein tief in den Osten reichendes Patriarchat. Ja, er bekam eine erhöhte munizipiale Gewalt, eine weitgehende Kontrolle über Verwaltung und Beamtenschaft; wie auch die Bischöfe neben und vor den Notabeln (primates) ein Mitspracherecht bei der Wahl der Provinzstatthalter erhielten und überhaupt die Privilegien des östlichen Klerus, durch die Pragmatische Sanktion, nun auch dem italienischen als geltendes Recht zugute kamen. Hervorragend organisiert, konnte dieser nach Beendigung des Infernos früher als jeder Private seine materiellen Interessen vertreten. Der Papst erhielt mit dem Senat auch die Aufsicht über Münze, Maß und Gewicht. Und da das Vermögen der Kirche viel beweglicher als jedes Laienvermögen war, da sie ihren großen Besitz nicht nur behaupten, sondern noch mehren konnte, vor allem durch den Raub der beträchtlichen arianischen Kirchengüter, wurde sie «zu einer wirtschaftlichen Macht ersten Ranges und zu der einzigen Institution des öffentlichen Lebens, welche in dem allgemeinen Niedergange Italiens im Aufstieg begriffen war» (Caspar), wurde sie «beinahe die einzige Geldmacht Italiens» (Hartmann) «und der Papst zum reichsten Mann im Lande» (Haller).[174]

Nun profitierte die westliche Kirche aber nicht nur durch Besitzveränderungen und Mehrung ihres Vermögens, was den Kaiser persönlich interessierte; sondern jetzt füllten sich auch, wie nach jedem großen Krieg, die Bethäuser und damals vor allem die Klöster. (Wie noch nach dem Ersten Weltkrieg, wo der Klerus in Deutschland von 1919 bis 1930 pro Monat durchschnittlich zwölf bis dreizehn Klöster gründete; mit einem Gesamtmitgliederzuwachs von rund 2000 Mitgliedern je Jahr!) Denn der bankrotte Bauer, der hungernde Kolone, der von der Steuer überforderte städtische Beamte, sie alle kamen. «Die Kirche», schreibt Gregorovius, «stand jetzt mitten im Schutte des alten Staats allein aufrecht, allein lebenskräftig und eines Zieles bewußt da, denn um sie her war Wüste». Die Tendenz der Zeit, bestätigt auch Hartmann, «ging überall dahin, das geistliche Vermögen zu vermehren ... Die Stimmung der Zeit, der allgemeine Niedergang und das schreckliche Unglück des zwanzigjährigen Krieges war dem Glauben günstig, der das nahe Ende der Welt vorausahnte, der die materiellen Güter als schal und vergänglich erscheinen ließ und die Einkehr in sich selbst forderte, um noch die Seele zu retten ... Diesen Neigungen entsprach gerade damals in Italien das Emporblühen des Klosterwesens ... Allein es sind doch wiederum die Colonen, die durch ihre Abgaben und ihren Zins das Kloster erhalten ... der größte Teil des Ertrages dieser Fruchtbarkeit kommt nach wie vor nicht ihnen, sondern ihrem Grundherrn, dem Kloster, zu statten».[175]

Ein besonderer Kriegsgewinnler war die ravennatische Kirche, deren regelmäßige Einnahmen man schon seinerzeit auf 12 000 sol. (Goldstücke) veranschlagte. Ihr Landbesitz, der bis Sizilien reichte, wurde durch Schenkungen und Erbschaften dauernd vermehrt, vermögende Bankiers bauten und statteten sogenannte Gotteshäuser aus. Vor allem aber kassierte der Bischof von Ravenna die arianischen Kirchen und Kirchengüter, die in der Umgebung der ehemaligen gotischen Hauptstadt natürlich am dichtesten waren.[176]

In einer privatrechtlichen Novelle seines zwölften Regierungsjahres (538/39) schrieb Justinian: «Unser ganzer Eifer ging daraufhin, daß die Freiheiten in unserem Staat herrschen, stark sind, blühen und sich vermehren. Und wegen dieses Wunsches haben wir gegen Libyen und den Westen so große Kriege unternommen für den ‹rechten Glauben› an Gott und für die Freiheit der Untertanen».[177]

Hatte der Kaiser aber seine mehr als zwanzigjährigen Kriege auch gewiß nicht für «die Freiheit der Untertanen» geführt, so nicht zuletzt gewiß «für den ‹rechten Glauben›». Auf dessen Altar, das steht fest, hatte er zwei Völker geschlachtet und ausgemerzt. Denn die von vielen Zeitgenossen und vor allem von Justinian selber so bestaunte recuperatio imperii bestand vor allem in der blutigen Rückeroberung Nordafrikas und Italiens für den Katholizismus. Der Despot wurde damit der «Vorkämpfer der römischen Kirche», er gab «in erster Linie Rom und dem Papst, was er nur geben konnte» (Rubin).[178]

Den Untertanen dagegen gab der Kaiser nichts, nichts Gutes jedenfalls. Denn wer immer Rom und dem Papst derart gibt, der nimmt es andern. Und fast immer unterdrückt er dann auch andere. Gerade die langen Kriege, angeblich für die Freiheit der Menschen Nordafrikas, Spaniens, besonders aber Italiens geführt, hatten – neben den Perserkriegen, 700 neuerbauten Festungen und Hunderten von neuerbauten Kirchen – Unsummen verschlungen. Um aber die Heere in Ost und West finanzieren zu können, wurden die Ostprovinzen durch enorme Steuern ruiniert, wurde das Volk, was Prokop betont, immer rücksichtsloser ausgesaugt, immer unzufriedener, zumal die Verwaltung ebenso korrupt war wie die Justiz, die Generalität frech, Erpressung, Rechtsbeugung und Gewalt alltäglich und in diesem großen Polizei- und Sakralstaat alles stahl, vom Polizisten bis zum Minister, die sogenannten «Räuberjäger» manchmal schlimmer hausten als die Räuber selbst. Während es den Großagrariern, Generalen und «rechtgläubigen» Kirchenfürsten glänzend ging, gab es allein in Justinians Hauptstadt im letzten Jahrzehnt seiner Regierung ein halbes Dutzend großer Volksaufstände. Und der katholische Despot, der besonders hart durch seine Gesetze auch die Kolonen drückte, hat alle revolutionären Erhebungen des Volkes in Blut erstickt.[179]

Fortgesetzt beschuldigt der Chronist der Epoche, Prokop, das Vorbild byzantinischer Historiographie, in seiner «Geheimgeschichte» den Kaiser der Ermordung und Beraubung seiner Untertanen sowie der gewissenlosesten Vergeudung der erpreßten Gelder. Prokops Anklagen kulminieren im 18. Kapitel, das durchaus das Wesentliche treffen dürfte, ungeachtet einiger Übertreibungen, zumal der Zahlen oder wenn er schreibt, man könnte schneller «den ganzen Sand zählen als die Schlachtopfer dieses

Kaisers ... Libyen, das ja so weiträumig ist, richtete er so zugrunde, daß einem selbst bei einer längeren Wanderung nur selten die Überraschung widerfährt, einen Menschen zu treffen. Und wenn es dort anfänglich 80 000 waffentragende Vandalen gab, wer könnte dann die Zahl ihrer Frauen, Kinder und Knechte schätzen? Wie könnte jemand die Menge aller (römischen) Libyer ermessen, die früher in den Städten wohnten, Ackerbau oder Seefahrt und Fischerei trieben, wie ich selbst größtenteils mit eigenen Augen beobachtet habe? Noch zahlreicher waren da die Maurusier, die alle mit Frauen und Kindern zugrunde gingen. Und schließlich barg die Erde viele römische Soldaten und ihre Begleiter aus Byzanz. So daß jemand, der für Afrika fünf Millionen Tote angäbe, dem Sachverhalt nur knapp genügen würde. Die Ursache davon war, daß Iustinian gleich nach Niederwerfung der Vandalen sich nicht um die Befestigung der Herrschaft über das Land kümmerte. Er trug nicht Sorge für die Sicherheit der Beute durch Loyalität der Untertanen. Er beorderte vielmehr augenblicklich, ohne zu zögern, Belisar unter dem unrechtmäßigen Vorwurf der Tyrannis zurück, um von da an nach Gutdünken zu schalten und ganz Libyen auszurauben.

Sofort sandte er Steuerbeamte (censitores) und erhob äußerst grausame und neuartige Steuern. Er beschlagnahmte die besten Güter und hinderte die Arianer an ihren Sakramenten. Den Sold zahlte er nur säumig und auch sonst lag er den Soldaten schwer auf. Daraus erwuchsen die Aufstände und führten schließlich zu großem Verderben. Im Bestehenden verharren konnte er nicht; es war eben seine Art, alles durcheinanderzubringen und aufzurühren.

Italien, das nicht weniger als dreimal so groß ist wie (die Provinz!) Afrika, wurde allenthalben noch weit menschenleerer als dieses, so daß die Offenbarung der Zahl derer, die auch dort umkamen, naheliegen wird. Den Grund für das, was sich in Italien abspielte, habe ich schon oben (in der Kriegsgeschichte) berichtet. Alles, was er in Libyen gesündigt hatte, das tat er auch hier. Und er sandte auch noch die sogenannten Logotheten (Sonderbevollmächtigte des Finanzministers), revolutionierte und verdarb alles auf der Stelle. Die gotische Herrschaft erstreckte sich vor diesem Krieg vom gallischen Land bis zu den Grenzen Dakiens, wo die Stadt Sirmium liegt. Viel Land von Gallien und Venetien nahmen die Germanen (Franken!) in Besitz, als das Römerheer nach Italien kam. Sirmium aber und seine Umgebung besitzen die Gepiden, jedoch alles, kurz gesagt, völlig menschenleer. Denn die einen raffte der Krieg weg, die anderen vernichteten Krankheit und Hunger, die dem Krieg zu folgen pflegen. Illyrien und ganz Thrakien, etwa vom jonischen Meer bis zu den Vororten von Byzanz, so auch Hellas und das Land der Chersonesier überrannten Hunnen, Sklavinen und Anten fast jedes Jahr, seit Iustinian die Herrschaft übernommen hatte, und taten den Einwohnern die schrecklichsten Dinge an. Denn ich glaube, mehr als 200 000 von den dortigen Römern sind bei jedem Einfall getötet und versklavt worden, so daß das ganze Land wahrhaftig eine skythische Einöde ist. Derart waren also die Kriegsfolgen in Afrika und Europa. Aber die Sarazenen überrannten während dieser ganzen Zeit unaufhörlich die Römer des Ostens von Ägypten bis zur persischen Grenze und vernichteten sie, so daß alle Landstriche äußerst menschenarm wurden und, wie ich glaube, niemand, der nach der Zahl der auf diese Weise umgekommenen Personen fragt, sie zu finden imstande sein wird. Die Perser und Chusrō fielen viermal in das übrige römische Gebiet ein. Sie zerstörten die Städte, und von den Menschen, die sie in den eroberten Städten und jedem Landstrich ergriffen, töteten sie die einen und schleppten die anderen mit sich fort und beraubten so das Gebiet, das gerade von ihnen heimgesucht wurde, seiner Bewohner. Seit sie auch in das kolchische Land (Lazika!) einfallen, werden sie selbst, die Lazen und Römer, bis heute vernichtet. Aber auch die Perser, Sarazenen, Hunnen oder der Sklavinenstamm oder die anderen Barbaren haben das römische Gebiet nicht unversehrt gelassen. Bei den Einfällen und noch viel mehr bei den Belagerungen und den vielen kriegerischen Zusammenstößen in Mitleidenschaft gezogen, gingen auch sie ebenso mit zugrunde. Nicht die Römer allein, sondern auch fast alle Barbaren trugen den Lohn der Mordbefleckung Iustinians davon. Auch

Chusrō selbst besaß ja einen schlechten Charakter, doch wie ich in den betreffenden Büchern (der Kriegsgeschichte) gesagt habe, gewährte ihm Iustinian jegliche Veranlassung zum Kriege. Er dachte nicht daran, zur rechten Zeit zu handeln, sondern tat alles im falschen Augenblick. In Frieden und Verträgen heckte er immer aus hinterhältiger Gesinnung Ursachen zum Krieg gegen die Nachbarn aus, im Kriege dagegen erschlaffte er grundlos, betrieb infolge seines Geizes alles Nötige sehr lässig und durchforschte, statt sich hierum zu kümmern, die Wolken und bemühte sich geschäftig um die Erforschung der Natur Gottes. Als ein verruchter Mörder gab er aber auch den Krieg nicht auf und konnte wiederum die Feinde nicht besiegen, weil er dank seiner kurzsichtigen Kleinkrämerei nie das unternahm, was not tat. So wurde während seiner Regierung die ganze Welt vom Menschenblut fast aller Römer und Barbaren zur Genüge erfüllt.

Das aber hat sich, um es zusammenzufassen, um diese Zeit allenthalben im Römerland an Kriegsereignissen zugetragen. Wenn ich aber durchrechne, was sich an Aufruhr in Byzanz und jeder Stadt zugetragen hat, so ereignete sich dadurch meines Erachtens nicht weniger Menschenmord als im Kriege. Gerechtigkeit und gleichmäßige Bestrafung der Verbrechen gab es so gut wie gar nicht, sondern da der Kaiser mit höchstem Eifer einer der Parteien anhing, hielt auch die Gegenseite nicht Ruhe. Vielmehr neigten die einen ihrer Unterlegenheit halber, die anderen aus Übermut ständig zu Verzweiflung und Verrücktheit. Bald gingen sie in hellen Haufen aufeinander los, bald kämpften sie zu wenigen oder stellten die Hinterhalte je nachdem auch einzeln. Zweiunddreißig Jahre hindurch gaben sie keinen Augenblick Ruhe, verübten sie furchtbare Taten gegeneinander und wurden von der Behörde, die dem Demos vorsteht (praefectus urbi), zumeist umgebracht. Aber die Strafe traf fast regelmäßig die Grünen. Ferner erfüllte die Verfolgung der Samariter und der sogenannten Häretiker das Römerreich mit Mord. Dies aber wird nur summarisch von mir jetzt erwähnt, da ich es kurz zuvor abgehandelt habe.»[180]

Als der Tyrann starb, war das Volk nicht frei – und das Reich heruntergewirtschaftet, fast bankrott.

Dagegen erwies sich die Ära Justinians für das Papsttum – allein schon durch die Rückgewinnung Nordafrikas, die Vernichtung zweier mächtiger arianischer Völker, die Auflösung des selbständigen Königreichs in Italien – materiell und rechtlich als äußerst vorteilhaft, auch wenn die Päpste selbst jetzt wieder stärker in den Einflußbereich des Regenten gerieten, ihre eigene Macht erheblich reduziert und so manch einer von ihnen gefährlich gedemütigt worden ist. Dabei unterwarf aber der Kaiser die orientalischen Bischöfe dem Papst, versicherte er: «in allen Dingen lassen wir uns angelegen sein, daß die Ehre und Autorität Eures Stuhls wachse». Doch kommentiert Caspar: «Noch niemals hatte ein Kaiser so ehrerbietig zur römischen Kirche gesprochen, noch niemals aber zugleich so selbstherrlich gehandelt».[181]

WEST-ÖSTLICHE SCHMIERENSTÜCKE ODER MÖRDERPAPST VIGILIUS (537–555)

Der Papst, unter dem der Gotenkrieg begann, war Agapet I. (535–536). Im Auftrag der Goten reiste Agapet, der vorgab, kein Geld für die Reisekosten zu haben, 536 nach Byzanz, wo er den schon begonnenen Angriffskrieg stoppen sollte. Doch erreichte er für die Goten nichts und wollte vermutlich auch nichts erreichen – nach Gregorovius «scheint er seinen Auftrag als Feind der Goten ausgerichtet zu haben». Der Liber Pontificalis berichtet: «Agapet reiste nach Konstantinopel und wurde dort mit Glanz aufgenommen. Sofort begann er ein Streitgespräch über den Glauben mit dem allerfrömmsten Kaiser und Augustus Justinian . . ., und es stellte sich mit Gottes Hilfe heraus, daß der Bischof von Konstantinopel, Anthimus, ein Irrlehrer sei». Das Thema dürfte den Römer jedenfalls mehr interessiert haben als ein Frieden mit den Goten! Es gelang ihm auch den von der Kaiserin gestützten monophysitischen Patriarchen Anthimus absetzen zu lassen – darüber ein völlig verfälschter Bericht im Liber Pontificalis – und den neuen rechtgläubigen Patriarchen Menas am 13. März 536 zu weihen: «seine Tätigkeit dort war ein einziger Sieg» (H. Rahner SJ). Aus gotischer Sicht aber: ein politisch gänzlich mißlungener Besuch! Dann allerdings starb Agapet am 22. April 536 eines plötzlichen und bis heute umrätselten Todes in Konstantinopel. Am 17. September gelangte die Leiche in einem verschlossenen Bleisarg nach Rom und wurde in St. Peter beigesetzt. Auch der meist sehr zurückhaltend urteilende Erich Caspar fragt sich unwillkürlich, ob bei dem jähen Tod des Papstes alles mit rechten Dingen zugegangen sei. Denn «wenn Theodora den unbequemen Mann beseitigen wollte, so wußte sie gewiß Mittel und Wege, um es völlig geräuschlos zu bewerkstelligen». Die wohl größten Chancen seiner Nachfolge hatte der römische Geschäftsträger am Hof der Kaiserin, Vigilius. Schon 532 hätte er beinah den begehrten Stuhl bestiegen. Und die Kaiserin hatte daran großes Interesse. Doch kam er auch jetzt noch nicht zum Zug, kam ihm erst noch der Subdiakon Silverius (536–537) zuvor, ein Sohn des Papstes Hormisdas.[182]

Der Kaiser verbot dem «gemäß der Sentenz des heiligsten Papstes» entthronten Anthimus den Aufenthalt in Byzanz, seiner Umgebung sowie in anderen Großstädten. Theodora aber barg den Gestürzten bis an ihr Lebensende in Geheimgemächern ihres Palastes und brachte schließlich nach einigen skandalös bewältigten Schwierigkeiten ihren Kandidaten Vigilius auf den römischen Stuhl (S. 427).

Vigilius (537–555), der Mörder seines Vorgängers, vielleicht jedoch auch in den jähen Tod des Papstes Agapet verstrickt, war der Papst während des großen Gotengemetzels. Dank seiner ungemeinen Wendigkeit hielt er sich achtzehn Jahre auf dem «Heiligen Stuhl», wobei er es mit dem Glauben nicht so genau nahm, um so mehr aber mit den Wünschen des Herrschers.

Diese Hörigkeit des Klerus hatte im Osten seit Konstantin bestanden. Denn schon er, der erste christliche Regent, war Herr von Reich und Kirche. Schon unter ihm gehörten Kaisertum und Catholica zusammen oder sollten doch zusammengehören. Und über Konstantin und seine Nachfolger führt die traditionelle «Staatsfreundlichkeit» des Klerus im 5. Jahrhundert zum eigentlichen «Cäsaropapismus». Die Bischöfe vollzogen, was immer der Diktator gebot. Hundertweise unterzeichneten sie, gefügig wie Automaten, selbst in Glaubensfragen die Dekrete der Kaiser Basiliskos (476), Zenon (482), Justinian (532), mochte dies den allgemeinen Kirchenlehren noch so sehr widersprechen.

Vom östlichen Klerus schrieb der italienische 552: «Es sind Griechen, die Bischöfe, haben reiche und prächtige Kirchen, und würden es nicht aushalten, auch nur zwei Monate von der Regierung ihrer Pfründen suspendiert zu werden. Um dem vorzubeugen, tun sie alles ohne Zögern jederzeit nach dem Willen der Fürsten, was auch immer von ihnen verlangt wird.» Gelegentlich fügte sich aber auch ein Papst, wie etwa Johannes II., der auf kaiserlichen Druck die romtreuen Akoimeten verurteilt und die monophysitenfreundliche theopaschitische Formel anerkannt hat (S. 387); oder eben jetzt Papst Vigilius, der im sogenannten Dreikapiteledikt die Lehren der «rechtgläubigen» Theologen Theodor von Mopsuestia (der durch Kyrill von Alexandrien angegriffene Lehrer des Nestorios), Theodoret von Cyrus und Ibas von Edessa (beide kyrillfeindlich, doch in Chalkedon rehabilitiert) auf Wunsch Justinians verdammte, dann zwar widerrief, doch später abermals verwarf.[183]

Zunächst bekannte er seinen Glauben allerdings, freilich unter Bruch seiner Versprechungen. Entgegen seiner Zusicherung begünstigte er nämlich keinesfalls die monophysitischen Bestrebungen der Theodora. Vielmehr nahm er «vom ersten Augenblick an eine durchaus würdige Haltung gegenüber dem Kaiserhof» ein (H. Rahner SJ) – wenn man davon absieht, daß er auch schon sein Geld, immerhin 700 Goldstücke, genommen hatte. Doch dann unterwarf er sich in einem weiteren, zunächst das Morgen-, dann auch das Abendland außerordentlich aufwühlenden Theologengezänk, dem sogenannten Dreikapitelstreit, dem Kaiser. Dieser hatte – um die im Südosten des Reiches maßgebenden Monophysiten, ohne Preisgabe des Chalkedonense, zu gewinnen – durch ein Edikt (in Wirklichkeit ein – verlorengegangener – um 544 entstandener Traktat) die drei zum Nestorianismus tendierenden Theologen und Bischöfe des 5. Jahrhunderts Theodor von Mopsuestia, Theodoret von Cyrus und Ibas von Edessa, ein ziemlich unbekannter Mann, die längst im Frieden mit der Kirche gestorben waren, nachträglich verdammt, völlig selbstherrlich, ohne eine Synode zu befragen. Die ganz vom Kaiser abhängigen orientalischen Oberhirten akzeptierten, teilweise nach einigem Sträuben, allgemein die Verurteilung, die weiter absitzenden westlichen aber nicht. Der afrikanische Episkopat beispielsweise stand im Dreikapitelstreit geschlossen gegen Papst Vigilius, der italienische und gallische immerhin zum größten Teil.[184]

Um die Widerspenstigen umzustimmen, ließ Justinian, wohl von Theodora beeinflußt, kurzerhand den Papst am 22. November 545 mitten aus einem Gottesdienst in der Kirche der hl. Cäcilia, während er dem Volk die Kommunion austeilte (munera erogantem), und inmitten der Stürme der Goten um Rom, das im Dezember fiel, auf ein Schiff schleppen und Kurs auf Konstantinopel nehmen. (Nach dem Papstbuch hatte die Augusta den scribo Anthimus mit starker Mannschaft und dem Befehl geschickt: «Nur in der Basilika des hl. Petrus schone seiner; aber wenn Du Vigilius im Lateran oder im palatium oder in irgendeiner Kirche findest, so schaffe ihn alsbald auf ein Schiff und bringe ihn bis zu uns. Sonst lasse ich dich bei lebendigem Leibe schinden».) Die fromme römische Gemeinde hatte erst noch den Segen des Vigilius empfangen, dann aber, schreibt selbst das Papstbuch, ihm Steine, Prügel, Kochtöpfe hinterhergeworfen und ihn zum Teufel gewünscht. «Dein Hunger gehe mit dir, dein Sterben gehe mit dir! Übel hast Du den Römern getan, Übel sollst Du finden, wohin Du gehst!»[185]

Vigilius, der die Stadt nicht mehr lebend sehen sollte, erholte sich, mit kaiserlicher Erlaubnis natürlich, fast ein Jahr im sonnigen Sizilien (Catania), wo die Kirche riesige Besitzungen hatte, indes Totila im Dezember 546 Rom einnahm, die Stadtmauern großenteils schleifen, die Bevölkerung vertreiben, die Senatoren als Geiseln mitschleppen und später hinrichten ließ. Erst am 25.

Januar 547 traf Vigilius, glänzend empfangen, in Konstantinopel ein. Kaiser und Papst küßten einander die Wangen unter Tränen, vielleicht wohl nicht nur der Freude wegen der kurz zuvor eingetroffenen Trauernachricht von Roms Fall. Dann exkommunizierte Vigilius mannhaft alle Unterzeichner des Dreikapiteledikts – Papst Gregor «der Große» behauptet später sogar eine Bannung der Kaiserin: äußerst unglaubwürdig! Und im folgenden Jahr stimmte Vigilius selber, im sogenannten Judicatum vom 11. April 548, der Verurteilung der Drei Kapitel bei. Ja, er nötigte auch noch die in Konstantinopel weilenden lateinischen Bischöfe (aus Mailand und Afrika) zu ihrer Unterschrift. Eine herrliche Demonstration päpstlichen Lehrprimats! Im Westen, besonders in Afrika, erhob sich ein Sturm der Entrüstung. Doch auch die unmittelbare Umgebung des Papstes protestierte derart, daß er einige der ihm nächststehenden Diakone, darunter Rusticus, seinen eignen Neffen (er tauchte bei den Akoimeten unter), absetzte und exkommunizierte, ehe ihn, den Papst, eine Synode afrikanischer Bischöfe selber exkommuniziert hat. Als jetzt aber fast das ganze Abendland aufschrie, auch der römische Klerus gegen ihn rebellierte, Gallien, Oberitalien, Dalmatien, Illyrien sich von ihm lossagten – bis Ende des 7. Jahrhunderts wirkten die letzten Zuckungen des Schismas der Dreikapitelaffäre im Westen, besonders in Oberitalien, fort –, ermannte er sich, unterstützt vor allem durch den nach Konstantinopel zurückgekehrten Diakon Pelagius, seinen Nachfolger, und zog sein Urteil zurück. Vigilius protestierte nun gegen ein weiteres Dreikapiteledikt des Kaisers (Juli 551) und bedrohte alle Unterzeichner mit dem Bann. Doch nachdem der Kaiser den obstinaten afrikanischen Episkopat durch Exil und Bestechung willfährig gemacht (den Bischof Viktor von Tunnuna, Afrika, nach jahrelanger Verbannung auch noch in diverse Klöster Konstantinopels gesperrt, wo er eine langweilige «Weltchronik» schrieb), schließlich auch Italien erobert hatte, glaubte der gleichfalls erneut drangsalierte Vigilius seinen Stuhl wohl nicht zu Unrecht gefährdet und fiel abermals um. Er tat alles, was der allerchristlichste Kaiser verlangte, der freilich nichts scheute: Versprechungen, Finten, Eidbrüche, Polizeigewalt. Am 8. Dezember 553 bekannte der Papst in einem Brief an den Patriarchen von Konstantinopel, Eutychios (552–565), seinen «Irrtum» und verwarf die «Drei Kapitel» samt ihren Verteidigern. Justinian aber genügte das päpstliche Privatschreiben nicht. Er forderte mehr, eine detaillierte und öffentliche Verurteilung, und bekam auch sie. In dem Constitutum (II) vom 23. Februar 554 verdammte Vigilius erneut die Drei Kapitel. Dadurch sicherte er sich im nächsten Frühjahr die Heimkehr, starb aber noch unterwegs, Anfang Juni 555, in Syrakus auf Sizilien und kehrte nur als Leiche nach Rom zurück – als erster Papst, seit Petrus, nicht heiliggesprochen.[186]

Vigilius selbst hat seine Leiden, sein «Martyrium» in den Klauen des katholischen Kaisers, «Seiner frommen Majestät», wie er selbst schreibt, in einer eigenen Enzyklika vom 5. Februar 552, «im 25. Jahr der Regierung des Herrn Justinianus, des immerwährenden Augustus» der ganzen Welt mitgeteilt oder doch dem «Volk Gottes auf dem Erdenrund» (universo populo Dei). Seine Heiligkeit jammert hier wortreich über die «peinlichen Plackereien», über «die Quälereien (multa mala intolerabilia), denen wir ohne Unterlaß ausgesetzt waren», die «immer unerträglicher» wurden. Alle seine «mündlich und schriftlich immer wieder vorgebrachten Proteste halfen nichts, im Gegenteil, jeden Tag stieg unser Leid höher». Und nun schildert Papst Vigilius den Gipfel seine Elends: «Zwei Tage vor dem Weihnachtsfest konnten wir persönlich beobachten und den Lärm mit eigenen Ohren (auribus nostris) hören, wie man sämtliche Tore des Palastes», die Notunterkunft des Bekenners, «mit Wachmannschaften belegte . . ., ihr wüstes Geschrei drang bis in das Schlafgemach, in dem wir ruhten; noch in der Nacht, in der wir entwichen, haben wir es gehört . . . Man kann Grund und Größe der höchsten Gefahr, die wir unter dem Druck der Furcht verachteten, daran ermessen: Wir mußten uns nämlich durch die enge Lücke einer gerade in Bau befindlichen Mauer zwängen und standen dann, von furchtbaren Schmerzen wie gefesselt, in der stockdunklen Nacht. Daraus kann man klar erkennen, in welche Not wir derzeit rein um der Kirche willen geraten sind und welche

Haft uns in diesem Augenblick höchster Gefahr zur Flucht zwang».[187]

Der Märtyrerpapst, der ja immerhin auch ein Mörderpapst war, sich selber aber, «Größe der höchsten Gefahr», durch die «enge Lücke» einer Mauer zwängen mußte und dann in stockdunkler Nacht stand, wünscht ausdrücklich, daß über solche Misere «kein einziger christgläubiger Mensch in Unwissenheit bleibe». Und am Schluß seiner gesammelten Kläglichkeiten buckelt er wie üblich vor dem Kaiser: «Nichts steht mir höher, nicht Bande der Liebe und Bande des Bluts noch was immer für Güter der Erde, als mein Gewissen und mein guter Ruf bei Seiner frommen Majestät» (piissimi principis).[188]

Jesuit Hugo Rahner nennt dies «die große Enzyklika vom 5. Februar 552 an die ganze katholische Welt» und behauptet von Vigilius: «In den Leiden des Papsttums ist alle Erbärmlichkeit früherer Jahre von ihm abgefallen . . .»[189]

Unter dem Begriff Erbärmlichkeit läßt sich bei Vigilius manches subsumieren, von hochgradiger Intriganz über Geldgier, Bestechlichkeit, Glaubensverleugnung bis zum Mord, Papstmord, wohlgemerkt. Und mag er in den mysteriösen Tod Agapets I. vielleicht, so sehr wahrscheinlich scheint dies nicht, in keiner Weise verwickelt gewesen sein, beim Tod des Silverius ist die Sache um so deutlicher. Und wie Apokrisiar Vigilius zwischen diesen beiden Todesfällen von Konstantinopel nach Rom eilte, um dort, nach dem Ratschluß der Kaiserin Theodora, der ihm so Wohlgesonnenen, Papst zu werden, «Stellvertreter Christi», so eilte jetzt Apokrisiar Pelagius nach dem Tod des Vigilius von Konstantinopel nach Rom, um dort, im Auftrag Kaiser Justinians, des ihm so Wohlgesonnenen, Papst zu werden, «Stellvertreter Christi». Jedesmal war ein Papst in Konstantinopel oder von Konstantinopel kommend gestorben – und der Nachfolger, gleichfalls von Konstantinopel kommend, schon unterwegs. Gewiß, Vigilius hatte den «Heiligen Stuhl» nicht beim ersten Anlauf bestiegen, und gewiß war er auch nicht, wie Agapet, in Konstantinopel entschlafen, sondern erst auf der Fahrt von dort in Syrakus. Aber konnte man nicht wenigstens den Tatort geändert haben, um die Duplizität der Dinge nicht allzu deutlich zu machen? Vigilius jedenfalls verblich so überraschend in Syrakus wie Agapet einst in Konstantinopel. Und als Pelagius nach Rom kam, um dort in allerhöchstem, das heißt in kaiserlichem Auftrag den «Heiligen Stuhl» einzunehmen, da weigerte sich ein großer Teil des Klerus und des Adels, weil man Pelagius für mitschuldig am plötzlichen Tod des Vigilius hielt – so sehr für mitschuldig hielt, daß er vor allem Volk einen Regierungseid leisten mußte, in der Hand das Evangelium, auf seinem Haupt das Kreuz Christi – und an der Seite Narses, der Beschützer aus Byzanz![190]

Und dann verfaßte Pelagius eine Verteidigungsschrift nicht etwa seines toten Vorgängers, nein, sondern der Drei Kapitel, worin er Papst Vigilius die heftigsten Vorwürfe machte, habe doch dessen «Wankelmut und Käuflichkeit die Feinde des Konzils von Chalkedon zu endlosen Skandalen und zum Mißbrauch des Glaubenseifers Seiner Kaiserlichen Majestät aufgereizt».[191]

Was vielleicht noch am wenigsten – die «Ketzer»gesetze einmal beiseite – dem Glaubenseifer Seiner Kaiserlichen Majestät entstammte, war wohl am dauerhaftesten: die bis in die Neuzeit fortwirkende Kodifikation des römischen Rechts: der Codex Justinianus (529) sowie die noch bedeutendere Sammlung der Digesten (533) unter Leitung des quaestor sacri palatii, des kaiserlichen Vertrauten und Justizministers Tribonian. Wie schon bei Konstantin (I 263 ff), so rühmt man natürlich auch hier gern die humanere Rechtsauffassung durch den Einfluß des Christentums. Doch wenn etwa das Sklavenlos gemildert wird, so vor allem, weil im Produktionsprozeß, zumal in der Landwirtschaft, längst nicht mehr der Sklave die wesentliche Rolle spielt, sondern der Kolone. Gerade diesem gegenüber aber erweist sich das justinianische Recht als völlig rücksichtslos. Und wie human ist denn ein Recht überhaupt, das allen Menschen anderen Glaubens schlechthin jeden Rechtsschutz versagt?

Der Glaubenseifer Seiner Kaiserlichen Majestät wurde – wie Glaubenseifer von Staaten, Kirchen in der Regel – mit Elend bezahlt und Blut: und, da Justinians universalistische Ambition kaum geringer war als die der konstantinischen Dynastie, mit so viel Elend bezahlt und Blut wie seit langem nicht mehr. Dieser Glaubenseifer kostete die immense, sich stetig steigernde Schröpfung der Untertanen, weil die Bauwut, die jahrzehntelangen Kriege des Despoten gigantische Summen verschlangen. Der Glaubenseifer kostete den fortgesetzten Glaubensstreit: die Leiden der Monophysiten, das Verfolgen der Manichäer, die Unterdrückung der Juden, die Ausrottung der Samaritaner, das rigorose Bekämpfen des Heidentums, das Justinian rabiater jagte als irgendein Herrscher seit Theodosios I. und dessen Reste er praktisch vernichtet hat. Der Glaubenseifer kostete die Auslöschung der Wandalen, der Goten. Und er kostete die eignen Truppen.

Justinians Kampf für den Katholizismus, bedingt vermutlich mehr durch seine Offensiven im Abendland als durch seine Überzeugung, führte auch zu den separatistischen Aktionen Ägyptens und Syriens, zur Bildung zweier «häretischer» Nationalkirchen, der syrisch-monophysitischen, der koptischen Kirche. Und die großen Angriffskriege in Nordafrika, in Italien, die triumphale Rückgewinnung des Westens, eines Teils davon, dies alles wurde durch schwerwiegende Einbußen im Osten und Norden erkauft. Durch ständig höhere Tributzahlungen an die Perser, deren Armeen über den unbewehrten Orient rasten, die 540, inmitten des «ewigen Friedens», Antiochien bis auf die Grundmauern verbrannten, seine Bevölkerung niedermachten oder in die Sklaverei verschleppten, die bis ans Meer vordrangen, die immer mehr und immer offensichtlicher in Vorderasien die Oberhand gewannen. Die gewaltigen Expansionen im Westen entblößten aber auch die Donaugrenze. Stets neue Scharen fremder Völker brandeten über den Balkan, besonders und seit Justinians ersten Regierungsjahren die Slawen. Sie überfluteten das Imperium bis zur Adria, zum Golf von Korinth, zum Ägäischen Meer. Und fluteten sie auch wieder zurück, schließlich besetzten sie doch, während alle anderen «Barbaren»-Stürme damals vorübergehend waren, den Balkan bis heute.

Aber selbst des Kaisers Triumphe im Westen hatten teilweise nur kurzen Bestand, seine Wiederherstellung des Reiches blieb Stückwerk. Schon ab 568 erobern die Langobarden große Gebiete

Italiens. Die in Spaniens Südostecke gemachten Gewinne gehen in wenigen Jahrzehnten wieder an die Westgoten verloren. Und zuletzt löscht der Ansturm der Araber, des Islams, Justinians Werk von Ägypten über Nordafrika bis Spanien nahezu spurlos aus.

ANHANG

Anmerkungen zu: Kriminalgeschichte des Christentums. Erster Band. Die Frühzeit; rororo sachbuch 9969

Die vollständigen Titel der angeführten Sekundärliteratur sind auf S. 588 ff verzeichnet; die vollständigen Titel der wichtigsten antiken Quellenschriften finden sich im Abkürzungsverzeichnis auf S. 640 ff. Autoren, von denen nur ein Werk benutzt wurde, werden in den Anmerkungen nur mit ihrem Namen zitiert, die übrigen Werke mit Stichwort.

Einleitung zum Gesamtwerk
Über den Themenkreis, die Methode, das Objektivitätsproblem und die Problematik aller Geschichtsschreibung

1 Deschner, Aphorismen 50
2 Nietzsche, II 1234 f
3 Lichtenberg, Sudelbücher 423
4 Canetti 37 f
5 Dieringer, 103 f. v. Balthasar, Warum 17. Dirks ebd. 46 f. Rost, Katholische Kirche 272. Vgl. 45 u. o. Ders. Fröhlichkeit 37, 184 f. Orlandis/Ramos-Lissón, 152 f. Wolpert, 89
6 Vgl. die Zusammenstellung bei Brox, Fragen zur «Denkform» der Kirchengeschichte, ZKG 1979, 4 f. Rudloff 130 f
7 Rost, Katholische Kirche 27
8 F. Schiller, Kleinere prosaische Schriften, Lpz. (Crusius) 1800, 2. Teil, 28. Zit. nach Löhde, Das päpstliche Rom 76. Goethe, Italienische Reise, 28. 8. 1787. Vgl. von Frankenberg, Goethe 153 ff, bes. 169. Saurer, Kirchengeschichte 157 ff. Bläser/Darlapp, Heilsgeschichte II 299 ff, 312 ff. Deschner, Hahn, Anhang «Goethe und das Christentum» 599 ff
9 Franz von Sales zit. nach Rost, Katholische Kirche 170. Leo XIII., «Satis Cognitum» Acta Leonis XIII vol. 16,160
10 Deschner, Ausgetreten 7 ff, bes. 14. Gleichfalls in: Ders. Un-Heil 111 ff, bes. 118 und in: Ders. Opus Diaboli 115 ff, bes. 122
11 K. Bornkamm, Kirchenbegriff 445 ff; Ebeling und Rendtorff ebd. zit.
12 Wagner, Zweierlei Maß 121 f. Vgl. zur Unterscheidung von Profangeschichte und Kirchengeschichte etwa Meinhold, Historiographie 12 f. Saurer, Kirchengeschichte 159. Meinild, Weltgeschichte. Weth, Heilsgeschichte 2 ff. Bläser/Darlapp, Heilsgeschichte II 229 ff, 312 ff
13 v. Balthasar, Theologie 53
14 Vgl. etwa die Titel von J. de Senarclens «Le mystère de l'histoire», 1949 oder von J. Daniélou «Essai sur le mystère de l'histoire», 1953. Ders. Geheimnis 15. Dazu den sehr einsichtigen Aufsatz von Saurer, Kirchengeschichte 160 ff. Ott, RGG 3, 186. Jedin zit. nach Saurer; dort die Quellenhinweise
15 Toynbee, Weltgeschichte I 220, 396. Momigliano, The Conflict 10
16 Heer, Kreuzzüge 24 ff, 40 ff, 64, 79, 105. Kawerau, Mittelalterliche Kirche 131 f
17 Braudel, Die lange Dauer 174. Heer, Kreuzzüge 6 f, 103. Grupp, Kulturgeschichte V 146 f. v. Boehn, Die Mode 58. Kühner, Die Kreuzzüge 14. 10. 1970, 2,9.

Deschner, Heilsgeschichte passim. Ders. Un-Heil 25 f

18 Revolution in Bolivien 1971, in: Antonius, Juli/August, 4/1973, 136 f

19 v. Schubert, Geschichte I 283 ff, II 475. Zur vatikanischen Munitionsfabrik 1935: Yallop 134

20 Grupp, Kulturgeschichte II 123 f, IV 446. Gerdes, Geschichte 15. Stamer, Kirchengeschichte 145 f. Daniel-Rops, Frühmittelalter 608. Heer, Mittelalter 92 f, Hoekendijk 105

21 Capitulatio de partibus Saxoniae, M. G. Fontes iuris Germanici antiqui in usum scholarum, Leges Saxonum u. Lex Thuringorum, ed. C. v. Schwerin, 1918, 37 ff. Cap. Sax. 45 ff. Hauck, Kirchengeschichte II 350 ff, Winter-Günther, Die sächsischen Aufstände 44 ff, 73 ff. Voigt, Staat und Kirche 325 f, 332. Schnürer, Kirche I 357 f, 395 f. v. Schubert, Geschichte I 336. Epperlein, Karl 37 f. Braunfels, Karl 45 ff

22 Palad. Hist. Laus. 32; Poen. Paris. 26; Poen. Cumm. 4,1; Lex. Al. 7. Frusta 25. Kober, Züchtigung 5 ff, 22 ff, 376 ff, 433 ff mit vielen Quellenhinweisen. Schmitz, Bußdisciplin 222. Ders. Bußverfahren 53. Dresdner 23 f. Stoll 272. Poschmann, Kirchenbuße 146. Grupp, Kulturgeschichte I 275, 288, 436, II 305 ff, III 349. Hauck, Kirchengeschichte I 250. Schnürer, Kirche II 183. His I 510, 549. Andreas 83 ff. v. Hentig I 129, 387, II 172 f. Ziegler, Ehelehre 135

23 Yallop 130 ff, 150 ff, 172 ff, 194 ff. Mohrmann 51 ff. Lo Bello 216 ff, 255 ff, 267 ff. S. auch 61 f. Vgl. auch Deschner, Heilsgeschichte II 288 ff. Ders. Kapital 299 ff. Süddeutsche Zeitung 19. 3. 86; 20. 3. 86 (hier «Time»-Zitat); 21. 3. 86; 22./23. 3. 86; 24. 3. 86.

24 Vgl. etwa Dresdner 35, 61 ff, 73 f. Kober, Deposition 706. Hauck III 565. Dresdner, 35, 61 ff, 73 f. Haller II 196. Kawerau, Mittelalterliche Kirche 95. Toynbee, Weltgeschichte 465. Weitzel 16 f. Lo Bello 184 ff, bes. 188 f

25 Speyer, Fälschung, literarische, RAC VII 1969, 242 ff, 251 ff. Ders. Religiöse Pseudepigraphie 238. Ders. Die literarische Fälschung 300 ff. Schreiner, Zum Wahrheitsverständnis 167 ff. Fuhrmann, Einfluß und Verbreitung 68 ff, 76 ff. Zit. hier auch einige Sätze aus T. F. Touts' «Mediaeval Forgers and Forgeries» (1918–1920), wo es u. a. heißt: «It was almost the duty of the clerical class to forge» – die aber das Lügen anderer in ihrer Gegenwart als besonderes Sakrileg betrachtet hat!

26 Apg. 4,13. «Homines sine litteris et idiotae» nennen in der lateinischen Übersetzung die jüdischen Priester die Apostel Jesu. v. Soden, Christentum und Kultur 8 ff. Gregorovius I,1 239 f. Vgl. auch Deschner, Hahn 292 ff, 302 ff. RAC Christianisierung (II) der Monumente, 1954, 1230 ff IV 64. Schultze, Geschichte II 248. Vgl. auch Kriminalgeschichte I 503 ff, bes. 505 ff

27 Harnack, Mission 2. A. I 75. v. Boehn 33. Lietzmann, Geschichte III 102. v. Schubert, Bildung 105. Illmer 27 ff. Dannenbauer, Entstehung I 147 ff, II 50 ff, 66 ff, 73 ff. Ausführlich: Kriminalgeschichte III

28 Manhattan 87. Zitat deutsche Ausgabe 84. H. Thomas, Bürgerkrieg 45. Vgl. auch die folgende Anm.

29 Die Frage, wie ein Mensch gelehrt

werde, beantwortete Thomas von Aquin: «Indem er nur Ein Buch liest.» Vgl. Donin, Leben II 82. Hauck, Kirchengeschichte V 341. Hertling, Geschichte 156. Wühr, Bildungswesen 156. Heer, Mittelalter 13 ff, 403, 484, 497 u. o. Ders. Abschied 170. Morus 142 f

30 Objektivität 214. Droysen, Historik 354

31 Ranke, Werke 1887, 318. Braudel 167. Lutz 320 ff

32 Nipperdey 33 ff. Zit. 49. Aydelotte, Das Problem 218

33 E. Burke zit. nach Meinecke, Historismus 286. Vgl. auch Anm. 58

34 Froher Glaube, *D. Soelle/K. Munser, Das Evangelium als Inspiration, Impulse zu einer christlichen Praxis, 1971. J. Scherer, Warum liebe ich meine Kirche? Ein Weckruf für Jugend und Volk, 1910. F. Jürgensmeier, Der mystische Leib Christi als Grundprinzip der Aszetik. Aufbau des religiösen Lebens und Strebens aus dem Corpus Christi mysticum, 1938. K. Adam, Der Christus des Glaubens. Vorlesungen über die kirchliche Christologie, 1954. Ders. Christus unser Bruder, 1934. G. Rippel, Die Schönheit der katholischen Kirche, dargestellt in ihren äußeren Gebräuchen in und außer dem Gottesdienste für das Christenvolk, 1911. L. Rüger, Geborgenheit in der katholischen Kirche. Katholisches Familienbuch, 1951. Rost, Die Fröhlichkeit in der katholischen Kirche, 1946. A. Doerner, Sentire cum Ecclesia. Ein dringender Aufruf und Weckruf an Priester, 1941. H. J. Müller, Beichten – ein Weg zur Freude. Ein Büchlein vom rechten Beichten, 1961. Th. Ballsieper, Das gnadenreiche Prager Jesulein, 1968. A. Frossard, Gott existiert. Ich bin ihm begegnet, 1970. D. Considine, Frohes Gehen zu Gott, 1928. L. Drenkard, Mit dem Rosenkranz in den Himmel. Der große Segen des Rosenkranzgebetes, 1935. A. M. Weigl, SOS aus dem Fegfeuer, 1970. J. Neuhäusler (Hg.), Heldentum in der christlichen Ehe, 1952*

34a *H. Mohr, Der Held in Wunden. Gedanken und Gebete, 1914. Pastor Zeißig, Kriegs-Pfingst-Predigt über Hesekiel 36,26–27 gehalten am 1. Pfingstfeiertag, den 23. Mai 1915* in der Jakobikirche zu Dresden. – *A. Titius, Unser Krieg. Ethische Betrachtungen, 1915. – F. Koehler, Das religiössittliche Bewußtsein im Weltkriege, 1917. – Ders. Der Weltkrieg im Lichte der deutsch-protestantischen Kriegspredigt, 1915. – Conrad, Kampf und Sieg. Karfreitags- und Ostergedanken als Gruß aus der Heimat für Heer und Marine, o.J. – Estevant/Schneider (Hg.), Katholisches Gesang- und Gebetbuch für die Kriegsmarine, 1941. – Feldgesangbuch für die evangelischen Mannschaften des Heeres, 1914. – J. Perau, Priester im Heere Hitlers, 1962. – J. M. Höcht, Maria rettet das Abendland. Fatima und die «Siegerin in allen Schlachten Gottes» in der Entscheidung um Rußland, 1953.* Alle übrigen Titel bei *M. v. Faulhaber (Hg.), Das Schwert des Geistes. Feldpredigten im Weltkrieg,* 2. Aufl. 1917

35 Lichtenberg, Sudelbücher 379. Goethe, Venezianische Epigramme Nr. 67 und Fragment vom Ewigen Juden. Vgl. Anhang «Goethe und das Christentum» bei Deschner, Hahn 599 ff

36 Vgl. zu den genannten Autoren:

Deschner (Hg.), Das Christentum I und II passim. Zu Hebbel: Ahlheim, Hebbel bei Deschner ebd. I 300 ff, bes. 304 ff

37 Stegmüller, Glauben 7

38 Zu Chladenius vgl. Koselleck, Theoriebedürftigkeit 50. Ferner Schaff, Der Streit 33 ff, bes. 38 ff

39 Zit. nach P. Kluke, Neuere Geschichte 154

40 Mommsen, Die Sprache 77 f. Schaff, Der Streit 38 ff

41 Bacht, Die Rolle 202 Anm. 27

42 Tondi 216. H. Maier 281 f

43 Braudel 182. Aydelotte, Das Problem 224. Beard 74 ff. Schaff, Geschichte und Wahrheit 87 ff

44 Vgl. Mommsen, Die Sprache 60 ff. Koselleck, Vergangene Zukunft 280 ff. Jauss 415 ff. Acham 107

45 Koselleck, Theoriebedürftigkeit 47. Acham 108 ff

46 Groh 321 ff

47 L. Halphen, Introduction à l'histoire, 1946, 50. Zit. nach Braudel 169 f. Berlin 70. Aron 19. Schaff, Der Streit 33 ff, bes. 36 ff. Bobińska 16 ff, 28 ff. Ludz/Rönsch 71 ff

48 Ranke, Werke Bd. 33/34 S. VII; Bd. 15 S. 101; Bd. 43/44 S. XVI. Ders. Das Briefwerk 518. Dazu Vierhaus 63 ff

49 Schieder, Unterschiede 379 f. Popper 332. Dazu H. Rutte, Karl Popper und die Geschichte 111 ff

50 F. G. Maier, Der Historiker 83 ff. White 41 ff. Mommsen, Die Sprache 57 ff und die Lit. 60 f. Ranke, Werke Bd. 33/34 S. VII. Zit. nach W. Hardtwig 185

51 Ludz/Rönsch 69 ff. Faber 9 ff

52 Treitschke, Deutsche Geschichte Bd. V S. V f. Péguy 80

53 Vgl. H. v. Sybels Brief vom Mai 1857 an Waitz. Zit. in W. J. Mommsen, Objektivität und Parteilichkeit 143. Barraclough 222

54 Th. Mommsen, Römische Geschichte I 407. Die weiteren Zitate bei Ch. Meier, Das Begreifen 208

55 Otto Gerhard Oexle schrieb 1984, Nietzsches Plädoyer für eine Historie, die nicht Wissenschaft ist, sondern als kritische Historie dem Leben dient, lese sich wie eine direkte Absage an Rankes Feststellung von 1824, daß Historie gerade nicht «das Amt, die Vergangenheit zu richten», nicht das Amt, «die Mitwelt zum Nützen zukünftiger Jahre zu belehren», vielmehr eben bloß zu zeigen habe, «wie es eigentlich gewesen».

56 So sagte Weber in seiner berühmten Freiburger Antrittsvorlesung (1895): «Die Volkswirtschaftslehre als erklärende und analysierende Wissenschaft ist *international*, allein sobald sie *Werturteile* fällt, ist sie gebunden an diejenige Ausprägung des Menschentums, die wir in unserem eigenen Wesen finden ... Nicht Frieden und Menschenglück haben wir unseren Nachfahren mit auf den Weg zu geben, sondern den *ewigen Kampf* um die Erhaltung und Emporzüchtung unserer nationalen Art». Nach dem Ersten Weltkrieg verhärtete sich Webers nationalistische Position sogar noch. M. Weber, Politische Schriften, Tübingen 3 A. 1971, 13 f. Dazu vgl. H. Lutz, Aufstieg und Krise der Neuzeit. Bemerkungen zu deutschen Interpretationen von Dilthey bis Horkheimer, 34 ff, bes. 36 ff. Vgl. ferner H. von der Dunk 1 ff. Rüsen, Werturteilsstreit 84 ff

57 Meinecke, Werke IV 68. Schieder, Unterschiede 366

58 Zit. bei F. G. Maier, Der Historiker 91. L. Wittgenstein: Bemerkungen über die Grundlagen der

Mathematik. Zit. bei Stegmüller, Metaphysik S.V
59 Junker/Reisinger 424
60 Croce 77
61 Aydelotte, Das Problem 225
62 Ebd. 214. Ders. Quantifizierung 251 ff. Gottschalk 208
63 Cicero, de orat. 2,62
64 Häring I 414 f
65 Altmeyer 10. Volk, Zwischen Geschichtsschreibung und Hochhuthprosa 200. Ders. Hitlers Kirchenminister 213, 216 f. Vgl. dazu meine (leider – wenn auch mit meiner Zustimmung – unter die Anmerkungen verbannte) ausführliche Kritik in: Heilsgeschichte II 560 ff. Anm. 320
66 Volk, Zwischen Geschichtsschreibung und Hochhuthprosa 196. Tondi 146
67 Dempf, Geistesgeschichte 138
68 Kötting, Religionsfreiheit 29
69 August. Serm. 80,8
70 Ebd. 311,8,8
71 Zu Voltaire und Montesquieu vgl. den Hinweis und das Zitat bei Meinecke, Historismus 81 und 157
72 Gauss 320 ff, 338 ff
73 v. Glasenapp 15. Mensching, Soziologie 111
74 K. Wilhelm, H. B. Metz, K. Rahner, E. Wolf u. a. 249 f
75 Zit. bei Kühner, Gezeiten I 199
76 Zit. ebd.
77 Mynarek, Herren und Knechte 250 f. Ders. Verrat 202
78 Beumann, Wissenschaft vom Mittelalter 8
79 Junker/Reisinger 461. Carr 26
80 Voltaire, Essai c. 83, zit. nach Meinecke, Historismus 106. Ranke zit. nach Schieder, Unterschiede 380 Anm. 31. Chrysostom. Komm. z. Römerbr. 6. Hom. c. 2
81 Naumann 67. Hervorhebungen von mir
82 Meinecke, Historismus 565
83 v. Treitschke, Aufsätze 57. Vgl. auch Kindermann/Dietrich 123
84 Löwith/Riedel 306 ff. Hegel 552. Messer 103 ff, bes. 119 ff. Naumann 80 ff
85 Meinecke, Präliminarien 81, 95. Zit. nach H. Lutz, Aufstieg und Krise 44. Vgl. auch 42 ff. Iggers 328. Groh 322 ff. Zit. 327
86 Was da mitunter schon als unseriös gilt, ahnt man, wird beispielsweise in der Rezension eines Buches, dessen Verfasser «von Haus aus kein Fachhistoriker» ist (an sich bereits ein vernichtendes Verdikt hierzulande), «die oft burschikose Redeweise» bedauert, Formulierungen wie «eine Frau von ungewöhnlich großen Formen»; Franz Egon von Fürstenberg hat «elf Kinder in die Welt gesetzt»; «die Sache hat jedoch nicht geklappt» etc., lauter burschikose Wendungen, die der Rezensent – gewiß ganz und gar vom Fach – «gern vermieden» sähe. E. Hegel in einer Besprechung des Buches «Die Goldenen Heiligen» von J. C. Nattermann, in: Rheinische Vierteljahresblätter 1962, 265
87 Kämpf, Das Reich im Mittelalter 29. Fleckenstein, Das großfränkische Reich 270. Ders. Grundlagen 156. Wampach 247. Wampach war auch Direktor des Regierungsarchivs von Luxemburg. Sein Text bezieht sich auf die Kämpfe zwischen Radbod und Pippin
88 Bertram 19 f
89 Theodor, h.e. 5,41. Lewy 218 f. Dazu Diözesan-Archiv Aachen 30076. Winter, Die Sowjetunion 222. Volk, Die Kirche 540. Faulhaber in seiner Fastenpredigt vom 16. Februar 1930. Zit. bei Löhde

51. Ausführlicher über Faulhaber: Deschner, Mit Gott 164 ff und ebd. öfter

90 Haller, Entstehung 320

91 Zit. bei Miller, Informationsdienst zur Zeitgeschichte 1/62 mit Bezug auf StdZ 7/58. Gundlach 13. Purdy 157 f. Ausführlicher: Deschner, Heilsgeschichte II 417 ff

92 Schneemelcher, Aufsätze 317

1. KAPITEL
Der Auftakt im Alten Testament

1 Kyrill. Alex., Über den rechten Glauben an den Kaiser 3. Hervorhebungen von mir

2 Beek 129

3 Mommsen, Römische Geschichte VII 229

4 Brock, Grundlagen 43, 47

5 Faulhaber, Charakterbilder 69

6 dtv Lexikon 9, 281. Stauffer 11. Grundmann 143 ff. Daniel-Rops, Die Umwelt 11 ff

7 Hebr. 11,9. Sach. 2,16. Daniel-Rops, Die Umwelt 12 f

8 Vgl. bes. das Buch Josua, vor allem Kap. 24; aber auch Ri. 1,4 ff; 1,17; 1,22 ff; 3,29 ff; 4; 18. 1.Mos. 9,20 ff; 26,7 f; 34,1 f; 4.Mos. 21,3; 33,51 ff; 5.Mos. 6,10 f. 1.Sam. 11. 2.Sam. 10,6 ff; 12,26 ff; Ri. 7,1 ff; LThK 2. A. II 307 f. dtv Lexikon Antike, Geschichte II 151 f. Cornfeld/Botterweck III 817, IV 913 ff, V 1134 ff, 1208 ff, 1258, 1317. Jenni 118 ff. Richter 40 ff. Albright 285 f. Beek 32 ff spricht S. 43 von «Nomaden aus der Steppe». Vgl. auch 45 f. Noth, Geschichte 133. Ringgren/Ström 69, 81 ff. v. Glasenapp, Die nichtchristlichen Religionen 199 f. Daniel-Rops, Die Umwelt 42. Deschner, Das Kreuz 47 ff. Alt, der in seinen Kleinen Schriften neben den «kriegerischen» Vorgängen ausführlich auch «Die friedliche Entwicklung» schildert, stellt doch fest, «daß die kriegerischen Verwicklungen ... später überhand nahmen», ja, deutet an, daß sie dann «die Regel» bildeten: I 139

9 1.Mos. 19,24 f; 2.Mos. 15,3; 19,18; 20,5; 24,17; 34,7; 4.Mos. 16,35; 21,6; 5.Mos. 4,31; 5,9; 9,3; 13,13 ff; 20,13 ff; Ri. 5,4 f; 5,11; 2.Sam. 5,10; 1.Kön. 19,10; Jes. 45,6 f; Jer. 5,14; 20,11; Hos. 12,6; Am. 3,13; 6,14; Ps. 18,8 ff; 74,12; 89,8. dtv Lex. Antike, Geschichte II 152; Fairweather 20. Montefiore 245 ff. Noth, Geschichte 103. Ringgren 64, 83. Dewick 65 ff

10 5.Mos. 7,1 ff; 7,16; 7,20; Ps. 149,6 ff. Volz 9, 31. van Leeuwen 39 ff. Brock, Grundlagen 37

11 5.Mos. 32,39 ff. Brock, Grundlagen 37

12 Lapide/Pannenberg 9 ff

13 5.Mos. 12,2 f; 13,7 ff; Ps. 106,34. Vgl. auch 5.Mos. 7,5; 7,25 f u. o. Pfeiffer 229 ff. Dewick 62 ff

14 Hos. 1,2; 2,6 f; 2,9; 2,18; 4,13 f; 9,1 u. o. Jerem. 2,23 f. Preuss 121. Vgl. auch Deschner, Das Kreuz 50 f

15 3.Mos. 26,14 ff; 5.Mos. 28,15 ff

16 Vgl. B. Schüller LThK 2. A. X 229

17 Vergehen gegen Leib, Leben, Eltern: 2.Mos. 21,12 ff. Ehebruch: 3.Mos. 20,10. Vergewaltigung: 5.Mos. 22,23 ff. Inzest: 3.Mos. 20,11; 20,17. Homosexualität: 3.Mos. 20,13. Bestialität: 2.Mos. 22,18; 3.Mos. 20,15 f. Geschlechtsverkehr während der Menstruation: 3.Mos. 20,18. Hurerei einer Priestertochter: 3.Mos. 21,9. Weitere Todesstrafen: 1.Mos. 17,14; 2.Mos. 4,24 f;

12,19; 19,12 f; 22,17; 22,19; 28,35; 28,42 f; 31,14 f; 3.Mos. 19,7 f; 20,6; 20,27; 4.Mos. 1,51; 15,30; 17,6 f; 5.Mos. 17,12. Jos. 1,18. Vgl. ferner: 1.Mos. 38,7; 38,10; 2.Mos. 11,4 ff; 12,29; 14,27 f; 15,1; 15,21; 3.Mos. 10,2; 4.Mos. 14,36; 16,31 ff; 17,14; 21,6. 1.Sam. 2,27 ff; 2,34; 4,11; 4,18; 2.Sam. 6,7; 12,15 ff; 1.Kön. 13,26; 20,35 f. Merkel, Gotteslästerung RAC XI 1189 f. Schüller LThK 2. A. X 229. Zur Rolle der Frau im A.T. und im Judentum vgl. ThRe XI 422 mit einer Fülle von Literatur. Grundmann 174 ff. Zu Inzest vgl. Halbe ZAW 92,1980, 60 ff. Kilian 111 ff. Schoonenberg 72

18 1.Mos. 7,21 ff; 19,24; 25,27; 27,36; 29,15; 31,20; 2.Mos. 11,4 ff; 12,29; 14,27 f; 15,1; 15,21; 3.Mos. 10,2; 4.Mos. 16,31 ff; 17,14. Daniélou, Die heiligen Heiden 15

19 1.Mos. 34,25 ff; 2.Mos. 17,15; 3.Mos. 26,7 f; 4.Mos. 21,14; 5.Mos. 2,24 f. Jos. 3,5; 6,17 ff, 6,24; Ri. 3,10; 4,14; 5,11; 5,13; 5,31; 6,20; 7,15; 7,20; 20,2; 20,27; 1.Sam. 1,21; 4,3 f; 4,11; 13,19 ff, 17,45; 18,17; 21,6; 25,28; 30,26; 2.Sam. 1,21; 5,24. Zum Ganzen: Fredriksson und von Rad passim. Groß LThK 2. A. VI 639. dtv Lex. Antike, Geschichte II 152 f. Cornfeld/Botterweck IV 893 ff; V 1208 f, 1317, 1328 f. v. Hentig, Die Besiegten 19 ff. Lods 288, 462. Gamm, Sachkunde 67. S. auch Anm. 9

20 4.Mos. 21,21 ff; 31,7 ff; 5.Mos. 2,32 ff; 3,1 ff. Cornfeld/Botterweck IV 914. De tribus impostoribus 61, 95

21 Cornfeld/Botterweck I 130 f; 192 ff; III 603, 815 f; IV 893 ff, 913 ff, 924. Parkes, Judaism 86. Gamm, Sachkunde 68

22 Vgl. dazu außer Anm. 21 auch 5.Mos. 13,16 ff; 20,10 ff; 20,16 ff. LThK 2. A. I 1224 ff. Cornfeld/Botterweck III 815; IV 893 ff; 920, 924. Hempel 20 ff. Junker 74 ff. Gamm, Sachkunde 67, 74

23 Tacit. hist. 2,4; 5,3 ff. Vgl. auch Joseph. c. Apionem 1,34,6; 2,10,1. 3.Mos. 18,1 ff; bes. 18,24 ff. Brock, Grundlagen 36, 44 f

24 5.Mos. 23,9 f. Ri. 7,17 ff. 1.Sam. 21,6; 27,9; 2.Sam. 5,8; 5,23; 11,11; 12,31; 20,15. LThK 2. A. VIII 1300 f. Noth, Das Amt 404 ff. Alonso-Schökel 143 ff. Cornfeld/Botterweck II 459 ff, III, 813 ff, IV 895 ff, V 1217. v. Rad, Der Heilige Krieg 24 ff zeigt, daß es daneben noch genügend ‹profane› Kriege gab. M. Weber, Grundriß III 1. Halbband möchte die ‹heiligen› Kriege Israels nur als «Vorstufe» und wohl auch «Vorlage» für die ‹heiligen› Kriege vor allem des Islam ansehen. Ausführlich zum archäologischen Befund: C. Wright, Biblical Archeology, 1957. Freilich geht, nach einer katholischen Auskunft, nur der mit Archäologie sachgemäß um, der sie benutzt, «um auf dem historischen und kulturellen Hintergrund das besondere Relief der biblischen (!) Aussagen herauszuarbeiten», Oberforcher 209. Gamm, Sachkunde 67. Brock, Grundlagen 47.

25 Jos. 3,6 ff; 6,1 ff; 8,1 ff; 10,1 ff; 11,6 ff; 11,16 ff. Cornfeld/Botterweck III 815, IV 919. J. Scharbert LThK 2. A. V 1145 f. Rathgeber 228 f. Comay, story 77 ff

26 Vgl. 5.Mos. 20,10 ff; Jos. 8,15 ff; Ri 7,16 ff; 9,43; 20,32 ff. 2.Sam 5,8; 10,8 ff; 20,15. Cornfeld/Botterweck IV 895 ff. Beek 173 Anm. 6

27 1.Sam. 11,6; 11,11; 14,36; 14,47 ff; 15,1 ff. LThK 1. A. IX 159 f, 194 f;

2. A. IX 347. Beek 50 ff. Wildberger 442 ff. Beyerlin 186 ff. Soggin 54 ff. Comay, Who's Who 338 f, 341 f. Ders. story 99 ff, 102 ff

28 1.Sam. 16,1; 16,13; 27,1 ff; 2.Sam. 4,12; 8,1 ff; 12,29 ff; 21,15 ff; 22,38 ff. 1.Chron. 18,4. Ambros. de off. 35,177. Theodor. h.e. 1,33. Basil. Brief an Greg. Naz. 2,3 f. Heilmann IV 324. Cornfeld/Botterweck II 410 ff, IV 899, V 1134. LThK 2. A. III 174 ff. Beek 50 ff. Comay, Who's Who 88 ff. Ders. story 113 ff

29 Vgl. Die Bibel oder die ganze Heilige Schrift des Alten und Neuen Testaments nach der deutschen Übersetzung Martin Luthers, Württembergische Bibelanstalt Stuttgart, 1970, 368 mit D. Martin Luther, Die gantze Heilige Schrift, Bd. 1, Biblia: Das ist: Die gantze Heilige Schrifft / Deudsch / Auffs new zugericht, Wittenberg 1545. Neudruck dtv text-bibliothek, hgg. von H. Volz unter Mitarbeit von H. Blanke. Textredaktion F. Kur, 1974, 591. Hervorhebungen von mir

30 Vgl. Die Bibel der Württembergischen Bibelanstalt, 1970, 484 mit D. Martin Luther, Die gantze Heilige Schrift, Wittenberg 1545. Neudruck dtv text-bibliothek, Bd. 1, 1974, 773. Hervorhebungen von mir

31 L. Schmidt, Das Neue Testament 345 ff, bes. 361. Krause, Fragwürdigkeiten 75 ff, bes. 76 f, 79, 83, 89 f

32 Glueck nach Brock, Grundlagen 23

33 2.Sam. 7,9; 8,5; 8,13 f; 16,5 ff. 1.Chr. 17,2; 17,8; 18,3 ff; 18,12; 22,8. LThK 2. A. III 174. Brock, Grundlagen 22 f

34 1.Sam. 16,19. 2.Sam. 22,21 ff; 23,1 ff; 24,15. Ps. 101,1 ff («Regentenspiegel»). Vgl. Die Bibel der Württembergischen Bibelanstalt 1970, 321 mit D. Martin Luther, Die gantze Heilige Schrift, Wittenberg 1545, dtv text-bibliothek Bd. 1, 1974, 517

35 Jos. 7,20 ff. Vgl. 2. Sam. 8,7 f. 1.Kön. 14,8. Von mir hervorgehoben. Ps. 101,5 ff. 1.Chron. 18,7 ff. M. Rehm, LThK 2. A. III 174 ff. Brock, Grundlagen 42

36 1.Kön. 15,6; 15,16. 2.Chron. 13,1 ff; 13,15 ff. v. Glasenapp, Die nichtchristlichen Religionen 198

37 Jes. 42,7; 61,1. Joel 4,6. Am. 1,6,9. 2.Chr. 28,9 ff. Ps. 79,11; 102,21. 2. Makk. 8,36. LThK 2. A. VI 644

38 Zitate: 2.Kön. 3,25; 1.Kön. 20,29 f. Jerem. 49,25 ff. Vgl. auch Jes. 17,1 ff. Amos 1,3 ff. Ferner 1.Kön. 11,3; 20 ff. 2.Kön. 3,6 ff; 6,8; 8,20 f; 9,15 ff; 14,7; 14,11 ff; 18,8. 2.Chron. 13,1 ff; 14,8 ff; 16,1 ff; 20,1 ff; 21,8 ff; 25,21 f; 26,6 ff; 28,16 ff. Cornfeld/Botterweck I 125, IV 995. F. Nötscher LThK 1. A. V 308. Beek 67, 72. Die Daten der Regierungszeit der Könige von Juda und Israel – die Angaben darüber schwanken stark – datiere ich hier und im folgenden nach der Chronologie dieser Könige bei Beek 101

39 1.Kön. 22,9 ff. Jes. 7,4 ff; 37,33 ff. Ez. 38 f. Groß LThK 2. A. VI 639

40 Kyrill. Alex. Über den rechten Glauben an den Kaiser, 2

41 1.Kön. 20,28. Jes. 37,26 f. 2.Chron. 13,1 ff; 13,12; 14,11 ff; 17,10; 20,15. Cornfeld/Botterweck IV 881 ff

42 2.Kön. 15,8 ff. dtv Lex. Antike, Geschichte II 154. Cornfeld/Botterweck IV 881 ff

43 1.Kön. 15,25 ff; 16,8 ff

44 1.Kön. 16,15 ff. LThK 2. A. VII 1155. Cornfeld/Botterweck III 671 f. Beek 75 f

45 1.Kön. 16,29 ff; 18,19. Cornfeld/

Botterweck II 445 f, III 672 ff, IV 883. dtv Lexikon 9, 192. Beek 77 ff. Beek datiert das Ende der Regierung Ahabs S. 77 auf 852, S. 101 auf 853. Comay, Who's Who 40 f, 112 f

46 2.Kön. 9,1 ff. Cornfeld/Botterweck II 446 ff, 450 f. III 677. Comay, Who's Who 112 f, 116. Galling, Ehrenname 129 ff

47 2.Kön. 9,24 ff; 10,1 ff. Comay, Who's Who 194 f

48 1.Kön. 18,19; 18,22; 18,40; 2.Kön. 10,17 ff. Hilar. In ps. 51,15. Cornfeld/Botterweck II 446 f, III 676 f. LThK 2. A. III 806 f. 821 f betont noch: «Obwohl eine sichere Trennung v. Historie u. Legende unmöglich ist», dürfe man doch an der Wunderkraft des Propheten «nicht zweifeln». Caspari 43 ff. Preuss 83

49 2.Kön. 11,1 ff; 17,1 ff; 18,1 ff; 23,26 f; 24,1 ff; 25,1 ff. Jerem. 52,15 f; 52,28 ff. dtv Lex. Antike, Geschichte II 153 ff. Pauly II 1497. LThK 1. A. I 755. Cornfeld/Botterweck III 688, 695 ff, 702 ff. IV 881 ff, 900. Gamm, Sachkunde 96 ff. 103 f. Beek 78 f. Nebukadnezar in der Bibel als Urbild eines Despoten geschildert und als solcher in die Geschichte eingegangen, war in Wirklichkeit eher an Religion und Architektur als an Welteroberung interessiert und nicht ohne Toleranz. Vgl. Beek 95 f, 103. Comay, Who's Who 58 f

50 Jes. 44,28; 45,1 ff. Esra 1,1 ff; 6,2 ff. 2.Chron. 36,22 f. Pauly III 417 ff. de Vaux 1354 f. Cornfeld/Botterweck V 1124, 1201. Jeremias 109 ff. Galling, Serubbabel 67 ff. Die Rückkehr der Exilierten durch Edikt von Kyros II war keine einmalige Erscheinung, sondern ein langwieriger Vorgang: Weinberg 45 ff, bes. 51 ff

51 Vgl. die Bücher Esra und Nehemia passim. Cornfeld/Botterweck I 85 ff, III 577 ff, V 1164 ff, 1202 ff. Zum «Neuen Bund» vgl. etwa Jerem. 31,31 ff. Ez. 36,22 ff. Mommsen, Römische Geschichte VII 188. Grundmann 145 f. Beek 106 ff. Comay, story 187 ff

52 Esra 7,1 ff; 9,1 ff; 9,7; 10,1 ff; 10,10 ff. LThK 1. A. III 797. 2. A. III 1101 f. dtv Lex. Antike, Mythologie I 237. Cornfeld/Botterweck V 1125 ff, 1166, 1203 ff. Beek 109 ff. Brock, Grundlagen 44 f

53 5.Mos. 21,10 ff. Esra 10,15 ff. Nehemia 2,1 ff; 7,61 ff; 9,2; 13,1 ff; 13,23 ff. Justin, dial. Tryph. 11,4. LThK 1. A. VII 480. 2. A. VII 868 f. Beek 110. Brock, Grundlagen 45. Glasenapp, Die nichtchristlichen Religionen 201. Garden 85, 112 ff. Ringgren/Ström 88 f. Comay, story 190 ff. Die Vielweiberei und der entsprechende Kindersegen der Patriarchen machte den christlichen Apologeten begreiflicherweise zu schaffen. Bischof Euseb von Caesarea schrieb dazu ein ganzes Werk, das allerdings verlorenging. Vgl. Isid. Pelus, ep. 2,274. Moreau, Eusebius von Caesarea 1069

54 Nehemia 9,22 ff; 9,36 f. Zur späteren Verehrung des Nehemia vgl. etwa Sir. 49,13; 2.Makk. 2,13

55 Nehemia 2,11 ff; 6,15 f. Beek 111 ff. Comay, Who's Who 296 ff

56 Jes. Sirach 50,5 ff. Dazu LThK 1. A. IX 594 f. de Vaux in LThK 2. A. IX 1355. Zu Hekataios und Aristeas vgl. Pauly I 555, II 976 ff

57 2.Mos. 23,19; 34,20; 34,26; 4.Mos. 17,8 ff; 5.Mos. 4,9 f; 14,22 ff. Vgl. 5.Mos. 18,1 ff. Mal, 3,10 u. a.

58 2.Mos. 23,14 ff; 30,11 ff; 34,18 ff;

3.Mos. 7,6 ff; 7,31 ff; 10,12 ff; 22,10 ff; 27,30 ff; 5.Mos. 16,1 ff. 1.Kön. 9,25; 12,26 ff; 14,26 ff; 15,15; 15,18. Esra 2,63 f. Neh. 7,70 f; 10,33 ff. Mal. 3,10. Cornfeld/Botterweck II 408; IV 1080 ff; V 1164; 1319 ff; 1365; VI 1442 f. Alfaric 38 ff, 45 f

59 Zum alttestamentlichen Zinsverbot vgl. 2.Mos. 22,24 (Zitat); 3.Mos. 25,35 ff. Ez. 18,5 ff. Ps. 15,5. Zum N.T. Lk 6,34 f. Ferner Cornfeld/Botterweck II 408. Weber, Aufsätze I 56 ff. S. aber auch K. Marx III 659 ff

60 1.Kön. 12,26 ff. LThK 2. A. IX 1353, 1357 f. Alfaric, 46 f. Comay, story 133

61 Esra, 7,11 ff

62 Nehemia 10,33 ff; 12,44 ff; 13,4 ff. Cornfeld/Botterweck V 1162 ff, 1323. Schmitt, Ursprung 575 ff. Bringmann 79 f: «Geld floß ohnehin aus der Diaspora nach Jerusalem ... viel bares Geld ... Stiftungen und die Überschüsse des reich dotierten Etats der öffentlichen Opfer kamen hinzu und bewirkten, daß im Tempel große Schätze an Edelmetall aufgehäuft waren».

63 1.Makk. 1. 2.Makk. 4,12 ff; 5 f. Joseph. ant. Jud. 12,248 ff. LThK 1. A. I 499 f. 2. A. I 653 f. de Vaux, Tempel, 1964, 1355. Pauly II 1498 f. Cornfeld/Botterweck III 590 ff, 620 f. Zum Ganzen: Jansen. Grundmann 148 ff. Bickermann, 60. Hengel, Judentum 131 ff. Tscherikover, 175 ff, 191. Bringmann 15 ff, 29 ff, 66 ff, 97 ff, 111 ff, 120 ff. Habicht, Gesellschaft 1 ff. Hengel, Juden 126 ff. Ders. Judentum 100 f, 108 ff, 505 ff. Millar 1 ff. Dempf, Geistesgeschichte 135. Fischer, Seleukiden 13 ff

64 Bévenot LThK 1. A. VI 818. Bickermann 17 ff. Schatkin 97 ff. Fischer, Seleukiden 28 f, 74

65 Bickermann 92

66 Vgl. 1.Makk. 3,46 ff. LThK 2. A. VI 639. Cornfeld/Botterweck II 391 f, III 591 ff, 735, IV 945 ff. Hier Zitat von J. Nelis. H. Bévenot in LThK 1. A. VI 814. Wellhausen 134 f. Faulhaber, Charakterbilder 125. Bringmann 11, 51 ff. Fischer, Seleukiden 29 ff, 55 ff, 64 ff. Vgl. auch 189 ff

67 1.Makk. 2,1; 2,39 ff; 3,13 ff; 3,32; 4,26 ff. 2.Makk. 2,15 ff; 8,9 ff; 12,32 ff. Joseph. ant. Jud. 12,6,1. Ders. Bell. 1,3. dtv Lex. Antike, Geschichte I 102, II 158 f, 277, III 155. Pauly II 1497 f, III 834, 1085. Bévenot LThK 1. A. VI 815. LThK 2. A. VI 1315 f. de Vaux, Tempel 1355. Cornfeld/Botterweck III 596 ff. Wellhausen 134 f. Faulhaber, Charakterbilder 124 f. Grundmann 151 f. Bunge 251 f. Sevenster 125. Fischer, Seleukiden 55 ff, 182 ff. Vgl. auch 189 ff. Bei der Eroberung Jerusalems durch Pompeius (63 v. Chr.) war dieser zwar in das Allerheiligste des Tempels eingedrungen, doch ohne sich am Tempelschatz zu vergreifen.

68 1.Makk. 9 ff; 13 ff. Jos. ant. Jud. 13,6,6 ff. bell. Jud. 1,2,2 f. R. Meyer dtv Lex. Antike, Geschichte II 158 f. LThK 1. A. V 237, 315. 2. A. V 585, VI 1315 ff. Cornfeld/Botterweck III 598 ff; V 1275. Mommsen, Römische Geschichte IV 138. Beek 137. Grundmann 148, 152 ff

69 1.Kön. 16,23 f; 2.Kön. 17,24. Esra 4,4. Joseph. ant. Jud. 13,88. bell. Jud. 1,166. Jh. 4,20. Zur heftigen Abneigung zwischen Juden und Samaritanern zur Zeit Jesu vgl. Lk. 9,52 f. Jh. 4,9. LThK 1. A. IX 148 ff. Daniel-Rops, Die Umwelt 45 ff

70 Ausführlich: Jos. ant. Jud. 13,3,3 ff. dtv Lex. Antike, Geschichte II 159. Lexikon der Alten Welt 109. LThK 2. A. I 311, VI 1316. Cornfeld/Botterweck III 601 f. Mommsen, Römische Geschichte IV 53, 138 f. Beek 137 ff. Grundmann 154 f. Daniel-Rops, Die Umwelt 13. Zu Josephus vgl. Laqueur, Flavius Josephus passim

71 Vgl. dtv Lex. Antike, Geschichte II 277. LThK 2. A. V 586, VI 1316. Grundmann 159

72 Greg. Naz. Rede auf die Makkabäer. Heilmann, Texte IV 347 f

73 Belegstellen für Cyprian, Chrysostomos, Ambrosius, Augustinus: LThK 1. A. VI 818. Das Augustinus-Zitat: de civ. dei 18,36. Das Chrysostomos-Zitat: Kommentar zum Römerbrief 20. Homilie 2. D. Schötz betont im LThK 2. A. VI 1319 von den makkabäischen Brüdern: «mit den Hasmonäer-Söhnen des Mattathias sind sie nicht zu verwechseln»!

74 Daniélou, Die heiligen Heiden 7 ff, 13 ff, 115 ff, bes. 117 und 120

75 Lk. 6,15; Mt. 10,4; Apg. 1,13. Joseph. bell. Jud. 2,8,1; 2,13,3. Vgl. 2,13,6; 5.9,4; 5,13,3; 6,5,4. Ferner: ant. Jud. 18,1,1; 20,8,10. Tacit. hist. 5,13. Suet. Vespas. 4. Euseb. 2,20,4 ff. Mommsen, Römische Geschichte VII 224 ff. Grundmann 167. Alfaric 58 ff. A. Schalit, Herodes und seine Nachfolger, in: Schultz, Kontexte 3, 41 f. Brunt, 149 ff. Zum Verhältnis Juden und Römer überhaupt vgl. E. M. Smallwood

76 Noch Hieronymus (Praef. in libr. Salom.) zählt die beiden Bücher der Makkabäer nicht zum kanonischen Bestand heiliger Schriften wie die reformatorische Christenheit und das Judentum noch heute: D. Schötz LThK 2. A. VI 1318

77 Suet. Vesp. 5,3 ff. Tit. 5,2. Joseph. ant. 18,1,6; bell. Jud. 2,8,1 und 4 ff. Cass. Dio 66,4 ff. Tacit. hist. 5,2. Pauly II 234, V 1490. dtv Lex. Antike, Geschichte II 159. LThK 1. A. IX 150. 2. A. X 1343. Cornfeld/Botterweck IV 893, V 1217 ff, 1366 f. Mommsen, Römische Geschichte VII 226 ff. Hengel, Zeloten passim. Grundmann 167 ff. Friedländer 925. Grant, Roms Caesaren 257 f, 276 ff

78 Mommsen, Römische Geschichte VII 237 ff. Knopf 242 f. Klostermann 55 ff. Grundmann 169 f. Beek 166 ff

79 Beek ebd. Cornfeld/Botterweck I 259 ff. Mommsen, Römische Geschichte VII 192 f, 239 ff. Friedländer 925 ff. Grundmann 170. Stöver 75

80 Euseb. h.e. 4,6,2. Dio Cass. 69,12 ff. dtv Lex. Antike, Philosophie II 7. LThK 2. A. I 1245 f. Cornfeld/Botterweck I 262 ff, V 1225. Mommsen, Römische Geschichte VII 242 ff. Beek 166 ff. Friedländer 859. Grundmann 170 ff. Foerster, Jupitertempel 241 ff. J. Maier, Die Texte I 183 f. Mensching, Irrtum 137. Stöver 76 f.

2. KAPITEL

DER ZWEITAUSENDJÄHRIGE KAMPF GEGEN DIE JUDEN WIRD ERÖFFNET

1 Chrysost. Kommentar zum Römerbrief, 20. Homilie 4

2 Basil. Hex. 9 Hom. 6

3 Beleg bei C. Schneider, Das Frühchristentum 17

4 Vgl. Anm. 32

5 Vgl. dazu S. 511 ff

6 Zit. nach Beutin, Heinrich Heine 222

7 Leipoldt, Antisemitismus 469 ff

8 Tacit. hist. 5,5. Leipoldt, Antisemitismus RAC I 469 ff. Pauly III 27, IV 1311. Seneca zit. nach Friedländer 933. Vgl. auch 931 f. Ruppin 348. Baron 370 ff. Frank, «Adversos Judaeos»

9 dtv Lex. Antike, Geschichte I 204, 233. Mommsen, Römische Geschichte VII 194 ff, 213, 224. Friedländer 867 f, 922, 933. Poliakov 2 ff

10 Joseph. ant. Jud. 14,10,5 f. Tacit. hist. 5,12. Tertull. Apolog. 21. Mommsen, Römische Geschichte VII 239 ff, 245 ff. Browe, Judengesetzgebung 110. Askowith, The toleration 70 ff. Langenfeld 42 ff. Frank, «Adversos Judaeos» 30. Friedländer 390 f

11 Schopenhauer, Parerga und Paralipomena II, Kapitel 15: Über Religion § 174. Zit. nach Welter 185. Cornfeld/Botterweck II 459 ff. Beek 115. Friedländer 864 ff, 920. Poliakov 4 ff. Meinhold, Kirchengeschichte 38

12 Gal. 6,16; Röm. 9,6; 1.Kor. 10,18. Vgl. 2.Kor. 3,12 ff; Just. 1. Apol. 31; Tryph. 9,1; 29. Barn. 10,11 f; 13,1 ff; 14,1 ff; 4,6 ff; 5,11. Orig. Hom in Exod. 8,2. Koch, Erwählung 205 ff. Ringgren 102 ff. Cornfeld/Botterweck II 461. Herrmann, Symbolik 73. Schmid, Auseinandersetzung 10 f, 20. Hruby, Juden 6 f, 10 ff. Parkes, Antisemitismus 95. Surkau 52 f. Lohse, Märtyrer 72 Anm. 3 ff. Kühner, Antisemitismus 30 ff, 45. Goppelt, Judentum 215 ff. Williams 14 ff. v. Soden, Die christliche Mission 16 f

13 1.Clem. 31,2. Hebr. 2,16. Jh. 5,45. Tat. or. 31 und 36 ff. Lact. div. inst. 4,10. Laub 183

14 LThK 2. A. I 393 ff

15 Vgl. 4.Mos. 8,10; 27,18; 27,23 mit Apg. 6,6; 13,3; 8,17; 19,6; 1.Tim. 4,14. 2.Tim. 1,6. Aristid. Apol 14. Clem. Al. strom. 6,5. Syn. Laodicea (um 360) c. 35. dtv Lex. Antike, Religion I 226 f. ThRe XI 1983, 115. Leipoldt, Antisemitismus 476. Knopf 242 f. Klostermann 55 ff. Bousset, Kyrios Christos 298. Lietzmann, Geschichte I 209. Oepke, 264 f, 278 Anm. 4. Krüger, Rechtsstellung 172 ff. J. Maier, Geschichte 130 ff

16 Zur Feindesliebe: Platon, Kriton c.10 p. 49 Aff. Sen. ben. 4,26,1. Vgl. auch 1,11 u. de vit. 20,5. 2.Mos. 23,4 f. Jes. 1,6. Jerem. Klagelieder 3,30. Leipoldt, Antisemitismus 476. Drews 361 ff. Oldenberg 337. Haas passim. Kittel 117 ff. Krueger, Rechtsstellung 172 ff. Schweinitz 40. Bieler 59. J. Maier, Geschichte 130 ff. Daniel-Rops, Die Umwelt 51. Grant, Das Römische Reich 281

17 Brox, Kirchengeschichte 31

18 1.Kor. 3,9. Zur superbia Pauli (Luther), zu einer Selbstanpreisung und demütigen Aufgeblasenheit, die nachher in der Christenheit Schule machte, vgl. etwa 2.Kor. 3,6 ff; 11,22 ff; 12,1 ff; 1.Kor. 3,10 ff; 11,1; 2.Kor. 6,3 ff; Thess. 2,10; 1,6. Phil. 3,17; 4,9. 1.Kor. 2,6 ff; 4,16; 9,15; 14,18. 2.Kor. 1,12; 1,14; 3,1; 5,12; 10,13. Zur Beschuldigung der Selbstanpreisung durch Christen: 2.Kor. 3,1; 5,12; 10,13. Nietzsche, Antichrist 42. Spengler 524. Wrede, Paulus 54 f. Drews 134 ff, 141 ff. Zu den Umdeutungen und Verfälschungen des Evangeliums durch Paulus vgl. etwa Brückner 35. Windisch, Paulus und Christus 189, 202 ff. Bousset, Kyrios Christos 105. Deißmann 55. Mensching, Toleranz 36. Friedrichsen, Zum Stil 23 ff. Ders. Peristasenkatalog 78 ff. Schrempf 448.

Schneider, Geistesgeschichte 107. Bornkamm 14. Nock, Paulus 194. Bultmann, Theologie des N.T. 185 f, 289. Dibelius, Formgeschichte 266 ff. Dibelius-Kümmel 82. M. Werner, Der Einfluß 61. Schweitzer 171. Kühner, Antisemitismus 17. Quasten, conflict 481 ff. Goethe, Der ewige Jude, zit. nach G. v. Frankenberg 164. Zur Haltung von Jesus gegenüber dem Judentum vgl. etwa Dewick 77 ff

19 1.Thess. 2,15 f. Röm. 2,21 ff; 9,30 f; 10,2; 11,11. 1.Kor. 10,5. Gal. 6,16. Apg. 13,46; 18,6. Hruby, Die Synagoge 62 ff. Meinhold, Historiographie 19 ff. J. Maier, Jüdische Auseinandersetzung 125

20 Walterscheid I 139 f. II 40 ff. Der Bonner katholische Studienrat Dr. Walterscheid beruft sich gleich auf der ersten Textseite seiner zweibändigen Schwarte (Vorwort S. XIII) auf das Buch «Die deutsche Volkskunde» des NS-Reichsleiters Adolf Spamer und verherrlicht den Militarismus, z. B. I 128 ff, bes. 131 ff u. a., wo etwa der alte Nazi-Abt Ildefons Herwegen «bei den Führertagungen in Maria Laach» zitiert wird, wo die Erzbruderschaft vom heiligen Sebastianus «durch die Ideen des neuen Staates eine wesentliche Hilfe» findet, «weil der Staat selber auf die alten Wurzeln deutscher Kraft zurückging», wo «Kanonendonner» gefeiert wird, «Parademarsch . . . in Vollendung», wo der fromme katholische Verfasser von ebenso frommen und katholischen Corps schwärmt, mit «echten und richtig brauchbaren Büchsen bewaffnet . . .» usw. Aber Bibel und Pulver gehören eben durch die ganze christ-katholische Geschichte zusammen wie derartige Ausschwitzungen und kirchliche Druckerlaubnis.

21 Phil. 3,3 ff; Röm. 2,21 ff; Gal. 4,8 f; Apg. 2,22 f; 3,15; 4,10; 5,30; 7,52; 10,39; 28,25 f. Döllinger 88. Leipoldt, Antisemitismus 475. Waldstein 471 f. Merkel 1193, 1197. E. Meyer, Ursprung III 85. Hruby, Die Synagoge 62 ff. Goppelt, Missionar 199 ff. Schoeps, Paulus 245 ff. Leipoldt, Jesus und Paulus 13. Ders. Antisemitismus 16. Schneider, Das Frühchristentum 5. Ders. Geistesgeschichte I 98. Oepke 198 f. Ch. Guignebert, Jésus, 1947, 567 ff. Zit. nach Poliakov I 15 f. Walterscheid s. Anm. 20

22 Apg. 7,52; 2,22 f; 3,15; 4,10; 5,30; 10,39. Hebr. 11,37. Jh. 5,16 ff; 5,37; 7,1; 7,13; 7,28; 7,34; 8,19; 8,31 ff; bes. 8,44; 8,55, 10,31 f; 16,3; 18,36 ff. Apk. 2,9; 3,9. Knopf, Einführung 118; Weinel, Biblische Theologie 415. Dibelius, Die Reden 17. Weber, Aufsätze III 442 Anm. 1. Vgl. die Milderungsversuche bei dem Katholiken Ricciotti, Paulus 307. Hirsch 252 ff. Meinertz II 313. Wikenhauser, Neues Testament 221

23 Eine reichhaltige Zusammenstellung von entsprechenden Texten bei Williams, Adversus Judaeos. Vgl. auch Hulen 5 ff. S. jetzt selbst den Katholiken Frank, «Adversus Judaeos» 31, der freilich noch viel zuwenig zugesteht

24 Ign. ad Philad. 6,1 f; ad Magn. 8,1 f. Zu Ignatius Euseb. h.e. 3,22,1 ff; Hieron. vir. ill. 16. A. Anwander LThK 1. A. V 359. Winterswyl 5 ff – seit J. B. Cotelier (1672) zählte man zu den «Patres aevi apostolici»: Barnabas, Klemens von Rom, Ignatius, Poly-

karp, Hermas. Später rechnete man auch noch Papias und den Verfasser des Diognetbriefes dazu. Vgl. Altaner 72 f. Meinhold, Kirchengeschichte 32 ff

25 Schoeps, Aus frühchristlicher Zeit, Kapitel: Die jüdischen Prophetenmorde 126 ff

26 Barn. 4,6 ff; 9,4; 10,1 ff; 13,1 ff; 14,1 ff; 15,1 ff; 16,1 ff. Vgl. auch 4,6 ff; 5,1 ff. LThK 1. A. I 979, III 301. Lexikon der alten Welt 225. Altaner 37 ff. S. auch die Polemik der Didache gegen «die Heuchler» Did. 8,1 ff. Vgl. Knopf, Das nachapostolische Zeitalter 242 f. Klostermann 55 ff. Frank, «Adversus Judaeos» 31 f. Meinhold, Historiographie 38 ff

27 Just. 1 apol. 31; 47; 49 (vgl. Tert. apol. 1,114; 2,97). Just. Tryph. 12 ff; 16 f; 26 f; 30; 32; 34; 39; 41; 46 f; 64; 93; 95; 108; 118; 120; 123; 130; 132 f; 136. Tat. or. 18. Vgl. Euseb. h.e. 4,16,1 f; 4,16,7. J. Hoh LThK 1. A. V 728 f. 2. A. V 1225 f. Kühner, Gezeiten der Kirche 101

28 Melito, de Pascha 87 ff. Quasten LThK 1. A. VII 69. Vgl. auch Kraft, Kirchenväter Lexikon 374 f. Frank, «Adversus Judaeos» 35 f

29 Cypr. or. Dom. 10. Testim. ad Quirin. Tert. pud. 48. adv. Jud. 1 u. 3. apol. 21. scorp. 10,10; praesc. haer. 8. Orig. c. Cels. 2,5; 2,8; 4,22 f; 7,8; Hippol. Demonstr. c. Judaeos (nur fragment.) Ad Diognet. 3 f. Weitere judenfeindl. Schriften antiker Kirchenväter: Ps.-Cypr. Adversus Judaeos; De montibus Sina et Sion; De Iudaica incredulitate. De pascha computus. Kommodian, Instructiones; Carmen Apologeticum. Novatian, De cibis Iudaicis u. v. a. Vgl. die nachfolgenden Literaturhinweise, zum Teil auch zur vorhergehenden Anmerkung: Blumenkranz 11 ff. Ferner: Altaner 142 ff. Kraft, Kirchenväter Lexikon 170, 279 f. Ehrhard, Urkirche 235. Hümmeler 242. Browe, Judenmission 96. C. Schneider, Frühchristentum 13, 16. Parkes, The Conflict 121 ff, 148 ff. Kühner, Antisemitismus 26 f. J. Meier 133 ff

30 Kraft, Kirchenväter Lexikon 281. Harnack, Mission (1924) I 74 ff. Oepke 282 ff. Frank, «Adversus Judaeos» 32

31 Kraft ebd. 248 f. Pinay 709 f

32 Athan. c. Arian. 2,15; 2,17; 2,42; 3,28, Lippl, Athanasius der Große BKV 1913 V, XIX

33 Euseb. h.e. 2,6,3 ff; 3,5,2 ff; 3,6,28; 3,7,7 ff. Nicht ohne leise Ironie schreibt Grant: «Obwohl selbst (Titus) keineswegs beabsichtigte, mit der Zerstörung Jerusalems den Christen einen Gefallen zu tun, rühmte die christliche Überlieferung seine Zerstörung der Stadt als ein Vergeltungswerk an den Juden dafür, daß sie Christus umgebracht hatten»: Roms Caesaren 278

34 Euseb. h.e. 2,19,1; 2,26,2; 3,5,4; 3,7,2; 4,1,2 ff. Kraft, Kirchenväter Lexikon 199. LThK 1. A. III 857

35 Ephr. hymn. c. haer. 26,10; hymn. de fide 12,9. RAC V 527 f. LThK 2. A. III 926. Uhlemann 127. Schiwietz III 94 ff, 431. Donin, Leben I 439 f. Hümmeler 303. Harnack, Mission I 74, Anm. 3. Schneider, Frühchristentum 17

36 Ephr. hymn. c. haer. 56,8. hymn. de fide 1,48 f. LThK 1. A. III 715 f. 2. A. III 926. Hümmeler 303

37 Ephr. hymn. de fide 1,50 ff. Theodor. h.e. 2,31. Altaner 299

38 E. Beck in LThK 2. A. III 926. Dafür heißt es in dem mit kirchlicher Druckerlaubnis 1970 von P. Manns ediertem Band «Reformer

der Kirche» (!) wörtlich: «Ephräm war schon zu seinen Lebzeiten hoch angesehen und ist es bis heute in der ganzen Christenheit geblieben. Er führte ein heiligmäßiges, asketisches Leben ... Er stand auch in den Fährnissen der Kriege seinen Mann ... Ephräm ist die größte Gestalt der syrischen Literatur», 159 f

39 Anastas. Sin., Hodegos, 7. Altaner 278. Ritter, Charisma 171

40 Joh. Chrysost. hom. post terrae motum. Rauschen, Jahrbücher 251 f, 278 f, 496 ff. Baur I 169

41 Chrysost. advers. Jud. 6,2. Kommentar zum Römerbrief, 8. Hom. 1. Matth.-Kommentar, 10. Hom. 2; 11. Hom. und 23. Hom. 1; 68; Hom. 1; 73. Hom. 1; 74. Hom. 1 ff; 75. Hom. 1; 76. Hom. 1. Hümmeler 56. Ritter, Charisma 110 f. Vgl. dazu auch das überschwengliche Zitat Normans bei Anwander 57

42 Chrysost. Hom. adv. Jud. 1,1 f; 1,3 ff; 4,1; 5,4; 6,2 f. Hom. in Ps. 8,2 ff. Matth.-Kommentar, 16. Homilie. Baur in LThK 1. A. II 953. J. u. A. Theiner I 112. Campenhausen, Griechische Kirchenväter 141 f, 152. Hruby, Juden 45 f, 69 f. Widmann 66. Kühner, Antisemitismus 35 ff. Schamoni 80 ff. Ritter, Charisma 200. Selbst Baur I 275 meint, für einige dieser Ausführungen, wofür die Christen «begeisterten Beifall» spendeten, käme «Chrysostomus heutzutage wahrscheinlich vor den Staatsanwalt».

43 Anwander 57. Kraft, Kirchenväter Lexikon 299. Baur I 170. Hümmeler 56 und Vorwort. v. Campenhausen, Griechische Kirchenväter 152. Noch 1970 preist der mit kirchlicher Druckerlaubnis von P. Manns edierte über tausendseitige Sammelband «Reformer der Kirche» Johannes Chrysostomos: «Von allen Kirchenvätern ist er derjenige, dessen Predigten im Lauf der Zeit am wenigsten von ihrer Frische und Eindrucksfülle eingebüßt haben», 224 – verliert aber *kein Wort* über den rüden Antijudaismus des «Heiligen».

44 Chrysost. Kommentar zum Römerbrief, 20. Hom. 1 ff

45 Chrysost. P.G. 48,846. Übersetzung nach Tinnefeld 307. Theodor. h.e. 5,28

46 Tinnefeld ebd.

47 Chrysost. Kommentar zum Römerbrief, 20. Hom. 1 ff

48 Ebd. Vgl. auch Frank, «Adversus Judaeos» 39 f. Rauschen 252. Wiederholt und nachdrücklich legt der Kirchenlehrer auch dar, daß der Jude schuldiger und verwerflicher sei als der Heide, «daß der Jude durch das Geschenk des Gesetzes sogar noch eine Belastung erfahre», daß ihm «die Strafe noch mehr bevorstehe»; «denn je größerer Fürsorge er sich erfreut hat, desto größer wird auch die Strafe für ihn sein». Laufe doch auch die «ganze Beweisführung» des Apostels Paulus, dessen «bewundernswerte Klugheit» Johannes rühmt, darauf hinaus, «daß der Heide über dem Juden stehe»: Kommentar zum Römerbrief, 6. Hom. 4 f

49 Hieron. Jesajakommentar 1,10; 3,1; 3,3; 3,17; 5,18; 52,4; 60,1; 62,10 ff. Zephanjakommentar 3,19. Kraft, Kirchenväter Lexikon 504 f. Grützmacher II 123 f, III 109 f, 182 ff, 203 f

50 Hieron. ep. 105,13 ff

51 Venant. Fortunat., Vita Hil. 6. Hilar. Super Psalmos 53; 68,23. MG Auct. ant. 4,2,2. De trinit. 7,23. Anwander LThK 1. A. V

25 ff. Antweiler BKV 1933, 32. Parkes, Antisemitismus 96. v. Campenhausen, Lateinische Kirchenväter 78. Seifert 74. Kühner, Antisemitismus 37 f. Hruby, Juden 40 f. Held 128

52 C. Schneider, Frühchristentum 6

53 Euseb. h.e. 7,30,14. Zellinger 404, 407, 413 f. v. Campenhausen, Griechische Kirchenväter 141. Deschner, Das Kreuz 182

54 C. Schneider, Geistesgeschichte I 587 f. Dort alle Quellenhinweise. Vgl. auch 324

55 Hieronym. in Isaiam 60. Chrysost. hom. adv. Jud. 5,4. Exposit. in ps. 8,3. August. Enarr. in ps. 56,9; in ps. 39,13; de civ. dei 18,10; 12,12. De cons. evangel. 1,13. C. Faustum 12,12 f, 13,10. ep. 137,16

56 Poliakov I 18

57 Syn. Elv. c. 16; 49 f; 78. Syn. Antioch. c. 1. Vgl. für die folgende Zeit auch: Syn. Laodic. c. 10; 29; 31. Con. Chalced. (451) c. 14. Syn. Vannes (465) c. 12. Syn. Agde (506) c. 40. Syn. Epaon (517) c. 15. Syn. Orleans (538) c. 13. Syn. Macon (584) c. 15. Syn. Narbonne (589) c. 9 u. a. Browe, Judengesetzgebung 122, 136 ff. Kühner, Antisemitismus 28, 32. Weigand 88 ff. Ritzer I 34

58 Cod. Theod. 16,7,6 f; 16,8,1; 16,8,3; 16,8,6 f; 16,8,16; 16,8,19; 16,8,24; 16,8,28; 16,9,2; 16,9,4. Nov. Theod. 3,6. Vita Const. 3,17 ff; 4,27. Constitutio Sirmondi 6. Hieronym. Comment. in Isaiam 2,3. Vgl. Ivo von Chartres, Decr. 13,108. RAC I 475. III 336. Schnürer I 8. Browe, Judengesetzgebung 115, 121 ff. Parkes, Antisemitismus 99. Vogt, Kaiser Julian 26 ff. Eckert/Ehrlich 24 f. Ehrlich 8. Widmann 67. Kühner, Antisemitismus 32. A. Müller, Geschichte der Juden 9.

59 Noethlichs, Die gesetzgeberischen Maßnahmen 196. Langenfeld 63 f

60 Harnack, Mission I 75 f. Browe, Judengesetzgebung 116. Parkes, The conflict 181 f, 189 ff; Zusammenfassung 372 f

3. KAPITEL

Die Verteufelung von Christen durch Christen beginnt

1 Gal. 5,12

2 Ign. ad Smyrn. 4,1

3 Iren. adv. haer. 1,31,4

4 Polyk. ad Phil. 7,1

5 Hieron. c. Rufin 3,9. Grützmacher III 70 ff, bes. 82. Vgl. auch Anm. 65

6 Chrysost. Komment. zum Römerbrief, 9. Hom. 9

7 Lichtenberg, Sudelbücher 348 f

8 Voltaire, Collection complète des œuvres, Bd. 31, 389. Zit. nach Neumann I 82

9 Ignat. Trall. 6,1. Ephes. 6,2. Smyrn. 8,2. Vgl. schon 1.Kor. 11,19; Gal. 5,20. 2.Petr. 2,1. Apg. 5,17; 24,5; 28,22. LThK 1. A. 823 ff. Wolf 13. Altendorf zum Stichwort: Rechtgläubigkeit und Ketzerei in ZKG 80, 1969, 61 ff

10 Altendorf, Rechtgläubigkeit 62 ff. Harnack zit. ebd. v. Campenhausen, Die Entstehung 380. Dodds 103 f. Stockmeier, Das Schisma 81

11 Altendorf, Zum Stichwort 62 ff

12 v. Soden, Die christliche Mission 20 f. Altendorf, Zum Stichwort 61 ff. Speyer, Büchervernichtung 123 ff, bes. 143 ff

13 Orig. c. Cels. 3,10 ff. Brox, Kirchengeschichte 138. Altendorf, Zum Stichwort 68. Gigon 104

14 Apg. 8,1 ff; 22,4 f; 26,9 ff. LThK 1. A. VIII 218 f. Altaner 322. Nietzsche, Morgenröte 1,68.

Haenchen 257. Zur Bekehrung des Paulus und zu den vielen Widersprüchen dabei vgl. Deschner, Hahn 156 ff

15 Röm. 3,7; 11,1; 11,13; Gal. 2,15; 1.Kor. 9,19 ff. Ephes. 3,6. Greg. Naz. or. 2,84. Vgl. dazu auch das positive Urteil Harnacks und anderer liberaler Theologen: Harnack, Marcion 10. E. Meyer, Ursprung 413. Bartmann 30 f. Schuchert 75. Vgl. zu Paulus den Abschnitt: «... ein Klassiker der Intoleranz» bei Deschner, Hahn 192 ff

16 Paulsen 182 f

17 2.Kor. 11,5; 12,11 von den meisten Gelehrten ironisch gedeutet, z. B.: Leipoldt, Neutestamentlicher Kanon I 183. Harnack, Mission I 335. Delling 152. Goguel 51. Nestle, Krisis 50. Klausner 344, 535 f. Ackermann 152. Albertz 150. – Gal. 6,1; 2,4; 2,11 ff; 1,6 ff; 4,17; 4,9; 3,13; 5,1; 3,1; 1,8 f; 5,12; 1.Kor. 9,1 f; 3,3; 11,18; 1,10 ff. 1. Thess. 2,3 ff. 2.Kor. 2,1; 2,5; 2,17; 3,1; 5,18; 7,12; 10,1; 10,10; 10,12 ff; 11,4; 11,20; 11,6; 12,1 ff; 12,21; 4,1; 12,16 ff; 5,13; 11,1. Phil. 1,15 f; 3,2; Kol. 4,18; 2. Thess. 2,2; 3,17; Mt. 7,6; 10,5 f. Tit. 1,10 ff. 1.Tim. 1,4 ff; Apg. 15,2. Zu den exegetischen Manövern der Kirchenväter vgl. u. a. Tert. praescr. haer. 23. Hieron. Comment. in Gal. 2,11. August. ep. 28; ep. 70. Hipp. Gen. fragm. 28 u. in Danielem 1,15,1. Euseb. h.e. 1,12,2. Thom. Comment. in Gal. – Vgl. ferner: Pfleiderer I 87 f, 131. E. Meyer, Ursprung III 441, 459, 583. Walterscheid I 139, II 31 ff. Ehrhardt, Urkirche 49 ff. Nock, Paulus 87, 160. Lietzmann, Geschichte I 109 f. Ders. SBeAW phil. hist. Kl. 1930, 153 ff. Feine 159 f. Schoeps, Paulus 72 ff. Reickes 18. Goppelt, Kirche und Häresie 9 ff. Ricciotti 162. E. Graesser 84 ff. Paulsen, Schisma 182 ff. Meinhold, Kirchengeschichte 27 ff. Zur Verurteilung der Gleichstellung von Petrus und Paulus durch Innozenz X.: Mirbt, Quellen 4. A. 1924, 381. Vgl. auch Deschner, Hahn 160 ff

18 Orig. Psalmen-Kommentar 1,3. Heilmann IV 328

19 1.Kor. 9,26; 2.Kor. 10,3; Phil. 2,25. Vgl. Gal. 2,13; 1.Kor. 1,12; Apg. 15,37 ff. Siehe auch die Beschönigungen bei dem Katholiken Schuchert 66

20 1.Kor. 5,5; 16,22 ff. Gal. 1,8 ff; 5,12 ff; 1.Kor. 16,22 ff; Kol. 2,8; Apg. 5,1 ff; 19,6 ff; 19,18 ff; W. Doskocil, Exkommunikation RAC VII 11. F. C. Overbeck, Christentum und Kultur, 1919, 55. Zit. nach Lampl I 357. Schönfeld, Die juristische Methode 81. Preisker 184. Heiler, Die Religionen 698. Lietzmann, Geschichte I 139. v. Campenhausen, Aus der Frühzeit 1 ff; 30 ff. C. sieht in Gal. 5,12 einen «Witz des Apostels Paulus und die Anfänge des christlichen Humors», freilich, wie er selbst zugibt, einen «grausigen», einen «blutigen Witz» und – «in mancher Hinsicht typisch auch für die Folgezeit». Zit. ebd. 102 ff

21 1.Tim. 4,1 f; 6,20; 2.Tim. 2,16; Apg. 5,39; Jud. 4 f; 10; 16; 18; 1.Petr. 4,4; 2.Petr. 2,2 f; 2,12 ff; 2,22; 1.Jh. 3,10 f; Hebr. 10,30. Merkel, Gotteslästerung RAC XI 1199. Speyer, Gottesfeind RAC XI 1027 ff. Brox, Kirchengeschichte 17 f

22 Chrysost. Hom. zur Gen. 35,1. Vgl. auch Johannes von Damaskus, Darlegung des orthodoxen Glaubens 4,17 (Heilmann, Texte IV 333, 317 f)

23 Mt. 18,17. 2.Jh. 10 f. Tit. 3,10 f. 2.Thess. 3,14 f. 2.Tim. 3,5; Iren. haer. 3,3,4; Did. 5,2; 12,5; 15,3. 1.Clem. 15,1; 46,1 ff. Tert. praescr. 32,2. Euseb. h.e. 3,28,6; 4,14,6; 5,20,5 f. LThK 1. A. VIII 360. Kraft, Kirchenväter Lexikon 430 f. Altaner 81 ff. Doskocil, Exkommunikation RAC VII 10 ff. J. A. u. A. Theiner I 360. Aland, Von Jesus bis Justinian 67 ff

24 Iren. haer. 1,26,1. Hippolyt. ref. 7,33; 10,21. Wengst 24 ff

25 Euseb. h.e. 4,14,7. Schwartz, Johannes und Kerinthos V 175 f. Ähnlich G. Bardy, Cérinthe. Nach Wengst 25 f

26 Gal. 5,15. Jak. 3,14 ff; 4,1 ff. Im 4. Jh. Can. Apost. 9 ff. Kober, Depossition 631

27 Mt. 10,36. Friedländer 934

28 Mt. 10,34 ff. Clem. Al. Quis div. salv. 22 f; Ambr. virg. Kyr. Alex. ep. 17 (Migne 77,105 ff) 3. Brief an Nestorios 1,9; 3,11. Hieron. ep. 14,2 ad Heliod. Greg. I. Homilie auf das Fest eines heiligen Märtyrers (Heilmann III 429). Keller, Lexikon 317 f. Lecky II 105 f. J. A. u. A. Theiner I 113. Grützmacher I 147 f. Harnack, Mission I 329 ff (2. A. 1906). Hauck, Kirchengeschichte I 241 f. v. Campenhausen, Lateinische Kirchenväter 84

29 Syn. Laodic. c. 9; 34. Cypr. de unit. eccl. 14. Chrysost. homil. 11 in Ephes. August. de baptism. 4,17. ep. 173,6. 204,4. Fulgent. de fide 5. de reg. verae fidei ad Petr. 1,39, reg. 36 (80). Kraft, Kirchenväter Lexikon 46, 232 f. v. Campenhausen, Lateinische Kirchenväter 191

30 Euseb. h.e. 5,18,6 ff; 5,19,2; 5,14 ff. W. Bauer, Rechtgläubigkeit 142 ff

31 1.Clem. 1,1; 3,1 f; 14,1 f; 15,1; 16,1; 21,5; 46,5 ff; 47,6; 57,2. Zu Clemens von Rom: Iren. haer. 3,3,3. Tert. praescr. 32. Epiphan. haer. 27,6. Altaner 73 ff. Bauer, Rechtgläubigkeit 103 ff. Hümmeler 549. Altendorf, Zum Stichwort 62 ff. Aland, Von Jesus bis Justinian 58 ff. Meinhold, Historiographie I 33 dagegen bemerkt hier «ein erstes Aufleuchten der Anschauung vom Verfall der christlichen Kirche durch ihre Ausbreitung, durch ihr Wachstum, durch ihren Gewinn an Ehre und Ansehen in der Welt».

32 Ignat. ad Röm. 4,1. Ephes. 6,1; 7,1. Smyrn. 4,1; 9,1. Trall. 6,1 f; 11,1. Polyk. 2,1. Zeller in BKV Die apostolischen Väter 1918, 112. O. Perler in LThK 2. A. V 611. Bultmann, Theologie 6. A. 547 f zit. nach Schneemelcher, Aufsätze 174. Meinhold, Studien zu Ignatius 6. Vgl. bes. 19 ff. Auch nach Anwander 142 dürfen die Briefe des Ignatius «keinem gebildeten Katholiken fremd bleiben». Vgl. zum großen Einfluß des Ignatius auf den Ausbau des Bischofsamtes auch Deschner, Hahn 230 f

33 Mart. Petr. 3. Pass. Paul 7. Tert. spect. 27. Chrysost. in Col. hom. 3,8,5. Hieron. adv. Rufin. 1,7 c. Joh. Hieros. 3. Kyrill. Jerus. catech. 6,20. Vgl. Artikel «Gift» RAC X 1233 ff, 1238 f

34 Ignat. ad Röm. 4,1. Ephes. 16,2. Smyrn. 4,1; 7,1; Magn. 8,1. Trall. 11,1. Phil. 2,2; 3,3. Katholisch: Ignat. Smyrn. 8,2. Diercke 223 nennt 709 Millionen Katholiken. Mack, Pierre Bayle I 65 ff. Zit. 75. Hümmeler 66. Grant, Hermeneutics 183 ff. Aland, Von Jesus zu Justinian 64 f. Willebrands 88. Zum Verhältnis des Ignatius zur Überlieferung vgl. Paulsen, Ignatius von Antiochien 29 ff

35 Kraft, Kirchenväter Lexikon 315. Kühner, Gezeiten der Kirche 97

36 Altaner 111 f. Ehrhard, Urkirche 184 ff, 192. Schenke I 371 ff, bes. 376 ff, 395 ff, 412 ff. Haardt II 476 ff. Schlier II 196 ff. Brox, Kirchengeschichte 138 ff. Lüdemann 102. Schnackenburg, Der frühe Gnostizismus 115 ff beschreibt den «spannenden Konkurrenzkampf zwischen Gnosis und Glaube» schon im N.T. Baus, Von der Urgemeinde 224, 230. S. 213 spricht Baus von einer «existenziellen Bedrückung» des Christentums durch den Gnostizismus. Diffamierung der Gnostiker heute z. B. durch R. Hoffmann, Geschichte und Praxis 76 ff. Dazu die Rezension von A. Demandt HZ 232, 1981, 397 f. Vgl. zur Gnosis und zur Vernichtung der gnostischen Literatur Deschner, Hahn 95 ff. Neuerdings zur Gnosis: B. Aland (Hg.), Gnosis, Festschrift für Hans Jonas 1978, bes. B. Aland, Gnosis und Kirchenväter, 158 ff. K. Aland, Von Jesus bis Justinian 72 f. Andresen, Die Kirchen der alten Christenheit 100 ff

37 Iren. adv. haer. 1,4,3; 1,9,1; 1,11,4 f; 1,15,4; 1,16,3; 1,25,4; 1,13,1; 1,13,3; 1,13,5 f; 1,15,4; 1,18,1; 1,23,4; 1,25,3; 1,27,2; 1,31,4. Euseb. h.e. 4,11,2. LThK 2. A. VII 13. P. Th. Camelot LThK 2. A. III 773 ff. J. A. u. A. Theiner I 23 ff. Nach Ehrhard, Urkirche 189 war Irenäus «für eine erfolgreiche Bekämpfung der Gnosis auf das beste vorbereitet». Schenke 383 f. Zu Simon und seinem Anhang vgl. Beyschlag. Übersicht über die Simon-Forschung 79 ff. Zur Lehre Simons vgl. bes. 127 ff

38 Clem. Al. strom. 7,92,1 ff; 7,94,4 ff; 2,67,2; 7,95,1; 7,99,5; Altaner 160. Kühner, Gezeiten der Kirche 100

39 Tert. de praesc. haer. 4; 6 f; 14 f; 17; 30; 41; 43; Kötting LThK 2. A. IX 1372. Altaner 122 ff. Ausführlicher zum Montanismus Tertullians: Ehrhard, Urkirche 201 ff. Ferner: Morgan 366. Loofs, Dogmengeschichte, 1906, 166. Kühner, Gezeiten der Kirche 104 f. Heiler, Altkirchliche Autonomie 8 ff. W. Schultz, Tertullian 28 ff. v. Campenhausen, Die Entstehung 330. Haendler, Von Tertullian 28 ff, 35 ff

40 Ehrhard, Urkirche 189, 232. Koschorke 6, 73. Baus findet «in den Quellen keine ausreichende Stützung» dafür, daß Hippolyt von Rom «der erste Gegenpapst der Kirchengeschichte» gewesen sei. Vgl. Von der Urgemeinde 281 f

41 Hippol. refut. omn. haer. 5,17 f; 6,7; 6,9; 6,20; 6,41; 6,52; 7,29 f; 7,31; 8,11; 8,19; 9,2 ff; 10,5

42 Jh. 5,44. Funke, Götterbild 781. Schneider, Geistesgeschichte II 249. Haendler, Von Tertullian 66

43 Cypr. ep. 44,1 ff; 45,1 ff; 46,1; 47,1; 49,1; 51,1; 52,1; 55,25; 55,28

44 Cypr. ep. 69,4 ff

45 Cypr. ep. 45,3; 46,2; 51,1; 69,1 ff; 70,1 ff; 71,1 f; 73,1; 73,10; 73,14; 73,21; 74,2. Demetr. 17 u. 24. H. Kirchner, Der Ketzertaufstreit 298 ff. Girardet, Kaisergericht 11 f

46 Euseb. h.e. 3,26,1 ff; 3,28,5; 3,29,3; 4,14,7; 4,29,3; 5,16,3 ff; 5,18,2; 5,19,3; 5,20,4; 5,28,2; 5,28,15; 7,7. Cypr. laps. 34. Tert. jeun. 16 f. Basil. Hex. 3. hom. 9. ep. 62,4. Chrysost. de sacerd. 4,5. Greg. Naz. or. 20,5 f. Iren. adv. haer. 1,13,5; 3,2; 3,3,4; 1,27. Kyrill. Cat. 16,8. Siricius ad omnes episcopos Italiae. Augustinus zit. nach Kühner, Gezeiten der Kir-

che. Degenhart 59. BKV Bd. 46, 231, 238, 240. P. Friedrich, St. Ambrosius 93 f. Kantzenbach, Urchristentum 83 f. Seeberg, Dogmengeschichte I 235. Benz, Beschreibung 81

47 Antweiler, Einleitung, BKV 1933, 7

48 Diesner, Kirche und Staat 13 ff. Kaphan, Zwischen Antike und Mittelalter, 1944, zit. nach Diesner ebd. Gottlieb, Ost und West 14

49 Altaner 224. Kraft, Kirchenväter Lexikon 403. Grützmacher, Pachomius 73 ff. Kühner, Gezeiten der Kirche 233

50 An vorchristlichen Häresien nennt Epiphanius heidnische Philosophenschulen und jüdische Sekten: haeres. 9 ff. Hieron. ad. Rufin. 2,22; 3,6. LThK 1. A. III 728 ff. Lexikon der alten Welt, 838. Altaner 271 ff. Kraft, Kirchenväter Lexikon 188 ff. J. A. u. A. Theiner I 116. Thorndike 494 f. Vogt, Der Niedergang Roms 313. Kühner, Antisemitismus 35. Ders. Gezeiten der Kirche 97

51 Basil. an Theodotus, Bischof von Nikopolis (anno 373 o. 375) 1 f. An Athanas. (anno 371). An die Wortführer zu Neocaesarea (anno 375) BKV 1925, 117 ff, 152 f, 162 f, 233 f

52 Euseb. h.e. 2,13,5 ff; 4,7,1 ff; Moreau RAC VI 1052 ff. J. A. und A. Theiner, I 24 f. Wikenhauser, Die Apostelgeschichte 394 ff. Bornhäuser, Studien zur Apostelgeschichte 89 ff. Söder 26 f, 198. Ricken 343. Larrimore 171. Über die Herkunft des Euseb ist fast nichts bekannt, weder Geburtsdatum noch -ort sind sicher; über seine Familie ist nichts eruierbar

53 Euseb. h.e. 4,7,13; 4,10,1 f; 4,30,3; 6,38,1; 6,43,2; 6,43,18; 7,31,1 f. V. C. 3,64

54 Chrysost. Kommentar zum Römerbrief, 33. Homilie, 1. serm. 7,4 in Gen; hom. 43,2 in Mt. Vgl. hom. 7,6 c. Anom. hom. 11,3 in Eph. hom. 43,2 in Mt. de sacerd. 4,4 f. de stat. 1,12. In Saulus adhuc spirans 1. serm. 7,4 in Gen. Vgl. auch 2.Kor. 6,14 ff; Phil, 3,18; 1.Jh. 2,18 f. Apg. 13,6 ff. Tert. idol. 2,1. Orig. exhort. mart. 25. Lact. mort. pers. 1,5 ff. August. de civ. dei 20,19. Merkel, Gotteslästerung RAC IX 1200. Vgl. auch Speyer, Gottesfeind RAC XI 1027 ff. «Die Todesart oder Bestrafung eines Feindes Gottes, Christi, eines Heiligen oder der Kirche wird oft auf ein unmittelbares göttliches Eingreifen zurückgeführt, sodaß sie als Strafwunder erscheinen». Jede «Ketzerei» war für Chrysostomos ausnahmslos und unter allen Umständen des Teufels. «Irrlehrer» verglich er mit «Kinderräubern». «Die rauben den Kindern ihren goldenen Schmuck und werfen sie dann in den Fluß oder verkaufen sie in die Sklaverei». Gleich in seiner ersten Predigt legte er sich mit den Eunomianern an, bald auch mit den Arianern, denen er «Tollwut» vorwirft. Die Manichäer sind «stumme und doch bellende Hunde», in denen eine Bestie stecke, die Markioniten sind «Söhne des Teufels». Vgl. auch noch Baur I 273, 285. Güldenpenning 86 f. Altaner 282. Ritter, Charisma 200

55 Ephräm Hymnen gegen die Irrlehren 1,1; 1,9 ff; 1,15; 2,2; 2,3; 2,7 ff; 2,14; 2,19; 27,1; 55,11; 56,2 ff. Cerfaux, Bardesanes RAC I 1180 ff. LThK 2. A. I 1242 f. LThK 1. A. I 966, VI 850 f. Lexikon der alten

Welt 436. Donin I 446 f. Schaeder 21 ff. Bauer, Rechtgläubigkeit (1934) 34 ff. v. Wesendonk 336 ff. Rehm 218 ff. Lietzmann, Geschichte (1936) II 266 ff. Puech 183 ff. Quasten I 264. Widengren 304 ff. Grant, Das Römische Reich 244 ff, 285, 303, 306. Kühner, Gezeiten der Kirche 108 ff. Löffler 26. Ehlers 334 ff, bes. 344 ff. Schenke 411 f. Brown, Religion and Society 94 ff. Zur Gnosis vgl. neuerdings Rudolph bes. 58 ff, 291 ff. – Ein bedeutender Handschriftenfund aus jüngster Zeit, der sogenannte Kölner Mani-Kodex, deutet auf die Mitgliedschaft Manis bei einer christlichen Täufersekte. Henrichs/Koenen, Ein griechischer Mani-Codex 97 ff. Dies. Der Kölner Mani-Kodex, 19, 1975; 32, 1978; 44, 1981. Köbert 243 ff. Henrichs, Mani 23 ff. Coyle 179 ff. E. Beck, Bardaisan 271 ff

56 Ephräm, Über Julian 2,11 ff, 2,21, 3,10 f

57 Hümmeler 302

58 Hilar. In ps. 146,12

59 Hilar. c. Constantium c. 2. de trinit. 4,6; 10,3 ff. Hieron. de vir. ill. 100. Sulp. Sever. Chron. 2,39. Altaner 316. Antweiler, Einleitung 8, 25, 40. Hümmeler 33. C. F. A. Borchardt 24 ff

60 Hilar. de trin. 6,1; 6,3; Sulp. Sev. 2,45,4. Kraft, Kirchenväter Lexikon 273 ff. Altaner 315 f. Antweiler, Einleitung 22, 41. Ehrhard, Die griechische und die lateinische Kirche 172. Klein, Constantius II. 125 f, bes. Anm. 224

61 Hilar. de trin. 2,2; 4,1; 4,7; 4,9; 6,7 f; 6,10 f; 6,15; 7,3; 7,23; 10,2; 10,5; Hümmeler 32. Comay, Who's Who 298 f

62 Hilar. de trin. 5,10; 5,18; 5,23; 10,5. In ps. 130,1. Anwander LThK 1. A. V 25 ff. Altaner 315 f. Antweiler, Einleitung in BKV 1933, 19, 32 f. Ehrhard, Die griechische und die lateinische Kirche 172. Hümmeler 30 ff. Löffler 34 ff

63 Schade LThK 1. A. V 13. Vgl. auch ebd. III 866 f, VIII 18 f. Grützmacher, Hieronymus 250 ff, 277

64 Grützmacher, Hieronymus II 160

65 Hieron. adv. Jovin. Dial. cum Lucifer. Dialogi contra Pelagianos, Prol. 2. Contra Vigil. 6. Grützmacher, Hieronymus III 258 f. Hümmeler 460. Maier, Verwandlung 55. Kühner, Antisemitismus 34 f. Schneider, Christliche Antike 201

66 Grützmacher, Hieronymus III 1 ff, bes. 8 ff, 56 ff, 70 ff

67 LThK 1. A. VII 776 ff. Altaner 165 ff. Kraft, Kirchenväter Lexikon 393 ff. Pfliegler 21 f. Vgl. auch Deschner, Hahn 111 f, 383 f

68 Ebd.

69 Ebd. Vgl. ferner Mk. 9,43 ff mit Apg. 3,21. Auch Mt. 18,8; 25,46 mit 1.Kol. 1,19 f. 1.Tim. 2,4; Mt. 18,14; 2.Petr. 3,9; Jh. 3,17; 12,47. Nigg, Buch der Ketzer 56 ff

70 LThK 1. A. VII. 780. Grützmacher, Hieronymus III 5 ff. Diesem Werk bin ich im folgenden besonders verpflichtet.

71 Hieronym. Jesajakommentar 1,1; 5,13; 13,13 u. a. Ezechielkommentar 40,41. LThK 1. A. IX 1. Kraft, Kirchenväter Lexikon 266, 446 f. Grützmacher, Hieronymus III 3, 56 ff, 70 ff, 86

72 Rufin c. Hieron. 1,20 ff; 2,4; 2,9 ff; 2,21 ff. Hieron. ep. 84,3. Grützmacher, Hieronymus III 56 ff

73 Rufin. c. Hieron. 1,1; 2,13. Grützmacher ebd. 61 f, 67, 88

74 Hieron. c. Rufin. 1,1 ff; 2,1 ff. Grützmacher ebd. 70 ff

75 Rufin c. Hieron. 2,4. Hieron c.

Rufin. 3,1 f; 3,4 f; 3,9 ff; 3,41. Grützmacher ebd. 66, 79

76 Hieron. Prol. zum Ezechielkommentar 1. ep. 125,18. Grützmacher ebd. 86 ff

77 Hieron. ep. 105,3 f; 112,13. Grützmacher ebd. 114 ff

78 Hieron. ep. 105,5; 112,4; 112,18. Grützmacher ebd. 82, 123 f

79 Hieron. ep. 105,2 ff; 112,2. Grützmacher ebd. 124 ff

80 Hieron c. Vigilant. 1 ff; 6; 8; 10; 12; 15; 17. Grützmacher ebd. 28 f, 154 ff

81 Hieron adv. Jovin. 1,1; 1,13. ep. 48 ff; 153. Ambros. ep. 42; 63; 83. August. haer. 82. ep. 167,10. Altaner 351. Kraft, Kirchenväter Lexikon 270, 315. Grützmacher, Hieronymus III 147 ff. Friedrich, St. Ambrosius 93 f. Caspar, Papsttum I 284. Stein, Vom römischen 330 f. Dannenbauer, Entstehung I 164 f. Deschner, Hahn 197. Evans, Pelagius 26 ff. Ausführlicher Dudden II 393 ff

82 Hieron. Comm. in Hierem. 3,1. ep. 7,5; 141. Grützmacher Hieronymus I 148, III 258 f

83 Kraft, Kirchenväter Lexikon 218. Luther, Tischreden Nr. 2650, zit. nach J. A. u. A. Theiner, Einführung 96 ff. Grützmacher, Hieronymus I 143 ff, 160 ff. J. Marcuse 14. Kühner, Gezeiten der Kirche 234 f

84 Altaner 346. Grützmacher, Hieronymus I 200, 225, 242, 275

85 Schade LThK 1. A. V 13 ff. Altaner 347. Hümmeler 461 f. Schneider, Christliche Antike 295, 304, 371 u. a.

86 Chrysost. Hom. in Act. apost. 24. In 1. ep ad Timoth. hom. 10,3. Homilien zum Epheserbrief 10,2 f. Vgl. auch zu den folgenden Anmerkungen: Hornus 179

87 Greg. Naz. or. 2,79 ff. Vgl. P. Haeuser BKV Bd. 59, S. IX ff. Deschner, Hahn 473

88 Basil. Brief an die Bischöfe Italiens und Galliens 2 f. (BKV 1925, 137 ff)

89 Ebd. Ferner: Kolping 415 ff

4. KAPITEL

Der Angriff auf das Heidentum erfolgt

1 Firm. Mat. err. 29,1

2 Hoheisel 382

3 Ambros. Exp. ps. 118,21,11. Brockhaus II 513. LThK 1. A. IV 877. Lechner 16 ff. Chadwick, Die Kirche 174, Anm. 1. Tinnefeld 225 ff

4 Daniélou, Die heiligen Heiden 29

5 Diog. 5. Arist. apol. 17,3. Arnob ad gent. 1,6. Tert. de patient. 6,7. apol. 37. de idol. 19. de corona milit. 12. Cypr. de bono patient. 16. Just. Tryphon. 110,1. Tat. or ad Gr. 19,2; 11,1. Orig. c. Cels. 8,68; 5,33; 7,26; 3,7. com. ser. 102 in Mt. Tert. apol. 40 u.v.a. Beleghinweise auch bei Voigt 74. Vgl. ferner Dodds 111. Poliakov I 19

6 Arist. apol. 17,2 f. Vgl. auch 15,1 ff. Athenag. leg. 1; 11 f; 31 ff. Tert. apol. 24,5; 38. ad scap. 2,2. Orig. c. Cels. 3,38; 7,46; 8,41; 8,66. Kraft, Kirchenväter Lexikon 394. Miura-Stange 13 ff. Wlosok 147 ff. Kötting, Religionsfreiheit 21

7 Euseb. 4,26,1; 4,26,4 ff; 4,27,1; 5,17,5. Fredouille 869 ff. Wlosok 149 ff

8 Tert. adv. Marc. 4,9. idol. 1. Vgl. August. in ps. 88. serm. 2,14; 62,6,9. ep. 232,1,2. Fredouille 870 ff. Dodds 102 ff

9 Geffcken, Zwei griechische Apologeten 239. Hoheisel 41, 76 f, 79. Wlosok 163

10 Arnob. adv. nat. 3,9 ff; 4,24 ff; 4,36; 5,22. LThK 1. A. I 689. Altaner 152 f. Kraft, Kirchenväter Lexikon 57. Tullius 88 ff

11 Arist. apol. 8; 13; Justin. apol. 1,21; 1,24 f. Tat. or. 8 ff. Ps. Just. or. ad Graecos 2 f. Min. Fel. dial. Oct. 20. Euseb. theoph. frg. 2,13. Firm. Mat. err. 22. Ambros. exam. 5,20,64 f; 5,23,77 ff. Wytzes 29. Lieberg 64 ff

12 Jes. 2,8. Ps. 115,5 ff. Apk. 9,20. Arist. apol. 3,2; 4,1 ff; 13,1 f. Athenag. leg. 6; 15; 18 f; 22; 28 f. Just. apol. 1,9; 1,20; Ep. ad Diogn. 2. Theoph. Ant. ad Autol. 1,19; Mart. Apolon. 22. Mart. Polyk. 2,2; Tert. apol. 12,7. Min. Fel. dial. Oct. 24,1. Clem. Alex. protr. 4,52,4. Arnob. advers. nationes 6,16. Euseb. V. C. 3,57; 4,39. Greg. Nyss. In cant. hom 5. August. consens evang. 1,34,52. en. in ps. 134,23. Kraft, Kirchenväter Lexikon 248. Fredouille 871 f. Funke 789. Tullius 15 ff. Mensching, Irrtum 26 f

13 Athenag. leg. 17. Just. apol. 1,9. Tatian or. 4. Tert. pud. 5. adv. Marc. 4,9,6. apol. 12. Arnob. adv. nat. 6,14. Cyrill. Hieros. catech. 6,10. Hippol. trad. apost. 16. Orig. c. Cels. 1,5; 5, 38

14 Min. Fel. Oct. 12,5. Clem. Alex. protr. 53,5 f. Arnob. adv. nat. 6,13. Euseb. or. Const. ad sanct. coet. 11. ep. ad Constant. Vgl. h.e. 7,18,4. Altaner 120. Menzel II 249 f. Deschner, Das Kreuz 190. Kindlers Malereilexikon IV 169

15 Polyc. ad Phil. 11,2. Ps. Clem. Rom. recog. 5,15. hom. 10,22. Justin. apol. 1,9. Clem. Al. protr. 4,52,2 f; 4,53,2. Arnob. adv. nat. 4,10 ff; 6,20 f; 6,23. Firm. Mat. err. 15,3; 28,4 ff. August. de civ. dei 1,2. Lact. div. inst. 2,2,22. Theophil ad Autol. 2,34. Euseb. or. Const. ad sanct. coet. 11. Funke 805. Tullius 22 ff

16 Athenag. leg. 27. Justin. apol. 1,14. Theophil. Ant. ad Autol. 2,28. Clem. Al. protr. 44. Tert. apol. 22,5 ff. de spect. 4; idol. 1. Orig. c. Cels. 7,67; 8,18; Orig. mart. 45. Ps. Clem. Rom. hom. 9,7 ff. recogn. 4,14 ff. Firm. Mat. err. 26 f. Fredouille 889 f. Hoheisel 83 ff

17 Röm. 9,30 ff; 11,11 ff; Eph. 3,6; Apg. 13,46 ff; 18,6. Döllinger 88

18 Ephes. 4,17 ff. Röm. 1,21 ff; 1,29 ff; Col. 3,5. 1.Kor. 5,10 f; 10,7; 10,20. Zum Dämonenglauben der ältesten Kirchenväter vgl. etwa: Justin. apol. 1,14; 1,58. Theophan. Ant. ad Autol. 2,28. Athenag. leg. 27. Van der Nat RAC IX 737 ff. Deissmann 64. Conzelmann 204 f. Nock, Essays I 347

19 1.Petr. 4,3. Apk. 2,12 ff; 2,26 f; 18,2; 21,8; 22,15. Friedländer 935. Dewick 112. Meinhold, Historiographie I 31

20 Arist. apol. 4,2 f; 5,1 ff; 6,1; 12,1; 12,6 ff. Min. Fel. Oct. 28,7 f. Justin. apol. 1,24,1. Athenag. leg. 1,1; 14,2; Kerygma Petr. frg. 3 a. Mart. Apollon. 21. RAC X 1204. Altaner 88 f. Mensching, Irrtum 9. McKenzie 40

21 Arist. apol. 8,5 f; 9,5; 9,8 f. Vgl. auch 3,1 ff; 8,1 ff

22 Athenag. leg. 1 f; 18; 21 ff; 26 f. Vgl. auch Justin. apol. 1,9,2. Theophil. ad Autol. 1,10. Min. Fel. Oct. 23,12. Eberhard, BKV 1913, 6 und Ders. in LThK 1. A. I 770. Funke, RAC XI 784, 802. Hoheisel 81

23 Tat. or. ad Graec. 1,4; 2,1 ff; 3,2 f; 3,6 f; 3,9 f; 6,4; 14,1; 25,1; 26,1; 26,5; 33,1; 33,7; 34,5; 34,7; 35,2; 43,1. Kukula BKV 1913, 4 f; 7; 15; 18. Altaner 95 f. Krause, Die Stellung 24

24 Tat. or. 1,7; 12,6; 12,13; 17,2; 19,1; 21,1 ff; 22 ff; 26,5; 32,2 f; 32,7. Grant, Das Römische Reich 277
25 Tat. or. 8,4; 9,7 ff; 10,3; 14,1 ff; 15,8; 18,6 f; 29,1 ff; 33 f. Euseb. h.e. 4,29,7. BKV 1913, 19. Geffcken, Zwei christliche Apologeten 105 ff. Krause, Die Stellung 23
26 Hermias 21,2,10. Theoph. ad Autol. 2,12; 2,15; 2,33; 3,2 f; 3,17. Vgl. auch 3,16; 3,29. Iren. adv. haer. 2,14; BKV 1913, 6. Altaner 103. Kraft, Kirchenväter Lexikon 263 f. Krause, Die Stellung 26, 61 f. Deschner, Hahn 306 ff
27 Tert. apol. 24; 38; 42; 46; praesc. haer. 7; 14. anima 1 f. spect. 17; 29. Zum «Diebstahl der Hellenen» vgl. Tert. apol. 19. Altaner 126. Kraft, Kirchenväter Lexikon 474. Krause, Die Stellung 91 f
28 Tert. idol. 1; 4 ff; 10; 17 f. mart. 2,7. apol. 13,6; 22,1 ff; 42; 46. pud. 5; adv. marc. 4,9,6. Wright 17 ff. McKenzie 88 f. Morenz 30 ff. Eliade 299 ff. Vgl. auch den Abschnitt «Beschimpfung von Göttern und Göttinnen» bei Opelt, Die lateinischen Schimpfwörter 253 ff
29 Clem. Alex. protr. 2,11,1 ff; 2,12,1 f; 2,13,2 ff; 2,14,1; 2,17,2; 2,22,3; 2,23,1
30 Athan. c. gent. 1 ff. RAC XI 881. Mensching, Irrtum 17
31 Plutarch De Is. et Os. 65
32 Clem. Al. protr. 2,25,1; 2,26,1 f; 2,27,1; 4,56,2 ff; 4,58,3; 4,63,1. Vgl. Orig. c. Cels. 7,62. Funke RAC XI 780 f. Gentz, Athanasius 862. Hoheisel 133 ff
33 Armstrong 11 f
34 Peters 28
35 Clem. Al. protr. 2,22,6; 2,40,4; 4,60,1; 4,61,1 ff. Fredouille, Götzendienst RAC XI 873 f
36 Clem. Al. protr. 4,11,3. Quis dives salv. 3. paed. 3,52,2; 3,4,2 ff. Lacarrière 153
37 Syn. Elv. c. 3, 6, 15, 16, 17, 34, 40, 41, 55, 56, 60. Orlandis/Ramos-Lissón 3 ff; 12 ff
38 Fredouille, Götzendienst 879
39 Daniel-Rops, Die Kirche 214, 224. Ziegler in: Rel. Wörterbuch 525. Im LThK 2. A. II 1117 gibt man zu, daß man die Zahl der Märtyrer «früher oft übertrieben» habe. Früher nur? Grégoire schätzte 3000 ebd. Drews nennt mit Bezug auf Hausrath: 1500, II 57
40 Moreau, Eusebius von Caesarea, RAC VI 1072. Zur Einschätzung des Euseb als Geschichtsschreiber vgl. W. Bauer, Rechtgläubigkeit 13 ff, 49 f, 112 f, 134 f, 151 ff, 193 ff u. a. Euseb von Caesarea, der doch zu «einem repräsentativen Sprecher der konstantin. Ära, bzw. ihrer Bischöfe» wurde (Stiewe), wird auch wegen seiner Konstantinbiographie in der Neuzeit von vielen, u. a. von J. Burckhardt, als unwahr scharf verurteilt. Vgl. Lexikon der alten Welt 928
41 Euseb. h.e. 8,3,1; 8,6,2 f; 8,7,1; 8,9,5; 8,10,5; 8,12,1 f; 8,12,6. Vgl. auch RAC VI 1072
42 Euseb. h.e. 8,6,7; 8,7,1 ff; 8,8,1; 8,9,3 f; 8,12,5; 8,13,4
43 Ebd. 8,8,1; 8,4,5; 8,6,6; 8,6,9; 8,11,1; 8,12,10
44 Epiph. haer. 68,8. Moreau, Eusebius von Caesarea RAC VI 1055 f. Wallace-Hadrill 537 f. Möglicherweise entzog Euseb sich durch Reisen (z. B. nach Tyrus) der Verhaftung; sein Mitarbeiter, der Priester Pamphilos, wurde im November 307 verhaftet und im Februar 309 geköpft. Euseb h.e. 8,7. Moreau, Eusebius von Caesarea 1055
45 Euseb. h.e. 5 Pr. 1,1; 5,1,1 ff. LThK

1. A. II 386. Donin VII 215. Auch nach dem phantasievollen Aland stirbt in Lugdunum ein «großer Teil, wenn nicht überhaupt der überwiegende Prozentsatz» der Christen, «eines qualvollen Todes». Doch: «Sogleich nach der Verfolgung erhob sich die Gemeinde zu neuer Höhe». Von Jesus bis Justinian 100 ff. Tusculum Lexikon 167. dtv Lex. Antike, Geschichte II 284. Greg. Tur. in glor. mart. 48. C. Schneider, Die Christen 322 f. Ders. Geistesgeschichte II 300. Einen modernen Gruselroman über «Das Massaker von Lyon» schreibt neuestens H. D. Stöver, Christenverfolgung im Römischen Reich. Ihre Hintergründe und Folgen, 78 ff

46 Vgl. z. B. Papst Pius XI. während des Spanischen Bürgerkriegs: Deschner, Heilsgeschichte I 530 f

47 Euseb. h.e. 8,7,1. Wallace-Hadrill 539. G. E. M. de Ste Croix, Harvard Theol. Rev. 47, 1954, 101 f. Nach R. M. Grant, Christen 15

48 Lact. div. inst. 3,17,41. de mort. pers. 5; 52. dtv Lex. Antike, Philosophie III, 26. v. Campenhausen, Lateinische Kirchenväter 73 f. Prete, Der geschichtliche Hintergrund 488, 504. Rossetti 115 ff

49 Lact. de mort. pers. 4; 5; 7. Vgl. Aur. Vict. 32,5. Epit. Caes. 32,6. Eutr. 9,7. Zos. 1,36,2. Oros. 7,22,4. Iord. Get. 18. Pauly I 1411; III 438 f; V 1098. v. Campenhausen, Lateinische Kirchenväter 58, 60. Lissner 242 f. Grant, Das Römische Reich 38, 281. (Das Decius addizierte Wort: «Ich würde viel lieber die Nachricht über einen Thronrivalen als über einen zweiten Bischof in Rom erhalten», ist, falls nicht echt, zumindest gut erfunden. Etwa ein Jahrhundert nach Diokletians Tod raubte man dessen Leiche samt dunkelrotem Porphyrsarkophag aus dem Mausoleum seines Riesenpalastes – 1926 fanden darin 278 Häuser mit 3200 Einwohnern Platz –; ja, das Christentum rächte sich noch an dem Toten, indem es seine letzte Ruhestätte, worin der Kaiser hatte ewig schlafen wollen, in eine Kirche verwandelte, die Kathedrale von Spalato, dem heutigen Split, Jugoslawien.)

50 Lact. de mort pers. 9; 21 ff. dtv Lex. Antike II 42. Lexikon der alten Welt 1017 f. Moreau, Die Christenverfolgung 100 ff

51 Lact. de mort. pers. 52. R. Pichon, Lactance, 1901, 426. Zit. nach Prete, Der geschichtliche Hintergrund 504

52 Lact. de mort. pers. 9,2; 33 ff. div. inst. 7,26,7; Euseb. h.e. 8,16,3 ff. Vgl. Epit. Caes. 40,4. Rufin h.e. 8,13. Oros. 7,28,12. Altendorf, Galerius 795 f

53 Das Edikt war auch im Namen der Kaiser Licinius und Konstantin, nicht aber im Namen Maximins erlassen worden. Euseb. h.e. 8,17,1 ff; 9,1,1. Vgl. Lact. de mort. pers. 34. Pauly III 1110. Hönn 104. Grant, Das Römische Reich 288. Vogt, Constantin der Große RAC III 317 f. Altendorf, Galerius RAC VIII 789, 791 ff. Wir können den Streit der Gelehrten, ob es sich hier um eine Anerkennung oder «nur eine Indulgenz» (Schwartz) handelt, auf sich beruhen lassen.

54 Aurel. Vict. 40,9. Eutrop. brev. 10,2. Nach Hönn 103 f, 235 Anm. 10. Vgl. Tusculum Lexikon 270. dtv Lexikon VII 88. Pfister 301 f. Altendorf, Galerius RAC VIII 786, 790. Zu Aurelius Victor vgl. auch v. Haehling, Die Religionszugehörigkeit 392 f

55 Lact. de mort. pers. 1,5 f; 50,1; 52.

div. inst. 5,19,11. Heilmann II 411 f. RAC III 307. dtv Lex. Antike, Philosophie III, 26. Schultze, Geschichte I 98 f. Hornus 67 f. Ludwig, Massenmord 43. Momigliano, Historiography 79. Kötting, Religionsfreiheit 22. Opelt, Polemik 98 ff. Auch die Juden hat Laktanz angegriffen und ein eigenes Hauptwerk gegen sie geplant: Kühner, Antisemitismus 29. Ders. Gezeiten der Kirche 115

56 Euseb. h.e. 7,10,4; 8,14,5; 10,4,13 ff; 10,4,28; 10,1,7. V. C. 3,1. Theodor. h.e. 3,26. Zahlreiche weitere Quellenbelege bei J. Ziegler, Gegenkaiser 32 ff. Kraft, Kirchenväter Lexikon 199. Fredouille attestiert Euseb allerdings in der gesamten Väterpolemik gegen den Götzendienst «ohne Zweifel . . . größten Weitblick», RAC XI 880. Diese Verleumdungen heidnischer Kaiser durch die antiken Kirchenführer werden von Jahrhundert zu Jahrhundert im Christentum kolportiert. Noch der hochadelige Bischof Otto von Freising beispielsweise setzt in seiner Chronik, dem Höhepunkt «hochmittelalterlicher Weltchronistik» (Lammers), die Greuelpropaganda über Maximinus, Licinius, über Maxentius fort, der die «schwangeren Frauen töten und ihre Eingeweide untersuchen» läßt etc. Otto Chron. 4,1 ff. Lammers XXIV

57 Geffcken, Das Christentum 80. Miura-Stange 125 ff. S. auch 14. Schlingensiepen 96 ff. Andresen, Logos 22 ff, 393 f. Gigon 104

58 Miura-Stange 37. Andresen, Logos 223 f, 237, 395. Gigon 104 ff

59 Orig. c. Cels. 1,5; 6,1; 6,23. Gigon 105 ff

60 Orig. c. Cels. 4,2 ff, 5,14

61 Orig. c. Cels. 7,58; Gigon 116

62 Orig. c. Cels. 1,68; 2,8; 2,49; 2,55; 3,22 f; 3,26 ff

63 Ebd. 1,27; 1,62; 2,46; 3,50; 3,55; 6,14

64 Außer der antichristlichen Schrift behelligte man kein weiteres Werk des Philosophen – 77 Titel sind noch bekannt. Halbfaß, Porphyrios 24 ff. Ziegler, Firmicus Maternus RAC VII 951. Hoheisel 27

65 August. ep. 102,8. Hieronym. ep. 133,9. Makarios 4,22. Halbfaß, Porphyrios 24 ff. Gigon 118 f

66 Makarios 3,19; 3,32 f. Gigon 120 f

67 Makarios 3,15; 3,17; 4,1; 4,8 f; 4,19; 4,24. Geffcken, Das Christentum 97. Harnack, Mission (1924) I 521. Vgl. auch Lietzmann, Geschichte III 28. Halbfaß, Porphyrios 26 f, 30 ff

68 Ahlheim, Celsus 9 ff

5. KAPITEL

Der hl. Konstantin, der erste christliche Kaiser. «Signatur von siebzehn Jahrhunderten Kirchengeschichte»

1 August. civ. dei 5,25

2 Euseb, V. C. 4,75

3 Aland, Entwürfe 195. Das weitere Zitat der Überschrift bei Hernegger 117

4 Stockmeier, Leo I. 69, 138. Vgl. auch das Urteil des Historikers Johannes Straub: «Konstantin bekannte sich zum Christenglauben, und wir müssen seine eigenen Worte als Beweis dafür nehmen»; «und er gab den Christen Gelegenheit, sich auf ihre – oft vernachlässigten – Pflichten als Staatsbürger neu zu besinnen.» Straub, Regeneratio 88, 142

5 Baus, Handbuch der Kirchengeschichte II/1, 16, 83

6 The Complete works of Percy Bysshe Shelley, Newly Edited by Roger Ingpen and Walter E. Peck, 1965, VI, 38. Zit. nach G. Borchardt, Shelley 210

7 Suet. Vesp. 1,1; 2,1. Zos. 2,8,2; 2,9,1 f. Zon. 12,31; 13,1. Euseb. h.e. 8,13,12 f; 10,8,4; V. C. 1,13 ff; 1,50; 3,47. Vgl. h.e. 8,13,13. Lact. de mort. pers. 15,7. Anon. Vales. 1,1; 2,2; 2,4. Paneg. lat. 6 (7), 2; 4,1. Ambros. De obitu Theod. 42. Vogt, Constantinus RAC III 313 f. dtv Lex. Antike, Religion II 41 f, 82 f. dtv Lex. Antike, Geschichte I 243 f, II 215. LThK 1. A. VI 173. Hammond/Scullard 280. Seeck, Untergang I 45 ff, 105 ff. Schwartz, Kaiser Constantin 71. Ehrhard, Urkirche 308. Kornemann, Weltgeschichte II 278. Lietzmann, Geschichte III 59. Doerries, Konstantin 18 ff. Schamoni 76. Hönn 83 ff. Castritius 31 ff. Aland, Entwürfe 222 f. Voelkl, Der Kaiser 34, 61. Chadwick, Die Kirche 152 f. Vogt, Pagans 43 ff. Benoist-Méchin 14 f

8 Euseb. h.e. 8,13,12; Vict. Caes. 39,40 ff. Eutrop. 9,22 f. Lact. de mort. pers. 24. Anon. Val. 2,3; Zon. 12,33. Paneg. 5,7 ff. Bihlmeyer LThK 1. A. VI 173. Pauly I 1290 III 1109. dtv Lex. Antike, Geschichte I 244. Hönn 85, 90 ff. Doerries, Konstantin 20. Pörtner 377 f. Grant, Das Römische Reich 127. Straub, Regeneratio 76. Barnes, Konstantin 15 f

9 Paneg. Lat. 7,7; 7,10 ff. Exc. Vales. 4. Aurelius Vict. Caesares, Epitome 41,2 f. Zos. 2,15. Ammian. 15,5,33. Euseb. h.e. 8,13,12 ff. 8 App. 4. Euseb. V. C. 1,25; 1,46. Lact. de mort. pers. 24; 29 f. Eutrop. 10,3,2. Altendorf, Galerius RAC VIII 788 f. Vogt, Constantinus RAC III 312 ff. Groag, Maxentius in Pauly-Wissowa 28. Hbbd. 1966, 2446 f. Schönfeld, Wörterbuch 78. dtv Lex. Antike, Geschichte II 215 ff. Dass. Religion II 42. Bang, Die Germanen 63. Hammond-Scullard 280. Stein, Vom römischen 125, 133 f, 191. Schwartz, Charakterköpfe 237. Hönn 96 f. Kornemann, Weltgeschichte II 277. Thieß 229 ff, der im übrigen das «Weltherrengenie» Konstantins und den «Geist» seiner Schlächter verhimmelt. Lissner 248. Hauck, Kirchengeschichte I 97 f. Doerries, Konstantin 21. Voelkl, Der Kaiser 29. Zöllner, Franken 14 f. Stroheker, Germanentum 14 f. Doppelfeld 621 f. Schmitz, Die Zeit 83. Gwatkin 3. Stallknecht 32 f. Waas 4, 82. Straub, Regeneratio 76 f

10 RGA III 584. Pörtner 385 ff

11 Bihlmeyer LThK 1. A. IV 162. dtv Lex. Antike, Geschichte II 247, 288. Nach Lietzmann, Geschichte III 65, war «die Beseitigung aller Rivalen das unverkennbare Ziel der konstantinischen Politik». Thieß 220. M. R. Alföldi, Die constantinische Goldprägung 99

12 Euseb h.e. 9,9,2. Groag s. nächste Anmerkung

13 Eutrop. 10,5. Groag in Pauly-Wissowa 28. Hbbd. 1966, 2449 ff, 2467 ff. Vogt, Constantinus RAC III 318. Seeck, Untergang I 64, 114 f. Hönn 103. Baus, Von der Urgemeinde 457

14 Euseb. h.e. 8,14,1; 8,14,6; V. C. 1,33,1 f; 3,52. Socr. h.e. 1,12. Chronogr. a. 354, 62. M. Optat. Mil. c. Donat. 1,18. Aurel. Vict. 40,24. CIL VI 37118. August. brev. coll. 3,18,34. CSEL LIII p. 84 f. Groag 2457 ff, 2462 ff, s. Anm. 13. R. Hanslik in Pauly III 1103 ff. dtv Lex. Antike, Ge-

schichte II 287. Altendorf, Galerius RAC VIII 794 f. Ehrhard, Urkirche 311. Schoenebeck 5 ff. Schwartz, Kaiser Constantin 60. L'Orange 177 ff. Ziegler, Gegenkaiser 36. Hönn 101 f, 109. Grant, Das Römische Reich 288. Doerries, Konstantin 27 f

15 Euseb. h.e. 8,14,4. V. C. 1,35. Zonar. 12,33. Aurel. Vict. Caes. 40,24. Groag, Maxentius in Pauly-Wissowa 28. Hbbd. 1966, 2454 ff. Seeck, Untergang I 96, zit. nach Groag

16 Euseb. h.e. 8,14,1 ff. Opt. Mil. 1,18 Chronogr. a. 354. Mommsen Chron. Min. I 1892, 62 a. 312. Vogt, Constantinus RAC III 318. Schwartz, Kaiser Constantin 66. Hernegger 234. Ziegler, Gegenkaiser 35 ff; zahlreiche Hinweise auf die moderne Forschung

17 Euseb. h.e. 8,14,1 ff. Hervorhebungen von mir

18 Euseb. h.e. 8,14,2; 8,14,5; 8,14,16; 9,9,8. V. C. 1,33,1 f; 1,34; 1,36. Socr. h.e. 1,12. Zonar. 12,33 Bihlmeyer LThK 1. A. VII 13. Groag, Maxentius in Pauly-Wissowa 28. Hbbd. 1966, 2464 ff. S. 2482 die Urteile von Seeck, Schwartz, Stein

19 Groag, Maxentius ebd. 2481 ff, bes. 2483 f. Vgl. auch 2451, 2459

20 Euseb. h.e. 8,14,1; 8,14,6. V. C. 1,36. Groag, Maxentius ebd. 2464 ff

21 Euseb. V. C. 1,26; 1,32; 1,37; 1,38; Eumen. paneg. 9,3 ff. Nazar. paneg. 7,1; 10,17; 27,5 ff. Vita Caes. 40,23. Vict. epit. 40,7. Zosim. 2,16. Eutrop. 10,4,3. Oros. 7,28,16. Zonar. 13,1. Groag, Maxentius, Pauly-Wissowa 28. Hbbd. 2470 ff, 2475 ff. Seeck, Untergang I 114 ff. Stein, Vom römischen 139 f. Barnes, Constantine 43

22 A. Alföldi, Cornuti 169 ff. Waas 4. Dempf 90

23 Lact. mort. pers. 44,1 ff, 44,9 ff. Euseb V. C. 1,26 ff, bes. 1,33; 1,41. h.e. 8,14,1; 9,9,2 ff; 9,9,9. Zos. 2,15 ff. Eumen. pan. 9,1 ff. Nazar. pan. 10,17 ff; 30,4 ff. Vict. epit. 40. Optat. Mil. 1,18. Cod. Theod. 2,8,1; 12,1,21; 12,5,2. Vgl. 9,16,2 f. Cod. Just. 3,12,2. Seeck, Untergang I 48, 114 ff, 131 f beziffert Konstantins Truppen auf nur etwa 25 000 Mann, die des Maxentius auf «170 000 Mann und 18 000 Rosse». In etwa ähnlich Hönn 106. Delbrück, Kriegskunst II 299, beziffert das Heer des Maxentius auf 170 000 Fußsoldaten und 18 000 Reiter. Ebenso Stein, Vom römischen 139 f, der Konstantins Truppen auf etwa 30 000 Mann schätzt. – Groag, Maxentius, Pauly-Wissowa 28. Hbbd. 2480 f. dtv Lex. Antike, Religion II 42. LThK 1. A. VI 450 ff. Vogt, Constantinus RAC III 318 ff, 328 f. Dölger (Hg.), Konstantin 155 ff, bes. 181 ff. Schwartz, Zur Geschichte des Athanasius 525 f. Ders. Charakterköpfe 243 f. Laqueur, Eusebius 183 ff. Schoenebeck 4 ff, 26 f. Alföldi, Hoc signo 5. Ders. Kreuzzepter 81 ff. Ehrhard, Urkirche 313. Hönn 105, ff, 189. Kornemann, Weltgeschichte II 279 f. Voelkl, Der Kaiser 45. Ewig, Königsgedanken 10. Doerries, Konstantin 30 ff. Ders. Das Selbstzeugnis passim. Lietzmann, Geschichte III 62. Kraft, Das Silbermedaillon 151 ff. Buonaiuti, Geschichte I 197. Dannenbauer, Entstehung I 18. Aland, Entwürfe 230 ff. Ders. Eine Wende 213 ff. Hernegger 134 ff, 150 f, 160 ff, 189 f. Dempf, Geistesgeschichte 90. Ziegler, Gegenkaiser 35 ff. Becker 161 f. Straub, Regeneratio 77 f, 80 ff, bes. 100 ff, 112. Tinnefeld 229 f. Kühner, Gezeiten der

Kirche 81. Joannou 31. Chadwick, Die Kirche 142 f. Barnes, Constantine 44 f. Anton, Selbstverständnis 43. Karl Hönn, der in seiner Konstantinbiographie S. 107 schreibt: «Haus und Name des Maxentius wurden ausgerottet. Seine Kinder wurden getötet, seine politischen Anhänger beseitigt», schreibt drei Seiten später: «Konstantin ließ bei seinem Einzug in Rom die Milde walten, die er schon bei der Eroberung Oberitaliens an den Tag gelegt hatte» (110).

24 Euseb. h.e. 9,9,9 ff; 10,5,15 ff; 10,7,1 f. V. C. 1,42; 1,48. Zos. 2,29,5 ff. Vogt, Constantinus RAC III 325 ff. Kraft, Konstantins religiöse Entwicklung 32 ff. Alföldi, The Conversation 62. Klauser, Der Ursprung 12 f. Aland, Entwürfe 194, 254. Ders. Glaubenswechsel 41. Hernegger 150 f, 173, 176, 179 f. Doerries, Konstantin 37 ff. Chadwick, Die Kirche 142 ff. Straub, Regeneratio 78 ff. Tinnefeld 258 f. Barnes, Constantine 44 f. Grant, Christen 170

25 Euseb. h.e. 10,6,1 ff. V. C. 1,41,43. Vogt, Constantinus RAC III 328 f. LThK 1. A. V 150. Hernegger 174. Aland, Entwürfe 194, 254. Chadwick, Die Kirche 139. Haendler, Von Tertullian 81 f. Grant, Das Römische Reich 290

26 Euseb. h.e. 10,7,1 f. Vogt, Constantinus RAC III 328 f

27 Altendorf, Galerius RAC VIII 789

28 Euseb. h.e. 8,14,7 ff; 8,17,1 ff; 9,1,1 ff; 9,2,1; 9,2,5; 9,5,1 f; 9,6,4; 9,7,1 ff; 9,9a4; 9a,10,2. Vgl. Lact. de mort. pers. 35,1; 36 ff. Pauly III 1111. dtv Lex. Antike, Geschichte II 288. Moreau, Eusebius von Caesarea RAC VI 1072. Stein, Vom römischen 135 f. Ehrhard, Urkirche 304. Pfister 301 ff. Alföldi Hoc signo. Castritius 43, 48 ff, 52 ff, 60 ff, 71 ff, 83 ff. Grant, Das Römische Reich 288 f. Baus, Von der Urgemeinde 452 f

29 Euseb. h.e. 9,8,1 ff; Ehrhard, Die altchristlichen Kirchen 102. Doergens 446 ff

30 Euseb. h.e. 9,2 ff. Laqueur, Eusebius 115. Castritius 64 f, 67, 75. Jacob Burckhardt zit. nach Aland, Von Jesus bis Justinian 185 f, der B. widerspricht, erstaunlich flach und unüberzeugend, auch selber zugibt, daß Eusebius «mit leuchtenden Farben auf Goldgrund» male.

31 Lact. de mort pers. 37 ff. Altendorf, Galerius RAC VIII 788 f. Bihlmeyer LThK 1. A. VII 20: «M. D. war der schlimmste der Christenverfolger, ein wollüstiger Wüterich, der sogar den Galerius an Grausamkeit überbot». Castritius 7. Daß und warum auch die antiken heidnischen Stimmen dies negative Bild von Maximinus Daia nicht berichtigen, zeigt Castritius. Grégoire zit. nach Castritius 51 Anm. 27

32 Vict. epit. 40,18. Stein, Vom römischen 135 ff. Castritius 42, 46 f, 76, 87. Zu den wirtschaftlichen Motiven ausführlich und überzeugend s. 52 ff

33 Euseb. h.e. 9,7,10 f

34 Vgl. Euseb. 9,8,1 ff; 9,9,1 ff, bes. 9,10,13 ff. Das von der Forschung stark umstrittene «Mailänder Edikt» liegt in zwei Fassungen vor: Lact. de mort. pers. 48 und in der griechischen Fassung bei Euseb h.e. 10,5,1 ff; fehlt hier aber in den Handschriften B und D, auch bei Rufinus sowie in der syrischen Übersetzung. Laqueur, Die beiden Fassungen 132 ff. S. auch nächste Anm.

35 Euseb. h.e. 9,8,2; 9,9,1; 9,10,1 ff; 9,11,3 ff. V. C. 1,58 f. Lact. de mort. pers. 43; 45 ff; 49 ff. Zos. 2,17. Vict. Caes. 41,1. Vict. epit. 40,8. Eutrop. 10,4,4. Altendorf, Galerius RAC VIII 790. Vogt, RAC III 336 f. Pauly II 39. Seeck, Untergang I 144 ff. Stein, Vom römischen 142 ff. Geffcken, Der Ausgang 92. Caspar, Papsttum I 105. Schwartz, Charakterköpfe 246 f. Ders. Kaiser Constantin 74. Ehrhard, Urkirche 314 ff. Kornemann, Weltgeschichte II 282 f. Ders. Römische Geschichte 142 ff. Hönn 116 f, 119 f. Pfister 306 ff. Pfliegler 28 ff. Lietzmann, Geschichte III 63 ff. Voelkl, Der Kaiser 54 ff. Prete, Der geschichtliche Hintergrund 379. Doerries, Konstantin 43. Barnes, Lactantius 31

36 Euseb. h.e. 9,11,7 f; V. C. 1,49. Sozom. 1,2. Zos. 2,18 f; 2,20. Anon. Vales. 5,16 ff. Epitome 40,9. Seeck, Untergang I 154 ff. Schoenebeck 39, 49. Schwartz, Charakterköpfe 247, 253. Kornemann, Weltgeschichte II 286. Hönn, 123 f. Voelkl, Der Kaiser 64 f. Vogt, Constantin 187 ff. Habicht, Konstantin 360 ff. Dannenbauer, Entstehung I 18 f, 64. Bruun, The Constantinian coinage 15 ff. Aland, Glaubenswechsel 41. Barnes, Constantine 67. Stockmeier s. Anm. 38

37 Euseb. h.e. 10,9. V. C. 1,51; 2,1 ff; 2,12 ff; 2,66. Eutrop. 2,6,1; Anon. Vales. 5,21 ff. Vict. Caes. 41,8 ff. Vict. epit. 41,6 f. Socrat. 1,4. Zosim. 2,21 f. Zon. 13,1,22 ff. Vogt, Constantinus RAC III 337 f. dtv Lex. Antike, Geschichte II 216 f. Dass. Religion II 42. Seeck, Untergang I 161 ff. Stein, Vom römischen 159. Patsch 17 ff. Schwartz, Charakterköpfe 258 f. Ders. Kaiser Constantin 90 f. Vogt, Constantin 190. Voelkl, Der Kaiser 129 ff. Dannenbauer, Die Entstehung I 18 f. Kraft, Konstantins religiöse Entwicklung 67. Hönn 122 f. Kornemann, Weltgeschichte II 288. Ders. Römische Geschichte II 380. Franzen 67. Chadwick, Die Kirche 147. Doerries, Konstantin 46 ff. Straub, Regeneratio 85. Handbuch der Kirchengeschichte II/1, 4 f. Barnes, Constantine 68 ff. C. T. H. R. Ehrhardt, Constantinian Documents 48

38 Euseb. h.e. 10,9. V. C. 2,4; 2,12; 2,18; 2,24 ff; 2,48 ff. Zos. 2,2,8; 2,22,3; 2,23 f; 2,26; 3; 2,28. Nazar. paneg. 10,17; 10,36 ff. Anon. Vales. 5,23; 5,26 ff. Eutrop. 10,6,1; Vict. epit. 41,7. Socrat. 1,4; Sozom. 1,7. Theodor. h.e. 1,20. Zon. 13,1 f. Vgl. auch Lact. de mort. pers. 46. Pauly-Wissowa 8. Hbbd. 1958, 1723. Vogt, Constantinus RAC III 338. Seeck, Der Untergang I 166 ff. Pfättisch 61. Schwartz, Kaiser Constanin 94. Voelkl, Der Kaiser 130 ff. Doerries, Konstantin 47. Stockmeier, Leo I. 105 f. Poppe 39 ff. Barnes, Constantine 210, 214

39 Euseb. h.e. 9,9,1; 9,9,12; 10,2,2; 10,4,60; 10,8,5; 10,8,8 ff. Lact. div. inst. 7,27,5. Vogt, Constantinus RAC III 308 f, 337. Moreau, Eusebius von Caesarea RAC VI 1061 ff, bes. 1073 f. Harnack, Militia Christi 91. Cadoux 260. Vgl. aber auch Grégoire La «conversion» de Constantin, in: Revue de l'Université de Bruxelles 1930/31, 231 ff, wo noch immer Licinius als «champion du christianisme» figuriert. Dazu Aland, Entwürfe 32, 204. Hornus 42, 68. Barnes, Lactantius and Constantine 29. Grant, Das Römische Reich 86.

40 Vict. Caes. 41,3. Vict. epit. 41,9 f. Anon. Vales. 22. Stein, Vom römischen 146. Hönn 119

41 Euseb. h.e. 10,4,61; 10,8,1 ff. Hernegger 163. Ziegler, Gegenkaiser 9 ff, 26 ff

42 Euseb. h.e. 10,8,2 ff. Vgl. vor allem auch die V. C. Dazu Vogt, Die Vita Constantini 463 ff. Die Echtheitsfrage der Schrift, zumindest einzelner Teile bzw. Dokumente daraus, ist nicht endgültig geklärt. Skeptisch: Grégoire, Seston, Orgels, bes. Scheidweiler in ByZ 46, 1953, 293 ff. Euseb als Verfasser wird aber fast allgemein anerkannt. – Ferner: Kühner, Gezeiten der Kirche 83 ff. Ausführlichst zur hybriden Kaisertheologie des Eusebius: Berkhof, Die Theologie des Eusebius von Cäsarea, 1939

43 Moreau, Eusebius Caesarea RAC VI 1061. Kühner, Gezeiten der Kirche 83, 91 f

44 Caspar, Papsttum I 126 f. Barnes, Constantine 208 ff, der besonders die Vorteile für die Christen im Herrschaftsgebiet des Licinius aufzeigt

45 Euseb. V. C. 3,1. Liber Pont. 34. Nash 214 ff. Grant, Christen 169 ff. Browning 109, 181 f. Barnes, Constantine 49 f

46 Euseb. V. C. 2,45 f; 3,29; 3,31; 3,50; 3,53. RAC III 339, 367 f. Hier weitere Literatur. Ehrhard, Urkirche 320. Deichmann, passim. Voelkl, Die konstantinischen Kirchenbauten 49 ff. Doerries, Konstantin 119 ff. Weckwerth 37, 41. Süssenbach 63 ff

47 Euseb. V. C. 2,45 f; 3,40; 3,50. h.e. 10,2,1; 10,4,42. Socrat. 1,16,1. Vogt, Constantinus RAC III 369. LThK 1. A. I 495. Lexikon der alten Welt 284. Brandenburg JbAC 24, 71 ff, bes. 84. Ehrhard, Urkirche 320. Geanakoplos 167, 171 f, 174 f. Vgl. auch zum Memorialbau, den Kaiserin Helena über der Geburtsgrotte in Bethlehem errichten ließ: Perler 129 ff. G. T. Armstrong, 90 ff. G. Downey 342 ff. Hönn 180 f. Chadwick 144 f

48 Doerries, Konstantin 127

49 Euseb. h.e. 10,2,2. V. C. 3,16; 3,22; 4,28; 4,44. Vgl. ferner 3,43 f; 4,43. Zur Problematik und Authentizität dieser Vita vgl. Moreau. Zum Problem der Vita Constantini 234 ff. Ferner Vittinghoff 330 ff. Scheidweiler, Nochmals die Vita Constantini ByZ 44, 1956, 31 f. Aland, Die religiöse Haltung 549 ff. Winkelmann, Vita Constantini 187 ff. Vgl. auch die Dissertation dess. Die Vita Constantini des Euseb

50 Euseb. V. C. 1,42; 3,1. Ammian. Marcell. 21,16,18. Klauser, Der Ursprung 9 ff, 33 Anm. 17. Hernegger 183 ff. Kühner, Gezeiten der Kirche 89 f

51 Euseb. h.e. 10,7. Cod. Theod. 16,2,1 f, 16,2,4. August. ep. 88. Stein, Vom römischen 149 f, 226. Schnürer, Kirche I 8. Caspar, Papsttum I 131. Doerries, Das Selbstzeugnis 205 f. Ders. Konstantin 99, 117. Hernegger 185 ff. Franzen 66 f betont, daß Konstantin das Christentum «in jeder Weise gefördert» habe. Kühner, Gezeiten der Kirche 89 f. Lorenz, Das vierte 11 f. Schmailzl 103 ff. Chrysos 119 ff

52 Diodorus 1,73,2 ff. Grant, Christen 67 ff. Es kam vor, daß Bauern gläubig (oder dumm) genug waren und sich brieflich bereit erklärten, «die den Priestern vom Staat auferlegten Arbeitsleistungen mit zu übernehmen»; ebd. 71

53 Papyrus Oxyrhynchus XXII, 2344; X 1265

54 Sozom. 5,3. Chadwick, Die Kirche 192

55 Cod. Theod. 4,7,1 = Cod. Justin. 1,13,2. Mt. 5,33 ff. Cod. Theod. 1,27,1. Stein, Vom römischen 150. Ehrhard, Urkirche 320. Doerries, Konstantin 68, 73. Ders. Das Selbstzeugnis 197. Hernegger 180 f, 183 f. Braun, Radikalismus I 85, II 80 f. Calderone 305 ff. Selb 162 ff, bes. 171 ff. Baus, Von der Urgemeinde 467. Lippold, Bischof Ossius 1 ff

56 Cod. Theod. 16,2,3 f; 16,2,6. Hieron. ep. 52,6. Vogt, Constantinus RAC III 336. Grant, Christen 177 f

57 Vogt, Constantinus RAC III 307. Ders. Konstantin 265, 276. F. Lot, La fin du monde antique et le début du Moyen Age 1927, 34. Zit. nach Straub, Regeneratio 134. S. auch ebd. 88. Sehr skeptisch über das Christentum Konstantins äußert sich Hönn 187 ff. Ferner: Hernegger 117. Aland, Glaubenswechsel 41 ff. Grant, Das Römische Reich 204 f, 217 ff

58 Euseb. h.e. 8,17,1 ff; 10,5,2. V. C. 3,25 ff; 4,62. Lact. de mort. pers. 34; 48. Lib. Pont. Vita Silvestri. Cod. Theod. 16,10,1. RAC III 317 f. Kraft, Kirchenväter Lexikon 210. dtv Lex. Antike, Religion II 42 f. Hammond/Scullard 280. Schwartz, Zur Geschichte des Athanasius 1904, 536 ff; 1911, 425, 489. Pfättisch 182. Seeck, Untergang IV 215. Caspar, Papsttum I 105 ff. Vogelstein 58 ff. Kornemann, Weltgeschichte II 313 ff, 323. Ders. Römische Geschichte II 381. Vittinghoff 330 ff. Voelkl, Der Kaiser 135. Kawerau, Alte Kirche 100. Plöchl, Kirchenrecht I 39. Haller, Papsttum I 44 f. Vogt, Der Niedergang Roms 258. Dannenbauer, Entstehung I 63 f. Aland, Entwürfe 166. Hernegger 148 ff, 163 ff, 170. Franzen 72. Chadwick, Die Kirche 142. Noethlichs, Die gesetzgeberischen Maßnahmen 23 f. Geanakoplos 171 f. Die Kirche hat sich schon im 3. Jh. stark in der Gesellschaft engagiert und hatte die von allen Kulten am besten ausgebildete, das ganze Reich umfassende Organisation: F. Winkelmann, Probleme der Herausbildung 284. H. Grégoire, La «conversion» de Constantin RUB 36, 1930/31, 270, zit. nach Ziegler, Gegenkaiser 38. Einige Forscher übersetzen neuerdings «epískopos tōn ektós» nicht «Bischof für die äußeren Belange», sondern: «. . . für die Außenstehenden», da sie «tōn ektós» nicht von «tá ektós» (die äußeren Angelegenheiten), sondern von «hoi ektós» (die Außenstehenden) ableiten – ausführlich: Straub, Regeneratio 119 ff

59 Cod. Theod. 13,5,7. Euseb, V. C. 1,12,38. Vogt, Constantinus RAC III 349 f, 353 ff, bes. 355. Lexikon der alten Welt 1588 ff. Treitinger 50 ff. Ostrogorsky, Geschichte des byzantinischen Staates 30. Kornemann, Weltgeschichte II 297 ff, 311. Ders. Römische Geschichte 384 f. Dannenbauer, Entstehung I 19. Kühner, Gezeiten der Kirche 85, 90 ff. Gottlieb, Ost und West 9 f. Dvornik 758 ff. Hiltbrunner 1 ff. Straub, Des christlichen Kaisers 147 ff. Ders. Regeneratio 153 ff. Grant, Das Römische Reich 86, 203. Burian, 623 ff, bes. 638

60 Cod. Theod. 6,13,1. Coll. Avell. Epistul. 14,19,181 (ed. Guenther). Weinel, Staat 20 f. Bauer, Das Johannesevangelium 71. Windisch 88. Treitinger 56. Bornhäuser, Jesus imperator 13 f. Lietzmann, An

die Römer 98. Koch, Gottheit und Mensch 146 ff. Hernegger 201 ff. Weinstock, Divus Julius 1971. Vgl. dazu die ausführliche Besprechung von J. A. North in: JRS, Vol. LXV 1975, 171 ff. Wrede, Consecratio. Price 28 ff. Gesche 377 ff

61 Cod. Theod. 15,4,1. Theodor. 1,34,3. Philostorg. 2,17. Treitinger 158. Dannenbauer, Entstehung I 25 ff, 66 ff. Ewig, Königsgedanken 8 ff. Kornemann, Römische Geschichte 385. Bruun, Consecreation 19 ff. Hönn 133 f, 155. Karayannopoulos 341 ff. Ewig, Das Bild Konstantins 3. Koep, Die Konsekrationsmünzen 94 ff. Straub, Regeneratio 141 ff. Anton, Selbstverständnis 45 ff. Grant, Das Römische Reich 203 ff, 290 f

62 Vogt, Constantinus RAC III 349 f. Delbrück, Antike Porphyrwerke 24 ff. Hönn 127 ff

63 Euseb. V. C. 2,12,1; 4,17; 4,22,1; 4,29. Vogt, ebd. 360

64 Euseb. h.e. 9,9,1; 9,9,9; 10,4,61. V. C. 1,3; 1,12; 1,44. RAC III 371, VI 1073. Bihlmeyer LThK 1. A. VI 163. Bury, History II 410. Vogelstein 75. Ehrhard, Urkirche 319 ff. Hönn 136 f, 153. Löwe, Von Theoderich 16. Doerries, Konstantin 145. v. Campenhausen, Lateinische Kirchenväter 70. Stockmeier, Leo I. 138. Aland, Entwürfe 195. Kühner, Gezeiten der Kirche 83, 90 f. Baus in Handbuch der Kirchengeschichte II/1, 9, 15. Freilich hatte man im Grunde durch dieselben Topoi schon in vorchristlicher Zeit den Idealherrscher gekennzeichnet: Ziegler, Gegenkaiser 26 f. Zur Vita Constantini vgl. die kritische Neuausgabe von F. Winkelmann (Hg.), Über das Leben des Kaisers Konstantin 1975, bes. die ausführliche Einleitung S. IX ff. S. auch Moreau, Eusebius von Caesarea RAC VI 1073 ff. Euseb sah in Konstantins Regierung «die Erfüllung der Weltgeschichte», ebd. 1061

65 Euseb. V. C. 2,4; 2,14; 4,5. Zos. 2,21 f. Socrat. h.e. 1,18. Anon. Vales. 21; 30 f. Ammian. 17,13,1. Eutrop. 9,7. Vict. Caes. 41,12. Zonar. 13,2. Vogt, Constantinus RAC III 371. RGA 2. A. 1978 III 584. H. Kraft in dtv Lex. Antike, Religion I 176, II 42. Seeck, Untergang I 47 f. Stein, Vom römischen 158 f. Patsch 17 ff. Bang, Constantine and the Goths 208. Schmidt, Die Bekehrung 219. Kornemann, Weltgeschichte II 309 ff. Ders. Römische Geschichte II 391. Prete, Der geschichtliche Hintergrund 502. Doerries, Konstantin, 21, 80. Voelkl, Der Kaiser 58, 106, 120 f, 127, 163, 172, 194, 234. Straub, Herrscherideal 124. Dölger, Byzanz 11. Nach den Datierungen C. H. Habichts, Konstantin 360 ff, bes. 371, entfällt allerdings der Gotenkrieg 315

66 Tac. Germania 7. Cornfeld/Botterweck IV 894. Andresen/Denzler 351. dtv Lex. Antike, Religion I 120, 222, 231, II 82 f. v. Hentig, Der Friedensschluß 44 ff. Ders. Die Besiegten 19 ff. Ziegler, Gegenkaiser 47 f. Lindauer 97

67 Orig. Lev. 5,1. Num. hom. 26. de princ. 4,14. Homilien zu Josua 15,1. c. Cels. 5,33; 8,73. Schöpf 37. Nach v. Campenhausen, Tradition und Leben 210 f, klingt bei Origenes lediglich ein «leiser, pazifistischer Unterton» auf, der überdies «als solcher nicht aus der Bibel, sondern aus dem spätplatonischen Spiritualismus stammt».

68 Lk. 6,27 f, 6,32 f, 13,1 ff. Mt. 5,21 ff, 5,38 ff, 5,46 f, 19,18. Harnack, Militia Christi 2. Weinel, Staat 7. Wendland, Handbuch 23, Cadoux 21 f. Troeltsch 40. Knopf, Einführung 268. Windisch, Bergpredigt 150, 14. Asmussen, Bergpredigt 30. Ragaz, Bergpredigt 55. Dibelius, Jesus 105. Ders. Botschaft und Geschichte I 113 ff. Preisker, Das Ethos 119. Nigg 489. Heer, Kreuzzüge 5, Jeremias 35 ff. Deschner, Hahn 493 ff

69 Ephes. 6,16 f. Röm. 13,9 f. Jak. 2,10 f. Apk. 13,9. Did. 1,3 f. Athenag. leg. 11. Iren. adv. haer. 4,24,2. Min. Fel. Octav. 30,6. Just. Tryph. 110,1. Apol. 1,16. Tat. or. 19,2; 11,1. Arist. Apol. 17,3. Tertull. idol. 17; 19. de pat. 6 f. apol. 37. corona 11 f. Orig. c. Cels. 3,7; 5,33; 7,26; 8,68; 8,73; 73,1. Orig. comm. ser. 102 in Mt. Cypr. bono pat. 14; 16; Donatum 6,10. Clem. Al. Paidag. 1,12,99; 2,4,42. Vgl. aber auch Clem. Al. protr. 10,100. Diogn. 5; Arnob. adv. gent. 1,6. Lact. div. inst. 6,20,15 ff; 5,17,12 f. Syn. Elv. c. 73. Sulp. Sev. Vita Martini 4. Hippol. Traditio Apostol. c. 16. Constit. per Hippolytum 41. Vgl. selbst noch Ambros. de off. min. 3,4,27. Kraft, Kirchenväter Lexikon 279 ff, bes. 284. Hefele I 21. Marcuse 24 f. Cadoux 49 ff, 158 ff, 245. Bainton 197, 208. Althaus. v. Campenhausen, Tradition und Leben 202 ff. Schöpf 75. Heer, Kreuzzüge 9 f. Hornus 14 f. Deschner, Hahn 504 ff. Ders. Kirche und Krieg 1 ff. Ders. Un-Heil 53 ff. Ders. Das Kreuz 52 ff. Widmann 74. Einstein zit. nach P. P. Furton, Der Kern der Dinge o. J. 71

70 Hippol. traditio apostol. c. 16. Constitut. per Hippolyt. 41. Hippolyt war in Rom Gegenbischof zu Bischof (Papst) Kallist und wurde trotzdem Heiliger! Die Kirchen feiern sein Fest am 13., 22. August und (bei den Griechen) am 30. Januar, LThK 1. A. V 69

71 Tert. de idol. 17,3. Vgl. 19. Klauser, Christliche Oberschicht 62 ff

72 Athenag. leg. 35

73 Cypr. ad. Donatum 6. Cadoux 245. Bainton 197, 208. S. ferner die in Anm. 35 angeführte Literatur. Zu den ideologischen Vorstellungen für die Umwandlung der Kirche zur Staatskirche ausführlich Hernegger 25 ff, 150 ff. Marschall 19. Meinhold, Kirchengeschichte 47

74 Justin. apol. 1,31. Euseb. h.e. 4,8,4; 8,1,8. Oros. hist. 7,13. Andresen/Denzler 351. Weinel, Staat 25. Knopf/Krüger 23 ff. Ehrhard, Urkirche 15. Köhler, Ursprung 5. v. Campenhausen, Tradition und Leben 206, Kühner, Gezeiten der Kirche 102 f

75 2.Kor. 10,3. Phil. 2,25. Eph. 6,13 ff. Vgl. Hieron. ep. 112,2. Syn. Elvira c. 73. Euseb. h.e. 8,17. Syn. Arel. c. 3. Die Synode verpflichtet noch nicht unmittelbar zum Kriegs-, sondern zum Militärdienst, «in Friedenszeiten». dtv Lex. Antike, Religion I 223. Erben 53. Hornus 159 ff. Heer, Kreuzzüge 10. Doerries, Konstantin 80 ff. Schneider, Geistesgeschichte I 707 f. Hernegger 198. Deschner, Hahn 220 f. Jones, Social Background 23 ff. Dirks, Das schmutzige Geschäft? 16. Kühner, Gezeiten der Kirche 90. Nicht unbezeichnend, wenn auch weniger kraß, der Umschwung der Kirche des 4. Jahrhunderts in ihrem Verhalten gegenüber Gläubigen im öffentlichen Dienst. Von Christen in spanischen Magistraten hatte

die Synode von Elvira noch verlangt, ein jeder müsse während des Jahres, in dem ihm die Leitung obliege, der Kirche fernbleiben. Die Synode von Arles dagegen gestattet einem Christen das Amt des Statthalters, der nur ausgeschlossen werden soll, wenn er gegen die Kirchenordnung verstößt. Vgl. Syn. Elvira c. 57 mit Syn. Arel. c. 7

76 v. Haehling, Religionszugehörigkeit 238 ff. S. auch Tabelle S. 495

77 Ebd. 453 ff. Vgl. auch die Tabelle S. 495

78 Cod. Theod. 16,10,21 (a. 416)

79 v. Campenhausen, Tradition und Leben 205

80 Ebd. 214 f

81 v. Campenhausen, Lateinische Kirchenväter 57

82 Lact. div. inst. 1,18,8 ff; 6,20,15 ff; 5,17,12 f; 6,6,19 ff; 6,9,2 ff. Weitere Belege bei Cadoux 55 ff, 158 ff. Kraft, Kirchenväter Lexikon 339 f. RAC III 307. dtv Lex. Antike, Philosophie III 26. Schnürer, Kirche I 6 f. v. Campenhausen, Lateinische Kirchenväter 64 f, 70 ff. Prete, Der geschichtliche Hintergrund 491. Bloch, The Pagan Revival 193. Kühner, Gezeiten der Kirche 115

83 Hieron. vir. ill. 80. Pauly-Wissowa 8. Hbbd. 1958, 1723. Kraft, Kirchenväter Lexikon 337. Koch, Kleine Deutsche Kirchengeschichte 18. v. Campenhausen, Lateinische Kirchenväter 57 ff, 71 ff. Prete, Der geschichtliche Hintergrund 497 ff. Vgl. auch 508 f. Doerries, Konstantin 117 f. Brühl, Königspfalz 251 ff. Lippold, Theodosius 58 f

84 Heinrich Heine zit. nach Beutin I 220

85 Voltaire, Lettres philosophiques Nr. 8, 33 f, zit. nach V. Neumann, Voltaire I 83. Schopenhauer, Parerga und Paralipomena II. Kap. 15: Über Religion § 174, zit. nach J. Welter, Schopenhauer I 183

86 Euseb. V. C. 4,10. Kühner, Gezeiten 87 ff

87 Euseb. V. C. 2,67; 3,17 ff. Doerries, Konstantin 79 f, 101. Hernegger 153 ff, 164 ff, 168. Tinnefeld 257 f. Szilágyi 376. Schneemelcher, Aufsätze 316 f. Straub, Regeneratio 70 ff, 87 f

88 Euseb. V. C. 2,55; 2,65; Euseb. h.e. 10,7,2. Dazu Hernegger 159 ff. Doerries, Konstantin 80. Tinnefeld 257 f

89 Euseb. h.e. 5 prooem.; h.e. 9,1 ff. V. C. 1,6; 1,46. Hernegger 184. Poppe 26. Andresen, Die Kirchen der alten Christenheit 319 f. Winkelmann, Probleme der Herausbildung 299

90 Liv. 2,19,12; 2,42,5; 25,12,15; 26,45,9. Cic. nat. deor. 2. Dio 51,1,3. Pauly II 24 ff. dtv Lex. Antike, Religion I 217 ff. Hernegger 458, Anm. 19. Ziegler, Gegenkaiser 47 f

91 Euseb. V. C. 2,12. Vgl. 2,4; 2,7 f. Harnack, Militia Christi 86 f. Bainton 194. Franzen 66. Straub, Regeneratio 112. Schneider, Geistesgeschichte I 697 ff, 734. Brown, Welten 36

92 Weber, W. Die Vereinheitlichung 92. Straub, Regeneratio 85

93 Euseb. V. C. 1,6. Euseb. Or. ad s. coetum 26. Theodor. h.e. 1,2; 5,41 f. Kraft, Kirchenväter Lexikon 482

94 Euseb. V. C. 3,1. Hernegger 166 ff

95 Ambros. de off. 41,202. August. ep. 189. LThK 1. A. VI 243 f. Doerries, Konstantin 127 ff. Hier auch das erste Zitat von Ambrosius und das von Luther

96 v. Schubert, Geschichte I 26. Giesecke, Die Ostgermanen 118.

Schmidt, Die Bekehrung 280 f. Momigliano, The Conflict 10

97 Cod. Theod. 6,10,21; 7,18. Cadoux 590. Dannenbauer, Entstehung I 231. Poppe 47, 52

98 Chrysost. hom. ad Mt. 61,2. Salvian, de gub. dei 3,50. Basil. ep. ad Amphil. c. 13 und 15. Regino v. Pr. I 317 f. Fulg. v. Chartr. de peccatis capitalibus, PL 141, S. 339. LThK 1. A. VI 984. Rauschen 240. Schmitz, Bußdisziplin 42 f, 264. Sternberg 163. Hellinger 89 f. Doerries, Konstantin 85 f. Ryan 27. Hornus 89, 158 ff. Brown, Welten 160. Ehebruch (bei Basilius) zwischen zwei Verheirateten

99 Athan. ep. ad Amm. Chrysost. Matthäus-Kommentar 26,7. Ambros. de off. 1,129. Heilmann II 374. Cadoux 146, 257. Hornus 8, 88

100 Aland, Entwürfe 223 spricht bei dem zitierten Satz teilweise von einer Annahme

101 Euseb. V. C. 4,56; 5,2; 5,4; 10,7. h.e. 8,13,15; Zos. 2,29; 2,14,1. Philostorg. 2,14. Lact. div. inst. Zusatz zu 7,26. Hieron. vir. ill. 80. Cod. Theodos. 4,6,2 f. Sozom. 1,5. Ammian. 14,11,10; 14,11,20. Eutrop. 10,6,3. Vict. epit. 40,5; 41,11 f. Epit. Caes. 40,5. Apoll. Sid. ep. 5,8,2. Chrysost. in ep. ad Philipp. 4,15,5. Zon. 12,33. Pauly-Wissowa 8. Hbbd. 1958, 1723 f. Groag, Maxentius, Pauly-Wissowa 28. Hbbd. 1966, 2444 f. Pauly III 1108. Vogt, Constantinus RAC III 361. dtv Lex. Antike, Religion II 41, 43. Lexikon der alten Welt 953. Seeck, Untergang I 49; 102 ff; IV 213. Schwartz, Charakterköpfe 265. Stein, Vom römischen 199. Eger 110 ff. Doerries, Konstantin 170. Hönn 98, 131 f. Voelkl, Der Kaiser 156, 210. Kornemann, Weltgeschichte II 314. Alföldi, Die constantinische Goldprägung 112 ff. Kraft, Konstantins religiöse Entwicklung 128 ff. Vogt, Pagans 48 f. Franzen 68. Gwatkin 15. Browning 55. Baus, Handbuch der Kirchengeschichte II/1, 16

102 Zosim. 2,30. LThK 1. A. X 366. Seeck, Untergang I 174. Aland, Entwürfe 223

103 Hieron. ep. 77,3. Kaser, Zweiter Abschnitt 4

104 Lexikon der alten Welt 2559

105 Doerries, Das Selbstzeugnis 168. Ders. Konstantin 64 ff. Nehlsen 118. Thraede 94. Unter Fußnote 14 weitere Literaturangaben

106 Theodor. h.e. 5,21. Schwartz, Kaiser Constantin 91. Stein, Vom römischen 190 ff. Kornemann, Römische Geschichte II 392 f

107 Cod. Theod. 9,5,1; 9,7,1; 9,16,1 f; 9,40,2; 15,12,1; 16,10,1; Sozom. 1,8. Aurel. Vict. Caes. 41. Vogt, Constantinus RAC III 357 ff. Ders. Zur Frage des christlichen Einflusses 118 ff, bes. 141 ff. Hönn 142 ff. Thraede 94

108 Cod. Theod. 9,9,1; 9,15,1; 9,16,1 ff; 9,21,1; 9,24,1; 9,34,1; 16,10,1. Aurel. Vict. de Caes. 41,11 f. August. civ. dei 5,25. Lexikon der alten Welt 2559. Seeck, Untergang I 53, 63. Stein, Vom römischen 148 f, 192 ff. Rehfeldt 78. Voelkl, Der Kaiser 86, 95 ff, 109, 210. Doerries, Das Selbstzeugnis 171 f, 180. Ders. Konstantin 60, 63 f, 132 f. Franzen 68. Noethlichs, Die gesetzgeberischen Maßnahmen 24 f. Jones, The later Roman Empire I 92. The Complete Works of Percy Bysshe Shelley, Newly Edited by R. Ingpen and W. E. Pack, 1965, VI 38. Zit. nach G. Borchardt, Percy Bysshe Shelley I 210, vgl. 192 ff. Baus, Von der Urgemeinde

468 f. Ders. in Handbuch der Kirchengeschichte II/1, 8. Grant, Das Römische Reich 101 f. Vogt s. nächste Anm.

109 Cod. Just. 6,1,3 ff. Vogt, Zur Frage des christlichen Einflusses II 130 f. Grant, Das Römische Reich 102

110 Cod. Theod. 3,16,1. Cod. Just. 5,26,1. Vogt, Constantinus RAC III 357 f. Harnack, Die Mission 193 f. Stuiber 69 f. Hier auch das Harnack-Zitat

111 Cod. Just. 5,26,1; Cod. Theod. 4,6,2 f. Vogt, Zur Frage des christlichen Einflusses 135 f. Doerries, Das Selbstzeugnis 275 f. Ders. Konstantin 65. Tinnefeld 262. Nehlsen 95. Roby 103

112 Vogt, Constantinus RAC III 357. Ders. Zur Frage des christlichen Einflusses 131 f. Meinhold, Kirchengeschichte 51

113 Cod. Theod. 9,12,1; leicht abweichend davon: Cod. Just. 9,14. Vgl. damit schon Ulpian. Dig. 1,6,2. Stuiber 65 f

114 dtv Lex. Antike, Geschichte II 96 f. dtv Lexikon 8, 140. Härtel 346

115 Cod. Theod. 9,12,2. Vita Hadr. 18,7. Vogt, Zur Frage des christlichen Einflusses II 131. Stuiber 66

116 Theodor. h.e. 1,34. Stuiber 67 f

117 Syn. Elv. c. 5. Stuiber 73

118 Syn. Elv. c. 49,50. Vgl. c. 16

119 Cod. Theod. 16,8,1; 16,8,5; 16,9,2; Euseb. V. C. 3,18; 4,27. h.e. 10,5,3 f. Voelkl, Der Kaiser 66, 77 f subsumiert die letzten Erlasse unter dem Satz: «Verfügung zum Schutz jüdischer Konvertiten». Browe, Die Judengesetzgebung 120. Kornemann, Weltgeschichte II 308. Ders. Römische Geschichte II 390. Blumenkranz, Missionskonkurrenz 229. Avi-Yonah 167. Noethlichs, Die gesetzgeberischen Maßnahmen 32 ff, 45 ff. Langenfeld 64 ff, 105. Tinnefeld 245 ff. Anton, Selbstverständnis 44. Grant, Das Römische Reich 274

120 Chrysost. P.G. 48,900. Tinnefeld 308 f

121 Grant, Das Römische Reich 292 f

122 Euseb. h.e. 10,5,21 ff. Vogt, Constantinus RAC III 332

123 Euseb. h.e. 10,5,21 ff; 10,6,4 f. Opt. Mil. 1,16; 1,15; 1,19 ff; 2,6 ff; 5,1; 26,121. August. ep. 43,6,17; 43,9,25 f. de un. eccl. 18,46; enarr. in ps. 26,2,19. Hieron. ep. 133,4. Vogt, Constantinus RAC III 330 ff. Ebd. IV 128 ff. dtv Lex. Antike, Religion I 219 f. Lexikon der alten Welt 769. Seeck, Untergang I 314 ff, bes. 317. Stein, Vom römischen 152. Schwartz, Kaiser Constantin 82 ff. Ehrhard, Urkirche 308. Ders., Die griechische und lateinische Kirche 179 ff. van der Meer, Augustinus 109 ff. Diesner, Studien zur Gesellschaftslehre 64. Kornemann, Römische Geschichte II 381. v. Campenhausen, Lateinische Kirchenväter 186. Voelkl, Der Kaiser 59 f. Hernegger 390. Vogt, Der Niedergang Roms 189 f. Deschner, Hahn 340 f, 476. Grasmück 17 ff. Doerries, Wort und Stunde I 80 ff. Rauh 104. Kühner, Gezeiten der Kirche 110 f. Chadwick, Die Kirche 138 ff, 258. Brown, Augustinus 184 ff. Jones, Roman Empire I 81 f. Girardet 6 ff, 17 ff, 26 ff. Aland, Von Jesus bis Justinian 164 ff. Wojtowytsch 69, 410 ff mit einer Fülle von Literaturhinweisen

124 Vgl. dazu etwa «Die Anfänge des Priesterbegriffs in der alten Kirche», in: v. Campenhausen, Tradition und Leben 272 ff

125 Syn. Arel. (314) c. 8; 13. Euseb. h.e. 10,5,18 ff. Optat. Mil. 1,23 f.

August. ep. 43,5,14 ff; 53,2,5; 88,2 f; 89,3. cont. litt. Petilian. 2,92,205; 3,67; 2,92,205; c. Cresc. 3,40,44; ep. Parm. 1,8,13; 11,18; brev. coll. 3,12,24; 3,17,31 ff; ad Donat. post coll. 31,54; 33,56; ep. 141,9. Cod. Theod. 16,2,1 (wo erstmals im Cod. Theod. der Begriff «haereticus» erscheint). Mirbt/Aland, Quellen Nr. 237 ff, S. 109 f. RAC II 1203. Vogt, Constantinus ebd. III 331 ff. dtv Lex. Antike, Religion II 42. v. Soden/v. Campenhausen Nr. 11 ff; Nr. 30. Seeck, Untergang I 326 ff, III 324 ff. Stein, Vom römischen 152 ff. Schwartz, Kaiser Konstantin 88 f. Ehrhard, Die griechische und die lateinische Kirche 180 f. Kornemann, Weltgeschichte II 290. Ders. Römische Geschichte II 382. Habicht, Konstantin 368, 372 f. Lietzmann, Geschichte 68 ff. Kraft, Kaiser Konstantin 196. Grasmück 91 ff. Haller, Papsttum I 363. Doerries, Wort und Stunde I 80 ff, 88 ff. Voelkl, Der Kaiser 82. Hönn 161 ff. v. Campenhausen, Lateinische Kirchenväter 191. Hernegger 17, 390, 399. Vogt, Der Niedergang 191 f. Instinsky 59 ff. Tengström 93. Greenslade 15. Monachino 11 ff, 16 ff. Lorenz, Das vierte Jahrhundert 10. Marschall 103 ff. Noethlichs, Die gesetzgeberischen Maßnahmen 7 ff. Haendler, Von Tertullian 82 ff. Jones, Roman Empire I 82. Wojtowytsch 69 ff. Barnes, Constantine 57 ff

126 Haller, Papsttum I 45

127 Optat. 3,3. Hönn 166 f. Handbuch der Kirchengeschichte II/1, 144

128 Just. apol. 1,26; 1,58. Tryph. 35,4 f; 80,3. Iren. adv. haer. 1,27; 3,3,4. Harnack, Marcion 26, 196, 28* ff. Ders. Dogmengeschichte 77. Heussi, Kompendium 54. Marcion 193 ff. Bauer, Rechtgläubigkeit 30. Rist, Pseudepigraphic Refutation 39 ff, 50, 62. Buonaiuti I 97 ff. Lietzmann, Geschichte I 267. Kraft, Konstantins religiöse Entwicklung 126 ff. Kawerau, Alte Kirche 52 ff, bes. 56

129 Euseb. V. C. 3,64 f. Cod. Theod. 16,5. Vogt, Constantinus RAC III 344. Pfättisch 141. Martin, Theodosius laws 117 ff. Doerries, Selbstzeugnis 82 ff. Ders. Wort und Stunde I 102 ff. Noethlichs, Die gesetzgeberischen Maßnahmen 11 ff. Jones, Roman Empire I 88. Anton, Selbstverständnis 43 f

130 Euseb. V. C. 2,65. Hernegger 164 ff. Noethlichs, Die gesetzgeberischen Maßnahmen 17 ff

131 Vogt, Constantinus RAC III 334. Geffcken, Der Ausgang (Nachdruck 1963) 92 ff. Chadwick, Die Kirche 175. Handbuch der Kirchengeschichte II/1, 14

132 Socrat. h.e. 1,9. Gel. Cyc. h.e. 2,36. Zosim. 2,40,3. Eunap. Vitae sophist. 6,2,12; 6,3,7. Athan. ep. fest. 4. Fredouille, Götzendienst RAC XI 879. Pauly I 15. Aland, Glaubenswechsel 42. v. Haehling, Religionszugehörigkeit 57 f. Tinnefeld 264

133 Euseb. h.e. 10,5,8. V. C. 2,24 ff; 2,48 ff; 4,9 ff. Vgl. Cod. Theod. 9,16,1 f; 16,2,5; 16,10,1. J. Fontaine JbAC (25) 1982, 21. Schultze, Geschichte I 41. Doerries, Konstantin 132 ff bagatellisiert Konstantins Haltung zu stark

134 J. v. Walter 289. Meinhold, Kirchengeschichte 52

135 Cato: Cic. de divin. 2,51. Joseph. Vita 23,113. Euseb. V. C. 2,56. Cod. Theod. 9,16,1 f. Vgl. 16,10,1. Vogt, Constantinus RAC III 363 f. Büchmann II 676 f. Schultze, Geschichte I 47 f.

Geffcken, Untergang 93. Haller, Papsttum I 42 f. Karpp 145 ff. Kempter 4. Straub, Regeneratio 107. Noethlichs, Die gesetzgeberischen Maßnahmen 20 ff. Baus, Von der Urgemeinde 472

136 1.Mos. 18,1 ff. Vgl. auch 1.Mos. 13,18; 14,13; 23,17. Euseb. V. C. 2,45; 3,1; 3,25 f; 3,48; 3,52 ff; 3,58; 4,25; 2,45. Cod. Theod. 15,1,3. Syn. Elv. c. 60. Socrat. h.e. 1,3; 1,18. Sozom. h.e. 2,5; 5,10. Oros. 7,28,28. Julian, or. 7,228 b. Ammian. 21,10. Vogt, Constantinus RAC III 347 f. Funke, Götterbild ebd. XI 808. LThK 1. A. VI 838, X 79. Schultze, Geschichte I 49 ff, II 336 ff. Geffcken, Ausgang 95. Pfättisch 130 ff. Ehrhard, Die griechische und die lateinische Kirche 16. Vittinghoff 358 ff. Doerries, Selbstzeugnis 86 ff. Geanakoplos 175 ff. Winkelmann, Vita Constantini 187 ff, bes. 235 f. Lacarrière 150. Hönn 183 f. v. Haehling, Religionszugehörigkeit 57 f. Noethlichs, Die gesetzgeberischen Maßnahmen 19 ff, bes. 28 ff. Handbuch der Kirchengeschichte II/1, 8 ff. Jones, Roman Empire I 84, 92. Barnes, Constantine 210. Tinnefeld 225. Grant, Christen 173

137 Theodor. h.e. 3,7

138 Euseb. V. C. 3,48; 3,52 ff. Socrat. h.e. 1,16; Soz. h.e. 2,5. Zos. hist. 2,31,1. Joh. Malal. Chron. 13. Hieron. Chronikon (PL 27, 677). W. Deichmann, Christianisierung II RAC II 1230. Vogt, Constantinus RAC III 349 ff. Schultze, Geschichte I, 50, 65, II 283 f, 288. Ehrhard, Urkirche 320. Voelkl, Der Kaiser 191, 207. Kornemann, Römische Geschichte 384. Nietzsche zit. nach Hönn 154. Doerries, Selbstzeugnis 86 f. Anton, Selbstverständnis 41. Tinnefeld 225. Handbuch der Kirchengeschichte II/1, 10. Grant, Das Römische Reich 292

139 Euseb. V. C. 3,54. Funke, Götterbild 816

140 Euseb. V. C. 4,37 ff

141 Polykarp zit. nach Grant, Das Römische Reich 276. C. A. Helvétius, De l'Homme, 1774, II 147, 338. Zit. nach V. Mack, Claude Adrien Helvétius I 119 f. LThK 1. A. VIII 360

142 Euseb. V. C. 4,55. Seeck, Untergang IV 25 f. Klein, Constantius II 187 ff, 195 ff

143 Euseb. V. C. 4,61 ff. Theodor. h.e. 1,32; 1,34. Ambr. de obitu Theod. 40. Vogt, Constantinus RAC III 361. LThK 1. A. VI 162, 676. Schultze, Geschichte I 64. Seeck, Untergang IV 24 ff. Rall 20. Voltaire, Dictionaire philosophique, 49. Zit. nach Mack, Voltaire 86. Chadwick, Die Kirche 144

144 Vogt, Constantinus RAC III 371. LThK 1. A. X 1095. Baus, Von der Urgemeinde 454

6. KAPITEL
Persien, Armenien und das Christentum

1 Klinge, Armenien RAC I 684

2 Vgl. Anm. 13 u. 15

3 Faust. 3,11

4 K.-H. Ziegler, Die Beziehungen 5 ff, 20 ff, 45 ff, 97 ff, 129 ff, bes. 128, 140

5 Ostrogorsky, Geschichte des byzantinischen Staates 36. Neusner 144 ff. C. D. G. Müller, Stellung und Bedeutung 227. Hage 174 ff. Blum, Situation 11 f

6 Pauly III 1119 ff. Christensen 109 ff. Nischer-Falkenhof, Stilicho 12 f. Hage 176. Blum, Situation 12 ff

7 Baynes, Byzantine studies 186. K.-H. Ziegler, Die Beziehungen 144 ff. Blum, Situation 17 ff. Browning 274

8 Zu den Anfängen des Christentums in Armenien vgl. Tert. apol. 5,6. ad scap. 4. Euseb. h.e. 4,30; 5,5; 6,46,2. Cass. Dio 71,8 ff. – Ferner: Klinge, Armenien RAC I 683 ff. Pauly V 931 f. LThK 1. A. I 663 f. Klein, Constantius II 171 ff

9 Klinge, Armenien RAC I 683 f. Pauly V 932. LThK 1. A. IV 673. Zur Rolle der Frauen im frühen armenischen Christentum vgl. auch: Krikorian 29 f. Klein, Constantius II 171

10 Sozom. h.e. 2,8,1. Pauly V 932. Klein, Constantius II 169 ff. Barnes, Constantine 65. Krikorian 29 datiert den Beginn des Christentums als Staatsreligion in das Jahr 301

11 Faust. 3,2 f; 3,5; 3,10; 3,14. LThK 1. A. I 644, 664, 716, IV 673 f, V 901. Pauly III 166. Klinge RAC I 684 ff. Krikorian 30 f. Klein, Constantius II 172 ff. J. Assfalg spricht von Gregor als der «überragenden Gestalt aus der Frühzeit der armenischen Kirche», die seiner in eigenen Festen und im Kanon der armenischen Messe gedenkt: Assfalg 156 f

12 Klinge, RAC I 685 f. Klein, Constantius II 174 ff

13 Faust. 3,8; 4,21 ff; 4,50. Zu Faustus vgl. auch LThK 1. A. III 972 f und Lauer III f. Ferner: Klein, Constantius II 182 Anm. 32. Krikorian 30

14 Faust. 3,20; 4,11; 4,20; 4,22; 4,33

15 Ebd. 3,7 f; 4,22

16 Ebd. 3,5; 3,11; 4,22

17 Ebd. 3,11

18 Ebd.

19 Ebd. 3,11; von mir hervorgehoben

20 Ebd. 4,49; 4,51

21 Ebd. 4,3 f

22 Ebd. 4,51 f. Ferner LThK 1. A. VII 490. Von mir hervorgehoben

23 Faust. 4,51 f

24 Faust. 3,3; 3,13; 5,31. Klinge RAC I 685 f. LThK 1. A. VII 924

25 Euseb. V. C. 3,7. v. Stauffenberg 112 f

26 Philostorg. h.e. Anh. 7,3a. Pauly III 1576. Klein, Constantius II 175 ff, 192 ff. Blum, Situation 26 f

27 Aurel. Vict. epit. 41,20. Anon. Vales. 6,35. Ammian. 14,1,2. Stallknecht 36 ff. Klein, Constantius II 196 f

28 Theodor. h.e. 1,24

29 Ebd. 1,25. Euseb. V. C. 4,9 ff. Soz. h.e. 2,15

30 v. Stauffenberg 113 ff

31 Afrah. Dem. 5,1 ff; 5,10 ff; 5,23 ff. Schühlein, LThK 1. A. I 530. Altaner 298. v. Stauffenberg 114. Zur Judenfeindschaft Afrahats: Pavan I christiani 457 ff. Ferner: Stallknecht 42 f. Blum, Situation 27 f

32 C. D. G. Müller, Stellung und Bedeutung 228. Blum, Situation 23 f

33 C. D. G. Müller, Stellung und Bedeutung 227 ff. Blum, Situation 23 ff

34 Stein, Vom römischen 212. Vööbus, History I 235 f. Blum, Situation 24 ff

35 Kmosko 690 ff. Higgins 265 ff. Rubin, Zeitalter Justinians I 253. Vööbus, History I 239 ff. C. D. G. Müller, Stellung und Bedeutung 228 f. Hage 181. Blum, Situation 24, 27 ff

36 Liban. or. 18,206 ff. Stein, Vom römischen 213 f

37 Ephräm, Carmina Nisibena. Theodor. h.e. 2,31. Vgl. auch Theodor. rel. histor. c. 1. Altaner 295, 299 f. Blum, Situation 27 f

38 ThRe IX 1982, 756. Ziegler, Die Beziehungen 146 f

39 Ostrogorsky, Geschichte des byzantinischen Staates 47. Ziegler, Die Beziehungen 147 f. Blum, Situation 31

40 Socrat. 7,18; 7,20. Theodor. h.e. 5,41. LThK 1. A. I 12, V 357, VI 1002 f. Stein, Vom römischen 423 ff. Ostrogorsky, Geschichte des byzantinischen Staates 47. Ziegler, Die Beziehungen 147 f. C. D. G. Müller, Stellung und Bedeutung 229 f, 232. Blum, Situation 31 f

41 Vgl. Klinge, Armenien RAC I 683 ff

7. KAPITEL
KONSTANTINS CHRISTLICHE SÖHNE UND IHRE NACHFOLGER

1 Thieß 265

2 Klein, Gotenprimas Wulfila 90 f

3 Hay 338

4 Euseb. V. C. 4,52. Julian or. 1,12. Liban. or. 59,46. Schultze, Geschichte I 69. Seeck, Untergang IV 2 ff. Noethlichs, Die gesetzgeberischen Maßnahmen 260 Anm. 264. Blum, Jugend des Constantius II. 389 ff. Browning 62 ff, 233. Kühner, Gezeiten der Kirche 122

5 Euseb. V. C. 4,68 ff. Athan. hist. Arian. 69. Zos. 2,40; 2,55,2 f. Socrat. 2,34; 3,1,6 ff. Ammian. 14,7,9 ff; 14,9; 14,11,27; 21,16,6. Philostorg. 3,28; 4,1. Soz. 5,2. Liban. or. 18,10. Greg. Naz. or. 4,21; 4,91. Julian ep. ad Athan. 270; 273. Eunap. Vit. Aedes 25. Pauly I 1291 f, 1368, IV 288. Schultze, Geschichte I 68. Stein, Vom römischen 202 ff, 226. Seeck, Untergang IV 28 f. Giesecke 11. Kornemann, Weltgeschichte II 323. Ders. Römische Geschichte II 396. Scheidweiler, Eine arianische Predigt 140. Vogt, Pagans 47 ff. Ders. Niedergang Roms 264 f. Voelkl, Der Kaiser 241. Thieß 266. Jacob-Karau/Ulmann 90. Jones, Roman Empire I 116. Aland, Entwürfe 22. Girardet, Konstantius II. 101 f. Tinnefeld 239 f. Klein, Constantius II 211 f. Browning 53 f, 58 f. Benoist-Méchin 18 f

6 Ammian. 21,16,8. Benoist-Méchin 19, 32, 272, Anm. 20. Auch nach Klein, Constantius II 200, ging die Initiative zu dem Massaker nicht von Konstantius aus – dies sei «eine üble Verleumdung Julians und seiner Anhänger» –, sondern vom «Heer». Doch Klein rühmt seinen Helden überall und hier besonders wenig überzeugend.

7 Zos. 2,41. Vict. epit. 41,21. Caes. 41,22. Philostorg. 3,1. Eutrop. 10,9,2. Liban. or. 59. Julian. or. 1. Aurel. Vict. Caes. 41,22. epit. 41,21. Socrat. h.e. 2,5. Soz. h.e. 3,2. Zonar. 13,5. dtv Lex. Antike, Geschichte II 217 f. LThK 1. A. VI 164. Schultze, Geschichte I 71. Seeck, Untergang IV 47 f. Stein, Vom römischen 203 f. Lietzmann, Geschichte III 176. Kraft, Die Taten 158 f. Nersessian 73

8 Liban. or. 14,10; 59,124 ff; 59,147 ff. Zos. 2,41 f. Eutrop. 10,8. Cod. Theod. 9,7,3. Athan. apol. ad Const. 4; 7. Ammian. 21,16,6. Vict. epit. 41,22 ff. Vict. Caes. 41,23 f. Schultze, Geschichte I 71 f. Seeck, Untergang I 62 f, IV 47 ff, 87 ff. Stein, Vom römischen 202 ff, bes. 206 f. Kornemann, Weltgeschichte II 326. Ders. Römische Geschichte II 398 f. Dannenbauer, Entstehung I 76, 244. Schmitz, Die Zeit 86. Jacob-Karau/Ulmann 90. Lippold, Theodosius 15. Waas 17. Konstans siedelte Franken bereits um 324 auf Reichsboden an und

drang 342/43 nach Britannien vor. Vgl. Kraft, Die Taten 141 ff, bes. 173 ff, 180 ff

9 Cod. Theod. 16,6,2; 16,10,2 ff. Optat. Mil. 2,15; 2,18; 3,1 ff; 3,4; 3,6; 7,6 f. Passio Maximiniani et Isaaci I (PL 8,768). Passio Marculi (PL 8,760 ff). Monum. vet. ad Donatist. hist. Pertinent (PL 8,774). August. c. ep. Parm. 1,11,18. In ev. Joh. tract. 11,15; c. Cresc. 3,42,46; 3,50,55. c. litt. Petil. 2,39,92. Eutrop. 10,8. Aur. Vict. 41. Zos. 2,41. dtv Lex. Antike, Religion I 220. Schultze, Geschichte I 75. Stein, Vom römischen 205, 207, 211 ff. Caspar, Papsttum I 167 f. Ehrhard, Die griechische und lateinische Kirche 182. Hernegger 401 f. Grasmück 118 ff. van der Meer, Augustinus 14 f. Dannenbauer, Entstehung I 90. v. Campenhausen, Lateinische Kirchenväter 191. Tengström, Donatisten 93 f. Lorenz, Das vierte 18, 22 f. Chadwick, Die Kirche 258 und Anm. zu dieser Seite (258) 361. Noethlichs, Die gesetzgeberischen Maßnahmen 50 ff, 53 ff. Handbuch der Kirchengeschichte II/1, 146

10 Consularia Constantinopolitana ad 350. Mommsen, Chron. Min. I 237. Julian or. 1,26; 2,56. Zos. 2,42,2 ff. Eutrop. 10,9,4. Philostorg. 3,26. Aurel. Vict. epit. 41,22 ff. Athan. apol. ad Const. 6 ff, bes. 11. Hist. Arian. 74. Oros. 7,29,7 ff. Ammian. 15,7,7 ff. Zonar. 13,5 f. Pauly II 660. Madden, Christian Emblems 33 ff. Schultze, Geschichte I 79 f. Seeck, Untergang IV 90 f. Stein, Vom römischen 215. Hagel 75. Lietzmann, Geschichte III 208 f. Ensslin, Einbruch 97. Kent, The Revolt 105 ff. Schmitz, Die Zeit 86. Kellner, Libertas 79 f. Zöllner, Franken 165. Ziegler, Gegenkaiser 53 ff, 69, 73. Noethlichs, Die gesetzgeberischen Maßnahmen 57. Waas 18, 84, 88 ff, 105. Baines, Constantine's Successors 59. Nach Joannou, Die Ostkirche 107, ist Briefverkehr des Athanasius mit Magnentius «entschieden ausgeschlossen». Beweise dafür bringt er nicht. Dagegen ist ein «Anknüpfen» für Klein «sehr wohl verständlich» und wird von ihm auch mehrfach begründet: Constantius II 53 Anm. 117

11 Zos. 2,45 ff. Theodor. h.e. 3,3. Eutrop. 10,12. Sulp. Sever. 2,38,5 ff. Socrat. 2,32. Soz. 4,7,3. Philostorg. 3,26. Zonar. 13,8. Kraft, Kirchenväter Lexikon 426. Schultze, Geschichte I 82 f. Seeck, Untergang IV 89 ff, 109 ff, 137 f. Stein, Vom römischen 205, 215 ff. Kornemann, Weltgeschichte II 326 f. Lietzmann, Geschichte 209 f. Rubin 252. Schmitz, Die Zeit 86. Kent, The Revolt 105 f. Zöllner, Franken 165. Benoist-Méchin 69 f. Previté-Orton, The shorter 47. Joannou, Die Ostkirche 107. Klein, Constantius II 86 ff, 160, bestreitet den großen Einfluß von Valens (und Ursacius), den «Hofbischöfen», auf Konstantius. Waas 18, 90. Stallknecht 84

12 Ammian. 14,5; 15,1 f; 15,3 ff; 15,5,8; 15,11,19; 16,5; 16,8; 16,10,10; 17,12 f; 18,3; 19,12; 21,16,8 ff. Zos. 3,1,1; 3,2,2; Julian ep. 23. Vgl. auch die Liquidationen bei der Hinrichtung des Magist. ped. Barbatio und seiner Frau: Ammian. 18,3. LThK 1. A. VI 173. Seeck, Untergang IV 29 f, 133, 227 ff, 301 f. Stein, Vom römischen 206. Ludwig, Massenmord 17. Schmidt, Die Ostgermanen 229. Klein, Constantius II 89,

162 f. Stallknecht 44 ff. Browning 276 f

13 Seeck, Untergang IV 29. Lietzmann, Geschichte III 177. Stallknecht passim, bes. 44 ff, 55 f

14 Ammian. 15,1,3; 21,14,2. Cod. Theod. 3,12,1 f; 9,16,1; 16,2,16. Seeck, Untergang IV 29 ff. Stein, Vom römischen 205. Thieß 266. Brown, Welten 111

15 Cod. Theod. 16,2,12; 16,2,14 f. Jones, Greek City 1373 f. Tinnefeld 259

16 Hilar. v. Port. c. Constant. imp. 7,1. Athanas. de syn. 31,3. Histor. Arian. 30; 45 f; 49 f; 67 ff; 74 ff. Lauchert 74 f. Hagel 70. Antweiler, Einleitung 35. Haendler, Von Tertullian 97

17 Klein, Constantius II, 1 ff. Zitate: 67, 157. Vgl. auch die Zusammenfassung 265 ff sowie das Resümee 270 ff

18 Philostorg. h.e. 3,4 ff. Mein Text im engeren Anschluß an Klein, Constantius II 215 ff. Vgl. auch K. K. Klein, Gothenprimas Wulfila 91 f. Nischer-Falkenhof, Stilicho 12 f

19 Faust. 4,3. Klein, Constantius II, 201 ff

20 Athan. de syn. 31,3. Hist. Arian. 33. Philostorg. 4,8 f. Socrat. h.e. 2,47. August. ep. 105,9. LThK 1. A. VI 173. Diekamp 123 ff. Albertz, Untersuchungen. Haller, Papsttum I 51 f. Martin, Caesaropapism 121 ff. Girardet, Kaiser Konstantius II. 101 f. Noethlichs, Die gesetzgeberischen Maßnahmen 58 f

21 Cod. Theod. 16,8,1; 16,8,6; 16,8,7; 16,9,2. Schultze, Geschichte I 379. Seeck, Regesten 48. Browe, Judengesetzgebung 120 f. Tinnefeld 293 f. Noethlichs, Die gesetzgeberischen Maßnahmen 72, der Konstantius «mit Sicherheit» nur ein einziges Judengesetz zuschreibt (Cod. Theod. 16,8,7), worin der Übertritt eines Christen zum Judentum mit Verlust des gesamten Vermögens bedroht wird, betont «das neutrale Verhalten des Konstantius» gegenüber Juden!

22 Firm. Mat. err. 20,5; 28,6; 29,1 ff. Vgl. 20,7. Ferner: Sozom. 4,11. Schultze, Geschichte I 97. Gottlieb, Ost und West 17

23 Firm. Mat. err. 8. Ziegler, Firmicus Maternus RAC VII 946 ff, 953 f, 957. Fredouille, Götzendienst 882 f. dtv Lex. Antike, Philosophie II 130. Kraft, Kirchenväter Lexikon 229 f. Schultze, Geschichte I 100 ff, II 337 f. Tinnefeld 227 f. Hoheisel 11 ff, 21 ff, 44. Weyman zit. nach Hoheisel. Die Identität des Verfassers beider Traktate wurde erwiesen durch C. H. Moore, J. Firmicus Maternus, Der Heide und der Christ, 1897. Zum Mithraskult: Deschner, Hahn 75 ff

24 Firm. Mat., Vom Irrtum d. heidnischen Religionen, BKV 58 f (262 f)

25 Ebd. 28,6. Ziegler, Firmicus Maternus RAC VII 955 ff. Vgl. hier und zur folgend. Anm. auch C. A. Forbes 164 ff

26 Friedländer 920, 934 ff. Hoheisel 326 f

27 Firm. Mat. err. 16,4 f; 28,6 ff; 29,1 f. Hoheisel 392 ff, 401 ff

28 Ziegler, Firmicus Maternus RAC VII 956. dtv Lex. Antike, Religion I 187, Schneider, Geistesgeschichte II 27. Lorenz, Das vierte 76. Hoheisel 8, 44 f ist skeptisch im Hinblick auf die zeitgenössische Wirkung der Schrift. Vgl. auch 249 ff und 330. Kötting, Religionsfreiheit 22, 32 f

29 Tinnefeld 244 f

Seite 312–319

30 Cod. Theod. 16,10,2 ff; 16,10,6. Vgl. 16,10,10. Athan. apol. ad Const. 7; Chrysost. hom. in Juvent. et Martyr. 1. August. conf. 8,2. Soz. 5,4. Liban. Mon. in Jul. Symm. rel. 3,7. RAC II 1228 f. Schultze, Geschichte I 75 ff. Seeck, Regesten 191. Ehrhard, Die griechische und lateinische Kirche 17. Dannenbauer, Entstehung I 81 f. Scheidweiler, Eine arianische Predigt 140. Bloch, Pagan Revival 194. Noethlichs, Die gesetzgeberischen Maßnahmen 53 ff, 62 ff. Tinnefeld 271. Anton, Selbstverständnis 48 f

31 Liban. or. 67,8. Vgl. Tinnefeld 240 ff, 271 ff

32 Theodor. h.e. 3,7; 3,18. Sozom. 5,4. Schultze, Geschichte I 83 ff, 151. Geffcken, Der Ausgang 98 f

33 Symm. rel. 3,7. Symm. ep. 10,54. Amm. Marcell. 16,10; 19,10,4. Schultze, Geschichte I 90 f. Geffcken, Der Ausgang 100 f. Noethlichs, Die gesetzgeberischen Maßnahmen 65. Erdbrooke 40 ff. Anton, Selbstverständnis 48 f

34 Zos. 5,38. Ich berichte hier im engen Anschluß an Grant, Christen 181

35 Cod. Theod. 9,16,4; 9,16,5; 9,16,6. Ammian. 15,3,9; 6,8,1 f; 18,4; 19,12,1 ff. Liban. or. 18,138. Lea III 449 f. Seeck, Untergang IV 37 f. Barb 103, 108 ff. Noethlichs, Die gesetzgeberischen Maßnahmen 65 ff. v. Haehling, Prozeß 77, 88 ff

36 Schultze, Geschichte I 73, 89 f

37 Ammian. 19,2. Funke, Ammianus 151 ff. v. Haehling, Prozeß 74 ff, 98

38 Ammian. 14,5,6 ff; 15,5 f; 22,3,10 f. Liban. or. 18,31. Sozom. h.e. 4,10,11. Zonar. 13,9. Pauly V 198. dtv Lex. Antike, Geschichte III 199. Waas 17, 25. v. Haehling, Prozeß 95. Browning 104 ff. Nach ihm wurde Paulus Catena bei lebendigem Leib begraben, 184

39 Ammian. 19,12,6. v. Haehling, Prozeß 74 ff, bes. 85 ff, 93, 95 ff

40 Lib. ep. 55. Tinnefeld 110. v. Haehling, Prozeß 95, 98. Ders. Die Religionszugehörigkeit 67 ff

41 Greg. Naz. or. 4,23 ff. Julian ep. 31. Philost. 3,27 f. Theodor. h.e. 3,3. Zos. 2,55. Socrat. 2,33; 3,18. Soz. 4,7,5; 5,19. Chrysost. de s. Babyla 3. Vict. Caes. 42,10. Ammian. 15,2 f; 14,1 ff; 7,1 ff; 11,6 ff; 22,13. Liban. 19,47. RAC I 466 f. Pauly I 1291 f. dtv Lex. Antike, Geschichte II 48. Lexikon der alten Welt 1024. Schultze, Geschichte I 87. Seeck, Untergang IV 107, 123 ff. Geffcken, Der Ausgang 99. Stein, Vom römischen 219 f. Avi-Yonah 182 ff. Funke, Ammianus 158 f. Blockley 433 ff. Tinnefeld 151 ff. Browning 93 ff. Benoist-Méchin 70 ff. Noethlichs, Die gesetzgeberischen Maßnahmen 62 f

42 Zos. 3,8 ff. Ammian. 20,4 f; 21 f. Socr. 2,47. Liban. or. 18,117. Philostorg. 6,5. Zon. 13,11. dtv Lex. Antike, Geschichte II 163 f. Seeck, Untergang IV 205 ff. Stein, Vom römischen 239 ff, 246 f. Vogt, Der Niedergang Roms 264 ff. Browning 55 ff, 120 ff, 156 ff. Das Zitat von Julian S. 70. Benoist-Méchin 19 ff

43 Julian or. 11 (4). Dempf 136. Tinnefeld 236 f. Browning 257 ff. Für Julian, schreibt W. den Boer, war die Welt voller symbolischer Manifestationen, «almost everything in nature was for him a mystery, an indication of the powers that be, and ultimately of the one Supreme Entity». W. den Boer 16

44 Cod. Theod. 15,1,3. Rufin 10,28. Hist. aceph. 9. Liban. or. 2,58; 18,126; 18,154. Ammian. 22,4,9; 22,5,2; 22,7,5. Socr. 3,1,48; 3,11,3. Soz. h.e. 5,5,5; 5,5,9 f; 6,1,1. August. c. litt. Petil. 2,97,224. Optat. Mil. 2,16 ff; 2,17 f; 6,1 ff. Reinigung mit Salzwasser: 6,6. Nach Anwander, Wörterbuch der Religion 152 f, ist Julians angeblich aftermystischer Synkretismus «das Gegenteil von innerer Kraft, Fülle und Einheit», das heißt des Christentums. RAC IV 131. Schultze, Geschichte I 133 ff. Lea I 238 f. Lucas 85. Seeck, Untergang IV 338. Stein, Vom römischen 251 ff. Lietzmann, Geschichte III 262 ff, 268 ff, 285 ff. Kornemann, Weltgeschichte II 336 ff. Ders. Römische Geschichte II 405, 408 f. Frend, Donatist Church 187 ff. Lorenz, Das vierte 35. Grasmück 133. Vogt, Der Niedergang 266 ff. van der Meer, Augustinus 115. Jones, Roman Empire I 120 ff, 136 ff. Diesner, Afrika und Rom 97 f. Noethlichs, Die gesetzgeberischen Maßnahmen 74 f. Brown, Welten 114. Benoist-Méchin 170 ff. Browning 184 ff. Handbuch der Kirchengeschichte II/1 148

45 Socr. 3,20. Soz. 5,22,4. Ephräm, Über Julian den Apostaten, Lied 1,16, BKV 1919, I 217. Stein, Vom römischen 254. Vogt, Kaiser Julian 36 ff. Avi-Yonah 195. Chadwick, Die Kirche 179, 196. Tinnefeld 238 f, 294 f

46 Schultze, Geschichte I 128. Benoist-Méchin 288 Anm. 26. Browning 200 ff

47 Grant, Christen 76

48 Julian ep. 55; 115. Ammian. 22,10,2; 25,4,20. Cod. Theod. 13,3,5. Cod. Just. 10,53,7. Liban. or. 18,126. Socr. 3,12. Geffcken, Der Ausgang 127 f. Benoist-Méchin 184. Grant, Christen 175 f. v. Haehling, Prozeß 85. Tinnefeld 236 ff. Chadwick, Die Kirche 178. Browning 198 ff

49 Julian ep. 55 (Weis 4230). Theodor. 3,7; 3,12,2 f; 3,13,2; 3,15; Socr. 3,18 f. Rufin 10,30 f. Philostorg. h.e. 7,8 ff. Ammian. 22,11; 22,13,2. Zonar. 13,12,39. RAC I 466 f. Funke, Götterbild 812. Schultze, Geschichte I 128, 140 ff, 150 ff. Geffcken, Der Ausgang 125 ff. Baur I 46, 56. Lindsay 102 ff. Brown, Welten 115. Benoist-Méchin 184 ff. Browning 200 f, 247 ff, 267 f. v. Haehling, Die Religionszugehörigkeit 142 f, 181

50 Liban. or. 17,27. Greg. Naz. or. 4,75. Vgl. Ambros. de obitu Valent. consolat. 21. Geffcken, Der Ausgang 140. Stein, Vom römischen 259. Kornemann, Römische Geschichte II 408. Benoist-Méchin 178 ff, bes. 180. Browning 196.

51 Benoist-Méchin 192 f. Chateaubriand zit. ebd. 195

52 Ebd. 193 ff

53 Theodor. h.e. 3,15. Benoist-Méchin 201 ff. Browning 282

54 Greg. Naz. or. 5,13. Ammian. 12,11; 14,5; 15,1 f; 15,3; 15,5 f; 16,8; 18,3; 24,17 ff; 25,3. Socr. 3,12; 3,21. Soz. h.e. 5,4; 5,15; 6,1 f. Liban. or. 18,194; 18,274 f; 15,43; 12,84 f; 24,17. Theodor. h.e. 3,9; 3,19; 3,25; 3,28. Rufin 1,34. dtv Lex. Antike, Geschichte II 163 ff. Pauly III 613. Schultze, Geschichte I 171 ff. Dölger, Zur Einführung in: Bidez 8, 358 f. Bidez, Julian 8, 114 f, 332, 358 f. Förster, Kaiser Julian 9 ff, 16 ff. Seeck, Untergang IV 309, 337 ff, 353 ff. Stein, Vom römischen 252 ff, 262 f. Dannenbauer, Entstehung I

83 ff. Kawerau, Alte Kirche 104. Vogt, Der Niedergang Roms 268 f. Chadwick, Die Kirche 181 f. Baynes, Constantine's Successors 84. Benoist-Méchin 201 ff, 240 ff. Browning 223, 273, 285 ff, 312 ff. Aland weiß, daß Julian, den er ziemlich positiv zeichnet, «von der Lanze eines persischen Reiters getroffen» wurde und daß «nicht die Rede» sein könne davon, daß ihn ein Christ getötet habe. Beweise fehlen natürlich: Von Jesus bis Justinian 202 f

55 Theodor. h.e. 3,22; 3,28. Liban. 11,300. Jouassard 506. Vgl. auch 501. Altaner 245. Baur I 55. Auch Bischof Euseb von Caesarea schrieb ein mindestens 25 Bücher umfassendes, doch spurlos untergegangenes Werk «Gegen Porphyrios». Vgl. Hieron. ep. 70,3; vir. ill. 81. Moreau, Eusebius von Caesarea 1067 f. Benoist-Méchin 252, 274 Anm. 27, 288 Anm. 36 (hier zit. von Renan)

56 August. civ. dei 5,21. Chrysost. de S. Babyla c. Jul. et c. gentes 14B. hom. 5,11 adv. Jud. Vgl. de S. Hieromat. Babyla 2. Greg. Naz. or. 4 f. Zit. 4,52. Eine Gegenschrift veröffentlichte auch Philippus von Side: Socr. h.e. 7,27. Fredouille RAC XI 884. B. Wyß, Gregor II. (Gregor v. Nazianz) RAC XII 816 f. Gregors Invektiven gegen Julian waren keine wirklichen Reden, sondern Flugschriften. Der Bischof behauptet nicht nur, Julian habe «Leute von der Straße und aus dem Untergrund» zu seinen Vertrauten gemacht (nennt allerdings keine Namen!), sondern auch, er habe das Reich an den Rand des Abgrunds gebracht. Greg. Naz. or. 4,53; 5,41

57 Ephräm, Über Julian 2,16 ff; 2,25 ff; 3,4 ff. Vgl. BKV 1919, I 223 Anm. 2 u. 3. Anwander, Wörterbuch der Religion 153. Benoist-Méchin 185 f

58 Ammian. 25,6; 25,7,9; 25,7,12; 25,9,1; 27,12,15. Zos. 3,31; 3,33,2 ff. Liban. or. 24,9; Socr. 3,22,7. Sozom. 6,3,2. Philostorg. 8,1. Pauly-Wissowa 18. Hbbd. 1968, 2008 f. Stein, Vom römischen 263 ff. Ziegler, Die Beziehungen 146 f. Browning 317 ff

59 Vgl. BKV 1919, I 213

60 Ebd. 213 ff. Lied 1,1; 1,5; 1,7; 1,13; 1,15; 2,1; 2,5 f; 2,9. Ammian. 25,4

61 Theodor. h.e. 3,26

62 Bidez, Julian 358. Dazu bes. Förster, Kaiser Julian 9 ff, 25 ff. Baur I 54. Philip 41 f. Browning 200 f, 330 ff. Vgl. auch die nächste Anm.

63 Hammond/Scullard 568. Bidez, Julian 362 f. Förster, Kaiser Julian 39 ff. Lucas 85. Schultze, Geschichte I 171. Philip 52 ff. Rubin I 26, 87. Speyer, Die literarische Fälschung 259. Gibbon nach Fines 147. Chadwick, Die Kirche 182. Browning 8, 319, 322, 327, 336 ff. Browning äußert sich teilweise sehr kritisch über Julian: «Er war ein griechischer Philosoph und ein römischer Kaiser. Er hat hier wie dort versagt», hat «auffallend wenig erreicht». Doch was kann ein Kaiser, der nur zwei Jahre regiert, erreichen! Browning weiß das selbst und traut Julian, bei langer Regierung, mehr zu als seinen Nachfolgern, 319 ff

64 Baur I 40 ff, 52 ff

65 Socr. 3,22,2 f; 4,2,4; Theodor. h.e. 4,1,3; 4,2,3. Ammian. 25,6 f; 25,8,8 ff; 25,9,1 ff; 26,6,3; 27,12,15. Liban. or. 24,9. Zos. 3,31; 3,33,2 ff; 4,4. Philostorg. 8,1. Rufin h.e. 11,1. Pauly-Wissowa 18. Hbbd. 1968, 2006 ff.

Bigelmair LThK 1. A. V 586. Hammond/Scullard 566. Baur I 56. Stein, Vom römischen 264 f. Waas 12 f

66 Greg. Naz. or. 21,33. Socr. h.e. 3,22 f; 3,24,3 ff; 3,26,2. Soz. 6,3 ff. Philostorg. 8,5 ff. Ammian. 25,5,1 ff; 25,10,12 ff; 25,8,18; 26,6,3; 26,8,5. Rufin h.e. 11,1; Theodor. 4,2,3 f; 4,5; 4,22,10; 5,21. Eutrop. 10,17 f. Zos. 3,30; 3,35. Liban. or. 17,34. Cod. Theod. 5,13,3; 10,1,18. Ps. Aur. Vict. epit. 44,1; 44,3. Themist. or. 5,63 c. Zonar. 13,14. Pauly-Wissowa 18. Hbbd. 1968, 2009 f. RAC I 467. dtv Lex. Antike, Geschichte II 131. Schultze, Geschichte I 178 ff. Geffcken, Der Ausgang 142. Lippl XVI. Seeck, Untergang IV 358 ff. Stein, Vom römischen 265 f. Lietzmann, Geschichte IV, 3. Joannou 148. Noethlichs, Die gesetzgeberischen Maßnahmen 76 ff. v. Haehling, Die Religionszugehörigkeit 554. Benoist-Méchin 251. Grant, Christen 76

67 Ammian. 26,1 f; 26,4 f. Socr. 4,1; Soz. 4,3; Vict. epit. 45,2. Theodor. 4,6; Themist. or. 6. Symmach. or. 1,18. Pauly-Wissowa 14. Hbbd. 1965, 2097 f. Pauly II 870, V 1090, 1093. dtv Lex. Antike, Geschichte III 282 f. LThK 1. A. V 476, 480. Waas 13

68 Cod. Theod. 9,16,7 f; 10,1,8. Theodor. h.e. 5,21. Zos. 4,2,1 ff. Pauly-Wissowa 14. Hbbd. 1965, 2135, 2200. Geffcken, Der Ausgang 142, 144. Alföldi, A Festival passim. Tinnefeld 66, 272 f. Gottlieb behauptet von Valentinian sogar, er habe «nicht einmal das Christentum einseitig bevorzugt»: Ambrosius 57. Ähnlich v. Haehling, Die Religionszugehörigkeit 556 ff

69 Cod. Theod. 5,13,3; 10,1,8. Ammian. 26,5,4. Theodor. h.e. 4,7 f. Nikephor. Kall. h.e. 11,30 (Nikephoros Kallistos ersetzt allerdings in seiner Wiedergabe des kaiserlichen Dekrets den Namen des «Ketzers» Valens kaltblütig durch den Gratians, der erst einige Jahre später, 367, Kaiser wurde.) Pauly-Wissowa 14. Hbbd. 1965, 2097 f, 2191, 2203. RAC II 1228 f. dtv Lex. Antike, Geschichte III 282. Schultze, Geschichte I 178 ff, 188 ff. Seeck, Untergang V 17. Dudden I 75. Haller, Papsttum I 52. Ostrogorsky, Geschichte des byzantinischen Staates 42 f. Dannenbauer, Entstehung I 88, 193 f, 244. Maier, Verwandlung 102 f. Poppe 53. Joannou 141 ff. Noethlichs, Die gesetzgeberischen Maßnahmen 76 ff, 83 ff. Stallknecht 70

70 Pauly-Wissowa 14. Hbbd. 1965, 2167 f

71 Cod. Theod. 7,8,2; 16,1,1; 16,2,10; 16,8,13. Ammian. 25,10,9; 26,1 ff; 30,7,2. Socr. 4,1. Eunap. frg. 30. Philostorg. 8,8. Zos. 3,36. Ambros. ep. 21,2. Pauly-Wissowa 14. Hbbd. 1965, 2159 ff, 2187, 2198 f. RAC IV 65. Pauly V 1093. dtv Lex. Antike, Geschichte III 282. LThK 1. A. X 480. Seeck, Untergang V 1 ff. Kornemann, Weltgeschichte II 344 f. Pörtner 325. Joannou 141 ff. Noethlichs, Die gesetzgeberischen Maßnahmen 83 ff, 98. Weijenborg 244 f, bes. Anm. 14. Waas 89 f

72 Joannou 146. v. Haehling, Religionszugehörigkeit 560. Zu den Religionsverfolgungen unter Valentinian I. s. Verweise der Anm. 72, 73

73 J. Martin LThK 1. A. VII 733 f. Auch nach Kraft, Kirchenväter Lexikon 392, «ein in friedlichem

Ton gehaltenes Werk». S. ebenfalls Altaner 211, 324 f. Vgl. auch Anm. 76

74 Ammian. 27,7,4 ff; 28,1,11; 28,1,22 ff; 28,1,44; 28,12 f; 29,3,3 ff; 29,3,2 ff; 30,5,19; 30,8,3; 30,8,6; 30,8,14. Liban. or. 24,14. Theod. h.e. 4,6,1. Zos. 4,2,4. Symm. ep. 10,27. Zonar. 13,15. Pauly-Wissowa 14. Hbbd. 1965, 2191 f, 2196 f. Nagl ebd. Seeck, Untergang V 8 ff, 18 ff. Bigelmair LThK 1. A. X 480. Joannou 143

75 Ammian. 29,3,9. Pauly-Wissowa 14. Hbbd. 1965, 2199. Neuss/Oediger 30. Weijenborg 241 ff. S. auch Seeck Anm. 74

76 Socr. h.e. 4,3; 4,31. Soz. h.e. 6,36; 6,6. Ambros. de obitu Theod. 53. Ammian. 26,10,9 ff; 27,7,4 ff; 27,7,8; 17,10; 27,10,7; 28,5,1 ff; 28,6; 29,1,10 f; 29,3,2 f; 29,4,5 f; 29,5 f; 30,2; 30,3,1; 30,3,5 f; 30,5,7 f; 30,7 f; 30,8,8. Liban. or. 24,12. Cod. Theod. 5,13,3; 8,7,13; 16,5,3; 16,6,1; Symm. or. 6,4. August. c. litt. Pet. 3,25,29; c. ep. Parm. 1,10,16; 2,83,184. ep. 87,10. Oros. 7,32,10 f; 7,33,5 ff. Optat. Mil. de schism. Donatist. 3,6. Zos. 4,1,1; 4,16 f. Claud. bell. Gild. 310 ff. Pauly-Wissowa 14. Hbbd. 1965, 2169 ff, 2175 ff, 2189 f. dtv Lex. Antike, Geschichte II 31 f. Pauly II 555 IV 1454, V 1093. Seeck, Untergang V 21, 27 f. Ders. Urkundenfälschungen 214 ff. Stein, Vom römischen 267 ff. Heering I 51 f. Egger 9 ff. Dudden I 75 ff. Schmidt, Westgermanen 42 f. Thompson, Historical Work 89 ff. Kornemann, Weltgeschichte II 347 ff. Ders. Römische Geschichte II 415 ff. Warmington 91. Ensslin, Religionspolitik 8. Maier, Verwandlung 102 f. Lippold, Theodosius 11, 16. Grasmück 131 f. Vgl. 151 ff. Tengström 79 ff, 95 f. Kellner, Die Zeit 67 f. Neuss/Oediger 30. Diesner, Afrika und Rom 101. Demandt, Die afrikanischen Unruhen 282 ff. Ders. Der Tod des älteren Theodosius 598 ff. Ders. Die Feldzüge 81 ff. Ruby 27. Zöllner, Franken 21 f. Noethlichs, Die gesetzgeberischen Maßnahmen 79 ff. Pörtner 325 ff. Handbuch der Kirchengeschichte II/1, 151. Stallknecht 59, 69, 124 Anm. 17

77 Ammian. 29,6,5 f; 30,5 f. Socr. 4,3; 4,31,1 ff. Rufin h.e. 11,12. Zos. 4,16; 4,17,2. Pauly II 653, III 989, V 1094. Schultze, Geschichte I 209. Seeck, Untergang V 10, 33 f. Baynes, The Dynasty 230. Kornemann, Weltgeschichte II 349. Stallknecht 61

78 Greg. Naz. or. 43,46. Rufin 11,3. Socr. h.e. 4,1; 4,14 ff, 4,20 ff. Theod. hist. rel. 8. h.e. 4,12 ff; 4,19; 4,24. Soz. h.e. 6,6; 6,13 f; 6,19. Basil. ep. 48. Pauly-Wissowa 14. Hbbd. 2132 ff. LThK 1. A. III 839, X 476. Lecky II 159. Baur I 57, 72. Seeck, Untergang V 82 f. Ehrhard, Die griechische und lateinische Kirche 49. Chadwick, Die Kirche 166. Joannou 149

79 Basil ep. 243,1 ff. LThK 1. A. X 476

80 Faust. 4,5

81 Cod. Theod. 9,16,7 f. Ammian. 26,5,8 ff; 26,10; 28,1; 29,1,5 ff; 29,1,33 ff; 29,2 f; 31,14. Socr. 4,19. Zos. 4,4,3 ff; 4,8,4 f; 4,13 ff. Iordan. de orig. act. Get. 26. Eunap. frg. 38. Vict. epit. 48,3 f. Soz. 4,35. Philostorg. 9,15. Pierer XVIII 339. dtv Lex. Antike, Geschichte III 104, 282. Schultze, Geschichte I 202 ff. Lea III 449 f. Soldan-Heppe I 82 f. Seeck, Untergang V 10, 17, 20, 135. Stein, Vom römischen 270 ff. Dudden I 77 f, 162 f. Maier, Verwandlung 53. Lippold, Theodosius 16. Barb

111 ff. Seyfarth 378 f. Funke, Ammianus 172 ff

82 Ammian. 26 ff; 30,1,18 ff. Liban. or. 24,13. Socr. 4,8 f. Faust. 5,32 f. Philostorg. 7,10; 9,5. Theodor. 4,36. Zos. 4,10 f. Themist. or. 10. H. Dessau, Inscript. Lat. select. 670. Pauly-Wissowa 14. Hbbd. 2100 ff. (Nagl) Zum Perserkrieg: 2113 ff. Seeck, Untergang V 45 ff. Stein, Vom römischen 287. Schmidt, Die Ostgermanen 231 f. Ostrogorsky, Geschichte des byzantinischen Staates 43. Demandt, Zeitkritik 27 f. Stallknecht 62 ff

8. KAPITEL
KIRCHENLEHRER ATHANASIUS
(CA. 295–373)

1 Zit. nach Donin III 24

2 Lippl XVIII

3 Gentz, Athanasius I 862

4 Winkelmann, Historiographie 257, 260

5 Kühner, Gezeiten der Kirche 117

6 Diderot zit. nach Halbfass I 101. Kühner, Gezeiten der Kirche 117

7 Hilar. Pictar. lib. ad. Constant. 2,5. Anwander 63 ff. Harnack, Mission I 117 Anm. 1. Weinel bei Hennecke 330. v. Rudloff 39 ff. Zit. 43. K. Rahner, Dogmen- und Theologiegeschichte 2. Zur Entstehung des trinitarischen Problems vgl. Deschner, Hahn 381 ff

8 Meinhold, Dogmengeschichte 5, hier mit Bezug auf Harnack. Mack, Helvétius I 115

9 Basil. ep. 191; 266,2. Greg. Naz. ep. 130 ad Procop; ep. 131. Rauschen 137

10 LThK 1. A. I 743. Kraft, Kirchenväter Lexikon 426. Altaner 203. Winkelmann, Der trinitarische Streit 100 f

11 Altaner 202, 204. Winkelmann, Der trinitarische Streit 102 f. Altendorf, Zum Stichwort 65

12 Winkelmann, Der trinitarische Streit 105 ff

13 Athan. apol. de fuga sua c. 3

14 Baur I 102

15 Athan. de incarn. et c. Arian. 8. LThK 1. A. I 637 f. Zu den Ursprüngen des arianischen Streites vgl. neuerdings bes. Lorenz, Arius judaizans? Kap. I. Eine Fülle von Literaturhinweisen sowie «exkursartige Anmerkungen» bei Wojtowytsch 418 ff. Ferner: Grillmeier, Vorbereitung I 74 ff, 117 ff. Zu den Anfängen des arianischen Streites vgl. vor allem Sozom. h.e. 1,15 ff. Epiphan. haer. 69,3 ff. Socr. h.e. 1,5 ff. Theodor. h.e. 1,2 ff. Euseb. V. C. 2,61 ff. Gentz, Arianer RAC I 647 ff. Zum urchristlichen Glauben (auch für ‹Laien› verständlich) vgl. Deschner, Hahn 17 ff, bes. 170 ff. S. auch Kornemann, Römische Geschichte II 382. Chadwick, Die Kirche 161. Brox, Kirchengeschichte 171 ff

16 Grillmeier, Vorbereitung 156, 160. Vgl. auch 165 ff, bes. 174 ff

17 Greg. Nyssa, de deitate fil. et spirit, sancti (PG 46,557 B). Zit. Stadtmüller 83. Vgl. Hunger, Byzantinische Geisteswelt 86. Hönn 172 f

18 Greg. Naz. or. 3,13; 9 Carm. 2,1,11 de vita sua. P. Haeuser BKV Bd. 59 IX ff. RAC I 648. dtv Lex. Antike, Religion I 118 f. Lexikon der alten Welt 297. Burckhardt, Die Zeit Constantins 305 f. J. A. u. A. Theiner I 108. Schwartz, Zur Geschichte des Athanasius (1911) 496. Haller I 47. Neumann, Voltaire 83. Mack, Helvétius 123. Vgl. auch Deschner, Hahn 473

19 Athan. c. gent. 45. G. Gentz, Athanasius RAC I 862, 864 f. Loofs zit. nach Gentz ebd. dtv Lex. Antike, Religion I 119. Lexikon der alten Welt 297. Schwartz, Zur Geschichte des Athanasius 372. Lietzmann, Geschichte III 220 ff, 252, IV 28. v. Campenhausen, Griechische Kirchenväter 79 f, 106 f. Schneemelcher, Zur Chronologie 393 f. Dannenbauer, Entstehung I 77. Klein, Constantius II 37. Brox, Kirchengeschichte 175

20 Basil. ep. 82. Socr. h.e. 1,23,6; 7,32,5. dtv Lex. Antike, Religion I 119. Ehrhard, Griechische und lateinische Kirche 39. Stratmann III 48. Historiker und Theologen, die sich auf der «Höhe der Zeit» fühlen, sprechen nur noch von «athanasianisch» und «antiathanasianisch». Demgegenüber wird hier weiter von arianisch und antiarianisch gesprochen, was die Erinnerung an Arius bewahrt und das Vokabular für den Leser vereinfacht, ohne es zu verfälschen.

21 Hieron. ep. 17,3 ad. Marcum presb. 22

22 Zur umstrittenen Chronologie: W. Telfer, Arian Controversy 129 ff. Ders. Sozomen 187 ff. Baynes, Sozomen 165 ff. Schneemelcher, Zur Chronologie 394 ff. Vgl. auch Vogt, Constantinus RAC III 343 f

23 Dio 39,58. RAC I 271 ff, 280 ff. LThK 1. A. I 252 ff, 2. A. I 319 ff. Lexikon der alten Welt 112 f, 369. Dörrie ebd. 179. Pauly I 244 f, 554 ff, 580 f, II 344 ff, III 73 ff, V 128 f. Caspar, Papsttum I 138. Hagel 3 ff. Beck, Theologische Literatur 28, 188 ff. Dannenbauer, Entstehung I 77 ff. Hanhart 139 ff. Maier, Verwandlung 154. Mango 104. Tinnefeld 211 f

24 Alex. Alexandr. Sermo de anima 7. Athan. de syn. 16. Hilar. Poit. fragm. hist. 7,4. Socr. h.e. 1,11. Sozom. h.e. 1,15. Epiph. haer. 68,4; 69,2; 69,7. Philostr. 2,2; 1,3. Soz. 1,15. Theodor. h.e. 1,3 ff. Euseb. V. C. 2,61,5; 3,13. Kraft, Kirchenväter Lexikon 199. Schwartz, Zur Geschichte des Athanasius (1905) 258 ff, 289 ff, (1908) 366 f. Ders. Kaiser Constantin 122 f. Harnack, Dogmengeschichte 211 ff. Lippl VI ff. Opitz, Athanasius' Werke III Urk. 16. Ehrhard, Die griechische und die lateinische Kirche 35 f. Lietzmann, Geschichte I 93 ff, III 99 f. Voelkl, Der Kaiser 100 f. Franzen 78. Doerries, Das Selbstzeugnis 78 f. Joannou Nr. 1. Wojtowytsch 77 ff, 418 ff. Klein, Constantius II 16 ff. Chadwick, Die Kirche 140. Ders. Ossius 292 ff. Aland, Von Jesus bis Justinian 171 ff. Kötting, Die abendländischen Teilnehmer 2 ff. Schneemelcher, Aufsätze 346 f

25 Wojtowytsch 80 f, 418

26 Athan. apol. de fuga sua 5. Euseb. V. C. 2,64; 3,7 ff; 3,15 f. Socr. h.e. 1,8; 1,13. Sozom. h.e. 1,17. Theodor. h.e. 1,7. Gelas. v. Kyz. h.e. 2,5. Gentz, Arianer, RAC I 648. Lippl VII f. Ehrhard, Die griechische und die lateinische Kirche 36 f. Hernegger 181 ff, 194 f. Kraft, Konstantins religiöse Entwicklung 106 f. Beck, Theologische Literatur 44. Franzen 69 ff, 79. Joannou Nr. 2. Baus, Von der Urgemeinde 466. Barnes, Constantine 214 f. Wojtowytsch 66, 78, 82 ff, 418 ff. Schneemelcher, Aufsätze 346 f

27 Theodor. h.e. 1,12. Socr. h.e. 1,8. RAC VI 1057 ff

28 Athan. apol. c. Arian. 6. de decr. Nic. syn. 33,7 (PG 25,416 ff). Euseb. V. C. 2,86; 3,6 ff; 4,24.

Konzilsakten: Turner, Ecclesiae occidentalis monumenta iuris antiquissimi I 1 f, 36 ff. Socr. 1,8; Theod. h.e. 1,12. Gentz, Arianer RAC I 649. Vogt, Constantinus RAC III 341 f. dtv Lex. Antike, Religion II 43 ff. Schwartz, Zur Geschichte des Athanasius 1908, 369 ff, 1911, 384. Ders. Kaiser Constantin 134 ff. Seeck, Untersuchungen 348. Harnack, Dogmengeschichte 76. Loofs, Das Nicänum 68 ff. K. Müller, Kirchengeschichte I 383. Vogelstein 71. Caspar, Papsttum I 116 ff, 136. Ehrhard, Die griechische und die lateinische Kirche 36 f. Bietzmann, Geschichte III 103 ff. Werner, Entstehung 591 ff, 598 ff mit vielen Quellenhinweisen. Ders. Der protestantische Weg I 182. Haller, Papsttum I 46 ff. Kraft, Eusebius 59 ff, 62 f. Ders. Konstantins religiöse Entwicklung 100. Voelkl, Der Kaiser 137 ff. Ostrogorský, Geschichte des byzantinischen Staates 39. Hönn 178 f. v. Campenhausen, Griechische Kirchenväter 79 f. Dannenbauer I 72 ff. Jedin, Kleine Konziliengeschichte 19. Altaner 230 ff. Hunger, Byzantinische Geisteswelt 93. Schneemelcher, Aufsätze 283. Jones, Roman Empire I 87. Sieben 39 Anm. 59. Chadwick, Die Kirche 148 f. Bienert, Homousios 5 ff, bes. 15 ff. Dinsen 4 ff. Stead 190 ff, 245 ff. Barnes, Constantine 215 ff. Girardet, Kaisergericht 43 ff. Brox, Kirchengeschichte 171 ff, bes. 174 ff. An Reiz gewinnt dies Resultat noch dadurch, daß einerseits schon die ersten Synoden als von Gott inspiriert sich verstanden, andererseits die Laien (bereits seit dem 3. Jahrhundert) auf eine Zuhörerrolle beschränkt worden waren. Unter Konstantin, der sich selbst einen «Bischof für die äußeren Angelegenheiten» genannt, der die Kirchenversammlungen gelenkt und ihre Beschlüsse auch mit unterzeichnet hat, entstanden die ökumenische Synode, die Provinzial- und Ortssynode von Konstantinopel; wobei der Klerus eine Synode manchmal erst nachträglich zum Rang eines «ökumenischen Konzils» erhob, wenn deren Ergebnis ihm paßte, wie die Synode von Ephesus 431.

29 Altaner 322. Luther vgl. WA 8,117,33 ff mit WA 50,571 f. Goethe, Unterhaltungen mit dem Kanzler Müller, zit. nach Hönn 179. Sieben 202 ff, 214

30 Socr. h.e. Prooem. ad lib. 5. Wojtowytsch 66 f, 82 ff, bes. 89 u. 138 ff. Girardet, Kaisergericht 1 f

31 Euseb. V. C. 1,44; 3,13; Socr. h.e. 1,9; 1,14; 1,26 f. Theod. 1,7; 1,19 f. Soz. 1,21. Athan. apol. c. Ar. 59 f, bes. 59,4 ff. Gentz, Athanasius RAC I 860. LThK 1. A. I 636 f. Camelot, Athanasios LThK 2. A. I 976. Seeck, Untersuchungen 350. Lippl VIII. Schwartz, Zur Geschichte des Athanasius 380 ff. Ehrhard, Die griechische und die lateinische Kirche 34, 37. Haller, Papsttum I 48. Voelkl, Der Kaiser 140 ff. Doerries, Das Selbstzeugnis 80. Franzen 79 f. Lorenz, Nachsynode 33. Wojtowytsch 89 ff, 419 ff. Brox, Kirchengeschichte 159

32 Sozom. h.e. 2,17,1 ff. Lippl VI. Zum Todesjahr von Bischof Alexander vgl. Parmentier/Scheidweiler 351 f

33 Socr. 1,15; 1,23,3. Soz. 2,17,4 ff; 2,25,6. Athan. apol. c. Ar. 6,4. Epiphan. pan. 68,7,3 f. Gentz, Athanasius RAC I 1860. Pauly-Wissowa 4. Hbbd. 1970, 1935 ff.

Hiernach ist Athanasius um 300 geboren. Kraft, Kirchenväter Lexikon 60. Donin III 16. Lippl VI. Hagel 76. Schwartz, Kaiser Constantin 158 f. Heiler, Urkirche 158. v. Campenhausen, Griechische Kirchenväter 72, 77. Camelot, Athanasios LThK 2. A. 976 f. Maier, Verwandlung 56, 154. Joannou 37 f

34 Soz. h.e. 2,17,4; 2,25,6. Philostr. h.e. 2,11. Vogt, Constantinus RAC III 339. LThK 1. A. VII 67 f. Kraft, Kirchenväter Lexikon 373 f. K. Müller, Beiträge 12 ff. Kettler 155 ff. Hönn 171 f. Lietzmann, Geschichte 89 ff. Nordberg 10 ff. Girardet, Kaisergericht 52 ff

35 Julian ep. 61 (Weis). Greg. Naz. or. 21,26. Camelot, Athanasios LThK 2. A. I 977. Gögler 944 ff. Kraft, Kirchenväter Lexikon 60, 188 f. Lippl V. Caspar, Papsttum I 139. Schwartz, Kaiser Constantin 147 ff (= 1. A. 1913, 158 ff). v. Campenhausen, Griechische Kirchenväter 72 ff. Stratmann III 17. Rahner, Kirche und Staat 129, 125. Maier, Verwandlung 56 f. Dannenbauer, Entstehung I 354. Schneemelcher, Aufsätze 20, 285. Und noch 1970 attestiert dem hl. Kirchenlehrer das mit kirchlicher Druckerlaubnis von P. Manns edierte Sammelwerk «Reformer der Kirche»: «Er übte Macht aus, ohne Schonung, er war energisch bis zur Gewalttätigkeit.» S. 176

36 Athan. hist. Arian. 33,1 ff; 67,2. Schwartz, Zur Geschichte des Athanasius 388. Caspar, Papsttum I 144, 153. Vogt, Constantin 203 f (= 2. A. 1960, 200 f). Kornemann, Römische Geschichte II 397. Daniel-Rops, Apostel und Märtyrer 626. Hernegger 200. Chadwick, Die Kirche 153. Klein, Constantinus II 105 ff

37 Athan. de synod. 31,3. Histor. Arian. 30; 33; 44 ff; 49 f; 52,3; 67 ff; 74 ff. Optat. Mil. de schism. Donatist. 3,6 f. Hilar. Poit. c. Auxent. 3 f. Gentz, Athanasius 863. Camelot, Athanasios LThK 2. A. I 978 f. Lauchert (eine üble Apologie) 74 f. Hagel 70, 75 f, 78. v. Campenhausen, Griechische Kirchenväter 79. Kühner, Gezeiten der Kirche 115 f. Sieben 44 f

38 Athan. c. Arian. 1,4 ff; 1,10 f; 1,14; 1,23; 1,64; 2,1; 2,3; 2,7; 2,25; 2,32 f; 2,50 f; 3,28. Vgl. auch Athan. de decr. 21; 27,1; 29. ad Serap. 4,9 u. a. v. Frankenberg, Friedrich der Große I 149

39 Athan. c. Arian. 2,30; 2,43; 3,16; 3,28. Dörrie in: Lexikon der alten Welt 297, 369. Schneemelcher, Aufsätze 336. Doerries, Die Vita Antonii als Geschichtsquelle, in: Nachr. d. Akad. d. Wissensch. in Göttingen, phil.-hist. Kl. 1949, 357 ff, zit. nach Tetz 163 f

40 Athan. c. Arian. 2,15 ff; bes. 2,17; 2,42; 3,27 f; c. gentes 1; 9 ff; 19; 23; 25. Theodor. h.e. 1,31. Lippl XVIII f. Vgl. zum folgenden auch Klein, Constantius II 87

41 Athan. apol. c. Arian. 61 ff; 71 ff; 86 f. Theodor. 1,27 ff. Zit. 1,34. Soz. 2,25,1 ff; 2,28; 2,31; 2,35. Rufin h.e. 10,16 ff; Socr. 1,29; 1,34. Euseb. V. C. 4,41 f. Gelas. Cyz. h.e. 3,17 f. Alle Quellen zur Synode von Tyrus nennt Schneemelcher, Aufsätze 300 ff. RAC VI 1060. Kraft, Kirchenväter Lexikon 199. Pauly I 1283 f. LThK 1. A. I 637, III 345 f. Seeck, Untergang I 61. Schwartz, Zur Geschichte 367 ff, 413 ff. Ders. Kaiser Constantin 163 ff. Pfättisch 169 f. Lippl 9 f. Stein, Vom römischen 166 f. Hagel 28 ff, 34 ff. Bell, Jews 58 ff. Ehrhard, Die griechische und die lateinische Kirche

40. Lietzmann, Geschichte III 118 ff. Hönn 171 f, 184 f. Greenslade 20. Vogt, Constantin 242. Doerries, Das Selbstzeugnis 96. Kraft, Kaiser Konstantin 253 f. Voelkl, Der Kaiser 195 f, 208. Schneemelcher, Zur Chronologie 400. Aufsätze 298 ff, 304 ff. Schäferdiek, Zur Verfasserschaft 177 ff, bes. 185 f. Lorenz, Nachsynode 31 f. Wojtowytsch 91 ff. Chadwick 153. Kühner, Gezeiten der Kirche 120 f. Baus, Von der Urgemeinde 456. Girardet, Kaisergericht 57 ff, 66 ff. – Athanasius traf wahrscheinlich im Februar 336 in Trier ein. Da man für die Strecke Konstantinopel–Trier im «cursus clabularis» der Staatspost, einem täglich etwa 35–40 km zurücklegenden Ochsengefährt, ca. 90 Tage benötigte; vgl. Schmailzl 106. Joannou 38 f. – Im späteren 4. und 5. Jahrhundert, als man selber kaum noch Märtyrer vorzuweisen hatte, aber dem Heidentum zu Märtyrern verhalf, pflegte man auch all die ungezählten, in die Verbannung geschickten Kleriker als Konfessoren zu bezeichnen, also mit dem Titel der «Bekenner» der Märtyrerzeit. Einige von ihnen wurden später in der Liturgie sogar offiziell als «Märtyrer» geehrt, wie Bischof Euseb von Vercelli, der 363 wohlbehalten aus der Verbannung zurückkam und immerhin noch acht Jahre seiner Diözese vorstand. Auch «Ketzer», die Monophysiten etwa, haben natürlich alle verbannten Bischöfe, Priester und Mönche «mit dem Kranz der Bekenner gekrönt». Hieron. ep. 3,2. Kötting, Die Stellung des Konfessors 22 f. Zum ungeheuren christlichen Schwindel mit «Märtyrern» ausführlich: Deschner, Hahn 334 ff, bes. 349 ff

42 Athan. c. Arian. 1,1. Hist. Arian. 51,1. ep. ad Serap. de morte Arii. Socr. 1,37 f. Soz. 2,29 f. LThK 1. A. VIII 47. Kraft, Kirchenväter Lexikon 56. Lippl X f. Seeck, Untersuchungen 33 ff. Ehrhard, Die griechische und die lateinische Kirche 40. Lietzmann, Geschichte III 125. Poppe 44 f. Kühner, Gezeiten der Kirche 121. Chadwick, Die Kirche 155. Lorenz, Nachsynode 25

43 Joh. Mosch. prat. spir. 40. LThK 1. A. I 763. Siemers 90. Donin III 13. Lippl XVIII. Seeck, Urkundenfälschungen 4. H. 419. Schwartz, Kaiser Constantin 147 ff. Ders. Zur Geschichte des Athanasius 367 f. Dittrich 188. Zur Rühmung oder Rechtfertigung des Athanasius vgl. auch: Görlich 15. Stratmann III 46 f. v. Campenhausen, Griechische Kirchenväter 82 f. Voss 56. Vgl. Deschner, Das Kreuz 414 Anm. 27. Ders. Hahn 399 f. Schneemelcher, Aufsätze 291 ff. Duchesne zit. nach Palanque 53, für den Athanasius gleichwohl «ein hervorragender Schriftsteller» ist. So absurd wie das Urteil Peter Browns, Athanasius sei ein «intellektuell-verfeinerter Grieche» gewesen: Welten 111

44 Basil. ep. 66

45 Athan. de decr. Nic. syn. 39 f. Kraft, Konstantins religiöse Entwicklung 230 ff

46 Athan. apol. c. Arian. (PG 25, 248–409). Socr. h.e. 1,13. Seeck, Urkundenfälschungen 4. H. 399 ff, bes. 418 ff

47 Zu Klein vgl. den Beleg in der nächsten Anm.

48 Athan. apol. c. Arian. 87 (PG 25,406 f) Hilar. frg. 3,8. Socr. 2,3. Theod. 2,2. Soz. 3,2. Philostorg. 2,18. Gentz, Athanasius RAC I

860. Camelot LThK 2. A. I 976. Schwartz, Zur Geschichte des Athanasius (1908) 372. Stein, Vom römischen 207 f. Seeck, Untergang I 61, IV 52 f. Caspar, Papsttum I 138. v. Campenhausen, Griechische Kirchenväter 77. Lietzmann, Geschichte III 178. Kühner, Gezeiten der Kirche 121. Klein, Constantius II 29 ff, 157. Sieben 40 f, 60 f. Vgl. 202

49 Athan. hist. Arian. 15. Apol. de fuga sua c. 3. Hilar. Poit. frg. 3,9 (PL 10,665). frg. A 4 (CSEL 65, 48 ff; PL 10,668). Socr. h.e. 2,20. Sozom. h.e. 3,8; 3,11. Epiphan. de haer. 72,2 f. Gentz, Athanasius RAC I 860. Joannou 49 f, 61 ff, 82 ff, bes. 88 ff. Wojtowytsch 95 ff. Klein, Constantius II 77 f, 79 Anm. 155

50 Athan. ep. encycl. 6,2. Schultze, Geschichte II 328. Schneemelcher, Aufsätze 325 ff. Klein, Constantius II 107

51 Greg. Naz. or. 21,28. Athan. Vita Antonii 69 ff. Hist. Arian. 10 f. apol. c. Arian. 18 f; 72. de syn 22. ep. enc. 2 ff. Socr. 2,8 ff. Soz. 3,5 f. Synodalschreiben von Serdica: CSEL 65,55,5. Gentz, Athanasius RAC I 860 f. Camelot, Athanasios LThK 2. A. I 976. Lucas 7. Grisar, Geschichte Roms 253. Lippl XI. Seeck, Untergang IV 51 ff. Schwartz, Zur Geschichte des Athanasius (1911) 473 ff, 485 ff. Stein, Vom römischen 207 f. Hagel passim. Joannou 36 ff, 46 ff, 53 f, 60. Schmailzl 103 f, 106. Kühner, Gezeiten der Kirche 122. Schneemelcher, Aufsätze 313 ff, 327 ff. Klein, Constantius II 35 ff, 68 ff, 106. Wojtowytsch 96 f

52 Gentz, Athanasius RAC I 860 f. Girardet, Kaisergericht 80 ff, 162. S. auch Anm. 48

53 Gal. 2,1 ff. Apg. 1,19 ff. Euseb. h.e. 9,6,3. Rufin h.e. 1,30. Socr. h.e. 2,44; 3,25. Sozom. h.e. 5,12; 6,4. Basil. ep. 66 f (das Zitat 66,2). ep. 70; 203. Liban. or. 11,177 f. RAC I 461 ff. LThK 1. A. I 491 ff; III 864. 2. A. I 648 ff. ThRe IX 1982, 543 ff. Baur 34 ff, 57 ff, 113 ff. Nach Baur gehörten zu Antiochien um 325 etwa 150 Bistümer; S. 35. Ehrhard, Die griechische und die lateinische Kirche 40. Haller, Papsttum I 61 f. Beck, Theologische Literatur 28, 190 ff. Downey 581 ff. Tinnefeld 101 ff, 114, 116 ff. Aland, Von Jesus bis Justinian 62 f, 258 f. Dempf, Geistesgeschichte 105 ff. Browning 213 ff. Benoist-Méchin 192

54 Theodor. h.e. 3,4

55 Basil. ep. 239. Socr. h.e. 2,44,1 f; 3,91 ff; 4,12; 5,9; Sozom. 2,37; 4,28; 5,13,1 ff. Theodor. h.e. 2,31 f; 3,5; 4,19. Historia Acephala 7. Epiphan. haer. 73,29 ff. Philostorg. 4,4. Greg. Naz. de vita 1680 ff. Greg. Nyss. or. in Meletium (PG 46,857). Lib. or. 19 ff. LThK 1. A. I 492 ff, III 864, V 255, 807, VII 65 ff, VIII 21. 2. A. I 648 f. Lexikon der alten Welt 181. RAC I 461 ff. Rauschen 98 ff, 114 f. Grützmacher I 167 ff. Baur I 35 ff, 61 ff. v. Campenhausen, Ambrosius 22. Haendler, Von Tertullian 114 ff Joannou 166 ff, 188 ff, 212 ff. Tinnefeld 153 ff. Chadwick, Die Kirche 167 ff

56 Hilar. frg. hist. 3. Athan. de syn. 22 ff. apol. 20; 29,3; 30,1; hist. Arian. 7. apol. c. Arian. 6,25. apol. de fuga sua 3,6. Socr. h.e. 2,6 ff; 2,12 ff. Soz. 3,4 ff; 3,7,5 ff; 3,5. Liban. or. 1,44; 1,59; 59,94 ff. Theodor. h.e. 2,2; 2,5. RAC I 860. LThK 1. A. III 860 f, IV 760, VIII 47, IX 698. Kraft, Kirchenväter Lexikon 210. Altaner 203. Lecky

II 159. Lippl XI. Schwartz, Zur Geschichte des Athanasius (1904) 341; (1911) 479 ff, 489 ff, 511 ff. Seeck, Untergang IV 52, 71 f. Stein, Vom römischen 207 ff, 233. Baur, Johannes I 57. Caspar, Papsttum I 138 ff. Ehrhard, Die griechische und die lateinische Kirche 41. Telfer, Paul of Constantinople 31 ff. Tinnefeld 177 f. Klein, Constantius II 71 ff. v. Haehling, Die Religionszugehörigkeit 244 f

57 Socr. 5,9. Soz. 7,10. Rauschen 116

58 Die These, schon von Seeck «mit guten Gründen» formuliert (Klein), wurde nun von Girardet und Klein wieder vorgebracht. Vgl. Klein, Constantius II 76 f. Dazu Zos. hist. nov. 2,39,2

59 Athan. apol. ad Const. 4. Socr. h.e. 2,12; 2,22,5 f. Sozom. h.e. 3,10; 3,20. Theodor. h.e. 2,4; 2,8,55 f; 2,9 f. Rufin h.e. 10,20. Philostorg. 3,12. LThK 1. A. I 637. Lippl XI f. Seeck, Untergang IV 81 ff. Stein, Vom römischen 210. Palanque 23. Neuss/Oediger 43. Chadwick, Die Kirche 158 f. Joannou 46 f, 78 f, 99 ff. Schmailzl 106. Klein, Constantius II, 51 f, 111 ff. Ausführlich zur Synode von Serdica (342): Schneemelcher, Aufsätze 338 ff, bes. 352 ff

60 Athan. apol. c. Arian. 51; 54; 55. Apol. ad Const. 4. Hist. Arian. 21 ff. Socr. h.e. 2,23 f. Sozom. h.e. 3,24. Theodor. h.e. 2,4; 2,11. Hagel 45 ff. Schmailzl 108 f. Joannou 100 f. Klein, Constantius II 51 f, 79 ff, 113 ff. Wojtowytsch 116 f

61 Socr. 2,22 ff. Soz. 3,20; 4,6; 4,9 f. Philostorg. 3,12. Theodor. 2,4; 2,8,55; 2,13; 2,15; 5,41. Athan. de fuga sua 24. apol. ad Const. 3 ff; 22 ff. Hist. Ar. ad mon. 21 ff; 31; 48; 52; 81. Epiphan. haer. 71,1. Gentz, Athanasius RAC I 861. Camelot, Athanasios LThK 2. A. I 977. 1. A. I 637. Lippl XIII. Schwartz, Zur Geschichte des Athanasius (1904) 342. Seeck, Untergang IV 50, 84 ff, 100, 135 ff, 153 ff. Stein, Vom römischen 210 f, 236. v. Campenhausen, Griechische Kirchenväter 79. Haller, Papsttum I 51. Stratmann III 43 ff. Tetz 176 f. Klein, Constantius II 117 Anm. 212

62 Pallad. hist. Laus. c. 63

63 Ebd. Kraft, Kirchenväter Lexikon 404 f. LThK 1. A. VII 896 f. Altaner 188 f

64 Vgl. hierzu Tetz 172 ff

65 Pallad. hist. Laus. c. 63. Tetz 171. Vööbus, Entdeckung 36, bes. 40. Deschner, Das Kreuz 182 f. Ders. Heilsgeschichte II 21 f

66 Athan. apol. Const. 27. hist. Arian. 31 ff; 34; 41; 76. Sulp. Sev. Chron. 2,39. Vgl. auch 2,37,7. Hilar. frg. 5 f. Mansi, Conc. coll. III 233 ff. CSEL 65,187. Socr. h.e. 2,36. Sozom. 6,9,1 ff. Theodor. h.e. 2,15 f. Liberius ep. «Obsecro» 4 (CSEL 65,166), ep. «Obsecro» 5 (CSEL 65,92), ep. «Quamvis sub imagine» (CSEL 65,164). LThK 1. A. VI 549 f, VIII 24. Lippl VII f. Seeck, Untergang IV 143 ff. Stein, Vom römischen 234 f. Caspar, Papsttum I 171 ff. Winheller 55 ff. Joannou 115 ff. Wojtowytsch 119 ff. Nach Klein, Constantius II 9 f, ist das von Athanasius überlieferte Kaiserwort «Mein Wille ist Canon» weder zweifelsfrei authentisch noch als grundsätzliche Maxime gemeint gewesen. Vgl. bes. auch 51 ff, 86 ff, 137 ff

67 Socr. 2,36 f. Soz. 4,9. Athan. hist. Arian. ad mon. 31 ff. Lucif. Calar. Den non parcendo in Deum delinquentibus. Vgl. De non conviendo cum haereticis. – De regibus apo-

staticis. – De San Athanasio. – Moriendum esse pro Dei filio. Vgl. zum Ganzen auch die 384 durch die Kleriker Faustinos und Marcellinus niedergeschriebene Sektengeschichte, den sog. Libellus precum in der Collectio Avellana. Vgl. bes. auch Coll. Avell. ep. 2,85. Pierer X 567 f. LThK 1. A. IV 673, VI 677 f. Bertholet 331. Altaner 320. Kraft, Kirchenväter Lexikon 354. Krüger, Lucifer 39 f. Rauschen 140. Stein, Vom römischen 234 f. Caspar, Papsttum I 201 f, 216 f. v. Campenhausen, Ambrosius 6. Lietzmann, Geschichte IV 40 f. Hernegger 403 ff. Haendler, Von Tertullian 96 ff. Klein, Constantius II 56 ff, 121 ff. Joannou 119, 139 f

68 Libellus precum 21; 23 ff. Pierer X 567 f. Rauschen 199 f, Caspar, Papsttum I 202 f, 216. Hernegger 403 ff

69 Soz. h.e. 4,11,3. Ammian. Rerum gestarum 15,7; 22,3. Athan. hist. Arian. 38 f. apol. ad Const. 29. Socr. h.e. 2,16. Theodor. h.e. 2,13; 2,16. Wojtowytsch 122 f. Klein, Constantius II 137 ff

70 Theodor. h.e. 2,16 f. Liberius, ep. 10 (Hilar. 4,168); ep. 12 (Hilar. 4,172); ep. 18 (Hilar. 4,155). Hilarii Coll. antiar. (frg. hist.) «Pro deifico», «Quia scio», «Non doceo». Soz. h.e. 4,15. Theodor. h.e. 2,16 f. Philostorg. 4,3. Sulp. Sev. Chron. 2,39. Hieron. de vir. ill. 97. Ammian. 15,7 ff. Athan. hist. Arian. 38 f. LThK 1. A. VI 549 f, IX 597 f. Altaner 307 f. Grisar, Geschichte Roms 281. Caspar, Papsttum I 171 ff, 183 ff. Herrmann, Ein Streitgespräch 77 ff. Wojtowytsch 121 ff. Klein, Constantius II 86, 140 ff. Aland, Von Jesus bis Justinian 181. Haendler, Von Tertullian 94 f. Jacob, Aufstände 152

71 Athan. hist. Arian. 41. Hagel 76 f. Klein, Constantius II 142 f

72 Joannou VI f, 1 f, 122 ff. Der Verfasser kam 1972 auf der Rückfahrt nach München durch einen Autounfall bei Mantua ums Leben. Sein Buch erschien mit finanzieller Unterstützung der Deutschen Forschungsgemeinschaft. Kein Geld hatte die DFG für die Förderung meiner «Kriminalgeschichte des Christentums» (ich selber hatte ja auch keinen Kardinalstaatssekretär hinter mir), obwohl mein Projekt ein nicht unbekannter Theologe bei der DFG gar nicht so schlecht befürwortet hatte; u. a. so: «Ohne Zweifel gehört Dr. Karlheinz Deschner heute zu den kenntnisreichsten und fleißigsten, kritischsten und scharfsichtigsten Forschern auf dem Gebiet der gesamten Geschichte des Christentums. Seine Kirchengeschichte, die unter dem Titel ‹Abermals krähte der Hahn› in großer Auflage erschienen ist und weithin Aufsehen erregt hat, hat bewiesen, daß der Verfasser nicht nur über eine geradezu souveräne Beherrschung der Quellen wie der Literatur verfügt, sondern, daß er auch im Stande ist, große Zusammenhänge zu überschauen und nicht etwa nur Material aneinander zu reihen. Werke wie das zitierte sind selten und die Forschung muß dafür dankbar sein, wenn solche weitreichende Aufgaben nicht nur auf Teamwork verteilt werden, sondern auch von einem Einzelnen bewältigt werden können. Seiner Bedeutung nach kann man dieses Buch eigentlich nur mit der klassischen Kirchengeschichte, nämlich Gottfried Arnolds ‹Unparteiische Kirchen- und Ketzerhistorie› verglei-

chen, die bekanntlich die einzige Quelle für Goethes gesamte Beschäftigung mit dem Christentum gewesen ist und deren Nachwirkungen bis heute in aller Welt kaum überschätzt werden können.» Carl Schneider

73 Hilar. c. Const. 11. Theodor. h.e. 2,17. Soz. h.e. 4,15. Wojtowytsch 124 f

74 Athan. de syn. 1 ff; 8; 10; 12; 30. Hilar. c. Const. 12 ff. CSEL 65,85 ff. Amm. 19 f. Epiphan. haer. 73. Sulp. Sev. Chron. 2,40 f. Soz. h.e. 3,16; 4,16 ff. Theod. h.e. 2,18 f. Socr. 2,37; 2,39 ff. Athan. ep. ad Afros 3 f. LThK 1. A. VIII 899 f, IX 597 f. Seeck, Untergang IV 163 ff. Stein, Vom römischen 238 f. Ehrhard, Die griechische und die lateinische Kirche 44 ff. Palanque 27. Joannou 131 ff. Chadwick, Die Kirche 162

75 Hieron. adv. Lucif. 19. Ehrhard, Die griechische und die lateinische Kirche 46 f. Chadwick, Die Kirche 162 f

76 Hilar. frg. A I (CSEL 65,43). Chron. Kephalaion zu 362. Greg. Naz. or. 21. LThK 1. A. I 638. Lexikon der alten Welt 297. Ehrhard, Die griechische und die lateinische Kirche 48. Joannou 133 ff

77 Setton 100. Klein, Constantius II 125 ff

78 Epiphan. haer. 76,1,4 ff. Ammian. 22,11,4 ff. Grant, Christen 75 f

79 Ammian. 22,11,3 ff. Theodor. 2,14; 3,4; 3,9. Socr. h.e. 3,2 f; 3,7; 4,1,14 f; 4,8,4; 4,13; 4,16. Soz. 4,9 f; 4,28,3 ff; 5,7,3 f; 5,12; 5,15. Philostorg. 7,2. Athan. ad episc. Aeg. 7. Hist. Arian. ad mon. 48 ff; 54 ff; 59 ff. Apol. de fuga sua 6 f; 24. syn. 37. Historia Acephala 5 ff. Theodor. h.e. 2,14; 3,18,1. Rufin h.e. 10,34 f. Epiph. haer. 76,1. Greg. Naz. or. 4,86; 21. Pallad. hist. Laus. c. 136. Chron. pasch. 546,4 f. Pauly I 626. RAC I 861. LThK 1. A. I 706. Lecky II 159. Lippl XV ff. Geffcken, Der Ausgang 119 ff. Schultze, Geschichte I 137 f. Bidez, Philostorgios LIII ff. Stein, Vom römischen 236 f, 255 ff, 270 ff. Seel 175 ff. v. Campenhausen, Griechische Kirchenväter 80 f. Dannenbauer, Entstehung I 76. Lacarrière 150 f. Jacob, Aufstände 152. Camelot, Athanasios 977. Poppe 50

80 Socr. 4,20 ff. Theodor. h.e. 4,19 ff. Rufin h.e. 2,13; 11,3. Soz. h.e. 6,19; 6,39. Gentz, Athanasius 861. Schultze, Geschichte I 205 f. Schwartz, Zur Geschichte des Athanasius (1904) 367. Stein, Vom römischen 272 f. Caspar, Papsttum I 224. Lippold, Theodosius 16. Joannou 182, 198, 225. Joannou datiert das Toleranzedikt des Valens S. 225 auf den «2. November 377», S. 226 auf den «2. November 378».

9. KAPITEL
KIRCHENLEHRER AMBROSIUS
(UM 333 ODER 339–397)

1 Niederhuber LThK 1. A. I 350. Vgl. auch die «Allgemeine Einleitung» Niederhubers in BKV 1914 IX ff. Auch Kraft sieht in Ambrosius «die Römertugend durch die Christentugend ergänzt und überboten». Kirchenväter Lexikon 23

2 Altaner 330 f

3 Aland, Von Jesus bis Justinian 230

4 Ambros. ep. 17

5 August. conf. 5,13

6 2.Kor. 12,10. Ambros. ep. 20,23. Ders. Die Pflicht vor der Welt 44, Heilmann, Texte II 396. Lexikon der alten Welt 134 f. Caspar,

Papsttum I 267. v. Campenhausen, Ambrosius 219. Ders. Lateinische Kirchenväter 90. Dannenbauer, Entstehung I 242. Diesner, Kirche und Staat 25. K. P. Schneider, Liebesgebot 1

7 Paulin. Vita Ambr. 4; 6. Socr. h.e. 4,30. Theodor. h.e. 4,6,7; 4,7,1 ff. Ambros. ep. 63; 65. de off. 1,1 f. de paenit. 2,73. Soz. 4,24. Ruf. 2,11. Kraft, Kirchenväter Lexikon 22. Altaner 331. Schnürer, Kirche I 22 f. v. Campenhausen, Ambrosius 27 f, 90 ff, wo das Jahr von Ambrosius' Bischofsweihe auf 373 angesetzt wird. Ders. Lateinische Kirchenväter 79 f. Dudden I 1 ff, 66 ff. Lietzmann, Geschichte IV 47. Schneider, Liebesgebot 3 ff. Haendler, Von Tertullian 99 f

8 Paulin. Vita S. Ambros. 3 ff. Ambros. de virg. 3,1; 3,37 f. exhort. virg. 12,82. LThK 2. A. I 427 ff. Kraft, Kirchenväter Lexikon 26. Niederhuber VII, VIII Anm. 1. v. Campenhausen, Ambrosius 24 ff. Ders. Lateinische Kirchenväter 81 ff. Caspar, Papsttum I 277, Dudden I 2, 176 ff. Kornemann, Weltgeschichte II 354. Ders. Römische Geschichte II 421. Dawson 56. Maier, Verwandlungen 53

9 Cod. Theodos. 16,5,5; Cod. Just. 1,5,2. RAC I 370. dtv Lex. Antike, Geschichte II 66, III 283. Rauschen 47. Caspar, Papsttum I 212, 267. Stratmann III 76, 104 ff. v. Campenhausen, Lateinische Kirchenväter 79. Dörries, Wort und Stunde I 56. Diesner, Kirche und Staat 28 ff, 44. Lippold, Theodosius 34 ff, 83. Hernegger 407 ff. Gottlieb, Ambrosius 60 ff, 80 ff. Handbuch der Kirchengeschichte II/1, 205

10 LThK 1. A. I 350 f. Niederhuber IX ff

11 Eunap. Excerpt. de Sent. 48. Auson. Grat. Act 64 f. Ammian. 27,6,15; 31,10,18 f. Soz. 7,25,11. Vict. Epit. de Caesaribus 47,5 f. Seeck, Untergang V 165. Dudden I 217 ff

12 Ammian. 30,9,5. Theodor. h.e. 4,24,2 f; 5,2; 5,21,3 f. Socr. 5,2; Cod. Theod. 13,1,11; 16,5,4 f. Cod. Just. 1,5,2. Soz. 7,1,3. Ambros. ep. 1 f; 7 ff. Auson. Grat. Act. 14,63. Epistula Gratiani imperat. (CSEL 79,3 f). Zos. 4,36,5. Rauschen 47,49 f. RAC II 1228 f. Kraft, Kirchenväter Lexikon 27. Seeck, Regesten 252. Ders. Untergang V 104 ff, 137. Sesan 60 ff. Stein, Vom römischen 304 ff. Heering I 60 ff. Dudden I 191 ff. v. Campenhausen, Ambrosius 15, 36, 40 ff. Alföldi, A Festival. Danach legte Gratian den Tiel Pontifex Maximus Anfang 379 ab, S. 36. Kornemann, Römische Geschichte II 420. Ensslin, Die Religionspolitik 8 ff. Lorenz 38. Diesner, Kirche und Staat 23. Maier, Verwandlung 53. Hornus 168 f. Widmann 59. Grasmück 131 f, 151 ff. Lippold, Theodosius 16, 34 f. Kupisch I 91. Schneider, Liebesgebot 46. Aland, Von Jesus bis Justinian 224. Heinzberger 12, 227 Anm. 37; hier entsprechende Literaturhinweise. Thraede 95. Grant, Christen 177. – Die Chronologie ist, wie so oft, nicht unumstritten. Neuerdings setzte vor allem G. Gottlieb, dem hier nicht gefolgt wird, in seiner Heidelberger Habilitationsschrift die Abfassung des ersten Teils von «de fide» nicht 378 (oder 379), also nicht, wie herkömmlich, unmittelbar vor (oder gleich nach) der Schlacht von Adrianopel, sondern erst im Jahr darauf an. Vgl. G. Gottlieb, Ambrosius von Mailand und Kaiser Gratian, Zusammen-

fassung 83 ff. G. bestreitet sogar jeden Einfluß des Ambrosius auf die Gesetzgebung Gratians in Angelegenheiten der Kirche und des Glaubens, 51 ff, oder erklärt zumindest, ein solcher Einfluß «kann nirgends nachgewiesen werden» (87). Vgl. dazu auch Gottlieb, Gratianus RAC VII 718 ff, bes. 723 f

13 Ambros. Über die Flucht vor der Welt 44. Heilmann, Texte II 396. Stein, Vom römischen 296 f. Stratmann III 76. v. Campenhausen, Ambrosius 166. Bloch 197. Aland, Von Jesus bis Justinian 225. Rubin I 27 spricht geradezu von der «Unterwürfigkeit» des Theodosius gegenüber Ambrosius

14 Vgl. jüngst Strzelczyck 1 ff

15 Plin. nat. hist. 37,35; 4,28. Tac. Germ. c. 44. Socr. 6,34. Ammian. 31,2,1 ff; 31,3 f. Philostorg. 9,17. Stein, Vom römischen 289 f. Hauptmann 115 ff. Schmidt, Ostgermanen 195, 201, 243. K.-D. Schmidt, Die Bekehrung 205 ff, 215, 316 ff. Capelle 185 f. Historisch besonders wichtig Weibull, Die Auswanderung der Goten aus Schweden, 1958. Ferdinandy 186 f. Vernadsky 258 f. Dannenbauer, Entstehung I 10 f, 193 f. Conrad, Deutsche Rechtsgeschichte 77. Maier, Die Verwandlung 109 f, 130. A. v. Müller, Geschichte unter unseren Füßen 114 ff. Rice 149. Schwarz, Goten 13 ff, 142 ff. Bullough, Italien 167. Wagner, Getica 214. Claude, Westgoten 7. Stockmeier, Bemerkungen zur Christianisierung 316 f

16 Mansi Collect. Consil. II 214. Schmidt, Die Bekehrung 212 ff. Vogt, Der Niedergang Roms 427 f. Aland, Glaubenswechsel 58 ff. Stockmeier, Bemerkungen zur Christianisierung 315 ff. Der erste Missionar der Westgoten ist wohl ein gewisser Eutyches gewesen, ebd.

17 Jord. Get. 267 (MG Auct. Ant. V 1,127). dtv Lex. Antike, Religion II 311 f. Thompson, The Visigoths 94 ff. Fridh, 130 ff. Wolfram, Gotische Studien I 1 ff. Schäferdiek, Wulfila 107 ff, bes. 117

18 Ammian. 27,5,9. Die Quellen bei Jones, Prosography 120 f. dtv Lex. Antike, Geschichte I 155. K. K. Klein Frithigern 34 ff. Aland, Glaubenswechsel 59. Wolfram, Gotische Studien 2 f, 13. Handbuch der Kirchengeschichte II/1, 235

19 Ammian. 31,4,13. K. K. Klein Frithigern 38 ff. Wolfram, Gotische Studien 4, 9 f

20 Ammian. 31,3,4. Socr. h.e. 4,33 f. Soz. 6,37. Nach Dudden I 165 war es «nearly a million persons of both sexes». Giesecke, Die Ostgermanen 62 ff. Schmidt, Die Bekehrung 223 ff. Capelle 185 f. Thompson, Atila 23. Ensslin, Einbruch 101. Aland, Glaubenswechsel 60. Altheim, Hunnen I 351. Dannenbauer, Entstehung I 195. A. v. Müller, Geschichte unter unseren Füßen 115. Maier, Verwandlung 110

21 Eunap. fr. 42 ff; 55. Ammian. 26,10,3; 27,4 f; 31,3 ff. Zos. 4,10 ff. Socr. h.e. 4,33 f. Soz. 6,37 ff. Oros. 7,32 f. Seeck, Untergang V 93 ff, 101 ff. Schwartz, Zur Geschichte des Athanasius 370. Delbrück, Kriegskunst II 280. Stein, Vom römischen 286 ff. v. Campenhausen, Ambrosius 37 f. Schmidt, Die Bekehrung 242 f. Ders. Die Ostgermanen 233. Giesecke, Die Ostgermanen 69 f. Capelle 172 ff. Baetke, Die Aufnahme 17. Kornemann, Weltgeschichte II 352. Ders. Römische

Geschichte II 418 f. Ostrogorsky, Geschichte des byzantinischen Staates 43. Ensslin, Einbruch 100 ff. Vogt, Der Niedergang Roms 310 f, 428. Dannenbauer, Entstehung I 195. Maier, Verwandlung 110. Claude, Westgoten 14 f, 26 f. Nehlsen 161. Aland, Glaubenswechsel, 59 f. Wolfram, Gotische Studien 10

22 Jord. de orig. act. Get. 25. Soz. h.e. 2,6. Philostorg. h.e. 2,5. Basil ep. 164,2. dtv Lex. Antike, Religion I 176. Seeck, Untergang V 90. K.-D. Schmidt, Die Bekehrung 216 ff, 231 ff, 236 ff, 257 (hier Zitat). Giesecke, Die Ostgermanen 6 ff, 16 ff, 44, 69. Thompson, Christianity 69 f. K. K. Klein, Gotenprimas Wulfila 84 ff, bes. 98 ff. Previté-Orton, The shorter 56. Claude, Die Westgoten 11 f, 26 f. Aland, Glaubenswechsel 58. Klein, Constantius II, 253 ff

23 Ambros. Lukaskommentar 5,73 ff

24 Schneider, Liebesgebot 27 ff, 56

25 Pauly V 677 f. Straub, Regeneratio 203 ff. Wolfram, Gotische Studien 13

26 Ambr. de fide ad Grat. 2,16,130; 2,16,139 f; 3,16,138 f. Ez. 38 f, bes. 38,4; 39,4; 39,19. Ambr. ep. 10,9; 25 f. de off. 1,35,175 ff. de Tob. 15,51. Zum Begriff «Barbaren» vgl. etwa Werner, Barbarus 401 ff. Jüthner 103 ff. v. Campenhausen, Ambrosius 37 ff, 46 ff. Ders. Lateinische Kirchenväter 88 ff. Beumann, Zur Entwicklung 219 ff. Stratmann III 72. Christ, Römer 273 ff. Hornus 169. Pavan, Politica gotica 70 ff, bes. 76 ff. Schneider, Liebesgebot 49 ff. Chadwick, Die Kirche 174. Haendler, Von Tertullian 102

27 Ambros. de fide 2,16,139 f. Sulp. Sev. Vit. Mart. 6,4. v. Campenhausen, Ambrosius 9 f, 18 f, 37 ff. Schneider, Liebesgebot 45 f. Gottlieb, Ambrosius 21 f, 83 ff

28 Ambros. ep. 19,7 f; 20,12; 20,20. de off. 2,136; 3,84. de fide 2,16. Prudent. c. Symm. 2,816 f. v. Campenhausen, Ambrosius 48 f. Schneider, Liebesgebot 49 ff. Straub, Regeneratio 251. Haendler, Von Tertullian 102. Zum Verhalten des Klerus vor allem im Ersten Weltkrieg vgl. Deschner, Heilsgeschichte I 236 ff, bes. 246 ff

29 Basil. ep. 164,2. Schneider, Liebesgebot 54

30 Ambros. de fide 3,1,1; 1 prol. 1 ff; 2,1,15; 2,16; 3,1,1; Ammian. 31,7,3; 31,10,2 ff; 31,11,6. Aurel. Vict. epit. 47,2. Oros. 7,33,8. Rauschen 17 ff. v. Campenhausen, Ambrosius 43 ff. Vgl. Schneider, Liebesgebot 6. Stallknecht 66 f, 73

31 Ammian. 31,12,10 ff. Liban. or. 24. Socr. 4,38. Soz. 6,40. Philostorg. 9,17. Theodor. 4,31 ff. Jordan. de orig act. Get. 26. Rauschen 22 f. Delbrück, Kriegskunst II 280 ff. Seeck, Untergang V 118 ff. Stein, Vom römischen 292 ff. Bühler, Die Germanen 40 f. Dudden 169 ff. Schmidt, Die Bekehrung 258. Oman 4 ff. Dannenbauer, Entstehung I 195. Vogt, Der Niedergang Roms 311. Dawson 94 ff. Maier, Verwandlung 110. Capelle 202. Ensslin, Einbruch 101 ff. Heer, Kreuzzüge 10. Montgomery I 135 f. Claude, Westgoten 15. Stallknecht 67 f. Zu den unterschiedlichen Todesarten des Valens nach den verschiedenen Historikern vgl. Rauschen 22 f

32 Ammian. 31,10 ff; 31,13. Ambros. Exposit. Evangelii sec. Lucam 10,10. dtv Lex. Antike, Philosophie I 110 f. Seeck, Untergang V 119 ff. Wein 76 f. Vogt, Der Niedergang Roms 290 ff

33 Ostrogorsky, Geschichte des byzantinischen Staates 43 f

34 Ammian. 31,16,8; Vgl. Zos. 4,26. Ambros. ep. 15,5 ff. de fide 1,85; 2,130; 2,135; 3,32; 3,38; 5,199; 5,230. de incarn. 2,12. Serm. contr. Auxent. 31. Seeck, Untergang V 122 f. Stein, Vom römischen 295. Dudden I 174. Kornemann, Weltgeschichte II 353. Capelle 205

35 Coll. Avell. 2,52. Ambros. ep. 10,9 f; 11,1. Vgl. ep. 12,3; 20,12. de incarn. 2,12. Basil. ep. 197,1. v. Campenhausen, Ambrosius 31, 64 f. Ders. Lateinische Kirchenväter 80 f, 88 f. Caspar, Papsttum II 2 f. Dudden I 190 f. Giesecke, Die Ostgermanen 73

36 v. Campenhausen, Ambrosius 223 ff, der dort ausführlich auf die Gesetze gegen Heiden und Häretiker hinweist

37 Seeck s. folgende Anm. Baur, Johannes I 101

38 3.Mos. 20,13. Cod. Theod. 3,8,1 f; 9,7,3; 9,7,6; 10,21,2; 14,10,1; 15,7,11; Cod. Just. 5,10,1; 6,56,4; 12,1,13; Themist. or. 14,180; 15,188. Socr. 5,2,2 f. Theodor. h.e. 5,6,3; Soz. 7,2,1. Zos. 4,16,6; 4,33; 4,35,3. Ambros. de ob. Theod. 53. Liban. or. 24,12. Ammian. 29,6,15. Ps. Vict. epit. 47,3; 48,8; Pacatus paneg. 2,8,3; 10,2. Oros. 7,34,2. Epit. de Caes. 48,18. Beiname «der Große» schon im 5. Jahrhundert: Pauly V 701 f. Rauschen 326 f. Seeck, Untergang V 123 f, 170 ff. Cartellieri 5. Dudden I 173. Stroheker, Germanentum 60 f. Ensslin, Die Religionspolitik 5 ff. Vogt, Der Niedergang Roms 308 f. Thieß 274 ff. Jones, Roman Empire I 162 f, 169. Lippold, Theodosius 7, 10 f; erkennt aber S. 135 ihm den «in der Geschichte manchmal so freigebig» verwendeten Ehrentitel zu. Holum 7 f

39 Vegetius, Epitoma rei militaris 2,4 f. dtv Lex. Antike, Philosophie IV 328. Lippold, Theodosius 48 f. Maier, Verwandlung 114 f

40 Cod. Theod. 7,13,8 f. Zos. 4,30,1. Socr. 5,6. Philostr. 9,19. Rauschen 39. Ostrogorsky, Geschichte des byzantinischen Staates 43. Stauffenberg 27 ff. Mango 103. Stallknecht 74 f

41 Zos. 4,34,4 ff. Consularia Constantinopolitana a. 381 (ed. Th. Mommsen MGH Auctor. antiqu. 11, 1892, 243). Wolfram, Gotische Studien I 2 ff

42 Theodor. 5,5 f. Zos, 4,35; 4,38 ff. Rauschen 225 f. Seeck, Untergang V 126 ff. Stein, Vom römischen 189, 299 ff. Dudden I 174. Schmidt, Die Bekehrung 263. Thieß 271. Stauffenberg 35. Stallknecht 74 ff. Vogt, Der Niedergang Roms 311 f, 349. Capelle 208 ff. Maier, Verwandlung 111

43 Ambros. ep. 51

44 Theodor. h.e. 5,2. Pacat. paneg. 10 f. Cod. Theod. 16,1,2 (Cod. Just. 1,1,1). Vgl. auch Cod. Theod. 16,2,25 vom selben Tag. Socr. 5,8. Soz. 7,4. RAC I 651. Richter nach Rauschen 67 ff, 88 ff, 95 ff. Schultze, Geschichte I 215 ff. Seeck, Untergang V 138 ff. Stein. Vom römischen 295 f. v. Campenhausen, Ambrosius 58. Stratmann III 104 ff. Ensslin, Die Religionspolitik 15 ff, 23 f. Dannenbauer, Entstehung I 79. Pavan 11. Maier, Verwandlung 107 f. Tinnefeld 268 f. Holum 16 f. Brox, Kirchengeschichte 183 f

45 Greg. Naz. carm. de vita sua 652 ff, 665 ff, 1305 ff. ep. 77 f. or. 19,14; 33,5 ff; 35,3 f; 42 (Gregors Abschiedsrede in Konstantinopel) Socr. 5,7 f; 5,13,3 ff. Soz. 7,5 ff;

7,14,5; Theodor. h.e. 5,9. Ambros. ep. 40,13. Marcell, com. a. 380 (MGH AA XI, 61). Wyß, Gregor II (Gregor Naz.) RAC XII 796. LThK 1. A. VII 482. Rauschen 50 ff, 295, 534. Seeck, Untergang V 155 ff. Stein. Vom römischen 305 f. v. Campenhausen, Ambrosius 133 f. Caspar, Papsttum I 235 f. Ehrhard, Die griechische und die lateinische Kirche 49. Baur, Johannes II 44, 52 f. Baetge, Die Aufnahme 14. Joannou 285 ff. Lippold, Theodosius 70. Klein, Constantius II 154 ff. Tinnefeld 179. Chadwick, Die Kirche 171 f. Holum 17 f

46 Ambros. Exp. ps. 118,2,5; 118,21,11; 118,22,9. enarr. ps. 35,1. de bono mortis 11,51; 10,45; de parad. 13,61; de Abrah. 2,2,5; 2,10,70. Wytzes, Kampf 29 ff

47 Ambros. ep. 17,3 f; 17,9; 18,3; 18,11; 18,16. Hieron. ep. 107,2; Symm. Relat. 3,13 ff. Pauly-Wissowa 2 Hbbd. 1958, 1813. Schultze, Geschichte I 221 ff. Seeck, Untergang V 186. Niederhuber XI. Caspar, Papsttum I 268 f. Dudden I 258. Dannenbauer, Entstehung I 88. Lorenz, Das vierte 40. Schneider, Liebesgebot, geht davon aus, daß Ambrosius «stark beteiligt war an den plötzlichen heidenfeindlichen Maßnahmen» (S. 36). Lippold, Theodosius 82. Grant, Christen 176 f, der auch betont, daß Kaiser Gratian bei seinem antiheidnischen Vorgehen «stark beeinflußt von Ambrosius» war. Thraede 95. Stroheker, Germanentum 24

48 Symm. Rel. 3,3 f. Ambros. ep. 17,9 f; 18,10. Gottlieb, Gratianus RAC XII 728 f. Rauschen 119 f. Caspar, Papsttum I 268 f. v. Campenhausen, Ambrosius 167 ff. Ders. Lateinische Kirchenväter 90 f. Dudden I 258 ff. Dannenbauer, Entstehung I 89. Sheridan 186 ff. Lippold, Theodosius 110. Ausführlich: Wytzes, Der Streit passim.

49 Symm. Rel. 3,10. Vgl. 3,1; 3,8. Ambros. ep. 17 f; 24,8; 57,3 ff. de ob. Val. 19,20. August. c. litt. Petil. 3,30; conf. 6,6. Rauschen 184 f. Seeck, Untergang V 196, nach Caspar, Papsttum I 270. Dudden I 260 ff. Bloch, The Pagan Revival 196 f. Waas 77 ff, 103. Dihle 81 ff. Schneider, Liebesgebot 36. Wytzes 48 ff, 98 ff, 133 ff, 149 ff. Paschoud zit. ebd. 120. S. auch R. Klein, Symmachus. Eine tragische Gestalt und Barrow, Prefect and Emperor

50 Symm. Rel. 3. Ambros. ep. 17 f; 57,2. de obitu Valent. 19 f. Schultze, Geschichte I 230 ff. Geffcken, Der Ausgang 146 f, bes. 150. Dudden I 264 ff. Caspar, Papsttum I 268 ff. v. Campenhausen, Ambrosius 161, 169 ff. Ders. Lateinische Kirchenväter 91 f. Stratmann III 82. Lippold, Theodosius 110 f. Widmann 63 f. Dihle 81 ff. Klein, Symmachus. Eine tragische Gestalt 122 ff. Ders. Der Streit 44 ff, bes. 52. Demandt, Geschichte als Argument 22 ff. Haendler, Von Tertullian 104 ff. Zur antichristlichen Polemik überhaupt von Arnobius bis Ambrosius vgl. auch Courcelle 151 ff

51 Ambros. ep. 17,9 ff; 18,11; 57,4. Wytzes, Der Streit 132 ff. Klein, Der Streit 120, 137, 164 ff. Schneider, Liebesgebot 142 Anm. 300. Heinzberger 25

52 Vgl. etwa Ambros. ep. 17,17. Ausführlich: Dihle 81 ff

53 Symm. Rel. 10; 21. v. Haehling, Religionszugehörigkeit 391

54 Ambros. de fide 1,44; 1,46. de incarn. 10; 35; 62. Exp. Lc. 7,31;

7,49; 8,13. Schneider, Liebesgebot 39, 42

55 Ambros. de incarn. de fide 2,135; 3,32; 5,193; 5,230. ep. 10,6. Exp. Lc. 7,51. Altaner 334, 337. Schneider, Liebesgebot 41

56 Rauschen 110. Vgl. 104 ff

57 Gratian, Ambigua dogmatum (PL 16,915 f). Ambros. ep. 10,2 f; 11,1; 12,3. Gesta concilii Aquileiensis 3 f; 7. Theodor. h.e. 4,9,1 ff. Neue Edition der Quellen durch J. M. Hanssens 562 ff. Rauschen 106 ff. Seeck, Untergang V 158 f. v. Campenhausen, Ambrosius 61 ff. Dudden 199 f. Lietzmann, Geschichte IV 52. Joannou 257 ff. Wojtowytsch 178 ff

58 v. Campenhausen, Ambrosius 68; dort weitere Quellen und Literaturhinweise

59 Gesta conc. Aquil. 6 ff; 12; 26 ff; 38 ff; 48 ff; 65 ff. Ambros. de fide 3,1,2; 4,2,26; 4,8,78. enarr. in ps. 36,28. ep. 9 ff. Rauschen 104 ff. Seeck, Untergang V 159. Caspar, Papsttum I 237. Dudden I 200 ff. Giesecke, Die Ostgermanen 72 f. v. Campenhausen, Ambrosius 49, 57, 61 ff, 70 ff, 123. Ders. Lateinische Kirchenväter 89. Diesner, Kirche und Staat 24. Lippold, Theodosius 22 f

60 Schmitz, Bußdisziplin 152. Dudden I 205 f. v. Campenhausen, Ambrosius 85 f. Ders. Lateinische Kirchenväter 89. Hernegger 405 f. Wojtowytsch 180

61 Ambros. ep. 20,1 ff. serm. 29 f. exp. Lc. 7,52. Socr. 5,20,6. Rauschen 212 f. Niederhuber XVII f. Dudden I 272, 280 f. v. Campenhausen, Ambrosius 189 ff. Ders. Lateinische Kirchenväter 93 f. Dannenbauer, Entstehung I 80 f. Schneider, Liebesgebot 40 f. Noethlichs, Die gesetzgeberischen Maßnahmen 122

62 Ambros. ep. 20,4 ff; 20,13; 20,18; 20,23; 20,27. August. conf. 9,7,16. v. Campenhausen, Ambrosius 194 ff. Giesecke, Die Ostgermanen 73 f, 78. Diesner, Kirche und Staat, 29 f. Aland, Von Jesus bis Justinian 226 f

63 Ambros. ep. 20. Serm. Aux. 1 ff. Serm. 36. August. conf. 9,7. Cod. Theod. 16,1,4. Soz. 7,13,4. Rauschen 242 f. Dudden I 282. v. Campenhausen, Ambrosius 201 ff, 205 ff. Ders. Lateinische Kirchenväter 94 ff. Giesecke, Die Ostgermanen 74 f. Dannenbauer, Entstehung I 80 f. Lorenz, Das vierte 42

64 Ambros. c. Aux. 35. ep. 21,1 ff. serm. 26 f. ep. Clem. 1,39. Sommerlad II 199. Caspar, Papsttum I 272 f. v. Campenhausen, Ambrosius 210 ff. Ders. Lateinische Kirchenväter 96 ff. Fuhrmann, Einfluß und Verbreitung I 67

65 Ambros. ep. 21,2; 21,5. Cod. Theod. 16,2,12

66 August. conf. 9,7,16. Ewig, Kathedralpatrozinien 36. Dassmann, Ambrosius 51 ff

67 Ambros. ep. 22,1 ff; 22,16 ff. August. de civ. dei 12,8. Paulin. Vit. Ambr. 14 f. RAC I 372. Rauschen 243 f. Lucius 155 f. Seeck, Urkundenfälschungen 4. H. 399. Niederhuber XX. Stein, Vom römischen 315. v. Campenhausen, Lateinische Kirchenväter 99. Ders. Ambrosius 215 ff, möchte – gegen das Zeugnis von August. conf. 9,7 und Paulinus 14 – die ‹Entdeckung› der Märtyrer in die Zeit nach dem Mailänder Kulturkampf verlegen. Dudden I 300 ‹korrigiert› Augustins «unverweste» Körper! S. auch 303 f. Zulli passim. Vgl. bes. 24 ff, 35 ff, 42. Diesner, Kirche und Staat 36. Rimoldi 298 ff. Previté-Orton, The Shorter 69. Brown, Augustinus 67 f

68 Ambros. ep. 22,13. Dassmann, Ambrosius 54 ff; 60 f

69 Ambros. ep. 22,2; 22,14. Lichtenberg, Sudelbücher 32. Dudden I 300. Zulli 27 ff. Dassmann, Ambrosius 56 f

70 August. conf. 9,7,15 f. de civ. dei 22,8. Sermo 286,5. Ambros. ep. 22. Paulin. Vita Ambros. 14. Greg. Tur. de glor. mart. 47. Hist. Fr. 10,31,5; 10,31,12. RAC VIII 911. Rauschen 244 f. Caspar, Papsttum I 132. Dudden I 300 f, 304 f, 316. v. Campenhausen, Lateinische Kirchenväter 99. Lietzmann, Geschichte IV 73 f. van der Meer, Augustinus 625 f. Ewig, Kathedralpatrozinien 36 ff. Dassmann, Ambrosius 51, 54, 56, 59 f

71 Ambros. exhort. virgin. 1,1; 1,5; 1,9 f. Paulin. vita Ambros. 29; 32 f. Greg. Tur. Hist. Fr. 2,16. glor. mart. 43. Vita Drogt. 17. v. Campenhausen, Ambrosius 217. Dudden I 316 ff. Zulli 24, 42 ff, 46 ff. Ewig, Kathedralpatrozinien 8, 39 f. Dassmann, Ambrosius 57

72 Mansi Conc. III 633 ff. Sulp. Sev. Chron. 2,46 ff. Priscill. Liber ad Damasum, CSEL 18,3 ff; 18,34 ff. Kraft, Kirchenväter Lexikon 434 f. Rauschen 72 f. Dudden I 225 ff, 234. Caspar, Papsttum I 217 f. Vollmann 3 ff. Vogt, Der Niedergang Roms 255. Grundlegend neuerdings Chadwick: Priscillian of Avila 8 ff, 20 ff, 33 ff, 51 ff. Über Priscillians Lehre ausführlich 57 ff. Wojtowytsch 187. Haendler, Von Tertullian 128 f. Orlandis/Ramos-Lissón 31 ff

73 Sulp. Sev. Chron. 2,47 ff. dial. 2,6,3 ff. Coll. Avell. 40. Theod. h.e. 5,15. Priscill. Lib. ad Damas. CSEL 18,34 ff. Zit. 18,42. RAC VIII 905. Kraft, Kirchenväter Lexikon 435. Hauck I 59. Rauschen 140 f, 222 f, 242 f, 254, 256 f. Caspar, Papsttum I 218 ff. Dudden I 228 ff. Zum umstrittenen Hinrichtungsdatum vgl. bes. Vollmann 4 f. Anm. 6. Ziegler, Gegenkaiser 74 ff, 78 ff. Chadwick, Priscillian of Avila 36 ff, 111 ff, 144 ff. Cüppers 19. Noethlichs 119 ff, 307 Anm. 714

74 Chadwick, Priscillian of Avila 170 ff, bes. 183 f. Orlandis/Ramos-Lissón 39 ff, bes. 50 f

75 Hieron. ep. ad Ctesiphon; ep. 133,3 f. de vir. ill. 121. August. de haer. 70. Leo I. ep. 15; 118. Sulp. Sev. Chron. 2,48 ff. dial. 3,11. Gams, Kirchengeschichte 368 ff. Kober, Deposition 738. Menzel I 77 f. Schultze, Geschichte II 136 f. Dierich passim. Geffcken, Der Ausgang 185 f. Lea I 241. Seeck, Untergang V 191. Ries 286. Caspar, Papsttum I 218. Dudden I 237 f. Stratmann IV 20, 23. Lorenz, Das vierte 50. Dannenbauer, Entstehung I 160. Chadwick, Priscillian of Avila 190 ff, bes. 206 ff. Die Forschung vom 16. bis ins 20. Jh. (bis 1964) behandelt der Benediktiner Vollmann 9 ff, 21 ff, 39 ff. Die Nennung der Quellen ausführlich ebd. 51 ff, 70 ff, 87 ff

76 Orlandis/Ramos-Lissón 77 ff

77 Ambros. exp. Lc. 10,123. Vgl. dazu ferner die zahlreichen Belege bei Schneider, Liebesgebot 30 ff, 131 ff

78 Kupisch I 93 f. Tinnefeld 309

79 Cod. Theod. 3,1,5; 13,5,18; 16,8,8 f; Cod. Just. 1,9,6. Stein, Vom römischen 321. Dempf 139. Pavan 518 ff. Noethlichs, Die gesetzgeberischen Maßnahmen 182 ff, 188. Tinnefeld 32, 122 f, 296 ff

80 Ambros. ep. 40; 41. In Luc. 8,20. Weitere antijüdische Polemik des Ambrosius: ep. 72; 73; 74; 75; 77 f. Soz. 7,25; Paulin. Vit. Ambr. 22 f.

Cod. Theod. 16,8,9. 12. 20 f; 21. 25. 27. Rauschen 292 f. Lucas 16 ff. Seeck, Untergang V 222 ff. Caspar, Papsttum I 274 f. Dudden II 371 ff. Blumenkranz, Die Judenpredigt 37 ff. v. Campenhausen, Ambrosius 231 ff. Ders. Lateinische Kirchenväter 100. Dannenbauer, Entstehung I 241 f, 392. Ensslin, Die Religionspolitik 60 ff. Diesner, Kirche und Staat 38 f. Lippold, Theodosius 36 f. Kantzenbach, Urchristentum 142. Kupisch I 93 f. Hruby, Juden 43, 66 ff. Avi-Yonah 213, Haendler, Wulfila 21. Kühner, Antisemitismus 33 f. Pavan I 475 ff

81 Browe, Judenmission 55, 134 ff. Hans Küng nach Kühner, Antisemitismus 6

82 Cod. Theod. 3,7,1; 9,7,5. Cod. Just. 1,9,7. Ambros. 40,23. Stein, Vom römischen 320. Browe, Judengesetzgebung 123. Parkes, The Conflict 187 f. Vogt, Kaiser Julian 62 ff. Hyde, Paganism 100. Bates 204. Oepke 189. Dagegen ist das späte Zeugnis des Zonaras (13,18,19 ff) für die Niederbrennung einer Synagoge in Konstantinopel durch Christen, deren Aufbau Kaiser Theodosius I. befohlen, der hl. Ambrosius aber verhindert habe, wohl spätere Legendenbildung; offenbar in Anlehnung an die Vorgänge in Kallinikon. Vgl. v. Haehling, Die Religionszugehörigkeit 124

83 Stratmann III 110

84 Socr. 5,11. Zos. 4,35, 3 ff; 5,35. Rufin h.e. 11,14. Soz. 7,13. Oros. 7,34,10. Vict. epit. 47,7. Ambros. in ps. 61,17; 61,24 ff. In ps. 61 enarr. 17; 23 ff. In ps. 40 enarr. 23. de obitu Val. 79 f. Hieron. ep. 60,15. Sulp. Sev. Chron. 2,49,5. Rauschen 142 ff, 482 ff. Schultze, Geschichte I 227 ff. Seeck, Untergang V 167 f. Baynes, The dynasty 238. Stein, Vom römischen 310 f. Dudden I 219 ff. Lietzmann, Geschichte IV 60 f

85 Ammian. 29,5,6. Zos. 4,35,3. Seeck, Untergang V 168 f, 185 f. v. Campenhausen, Ambrosius 162 f. Matthews 173 ff

86 Seeck, Untergang V 185 f. Stein, Vom römischen 310 ff

87 Sulp. Sever. Chron. 2,49 f. dial. 2,6,3 ff. Vita Mart. c. 20. Theodor. 5,14 ff. Coll. Avell. 39 f. Ambros. de obitu Valent. 28. ep. 24,1 ff. Paulin. Vita Ambros. 19. Pacatus. paneg. 30. Zos. 4,37. dtv Lex. Antike, Geschichte II 283, 288. Rauschen 158 f. Schultze, Geschichte I 229. Seeck, Untergang V 192. v. Campenhausen, Ambrosius 162 ff, 182 ff, 217 ff. Dudden I 222 ff, 270 f, 345 ff. Lippold, Theodosius 83 f. Kornemann, Römische Geschichte II 421. Ziegler, Gegenkaiser 75 f, 82. Wytzes, Kampf 6 f, 9 ff

88 Max. ep. ad Val. Coll. Avell. 88 ff. Socr. 5,11; 6,2,6 ff. Theodor. h.e. 5,13 ff. Pacatus. paneg. 30 ff; 45. Zos. 4,37; 4,42 ff. Soz. h.e. 7,2,18 ff; 7,13 f; 8,2. Ambros. ep. 40,22 f; 53. Oros. 7,35. Philostorg. 10,18. Rufin h.e. 2,16. Sulp. Sev. Vita Mart. 20,9. August, de civ. dei 5,26. Pall. hist. Laus. 43. Greg. Tur. 2,9. Prosper Chron. 1193. Mommsen Chron min. I 462. dtv Lex. Antike, Geschichte II 288, III 283. Langlois in Lexikon der alten Welt 134. Güldenpenning (Nachdruck 1965) 144. Rauschen 267 ff, 280 ff, 295 f. Seeck, Untergang V 209 ff. Stein, Vom römischen 316 f. Dudden I 291 ff, 350 ff. Ensslin, Die Religionspolitik 63. Lippold, Theodosius 30. Ziegler, Gegenkaiser 80 ff, 84 f. Holum 22 ff, 44 ff

89 Ambros. ep. 40,18; 40,23. de obitu Valent. 39; 51. Zos. 4,45. Rauschen 333. Stein, Vom römischen 320. Vgl. auch Anm. 88

90 Cod. Theod. 16,5,15; 16,5,18; 16,7,4 f. Cod. Just. 1,7,3. Rauschen 290, 307, 338 f, 360 ff

91 Liban. or. 1,30. Soz. h.e. 7,24 f. Theophan. Chron. 113. Zos. 4,32,2 f; 4,41. Chrysost. hom de stat. 3 ff. Rufin h.e. 11,18. Ambros. ep. 51. Paulin. Vita Ambros. 24. August. de civ. dei 5,26. Theodor. h.e. 5,17; 5,20. Gams, Kirchengeschichte 332. Rauschen 259 ff, 317 ff, 512 ff. Niederhuber XV f. Seeck, Untergang V 229 f. Stein, Vom römischen 322. Schnürer, Kirche I 23. Baur, Johannes I 212 ff. Dudden I 356 ff, II 381 ff. Haacke, Rom 13 f. Ludwig, Massenmord 17. Thieß 286 ff. Lippold, Theodosius 36 f, 77, 92 f. Maier, Verwandlung 112 f. Downey 419 ff. Aland, Entwürfe 22. Larson 297 ff. Tinnefeld 154 ff. Brown, Welten 134 ff

92 Ambros. ep. 51. de obitu Theodos. 34. August. de civ. dei 5,26. Rufin h.e. 11,18. Legendarisch verfärbt bereits: Paulin. Vita Ambros. 24. Koch, Die Kirchenbuße 257 ff. v. Campenhausen, Ambrosius 236 ff. M. Müller, Ethik 37 f. Ders. Grundlagen 56. Dudden II 384 ff. Setton 127 f. Diesner, Kirche und Staat 40 f. Lippold, Theodosius 37. Widman 62 f. Schieffer, Von Mailand 336, merkt, wie viele, des Ambrosius' «betont diskretes Verhalten» an

93 Syn. Elvira c. 63. 1. Syn. Tol. c. 18. Syn. Lerida c. 2. Cap. Mart. Bracarens. c. 78 f. Soz. h.e. 7,25. Ambros. de obitu Theod. 34. Schmitz, Bußdisziplin 150 f, 113. Grupp, Kulturgeschichte I 296 f. v. Campenhausen, Ambrosius 238 ff. Poschmann, Altertum 24, 152 f, 166. Ders. Mittelalter 15 ff, 47. James, Priestertum 214. Aland, Entwürfe 279. Ein Kapitel über «Das Bußsakrament» bei Deschner, Das Kreuz 375 ff

94 August. de civ. dei 5,26. Von mir hervorgehoben

95 Hadot 610 ff. Jäntere 142 f. Brown, Religion and Society 34

96 Niederhuber 16. Stein, Vom römischen 323. v. Campenhausen, Ambrosius 230, 233 ff, 238 ff

97 Cod. Theod. 16,1,3; 16,2,26; 16,5,6 ff; 16,5,9 (hier Verhängung der Todesstrafe); 16,5,10 f; 16,5,12; 16,5,17; 16,5,18; 16,5,21; 16,5,29; 16,7,1 ff; 16,10,10 f; 16,7,4 f; 11,29,11. Socr. h.e. 5,8; 5,10,25. Soz. 7,6. RAC I 370. Gentz, Arianer 650 f. Rauschen 88 ff, 127 f, 153 ff, 306 f. Stein, Vom römischen 308. Ensslin, Die Religionspolitik 30 f, 42 ff, 52. Dannenbauer, Entstehung I 79 ff. Kawerau, Alte Kirche 52 ff. Joannou 243. Maier, Verwandlung 107, 112 ff. Dempf 137 f. Klein, Constantius II 152 ff. Noethlichs, Die gesetzgeberischen Maßnahmen 132 ff, 161 ff

98 Cod. Theod. 16,7,1 ff; 16,10,12. Geffcken, Der Ausgang 156 f. Tinnefeld 268 ff

99 Rufin 2,19. Baur, Johannes I 102. Dempf 131. Gottlieb, Ost und West 14 ff. Zit. 18

100 Ambros. de obitu Theod. c. 38. de fide 1,42; 1,44 ff; 2,130

101 Theodor. h.e. 5,16. LThK 1. A. I 375 f. Rauschen 352 f

102 Greg. Naz. ep. 102; 125. Lecler I 115. Ensslin, Die Religionspolitik 46 f, 56 f. Noethlichs, Die gesetzgeberischen Maßnahmen 193 f. Fontaine in JbAC (25) 1982, 21

103 Kornemann, Weltgeschichte II 536. Noethlichs, Die gesetzgeberischen Maßnahmen 166 ff, 181 f

104 Cod. Theod. 16,10,10 ff. Ambros, ep. 57. Rauschen 375 f. Niederhuber XII. Geffcken, Der Ausgang 145 f (2. A. 156). Straub, Eugenius 865. Tinnefeld 274 f

105 Cod. Theod. 16,7,1 f; 16,7,4 f; 16,10,7. 9. 10. 11. 12. Ambros. ep. 57. de obitu Theodos. 38; 51; 12 f; 28; 34 f. Vgl. ep. 17. Socr. 5,12; 6,2. August. de civ. dei 5,26. RAC I 370. Funke, Götterbild RAC XI 809. Fredouille 885. Stein, Vom römischen 323, 327. v. Campenhausen, Ambrosius 167, 227 ff, 243. Vogt, Der Niedergang Roms 322. Maier, Verwandlung 113 f. Kawerau, Alte Kirche 104. Lippold, Theodosius 70. Halporn 103. Grant, Christen 180. Noethlichs, Die gesetzgeberischen Maßnahmen 166 ff

106 Cod. Theod. 16,5,20. Epiphan. de Mensur 20. Philostorg. 11,1 f. Socr. h.e. 5,25. Oros, 7,35,10 f. Ambros. de obitu Valent. 66; 71; 80. ep. 53. Zos. 4,53 f. Joh. Ant. frg. 187 Chron. min. 1,298. Straub, Eugenius 860 ff. dtv Lex. Antike, Geschichte I 134 f, II 23; III 283. Rauschen 360 ff. Schultze, Geschichte I 281 f. Schnürer, Kirche I 23. v. Campenhausen, Ambrosius 245 f. Stroheker, Germanentum 28. Lippold, Theodosius 30. Noethlichs, Die gesetzgeberischen Maßnahmen 124. Waas 15 f, 72. Baynes, The dynasty 245. Croke 235 ff. Nach manchen Historikern, z. B. Caspar, Papsttum I 278, beging Valentinian Selbstmord, «warf er in einem Anfall des Ekels das Leben fort». Einige antike Quellen schließen dies nicht ganz aus; angeführt bei Dudden II 417 f. Viele aber nennen Arbogast Mörder: Socr. 5,25. Oros. 7,35,10. Zos, 4,54,3. Philostr. 11,1 u. a.

107 Paulin. Vita Ambr. 26 f. Rufin 2,31. Zos. 4,54 f. Ambros. ep. 53; 57; 61; 81. Enarr. in ps. 36,25. Exhort. virg. 42. Soz. 7,22,4. Philostorg. hielt Eugenius sogar für einen Heiden: h.e. 11,2. Straub, Eugenius 860 ff. Rauschen 366 ff, 422. dtv Lex. Antike, Geschichte I 134 f, II 23, III 283. Davidsohn I 34 ff. Seeck, Untergang V 246 ff. v. Campenhausen, Ambrosius 246 ff. Lippold, Theodosius 30 ff, 38 ff. Dudden II 418 ff, 425 f. Ziegler, Gegenkaiser 89 ff. Ausführlicher: Bloch, Document 225 ff. Noethlichs, Die gesetzgeberischen Maßnahmen 127. Wytzes, Kampf 20 f

108 August. de civ. dei 5,26. De cura pro mort. gerenda 17,21. Soz. h.e. 7,21 ff. Theodor. h.e. 5,24 f. Socr. 7,10. Zos. 5,5. Oros. hist. 7,35. Pallad. hist. Laus. 35; 43; 46. Prosper. Chron. min. 1, 463, 1201. Straub, Eugenius 864, 869, 872 ff. Funke, Götterbild 823 f. Rauschen 409 ff. Schultze, Geschichte I 292 ff. Seeck, Untergang V 250 ff. Stein, Vom römischen 333 f. Geffcken, Der Ausgang 159. Dudden II 426 ff. Haacke, Rom 13. Lippold, Theodosius 40 f. Ziegler, Gegenkaiser 88 f. Holum 20 f

109 Zos. 4,58. Theodor. h.e. 5,25. Rufin h.e. 2,32 ff. Philostorg. 11,2. Socr. 5,25. Soz. h.e. 7,24. Ambros. ep. 51; 57; 61 f. de obitu Theod. 34; 39; enarr. in ps. 36,25; August. de civ. dei 5,26. Oros. 7,35,12 ff. Joh. Ant. frg. 187. Paulin. Vita Ambr. 31 f. Cod. Theod. 2,22,3. Straub, Eugenius RAC VI 864, 869 ff. Rauschen 410 ff. Seeck, Untergang V 257. Seeck/Veith 451 ff. Geffcken, Der Ausgang 114 f. Stein, Vom römischen 334 f. Caspar, Papsttum I 279. Dudden II 429 ff. Stratmann III 126 f.

Ensslin, Gottkaiser 64 ff, 75. Bloch, Document 235 ff. Kornemann, Römische Geschichte II 422. Diesner, Kirche und Staat 42. Lorenz, Das vierte 43 f. Vogt, Der Niedergang Roms 323. Capelle 215 f. Heer, Kreuzzüge 12. Maier, Verwandlung 114. Ziegler, Gegenkaiser 88 f. Schneider, Liebesgebot 29. Claude, Westgoten 16. Wytzes, Kampf 21 f

110 August. de civ. dei 5,26

111 Theodor. h.e. 5,26. Socr. h.e. 5,26. Soz. h.e. 8,1; Ammian. 29,6,15. Aurel. Vict. epitome 47 f. Paulin. Vita Ambros. 32. Ambros. de obitu Theod. 35. Otto v. Freis, Chron. 4,18. Rauschen 430 f. Lietzmann, Geschichte IV 87. Lammers XXIV

112 Paulin. Vita Ambros. 47 f. Pauly-Wissowa 2. Hbbd. 1958, 1812. Dudden II 490 ff

10. KAPITEL
Kirchenlehrer Augustinus
(354–430)

1 Grabmann 828

2 Hendrikx 1096

3 August. Brief an die Donatisten 4,13

4 Vgl. Anm. 125

5 August. conf. 12,10

6 August. ebd. 2,3; 9,9. C. Jul. 3,13,26. Posid. Vita c. 26 (PL 32,55). Espenberger I f. Hendrikx 1094 f. Thomas, Das psychische Erlebnis 156 f. Chadwick, Die Kirche 253. Brown, Augustinus 15 ff, 24 ff

7 August. conf. 2,3; 3,1; 3,3. Hendrikx 1094 f. Espenberger II f

8 August. ep. 34,6. conf. 4,6. Erklärung der Psalmen, zu Ps. 53. Heilmann, Texte II 463. Espenberger IV f. Chadwick, Die Kirche 253. Brown, Augustinus 59, 165

9 August. solil. 1,17. c. Acad. 2,5 f. der vera rel. 24. Sermo 355,2. ep. 213,4. LThK 2. A. I 1095. Pauly-Wissowa 4. Hbbd. 2363. Lexikon der alten Welt 402 f. Galling, Die Religion I 741. Espenberger V f. Holl, Augustins innere Entwicklung 55, 64 ff, 85. Hümmeler 415. v. Campenhausen, Lateinische Kirchenväter 175 f. Lachmann 11 f. Chadwick, Die Kirche 253 ff. Brown, Augustinus 120 f

10 Possid. vita August. 31,1 ff. Hom. zum 1. Johannesbrief 9,2. van der Meer, Augustinus 324. Glockner 317

11 August. rudes 2,3. RAC I 982. J. Guitton zit. nach ebd. 985. Hendrikx 1099 ff. Fichtinger 48. Espenberger XV. Jülicher Pauly-Wissowa 4. Hbbd. 1970, 2364. Brown, Augustinus 255, 374 ff

12 Mit Ernst Stein, Vom römischen 395 ff, bin ich überzeugt, daß unter allen Büchern Augustins (soweit sie mir bekannt geworden) nur seine «Bekenntnisse» literarisch von sog. bleibendem Wert sind. Berkhof 122. Marrou, Selbstzeugnisse 51, 57. Görlich 18. Daniel-Rops, Frühmittelalter 25. Schmaus I 33. Palanque 58

13 August. conf. 1,4. Über die Dreieinigkeit 15,51. Lachmann, Vorwort 13

14 August. Vorträge über das Johannesevangelium 6,2. Heilmann, Texte II 500. Grabmann LThK 1. A. I 828. LThK 2. A. I 1096. Fichtinger 48

15 August. Genesiskommentar 3,24. cons. 13,28. de civ. dei 11,21 f. Heilmann, Texte I 154 f

16 August. conf. 1,9 ff; 3,4; 8,1 ff. ep. 10,2; 143,2,3; 213,4; de civ. dei I praef. 8; 17,16. de vera rel. 25,47. retr. 1,13,7. retr. prol. 3. Don persev. 21,55. Posid. Vita August. c.

8. RAC I 372, 981 ff. dtv Lex. Antike, Philosophie I 224 ff. Kraft, Kirchenväter Lexikon 71 ff. Scholz 171. Stein, Vom römischen 395 ff. Holl, Augustins innere Entwicklung 58 ff. Gautier 172. v. Campenhausen, Lateinische Kirchenväter 158 ff, 176 ff, 214 f. Burnaby 85 ff. Marrou, Selbstzeugnisse 15 ff, 54. van der Meer, Augustinus 624 f. Palanque 58. Hruby, Juden 76 ff. Lotter, Designation 129 f. Brown, Augustinus 68 ff, 255, 365 f, 375 ff. Wermelinger 269 ff

17 Vgl. etwa August. Adversus Judaeos. Contra Faustum manichaeum. Contra Acadmicos. Ad Crosium. Contra Priscillianistas et Origenistas. Contra Sermonem Arianorum. De baptismo contra Donatistas. Psalmus contra partem Conati u. v. a. conf. 5,18; 5,25. Hom. 80,8. de dua anim. 11. Pauly-Wissowa 4. Hbbd. 1970, 2364 f. RAC I 981 f, 985 ff. LThK 2. A. I 1096, 1099 f. Kraft, Kirchenväter Lexikon 79, 84 f. Espenberger III f, VIII f, hier das Hieronymus-Zitat. Windelband 239 f. zit. nach Adam, Fortwirken des Manichäismus 23 ff. Vgl. auch die Aufzählung der Schriften gegen die Manichäer bei Grabmann LThK 1. A. I 829. Hümmeler 416. Daniel-Rops, Frühmittelalter 46. Adam, Der manichäische Ursprung 385 ff. Vgl. auch Geerlings 45 ff, der wohl noch stärkere Einflüsse des Manichäismus auf Augustin sieht als Adam. Marrou, Selbstzeugnisse 40, 59. Thomas, Das psychische Erlebnis 152. Störig 227 f. Brown, Augustinus 39 ff, 367 ff

18 Brown ebd. 180 f

19 August. conf. 2,1 f; 3,1 f; 6,12; 9,1 u. a. Gen. ad litt. 9,10. Vgl. dazu die psychologischen Erklärungs- und auch Beschönigungsversuche bei M. Thomas, Das psychische Erlebnis 139 ff. Zumkeller 203

20 August. enarr. in ps. 54,16; 95,11. Brief an die Donatisten 1,2 ff. Grabmann LThK 1. A. I 828. Brown, Augustinus 167, 239

21 August. de util. cred. 7,18 f; 15; 32. contr. ep. Manich. 5. Brief an die Donatisten 1,1. Holl, Augustins innere Entwicklung 63, 88. v. Campenhausen, Lateinische Kirchenväter 185. F. Schiller zit. nach L. Schmidt, Aphorismen 291. Chadwick, Die Kirche 260

22 Optat. Mil. 2,16 ff; 2,24 ff; 3,1; 3,4; 3,6; 6,5 ff. Passio Maximiani et Isaaci (PL 8,766 ff). Passio Marculi (PL 8,760 ff). August. ep. 93,4,12; 105,2,9. In ev. Joh. 11,15. Siehe ferner die im Textteil angeführten Seitenhinweise

23 K. Baus, Handbuch der Kirchengeschichte II/1, 144, 148 ff. Zit. 149, 152

24 August. c. Litt. Petil. 1,18,20; 2,20,45; 2,58,132; 3,39,45. c. Cresc. 3,56,62; 4,3,3; 4,5,6; 4,48,58; 4,46,55; 4,58,69. Enarr. in ps. 36. serm. 2,19 ff. ep. 43,10,26; 44,4,7; 108,5,14. c. ep. Parm. 3,6,29. Hieron. vir. ill. 93 (PL 23,734). RAC IV 128, 130 f, 133. Seeck, Untergang III 351 ff. Brown, Augustinus 199. Baus, Handbuch der Kirchengeschichte II/1, 152

25 Claudian, de cons. Stil. 1,277 ff; 2,307 ff; 3,81 ff. de bello Gild. 418 ff; 504 ff. Oros. Hist. adv. pagan. 7,36. August. en. in ps. 21,26; 36,2 f. c. litt. Pet. 2,23,53; 2,28,65; 2,33,78; 2,83,184; 2,92,209. ep. 76,4. c. Parm. 2,4; 2,4,8. Zos. 5,8 ff. widerspricht Oros. 7,36. Cod. Theod. 7,13,12; 7,8,7; 9,40,19; 16,2,31. Eunap. frg. 66 ff.

Passio St. Salsae 13. Oros. hist. 7,36,2 ff. Paulin. Vita Ambr. 51. c. Cresc. 3,60,66; ep. 76,3; de pecc. mer. 1,24,34. RAC IV 133, 134 f. dtv Lex. Antike, Geschichte I 135, II 27. Pauly I 497 f, II 470. Güldenpenning 61 ff, 65 ff. Schultze, Geschichte I 341 ff. Crees 81 ff. Nischer-Falkenhof, The army Reforms 53. Ders. Stilicho 71 ff, 76 ff. Stein, Vom römischen 315, 355 f. Dill 146 ff. Frend, Donatist Church 225 f. Bury, History I 121 f. Kohns 53, 91 ff. Diesner, Gildos Herrschaft 178 ff. Ders. Der Untergang 11 ff, 97 ff. Ders. Das Vandalenreich 32 ff. Ders. Afrika und Rom 103 f. Manitius, Migrations 263 f, 378 ff. Heinzberger 45 ff. Haehling, Religionszugehörigkeit 268 f. Handbuch der Kirchengeschichte II/1, 152 ff

26 August. enarr. in ps. 10,5; 132,6. ep. ad Cath. 19,50. ep. 23; 34; 35,4; 43 f; 52; 87 f; 88,12; 93,17; 108,5,14; 108,6,18; 108,8; 111,1; 185,15; 185,3,12; 185,4,15; 209,2. c. litt. Petil. 2,83,184; 2,84,186. c. Cresc. 3,42,46; 3,48,53. Posid. Vita c. 7. Optat. Mil. 2,14; 3,4. RAC IV 131 f, 135, 139, 144 f. Schilling, Soziallehre 197 ff. Seeck, Untergang III 364. Schnürer, Kirche I 74 f. Frend, Donatist Church 172 f, 211, 227 ff. Stratmann III 208. v. Campenhausen, Lateinische Kirchenväter 185 ff. Büttner/Werner 61. Gautier 147 f. van der Meer, Augustinus 113 f. Diesner, Studien zur Gesellschaftslehre 58 ff. Ders. Kirche und Staat 17 ff. Ders. Der Untergang 13. Ausführlich: Tengström. Donatisten 24 ff, 42 ff, 121 ff. Vogt, Der Niedergang Roms 193. Maier, Verwandlung 63. Lorenz, Circumcelliones 54 ff, 59. Dannenbauer, Entstehung I 210. Aland, Von Jesus bis Justinian 169. Handbuch der Kirchengeschichte II/1, 154. Brown, Augustinus 203

27 Cypr. ep. 65; 67. RAC IV 133, 142 ff. Diesner, Kirche und Staat 13

28 Optat. Mil 3,4

29 August. Brief an die Donatisten 2,3. Optat. Mil. 2,18 ff; 3,4; 6,1. Kraft, Kirchenväter Lexikon 392. Hönn 160. Schneider, Geistesgeschichte I 513, 641. Vgl. auch B. H. Warmington 86 ff. Büttner/Werner 3, 43 u. a. Romanelli 621. Zit. nach Diesner, Kirche und Staat 18 ff, 53 ff, bes. 57 ff, 62 ff, 73 ff. Ders. Die Circumcellionen von Hippo Regius, in: ThLZ 7, 1960

30 August. Brief an die Donatisten 2,3 f. Optat. Mil. 3,4; 6,1 f. Hergenröther I (2. A.) 444 ff. Vgl. auch die nächste Anm.

31 August. ep. 105,4; 185,7,30; 185,27; 204,4. c. litt. Petil. 2,88,195; 2,96,222. c. Crescon. 2,42,46; 3,43,47; 3,46,50. Posid. Vita August. c. 10; 12. Optat. Mil. 2,18. Seeck, Untergang III 361. van der Meer, Augustinus 119 f. Stratmann III 209. v. Campenhausen, Lateinische Kirchenväter 192. Dannenbauer, Entstehung I 210. Büttner/Werner 63 f. Diesner, Der Untergang 32. Ders. Kirche und Staat 19. Kötting, Mit staatlicher Macht 51

32 August. ep. 133,1 ff. S. auch vorherige Anm.

33 RAC IV 132 ff. Diesner, Kirche und Staat 13, 18, 21. Kötting, Mit staatlicher Macht 47

34 August. Brief an die Donatisten 1,1; 1,2; 2,6. Thomas, Das psychische Erlebnis 154 f. mit Bez. auf August. sermo 357

35 August. Brief an die Donatisten 1,2; 5,16

36 Kober, Deposition 734 f
37 Ebd. 629 ff
38 Bruns I 172 f. Vgl. auch Handbuch der Kirchengeschichte II/1, 156 f. bes. Anm. 73
39 August. ep. 23,6 f. Sermo 302,16 ff. Kötting, Mit staatlicher Macht 51. Vgl. auch die folg. Anm.
40 August. retract. 2,31. Brief an die Donatisten 2,5. Vgl. dazu die apologetischen Ausflüchte bei Thomas, Das psychische Erlebnis 153 ff. Ferner Chadwick, Die Kirche 261. S. auch vorherg. Anm. Handbuch der Kirchengeschichte II/1, 155
41 August. c. litt. Petil. 2,20,45; 2,80,45; 2,80,177; 2,78,173; 1,31. Sermo 302,19. Retr. 1,19. ep. 133 f; 185; 189; 220; 229 ff. Brief an die Donatisten 2,9 f. Heilmann, Texte III 332, 344. Schnürer, Kirche I 73 f. Willis 127 ff. Frend, Donatist Church 242. Stratmann III 204, 208. v. Campenhausen, Lateinische Kirchenväter 190 f. Lorenz, Augustinliteratur 29. van der Meer, Augustinus 145. Diesner, Der Untergang 21, 133 f. Brown, Augustine's Attitude 110 f. Kawerau, Alte Kirche 185. Voigt, Staat und Kirche 85
42 August. Brief an die Donatisten 2,5 ff; 3,11
43 Ebd. 4,13
44 Baus, Handbuch der Kirchengeschichte II/1, 162. Lilje 13 f
45 Cod. Theod. 16,5,37. August. ep. 93,5 mit Bez. auf Lk. 14,23. ep. 89,2; 185, bes. 185,6; 185,21; 185,51. ench. 16,72 f. Espenberger X. v. Campenhausen, Lateinische Kirchenväter 192 ff. van der Meer, Augustinus 128 f. Brown, Augustinus 180, 207. Hoheisel 373. Kötting, Mit staatlicher Macht 49 ff. Diesner, Der Untergang 18 ff. Vgl. dazu auch Augustins prinzipielle Einstellung zu Irrtum und Schuld: Keeler 62 ff, bes. 79 ff
46 August. ep. 33; 34,6; 93; 185. c. Crescon. 3,47 ff. c. ep. Parm. 1,10,16. c. Gaud. 1,34,44. Sermo 112,8. RAC IV 144 f. Marrou 55. Chadwick, Die Kirche 261. Hoheisel 402. Thomas, Das psychische Erlebnis 152
47 August. ep. 183,4; 185,13; 185,33; 100,1 f; 97,2 f. In Joh. ep. tract. 7,8; 8,1; 10,7. Brief an die Donatisten 5,17
48 Vgl. auch die vorausgehende Anm. Ferner: Espenberger VII. Hümmeler 416. Holl, Augustins innere Entwicklung 89 f. Fischer, Die Völkerwanderung 64. v. Campenhausen, Lateinische Kirchenväter 191. Grasmück 229. Diesner, Untergang 19 f; 36; Doerries, Wort und Stunde I 58. Heer, Abschied 171. Baus, Handbuch der Kirchengeschichte II/1, 155, 165. Hendrikx und Grabmann s. Motti Anm. 1 u. 2
49 August. ep. 88,9; 185; 189,5. Lesaar X. Diesner, Kirche und Staat 78 ff, 103. Vgl. auch vorausgehende Anm.
50 Chadwick, Die Kirche, 260 f
51 August. ep. 88,9; 91,9; 110,1; 133 f; 139,2; 153 u. a. RAC I 991. Brown, Augustinus 210 f
52 August. ep. 205,4; 133,3; 134,4; 105,6. Retract. 2,48. Holl, Augustins innere Entwicklung 91. Brown, Augustinus 369. Aland, Von Jesus bis Justinian 169
53 RAC IV 128. Holl, Augustins innere Entwicklung 92. Berkhof, Kirche 122. Nigg 122. v. Loewenich 108 f. Diesner, Untergang 19. Doerries, Wort und Stunde I 57. Höss 234 ff, bes. 240 ff. Kötting,

Mit staatlicher Macht 52. Brown, Augustinus 209

54 August. ep. 185,33 ff. c. ep. Parm. 1,1,1; 1,9,15 ff. c. litt. Petil. 2,19,42 f. Burkitt 11 ff. Dempf, Sacrum Imperium 120. Frend, Donatist Church 201 ff. Ratzinger 185. Forster 183. Diesner, Der Untergang 20, 36 f. van der Lof 260 ff. Handbuch der Kirchengeschichte II/1, 150

55 August. ep. 204,2. Frend, Donatist Church 296

56 August. serm. 359. Brown, Augustinus 209 f

57 Caspar, Papsttum I 262, 291. Monachino 22 f. Marschall 113 ff. Sieben 71 ff

58 Cod. Theod. 16,5,37. August. c. Part. Don. post gesta 1,1. Enarr. 17 in ps. 118,2. De urbis exidio 3. ep. 93,2,4; 185,7,25. Brown, Augustinus 104 f, 293, Handbuch der Kirchengeschichte II/1, 157 ff. Sieben 68 ff

59 Cod. can. eccl. Afr. c. 107 b; 108. Cod. Theod. 16,5,51. August. ep. 108,6,19. c. litt. Petil. 2,83,184. Posid. Vita August. 9,4. RAC IV 132. Handbuch der Kirchengeschichte II/1, 159. Brown, Augustinus 167, 289. Vgl. auch die folgende Anm.

60 August. ep. 93,19; 110,1; 133,1; 134,2; 128,1; 153; 185,3; 185,35; 204. In Joh. ep. Prol. Von den Siegen der kathol. Kirche 30,63. Brevic. coll. 3,43. Heilmann, Texte IV 24. Cod. Theod. 16,5,37 ff; 16,5,51 f; 16,5,54; 16,6,3 ff; 16,11,2. Gesta collationis Carthag. 1 ff, bes. 1,4 f; 1,16. RAC IV 132. Stein, Vom römischen 356, 401 f. Zepf 55. Caspar, Papsttum I 326. v. Campenhausen, Lateinische Kirchenväter 192. Lachmann 15. Steinwenter, Eine christliche Quelle 123. Frend, Donatist Church 249 ff, 310 ff. Stratmann, III 209. Galling, Die Religion I 742. Grasmück 197, 203 f, 208 ff, 225. Brown, Religious Coercion 283 ff. Maier, Verwandlung 162. Diesner, Der Untergang 27 ff. van der Meer, Augustinus 127, 134. Tengström, Die Protokollierung. Ders. Donatisten 104 ff, 177. Doerries, Wort und Stunde I 57 ff. Dannenbauer, Entstehung I 357. Sieben 68 ff. Brown, Augustinus 204 f, 210, 289 ff, 293 ff. Aland, Von Jesus bis Justinian 169. Kötting, Mit staatlicher Macht 48. Handbuch der Kirchengeschichte II/1, 162 ff, 173

61 Oros. 7,42,12 ff. Philostorg. 12,6. Hydat. Chron. 56

62 Cod. Theod. 16,5,54 ff. Cod. can. eccl. Afr. c. 117 ff (1. Mai 418). Greg. I. ep. 1,33; 3,32; 4,35; 6,34. Vgl. auch Greg. II. ep 4. RAC IV 128 v. Campenhausen, Lateinische Kirchenväter 194. Dannenbauer, Entstehung I 210. Kawerau, Alte Kirche 41. Chadwick, Die Kirche 263 f. Aland, Von Jesus bis Justinian 170. Handbuch der Kirchengeschichte II/1, 165

63 August. de haer. passim. LThK 1. A. VIII 218 f. van der Meer, Augustinus 109. Altaner 322. Dannenbauer, Entstehung I 355. Marrou, Augustinus 47

64 August. ep. 186,1. Oros. apol. c. Pelag. 12,3. Kraft, Kirchenväter Lexikon 415. Die britische Herkunft des Pelagius ist auch, wahrscheinlich zu Unrecht, bestritten worden. Vgl. etwa Bury, The Origin of Pelagius 26 ff. Ferner: Müller, Der heilige Patrick 113 ff. Koopmans 149 ff. Palanque 30. Morris, Pelagian Literature 41. Wermelinger 122. Handbuch der Kirchengeschichte II/1, 169, 172. Brown, Augustinus 298 f

65 August. ep. 125 f;157,4,38. Pauly III 1162, IV 864. dtv Lex. 12, 147. Mack, Helvétius I 121. Brown, Religion and Society 208 ff, bes. 212 ff. Brown, Augustinus 298 f, 306. Wermelinger 5 f. Bei ihrem Tod hatte Melania, «die einstmals reichste Frau des Imperiums nur noch 50 Goldstücke, die sie dem Bischof schenkte»: Kötting, Melania 247

66 Kraft, Kirchenväter Lexikon 415 f. Bruckner, Quellen 60 ff. Altaner 327 f. Morris, Pelagian Literature 26 ff. Chadwick, Die Kirche 268. Wermelinger 39 ff, 84 f. Handbuch der Kirchengeschichte II/1, 169

67 Pelagius, Ad Demetriadem 2 (PL 30,16 C). August. de nat. et grat. 18,20; 19,21; 20,22; 21,23; 43,50. BKV 1914, 324 f. hier Zitat. Bury, History I 360. Evans, Fastidius 72 f. Ders. Pelagius 90 ff. Brown Augustinus 299 ff, 305 ff, 311, 320 ff. Chadwick, Die Kirche 266 ff. Wermelinger 40 ff. Handbuch der Kirchengeschichte II/1, 170 ff

68 Augustin sprach auch von dem «verdorbenen Klumpen» (massa perditionis) der Menschheit, der «verdammten Masse» (massa damnata). August. de civ. dei 14,11 f; 21,12. Vom ersten katechetischen Unterricht 2,29 f. Hendrikx, Augustinus LThK 2. A. I 1098. Chadwick, Die Kirche 272

69 August. de gestis Pelagii. Contra duas epistolas Pelagianorum ep. 186,23. En. in ps. 31,26. Vgl. En. dur. 98. de civ. dei 14,11. op. imperf. 3,122; 5,22. corr. et grat. 8,17. Röm. 9,20. RAC I 991. dtv Lex. Antike, Philosophie III 294. Stein, Vom römischen 412. Lachmann 15 f, 17 f. v. Campenhausen, Lateinische Kirchenväter 203 ff. Dannenbauer, Entstehung I 377. Marrou, Augustinus 43 ff. Chadwick, Die Kirche 272 ff. Vgl. auch Deschner, Hahn 181 ff, bes. 184 ff

70 August. ep. 168; 175 ff; 183,3,13. Conf. 2,4,9 ff. de gestis Pelag. 1,3; 25,49. Oros. Lib. Apol. 1 f; 4 ff. Loofs, Pelagius 747 ff, bes. 763. Bruckner, Quellen 7 ff. Mirbt/Aland, Quellen (6. A.) 184 ff. Grützmacher, Hieronymus III 257 ff, bes. 270 ff. Stein, Vom römischen 412 f. Adam, Causa finita 5. Hofmann, Der Kirchenbegriff 432 ff. Caspar, Papsttum, I 327 ff. Schnitzer, Orosio 336 ff. Nigg 144. v. Campenhausen, Lateinische Kirchenväter 204 ff. Marrou, Selbstzeugnisse 44 f. Lachmann 15 f. Ulbrich 57 ff. Altaner 347. Haller, Papsttum I 92 ff. Groß, Erbsündendogma I 50, 259 ff, 375. Evans, Pelagius 6 ff. Brown, Augustinus 298 ff, 309 ff, 314. Marschall 1 ff, 129 ff. Wojtowytsch 226 ff. Wermelinger 6 ff, 35 ff, 57 ff, 68 ff, 88 ff. Chadwick, Die Kirche, 266 ff. Palanque 29. Handbuch der Kirchengeschichte II/1, 174 ff. Goetz, 9 f. S. auch Schopenhauers treffsicheren Spott über die Prädestination: V 318

71 Innoz. I. ep. 29 ff. August. ep. 181 ff. Coll. Avell. 41. Sermo 131,10 (PL 38,734). Mirbt/Aland, Quellen (6. A) Nr. 372, S. 171 f. Adam, Causa finita 1 ff. Caspar, Papsttum I 332 ff. Haller, Papsttum I 94 ff. Ulbrich 73 ff. Marschall 55 ff, 145 ff. Wojtowytsch 230 ff. Chapman 146 ff. Wermelinger 116 ff, 124 ff, 153 f. Denzler, Das Papsttum. Erster Teil 19

72 Prete, Pelagio 20 ff. Lorenz, Das vierte 65

73 Zos. ep. 3 «Postquam a nobis» 1 (PL 45,1721); ep. 2 «Magnum

pondus» 4 f (PL 45,1720). ep. 12 «Quamvis patrum». August. De grat. chr. et de pecc. orig. 2,19 ff. Mirbt/Aland, Quellen Nr. 410 ff, S. 188 f. Grisar, Geschichte Roms 288. Hofmann, Der Kirchenbegriff 442 f. Caspar, Papsttum I 350 f. Bury, History I 361. Brown, Augustinus 314 ff. Marschall 150 ff. Wermelinger 68 f, 134 ff, 141 ff. Chadwick, Die Kirche 270. Handbuch der Kirchengeschichte II/1, 177. Wojtowytsch 252 ff

74 Julian, Lib. ad Florum, in August. op. imperf. 1,42; 3,35. LThK 1. A. I 329 f. Chadwick, Die Kirche 362, Anm. zu S. 270. Brown 317 f, 335. Wermelinger 197 ff

75 August. ep. 190, 191, 194, 201. c. Jul. 3,1,3. Zos. ep. 2 f. Coll. Avell. 45 f. Prosper Tiro, de gratia dei et libero arbitrio c. collat. 21,1 f. Posid. Vita August. 18. Cod. Theod. 16,2,46 f. Const. Sirm 6. Kraft, Kirchenväter Lexikon 438 ff. dtv Lex. Antike, Philosophie IV 43 f. Bruckner, Quellen 40 f. Mirbt/Aland, Quellen 190 ff. Stein, Vom römischen 412 f. Chapman 169. Caspar, Papsttum I 329 ff, 350 ff, 383 f, 387 f. Hofmann, Der Kirchenbegriff 445 ff. Nigg 144. Holl, Gesammelte Aufsätze III 90 f. Haller, Papsttum I 94 ff. Bury, History I 361 ff. Ulbrich 252 f. Chadwick, Die Kirche 270 f. Lorenz, Der Augustinismus 217 ff. Wermelinger 137, 153 ff, 196 ff, 202 ff, 209 ff, 244 ff, 284. Palanque 29. Handbuch der Kirchengeschichte II/1, 177 f. Brox, Kirchengeschichte 141. Marschall 151 ff. Aland, Von Jesus bis Justinian 243. Brown 314 ff, 348

76 August. ep. 156 f. Chadwick, Die Kirche 268, 271. Brown, Pelagius 93 ff. Handbuch der Kirchengeschichte II/1, 172 f

77 Myres 21 ff. Liebeschütz 227 ff. Morris, Pelagian Literature 25 ff, bes. 47 ff. Zurückhaltend Wermelinger 207 ff

78 August. op. imperf. 6,18. ep. 101. Bruckner, Julian 13 ff. Brown, Augustinus 333. Handbuch der Kirchengeschichte II/1, 178. Wermelinger 226 f

79 Marius Mercator, Commin. I. Julian Aecl. Lib. ad Florum, in August. op. imperf. 1,10; 1,18; 1,41 ff; 2,21 f; 4,56; 5,7; 5,20. Julian. Aecl. Lib. ad Turbant., in August. c. Jul. 2,10,34 ff; 3,17,31. Gennadius de vir. ill. 45. Bruckner, Die vier Bücher 24 ff, 108 ff. Ders. Julian 38 f. Altaner 329. Adam, Fortwirken des Manichäismus 1 ff, 23. Ders. Der manichäische Ursprung 385 ff. Brown, Augustinus 308, 333 ff. Wermelinger 229 ff. Handbuch der Kirchengeschichte II/1, 178 ff. Chadwick, Die Kirche 273

80 Brown, Augustinus 333 ff

81 Pelag. ep. ad. Demetr. c. 21. August. de nat. et gratia 1. c. Jul. 3,1,4. Coll. Palat. 14; 36 (ACO 1,5,1). Leo I. ep. 2; 18. Gautier 171 f. Palanque 29 f. Brown, Augustinus 334 ff. Wermelinger 137. Handbuch der Kirchengeschichte II/1, 181

82 August. op. imp. 1,10. ep. 191,2; 194,7,31. Serm. 181. Gautier 171 f. Vgl. hierzu auch den folgenden Abschnitt im Text. Altaner 329. Grillmeier/Bacht II Einleitung 3. Von mir hervorgehoben. Brown, Augustinus 318. Wojtowytsch 237, 239 f. Aland, Von Jesus bis Justinian 246 f

83 August. retract. 1,12,3. de vera rel. 6 f. Espenberger XVIII. Raschke 106, 237. v. Campenhausen, Griechische Kirchenväter 125 ff. Schneider, Geistesge-

schichte I 297, 412. Vgl. auch H. Meyer, Abendländische Weltanschauung 36 ff. Windelband 221 ff

84 Orig. c. Cels. 6,41. Dio Cass. 77,18,4. August. ep. 138,18 f (CSEL 44,145 f). Zu Apollonios vgl. Philostr. vita Apoll. 1,6; 1,19; 3,41; 4,19 f; 5,22; 7,10; 8,30 u. a. Pauly I 452 f. LThK 1. A. I 549 f. Wetter 14 f. Weinrich 649. Geffcken 20 f. Nestle, Griechische Religiosität 123 ff. Speyer, Apollonios 47 ff. Dort neben wenig Anerkennendem aus christlichem Mund weitere abfällige Urteile über Apollonios, den «niedrigen Zauberer» und seine «Werke trügerischer Zauberei», «die schändlichen und frevelhaften Wirkungen seiner Zauberkunst» ebd. 53 ff. Zu Apollonios vgl. Deschner, Hahn 56 f

85 August. de civ. dei 1,31; 2,4 ff; 2,11 ff; 2,29; 3,1 ff; 6,8; 7,26; 7,33. Vgl. auch 7,21 ff. ep. 137,4,15. ord. 2,4. Fredouille 887 f. Bernsdorf 574. Mouat 106. Morus 130. Winter 96. Deschner, Das Kreuz 371 ff. Denzler, Das Papsttum 134. Vgl. auch de Beauvoir 108

86 August. de civ. dei 1–10. Conf. 8.2. de consensu evangelist. 1,24. ep. 91. Oros. vict. adv. Pagan. 7,5,4. RAC I 991, dtv Lex. Antike, Philosophie III 259. Schultze, Geschichte II 346. Mühlbacher 236. Caspar, Papsttum I 229. van der Meer, Augustinus 70. Maier, Augustinus 84 ff, 93 ff, 101 ff, 117 ff. Schöndorf passim. Kahl, Slawenmission 159. Halporn 82 ff. Schottlaender 384

87 August. ep. 23,7; 91,9; 133,4; 185,3,12; 232,3. Serm. 2,18; 13,8; 62,17; 302,16. de civ. dei 18,22; 19,1,4 f. Ord. 2,12. c. ep. Parm. 1,9,15. Brown, Augustine's Attitude 107 ff, bes. 109 f. Ders. Augustinus 286. Halporn 105

88 August. Serm. 62,17 f. Kötting, Religionsfreiheit 39 f. Vgl. auch van der Meer, Augustinus 63 f

89 August. de civ. dei 18,54. ep. 91,8; 97,2; 103,1; 185,19. Serm. 328,5. Cons. evang. 1,14,21; 1,26,40 f; 1,27,42. Syn. Carth. (401) can. 2; 4. Schmitz, Bußdisziplin 303. Schultze, Geschichte I 344 f, 348 f. Frend, Donatist Church 76 f. Grasmück 184 ff. Diesner, Der Untergang 22 ff. v. Haehling, Religionszugehörigkeit 315, 471 f

90 August. Serm. 24,6

91 August. ep. 97,1 ff. Cod. Theod. 16,5,46; 16,10,13 ff. Soz. 9,16,2. Jord. Rom. 328. Pauly II 1212, IV 876 f. LThK 1. A. I 961, IV 265. Schultze, Geschichte I 374. van der Meer, Augustinus 67. Diesner, Der Untergang 23 f

92 August. ep. 16,2; 50; 90 f; 103 f. Serm. 24,6; 62,8,13; 62,17 f. util. ieiun. 8,10. Funke, Götterbild 820. Schultze, Geschichte I 346, 349 ff, II 151, 158 f, 164. Geffcken, Der Ausgang 184 f. Diesner, Der Untergang 23 f. Brown, Augustinus 201. Heinzberger 135 ff

93 Oros. hist. 1 prol. 1; 7,43,17. Tusculum-Lexikon 188 f. J. Martin LThK 1. A. VII 784 f. Schultze, Untergang I 411 f. Altaner 207 f. von den Brinken 84. Diesner, Orosius 90. Goetz 137, 148 ff

94 Oros. hist. advers. pag. 1,17,3; 2,3,10; 7,6,11; 7,35,14 f; 7,39,2 u. a. Goetz 58 ff

95 Oros. hist. 1 prol. 14; 1,1,1 ff; 1,1,9 ff; 1,3,1 f; 1,3,3; 1,5,9. 3 prol. 1 f; 4,6,37 f; 5,11,6; 7,7,10 f; 7,10,5 f; 7,15,4; 7,17,4 ff; 7,19,1 f; 7,21,2 ff; 7,22,3 f; 7,23,6; 7,38,7; 7,39,2. Pauly I 763. Kraft, Kirchenväter Lexikon 401 f. Schult-

ze, Untergang I 412 f. Altaner 207 f. Diesner, Orosius 91 ff. Corsini 109 ff. Goetz 12 ff, 98 ff, 136 ff. Blazquez 653

96 Oros. hist. 1 prol. 1 f; 7,43,17. Vgl. dazu den Exkurs: Die Quellen bei Goetz 25 ff, ferner 136 ff

97 Zur Datierung des Traktats: Blumenkranz 207 ff. Zum Antijudaismus Augustins überhaupt: Ders. 59 ff, 110 ff

98 August. enarr. in ps. 50,1. Serm. 80,4 f; 9,3 de cons. evang. 2,77. In Joh. Ev. Tr. 3,19; 26,1; 30,2; 35,4; 38,5; 42,5; 45,10; 51,5; 92,2. de serm. domini in monte, 1,9,23. Blumenkranz 59 ff. van der Meer, Augustinus 106 ff. Frank, «Adversos Judaeos» 42

99 August. de civ. dei 4,34; 17,19; 18,37. Advers. Jud. 1,2; 5,6; 7,9; 9,12. de trin. 1,13,28. enarr. in ps. 65,9. de gratia Christi et de peccat. originali 2,25,29. ep. 138,4,20. de catech. rudibus 19,33. Johannesevangelium 42. Vortrag 9 ff; 53,4 f. Frank, «Adversos Judaeos» 42

100 Handbuch der Kirchengeschichte II/1, 231

101 August. Advers. Jud. passim. Serm. 5,5; 350,3. de civ. dei 6,11; 12,12; 16,35; 7,42. Enarr. in ps. 58,1,21. C. Faustum 12,12 f. de cons evang. 1,18. Eine ausführliche Zusammenstellung antijüdischer Traktate bei Oepke 282 f. Ferner Martin, Studium 1 ff. Lucas 20 ff. Browe, Die Judengesetzgebung 133 f. Ders. Judenmission 96. van der Meer, Augustinus 107. Pinay 716, 718. Seiferth 53. Eckert/Ehrlich 29 f. Widmann 67. Schmidt, Auseinandersetzung 22. Kühner, Antisemitismus 40 ff. Hruby, Juden 33 ff

102 v. Schubert, Geschichte II 449. v. Campenhausen, Lateinische Kirchenväter 152 f

103 Athan. ep. ad Amm. Cadoux, The Early Christian Attitude 146; 257 Anm. 1, Hornus 8, 88

104 August. conf. 2,1 ff; 3,1; 3,11 u. a. Gen. ad litt. 9,10. ord. 2,12. ep. 133,4. Stein, Vom römischen 395 f. Rehfeldt, Todesstrafen 82. Stratmann III 201. Frend, Donatist Church 230. Poppe 70. Deschner, Das Kreuz 77 f, 304 f

105 August. de civ. dei, praefatio; 4,4; 4,6; 5,20; 19,11. In ps. 45,13 ep. 229,2; 111; 138 u. a. Grabmann 831. Hendrikx 1099. Ackermann, Entstellung 89. Lohse, Augustins Wandlung 447 ff, bes. 464 ff. Diesner, Orosius 100 f. Ders. Der Untergang 175 ff. Maier, Augustin 117 ff. Deane 137. Thraede 99 ff. Schottlaender 386. Weißengruber 25 f

106 August. de civ. dei 1,1; 1,20. Vgl. Posid. vita August. 28 ff. Diesner, Orosius 100 f. Ders. Kirche und Staat 116 f. Brown, Religion and Society 44 f. Joly zit. ebd.

107 Wolffheim II 255. Schröder ebd. 156. Vgl. auch Ayck ebd. 113 ff, bes. 121. S. vor allem auch Lessing, Europa und Asien

108 August. Vorträge über das Johannesevangelium 1,9 ff; 34,3 f. Heilmann, Texte I 106, 112, 219, 291. Über den freien Willen 3,68 f. ep. ad Januar. 36. Vom katechetischen Unterricht 2,29

109 Das Tolstoi-Zitat schrieb mir nach Erscheinen meines ersten Buches «Die Nacht steht um mein Haus» (1956) der Präsident der Deutschen Jagdgegner aus Hamburg

110 August. de civ. dei 1,21. Lichtenberg, Sudelbücher 400

111 Vgl. Borchardt, Shelley 194. Dort alle Quellenhinweise

112 August. de civ. dei 1,21; 5,19; 5,21; 11,29; 19. enarr. in ps. 70,2,1. de

genes ad litt. 8,6,12. Bernheim 32 f. Thraede 101. Hirtenbriefe der deutschen Bischöfe vom Juni 1933. Dazu Deschner, Hahn 536 f. Ders. Heilsgeschichte II 147 ff

113 August. pecc. mer. 2,11. de civ. dei 14,12; 19,27 enarr. in ps. 71,6. Ausführlich: Frank, Gehorsam RAC IX 407 ff. Dort eine Fülle von biblischen und frühchristlichen Quellenhinweisen

114 Thraede 90 ff, bes. 99 ff. Zit. 101 u. 145

115 August. enarr. in ps. 136,3. Serm. 302,14,13. Brown, Augustinus 368 f. Vgl. auch die folgende Anm.

116 August. ep. 205 ad Bonif. ep 138; 189,4; 229,2. de civ. dei 1,21; 1,26, 4,15; 5,26; 18,41; 91,4; 185,1. serm. 62,8. c. Faust. 22,7. RAC I 991. Marcuse 25. Holl, Augustins innere Entwicklung 57. Stratmann III 249. v. Campenhausen, Lateinische Kirchenväter 75. Marrou, Selbstzeugnisse 47 f. Hornus 167 f. Hoerster 182

117 Enn. Ann. 8,267 f. Polyb. 13,3,7; 36,2,1 ff. Cic. in Qu. Caec. 19,62. Cat. 2,1,1. Phil. 13,17,35. Pauly II 270 ff, IV 983 ff. Albert, Bellum Iustum 20 ff. Auch Caesar, Sallust und Livius kennen den Begriff. S. ebd. 26 ff, 132

118 August. de civ. dei 19,12

119 August. ep. 138

120 Ebd. Brief an den Offizier Bonifatius 4 ff. Heilmann, Texte III 516 ff

121 Napoleon zit. bei Leipoldt, Jesusbild 62. Zu Hitler und Stalin vgl. Deschner, Heilsgeschichte II 54 ff, 157 ff

122 August. de civ. dei 4,15; 5,15; 5,21. Stratmann III 249. Schottlaender 385 f. Weißengruber 26

123 Albert, Bellum Iustum 37 ff. Zit. 132

124 August. de civ. dei 3,18; 5,21 f. Vgl. dazu auch BKV 1911, 287 Anm. 5–7, 288 Anm. 1 sowie nächste Anm.

125 August. de civ. dei 1,11 f; 5,21 ff; 8,32; 15,4; 19,11 f. c. Faust. 22,74 f. ep. 189; 220 ad Bonifat. 189; 205; 220. Rahner, Augustin 196. Dignath-Düren 26 f

126 August. Serm 60. de civ. dei 5,22. Fischer, Völkerwanderung 91 ff

127 August. de civ. dei 4,15; 5,26; 19,12. ep. 189,6. c. Faust. 80. Quaest. in Jos. 6 de lib. Arb. 1,5,12. de bono coniug. 23,30. ep. 134; 139; 189; 220. Stratmann III 239. Erdmann, Die Entstehung 5 f. Dignath-Düren 26 f. Hornus 167 f. Diesner, Der Untergang 178

128 August. de civ. dei 1,21. Quaest. in Pent. 6,10. Kühner, Die Kreuzzüge, Studio Bern 14. 10. 1970. Tödt 39

129 August. ep. 185; 189; 220; 205 retract. 2,48. Posid. vita August. 17; 28 f. Procop. bell. vand. 1,3,1 f; 1,3,25. Salv. de gub. dei 7,16; 7,94 ff. Jordanes de orig. act. Get. 33,167 f. dtv Lex. Antike, Geschichte I 180. Güldenpenning 282 ff. Stein, Vom römischen 474 ff. Gautier 173 f. Gentili 363 ff. Schmidt, Wandalen 172 f. Fischer, Völkerwanderung 73 ff. Lachmann 16. van der Meer, Augustinus 251. Maier, Augustin 198 ff. Bury, History I 245 f. Diesner, «Comes Africae» 100 ff. Ders. Untergang 35 ff, 46 ff. Ders. Kirche und Staat 100 ff (hier ausführlicher Hinweis auf alle wichtigen Quellen). Ders. Vandalenreich 48. Ders. Afrika und Rom 107 f. Brown, Augustinus 369 ff. v. Haehling, Religionszugehörigkeit 478 f

130 Stratmann III 255

131 Synes. Cyr. ep. 57; 108; 121. Jez. von Kolb c. Philos 1,10. Theodor.

h.e. 5,41. Kraft, Kirchenväter Lexikon 464. Marcuse 25. Hornus 177 f. Vogt, Synesios 15 ff. Auer, Kriegsdienst I 319

132 Oros. hist. 7,22,6; 7,22,9; 7,26,5; 7,33,8; 7,35,19; 7,37,14. Lippold, Rom 71 ff, 81 ff. Gretz 98 ff, 123 ff

133 Oros. hist. 4,11,4; 4,12,5 ff; 7,1,11; 7,6,8; 7,22,9; 7,35,6 ff; 7,35,19 ff. Goetz 102 ff, 122 ff. Schöndorf 44 f

134 Posid. Vita 28,11 f. Plotin, Enneade 1,4,7. Brown, Augustinus 371 ff

135 Prosper v. Aquitan. Chron. ad a. 438. LThK 1. A. VIII 397. Brown, Augustinus 379. Vgl. auch Anm. 129

NACHBEMERKUNG

1 Der Aphorismus «Habent sua fata libelli» des Sprachgelehrten Terentianus Maurus: De litteris syllabis metris, Grammatici Latini, H. Keil, Bd. VI, Nachdruck Hildesheim 1961, 313 ff

2 Econ stellte nochmals eine feste Ausgabe des Buches her und vergab abermals die Taschenbuchrechte. Auch wurde eine weitere Taschenbuchausgabe angefertigt und für das Frühjahr 1982 angekündigt. Sie erschien aber, trotz großer Nachfrage, erst 1987! Nicht wenige meiner anderen kirchen- und christentumskritischen Publikationen waren inzwischen mehr oder weniger lang vergriffen bzw. sind es noch. Darunter vor allem der wohl aktuellste meiner Titel, eine zweibändige Monographie über die Politik der Päpste im Zeitalter der Weltkriege, deren Rechte ich nun zurückerwarb. Ein Auszug, aus Teilen nur zweier Kapitel bestehend, «Mit Gott und dem Führer», wurde 1988 verlegt. Teils gekürzt, teils erweitert erschienen auch wieder «Das Christentum im Urteil seiner Gegner» sowie «Der gefälschte Glaube. Eine kritische Betrachtung kirchlicher Lehren und ihrer historischen Hintergründe». Im Herbst 1988 kommt meine Sexualgeschichte des Christentums, «Das Kreuz mit der Kirche», erweitert um ein längeres Kapitel, das die – tragikomische – Sexualpolitik des derzeitigen Papstes einbezieht; im Frühjahr 1989 fast unverändert die Schrift «Kirche und Faschismus».

Anmerkungen zu diesem Band Kriminalgeschichte des Christentums. Zweiter Band. Die Spätantike

1. KAPITEL
Katholische Kinderkaiser

1 Hergenröther, Kirchengeschichte I 319, 322
2 Brown, Augustinus 194
3 Vgl. Anm. 45
4 Pauly V 132, 372 f. dtv Lex. Antike, Geschichte III 225 f. Otto, Papyrusforschung 312. Ostrogorsky, Geschichte des byzantinischen Staates 44 ff. van der Meer, Alte Kirche I 13
5 Socrat. 6,23. Soz. 9,1. Hieron. ep. ad Ager. 17; ep. 123,17. Vgl. Cod. Theod. 16,5,25 ff; 16,5,35 ff; 16,6,4; 16,10,13 ff. Diesner, Kirche und Staat 43. Anton, Selbstverständnis 54 ff
6 v. Haehling, Religionszugehörigkeit 222 ff, bes. 526, 590 ff. Chastagnol ebd. Handbuch der Kirchengeschichte II/1, 92
7 Apk. 17,1; 17,5 u. ö. Heilmann, Texte III 314 ff, 326, 530, IV 102. Deschner, Hahn 499 ff mit vielen Belegen
8 Socrat. 6,8; 7,21,8 f. Soz. 9,1 ff. Theophan. a. 5901, 5920 f. Euagr. h.e. 1,20. Marc. Diac. vita Porphyr. 36 ff. Lexikon der alten Welt 3048. dtv Lex. Antike, Geschichte I 84, 152, 180, III 225 f. Güldenpenning 56 f. Gregorovius I 90. Dunlap 161 ff. Stroheker, Senatorischer Adel 43 ff. Dannenbauer, Entstehung I 29, 197, 226, 232. Maier, Verwandlung 119 ff. Chadwick, Die Kirche 290. Clauss, Magister officiorum 1 ff, 153, 159, 173
9 Vgl. schon Didasc. 2,47 ff. Ferner Chrysost. sac. 3,17. August. ep. 33,5. Gelegentlich ablehnend: Ambros. ep. 82; off. 2,24. Thür/Pieler, Gerichtsbarkeit 465 ff. Steinwenter, Audientia 915 ff. Ders. Rechtsgang 1 ff. Bell, Audientia 139 ff. Bušek 453 ff. Selb 162 ff. Dort auch zahlreiche Literaturhinweise. Dannenbauer, Entstehung I 243, 273 f, 393, 398. Diesner, Kirche und Staat 9 f. Noethlichs, Bischofsbild 30 ff, bes. 41 ff
10 Socrat. 5,10; 6,8. Soz. 12,12. Them. or. 16,204 c. 213 a. Zos. 4,57,4. Eunap. frg. 62 f. Cod. Theod. 16,5,24 f; 16,10,13. Zonar. 13,19. Baur, Johannes II 30 f. Rauschen 433. Lexikon der alten Welt 242. Pauly I 497, II 407. dtv Lex. Antike, Geschichte I 135. Güldenpenning 3, 22 f. Stein, Vom römischen 345 f. Daley 465
11 Symm. ep. 3,81 ff. Socrat. 6,1. Zos. 4,49 ff; 4,51 ff; 4,57,4; 5,1,1 ff; 5,12 ff; 6,10; 6,51. Soz. 8,1. Cod. Theod. 5,18; 7,3,1; 8,6,2; 16,10,12 u. a. Ambros. ep. 52. Eunap. frg. 62 f. Claudian. Ruf. 1,176 ff; 223 ff. Liban. or. 1,269 f. Hieron. ep. 60,16. Joh. Ant. frg. 190. Pierer XIV 438 f. Pauly-Wissowa 7. Hbbd. 1931, 2463 ff. 25. Hbbd. 1926, 1614 f. 45. Hbbd. 1957, 734. Demandt, Magister militum 715. Pauly III 750, IV 1178, 1465. dtv Lex. Antike, Geschichte III 151. Ebd. Philosophie IV 242. Güldenpenning 16 ff, 57 ff, 72 ff, 440 ff. Schultze, Geschichte I 336 f. Baur, Johannes II 40. Rauschen 439 ff. Seeck, Untergang V 235. Stein, Vom römischen 351 f. Cartellieri I 6. Schmidt, Die Ostgermanen 302. v. Stauffenberg 91 ff. Nischer-Fal-

kenhof, Stilicho 58 f. Steinmann, Hieronymus 226. Bury, History I 107 ff. Stroheker, Senatorischer Adel' 208 f. Maier, Verwandlung 119 ff. Dannenbauer, Entstehung I 197 ff. Tinnefeld 68 f. v. Haehling, Religionszugehörigkeit 73 f, 587 f. Clauss 187 ff. Held 139. Elbern 114 f

12 Socrat. 6,5,3. Hieron. ep. 60,16. Zos. 5,7; 5,8,1 f; 5,9,2; 5,12,1. Philostr. 11,3. Cod. Theod. 11,40,17. Pauly-Wissowa 1970, VI 1, 1520 f. Lexikon der alten Welt 2677. Rauschen 491 f. Güldenpenning 47 f. Baur, Johannes II 91 ff. Stroheker, Senatorischer Adel 208 f. Steinmann 237. Elbern 128 f. S. auch vorherige Anm.

13 Chrysost. In Eutropium. Socrat. 6,6. Soz. 8,7,5; Zos. 5,17 f. Philostorg. 11,6. Cod. Theod. 9,40,16; 9,44,1; 11,40,17; 16,2,32 f. Eunap. frg. 75,6. Pauly II 470. Lexikon der alten Welt 930. dtv Lex. Antike, Geschichte II 27. Baur, Johannes II 99 ff. Elbern 129, 134

14 Theodor. h.e. 5,31,1 ff; 5,32,1. Socrat. 6,5 ff. Zos. 4,57,2: Joh. Ant. frg. 187; 190. Zos. 4,57,3; 5,7,4 f. Pauly-Wissowa VII 1912, 486 f. S. auch die folg. Anm.

15 Philostorg. 11,4 ff. Theodor. 5,30; 5,32 f. Eunap. frg. 75 ff. Rufin 2,54 ff. Chrysost. hom. 8; de stat. 2,3; in ill. vidi Domin hom. 4,4 f. Socrat. 6,1; 6,6; 7,10. Zos. 5,8 ff. 5,13 ff. 5,17 ff. Soz. 8,4; 8,7. Synes. de regno 14 f. Cod. Theod. 9,40,17; 9,45,3. Joh. Ant. frg. 190. Pauly-Wissowa VII 1912, 487. Pauly II 407. dtv Lex. Antike, Geschichte II 27. Schäferdiek, Germanenmission 506. Rauschen 434 ff. Güldenpenning 86 f, 120 ff. Bühler, Die Germanen 41. Cartellieri I 107. Stein, Vom römischen 287, 345, 357 ff. Baur, Johannes II 69 f, 107 ff. Giesecke, Die Ostgermanen 82, 116. Kornemann, Weltgeschichte II 369. Nischer-Falkenhof, Stilicho 44, 84 ff, 92 ff. v. Stauffenberg 93 f. Altaner 241. Ostrogorsky, Geschichte des byzantinischen Staates 45 Anm. 2. Ensslin, Einbruch 107. Ludwig, Massenmord 18. Bury, History I 129 ff. Dannenbauer, Entstehung I 214, 275. Thompson, Visigoths 105 ff. Chadwick, Die Kirche 292. Brooks, The Eastern 459 f. Manitius, Migrations 263. Langenfeld 148. Heinzberger 34. Tinnefeld 179 f sieht ausgerechnet hier die «erste nachweislich nicht religiös bedingte Volkserhebung». Handbuch der Kirchengeschichte II/1, 91. v. Haehling, Religionszugehörigkeit 269, 465. Albert, Zur Chronologie 504 ff. Stockmeier, Johannes Chrysostomus 136. Aland, Glaubenswechsel 65 f

16 Socrat. 6,6. Soz. 8,4,20. Zos. 5,22,2; Philost. 12,8. S. auch letzte Anm.

17 Mark Twain, Der geheimnisvolle Fremde, Ges. Werke V 704 f, zit. nach Ayck, Mark Twain 348

18 Elbern 20, 136. Mit allen Quellenhinweisen

19 Paneg. lat. 2,37,4 B. Nach Lippold/Kirsten 169

20 Cod. Theod. 16,7,6; 16,10,13 f; 16,10,15 f; 16,10,18 f. Fredouille 885. Funke 810. dtv Lex. Antike, Geschichte I 135. Güldenpenning 397 ff. Geffcken, Der Ausgang 178 f. Knöpfler 149. Bihlmeyer, Kirchengeschichte 196. Diesner, Kirche und Staat 9 ff. Tinnefeld 276 f

21 Heinzberger 35 ff

22 Cod. Theod. XVI 1,3; 4,3; 5,3. 4. 7. 8. 11. 12. 14. 15. 21. 26. 34 (Todesstrafe). 39. 40. 45. 52. 53.

54. 57. 58. 65. 66; XVI 6,4. 5. 6; 16,16,7 u. a. Kober, Deposition 735 ff. Güldenpenning 395 f. Voigt, Staat und Kirche 40 ff. Lorenz, Das vierte 76. Anton, Selbstverständnis 59

23 Cod. Theod. 16,2,30; 16,2,36; 16,5,39; 16,5,53; 16,10,15. August. ep. 97,2 f. Schultze, Geschichte I 335. v. Haehling, Religionszugehörigkeit 467 f, 597 f

24 Claudian, de cons. Stil. 3,176 ff. Paul. Diac. hist. Rom. 13,7. Zosim. 5,28; 5,38. Rutil. Namat. De red. suo 2,52. Prudent. c. Symm. 2,709 ff. Olymp. frg. 2. Oros. hist. 7,38,1. Iordan. Get. 30. Philostorg. 12,2. Schäferdiek, Germanenmission 497. Pauly V 132, 372 f. Lexikon der alten Welt 1327 f, 2926. dtv Lex. Antike, Geschichte II 121, III 225 f. Rauschen 230, 300. Stein, Vom römischen 346 f. Nach Giesecke, Die Ostgermanen 167, war Stilicho Katholik. Nischer-Falkenhof, Stilicho 21 ff, 143. Kornemann, Weltgeschichte III 367. Vogt, Der Niedergang Roms 359 f. v. Haehling, Die Religionszugehörigkeit 466 ff

25 Philostorg. h.e. 2,5. Sozom. h.e. 2,6. Euseb. V. C. 3,7. Theodor. h.e. 5,41. Socrat. h.e. 1,18. Kötting, Christentum I (Ausbreitung) 1147. Schäferdiek, Germanenmission 497 ff. Vgl. auch 504 ff. Lippold/Kirsten 181. Vogt, Die kaiserliche Politik 184 ff. Chadwick, Die Kirche 292

26 Rufin 2,100 ff; 2,124 ff; 2,171 ff. Oros. 7,35,19. Victor. Epit. 47 f. Ammian. 31,16. Socrat. 5,1; 6,1; 7,10. Soz. 7,1 ff; 9,9,1. Eunap. frg. 42. Vitae Sophistarum 472 ff. Zos. 4,24 ff; 5,4,2; 5,5,4. Iordan. Get. 140. Philostr. 12,2. Hieron. ep. 60,16. Olymp. frg. 26. Pauly-Wissowa I 1894, 1286 f. Schäferdiek, Germanenmission 505. Vgl. auch 512. Rauschen 436 ff. Schultze, Geschichte I 435 f. Seeck/Veith 451 ff. Bühler, Die Germanen 41, 412. Schmidt, Bekehrung 248 f. Schmidt, Ostgermanen 258 f. Nischer-Falkenhof, Stilicho 44 ff, 63 ff, bes. 68 ff. Ostrogorsky, Geschichte des byzantinischen Staates 45. A. v. Müller, Geschichte unter unseren Füßen 115. Maier, Verwandlung 128, 138. Vogt, Der Niedergang Roms 365. Ensslin, Einbruch 105 ff. Aland, Von Jesus 219. Ders. Glaubenswechsel 60 f. Šašel 126. Tinnefeld 243 f. Stockmeier, Bemerkungen zur Christianisierung 315 ff, behauptet, die Christianisierung der Goten reiche bis in das 3. Jahrhundert zurück und könne «darum vom Ursprung her nicht mit dem Arianismus in Verbindung gebracht werden» (323)

27 Pauly-Wissowa I 1894, 1287. Dort alle Quellenhinweise

28 Ebd. 1287 f. dtv Lex. Antike, Geschichte II 190, III 248

29 Claudian, bell. Goth. 84 f, 213 ff, 414 ff, 481 ff, 521 ff, 588 ff. Iordan. Get. 30. Oros. 7,37. Pauly-Wissowa I 1894, 1288. dtv Lex. Antike, Geschichte I 96 f, III 226. Lexikon der alten Welt 100. RGA I 127. Güldenpenning 133 ff. Seeck, Der Untergang V 328 f. Bühler, Die Germanen 41, 412. Cartellieri I 12. Stein, Vom römischen 378 f. Schmidt, Ostgermanen 303. Schmidt, Bekehrung 248 f. Capelle 224 f. Nischer-Falkenhof, Stilicho 100 ff. Ensslin, Einbruch 107 f. Bury, History I 160 ff. Wirth 242. Kantzenbach, Kirche im Mittelalter 29. Maier, Verwandlung 128. Claude, Westgoten 17, 25. Ders. Adel 21 ff. Fines 9. Heinzberger 61 f. Wenskus

322 f. Wolfram, Gotisches Königtum 1 ff

30 Claudian, paneg. de sext. consul Honor. aug. 218 ff. CIL VI 1710. Tusculum-Lexikon 69. Lexikon der alten Welt 638 ff. dtv Lex. Antike, Philosophie I 316 ff. Pauly I 1202 ff. Nischer-Falkenhof, Stilicho 115 ff

31 Tacit. Germania 33. Oros. hist. advers. pag. 7,43. Diesner, Das Vandalenreich 12 ff. Chadwick, Die Kirche 292

32 Prudent. c. Symm. nach Grisar, Geschichte Roms 29 f. Vgl. c. Symm. 2,816. Pauly IV 1202 f. Altaner/Stuiber 407 ff

33 Synes. ep. 58; 105. Pauly I 497 f, V 453. Lexikon der alten Welt 2464, 2960 f. Kraft, Kirchenväter Lexikon 464 f. Vogt, Synesios 23 ff. Chadwick, Die Kirche 291. Ausführlich: Tinnefeld 139 ff. Schneider, Geistesgeschichte 389. Altaner/Stuiber 282 f. Nach Straub, Regeneratio 248, wendet sich «der christliche Bischof Synesios» an Kaiser Arcadius, obwohl Arcadius schon zwei Jahre tot war (408), als Synesios Bischof wurde (410)

34 v. Campenhausen, Griechische Kirchenväter 125 ff

35 Thompson, Zosimus 163 ff. Elbern 32 ff, 102 f, 132 ff, 141 f mit allen Quellenhinweisen. Dazu vgl. Anm. 37

36 Zit. nach Steinmann, Hieronymus 307 f. Dort der Quellenhinweis

37 August. de civ. dei 5,23; ep. 96. serm 105,10. Hieron. ep. 123,16, Philost. 12,2. Oros. 7,37 f; 7,40,4. Zos. 5,26; 5,28,2; 5,32; 5,34; 5,38; 6,2. Paulin. Vita Ambros. 50. Olymp. frg. 2; 12 = FGH 4,59. Pauly-Wissowa III 1899, 2144. RGA I 123. dtv Lex. Antike, Geschichte II 218, III 226. Lexikon der alten Welt 2506, 2926. Schäferdiek, Germanenmission 512. Fines 190. Schultze, Geschichte I 358. Grisar, Geschichte Roms 30. Stein, Vom römischen 381 ff. Cartellieri 13 f u. a. lassen die Ostgoten «in ungeheurer Zahl» nach Oberitalien dringen und bei Fiesole «vernichtet» werden. Schmidt, Ostgermanen 265 f, 303. Nischer-Falkenhof, Stilicho 125 ff, 149 ff. Mazzarino 290 f. Thompson, Settlement 65 ff. Maier, Augustin 48. Bury, History I 167 ff. Vogt, Der Niedergang Roms 360. Ensslin, Einbruch 108. Langenfeld 149. Clauss, Magister officiorum 98 Anm. 118. Elbern 129 f. Heinzberger 51, 92 ff, 124 ff. S. auch die folg. Anm.

38 Hieron. ep. 123,16 f. Cod. Theod. 5,16,31; 16,5,42; 16,10,15 ff. Oros. 7,38; 40,3. Eunap. frg. 62 f. Philost. 11,3; 12,1 ff. Zos. 5,32 ff; 5,34,5 ff; 5,35; 5,37,4; 5,38; 5,44; 5,45,3. Olymp. frg. 6. Pauly-Wissowa I 1894, 1289; III 1899, 123; VI 1909, 282 f. dtv Lex. Antike, Geschichte II 42, III 226. Fines 189 f. Gregorovius I 56 f. Schultze, Geschichte I 334 ff. Grisar, Geschichte Roms 59 f. Costanzi 481 ff. Grützmacher, Hieronymus III 194 f. Cartellieri 14. Stein, Vom römischen 348, 382 f, 385 ff. Schmidt, Ostgermanen 303 f. Capelle 233. Nischer-Falkenhof, Stilicho 19, 136 ff, 147 ff. Dannenbauer, Entstehung I 200 f, 206 f. Pavan, La politica gotica 71. Maier, Verwandlung 122. Vogt, Der Niedergang Roms 365. Waas 38 ff. Straub, Regeneratio 196 f. Demandt/Brummer 480 ff. v. Haehling, Religionszugehörigkeit 467, 602. Clauss, Magister officio-

rum 1 ff, 23 ff, 61, 98 Anm. 118, S. 123, 130, 174. Elbern 141

39 Vgl. außer den genannten Hinweisen auf Bd. I Elbern 13 ff, 18 ff, 24 ff, 131 ff, bes. 136 ff, mit allen weiteren Quellenangaben

40 Ebd. 23, 136 ff

41 Cod. Theod. 16,5,40 f; 16,5,43; 16,10,19. Zos. 5,32,1; 5,36,3. August. ep. 96; 97. Olymp. frg. 2. Pauly IV 291. Schultze, Geschichte I 363 f. Stein, Vom römischen 389 ff. Heinzberger 122 ff

42 Socrat. 7,10. Zos. 4,7,1; 4,8,1; 5,29; 5,31; 5,36 ff; 5,44,1; 5,47 ff; 6,6 ff; 6,8,1; 6,12,1 f. Soz. 9,4; 9,8 f; 9,9,1. Oros. 2,3,4; 7,42,7. Philostr. 12,3. Marcellini Chron. ad a. 410. Olymp. frg. 3; 5; 13; 14. Cod. Theod. 16,5,43. Hieron. ep. 128. Vgl. August. de civ. dei 1,7; 1,32 f. Prokop. bell. vand. 1,2,28; 1,2,36. RGA I 127 f. Pauly-Wissowa I 1894, 1290. Pauly II 1446. dtv Lex. Antike, Geschichte I 96 f. Fines 10. Gregorovius I 59 ff. Grisar, Geschichte Roms 60 ff. Stein, Vom römischen 388 ff. Cartellieri 16 ff. Schmidt, Ostgermanen 304. Giesecke, Ostgermanen 85 f. Capelle 235. Nischer-Falkenhof, Stilicho 139 f. Bury, History I 174 ff, 183 f. Dannenbauer, Entstehung I 202 f. Vogt, Der Niedergang Roms 367. Maier, Augustin 550. Claude, Westgoten 18. Manitius, Migrations 273 f. Heinzberger 144 ff. Aland, Glaubenswechsel 61. Clauss, Magister officiorum 175. Wolfram, Gotisches Königtum 8 f. Šašel 127. Elbern 33, 102

43 Iordan. Get. 30: «Sie duldeten auch keinerlei Schändung der heiligen Orte». Hieron. ep. 127,12 f; 128,4; 128,5,1; 130,5 f. Hydat. Chron. 43. Socrat. 7,10. Soz. h.e. 9,9 f. Oros. 2,19,13 ff. 7,39,1; 7,39,15. August. de civ. dei 1,4; 1,7; 1,10 ff. Vgl. auch 1,1 ff. de urb. excid. 2,2,3. Pauly-Wissowa I 1894, 1290 f. RAC IV 66. LThK 2. A. 267. Gregorovius I 72. Caspar, Papsttum I 298. Schmidt, Bekehrung 258 ff. Dannenbauer, Entstehung I 203. Montgomery I 137 (hier das Gibbon-Zitat)

44 August. serm. 81 de ev. Mt.; ep. 136. Cod. Theod. 16,5,42

45 Hieron. Comment. in Ez. 1 praef.; 3 praef.; 7 praef. ep. 123,16 f; 127,11 ff; 128,5; 130,5 ff. Grützmacher, Hieronymus III 193 ff. Caspar, Papsttum I 299. S. auch Anm. 46

46 August. erm. 81; 105; 296. ep. 136; 138; 127. de urb. excidio 2,3. de civ. dei 1,28 f. Cod. Theod. 16,5,42. Schultze, Geschichte I 407 ff. Grisar, Geschichte Roms 67 f. Stein, Vom römischen 394 ff. Cartellieri 20. Caspar, Papsttum I 298 f. Jäntere 136. Mazzarino 70 ff. Fischer, Völkerwanderung 52 ff, 92 ff. Arbesmann 305 ff. Saunders 2. Zur Deutung des Falles von Rom durch die Jahrhunderte s. ebd. 1 ff. Maier, Augustin 48 ff, 55 ff, 69 ff. Dannenbauer, Entstehung I 224 f. Hagendahl 509 ff. Christ, Der Untergang 6 ff. Straub, Regeneratio 249 ff. Brown, Augustinus 251 ff. Weißengruber 32 ff

47 August. de civ. dei 1–10: die Apologie; 11–22: die Geschichtstheologie. op. imp: de civ. dei 22,30. Vgl. I praef.; retr. 2,69. S. auch de civ. dei 1,28 f

48 August. de civ. dei 1,10 f; 1,16 f; 1,22; 1,27 ff; 3,29; 20,2. serm. 81,9. LThK 2. A. I 267. Schultze, Geschichte I 408 ff. Fischer, Völkerwanderung 67 ff. Bernhart 55. v. Campenhausen, Tradition und Leben 253 ff, 269 f. Straub, Regeneratio 254 ff

49 Liv. 5,38,3; 48,8 f. Plut. cam. 28 f. Oros. hist. 2,19,12 ff; 7,37,4 ff; 7,39,1 ff; 7,40,1. Orosius beschuldigt vor allem Kaiser Valens, «der das Arianertum der Goten auf dem Gewissen hatte». Pauly V 1562 ff. Schmidt, Bekehrung 316 f. Lippold, Rom 68 ff. Helbling 17 f. Moreau, Kelten 32 f. v. Campenhausen, Tradition und Leben 254 f. Diesner, Vandalenreich 36. v. Haehling, Religionszugehörigkeit 473 f

50 Innoz. I. ep. 36. Oros. hist. 7,39. Hieron. ep. 128. Zos. 5,41. Hergenröther, Kirchengeschichte 546. Gregorovius I 72 f. Grisar, Geschichte Roms 61. Stein, Vom römischen 389. Caspar, Papsttum I 299 ff. Haller, Papsttum I 100 f. Andresen, Die Kirchen der alten Christenheit 335. Straub, Regeneratio 254. Ullmann, Gelasius I, 42

51 Hieron. ep. 127,10. Caspar, Papsttum I 299 ff

52 Iordan. Get. 31. Oros. 7,40,2; 7,43,2. Olymp. frg. 3; 24. August. de civ. dei 1,10. Cod. Theod. 11,28,7; 11,28,12. Rutil. Namat. 1,39 ff. Prokop. bell. vand. 1,2. Soz. 9,8,2. Pauly-Wissowa I 1894, 1291. Lexikon der alten Welt 100, 370, 1018. dtv Lex. Antike, Geschichte I 155. Fines 10. Gregorovius I 90 f. Steeger XIII. Cartellieri 21 f. Schmidt, Ostgermanen 304 f. Capelle 248 f. Bury, History I 184, 194 ff. Dannenbauer, Entstehung I 203. Claude, Adel 29

53 Zos. 5,35; 5,37,1; 5,45,2 ff; 6,7 f. Soz. 9,8; 9,13 ff; 9,12,5; 9,15,3. Olymp. frg. 8 f; 13 f; 16; 19; 23. Greg. Tur. 2,9. Cod. Theod. 15,14,13. Oros. 7,42,6; 7,42,9. Philostr. 12,5 f. Pauly I 1289, II 1032, IV 291. Schultze, Geschichte I 363 f. Stein, Vom römischen 390 ff. Elbern 34 f, 120, 132 ff, 136, 141

54 Cod. Theod. 16,2,29 ff; 16,6,3 ff; 16,5,41; 16,5,43 f; 16,5,46 ff. Pauly II 1213. Böing LThK 2. A. V 1960, 478. Ranke zit. nach Schultze, Geschichte I 368 f, 388. Anton, Selbstverständnis 58 ff. v. Haehling, Religionszugehörigkeit 598

55 Soldan-Heppe I 82

56 Cod. Theod. 16,5,38; 16,5,40; 16,5,42; 16,5,44 ff; 16,8,19; 16,10,15 ff; 16,10,19. Cod. Just. 1,5; 4,10. Theodor. 5,26. Rut. Namat. 2,52 ff. RAC IV 66. Schultze, Geschichte I 364 ff. Stein, Vom römischen 383, 388. Caspar, Papsttum I 298. Pharr 457 A. 85. Anton, Selbstverständnis 58 ff. Heinzberger 197 ff

57 Cod. Theod. 16,10,19 ff. Fredouille 883. Schultze, Geschichte I 368 f, 374 f. v. Haehling, Religionszugehörigkeit 598, 601 ff. Kaegi 60, 67

58 Cod. Theod. 16,5,44; 16,5,46; 16,8,16; 16,8,24. Stein, Vom römischen 413 f. Caspar, Papsttum I 355 f. Vgl. auch Browe, Judengesetzgebung 119. Kühner, Antisemitismus 48. Anton, Selbstverständnis 59, 61

59 Socrat. 7,24. Oros. 7,42 f. Philostorg. 12,13. Prosper. Chron. 412 ff. Soz. 9,16. Zos. 6,12,3. Olymp. frg. 23; 31; 34; 39 f. Pauly I 1292, 1544, IV 876. dtv Lex. Antike, Geschichte I 244, II 42, 121, III 283. Lexikon der alten Welt 370, 659, 1018, 3176. Gregorovius I 90 f. Hartmann, Geschichte Italiens I 39 ff. Stein, Vom römischen 415 f. Steeger XIII. v. Haehling, Religionszugehörigkeit 469

60 Soz. 9,1 ff. Theophan. a. 5901, 5920 f. Pauly I 371; IV 1242. Lexikon der alten Welt 2482. dtv Lex. Antike, Geschichte III 255

61 Euagr. 1,20; 2,1. Prisc. frg. 8 = FHG 4,94. Zon. 12,24. Pauly-

Wissowa VI 1909, 906 ff. Pauly II 405 f. Lexikon der alten Welt 907, 2482, 3048. dtv Lex. Antike, Geschichte III 255. Stein, Vom römischen 423 ff. Bury, History I 212 ff, 220. Holum 79 ff, bes. 92 ff, 112 ff. Ostrogorsky, Geschichte des byzantinischen Staates 46. Langenfeld 72

62 Socrat. h.e. 7,21 f; 7,47,3. Soz. h.e. 9,1. Theodor. h.e. 5,36,1 ff. Theophan. Chron. A. M. 5921. Cod. Theod. 16,8,26. Theod. II. Nov. III (31. Januar 438). Anton, Selbstverständnis 61 ff mit einer Fülle von Quellenhinweisen

63 Socrat. h.e. 7,21 f. Zos. 5,24. Philost. 11,3. Cod. Theod. 16,2,46 f; 16,5,6 ff; 16,5,40; 16,5,57 f; 16,10,21 ff; 16,10,25. RAC II 1229. dtv Lex. Antike, Geschichte III 255. Geffcken, Ausgang 178 f. Stein, Vom römischen 417. Voigt, Staat und Kirche 37 f. Thieß 368 ff. Ostrogorsky, Geschichte des byzantinischen Staates 46. Dannenbauer, Entstehung I 89, 167. Hernegger 372 f. Doerries, Wort und Stunde I 46 ff. Anton, Selbstverständnis 61, Anm. 101, 63

64 Cod. Theod. 16,5,34; 16,5,66. Socrat. h.e. 1,9. Sozom. 1,21. Firm. Mat. de err. 13,4. Halbfaß, Porphyrios 24 ff. Die Fragmente von Porphyrios' Werk bei Harnack, Porphyrius. Vgl. auch Hulen. Wilamowitz II 527. Poulsen 274 ff. Lietzmann, Geschichte III 28 f. Kraft, Konstantins religiöse Entwicklung 230 ff. Dannenbauer, Entstehung I 80

65 Cod. Theod. 15,5,5; 16,8,18; 16,8,21 f; 16,8,25 ff; 16,9,4; 16,9,9. Theodos. II. Nov. III (31. Januar 438). Stein, Vom römischen 417. Browe, Judengesetzgebung 115, 118, 124 f. Eckert/Ehrlich 25. Avi-Yonah 219 ff. Tinnefeld 298 ff. Anton, Selbstverständnis 61 ff. Kühner, Antisemitismus 48 f. Stemberger/Prager 3017 ff, 3272 ff. Langenfeld 70 ff, 90

66 Nov. Theod. 3,1 ff. Cod. Just. 1,9,18. Langenfeld 102. Tinnefeld 300 f

67 Tinnefeld 303 f

68 Prokop. bell. vand. 1,3,6 ff. Socrat. 7,23. Philost. 12,13. Olymp. frg. 40 f. Chr. min. 1,470. Pauly II 1429, IV 876 f. Stein, Vom römischen 426 ff. Bury, History I 209 f. Elbern 102

69 Iordan. Get. 34,38,41. Joh. Ant. frg. 201. FHG (ed. C. Müller) 4,615. Chr. min. 1,471 ff; 2,21 f. August. ep. 185; 189; 229 f. Greg. Tur. 2,7 f. Prosp. Chron. a. 426. Pauly-Wissowa I 1894, 701 f. Pauly I 105 f, IV 555 f. dtv Lex. Antike, Geschichte I 84. Lexikon der alten Welt 486. Hartmann, Geschichte Italiens I 39 f. Stein, Vom römischen 473 ff, 494 ff. Schmidt, Ostgermanen 306 f. Giesecke, Ostgermanen 140. Ensslin, Einbruch 114. Diesner, Untergang 39 ff. Vogt, Niedergang Roms 369. v. Haehling, Religionszugehörigkeit 476 f. Elbern 123

70 Joh. Ant. frg. 200 f. Greg. Tur. 2,7 f. Hydat. (Auct. Ant. 11,24 ff). Prokop. bell. vand. 1,4. Chron. min. 1,303. 483. 492. 2,27. Sid. carm. 5,305; 7,316 ff; 7,359. Pauly-Wissowa I 1894, 702 f. LThK 2. A. IV 495 f. Pauly I 105 f, V 1095 f. dtv Lex. Antike, Geschichte I 84. Lexikon der alten Welt 1018, 3176. Hartmann, Geschichte Italiens 40 f. Stein, Vom römischen 505 ff, 517 ff. Ensslin, Zum Heermeisteramt 471 ff. Schmidt, Ostgermanen 308. Bury, History I 298 ff. Oost 239

71 Cod. Theod. 16,5,62. Const. Sirm. 6 (9. Juli 425). Lib. Pont. 46; 98 f. Val Nov. 18: de Manichaeis u. a. Pauly V 1096. Anton, Selbstverständnis 62 f, 66 ff. v. Haehling, Religionszugehörigkeit 606 ff

2. KAPITEL
Der päpstliche Primat oder die «petra scandali» Triumph von Erschleichung und Machtgier

1 Gal. 2,11
2 Vgl. Anm. 54 ff
3 Vgl. Anm. 62
4 Haller, Papsttum I 20. Vgl. 86
5 Blank, Petrus 19
6 Kasper, Dienst 126
7 Kallis 43
8 Ebd. Vgl. auch Papst Johannes Paul II (1979) in OstKSt 29, 1980, 183
9 Mt. 16,17 ff. Deschner, Hahn 213 ff. Dort auch weitere Literaturhinweise. Schnitzer 37 f. Grill 21 ff. Bultmann, Die Frage 165. Schmidt, Kirche des Urchristentums 258 ff. Bernhart 15 behauptet, die Gründe gegen die Echtheit dieses Wortes seien «einer nüchternen Wissenschaft erlegen», wovon keine Rede sein kann. Vgl. auch 7 ff. Ein Apologet schreibt das dem andern nach – die ganze «Widerlegung». Haller, Papsttum I 15. Obrist passim. Hahn, Petrusverheißung 8 ff. Pesch, Simon-Petrus 166. Seppelt/Schwaiger 13. Fries, Das Petrusamt 19. Ullmann, Gelasius I 27, der treffend dazu an Tert. de pud. 8,31 erinnert. Brox, Kirchengeschichte 105 f
10 Fries, Das Petrusamt 19. Pesch, Neutestamentliche Grundlagen 31. Ders. Simon-Petrus 166. Blank, Petrus 19 ff
11 de Vries, Petrusamt 42. Ritter, Wer ist die Kirche? 42 ff. Christ, Petrusamt 36 ff, bes. 40 ff mit vielen Quellenhinweisen
12 Stockmeier, Römische Kirche 363. Zu den oft rabulistischen Ausflüchten katholischer Apologeten vor allem der älteren Zeit vgl. etwa Brunsmann 2 ff, 17 ff, bes. 42 ff, 82 ff. Pesch, Neutestamentliche Grundlagen 37. de Vries, Petrusamt 45. Schnackenburg, Die Stellung 33. Ähnlich 24. Blank, Petrus 19, 21, 25. Vgl. auch die Zusammenfassung S. 27 sowie die Schlußbetrachtung 34 ff
13 Blank, Petrus 29. Christ, Petrusamt 36 ff, 44 ff
14 Suet. Claud. 15,4; 25,3. Tacit. Ann. 15,44. Apg. 18,2. Thoroth. v. Thess. Coll. Avell. 105,4. Wikenhauser 285. Caspar, Papsttum I 2. Haller, Papsttum I 15 ff, 345 ff. Vgl. ThLZ 1959, 4, 289. Franzen 26. Seppelt/Schwaiger 15; dort Irenäus. Schneider, Christliche Antike 59
15 Euseb. h.e. 2,25,5 ff. Vgl. vor allem Haller, Papsttum I 19 f, bes. 349 ff. Caspar, Papsttum I 73 f. Pesch, Das Petrusamt 33. de Vries, Petrusamt 43
16 1.Clem. c. 5. Caspar, Papsttum I 1 ff. Cullmann 123
17 Euseb. 2,25,8. Vgl. 4,23,9 ff. 1.Kor. 3,6 ff; 4,15. Vgl. auch Apg. 18,1 ff. Zu anderen angeblichen «Zeugnissen» vgl. etwa Haller, Papsttum I 346 ff
18 Gröne 5 f. Vgl. dazu Deschner, Hahn 126 f
19 Koch, Katholische Apologetik 133. Kuhn 18 ff. Specht/Bauer 297. Kösters 118. Rathgeber 387. Schuck 94. Franzen 27. Fuchs, Handbuch 47

20 Ign. Rom. 4,3. Pesch, Neutestamentliche Grundlagen 33. de Vries, Petrusamt 45
21 Klauser, Petrustradition 69 ff
22 Ebd. 35 ff, bes. 53 ff. Herder-Korrespondenz, Sechster Jahrgang 1951/52, 205. Heussi, Petrustradition 49
23 Herder-Korrespondenz, Fünfter Jahrgang 1950/51, 184
24 Ebd. Sechster Jahrgang 1951/52, 205
25 Ebd. 205 f
26 Euseb. h.e. 2,25,6 f. Haller, Papsttum I 19 f, 349 ff. Kirschbaum 60. Gelmi 51
27 Kirschbaum 15, 20
28 Ebd. 48 ff, 223 ff
29 Ebd. 91 f, 94
30 Ebd. 115
31 Ebd. 96, 121
32 Ebd. 124 ff, 146, 204 f, 210, 215
33 Nachtrag von Dassmann, Petrus 223 ff
34 Ebd. 224
35 L'Osservatore Romano 27. 6. 1968. Zit. nach Dassmann, Petrus 247
36 Caspar, Papsttum I 74. Haller, Papsttum I 19 f, 349 ff. v. Gerkan, in ThJ 1941, 90 ff. Vgl. dagegen Zugeständnis und Ausflucht bei dem Katholiken Gelmi 51 f
37 Fuchs, Handbuch 48 f
38 Lichtenberg, Vermischte Schriften. Rathgeber 388
39 Vgl. 1.Petr. 1,1; 5,1; 5,13. Aland, Von Jesus 61 ff, 85 f. Christ, Das Petrusamt 42. Blank, Petrus 34. Pesch, Neutestamentliche Grundlagen 36 ff. Brox, Kirchengeschichte 106
40 Bussmann 104
41 Diese Entwicklung zeigt detailliert das 28. Kapitel «Die Entstehung der kirchlichen Ämter» meiner Kirchengeschichte «Abermals krähte der Hahn», 223 ff. Dort die Belege. Zur «Verzahnung» der Ämter vgl. Lexikon der alten Welt 50 ff
42 Conc. Nic. c. 4. Handbuch der Kirchengeschichte II/1, 242 f. Beck, Theologische Literatur 67 f. Brox, Kirchengeschichte 101 ff
43 Conc. Nic. c. 6. Conc. Constant. c. 3. Leo I. ep. 119,4. Gams, Series I 460, 433, 443, 440, 427. dtv Lex. Antike, Religion I 180, II 150 f. Bertholet 421. Caspar, Papsttum I 243. Bury, History I 64 f. Honigmann 209 ff. Heiler, Erscheinungsformen 378. Ortiz de Urbina, Nicäa 244 f. Brox, Kirchengeschichte 101 ff. Stockmeier, Das Petrusamt 70 ff. Dassmann, Zur Entstehung 83 ff. Handbuch der Kirchengeschichte II/1, 243 ff
44 Iren. adv. haer. 3,1,1; 3,2; 3,3,1 ff. Euseb. h.e. 2,25,5 ff; 4,5,1 ff; 4,20; 5,6,1 ff. Tert. de praescr. haer. 32. adv. Marc. 4,5. Opt. Mil. 2,3. Catal. Liberianus MG hist. Auct. ant. IX 73. Anastas. I. ep. 1. LThK 2. A. VI, 1016 f. Pauly III 622. Andresen/Denzler 448. Lexikon der alten Welt 213 f. Koep, Bischofsliste 407 ff, bes. 411 ff mit Literaturangaben 415. Karrer, Papst 280 f. Noch in unserer Zeit behaupten Katholiken, Petri Aufenthalt in Rom werde «von der gesamten Forschung, auch von allen nichtkatholischen Gelehrten heute anerkannt», Schuchert, Kirchengeschichte 104. Eine Reihe von Historikern und Theologen aber bestreitet dies energisch, z. B.: Dannenbauer, Die römische Petruslegende 239 ff. Heussi, Die römische Petrustradition passim. Ders. in ThLZ 1959, Nr. 5, 359 ff. Ders. Eine französische Stimme 596 ff. Ders. Das Grab des Petrus 82 f. Ders. ‹Papst› Anencletus I. 301 f. Ders. Galater 2,67 ff. Ders.

Die Entstehung der römischen Petrustradition 63 ff. Ders. Petrus und die beiden Jakobus 147 ff. Ders. Ist die sogenannte römische Petrustradition bereits im Lukasevangelium und schon kurz nach dem Jahre 70 bezeugt 571 ff. Ders. Drei vermeintliche Beweise 240 ff. Ders. War Petrus in Rom? Ders. Petrus, wirklich römischer Märtyrer? Ders. Neues zur Petrusfrage. A. Bauer, Die Legende von dem Martyrium des Petrus u. Paulus in Rom 270 ff. Haller I 14 ff, 345 ff. Robinson, Where and when did Peter die 255 ff, 1945 in JBL. Smaltz, Did Peter die in Jerusalem? ebd. 1952, 212 ff. Hyde, Paganism, Exkursus III. Was St. Peter in Rome? 265 ff. Weitere (frühere) Bestreiter eines Aufenthaltes Petri in Rom nennt W. Bauer bei Hennecke, Neutestamentliche Apokryphen 118. – Zum Apostelgrab, zur römischen Bischofsliste: A. M. Schneider, ThLZ 1951, 745. Ders. Das Petrusgrab im Vatikan, ebd. 1952, 321 ff. T. Klauser, Die römische Petrustradition 55 f. Schäfer, Das Petrusgrab 459 ff. Altendorf, Die römischen Apostelgräber 731 ff. Holz, Die neue Legende, Deutsche Woche Nr. 52, 1957. v. Campenhausen, Lehrerweihen 248. Mirbt, Quellen zur Geschichte des Papsttums 6 ff, 52. Heiler, Altkirchliche Autonomie 191. Haller, Papsttum I 10 ff, 443 ff. Heussi, Die römische Petrustradition 72. Ders. Kompendium 85. Vgl. selbst den Katholiken Bardenhewer, Geschichte I 565 oder den Katholiken Franzen, nach dem ein Begräbnis von «St. Peter in Rom nicht mehr zu bezweifeln» sei; «selbst wenn eine ganz genaue Identifizierung seines Grabes noch nicht gelungen ist und wohl kaum so gelingen wird, daß nicht irgendwelche Bedenken übrigblieben ...» 27. – Vgl. zum Thema auch Caspar, Papsttum I 2, 8, 47 f. Seppelt/Schwaiger 15. Gontard 80. Hardy 81 ff. Telfer, Episcopal succession 1 ff. Meissner 475 ff. S. auch das Kapitel «Die Anfänge der italienischen Kirche» bei Roethe 3 ff. Cullmann 123. Aland, Von Jesus bis Justinian 61, 65, 85 f, 209. Maier, Verwandlung 246. Koch, Cathedra Petri 83. Kupisch I 86. Grotz 35. v. Loewenich 65. Stockmeier, Das Petrusamt 67. de Vries, Das Petrusamt 46 f. Gelmi 51 f

45 LThK 2. A. VI 1017. Pauly III 622. Caspar, Papsttum I 2, 256, Anm. 1

46 Grisar, Geschichte Roms 732

47 Plut. Numa 1. Herod. 7,204; 8,131. 1.Mos. 5,1 ff; 11,10 ff. Dazu mit weiteren Belegen: Koep, Bischofsliste 407 ff, dem ich hier folge. Vgl. Caspar, Papsttum I 13, Anm. 1

48 Caspar, Papsttum I 18. Vgl. etwa Benz, Beschreibung 157. Haller, Papsttum I 25. Handbuch der Kirchengeschichte II/1, 243 f. Brox, Kirchengeschichte 101 ff, 105 ff

49 dtv Lex. Antike, Religion I 180, II 148. Caspar, Papsttum I 118 f, 243. Hunger, Byzantinische Geisteswelt 13, 20 ff. Heiler, Erscheinungsformen 378. Haller, Papsttum I 53, 65. de Vries, Petrusamt 54. Brox, Kirchengeschichte 103

50 v. Loewenich 64. Haller, Papsttum I 25. Handbuch der Kirchengeschichte II/1, 248 f. Brox, Kirchengeschichte 103 ff

51 Zos. ep. 9,2 f. Selbst Katholik Bernhart, Der Vatikan S. 23, schreibt: «Die ersten drei Jahrhunderte nach dem Tode des Simon Kepha wissen nichts von

einem Souverän auf der Cathedra Petri». Heiler, Altkirchliche Autonomie 261 ff. Bertholet 412. Bihlmeyer, Kirchengeschichte 103. Chadwick, Die Kirche 278. Aland, Von Jesus 127, 137 ff, 209. Baus im Handbuch der Kirchengeschichte II/1, 297. Brox, Probleme 81 ff. Ders. Kirchengeschichte 107. de Vries, Petrusamt 48. Andresen/Denzler 452. Gelmi 59

52 Firm. Caes. bei Cypr. ep. 75. LThK 1. A. IV 14, V 940 ff, 2. A. IV 144. Caspar, Papsttum I 81 f. v. Campenhausen, Lateinische Kirchenväter 51. Wojtowytsch 49 f

53 Firm. bei Cypr. ep. 75,24 f

54 Cypr. ep. 33,1; 55,8; 59,14; 67; 69 ff, bes. 73; 74,1 ff. Vgl. auch de unit. c. 4 f. LThK 1. A. IV 14; 2. A. IV 144. Koch, Cyprian passim. Ders. Cathedra Petri 32 ff, 154 ff, 179. Caspar, Primatus Petri 253 ff, bes. 304 ff. Ders. Papsttum I 76 ff. Poschmann, Ecclesia principalis 45, 65. Roethe 43 ff. Feine 56 Anm. 12. Quasten, Patrology II 128 f. Haendler, Kirchenväter 363. Gontard 94. Haller, Papsttum I 34 ff, 358 f. Ludwig, Primatworte 22. Bullat 17 ff. Seppelt/Löffler 4 f. Fries, Handbuch III 281. Marschall 29 ff, 85 ff. Stockmeier, Das Petrusamt 72. Baus, Von der Urgemeinde 403 ff. Wojtowytsch 39 ff, 56 f, 386 ff. Mirbt/Aland, Nr. 159; 164; 192 ff. Nach v. Loewenich begründete bereits Bischof Kallist (217–222) Roms Autorität mit dem Hinweis auf Mt. 16,18, wogegen freilich sofort Tertullian protestierte. Geschichte der Kirche 65. Kirchner, Der Ketzertaufstreit 290 ff. Gelmi 53. Haendler, Von Tertullian 63 f, 69 ff. Brox, Kirchengeschichte 107, 141 f. Bévenot 246 ff. de Vries, Das Petrusamt 47 f. Wikkert, Cyprian 171 ff

55 Ernst 324 ff. Bernhart 42. Marschall s. vorherige Anm. Kirchner, Der Ketzertaufstreit 296 ff, rechnet auch mit Exkommunikation Cyprians. «Die Spaltung war da.» Hier auch die Quellenhinweise für Seeberg und Lietzmann. Baus, Von der Urgemeinde 405 ff, der gleichfalls von «Bruch» und «Spaltung» spricht. Ähnlich schon Seppelt/Löffler 5, wo von «Aufgebung der Kirchengemeinschaft» gesprochen wird. Vgl. Seppelt/Schwaiger 18. Wojtowytsch 47 f

56 Hergenröther, Kirchengeschichte 303. Caspar, Papsttum I 72 ff. Kösters 121

57 Cypr. ep. 59,14. Koch, Cyprian. Ders. Untersuchungen. Ders. Cathedra Petri. Bihlmeyer, Kirchengeschichte 104, 107 f. Bernhart 41 f. v. Loewenich 62, 74 f. Stockmeier, Das Petrusamt 73. Haendler, Von Tertullian 66. Wojtowytsch 44

58 Orig. comm. in Mt. Vgl. auch schon Just. Tryph. 100,4; 106,3. Mirbt/Aland, Quellen 125

59 Ambros. de incarn. dom. sacram. 4,32. Expos. in Lc. 6,97 (CSEL 32/4, 275). v. Campenhausen, Ambrosius 98 ff, bes. 107 ff, 125 ff. Baur, Johannes I 289. Koch, Cathedra Petri 32 ff, 154 ff. Hagel 73 f. Caspar, Papsttum I 245. Kösters 122. Galling, Die Religion 308. Haller, Papsttum I 7, 34 ff, 458 f. Marschall 29 ff. Haendler, Von Tertullian 122. Aland, Von Jesus 229

60 Greg. Naz. de vita sua 1637, 1802. Basil. ep. 239,2. dtv Lex. Antike, Religion I 180, II 148. Beck, Theologische Literatur 95. Haller, Papsttum I 65, 68 ff, 102. Wojto-

wytsch 130 ff, 150 ff, 194 ff, 219. de Vries, Obsorge 34. Ders. Petrusamt 51

61 Vgl. Haller, Papsttum I 87

62 Ambros. de incar. domin. sacr. 4,32. August. ep. 36,9; 43,7; 53,1. retr. 1,10,2. serm. 76,1; 270,2; 295. ep. ad Cath. de sect. Don. 21,60. Ps. c. part. Don. 229 ff. Enarr. in ps. 44 c. 23. Baur, Johannes I 289. Koch, Cathedra Petri 171. v. Campenhausen, Ambrosius 98 ff. Caspar, Papsttum I 338 ff, 607. Hagel 73 f. Vgl. auch 76 f. Heiler, Katholizismus 288 f. Ders. Urkirche 55 f. Ders. Altkirchliche Autonomie 41 ff. Hofmann, Der Kirchenbegriff 316 ff, 446 ff. Benz, Augustins Lehre 40. Lippold, Rom 21 ff. Haller, Papsttum I 86 f. Haendler, Kirchenväter 363 f. Ders. Von Tertullian 122. Lütcke 140. Marschall 42 ff, 64 ff. Wojtowytsch 226 ff, bes. 242 ff. Aland, Von Jesus 229. Götz 15

63 Kyrill. Alex. ep. 17,3

64 Andresen/Denzler 345 f. LThK 1. A. VI 182 ff; 2. A. VI 525 ff. Vgl. Lumpe 1 ff. Handbuch der Kirchengeschichte II/1, 250 ff

65 Euseb. h.e. 10,5,21 ff; V. C. 1,51. Epiphan. haer. 74,14. Mansi II 469 ff. Roethe passim. Lumpe 1 ff. Schwaiger, Päpstlicher Primat 23. de Vries zit. ebd.

66 Socrat. h.e. Prooem. lib. V; VI pr. 9 f. Beck, Theologische Literatur 41 f. Franzen/Bäumer 52. Wojtowytsch 2 f (hier weitere und grundlegende Literatur) 147 ff, 197. Winkelmann, Kirchengeschichtswerke 173 f. Brox, Kirchengeschichte 169 ff

67 Seppelt, Der Aufstieg 122 f, 127 ff. Hunger, Byzantinische Geisteswelt 182, 186 f. Gontard 113, 116. Baus, Erwägungen 36. Handbuch der Kirchengeschichte II/1, 249. Wojtowytsch 353 ff. Ullmann, Gelasius I, 20 ff. Blank, Petrus 11. Brox, Kirchengeschichte 104

68 Zit. nach Caspar, Papsttum I 208

69 Zosim. ep. 4 f; 7,10 f (JK 331, 332 f, 340 f). Hieron. ep. 125,20. Caspar, Papsttum I 348 f. Beck, Theologische Literatur 42. Haller, Papsttum I 82 ff. Wojtowytsch 148, 191 ff, 266 ff, 367 f. Vgl. dagegen etwa Gottlieb, Ost und West S. 25, der mindestens von Gallien behauptet, «daß die Kirche Galliens die Autorität des Bischofs von Rom weder im 4. noch im 5. Jahrhundert in Frage gestellt hat».

70 Haller, Papsttum I 98 ff. Schwaiger, Päpstlicher Primat 40 f. Handbuch der Kirchengeschichte II/1, 244, 246, 253. Wojtowytsch 226 ff, bes. 254 ff, 354 ff, 368 f

71 Zos. ep. 1; 15. Canones in causa Apiarii c. 28 (CC 259, 109 f). Breviarium Hipponense c. 27 (CC 259,41). LThK 1. A. I 532; 2. A. I 689 f. Caspar, Papsttum I 358 ff. Seppelt, Der Aufstieg 148 f. Seppelt/Schwaiger 35. Wermelinger 151 f, 243. Vgl. diese Anm. auch zu den folgenden. Handbuch der Kirchengeschichte II/1, 269. Wojtowytsch 254 ff

72 Alle Quellenhinweise bei Caspar, Papsttum I 385 ff und Wojtowytsch 254 ff

73 Ebd. S. auch Seppelt, Der Aufstieg 149 f

74 Die Quellenhinweise bei Caspar, Papsttum I 369 ff und Wojtowytsch 258 ff. S. auch Haller, Papsttum I 100, nach dem Apiarius «inzwischen Bischof geworden» war. Vgl. auch Seppelt, Der Aufstieg 150 f

75 Caspar ebd., Wojtowytsch ebd.

76 Ebd.

77 Caspar, Papsttum I 371 f. Wojtowytsch 256 ff, bes. 261, 302

78 de Vries, Die Kollegialität 87 ff

79 Andresen/Denzler 113 f, 214 f, 232 f, 343 ff. Specht 275, 282, 304 f. Hünen 22 ff. Janson 129 ff. Brandl 77 ff. Wojtowytsch 8 f mit den wichtigsten Quellen

80 Vgl. Decret. Gelas. PL 13,374. Iren. adv. haer. 5,20. Kühner, Lexikon 172 ff. Andresen/Denzler 197 f, 214 f, 232 f, 287 f. Koch, Katholische Apologetik 134. Meffert, Apologetische Volksbibliothek 303. Knöpfler 205. Specht 293. Lortz I 54. J. Schielle, Apologetik Gott und Christus. Ausgabe für achtklassige Lehranstalten, 7. A. 1937, 12 (Lehre von der Kirche). v. Loewenich 76. Wojtowytsch 9 ff mit wichtigen Quellenbelegen. Wickert, Episkopalismus 773 ff

81 Vgl. Anm. 6; 7; 8

82 Syn. Serd. (343), Enz. d. Orient. c. 27 CSEL 65,66. Das Datum der Synode von Serdica – bis ins 18. Jahrhundert gewöhnlich 347 angenommen – ist immer noch kontrovers. Hilar. frg. hist. 3,1 ff. LThK 1. A. IX 182 ff. Handbuch der Kirchengeschichte II/1, 38 ff

83 RAC III 311. Bertholet 412 f. Heiler, Erscheinungsformen 379. Haller, Papsttum I 66, 74 f. Benz, Beschreibung 157. Ullmann, Gelasius I, 9

84 Cypr. ep. 67. Wojtowytsch 45 f

85 Euseb. h.e. 5,23 ff; 7,2. V. C. 3,18 ff. Zum «Streit der Dionyse»: Athan. de sent. Dion. 18,2. K. Müller, Dionys von Alexandrien 278 ff. Roethe 21 ff, 43 ff. Seppelt/Löffler 3. Bihlmeyer, Kirchengeschichte 119 f. Mirbt/Aland Nr. 94, S. 36 ff, Nr. 182, S. 86. Huber 55 ff. Richardson 74 ff. Brox, Tendenzen 291 ff. Haendler, Der Ketzertaufstreit 184 ff. Marschall 85 ff. Kirchner, Der Ketzertaufstreit 290 ff. Ausführlich neuestens Wojtowytsch 19 ff, 46 ff, 380 ff, 393 ff. Zum Osterfeststreit: Chadwick, Die Kirche 92 f. Haendler, Von Tertullian 43. Stockmeier, Das Schisma 82 ff. Vgl. auch Dinsen 33 ff. Bienert, Dionysius 200 ff. Opitz, Dionys von Alexandrien 41 ff. Schneemelcher, Aufsätze 344 f. Kühner, Imperium 34. – Zum Unterschied nicht nur im Festkalender, sondern überhaupt zwischen dem östlichen und westlichen Christentum vgl. etwa Schneider, Die Unterschiede 267 ff, bes. 278 ff

86 Wojtowytsch 64 f, 134

3. KAPITEL

ERSTE RIVALITÄTEN UND TUMULTE UM DEN RÖMISCHEN BISCHOFSSITZ

1 Bernhart 58

2 Stockmeier, Das Petrusamt 78

3 Gregorovius I, 1, 67 f

4 Kühner, Lexikon 138. Fichtinger 125, 136 f. Seppelt/Schwaiger 258

5 Fichtinger 125, 136 f

6 Hippol. refut. omn. haer. 9,11,1. LThK 1. A. V 69 ff. Kraft, Kirchenväter Lexikon 279 ff. Fichtinger 167 f. Altaner/Stuiber 164 ff. Caspar, Papsttum I 23 f. Ehrhard, Urkirche 232 f. Franzen 41 f

7 Hippol. refut. 1,26; 5,6; 10,27,3 f; 9,11,1 ff; 9,3; 9,12,16 ff; 9,12,21; LThK 2. A. II 883 f. Altaner/Stuiber 164 f. Fichtinger 82. Harnack, Dogmengeschichte 156 ff, bes. 161 ff. Ders. SbPAW phil.-hist. Kl. 1923, 51 ff. Meffert, Apologetische Volksbibliothek 382. Caspar, Papsttum I 22 ff, 36 f. Koschorke 56 ff

8 Hippol. refut. 9,11 f. Tert. de pud. 1 ff. Herodian. 1,16,4. Cass. Dio 72,4,6 f. V. C. 8,6; 11,9. RAC III

264, IV 851. Kraft, Kirchenväter Lexikon 279 ff, 389. Hergenröther, Kirchengeschichte 302. Gröne 46 ff. Caspar, Papsttum I 25 ff, 37 ff. Daniel-Rops, Frühmittelalter 387 f, 453. Gontard 81 f, 85. Haller, Papsttum I 28 ff. Schneider, Geistesgeschichte I 561. Ders. Christliche Antike 319. Chadwick, Die Kirche 96 f. Aland, Von Jesus bis Justinian 126 ff. Ausführlich Gülzow, Sklaverei 146 ff, 157 ff, 168 ff. Kötting, Die Stellung des Konfessors 15. Mirbt/Aland Nr. 138, S. 59 ff. Koschorke 56 ff. Haendler, Von Tertullian 44 ff. Wojtowytsch 386. Dort weitere Literatur. Zu Hippolyt Literatur bei v. Campenhausen 314 Anm. 5

9 Altaner/Stuiber 45. Schneider, Christliche Antike 321, 572 f

10 Hippol. ref. 9,12 f. Rolffs passim, bes. 19 ff, 36 ff, 103 ff. Bihlmeyer, Kirchengeschichte 115 f. Gontard 82. Seyfarth, Ehen 41 ff

11 Vgl. dazu Schneider, Christliche Antike 388

12 Tert. de pud. c. 1. Kraft, Kirchenväter Lexikon 124. Rolffs 36 ff, 54 ff. Caspar, Papsttum I 27 f. S. auch Meffert, Urchristentum 380 ff, bes. 394, wo die laxistische Maßnahme des Kallist als denkwürdige soziale Errungenschaft gefeiert wird. Seppelt/Löffler 3. Bernhart 41. Schneider, Christliche Antike 266, 319. Aland, Von Jesus 129 f

13 Euseb. h.e. 6,41,11. Wetzer/Welte 259 f. Fichtinger 82. Gross LThK 1. A. II 704, 2. A. II 883 f. V. Keller, Lexikon 304. Grant/Hazel 75 f, 118. Lexikon der alten Welt 1306. Altaner/Stuiber 164 ff. Hergenröther 302. Meffert, Urchristentum 73 f, 380, 399, 460. Seppelt/Löffler 3 f. Caspar, Papsttum I 39 f, 44 ff. Ehrhard, Urkirche 154 f. Bihlmeyer, Kirchengeschichte 115, 173 f. Seppelt/Schwaiger 17. Haller, Papsttum I 29 f, 355 f. Baus, Von der Urgemeinde 281 f, findet «nicht sichere Beweise dafür», daß Hippolyt «zusammen mit Papst Pontian nach Sardinien verbannt worden wäre». Sichere Gegenbeweise stehen bei ihm aber auch nicht; überhaupt keine. Reutterer passim. Aland, Von Jesus 130 f. Gelmi 54. Freudenberger 132. Zur Bußpraxis ausführlicher Deschner, Das Kreuz 375 ff. Vgl. auch Hahn 325 ff

14 Juvenal, Sat. 361. Altaner/Stuiber 164 f. Kraft, Kirchenväter Lexikon 279. Caspar, Papsttum I 22, 40. Haller, Papsttum I 29 f. Gontard 83. Aland, Von Jesus 131

15 Euseb. h.e. 6,43,1 ff. dtv Lex. Antike, Religion II 121. Altaner/Stuiber 170. Fichtinger 105, 286. Roethe 18 ff, 37 ff. Krüger, Rechtsstellung 223. Caspar, Papsttum I 60 f, 66 ff. Bihlmeyer, Kirchengeschichte 181 f. van der Meer, Alte Kirche 7, 17. Vgl. auch Anm. 17. Seppelt/Schwaiger 18. Haller, Papsttum I 33 f. Gontard 96. Schneider, Christliche Antike 431. Aland, Von Jesus 142 ff. Brox, Kirchengeschichte 143. Haendler, Von Tertullian 65 ff. Vgl. auch die vorherg. Anm.

16 Euseb. h.e. 6,43,6 ff; 6,43,18 f. Vgl. auch vorhergehende Anm.

17 Cypr. ep. 45; 49,1; 49,3; 50; 55. Socrat. h.e. 4,28. Wetzer/Welte VII 659 f. LThK 2. A. III 58. Kraft, Kirchenväter Lexikon 390. Ehrhard, Märtyrer 72. Haller, Papsttum I 32, 458. Mirbt/Aland Nr. 148 ff, S. 65 ff. Freudenberger 140

18 Cypr. ep. 51,1 f; 52,1 f; 52,4; 53,2; 53,4. Altaner 143. Bihlmeyer, Kir-

chengeschichte 152 f. Chadwick, Die Kirche 134. Gülzow, Cyprian passim. Wickert, Cyprian 166

19 Euseb. h.e. 6,43,2. Socrat. 2,38,28; 5,10,27; 7,7; 7,11. Soz. 4,21,1; 7,12,10; 8,1,13. Conc. Nic. c. 8. Wetzer/Welte VII 662 f. dtv Lex. Antike, Religion 121. Altaner/Stuiber 170 f. Fichtinger 286. Hauck, Theologisches Fremdwörterbuch 113. Kühner, Lexikon 28. Caspar, Papsttum I 67 f Anm. 3. Knöpfler 113. Ehrhard, Urkirche 233, 266. Bihlmeyer, Kirchengeschichte 152, 181 f. Haller, Papsttum I 33 f. Andresen, Die Kirchen der alten Christenheit 276 ff. Aland, Von Jesus 147. Brox, Kirchengeschichte 58, 127, 143, 155

20 Haller, Papsttum I 40

21 LThK 1. A. III 48, VI 210, 972 f. Vgl. 2. A. III 57 f, VI 557, VII 106. Fichtinger 105. Keller, Lexikon 321, 367. Beissel II 122. Walterscheid II 142 f

22 August. c. litt. Petil. 2,92,202. de unico bapt. c. 16; 27. Pauly III 991 f, 1306. Kühner, Lexikon 21. Zu «Papst Nikolaus» vgl. Gröne 64. Knöpfler 113 f. Caspar, Papsttum I 97 ff. Ehrhard, Kirche der Märtyrer 101. Ders. Urkirche 306. Bihlmeyer, Kirchengeschichte 153, 245. Seppelt/Löffler 6 ff. Seppelt/Schwaiger 20 f. Haller, Papsttum I 54, 92, 177, 362 f. Kühner, Imperium 35. Heer, Ohne Papsttum 34 f. Vgl. Gelmi 54 ff

23 Wetzer/Welte VI 813. Fichtinger 258 ff, 276 f, 347 f. Keller, Lexikon 458. Altaner/Stuiber 353. Gröne 65, 84 ff. Caspar, Papsttum I 98 ff, 109 ff, 122 f, 130. Gontard 100. Seppelt/Löffler 8

24 Athan. hist. Arian. 41; apol. c. Arian. 89. Hieron. de vir. ill. 97. Soz. h.e. 4,15,3. Altaner/Stuiber 354. Caspar, Papsttum I 166 ff, bes. 182 ff, 189 f. Kösters 226. Ehrhard, Die griechische und die lateinische Kirche 169

25 Seppelt, Der Aufstieg 86 ff, bes. 99 ff

26 Lib. Pont. 37,5 (Duchesne, Lib. Pont I 207). Rufin h.e. 10,23. Soz. 4,11; 4,15. Socrat. 2,37. Theodor. h.e. 2,15 ff. Coll. Avell. 1. LThK 1. A. III 992, 2. A. IV 67 f. Fichtinger 124. Stein, Vom römischen 235 f. Knöpfler 167. Caspar, Papsttum I 187 ff. Ehrhard, Die griechische und die lateinische Kirche 169. Bihlmeyer, Kirchengeschichte 239. Seppelt/Schwaiger 28. Seppelt/Löffler 11. Haller, Papsttum I 59 ff, 70, 248. Handbuch der Kirchengeschichte II/1, 47, 257 f. Wojtowytsch 124 f

27 Wetzer/Welte IV 2 f. Pauly III 621 f. LThK 1. A. III 992, 2. A. IV 67 f. Fichtinger 124. Andresen/Denzler 448. Caspar, Papsttum I 194 f. Bihlmeyer, Kirchengeschichte 239. Seppelt/Schwaiger 28. Handbuch der Kirchengeschichte II/1, 47

28 Wetzer/Welte IV 3. Kühner, Lexikon 210 f. Gröne 94 f. Kühner, Imperium 298 f

29 J. P. Kirsch LThK 1. A. VI 218 f, 2. A. VI 566 f. Keller, Lexikon 321 f. Hümmeler 457 f

30 Wetzer/Welte IV 3

31 Hieron. adv. Joh. Hierosolym 7 f. Ammian. 27,3,11 ff. Pauly I 302 f. Gregorovius I 110. Gontard 109. Mirbt/Aland Nr. 295, S. 134. Augustin nach Haller, Papsttum I 72. Hernegger 367. Chadwick, Die Kirche 185. Schneider, Christliche Antike 323. Wojtowytsch 138 ff. Dort weitere Literatur S. 430

32 Gröne 98

33 Ammian. 27,3,11 ff. Avellana 1,9

(CSEL 35,4). Hieron. vir. ill. 103. LThK 1. A. III 133, 2. A. III 136 f. Seeck, Untergang V 71. Caspar, Papsttum I 196 f. Gontard 109. Kohns 94 ff. Kühner, Imperium 40 ff. Schneider, Christliche Antike 323. Denzler, Das Papsttum I 13. Gelmi 58

34 Coll. Avell. 1,5 ff. Ammian. 27,3. Soz. h.e. 3,8,5. LThK 1. A. III 133 f, 2. A. III 136 f. Pauly I 1373. Fichtinger 108. Gröne 97. Dobschütz 29 ff. Caspar, Papsttum I 196 ff, 247 f. Seppelt, Der Aufstieg 109. Schuck 159. Kühner, Imperium 40

35 Collectio Avellana: 160 Tote, 1,7. S. auch Avell. 1,9; 1,12. Ammian. 27,3,11 ff: 137 Tote. Wetzer/Welte III 14. Burckhardt, Die Zeit Constantins 353 f. Seeck, Untergang V 71 ff. Stein, Vom römischen 269. Caspar, Papsttum I 197 f, 203. Hümmeler 272 f. Seppelt, Der Aufstieg 109 f, 115. Seppelt/Löffler 12. Lietzmann, Geschichte IV 41 f. Kohns 94 ff. Haller, Papsttum I 60. Gontard 108 f. Lorenz, Das vierte 33 f. Schneider, Christliche Antike 632

36 LThK 1. A. III 133 f, 2. A. III 136 f. Fichtinger 108

37 Dam. ep. 7 (JK 234). Theodor. h.e. 2,22; 5,10,1 f. Sulp. Sev. Chron. 2,48. CSEL 1,101. Lib. ad Damas. CSEL 18,34 ff. Coll. Avell. ep. 2,85. CSEL 30,20. Athan. ad Afros episc. 10 (PG 26,1045). Soz. h.e. 6,23. Lib. precum 2,13 f (CSEL 35,4). LThK 1. A. III 134. Pauly I 1373. Gröne 97 f. Hergenröther 545 f. Rauschen 108. Stein, Vom römischen 269. Brunsmann 300. Caspar, Papsttum I 201 f, 216. Seppelt/Löffler 12. Seppelt, Der Aufstieg 110. Haller, Papsttum I 60, 67. Gontard 109 f. Joannou 183 ff. Chadwick, Die Kirche 184 f. Aland, Von Jesus 214. Handbuch der Kirchengeschichte II/1, 259

38 Theodor. h.e. 2,22. Altaner/Stuiber 355. Gröne 100. Gontard 109. Denzler, Das Papsttum 12 ff. Gelmi 58. Zum Umgang des Kirchenlehrers und Heiligen Hieronymus mit der Keuschheit vgl. Deschner, Das Kreuz 76 f

39 Hieron. ep. 1,15; 22,22. Mansi III 626. Zit. nach Hernegger 405 f. Altaner/Stuiber 355. Caspar, Papsttum I 203 ff, 208. Seppelt/Löffler 12. Gontard 109. Haller, Papsttum I 73. Seppelt, Der Aufstieg 110 ff. Mirbt/Aland Nr. 300 ff, S. 137 ff. Joannou 159. Aland, Von Jesus 215 f. Kühner, Imperium 41. Handbuch der Kirchengeschichte II/1, 258. Gelmi 59. Wojtowytsch 147 ff

40 Coll. Avell. 13 (CSEL 35,1,57 f). Seppelt, Der Aufstieg 112 f

41 Basil ep. 215; 239; 242. Hieron. ep. 15,2; 16,2; 35. Caspar, Papsttum I 220 ff, bes. 227. Haller, Papsttum I 62. S. auch nächste Anm.

42 Hieron. ep. 15,1 f; 123,9; 127,9. Dial. Lucif. et orth. 20. Libellus precum. Avellana Nr. 2. Gröne 100. Grützmacher, Hieronymus I 201 ff. Caspar, Papsttum I 246 f, 257. Haller, Papsttum I 62, 71. Aland, Von Jesus 210 f. Handbuch der Kirchengeschichte II/1, 68, 260 f. Chadwick, Die Kirche 185

43 Mansi 3, 624 D. LThK 1. A. III 134, 2. A. III 136 f. Altaner/Stuiber 354 f. Dobschütz 29 ff. Caspar, Papsttum I 210, 242. Heiler, Altkirchliche Autonomie 203 ff. Haller, Papsttum I 67, 71, 374. Kühner, Imperium 40 ff. Chadwick, Die Kirche 188. Denzler, Das Papsttum I 12. Ullmann, Gelasius I, 22 f. Haendler, Von

Tertullian 122. Dulckeit/Schwarz 207 ff. Michel 507. Joannou 286 ff. Handbuch der Kirchengeschichte II/1, 259 ff. Wojtowytsch 430. Brox, Kirchengeschichte 108

44 Pauly I 1373. Altaner/Stuiber 355. Nach Gröne 100 zeugt die Dichteritis des Damasus «von classischer Sprachgewandtheit und einem tiefinnigen Gefühlsleben». Weyman 105. Schäfer, Epigramme. Caspar, Papsttum I 46, 251 ff. Duchesne, Hist. anc. 2,483. Zit. nach Haller, Papsttum I 71. Vgl. 367. Handbuch der Kirchengeschichte II/1, 263

45 Zit. bei Caspar, Papsttum I 251 f. Dort die Quellenhinweise

46 Schwaiger, Päpste 143 f. Deschner, Heilsgeschichte II 546 Anm. 14

47 Dobschütz 29 ff. Caspar, Papsttum I 247 ff. de Vries, Rom 15 ff, dem ich hier folge

48 Caspar, in ZKG 47, 1928, 195. Haller, Papsttum I 66 ff, 72 f. Kühner, Imperium 41. Wojtowytsch 149

49 Siric. ep. 1, JK 255. Caspar, Papsttum I 216, 261 ff. Ullmann, Gelasius I 27 f. Wojtowytsch 141 ff

50 Innoz. I. ep. 2,1. JK 286; ep. 27,1. JK 314. ep. 29 JK 321. Die ganze Korrespondenz PL 20,463 ff. Altaner/Stuiber 356. Gröne 119. Seppelt/Schwaiger 33. Haller, Papsttum I 80 ff. Ullmann, Gelasius I 36 f. Wojtowytsch 205 ff, 230, 300

51 Innoz. I. ep. 25. Kraft, Kirchenväter Lexikon 296. Altaner/Stuiber 356. Caspar, Papsttum I 302 f, 341, 343, 358. Bihlmeyer, Kirchengeschichte 295. Seppelt/Schwaiger 33. Haller, Papsttum I 80 ff. Handbuch der Kirchengeschichte II/1, 265 f. Schwaiger, Päpstlicher Primat 40 f. Wojtowytsch 207 ff. Ullmann, Gelasius I 35 ff, 40 ff

52 Fichtinger 22, 75, 124, 158, 198, 346 f, 361. Kühner, Lexikon 31, 35, 60, 66 f. Seppelt/Schwaiger 53 f, 109, 117 ff. Kühner, Imperium 52, 103. Denzler, Das Papsttum 19, 41 ff. Johannes XI. ist für D. nur «wahrscheinlich» der Sohn von Papst Sergius III. Ebd. Vgl. auch Deschner, Das Kreuz 153 f

53 Gröne 106 ff

54 Innoz. I. ep. 37; 38; 41. Caspar, Papsttum I 304. Ullmann, Gelasius I 37

55 Innoz. I. ep. 8 f; 13. Pallad. Vita Joh. Chrys. 4. Caspar, Papsttum I 293 f, 304 ff, 315 ff, bes. 325. Seppelt/Schwaiger 33 f. Seppelt/Löffler 15. Haller, Papsttum I 80 ff. Joannou 234 ff. Handbuch der Kirchengeschichte II/1, 266 f. Wojtowytsch 209 ff

56 JK 342. Haller, Papsttum I 88 f. Ullmann, Gelasius I 44 ff

57 Bonif. I. ep. 7. Coll. Avell. ep. 14 ff, bes. Avell. 15, 18, 19, 21 ff. Socrat. h.e. 7,11. LThK 2. A. II 587, III 1180, V 478. Pauly I, 927. Wetzer/Welte II 84. Fichtinger 73 f. Gröne 116. Gregorovius I, 1, 85 f. Stein, Vom römischen 414. Caspar, Papsttum I 360 ff. Seppelt/Löffler 17. Seppelt/Schwaiger 36 f. Haller, Papsttum I 101. Gontard 120. Handbuch der Kirchengeschichte II/1, 270. Wermelinger 239 ff. v. Haehling, Religionszugehörigkeit 469

58 August. ep. 209

59 Vgl. dazu bes. Ullmann, Gelasius I 52 f

60 Bonifat. I. ep. 13 ff. Cod. Theodos. 16,2,45. Coll. Thess. 35,25 ff, 44,19 ff. Wetzer/Welte II 85, III 750. Gröne 116 ff. Caspar, Papsttum I 378 ff. Seppelt/Löffler 17 f. Ullmann, Gelasius I, 48 ff.

Schwaiger, Päpstlicher Primat 32. Handbuch der Kirchengeschichte II/1, 271. Wojtowytsch 270 ff, 279 ff, 301

61 JK 363 f. Coll. Thess. 33,17 ff, 35,25 ff. JK 360. Wojtowytsch 270 ff.

62 Kempf 28

4. KAPITEL
Der Kampf um die Bischofsstühle des Ostens im 5. Jahrhundert bis zum Konzil von Chalkedon

1 Haller, Papsttum I 162

2 Steinmann, Hieronymus 275

3 Schneider, Christliche Antike 348

4 Wetzer/Welte III 171. Beck, Theologische Literatur 93 f. Heer, Ohne Papsttum 35

5 Socrat. h.e. 7,7,4; 7,11,4; 7,13,9. dtv Lex. Antike, Religion II 45. Beck, Theologische Literatur 65 ff. Dannenbauer, Entstehung I 242, 276 f, 393. Maier, Verwandlung 154 f

6 Kraft, Kirchenväter Lexikon 489. Baur, Johannes II 10 ff. Seeck, Untergang V 162. Stein, Vom römischen 370 f. Steinmann, Hieronymus 238 f. Dannenbauer, Entstehung I 276 f

7 Socrat. h.e. 5,10; 6,21 f. Soz. h.e. 7,12; 8,1. LThK 1. A. IX 601, 2. A. IX 798. Baur, Johannes II 44 f

8 Socrat. 6,2 f; 6,7. Pallad. dial. 5. Soz. 8,2; Theod. h.e. 5,27. Güldenpenning 84 ff. Baur, Johannes I 167, II 12 ff, 177 ff. Caspar, Papsttum I 313 f. v. Campenhausen, Griechische Kirchenväter 143 f. Bury, History I 131. Dannenbauer, Entstehung I 405. Chadwick, Die Kirche 216 ff. Aland, Von Jesus 249 f. Stockmeier, Johannes Chrysostomus 125 ff, 130 ff

9 Bousset, Mönchtum 1 ff. Schmitz, Die Welt 189 ff. Cramer 103 ff. Beck, Theologische Literatur 201. Tinnefeld 349 ff. van der Meer, Alte Kirche 18. Ausführlich über mönchische Askese der Antike, Deschner, Das Kreuz 80 ff

10 Cod. Theod. 12,1,63; Cod. Just. 10,32,26. Soz. 8,9,4 f; Kyrill. Scythop. Vita Sabae c. 19; 35 f. Stein, Vom römischen 450. Ueding 672 f. Bacht, Die Rolle II 292 f, 307 ff. Zu Harnack ebd. 310 f. Vgl. auch vorhergehende Anm. Beck, Theologische Literatur 64. Camelot, Ephesus 180. Tinnefeld 343 ff. Zur Rolle der Mönche im kroatischen Ustasha-Staat vgl. Deschner, Mit Gott 223 ff, bes. 240 ff, 244 ff. Neuerdings und ausführlicher: Ders. Heilsgeschichte II 210 ff, bes. 233 ff. S. auch ders. Die beleidigte Kirche

11 Pallad. dial. 6 f. Isid. Pel. ep. 1,152. Theophil. ep. 92. Socrat. 6,7. Soz. h.e. 8,11. Hieronym. ep. 90; 96; 98; 100. Vgl. Anastas. I. ad Simpl. bei Hieron. ep. 95. Wetzer/Welte VII 844 ff, II 177 ff. Kober, Deposition 347. Güldenpenning 145 ff. Baur, Johannes II 166 ff. Grützmacher, Hieronymus III 49 ff. Stein, Vom römischen 450. Knöpfler 171 f. Stratmann III 162 ff. Haller, Papsttum I 103 f. v. Campenhausen, Griechische Kirchenväter 145 ff. Beck, Theologische Literatur 201 f. Steinmann, Hieronymus 239, 262 f. Chadwick, Die Kirche 215 f. Handbuch der Kirchengeschichte II/1, 131 f. Tinnefeld 346

12 Steinmann, Hieronymus 242 ff mit den Quellenhinweisen (bei Steinmann Anm. 14 u. 17 b). Vgl. auch die vorige Anm.

13 Neue Zeitung 24. Juli 1950. Zit. Winter, Die Sowjetunion 263. Ge-

ringfügig anders der Wortlaut bei Spotts 213. Dazu Deschner, Heilsgeschichte II 372 ff. Vgl. auch Kirchenzeitung für das Erzbistum Köln vom 18. Febr. 1951

14 Hieron. ep. 83 f; 86 ff. ad Theophil. ep. 94; 99. de nom. Hebr. praef. vir. ill. 54. Fichtinger 116. Grützmacher, Hieronymus III 51 ff, 56 f. Baur, Johannes II 176 f. Knöpfler 172. Chadwick, Die Kirche 215 f. Handbuch der Kirchengeschichte II/1, 128 ff

15 Altaner/Stuiber 322 f, 331 f

16 Chrysost. hom. in Mt. 61,3; hom. in Jh. 47,5; 69,4; 74,3. hom. in Röm. 11; hom. in 1.Thess. 11,3 f. Socrat. h.e. 6,4; Soz. 8,3; 8,6; 8,9. Theodor. h.e. 5,28,2; 5,29. Pallad. dial. 8; 13. Ps. Cypr. sing. cler: Alph. Anton. 5. Güldenpenning 139 ff. Sickenberger, Syneisaktentum 44. Baur, Johannes I 141, II 53 ff, 134 ff, 142 ff, 161 ff. Mehnert 12, 17 f, 35 f. Caspar, Papsttum I 313 f. Chadwick, Die Kirche 218 ff. Tinnefeld 344 f. Deschner, Das Kreuz 182. Stockmeier, Johannes Chrysostomus 135 ff

17 Soz. 8,9,4 f. Tinnefeld 344 f

18 Chrysost. hom. 3,2; 7,2 ad pop. Ant. hom. 4,4 f in: Vidi Dominum hom. 3 act. apost. Zit. nach Güldenpenning 85 u. Baur, Johannes II 37 f. Vgl. auch Heilmann, Texte III 39, IV 160 ff, 187 f

19 Chrysost. sacerd. 1,8 f; hom. 22 in Gen. Ferner Kommentar zum Kolosserbrief 3,5. Heilmann, Texte IV 160 ff

20 Hieron. ep. 51,1 ff; 82. Socrat. 6,7; 6,10 ff. Soz. 8,12; 8,14 ff; 8,17,1. Pallad. dial. 6; 8; 16. Epiphan. haer. 64 LThK 1. A. III 728 ff, 2. A. III 944 ff. Altaner in RAC V 910. Güldenpenning 147 f. Stein, Vom römischen 371 f. Baur, Johannes II 185 ff, 194 ff, 280. Knöpfler 172. v. Campenhausen, Griechische Kirchenväter 147. Bury, History I 150 f. Stratmann III 162 ff. Steinmann, Hieronymus 239, 263, 275. Hamman, Hieronymus 237. Chadwick, Die Kirche 214 f, 220. Altaner/Stuiber 315 ff. Handbuch der Kirchengeschichte II/1, 129 f. Stockmeier, Johannes Chrysostomus 136 f. Gilbert Murray zit. nach van der Meer, Alte Kirche I 7

21 Pallad. dial. 8. Socrat. h.e. 6,14 ff. Soz. 8,14 ff. Güldenpenning 150 ff. Baur, Johannes II 197 ff. Kirsch 541. Chadwick, Die Kirche 220. Tinnefeld 346 f. Wojtowytsch 216 f

22 Schneider, Sophienkirche 77 ff. Beck, Theologische Literatur 156 f. S. auch nächste Anm. Steinmann, Hieronymus 276. Stockmeier, Johannes Chrysostomus 138. Schneider, Olympias, in: Manns 227 f

23 Hieron. ep. 82,1 f. Heilmann, Texte III 355. Grützmacher, Hieronymus III 88 ff. Steinmann, Hieronymus 279 mit den Quellenhinweisen. Vgl. auch Caspar, Papsttum I 320, bes. Anm. 3

24 Steinmann ebd. Vgl. auch Grützmacher ebd.

25 Steinmann ebd. 280

26 Pallad. dial. c. 8 ff. Chrysost. hom. ante exilium; cum iret in exil. Socrat. h.e. 6,16 ff. Zos. 5,23 f. Theodor. h.e. 5,34,4 ff. Soz. 8,15; 8,18 ff. Güldenpenning 155 ff. Stein, Vom römischen 372 ff. Baur, Johannes II 200 ff, 226 ff, 233 ff, 244 f, 258 ff. Caspar, Papsttum I 320 f. Haacke, Rom 37 ff. Stratmann III 162 ff. v. Campenhausen, Griechische Kirchenväter 148 ff. Bury, History I 151 ff. Haller, Papsttum I 104. Langenfeld 149. Gardner

492 ff. Tinnefeld 180, 345. Chadwick, Die Kirche 220 ff. Stockmeier, Johannes Chrysostomus 136 ff. Wojtowytsch 217 f. Holum 72 ff

27 Pallad. dial. 9 ff; 20. Soz. 8,24. Zos. 5,23,4 f. Güldenpenning 163 ff. Baur, Johannes II 262 ff, 344 ff. Haacke, Rom 37 ff

28 Pallad. dial. c. 2; 4. Hieron. ep. 130,16. Innozenz I. ep. 12. Soz. h.e. 8,26,1 ff. Baur, Johannes I 333 ff, II 254 ff, 277 ff. Caspar, Papsttum I 318 f. Dempf, Geistesgeschichte 116. Haller, Papsttum I 104 f. Denzler, Das Papsttum 19 f. Handbuch der Kirchengeschichte II/1, 266 f. Wojtowytsch 219 ff, Stockmeier, Johannes Chrysostomus 138 f

29 Dempf, Geistesgeschichte 114

30 Vita Dom. Styl. 31. Malal. 15,24. Zon. 13,22. Pauly III 420. Baur, Johannes II 8 f. Chadwick, Die Kirche 199 f. Elbern 130, 135

31 Kyrill. Alex. ep. 75 f. Marcell. comes a. 428. RAC III 500. Baur, Johannes II 379. BKV 1935, 11. Chadwick, Die Kirche 222 f

32 Kyrill. Alex. ep. 10; 17. Hergenröther, Kirchengeschichte 451. Güldenpenning 224. Stein, Vom römischen 418. Schwartz, Cyrill 3 f, 7. Ehrhard, Die griechische und die lateinische Kirche 62 ff. Caspar, Papsttum I 463. BKV 1935, 86 f. Kirsch 549. de Vries, «Nestorianismus» 91 ff. Gross, Theodor 1 ff. Bihlmeyer/Tüchle 278 f. v. Campenhausen, Griechische Kirchenväter 153 f, 156 f. Kawerau, Alte Kirche 170 f. Dallmayr 148. Haller, Papsttum I 106. Hamman, Kyrillos 261. Young 107. Chadwick, Die Kirche 226 ff. Ritter, Charisma 190. Aland, Von Jesus 257 ff. Wojtowytsch 283. Raddatz 167 ff

33 Socrat. 7,29 ff. Wetzer/Welte VII 521. LThK 1. A. VII 885 f. Grillmeier, Vorbereitung 159. Dallmayr 139. Camelot, Ephesus 29 f. Altaner/Stuiber 336. Podskalsky, Nestorius 215

34 Socrat. 7,29; 7,31. Marcell. com. 428; 429. LThK 2. A. VII 885 f. Klauser, Gottesgebärerin 1082 f. Hergenröther, Kirchengeschichte 848. Güldenpenning 287 f. Seeck, Untergang VI 199 f, 435 f. Harnack, Lehrbuch der Dogmengeschichte 4. A. II 1920, 355, zit. nach Camelot, Ephesus 30. Stein, Vom römischen 450. Kirsch 35 f. Podskalsky, Nestorius 215 f

35 Caspar, Papsttum I 390. Seeberg, Dogmengeschichte 220 f

36 Heilmann, Texte I 130, II 88

37 Athan. or. 1 adv. Arian. c. 39; advers. Apoll. 1,10; 1,12. Hergenröther 410 ff, 447 ff. Ehrhard, Urkirche 220 ff, 230 ff. Ders. Die griechische und die lateinische Kirche 56 ff. Hunger, Byzantinische Geisteswelt 99 f. Maier, Die Verwandlung 152 f. Brox, Kirchengeschichte 187 ff

38 Seeberg, Dogmengeschichte 214 ff. Haller, Papsttum I 110

39 Camelot, Ephesus 39. Vgl. auch das Zugeständnis bei Bihlmeyer/Tüchle 278 f, wonach Kyrills Vorgehen gegen Nestorios «auch die kirchenpolitische Rivalität des Patriarchates Alexandrien gegen das seit 381 an die erste Stelle im Orient gerückte Patriarchat Konstantinopel» bestimmte.

40 Camelot, Ephesus 40 f

41 Ebd. 11

42 Ebd.

43 Socrat. h.e. 7,29; 7,32. ACO I, 1,1,10 ff; I 2,13,27 ff; I 4,5,22. Nestor. ad Caelest. ep. 1,2; 3,1. RAC III 500. Klauser, Gottesgebärerin 1082 ff, 1091 f. Altaner 293 f. Al-

taner/Stuiber 313 ff, 323. Hergenröther 449 f. Schwartz, Cyrill 4 ff. Caspar, Papsttum I 400. Loofs, Nestoriana 22 ff, 35 ff, 43 ff, 237 ff, 252 f. BKV 1935, 13. Ehrhard, Die griechische und die lateinische Kirche 62 ff. Vgl. auch Deschner, Hahn 360 ff, 364 ff. v. Campenhausen, Griechische Kirchenväter 158 f. Haller, Papsttum I 108. Dannenbauer, Entstehung I 279 f. Bury, History I 351 f. Seeberg, Dogmengeschichte 214, Anm. 1 u. 221 ff. Dallmayr 138 f, 147. Hamman, Kyrillos 262 f. Camelot, Ephesus 15 f, 32 ff, 43 ff. Kühner, Gezeiten der Kirche I 137 f. Chadwick, Die Kirche 228. Aland, Von Jesus 258 ff. Grillmeier, Von der apostolischen Zeit 642 ff, bes. 646. Ders. Rezeption 121 f. Tinnefeld 323. Wojtowytsch 284 f, 288

44 Siric. ep. 9 (wohl von Ambrosius stammend). LThK 2. A. II 602 f. Gontard 116. Handbuch der Kirchengeschichte II/1, 265

45 Lk. 1,43. Klauser, Gottesgebärerin 1071 ff, 1091 ff. Camelot, Ephesus 15 f. Delius 97 f. Abramowski, Die Synode 356 ff

46 Klauser, Gottesgebärerin 1091 ff. S. auch ders. Rom 120 ff

47 Klauser, Gottesgebärerin 1080

48 ACO I, 1,1,25 ff. Camelot, Ephesus 225 ff. Sieben 212 f

49 Ebd.

50 Caspar, Papsttum I 401 f. Camelot, Ephesus 46 f. Dort alle Quellenhinweise. Vgl. ferner Dallmayr 149 ff

51 ACO I, 2,12,20 ff; I 1,5,10 ff. Jouassard, Cyrill 510. Aland, Von Jesus 264. S. auch die folgende Anm.

52 Socrat. 7,29. Kyrill. Alex. ep. 11. JK 372 ff. ACO I, 2,5 ff. Coelestin. I. ep. 11 ff. Coll. Casin. 2,81. Altaner 243. BKV 1935, 14. Kraft, Kirchenväter Lexikon 385. dtv Lex. Antike, Philosophie 236. Klauser, Gottesgebärerin 1083 f. Loofs, Nestoriana 183, 297. Stein, Vom römischen 450 ff. Caspar, Papsttum I 389, 393 ff. Seeck, Untergang IV 207 ff, 437 f. v. Campenhausen, Griechische Kirchenväter 158 f. Camelot, Ephesus 38 f, 45 ff. Haller, Papsttum I 111 f. Mirbt/Aland, Quellen Nr. 427, S. 211. Chadwick, Die Kirche 229. Kühner, Gezeiten der Kirche I 138. Tinnefeld 345. Wojtowytsch 283 ff. Podskalsky, Nestorius 216 f. Dallmayr 154 ff. Hamman, Kyrillos 261. Scipioni 166 ff. Schwaiger, Päpstlicher Primat

53 AAS XXIII 1931, 483 ff. Liébaert IX 753. Beck, Theologische Literatur 41. Camelot, Konzil 59 ff. Ders. Ephesus 50 f, 212 f. Schneemelcher, Aufsätze 373. Brox, Kirchengeschichte 169 ff

54 ACO I, 1,1,114 ff. Caspar, Papsttum I 401 ff. Seeberg, Dogmengeschichte II 236 f. Camelot, Ephesus 50 f

55 Coelest. ep. 19,2 (ACO I, 2,25)

56 Rahner, Kirche und Staat 215

57 Kyrill. Alex. ep. 20. Hefele II 165, zit. nach Dallmayr 161. Caspar, Papsttum I 403 f. Bihlmeyer/Tüchle 279. Camelot, Ephesus 53 f, 57. Dallmayr 161, 168

58 Altaner/Stuiber 286. Stein, Vom römischen 450 ff. Caspar, Papsttum I 402 ff. Camelot, Ephesus 76 f. Bihlmeyer/Tüchle I 279. Der Katholik Kirsch spricht zwar von dem «bewaffneten Gefolge» des Nestorios. Bei Kyrills Ankunft dagegen vermerkt er nur die ihn begleitenden «etwa 50 ägyptischen Bischöfe» und seine Aufforderung an die Alexandriner «zu innigen Gebeten», 552

59 Kyrill. Alex. ep. 17. apol. ad Theod. 18. ACO I, 1,2,3 ff. (Die latein. Konzilsakten: ACO I, 3,52 ff) JK 378, Coll. Veron. 9. Enchiridion Symbolorum coll. Denzinger-Umberg 1947, 113 ff. Coelest. I. ep. 16 ff. Klauser, Gottesgebärerin 1084 ff. Liébaert 753 ff. Altaner 244 ff, 293. Altaner/Stuiber 284. Kraft, Kirchenväter Lexikon 158. Stein, Vom römischen 452 ff. Schwartz, Cyrill 12 ff, 28, 49. Caspar, Papsttum I 390, 403 ff. BKV 1935, 15. v. Campenhausen, Griechische Kirchenväter 160. Winowska 62. Ehrhard, Die griechische und die lateinische Kirche 65 ff. Haller, Papsttum I 112. Camelot, Ephesus 53 ff. Seeberg, Dogmengeschichte II 237 f, bes. Anm. 2. Kühner, Gezeiten der Kirche I 138. Diesner, Der Untergang 129. Kötting, Die abendländischen Teilnehmer 4 f. Schwaiger, Päpstlicher Primat 33 ff. Hamman, Kyrillos 261 f. Andresen, Die Kirchen der alten Christenheit 387 ff. Gardner 500 f. Grillmeier, Vorbereitung 160 ff. Handbuch der Kirchengeschichte II/1, 109 f. Aland, Von Jesus 265 f. Holum 162 ff. Wojtowytsch 289 ff

60 Kyrill. Alex. ep. 24. Camelot, Ephesus 57 ff. Handbuch der Kirchengeschichte II/1, 109

61 Kyrill. Alex. ep. 24

62 AAS 23, 1931, 10 ff, 511 f. Camelot, Ephesus 76 ff, 83. Ehrhard, Die griechische und die lateinische Kirche I 69

63 ACO I, 1,1,54 ff. Camelot, Ephesus 76 f

64 Theodor. Cyr. ep. 162

65 Liber Heracl. c. 195. Caspar, Papsttum I 408, 415. Camelot, Ephesus 55. Palanque 32. Schwaiger, Päpstlicher Primat 34 f. Wojtowytsch 292 ff

66 Caspar, Papsttum I 410 f. Haller, Papsttum I 113 ff. Vgl. auch nächste Anm.

67 Haller, Papsttum I 113. Schwaiger, Päpstlicher Primat 33 ff

68 ACO I, 1,5,13 ff; I 1,5,119 ff. Socrat. h.e. 7,34. Nestor. Lib. Heracl. 372. LThK 1. A. IX 243. Stein, Vom römischen 435 f. Schwartz, Cyrill 12 f. Ehrhard, Die griechische und die lateinische Kirche 67. Camelot, Ephesus 62. Haller, Papsttum I 112 f. Seeberg, Dogmengeschichte II 237. Kühner, Gezeiten der Kirche I 139. Maier, Verwandlung 156. Andresen, Die Kirchen der alten Christenheit 387 ff. Chadwick, Die Kirche 231 f. Schwaiger, Päpstlicher Primat 36 f. Grillmeier, Von der Apostolischen Zeit 642 ff. Aland, Von Jesus 266. Dempf, Geistesgeschichte 133 f. Holum 165 ff. Handbuch der Kirchengeschichte II/1, 110 f. Wojtowytsch 291

69 Die Konzilsakten dieser zweiten Sitzung ACO I, 1,3,53 ff. Caspar, Papsttum I 408 ff. Haller, Papsttum I 112 ff. Camelot, Ephesus 53 ff. Schwaiger, Päpstlicher Primat 34 ff. Wojtowytsch 292 ff

70 Vita S. Dalmatii. Altaner 243. Altaner/Stuiber 284. Hergenröther 457 f. Caspar, Papsttum I 404 f, 410 ff. Kirsch 554 f. BKV 1935, 12, 15 ff. Ehrhard, Die griechische und die lateinische Kirche 67 f. Seeberg, Dogmengeschichte II 238. Camelot, Ephesus 65 ff. Dempf, Geistesgeschichte 133 f. Aland, Von Jesus 266 ff. K. Rahner zit. nach Ritter, Charisma 198. Schwaiger, Päpstlicher Primat 34. Grillmeier, Einleitung in Grillmeier/Bacht I 245. Handbuch der Kirchengeschichte II/1, 111

71 Bibl. Casinens. 1,2,46. ACO I, 4,222 ff. Seeck, Untergang VI 230 f, 444. Stein, Vom römischen 454 f. Kidd III 259. Caspar, Papsttum I 412 f. Schwartz, Cyrill 12 ff. BKV 1935, 17. Ehrhard, Die griechische und die lateinische Kirche 71, der die Geschenkaktion später erst in das Jahr 433 verlegt und als zum damaligen «Siege» gehörend bagatellisiert. v. Campenhausen, Griechische Kirchenväter 160 f. Alföldi, Römisches Kaiserreich 239. Haller, Papsttum I 112 ff. Dannenbauer, Entstehung I 280, 393. Kühner, Gezeiten der Kirche I 139 f. Maier, Verwandlung 156. Bury, History I 353 f. Camelot, Ephesus 66. Aland, Von Jesus 266 ff. Chadwick, Die Kirche 232. Grillmeier, Einleitung in Grillmeier/Bacht I 245. Wojtowytsch 287

72 Euseb. h.e. 5,18,12; 5,28,10. Stein, Vom römischen 457. Bauer, Rechtgläubigkeit 156 f. Bacht, Die Rolle 203

73 Klauser, Gottesgebärerin 1087 f, 1095 ff. Schneider, Geistesgeschichte I 239, II 116. Dallmayr 131 ff. Miltner zit. nach R. Oster 24 ff (Zit. 29, Anm. 44). Vgl. auch Deschner, Hahn 365 ff

74 Eine interpolierte Fassung des «Liber Heraklidis» erhielt sich in einer syrischen Handschrift, die im Ersten Weltkrieg im Kurdistan zugrunde ging. Das «Buch (Bazar) des Heraklides von Damaskus» edierte P. Bedjan 1910 in Paris; franz. von F. Nau; engl. von G. R. Driver/L. Hodgson 1925. Kyrill. Alex. Daß Christus Einer ist. ACO I, 1,3; I 1,7,71. Nestor. Lib. Herakl. 388. Socrat. 7,37,19. Altaner 245, 293 f. Altaner/Stuiber 286. Stein, Vom römischen 450 f, 455 ff. Seeck, Untergang VI 436. Schwartz, Cyrill 161 f. Caspar, Papsttum I 389, 413 ff. Ehrhard, Die griechische und die lateinische Kirche 68, 71 f. v. Campenhausen, Griechische Kirchenväter 162. Haller, Papsttum I 114 f. Jedin 26. Seeberg, Dogmengeschichte II 238. Anastos 117 ff. Abramowski 259. Franzen 84. Kühner, Gezeiten der Kirche I 139 f. Dallmayr 176 f. Camelot, Ephesus 67. Gardner 502 f. Chadwick, Die Kirche 232 f. Anton, Selbstverständnis 70 f. Handbuch der Kirchengeschichte II/1, 111. Podskalsky, Nestorius 216, 221 f

75 Coelest. ep. 22,3 (Mansi V 267 E); ep. 23,1 f (Mansi V 270 AB). Haller, Papsttum I 115. Ullmann, Gelasius I, 57 f mit Bez. auf JK 386 (ACO I 2,89)

76 dtv Lexikon IV 219. Caspar, Papsttum I 410. Biehlmeyer/Tüchle I 281. Camelot, Ephesus 68 ff, 81. Duchesne zit. ebd. Dallmayr 131, 162

77 LThK 1. A. III 711 f, 2. A. III 920 f. Dallmayr 186

78 PG 77,169 ff. ACO I, 1,4,5 ff; I, 4,18; I, 4,145 ff. Coelest. I. ep. 22 ff. Wetzer/Welte X 151 f. Kraft, Kirchenväter Lexikon 385. Altaner/Stuiber 284. Kirsch 556 ff. Ehrhard, Die griechische und die lateinische Kirche 69 ff. Seeberg, Dogmengeschichte II 238 ff. Haller, Papsttum I 115. Beck, Theologische Literatur 284. Camelot, Ephesus 244 ff. Bihlmeyer/Tüchle I 280. Dallmayr 181. Handbuch der Kirchengeschichte II/1, 113 ff. Liébaert 754. Vgl. auch die nachstehende Anm.

79 ACO I, 1,1,7 ff; 15 ff; I, 1,4,25 f; Kyrill. Alex. ep. 38. Sixt. III. ep. 6. Coelest. ep. 4,1. Joh. Ant. ep. ad

Procl. Jouassard, Cyrill 510. Kraft, Kirchenväter Lexikon 298, 385. LThK 1. A. II 824 ff. dtv Lex. Antike, Philosophie 236. Altaner 243. Kühner, Lexikon 29. Wickham 558 f. Hergenröther 454. Lea I 620. Stein, Vom römischen 456. Mingana 9. Heft 297 ff. Harris 110 ff. Kirsch 670 f. Caspar, Papsttum I 415 ff. Ehrhard, Die griechische und die lateinische Kirche 72. v. Campenhausen, Griechische Kirchenväter 161 f. Dawson 139. Grillmeier/Bacht 5. Gross, Theodor 1. Sieben 241. Kawerau, Die nestorianischen Patriarchate 119 ff. Seeberg, Dogmengeschichte II 217 ff, 239 ff. Abramowski 259. Dannenbauer, Entstehung I 280, 400. Oates 38. Franzen 84. C. D. G. Müller, Stellung und Bedeutung 227 ff, bes. 233 ff. Camelot, Ephesus 87 ff. Anastos, Nestorius 117 ff. Bihlmeyer/Tüchle 281. Dallmayr 182 f. Kühner, Gezeiten der Kirche I 140. Chadwick, Die Kirche 232 ff. Aland, Von Jesus 268, 284. Frend, Mission 32 ff, bes. 47 ff. Tinnefeld 323. Beck, Theologische Literatur 284. Wojtowytsch 298 f

80 ACO I, 1,4,15 ff. PG 77,173 ff

81 Ebd. I 1,4,7 ff. PG 77,169 ff. Ehrhard, Die griechische und die lateinische Kirche 71

82 Gröne 123. Vgl. Abramowski 265 bezieht sich im Hinblick auf den pelagianischen Streit auf Devreesse. Haller, Papstgeschichte I 107. Seppelt/Löffler 19. Seppelt/Schwaiger 37 f

83 Schwartz, Cyrill 11, 20 ff, 50 f

84 Kraft, Kirchenväter Lexikon 157. Ostrogorsky, Die Geschichte des byzantinischen Staates 48 f. Katholik Camelot, Ephesus 40, kann bei Kyrill Herrschsucht ebenso wenig finden wie irgendeine Absicht, «Alexandrien die Vorherrschaft über Konstantinopel zu verschaffen».

85 Kyrill. Alex. ep. 39. Über den rechten Glauben an den Kaiser 5 f, 10 ff, 15. Advers. nolentes confit. sanct. virg. esse Deiparam 1 f; 6 f; 10 ff; 18; 29 f. Daß Christus Einer ist (BKV 1935, 114 ff, 142, 146, 186). ep. 17 (Migne 77,105 ff. 3. Brief an Nestorios). BKV 1935, Einleitung 18. Altaner/Stuiber 284

86 Kyrill. Alex. Über den rechten Glauben an den Kaiser 9; 12; 23. Daß Christus Einer ist BKV 1935, 133, 156, 163. Socrat. h.e. 7,7; 7,29. Cod. Theod. 16,5,65. Ps. 7,13. Jouassard, Cyrill 499 f, 508 f. Pauly 411. dtv Lex. Antike, Religion II 121. Kraft, Kirchenväter Lexikon 154 f. Stein, Vom römischen 413, 418. BKV 1935, Einleitung 17. Caspar, Papsttum I 389. Thieß 294. v. Campenhausen, Griechische Kirchenväter 156. Kawerau, Alte Kirche 171

87 Epiphan. haer. 80,1 ff. Theodor. haer. 4,11. hist. 4,11. LThK 1. A. I 780 f, VII 114. Kraft, Kirchenväter Lexikon 70. Hergenröther 396 f. Tinnefeld 318 ff

88 Kyrill. Alex. Daß Christus Einer ist. Advers. nol. confit. sanct. virg. esse Deiparam 1; 6; 10 f

89 Jouassard, Cyrill 503, 508. Hümmeler 93. Mir liegt eine Sonderausgabe vor vom 42.–141. Tausend. «Die kirchliche Druckerlaubnis erteilte das erzbischöfliche Generalvikariat in Köln». Vgl. auch die Vorrede die «in einer Zeit des Umbruchs» die «religiösen Führergestalten unserer Zeit und unseres Volkes . . . besonders berücksichtigt».

90 Kyrill. Alex. Wider die Gegner des

Namens «Gottesgebärerin» 10; 15; 17. Socrat. 7,13 f. Cod. Theod. 16,2,42 f. Jouassard, Cyrill 506 f. Pauly III 411. Güldenpenning 225 ff. Stein, Vom römischen 418 ff. Schneider, Das Frühchristentum 15. Ders. Geistesgeschichte I 588 f. BKV 1935, 179, 199. Leipoldt, Antisemitismus 16. Thieß 294 f. Daniel-Rops, Frühmittelalter 185. Bury, History I 218. Schopen, Judentum 1960, 113. Kühner, Antisemitismus 37. Müller, Geschichte der Juden 9. Bell, Anti-Semitism 17 f. Rist, Hypatia 223. Hamman, Kyrillos 261. Tinnefeld 285 f, 310 f, 347

91 Socrat. h.e. 7,14. Philostorg. 8,9. Synes. ep. 10; 15; 16; 33; 81; 124; 133; 136 f; 154; 159. Güldenpenning 228 ff. Seeck, Untergang VI 76 ff. Stein, Vom römischen 419 f. Thieß 295 f. Schneider, Geistesgeschichte I 613. Ders. Die Christen 322 f. v. Campenhausen, Griechische Kirchenväter 156. Bury, History I 217 ff. Lacarrière 151. Rist, Hypatia 214 ff sucht Kyrill selbst zu entlasten: «There apears no reason to implicate Cyril in the murder itself . . .», ohne überzeugen zu können. Tinnefeld 285 f. v. Haehling, Religionszugehörigkeit 209 f. Hammond/Scullard 534

92 Jouassard, Cyrill 504 ff. Altaner/Stuiber 226. Kraft, Kirchenväter Lexikon 459. Güldenpenning 233. Hamman, Kyrillos 261. Tinnefeld 286

93 Kyrill. Alex. Über den rechten Glauben an den Kaiser, 2. Jouassard, Cyrill 505

94 Kyrill. Alex. Über den rechten Glauben an den Kaiser, 2. Kraft, Kirchenväter Lexikon 160. v. Campenhausen, Griechische Kirchenväter 153 ff. Camelot, Ephesus 40. Pinay 330. Kühner, Antisemitismus 37. L. S. Le Nain de Tillemont, Memoires pour servir à l'Histoire Ecclésiastique XIV, 1709, 541. Zit. nach Camelot ebd. Newman zit. nach Dallmayr 148. – Von Kyrills Anti-Julian sind die ersten 10 Bücher erhalten.

95 Geffcken zit. nach Tinnefeld 289. Camelot, Ephesus 40

96 Zit. nach Hamman, Kyrillos 262

97 LThK 1. A. IX 243, 2. A. IX 390 f. Kraft, Kirchenväter Lexikon 451. Altaner/Stuiber 268. Zöckler 271 f. Leipoldt, Schenute 1 f, 39 ff, 47 ff, 62 ff, 92 ff. Stein, Vom römischen 447 f. Dannenbauer, Entstehung I 155. Lacarrière 153 ff

98 5.Mos. 25,2 f; 16. Syn. Tol. c. 2 f. RAC IX 479 f, 485 ff. Jean Paul im «Wuz», Werke IV 17. Kober, Züchtigung 49. v. Hentig, Die Strafe I 381, 387

99 Leipoldt, Schenute 48 f, 51

100 Engberding LThK 1. A. IX 243, 2. A. IX 390 f. Leipoldt, Schenute 51, 140 ff

101 Leipoldt ebd. 63, 145 ff

102 Ebd. 113, 138 f

103 Ebd. 142 f

104 Ebd. 157

105 LThK 1. A. IX 243, 2. A. IX 390 f. Lacarrière 148 f. v. Haehling, Damascius 82 ff, Zit. 95

106 Liban. or. 30,8 ff; 30,54. Seeck, Untergang V 220. Brown, Welten 125, 128 f

107 Ambros. ep. 41,27. Cod. Theod. 16,3,1 f. Liban. Pro templis c. 3. Eunap. Vita Aedes. dtv Lex. Antike, Philosophie III 59 f. Schultze, Geschichte I 267 ff. Stein, Vom römischen 321 f. Geffcken, Ausgang 114. Seeck, Untergang V 220. Dannenbauer, Entstehung I 166. Vogt, Niedergang Roms 275. Lacarrière 152

108 Socrat. 3,2. Cod. Theod.

16,10,15 f; 16,10,25. Soz. 7,15,3 ff; 7,20,3. RAC II 1229 f, IV 64. Grisar, Geschichte Roms 22. Stein, Vom römischen 321. Voigt, Staat und Kirche 37. Jones, Social background 32 f. Wytzes, Kampf 1

109 Leipoldt, Schenute 176 f

110 RAC IV 82. Funke, Götterbild 812 f mit Bez. auf Socrat. h.e. 3,15 u. a. Leipoldt, Schenute 182. Stein, Vom römischen 447. Geffcken, Ausgang 195 f. Lacarrière 158 ff

111 Leipoldt, Schenute 178 ff

112 Vgl. vor allem Anm. 113

113 LThK 1. A. IX 243. Zöckler 271 f. Stein, Vom römischen 448. Lacarrière 159 f. Brown, Welten 133

114 LThK 1. A. IX 243. Altaner/Stuiber 268. Stein, Vom römischen 448

115 Hauck, Theologisches Fremdwörterbuch 107. Grillmeier/Bacht II 4. Auch nach Ehrhard, Die griechische und die lateinische Kirche 73 f, ist der Monophysitismus «nichts anderes als die extreme alexandrinische Christologie».

116 Ehrhard, Die griechische und die lateinische Kirche 74 f. Camelot, Ephesus 94 ff, hier vor allem über die Theologie Theodorets. Schwaiger, Päpstlicher Primat 41 f. Handbuch der Kirchengeschichte II/1, 116 f

117 Theophan. a. m. 5940. Nikeph. Kall. 14,17. Steeger XXX. Seeberg, Dogmengeschichte II 255. Camelot, Ephesus 91, 98 f. Aland, Von Jesus 268 ff. Chadwick, Die Kirche 234 f

118 Vgl. Camelot in LThK 2. A. III 1213 f. Kant, Kritik 3, 16 f. Von mir wurde das Gottesproblem ausführlich behandelt in Agnostiker 117 ff. Camelot, Ephesus 98. Bihlmeyer/Tüchle 284. Handbuch der Kirchengeschichte II/1, 117

119 Grillmeier, Vorbereitung I 196

120 Theodor. ep. 79 ff. Leo I. ep. 20; 28 f; 35; 88,2. Kraft, Kirchenväter Lexikon 42 ff, 380 f. dtv Lex. Antike, Religion I 240. Grisar, Geschichte Roms 513. Steeger XXVIII f. Caspar, Papsttum I 464 f, 481 f. Ehrhard, Die griechische und die lateinische Kirche 74. Rahner, Leo I 333. Camelot, Ephesus 89 f, 98 f. Hunger, Byzantinische Geisteswelt 99 f. Palanque 32 f. Chadwick, Die Kirche 235 f

121 Mansi VI 1016 ff. LThK 2. A. III 409 f. Stein, Vom römischen 460. Ehrhard, Die griechische und die lateinische Kirche 75. Haller, Papsttum I 128 ff. Dannenbauer, Entstehung I 242, 393. Maier, Die Verwandlung 154. Bacht, Die Rolle II 202, 243

122 Theodor. ep. 86. Kraft, Kirchenväter Lexikon 215 f, 480 f. Caspar, Papsttum I 466. Bacht, Die Rolle II 203 ff. Camelot, Ephesus 94 ff

123 ACO II, 1,1,131. Theodor. ep. 85 f. Lib. Heraclid. (ed. Nau) 294. LThK 1. A. VIII 650. Kraft, Kirchenväter Lexikon 207 f. Seeck, Untergang VI 208, 249 ff, 451 ff. Stein, Vom römischen 461. Caspar, Papsttum I 466 f. Ehrhard, Die griechische und die lateinische Kirche 74. Camelot, Ephesus 99 f. Bacht, Die Rolle II 206 ff. Dallmayr 198 f

124 ACO II, 1,1,124 ff. Steeger XXIX. Bacht, Die Rolle 206 ff. Camelot, Ephesus 99 ff

125 ACO II, 1,1,123 ff. Leo I. ep. 21 ff; 28 f; 34 f. Flavian: Migne PG 54,723 ff. LThK 2. A. IV 161. Steeger XXIX. Stein, Vom römischen 460 ff. Caspar, Papsttum I 467 ff. Klinkenberg, Papsttum 53 ff. Bacht, Die Rolle 206 ff. Zit. 208.

Haller, Papsttum I 129 f. Seeberg, Dogmengeschichte II 255 f. Grillmeier, Vorbereitung 195 ff. Camelot, Ephesus 98 ff, bes. 100 f. Chadwick, Die Kirche 236. Aland, Von Jesus 271

126 ACO II, 1,1,39 f; II, 1,1,175; II, 1,2,45 f; II, 4,143 f; II, 5,117. Leo I. ep. 21; 24 ad Theodosium; 26; 29. Kraft, Kirchenväter Lexikon 215 f. Steeger XXX. Caspar, Papsttum I 267 ff. Stein ebd. Klinkenberg, Papsttum 56 ff. Bacht, Die Rolle 221 ff. Camelot, Ephesus 101 ff. Handbuch der Kirchengeschichte II/1, 118. Wojtowytsch 318 ff

127 ACO II, 1,1,69 ff. Mansi conc. Coll. VI 605 ff. Leo I. ep. 9; 120,2. LThK 1. A. I 989. Kober, Deposition 347. Stein, Vom römischen 463. Caspar, Papsttum I 457 ff, 483 ff. Ehrhard, Die griechische und die lateinische Kirche 75. Honigmann, Original Lists 20 ff, bes. 34 ff. Bacht, Die Rolle 231. Camelot, Ephesus 107, 117 f, 120. Haller, Papsttum I 132. Bihlmeyer/Tüchle 284. Handbuch der Kirchengeschichte II/1, 118 f

128 Kyrill. Alex. ep. 40; 46,2. Leo I. ep. 28 (Tomus ad Flavianum). Ferner ep. 29 ff. Absage Leos, selber teilzunehmen: ep. 31. LThK 1. A. VIII 650. Steeger XXXI f. Caspar, Papsttum I 483 ff. Altaner 270. Camelot, Ephesus 108, 118 f. Chadwick, Die Kirche 236

129 Seeberg, Dogmengeschichte II 256 mit den Quellenhinweisen. Vgl. auch Anm. 130

130 Mansi VI 905 ff. ACO II, 1,1,111; II, 1,2,116; II, 1,1,191; II, 1,78; II, 5,118. Nestor, Lib. Heracl. 494 f. Prosper. Chron a. 448. Vgl. den Brief des Hilarius v. 13. 10. 449 an Pulcheria ep. 46. Leo I. ep. 46. LThK 1. A. IV 29, VIII 650 f. Altaner/Stuiber 347 f. Lecky II 160 f. Grisar, Geschichte Roms 313 f. Steeger XXXI ff. Stein, Vom römischen 464, bezweifelt, daß Flavian infolge seiner Verletzung starb. Caspar, Papsttum I 487 f. Haller, Papsttum I 132 f. Ehrhard, Die griechische und die lateinische Kirche 75 f. Diehl 980. Sellers 70 ff. Camelot, Ephesus 109 ff, 117 ff. Chadwick, The exil 16 ff. Ders. Die Kirche 236 f. Stratmann IV 27 f. Goemans 285. Grillmeier, Einleitung zu Grillmeier/Bacht 249. Andresen, Die Kirchen der alten Christenheit 389 f. Handbuch der Kirchengeschichte II/1, 119 f. Aland, Von Jesus 272, 278 f. van der Meer, Alte Kirche 8

131 ACO II, 2,1,79 ff

132 Theodor. ep. 113; 116; 118

133 Mansi Conc. coll. VI 1009, 1045. Leo I. ep. 44,1; 45; 95,2. Nach Fuchs, Handbuch der Kirchengeschichte 91, unterschrieben 135 Bischöfe «die Exkommunikation des rechtgläubigen Flavian». LThK 1. A. VIII 650 f. Ehrhard, Die griechische und die lateinische Kirche 76. Caspar, Papsttum I 492 ff, 511, 515. Camelot, Ephesus 124. Seeberg, Dogmengeschichte 256 f. Bacht, Die Rolle 227 ff. Haller, Papsttum I 133. Chadwick, Die Kirche 237. Aland, Von Jesus 272 f

134 Leo I. ep. 44 (PL 54,827 ff)

135 Ebd. Rahner, Kirche und Staat 219

136 Mansi Conc. coll. VI 1045. Leo I. ep. 103. Vgl. Caspar, Papsttum I 492 ff, 497 ff, 525 Anm. 4, 527

137 Mansi Conc. coll. VII 495. Valentin. an Theod.: Leo I. ep. 55. Gala Plac. an Theod.: Leo I. ep. 56. Eudoc. an Theod.: Leo I. ep. 57. Leo I. ep. 30 f; 43 f; 54 ff; 62 ff. Socrat. 7,22. Theodor. h.e. 5,36,3.

Grisar, Geschichte Roms 314 f. Steeger XXXIV ff. Stein, Vom römischen 417, 464. Kirsch 564 ff. Caspar, Papsttum I 492 ff, 499 ff. Rahner, Kirchenfreiheit 185. Klinkenberg, Papst Leo 17 f. Ders. Papsttum 63 ff. Camelot, Ephesus 126 ff. Bacht, Die Rolle 231 ff. Bury, History I 214. Goemans 252 f. Haller, Papsttum I 132. Schwaiger, Päpstlicher Primat 42 f. Aland, Von Jesus 273 ff. Wojtowytsch 327 ff

138 Prosper. Epit. Chron. a. 450, Leo I. ep. 73; 75; 78; 80; 89 f. Prokop. bell. vand. 1,4. Euagr. 2,1. Marc. comes ad a. 450. LThK 2. A. I 497. dtv Lex. Antike, Geschichte I 152. Schultze, Geschichte I 378. Steeger XXXVIII ff. Stein, Vom römischen 464 ff. Caspar, Papsttum I 502 ff. Klinkenberg, Papsttum 75 ff. Ders. Papst Leo 84 ff. Dannenbauer, Entstehung I 282 f. Bury, History I 236. Dallmayr 191 f. Rahner, Kirche und Staat 215. Camelot, Ephesus 129 ff. Haller, Papsttum I 136. Chadwick, Die Kirche 237. Aland, Von Jesus 273 f. Wojtowytsch 329 ff

139 Leo I. ep. 93. Caspar, Papsttum I 509 f. Goemans 257 ff. Dallmayr 193 ff. Schwaiger, Päpstlicher Primat 44 f

140 Mansi Conc. coll. VI 580 f (Sitzung 8. Oktober). Leo I. ep. 80; 83; 88 ff; 94. Pius XI. Lux veritatis v. 25. Dezember 1931, AAS 23, 1931, 493 ff. Pius XII. Sempiternus Rex v. 8. September 1951, AAS 43, 1951, 625 ff. Caspar, Papsttum I 504 ff, 509 ff. Steeger XL f. Goemans 257 ff, 262 ff. Dannenbauer, Entstehung I 282 f. Dallmayr 196. Eine sehr kurze Übersicht über den «Stand der Forschung» und eine eminent ausführliche achtzigseitige Quellenübersicht bei Grillmeier, Rezeption 16 ff, 22 ff. Ortiz de Urbina, Das Symbol 397. Camelot, Ephesus 132 ff, 146 ff, 152 ff. Anders B. Kötting, Die abendländischen Teilnehmer 7 ff. Bihlmeyer/Tüchle I 285. Schwaiger, Päpstlicher Primat 43 f. Schneemelcher, Aufsätze 365 ff. Aland, Von Jesus 274 f

141 ACO II, 1,1,65 (Zit. bei de Vries, Die Kollegialität 86). LThK 1. A. II 822. Koch/Siebengartner, Katholische Apologetik 134. Kirsch 567. Linden 47

142 Leo I. ep. 89, 93, 103 ad episc. Galliarum. Caspar, Papsttum I 509. Schönmetzer II 950 ff, bes. 951. Kirsch 567 ff. Dallmayr 236 f. Zu Goemans s. Anm. 140

143 Leo I. ep. 93 f

144 ACO II, 1,2,93 ff. Vgl. Schönmetzer, Zeittafel 951. Dort alle Quellenhinweise. Wojtowytsch 336 ff

145 Mansi Conc. coll. VI 929, 931, 985. Leo I. ep. 102,2. Hergenröther 471 f. Grisar, Geschichte Roms 315 f. Stein, Vom römischen 462 f, 467. Caspar, Papsttum I 515. Ewig, Königsgedanken 11. Klinkenberg, Papsttum 84 f. Michel, Kaisermacht 5. Seeberg, Dogmengeschichte II 263. Schönmetzer 950 ff. Dannenbauer, Entstehung I 284. Maier, Verwandlung 157. Goemans 261 f. Camelot, Ephesus 136 ff. Chadwick, Die Kirche 237 ff. Schwaiger, Päpstlicher Primat 45

146 Leo I. ep. 104. ACO II, 4,55. Hofmann, Kampf der Päpste 17 f. Kawerau, Alte Kirche 172

147 LThK 1. A. III 625 f. de Vries, Syrisch-nestorianische Haltung 606. Ortiz de Urbina, Das Symbol I 391

148 Harnack, Mission I 75. v. Boehn 33. Haacke, Rom 63 f. Lietzmann, Geschichte III 102

149 Ortiz de Urbina, Das Symbol 410. Haacke
150 Mansi Conc. coll. VI 553 ff, 580 ff, 972 f. ACO II, 1,2,69 ff, bes. II, 1,2,81. Leo I. ep. 94. Steeger XLI f. Caspar, Papsttum I 511 ff. Camelot, Ephesus 141 ff, 148 ff. Cramer/Bacht II 320. Dannenbauer, Entstehung I 283 f. Klinkenberg, Papsttum 85. Schultze, Papstakklamationen 211 ff. Chadwick, Die Kirche 240. Schwaiger, Päpstlicher Primat 44 ff. Wojtowytsch 13, 336 ff
151 Schwaiger, Päpstlicher Primat 46 f
152 Leo I. ep. 28 (Tomus ad Flavianum)
153 Harnack, Lehrbuch 379 ff. Seeberg, Dogmengeschichte (2. A.) 239 f. S. dazu Caspar, Papsttum I 478 ff
154 Hieron. ep. ad Nepot. 52,8
155 Caspar, Papsttum I 512. Schönmetzer 951. Seeberg, Dogmengeschichte 259. Dallmayr 197. Schwaiger, Päpstlicher Primat 46
156 Caspar, Papsttum I 512 f, 514 f. Dallmayr 236 f. Seeberg, Dogmengeschichte 259. Dort die Quellenhinweise. Vgl. auch die folg. Anm.
157 ACO II, 1,1,66 ff. de Vries, Syrisch-nestorianische Haltung 603. Bacht, Die Rolle 238 f. Seeberg, Dogmengeschichte 259 Anm. 4, 260. Camelot, Ephesus 94 f, 138, 147, 171 ff. Duchesne, Histoire ancienne II 394, zit. nach Camelot 94 f
158 Mansi Conc. coll. VII 49 ff. ACO II, 1,2,110 ff. Euagr. h.e. 2,5 ff. Caspar, Papsttum I 516. Bacht, Die Rolle 255. Seeberg, Dogmengeschichte 260. Camelot, Ephesus 147
159 Dölger, Byzanz 82 f
160 ACO II, 1,3,88 ff; II, 1,3,99. Mansi Conc. coll. VII 452. Leo I. ep. 104 ff, 115 ff. Stein, Vom römischen 469 f. Steeger XLIII f. Schwartz, Der sechste nikänische Kanon 611 ff. Caspar, Papsttum I 518 ff, 527 ff. Martin, The Twenty-Eighth Canon 433 ff, bes. 451 ff. Hofmann, Kampf der Päpste 15 ff. Dallmayr 238. Camelot, Ephesus 182 ff. Mirbt/Aland Nr. 456, S. 216 f. Schwaiger, Päpstlicher Primat 29 f, 47 ff. Wojtowytsch 156 ff, bes. 162, 339 ff
161 Leo I. ep. 105,3; 106,1 ff. Kallis 59. Wojtowytsch 167 ff, 343 f
162 Grillmeier, Rezeption 128 ff
163 Leo I. ep. 10,9; 106

5. KAPITEL
PAPST LEO I. (440–461)

1 Daniel-Rops, Frühmittelalter 131
2 Gregorovius I 168
3 Rahner, Leo 324
4 Haller, Papsttum I 186. Zit. nach Rahner, Leo 324 f
5 Ehrhard, Die griechische und die lateinische Kirche 334
6 Ullmann, Gelasius I, 67
7 Wetzer/Welte VI 445. Altaner/Stuiber 357. Steeger VIII, XII. Jalland 33 ff
8 Leo I. ep. 31,4; 119,4. serm. 1. Prosp. Epit. Chron. a. 440. Wetzer/Welte VI 445. Steeger VII ff. Caspar, Papsttum I 423 ff. Jalland 33 ff. Klinkenberg, Papst Leo 134. Daniel-Rops, Frühmittelalter 130. Haller, Papsttum I 117 f
9 Leo I. serm. 2 ff ep. 10,1 f; 14,11; 55 ff; 65,2. Caspar, Papsttum I 427 ff. Klinkenberg, Papst Leo 106, 17 f. Ders. Papsttum 43 ff, überschätzt aber S. 112 Leos Bedeutung. Gontard 131. Ullmann, Leo I. 25 ff. Ders. Gelasius I, 61, 67 ff, 77 ff. Mirbt/Aland, Quellen

Nr. 441 f, S. 206 ff. Haller, Papsttum I 119 f. Vogt, Der Niedergang Roms 488 f. Kühner, Imperium 48 f. Stemberger/Prager 2985 ff. Wojtowytsch 304 ff, 349 f

10 Leo I. serm. 4,2 ff; 3,1 ff; 5,1 ff. ep. ad episc. Anast. 14,1 f

11 Leo I. serm. 1 f. Haendler, Abendländische Kirche 68

12 Leo I. serm. 37,2 f

13 Gennad. de vir. ill. c. 84. Altaner 311. Altaner/Stuiber 357. Steeger LXI ff, LXIV ff. Caspar, Papsttum I 462. Silva-Tarouca 386 ff, 547 ff. Haller, Papsttum I 118. Ullmann, Gelasius I, 61 f

14 Leo I. ep. 4. serm. 5,4. JE 2796 (MG Epp. VI 473). Grisar, Geschichte Roms 309. Rahner, Leo 327. Diesner, Kirche und Staat 11. Haller, Papsttum I 118 f. Langenfeld 23. Stemberger/Prager VIII 2987 f

15 Leo I. ep. 1,1 ff; 6,1; 15; 65,1. Haller, Papsttum I 120 f. Wojtowytsch 310 ff. Stemberger/Prager 2987

16 Zos. ep. 2 ff. Soz. h.e. 9,15,1. Prosper, Chron. a. 412 MGA ant. 9,465 f. August. ep. 175,1. dtv Lex. Antike, Geschichte II 218. Caspar, Papsttum I 288. Langgärtner 24, 33 ff. Wermelinger 68 f

17 Prosper, Chron. 412. Chron. Gall. 452. Pauly I 1292, IV 555. Haller, Papsttum I 84 ff. Langgärtner 26 ff, 61 ff, 188. Duchesne, Histoire 228 nach Langgärtner S. 33. Vgl. auch v. Haehling, Religionszugehörigkeit 469. Baus in Handbuch der Kirchengeschichte II/1 269

18 Zos. ep. 4 ff. Pauly IV 555 f. Caspar, Papsttum I 288. Haller, Papsttum I 85. Handbuch der Kirchengeschichte II/1, 269 f. Ullmann, Gelasius I, 34 ff, bes. 44 ff

19 Leo I. ep. 10. JK 407. Rever. Vita Hilar. c. 1 ff. LThK 1. A. V 24, 2. A. V 335. Pauly II 1146. Jalland 116 ff. Caspar, Papsttum I 439 ff. Haendler, Abendländische Kirche 73 f. Vgl. auch folg. Anm.

20 JK 407. Nov. Valentin. III. 17 (8. Juli 445). Vita Hilar. 16 ff; 21 ff. Gennad. de vir. ill. c. 70. Leo I. ep. 10 f; 40; 66. LThK 2. A. V 335 f. Stein, Vom römischen 488 f. Vgl. 410 ff. Steeger XII f. Caspar, Papsttum I 440 ff. Ehrhard, Die griechische und die lateinische Kirche 336. Jalland 114 ff, 124 ff. Klinkenberg, Papsttum 47. Haller, Papsttum I 123 ff. Langgärtner 61 ff, bes. 67 ff, 74 ff. Vogt, Der Niedergang Roms 489. Prinz, Stadtherrschaft 15 f. Heinzelmann, Bischofsherrschaft 78 ff. Chadwick, Die Kirche 284 f. Wojtowytsch 315 ff

21 JK 470 (ACO II, 4,102). JK 509 (ACO II, 4,88). Ullmann, Gelasius I, 66, 78 ff

22 Grisar, Geschichte Roms 315. Schnürer, Kirche I 93. Klinkenberg, Papsttum 47 f

23 Ullmann, Gelasius I, 84 ff. Vgl. auch die folg. Anm.

24 Leo I. ep. 104 f, 156, 162,3; 165,1. Caspar, Papsttum I 553 f, 560 f. Ehrhard, Die griechische und die lateinische Kirche 334 ff. Voigt, Staat und Kirche 77 ff. Stockmeier, Leo I. 76 ff, 130 ff, 138 ff. Michel, Kaisermacht 5. Ullmann, Gelasius I, 84 ff

25 Zit. nach Grillmeier, Rezeption 232

26 Leo I. ep. 45,2; 69,2; 82,1; 90,2; 140. Ullmann, Gelasius I, 77 ff

27 Aponius, Expl. in cant. cantic. PL supplem. 1, 1958, 799 ff. Altaner/Stuiber 457. Grillmeier, Rezeption 162 f

28 Grillmeier ebd. 159 f, 164 ff

29 Leo I. serm. 9,1; 16,3; 28,4; 28,6; 30,3; 30,5; 36,2; 72,4; 82,2; 91,2

30 Ebd. 40,2; 44,2; 72,3; 72,5; 87,1; 90,1; 90,4

31 Ebd. 74,5; 95,8

32 Ebd. 30,5; 69,5; 77,6; 79,2; 96,1; 96,3

33 Ebd. 96,1; ep. 93; 120,4; 162,1 f; 164

34 Leo I. ep. 44. Soz. 9,16,2. Chron. min. 1,303; 1,489. LThK 1. A. I 961 f, IV 265 f, X 481. Pauly IV 876 f. Stockmeier, Leo I. 68 mit Bezug auf ep. 90; 125. Camelot, Ephesus 212. Gregorovius I, 1,90

35 Stein, Vom römischen 487 f. Caspar, Papsttum I 555. Seeberg, Dogmengeschichte II 262 f. Haller, Papsttum I 122 f

36 Leo I. ep. 3 f; 6 ff; 12; 18; 24; 28. serm. 16,3 f; 28,6; 34,4; 75,4; 77,6; 82,2; 91,3; 96,1 ff. Caspar, Papsttum I 431 ff. Rahner, Leo I 327. Stockmeier, Leo I. 6, 11, 37. Camelot, Ephesus 211

37 Leo I. ep. 15; 60; 113; 118 f. Voigt, Staat und Kirche 76 f. Ehrhard, Die griechische und die lateinische Kirche 336. Stratmann IV 18 f, 23. Stockmeier, Leo I. 43 ff, 75, 79 ff, 93 ff; 111 ff. Ullmann, Gelasius I, 80 f. Grillmeier, Rezeption 168 ff

38 Leo I. ep. 5 f; 13 f; 117. Stockmeier, Leo I. 9 f. Ullmann, Gelasius I, 104 ff. Wojtowytsch 313 ff

39 Leo I. ep. 155

40 Ebd. 156

41 Ebd. 1,74; 104. Lea I 242. Stratmann IV 91. Zu Leo und Afrika s. Jalland 105 ff

42 Pelag. ep. 3,82,30 ff. Valentin. III. PL 54,638 A. Rahner, Leo I 325. Vgl. 337, wo er von «der schönen Mitte dieser Moderation» faselt u. a. Fuchs, Handbuch 90. Vgl. «Ein Papst reist zum Tatort» in Deschner, Opus Diaboli 207 ff

43 Prosper, Epit. Chron. a. 439. Leo I. ep. 134,2

44 Leo I. ep. 1,1 f. JK 398 ep. 2. JK 399. Steeger XIV f. Caspar, Papsttum I 431 f. Jalland 98 ff, 172 ff. Wojtowytsch 311

45 Leo I. serm. 16,4; 24,5; 76,6. Vgl. auch Anm. 48 u. 50

46 Cod. Theod. 16,5. Cod. Justin. 1,5. August. de mor. eccl. cath. et de mor. manich. PL 32,1309 ff. C. ep. Manich. PL 42,173 ff. Alle weiteren antimanichäischen Schriften Augustins s. Altaner/Stuiber 427. dtv Lex. Antike, Religion II 76 ff. Andresen/Denzler 383. Ausführlicher Jalland 56 ff. Caspar, Papsttum I 432 ff

47 Leo I. ep. 7,1; 15,16. serm. 16,3 f; 22,6; 24,5; 34,4; 42,4 u. a. Prosper, Chron. ad a. 443 (MG auct. ant. 9,479). dtv Lex. Antike, Philosophie IV 43 f. Grisar, Geschichte Roms 309 f. Steeger XVII ff. Caspar, Papsttum I 432 ff. Jalland 43 ff. Stratmann IV 19. Kawerau, Alte Kirche 51. Brown, The Diffusion 92 ff. Prinz, Stadtherrschaft 15 f. Gregorovius I,1, 90. Ullmann, Gelasius I, 62 f. Grillmeier, Rezeption 204

48 Leo I. serm. 9,4; 16,6; 34,5

49 Ebd. 12,2; 39,5; 42,6; 43,4; 49,5; 50,3

50 Ebd. 22,6; 24,4 ff; 34,4 f; 76,6 ff

51 Ebd. 16,5; 24,4; 24,6. Vgl. auch Anm. 50

52 Ebd. 16,4. Zur Diffamierung der Frau durch die Kirchenväter vgl. das gleichnamige Kapitel bei Deschner, Das Kreuz 205 ff

53 JK 405. PL 54,622 B (Decret. Valent. III.). Leo I. ep. 7,1. Ausführlich: ep. 8. Steeger XVIII. Caspar, Papsttum I 435. Ehrhard, Die griechische und die lateinische Kirche 336. Stratmann IV 19. Rahner, Leo I 334 f. Hal-

ler, Papsttum I 122. Ullmann, Gelasius I, 63

54 Leo I. serm. 39,5; 45,4; 52,4; 86,2

55 Vgl. Caspar, Papsttum I 433 ff

56 Jalland 49

57 Leo I. ep. 15. Vgl. Idac. Chron. c. 16; 130 (MG auct. ant. 11,15,24). Das Schreiben von Bischof Toribius selbst ist nicht mehr erhalten. Steeger XXV f. Jalland 152 ff

58 Haendler, Abendländische Kirche 72 f

59 Leo I. ep. 15; 118. Grisar, Geschichte Roms 310. Lea I 241. Steeger XXV ff. Caspar, Papsttum I 433 f, 436 f. Voigt, Staat und Kirche 76 f. Stratmann IV 23. v. Schubert, Geschichte I 181 f. Jalland 152 ff. Baus in Handbuch der Kirchengeschichte II/1, 140 ff

60 Leo I. serm. 32,3; 35,2; 54,6; 59,1; 61,5; 68,2; 69,4

61 Ebd. 58,1 f; 59,1 f; 69,4

62 Ebd. 59,2 f; 68,3; 72,2

63 Ebd. 54,6

64 Ebd. 60,2

65 Ebd. 29,3; 32,2 f; 35,2; 54,6; 56,2; 58,4; 59,6; 60,2 f; 61,1 f; 61,5; 62,5; 65,3; 67,2; 68,2 f; 69,2 f; 70,1 f; 76,4; 82,4

66 Krämer-Badoni 27

67 Leo I. serm. 35,2; 60,3; 62,5. Vgl. dazu Deschner, Agnostiker 115 ff, bes. 146 ff

68 Leo I. ep. 113,1; Prosper, Epit. chron. a. 452. Cassiod. Variae 1,4. Iordan. Get. 42. Paul. Diacon. 14,12. Kühner, Lexikon 30. Gregorovius I,1, 92 ff. Hartmann, Geschichte Italiens I 40. Steeger LV ff. Grisar, Geschichte Roms 319 f. Gessel 266. Stein, Vom römischen 499. Caspar, Papsttum I 556. Steinmann, Hieronymus 236 f (Anm. 11 in: Der Krieg der Mönche). Schreiber 275 ff, bes. 289. Haller, Entstehung 286. Mirbt/Aland 215. Altheim, Hunnen IV 332 f

69 Vgl. dazu Schreiber 274 ff

70 Fuchs, Handbuch 90 ff. O. Berger in: Christlich-pädagogische Blätter, nach dem Klappentext des Kösel-Verlages

71 Schreiber 300 f

72 Ebd. 301 ff

73 de Ferdinandy 187, 190, 197

74 MG Gesta pont. 1,104. Prokop. bell. vand. 1,4 f. Prosper, Epit. chron. a. 455. Pauly III 1113 f. Hartmann, Geschichte Italiens I 41. Stein, Vom römischen 540 ff. Caspar, Papsttum I 556. Bühler, Die Germanen 413 Anm. 94. Schmidt, Wandalen 78 ff. Dannenbauer, Entstehung I 221 f. Bury, History I 325. Diesner, Der Untergang 61

75 Leo I. serm. 84,1

76 Ebd. 3,3 f. Kühner, Lexikon 30. Donin II 437. Haller, Papsttum I 123. Gessel 267

6. KAPITEL
Der Krieg in den Kirchen und um die Kirchen bis zu Kaiser Justin (518)

1 Bosl 41

2 Kawerau, Alte Kirche 175

3 Harnack, Lehrbuch II 373. Bury, History I 402. Aland, Von Jesus bis Justinian 286. Handbuch der Kirchengeschichte II/2, 8

4 Haller, Papsttum I 147 f. Dannenbauer, Entstehung I 284 ff. Grillmeier, Rezeption 10

5 Dannenbauer, Entstehung I 285. de Vries, Die syrisch-nestorianische Haltung 610 ff. Handbuch der Kirchengeschichte II/2, 5. Podskalsky, Nestorius 223

6 dtv Lex. Antike, Religion II 99 f.

Hunger, Byzantinische Geisteswelt 100. Dallmayr 245 f

7 LThK 1. A. VIII 563 f, 2. A. VIII 900 f. Grillmeier/Bacht, Einleitung I 421 ff, II 9 f. Graf, Chalkedon I 760 ff

8 Euagr. h.e. 2,5 ff. Zacharias Mityl. 4,2. Liberat. Brev. 15 f. Theodor. Lect. 1,8. Zacharias Rhet. h.e. 4,10. Leo I. ep. 126 f; 129 f. Simplic. ep. ad Zenonem. Coll. Avell. 56. LThK 1. A. VIII 509, 2. A. VIII 815 f. Kirsch 570 f. Klinkenberg, Papsttum 97. Dannenbauer, Entstehung I 284 f. Rubin 36. Seppelt, Der Aufstieg 205 f. Bacht, Die Rolle II 255 ff. Hofmann, Der Kampf der Päpste II 22 ff, 37 ff. Camelot, Ephesus 201. Haacke, Politik II 109 f. Maier, Verwandlung 159. Chadwick, Die Kirche 240. Grillmeier, Rezeption 120 ff. Handbuch der Kirchengeschichte II/2, 4

9 Leo I. ep. 80,3; 109 ad Julianum; 116 ff; 126 ad Marcian; 136; 139. Hieron. Vita Hilar. 25. Zacharias Rhet. h.e. 3,3. ACO II, 1,3,125; 1,3,131 f. Euagr. h.e. 2,5. Sozom. h.e. 5,15,15. LThK 1. A. V 734, IX 504. Stein, Vom römischen 521 f. Kirsch 570. Hofmann, Kampf der Päpste 18 ff. Caspar, Papsttum I 505, 531, 535 f, 538 f. Dannenbauer, Entstehung I 284. Seppelt, Der Aufstieg 204 f. Grillmeier/Bacht II, Einleitung 8. Vgl. auch Bacht, Die Rolle II 258, 291 f. Honigmann, Juvenal 200 ff. Camelot, Ephesus 170 f, 200 f. Rubin 36. Maier, Verwandlung 160. Tinnefeld 324 f. Handbuch der Kirchengeschichte II/1, 194, 247 f, 372, II/2, 5. Grillmeier, Rezeption 113 ff. Perrone 90

10 ACO II, 1,3,119 ff. Leo I. ep. 115,1. Caspar, Papsttum I 531 f. Grillmeier/Bacht, Einleitung I 421 ff, II 9 f. Camelot, Ephesus 153. Tinnefeld 325. Grillmeier, Rezeption 125 ff

11 Cod. Just. 1,11,7; Cod. Theod. 16,10,19

12 Leo I. ep. 102, ACO II, 4,53 f

13 Leo I. ep. 109; 111; 113; 117 f; 125. Seppelt, Der Aufstieg 203 f

14 Leo I. ep. 134 ad Marcian.

15 ACO II, 1,3,119 ff. Zacharias Rh. h.e. 3,5. Leo I. ep. 116 ad Pulcher. ep. 117 f ad Julian; ep. 126, 134, 142 ad Marcian. Caspar, Papsttum I 531 ff. Hofmann, Kampf der Päpste 18 ff. Bacht, Die Rolle II 247 ff. Grillmeier, Rezeption 168 ff. Perrone 89 ff

16 Leo I. ep. 84. Iordan. Get. 45. Prokop. bell. vand. 1,5,7; 1,6,3. Zacharias Rh. h.e. 4,7. Zonar. 13,25,33 f. dtv Lex. Antike, Geschichte I 152, II 244 f. Pauly III 561 f. Stein, Vom römischen 523 ff, 529 ff. Caspar, Papsttum I 547. Dannenbauer, Entstehung I 286 f. Grillmeier, Rezeption 131 f. v. Haehling, Religionszugehörigkeit 275 f. Demandt RE Suppl. XII 779, zit. nach v. Haehling ebd.

17 Leo I. ep. 146, ACO II, 4,97. ep. 162, ACO II, 4,106 f. ep. 164, ACO II, 4,110 f. Seppelt, Der Aufstieg 207

18 Leo I. ep. 115; 144 ad Julian. 145 ad Leon. imp. 146 ad Anatol. 155 ad Anatol. 156 ad Leon. imp. 157 ad Anatol. 162 ad Leon. imp. 164 f ad Leon. imp. 169 f. Caspar, Papsttum I 554. Hofmann, Kampf der Päpste II 24 ff. Seppelt, Der Aufstieg 206 ff. Haller, Papsttum I 148 f. Stockmeier, Leo I. 108 ff. Grillmeier, Rezeption 132 ff

19 Leo I. ep. 156, PL 54,1127 ff

20 Hofmann, Kampf der Päpste II 14 f

21 Caspar, Papsttum I 531 ff. Dan-

nenbauer, Entstehung I 285 f, 324 f. Dawson 139. Mango 107. Nersenian 76. Maier, Verwandlung 159 f. Chadwick, Die Kirche 240 ff

22 Leo I. ep. 126

23 Wetzer/Welte V 187. Stein, Vom römischen 525. Schwartz, Schisma 173. Caspar, Papsttum I 542 ff, 548 ff, 554. Haller, Papsttum I 162. Seppelt, Der Aufstieg 205 ff. Haendler, Abendländische Kirche 75. Handbuch der Kirchengeschichte II/2, 4 ff. Grillmeier, Rezeption 131 ff. Tinnefeld 326

24 Leo I. ep. 171 ff

25 Vgl. dazu Kap. V passim sowie die einschlägigen Stellen von Kap. IV. S. auch Caspar, Papsttum I 555 ff. Haller, Papsttum I 150 f

26 Lib. Pont. Vita Hilar. (ed. Duchesne 242 f; ed. Mommsen 107 f). JK 552; 664,11. Gregorovius I,1, 110 f. Caspar, Papsttum I 483 ff., II 10 ff. Hofmann, Kampf der Päpste II 35. Fuhrmann, Propagandaschrift 1 ff. Ullmann, Gelasius I, 109 ff

27 Prokop. bell. vand. 1,6. Marcell. com. ad a. 468. Kandidos, frg. 2 (FHG IV 137; HGM I 445). Pauly III 561 f. dtv Lex. Antike, Geschichte I 114. Stein, Vom römischen 530 ff, 573 ff. Cartellieri I 38 f. Karayannopulos, Finanzwesen 3. Dannenbauer, Entstehung I 294 f. Haacke, Politik II 112. Die Quellen beziffern die Summen für die Flotte unter Basiliskos verschieden. Eine Quelle nennt beispielsweise auch 47 000 Pfund Gold, eine andere 17 000 Pfund Gold und 700 000 Pfund Silber. Vgl. auch Kap. 7, Anm. 96

28 Pauly I 355, 371. Dort die Quellenhinweise. dtv Lex. Antike, Geschichte I 114, III 123. Gregorovius I,1, 112 ff. Haller, Papsttum I 153. Dannenbauer, Entstehung I 291 ff. Vgl. auch Anm. 50

29 Anon. Vales. 41 ff. Marcell. com. ad a. 476. Malalas 16,385. Zach. Myth. Chron. 5,9. dtv Lex. Antike, Geschichte III 307. Pauly III 561 f. Schwartz, Schisma 181 ff, 189 f, 216. Hofmann, Kampf der Päpste II 35 ff. Bury, History I 389 ff. Stein, Vom römischen 536 ff. Dannenbauer, Entstehung I 287 ff. Haller, Papsttum I 162 f. Maier, Verwandlung 121. Harrison 27 f. Clauss 161 ff. Ullmann, Gelasius I, 117 ff

30 Caspar, Papsttum II 14 ff. Haller, Papsttum I 162 f. Camelot, Ephesus 202 f. Dannenbauer, Entstehung I 314. Frend, The Rise 169 ff

31 Theodor. Lect. h.e. 1,20 ff. Euagr. h.e. 1,13. Simplic. ep. ad Acacium, Coll. Avell. 69. Kraft, Kirchenväter Lexikon 419. Schwartz, Schisma 191 ff. Kirsch 634 f. Caspar, Papsttum II 15, 20. Hofmann, Kampf der Päpste II 36. Bacht, Die Rolle 260 f. Camelot, Ephesus 201 ff. Tinnefeld 236. Handbuch der Kirchengeschichte II/2, 7

32 van der Meer, Alte Kirche I 8

33 Coll. Avell. 56, CSEL 35,124 ff

34 Liberatus, Breviar. 16 f. Zachar. Rh. h.e. 5,2; 5,5. JK 586 (Avell. Nr. 69). JK 592. Theodor. Lect. h.e. 1,32 f. Cod. Just. 1,2,16. Simplic. ep. 3 ad Zenonem. Coll. Avell. 56; 60. Euagrius hist. eccl. 3,4 ff. Cassiod. divin. et s. instit. litt. 11. JK 573. Coll. Avell. 56. LThK 2. A. III 155 f. Kraft, Kirchenväter Lexikon 420. Hartmann, Geschichte Italiens I 137 f. Stein, Vom römischen 537 f. Kirsch 631 f, 634. Caspar, Papsttum I 552 f, II 15 ff, 17 f, 28, 41 (hier wird als Sterbedatum des Akakios der 26. November 488

genannt. Doch notieren einschlägige Werke für die Regierungszeit des Patriarchen häufig verschiedene Regierungsdaten). Schwartz, Schisma 189 ff. Haacke, Rom 67 f. Ders. Politik II 112 ff. Bury, History I 391, 403 f. Hofmann, Kampf der Päpste II 36 ff. Seppelt, Der Aufstieg 213 ff. Bacht, Die Rolle 262 f, 264 ff. Kötting, Das Wirken 187 ff. Haller, Papsttum I 162 f. Rahner, Kirche und Staat 222 f. Camelot, Ephesus 202 ff. Frend, The Rise 169 ff. Tinnefeld 327. Perrone 116 ff, 133, 136 f. Ullmann, Gelasius I, 116 ff, bes. 123. Grillmeier, Rezeption 267 ff, 274 ff, 287 f

35 Euagrios h.e. 3,14; lat. bei Liberat. Breviar. 17; syr. bei Zachar. Rh. h.e. 5,8. Dort auch zuerst der Name «Henotikon». Hauck, Theologisches Wörterbuch 66. Pauly V 1498. dtv Lexikon VIII 267. dtv Lex. Antike, Geschichte III 307. Kraft, Kirchenväter Lexikon 420. Hergenröther I 462. Hartmann, Geschichte Italiens I 138 f. Schwartz, Codex Vaticanus 52 ff. Neuausgabe der lat. Übersetzung auf Grund neuen handschriftl. Materials 54 ff. Bardenhewer, Geschichte IV 82. Kirsch 634 f. Caspar, Papsttum II 22. Haacke, Rom 68 ff. Haller, Papsttum I 161 ff. Ders. Politik II 120 ff. Bacht, Die Rolle II 266. Dannenbauer, Entstehung I 314. Bury, History I 402 ff. Camelot, Ephesus 203 f. Chadwick, Die Kirche 240 f. Tinnefeld 327. Frend, The Rise 174 ff. Gray 28 ff. Ullmann, Gelasius I, 138, 150 ff. Grillmeier, Rezeption 285 ff

36 Euagrius h.e. 3,30. Pierer XI 400. Kraft, Kirchenväter Lexikon 218. Bardenhewer III 238. Kirsch 635. Bury, History I 403. Chadwick, Die Kirche 241. Winkelmann, Kirchengeschichtswerk 178 ff. Grillmeier, Rezeption 290 ff

37 Caspar, Papsttum II 22 f, 35. Dannenbauer, Entstehung I 315. Ullmann, Gelasius I, 450 ff

38 Simplic. ep. ad Acacium, JK 577; 580. Coll. Avell. 63; 68; 95. Caspar, Papsttum II 14 ff, 36 f. Hofmann, Kampf der Päpste II 38 ff. Ullmann, Gelasius I, 123 f

39 Euagr. h.e. 3,10. Simplic. ep. ad Zenon. ep. ad Acacium. Coll. Avell. 66 ff. Hartmann, Geschichte Italiens I 137. Caspar, Papsttum II 20 ff. Schwartz, Schisma 195 ff. Bury, History I 403 f. Haacke, Politik II 118 ff. Handbuch der Kirchengeschichte II/2, 6 ff. Ullmann, Gelasius I, 128 ff

40 Beck, Handbuch der Kirchengeschichte II/2, 7 f

41 Zachar. Rh. h.e. 5,5. Liberat. Brev. 16 f. Kraft, Kirchenväter Lexikon 420. Hartmann, Geschichte Italiens I 138. Kirsch 634. Camelot, Ephesus 204. Seppelt, Der Aufstieg 214 ff. Bacht, Die Rolle II 264 ff. Bury, History I 403 f. Perrone 133, 136 ff

42 Euagr. h.e. 3,15. Hartmann, Geschichte Italiens I 137 f. Kirsch 635 f. Schwartz, Schisma 195 ff. Dort alle Quellenhinweise. Bacht, Die Rolle II 264 ff. Bury, History I 410. Camelot, Ephesus 204. Handbuch der Kirchengeschichte II/2, 8 f. Grillmeier, Rezeption 292. Ullmann, Pelagius I, 130 f, 135 f

43 Gregor I. dial. 4,17. Caspar, Papsttum II 25 ff. Ullmann, Gelasius I, 135 mit den Quellenhinweisen. Vgl. auch folgende Anm.

44 JK 591 ff; 599 f; 603. Gelas. I, Gesta de absol. Miseni, Coll. Avell. 103. Vgl. auch Coll. Avell. 70.

Euagr. h.e. 3,18 ff. Felix III. ep. 1 ff. Liberat. Brev. c. 17. LThK 2. A. I 234 f; IV 68. Kühner, Lexikon 31. Hartmann, Geschichte Italiens I 139. Kirsch 635 f. Caspar, Papsttum II 16; 26 ff, 36, bes. Anm. 3, 747. Hofmann, Kampf der Päpste II 43 ff, 58 f. Bacht, Die Rolle II 269 ff. Haller, Papsttum I 165 f. Camelot, Ephesus 205. Tinnefeld 327 f. Wes 101 f. Ullmann, Gelasius I, 126, 133 ff, 141 ff

45 Coll. Avell. 70. JK 601. Felix III. ep. 8 ad Zenon. Caspar, Papsttum II 32 f, 37 ff. Ziegler, Gelasius I, 427 f. Rahner, Kirchenfreiheit 211 ff. Hofmann, Kampf der Päpste II 47 ff. Camelot, Ephesus 214. Chadwick, Die Kirche 241. Ullmann, Gelasius I, 145 ff, 153 ff. Anton, Selbstverständnis 79 ff

46 JK 601 zit. nach Rahner, Kirche und Staat 253

47 Caspar, Papsttum II 33 ff. Haller, Papsttum I 167 f. Dannenbauer, Entstehung I 316, 404. Ullmann, Gelasius I, 145 ff, bes. 149

48 Euagr. 3,27. Iosua Stylit. 12 ff. Pauly II 1366. Schwartz, Schisma 193, 201. Caspar, Papsttum II 23. Rubin 40 f. Clauss, Magister officiorum 42, 162 f

49 Joh. Ant. frg. 214,2. Liberat. Brev. c. 17. Hartmann, Geschichte Italiens I 138. Schwartz, Schisma 195 ff. Caspar, Papsttum II 21 ff, 30 ff. Haller, Papsttum I 164 ff

50 Coll. Avell. 95,61; 100,13. Sidon. Apoll. carmen. 2,361 ff. Joh. Ant. frg. 203; 207; 209; 214 a. Marcell. com. ad a. 461. Iordan. Get. 45. Euagr. 2,16. Paul. Diac. 15,3 ff. Anon. Val. 7,36. Pauly IV 63; 338. dtv Lex. Antike, Geschichte I 114, II 273, III 9, 21, 123. Hartmann, Geschichte Italiens I 42 ff, 51 ff. Stein, Vom römischen 549 ff, 562 ff, 581 ff. Schmidt, Ostgermanen 308 ff, 317 ff. Ensslin, Zu den Grundlagen 381 ff. Bury, History I 323 ff, 410. Dannenbauer, Entstehung I 291 ff, 402. Maier, Verwandlung 122 ff, 137, 140 ff. Stroheker, Germanentum 88 ff, bes. 90. Bullough, Italien 158, 167. Meyer, Regierungsantritt 5 ff. Bund 175. Ullmann, Gelasius I, 108. Einer der wenigen westlichen Kaiser des 5. Jahrhunderts, der weder abgesetzt noch ermordet worden ist noch beides, war der 472 gestorbene Olybrius. Vgl. Clover 195

51 Caspar, Papsttum I 560. Haller, Papsttum I 168 f. Rubin 39

52 Joh. Ant. frg. 210 f, 214. Malchus frg. 11. Pauly V 685 ff. dtv Lexikon XIII 274. dtv. Lex. Antike, Geschichte III 252 f. Hartmann, Geschichte Italiens I 63 ff. Stein, Vom römischen 527 f. Ausführlicher: Schmidt, Ostgermanen 278 ff. Ders. Die Bekehrung 316 ff, 323. Giesecke, Ostgermanen 117 f. Bury, History I 413 ff, 421. Vogt, Der Niedergang Roms 492 f. Ensslin, Theoderich 12 ff, 16 ff, 42 ff, 58 ff. Ders. Einbruch 119 ff. Capelle 352 ff. Bullough, Italien 167. v. Müller, Geschichte unter unseren Füßen 115 ff. Kawerau, Mittelalterliche Kirche 28. Rothenhöfer, Sklaverei 95. Maier, Verwandlung 138 f, 203

53 Prokop. bell. got. 1,1 ff. Pauly V 685 mit weiteren Quellenhinweisen. Dannenbauer, Entstehung I 300 f

54 Prokop. bell. got. 1,1. Marcell. a. 476,2. Anon. Vales. 11,49. Iordan. Get. 57,290 ff. Pauly II 1366. dtv Lex. Antike, Geschichte III 21, 151 f. Wetzer/Welte VII 703 ff. Gregorovius I,1, 115 f, 119 ff. Schwartz, Schisma 215. Schmidt, Ostgermanen 335 f. Dannen-

bauer, Entstehung I 298 ff. Rubin 41

55 Anon. Val. 49 (MG Auct. ant. 9,316). Anon. Vales. 53. Joh. Ant. frg. 214. Marcell. com. (MG Auct. ant. 11,93). Cassiod. var. 1,1,2. Iord. Get. 57. Prokop. bell. got. 1,1 ff. Ennod. paneg. Theod. 6,23 ff, 8,36 ff. Agnellus, Lib. pont. eccl. Ravenn. (MG Spript. rer. lang. 303). Hartmann, Geschichte Italiens I 72 ff, 187. Grisar, Geschichte Roms 449. Cartellieri I 43 f. Schmidt, Bekehrung 318 ff. Schmidt, Ostgermanen 287 ff, 297 ff. Giesecke, Ostgermanen 119. Capelle 339 ff. Ensslin, Theoderich 70 ff. Ders. Einbruch 119, 123 f. Haller, Papsttum I 169. Bury, History I 422 ff. Vogt, Der Niedergang Roms 493 f. Jones, The Constitutional Position 126 ff. Beck, Burgunderreich 451. Dannenbauer, Entstehung I 300 ff. Maier, Verwandlung 133, 138 f. Bullough, Italien 167 f. Nehlsen 123 f. de Ferdinandy, Kaiser 20. Dumoulin 439 f. Haendler, Abendländische Kirche 24. Bund 175 f

56 Agnellus. Lib. pont. eccl. Ravenn. (MG SS rer. Langob. et Italic. saec. VI–IX, 1878, 334 f, 356 f). Pfeilschifter 50 f. Schmidt, Ostgermanen 336. Ensslin, Theoderich 162 f, 373 mit weiteren Quellenhinweisen. de Ferdinandy, Kaiser 20

57 Cass. var. 1,24,1. Salvian de gub. dei 7,10. Ennod. 80. Vita Epiphan. 138 f. Schmidt, Bekehrung 279. Ensslin, Theoderich 193 ff. Haller, Papsttum I 155. Beck, Burgunderreich 447

58 Cass. var. 1,3. Caspar, Papsttum II 53 f. Haller, Entstehung 289. Schmidt, Ostgermanen 296. v. Müller, Geschichte unter unseren Füßen 116. Rothenhöfer, Sklaverei 96. Maier, Verwandlung 201

59 JK 683; 735. Cassiod. var. 2,27,2; 4,43,2. Anon. Vales. 12,58 f. Gregorovius I,1, 133 ff, 146 ff. Pfeilschifter 48 ff. Hartmann, Geschichte Italiens I 222. Caspar, Papsttum II 54 f. Schmidt, Bekehrung 297, 325 ff. Schmidt, Ostgermanen 278, 334, 388. Ensslin, Theoderich 99 ff. v. Schubert, Geschichte I 28 f. Voigt, Staat und Kirche 114 ff, 170 ff, 187. Vogt, Der Niedergang Roms 496. Seiferth 74 f. Bosl 48. Maier, Verwandlung 203 f. Ullmann, Gelasius I, 224

60 JK 622; 632; 650. Davidsohn I 45. Caspar, Papsttum II 44 ff, bes. 71 ff. Schmidt, Ostgermanen 378 f. Bullough, Italien 170. Ullmann, Gelasius I, 218 ff. Haendler, Abendländische Kirche 90

61 Theophan. Chron. 133. Euagr. h.e. 3,23. JK 612 f. dtv Lex. Antike, Geschichte I 110. Handbuch der Kirchengeschichte II/2, 11. Ullmann, Gelasius I, 156 ff

62 Euagr. h.e. 3,32 ff. Joh. Nikiu, Chron. 89. Wetzer/Welte I 226. Pauly I 333, III 801 f. Schwartz, Schisma 216 ff. Das Sammelwerk Grillmeier/Bacht datiert die Amtszeit von Euphemios S. 51: 490/95, S. 944: 490/496. Doch gibt es hier häufig solche Differenzen. Haacke, Politik II 126 ff. Bacht, Die Rolle II 278 f. Bury, History I 430 ff, 436 ff, 446. Rubin 44 ff. Haller, Papsttum I 170. Maier, Verwandlung 121 f, 160 f. Handbuch der Kirchengeschichte II/2, 11. Brown, Welten 189

63 Eustath. fr. 6. Joh. Ant. fr. 211,4. dtv Lex. Antike, Geschichte I 110 f. Schwartz, Schisma 216 f. Caspar, Papsttum II 44. Bury, History I 429 ff. Dannenbauer,

Entstehung I 312 ff. Rubin 46. Haller, Papsttum I 169

64 Euagr. h.e. 3,32. Theodor. Lect. h.e. 2,6; 2,9 ff. Joh. Nikiu, Chron. c. 89. Caspar, Papsttum II 43 ff. Bacht, Die Rolle II 275 ff. Haller, Papsttum I 169 f. Haacke, Politik 124 ff. Rubin 45 f. Handbuch der Kirchengeschichte II/2, 11 f. Grillmeier, Rezeption 299 ff

65 JK 632. Anon. Vales. Chron. Theod. 11,54 ff. LThK 2. A. IV 630. Altaner/Stuiber 462 f. Hartmann, Geschichte Italiens I 139. Grisar, Geschichte Roms 456. Caspar, Papsttum II 44 ff. Hofmann, Kampf der Päpste II 51 ff. Ullmann, Machtstellung 36. Ders. Gelasius I, 162 ff. Haller, Papsttum I 170 ff. Zur Taktik des Gelasius, Kaiser Zenon zu entlasten auf Kosten seines (489 gestorbenen) Ratgebers Akakios vgl. etwa JK 611,37; 622,2 u. a. Dvornik, Byzanz 64 ff. Wes 67 ff. Capizzi, Anastasio 110 ff. Grillmeier, Rezeption 331

66 JK 625. Ullmann, Gelasius I, 211 f

67 JK 669; 701. Ullmann, Gelasius I, 234 ff, 249 ff

68 JK 622 f; 664; 701. Caspar, Papsttum II 49 f, 61 f, 77 ff. Ullmann, Gelasius I, 176 ff. de Vries, Petrusamt 52 f

69 JK 622; 701. Gottlieb, Ost und West 22 f. Ullmann, Gelasius I, 189 ff, 198 ff, 247 f

70 Ambros. de dign. sacerd. 2. Caspar, Papsttum II 70 ff. Voigt, Staat und Kirche 94, ohne die dortigen Sperrungen

71 Gelasius ep. 1; 26 u. a. Caspar, Papsttum I 206, II 23, 60 ff. Ullmann, Machtstellung 41 f. Ders. Gelasius I, 184 ff

72 Caspar, Papsttum I 136, II 63 f. Ullmann, Gelasius I, 186 ff, 212 ff

73 JK 595; 632 c. 2; 664 c. 5. Gelasius I. ep. 12 ad Anast. imp. Vgl. auch Felix III. ep. 8,5. Kühner, Lexikon 31. Schnürer, Kirche I 319. Grisar, Geschichte Roms 456. Caspar, Papsttum II 61 ff. Rahner, Kirchenfreiheit 215 ff. Ders. Kirche und Staat 254 ff, 262 ff. Vgl. Dvornik, Pope Gelasius 111 ff. Ullmann, Machtstellung 22 ff. Ders. Gelasius I, 178 ff, 189 ff. Mirbt/Aland, Quellen Nr. 462 f, S. 222 ff. Voigt, Staat und Kirche 98 ff. Anton, Fürstenspiegel 130. Volz 9. Schieffer, Der Papst 304. Duchrow 328. Tödt 38. Grillmeier, Rezeption 344 ff

74 Caspar, Papsttum II 52, 73 ff. Vgl. Haendler, Abendländische Kirche 90 f. S. auch die nächste Anm.

75 Caspar, Papsttum II 61 ff, 73. Hofmann, Kampf der Päpste II 52 ff, 65. Haller, Papsttum I 171 ff. Handbuch der Kirchengeschichte II/2, 12, 196. Haendler, Abendländische Kirche 91

76 JK 622 f; 664. Caspar, Papsttum II 46 ff, 60 f. Ullmann, Gelasius I, 172 ff, 178 ff

77 JK 620; 664; 669. Gelasius, Brev. hist. Eutych. (Avellana 440 ff). Caspar, Papsttum II 44 ff, 56. Ullmann, Gelasius I, 164 ff, 245 f. Vgl. Anm. 78

78 JK 625 (Avell. 98). Gelasius I. ep. 3; 11; 18 ad episc. Dardan. ep. 15 ad epp. Orient. de Acacio. ep. ad Faustum mag. Altaner 413 f. Altaner/Stuiber 462. Pfeilschifter 52. Hartmann, Geschichte Italiens I 175. Grisar, Geschichte Roms 455 f. v. Schubert, Geschichte I 83. Caspar, Papsttum II 76 f. Ensslin, Theoderich 104 ff. Dannenbauer, Entstehung I 357. Ullmann, Gelasius I, 245 ff, 255 f. Grillmeier, Rezeption 333 ff. Vgl. auch Anm. 77

79 JK 612; 622; 665. Caspar, Papsttum II 50, 57

80 Die Quellenbelege zu Pius IX. bei Deschner, Heilsgeschichte I 24, 542

81 Plut. Quaest. Rom. 68. JK 627. LThK 2. A. VII 65 f, bes. 67. dtv Lex. Antike, Religion II 69. Kühner, Lexikon 31 f. Gregorovius I 123 f. Michels, Kirsopp 35 ff. Ullmann, Gelasius I, 252 ff. G. Pomarès, Gélase Ier 1960, 144, zit. nach Ullmann ebd.

82 Gelas. ep. 26. Cassiod. var. 1,26. Ritter, Arianismus 692 ff. Pfeilschifter 48. Ensslin, Theoderich 78 ff, bes. 104 f. Gottlieb, Ost und West 23. Nelson 145 ff. Hofmann, Kampf der Päpste II 51 Anm. 128. Ullmann, Gelasius I, 218 ff. Pengo 43 ff. Vgl. auch Deschner, Aphorismen 84

83 Anastas. II. ep. 1 ad Anastas. imp. Lib. Pont. (Duchesne) 1,258. Thiel I 616. LThK 2. A. I 493. Caspar, Papsttum II 82 ff, 130 ff. Seppelt/Schwaiger 48. Haller, Papsttum I 173 f. Handbuch der Kirchengeschichte II/2, 12 ff

84 Ennod. ep. 77; 283; 300 (MG Auct. ant. VII 83, 223, 229). Anon. Vales. 12,65. dtv Lex. Antike, Philosophie II 40 f. Gregorovius I 124 f. Hartmann, Geschichte Italiens I 140 ff, 187 ff. Grisar, Geschichte Roms 460 f. Schwartz, Schisma 230 ff. Caspar, Papsttum II 82 ff, 87 f. Haller, Papsttum I 153 f, 174 f, 178. Hofmann, Kampf der Päpste II 66 ff

85 Kühner, Lexikon 34. Dresdner 37 mit Bez. auf Clycerii imp. edict. c. ordin. Simon. und Cassiod. var. 9,15. Meier-Welcker 63 f. Haller, Papsttum I 162, 178

86 Gregorovius I 252. Hartmann, Geschichte Italiens I 143. Grisar, Geschichte Roms 460 ff. Giesecke, Ostgermanen 120. Seppelt/Schwaiger 49. Haller, Papsttum I 174 f. Hofmann, Kampf der Päpste II 70. Grillmeier, Rezeption 349 ff

87 MG Auct. ant. XII 402. Anon. Vales. 65. Ennod. Libell. 29. Fragm. Laurentian. (ed. Duchesne) 44 f. Vita Symmachi (ed. Duchesne) 260. Hartmann, Geschichte Italiens I 144 f. Schwartz, Schisma 232. Caspar, Papsttum II 88 ff. Ensslin, Theoderich 117 ff. Giesecke, Ostgermanen 120. Gontard 137. Haller, Papsttum I 175

88 Tac. hist. 2,93. Theoderich, Praecept. regis III Acta 1,419. JK 755. Acta Synod. a. 501 (ed. Mommsen) in: MG Auct. ant. XII 416 ff, bes. 426. Gregorovius I,1, 148 f. Erbes 133. Hartmann, Geschichte Italiens I 145 ff. Grisar, Geschichte Roms 471 ff. Schwartz, Schisma 232 f. Caspar, Papsttum II 91 ff, 129. Giesecke, Ostgermanen 120 f. v. Schubert, Geschichte I 52 f. Ensslin, Theoderich 119 ff. Haller, Papsttum I 175 f. Gontard 137. Wes 101. Haendler, Abendländische Kirche 92

89 Ennod. Libell. passim. Lib. Pont. Vita Symm. (ed. Duchesne) 260 f. Fragm. Laur. 45 f. Gregorovius I,1, 125 ff, 148 ff. Hartmann, Geschichte Italiens I 148 ff, 189. Grisar, Geschichte Roms 474 ff. Schwartz, Schisma 233 ff. Caspar, Papsttum II 111 ff, 114, 117. Giesecke, Ostgermanen 120 f. v. Schubert, Geschichte I 53. Ensslin, Theoderich 127 f. Seppelt/Schwaiger 49 f. Gontard 138. Haller, Papsttum I 153 f, 176 ff

90 P. Coustant, Epist. Roman. pont. I 1721, Append. 38 ff (enthält die Symmach. Fälschungen). Speyer, Fälschung, literarische 264. Ders. Die literarische Fälschung 198. Haendler, Abendländische Kirche 92 f

Seite 330–341

91 LThK 2. A. IX 1218 f. Hartmann, Geschichte Italiens I 200 ff. Schnürer, Kirche I 319. Caspar, Papsttum II 107 ff. Ensslin, Theoderich 127. Speyer, Die literarische Fälschung 298

92 Caspar, Papsttum II 108. Ensslin, Theoderich 127

93 Lib. Pont. (ed. Duchesne) II 7. Berthold. Ann. ad a. 1076 (MG SS V 282). LThK 2. A. IX 1218 f. Grisar, Geschichte Roms 718. v. Schubert, Geschichte I 53. Caspar, Papsttum II 110 Anm. 3. Speyer, Die literarische Fälschung 298

94 Avit. Vienn. ep. 34. Grisar, Geschichte Roms 474 ff. Caspar, Papsttum II 104. Gontard 137 f. Seppelt/Schwaiger 49. Haendler, Abendländische Kirche 92 f

95 Seppelt LThK 1. A. VI 551. Andresen/Denzler 448 f. Hartmann, Geschichte Italiens I 201 f. Grisar, Geschichte Roms 727 ff. v. Schubert, Geschichte I 54. Caspar, Papsttum II 315 ff. Krüger, Rechtsstellung 223. Brackmann, Gesammelte Aufsätze 383 ff

96 Marcell. com. ad a. 505. Ennod. paneg. 12. Iordan. Get. 48. Hartmann, Geschichte Italiens I 151 ff. Caspar, Papsttum II 115 ff. Hier auch S. 122 die zit. Überschrift dieses Abschnitts. Ensslin, Theoderich 132 ff

97 Symmach. apol. adv. Anast. imp. v. Schubert, Geschichte I 55. Rahner, Kirchenfreiheit 221 ff. Hofmann, Kampf der Päpste II 70 ff

98 JK 761. Hartmann, Geschichte Italiens I 150 f. Caspar, Papsttum II 118 ff

99 Euagr. h.e. 3,32; 3,44. Theod. Lect. h.e. 2,28. Zachar. Rh. h.e. 7,8. Coll. Avell. 104. Kirsch 639 f. Haacke, Politik II 130 ff. Hofmann, Kampf der Päpste II 73. Bacht, Die Rolle II 283 f. Grillmeier/Bacht II 279. Tinnefeld 186 ff. Zit. Anm. 569. Grillmeier, Rezeption 296

100 Euagr. 4,10. Marcell. com. ad 512 (MG Auct. ant. 11,97 f). Vict. Tonn. (MG Auct. ant. 11,195). Coll. Avell. 163 f, 174, 179, 198. Haacke, Politik II 130 ff. Bacht, Die Rolle II 283. Dannenbauer, Entstehung I 317 f. Bury, History I 436 ff. Rubin 53. Maier, Verwandlung 160 f

101 Caspar, Papsttum II 130. Dannenbauer, Entstehung I 317 f. Rubin 50 ff, 69

102 Theoph. 1,165,24. Chron. Pasch. 1,611,19. Malalas 410,9. Const. Porph. de caerimon. 426 ff. Coll. Avell. 116,7 f, 20. Marcell. (Auct. ant. 11,97 f). Anastas. imp. ep. ad Hormisd. Coll. Avell. 109. Hormisda ep. 9 ad Caesar. Arel. J. W. 777: Thiel I 758 ff. dtv Lex. Antike, Geschichte III 295. Hartmann, Geschichte Italiens I 210 ff. Schwartz, Schisma 249 ff. Ensslin, Theoderich 304 f, 309 ff. Vasiliev 109. Hofmann, Kampf der Päpste II 73 ff. Haacke, Politik II 134 ff. Dannenbauer, Entstehung I 317 f. Bury, History I 447 ff. Bacht, Die Rolle II 286. Rubin 50 ff, 69. Haller, Papsttum I 181 f. Brooks, The Eastern 485 f. Capizzi, Papa Ormisda 23 ff, bes. 34 ff. Grillmeier, Rezeption 351 ff

103 Haacke, Politik II 136 f. Bacht, Die Rolle II 285 ff. Grillmeier, Rezeption 297

104 Lib. Pont. (ed. Duchesne) 100 JK 792 (Coll. Avell. 130). Vgl. auch JK 793 ff (Avell. 131 ff). Hartmann, Geschichte Italiens I 213 f. Schwartz, Schisma 253 ff. Caspar, Papsttum II 144 ff. Haller, Papsttum I 181 ff. Rahner, Kirche und Staat 281. Wes 103 f. Capizzi, Papa Ormisda 40 ff

105 Caspar, Papsttum II 147
106 Coll. Avell. 139 f. Bacht, Die Rolle II 288 f
107 Euagr. h.e. 4,1 ff. Caspar, Papsttum II 148 f. Kornemann, Weltgeschichte II 407. Vasiliev 68 ff. Nach dem Jesuiten Grisar, Geschichte Roms 478, kannte Justin das Bedürfnis und «den dringenden Wunsch des Volkes nach kirchlicher Einigung und wollte demselben nicht widerstehen». Nach Haacke, Politik II 138, starb Anastasios vom 9. auf den 10. Juli. Vgl. vor allem auch die interessanten und durchaus plausiblen Spekulationen zur Nachfolgefrage bei Rubin 53 ff

7. KAPITEL
Justinian I. (527–565) Der Theologe auf dem Kaiserthron

1 Handbuch der Kirchengeschichte II/2, 19
2 Liber adv. Originem, Praefatio (PG 86,1,945). Mansi IX 488 und Nov. 78 c. 4,1
3 Prokop. hist. arcan. 6. Zit. nach Rubin 210
4 Rubin 73, 142
5 Mango 84
6 Euagr. 4,2. Prokop. hist. arcan. 6,1 ff. bell. pers. 1,8,3; 2,15,7. Const. Porph. de caerimon. 1,93. Marcell. com. 519 (Chron. min. 2,101). Pauly III 19,21 f. dtv Lex. Antike, Geschichte II 171. Grisar, Geschichte Roms 690. Diehl 1. Caspar, Papsttum II 148 f. Thieß 439 f. Vasiliev 43 ff, 66 ff, 85. Bacht, Die Rolle II 193 ff. Bury, History II 16 ff. Rubin 52 ff, 64 ff, 67 ff, 73, 125. Jones, Roman Empire I 267. Grillmeier, Rezeption 359 f, 365
7 Rubin 58, 68, dort die Quellenhinweise
8 Coll. Avell. 141, 147. Caspar, Papsttum II 148 ff. Vasiliev 103 ff. Rubin 56, 60, 68. Grillmeier, Rezeption 359 ff
9 Avellana 141. Caspar, Papsttum II 149 f. Ensslin, Theoderich 305 f
10 Justinian ep. 72,3. Coll. Avell. 232 A. Ensslin, Gottkaiser 91. Vasiliev 76. Haacke, Politik II 148. Rubin 57 ff, 125. Tinnefeld 192
11 JK 806 (Avell. 149). Caspar, Papsttum II 154. Bacht, Die Rolle II 289. Rubin 73 f
12 Prokop. hist. arcan. 11,16. Hormisda ep. 41 f. Coll. Avell. 141. RAC IV 575. Kirsch 642 f. Vasiliev 213, 221 ff, 242 ff. Grillmeier, Rezeption 365. Rubin 68, 73. Handbuch der Kirchengeschichte II/2, 17. Tinnefeld 86 f
13 Liberat. Brev. 23. Rusticus diac., C. Acephalos disput. PL 67,1251 D. Prokop. hist. arcan. 10,7. Malalas 410,9. Theoph. 1,165. Euagr. 4,2. Sever. ant. ep. 1,24. Altaner 416. Altaner/Stuiber 349 f. Kirsch 643. Caspar II 148 ff. Vasiliev 135 ff, 226 ff. Haacke, Politik II 152. Bury, History II 20 f. Bacht, Die Rolle II 289 ff. Haller, Papsttum I 184. Rubin 68 ff. Handbuch der Kirchengeschichte II/2, 16 f. Grillmeier, Rezeption 360 ff
14 Euagr. 4,4. Coll. Avell. 2,41 f. LThK 1. A. IX 508 f, 2. A. IX 702 ff. Caspar, Papsttum II 149. Ensslin, Theoderich 308. Vasiliev 235 f. Haacke, Politik II 148. Handbuch der Kirchengeschichte II/2, 18. Brock 87 ff. Speigl 264 ff
15 Vasiliev 236 f
16 Ebd. 211. Zit. nach Haacke, Politik II 145
17 Coll. Avell. 149; 160 ff, bes. 167; 213; 223. Hartmann, Geschichte

Italiens I 215 f. Caspar, Papsttum II 153 f. Ensslin, Theoderich 294, 307. Vasiliev 168 ff. Haller, Papsttum I 185. Rubin 72. Haacke, Politik II 144 ff. Grillmeier, Rezeption 365

18 Coll. Avell. 159, 167. Vgl. auch Coll. Avell. 160 ff, 168 ff. Hartmann, Geschichte Italiens I 216. Caspar, Papsttum II 157. Haller, Papsttum I 186. Rahner, Kirche und Staat 281 f

19 Coll. Avell. 186, 208 f, 225 ff. Caspar, Papsttum II 165 ff. Ensslin, Theoderich 308. Rubin 72. Handbuch der Kirchengeschichte II/2, 16 ff, 202. Grillmeier, Rezeption 365 ff

20 Coll. Avell. 140 (CSEL 35,572)

21 Theoph. Chron. PG 108,384 A. Zachar. Rh. h.e. 8,2. Caspar, Papsttum II 149. Vasiliev 108 ff, 121. Haacke, Politik II 143. Bacht, Die Rolle II 239, 291. Dannenbauer, Entstehung I 218 f. Rubin 69 f

22 Justin. ep. ad Hormisdam, Coll. Avell. 232. Vgl. Coll. Avell. 238. Caspar, Papsttum II 179. Haacke, Politik II 146. Grillmeier, Rezeption 366 f

23 Rubin 73 f

24 Caspar, Papsttum II 184 f. Schmidt, Bekehrung 335 f. Giesecke, Ostgermanen 127. Vasiliev 318 ff, bes. 323 ff. Rubin 73 f. Maier, Verwandlung 170. Handbuch der Kirchengeschichte II/2, 18 f

25 Greg. I. dial. 3,2. Annal. Maximian. c. 91. Anon. Val. 2,31. Schneege 23. Grisar, Geschichte Roms 481 ff. Caspar, Papsttum II 181 ff, 189 ff, 193 f. Schmidt, Bekehrung 335 f. Vasiliev 216 ff. Ensslin, Theoderich 323. Seppelt/Schwaiger 50 ff. Haller, Papsttum I 188 f. Dannenbauer, Entstehung I 320. Gontard 138 ff. Haacke, Politik II 146 f

26 Cod. Just. 1,5,12. Haacke, Politik II 149

27 Mart. Areth. 28 f. RAC I 579 f. Vasiliev 291 ff. Dannenbauer, Entstehung I 324 f. Rubin 302 ff

28 RAC I 579 f. Vasiliev 296 ff. Rubin 312 ff

29 Rubin 302

30 Ebd. 75, 257 ff

31 Ebd. Vasiliev 269 ff

32 Prokop. hist. arcan. 9,54. Rubin 76. Vasiliev 414. Handbuch der Kirchengeschichte II/2, 15

33 Zuerst bezeugt: Vita Pelag. II (579–590), ed. Duchesne S. 309. Prokop. de aedific. passim. hist. arcan. 13,28 ff. Zit. 13,32. Cod. Just. 1,3,44; 1,5,18. Nov. 6 (a. 535); Nov. 133 (a. 539). Vgl. auch Nov. 137 (a. 565). Pauly IV 1165 ff. Schultze, Geschichte II 311. Stein, Justinian 376 ff. Caspar, Papsttum II 214 ff, 305, 325. Pirenne, Geburt 59 f. Kornemann, Weltgeschichte II 436, 446 ff. Hertling, Geschichte 110 f. Dölger, Kaiserurkunde 239, 246. Dannenbauer, Entstehung I 320 ff, II 1 ff. Maier, Verwandlung 171 ff, 181, 236. Ders. Byzanz 55, 63 ff. Haller, Papsttum I 191 f. Rubin 83 ff, 90 ff. Mango 104. Hunger, Byzantinische Geisteswelt 89 f. Michel, Kaiserwahl 316. Bury, History I 23 ff. Ullmann, Machtstellung 47 ff, 52 ff. Geanakoplos 167, 181 ff. Diehl, Justinian 2 ff. Ders. Government 43. Bosl 114. Handbuch der Kirchengeschichte II/2, 21 ff, bes. 23. Brown, Welten 188 f, 193

34 Dölger, Byzanz 10 ff. Haacke, Politik II 153. Caspar, Papsttum II 214 f. Rubin 141 f. Handbuch der Kirchengeschichte II/2, 23 f. Zum byzantinischen Kaisergedanken

vgl. auch Alexander, The Strength 339 ff, bes. 348 ff. Zur Heiligkeit und Gottähnlichkeit des Kaisers vgl. auch Folz 7 f

35 Caspar, Papsttum II 324. Rubin 129

36 Cod. Just. 3,41 f

37 Corpus Juris Civilis (16. 3. 535), ed. Kroll 1912, III 35 f

38 Just. Nov. 132

39 Cod. Just. 3,43,1. Zonar. 14,7. RAC III 456 f. Rubin 128 f

40 Justin. Nov. 123,5 ff. v. Schubert, Geschichte I 103. Schnürer, Kirche I 322 f. Caspar, Papsttum II 324 f. Voigt, Staat und Kirche 59 ff. Rubin 142. Handbuch der Kirchengeschichte II/2, 21 f

41 Nov. 123. Caspar, Papsttum II 305, 325, 518 f. Rubin 141 f. Handbuch der Kirchengeschichte II/2, 22 f

42 Rubin 94 f. Wein 84 ff

43 Rubin 229

43a Euagr. 4,30. LThK 1. A. III 876 f. Kraft, Kirchenväter Lexikon 220 f. Altaner/Stuiber 229. Kornemann, Weltgeschichte II 414. Ostrogorsky, Geschichte des byzantinischen Staates 55 f. Kosminski/Skaskin 59 ff. Rubin 115, 229. Diehl, Government 42

44 Zonar. 14,6. LThK 2. A. X 1402 f

45 Nov. 8 praef. Rubin 93

46 Pauly IV 567. Altaner/Stuiber 514. Rubin 168 ff, 233

47 Ostrogorsky, Geschichte des byzantinischen Staates 61. Bury, History II 36 ff. Haller, Papsttum I 197. Diehl, Government 42. Thieß 526 ff

48 Kornemann, Weltgeschichte II 452. Schubart 118. Vgl. auch 87 f. Bury, History II 27 f. Rubin 98 ff. Jones, Roman Empire I 270

49 Prokop. hist. arcan. 9,19; 12,28. Kornemann, Weltgeschichte II 439, 446 f. Thieß 475 ff. Rubin 99 ff, 174, 197 ff. Bury, History II 28 f, 421 ff. Diehl, Government 25. Zur religiösen Haltung Prokops vgl. Evans, Christianity 81 ff

50 Thieß 477, 482 ff sieht in der Beziehung der Bischöfe zu Theodora nur «das seelenumbildende Werk». Rubin 98 ff, 104 ff. Handbuch der Kirchengeschichte II/2, 24. Prokop. zit. nach Rubin

51 Euagr. 4,10. Prokop. hist. arcan. 10,14. Holmes II 668 ff. Schubart 50. Kornemann, Weltgeschichte II 451. Bury, History II 31. Rubin 112, 116, 228 f. Jones, Roman Empire I 270. Handbuch der Kirchengeschichte II/2, 16

52 Caspar, Papsttum II 222 ff. Thieß 608 f, 678. Haller, Papsttum I 193 f. Rubin 113. Handbuch der Kirchengeschichte II/2, 25 f, 49 f, 205

53 Kornemann, Weltgeschichte II 447. Herter 83; 110. Rubin 111. Hyde 74 f

54 Prokop. hist. arcan. 13,1 f. Kornemann, Weltgeschichte II 439. Rubin 99, 114 ff, 125, 129 ff

55 Kornemann, Weltgeschichte II 450. Rubin 114 ff. Diehl, Government 25 ff. Brown, Welten 193

56 Prokop. hist. arcan. 3,10; 4,10; 4,25. Kornemann, Weltgeschichte II 450. Rubin 115 ff, 216 f

57 Prokop. hist. arcan. 10,11; 15,1 ff

58 Prokop. bell. pers. 1,24. Marcell. com. 532 (Chron. min. 2,103). Malalas 473 ff. Altaner 51, 204. Altaner/Stuiber 288, 234. Kraft, Kirchenväter Lexikon 508. Die Identifikation von Zacharias Rhetor mit dem Bischof von Mytilene gilt nicht als ganz sicher. Capelle 418. Thieß 532 ff. Kornemann, Weltgeschichte II 416 f. Bury, History II 39 f. Kosminski/Skaskin 60. Rubin 111. Dannenbauer, Entstehung I 320 ff. Maier,

Verwandlung 172 f, 186 f. Bosl 114. Kupisch I 135, 138. Jones, Roman Empire I 271 f. Irmscher, Widerspiegelung 301 ff. Diehl, Justinian 8 f. Ders. Government 25. Tinnefeld 83 f. Über die Gruppierungen der «Blauen» und «Grünen» ausführlich: Tinnefeld 181 ff. Zum Nika-Aufstand ebd. 194 ff

59 Prokop. hist. arcan. 11

60 Corp. Jur. Civ. 1,5; 12,5. Browe, Judengesetzgebung 139. Vasiliev 244 ff. Diehl, Government 43 f. Roby 108

61 Diehl, Government 43 f

62 Cod. Just. 1,5,18. Nov. 42,1,2. Merkel, Gotteslästerung 1201. Dannenbauer, Entstehung I 323 f. Nehlsen 95. Diehl, Government 43 f. Roby 108. Handbuch der Kirchengeschichte II/2, 21

63 dtv Lex. Antike, Philosophie IV 32 f. Zit. nach Dollinger 80 f

64 Cod. Just. Nov. 42. Liberat. Brev. 23. RAC IV 575. LThK 2. A. III 715. Dannenbauer, Entstehung I 321 ff. Haacke II 162 f. Handbuch der Kirchengeschichte II/2, 26 ff, 50. Grillmeier, Rezeption 370 ff

65 Dannenbauer, Entstehung I 324 f. Rubin 113. Maier, Verwandlung 192 f. Tinnefeld 329 ff

66 Pierer XI 401. Maier, Verwandlung 238. Tinnefeld 330 ff

67 Iren. adv. haer. 1,29 f. Orig. c. Cels. 6,24 ff. Epiphan. haer. 26; 38. Wetzer/Welte II 101 f. LThK 1. A. II 472, VII 731 f, 2. A. VII 1178. Tinnefeld 334, 337

68 Tinnefeld 333 ff. Dort alle und weitere Quellenhinweise

69 Prokop. hist. arcan. 22,25. Tinnefeld 337

70 Cod. Just. 1,11,9 f. Vgl. auch 1,5,18. Geffcken, Der Ausgang 189, 243. Vgl. auch 178 ff, 191 ff. Tinnefeld 278 f. Handbuch der Kirchengeschichte II/2, 20

71 Cod. Just. 1,5,18. Agathias 2,30. Funke, Götterbild 810. v. Schubert, Geschichte I 104 ff. Dannenbauer, Entstehung I 323. Voigt, Staat und Kirche 51 f. Maier, Verwandlung 191 f. Kawerau, Alte Kirche 105. Handbuch der Kirchengeschichte II/2, 19 f. Tinnefeld 279 ff

72 Schultze, Geschichte II 291 f. Schnürer, Kirche I 318. v. Schubert, Geschichte I 105. Dannenbauer, Entstehung I 323. Handbuch der Kirchengeschichte II/2, 20. Tinnefeld 281

73 Stemberger/Prager VIII 3274

74 Justin. Nov. 45. Tinnefeld 302

75 Nov. 37,8. C. 1,5,21. Browe, Judengesetzgebung 126 ff. Vgl. auch Seyberlich 73 ff

76 Cod. Just. 37,8. Prokop. aedif. 6,2. Dannenbauer, Entstehung I 324. Tinnefeld 302 f. Diehl, Government 44

77 Christianisierung II (der Monumente) RAC II 1234, dort alle Quellenhinweise

78 Just. Nov. 146. Tinnefeld 303

79 Syn. Clermont (535) c. 9; Syn. Macon (583) c. 13. Syn. Toledo (589) c. 14. Browe, Judengesetzgebung 130, 139

80 Prokop. de aedif. 5,7. Malalas, Excerpta de insid. Winkler 451. Hier weitere Quellenhinweise. Tinnefeld 311

81 Winkler 448

82 Cod. Just. 1,5,12 ff; 1,5,17. Winkler 549 f

83 Pauly I 1159 f. Zit. nach Winkler 440. Vgl. ebd. 451

84 Ich folge hier, wie im vorstehenden und nachfolgenden vor allem Sabine Winkler 440 ff, 455 ff. Dort alle Quellenhinweise. Vgl. auch Altaner/Stuiber 235. Kraft,

Kirchenväter Lexikon 310. v. Schubert, Geschichte I 106. Poppe 104. Rubin 280

85 Ebd.

86 Avi-Yonah 243. Zit. nach Winkler 449

87 Winkler 452 ff

88 Schrödl in Wetzer/Welte XI 538; Höfler ebd. V 949

89 Plin. hist. nat. 4,14,9. Hier erstmalige Erwähnung der Wandalen – Vandilii. Tacit. Germ. c. 2; 43. Orientius, Commonitorium 2,179 ff. Hydatius Chron. a. 410 (Auct. ant. 11,17 f). Greg. Tur. 2,9; 2,32. Hieron. ep. 123,15,2 ff. Salv. de gub. dei 7,50. Zos. 5,27; 5,31 f, 6,1 ff. Soz. 9,11 ff. Oros. 7,38; 7,40 ff. Prokop. bell. vand. 1,3,1. Sid. Apoll. carm. 5,399; 423. Junkuhn/Kuhn u. a. RAGA I 123. Pauly II 840. dtv Lex. Antike, Geschichte III 285 f. Taddey, Lexikon 1258 f. Gautier, Geiserich 95 ff. Schmidt, Bekehrung 348 f. Schmidt, Wandalen 1 ff, 15 ff, 164 f. Capelle 29 ff, 213 f. Thompson, Settlement 65 ff. Tüchle I 25. Dannenbauer, Entstehung I 200. Bury, History I 185 ff. Diesner, Das Vandalenreich 17 ff. Maier, Verwandlung 126 f. Vogt, Der Niedergang Roms 365 f. v. Müller, Geschichte unter unseren Füßen 117. Kawerau, Mittelalterliche Kirche 28 f. Bosl 35. Löwe, Deutschland 18. Claude, Herrschaftsnachfolge 333

90 Schmidt, Bekehrung 351 f. Schmidt, Wandalen 18 f, 163, 184. Giesecke, Ostgermanen 167 ff. Capelle 39 f. Kawerau, Mittelalterliche Kirche 28 f

91 Oros. 7,40,8 f; 7,43,13; 7,43,15. Hydat. Chron. 42; 60; 67 f. Soz. 9,12 ex. Sidon. Apoll. carm. 2,362 f. Stein, Vom römischen 398. Gautier 107 ff. Schmidt, Wandalen 21 ff. Ballesteros 35. Culican 191. Bury, History I 191 f. Rothenhöfer, Sklaverei 43

92 Hydat. 89 f. Isid. Sev. hist. vand. 73. Greg. Tur. 2,2 (arg legendär entstellt). Vict. Vitens. pers. Vand. 1,1; 2,14 u. a. Iord. Get. 33,168; 184. Prokop. bell. vand. 1,3. bell. got. 3,1. Sidon. Apoll. carm. 2,358 f; 5,57. Possid. Vita August. c. 28. Pauly II 717. dtv Lex. Antike, Geschichte II 48 f. Delbrück, Kriegskunst II 300, 312 f. Stein, Vom römischen 476 ff. Gautier 119 ff, 130 f, 149 ff, 186 ff. Schmidt, Wandalen 27 ff, 96 ff. Schmidt, Bekehrung 350 ff. Giesecke, Ostgermanen 170. Capelle 42 ff. Löwe, Deutschland 18. Maier, Verwandlung 127 f. Dannenbauer, Entstehung I 209 f. Diesner, Vandalenreich 49 ff. Bury, History I 244 ff. Claude, Herrschaftsnachfolge 333. Barker 409 f. Schmidt, The Sueves 305 f

93 Schmidt, Wandalen 64 ff

94 Hydat. 115; 118 ff. Marcell. com. a. 439. Prosper 1339; 1347. Vict. Vit. 1,10; 1,12 ff. Prokop. bell. vand. 1,5,18 ff. Sid. Apoll. carm. 2,348 ff. Pauly II 717 ff. Stein, Vom römischen 483 f. Gautier 213 ff, 245 ff, 255 ff. Schmidt, Wandalen 66 ff. Zur wandalischen Flotte vgl. bes. 166 f. Schmidt, Bekehrung 350. Capelle 66, 72 ff. Ensslin, Einbruch 112 f. Diesner, Untergang 55 f, 62. Löwe, Deutschland 18

95 Prokop. bell. vand. 1,5,4. Hydat. c. 162; 167. Prosper 1375. Vict. Tonnens. a. 455. Vict. Vit. 1,24. Chron. min. 1,304. Paul. Diac. hist. Rom. 14,16. Gautier 263 ff. Schmidt, Wandalen 78 ff. Capelle 78 ff. Bury, History I 325. Dies-

ner, Untergang 61. Schmidt, The Sueves 308

96 Prokop. bell. vand. 1,6. Prisc. fr. 42. Nicephor. h.e. 15,27. Hydat. 200; 247. Sidon. Apoll. carm. 5,441 ff. dtv Lex. Antike, Geschichte II 48 f, 273. Gautier 277 ff, 286 ff, 299 ff. Schmidt, Wandalen 85 f, 89 f. Capelle 83 ff. Bury, History I 320 ff. Diesner, Der Untergang 66. Barker 426

97 Possid. Vita August. 28. Vita Fulgent. 1. Prokop. bell. vand. 1,5. August. serm. 344 f. Salvian. de gub. dei 7,46; 7,54; 7,71. Vict. Vit. 1,14; 3,71. Leo I. ep. 12,8. Altaner/Stuiber 498. Kraft, Kirchenväter Lexikon 45 f. Stein, Vom römischen 476 f. v. Schubert, Geschichte I 29 f. Voigt, Staat und Kirche 187 ff. Gautier 196, 235 ff. Schmidt, Bekehrung 353. Giesecke, Ostgermanen 170 f. Capelle 60 ff, 66 ff. Bury, History I 247, 259. Helbling 24 f. Diesner, Der Untergang 47. Ders. Kirche und Staat 131 ff, 138 f. Ders. Das Vandalenreich 31 ff, 46 ff. Vogt, Der Niedergang Roms 437. Maier, Verwandlung 199. Dannenbauer, Entstehung I 210 ff. Kawerau, Mittelalterliche Kirche 29. Rothenhöfer, Sklaverei 46 f

98 Schmidt, Wandalen 61. Schmidt, Bekehrung 353. Diesner, Kirche und Staat 141. Handbuch der Kirchengeschichte II/2, 181 f

99 Vict. Vit. 1,14; 1,17 ff; 1,22; 1,35 ff; 1,43 ff; 2,39 u. a. Prosper, Epit. Chron. 1327. Gennad. de vir. inl. 74,78 f. Caspar, Papsttum II 2 f. Schmidt, Wandalen 184 f. Schmidt, Bekehrung 353 ff. Giesecke, Ostgermanen 172. Capelle 68 ff. Vogt, Der Niedergang Roms 443

100 Altaner/Stuiber 488 f. Kraft, Kirchenväter Lexikon 504. Schmidt, Wandalen 97. Schmidt, Bekehrung 353. Dannenbauer, Entstehung I 387. Vgl. auch 212 f

101 Vict. Vit. 1,6; 1,9; 1,41. Schmidt, Wandalen 185. Giesecke, Ostgermanen 174 f. Diesner, Vandalenreich 59. Handbuch der Kirchengeschichte II/2, 182

102 Vict. Vit. 1,28 f. Prosper Epit. Chron. 1327, 1329. Kraft, Kirchenväter Lexikon 84. Caspar, Papsttum I 372. Schmidt, Bekehrung 355 f. Schmidt, Wandalen 73 ff, 93 ff, 171. Giesecke, Ostgermanen 171 ff. Capelle 70 f. Bury, History I 259. Diesner, Untergang 50, 182. Handbuch der Kirchengeschichte II/2, 182

103 Schmidt, Wandalen 93 f, 186

104 Ebd. 94 f. Giesecke, Ostgermanen 175. Diesner, Untergang 52 f

105 Nach Ludwig, Massenmord 18, wurden 439 angeblich mehrere Hundert Katholiken, vor allem Patrizier und Geistliche, unter Geiserich ermordet. Schmidt, Bekehrung 353 ff. Giesecke, Ostgermanen 173. Diesner, Untergang 50. Handbuch der Kirchengeschichte II/2, 182

106 Salv. de gub. 7,85 ff

107 Vict. Vitens. 1,1 ff. Possid. 28. Altaner/Stuiber 488 f. Kraft, Kirchenväter Lexikon 504. Gautier 224 ff. Giesecke, Ostgermanen 169. Helbling 24 ff. Über Goten und Wandalen im Spiegel der neueren Literatur vgl. ebd. 53 ff. Capelle 110. Diesner, Kirche und Staat 127 ff. Ders. Possidius 350 ff. Finley 218 f

108 Paul. Diac. hist. Rom. 14,17 f. Altaner/Stuiber 409. Tusculum Lexikon 194, Gautier 269

109 Vict. Vit. 2,43. Caspar, Papsttum I 358 ff, 366 ff. Chapman 205 f. Schmidt, Wandalen 53 f, 187. Heiler, Altkirchliche Autonomie

49. Marschall 161 ff, 197 ff, 204 ff

110 Vict. Vit. 2,1 f; 2,13; 2,15. Pauly II 406, 1249. Menzel I 157. Schmidt, Wandalen 96, 99 ff. Giesecke, Ostgermanen 176 f. Capelle 113. Dannenbauer, Entstehung I 387. Claude, Herrschaftsnachfolge 334 f. Handbuch der Kirchengeschichte II/2, 183

111 Vict. Vit. 2,1 ff. Schmidt, Bekehrung 357. Handbuch der Kirchengeschichte II/2, 183

112 Vict. Vit. 2,6 ff; 2,26 ff; 3,1 ff; 3,19; 3,27 ff. Greg. Tur. hist. Fr. 2,3. Prokop. bell. vand. 1,8. Isid., Geschichte der Wandalen 78. Wetzer/Welte XI 546. Altaner/Stuiber 494. Grisar, Geschichte Roms 450. Vogt, Der Niedergang Roms 444. v. Schubert, Geschichte I 30. Voigt, Staat und Kirche 192 ff. Schmidt, Wandalen 101 f, 106 f, 181 f. Schmidt, Bekehrung 352 ff. Giesecke, Ostgermanen 177 f. Capelle 111. Maier, Verwandlung 200. Handbuch der Kirchengeschichte II/2, 188

113 Vict. Vit. 1,8; 2,7; 2,26 ff; 2,33 ff; 2,52 ff; 3,2; 3,10. Vict. Tonnens. a. 479. Vita Fulg. 9. v. Schubert, Geschichte I 29 ff. Schmidt, Bekehrung 358 ff. Schmidt, Wandalen 102 ff. Capelle 111 f. Thompson, The conversion 27. Kawerau, Mittelalterliche Kirche 29. Poppe 106. Kantzenbach, Kirche im Mittelalter 30. Doerries, Wort und Stunde II 93

114 Vict. Vit. 3,48 ff. Voigt, Staat und Kirche 192 ff. Schmidt, Bekehrung 358 ff. Schmidt, Wandalen 104 ff, 186. Doerries, Wort und Stunde II 95. Vgl. auch Anm. 113

115 Zahlreiche Quellenhinweise bei Schmidt, Wandalen 170 f

116 Schmidt, Bekehrung 259. Giesecke, Ostgermanen 178. Thompson, The conversion 27. Maier, Verwandlung 200

117 Vict. Vit. 3,26; 5,6. Prokop. bell. vand. 1,8. Giesecke, Ostgermanen 183

118 Greg. Tur. 2,3. Vgl. auch Isidor., Geschichte der Wandalen 79. Schmidt, Wandalen 108. Fischer, Völkerwanderung 211

119 Isid. 81. Greg. Tur. 2,2. Vita Fulgent. 41; 44 ff. Prokop. bell. vand. 1,8. Vict. Tonn. ad a. 497. Schmidt, Bekehrung 360 f. Schmidt, Wandalen 108 ff. Giesecke, Ostgermanen 188 f. Capelle, 113 f. Maier, Verwandlung 198. Handbuch der Kirchengeschichte II/2, 184 f

120 Prokop. bell. vand. 1,9 f. Vit. Fulgent. 55 ff. Paul. diac. 16,7. Vict. Tonn. ad a. 523. Isidor 82. Pauly II 1146 f. Hartmann, Geschichte Italiens I 220 f. Schmidt, Bekehrung 361 f. Schmidt, Wandalen 117 f. Giesecke, Ostgermanen 196 f. Ensslin, Einbruch 130. Dannenbauer, Entstehung I 331 f. Handbuch der Kirchengeschichte II/2, 186. Bund 149

121 Cassiod. var. 5,16 ff, 9,1. Prokop. bell. vand. 1,9,4. Vgl. 1,8. Hartmann, Geschichte Italiens I 135; 221. Schmidt, Wandalen 114, 118 f. Schmidt, Bekehrung 356, 362. Giesecke, Ostgermanen 197. Capelle 115. Vasiliev 330 ff. Bund 153 f

122 Prokop. bell. vand. 1,9; 1,17. Vict. Tonn. ad a. 531. Malalas 18. Schmidt, Bekehrung 362. Schmidt, Wandalen 119 ff, 131. Giesecke, Ostgermanen 197. Schubart 98. Kaegi, Arianism 25. Claude, Herrschaftsnachfolge 329 ff

123 Prokop. bell. vand. 1,8. Giesecke, Ostgermanen 195

124 Jaffé, Regesta 1,8. Schmidt, Wan-

dalen 115. Giesecke, Ostgermanen 196

125 Prokop. bell. vand. 1,10. Schmidt, Bekehrung 362. Schmidt, Wandalen 123 f. Capelle 121

126 Prokop. bell. vand. 1,10,18 ff. Vict. Tonn. ad a. 534. Isid., Geschichte der Wandalen 79; 83. Gautier 348. Schmidt, Wandalen 124. Capelle 121. Schubart 99. Rubin 142. Kaegi, Arianism 25 f

127 Woodward 89. Schmidt, Bekehrung 363. Kaegi, Arianism 23. Diehl nach Kaegi. Kawerau, Mittelalterliche Kirche 29. Rubin 142

128 Coll. Avell. 88 (CSEL 35,335). Sacramentarium Leonianum. Vogelstein 68. Rahner, Kirche und Staat 284 f

129 Coll. Avell. 84 (CSEL 35,320; 35,322)

130 Prokop. bell. vand. 1,10,1 ff; 1,11,1 ff; 1,12,1 ff; 1,14,3; 1,18 f; 2,7,20. Pauly V 262. Delbrück, Kriegskunst II 300. Schmidt, Wandalen 125 f. Capelle 123. Thieß 629 ff, bes. 632 f. Ostrogorsky, Geschichte des oströmischen Staates 60. Kawerau, Mittelalterliche Kirche 29. Rubin 142. Kaegi, Arianism 26 f. Bosl 115. Maier, Verwandlung 172, 178, 199. Diesner, Der Untergang 67. Kupisch I 133. Jones, Roman Empire I 273. Teall 301. Montgomery I 141 f

131 Schmidt, Bekehrung 363. Schmidt, Wandalen 124 f. Giesecke, Ostgermanen 129 ff. Capelle 126. Bury, History II 129

132 Prokop. bell. vand. 1,16,9 ff, 2,14,12. Schmidt, Bekehrung 363. Giesecke, Ostgermanen 198. Capelle 128 f, 543. Thieß 622. Diesner, Untergang 67. Kaegi, Arianism 28 ff

133 Prokop. bell. vand. 1,12 ff; 1,19; 2,4,3; 2,8; 2,11 ff; 3,24. dtv Lex. Antike, Geschichte II 49. Gautier 347 ff. Schmidt, Wandalen 127 ff. Giesecke, Ostgermanen 198. Bury, History II 128 ff. Capelle 129 ff. Dannenbauer, Entstehung I 332 f. Kaegi, Arianism 34. Diesner, Untergang 67 ff. Ders. Wandalenreich 100. Bund 154 f. Montgomery I 142 f

134 Prokop. bell. vand. 1,18. Schmidt, Wandalen 131 ff. Bury, History II 132 ff

135 Prokop. bell. vand. 1,19,25 ff

136 Ebd. 1,21

137 Ebd. 2,2 ff. Cartellieri I 57. Schmidt, Wandalen 134 ff. Ausführlich Capelle 139 ff. Ensslin, Einbruch 131. Bury, History II 136 ff

138 Prokop. bell. vand. 2,4

139 Prokop. bell. got. 3,1,6; bell. vand. 2,9 ff; bell. pers. 2,21,4. Schmidt, Wandalen 141 ff. Giesecke, Ostgermanen 199. Ensslin, Einbruch 131. Diesner, Untergang 69 ff. Maier, Verwandlung 231

140 Just. Nov. 37. Schubart 102. Diesner, Untergang 70 f. Schmidt, Wandalen 145. Kaegi, Arianism 39 ff

141 Handbuch der Kirchengeschichte II/2, 187

142 Prokop. bell. vand. 1,22; 2,14 f; 2,19,3. Giesecke, Ostgermanen 133, 198. Diesner, Untergang 74 f. Kaegi, Arianism 42 ff

143 Prokop. bell. vand. 2,8,25. Thieß 626 f. Diesner, Untergang 72 ff

144 Diesner, Untergang 74 f

145 Bühler 43 f. Schmidt, Bekehrung 326 f, 363 f, 338 f. Pfeilschifter ebd. zit. Vogt, Der Niedergang Roms 497. Bullough, Italien 158

146 Greg. I. dial. 4,31. Greg. Tur. in gloria mart. c. 39. Schneege 25 ff. Grisar, Geschichte Roms 461 ff, 481 ff. Hartmann, Geschichte Italiens I 123 f, 177, 222 ff. Capelle

401 ff, bes. 404 f. Jones, The Constitutional Position 128 ff. Bury, History II 152 ff

147 Iordan. Get. 58 f. Prokop. bell. got. 1,4. hist. arcan. 16. dtv Lex. Antike, Geschichte I 106. Pauly V 682. Die Nachricht, daß Theodahad als Buße für den Mord an die Frankenkönige, die Verwandten der Amalaswintha, 50 000 solidi zahlte (Greg. Tur. 3,31), ist wohl unhistorisch. Davidsohn I 46 f. Hartmann, Geschichte Italiens I 240 ff, 248 ff. Cartellieri I 57 f. Giesecke, Ostgermanen 131 f. Capelle 413 ff. Bury, History II 159 ff. Bullough, Italien 170. Jones, Roman Empire I 274 f. Bund 177 f

148 Iordan. Get. 59 f. Grisar, Geschichte Roms 531. Hartmann, Geschichte Italiens I 151 f. Capelle 416. Rubin 114 ff

149 Prokop. bell. got. 1,5 ff; 1,16; 3,8,1. Marcell. com. ad a. 535 f. Davidsohn I 49. Hartmann, Geschichte Italiens 253 ff, 307 f. Capelle 420 ff. Thieß 642. Ensslin, Einbruch 131. Bury, History II 169 ff, 175 ff. Dannenbauer, Entstehung I 334

150 Cassiod. var. 10,32. Lib. Pont. Vita Silver. ed. Duchesne S. 290 ff; ed. Mommsen S. 144 ff. Prokop. bell. got. 1,11. Marcell. com. ad a. 536. Euagr. h.e. 4,19. Iordan. Get. 60. dtv Lex. Antike, Geschichte III 251, 304. Pauly V 682, 1307 f. Gregorovius I,1, 171 f. Hartmann, Geschichte Italiens I 254 f, 264 ff. Cartellieri I 58. Grisar, Geschichte Roms 502. Kraus, Münzen 136 f. Hildebrand 213 ff, 244 ff. Caspar, Papsttum II 229 ff. Giesecke, Ostgermanen 132. Thieß 642 f. Bury, History II 177 ff. Daniel-Rops, Frühmittelalter 225. Werner, Bajuwaren 240. Jones, Roman Empire I 276. Handbuch der Kirchengeschichte II/2, 205. Bund 178 ff

151 Hartmann, Geschichte Italiens I 383. Hildebrand 246. Caspar, Papsttum II 230 ff

152 Hildebrand 244 ff. S. auch die folg. Anm.

153 Lib. Pont. Vita Silv. Liberat. Brev. c. 22. (PL 68,963 ff, bes. 1039 f). JK 909. Altaner/Stuiber 491. Hartmann, Geschichte Italiens I 383 f. Grisar, Geschichte Roms 502 ff. Hildebrand 213 ff, 223 ff, 232 ff, 243 ff. Caspar, Papsttum II 231 ff. Poppe 110 f. Nach Seppelt/Schwaiger wurde «Silverius unter Obhut [!] von Beauftragten des Vigilius nach der Insel Ponza gebracht», wo er wenige Wochen später «infolge der Entbehrungen, die er auf dem Transport [!] in die Verbannung erduldet hatte, gestorben» ist (S. 54). Rahner, Kirche und Staat 288 f

154 Hildebrand 247 ff

155 JK 910 (Coll. Avell. 92; CSEL 35,348)

156 Prokop. bell. got. 1,17 ff. Marcell. com. ad a. 537 f. Gregorovius I,1, 172 ff, 183 ff. Hartmann, Geschichte Italiens I 268 ff, 277 f, 354. Grisar, Geschichte Roms 532 ff, 543 ff. Cartellieri I 58 f. Capelle 425 ff. Thieß 643. Werner, Bajuwaren 241. Teall 302. Bury, History II 180 ff, 191. Bullough, Italien 170

157 Prokop. bell. got. 2,20,15 ff. Hartmann, Geschichte Italiens I 278. Davidsohn I 49 f. Werner, Bajuwaren 241

158 Prokop. bell. got. 1,12; 2,7; 2,10; 2,21 f; 2,39. Die Zahl 300 000 ist sicher stark übertrieben. Hartmann, Geschichte Italiens I 280 ff. Cartellieri I 59. Capelle 440 f. Bury, History II 202 ff,

246. Werner, Bajuwaren 241. Poppe 111 f

159 Marcell. com. ad a. 539. Prokop. bell. got. 2,25. Greg. Tur. 3,32. Hartmann, Geschichte Italiens I 267, 283 ff. Capelle 420, 441 f. Daniel-Rops, Frühmittelalter 246. Werner, Bajuwaren 241. Holtzmann 10 f

160 Prokop. bell. got. 2,29 f; 7,2. Pauly II 342, V 1057. Gregorovius I,1, 192. Hartmann, Geschichte Italiens I 285 ff, 300 f. Cartellieri I 60. Kraus, Münzen 174. Giesecke, Ostgermanen 134 f. Capelle 442 ff. Thieß 652. Ensslin, Einbruch 131. Bury, History II 205 ff, 209 ff, 226 ff. Bullough, Italien 170. Bund 182 ff

161 Erben, Kriegsgeschichte 2. Rubin 351 f. Altheim/Stiehl 81 ff

162 Prokop. bell. got. 3,21,23. Caspar, Papsttum II 283, Anm. 5. Capelle 472, 476. Dannenbauer, Entstehung I 336

163 Prokop. bell. got. 3,16,14 f; 3,16,25. Rothenhöfer, Sklaverei 110 ff

164 Prokop. bell. got. 3,22,8 ff. JK 913 (MG Epp. III S. 60, Nr. 41). JK 918 (MG Epp. III S. 64, Nr. 44). Caspar, Papsttum II 236 ff. Giesecke, Ostgermanen 136 f. Handbuch der Kirchengeschichte II/2, 205

165 Euagr. 4,25. Prokop. bell. got. 3,33 ff. Hartmann, Geschichte Italiens I 324 ff. Giesecke, Ostgermanen 137 f. Capelle 457, 471. Poppe 116 f

166 Vgl. hierzu Deschner, Opus Diaboli das Kapitel «Morden mit Maria» 231 ff. S. auch ders. Heilsgeschichte I 244

167 Agathias, hist. 1,6 ff; 2,2. Prokop. bell. got. 3,1 f; 3,13,1; 3,22,1 ff; 4,32 ff. Paulus diac. hist. Langob. 2,2 ff. Iordan. Get. 59 f. Greg. Tur. 4,9. Vgl. 3,32. Lib. Pont. (Duchesne) 1,305. Pauly V 902 f. dtv Lex. Antike, Geschichte III 267. Gregorovius I,1, 192 ff, 223 f. Grisar, Geschichte Roms 531. Hartmann, Geschichte Italiens I 302 ff, 328 ff, 339 ff. Schultze, Geschichte II 123. Cartellieri I 61 ff. Capelle 449 ff, 477 ff. Thieß 652 ff. Kornemann, Weltgeschichte II 430 f, 437 f. Tüchle I 35 f. Dannenbauer, Entstehung I 336 ff. Büttner, Alpenpolitik 67 f. Haller, Papsttum I 200 f. Ensslin, Einbruch 132. Bury, History II 229 ff, 244 ff. Maier, Verwandlung 172, 231 f. Bullough, Italien 170 f. Poppe 114 ff. Coler II 11. Kosminski/Skaskin 63 f. Bosl 115. Rothenhöfer, Sklaverei 110 f. Bachrach 435 ff. Keller, Spätantike 12. Kupisch I 135 f. Finley 225. Montgomery I 143. Ausführlich über die Schlachten bei Busta Gallorum oder bei Taginae und am Vesuv: Delbrück II 367 ff, 380 ff

168 Prokop. bell. vand. 2,5,6 f. Isid. hist. got. 42. Kornemann, Weltgeschichte II 431 f. Dannenbauer, Entstehung II 23 f. Maier, Verwandlung 232, 245. Stroheker, Germanentum 209 ff, 239 f. Mango 103

169 Prokop. bell. got. 1,14,5; 2,20,15 ff. Gregorovius I,1, 225 f. Hartmann, Geschichte Italiens I 353 f. Grisar, Geschichte Roms 586 ff. Caspar, Papsttum II 323. Thieß 643, 667. Rubin 203. Bosl 116. Dollinger 104. Seidlmayer 44

170 Zit. nach Jäntere 171. Brown, Welten 194

171 Grisar, Geschichte Roms 588 f

172 Hartmann, Geschichte Italiens I 356 ff. Caspar, Papsttum II 667. Kornemann, Weltgeschichte II 431. Dannenbauer, Entstehung I 335 f, 340

173 Für den Ersten Weltkrieg ausführlich von mir belegt in: Heilsgeschichte I 274 ff, «Der Vatikan als Kriegsgewinnler». Für die Zeit nach dem Zweiten Weltkrieg vgl. ebd. II 277 ff, 288 ff, 297 ff

174 Sanct. pragm. c. 12. Gregorovius I,1, 226. Hartmann, Geschichte Italiens I 367 ff, 374 ff. Grisar, Geschichte Roms 591 ff. Caspar, Papsttum II 323 ff, 667. Kornemann, Weltgeschichte II 432 f. Seidlmayer 63. Lorenz, Das vierte 93. Haller, Papsttum I 216

175 Gregorovius I 459 f. Hartmann, Geschichte Italiens 367 ff. Vgl. Deschner, Heilsgeschichte I 283

176 Solidus: s. etwa Pauly V 259 f. Hartmann, Geschichte Italiens I 399 ff

177 Zit. bei Rubin 165

178 Ebd. 73, 86 ff, 92. Ullmann, Die Machtstellung 48

179 Kornemann, Weltgeschichte II 432. Dannenbauer, Entstehung II 3, I 327 ff. Maier, Byzanz 73. Ders. Verwandlung 181, 185 ff, 234 f. Rubin 94, 115, 203. Kosminski/Skaskin 59, 62. Wein 84 ff. Montgomery I 140 ff

180 Zit. nach Rubin 210 ff

181 Gregorovius I,1, 228. Caspar, Papsttum II 217 f. Haller, Papsttum I 215 ff

182 Lib. Pont. Vita Agapeti (PL 128,551). Gregorovius I 168 f. Caspar, Papsttum II 210 ff, bes. 221 ff. Seppelt/Löffler 32. Rahner, Kirche und Staat 287 f

183 MGH Epp. 3,439. Altaner/Stuiber 286, 319 ff, 339 ff, 347 f. Kraft, Kirchenväter Lexikon 294, 480 f, 485. Voigt 53 ff. Dannenbauer, Entstehung II 1 f. Handbuch der Kirchengeschichte II/2, 25, 30 ff, 204

184 Liberat. Brev. 22 (PL 68,1040 A). dtv. Lex. Antike, Religion II 25. Grisar, Geschichte Roms 505 ff. Caspar, Papsttum II 442 ff. Schwartz, Kirchenpolitik 73 ff. Kornemann, Weltgeschichte II 434. Seppelt/Schwaiger 53 ff. Diesner, Untergang 71. Haacke, Politik II 166 f. Rahner, Kirche und Staat 290 f

185 Lib. Pont. (ed. Duchesne) 297 (PL 128,578). Caspar, Papsttum II 245 f. Kornemann, Weltgeschichte II 434. Rahner, Kirche und Staat, 291

186 Erstes Constitutum 14. 5. 553 (CSEL 35,230 ff). Zweites Constitutum 23. 2. 554 (Mansi IX 457 ff). JK 922, 924, 927. MGH, Epp. III 438 ff. PL 69,115 ff; 143, 225. Altaner/Stuiber 233. Kühner, Lexikon 36. Hartmann, Geschichte Italiens I 386 ff. Hildebrand 222, 231. Caspar, Papsttum II 246 ff, 262 ff. Kornemann, Weltgeschichte II 434. Gontard 144. Diesner, Untergang 71. Poppe 116 ff. Seppelt/Schwaiger 55 f. Haacke, Politik II 166 ff. Rahner, Kirche und Staat 293 ff. Handbuch der Kirchengeschichte II/2, 33 ff, 305 ff. Bullough, Italien 171. de Vries, Petrusamt 55 f

187 Mansi, Coll. Conc. IX 50 ff. PL 69,53 C ff

188 Ebd.

189 Rahner, Kirche und Staat 295 f

190 Kühner, Lexikon 36 f. Gregorovius I,1, 229. Caspar, Papsttum II 286 ff

191 Pelagius, In defensione trium capitulorum 5

BENUTZTE SEKUNDÄRLITERATUR

Abramowski, L., Untersuchungen zum Liber Heraklidis des Nestorius, 1963

Abramowski, L., Die Synode von Antiochien 324/25 und ihr Symbol, ZKG 86, 1975

Acham, K., Neuere angelsächsische Theorien zur Geschichte, in: Th. Schieder/G. Gräubig (Hg.), Theorieprobleme der Geschichtswissenschaft, 1977

Ackermann, H., Entstellung und Klärung der Botschaft Jesu, 1961

Ackermann, H., Jesus: Seine Botschaft und deren Aufnahme im Abendland, 1952

Adam, A., Der manichäische Ursprung der Lehre von den zwei Reichen bei Augustin, ThLZ 77, 1952

Adam, A., Das Fortwirken des Manichäismus bei Augustin, ZKG 69, 1958

Adam, K., Causa finita est, in: A. M. Koeniger (Hg.), Festgabe Albert Ehrhard, 1922

Adam, K., Christus unser Bruder, 1934

Adam, K., Der Christus des Glaubens. Vorlesungen über die kirchliche Christologie, 1954

Ahlheim, K., Friedrich Hebbel 1813–1863, in: Deschner, K. (Hg.), Das Christentum im Urteil seiner Gegner, I, 1969

Ahlheim, K., Celsus, in: Deschner, K. (Hg.), Das Christentum im Urteil seiner Gegner, I, 1969

Aland, B. (Hg.), Gnosis, Festschrift für Hans Jonas, 1978

Aland, B., Gnosis und Kirchenväter, in: Aland, B. (Hg.), Gnosis, Festschrift für Hans Jonas, 1978

Aland, K., Kirchengeschichtliche Entwürfe. Alte Kirche. Reformation und Luthertum. Pietismus und Erweckungsbewegung, 1960

Aland, K., Eine Wende in der Konstantinforschung, FF 28, 1954

Aland, K., Die religiöse Haltung Kaiser Konstantins, in: Studia Patristica I, 1957

Aland, K., Über den Glaubenswechsel in der Geschichte des Christentums, 1961

Aland, K., Von Jesus bis Justinian. Die Frühzeit der Kirche in Lebensbildern, 1981

Albert, G., Zur Chronologie der Empörung des Gainas im Jahre 400 n. Chr., Historia 29, 1980

Albert, H., Das Elend der Theologie. Kritische Auseinandersetzung mit Hans Küng, 1979

Albert, M., Die Botschaft des Neuen Testaments, I, 2. Halbbd., 1952

Albert, S., Bellum Iustum. Die Theorie des «gerechten Krieges» und ihre praktische Bedeutung für die auswärtigen Auseinandersetzungen Roms in republikanischer Zeit, 1980

Albertz, M., Untersuchungen über die Schriften des Eunomius, 1908

Albright, W. F., Von der Steinzeit zum Christentum. Monotheismus und geschichtliches Werden, 1949

Alexander, P. J., The Strength of Empire and Capital as Seen Through Byzantine Eyes, in: Speculum, 1962

Alfaric, P., Die sozialen Ursprünge des Christentums, 1963

Alföldi, A., A Festival of Isis in Rome under the Christian Emperors of the IVth Century, Dissertationes Pannonicae Ser. II., Fasc. 7, 1937

Alföldi, A., Hoc signo victor eris, Beiträge zur Geschichte der Bekehrung Konstantins des Großen, in: Festschrift für F. J. Dölger, 1939
Alföldi, A., The Conversion of Constantine the Great and Pagan Rome, 1948
Alföldi, A., Das Kreuzszepter Konstantins d. Gr., Schweizer Münzblätter 4, 1954
Alföldi, A., Römisches Kaiserreich, in: Historia Mundi, 4. Bd., 1956
Alföldi, A., Cornuti, a Teutonic contingent in the service of Constantin the Great and its decisive role in the battle of the Milvian Bridge, DOP 13, 1959
Alföldi, M. R., Die constantinische Goldprägung in Trier, in: Jahrbuch für Numismatik und Geldgeschichte, IX, 1958
Alonso-Schökel, L., Erzählkunst im Buch der Richter, in: Bibl. 42, 1961
Alt, Kleine Schriften. Zur Geschichte des Volkes Israel
Altaner, B., Patrologie, Leben, Schriften u. Lehre d. Kirchenväter, 3. A., 1951
Altaner, B./Stuiber, A., Patrologie, Leben, Schriften und Lehre der Kirchenväter, 1978
Altendorf, H.-D., Zum Stichwort: Rechtgläubigkeit und Ketzerei im ältesten Christentum, in: ZKG 80, 1969
Altendorf, H. D., Galerius, RAC VIII, 1972
Altendorf, H. D., Die römischen Apostelgräber, in: ThLZ, Okt. 1959
Althaus, P., Die Todesstrafe als Problem d. christlichen Ethik. Sitzungsberichte d. Bayer. Akademie d. Wissenschaften, Phil.-hist. Kl., Heft 2–3, 1955
Altheim, F., Geschichte der Hunnen, 5 Bde., 1959 ff
Altheim, F./Stiehl, R., Die Lage der Bauern unter den späten Sasaniden, in: Herrmann/Sellnow, Die Rolle der Volksmassen in der Geschichte der vorkapitalistischen Gesellschaftsformationen, 1975
Altmeyer, K. A., Katholische Presse unter NS-Diktatur, 1962
Anastos, M., Nestorius was orthodox, DOP 16, 1962
Andreas, W., Deutschland vor der Reformation. Eine Zeitenwende, 5. A., 1948
Andresen, C., Logos und Nomos, Die Polemik des Kelsos wider das Christentum, 1955
Andresen, C., Die Kirchen der alten Christenheit, 1971
Andresen, C./Denzler G., Wörterbuch der Kirchengeschichte, 1982
Anton, H. H., Fürstenspiegel u. Herrscherethos in der Karolingerzeit, 1968
Anton, H. H., Kaiserliches Selbstverständnis in der Religionsgesetzgebung der Spätantike und päpstliche Herrschaftsinterpretation im 5. Jahrhundert, ZKG 88, 1977
Antweiler, A., Einleitung. Die Zeitlage, Grundlagen, in: BKV 7, 1933
Anwander, A., Wörterbuch der Religion, 1948
Arbesmann, R., The Idea of Rome in the Sermons of St. Augustine, Augustiniana 4, 1954
Armstrong, A. H., Man in the Cosmos. A Study of some differences between pagan Neoplatonism and Christianity, in: W. den Boer/P. G. van der Nat/C. M. J. Sicking/J. C. M. van Winden, Romanitas et Christianitas, 1973
Armstrong, G. T., Imperial Church Buildings in the Fourth Century, BA 30, 1967
Aron, R., Evidence and Inference in History, in: D. Lerner (Ed.), Evidence and Inference: The Hayden Colloquium on Scientific Concept and Method, 1959
Askowith, D., The Toleration and Persecution of the Jews in the Roman Empire, 1915
Asmussen, H., Die Bergpredigt, 1939

Assfalg, J., Gregorios der Erleuchter, in: P. Manns (Hg.), Reformer der Kirche, 1970

Aubin, H., Die Umwandlung des Abendlandes durch die Germanen bis zum Ausgang der Karolingerzeit, in: W. Andreas (Hg.), Der Aufstieg des Germanentums und die Welt des Mittelalters, 1940

Auer, L., Der Kriegsdienst des Klerus unter den sächsischen Kaisern, in: MIÖG, 1971

Avi-Yonah, M., Geschichte der Juden im Zeitalter des Talmud in den Tagen von Rom u. Byzanz, 1962

Ayck, Th., Mark Twain, in: Deschner, K. (Hg.), Das Christentum im Urteil seiner Gegner, I, 1969

Ayck, Th., Theodor Lessing, 1872–1933, in: Deschner, K. (Hg.), Das Christentum im Urteil seiner Gegner, II, 1971

Aydelotte, W. O., Das Problem der historischen Generalisierung, in: Th. Schieder/G. Gräubig, 1977

Aydelotte, W. O., Quantifizierung in der Geschichtswissenschaft, in: Th. Schieder/G. Gräubig (Hg.), 1977

Bachrach, B. S., Procopius, Agathias and the Frankish Military, in: Speculum, 45, 1970

Bacht, H., Die Rolle des orientalischen Mönchtums in den kirchenpolitischen Auseinandersetzungen um Chalkedon (431–519) in: Grillmeier/Bacht, Das Konzil von Chalkedon II, 1953

Bainton, R. H., The early church and war, in: HThR 3, 1946

Ballesteres y Beretta, A., Geschichte Spaniens, 1943

Ballsieper, Th., Das gnadenreiche Prager Jesulein, 1968

Balthasar, H. U. von, Theologie der Geschichte, 1950

Balthasar, H. U. von, in: W. Dirks/E. Stammler (Hg.), Warum bleibe ich in der Kirche? Zeitgenössische Antworten, 2. A., 1971

Bang, M., Die Germanen im römischen Dienst bis zum Regierungsantritt Constantins I., 1906

Bang, M., Constantine and the Goths, The Cambridge Mediaeval Hist. I, 1936

Barb, A. A., The survival of Magic Arts, in: Momigliano (Hg.), The Conflict, 1964

Bardenhewer, O., Geschichte der altkirchlichen Literatur, Zweite umgearbeitete Auflage 1913 ff.

Barker, E., Italy and the West, 410–476, in: Gwatkin/Whitney, The Cambridge Medieval History I, 1975

Barnes, T. D., Lactantius and Constantine, in: The Journal of Roman Studies, Vol. LXIII, 1973

Barnes T. D., Constantine and Eusebius, 1981

Baron, W., A social and religious history of the Jews, 1952

Barraclough, G., History in a Changing World, 1955

Barrow, R. H., Prefect and Emperor: The Relationes of Symmachus A. D. 384, 1973

Bartmann, B., Paulus als Seelsorger, 1920

Bates, M. S., Glaubensfreiheit. Eine Untersuchung, 1947

Baetke, W., Die Aufnahme des Christentums durch die Germanen. Ein Beitrag zur Frage der Germanisierung des Christentums, in: Stier, H. G./Ernst, F. (Hg.), Die Welt als Geschichte. Eine Zeitschrift für Universalgeschichte, 1943

Bauer, A., Die Legende von dem Martyrium des Petrus und Paulus in Rom, Wiener Studien 38, 1916
Bauer, W., Das Johannesevangelium, 2. A., 1925
Bauer, W., Rechtgläubigkeit und Ketzerei im ältesten Christentum, 1934
Baur, Chr., Der heilige Johannes Chrysostomus und seine Zeit, I, 1929
Baus, K., Von der Urgemeinde zur frühchristlichen Großkirche, 1973
Baus, K., Erwägungen zu einer künftigen «Geschichte der christlichen Mission in der Spätantike» (4.–6. Jh.), in: E. Iserloh/K. Repgen (Hg.), Reformata Reformanda, I, 1965
Baynes, N. H., Constantine's Successors to Jovian: and the struggle with Persia, in: Gwatkin/Whitney, The Cambridge Medieval History I, 1975
Baynes, N. H., The dynasty of Valentinian and Theodosius the Great, Cambr. Med. Hist. 1, 1924
Baynes, N. H., Sozomen, Ecclesiastica Historia I 15, JThS 49, 1948
Baynes, N. H., Byzantine studies and other essays, 1960
Beard, C. A., That Noble Dream, in: American Historical Review 41, 1935
Beauvoir, S. de, Das andere Geschlecht. Sitte und Sexus der Frau, 1968
Beck, E., Bardaisan und seine Schule bei Ephräm, in: Le Muséon, 91, 1978
Beck, H.-G., Kirche und theologische Literatur im byzantinischen Reich, 1959
Beck, M., Bemerkungen zur Geschichte des ersten Burgunderreiches, in: SZG, 1963
Becker, E., Die Schlacht am Pons Milvius und die Katastrophe am Schilfmeer, ZKG XXXI
Beek, M. A., Geschichte Israels. Von Abraham bis Bar Kochba, 1961
Beissel, S., Die Verehrung d. Heiligen u. ihrer Reliquien in Deutschland bis zum Beginne des 13. Jahrhunderts, 1890 (I)
Beissel, S., Die Verehrung d. Heiligen u. ihrer Reliquien in Deutschland während der zweiten Hälfte des Mittelalters, 1892 (II)
Bell, H. J., Jews and Christians in Egypt, 1924
Bell, H. J., The episcopalis audientia in Byzantine Egypt, Byzantion 1, 1924
Bell, H. J., Anti-Semitism in Alexandria, JRS 31, 1941
Benoist-Méchin, J., Kaiser Julian oder der verglühte Traum, 1979
Benz, E., Augustins Lehre von der Kirche, 1954
Benz, E., Beschreibung des Christentums, Eine historische Phänomenologie, 1975
Berkhof, H., Kirche und Kaiser, 1947
Berkhof, H., Die Theologie des Eusebius von Cäsarea, 1939
Berlin, I., Historical Inevitability, 1954
Bernhart, J., Der Vatikan als Weltmacht. Geschichte und Gestalt des Papsttums, 19.–23. Tausend, 1951
Bernheim, E., Mittelalterliche Zeitanschauungen in ihrem Einfluß auf Politik und Geschichtsschreibung. Teil I: Die Zeitanschauungen, 1918
Bernsdorf, W., Soziologie der Prostitution, in: H. Giese (Hg.), Die Sexualität des Menschen. Handbuch der medizinischen Sexualforschung, 1953
Bertholet, A., Wörterbuch der Religionen, 1952
Bertram, A., Geschichte des Bisthums Hildesheim, 1899
Berve, H., Das neue Bild der Antike, 2. Bd.: Rom, 1942
Beumann, H., Zur Entwicklung transpersonaler Staatsvorstellungen, in: Vorträge und Forschungen, 3, 1956

Beumann, H., Wissenschaft vom Mittelalter, 1972
Beutin, W., Heinrich Heine, in: Deschner, K. (Hg.), Das Christentum im Urteil seiner Gegner, I, 1969
Bévenot, M., Cyprian von Karthago, in: Theologische Realenzyklopädie, Bd. VIII, 1981
Beyerlin, W., Das Königscharisma bei Saul, in: ZAW 73, 1961
Beyschlag, K., Simon Magnus und die christliche Gnosis, 1974
Bickermann, E., Der Gott der Makkabäer, Untersuchungen über Sinn und Ursprung der makkabäischen Erhebung, 1937
Bidez, J., Julian der Abtrünnige, o. J.
Bidez, J. (Hg.), Philostorgius Kirchengeschichte. Mit dem Leben des Lucian von Antiochien und den Fragmenten eines arianischen Historiographen, 1913
Bieler, L., Das Bild des «göttlichen Menschen» in Spätantike u. Frühchristentum, I, 1935
Bienert, W. A., Dionysius von Alexandrien. Zur Frage des Origenismus im 3. Jahrhundert, 1978
Bienert, W. A., Das vornicaenische homoousios als Ausdruck der Rechtgläubigkeit, in: ZKG 90, 1979, Heft 2–3
Bienert, W./Schäferdiek, K. (Hg.), Gesammelte Aufsätze zum Neuen Testament u. zur Patristik, 1974
Bihlmeyer, K., Kirchengeschichte auf Grund des Lehrbuches von F. X. Funk, 10. A., 1936, 1. Teil: Das christliche Altertum
Bihlmeyer, K., Kirchengeschichte. Neubesorgt von H. Tüchle, Erster Teil, Das christliche Altertum, 18. Aufl., 1966
Biondi, B., Il diritto romano christiano I, 1952
Blackman, E. C., Marcion and his influence, 1948
Blank, J., Petrus – Rom – Papsttum. Eine folgenreiche Geschichte, in: Das Papstamt. Dienst oder Hindernis für die Ökumene?, 1985
Bläser, P.,/Darlapp, A., Heilsgeschichte, in: H. Fries (Hg.), Handbuch theologischer Grundbegriffe, II, 1970
Blázquez, J. M., Die Rolle der Kirche in Hispanien im 4. und 5. Jahrhundert, in: Klio 63, 1981
Bloch, H., A new Document of the last Pagan Revival in the west, in: HThR 38, 1945
Bloch, H., The Pagan Revival in the West at the End of the Fourth Century, in: Momigliano (Hg.), The Conflict, 1964
Blockley, R., Constantius Gallus and Julian as Caesars of Constantius II, Latomus, 31, 1972
Blum, G. G., Zur religionspolitischen Situation der persischen Kirche im 3. u. 4. Jahrhundert, in: ZKG, 91 Bd., 1980
Blum, W., Die Jugend des Constantius II. bis zu seinem Regierungsantritt. Eine chronologische Untersuchung, in: Classica et Medievalia, 30, 1974
Blumenkranz, B., Die Judenpredigt Augustins. Ein Beitrag zur Geschichte der jüdisch-christlichen Beziehungen in den ersten Jahrhunderten, 1946
Blumenkranz, B., Die christlich-jüdische Missionskonkurrenz (3. bis 6. Jahrhundert), in: Klio 39, 1961
Bobińska, C., Historiker und historische Wahrheit. Zu erkenntnistheoretischen Problemen der Geschichtswissenschaft, 1967

Boehn, M. v., Die Mode. Menschen und Moden im Mittelalter. Vom Untergang der alten Welt bis zur Renaissance, 1925
Boer, W. den/van der Nat, P. G./Sicking, C. M. J./van Winden, J. C. M. (Hg.), Romanitas et Christianitas, 1973
Boer, W. den, Allegory and History, in: W. den Boer/P. G. van der Nat/C. M. J. Sicking/J. C. M. van Winden (Hg.), Romanitas et Christianitas, 1973
Borchardt, C. F. A., Hilary of Poitiers' role in the arian struggle, 1966
Borchardt, G., Percy Bysshe Shelley, 1792–1822, in: K. Deschner (Hg.), Das Christentum im Urteil seiner Gegner, I, 1969
Bornhäuser, K., Studien zur Apostelgeschichte, 1934
Bornhäuser, K., Jesus imperator mundi, 1938
Bornkamm, G., Jesus von Nazareth, 1956
Bornkamm, K., Kirchenbegriff und Kirchengeschichtsverständnis, ZKG, 75 Jg. 1978, H. 4
Bosl, K., Europa im Mittelalter, Weltgeschichte eines Jahrtausends, 1970
Bousset, W., Kyrios Christos, 2. A., 1921
Bousset, W., Das Mönchtum in der sketischen Wüste, ZKG, 42, 1923
Brackmann, A., Gesammelte Aufsätze, 1941
Brandenburg, A./Urban, H. J. (Hg.), Petrus und Papst. Evangelium Einheit der Kirche Papstdienst. Beiträge und Notizen, I. Bd. 1977, II. Bd. 1978
Brandenburg, H., Ars humilis. Zur Frage eines christlichen Stils in der Kunst des 4. Jahrhunderts nach Christus, JbAC 24, 1981
Brandl, M., Bemühungen der Wiener Nuntiatur um die Verbreitung von Hontheims (Febronius') Widerruf (1779), in: Römisch-Historische-Mitteilungen, 20, 1978
Braudel, F., Die lange Dauer (La longue durée), in: Th. Schieder/G. Gräubig, Theorieprobleme der Geschichtswissenschaft, 1977
Braun, H., Spätjüdisch-häretischer und frühchristlicher Radikalismus. Jesus von Nazareth und die essenische Qumransekte, 1957, I. und II.
Braunfels, W., Karl der Große. In Selbstzeugnissen und Bilddokumenten, 1972
Bringmann, K., Hellenistische Reformen und Religionsverfolgungen in Judäa. Eine Untersuchung zur jüdisch-hellenistischen Geschichte (175–163 v. Chr.), 1983
Brinken, A.-D. von den, Studien zur lateinischen Weltchronistik bis in das Zeitalter Ottos von Freising, 1957
Brock, E., Die Grundlagen des Christentums, 1970
Brock, S., The Conversations with the Syrian Orthodox under Justinian (532), OrChrP 47, 1981
Brockhaus: Der Neue Brockhaus. Allbuch in fünf Bänden und einem Atlas, 3. A., 1958
Brooks, E. W., The Eastern Provinces from Arcadius to Anastasius, in: Gwatkin/Whitney, The Cambridge Medieval History I, 1975
Browe, P., Die Hostienschändung der Juden im Mittelalter, in: RGAK, 1926
Browe, P., Beiträge zur Sexualethik des Mittelalters, 1932
Browe, P., Die Pflichtbeichte im Mittelalter, in: ZKTh, 1933
Browe, P., Die Judengesetzgebung Justinians. Pontifica Universitas Gregoriana. Analecta Gregoriana, 1935
Browe, P., Die Judenbekämpfung im Mittelalter, in: ZKTh, 2 und 3, 1938

Browe, P., Die Judenmission im Mittelalter und die Päpste, 1942
Brown, P., St. Augustine's Attitude to Religious Coercion, JRS 54, 1964
Brown, P., Pelagius and his Supporters, Aims and Environment, JThS 19, 1968
Brown, P., The Diffusion of Manichaeism in the Roman Empire, in: Journal of Roman Studies, 59, 1969
Brown, P., Religion and Society in the Age of Saint Augustine, 1972
Brown, P., Augustinus von Hippo. Eine Biographie, 1973
Brown, P. Welten im Aufbruch: Die Zeit der Spätantike. Von Mark Aurel bis Mohammed, 1980
Brown, P. R. L., Religious Coercion in the Later Roman Empire, in: History, 1963
Browning, R., Julian der abtrünnige Kaiser, Biographie, 1977
Brox, N., Tendenzen und Parteilichkeiten im Osterfest des zweiten Jahrhunderts, ZKG 83, 1972
Brox, N., Falsche Verfasserangaben. Zur Erklärung der frühchristlichen Pseudepigraphie, 1975
Brox, N., Probleme einer Frühdatierung des römischen Primats, in: Kairos, 18, 1976
Brox, N. (Hg.), Pseudepigraphie in der heidnischen und jüdisch-christlichen Antike, 1977
Brox, N., Fragen zur «Denkform» der Kirchengeschichte, ZKG 1979
Brox, N., Kirchengeschichte des Altertums, 2. A., 1986
Bruckner, A., Julian von Eclanum, sein Leben und seine Lehre. Ein Beitrag zur Geschichte des Pelagianismus, 1897
Bruckner, A., Quellen zur Geschichte des pelagianischen Streites, 1906
Bruckner, A., Die vier Bücher des Julian von Eclanum an Turbantius. Ein Beitrag zur Charakteristik Julians und Augustins, 1910
Bruckner, M., Der sterbende und auferstehende Gottheiland in den orientalischen Religionen und ihr Verhältnis zum Christentum, 1920
Brühl, C., Königspfalz und Bischofsstadt in fränkischer Zeit, RV 23, 1958
Brunsmann, J., Lehrbuch der Apologetik. Zweiter Band, Kirche und Gottesglaube, 2. A., 1930
Brunt, P. A., Josephus on Social Conflicts in Roman Judaea, in: Klio, 59, 1977
Bruun, P., The Constantinian coinage of Arelate, 1953
Bruun, P., The Consecration Coins of Constantine the Great, Arctos, Acta Philologica Fennica N.S 1, 1954
Büchmann, G., Geflügelte Worte. Der Zitatenschatz des deutschen Volkes, dtv 1967, 3 Bde.
Buhler, J., Die Germanen in der Völkerwanderung. Nach zeitgenössischen Quellen, 1925
Bullat, N., St. Cyprian and the Roman Primacy, in: Realyty, 12, 1964
Bullough, D., Italien unter den Germanen. Die Königreiche der Ostgoten und Langobarden, in: Rice (Hg.), Morgen des Abendlandes, 1965
Bultmann, R., Die Frage nach dem messianischen Bewußtsein Jesu und das Petrus-Bekenntnis, ZNW 1919/20
Bultmann, R., Theologie des Neuen Testaments, 1948
Bultmann, R., Die Geschichte der synoptischen Tradition, 3. A., 1957
Bund, K., Thronsturz und Herrscherabsetzung im Frühmittelalter, 1979
Bunge, J. G., Quellenkritische, literarische, chronologische und historische Unter-

suchungen zum zweiten Makkabäerbuch als Quelle syrisch-palästinensischer Geschichte im 2. Jh. v. Chr., 1971
Buonaiuti, E., Geschichte des Christentums I. u. II.
Burckhardt, J., Die Zeit Constantins des Großen, 1954
Burian, J., Sanctus als Wertbegriff in der Historia Augusta, in: Klio, 63, 1981
Burkitt, F. C., The Book of Rules of Tyconius, 1894
Burnaby, J., The «Retractationes» of Saint Augustine: Self-criticism or Apologia? in: Augustinus Magister, Congrès international augustinien, Paris, 21–24 Septembre I, 1954
Búry, J. B., The History of the later Roman Empire, From the death of Theodosius I to the death of Justinian. In two Volumes, 1958
Bušek, V., Episcopalis audientia, eine Friedens- und Schiedsgerichtsbarkeit, ZSavRGkan, 59, 1939
Bussmann, M., Männer, Mitren und Macht, in: Th. Seiterich (Hg.), Briefe an den Papst. Beten allein genügt nicht. Ein Publik-Forum-Buch, 1987
Büttner, H., Die Alpenpolitik der Franken im 6. und 7. Jahrhundert, HJ, 1960
Büttner Th./Werner, E., Circumcellionen und Adamiten, 1959
Cadoux, C. J. The Early Christian Attitude to War. A contribution to the History of Christian Ethics, 1919
Calderone, S., Costantino e il Cattolicesimo I, 1962
Camelot, P.-Th., Athanasios, der Große, in: LThK I, 2. A., 1957
Camelot, P.-Th., Das Konzil und die Konzile, 1962
Camelot, P.-Th., Ephesus und Chalcedon, 1963
Campenhausen, H. v., Ambrosius von Mailand als Kirchenpolitiker, 1929
Campenhausen, H. v., Griechische Kirchenväter, 3. A., 1955
Campenhausen, H. v., Lateinische Kirchenväter, 1. A., 1960; 3. A., 1972
Campenhausen, H. v., Tradition und Leben. Kräfte der Kirchengeschichte, Aufsätze und Vorträge, 1960
Campenhausen, H. v., Aus der Frühzeit des Christentums. Studien zur Kirchengeschichte des ersten und zweiten Jahrhunderts, 1963
Campenhausen, H. v., Lehrerweihen und Bischofsweihen im 2. Jahrhundert, in: In memoriam E. Lohmeyer, 1951
Campenhausen, H. v., Die Entstehung der christlichen Bibel, 1975
Canary, R. H./Kozicki, H. (Hg.), The Writing of History, 1978
Canetti, E., Die Provinz des Menschen. Aufzeichnungen 1942–1972, 1973
Capelle, W., Die Germanen der Völkerwanderung. Auf Grund der zeitgenössischen Quellen dargestellt, 1940
Capizzi, C., L'imperatore Anastasio I (491–518), OrChrA 184, 1969
Capizzi, C., Sul fallimento di un negoziato di pace ecclesiastica fra il Papa Ormisda et l'imperatore Anastasio I (515–517), in: Critica storica XVII, 1980
Carr, E. H., Was ist Geschichte?, 1963
Cartellieri, A., Weltgeschichte als Machtgeschichte. 382–911. Die Zeit der Reichsgründungen I, 1927
Caspar, E., Geschichte des Papsttums. Von den Anfängen bis zur Höhe der Weltherrschaft. Erster Band: Römische Kirche und Imperium Romanum, 1930. Zweiter Band: Das Papsttum unter byzantinischer Herrschaft, 1933
Caspar, E., Primatus Petri, ZSavRGkan, 47, 1927
Caspari, W., Die israelitischen Propheten, 1914

Castritius, H., Studien zu Maximinus Daia, 1969
Cecchelli, C., L'arianismo e le chiese ariane d'Italia, in: Settimana Spoleto 7, 1960
Cerfaux, L., Bardesanes, in: RAC I, 1950
Chadwick, H., The exil and death of Flavian of Constantinople, JThS, 1955
Chadwick, H., Ossius of Cordova and the Presidency of the Council of Antioch 325, in: JThSt 9, 2, 1958
Chadwick, H., Die Kirche in der antiken Welt, 1972
Chadwick, H., Priscillian of Avila. The occult and the charismatic in the early church, 1976
Chapman, J., Studies on the Early Papacy, 1928
Christ, F., Das Petrusamt im Neuen Testament, in: Denzler, Christ u. a., Zum Thema Petrusamt und Papsttum, 1970
Christ, K., Römer und Barbaren in der hohen Kaiserzeit, in: Saeculum X, 1959
Christ, K., Der Untergang des Römischen Reiches in antiker und moderner Sicht. Eine Einleitung, in: K. Christ (Hg.), Der Untergang des Römischen Reiches, 1970
Christensen, A., Sassanid Persia, Cambr. Ancient Hist. XII, 1939
Chrysos, E., Die angebliche «Nobilitierung» des Klerus durch Kaiser Konstantin d. Gr., in: Historia 18, 1969
Claude, D., Adel, Kirche und Königtum im Westgotenreich, 1971
Claude, D., Probleme der vandalischen Herrschaftsnachfolge, DAM, 1974
Claude, D., Geschichte der Westgoten, 1970
Clauss, M., Der magister officiorum in der Spätantike (4.–6. Jahrhundert). Das Amt und sein Einfluß auf die kaiserliche Politik, 1980
Clover, F. M., The Family and Early Career of Anicius Olybrius, Historia 27, 1978
Coler, C. (Hg.), Ullstein Weltgeschichte, 5 Bde., 1965
Colpe, C., West und Ost, in: H. J. Schultz (Hg.) Kontexte 3, Die Zeit Jesu, 1966
Comay, J., Who's Who in the Old Testament together with the Apocrypha, 1971
Comay, J., The world's greatest story. The epic of the Jewish People in Biblical Times, 1978
Conrad, H., Deutsche Rechtsgeschichte, Bd. I, Frühzeit und Mittelalter, Ein Lehrbuch, 1954
Conrad, Kampf und Sieg, Karfreitags- und Ostergedanken als Gruß aus der Heimat für Heer und Marine, o. J.
Considine, D., Frohes Gehen zu Gott, 1928
Constanzi, V., La rivolta di Pavia e la catastrofe di Stilicone, 1904
Conzelmann, H., Der erste Brief an die Korinther, 1969
Cornfeld, A.,/Botterweck, A. J. (Hg.), Die Bibel und ihre Welt. Eine Enzyklopädie, dtv-Lexikon, 6 Bde., 1972
Corsini, E., Introduzione alle Storie di Orosio, 1968
Courcelle, P., Anti-Christian Arguments and Christian Platonism: from Arnobius to St. Ambrose, in: Momigliano (Hg.), The Conflict, 1964
Coyle, J. K., The Cologne Mani-Codex and Mani's Christian Connections, in: Église et Théologie, 10, 1979
Cramer, M., Thebanische Mönche, ihr asketisches und kultisches Leben, in: Archiv für Liturgiewiss. 2, 1952
Cramer, M./Bacht, H., Der antichalkedonische Aspekt im historisch-biographischen Schrifttum der koptischen Monophysiten (6.–7. Jahrhundert). Ein Bei-

trag zur Geschichte der Entstehung der monophysitischen Kirche Ägyptens, in: Grillmeier/Bacht, Das Konzil von Chalkedon II, 1953
Crees, J. H. E., Claudian as an historical authority, 1908
Croce, B., Über die sogenannten Wert-Urteile, in: Logos 1, 1910/11
Croke, B., Arbogast and the Death of Valentinian II, Historia 25, 1976
Culican, W., ‹Am Ende der Welt›. Spanien unter den Westgoten u. Mauren, in: Rice (Hg.), Morgen des Abendlandes, 1965
Cullmann, O., Petrus, Jünger, Apostel, Märtyrer, 1952
Cüppers, H., Die Hochschule und das geistige Leben in Trier zur Römerzeit, in: Archiv für mittelalterliche Kirchengeschichte, 1974
Daley, L. J., Themistius' Plea for religious Tolerance, Greek, Roman and Byz. Studies, 12, 1971
Dallmayr, H., Die großen vier Konzilien. Nicaea, Konstantinopel, Ephesus, Chalcedon, 1961
Daniélou, J., Die heiligen Heiden des Alten Testaments, 1955
Daniélou, J., Vom Geheimnis der Geschichte, 1955
Daniel-Rops, H., Die Kirche im Frühmittelalter, 1953
Daniel-Rops, H., Die Umwelt Jesu. Der Alltag in Palästina vor 2000 Jahren, 1980
Daniel-Rops, H., Die Kirche zur Zeit der Apostel und Märtyrer, 1951
Dannenbauer, H., Grundlagen der mittelalterlichen Welt, Skizzen und Studien, 1958
Dannenbauer, H., Die römische Petruslegende, HZ 146, 1932
Dannenbauer, H., Die Entstehung Europas, Von der Spätantike zum Mittelalter. I. Der Niedergang der alten Welt im Westen, 1959. II. Die Anfänge der abendländischen Welt, 1962
Dassmann, E., Zur Entstehung des Monepiskopats, in: Jahrbuch für Antike und Christentum 17, 1974
Dassmann, E., Ist Petrus wirklich darin?, in: Kirschbaum, E., Die Gräber der Apostelfürsten. St. Peter und St. Paul in Rom, 1974
Dassmann, E., Ambrosius und die Märtyrer, in: Jahrbuch für Antike und Christentum 18, JbAC, 1975
Davidsohn, R., Geschichte von Florenz, 4 Bde., 1896–1927
Dawson, C., Die Gestaltung des Abendlandes. Eine Einführung in die Geschichte der abendländischen Einheit, 2. A., 1950
Deane, H. A., The political and social ideas of St. Augustin, 1963
Degenhart, F., Der hl. Nilus Sinaita. Sein Leben und seine Lehre vom Mönchtum, 1915
Deichmann, F. W., Christianisierung II, in: RAC II, 1954
Deichmann, F. W., Frühchristliche Kirchen in Rom, 1949
Deissmann, A., Paulus, 2. A., 1925
Delbrück, H., Geschichte der Kriegskunst im Rahmen der politischen Geschichte, II. 1901–02, III. 1907, IV. 1920
Delbrück, R., Antike Porphyrwerke, 1932
Delius, W., Geschichte der Marienverehrung, 1963
Delling, G., Paulus' Stellung zu Frau und Ehe, 1931
Demandt, A., Zeitkritik und Geschichtsbild im Werk Ammians, 1965
Demandt, A., Die afrikanischen Unruhen unter Valentinian I., in: Diener/Barth/Zimmermann (Hg.), Afrika und Rom in der Antike, 1968

Demandt, A., Der Tod des älteren Theodosius, in: Historia 18, 1969
Demandt, A., Magister militum, in: RE Suppl. 12, 1970
Demandt, A., Geschichte als Argument. Drei Formen politischen Zukunftsdenkens im Altertum, 1972
Demandt, A./Brummer G., Der Prozeß gegen Serena im Jahre 408 n. Chr., Historia 26, 1977
Demandt, A., Die Feldzüge des älteren Theodosius, in: Hermes, 100, 1972
Dempf, A., Sacrum Imperium. Geschichts- und Staatsphilosophie des Mittelalters und der politischen Renaissance, 1929
Dempf, A., Geistesgeschichte der altchristlichen Kultur, 1964
den Boer, W./van der Nat/P. G., Sicking, C. M. J./van Winden, J. C. M., Romanitas et Christianitas, 1973
Denzler, G., Das Papsttum und der Amtszölibat. Erster Teil: Die Zeit bis zur Reformation, 1973
Denzler, G./Christ, F. u. a., Zum Thema Petrusamt und Papsttum, 1970
Deschner, K., Das Kapital der Kirche in der Bundesrepublik, in: G. Szczesny, Club Voltaire, Jahrbuch f. kritische Aufklärung, IV, 1970
Deschner, K., Abermals krähte der Hahn. Eine kritische Kirchengeschichte von den Anfängen bis zu Pius XII., 1962
Deschner, K., Mit Gott und den Faschisten. Der Vatikan im Bunde mit Mussolini, Franco, Hitler und Pavelić, 1965
Deschner, K. (Hg.), Das Christentum im Urteil seiner Gegner, Bd. I, 1969, Bd. II, 1971
Deschner, K. (Hg.), Warum ich aus der Kirche ausgetreten bin, 1970
Deschner, K., Das Kreuz mit der Kirche. Eine Sexualgeschichte des Christentums, 1974
Deschner, K., Kirche des Un-Heils. Argumente um Konsequenzen zu ziehen, 1974
Deschner, K. (Hg.), Warum ich Christ/Atheist/Agnostiker bin (mit Friedrich Heer und Joachim Kahl), 1977
Deschner, K., Ein Jahrhundert Heilsgeschichte. Die Politik der Päpste im Zeitalter der Weltkriege. Band I: Von Leo XIII. 1878 bis zu Pius XI. 1939. Band II: Von Pius XII. 1939 bis zu Johannes Paul I. 1978, 1982/83
Deschner, K., Nur Lebendiges schwimmt gegen den Strom, Aphorismen, 1984
Deschner, K., Die beleidigte Kirche oder Wer stört den öffentlichen Frieden. Gutachten im Bochumer §-166-Prozeß, 1986
Deschner, K., Opus Diaboli. Fünfzehn unversöhnliche Essays über die Arbeit im Weinberg des Herrn, 1987
De tribus impostoribus. Anno MD II C. Von den drei Betrügern 1598 (Moses, Jesus, Mohammed), hg. v. G. Bartsch, 1960
Dewick, E. C., The Christian Attitude to other Religions, 1953
Dibelius, M., Die Formgeschichte des Evangeliums, 2. A., 1933
Dibelius, M., Jesus, 2. A., 1947
Dibelius, M., Die Reden der Apostelgeschichte und die antike Geschichtsschreibung, Sitzungsbericht der Heidelberger Akad. der Wiss., 1949
Dibelius, M., Botschaft und Geschichte, Gesammelte Aufsätze, 1953
Diehl, E., Inscriptiones latinae christianae veteres I, 1925
Diehl, C., Justinian. The Imperial Restoration in the West, in: Gwatkin/Whitney (Ed.), The Cambridge Medieval History II, 1976

Diehl, C., Justinian's Government in the East, in: Gwatkin/Whitney (Ed.), The Cambridge Medieval History II, 1976
Diekamp, F., Gotteslehre des hl. Gregor v. Nyssa I, 1896
Diercke, Weltstatistik 84/85. Staaten, Wirtschaft, Bevölkerung, Politik, 1984
Dierich, J., Die Quellen zur Geschichte Priscillians, 1897
Dieringer, F. X., Kanzelvorträge
Diesner, H.-J., Afrika und Rom in der Zeit des Dominats, in: Diesner/Barth/Zimmermann (Hg.), Afrika und Rom in der Antike, 1968
Diesner, H.-J., Kirche und Staat im spätrömischen Reich. Aufsätze zur Spätantike und zur Geschichte der Alten Kirche, 1963
Diesner, H.-J., Die Laufbahn des «Comes Africae» Bonifatius und seine Beziehungen zu Augustin, in: Kirche und Staat im spätrömischen Reich, 1963
Diesner, H.-J., Gildos Herrschaft und die Niederlage bei Theueste, Klio 40, 1962
Diesner, H.-J., Orosius und Augustinus, in: Acta Antiqua Academiae Scientiarum Hungaricae, 1963
Diesner, H.-J., Der Untergang der römischen Herrschaft in Nordafrika, 1964
Diesner, H.-J., Studien zur Gesellschaftslehre und sozialen Haltung Augustins, 1954
Diesner, H.-J., Die Lage der nordafrikanischen Bevölkerung im Zeitpunkt der Vandaleninvasion, Historia 11, 1962
Diesner, H.-J., Kriege des Altertums. Griechenland und Rom im Kampf um den Mittelmeerraum, 1985
Diesner, H.-J., Die Circumcellionen von Hippo Regius, ThLZ 7, 1960
Diesner, H.-J., Das Vandalenreich, Aufstieg und Untergang, 1966
Diesner, H.-J., Possidius und Augustinus, in: Studia Patristica, Berlin 1962
Dignath-Düren, Kirche – Krieg – Kriegsdienst. Die Wissenschaft zu dem aktuellen Problem in der ganzen Welt, 1955
Dihle, A., Zum Streit um den Altar der Victoria, in: W. den Boer/P. G. van der Nat/C. M. J. Sicking/J. C. M. van Winden (Hg.), Romanitas et Christianitas, 1973
Dill, S., Roman society in the last century of the western empire, 2. ed. 1930
Dinsen, F., Homoousios. Die Geschichte des Begriffs bis zum Konzil von Konstantinopel (381), 1976
Dirks, W., Das schmutzige Geschäft? Die Politik und die Verantwortung der Christen, 1964
Dirks, W./Stammler, E., Warum bleibe ich in der Kirche? Zeitgenössische Antworten, 2. A., 1971
Dittrich, O., Geschichte der Ethik. Die Systeme der Moral vom Altertum bis zur Gegenwart, 2 Bde., 1926
Dobschütz, E. von, Das Decretum Gelasianum de libris recipiendis et non recipiendis (Texte und Untersuchungen zur Geschichte der altchristlichen Literatur Bd. 38, H. 4), 1912
Dodds, E. R., Pagan and Christian in an Age of Anxiety. Some Aspects of Religious Experience from Marcus Aurelius to Constantine, 1965
Dölger, F. J. (Hg.), Konstantin der Große und seine Zeit, 1913
Dölger, F., Byzanz und die europäische Staatenwelt. Ausgewählte Vorträge und Aufsätze, 1964
Dölger, F., Die Kaiserurkunde der Byzantiner, HZ, 1939

Dollinger, H., Schwarzbuch der Weltgeschichte. 5000 Jahre der Mensch des Menschen Feind, 1973
Döllinger, J. J. I. v., Christenthum und Kirche in der Zeit der Grundlegung, 1860
Donin, L. (Hg.), Leben und Thaten der Heiligen Gottes oder: Der Triumph des wahren Glaubens in allen Jahrhunderten. Mit Angabe der vorzüglichsten Geschichtsquellen und praktischer Anwendung nach den bewährtesten Geistesmännern. Zweite vermehrte und verbesserte Auflage, 7 Bde., 1861/62
Doppelfeld, O., Köln als Brücke zum Abendland, in: Böhner, K. (Hg.), Das erste Jahrtausend, II, 1964
Doergens, H., Eusebius von Caesarea, der Vater der Kirchengeschichte, ThGl 29, 1937
Doerner, A., Sentire cum Ecclesia. Ein dringender Aufruf und Weckruf an Priester, 1941
Doerries, H., Wort und Stunde. I. Bd.: Gesammelte Studien zur Kirchengeschichte des vierten Jahrhunderts, 1966. II. Bd.: Aufsätze zur Geschichte der Kirche im Mittelalter, 1969. III. Bd.: Beiträge zum Verständnis Luthers, 1970
Doerries, H., Das Selbstzeugnis Kaiser Konstantins, Abhandlungen der Akademie der Wissenschaften in Göttingen, Phil.-hist. Klasse, 34, 1954
Doerries, H., Konstantin der Große, 1958
Doskocil, W., Exkommunikation, in: RAC VII, 1969
Downey, G., A History of Antioch in Syria from Seleucus to the Arab Conquest, 1961
Drenkard, L., Mit dem Rosenkranz in den Himmel. Der große Segen des Rosenkranzgebetes, 1935
Dresdner, A., Kultur- und Sittengeschichte der italienischen Geistlichkeit im 10. und 11. Jahrhundert, 1890
Drews, A., Die Christusmythe II, 1911
Droysen, J. G., Historik, Vorlesungen über Enzyklopädie und Methodologie der Geschichte, hrsg. von R. Hübner, 5. A., 1967
dtv-Lexikon der Antike I–III, 1971
Duchrow, U., Christenheit und Weltverantwortung. Traditionsgeschichte und systematische Struktur der Zweireichelehre, 1970
Dudden, F. H., The Life and Times of St. Ambrose, 2 Bde., II, 1935
Dulckeit G./Schwarz, F., Römische Rechtsgeschichte, neu bearbeitet von W. Waldstein, 1975
Dumoulin, M., The Kingdom of Italy under Odovacar and Theodoric, in: Gwatkin/Whitney, CMH I, 1975
Dunk, H. von der, Wertfreiheit und Geschichtswissenschaft, in: HZ, 214. Band, 1971
Dunlap, J. E., The Office of the Grand Chamberlain in the Later Roman and Byzantine Administration, 1924
Dvornik, F., Byzanz und der römische Primat, 1966
Dvornik, F., Pope Gelasius and Emperor Anastasius I., in: ByZ, 1951
Dvornik, F., Early Christian and Byzantine political philosophy, origins and background, Vol. 2, 1966
Eckert, W. P./Ehrlich, E. L., Judenhaß – Schuld der Christen?! Versuche eines Gesprächs, 1964
Eger, H., Kaiser und Kirche in der Geschichtstheologie Eusebs von Caesarea, ZNW 38, 1939

Egger, R., Der erste Theodosius, Byzantion 5, 1930
Ehlers, B., Bardesanes von Edessa – ein syrischer Gnostiker, in: ZKG, 81. Bd., 1970
Ehrhard, A., Die Kirche der Märtyrer, 1932
Ehrhard, A., Urkirche und Frühkatholizismus, 1935
Ehrhard, A., Die altchristlichen Kirchen im Westen und Osten. I. Die griechische und die lateinische Kirche, 1937
Ehrhardt, C. T. H. R., Constantinian Documents in Gelasius of Cyzicus, Ecclesiastical History, JbAC 23, 1980
Ehrlich, E. L., Geschichte der Juden von Deutschland, 1961
Elbern, St., Usurpationen im spätrömischen Reich, 1984
Eliade, M., Die Religionen und das Heilige, 1966
Engel-Janosi, F./Klingenstein, G., Lutz, H. (Hg.), Denken über Geschichte, 1974
Enßlin, W., Zu den Grundlagen von Odoakers Herrschaft, in: Serta Hoffilleriana, Zagreb, 1940
Ensslin, W., Zum Heermeisteramt des spätrömischen Reiches, Klio 24, 1931
Ensslin, W., Gottkaiser und Kaiser von Gottes Gnaden, 1943
Ensslin, W., Die Religionspolitik des Kaisers Theodosius d. Gr., SBA phil.-hist. Kl., 1953
Ensslin, W., Einbruch in die antike Welt: Völkerwanderung, in: Valjavec, F. (Hg.), Frühes Mittelalter, 1956
Ensslin, W., Theoderich der Große, 1947
Epperlein, S., Karl der Große. Eine Biographie, 1975
Erben, W., Kriegsgeschichte des Mittelalters, 1929
Erbes, C., Die Todestage der Apostel Paulus und Petrus und ihre römischen Denkmäler. Kritische Untersuchungen, 1899
Erdbrooke, R. O., Jr., The Visit of Constantius II to Rome in 357, in: American Journal of Philology, 97, 1976
Erdmann, C., Die Entstehung des Kreuzzuggedankens, 1955
Ernst, J., Der angebliche Widerruf Cyprians in der Ketzertauffrage, ZKTh 19, 1895
Espenberger, J. N., Aurelius Augustinus, Bibliothek der Kirchenväter, 1911
Estevant/Schneider (Hg.), Katholisches Gesang- und Gebetbuch für die Kriegsmarine, 1941
Evans, R. F., Fastidius and the Pseudo-Augustinian De Vita Christiana, JThS 13, 1962
Evans, R. F., Pelagius. Inquiries and Reappraisals, 1968
Evans, J. A. S., Christianity and Paganism in Procopius of Caesarea, in: Greek-Roman- and Byzantine-Studies, Vol. 12, 1971
Ewig, E., Zum christlichen Königsgedanken im Frühmittelalter, in: Mayer, Th. (Hg.), Das Königtum, 1956
Ewig, E., Das Bild Constantins des Großen in den ersten Jahrhunderten des abendländischen Mittelalters, HJ 75, 1956
Ewig, E., Die Kathedralpatrozinien im römischen und im fränkischen Gallien, HJ, 1960
Faber, K.-G., Objektivität in der Geschichtswissenschaft, 1975
Fairweather, W., The Background of the Gospels, 1911
Faulhaber, M. v., Das Schwert des Geistes. Feldpredigten im Weltkrieg, 2. A., 1917

Faulhaber, M. v., Charakterbilder biblischer Frauenwelt, 6. A., 1935
Feine, H. E., Kirchliche Rechtsgeschichte I. Die Katholische Kirche, 3. A., 1955
Feldgesangbuch für die evangelischen Mannschaften des Heeres, 1914
Fellermayr, J., Tradition und Sukzession im Lichte des römisch-antiken Erbdenkens, 1979
Ferdinandy, M. de, Der heilige Kaiser. Otto III. und seine Ahnen, 1969
Ferdinandy, M. de, Die nordeurasischen Reitervölker und der Westen bis zum Mongolensturm, in: Valjavec, F. (Hg.), Frühes Mittelalter, 1956
Fichtinger, C., Lexikon der Heiligen und Päpste, 1980
Fines, J., Who's who in the Middle Ages, 1970
Finley, M. I., Das antike Sizilien. Von der Vorgeschichte bis zur arabischen Eroberung, 1979
Fischer, J., Die Völkerwanderung im Urteil der zeitgenössischen kirchlichen Schriftsteller Galliens unter Einbeziehung des hl. Augustinus, 1948
Fischer, Th., Seleukiden und Makkabäer. Beiträge zur Seleukidengeschichte und zu den politischen Ereignisse in Judäa während der 1. Hälfte des 2. Jahrhunderts v. Chr., 1980
Fleckenstein, J., Grundlagen und Beginn der deutschen Geschichte, 1974
Fleckenstein, J., Das großfränkische Reich: Möglichkeiten und Grenzen der Großreichsbildung im Mittelalter, in: HZ 233, 1981
Folz, R., The Concept of Empire in Western Europe from the Fifth to the Fourteenth Century, 1969
Forbes, C. A., Firmicus Maternus and the Secular arm, in: Class. Journ. 55, 1960
Foerster, W., Der Jupitertempel auf dem Tempelplatz zu Jerusalem, in: ThBl, 10, 1931
Förster, R., Kaiser Julian in der Dichtung alter und neuer Zeit, in: Studien zur vergleichenden Literaturgeschichte, hg. v. M. Koch, 1905, 5. Bd., Heft 1
Forster, K., Die ekklesiologische Bedeutung des Corpus-Begriffs im Liber Regularum des Tyconius, MThZ, 1956
Frank, K. S., Gehorsam, RAC IX, 1976
Frank, K. S., «Adversos Judaeos» in der Alten Kirche in: B. Martin/E. Schulin (Hg.), Die Juden als Minderheit in der Geschichte, 1981
Frankenberg, G. v., Friedrich d. Große (1712–1786), in: Deschner (Hg.), Das Christentum im Urteil seiner Gegner, I, 1969
Frankenberg, G. v., Johann Wolfgang Goethe (1749–1832), in: Deschner (Hg.), Das Christentum im Urteil seiner Gegner, I, 1969
Franzen, A., Kleine Kirchengeschichte, 1965
Franzen A./Bäumer, R., Papstgeschichte, 1974
Fredouille, J.-C., Götzendienst, RAC XI, 1981
Fredriksson, H., Jahwe als Krieger, 1945
Frend, W. H. C., The Donatist Church. A movement of protest in Roman North Africa, 1952
Frend, W. H. C., The Rise of the Monophysite Movement: Chapters in the history of the church in the fifth and sixth centuries, 1972
Frend, W. H. C., Der Verlauf der Mission in der Alten Kirche bis zum 7. Jahrhundert, in: Frohnes, H./Knorr, U. W. (Hg.), Die Alte Kirche, 1974
Freudenberger, R., Die Auswirkungen kaiserlicher Politik auf die Ausbreitungsgeschichte des Christentums bis zu Diokletian, in: H. Frohnes/U. W. Knorr, Kirchengeschichte als Missionsgeschichte, Bd. I, Die Alte Kirche, 1974

Frick, H., Die Kirchen und der Krieg, 1933
Fridh, A., Die Bekehrung der Westgoten zum Christentum, in: U. E. Hagberg (Hg.), Studia Gotica, 1972
Friedländer, L., Sittengeschichte Roms, o. J.
Friedrich, P., St. Ambrosius von Mailand über die Jungfrauengeburt Marias (Virginitas Mariae in partu), in: Festgabe Alois Knopfler, 1917
Friedrichsen, A., Peristasenkatalog und Res Gestae, Symbolae Osloenses, 8, 1928
Friedrichsen, A., Zum Stil des paulinischen Peristasenkatalogs, 2. Cor, 11,23 ff., Symbolae Osloenses, 7, 1928
Fries, H. (Hg.), Handbuch theologischer Grundbegriffe, 4 Bde., 1970
Fries, H., Das Petrusamt im Zeugnis der Bibel, in: B. Moser (Hg.), Das Papsttum. Epochen und Gestalten, 1983
Frohnes, H./Knorr, U. W., Kirchengeschichte als Missionsgeschichte, Bd. I, Die Alte Kirche, 1974
Frossard, A., Gott existiert. Ich bin ihm begegnet, 1970
Frusta, G., Der Flagellantismus und die Jesuitenbeichte. Historisch-psychologische Geschichte der Geißelungsinstitute, Klosterzüchtigungen und Beichtstuhlverirrungen aller Zeiten, 1834
Fry, F. Clark (Hg.), Geschichtswirklichkeit und Glaubensbewährung, Festschrift für Bischof D. Dr. h. c. Friedrich Müller, 1967
Fuchs, E., Christus und der Geist bei Paulus, 1932
Fuchs, J., Handbuch zur Kirchengeschichte. Kommentar zum Lehrbuch «Katholische Kirchengeschichte» von Joseph Fuchs, 1962
Fuhrmann, H., Eine im Original erhaltene Propagandaschrift des Erzbischofs Gunthar von Köln (865), in: Archiv f. Diplomatik, 4, 1958
Fuhrmann, H., Einfluß und Verbreitung der pseudoisidorischen Fälschungen. Von ihrem Auftauchen bis in die neuere Zeit. Erster Teil, 1972
Funke, H., Majestäts- und Magieprozesse bei Ammianus Marcellinus, JbAC, 1967
Funke, H., Götterbild, RAC XI, 1981
Galling, K., Königliche und nichtkönigliche Stifter beim Tempel von Jerusalem, in: ZDPV 68, 1945
Galling, K., Der Ehrenname Elisäus und die Entrückung Elias', in: ZThK, 53, 1956
Galling, K. (Hg.), Die Religion in Geschichte und Gegenwart. Handwörterbuch für Theologie und Religionswissenschaft, 3. A., I, 1957
Galling, K., Serubbabel und der Wiederaufbau des Tempels in Jerusalem, in: Festschrift W. Rudolph, 1961
Gamm, H.-J., Sachkunde zur biblischen Geschichte, 1965
Gamm, H.-J., Aggression und Friedensfähigkeit in Deutschland, 1968
Gams, P., Series episcoporum ecclesiae catholicae quotquot innotuerunt a beato Petro apostolo, 1873
Gams, P., Kirchengeschichte von Spanien, 2 Bde., 1. Abtlg., 1864
Garden, E., Sagt die Bibel die Wahrheit?, 2. A., 1959
Gardner, A., Religious Disunion in the Fifth Century, in: Gwatkin/Whitney (Ed.), The Cambridge Medieval History I, 1975
Gauss, J., Anselm von Canterbury. Zur Begegnung und Auseinandersetzung der Religionen, in: Säkulum, Bd. 17, 1966
Gautier, E. F., Geiserich, König der Wandalen. Die Zerstörung einer Legende, 1934

Geanakoplos, D. J., Church Building and ‹Caesaropapism› A.D. 312–565, in: Greek- Roman- and Byzantine-Studies, Vol. 7, 1966

Geerlings, W., Zur Frage der Nachwirkung des Manichäismus in der Theologie Augustins, ZKTh 93, 1971

Geffcken, J., Zwei griechische Apologeten, 1907

Geffcken, J., Das Christentum im Kampf und Ausgleich mit der griechisch-römischen Welt, 3. A., 1920

Geffcken, J., Der Ausgang des griechisch-römischen Heidentums. Unveränderter Nachdruck der Ausgabe Heidelberg 1929, Darmstadt 1963

Gelmi, J., 1. Von den Anfängen bis zur Konstantinischen Wende, in: B. Moser (Hg.), Das Papsttum. Epochen und Gestalten, 1983

Gelmi, J., 2. Von der Konstantinischen Wende bis zum Ausgang der Antike, in: B. Moser (Hg.), Das Papsttum, Epochen und Gestalten, 1983

Gentili, R., La rivalità fra Ezio, Felice e Bonifacio e l'invasione dei Vandali in Africa. Mondo Classico 5, 1935

Gentz, G., Arianer, RAC I, 1950

Gentz, G., Athanasius, RAC I, 1950

Gerdes, H., Geschichte des deutschen Bauernstandes, 3. A., 1928

Gesche, H., Die Divinisierung der römischen Kaiser in ihrer Funktion als Herrschaftslegitimation, in: Chiron, 8, 1978

Gessel, W., Leo I., in: P. Manns, Reformer der Kirche, 1970

Gessel, W./Stockmeier, P., Bavaria Christiana, Zur Frühgeschichte des Christentums in Bayern. Festschrift Adolf Wilhelm Ziegler, 1973

Giese, H. (Hg.), Die Sexualität des Menschen. Handbuch der medizinischen Sexualforschung, 1953

Giesecke, H.-E., Die Ostgermanen und der Arianismus, 1939

Gigon, O., Die antike Kultur und das Christentum, 1966

Girardet, K. M., Kaisergericht und Bischofsgericht. Studien zu den Anfängen des Donatistenstreites (313–315) und zum Prozeß des Athanasius von Alexandrien (328–346), 1975

Girardet, K. M., Kaiser Konstantius II. als «Episcopus Episcoporum» und das Herrscherbild des kirchlichen Widerstandes (Ossius von Corduba und Lucifer von Calaris), Historia 26, 1977

Glasenapp, H. v., Von Buddha zu Gandhi, 1954

Glasenapp, H. v., Die nichtchristlichen Religionen, 1957

Glockner, H., Die europäische Philosophie von den Anfängen bis zur Gegenwart, 2. A., 1960

Gögler, R., Epiphanios von Salamis, in: Lexikon für Theologie und Kirche III

Goguel, M., Das Leben Jesu, 1934

Goemans, M., Chalkedon als «Allgemeines Konzil», in: A. Grillmeier/H. Bacht, Das Konzil von Chalkedon, I, 1951

Gontard, F., Die Päpste. Regenten zwischen Himmel und Hölle, 1959

Goppelt, L., Christentum und Judentum im 1. und 2. Jahrhundert, 1954

Goppelt, L., Kirche und Häresie nach Paulus, in: Gedenkschrift für W. Ebert, 1955

Goppelt, L., Der Missionar des Gesetzes, zu Röm. 2,21 f, in: Basileia, Walter Freytag zum 60. Geburtstag, 1959

Görlich, E. J., Kleine Kirchengeschichte, 1958

Gottlieb, G., Ambrosius von Mailand und Kaiser Gratian, 1973

Gottlieb, G., Ost und West in der christlichen Kirche des 4. und 5. Jahrhunderts, 1978
Gottlieb, G., Gratianus, RAC XII, 1983
Gottschalk, L., Generalization in the Writing of History, 1963
Goetz, H.-W., Die Geschichtstheologie des Orosius, 1980
Grabmann, M., Augustinus, LThK, 1. A., I, 1930
Graf, G., Chalkedon in der Überlieferung der christlichen arabischen Literatur, in: Grillmeier/Bacht, I, 1951
Grant, M., Roms Caesaren. Von Julius Caesar bis Domitian, 1983
Grant, M., Das Römische Reich am Wendepunkt. Die Zeit von Mark Aurel bis Konstantin, 1972
Grant, R. M., Christen als Bürger im Römischen Reich, 1981
Grant, R. M., Hermeneutics and Tradition in Ignatius of Antioch, in: Archivio di filosofia, 1963
Grant, M./Hazel, J., Lexikon der antiken Mythen und Gestalten, 1973
Grasmück, E. L., Coercitio. Staat und Kirche im Donatistenstreit, 1964
Graesser, E., Das eine Evangelium. Hermeneutische Erwägungen zu Gal. 1,6–10, in: Ders. Text und Situation. Gesammelte Aufsätze zum Neuen Testament, 1973
Gray, P. T. R., The Defense of Chalcedon in the East (451–453), 1979
Greenslade, S. L., Church and State from Constantin to Theodosius, 1954
Gregorovius, F., Geschichte der Stadt Rom im Mittelalter. Vom V. bis zum XVI. Jahrhundert. Herausgegeben von W. Kampf. Vollständige und überarbeitete Ausgabe in sieben Bänden, 1978
Greschat, M. (Hg.), Alte Kirche I, 1984
Grill, J., Der Primat des Petrus, 1904
Grillmeier, A., Jesus der Christus im Glauben der Kirche. 1. Von der Apostolischen Zeit bis zum Konzil von Chalcedon, 1979
Grillmeier, A., Jesus der Christus im Glauben der Kirche, Band 2/1. Das Konzil von Chalcedon (451), Rezeption und Widerspruch (451–518), 1986
Grillmeier, A., Die theologische und sprachliche Vorbereitung der christologischen Formel von Chalkedon, in: A. Grillmeier/H. Bacht (Hg.), Das Konzil von Chalkedon. Geschichte und Gegenwart, I, 1951
Grillmeier, A./Bacht, H. (Hg.), Das Konzil von Chalkedon. Geschichte und Gegenwart, I 1951, II 1953
Grisar, H., Geschichte Roms und der Päpste im Mittelalter. Rom beim Ausgang der antiken Welt. Nach den schriftlichen Quellen und den Monumenten, 1901
Groag, Maxentius, in: Pauly-Wissowa, Realenc. 28. Hbbd., 1966
Groh, D., Strukturgeschichte als «totale» Geschichte?, in: Schieder/Gräubig, Theoriegeschichte, 1977
Gröne, V., Papst-Geschichte, I, 2. A., 1875
Groß, J., Entstehungsgeschichte des Erbsündendogmas. Von der Bibel bis Augustinus, I, 1960
Gross, J., Theodor von Mopsuestia, ein Gegner der Erbsündenlehre, ZKG 1953/54
Grothusen, K.-D./Zernak, K., Europa Slavika – Europa Orientalis, Festschrift für Herbert Ludat zum 70. Geburtstag, 1980
Grotz, H., Die Stellung der römischen Kirche anhand frühchristlicher Quellen, Archiv. Hist. Pontif. 13, 1975

Grundmann, W., Das palästinensische Judentum im Zeitraum zwischen der Erhebung der Makkabäer und dem Ende des Jüdischen Krieges, in: J. Leipoldt/W. Grundmann (Hg.), Umwelt d. Urchristentums, 5. A., 1966
Grupp, G., Kulturgeschichte des Mittelalters, 6 Bde., 1907–1925
Grützmacher, G., Pachomius und das älteste Klosterleben. Ein Beitrag zur Mönchsgeschichte, 1896
Grützmacher, G., Hieronymus. Eine biographische Studie zur alten Kirchengeschichte, I, 1901, II, 1906, III, 1908
Güldenpenning, A., Geschichte des oströmischen Reiches unter den Kaisern Arcadius und Theodosius II., 1885, Nachdruck 1965
Gülzow, H., Christentum und Sklaverei in den ersten drei Jahrhunderten, 1969
Gülzow, H., Cyprian und Novatian, 1975
Gundlach, G., Die Lehre Pius XII. vom modernen Krieg, StdZ, 7. H., 1958/59
Gwatkin, H. M., Constantine and his City, in: Gwatkin/Whitney (Ed.), The Cambridge Medieval History I, 1975
Haacke, R. M., Rom und die Caesaren. Geschichte des Cäsaropapismus, 1947
Haacke, R., Die kaiserliche Politik in den Auseinandersetzungen um Chalkedon (451–553), in: Grillmeier/Bacht, II, 1953
Haardt, R., «Gnosis» und «Gnostizismus», in: Sacramentum Mundi. Theologisches Lexikon für die Praxis, II, 1968
Haas, H., Idee und Ideal der Feindesliebe in der außerchristlichen Welt, 1927
Habicht, Chr., Zur Geschichte des Kaisers Konstantin, in: Hermes, 86, 1958
Habicht, Chr., Die herrschende Gesellschaft in den hellenistischen Monarchien, in: VSWG 45, 1958
Hadot, P., Fürstenspiegel, RAC VIII, 1972
Hagberg, V. E. (Hg.), Studia Gotica, 1972
Hage, W., Die oströmische Staatskirche und die Christenheit des Perserreiches, in: ZKG, 84. Bd., 1973
Hagel, K. F., Kirche und Kaisertum in Lehre und Leben des Athanasius, 1933
Hagemeyer, O., Cyprian, in: P. Manns (Hg.), Reformer der Kirche, 1970
Hagendahl, H., Zu Augustins Beurteilung von Rom in De civitate Dei, Wiener Studien 79, 1966
Haehling, R. v., Die Religionszugehörigkeit der hohen Amtsträger des Römischen Reiches seit Constantius I. Alleinherrschaft bis zum Ende der Theodosianischen Dynastie (324–450 bzw. 455 n. Chr.), 1978
Haehling, R. v., Ammianus Marcellinus und der Prozeß von Skythopolis, in: JbAC 21, 1978
Haehling, R. v., Damascius und die heidnische Opposition im 5. Jahrhundert nach Christus, JbAC 23, 1980
Hahn, F., Die Petrusverheißung Mt 16, 18 f, Materialdienst des Konfessionskundlichen Instituts Bensheim 21, 1970
Halbe, J., Die Reihe der Inzest-Verbote Lev. 18,7–18. Entstehung und Gestaltungsstufen, in: ZAW, 92. Bd., 1980
Halbfaß, W., Porphyrios, in: K. Deschner (Hg.), Das Christentum im Urteil seiner Gegner, I, 1969
Halbfaß, W., Denis Diderot, in: Deschner (Hg.), Das Christentum im Urteil seiner Gegner I, 1969
Haller, J., Entstehung der germanisch-romanischen Welt, in: K. A. von Müller/

P. R. Rohden (Hg.), Knaurs Weltgeschichte. Von der Urzeit bis zur Gegenwart, 1935
Haller, J., Das Papsttum. Idee und Wirklichkeit I–V, 1965
Halporn, J. W., Saint Augustine Sermon 104 and the Epulae Venerales, JbAC 19, 1976
Hamman, A., Hieronymus, in: P. Manns (Hg.), Die Reformer der Kirche, 1970
Hamman, A., Kyrillos von Alexandria, in: P. Manns (Hg.), Reformer der Kirche, 1970
Hammond, N. G. L./Scullard, H. H., The Oxford Classical Dictionary, Sec. Ed. 1978
Haenchen, E., Die Apostelgeschichte, 10. A., 1956
Handbuch der Kirchengeschichte, hg. v. H. Jedin. Die Reichskirche nach Konstantin dem Großen. Erster Halbband: Die Kirche von Nikaia bis Chalkedon von K. Baus/E. Ewig, 2. A., 1979
Handbuch der Kirchengeschichte, hg. v. H. Jedin. Die Reichskirche nach Konstantin dem Großen. Zweiter Halbband: Die Kirche in Ost und West von Chalkedon bis zum Frühmittelalter (451–700) von K. Baus/H.-G. Beck/E. Ewig/H. J. Vogt, 2. A., 1982
Haendler, G., Wulfila und Ambrosius, 1961
Haendler, G., Der Ketzertaufstreit als ökumenisches Problem, in: Evangelische Missionszeitschrift, 23, 1966
Haendler, G., Die drei großen nordafrikanischen Kirchenväter über Mt. 16, 18–19, in: ThLZ 5/6, 1956
Haendler, G., Von Tertullian bis zu Ambrosius. Die Kirche im Abendland vom Ende des 2. bis zum Ende des 4. Jahrhunderts, 1978
Haendler, G., Die abendländische Kirche im Zeitalter der Völkerwanderung, 2. A., 1983
Hanhart, R., Fragen um die Entstehung der LXX, in: Vet. Test. 12, 1962
Hanssens, J. M., Il concilio di Aquileia nel 381 alla luce dei documenti contemporanei, in: Scuola cattolica 103, 1975
Hardtwig, W., Die Verwissenschaftlichung der Geschichtsschreibung und die Ästhetisierung der Darstellung, in: R. Koselleck/H. Lutz/J. Rüsen (Hg.), Formen der Geschichtsschreibung IV, 1982
Hardy, E. R., The patriarchate of Alexandria, Church History 15, 1946
Harnack, A. v., Militia Christi. Die christliche Religion und der Soldatenstand in den ersten drei Jahrhunderten, 1905
Harnack, A. v., Marcion: Das Evangelium vom fremden Gott, 1921
Harnack, A. v., Lehrbuch der Dogmengeschichte, II, 5. A., 1931 (Nachdruck 1964)
Harnack, A., Mission und Ausbreitung des Christentums in den ersten drei Jahrhunderten, 2. A., 1906, 4. A., 1924
Häring, B., Das Gesetz Christi. Moraltheologie. Sechste erweiterte und gründlich bearbeitete Ausgabe, 3 Bde., 1961
Harris, R., Editions and translations of Christian documents in Syria and Garstunu, in: Woodbrooke Studies, 11, 1927
Harrison, R. M., The Emperor's Zeno's Real Name, ByZ 74, 1981
Härtel, G., Zur rechtlichen Stellung der Sklaven, Klio, 1977
Hartmann, C. M., Geschichte Italiens im Mittelalter, 4 Bde., 1897 ff (Neudruck 1969)

Hauck, A., Kirchengeschichte Deutschlands, 5 Bde., 1887–1920
Hauck, F. Theologisches Fremdwörterbuch, 1950
Hauck, K. (Hg.), Frühmittelalterliche Studien, 7. Bd., 1973
Hauptmann, L., Kroaten, Goten und Sarmaten, in: Germanoslavica, Vierteljahresschrift für die Erforschung der germanisch-slavischen Kulturbeziehungen, 1935
Hay, D., Das Reich Christi. Das mittelalterliche Europa nimmt Gestalt an, in: D. T. Rice (Hg.), Morgen des Abendlandes, 1965
Heer, F., Mittelalter, 1961
Heer, F., Kreuzzüge – gestern, heute, morgen?, 1969
Heer, F., Abschied von Höllen und Himmeln. Vom Ende des religiösen Tertiär, 1970
Heer, F., Ohne Papsttum kein Abendland, in: B. Moser (Hg.), Das Papsttum, Epochen und Gestalten, 1983
Heering, W., Kaiser Valentinian I., 1927
Hefele, C. J., Beiträge zur Kirchengeschichte, Archäologie und Liturgik, 1. Bd., 1864
Hegel, G. F. W., Vorlesungen über Ästhetik, Werke Bd. 10. Teil 3, 2. A., 1843
Heiler, F., Erscheinungsformen und Wesen der Religion, 1961
Heiler, F., Die Religionen der Menschheit in Vergangenheit und Gegenwart, 1959
Heiler, F., Urkirche und Ostkirche, 1937
Heiler, F., Der Katholizismus. Seine Idee und seine Erscheinung, 1923
Heiler, F., Altkirchliche Autonomie und päpstlicher Zentralismus, 1941
Heilmann, A. (Hg.), Texte der Kirchenväter, nach Themen geordnet, 5 Bde., 1963
Heinzberger, F., Heidnische und christliche Reaktion auf die Krisen des Weströmischen Reiches in den Jahren 395–410 n. Chr., 1976
Heinzelmann, M., Bischofsherrschaft in Gallien. Zur Kontinuität römischer Führungsschichten vom 4. bis zum 7. Jahrhundert. Soziale, prosopographische und bildungsgeschichtliche Aspekte, 1976
Helbling, H., Goten und Wandalen. Wandlung der historischen Realität, 1954
Held, W., Die gallische Aristokratie im 4. Jahrhundert hinsichtlich ihrer Siedlungsstandorte und ihrer zentralen Stellung zur römischen Provinzial- bzw. Zentraladministration, in: Klio, 1976
Hellinger, W., Die Pfarrvisitation nach Regino von Prüm, in: ZSSR, Kan. Abt., 1962/63
Hempel, J., Die israelischen Anschauungen von Segen und Fluch im Lichte altorientalischer Parallelen, in: ZDMG, Leipzig NF 4, 1925
Hendrikx, E., Augustinus, LThK I, 1957
Hengel, M., Die Zeloten, 1961
Hengel, M., Judentum und Hellenismus. Studien zu ihrer Begegnung unter besonderer Berücksichtigung Palästinas bis zur Mitte des 2. Jh. v. Chr., 2. verb. A., 1973
Hengel, M., Juden, Griechen und Barbaren, 1976
Hennecke, E., Neutestamentliche Apokryphen, 2. A., 1924
Henrichs, A., Mani and the Babylonien Baptists. A Historical Confrontation, in: Harvard Studies in Class. Philol. 77, 1973
Henrichs, A./Koenen, L., Der Kölner Mani-Kodex, Edition, in: ZPE 19, 1975
Henrichs, A./Koenen, L., Ein griechischer Mani-Codex, in: ZPE 5, 1970

Henting, H. v., Der Friedensschluß. Geist und Technik einer verlorenen Kunst, 1965
Hentig, H. v., Die Besiegten. Zur Psychologie der Masse auf dem Rückzug, 1966
Hentig, H. v., Die Strafe. I Frühformen und kulturgeschichtliche Zusammenhänge, 1954. II Die modernen Erscheinungsformen, 1955
Hergenröther, J., Handbuch der allgemeinen Kirchengeschichte, 2. A. I, 1879
Hergenröther, J., Handbuch der allgemeinen Kirchengeschichte, 3. verbesserte Auflage I, 1884
Hernegger, R., Macht ohne Auftrag. Die Entstehung der Staats- und Volkskirche, 1963
Herrmann, F., Symbolik und Religionen der Naturvölker, 1961
Herrmann, J., Ein Streitgespräch mit verfahrensrechtlichen Argumenten zwischen Kaiser Konstantius und Bischof Liberius, in: Festschrift für H. Liermann zum 70. Geburtstag, hg. v. K. Obermayer/H.-R. Hagemann, 1964
Herrmann/Sellnow (Hg.), Die Rolle der Volksmassen in der Geschichte der verkapitalistischen Gesellschaftsformationen. Zum XIV. Internationalen Historiker-Kongreß in San Francisco 1975, 1975
Herter, H., Die Soziologie der antiken Prostitution im Lichte des heidnischen und christlichen Schrifttums, in: JbAC, 1960
Hertling, L., Geschichte der katholischen Kirche, 1949
Heussi, K., Die römische Petrustradition in kritischer Sicht, 1955
Heussi, K., Marcion, Vergangenheit und Gegenwart XVI, 1926
Heussi, K., Eine französische Stimme zur römischen Petrustradition, in: Die Christliche Welt, 1939
Heussi, K., Drei vermeintliche Beweise für das Kommen des Petrus nach Rom, in: Historische Zeitschrift, 1958
Heussi, K., Galater 2 und der Lebensausgang der jerusalemischen Urapostel, in: ThLZ, 1952
Heussi, K., ‹Papst› Anencletus I. und die memoria Petri auf dem Vatikan, Deutsches Pfarrerblatt, 1949
Heussi, K., Das Grab des Petrus, in: Deutsches Pfarrerblatt, 1949
Heussi, K., Petrus und die beiden Jakobus in Galater 1–2, in: Wissenschaftliche Zeitschrift der Friedrich-Schiller-Universität Jena, 1956/57
Heussi, K., Die Entstehung der römischen Petrustradition, in: Wissenschaftliche Zeitschrift der Friedrich-Schiller-Universität Jena, 1952/53
Heussi, K., Ist die sogenannte römische Petrustradition bereits im Lukasevangelium und schon kurz nach dem Jahre 70 bezeugt, in: Wissenschaftliche Zeitschrift der Friedrich-Schiller-Universität Jena, 1956/57
Heussi, K., Kompendium der Kirchengeschichte, 1949
Heyer, F. (Hg.), Die Kirche Armeniens. Eine Volkskirche zwischen Ost und West, 1978
Higgins, M. J., Aphraates' dates for the Persian persecution, in: ByZ 44, 1951
Hildebrand, P., Die Absetzung des Papstes Silverius (537). Eine quellenkritische Untersuchung, HJ, 42. Bd., 2. Heft, 1922
Hiltbrunner, O., Die Heiligkeit des Kaisers. Zur Geschichte des Begriffs sacer, Frühmittelalterliche Studien, Jahrb. des Inst. für Fr., Bd. 2, 1968
Hirsch, E., Das vierte Evangelium in seiner ursprünglichen Gestalt, 1936
His, R., Das Strafrecht des deutschen Mittelalters. I Die Verbrechen und ihre Folgen im allgemeinen, 1920. II Die einzelnen Verbrechen, 1935

Höcht, J. M., Maria rettet das Abendland. Fatima und die «Siegerin in allen Schlachten Gottes» in der Entscheidung um Rußland, 1953
Hoffmann, R., Geschichte und Praxis. Ihre prinzipielle Begründung durch Klemens von Alexandrien. Ein Beitrag zum spätantiken Platonismus, 1979
Hofmann, F., Der Kampf der Päpste um Konzil und Dogma von Chalkedon von Leo dem Großen bis Hormisdas (451–519), in: Grillmeier/Bacht, Das Konzil von Chalkedon, II, 1953
Hofmann, F., Der Kirchenbegriff des hl. Augustinus in seinen Grundlagen und in seiner Entwicklung, 1933
Hoheisel, K., Das Urteil über die nichtchristlichen Religionen im Traktat «De errore profanarum religionum» des Julius Firmicus Maternus, 1972
Hoekendijk, J., Kirche, in: Schultz (Hg.), Theologie für Nichttheologen, 2. Folge
Holl, K., Augustins innere Entwicklung, in: Gesammelte Aufsätze zur Kirchengeschichte III, 1928
Holl, K., Gesammelte Aufsätze zur Kirchengeschichte III, 1928
Holmes, W. G., The Age of Justinian and Theodora, 2. A., 1912
Holtzmann, R., Die Italienpolitik der Merowinger und des Königs Pippin, 2. A., 1962
Holum, K. G., Theodosian Empresses. Woman and Imperial Dominion in Late Antiquity, 1982
Honigmann, E., The Original Lists of the Members of the Council of Nicaea, the Robber-Synod and the Council of Chalcedon, Byzantion 16, 1944
Honigmann, E., Juvenal of Jerusalem, in: Dumbarton Oaks Papers 5, 1950
Hönn, K., Konstantin der Große. Leben einer Zeitenwende, 2. A., 1945
Hornus, J.-M., Politische Entscheidung in der alten Kirche. Mit einem Vorwort von Nikolaus Koch, 1963
Hoerster, N. (Hg.), Recht und Moral. Texte zur Rechtsphilosophie, 1977
Höss, J., Duldung, Glaubenszwang und Widerstand. Eine Stellungnahme Johann Spangenbergs aus dem Jahre 1541, in: AR, 1970
Hruby, K., Die Synagoge, Geschichtliche Entwicklung einer Institution, 1971
Hruby, K., Juden und Judentum bei den Kirchenvätern, 1971
Huber, W., Passah und Ostern. Untersuchungen zur Osterfeier der alten Kirche, 1969
Hulen, A. B., The Dialogues with the Jews as Sources of the Early Jewish Argument against Christianity, in: Journal of Biblical Literature, 51, 1932
Hümmeler, H., Helden und Heilige, o. J.
Hünen, E., Staatliche Macht und Katholizismus in Deutschland, I, 1969
Hunger, H. (Hg.), Byzantinische Geisteswelt. Von Konstantin dem Großen bis zum Fall Konstantinopels, 1958
Hyde, H. M., Geschichte der Pornographie. Eine wissenschaftliche Studie, 1965
Hyde, W. W., Paganism to Christianity in the Roman Empire, 1946
Iggers, G. G., Deutsche Geschichtswissenschaft, 1971
Illmer, D., Formen der Erziehung und Wisensvermittlung im frühen Mittelalter. Quellenstudien zur Frage der Kontinuität des abendländischen Erziehungswesens, 1971
Instinsky, H. U., Bischofsstuhl und Kaiserthron, 1955
Irmscher, J., Die Widerspiegelung der Rolle der Volksmassen in der historischen Literatur der Justinianischen Zeit, in: Herrmann/Sellnow (Hg.), Die Rolle der Volksmassen, 1975

Iserloh, E./Repgen, K. (Hg.), Reformata Reformanda, Festgabe für Hubert Jedin, I, 1965
Jacob, L., Aufstände und Volksbewegungen in der Darstellung Ammians, in: Herrmann/Sellnow (Hg.), Die Rolle der Volksmassen, 1975
Jacob-Karau, L./Ulmann, J., Warum Ammian-Forschung heute?, in: Klio, 1976
Jalland, T. G., The Life and the Times of St. Leo the Great, 1941
James, E. O., Das Priestertum, Wesen und Funktion. Eine vergleichende und anthropologische Studie, o. J.
Jansen, H. L., Die Politik Antiochus IV., 1943
Janson, E., Johann Nikolaus von Hontheim – Justinus Febronius. Zum Werk und seinen Gegnern, in: AMrhKG 28, 1976
Jäntere, K., Die römische Weltreichsidee und die Entstehung der weltlichen Macht des Papstes, 1936
Jauss, H. R., Der Gebrauch der Fiktion in Formen der Anschauung und Darstellung der Geschichte, in: R. Koselleck/H. Lutz/J. Rüsen (Hg.), Formen der Geschichtsschreibung, 1982
Jedin, H., Kleine Konziliengeschichte. Die zwanzig ökumenischen Konzilien im Rahmen der Kirchengeschichte, 1959
Jenni, E., Zwei Jahrzehnte Forschung an den Büchern Josua bis Könige. IV. Josuabuch, ThR, NF 27, 1961
Jeremias, J., Hesekiel-Tempel und Serubbabel-Tempel, ZAW, 52, 1934
Jeremias, J., Jesu Verheißung an die Völker, 1956
Joannou, P.-P., Die Ostkirche und die Cathedra Petri im 4. Jahrhundert. Bearbeitet v. G. Denzler, 1972
Jones, A. H. M., The Social Background of the struggle between Paganism and Christianity, in: Momigliano (Hg.), The Conflict, 1964
Jones, A. H. M., The Greek City, 1940
Jones, A. H. M., The Constitutional Position of Odoacer and Theoderic, in: JRS, 1962
Jones, A. H. M., The later Roman Empire 284–602. A social, economic and administrative survey, 2 Bde., 1973
Jones, A. H. M., The Prosopography of The Later Roman Empire 260–395, 1, 1971
Jouassard, G., Cyrill v. Alexandrien, RAC III, 1957
Junker, D./Reisinger, P., Was kann Objektivität in der Geschichtswissenschaft heißen, und wie ist sie möglich?, in: Th. Schieder/G. Gräubig (Hg.), Theorieprobleme der Geschichtswissenschaft, 1977
Junker, H., Der alttestamentliche Bann gegen heidnische Völker als moraltheologisches und offenbarungsgeschichtliches Problem, in: ThZ 56, 1947
Jürgensmeier, F., Der mystische Leib Christi als Grundprinzip der Aszetik. Aufbau des religiösen Lebens und Strebens aus dem Corpus Christi mysticum, 1938
Jüthner, J., Hellenen und Barbaren, 1923
Kadelbach, G. (Hg.), Wissenschaft und Gesellschaft, 1967
Kaegi, W. E., Arianism and the Byzantine Army in Africa, 533–546, in: Traditio, Studies in Ancient and Medieval History, Thougt and Religion, 1965
Kaegi, W. E., The Byzantinum and the Decline of Rome
Kahl, A.-D., Zum Geist der deutschen Slawenmission des Hochmittelalters, in: Beumann, Heidenmission, 1963

Kallis, A., Petrus der Fels – der Stein des Anstoßes? Das ‹Petrusamt› in der Sicht der Orthodoxie, in: Das Papstamt, Dienst oder Hindernis für die Ökumene, 1985

Kämpf, H., Das Reich im Mittelalter, 1950

Kant, I., Kritik der reinen Vernunft, Text der Ausgabe 1781 mit Beifügung sämtlicher Abweichungen der Ausgabe 1787, ed. v. K. Kehrbach

Kantzenbach, F.-W., Die Geschichte der christlichen Kirche im Mittelalter, 1967

Kantzenbach, F. W., Urchristentum und alte Kirche. Das Christentum von seinen Anfängen bis zum Zerfall des römischen Reiches, 1964

Karayannopoulos, J., Das Finanzwesen des frühbyzantinischen Staates, 1958

Karayannopoulos, J., Konstantin der Große und der Kaiserkult, Historia 5, 1956

Karpp, H., Konstantins Gesetzgebung gegen die private Haruspizin aus den Jahren 319 bis 321, ZNW 41/42, 1942

Karrer, O., Papst, in: Fries, H. (Hg.), Handbuch theol. Grundbegriffe III, 1970

Käsemann, E., Die Legitimität des Apostels. Eine Untersuchung zu 2. Kor. 10–13, ZNW, 1942

Kaser, M., Das römische Privatrecht, Zweiter Abschnitt, 1959

Kasper, W., Dienst an der Einheit und Freiheit der Kirche. Zur gegenwärtigen Diskussion um das Petrusamt in der Kirche, in: A. Brandenburg/H. J. Urban (Hg.), Petrus und Papst II, 1978

Kawerau, P., Die nestorianischen Patriarchate in der neueren Zeit, in: ZKG, 67. Bd., 1955/56

Kawerau, P., Geschichte der alten Kirche, 1967

Kawerau, P., Geschichte der mittelalterlichen Kirche, 1967

Keeler, L. W., The problem of error from Plato to Kant. A historical and critical study. Pontifica Universitas Gregoriana, Vol. VI, 1934

Keller, H., Spätantike und Frühmittelalter im Gebiet zwischen Genfer See und Hochrhein, in: K. Hauck (Hg.), Frühmittelalterliche Studien, 7. Bd., 1973

Keller, H. L., Reclams Lexikon der Heiligen und der biblischen Gestalten. Legende und Darstellung in der bildenden Kunst, 1968

Kellner, H.-J., Die Zeit der römischen Herrschaft, in: M. Spindler (Hg.), Handbuch der bayerischen Geschichte, 1968

Kellner, W., Libertas und Christogramm. Motivgeschichtliche Untersuchungen zur Münzprägung des Kaisers Magnentius (350–353), 1969

Kempf, F., Primatiale und episkopal-synodale Struktur der Kirche vor der gregorianischen Reform, in: Archivum Historiae Pontificiale, 16, 1978

Kempter, K., Der Kampf des römischen Staates gegen fremde Kulte, 1944

Kent, J. P. C., The Revolt of Trier against Magnentius, NC, 19, 1959

Kettler, F. H., Der melitianische Streit in Ägypten, in: ZNW 35, 1936

Kidd, J., A History of the Church to A.D. 461, 3 Bde., 1922

Kilian, R., Literarkritische und formgeschichtliche Untersuchung des Heiligkeitsgesetzes, 1963

Kindermann, H./Dietrich, M., Lexikon der Weltliteratur, 1950

Kindlers Malerleilexikon, IV, 1967

Kirchner, H., Der Ketzertaufstreit zwischen Karthago und Rom und seine Konsequenzen für die Frage nach den Grenzen der Kirche, ZKG 81, 1970

Kirsch, J. P., Die Kirche in der antiken griechisch-römischen Kulturwelt, 1930

Kirschbaum, E., Die Gräber der Apostelfürsten. St. Peter und St. Paul in Rom. Mit einem Nachtragskapitel von Ernst Dassmann, 1974

Kittel, G., Die Probleme des palästinensischen Spätjudentums und des Urchristentums, 1926
Klauser, Th., Der Ursprung der bischöflichen Insignien und Ehrenrechte, 1953
Klauser, Th., Die Römische Petrustradition im Licht der neuen Ausgrabungen unter der Petruskirche, 1956
Klauser, Th., Rom und der Kult der Gottesmutter Maria, JbAC 15, 1972
Klauser Th., Sind der christlichen Oberschicht seit Mark Aurel die höheren Posten im Heer und in der Verwaltung zugänglich gemacht worden?, JbAC 16, 1973
Klauser, Th., Gottesgebärerin, RAC XI, 1981
Klausner, J., Von Jesus zu Paulus, 1950
Klein, K. K., Frithigern, Athanarich und die Spaltung des Westgotenvolks am Vorabend des Hunneneinbruchs (375 n. Chr.), Südostforschung 19, 1960
Klein, K. K., Gotenprimas Wulfila als Bischof und Missionar, in: F. Clark Fry, Geschichtswirklichkeit und Glaubensbewährung, Festschrift für Bischof F. Müller, 1967
Klein, R., Symmachos. Eine tragische Gestalt des ausgehenden Heidentums, 1971
Klein, R., Der Streit um den Victoriaaltar. Die dritte Relatio des Symmachus und die Briefe 17, 18 und 57 des Mailänder Bischofs Ambrosius. Einführung, Text, Übersetzung und Erläuterungen, 1972
Klein, R., Constantius II. und die christliche Kirche, 1977
Klinge, G., Armenien, in: RAC I, 1950
Klinkenberg, H. M., Papst Leo der Große. Römischer Primat und Reichskirchenrecht, 1950
Klinkenberg, H. M., Papsttum und Reichskirche bei Leo d. Gr., in: ZSavRGkan, 1952
Klostermann, H., Das Matthäusevangelium, 2. A., 1927
Kluke, P., Neuere Geschichte, in: Kadelbach, Wissenschaft und Gesellschaft, 1967
Kmosko, M., De persecutione Saporis, in: R. Graffin, Ptrologia Syriaca I, 2, Parisiis, 1907
Knopf, R., Das nachapostolische Zeitalter, 1905
Knopf, R., Einführung in das Neue Testament, 3. A., 1930
Knopf, R./Krüger, G. (Hg.), Ausgewählte Märtyrerakten, 1929
Knöpfler, A., Lehrbuch der Kirchengeschichte, 6. A., 1924
Kober, F., Die Deposition und Degradation, nach den Grundsätzen des kirchlichen Rechts historisch dogmatisch dargestellt, 1867
Kober, F., Die körperliche Züchtigung als kirchliches Strafmittel gegen Cleriker und Mönche, 1875
Köbert, R., Orientalistische Bemerkungen zum Kölner Mani-Kodex, in: ZPE 8, 1971
Koch, C., Gottheit und Mensch im Wandel der römischen Staatsform, in: H. Berve, Das neue Bild der Antike, 2. Bd.: Rom 1942
Koch, F. J., Katholische Apologetik. Nach der oberhirtlichen Instruktion für die Oberklassen der höheren Lehranstalten in Bayern, neu bearbeitet von M. Siebengartner, 3. A., 1910
Koch, H., Cathedra Petri, 1930
Koch, H., Die Kirchenbuße des Kaisers Theodosius d. Gr. in Geschichte und Legende, in: HJ, 1907

Koch, H., Cyprian und der römische Primat, 1910
Koch, H., Cyprianische Untersuchungen, 1926
Koch, K., Zur Geschichte der Erwählungsvorstellung in Israel, ZAW 67, 1955
Koch, K., Kleine Deutsche Kirchengeschichte, 1940
Koehler, F., Der Weltkrieg im Lichte der deutsch-protestantischen Kriegspredigt, 1915
Koehler, F., Das religiös-sittliche Bewußtsein im Weltkriege, 1917
Köhler, W., Ursprung und Wesen der Problematik: «Staat und Kirche», ThBl, Januar 1936, Nr. 1
Kohns, H. P., Versorgungskrisen und Hungerrevolten im spätantiken Rom, 1961
Kolping, A., Alte Ketzerhüte auf neuen Häuptern? Zur «nestorianischen» oder «monistischen» Tendenz in heutiger Theologie, ZKTh, 96 Bd., 1974
Koeniger, A. M. (Hg.), Festgabe Albert Erhard, 1922
Koopmans, J. H., Augustine's First Contact with Pelagius and the Dating of the Condemnation of Caelestius at Carthago, in: V. Chr., 8, 1954
Koep, L., Bischofsliste, RAC II, 1954
Koep, L., Die Konsekrationsmünzen Kaiser Konstantins und ihre religionspolitische Bedeutung, JbAC, 1, 1958
Kornemann, E., Weltgeschichte des Mittelmeer-Raumes. Von Philipp II. von Makedonien bis Muhammed. Herausgegeben von H. Bengtson. Zweiter Bd. Von Augustus bis zum Sieg der Araber, 1949
Kornemann, E., Römische Geschichte. Zweiter Bd. Die Kaiserzeit, 4. A., bearb. v. H. Bengtson, 1960
Koschorke, K., Hippolyt's Ketzerbekämpfung und Polemik gegen die Gnostiker. Eine tendenzkritische Untersuchung seiner «Refutatio omnium haeresium», 1975
Koselleck, R., Über die Theoriebedürftigkeit der Geschichtswissenschaft, in: Th. Schieder/K. Gräubig, Theorieprobleme der Geschichtswissenschaft, 1977
Koselleck, R./Mommsen, W. J./Rüsen, J. (Hg.), Objektivität und Parteilichkeit in der Geschichtswissenschaft, 1977
Koselleck, R., Vergangene Zukunft, Zur Semantik geschichtlicher Zeiten, 1979
Kosminski, J. A./Skaskin, S. D., Geschichte des Mittelalters, Bd. 1, 1958
Kösters, L., Die Kirche unseres Glaubens. Eine theologische Grundlegung katholischer Weltanschauung, 1935
Kötting, B., Das Wirken des ersten Styliten in der Öffentlichkeit, ZMR 37, 1953
Kötting, B., Die abendländischen Teilnehmer an den ersten allgemeinen Konzilen, in: E. Iserloh/K. Repgen (Hg.), Reformata Reformanda. Festgabe für Hubert Jedin, I, 1965
Kötting, B., Christentum I (Ausbreitung), RAC II, 1954
Kötting, B., Melania die Jüngere, in: P. Manns (Hg.), Reformer der Kirche, 1970
Kötting, B., Mit staatlicher Macht gegen Häresien?, in: J. Schreiner (Hg.), Die Kirche im Wandel der Gesellschaft, 1970
Kötting, B., Die Stellung des Konfessors in der Alten Kirche, in: JbAC 19, 1976
Kötting, B., Religionsfreiheit und Toleranz im Altertum, 1977
Kötting, B., Peregrinatio Religiosa. Wallfahrten in der Antike und das Pilgerwesen in der alten Kirche, 1950
Kraft, H. (Hg.), Eusebius von Caesarea, Kirchengeschichte, 1967
Kraft, H., Kirchenväter Lexikon, 1966

Kraft, H., Kaiser Konstantins religiöse Entwicklung, 1955
Kraft, K., Das Silbermedaillon Constantins des Großen mit dem Christusmonogramm auf dem Helm, Jahrbuch für Numismatik und Geldgeschichte, 1955
Kraft, K., Die Taten der Kaiser Constans und Constantius II., in: Jahrbuch für Numismatik und Geldgeschichte, IX, 1958
Krämer-Badoni, R., Judenmord Frauenmord Heilige Kirche, 1988
Kraus, F. F., Die Münzen Odovakars und des Ostgotenreiches in Italien, 1928
Krause, G., Theologische Fragwürdigkeiten der Lutherbibel-Revision von 1975, in: ZThK, Beiheft 5, 1981
Krause, W., Die Stellung der frühchristlichen Autoren zur heidnischen Literatur, 1958
Krikorian, M., Die Geschichte der Armenisch-Apostolischen Kirche, in: F. Heyer (Hg.), Die Kirche Armeniens. Eine Volkskirche zwischen Ost und West, 1978
Krüger, G., Lucifer, Bischof von Calaris und das Schisma der Luciferaner, 1886
Krüger, G., Die Rechtsstellung der vorkonstantinischen Kirchen, 1935
Kuhn, K., Die wahre Kirche. Ein Büchlein für Katholiken zur Stärkung im katholischen Glauben, 1919
Kühner, H., Die Kreuzzüge – eine pseudotheologische Grundfrage, 3 Teile, Radio Bremen, DRS Studio Bern, September/Oktober 1970
Kühner, H., Lexikon der Päpste von Petrus bis Paul VI., o. J.
Kühner, H., Gezeiten der Kirche in zwei Jahrtausenden, I, 1970
Kühner, H., Der Antisemitismus der Kirche. Genese, Geschichte und Gefahr, 1976
Kühner, H., Das Imperium der Päpste. Kirchengeschichte – Weltgeschichte – Zeitgeschichte. Von Petrus bis heute, 1977
Kupisch, K., Kirchengeschichte, I, 1973, II, 1974
Lacarrière, J., Die Gott-Trunkenen, 1967
Lachmann, O. F., Die Bekenntnisse des heiligen Augustinus, o. J.
Lammers, W., Otto Bischof von Freising, Chronik oder die Geschichte der zwei Staaten, 1961
Lampl, H. E., Franz Camille Overbeck, in: Deschner (Hg.), Das Christentum im Urteil seiner Gegner, I, 1969
Langenfeld, H., Christianisierungspolitik und Sklavengesetzgebung der römischen Kaiser von Konstantin bis Theodosius II, 1977
Langgärtner, G., Die Gallienpolitik der Päpste im 5. und 6. Jahrhundert. Eine Studie über den apostolischen Vikariat von Arles, 1964
Lapide, P./Pannenberg, W., Judentum und Christentum. Einheit und Unterschied. Ein Gespräch, 1981
Laqueur, R., Der jüdische Historiker Flavius Josephus, 1920
Laqueur, R., Die beiden Fassungen des sog. Toleranzedikts von Mailand, Epitymbion Swoboda, 1927
Laqueur, R., Eusebius als Historiker seiner Zeit, 1929
Larrimore, D., Die Synode von Antiochien (324/25) und ihre Bedeutung für Eusebius von Caesarea und das Konzil von Nizäa, in: ZKG, 81. Bd., 1970
Larson, C. W. R., Theodosius and the Thessalonian Massacre Revisited. Yet again, in: SP 10, 1970
Laub, G., Denken verdirbt den Charakter. Alle Aphorismen, 1984
Lauchert, F., Das Leben des heiligen Athanusius des Großen, 1911

Lauer, M. (Hg.), Des Faustus von Byzanz Geschichte Armeniens, 1879
Lea, H. C., Geschichte der Inquisition im Mittelalter. I: Ursprung und Organisation der Inquisition, 1905; II: Die Inquisition in den verschiedenen christl. Ländern, 1909; III: Die Tätigkeit der Inquisition auf besonderen Gebieten, 1913
Lechner, K., Hellenen und Barbaren im Weltbild der Byzantiner, 1954
Lecky, W. E. H., Sittengeschichte Europas von Augustus bis auf Karl den Großen. Zweite rechtmäßige Auflage, mit den Zusätzen der dritten englischen vermehrt, und durchgesehen v. F. Löwe, 2 Bde., 1879
Leclerc, J., Geschichte der Religionsfreiheit im Zeitalter der Reformation, 2 Bde., 1965
Leeuwen, A. van, Christentum in der Weltgeschichte. Das Heil und die Säkularisation, 1966
Lehmann, K. (Hg.), Das Petrusamt. Geschichtliche Stationen seines Verständnisses und gegenwärtige Positionen, 1982
Leipoldt, J., Schenute von Atripe und die Entstehung des national ägyptischen Christentums, 1903
Leipoldt, J., Geschichte des neutestamentlichen Kanons, I 1907, II 1908
Leipoldt, J., Vom Jesusbild der Gegenwart, 2. A., 1925
Leipoldt, J., Jesus und Paulus, Jesus oder Paulus, 1936
Leipoldt, J., Antisemitismus, in: RAC I, 1950
Leipoldt, J./Grundmann, W. (Hg.), Umwelt des Urchristentums, 5. A., 1966
Lerner, D. (Hg.), Evidence and Inference: The Hayden Colloquium on Scientific Concept and Method, 1959
Le Roy Ladurie, E., The Territory of the Historian, 1979
Lesaar, H. H. (Hg.), Aurelius Augustinus. Wahrheit und Liebe, 1947
Lewy, G., The Catholic Church and Nazi Germany, 1964
Lexikon der Alten Welt, von: C. Andresen/H. Erbse/O. Gigon/K. Schefold/K. F. Stroheker/E. Zinn, 1965
Lexikon für Theologie und Kirche, 10 Bde. 1. A. 1930 ff, 2. völlig neu bearbeitete Auflage 1957 ff
Lichtenberg, G. C., Sudelbücher, ed. von F. H. Mautner, 1984
Lichtenberg, G. C., Vermischte Schriften (1800–1806) B. 2, Nr. 2, Bemerkungen verm. Inhalts. Nr. 1, Philosophische Bemerkungen
Liébaert, J., Ephesus, ökumenische Synode (431), in: Theol. Realenz. IX, 1982
Lieberg, G., Die römische Religion bei Minucius Felix, RhMus 106, 1963
Liebeschütz, W., Did the Pelagian Movement have Social Aims?, in: Historia 12, 1963
Lietzmann, H., An die Römer, 4. A., 1933
Lietzmann, H., Geschichte der alten Kirche, 2. A., 4 Bde., 1953
Lilje, H., Der Krieg als geistige Leistung, 1941
Lindauer, J., Tacitus Germania, Bericht über Germanien, 1975
Linden, J., Die Wahrheit der katholischen Religion. Grundlehren und Unterscheidungslehren dargestellt für die heranwachsende Jugend und das katholische Volk, 5. A., 1924
Lindsay, F. M., The Triumph of Christianity, in: Gwatkin/Whitney, The Cambridge Medieval History I, 1975
Lippl, J., Athanasius der Große, in: BKV, V, 1913
Lippold, A., Theodosius der Große und seine Zeit, 1968

Lippold, A., Bischof Ossius von Cordova und Konstantin der Große, ZKG, 92. Bd., 1981
Lippold, A., Rom und die Barbaren in der Beurteilung des Orosius, 1952
Lippold, A./Kirsten, E., Donauprovinzen, RAC IV, 1959
Lissner, I., Die Cäsaren, Macht und Wahn, 1963
Lo Bello, N., Vatikan im Zwielicht. Die unheiligen Geschäfte des Kirchenstaates, 1985
Lochs, A., Israel, from the beginnings to the middle of the eighth Century, 1932
Lof, L. J. van der, Warum wurde Tyconius nicht katholisch? ZNW 57, 1966
Löffler, P., Die Trinitätslehre des Bischofs Hilarius von Poitiers zwischen Ost und West, in: ZKG LXXI, 1960
Löhde, W., Das päpstliche Rom und das Deutsche Reich. Eine Dokumentation, 1964
Lohse, B., Augustins Wandlung in seiner Beurteilung des Staates, in: Studia Patristica, 6, 1962
Lohse, E., Märtyrer und Gottesknecht, 1955
Lohse, E., Tempel und Synagoge, in: H. G. Schultz (Hg.), Kontexte 3, Die Zeit Jesu, 1966
Loofs, F., Pelagius, in: Realencyclopädie für protestantische Theologie und Kirche, hg. v. A. Hauck, XV, 1904
Loofs, F., Nestoriana, 1905
Loofs, F., Das Nicänum, in: Festgabe K. Müller, 1922
Loofs, F., Dogmengeschichte, 4. A., 1906
L'Orange, H. P., Der spätantike Bildschmuck des Konstantinbogens, 1939
Lorenz, R., Das vierte bis sechste Jahrhundert (Westen), 1970
Lorenz, R., Das Problem der Nachsynode von Nicäa (327), in: ZKG, 90. Bd., 1979
Lorenz, R., Arius judaizans? Untersuchungen zur dogmengeschichtlichen Einordnung des Arius, 1980
Lorenz, R., Augustinliteratur seit dem Jubiläum von 1954, in: TR, 1959
Lorenz, R., Der Augustinismus Prospers von Aquitanien, ZKG 73, 1963
Lorenz, R., Circumcelliones – cotopitae – cutzupitani, ZKG 82, 1971
Lortz, J., Geschichte der Kirche in ideengeschichtlicher Betrachtung. Eine Sinndeutung der christlichen Vergangenheit in Grundzügen, 4. A., 1936
Lotter, F., Designation und angebliches Kooptationsrecht bei Bischofserhebungen. Zur Ausbildung und Anwendung des Prinzips der Kanonischen Wahl bis zu den Anfängen der fränkischen Zeit, in: ZSavRGkan. 1973
Lotter, F., Die historischen Daten zur Endphase römischer Präsenz in Ufernorikum, in: J. W. Werner/E. Ewig (Hg.), Von der Spätantike zum frühen Mittelalter. Aktuelle Probleme in historischer und archäologischer Sicht, 1979
Löwe, H., Von Theoderich dem Großen zu Karl dem Großen. Das Werden des Abendlandes im Geschichtsbild des frühen Mittelalters, 1956
Löwe, H., Deutschland im fränkischen Reich, in: Gebhard, Handbuch der deutschen Geschichte, Bd. 2, 1973
Loewenich, W. v., Von Augustin zu Luther, Beiträge zur Kirchengeschichte, 1959
Loewenich, W. v., Geschichte der Kirche, 6. A., 1962
Löwith, K./Riedel, M. (Hg.), Georg Friedrich Wilhelm Hegel, Studienausg. in 3 Bdn., Bd. 2, 1968
Lucas, L., Zur Geschichte der Juden im vierten Jahrhundert, 1980

Lucius, E., Die Anfänge des Heiligenkultes in der christlichen Kirche, 1904
Lüdemann, G., Untersuchungen zur simonianischen Gnosis, 1975
Ludwig, G., Massenmord im Weltgeschehen. Bilanz zweier Jahrtausende, 1951
Ludwig, J., Die Primatworte Mt. 16, 18.19 in der altkirchlichen Exegese, 1952
Ludz, P. C./Rönsch, H.-D., Theoretische Probleme empirischer Geschichtsforschung, in: Th. Schieder/G. Gräubig (Hg.), Theorieprobleme der Geschichtswissenschaft, 1977
Lumpe, A., Zur Geschichte der Wörter Concilium und Synodus in der antiken christlichen Latinität, 1970
Lütcke, K. H., «Auctoritas» bei Augustin, 1968
Lutz, H., Aufstieg und Krise
Lutz, H., Braudels La Méditerranée. Zur Problematik eines Modellanspruchs, in: R. Koselleck/H. Lutz/J. Rüsen (Hg.), Formen der Geschichtsschreibung, 1982
Macgregor, H. C., Friede auf Erden? Biblische Grundlegung der Arbeit vom Frieden, 1955
Mack, V., Claude Adrien Helvétius, in: K. Deschner (Hg.), Das Christentum im Urteil seiner Gegner I, 1969
Mack, V., Pierre Bayle, in: Deschner (Hg.), Das Christentum im Urteil seiner Gegner I, 1969
Madden, F. W., Christian Emblems on the Coin of Constantine I. the Great, his Family and his Successors, NC 18, 1878
Maier, F. G., Augustin und das antike Rom, 1955
Maier, F. G., Die Verwandlung der Mittelmeerwelt, 1968
Maier, F. G. (Hg.), Byzanz, Fischer Weltgeschichte, Bd. 13, 1973
Maier, F. G., Der Historiker und die Texte, HZ, 1984
Maier, H., Die Soziologie der Päpste. Lehre und Wirkung der katholischen Sozialtheorie, 1965
Maier, J., Die Texte vom Toten Meer, I, 1960
Maier, J., Geschichte der jüdischen Religion, 1972
Maier, J., Jüdische Auseinandersetzung mit dem Christentum in der Antike, 1982
Mango, C., Erbe des römischen Weltreichs. Konstantinopel von Justinian bis Theophilus, in: Rice, D. T. (Hg.), Morgen des Abendlandes, 1965
Manhattan, A., The Vatican and World Politic, 1949, dt. A. Der Vatikan und das XX. Jahrhundert, 1958
Manitius, M., The Tentonic Migrations, 378–412, in: Gwatkin/Whitney (Ed.), The Cambridge Medieval History I, 1975
Manns, P. (Hg.), Reformer der Kirche, 1970
Mansons, T. W., Jesus and the Non-Jews, 1955
Marcuse, J., Die sexuelle Frage und das Christentum. Ein Waffengang mit F. W. Förster, dem Verfasser von «Sexualethik und Sexualpädagogik», 1908
Marrou, H., Augustinus in Selbstzeugnissen und Bilddokumenten, 1958
Marschall, W., Karthago und Rom. Die Stellung der nordafrikanischen Kirche zum apostolischen Stuhl in Rom, 1971
Martin, B./Schulin, E. (Hg.), Die Juden als Minderheit in der Geschichte, 1981
Martin, J., Studium und Beiträge zur Erklärung und Zeitbestimmung Commodians, 1913
Martin, Th. O., Theodosius laws on heretics, in: Am. Ecc. Rev., 1950

Martin, Th. O., The Twenty-Eighth Canon of Chalkedon: A Background Note, in: Grillmeier/Bacht, II, 1953
Martin, Th. O., Caesaropapism in action, in: Am. Ecc. Rev., 1950
Marx, K., Das Kapital, III. Bd., hg. von Engels, F., 1953
Matthews, J. F., Western Aristocracies and the Imperial Court, 1975
Mazzarino, S., Stilicone, 1942
McKenzie, J. L., Myths and Realities. Studies in Biblical Theology, 1963
Meer, F. van der, Die Alte Kirche. Einleitung, in: M. Greschat (Hg.), Alte Kirche I, 1984
Meer, F. van der, Augustinus als Seelsorger, 1951
Meffert, F., Gesammelte Apologetische Volksbibliothek, Band I, 1909
Meffert, F., Das Urchristentum. Apologetische Abhandlungen, 1935
Mehnert, W. (Hg.), Cölibat und Sittlichkeit. «Die Einführung der erzwungenen Ehelosigkeit bei den christlichen Geistlichen und ihre Folgen.» Im Auszug mit bibliographischen Einführungen und Ergänzungen neu herausgegeben, 1932
Meier, Ch., Das Begreifen des Notwendigen. Zu Theodor Mommsens Römischer Geschichte, in: R. Koselleck/H. Lutz/J. Rüsen (Hg.), Formen der Geschichtsschreibung, 1982
Meier, J., Jüdische Auseinandersetzung mit dem Christentum in der Antike, 1982
Meier-Welcker, H., Die Simonie im frühen Mittelalter, in: ZK, 1952/53
Meinecke, F., Präliminarien der Kriegsziele, 1915
Meinecke, F., Die Entstehung des Historismus, 2. A., 1946
Meinecke, F., Werke, ed. v. E. Kessel, 1959
Meinertz, M., Theologie des Neuen Testaments, II, 1950
Meinhold, P., Zur Grundlegung der Dogmengeschichte, in: Saeculum X, 1959
Meinhold, P., Geschichte der kirchlichen Historiographie I, 1967
Meinhold, P., Kirchengeschichte in Schwerpunkten. Ein ökumenischer Versuch, 1982
Meinhold, P., Studien zu Ignatius von Antiochien, 1979
Meinhold, P., Weltgeschichte – Kirchengeschichte – Heilsgeschichte, in: Saeculum 9, Heft 3/4, 1958
Meissner, B., Eine syrische Liste antiochenischer Patriarchen, in: Wiener Zeitschrift für Kunde des Morgenlandes, 8, 1894
Mensching, G., Soziologie der großen Religionen, 1966
Mensching, G., Der Irrtum in der Religion, 1969
Mensching, G., Toleranz und Wahrheit in der Religion, 1955
Menzel, W., Geschichte der Deutschen, II, 1872
Merkel, H., Gotteslästerung, RAC XI, 1981
Messer, A., Geschichte der Philosophie von Kant bis Hegel, 6. bis 7. A., 1923
Meyer, E., Ursprung und Anfänge des Christentums, 4. und 5. A., 1921
Meyer, H., Der Regierungsantritt Kaiser Majorians, ByZ, 62, 1969
Meyer, H., Geschichte der abendländischen Weltanschauung. II: Vom Urchristentum bis zu Augustin, 1947
Michel, A., Die Kaisermacht in der Ostkirche (843–1204). Mit einem Vorwort von Franz Dölger, 1959
Michel, A., Der Kampf um das politische oder petrinische Prinzip der Kirchenführung, in: Grillmeier/Bacht (Hg.), Das Konzil von Chalkedon II, 1953

Michels, A., Kirsopp, The topography and interpretation of the Lupercalia, in: Transactions and Proceedings of the American Philological Association 84, 1953
Mickley, P., Die Konstantin-Kirchen im Heiligen Lande. Eusebius-Texte übersetzt und erläutert, 1923
Millar, F., The Background of the Maccabean Revolution: Reflections on Martin Hengel's «Judaism and Hellenism», in: JJS, 29, 1978
Mingana, A., The Early Spread of Christianity in Central Asia and the Far East, in: The Bulletin of the John Rylands Library, 9, 1925
Mirbt C./Aland, K., Quellen zur Geschichte des Papsttums und des römischen Katholizismus, 6. völlig neu bearbeitete Auflage (4. A., 1924) I. Von den Anfängen bis zum Tridentinum, 1967
Miura-Stange, A., Celsus und Origenes. Das Gemeinsame ihrer Weltanschauung nach den acht Büchern des Origenes gegen Celsus. Eine Studie zur Religions- und Geistesgeschichte des 2. und 3. Jahrhunderts, 1926
Mohr, H., Der Held in Wunden. Gedanken und Gebete, 1914
Mohrmann, H., Über Finanzen und Kapital des hohen katholischen Klerus, in: Katholische Soziallehre – klerikaler Volksbetrug, 1960
Momigliano, A., Pagan and Christian Historiography in the fourth Century a.D., in: Ders. The Conflict, 1964
Momigliano, A. (Hg.), The Conflict between Paganism and Christianity in the fourth Century, 1964
Mommsen, Th., Römische Geschichte, 8 Bde., 1976
Mommsen, W. J., Objektivität und Parteilichkeit im historiographischen Werk Sybels und Treitschkes, in: Koselleck, R./Mommsen, W. J./Rüsen, J. (Hg.), Objektivität und Parteilichkeit in der Geschichtswissenschaft, 1977
Mommsen, W. J., Die Sprache des Historikers, in: HZ, 238, 1984
Monachino, V., Il primato nello scisma donatista, in: Archivum Historiae Pontificiale 2, 1964
Montefiore, C. G., Liberal Judaism and Hellenism, 1918
Montgomery of Alamein, B. L., Weltgeschichte der Schlachten und Kriegszüge, 2 Bde., 1975
Moreau, J., Die Welt der Kelten, 1958
Moreau, J., Die Christenverfolgung im Römischen Reich, 1961, 2. A., 1971
Moreau, J., Eusebius von Caesarea, RAC VI, 1966
Moreau, J., Zum Problem der Vita Constantini, in: Historia 4, 1955
Morenz, S., Ägyptische Religion, 1960
Morgan, J., The importance of Tertullian in the development of christian Dogma, 1928
Morris, J., Pelagian Literature, JThS 16, 1965
Morus (Lewinsohn, R.), Eine Weltgeschichte der Sexualität, 1965
Moser, B. (Hg.), Das Papsttum. Epochen und Gestalten, 1983
Mouat, K., Leben in dieser Welt. Philosophie und Moral eines nichtchristlichen Humanismus, 1964
Mühlbacher, E., Deutsche Geschichte unter den Karolingern, 1896
Müller, A., Geschichte der Juden in Nürnberg 1146–1945, 1968
Müller, A. v., Geschichte unter unseren Füßen. Archäologische Forschungen in Europa, 1968

Müller, C. D. G., Stellung und Bedeutung des Katholikos-Patriarchen von Seleukeia-Ktesiphon im Altertum, in: OrChr. 53, 1969
Müller, H. J., Beichten – ein Weg zur Freude. Ein Büchlein vom rechten Beichten, 1961
Müller, K. A./Rohden, P. R. (Hg.), Knaurs Weltgeschichte. Von der Urzeit bis zur Gegenwart, 1935
Müller, K., Kirchengeschichte, 1929
Müller, K., Beiträge zur Geschichte der Verfassung der Alten Kirchen. Abhandlungen der Preußischen Akademie der Wissenschaften, Jg. 1922, Phil.-hist. Klasse, Nr. 3, 1922
Müller, K., Dionys von Alexandrien im Kampf mit den libyschen Sabbelianern, ZNW 24, 1925
Müller, K., Der heilige Patrick, 1931
Müller, M., Grundlagen der katholischen Sozialethik, 1968
Müller, M., Ethik und Recht in der Lehre von der Verantwortlichkeit, 1932
Mynarek, H., Herren und Knechte der Kirche, 1973
Mynarek, H., Verrat an der Botschaft Jesu – Kirche ohne Tabu, 1986
Myres, J. N. L., Pelagius and the End of the Roman Rule in Britain, in: The Journal of Roman Studies, 50, 1960
Nash, E., Pictorial Dictionary of Ancient Rome, 2. A., 1968
Nat, P. G. van der, Geister, RAC IX
Naumann, M., Strukturwandel des Heroismus. Vom sakralen zum revolutionären Heldentum, 1984
Nehlsen, H., Sklavenrecht zwischen Antike und Mittelalter. Germanisches und römisches Recht in den germanischen Rechtsaufzeichnungen. I. Ostgoten, Westgoten, Franken, Langobarden, 1972
Nelson, J. L., The problem of Alfred's anointing, JEH 18, 1967
Nersessian, Die Geschichte Armeniens, in: Rice, D. T. (Hg.), Morgen des Abendlandes, 1965
Nestle, W., Griechische Religiosität von Alexander d. Gr. bis auf Proklos, 1934
Nestle, W., Krisis des Christentums, 1947
Neuhäusler, J. (Hg.), Heldentum in der christlichen Ehe, 1952
Neumann, V., Voltaire, in: K. Deschner (Hg.), Das Christentum im Urteil seiner Gegner I, 1969
Neusner, J., The conversion of Adiabene to Christianity, in: Numen 13, 1966
Neuss, W./Oediger, F. W., Das Bistum Köln von den Anfängen bis zum Ende des 12. Jahrh., 1964
Niederhuber, J., Ambrosius von Mailand, in: BKV, 1914
Nietzsche, F., Werke in drei Bänden, hg. von K. Schlechta, II, 1965
Nigg, W., Das Buch der Ketzer, 1949
Nilsson, M. P., Die Geschichte der griechischen Religion, 1950
Nipperdey, Th., Gesellschaft, Kultur, Theorie. Gesammelte Aufsätze zur neueren Geschichte, 1976
Nischer-Falkenhof, E., The army Reforms of Diocletian and Constantine, in: Journal of Roman Studies 13, 1923
Nischer-Falkenhof, E., Stilicho, 1947
Nock, A. D., Conversion, 1933
Nock, A. D., Paulus, 1940

Nock, A. D., Essays on religion and the ancient world, 1972
Nordberg, H., Athanasius and the Emperor. Commentationes Humanarum Litterarum XXX, 3, 1963
Noth, M., Das Amt der «Richter Israels», in: Festschrift für A. Bertholet, 1950
Noth, M., Geschichte Israels, 4. A., 1959
Noethlichs, K. L., Materialien zum Bischofsbild aus den spätantiken Rechtsquellen, JbAC, 1973
Noethlichs, K. L., Die gesetzgeberischen Maßnahmen der christlichen Kaiser des vierten Jahrhunderts gegen Häretiker, Heiden und Juden, 1971
Oates, D., Aufstieg und Untergang des neupersischen Reichs der Sassaniden, in: Rice, D. T. (Hg.), Morgen des Abendlandes, 1965
Oberforcher, R., Bibel und Archäologie. Ein kritischer Literaturbericht, in: ZKTh, 101. Bd., 1979
Obermayer, K./Hagemann, H.-R. (Hg.), Festschrift für H. Liermann zum 70. Geburtstag, 1964
Obrist, F., Echtheitsfragen und Deutung der Primatsstelle Mt 16,18 f in der deutschen protestantischen Theologie der letzten dreißig Jahre, 1960
O'Connor, D., Peter in Rome: The Literary, Liturgical and Archaeological Evidence, 1969
Oldenberg, H., Buddha. Sein Leben, seine Lehre, seine Gemeinde, 4. A., 1921
Oman, C. W. C., The Art of War in the Middle Ages A. D. 378–1515. Revised and edited by J. H. Beeler, 1953
Oost, S. I., Galla Placidia Augusta. A Biographical Essay, 1968
Opelt, I., Formen der Polemik im Pamphlet De mortibus persecutorum, in: JbAC 16, 1973
Opelt, I., Die lateinischen Schimpfwörter und verwandte sprachliche Erscheinungen. Eine Typologie, 1965
Opitz, G. G., Athanasius' Werke, Bd. III, Teil 1, Urkunden zur Geschichte des arianischen Streits 318–328, 1934/35
Opitz, H. G., Dionys von Alexandrien und die Libyer, in: Quantulacumque, Studies presented to K. Lake, 1937
Oepke, A., Das neue Gottesvolk, 1950
Orlandis, J./Ramos-Lissón, D., Die Synoden auf der iberischen Halbinsel bis zum Einbruch des Islam (711), 1981
Ortiz de Urbina, I., Das Symbol von Chalkedon. Sein Text, sein Werden, seine dogmatische Bedeutung, in: Grillmeier/Bacht, Das Konzil von Chalkedon, I, 1951
Ortiz de Urbina, I., Nizäa und Konstantinopel, 1964
Oster, R., The Ephesian Artemis as an Opponent of Early Christanity, JbAC 19, 1976
Ostrogorsky, G., Geschichte des byzantinischen Staates, 2. A. 1952
Otto, W., Zum heutigen Stand der Papyrusforschung, HZ 157, 1937
Oxenstierna, E. C. G. Graf, Die Urheimat der Goten, 1945
Palangue, J.-R., Die Kirche in der Völkerwanderung, 1960
Parkes, J., The Conflict of the Church and the Synagogue. A study in the origins of antisemitism, 1934
Parkes, J., Judaism and Christianity, 1948
Parkes, J., Antisemitismus, 1964

Parmentier, L./Scheidweiler, F. (Hg.), Theodoret, Kirchengeschichte, 2. A., 1954
Patsch, C., Beiträge zur Völkerkunde von Südosteuropa III: Die Völkerbewegung an der unteren Donau in der Zeit von Diokletian bis Heraklius, Akademie der Wiss. Wien, phil.-hist. Kl. 208, 2. Abh., 1929
Paul, J., Werke, ed. von R. Wustmann, o. J.
Paulsen, H., Studien zur Theologie des Ignatius von Antiochien, 1978
Paulsen, H., Schisma und Häresie. Untersuchungen zu 1 Kor. 11, 18.19, in: ZThK 79, 1982
Pauly, Der Kleine, Lexikon der Antike, hg. v. K. Ziegler/W. Sontheimer, I–V, 1979
Paulys Realencyklopädie der classischen Altertumswissenschaft. Neue Bearbeitung unter Mitwirkung zahlreicher Fachgenossen, hg. von Georg Wissowa, 1970
Pavan, M., La politica gotica di Teodosio nella publicistica del suo tempo, 1964
Pavan, M., I Christiani e il mondo ebraico nell' età di Teodosio «il Grande», in: Annali Fac. di lett. Univ. Perugia 3, 1965/66
Péguy, Ch., Erkämpfte Wahrheit. Gedanken, 1951
Pengo, G., Storia della Chiesa in Italia, I: Dalle origene al Concilio di Trento, 1978
Perau, J., Priester im Heere Hitlers, 1962
Perler, O., Die Weihnachtsminiatur des St. Gallener Cod. 340 und der konstantinische Memorialbau zu Bethlehem, in: W. Gessel/P. Stockmeier, Bavaria Christiana, 1973
Perrone, L., La chiesa di Palestina e le controversie christologiche. Dal concilio di Efeso (431) al secondo di Constantinopoli (553), 1980
Pesch, R., Simon-Petrus, 1980
Pesch, R., Neutestamentliche Grundlagen des Petrusamtes, in: K. Lehmann (Hg.), Das Petrusamt. Geschichtliche Stationen seines Verständnisses und gegenwärtige Positionen, 1982
Peters, A., Glaube und Geschichte, in: F. Clark Fry (Hg.), Geschichtswirklichkeit und Glaubensbewährung. Festschrift für Bischof D. Dr. h. c. Friedrich Müller, 1967
Pfättisch, J. M., Die Rede Konstantins an die Versammlung der Heiligen, in: Dölger (Hg.), Konstantin, 1913
Pfeiffer, R. H., The polemic against idolatry in the Old Testament, in: JBL 43, 1924
Pfeilschifter, G., Der Ostgotenkönig Theoderich d. Gr. und die katholische Kirche, 1896
Pfister, K., Der Untergang der antiken Welt, 1941
Pfleiderer, O., Das Urchristentum, 1902
Pfliegler, M. (Hg.), Dokumente zur Geschichte der Kirche, 1938
Pharr, C., The Theodosian Code and Novels and Sirmondian Constitution, 1952
Philip, K., Julianus Apostata in der deutschen Literatur, 1929
Pinay, M., Verschwörung gegen die Kirche, 1963
Pirenne, H., Geburt des Abendlandes, Untergang der Antike am Mittelmeer und Aufstieg des germanischen Mittelalters, 2. A., 1941
Plöchl, W., Geschichte des Kirchenrechts, I, 1953, II, 1955
Podskalsky, G., Nestorius, in: M. Greschat (Hg.), Alte Kirche II, 1984
Poliakov, L., Geschichte des Antisemitismus, I. Von der Antike bis zu den Kreuzzügen, 1977

Poppe, K. H., Vom Toleranzedikt zum Kirchenstaat, in: K. Deschner (Hg.), Kirche und Krieg, Der christliche Weg zum Ewigen Leben, 1970
Popper, K., Die offene Gesellschaft und ihre Feinde, 2: Falsche Propheten (The open Society and Its Enemies, 2: The High Tide of Prophecy, London 1945), 1958
Pörtner, R., Mit dem Fahrstuhl in die Römerzeit. Städte und Stätten deutscher Frühgeschichte, 1967
Poschmann, B., Die abendländische Kirchenbuße im Ausgang des christlichen Altertums, 1928
Poschmann, B., Die abendländische Kirchenbuße im frühen Mittelalter, 1930
Poschmann, B., Ecclesia principalis, 1933
Poulsen, F., Römische Kulturbilder, 1949
Preisker, H., Das Ethos des Urchristentums, 1949
Prete, S., Der geschichtliche Hintergrund zu den Werken des Laktanz, in: Gymnasium, Zeitschrift für Kultur der Antike und humanistische Bildung, 63, 1956
Prete, S., Pelagio e il Pelagianismo, 1961
Preuss, H. D., Verspottung fremder Religionen im Alten Testament, 1971
Previté-Orton, C. W., The Shorter Cambridge Medieval History. Volume I, The later Roman Empire to the Twelfth Century, 1971
Price, F., Between Man and God: Sacrifice in the Roman Imperial Cult, in: The Journal of Roman Studies, Vol. LXX, 1980
Prinz, F., Die bischöfliche Stadtherrschaft im Frankenreich vom 5. bis zum 7. Jahrhundert, in: HZ, 1973
Puech, H. C., Der Begriff der Erlösung im Manichäismus, in: Eranos-Jb. 4, 1936
Purdy, W. A., Die Politik der katholischen Kirche, 1967
Quasten, J., The conflict of early Christianity with the Jewish temple workship, in: ThSt, 2, 1941
Quasten, J., Patrology, I, 1950, II, 1953
Rad, G. v., Der Heilige Krieg im Alten Israel, 1951
Raddatz, A., Theodor von Mopsuestia, in: M. Greschat (Hg.), Alte Kirche II, 1984
Ragaz, G., Die Bergpredigt Jesu, 1945
Rahner, H., Abendländische Kirchenfreiheit, 1943
Rahner, H., Leo der Große, der Papst des Konzils, in: Grillmeier/Bacht, I, 1951
Rahner, H., Kirche und Staat im frühen Christentum. Dokumente aus acht Jahrhunderten und ihre Deutung, 1961
Rahner, K., Augustin und der Semipelagianismus, in: ZKTh, 2. Heft, 1938
Rahner, K., Dogmen- und Theologiegeschichte – gestern und morgen, ZKTh, 99 Bd., 1977
Rall, H., Zeitgeschichtliche Züge im Vergangenheitsbild mittelalterlicher, namentlich mittellateinischer Schriftsteller, 1937
Ranke, L. v., Sämtliche Werke, 1877 ff.
Ranke, L. v., Das Briefwerk, ed. von W. P. Fuchs, 1949
Ranke-Heinemann, U., Eunuchen für das Himmelreich. Katholische Kirche und Sexualität, 1988
Raschke, H., Das Christusmysterium, 1954
Rathgeber, A. M., Wissen Sie Bescheid? Antwort auf religiöse und weltanschauliche Fragen unserer Zeit, 13. A., 1962
Ratzinger, J., Beobachtungen zum Kirchenbegriff des Tyconius im Liber Regularium, in: Revue des Études Augustiniennes, 2 (REA), 1956

Rauh, H. D., Das Bild des Antichrist im Mittelalter: Von Tyconius zum Deutschen Symbolismus, 1973
Rauch, A./Imhof, P. (Hg.), Basilius, Heiliger der Einen Kirche, 1981
Rauschen, G., Jahrbücher der christlichen Kirche unter dem Kaiser Theodosius d. Gr. Versuch einer Erneuerung der Annales Eccelsiastici des Baronius für die Jahre 378–395, 1897
Reallexikon für Antike und Christentum. Sachwörterbuch zur Auseinandersetzung des Christentums mit der antiken Welt, hg. v. T. Klauser, 1950 ff
Reallexikon der Germanischen Altertumskunde, 2. A., 1978
Rehfeldt, B., Todesstrafen und Bekehrungsgeschichte. Zur Rechts- und Religionsgeschichte der germanischen Hinrichtungsbräuche, 1942
Rehm, B., Bardesanes in den Pseudo-Clementinen, in: Philol. 93, 1938
Reickers, B., The Jewish Damascus Documents, 1946
Reutterer, R., Legendenstudien um den heiligen Hipollytos, ZKTh, 95. Bd., 1973
Ricciotti, G., Paulus, 1950
Rice, D. T., Schmelztiegel der Völker. Osteuropa und der Aufstieg der Slawen, in: Rice, D. T., Morgen des Abendlandes, 1965
Richardson, C. C., A new solution to the quartidec. riddle, JThS NS 24, 1973
Richter, W., Zu den «Richtern Israels», ZAW, 77, 1965
Ricken, F., Die Logoslehre der Eusebios von Caesarea und der Mittelplatonismus, Theologie und Philosophie, 42, 1967
Ries, J., Kirche und Keuschheit. Die geschlechtliche Reinheit und die Verdienste der Kirche um dieselbe, 1922
Rimoldi, A., Gervasio e Protasio, in: Bibliotheca Sanctorum 6, Roma, 1965
Ringgren, H., Israelitische Religion, 1963
Ringgren, H./Ström, Å., Die Religionen der Völker. Grundriß der allgemeinen Religionsgeschichte, 1959
Rippel, G., Die Schönheit der katholischen Kirche, dargestellt in ihren äußeren Gebräuchen in und außer dem Gottesdienste für das Christenvolk, 1911
Rist, M., Pseudepigraphic Refutations of Marcionism, in: JR Chicago 22, 1942
Rist, J. M., Hypatia, in: Phoenix. The Journal of the Classical Association of Canada, Vol. XIX, 1965
Ritter, A., Arianismus, in: Theologische Realenzyklopädie III, 1978
Ritter, A. M., Wer ist die Kirche?, 1968
Ritter, A. M., Charisma im Verständnis des Joannes Chrysostomos und seiner Zeit. Ein Beitrag zur Erforschung der griechisch-orientalischen Ekklesiologie in der Frühzeit der Reichskirche, 1972
Ritzer, K., Eheschließung. Formen, Riten und religiöses Brauchtum der Eheschließung in den christlichen Kirchen des ersten Jahrtausends, I, 1951, II, 1952
Roby, H. J., Roman Law, in: Gwatkin/Whitney, The Cambridge Medieval History II, 1976
Rolffs, E., Das Indulgenz-Edict des römischen Bischofs Kallist. Kritisch untersucht und reconstruiert, 1893
Ronner, W., Die Kirche und der Keuschheitswahn. Christentum und Sexualität, 1971
Rossetti, L., De opificio dei di Lattanzio, in: Didaskaleion nuova serie 6, 1928
Rost, H., Die Fröhlichkeit in der katholischen Kirche. Eine Philosophie des Glückes, 1946

Rost, H., Die katholische Kirche, die Führerin der Menschheit. Eine Kultursoziologie, 1949

Roethe, G., Zur Geschichte der römischen Synoden im 3. und 4. Jahrhundert, o. J.

Rothenhöfer, D., Untersuchungen zur Sklaverei in den ostgermanischen Nachfolgestaaten des Römischen Reiches, 1967

Rubin, B., Das Zeitalter Justinians I, 1960

Rudloff, L. v., Kleine Laiendogmatik, 9. A., 1938

Rudolph, K., Die Gnosis. Wesen und Geschichte einer späteren Religion, 1977

Rüger, L., Geborgenheit in der katholischen Kirche. Katholisches Familienbuch, 1951

Ruppin, A., The Jewish population of the world, in: The Jewish people, past and present, 1946

Rüsen, J., Werturteilsstreit und Erkenntnisfortschritt. Skizzen zur Typologie des Objektivitätsproblems in der Geschichtswissenschaft, in: ders. (Hg.), Historische Objektivität. Aufsätze zur Geschichtstheorie, 1975

Rutte, H., Karl Popper und die Geschichte

Salin, E. (Hg.), Bilder und Studien aus drei Jahrtausenden. Eberhard Gothein zum siebzigsten Geburtstag, 1923

Šašel, J., Antiqui Barbari. Zur Besiedlungsgeschichte Ostnoricums und Pannoniens im 5. und 6. Jahrhundert nach den Schriftquellen, in: J. W. Werner/E. Ewig (Hg.), Von der Spätantike zum frühen Mittelalter. Aktuelle Probleme in historischer und archäologischer Sicht, 1979

Saunders, J. J., The Debate on the Fall of Rome, in: History. The Journal of the Historical Association, Vol. 48, 1963

Saurer, E., Kirchengeschichte als historische Disziplin?, in: F. Engel-Janosi/G. Klingenstein/H. Lutz (Hg.), Denken über Geschichte, 1974

Scipioni, L., Nestorio e il Concilio di Efeso. Storia, dogma, critica, 1974

Seeberg, R., Lehrbuch der Dogmengeschichte II, Die Dogmenbildung in der antiken Kirche, 1959

Seeck, O., Untersuchungen zur Geschichte des Nicänischen Konsils, ZKG 17, 1897

Seeck, O., Geschichte des Untergangs der antiken Welt, I. 1895, III. 1909, IV. 1911, V. 1913, VI. 1920

Seeck, O., Urkundenfälschungen im 4. Jahrhundert, in: ZKG, 2. und 4. Heft, 1909

Seeck, O./Veith, G., Die Schlacht am Frigidus, Klio 13, 1913

Seeck, O., Regesten der Kaiser und Päpste für die Jahre 311–476 n. Chr., 1919

Seel, O., Die Verbannung des Athanasius durch Julian, in: Klio 32, 1939

Seidlmayer, M., Geschichte Italiens. Vom Zusammenbruch des Römischen Reiches bis zum Ersten Weltkrieg. Mit einem Beitrag ‹Italien vom ersten zum zweiten Weltkrieg›, von T. Schieder, 1962

Seiferth, W., Synagoge und Kirche im Mittelalter, 1964

Seiterich, Th. (Hg.), Briefe an den Papst. Beten allein genügt nicht. Ein Publik-Forum-Buch, 1987

Selb, W., Episcopalis audientia von der Zeit Konstantins d. Gr. bis zur Novelle 35 Valentinians III., ZSavRGrom. 84, 1967

Sellers, R. V., The Council of Chalcedon. A Historical and Doctrinal Survey, 1953

Seppelt, F. X., Der Aufstieg des Papsttums, 2. A., 1954

Seppelt, F. X./Löffler, K., Papstgeschichte. Von den Anfängen bis zur Gegenwart. Neue verbesserte und ergänzte Auflage, 1940

Seppelt, F. X./Schwaiger, G., Die Geschichte der Päpste. Von den Anfängen bis zur Gegenwart, 1964

Sesan, V., Kirche und Staat im römisch-byzantinischen Reiche seit Konstantin dem Großen und bis zum Falle Konstantinopels. I. Die Religionspolitik der christlich-römischen Kaiser A.D. 313–80, 1911

Setton, K. M., Christian attitude towards the emperor in the fourth century especially as shown in the adresses to the emperor, 1941

Sevenster, J. N., The Roots of Pagan Anti-Semitism in the Ancient World, 1975

Seyberlich, R.-M., Die Judenpolitik Kaiser Justinians I., in: Deutsche Historiker-Gesellschaft, Byzantinische Beiträge, Berlin, 1964

Seyfarth, W., Ehen zwischen freien Frauen und Sklaven, in: Byzant. Beitr., hg. v. J. Irmscher, 1964

Seyfarth, W., Glaube und Aberglaube bei Ammianus Marcellinus, in: Klio, Bd. 46, 1965

Sheridan, J. J., The Altar of Victory, in: Ant. Class. 35, 1966

Sickenberger, J., Syneisaktentum im ersten Korintherbriefe?, in: Biblische Zeitfragen, 3. Jg., 1905

Sieben, H. J., Die Konzilsidee der Alten Kirche, 1979

Siemers, C., Geschichte der christlichen Kirche für katholische Gymnasien. Zweite vermehrte und verbesserte Auflage, hg. v. A. Hölscher, 1852

Silva-Tarouca, C., Nuovi studi sulle antiche lettere dei papi, in: Gregorianum 12, 1931

Smallwood, E. M., The Jews under Roman Rule: From Pompey to Diocletian, 1976

Soden, H. v., Christentum und Kultur in der geschichtlichen Entwicklung ihrer Beziehungen, 1933

Soden, H. v., Die christliche Mission in Altertum und Gegenwart, in: H. Frohnes/U. W. Knorr, Die alte Kirche, 1974

Soden, H. v./Campenhausen, H. v. (Hg.), Urkunden zur Entstehungsgeschichte des Donatismus, 2. A., 1950

Söder, R., Die apokryphen Apostelgeschichten und die romanhafte Literatur der Antike, 1932

Soggin, J. A., Charisma und Institution im Königtum Sauls, in: ZAW 75, 1963

Soldan-Heppe, W. G., Geschichte der Hexenprozesse. Neu bearbeitet und herausgegeben vom Max Bauer, 2 Bde., 1911

Soelle, D./Munser, K., Das Evangelium als Inspiration, Impulse zu einer christlichen Praxis, 1971

Sommerlad, Th., Die wirtschaftliche Tätigkeit der Kirche in Deutschland, I. Bd. 1900, II. Bd. 1905

Specht, Th., Lehrbuch der Apologetik oder Fundamentaltheologie, 2. A., hg. v. G. L. Bauer, 1924

Speigl, J., Das Religionsgespräch mit den severianischen Bischöfen in Konstantinopel im Jahre 532, in: Annuarium Historiae Conciliorum 16, 1984

Spengler, O., Der Untergang des Abendlandes. Umrisse einer Morphologie der Weltgeschichte, 1959

Speyer, W., Die literarische Fälschung im heidnischen und christlichen Altertum. Ein Versuch ihrer Deutung, 1971

Speyer, W., Fälschung, literarische, RAC VII, 1969

Speyer, W., Büchervernichtung, in: JbAC 13, 1970
Speyer, W., Religiöse Pseudepigraphie und literarische Fälschung im Altertum, in: Brox, N. (Hg.), Pseudepigraphie in der heidnischen und jüdisch-christlichen Antike, 1977
Speyer, W., Gottesfeind, in: RAC XI, 1981
Speyer, W., Zum Bild des Apollonios von Tyana bei Heiden und Christen, JbAC 17, 1974
Spotts, F., Kirche und Politik in Deutschland, 1976
Surkau, H. W., Martyrium in jüdischer und frühchristlicher Zeit, 1938
Süssenbach, U., Christuskult und kaiserliche Baupolitik bei Konstantin. Die Anfänge der christlichen Verknüpfung kaiserlicher Repräsentation am Beispiel der Kirchenstiftungen Konstantins, 1977
Szilágyi, J., Prices and Wages in the Western Provinces of the Roman Empire, in: Acta Antiqua Academiae Scientiarum Hungaricae, 1963
Schaeder, H. H., Bardesanes von Edessa in der Überlieferung der griechischen und syrischen Kirche, in: ZKG 51, 1932
Schäfer, E., Das Petrusgrab und die neuen Grabungen unter St. Peter in Rom, EvTh, Heft 10, 1951
Schäfer, E., Die Bedeutung der Epigramme des Papstes Damasus I. für die Geschichte der Heiligenverehrung, 1932
Schäferdiek, K., Germanenmission, RAC X, 1978
Schäferdiek, K., Wulfila. Vom Bischof von Gotien zum Gotenbischof, in: ZKG 90, 1979
Schäferdiek, K., Zu Verfasserschaft und Situation der epistula ad Constantiam de imagine Christi, in: ZKG 91, 1980
Schaff, A., Geschichte und Wahrheit, 1970
Schaff, A., Der Streit um die Objektivität der historischen Erkenntnis, 1975
Schalit, A., König Herodes, 1969
Schamoni, W., Das wahre Gesicht der Heiligen, 3. A., 1950
Schatkin, M., The Maccabean Martyrs, in: VigChr., 28, 1974
Scheidweiler, F., Eine arianische Predigt über den Teufel, in: Zeitschrift für Kirchengeschichte, 67, 1955/56
Scheidweiler, F., Nochmals die Vita Constantini, ByZ 44, 1956
Scheidweiler, F., Die Verdoppelung der Synode von Tyros vom Jahre 355, in: BZ, 51, Bd. 1, 1958
Schenke, H.-M., Die Gnosis, in: J. Leipoldt/W. Grundmann, Umwelt des Urchristentums, I, 1966
Scherer, J., Warum liebe ich meine Kirche? Ein Weckruf für Jugend und Volk, 1910
Schieder, Th., Unterschiede zwischen historischer und sozialwissenschaftlicher Methode, in: Schieder, Th./Gräubig, G. (Hg.), Theorieprobleme der Geschichtswissenschaft, 1977
Schieder, Th./Gräubig, G., Theorieprobleme der Geschichtswissenschaft, 1977
Schieffer, R., Der Papst als Pontifex Maximus. Bemerkungen zur Geschichte eines päpstlichen Ehrentitels, in: ZSavRGkan, 1971
Schieffer, R., Von Mailand nach Canossa. Ein Beitrag zur Geschichte der christlichen Herrscherbuße von Theodosius d. Gr. bis zu Heinrich IV., in: DAM, 1972
Schilling, O., Die Staats- und Soziallehre des hl. Augustinus, 1910

Schindler, R., Die Besiedlungsgeschichte der Goten und Gepiden im unteren Weichselraum aufgrund der Tongefäße, 1940
Schiwietz, S., Das morgenländische Mönchtum, I, 1904
Schlier, H., Gnosis, in: Handbuch theologischer Grundbegriffe, II, 1970
Schlingensiepen, H., Die Wunder des Neuen Testaments, Wege und Abwege ihrer Deutung bis zur Mitte des 5. Jahrhunderts, 1933
Schmailzl, A., Auf den Spuren des Athanasius, in: W. Gessel/P. Stockmeier, Bavaria Christiana. Zur Frühgeschichte des Christentums in Bayern. Festschrift Adolf Wilhelm Ziegler, 1973
Schmid, H., Die christlich-jüdische Auseinandersetzung und das Alte Testament in hermeneutischer Sicht, 1971
Schmidt, K.-D., Die Bekehrung der Ostgermanen zum Christentum (Der ostgermanische Arianismus), 1939
Schmidt, K. L., Die Kirche des Urchristentums, in: Festgabe für Adolf Deißmann zum 60. Geburtstag, 1927
Schmidt, L., Das neue Testament der Lutherbibel in der Fassung von 1975, in: ZThK 77, 1980
Schmidt, L., Geschichte der Wandalen, Zweite umgearbeitete Aufl., 1942
Schmidt, L., Geschichte der deutschen Stämme bis zum Ausgang der Völkerwanderung. Die Westgermanen. Erster Teil, 2. A., 1938
Schmidt, L., Geschichte der deutschen Stämme bis zum Ausgang der Völkerwanderung. Die Ostgermanen, 2. A., 1934
Schmidt, L., The Sueves, Alans and Vandals in Spain, 409–429. The Vandal Dominion in Africa 429–533, in: Gwatkin/Whitney, The Cambridge Medieval History I, 1975
Schmidt, L., Aphorismen von A–Z, Das große Handbuch geflügelter Definitionen, 1971
Schmitt, G., Der Ursprung des Levitentums, in: ZAW, 94 Bd., 1982
Schmitz, A. L., Die Welt der ägyptischen Einsiedler und Mönche, in: Röm. Quart. 37, 1929
Schmitz, H., Die Zeit der Römerherrschaft am Rhein, in: Böhner, K. (Hg.), Das erste Jahrtausend, Bd. I, 1962
Schmitz, H. J., Die Bußbücher und die Bußdisciplin der Kirche. Nach den handschriftlichen Quellen dargestellt, 1883
Schmitz, H. J., Die Bußbücher und das kanonische Bußverfahren. Nach handschriftlichen Quellen dargestellt, 1898
Schnackenburg, R., Der frühe Gnostizismus, in: H. J. Schultz (Hg.), Kontexte 3, Die Zeit Jesu, 1966
Schnackenburg, R., Die Stellung des Petrus zu den anderen Aposteln, in: A. Brandenburg/H. J. Urban (Hg.), Petrus und Papst. Evangelium Einheit der Kirche Papstdienst. Beiträge und Notizen, 1977
Schneege, G., Theoderich der Große in der kirchlichen Tradition des Mittelalters und in der Deutschen Heldensage, in: DZGw, Bd. I, 1894
Schneemelcher, W., Zur Chronologie des arianischen Streites, ThLZ 79, 1954
Schneemelcher, W., Gesammelte Aufsätze zum Neuen Testament und zur Patristik, hg. v. W. Bienert/K. Schäferdiek, 1974
Schneider, A. M., Die vorjustinianische Sophienkirche, BZ 36, 1936
Schneider, C., Die Christen im römischen Weltreich, in: Historia Mundi IV, 1956

Schneider, C., Die Unterschiede zwischen dem frühen Christentum im Osten und Westen des antiken Raumes, in: Gymnasium, Zeitschrift für Kultur der Antike und humanistische Bildung, 63, 1956
Schneider, C., Das Frühchristentum als antisemitische Bewegung, 1940
Schneider, C., Geistesgeschichte des antiken Christentums I und II, 1954
Schneider, C., Geistesgeschichte der christlichen Antike, 1978
Schneider, K.-P., Christliches Liebesgebot und weltliche Ordnungen. Historische Untersuchungen zu Ambrosius von Mailand, 1975
Schnitzer, J., Hat Jesus das Papsttum gestiftet, 1910
Schnitzer, J., Orosio e Pelagio, in: Religio 8, 1937
Schnürer, G., Kirche und Kultur im Mittelalter, 3 Bde., 2. A., 1927/29
Scholz, H., Glaube und Unglaube in der Weltgeschichte. Ein Kommentar zu Augustins De civitate Dei, 1911
Schöndorf, K. A., Die Geschichtstheologie des Orosius, 1952
Schoenebeck, H. v., Beiträge zur Religionspolitik des Maxentius und Constantin, in: Klio, 30. Beiheft, 1939
Schönfeld, W., Die juristische Methode im Kirchenrecht, Archiv für Rechts- und Wirtschaftsphilosophie 18, 1924/25
Schönfeld, M., Wörterbuch der altgermanischen Personen- und Völkernamen, 2. A., 1965
Schönmetzer, A., Zeittafel zur Geschichte des Konzils von Chalkedon, in: Grillmeier/Bacht, Das Konzil von Chalkedon, II, 1953
Schoonenberg, P., Theologie der Sünde. Ein theologischer Versuch, 1966
Schopen, E., Geschichte des Judentums im Orient, 1960
Schopen, E., Geschichte des Judentums im Abendland, 1961
Schopenhauer, A., Sämtliche Werke, ed. M. Köhler, o. J.
Schöpf, B., Das Tötungsrecht bei den frühchristlichen Schriftstellern bis zur Zeit Konstantins, 1958
Schoeps, H. J., Aus frühchristlicher Zeit. Religionsgeschichtliche Untersuchungen, 1950
Schoeps, H. J., Paulus, 1959
Schottlaender, R., Augustins moraltheologische Katastrophendeutung als Geschichtsfaktor, Klio, 1978
Schreiber, H., Die Hunnen. Attila probt den Weltuntergang. Neuauflage, 1987
Schreiner, J. (Hg.), Die Kirche im Wandel der Gesellschaft, 1970
Schreiner, K., Zum Wahrheitsverständnis im Heiligen- und Reliquienwesen des Mittelalters, Saeculum, 1966
Schrempf, Paulus, der Apostel Jesu Christi, Ges. Werke 9, 1934
Schröder, H. E., Ludwig Klages, 1872–1956, in: K. Deschner, Das Christentum im Urteil seiner Gegner, II, 1971
Schubart, W., Justinian und Theodora, 1943
Schubert, H. v., Geschichte der christlichen Kirche im Frühmittelalter, I, 1917, II, 1921
Schubert, H. v., Bildung und Erziehung in frühchristlicher Zeit, in: Salin, E. (Hg.), Bilder und Studien aus drei Jahrtausenden. Eberhard Gothein zum siebzigsten Geburtstag, 1923
Schuchert, A., Kirchengeschichte, 1958
Schuck, J., Geschichte der Kirche Christi dem katholischen Volk erzählt, I. und II. Band, 1949

Schultz, H. J. (Hg.), Theologie für Nichttheologen. ABC protestantischen Denkens, 1963 ff.
Schultz, H. J. (Hg.), Kontexte 3, Die Zeit Jesu, 1966
Schultz, W., Tertullian, 1961
Schultze, V., Geschichte des Untergangs des griechisch-römischen Heidentums. I. Staat und Kirche im Kampfe mit dem Heidentum, 1887
Schultze, B., Die Papstakklamationen auf dem 4. und 6. ökumenischen Konzil und Vladimir Soloviev, OrChrP 41, 1975
Schwaiger, G., Geschichte der Päpste im 20. Jahrhundert, 1968
Schwaiger, G., Päpstlicher Primat und Autorität der Allgemeinen Konzilien im Spiegel der Geschichte, 1977
Schwartz, E., Cyrill und der Mönch Viktor, in: SpAW, Wien. Phil.-hist. Kl., 208. Band, 4. Abhandlung, 1928
Schwartz, E. Charakterköpfe aus der Antike, 2. A., 1943
Schwartz, E., Codex Vaticanus gr. 1431, eine antichalkedonische Sammlung aus der Zeit Kaiser Zenos, in: Abhandlungen der Bayerischen Akademie der Wissenschaften. Philos.-philolog. und histor. Klasse, 1927
Schwartz, E., Publizistische Sammlung zum acacianischen Schisma, Abhandlungen der ABhMn, Philosoph.-historische Abteilung. Neue Folge, Heft 10, 1934
Schwartz, E., Der sechste nikänische Kanon auf der Synode von Chalcedon, Sitzungsberichte der preußischen Akademie der Wissenschaften, Phil.-hist. Kl., 1930
Schwartz, E., Kaiser Constantin und die christliche Kirche, 2. A., 1936
Schwartz, E., Zur Kirchenpolitik Justinians, 1940
Schwartz, E., Zur Geschichte des Athanasius. Gesammelte Schriften, 1959
Schwartz, E., Johannes und Kerinthos, in: Gesammelte Schriften, V, 1963
Schwarz, E., Goten, Nordgermanen, Angelsachsen. Studien zur Ausgliederung der germanischen Sprachen, 1951
Schweinitz, H. v., Buddhismus und Christentum, 1955
Schweitzer, A., Die Mystik des Apostels Paulus, 1930
Stadtmüller, G., Geschichte Südosteuropas, 1950
Stallknecht, B., Untersuchungen zur römischen Außenpolitik in der Spätantike (306–395 n. Chr.), 1967
Stamer, L., Kirchengeschichte der Pfalz, 1936
Stauffenberg, A. Graf Schenk v., Das Imperium und die Völkerwanderung, o. J. ca. 1947
Stauffer, E., Jerusalem und Rom, 1957
Stead, Chr., Divine Substance, 1977
Steeger, Th., Allgemeine Einleitung [zu Papst Leo I.], Bibliothek der Kirchenväter, 1927
Stegmüller, W., Glauben, Wissen und Erkennen. Das Universalienproblem einst und jetzt. Sonderausgabe, 1967
Stegmüller, W., Metaphysik, Skepsis, Wissenschaft, 2. verb. Aufl., 1969
Stein, E., Justinian, Johannes der Kappadozier und das Ende des Konsulats, ByZ 30, 1930
Stein, E., Geschichte des spätrömischen Reiches
Stein, E., Vom römischen zum byzantinischen Staate (284–476 n. Chr.), 1928

Steinmann, J., Hieronymus. Ausleger der Bibel. Weg und Werk eines Kirchenvaters, 1961

Steinwenter, A., Eine kirchliche Quelle des nachklassischen Zivilprozesses, in: Acta congressus iuridici internationalis, 2, 1935

Steinwenter, A., Der antike kirchliche Rechtsgang und seine Quellen, ZSavRGkan, 23, 1934

Steinwenter, A., Audientia episcopalis, RAC I, 1950

Stemberger, G./Prager, M. (Hg.), Bibel in Wort und Bild. Altes und Neues Testament in neuer Übersetzung. Die Bibel und das Christentum. Kirchengeschichtliche Quellentexte. Die Bibel und die Religionen. Religionsgeschichtliche Quellentexte, Bd. 8, 1981

Sternberg, G., Das Christentum des fünften Jahrhunderts im Spiegel der Schriften des Salvianus von Massilia, in: Theolog. Schriften und Kritiken, 82. Jg., 1909

Stevens, C. E., Marcus, Gratian, Constantine, Athenäum 35, 1957

Stockmeier, P., Leo I. des Großen Beurteilung der kaiserlichen Religionspolitik, 1959

Stockmeier, P., Das Petrusamt in der frühen Kirche, in: Denzler, Christ u. a., Zum Thema Petrusamt und Papsttum, 1970

Stockmeier, P., Römische Kirche und Petrusamt im Licht frühchristlicher Zeugnisse, in: Archiv. Hist. Pont. 14, 1976

Stockmeier, P., Das Schisma – Spaltung und Einheit in der Kirchengeschichte, in: P. Stockmeier (Hg.), Konflikt in der Kirche. Droht eine Kirchenspaltung?, 1977

Stockmeier, P., Bemerkungen zur Christianisierung der Goten im 4. Jahrhundert, ZKG, 92, 1981

Stockmeier, P., Johannes Chrysostomus, in: M. Greschat (Hg.), Alte Kirche II, 1984

Stoll, O., Das Geschlechtsleben in der Völkerpsychologie, 1908

Störig, H. J., Kleine Weltgeschichte der Philosophie I, 1969

Stöver, H. D., Christenverfolgung im Römischen Reich. Ihre Hintergründe und Folgen, 1984

Stratmann, F. M., Die Heiligen und der Staat, 4 Bde., 1949–1952

Straub, J., Eugenius, RAC VI, 1966

Straub, J., Regeneratio Imperii. Aufsätze über Roms Kaisertum und Reich im Spiegel der heidnischen und christlichen Publizistik, 1972

Straub, J., Vom Herrscherideal in der Spätantike, 1939

Straub, J., Des christlichen Kaisers secunda maiestas (Tertullian und die Konstantinische Wende), ZKG 90, 1979, Heft 2–3

Stroheker, K. F., Germanentum und Spätantike, 1965

Stroheker, K. F., Der senatorische Adel im spätantiken Gallien, 1948

Strzelczyk, J., Einige Bemerkungen zur Diskussion über die Frühgeschichte der Goten, in: K.-D. Grothusen/K. Zernak, Europa Slavica–Europa Orientalis, Festschrift für Herbert Ludat zum 70. Geburtstag, 1980

Stuiber, A., Konstantinische und christliche Beurteilung der Sklaventötung, in: JbAC 21, 1978

Taddey, G. (Hg.), Lexikon der Deutschen Geschichte. Personen – Ereignisse – Institutionen. Von der Zeitwende bis zum Ausgang des 2. Weltkrieges, 1979

Teall, J. L., The Barbarians in Justinian's Armies, in: Speculum, 1965

Telfer, W., Sozomen I 15. A Reply, JThS 50, 1949

Telfer, W., When did the Arian Controversy begin? JThS 47, 1946
Telfer, W., Paul of Constantinople, in: Harvard Theological Review, 43, 1950
Telfer, W., Episcopal succession in Egypt, JEH 3, 1952
Telfer, W., Meletius of Lycopolis and episcopal succession in Egypt, HThR 48, 1955
Tengström, E., Die Protokollierung der «Collatio Carthaginensis», in: Studia Graeca et Latina Gothoburgensia, 14, 1962
Tengström, E., Donatisten und Katholiken. Soziale, wirtschaftliche und politische Aspekte einer nordafrikanischen Kirchenspaltung, 1964
Tetz, M., Zur Biographie des Athanasius von Alexandrien, in: ZKG, 90. Bd., 1979
Theiner, J. A. und Theiner, A., Die Einführung der erzwungenen Ehelosigkeit bei den christlichen Geistlichen und ihre Folgen. Ein Beitrag zur Kirchengeschichte, 1892
Thieß, F., Das Reich der Dämonen, 1941
Thomas, H., Der spanische Bürgerkrieg, 1962
Thomas, M., Das psychische Erlebnis im Werk von Augustinus, in: Wissenschaft und Weisheit, Zeitschrift für augustinisch-franziskanische Theologie und Philosophie in der Gegenwart, 35, 1972
Thompson, E. A., The Settlement of the Barbarians in Southern Gaul, in: The Journal of R. Stud., Vol. 46, 1956
Thompson, E. A., The Conversion of the Visigoths to Catholicism, Nottingham Mediaeval Studies 4, 1960
Thompson, E. A., Christianity and the Northern Barbarians, in: Momigliano (Hg.), The Conflict, 1964
Thompson, E. A., Zosimus on the End of Roman Britain, Antiquity 30, 1956
Thompson, E. A., A History of Attila and the Huns, 1948
Thompson, E. A., The Visigoths from Fritigern to Euric, Historia 12, 1963
Thompson, E. A., The Visigoths in the Time of Ulfila, 1966
Thompson, E. A., The Historical Work of Ammianus Marcellinus, 1947
Thorndike, L., A history of magic and experimental science, 1923
Thraede, K., Das antike Rom in Augustins De civitate Dei. Recht und Grenzen eines verzerrten Themas, in: JbAC 20, 1977
Thür, G./Pieler, P. E., Gerichtsbarkeit, RAC X, 1978
Tinnefeld, F., Synesios von Kyrene: Philosophie der Freude und Leidensbewältigung. Zur Problematik einer spätantiken Persönlichkeit, in: C. Gnilka/W. Schetter (Hg.), Studien zur Literatur der Spätantike, 1975
Tinnefeld, F., Die frühbyzantinische Gesellschaft. Struktur – Gegensätze – Spannungen, 1977
Titius, A., Unser Krieg. Ethische Betrachtungen, 1915
Tödt, H. E., Theologie und Völkerrecht. Eine Prüfung gemeinsamer historischer und gegenwärtiger Probleme angesichts der Mitverantwortung für den Weltfrieden, in: Picht/Eisenbart, Frieden und Völkerrecht, 1973
Tondi, A., Die Jesuiten. Bekenntnisse und Erinnerungen, 1961
Toynbee, A. J., Das Christentum und die Religionen der Welt, 1959
Toynbee, A. J., Der Gang der Weltgeschichte, I, 1970
Treitinger, O., Die oströmische Kaiser- und Reichsidee nach ihrer Gestaltung im höfischen Zeremoniell, 1938
Treitschke, H. v., Deutsche Geschichte im Neunzehnten Jahrhundert (5 Bde., 1879–1894)

Treitschke, H. v., Historische und politische Aufsätze, Bd. 2, 6. A., 1903
Troeltsch, E., Die Soziallehren der christlichen Kirchen und Gruppen, I, 1912
Tscherikover, V., Hellenistic Civilization and the Jews, 2. A., 1961
Tüchle, H., Kirchengeschichte Schwabens, 1. Bd.: Die Kirche Gottes im Lebensraum des schwäbisch-alamanischen Stammes, 2. A., (ca.) 1955
Tullius, F., Die Quellen des Arnobius im 4., 5. und 6. Buch seiner Schrift «Adversus nationes», 1934
Tusculum Lexikon der griechischen und lateinischen Literatur vom Altertum bis zur Neuzeit, 1948
Ueding, L., Die Kanones von Chalkedon in ihrer Bedeutung für Mönchtum und Klerus, in: Grillmeier/Bacht, II, 1953
Uhlemann, F. G., Ephräms des Syrers Ansichten von dem Paradiese und der Fall des ersten Menschen, in: ZHT, 1, 1832
Ulbrich, H., Augustins Briefe zur entscheidenden Phase des Pelagianischen Streites (Von den Verhandlungen in Jerusalem und Diospolis im Jahre 415 bis zur Verdammung des Pelagius im Jahre 418), in: Revue des études augustiniennes 9, 1963
Ullmann, W., Die Machtstellung des Papsttums im Mittelalter. Idee und Geschichte, 1960
Ullmann, W., Leo I. and the Theme of Papal Primacy, JThS, 1960
Ullmann, W., Gelasius I (492–496). Das Papsttum an der Wende der Spätantike zum Mittelalter, 1981
Vasiliev, A. A., Justin the First. An Introduction to the Epoch of Justinian the Great, 1950
Vaux, R. de, Tempel, in: LThK, 2. A. IX, 1964
Vernadsky, G., Das frühe Slawentum. Das Ostslawentum bis zum Mongolensturm, in: Valjavec, F. (Hg.), Frühes Mittelalter, 1956
Vierhaus, R., Rankes Begriff der historischen Objektivität, in: R. Koselleck/W. J. Mommsen/J. Rüsen (Hg.), Objektivität und Parteilichkeit in der Geschichtswissenschaft, 1977
Vittinghoff, F., Eusebios als Verfasser der Vita Constantini, RhMus 96, 1953
Vogelstein, M., Kaiseridee – Romidee und das Verhältnis von Staat und Kirche seit Constantin, 1930
Vogt, H.-J., Cyrill von Alexandrien, in: M. Greschat (Hg.), Alte Kirche II, 1984
Vogt, J., Kaiser Julian und das Judentum, 1939
Vogt, J., Zur Frage des christlichen Einflusses auf die Gesetzgebung Konstantins des Großen, in: Festschrift für Leopold Wenger, II, 1945
Vogt, J., Synesios gegen Andronikos: der philosophische Bischof in der Krisis, in: Fleckenstein/Schmid, Adel und Kirche, 1968
Vogt, J., Constantin der Große und sein Jahrhundert, 1949
Vogt, J., Die Vita Constantini des Eusebius über den Konflikt zwischen Konstantin und Licinius, in: Historia 2, 1954
Vogt, J., Der Niedergang Roms. Metamorphose der antiken Kultur, 1965
Vogt, J., Pagans and Christians in the Family of Constantine the Great, in: Momigliano (Hg.), The Conflict, 1964
Vogt, J., Constantinus der Große, RAC III, 1957
Vogt, J., Die kaiserliche Politik und die christliche Mission im 4. und 5. Jahrhundert, in: Frohnes/Knorr (Hg.), Die alte Kirche, 1974

Voigt, K., Staat und Kirche von Konstantin dem Großen bis zum Ende der Karolingerzeit, 1936. Neudruck 1965

Volk, L., Hitlers Kirchenminister. Zum Versuch einer Gesamtdarstellung des Kirchenkampfes im NS-Staat, in: D. Albrecht (Hg.), Kath. Kirche im Dritten Reich. Eine Aufsatzsammlung zum Verhältnis von Papsttum, Episkopat und deutschen Katholiken zum Nationalsozialismus 1933–1945, 1976

Volk, L., Zwischen Geschichtsschreibung und Hochhuthprosa. Kritisches und Grundsätzliches zu einer Neuerscheinung über Kirche und Nationalsozialismus, in: D. Albrecht (Hg.), Kath. Kirche im Dritten Reich. Eine Aufsatzsammlung zum Verhältnis von Papsttum, Episkopat und deutschen Katholiken zum Nationalsozialismus 1933–1945, 1976

Volk, L., Die Kirche in den deutschsprachigen Ländern (Deutschland, Österreich, Schweiz), in: Handbuch der Kirchengeschichte VII, Die Weltkirche im 20. Jahrhundert, 1979

Voelkl, L., Der Kaiser Konstantin, Annalen einer Zeitenwende, 1957

Voelkl, L., Die konstantinischen Kirchenbauten nach Eusebius, in: Rivista di Archeologia della Libia 29, 1953

Vollmann, B., Studien zum Priszillianismus. Die Forschung, die Quellen, der fünfzehnte Brief Papst Leo des Großen, 1965

Volz, P., Das Dämonische in Yahwe, 1924

Vööbus, A., History of Ascetism in the Syrian Orient. A contribution of the history of culture in the Near East. I, The origin of ascetism. Early monasticism in Persia, 1958

Vööbus, A., Entdeckung einer unbekannten Biographie des Athanasius v. Alexandrien. Eine angeblich von Amphilochius von Ikonium verfaßte Vita, in: ByZ, 71, 1978

Voss, B. R., Berührungen von Hagiographie und Historiographie in der Spätantike, in: FS, 1970

Vries, W. de, Der «Nestorianismus» Theodors von Mopsuestia in seiner Sakramentenlehre, OrChrP 7, 1941

Vries, W. de, Die syrisch-nestorianische Haltung zu Chalkedon, in: Grillmeier/Bacht, Das Konzil von Chalkedon I, 1951

Vries, W. de, Die Kollegialität auf Synoden des 1. Jahrtausends

Vries, W. de, Das Petrusamt im ersten Jahrtausend, in: K. Lehmann (Hg.), Das Petrusamt . . ., 1982

Vries, W. de, Die Obsorge des hl. Basilius um die Einheit der Kirche im Streit mit Papst Damasus, in: A. Rauch/P. Imhof (Hg.), Basilius, Heiliger der Einen Kirche, 1981

Vries, W. de, unter Mitarbeit von O. Bârlea, J. Gill, M. Lacko, Rom und die Patriarchate des Ostens, 1963

Waas, M., Germanen im römischen Dienst (im 4. Jh. n. Chr.), 2. A., 1971

Wagner, F., Zweierlei Maß der Geschichtsschreibung – eine offene Frage, in: Saeculum X, 1959

Wagner, N., Getica, 1967

Waldstein, W., Geißelung, RAC IX, 1976

Wallace-Hadrill, D. S., Eusebius von Caesarea, in: Theolog. Realenz., X, 1982

Walter, J. v., Die äußere Geschichte der Christianisierung der Germanen, in: W. Künneth/H. Schreiner (Hg.), Die Nation vor Gott. Zur Botschaft der Kirche im Dritten Reich, 4. veränderte A., 1934

Walterscheid, J., Heilige Deutsche Heimat. Das deutsche Kirchenjahr mit seinen Festen, seinem Volksbrauch, den Volksheiligen, religiöser Literatur und religiöser Kunst, I, 1936
Wampach, C., Das Apostolat des hl. Willibrord in den Vorlanden der eigentlichen Frisia. Aktuelle Fragen um dessen räumliche Bestimmung, in: Annalen des historischen Vereins für den Niederrhein, 1954
Warmington, B. H., The North African Provinces from Diocletian to the Vandal Conquest, 1954
Weber, M., Grundriß der Sozialökonomik, III. Bd., 1. und 2. Halbband, 3. A., 1947
Weber, M., Die «Objektivität» sozialwissenschaftlicher und sozialpolitischer Erkenntnis, in: Gesammelte Aufsätze zur Wissenschaftslehre, 3. A., 1968
Weber, M., Gesammelte Aufsätze zur Wissenschaftslehre, 3. A., 1968
Weber, W., Die Vereinheitlichung der religiösen Welt. Probleme der Spätantike, 1930
Weckwerth, Das altchristliche und das frühmittelalterliche Kirchengebäude, ZKG, LXIX, 1958
Weibull, C., Die Auswanderung der Goten aus Schweden, 1958
Weigand, R., Die bedingte Eheschließung im kanonischen Recht. Ein Beitrag zur Geschichte der Kanonistik von Gratian bis Gregor IX., 1963
Weigl, A. M., SOS aus dem Fegfeuer, 1970
Weijenborg, R., Zum Text und zur Deutung von Ammianus, Römische Geschichte 29,3,9, in: Klio, 1975
Wein, M. (Hg.), Ich kam, sah und schrieb. Augenzeugenberichte aus fünf Jahrtausenden, 1964
Weinberg, J. P., Demographische Notizen zur Geschichte der nachexilischen Gemeinde in Juda, in: Klio, 54, 1972
Weinel, H., Die Stellung des Urchristentums zum Staat, 1908
Weinel, H., Biblische Theologie des Neuen Testaments, 4. A., 1928
Weinreich, O., Antikes Gottmenschentum, in: Neue Jahrbücher für Wissenschaft und Jugendbildung, 1926
Weinstock, S., Divus Julius, 1971
Weißengruber, F., Zu Augustins Definiton des Staates, Röm. Hist. Mittlg. 22, 1980
Weitzel, J., Begriff und Erscheinungsformen der Simonie bei Gratian und den Dekretisten, 1967
Wellhausen, J., Über den geschichtlichen Wert des zweiten Makkabäerbuches im Verhältnis zum ersten, in: Nachrichten von der Königl. Gesellschaft der Wissenschaften zu Göttingen. Philol.-hist. Klasse, 1905
Welter, J., Schopenhauer, in: Deschner, K. (Hg.), Das Christentum im Urteil seiner Gegner, I, 1969
Wendland, J., Handbuch für Sozialethik, 1916
Wengst, K., Häresie und Orthodoxie im Spiegel des ersten Johannesbriefes, 1976
Wenskus, R., Stammesbildung und Verfassung, 2. A., 1977
Wermelinger, O., Rom und Pelagius. Die theologische Position der römischen Bischöfe im pelagianischen Streit in den Jahren 411–432, 1975
Werner, H., Barbarus, in: Neue Jahrbücher für das Klass. Altertum, Geschichte und deutscher Literatur, 21, 1918

Werner, J., Die Herkunft der Bajuwaren und der «östlichmerowingische» Reihengräberkreis, in: Werner, J. (Hg.), Aus Bayerns Frühzeit, 1962
Werner, J. (Hg.), Aus Bayerns Frühzeit, 1962
Werner, M., Der Einfluß paulinischer Theologie im Markusevangelium. Eine Studie zur neutestamentlichen Theologie, 1923
Werner, J. W./Ewig, E. (Hg.), Von der Spätantike zum frühen Mittelalter. Aktuelle Probleme in historischer und archäologischer Sicht, 1979
Werner, M., Der protestantische Weg des Glaubens, I, 1955
Werner, M., Die Entstehung des christlichen Dogmas, problemgeschichtlich dargestellt, 1941
Wes, M. A., Das Ende des Kaisertums im Westen des römischen Reiches, 1967
Wesendonk, G. v., Bardesanes und Mani, in: Acta Orientalia 10, 1932
Weth, G., Die Heilsgeschichte, 1931
Wetter, G. P., «Der Sohn Gottes». Eine Untersuchung über den Charakter und die Tendenz des Johannes-Evangeliums. Zugleich ein Beitrag zur Kenntnis der Heilandsgestalten der Antike, 1916
Wetzer, H. J./Welte, B. (Hg.), Kirchen-Lexikon oder Encyklopädie der katholischen Theologie und ihrer Hilfswissenschaften, 11 Bände, 1847 ff.
Weyman, C., Vier Epigramme des hl. Papstes Damasus, 1905
White, H., The Historical Text as Literary Artefact, in: R. H. Canary/H. Kozicki (Ed.), The Writing of History, Literary Form and Historical Understanding, 1978
Wickert, U., Episkopalismus, in: Theologische Realenzyklopädie, Bd. XI, 1983
Wickert, U., Cyprian, in: M. Greschat (Hg.), Alte Kirche, I, 1984
Wickham, L. R., Eutyches/Eutychianischer Streit, in: ThRe, X, 1982
Widengren, G. W., Mani und der Manichäismus, 1961
Widmann, M., Geschichte der Alten Kirche im Unterricht, 1970
Wikenhauser, A., Die Apostelgeschichte und ihr Geschichtswerk, 1921
Wikenhauser, W., Einleitung in das Neue Testament, 2. A., 1956
Wildberger, H., Samuel und die Entstehung des israelitischen Königtums, in: ThZ, 13, 1957
Wilhelm, K., Metz, H. B., Rahner, K., Wolf, E. u. a., Die Antwort der Religionen, 1964
Willebrands, J., Die Zukunft der ökumenischen Bewegung, in: Zehn Jahre Vatikanum II, 1976
Williams, A. L., Adversus Judaeos. A bird's-eye view of christian Apologiae until the Renaissance, 1935
Willis, G. G., Saint Augustine and the Donatist Controversy, 1950
Windelband, W., Lehrbuch der Geschichte der Philosophie, hg. v. H. Heimsoeth, 14. ergänzte Aufl., 1948
Windisch, H., Paulus und Christus, 1934
Windisch, H., Der Sinn der Bergpredigt, 1929
Winheller, E., Lebensbeschreibungen der vorkarolingischen Bischöfe von Trier, 1935
Winkelmann, F., Der trinitarische Streit in zeitgenössischer Sicht, in: Das Altertum. Im Auftrag der Sektion der Altertumswissenschaft bei der Deutschen Akademie der Wissenschaften zu Berlin hg. v. Johannes Irmscher, Bd. 13, 1967
Winkelmann, F., Probleme der Herausbildung der Staatskirche im römischen Reich des 4. Jahrhunderts, in: Klio 53, 1971

Winkelmann, F. (Hg.), Über das Leben des Kaisers Konstantin, 1975
Winkelmann, F., Die Kirchengeschichtswerke im oströmischen Reich, Byzslav, 37, 1976
Winkelmann, F., Rolle und Problematik der Behandlung der Kirchengeschichte in der byzantinischen Historiographie, in: Klio 66, 1984
Winkelmann, F. W., Die Vita Constantini des Euseb. Ihre Authentizität, ihre Textbezeugung, 1959
Winkelmann, F. W., Zur Geschichte des Authentizitätsproblems der Vita Constantini, in: Klio 40, 1962
Winkler, S., Die Samariter, Klio, 1965
Winowska, U., Die Jungfrau der Offenbarung. Maria gestern und heute, 1958
Winter, E., Der Frühhumanismus. Seine Entwicklung in Böhmen und deren europäische Bedeutung für die Kirchenreformbestrebungen im 14. Jahrhundert, 1964
Winter, E., Die Sowjetunion und der Vatikan, Teil 3 der Trilogie Rußland und das Papsttum, 1972
Winter-Günther, E., Die sächsischen Aufstände gegen Karl den Großen in den Jahren 792–804, 1940
Winterswyl, Die Briefe des heiligen Ignatius von Antiochien, 4. A., 1954
Wirth, G., Föderierte Staaten in der späteren römischen Kaiserzeit, Historia 16, 1967
Wissowa, G., Pauly's Realencyclopädie der classischen Altertumswissenschaft, 1894 ff.
Wlosok, A., Christliche Apologetik gegenüber heidnischer Politik bis zu Konstantin, in: H. Frohnes/U. W. Knorr (Hg.), Die alte Kirche, 1974
Wojtowytsch, M., Papsttum und Konzile von den Anfängen bis zu Leo I. (440–461). Studien zur Entstehung der Überordnung des Papsttums über Konzile, 1981
Wolf, E., Häresie, in: Die Religion in Geschichte und Gegenwart, 3. A., III, 1959
Wolffheim, H., Hans Henny Jahnn, 1894–1959, in: K. Deschner (Hg.), Das Christentum im Urteil seiner Gegner II, 1971
Wolfram, H., Gotische Studien I, Das Richteramt Athanarichs, in: MIÖG, 83, 1975
Wolfram, H., Gotisches Königtum und römisches Kaisertum von Theodosius dem Großen bis Justinian I., Frühmittelalterliche Studien, 13, 1979
Wolpert, L., Die einzige Seele. Sonntagslesungen. 4. und 5. Aufl., 1925
Woodward, E. L., Christianity and Nationalism in the Later Roman Empire, 1916
Wrede, W., Paulus, 1907
Wrede, H., Consecratio in formam deorum. Vergöttlichte Privatpersonen in der römischen Kaiserzeit, 1981
Wright, G. E., The Old Testament Against its Enviroment, 1950
Wühr, W., Das abendländische Bildungswesen im Mittelalter, 1950
Wyß, B., Gregor II (Gregor von Nazianz), RAC XII, 1983
Wytzes, J., Der Streit um den Altar der Victoria. Die Texte der betreffenden Schriften des Symmachus und Ambrosius mit Einleitung, Übersetzung und Kommentar, 1936
Wytzes, J., Der letzte Kampf des Heidentums in Rom, 1977
Yallop, D. A., Im Namen Gottes? Der mysteriöse Tod des 33-Tage-Papstes Johannes Paul I., Tatsachen und Hintergründe, 1984

Young, F. M., A Reconsideration of Alexandrian Christology, in: JEH, Cambridge, 22, 1971
Zeißig, Pastor, Kriegs-Pfingst-Predigt über Hesekiel 36,26–27, gehalten am 1. Pfingstfeiertag, den 23. Mai 1915 in der Jakobikirche zu Dresden
Zellinger, J., Der Beifall in der altchristlichen Predigt, in: Festgabe Alois Knöpfler, 1917
Zepf, M., Zur Chronologie der antidonatistischen Schriften Augustins, ZNW 28, 1929
Ziegler, A. K., Pope Gelasius I and his Teaching on the Relation of Church and State, in: CHR, 27, 1942
Ziegler, J., Zur religiösen Haltung der Gegenkaiser im 4. Jh. n. Chr., 1970
Ziegler, J. G., Die Ehelehre der Pönitentialsummen von 1200–1350. Eine Untersuchung zur Geschichte der Moral- und Pastoraltheologie, 1956
Ziegler, K., Firmicus Maternus, in: RAC VII, 1969
Ziegler, K.-H., Die Beziehungen zwischen Rom und dem Partherreich. Ein Beitrag zur Geschichte des Völkerrechts, 1964
Zöckler, O., Askese und Mönchtum, 2. und gänzlich neu bearbeitete und stark vermehrte Auflage der «Kritischen Geschichte der Askese», 1. und 2. Bd., 1897
Zöllner, E., Geschichte der Franken bis zur Mitte des 6. Jahrhunderts. Auf der Grundage des Werkes von Ludwig Schmidt unter Mitwirkung von Joachim Werner, 1970
Zulli, G., S. Ambrogio e il culto dei Santi, culto dei Martiri e delle loro reliquie, 1945
Zumkeller, A., Das Mönchtum des heiligen Augustinus, 1950

ABKÜRZUNGEN

antiker Literatur, wissenschaftlicher Zeitschriften und Nachschlagewerke, die in den Anmerkungen häufiger zitiert werden.

AAS: Acta Apostolicae Sedis, 1909 ff
ACO: Acta conciliorum oecumenicorum, hg. v. E. Schwartz, 1914 ff
Ad Diognet: Diognetbrief
Afrah. Dem.: Afrahat, demonstratio (= Homilien)
Agathias: Agathias (Scholastikos) aus Myrina (Aiolis)
Agnellus, Liber pont. eccl. Ravenn.: Agnellus, Liber Pontificalis ecclesiae Ravennatis (MGScript. Rer. Langob.) 333
Alex. Alexandr. Sermo de anima: Alexander von Alexandrien, de anima et corpore deque passione domini
Ambr. virg.: Ambrosius, de virginibus (PL 16, 187 ff) (vgl. de virginitate; de institutione virginis)
Ambros. c. Aux.: Sermo contra Auxentium de basilicis tradendis (PL 16, 1007 ff)
Ambros. de Abrah.: de Abraham (PL 14, 419 ff)
Ambros. bono mort.: de bono mortis (PL 14, 539 ff)
Ambros. de incarn.: de incarnationis dominicae sacramento (PL 16, 817 ff)
Ambros. de fide: de fide ad Gratianum (PL 16, 527 ff)
Ambros. de ob. Theod.: Oratio de obitu Theodosii (PL 16, 1385 ff)
Ambros. de ob. Valent.: de obitu Valentiniani consolatio (PL 16, 1357 ff)
Ambros. de off.: de officiis ministrorum (PL 16, 23 ff)
Ambros. de paenit.: de paenitentia (PL 16, 465 ff)
Ambros. de parad.: de paradiso (PL 14, 275 ff)
Ambros. de Tob.: de Tobia (PL 14, 759 ff)
Ambros. enarr. ps.: Enarrationes in XII psalmos Davidicos (PL 14, 921 ff)
Ambros. ep.: Epistulae (PL 16, 876 ff)
Ambros. exaem.: Hexaëmeron (PL 14, 123 ff)
Ambros. exhort. virgin.: Exhortatio virginitatis (PL 16, 335 ff)
Ambros. Exposit. Evangelii sec. Lucam: Expositionis evangelii secundum Lucam libri decem (PL 15, 1527 ff)
Ambros. Exp. ps.: Expositio in psalmum CXVIII (PL 15, 1197 ff)
Ammian.: Ammianus Marcellinus, Res gestae
AMrhKG: Archiv für mittelrheinische Kirchengeschichte 1949 ff
Anastas. I. ep.: Papst Anastasius I., Epistulae
Anastas. imp. ep.: Kaiser Anastasios I., Epistulae
Anastas. Sin., Hodegos: Anastasius Sinaita, Hodegos
Anon. Val.: Anonymus Valesianus
Apg.: Apostelgeschichte
Apk.: Johannesapokalypse
Apoll. Sid. ep.: Apollinaris Sidonius (s. auch Sidonius Apollinaris), Epistulae
Aponius, Expl. in cant. cantic.: Explanatio in Canticum canticorum
App.: Appendix
Arist. apol.: Aristides, Apologie
Arnob. adv. nat.: Arnobius von Sicca, adversus nationes (advers. gent.)

A.T.: Altes Testament
Athan. ad Afros episc.: Athanasius, An die Bischöfe Westafrikas (PG 26, 1029 ff)
Athan. ad episc. Aeg.: Ep. encyclica ad episcopos Aegypti et Libyae (PG 25, 537 ff)
Athan. ad Serap.: An den Bischof Serapion von Thmuis (PG 26, 529 ff)
Athan. apol. ad Const.: Apologia ad Constantium imperatorem (PG 25, 595 ff)
Athan. apol. c. Ar.: Apologia contra Arianos (PG 25, 247 ff)
Athan. apol. de fuga sua: Apologia de fuga sua (PG 25, 643 ff)
Athan. c. Arian.: Orationes contra Arianos (PG 26, 9 ff)
Athan. c. gent.: oratio contra gentes (PG 25, 3 ff)
Athan. hist. Arian.: Historia Arianorum ad monachos (PG 25, 691)
Athan. de incarn. et c. Arian.: de incarnatione et contra Arianos (PG 26, 983 ff) (stammt vielleicht von Marcellus v. Ankyra)
Athan. de sent. Dion.: epist. de sententia Dionysii (PG 25, 479 ff)
Athan. de decr.: Epistola de decretis Nicaenae synodi (PG 25, 415)
Athan. de syn.: Epistola de synodis Arimini in Italia et Seleuciae in Isauria celebratis
Athan. ep. ad Serap. de morte Arii: Brief an Bischof Serapion von Thmuis über den Tod des Arius
Athan. ep. encycl.: Epist. ad episcopos encyclica (PG 25, 221 ff)
Athan. Vita Ant.: Vita s. Antonii (PG 26, 835 ff)
Athenag. leg.: Athenagoras der Apologet, Legatio
August. ad Donat. post coll.: Augustinus, Ad Donatistas post collationem liber unus (PL 43, 651 ff)
August. advers. Jud.: Adversus Judaeos (PL 42, 51 ff)
August. brev. coll.: Breviculus collationis cum Donatistis (PL 43, 613 ff)
August. c. Parm.: Contra epistolam Parmeniani libri tres (PL 43, 33 ff)
August. c. Acad.: Contra Academicos (PL 32, 905 ff)
August. civ. dei: de civitate Dei (PL 41)
August. cons.: de consensu evanglistarum libri quatuor (PL 34, 1041 ff)
August. c. Cresc.: Contra Cresconium grammaticum partis Donati libri quatuor (PL 43, 445)
August. c. Gaud.: Contra Gaudentium Donatistarum episcopum libri duo (PL 43, 707 ff)
August. conf.: Confessiones (PL 32, 659 ff)
August. don. persev.: de dono perseverantiae liber ad Prosperum et Hilarium secundus (PL 45, 393 ff)
August. de cura ger. pro mort.: de cura gerenda pro mortuis (PL 40, 591 ff)
August. De grat. chr. et de pecc. orig.: de gratia Christi et de peccato originali, contra Pelagium et Caelestium, libri duo (PL 44, 359 ff)
August. de haeres.: de haeresibus (PL 42, 21 ff)
August. de pecc. mer.: de peccatorum meritis et remissione et de baptismo parvulorum ad Marcellinum, libri tres (PL 44, 109 ff)
August. de serm. domini in monte: de sermone Domini in monte secundum Matthaeum libri duo (PL 34, 1229 ff)
August. de unico bapt.: de unico baptismo contra Petilianum, ad Constantinum, liber unus (PL 43, 595 ff)
August. de un. eccl.: de unitate ecclesiae
August. de urb. excid.: de urbis excidio (PL 40, 714 ff)
August. ord.: de ordine (PL 32, 977 ff)
August. util. ieiun.: de utilitate ieiunii (PL 40, 707 ff)
August. de util. cred.: de utilitate credendi (PL 42, 65 ff)
August. de vera rel.: de vera religione

liber unus (PL 34, 121 ff)
August. c. litt. Pet.: Contra litteras Petiliani Donatistae Cirtensis episcopi libri tres (PL 43, 245 ff)
August. de baptism.: de baptismo contra Donatistas libri septem (PL 43, 107 ff)
August. en. in ps.: Enarrationes in psalmos (PL 36 f)
August. corr. et grat.: de correptione et gratia (PL 44, 915 ff)
August. in ev. Joh.: In Johannis evangelium tractatus 124 (PL 35, 1379 ff)
August. Gen. ad litt.: de Genesi ad litteram (PL 34, 219 ff)
August. ep.: Briefe (PL 33)
August. serm.: Sermones (PL 38 f)
August. de bono coniug.: de bono coniugali (PL 40, 373 ff)
August. de catech. rudibus: de catechizandis rudibus (PL 40, 309 ff)
August. de gestis Pelagii: de gestis Pelagii, ad Aurelium episcopum, liber unus (PL 44, 319)
August. de mor. eccl. et de mor. manich.: de moribus ecclesiae catholicae et de moribus Manichaeorum libri duo (PL 32, 1309 ff)
August. de nat. et grat.: de natura et gratia, ad Timasium et Jacobum, contra Pelagium, liber unus (PL 44, 247 ff)
August. de lib. arb.: de libero arbitrio libri tres (PL 32, 1221)
August. de trin.: de trinitate libri quindecim (PL 42, 819 ff)
August. op. imperf.: opus imperfectum contra Julianum (PL 45, 1049 ff)
August. retract.: Retractationes (PL 32, 583 ff)
August. solil.: Soliloquia (PL 32, 869 ff)
Aurel. Vict. Caes.: Aurelius Victor, De Caesaribus
Aurel. Vict. Epit.: Epitome
Avit. Vienn. ep.: Avitus von Vienne, Briefe
Barn.: Barnabasbrief
Basil. ep.: Basilius von Cäsarea, Briefe (PG 32, 291 ff)
Basil. Hex.: Homiliae 9 in Hexaemeron (PG 29, 3 ff)
Basil. hom.: Homilien
Bibl.: Biblica, 1920 ff
BKV: Bibliothek der Kirchenväter, hg. v. O. Bardenhewer, Th. Schermann, C. Weymann, 1911 ff
Bonif. I. ep.: Papst Bonifatius I., Briefe
ByZ: Byzantinische Zeitschrift, 1892 ff
Byzlav: Byzantinoslavica
Cass. var.: Flavius Magnus Aurelius Cassiodorus, Variae
Cass. Dio: Cassius Dio
Catal. Felic.: Catalogus Felicianus, ältester Teil des Liber Pont. (s. d.), fußt auf dem Catalogus Liberianus
Catal. Liberianus MG hist. Auct. ant.: Monumenta Germaniae Historica, Auctores antiquissimi
CHR: The Catholic historical Review, 1915 ff
1., 2. Chron.: Chronikbücher
Chrysost.: Johannes Chrysostomos
Chrysost. hom.: Homilien
Chrysost. ep.: Briefe
Chrysost. sac.: de sacerdotio
Chrysost. de stat.: Homiliae 21 de statuis
Chrysost. adv. Jud.: 8 Homilien Gegen die Juden
Chrysost. de S. Babyla c. Jul. et c. gent.: de S. Babyla contra Iulianum et gentiles
Cic. de divin.: Cicero, de divinatione
Cic. de orat.: de oratore
Cic. nat. deor.: de natura deorum
Cic. Cat.: Cato maior de senectute
CIL: Corpus Inscriptionum Latinarum, hg. v. d. Berliner Akademie der Wissenschaften, 1863 ff
1. Clem.: 1. Clemensbrief
Clem. Al. protr.: Clemens von Alexandrien, Logos protreptikos
Clem. Al. paed.: Paidagogos
Clem. Al. Quis dives salv.: Quis dives salvetur (Hom. über Mk. 10,17 ff)

Clem. Al. strom.: Stromateis
Cod. Just.: Codex Justinianus
Cod. Theod.: Codex Theodosianus
Coelestin I. ep.: Papst Coelestin I., Briefe
Coll. Avell.: Collectio Avellana
Coll. Casin.: Collectio Casinensis
Corp. Jur. Civ.: Corpus iuris civilis
CSEL: Corpus scriptorum ecclesiasticorum latinorum, hg. v. d. Wiener Akademie der Wissenschaften, 1866 ff
Cypr. ad. Donat.: Cyprianus von Karthago, ad Donatum
Cypr. bono pat.: de bono patientiae
Cypr. de unit.: de catholicae ecclesiae unitate
Cypr. ep.: Briefe
Cypr. laps.: de lapsis
Cyrill. Hieros. catech.: Cyrill von Jerusalem, 24 Katechesen
DAM: Deutsches Archiv für die Erforschung des Mittelalters
Dam. ep.: Papst Damasus I., Briefe
Decret. Gelas.: Papst Gelasius I., Dekretalen
Did.: Didache
Didasc.: Didascalia
Dio.: Dio Cassius
Diodorus: Diodor von Tarsus
Diog.: Diognetbrief
DOP: Dumbarton Oaks Papers, ed. Harvard University, 1941 ff
DZGw: Deutsche Zeitschrift für Geschichtswissenschaft, 1889 ff; ab 1898: HV
Ennod.: Magnus Felix Ennodius, Bischof von Pavia
Ennod. Libell.: Libellus adversus eos, qui contra synodum scribere praesumpserunt
Ennod. paneg. Theod.: Panegyricus auf König Theoderich (nach seinem Eingreifen zugunsten von Papst Symmachus)
Ephes.: Epheserbrief
Ephräm, Carmina Nisibena: Ephräm der Syrer, 77 Lieder (8, 22, 23, 24 fehlen)
Ephräm, hym. de fide: 87 Hymnen über den Glauben
Ephr. hymn. c. haer.: Hymni (Sermones) contra haereses
Epiphan. de mensur.: Epiphanius von Salamis, de mensuris et ponderibus
Epiphan. haer.: Haereses (auch als Panarion zitiert)
Epit. Caes.: s. Aurel. Victor
Epitome: s. Aurel. Victor
Euagr. h.e.: Euagrius Scholasticus, Kirchengeschichte
Eumen. pan.: Eumenius, Panegyrici Latini
Eunap. Vitae sophist.: Eunapios von Sardes, Sophistenviten (Plotin, Porphyrios, Iamblich, Aidesios, Libanios u. a.)
Euseb. h.e.: Eusebius von Caesarea, Kirchengeschichte
Euseb. Or. ad s. coetum: Oratio ad sanctorum coetum
Euseb. V. C.: Vita Constantini
Eutr. brev.: Eutropius, Breviarium ab urbe condita
EvTh: Evangelische Theologie, 1934 ff
Ez.: Ezechiel (Hesekiel)
Faust.: Faustus von Byzanz
FF: Forschungen und Fortschritte, 1925 ff
FHG: Fragmenta Historicorum Graecorum, ed. C. Müller
Firm. Mat. err.: Firmicus Maternus, de errore profanorum religionum
frg.: Fragment
Fulgent. C. Arrian.: Fulgentius v. Ruspe, contra Arrianos
Fulgent. de fide: de fide ad Petrum
Gal.: Galaterbrief
Gel. Cyz. h.e.: Gelasius von Cyzicus (Kyzikos), Kirchengeschichte
Gelasius I. ep.: Papst Gelasius I., Briefe
Gennadius de vir. ill.: Gennadius von Massilia, de viris illustribus
Gesta conc. Aquil.: Gesta concilii Aquileiensis
Gregor I. dial.: Papst Gregor I., dialogi

de vita et miraculis patrum Italicorum
Greg. I. hom.: Homilien
Greg. II. ep.: Papst Gregor II., Briefe
Greg. Naz. or.: Gregor von Nazianz, Reden
Greg. Naz. de vita.: Carm. de vita sua
Greg. Nyssa: Gregor von Nyssa
Greg. Nyss. In cant. hom.: Gregor von Nyssa, Homilien über das Hohelied
Greg. Nyss. or.: Reden
Greg. Tur. in glor. mart.: Gregor von Tours, in gloria martyrum
Greg. Tur. hist. Fr.: Historiarum libri X (Hist. Francorum)
Hebr.: Hebräerbrief
Hermes: Hermes, Zeitschrift für klassische Philologie, 1866 ff
Hieron. adv. Jovin.: Sophronius Eusebius Hieronymus, Adversus Jovinianum
Hieron. adv. Joh. Hierosolym.: Adversus Johannem Hierosolymitanum
Hieron. Contra Vigil.: Contra Vigilantium
Hieron. Dialogi contra Pelagianos: Dialogi contra Pelagianos libri III
Hieron. adv. Rufin: Apologia adversus libros Rufini
Hieron. Comment. in Ez.: Ezechielkommentar
Hieron. de nom. Hebr.: liber interpretationis Hebraicarum nominum
Hieron. ep.: Briefe
Hieron. vir. ill.: de viris illustribus
Hieron. in Hierem.: in Hieremiam prophetam libri sex
Hieron. Comment. in Isaiam: Jesajakommentar
Hilar. c. Constant.: Hilarius von Pictavium (Poitiers), Contra Constantium imperatorem
Hilar. de trinit.: de trinitate (de fide, adversus Arianos)
Hilar. Super Psalmos: Tractatus super Psalmos
Hilar. contra Auxent.: Contra Arianos vel Auxentium Mediolanensem episcopum
Hilar. lib. ad. Constant.: liber I ad Constantium
Hippol. refut.: Hippolyt, Refutatio omnium haeresium (Philosophumena)
Hippol. trad. apost.: Apostolische Überlieferung (oder Kirchenordnung Hippolyts)
HJ: Historisches Jahrbuch der Görres-Gesellschaft, 1880 ff, 1950 ff
Hos.: Hosea
HThR: The Harvard Theological Review, 1908 ff
HV: Historische Vierteljahresschrift, 1898 ff, bis 1898: DZGw
Hydat. Chron.: Hydatius (Idacius), Bischof von Aquae Flaviae (Chaves, Port.), Chronicon
HZ: Historische Zeitschrift, 1859 ff
Ignat. Tral.: Ignatios von Antiochien, An die Tralleser
Ign. ad Magn.: An die Magnesier
Ign. ad Philad.: An die Philadelphenser
Ign. ad Rom.: An die Römer
Ign. ad Smyrn.: An die Smyrnaer
Innoz. I. ep.: Papst Innozenz I., Briefe
Iord. Get.: Iordanes, de origine actibusque Getarum (Gotengeschichte)
Iord. Rom.: de summa temporum vel origine actibusque gentis Romanorum
Iren. haer.: Irenäus von Lyon, adversus haereses
Isid. hist. got.: Isidor von Sevilla, Geschichte der Goten, Vandalen und Sueben
Isid. Pel. ep.: Isidor von Pelusium, Briefe (mindestens dreitausend, davon zweitausend erhalten)
Jak.: Jakobusbrief
JbAC: Jahrbuch für Antike und Christentum
JBL: Journal of Biblical Literature, publ. by the Society of Biblish Literature and Exegesis, 1881 ff
JEH: The Journal of Ecclesiastical History, 1950 ff

Jer.: Jeremia
Jes.: Jesaja
Jh.: Johannesevangelium
JJS: Journal of Jewish Studies, 1948 ff
JK: Regesta Pontificum Romanorum ab condita ecclesia ad annum post Christus natum MCXCVIII von Ph. Jaffé u. a. 1885 ff
Joh. Chrysost.: s. Chrysostomos
Joh. Malal. Chron.: Johannes Malalas, Chronographie
Joh. Mosch. prat. spir.: Johannes Moschus, pratum spirituale
Joh. Nikiu, Chron.: Johannes von Nikiu, Weltchronik
Joseph. Ant. Jud.: Flavius Josephus, Jüdische Altertümer
Joseph. Bell. Jud.: Jüdischer Krieg
Joseph. c. Apionem: Contra Apionem (Apologie)
Joseph. vit.: de vita sua
JR: The Journal of Religion
JRS: The Journal of Roman Studies
JThS: The Journal of Theological Studies, 1899 ff
Jud.: Judasbrief
Julian. Aecl. Lib. ad Florum: Julianus von Aeclanum, Lib. ad Florum in: August. op. imperf. (8 Bücher)
Julian. Aecl. Lib. ad Turbant.: Lib. ad Turbantium (4 Bücher)
Julian. ep.: Flavius Claudius Julianus (Apostata), Briefe
Julian. or.: Reden
Just. apol.: Justin der Märtyrer, 1. u. 2. Apologie
Justin. (dial.) Tryph.: Dialog mit dem Juden Tryphon
Juvenal. Sat.: D. Junius Juvenalis, Saturae
Kol.: Kolosserbrief
1., 2. Kön.: Könige (Bücher)
1., 2. Kor.: 1., 2. Korintherbrief
Kyr. Alex. ep.: Kyrill von Alexandrien, Briefe (PG 77, 401 ff)
Kyr. Alex. hom.: Predigten (PG 77, 981 ff)
Kyrill. Alex. Advers. nolentes confit. sanct. virg. esse Deiparam: Adversus nolentes confiteri sanctam virginem esse deiparam (PG 76, 255 ff)
Kyr. Alex. ad. reg.: ad reginas (PG 76, 1201 ff)
Kyrill. Jerus.: s. Cyrill. Hieros.
Lact. div. inst.: Lactanz, divinae institutiones
Lact. mort. pers.: de mortibus persecutorum
Leo I. ep.: Papst Leo I., Briefe (PL 54, 593 ff)
Leo I. serm.: sermones (PL 54, 137 ff)
Liban. or.: Libanios, Reden
Lib. ep.: Libanios, Briefe
Liber Heracl.: Liber Heraclidis
Liber Pont.: Liber Pontificalis, 2 Bde., ed. Duchesne, 1886 ff, 2.A. 1955, Bd. 3, hg. v. C. Vogel, 1957
Liberat. Brev.: Breviarium Causae Nestorianorum et Eutychianorum
Liberius ep.: Papst Liberius, Briefe (PL 8, 1349 ff)
Liv.: Livius
Lk.: Lukasevangelium
LThK: Lexikon für Theologie und Kirche, 1., 2. A.
Lucif. Calar.: Lucifer von Calaris (Cagliari auf Sardinien)
Malal.: s. Joh. Malal.
Makk.: Makkabäerbücher (1 u. 2)
Marc. Diac. vita Porphyr.: Diakon Markus, Vita des Bischofs Porphyrios von Gaza
Marc. comes Chron.: Marcellinus comes, Chronik (opus rusticum)
Mansi, Conc. coll.: J. D. Mansi, Sacrorum conciliorum nova et amplissima collectio. Nachdruck u. Fortsetzung ed. v. L. Petit/J. B. Martin, 1899 ff
MG Auct. Ant.: Monumenta Germaniae Historica, Auctores antiquissimi
MG SS rer. Langob.: Monumenta Germaniae Historica, Scriptores rerum Langobardicarum
Min. Fel. dial. oct.: Minucius Felix,

Dialog Octavius
MIÖG: Mitteilungen des Instituts für Österreichische Geschichtsforschung, 1880 ff.
Mk.: Markusevangelium
1., 2., 3., 4., 5. Mos.: 5 Bücher Mosis (Pentateuch)
Mt.: Matthäusevangelium
MThZ: Münchener Theologische Zeitschrift
Nazar. pan.: Nazarius, Panegyricus
Nestor. Lib. Heracl.: Nestorios, Liber Heraclidis
NT: Neues Testament
Olymp. frg.: Olympiodoros schrieb 22 Bücher bes. über die weströmische Geschichte zw. 407 und 425
Optat.: Optatus von Milewe
OrChr: Oriens Christianus, 1901 ff
OrChrA: Orientalia Christiana Analecta, 1923 ff
OrChrP: Orientalia Christiana periodica, 1935 ff
Orig. Cels.: Origenes, contra Celsum
Orig. comm. Ser.: Serienkommentare
Orig. hom.: Homilienkommentare
Orig. de princ.: de principiis
Oros. hist.: Orosius, Historiae advers. paganos libri VII
Oros. Lib. Apol.: Liber apologeticus
OstKSt: Ostkirchliche Studien, 1951 ff
Pacat. paneg.: Latinus P. Drepanius Pacatus, Panegyricus
Pallad. dial.: Palladius, Dialogus de vita s. Joannis Chrysostomi
Pallad. Hist. Laus.: Historia Lausiaca
Pallad. Vita Joh. Chrys.: Dialogus de vita s. Joannis Chrysostomi
Paneg. lat.: Panegyrici latini
Paulin. Vita Ambr.: Paulinus, Vita s. Ambrosii
Pauly: Der Kleine Pauly. Lexikon der Antike, hg. v. K. Ziegler/W. Sontheimer, 5 Bde., 1979
Pauly-Wissowa: Paulys Realencyklopädie der klassischen Altertumswissenschaft, neue Bearb. v. G. Wissowa/W. Kroll, 1893 ff
Pelag. ep.: Pelagius, Briefe
Pelagius, Ad Demetriadem: Espistula ad Demetriadem
1., 2. Petr.: 1., 2. Petrusbrief
PG: Patrologiae cursus completus ... series graeca
Phil.: Philipperbrief
Philostorg. h.e.: Philostorgios, Kirchengeschichte
Philostr. vita Apoll.: Philostratos, Vita Apollonii
PL: Patrologiae cursus completus ... series latina
Plin. nat. hist.: Plinius der Ältere, Naturalis historia
Plot. enn.: Plotinos, Enneaten
Plut. de Is. et Os.: Plutarch, de Iside et Osiride
Plut. Cam.: Camillus
Plut. Num.: Numa
Plut. Quaest. Graec.: Quaestiones Graecae
Plut. Quaest. conv.: Quaestiones convivales
Plut. Rom.: Romulus
Poen. Cumm.: Poenitentiale Cummeani
PO: Patrologiae cursus completus ... series orientalis
Polyc. ad Phil.: Polykarp von Smyrna, Philipperbriefe
Posid. Vita: Possidius von Calama, Vita s. Augustini
Prokop. bell. vand.: Prokop von Caesarea,Wandalenkrieg
Prok. bell. got.: Gothenkrieg
Prokop. bell. pers.: Perserkriege
Prokop. de aedific.: de aedificiis (Panegyrikos über Justinians Bauleidenschaft)
Prokop. hist. arcan.: historia arcana (Anekdota), Geheimgeschichte
Prol.: Prolog
Proöm.: Proömium
Prosper. Chron.: Tiro Prosper, Chronik (PL 61, 535 ff)
Prudent. c. Symm.: Aurelius Clemens Prudentius, Contra Symmachum

Ps.: Psalm
Ps.: Pseudo
Ps. Clem. hom.: Pseudoklementinen, Homilien
Ps. Clem. recog.: Recognitiones
Ps. Cypr. sing. cler.: Pseudo-Cyprian, de singularitate clericorum
Ps. Just. or. ad Graecos: Pseudo-Justin, oratio ad Graecos
RAC: Reallexikon für Antike und Christentum, hg. v. Th. Klauser, 1941 (1950) ff
RGAK: Reallexikon der germanischen Altertumskunde, hg. v. J. Hoops, 1911 ff
RGG: Die Religion in Geschichte und Gegenwart, 1909 ff, 2. A. 1927 ff, 3. A. 1956 ff
RhMus: Rheinisches Museum für Philologie, 1833 ff
Ri.: Das Buch Richter
Röm.: Römerbrief
Rufin. c. Hieron: Rufinus von Aquileia, Apologia contra Hieronymum
Rufin. h.e.: Kirchengeschichte
Rusticus diac., C. Acephalos disput.: Diakon Rusticus (Neffe des Papstes Vigilius) contra Acephalos disputatio
RV: Rheinische Vierteljahresblätter
Sach.: Sacharja
Saeculum: Saeculum. Jahrbuch für Universalgeschichte, 1950
Salv. de gub. dei: Salvianus von Massilia, de gubernatione dei
1., 2. Sam.: Die Samuelbücher
SbPAW phil.-hist. Kl.: Sitzungsberichte der Preußischen Akademie der Wissenschaften, philologisch-historische Klasse
Sen. ben.: Seneca, de beneficiis
serm.: sermones
Sid. Apoll.: s. Apollinaris Sidonius
Sir.: Das Buch Jesus Sirach
Siric. ep.: Papst Siricius, Briefe
Sixt. III. ep.: Papst Sixtus III., Briefe
Socr. h.e.: Socrates, Kirchengeschichte
Soz. h.e.: Sozomenos, Kirchengeschichte
StdZ: Stimmen der Zeit (vor 1914: Stimmen aus Maria-Laach), 1871 ff
Suet. Claud.: Sueton, Claudius
Suet. Tit.: Titus
Suet. Vesp.: Vespasianus
Sulp. Sev. Chron.: Sulpicius Severus, Chronicorum libri duo
Sulp. Sev. dial.: Dialogorum libri duo
Sulp. Sev. Vit. Mart.: Vita S. Martini
Symm. ep.: Q. Aurelius Symmachus, Briefe
Symm. rel.: relationes
Symm. or.: Reden
Syn.: Synode
Syn. Antioch.: Antiochien
Syn. Arel.: Arelate (Arles)
Syn. Carth.: Carthago
Syn. Elv.: Elvria
Syn. Laodic.: Laodicea
Syn. Narb.: Narbonne
Syn. Orl.: Orleans
Syn. Serd.: Serdica
Syn. Tol.: Toledo
Synes. ep.: Synesios von Cyrene (Kyrene), Briefe
SZG: Schweizer Zeitschrift für Geschichte
Tacit. Ann.: Tacitus, Annalen
Tacit. Germania: de origine et situ Germanorum
Tacit. hist.: Historien
Tat. or.: Tatian, oratio ad Graecos
Tert. ad scap.: Tertullian, ad Scapulam
Tert. adv. Marc.: adversus Marcionem
Tert. anima: de anima
Tert. Apol.: Apologeticum
Tert. cor.: de corona
Tert. de idol.: de idololatria
Tert. de pat.: de patientia
Tert. de praescr. haer.: de praescriptione haereticorum
Tert. de pud.: de pudicitia
Tert. de spect.: de spectaculis
Tert. jeun.: de ieiunio adversus psychicos
Tert. mart.: ad martyres
ThBl: Theologische Blätter, 1922 ff
Themist. or.: Themistios, Reden

Theodor. h.e.: Theodoret von Cyrus (Kyrrhos), Kirchengeschichte
Theodor. hist. rel.: Historia religiosa
Theodor. ep.: Briefe
Theodor. Lect. h.e.: Theodorus Lector, Kirchengeschichte
Theoph. ad Autol.: Theophilus von Antiochien, ad Autolycum
Thess.: 1., 2. Thessalonikerbrief
ThGl: Theologie und Glaube, 1909 ff
ThJ: Theologische Jahrbücher, 1842 ff
ThLZ: Theologische Literaturzeitung, 1878 ff
ThRE: Theologische Realenzyklopädie
ThSt: Theological Studies, 1940 ff
1., 2. Tim.: Timotheusbriefe
ThZ: Theologische Zeitschrift, 1945 ff
Tit.: Brief an Titus
TR: Theologische Rundschau
Veget. Epit. rei mil.: P. V. Renatus Vegetius, epitoma rei militaris
Venant. Fortunat., Vita Hil.: Venantius Fortunatus, vita et miracula S. Hilari
Vict. Tonn.: Victor von Tonnona, Chronik (444–566)
Vict. Vitens. pers.: Victor von Vita, historia persecutionis Africanae provinciae
VigChr: Vigiliae christianae, 1947 ff
WbSt: Woodbrook Studies
Zachar. Rh. h.e.: Zacharias Rhetor, Kirchengeschichte
ZAW: Zeitschrift für alttestamentliche Wissenschaft, 1881 ff
ZDMG: Zeitschrift der deutschen morgenländischen Gesellschaft, 1847 ff
ZHT: Zeitschrift für historische Theologie
ZKG: Zeitschrift für Kirchengeschichte, 1876 ff
ZKTh: Zeitschrift für Katholische Theologie, 1877 ff
ZMR: Zeitschrift für Missionswissenschaft und Religionswissenschaft, 1934 ff, 1950 ff
ZNW: Zeitschrift für die neutestamentliche Wissenschaft und die Kunde der älteren Kirche, 1900 ff, 1934 ff
Zon.: Zonaras, Weltchronik
Zos. hist.: Zosimos, Historien
ZPE: Zeitschrift für Papyrologie und Epigraphik
ZSavRGkan: Zeitschrift der Savigny-Stiftung für Rechtsgeschichte, Kanonistische Abteilung, 1911 ff
ZSavRGrom: Zeitschrift der Savigny-Stiftung für Rechtsgeschichte, Romanistische Abteilung, 1880 ff
ZThK: Zeitschrift für Theologie und Kirche, 1891 ff

REGISTER

Das folgende Register umfaßt alle Personennamen im ersten und zweiten Band der «Kriminalgeschichte des Christentums». Da sämtliche Zitate buchstabengetreu aus den Quellen übernommen wurden, kommen etliche Namen in variierender Schreibweise vor. Zur Erleichterung der Suche wurde in bestimmten Fällen ein und dieselbe Person mit mehreren Namensvarianten in das Register aufgenommen. Angaben von Vornamen, Titeln, Rängen, Verwandtschaftsverhältnissen, Lebens- oder Regierungsdaten sind nicht starr systematisch, sondern pragmatisch ergänzt worden – sie erleichtern die Orientierung.
Das Register von Band I hat Barbara Deschner erstellt; das Register von Band II sowie die Integration beider Teilregister erarbeitete (mit Unterstützung durch Annette Gerlach und Julia Peters) Alexander Gieselbusch.

P. = Patriarch, Ks. = Kaiser, Kg. = König, Bf. = Bischof

P. = Patriarch, Ks. = Kaiser, Kg. = König, Bf. = Bischof

P. = Patriarch, Ks. = Kaiser, Kg. = König, Bf. = Bischof

P. = Patriarch, Ks. = Kaiser, Kg. = König, Bf. = Bischof

P. = Patriarch, Ks. = Kaiser, Kg. = König, Bf. = Bischof

P. = Patriarch, Ks. = Kaiser, Kg. = König, Bf. = Bischof

P. = Patriarch, Ks. = Kaiser, Kg. = König, Bf. = Bischof

P. = Patriarch, Ks. = Kaiser, Kg. = König, Bf. = Bischof

P. = Patriarch, Ks. = Kaiser, Kg. = König, Bf. = Bischof

ÜBER DEN AUTOR

Artikel aus dem «Autorenlexikon deutschsprachiger Literatur des 20. Jahrhunderts», herausgegeben von Manfred Brauneck, Reinbek (Rowohlt) 1988

DESCHNER, KARLHEINZ, *23. 5. 1924, Bamberg.

D., Sohn eines Forstoberamtmanns, war nach dem Abitur von 1942–45 Soldat. Von 1947–51 studierte er Germanistik, Geschichte, Philosophie und Theologie und promovierte mit einer Arbeit über Lenau. Seit 1951 arbeitet er als freier Schriftsteller. Er ist Mitglied des PEN-Clubs. Arno-Schmidt-Preis 1988. – Neben einer regen Tätigkeit als Vortragender und als Publizist für Zeitschriften des In- und Auslandes ist D. hervorgetreten als Herausgeber zahlreicher Sammelwerke, als Verfasser von Romanen, literarischen Streitschriften und kirchenkritischen Arbeiten. In seinen beiden Romanen verarbeitet er autobiographische Erlebnisse. So schildert er in *die nacht steht um mein haus* in intensiver Sprache die Verzweiflung des Ich-Erzählers über das eigene Ungenügen und die bereits wieder saturierte Bundesrepublik.

Bekannt wurde D. durch seine literaturkritischen Arbeiten *Kitsch, Konvention und Kunst* und *Talente, Dichter, Dilettanten*, in denen er vehement für verkannte Schriftsteller (u. a. Jahnn, Broch, Musil) eintrat und sich gegen die Überschätzung u. a. von Autoren der Gruppe 47 wandte. Seit dem Ende der 50er Jahre setzt sich D. in zahlreichen Werken mit der (katholischen) Kirche auseinander. Immer aufs neue prangert er in seinem äußerst materialreichen Arbeiten die Doppelmoral, Triebfeindlichkeit und politische Korrumpierbarkeit der Amtskirchen an. D. arbeitet z. Z. an einer mehrbändigen Kriminalgeschichte des Christentums, deren erster Band 1986 erschienen ist. Auch in seinen Aphorismen erweist er sich als kritischer und unabhängiger Denker und Aufklärer.

W.: *Prosa, Romane:* die nacht steht um mein haus, 1956 (bearb. 63); Florenz ohne Sonne, 58 (bearb. 73); Nur Lebendiges schwimmt gegen den Strom. Aphorismen, 85. – *Essays, theoretische Schriften:* Lenaus metaphysische Verzweiflung und ihr lyrischer Ausdruck, 51 (masch. Diss.); Kitsch, Konvention und Kunst, 57 (bearb.

80); Abermals krähte der Hahn. Eine kritische Kirchengeschichte von den Anfängen bis zu Pius XII., 62; Talente, Dichter, Dilettanten, 64; Mit Gott und den Faschisten. Der Vatikan im Bunde mit Mussolini, Franco, Hitler und Pavelić, 65; Kirche und Faschismus, 68; Der manipulierte Glaube. Eine Kritik der christlichen Dogmen, 71; Kirche des Un-Heils, 74; Das Kreuz mit der Kirche. Eine Sexualgeschichte des Christentums, 74; Der gefälschte Glaube, 80; Ein Papst reist zum Tatort, 81; Ein Jahrhundert Heilsgeschichte. Die Politik der Päpste im Zeitalter der Weltkriege, 2 Bde, 82/83; Die beleidigte Kirche. Oder: Wer stört den öffentlichen Frieden?, 86; Kriminalgeschichte des Christentums. Die Frühzeit, 86; Opus Diaboli, 87. – *Herausgebertätigkeit:* Was halten Sie vom Christentum? 18 Antworten auf eine Umfrage, 57; Jesus-Bilder in theologischer Sicht, 66; Das Jahrhundert der Barbarei, 66; Wer lehrt an deutschen Universitäten?, 68; Das Christentum im Urteil seiner Gegner, 2 Bde, 69–71; Kirche und Krieg. Der christliche Weg zum ewigen Leben, 70; Warum ich aus der Kirche ausgetreten bin, 70; Warum ich Christ/Atheist/Agnostiker bin (mit Friedrich Heer und Joachim Kahl), 77.

«Im Gegensatz zu vielen theologischen Jasagern, deren Tätigkeit oft weithin darin besteht, nachzureden oder durch manipulative Interpretation zu rechtfertigen, läßt Deschner scheinbar längst Erledigtes nicht erledigt bleiben. Die übliche Friedhofsruhe ersetzt er durch eine theologische und historische Friedhofsruhe. Er ist einer, der auch Verdrängtes wieder bewußt werden läßt, einer, der über den vielen vergessenen Gräbern der Opfer der Kirche trauert.» UTA RANKE-HEINEMANN

www.rororo.de

ISBN 978-3-499-60142-2 € 12.95 (D)

9 783499 601422